System
des
Römischen Rechts

von

Heinrich Dernburg,
weil. ordentlichem Professor an der Universität Berlin.

Der Pandekten
achte, umgearbeitete Auflage,
bearbeitet
von

Dr. Paul Sokolowski,
vorm. a. o. Professor an der Universität Berlin
und ordentlicher Professor an der Universität Königsberg.

Zweiter Teil.

Berlin 1912.
Verlag von H. W. Müller.

Drittes Buch. Das Obligationenrecht.

Erster Teil. Die allgemeinen Lehren.

Erster Abschnitt. Rechtliche Natur der Obligationen.

Zweiter Abschnitt. Die Entstehungsgründe der Obligationen.

Erstes Kapitel. Die Form der obligatorischen Geschäfte.

Zweites Kapitel. Der Abschluß obligatorischer Geschäfte.

Drittes Kapitel. Verhaftung aus fremden Geschäften.

Viertes Kapitel. Erfordernisse obligatorischer Geschäfte.

Fünftes Kapitel. Die Arten obligatorischer Geschäfte.

Seite

Dritter Abschnitt. Inhalt und Gegenstand der Obligation.

Erstes Kapitel. Das Wesen der obligatorischen Leistung.

Zweites Kapitel. Verschiedene Kategorien der Schuldobjekte.

Drittes Kapitel. Besondere Leistungen.

I. Die Zinsen.

II. Die Alimentationspflicht.

Viertes Kapitel. Ort und Zeit der Erfüllung.

Fünftes Kapitel. Verschuldung, Verzug, Schadensersatz, Vertragsstrafe.

I. Verschuldung.

II. Verzug.

III. Schadensersatz.

IV. Konventionalstrafe.

Vierter Abschnitt. Die Übertragung der Obligationen.

I. Die Zession.

Zweiter Teil. Die einzelnen Forderungsrechte.

Erster Abschnitt. Die Kontraktsobligationen.

Erstes Kapitel. Die Realkontrakte.

I. Das Darlehen.

II. Kommodat und Prekarium.

III. Depositum.

Zweites Kapitel. Die Konsensualkontrakte.

I. Kauf und Tausch.

II. Spiel und Wette.

III. Schenkung. Vergleich.

IV. Mietverträge.

V. Mandat. Verwandte Geschäfte. Negotiorum gestio.

a) Mandat.

Viertes Buch. Das Familienrecht.

Erster Abschnitt. Allgemeine Begriffe.

Zweiter Abschnitt. Das Eherecht.

Erstes Kapitel. Das Wesen der Ehe.

Zweites Kapitel. Eingehung und Auflösung der Ehe.

Drittes Kapitel. Das eheliche Güterrecht.

I. Das Allgemeine.

II. Die dos.

III. Schenkungen unter Ehegatten. Propter nuptias donatio.

IV. Ehescheidungsstrafen. Nachteile der Wiederverheiratung.

Dritter Abschnitt. Die väterliche Gewalt und das Elternrecht.

Erstes Kapitel. Entstehung und Endigung der väterlichen Gewalt.

Zweites Kapitel. Das Vermögensrecht der Hauskinder.

Seite

Drittes Kapitel. Rechte und Pflichten der Eltern.

Vierter Abschnitt. Das Vormundschaftsrecht.

Erstes Kapitel. Die Grundbegriffe.

Zweites Kapitel. Die Begründung und Beendigung der Vormundschaft.

Drittes Kapitel. Rechtswirkungen der Vormundschaft.

Fünftes Buch. Das Erbrecht.

Erster Abschnitt. Die allgemeinen Lehren.

I. Das Wesen des Erbrechts.

II. Voraussetzungen der Erbfolge.

III. Zur Geschichte des Erbrechts.

Zweiter Abschnitt. Die einseitigen letztwilligen Verfügungen.

Erstes Kapitel. Begriff und allgemeine Grundsätze.

Verbesserungen.

Seite 10 Anm. 3 hinzuzufügen: Die jetzt erfolgte Fertigstellung der von der Berliner Akademie d. W. herausgegebenen kritischen Ausgabe des Codex Theodosianus nimmt der Hänelschen ihre Bedeutung.

„	37	„	6	Zeile	3	lies appellabuntur statt appellabantur.
„	100	„	2	„	2	„ **abhinc** statt adhinc.
„	„	„	„	„	„	„ fuisse**nt** statt fuisset.
„	180	„	12	„	4	„ simil**e** statt simili.
„	191	„	7	„	2	„ l. 137 § **6** statt 5.
„	196	„	6	„	1	„ § 92 Anm. **2** statt 3.
„	„	„	„	„	2	„ S. 142 statt 140.
„	263	„	3	hinzuzufügen: Zeitschr. d. Sav.-Stiftg. 21 (1900) S. 1 ff.		
„	343	„	3	Zeile	4	lies **habitam** statt habitum.
„	369	„	3	„	1	„ **Topica** statt pro Caecina.
„	„	„	„	„	4	„ S. 222 statt 122.
„	374	„	24	„	2	„ tempori**s** statt tempori.
„	406	„	27	„	3	„ **te** statt et.
„	408	„	21	„	4	„ possessor**e**m statt possessorum.
„	429	„	10	„	2	v. u. lies d**e**sideret statt disideret.
„	481	„	2	„	3	„ „ „ ded**i**t statt didit.
„	520	„	6	„	1	lies omn**i** statt omnia.
„	544	„	7	„	3	„ 36, 2 statt 36, **3**.
„	654	„	8	„	2	„ Anm. 2 **N. 1** statt Anm. 1.
„	693	„	8	„	3	„ act**i**o statt acto.
„	734	„	4	„	4	„ **ne** statt nec.
„	816	„	3	letzte Zeile lies luc**ri** statt lucro.		

Register der Parömien
zu Teil II.

Die Zahlen ohne nähere Bezeichnung bedeuten die Seiten, die in Parenthese stehenden Ziffern die Paragraphen, a = Anmerkung.

Drittes Buch.

Das Obligationenrecht.

Erster Teil.

Die allgemeinen Lehren.

Erster Abschnitt.

Rechtliche Natur der Obligationen.[1]

§ 257. Begriff der Obligation.[2]

I. Obligationen sind Rechtsverhältnisse, die in der Pflicht des Schuldners zu einer vermögenswerten Leistung an den Gläubiger bestehen.[3][4]

---

1) Eine klare Darstellung der Obligationen im allgemeinen gibt das insbesondere für das französische Recht wichtige Werk von Pothier: traité des obligations in der Gesamtausgabe seiner Werke vol. I. p. 1 ff. Vgl. weiter: Unterholzners quellenmäßige Zusammenstellung der Lehre des röm. Rechts von den Schuldverhältnissen, 2 Bde., nach dessen Tode von Huschke herausgegeben 1840; Savigny, das Obligationenrecht als Teil des heutigen röm. Rechts, Bd. 1 und 2, 1851 und 1853 — leider unvollendet — hier zitiert mit OR. Zu erwähnen ist auch das auf Vorträgen beruhende, nach dem Tode des Autors veröffentlichte Werk von Molitor, les obligations en droit romain. 3 tomes, 1851; sowie Koch, Recht der Forderungen nach gem. u. preuß. Recht, 3 Bde. 2 Aufl. 1859; Hartmann, die Obligation 1875. Gemeines Recht enthält überwiegend Hasenöhrl, österreich. Obligationenrecht, bis jetzt Bd. 1 Aufl. 2 1892, Bd. 2 Abt. 1 1886 mit zahlreichen Literaturnachweisen. Bierling, zur Kritik der jurist. Grundbegriffe 1883. Den allgemeinen Teil behandelt Ryck, die Lehre von den Schuldverhältnissen 1889. Das BGB. regelt das „Recht der Schuldverhältnisse“ in seinem 2. Buch §§ 241 ff. Vanni, svolgimento storico del concetto di obligazione nel diritto Romano, Urbino 1893; Pacchione, sul concetto della obligazione 1898.

2) Vgl. auch oben § 17 unter 1 b.

3) Legaldefinitionen enthalten: pr J. de obligat. 3, 13: obligatio est juris vinculum, quo necessitate adstringimur alicujus solvendae rei secundum nostrae civitatis jura und l. 3 pr. D. de obl. et act. 44, 7, Paulus libro 2 institutionum: Obligationum substantia non in eo consistit, ut aliquod corpus nostrum aut servitutem nostram faciat, sed ut alium nobis obstringat ad dandum aliquid vel faciendum vel praestandum. Ryck, die obligatio 1878, gibt Mitteilung über die Versuche seit der Zeit der Glossatoren, die Obligation zu definieren.

4) Der Ausdruck obligatio ist ein vieldeutiger. Er bezeichnet a) den Akt der Obligierung l. 19 D. de V. S. 50, 16, b) das Verpflichtetsein des Schuldners, pr. J. de obligationibus 3, 13. c) das der Verpflichtung gegenüberstehende Forderungsrecht, l. 3 pr. D. de obl. et act. 44, 7, und endlich d) das gesamte Rechtsverhältnis in beiden Beziehungen. Siehe Windscheid Bd. 2 § 251 und die dort angeführten Abhandlungen

Die Obligationen sollen einen wirtschaftlichen Erfolg herbeiführen. Sie bezwecken bald die Übereignung körperlicher Sachen, bald deren Überlassung zum Gebrauche, bald — besonders im modernen Leben — Dienste physischer oder geistiger Art, bald andere Vorteile. Zu diesem Zwecke verbinden sie den Schuldner zum Tun, zum Dulden und zu Unterlassungen, z. B. im Fall eines Konkurrenzverbots, nach dem man ein gewisses Geschäft nicht betreiben darf. Um dies alles zu erschöpfen, wählt man den Ausdruck „Leistung“.[5] Die Leistung muß aber eine vermögenswerte sein. Dies gibt dem Kreise der Obligationen seine feste Begrenzung.[6]

Die Obligationen gehören hiernach, wie die Sachenrechte, dem Vermögensrechte an, aber die Unterschiede dieser beiden Hauptkategorien sind sehr erheblich. Denn die Sachenrechte unterwerfen uns körperliche Sachen unmittelbar. Die Obligationen geben keine Herrschaft über die sichtbare Welt; sie begründen ein Verhältnis von Person zu Person im Hinblick auf Vermögensinteressen. Sie erzeugen eine Pflicht und greifen damit in eine unsichtbar Sphäre ein, in die der Entschlüsse. Diese rufen sie durch psychische Mittel hervor. Den Schuldner treibt zur Erfüllung teils Rechts- und Ehrgefühl, teils die Absicht, eine versprochene Gegenleistung zu erlangen, teils Rücksicht auf seinen Kredit; schließlich steht im Hintergrunde der staatliche Zwang. —

Die augenfälligste und geradezu drastische Erzwingung der Obligation ist die Zwangsvollstreckung gegen die Person des Schuldners oder in sein Vermögen. Hierauf stützt sich eine Auffassung, welche der Obligation eine greifbare Herrschaft zuschieben will, indem sie ihr Wesen in die Unterwerfung des Schuldners unter die Zwangsvollstreckung, also in die Haftung von Person und Vermögen des Schuldners für den Fall seiner Nichtleistung setzt.[7] Doch hiermit wird Ursache und Wirkung verwechselt. Das Recht der Zwangsvollstreckung besteht wegen der Obligation und in ihrem Gefolge, aber es ist nicht die Obligation. —

über die Bedeutung des Wortes obligatio; ferner Meltzl, über die realen Grundlagen des obligatorischen vinculum in der römischen Sprache 1908.

5) Schey, Struktur der Forderungsrechte in Grünhuts Zeitschr. Bd. 9 S. 361, W. Stintzing im Archiv für ziv. Praxis Bd. 81 S. 449. BGB. spricht § 241 aus: „Kraft des Schuldverhältnisses ist der Gläubiger berechtigt, von dem Schuldner eine Leistung zu fordern. Die Leistung kann auch in einem Unterlassen bestehen.“

6) Vgl. unten § 274.

7) Brinz hat die Auffassung, daß „in der Haftung der Begriff der Obligation und seine Restauration liegt“, in Grünhuts Zeitschr. Bd. 1 n. 2 verteidigt, ebenso in seinen Pandekten Bd. 2 S. 1 ff. Gegen ihn hat sich namentlich G. Rümelin gewendet im Archiv für ziv. Praxis Bd. 68 n. 8, worauf Brinz ebendas. Bd. 70 n. 12 erwidert. Sohm in Grünhuts Zeitschr. Bd. 4 n. 7 erachtet die Zwangswirkungen gegen die Person des Schuldners wie gegen sein Vermögen als dem Inhalte des Forderungsrechts völlig fremd. In der Zwangsvollstreckung sei nur die überlegene Energie des öffentlichen Rechts tätig. Das Wesen des dinglichen Rechts sei Macht — durch den Besitz —, das Wesen des Forderungsrechts Ohnmacht — weil es nicht durch den Besitz gedeckt sei. — Vgl. aber das oben § 113 Bemerkte. Siehe auch Kuntze, die Obligationen und das jus extraordinarium 1886, insbesondere S. 90, Kohler in Grünhuts Zeitschr. Bd. 14 S. 3, ders. im Archiv für ziv. Praxis Bd. 91 S. 172.

II. Die Obligation verweist auf die Zukunft. Es soll etwas werden, geschehen oder unterbleiben. In diesem Sinne enthält *jede Obligation* ein freiwilliges oder unfreiwilliges *Kreditieren*, d. h. Erwarten künftiger Erfüllung. So rechtfertigt sich der Name Gläubiger — creditor — bei allen Obligationen, auch bei den außerkontraktlichen.[8]

Enger ist der Begriff der *Kreditgeschäfte*. Als solche bezeichnen die Römer Verträge, bei denen man freiwillig einem Schuldner *Werte anvertraut* unter der Verpflichtung künftiger Erstattung.[9] In einem besonderen Sinne aber liegt ein „Kreditgeschäft" vor, wenn dem Schuldner Geld und andere Umlaufsmittel — z. B. Staatspapiere oder auch Waren an Geldes Statt — *übereignet* werden unter Verpflichtung zur Rückleistung solcher Umlaufsmittel, gleichviel ob es sich um eine Darlehensschuld, eine Schuld aus einem Wechsel oder andere Rechtsverhältnisse handelt.[10]

III. Bei jeder Obligation läßt sich von einer Schuld, d. h. einer präsenten oder eventuellen Verbindlichkeit zu einer Leistung reden. Jeder Verpflichtete wird daher Schuldner — debitor — genannt. Im engeren Sinne aber spricht man von einer „Schuld" nur dann, wenn eine Verbindlichkeit zur *Übertragung von Vermögenswerten* besteht.[11] Der Mandatar z. B. ist mit der Übernahme des Mandates verpflichtet, seine Kraft und Tätigkeit zur Ausführung des ihm erteilten Auftrages einzusetzen; einen Schuldner des Mandanten werden wir ihn aber erst nennen, wenn er infolge des Mandates Werte, z. B. eingenommene Gelder, an den Mandanten zu erstatten hat. —

IV. Das Obligationenrecht behandelt in seinem ersten, *allgemeinen Teile die Obligation als solche*, d. h. das allen oder doch größeren Gruppen von Obligationen *Gemeinsame*, in seinem zweiten, *besonderen Teile* aber *die einzelnen Arten der Obligationen*.[12]

---

8) S. unten über Deliktsobligationen.

9) Diesen Begriff des Kreditums legte der Prätor zugrunde, indem er unter dem Titel „de rebus creditis" auch „de commodato et de pignore" edizierte, l. 1 § 1 D. de reb. cred. 12, 1. Vgl. Paulus libro 28 ad edictum l. 2 § 3 D. eod. — Aber anders klingt l. 2 § 1 D. eod. Über den Begriff des Kredits vgl. Georg Cohn in Endemanns Handbuch des Handelsr. Bd. 2 Abschnitt 6. Dort finden sich Literaturnachweise. Siehe auch Schey, oblig. Verhältnisse Bd. 1 S. 30.

10) Vgl. Petrażycki, Einkommen Bd. 2 § 25. Nach dem Reichsgesetz vom 19. Juni 1893 Art. 4 ist, wer „aus dem Betrieb von Geld- oder Kreditgeschäften" ein Gewerbe macht, bei öffentlicher Strafe verbunden, dem Schuldner jährlich über sie eine schriftliche Rechnung mitzuteilen. Es bleibt zweifelhaft, was hier unter Kreditgeschäften zu verstehen ist. Man wird den Begriff des Textes zugrunde zu legen haben. Vgl. auch BGB. § 778, HGB. § 349.

11) In diesem Sinn unterscheiden sich „Schuld" und „Haftung" insbesondere in den Quellen des deutschen Rechts. Die Unterscheidung wird vorzugsweise von Brinz, Pand. Bd. 2 S. 33 ff. betont. Brinz nimmt an, eine Schuld liege vor, wenn die Leistung aus dem Vermögen des Leistenden zu erfolgen habe oder wenn sie doch nicht ohne Vermögensaufwand von dessen Seite möglich sei, also eine Vermögensverringerung mit sich führe. — Windscheid Bd 2 § 251 Anm. 2 hält es für dem Sprachgebrauch entsprechend, nur „Geldschulden" als Schulden zu bezeichnen. Vgl. übrigens auch Rümelin im Archiv für ziv. Praxis Bd. 68 S. 183.

12) BGB. teilt das Recht der Schuldverhältnisse in 7 Abschnitte ein, die 6 ersten

§ 258. Die Leistungspflicht und ihr Zweck.

I. Die Obligation bietet das Mittel zur Erreichung eines Zieles. Das Mittel ist die Leistungspflicht des Schuldners, das Ziel der Vorteil, welcher dem Gläubiger verschafft werden soll.[1]

Die Obligation hat zum Inhalt die Leistungspflicht des Schuldners, d. h. ein dem Obligationszweck entsprechendes Verhalten desselben. Aber schließlich kommt es dem Gläubiger doch auf den Erfolg an, welcher durch die Leistung herbeigeführt werden soll.

Hieraus erklären sich wichtige Erscheinungen.

Es ist scharf zu unterscheiden: was ist der Inhalt der Obligation? und: was genügt zu ihrer Erfüllung?

Auf den ersten Blick scheint, daß sich beides decken müsse; dies war in der Tat der Standpunkt des ältesten Rechts, aber er ließ sich nicht festhalten. Besonders schwierig war die Frage, wer befugt ist, eine Schuld zu zahlen? Verpflichtet wird durch die Obligation nur der Schuldner und sein Erbe, hierin besteht ihr Inhalt, und dennoch kann sie in der Regel jeder, auch der Nichtschuldner erfüllen. Denn die Leistung durch einen Nichtschuldner bewirkt in der Regel den erstrebten Erfolg nicht minder als eine persönliche Leistung des Schuldners und dies muß zur Tilgung der Obligation genügen.

Weil die Obligationen nur Mittel zur Erreichung bestimmter Ziele bilden, ist es ferner möglich, daß mehrere Obligationen um desselben Zweckes willen begründet werden, und zwar kann derselbe Schuldner in solcher Art verschiedene Obligationen übernehmen. Dies ist z. B. der Fall, wenn der Käufer seinem Verkäufer den Kaufpreis, den er diesem aus dem Kaufkontrakte schuldet, außerdem in einer anderen Rechtsform zusagt, was in Rom durch eine akzessorische Stipulation geschah und heutzutage oft durch Wechsel erreicht wird. Es bestehen dann mehrere Obligationen des Schuldners, aber es handelt sich bei allen um eine Zahlung, um dasselbe Ziel. — Nicht anders ist es, wenn verschiedene Personen dasselbe versprechen, wodurch wiederum mehrere Obligationen entstehen mit nur einem Ziel. Das Wesen der Korrealschuld, deren richtiges Verständnis so viel Schwierigkeiten verursachte, läßt sich hierauf zurückführen.[2]

II. Da die Obligationen die Erlangung eines Vermögensvorteils rechtlich gewährleisten, so repräsentieren sie bereits gegenwärtig in der Schätzung der Menschen einen Vermögenswert. Sie bilden einen Bestandteil des Vermögens des Gläubigers, über welchen er verfügen, den er abtreten und verpfänden[3] kann.

---

enthalten den allgemeinen Teil des Obligationenrechts, der 7. behandelt die einzelnen Schuldverhältnisse.

1) Scharf hat G. Hartmann, die Obligation, Untersuchungen über ihren Zweck und Bau 1875 hervorgehoben, daß in der Obligation zwei Begriffsmomente liegen, indem sie ein juristisches Mittel zu einem bestimmten Zwecke gewährt, vgl. insbesondere S. 31 ff.

2) Vgl. unten §§ 327 ff.

3) Vgl. oben §§ 255 ff.

Bei einer Mehrheit von Obligationen, die übereinstimmend bezwecken, dem Gläubiger dasselbe zu verschaffen, handelt es sich nur um einen Vermögenswert. Sie bilden dann in der Vermögensbilanz des Gläubigers einen Bestandteil — eine Vermögenspost.

§ 259. Die Obligation und die Klage.

I. Den Gläubiger schützt kein Besitz, wie er dem dinglich Berechtigten zugute kommen kann. Gegenüber dem säumigen Schuldner ist er in der Regel auf die Klage angewiesen. Daher ist nur die klagbare Obligation eine vollkommene.[1] Man nennt sie „civilis“, weil sie durch die bürgerliche Gesellschaft geschützt ist, mag sie nun im übrigen geschichtlich dem alten römischen Zivilrecht angehören — obl. civilis im engeren Sinne — oder dem jus gentium.[2]

Die Notwendigkeit für den Gläubiger, erst zu klagen, um zu seinem Rechte zu gelangen, gibt dem Schuldner die oft erwünschte Gelegenheit, die Erfüllung hinauszuziehen, so daß inzwischen der Gläubiger das Geschuldete entbehrt, auch wenn er dessen noch so dringend bedarf. Auch kann nach endlicher Fällung des Urteils Vermögen, welches zur Zeit der Klageerhebung vorhanden war, beim Schuldner nicht mehr zu finden sein. Das Ideal des Prozesses ist daher volle Gerechtigkeit der Entscheidung, nicht minder aber größte Raschheit des Verfahrens. Indessen stehen die Anforderungen zur Verwirklichung dieser beiden Postulate einander nicht selten im Wege.

Das alte römische Recht hatte vorzugsweise schleunigste Erledigung der Prozesse im Auge. Hieraus erklärt sich in erster Linie die Einseitigkeit und Sprödigkeit des altrömischen Obligationenrechts und der ihm zugehörigen judicia stricti juris. Später waren die Römer bestrebt, der materiellen Gerechtigkeit in höherem Maße zu genügen. Nach diesem Gesichtspunkte entwickelten sich die Obligationenrechte seit Ende der Republik, insbesondere die bonae fidei negotia und die entsprechenden Klagen. Aber die Schattenseite blieb nicht aus; die schneidige Erledigung der Prozesse in alter Weise war damit schwer vereinbar.[3]

---

1) l. 10, l. 108 D. de V. S. 50, 16.

2) Für Obligationen des römischen Zivilrechts gebraucht den Ausdruck § 1 J. de obligationibus 3, 13, l. 5 pr. D. de pign. 20, 1, l. 1 § 1 D. de novat. 46, 2. Aber civilis obligatio wird auch jede klagbare Obligation ohne Unterschied ihres Ursprunges genannt, l. 16 §§ 3 und 4 D. de fidej. 46, 1, l. 7 § 2 D. de pactis 2, 14. Anders Scheurl, Heidelberg. krit. Zeitschr. Bd. 1 S. 504.

3) Vgl. oben § 132. Im modernen Recht gelten die Grundsätze der bonae fidei judicia allgemein; die römischen stricti juris judicia sind in ihnen aufgegangen. Doch das Bedürfnis, gewisse Forderungen schleunig zur gerichtlichen Anerkennung zu bringen, hat zu neuen Formalgeschäften, insbesondere zum „Wechsel“ geführt. Vgl. unten § 279 über die abstrakten Obligationen. Übrigens kennt das heutige Recht noch andere Mittel, um Forderungen möglichst rasch zur Vollstreckung zu bringen. Namentlich sind nach ZPO. § 794 Ziff. 5 Ansprüche aus Urkunden, welche von einem deutschen Gerichte oder Notar innerhalb der Grenzen seiner Amtsbefugnisse in der gesetzlichen Form aufgenommen sind, wenn sie die Zahlung einer bestimmten Summe von Geld oder von

II. Im alten Rom reagierte man mit scharfen Prozeßstrafen gegen Prozeßverzögerung durch den Schuldner.[4] Meist trafen sie den Unterliegenden schlechthin, ohne Unterschied, ob er aus Schikane Prozesse führte, oder in gutem Glauben an sein Recht für dasselbe stritt. In der Tat, eine solche Unterscheidung ist zwar billig, aber wenig praktisch, da sie notwendig ein unerquickliches Nachspiel über die Frage der Prozeßschikane des Unterliegenden noch dem Prozeß über die Hauptsache zur Folge hat. Die Verhängung von Prozeßstrafen erscheint überhaupt bedenklich und im justinianischen Rechte waren sie bereits sehr vermindert.[5] [6]

Der Unterliegende hat jedoch in der Regel die Prozeßkosten zu tragen.[7]

III. Die Obligation gewährt nur ein Klagerecht gegen den Schuldner und dessen Erben — eine actio in personam. Andere dürfen aus ihr nicht in Anspruch genommen werden. Daher hat selbst der Gläubiger, welcher eine bestimmte Sache fordern kann, wenn sie sein Schuldner treulos einem Dritten veräußert, kein Klagerecht gegen denjenigen, welcher dieselbe erwarb, obgleich dem Erwerber das Bestehen der Forderung auf die Sache bekannt war. Der Gläubiger ist darauf beschränkt,

---

anderen Fungibilien zum Gegenstande haben, ohne vorgängiges gerichtliches Verfahren von ihrer Fälligkeit an vollstreckbar, falls sich der Schuldner in der Urkunde sofortiger Zwangsvollstreckung unterwarf. Es kann ferner ein Teilurteil als Endurteil über einen von mehreren zusammen zur Verhandlung stehenden Ansprüchen erlassen werden — ZPO. § 301. In vielen Fällen endlich sind Urteile erster Instanz, sei es von Amts wegen, sei es auf Antrag des Gläubigers, vom Richter für vorläufig vollstreckbar zu erklären, so daß die Vollstreckung durch die Einlegung von Rechtsmitteln gegen das Urteil nicht aufgehalten wird. ZPO. §§ 708 ff.

4) Die poenae temere litigantium in der klassischen Zeit stellt Gajus Inst. IV §§ 171 ff. dar.

5) In mehreren Fällen trafen den Schuldner noch Strafen für das Leugnen des Klageanspruchs. Litiskreszenz auf das Doppelte trat namentlich ein, wenn der mit der actio legis Aquiliae wegen Sachbeschädigung Belangte seine Verpflichtung in Abrede stellte, also nicht bloß die Höhe der Klageforderung bestritt — infitiatione actio duplicatur, in confitentem in simplum datur, l. 2 § 1 D. ad legem Aquiliam 9, 2, vgl §§ 19, 23, 26 J. de act. 4, 6. Ferner ging die Klage auf Rückgabe des bei einer außerordentlichen Kalamität gegebenen Depositums — des sog. dep. miserabile — auf das Doppelte, wenn der Depositar den Empfang böswillig ableugnete. Strafen wegen Nichterfüllung waren gleichfalls nicht selten. Der mit der actio quod metus causa Belangte insbesondere, welcher dem richterlichen Befehle der Restitution nicht nachkam, wurde auf das Vierfache verurteilt, ferner hatte der mit einem Vermächtnisse zugunsten der Kirche oder einer pia causa Beschwerte das Doppelte zu zahlen, wenn er es trotz der bischöflichen Mahnung zum Prozesse kommen ließ, §§ 19, 23, 26 J. de act. 4, 6. Alle diese und einige ähnliche poenae temere litigantium des justinianischen Rechts sind der deutschen Praxis fremd geblieben; die neuere Prozeßgesetzgebung hat ihnen zudem den Boden entzogen, wenn sie einen solchen überhaupt gehabt haben. Vgl. L. Seuffert im Archiv für ziv. Praxis Bd. 67 n. 9. Anderer Ansicht Windscheid Bd. 2 § 263 Anm. 15, vgl. aber auch RG. Bd. 11 S. 419, Bd. 26 S. 211. Das BGB. hat die Prozeßstrafen völlig beseitigt.

6) Nachteile des Leugnens, welche das justinianische Recht beibehielt und die man gemeinrechtlich noch anerkannte, finden sich in l. 10 § 1 D. de fidej. 46, 1, vgl. ferner l. 67 § 3 D. pro socio 17, 2, l. 25 pr. D. de prob. 22, 3.

7) § 1 in fine J. de poena temere litigantium 4, 16. ZPO. §§ 91 ff. Vgl. insbesondere Waldner, die Lehre von den Prozeßkosten 1883.

von seinem Schuldner, welcher der Verbindlichkeit zur Leistung der Sache nicht nachkommt, Entschädigung wegen Kontraktbruches zu beanspruchen.[8]

§ 260. Die Naturalobligationen.[1] Das Allgemeine.

Neben den klagbaren Obligationen — obligationes civiles — finden sich klaglose — naturales.

Die obligationes naturales entbehren der Klagbarkeit und sind daher nur uneigentliche, unvollkommene Obligationen. Trotzdem haben sie rechtliche Wirkungen und gelten infolgedessen doch als Obligationen.

Wie erklärt sich ihre Entstehung? Die herrschende Ansicht bezeichnet sie als die Obligationen des jus gentium.[2] Aber damit wird ihre Eigentümlichkeit, nämlich ihre Klaglosigkeit, nicht begründet, sind doch sonst die Ansprüche des jus gentium klagbar geworden. Andere suchen ihre Wurzel im „Naturrechte“ [3], in der „Billigkeit“ [4] oder in der „natürlichen Auffassung“.[5] [6] Auch das bringt uns ihrem Verständnis nicht näher.

---

8) l. 6 C. de hereditate vendita 4, 39. Alexander. Qui tibi hereditatem vendidit, antequam res hereditarias traderet, dominus earum perseveravit et ideo vendendo eas aliis dominium transferre potuit. sed quoniam contractus fidem fregit, ex empto actione conventus quod tua interest praestare cogitur. Vgl. l. 15 pr. C. de rei vind. 3, 32. Die ältere gemeinrechtliche Theorie wollte dies nicht anerkennen. Man schrieb vielmehr dem Gläubiger einer speziell geschuldeten Sache, insbesondere deren Käufer, ein Recht zur Sache — jus ad rem — zu, welches auch dritten Erwerbern gegenüber geltend gemacht werden könnte, wenn sie von jenem Recht beim Erwerb der Sache wußten. Ziebarth, Realexekution und Obligation 1866 S. 203ff., v. Brünneck, über den Ursprung des sog. jus ad rem 1869. Dies scheint durch ethische Anforderungen und die deutsche Volksauffassung geboten. Eine praktische Schwierigkeit liegt aber darin, daß Dritten eine sichere Kenntnis der zwischen anderen bestehenden obligatorischen Beziehungen oft nicht nachweisbar ist. Die neuere Theorie und Praxis ist zu den Grundsätzen des reinen römischen Rechts zurückgekehrt und hat das Recht zur Sache verworfen. Auch BGB. erwähnt das jus ad rem nicht. Vgl. Dernburg, Bürg. Recht Bd. 3 § 63.

1) Das Hauptwerk ist von Schwanert: die Naturalobligation des röm. Rechts 1861. Dort findet sich in der Einleitung S. 7ff. eine Darstellung und Kritik der Schriften von der Glosse an und damit auch eine Übersicht über die Literatur. Vgl. noch Scheurl in Jherings Jahrb. Bd. 7 n. 6 und Brinz, Pand. Bd. 2 §§ 219ff., sowie Unger in Grünhuts Zeitschr. Bd. 15 S. 371, Kuntze, die Obligation S. 192, Pernice, Labeo Bd. 3 S. 253. Frenzel, über die Entstehung des röm. Rechtsbegriffs naturalis obligatio, Leipzig 1897; Gradenwitz, Natur und Sklave bei der naturalis obligatio in der Festgabe für Schirmer 1900; Klingmüller, die Lehre von den natürlichen Verbindlichkeiten 1905. Auch dem BGB. sind Naturalobligationen der Sache, wenn auch nicht dem Namen nach, bekannt. Vgl. Dernburg, Bürg. Recht Bd. 2 § 3.

2) Für diese Auffassung hat man sich seit alters auf eine abgerissene Äußerung von Paulus bezogen: lib. 3 quaestionum l. 84 § 1 D. de R. J. 50, 17: Is natura debet, quem jure gentium dare oportet, cujus fidem secuti sumus. Doch dies heißt nur: Obligationen des jus gentium gelten zugleich als naturale. Daß alle naturalen und namentlich die „klaglosen“ Obligationen im jus gentium wurzeln, ist nicht gesagt und wäre unhaltbar. In späterer Zeit verteidigen die Zurückführung der Naturalobligation auf das jus gentium vorzugsweise Puchta, Pand. § 237 und Savigny, OR. Bd. 1 S. 22ff. Vgl. dagegen Schwanert a. a. O. S. 33ff.

3) Dies war die Auffassung von A. D. Weber, systematische Entwicklung der Lehre von der natürlichen Verbindlichkeit 1784, in 5. Auflage 1825.

4) Scheurl in der Heidelb. krit. Zeitschr. Bd. 1 S. 501ff.; in einer späteren Abhandlung in Jherings Jahrb. Bd. 7 n. 6 hat er diese Ansicht nicht festgehalten.

Es handelt sich hier um einen Gegensatz zwischen der bürgerlichen Gesellschaft und dem Staate. Gewisse Verbindlichkeiten respektiert die bürgerliche Gesellschaft teils mit Rücksicht auf merkantilen Kredit und Ruf, teils als Postulate der Sitte und des Anstandes, während ihnen der Staat aus rechtspolitischen Gründen den Weg der Klage verschließt. An sich sind sie dem Staate fremd; dennoch sieht er sich veranlaßt, eine gewisse Einwirkung solcher sog. natürlicher Verbindlichkeiten auf seine Ordnungen anzuerkennen. Jede Eigenschaft der vollkommenen Obligation ist bei ihnen zulässig, abgesehen von der Klage. Ihre vorzüglichste Wirkung ist die Zahlbarkeit, d. h. die zu ihrer Erfüllung geschehene Leistung wird rechtlich als Zahlung einer Schuld betrachtet.[7] Im einzelnen ist folgendes zu beachten:

1. Wissentlich, d. h. in Kenntnis der Klaglosigkeit der bezüglichen Verbindlichkeiten zu deren Erfüllung gemachte Leistungen gelten als Zahlungen, nicht als Schenkungen.[8]

2. Irrtümlich, d. h. in Nichtkenntnis der Klaglosigkeit geschehene Zahlungen sind seitens des Zahlenden nicht mit der condictio indebiti anfechtbar.[9]

3. Die naturale Obligation kann die Grundlage einer Novation, eines Zahlungsversprechens bilden.[10]

---

5) Die „natürliche Auffassung" ist für Windscheid Bd. 2 § 287 Anm. 5 die Wurzel der naturalis obligatio. Auch ihm gegenüber bleibt die Frage, wie kommt es, daß sich das Recht „die natürliche Auffassung" nicht voll aneignet?

6) Brinz a. a. O. verlangt zur eigentlichen Naturalobligation Kontrakt, Quasikontrakt oder Delikte, gewissermaßen den Körper einer vollkommenen Obligation, so daß aber irgendein Umstand bestehe, welcher die zivile Wirkung oder den zivilen Fortbestand der Obligation ausschließe. Von den eigentlichen Naturalobligationen unterscheidet Brinz die auf der Familien- und Staatsgenossenschaft beruhenden Pflichten — Offizialansprüche, die zwar auch als Naturalschulden bezeichnet würden, aber von den spezifischen naturales obligationes wesentlich abwichen. Dazu kommen dann noch außerhalb der Offizialansprüche auftauchende „natürliche Schuldigkeiten". Ähnlich Schwanert a. a. O., vgl. u. a. S. 53 ff. Diese Theorien gehen zu weit in der Analyse, letztere mag in mancher Richtung bei der Naturalobligation berechtigt sein, eine Gemeinsamkeit ist aber offenbar vorhanden und nachzuweisen.

7) Brinz, krit. Blätter III faßt den Inhalt der naturalis obligatio dahin zusammen, sie sei „zahlbar, nicht klagbar". Dem stimmt Schwanert a. a. O. S. 222 bei. Windscheid Bd. 2 § 288 Anm. 5 hält dieses um deswillen nicht für eine glückliche Formulierung, weil nicht alle Wirkungen der Naturalobligationen als Erfüllungsakte bezeichnet werden können. Dies ist richtig, schließt jedoch nicht aus, daß die Hauptwirkung der Naturalobligation in ihrer Erfüllbarkeit besteht.

8) l. 19 § 4 D. de donat. 39, 5, l. 28 D. de cond. indebiti 12, 6.

9) Julianus libro 53 digestorum l. 16 § 4 D. de fidejussoribus 46, 1: Naturales obligationes non eo solo aestimantur, si actio aliqua eorum nomine competit, verum etiam cum soluta pecunia repeti non potest: nam licet minus proprie debere dicantur naturales debitores, per abusionem intellegi possunt debitores et, qui ab his pecuniam recipiunt, debitum sibi recepisse. Vgl. über diese Stelle auch Windscheid Bd. 2 § 288 Anm. 11. Der ältere Sprachgebrauch hatte als naturales obligationes nur die klagbaren, aus dem jus gentium stammenden Obligationen aufgefaßt. In der Kaiserzeit bezeichnete man so auch Obligationen, die nicht klagbar oder zahlbar sind und sich als debita durch die Ausschließung der condictio indebiti manifestieren. Vgl. übrigens l. 41 D. de cond. indebiti 12, 6, wo bereits Neratius von demselben Gedanken ausgeht, dem Julian Ausdruck gibt.

4. Sie kann rechtsgültig durch Bürgschaft und durch Pfand versichert werden.[11]

5. Kompensation mit naturalen Gegenforderungen ist möglich.[12] Und zwar können sie stets zur freiwilligen Kompensation dienen, aber auch zwangsweise Aufrechnung kommt vor.

Sämtliche dieser möglichen Wirkungen einer Naturalobligation finden sich keineswegs notwendig, ja nicht einmal regelmäßig in jedem einzelnen Falle.[13] Nur davon gehen die Quellen aus, daß in der Regel die Rückforderung einer Zahlung auf die Naturalobligation ausgeschlossen ist, selbst wenn sie im Irrtum geschah.[14] Ausnahmslos ist aber auch dies nicht.

§ 261. Die Fälle der Naturalobligation.

1. Neben dem Verkehre der Bürger bestand in Rom fortgesetzt Handel und Wandel zwischen Bürgern und Sklaven, sowie zwischen Sklaven und Sklaven. Die Sklaven wurden zwar civiliter aus ihren Kontrakten nicht verpflichtet, aber naturaliter galten sie als obligiert.[1]

2. Das Haus des römischen paterfamilias bildete eine Welt für sich. Jeder Hausangehörige konnte tatsächlich sein besonderes Vermögen und Gewerbe haben und mit dem Hausherrn und den derselben Gewalt Unterstehenden kontrahieren. Solche innerhalb des Hauses begründeten Verbindlichkeiten waren aber nicht klagbar; sie bestanden bloß naturaliter.[2]

3. Kontrakte, die von Unmündigen ohne ihren Tutor abgeschlossen werden, obligieren jene klagbar, soweit sie aus denselben bereichert sind.[3] Hiervon abgesehen verbinden sie die Unmündigen, wie mehrfach in den Quellen ausgesprochen wird, nicht einmal naturaliter.[4] Zahlt also der

---

10) l. 1 § 1 D. de novationibus 46, 2, l. 1 § 7 D. de pecunia constituta 13, 5.

11) l. 60, l. 16 § 3 D. de fidejussoribus 46, 1, l. 5 pr. D. de pignoribus 20, 1.

12) l. 6 D. de compensationibus 16, 2, Ulpianus libro 30 ad Sabinum. Etiam, quod natura debetur, venit in compensationem.

13) Zutreffend bemerkt Windscheid Bd. 2 § 288 Anm. 4: „Für jede natürliche Verbindlichkeit muß ihr rechtlicher Gehalt besonders bestimmt werden. Dieser Gesichtspunkt ist besonders von Schwanert verfolgt worden. Ich sehe darin das Hauptverdienst seines Buches."

14) Vgl. oben Anm. 9.

1) l. 13 pr. D. de cond. indebiti 12, 6, l. 50 § 2 D. de peculio 15, 1, l. 14 D. de obl. et act. 44, 7. Ulpianus libro 7 disputationum: Servi ex delictis quidem obligantur et, si manumittantur, obligati remanent: ex contractibus autem civiliter quidem non obligantur, sed naturaliter et obligantur et obligant. denique si servo, qui mihi mutuam pecuniam dederat, manumisso solvam, liberor. Erwarb also der Sklave durch seine Kontrakte civiliter seinem Herrn und daneben „naturaliter" für sich selbst? Vgl. Mandry, Familiengüterrecht Bd. 1 S. 94 über die Worte „et obligant".

2) Von der Pfordten, ziv. Abhandlungen 1840, Abh. 2: Über Obligationen zwischen den durch väterliche Gewalt verbundenen Personen. Erörterungen über derartige Naturalobligationen enthält die berühmte l. 38 D. de cond. indebiti 12, 6 nach ihren Anfangsworten „frater a fratre" genannt. Vgl. namentlich Gradenwitz a. a. O. S. 157 ff.

3) l. 5 pr. und § 1 D. de auctoritate tutorum 26, 8, Ulpianus libro 40 ad Sabinum . . . in pupillum . . . cujvis actionem, in quantum locupletior factus est, dandam divus Pius rescripsit. Über den vermutlichen Ursprung dieser Naturalobligation Krückmann im Archiv für ziv. Praxis Bd. 85 S. 234 ff.

4) l. 41 D. de cond. indebiti 12, 6. Neratius libro 6 membranarum: Quod pupillus sine tutoris auctoritate stipulanti promiserit solverit, repetitio est, quia

Pupill die nichtige Schuld, so kann das Geleistete ohne Zweifel zurückgefordert werden.

Und dennoch liegt auch in solchen Kontrakten der Keim einer Obligation. Er gelangt zur Entwicklung, wenn der Pupill mit Zustimmung des Tutors oder auch allein nach erlangter Selbständigkeit, oder wenn sein verpflichtungsfähiger Erbe in Kenntnis der Sachlage zahlt oder expromittiert,[5] er kann ferner die Grundlage gültiger Zahlung, Verbürgung, Novation, Pfandbestellung durch Dritte bilden.[6] Eine Verpflichtung des Pupillen besteht also doch insoweit naturaliter, als verpflichtungsfähige Personen auf Grund derselben etwas freiwillig leisten oder versprechen können.[7]

Was von den Verpflichtungen Unmündiger gilt, bezieht sich auch auf die der entmündigten Verschwender,[8] nach gemeinem Rechte auch auf die der mündigen Minderjährigen.

4. Den Gelddarlehen an Hauskinder entzog das S. C. Macedonianum die Klagbarkeit. Aber eine naturalis obligatio blieb bestehen.[9] [10] [11]

nec natura debet. l. 58 D. de obl. et act. 44, 7. Licinnius Rufinus, libro 8 regularum: Pupillus mutuam pecuniam accipiendo ne quidem jure naturali obligatur.

5) l. 19 § 4 D. de donat. 39, 5, vgl. l. 20 § 1 D. de novat. 46, 2.

6) l. 127 D. de verb. obl. 45, 1, l. 2 D. de fidejussoribus 46, 1, l. 95 § 4 D. de solutionibus 46, 3, l. 1 § 1 D. de novat. 46, 2, § 3 J. quibus modis tollitur obl. 3, 29.

7) So wird denn die Obligation des Pupillen an einigen Stellen schlechthin als naturale bezeichnet, l. 42 pr. D. de jurejurando 12, 2, l. 21 pr. D. ad legem Falcidiam 35, 2, l. 25 § 1 D. quando dies legator. 36, 3, l. 95 § 4 D. de solutionibus 46, 3. Wie dies mit den oben Anm. 4 abgedruckten Stellen zu vereinigen sei, darüber gehen die Ansichten sehr auseinander. — Es handelt sich nur um verschiedene Standpunkte. Neratius und Licinnius Rufinus beschäftigten sich mit der Frage, ob die Obligation dem Pupillen selbst gegenüber Verbindungskraft habe, und verneinten dies, jede auch nur naturale Verpflichtung für den Pupillen leugnend. Die anderen Schriftsteller, welche die mehr komplizierten Fälle einer Anerkennung durch verpflichtungsfähige Personen ins Auge faßten, bejahten bei dieser Gestaltung die Naturalobligation. In der Sache selbst bestand wohl keine Meinungsverschiedenheit, nur der Ausdruck ist einseitig. Vgl. Brinz Bd. 2 S. 47, Pernice, Labeo Bd. 3 S. 255. Die Ansichten der neueren sind freilich sehr geteilt. Denn einige leugnen die Naturalobligation des Pupillen schlechthin und beziehen die Stellen, welche dieselbe anerkennen, auf Fälle der Bereicherung des Pupillen, was ihnen freilich arge Gewalt antut. So Puchta § 237 Anm. h. Andere wollen alle der Naturalobligation möglichen Wirkungen anerkennen, vgl. Savigny, OR. Bd. 1 S. 61. In neuerer Zeit ist die hier entwickelte Ansicht zur Herrschaft gelangt, jedoch nicht ohne mancherlei Abweichungen im einzelnen. Vgl. namentlich Keller in Bekkers Jahrbuch Bd. 4 n. 12, Krückmann im Archiv für ziv. Praxis Bd. 85 n. 11.

8) Anders Audibert, études sur l'histoire du droit romain Bd. 1 1892 S. 263 ff., Steiniger, Voraussetzungen usw. der Entmündigung 1890 S. 28.

9) l. 9 §§ 4 ff., l. 10 D. de S. C. Maced. 14, 6, l. 26 § 9, l. 40 pr. D. de cond. indebiti 12, 6. Vgl. unten § 295.

10) Das Hauskind kann auch das während der Dauer der väterlichen Gewalt von ihm selbst Gezahlte nicht zurückfordern, l. 9 § 4 D. de S. C. Maced. 14, 6. Dagegen sind seine Expromissionen und andere Zusagen, mittels deren es das Darlehen zurückzuzahlen verspricht, der exceptio des S. C. unterworfen; dieses wäre anderenfalls illusorisch; vgl. l. 2 C. ad S. C. Maced. 4, 28. Daß auch in dem Fall der l. 20 D. h. t. die exceptio gegeben wird, ist freilich bedenklich. — Kompensation mit der Forderung gegen das Hauskind kann der Darlehnsgläubiger nach den Zwecken des S. C. nicht vorschützen. Dernburg, Kompensation S. 471, Windscheid Bd. 2 § 289 Anm. 21; anderer Ansicht ist u. a. Mandry, Familiengüterrecht Bd. 1 S. 522 ff. — Dritte können die Dahrlehnsschuld des Hauskindes rechtsgültig übernehmen, sich für sie verbürgen oder

5. In Fällen, in welchen die Forderung ihre Klagbarkeit verliert, ohne daß der Gläubiger befriedigt wurde, bleibt eine Naturalobligation bestehen, soweit deren Anerkennung mit der Verfassung des Rechtes und den Interessen vereinbar ist, welche zur Aberkennung der Klagbarkeit führten.

Insbesondere erhält sich die Forderung trotz der Klagenverjährung als obligatio naturalis.[12] Kompensation mit verjährten Ansprüchen gegenüber Forderungen, die erst nach Vollendung der Verjährung erwuchsen, kann jedoch nicht durchgesetzt werden.[13]

Auch ungerechtfertigte richterliche Freisprechung des Schuldners läßt die abgewiesene Forderung als naturalis bestehen.[14] Wissentliche Zahlung, sowie Zahlungsversprechen, Verbürgung, Sicherstellung anderer Art sind rechtsgültig. Soweit freilich die Aufrechterhaltung der Rechtskraft des Urteils in Frage kommt, kann von der Geltendmachung einer naturalis obligatio nicht die Rede sein.

6. Schuldverträge, welche der gesetzlichen Form entbehren, begründen naturale Obligationen, sofern der Verpflichtungswille feststeht.[15] [16]

---

sonst verbindlich machen. Vgl. über die Wirkungen der obligatio naturalis des Hauskindes das Nähere bei Mandry a. a. O. S. 502 ff., Huschke, Darlehen S. 91.

11) Die römischen Juristen zogen hieraus den allgemeinen Schluß, daß Einreden „in odium creditoris" eine naturalis obligatio übrig lassen, nicht aber solche „in favorem debitoris". Er bildet aber kein Gesetz, sondern eine juristische Beobachtung, und zwar eine unzureichende. Dies zeigen die Vermächtnisse. Dieselben erleiden einen Abzug, wenn dem Erben die quarta Falcidia nicht übrig bleibt. Zweifelsohne wurde dies nur in favorem debitoris — des Erben — bestimmt. Und doch kann der Erbe nicht zurückfordern, was er wissentlich über die Quart hinaus zahlte — es besteht also eine naturalis obligatio zur Vollzahlung des Vermächtnisses. l. 40 pr. D. de cond. indebiti 12, 6, l. 19 pr. D. eod. Über diese Regel vgl. Savigny, System Bd. 5 S. 375 ff., Windscheid Bd. 2 § 289 Anm. 22.

12) Die naturalis obligatio nach der Klagenverjährung ist oben § 132 Ziff. 2 besprochen. Schriftsteller für und wider sind dort Anm. 3 und 4 zitiert. Weitere Literatur findet sich bei Arndts § 277 Anm. 1.

13) Ebenso BGB. § 390 Satz 2: Die Verjährung schließt die Aufrechnung nicht aus, wenn die verjährte Forderung zu der Zeit, zu welcher sie gegen die andere Forderung aufgerechnet werden konnte, noch nicht verjährt war.

14) Die Quellenzeugnisse widersprechen sich. Für die naturalis obligatio tritt entschieden ein l. 60 pr. D. de cond. indebiti 12, 6 Paulus libro 3 quaestionum: Julianus verum debitorem post litem contestatam manente adhuc judicio negabat solventem repetere posse, quia nec absolutus nec condemnatus repetere posset: licet enim absolutus sit, natura tamen debitor permanet. Hiervon macht eine Anwendung l. 28, l. cit. 12, 6 Paulus libro 32 ad edictum: Judex s imale absolvit et absolutus sua sponte solverit, repetere non potest. Die Forderung bleibt also zahlbar. Tryphoninus libro 8 disputationum l. 13 D. quibus modis pignus solvitur 20, 6 steht dagegen auf anderem Standpunkte . . . si a judice quamvis per injuriam absolutus sit debitor, tamen pignus liberatur. Vgl. Dernburg, Pfandrecht Bd. 2 S. 585. Im justinianischen Rechte lassen sich die Aussprüche sehr wohl in der Weise vereinigen, wie Schwanert a. a. O. tut: „die obligatio als naturalis bleibt bestehen, aber nur in dem durch die Bedeutung der res judicata gestatteten Umfange". Daher selbstverständlich keine Kompensation mit solchen Forderungen; es kann ferner der Schuldner das nach dem Judikate in Nichtkenntnis desselben Gezahlte zurückfordern. BGB. läßt die Frage offen.

15) Ein Fall einer bloß natürlichen Obligation ist es auch, wenn gemäß § 17 des Gerichtsverfassungsgesetzes ein Gerichtshof für Kompetenzkonflikte besteht, und dieser den Rechtsweg über eine Forderung an den Staat aus politischen Gründen ausgeschlossen hat, wie z. B. bezüglich der Forderungen der Allodialerben des Kurfürsten von Hessen

7. Was die **Sitte** fordert, bildet wenigstens in dem Sinne eine Naturalobligation, daß ihr gemäß Geleistetes nicht zurückgefordert werden kann. Es gehört hierher namentlich die Bestellung einer Dos durch den Schwiegervater an seinen Schwiegersohn und durch die Ehefrau an ihren Ehemann, wenn sie im irrigen Glauben, hierzu verbunden zu sein, geschah.[17] [18]

Die Naturalobligationen wurzeln in den Anschauungen der bürgerlichen Gesellschaft. Ihre Zahl ist daher nicht mit den in den Quellen aufgeführten Fällen abgeschlossen. Beispielsweise bleibt der Schuldner, welcher in Konkurs geraten ist und durch Akkord mit der Mehrheit der Konkursgläubiger einen teilweisen Erlaß seiner Schulden erlangt hat, naturaliter zur Vollzahlung verpflichtet.[19] Zahlt er daher später das Erlassene nach, so ist dies Schuldtilgung und keine Liberalität; ebenso sind die für die Vollzahlung später bestellten Sicherheiten rechtsbeständig. Die durch den Akkord erlassenen Ansprüche begründen aber keine zwangsweise Aufrechnung.

Zweiter Abschnitt.

Die Entstehungsgründe der Obligationen.

§ 262. Die Entstehungsgründe der Obligationen im allgemeinen.

Die oberste Einteilung der Entstehungsgründe der Obligationen bei den Römern ist die in **Kontraktsobligationen** und in **Deliktsobligationen**.[1] Sie beruhte auf einem prinzipiellen Gegensatze.

gegen den preußischen Staat geschehen, vgl. Dernburgs Rechtsgutachten über diese Ansprüche 1893.

16) Die Quellen erkennen eine naturalis obligatio an im Falle eines Zinsenversprechens, ohne die nach römischem Rechte erforderliche Form der Stipulation l. 5 § 2 D. de solutionibus 46, 3, l. 11 § 3 D. de pign. act. 13, 7. Daß die Römer auch andere formlose Schuldversprechen als naturaliter verbindlich ansahen, hat Hellmann in der Zeitschr. der Sav.Stiftg., rom. Abt. Bd. 12 n. 14 wahrscheinlich gemacht. Über die l. 1 § 2 D. de verb. obl. 45, 1 siehe daselbst S. 352. Gegen die Annahme einer Naturalobligation ist namentlich Holtius, Abhandlungen, übersetzt von Sutro Bd. 1 S. 7 und Brinz, kritische Blätter III S. 16. Vgl. auch Hofmann, Entstehungsgründe der Obligation S. 31. Natürlich kann das Gesetz seine **Formvorschriften in dem Sinne aufstellen, daß jede Wirkung des bloß formlosen Vertrages, auch die naturale, rechtlich negiert werden muß.** Dies ist z. B. bei der Anforderung gerichtlicher Insinuation größerer Schenkungen der Fall. Vgl. auch BGB. § 125: Ein Rechtsgeschäft, welches der durch Gesetz vorgeschriebenen Form ermangelt, ist nichtig.

17) l. 32 § 2 D. de cond. indebiti 12, 6; ferner auch l. 26 § 12 D. eod. — Schenkungen können unter Umständen eine natürliche Pflicht zu „Gegengeschenken“ erzeugen, l. 25 § 11 D. de her. pet. 5, 3, aber um deswillen allgemein von einer „natürlichen Pflicht zur Dankbarkeit“ zu reden, geht zu weit.

18) BGB. § 814 bestimmt: das zum Zwecke der Erfüllung einer Verbindlichkeit Geleistete kann nicht zurückgefordert werden, ... wenn die Leistung einer sittlichen Pflicht oder einer auf den Anstand zu nehmenden Rücksicht entsprach. Vgl. Dernburg, Bürg. Recht Bd. 2 § 3 S. 11.

19) Ebenso RG. Bd. 42 S. 118, aber anders Seuffert, Archiv Bd. 45 n. 7, siehe auch Bd. 53 n. 135. — Vgl. noch Seuffert, Archiv Bd. 18 n. 140 über den Fall der Präjudizierung eines Wechsels wegen verspäteten Protestes.

Kontrakte sind klagbare Verträge. Sie sind die Mittel des Verkehrs.[2] Delikte sind vom Rechte verbotene und mit Privatstrafe belegte schuldhafte Handlungen. Die aus Delikten entspringenden Obligationen hatten in Rom vorzugsweise Strafzwecke, wenn sie auch dem Privatrechte eingeordnet waren.[3]

Dieser Gegensatz trat in zahlreichen und wichtigen Rechtssätzen hervor. Vor allem waren die Kontraktsobligationen regelmäßig vererblich, die Deliktsobligationen unvererblich.[4] Der Hausvater ferner, welcher seinem Hausuntergebenen ein Pekulium einräumte, konnte bis zum Belaufe desselben aus dessen Kontrakten in Anspruch genommen werden, nicht aber aus dessen Delikten; ihretwegen haftete er nur mit Noxalklagen.[5]

Nicht alle Obligationen entstehen aus Kontrakten oder Delikten, aber alle verfolgen sie in erster Linie entweder vermögensrechtliche Zwecke oder Strafzwecke. Hiernach bezeichneten die Römer Obligationen, welche weder Kontrakten noch Delikten entsprangen, entweder als „quasi ex contractu" oder als „quasi ex delicto".[6] Die ersteren ordneten sich denjenigen Rechtssätzen unter, die für die Kontrakte, die anderen solchen, welche für Delikte aufgestellt waren.[7]

Nach heutigem Rechte verfolgen die Deliktsklagen nicht mehr Strafzwecke, sondern nur Vermögensentschädigung und stehen daher weder prinzipiell noch im einzelnen in einem schroffen Gegensatze zu den übrigen vermögensrechtlichen Obligationen; sie nehmen auch nicht mehr einen so breiten Raum ein wie in Rom.[8]

1) Gaj. Inst. III § 88 (Nunc transeamus) ad obligationes, quarum summa divisio in duas species deducitur: omnis enim obligatio vel ex contractu nascitur vel ex delicto. Vgl. Gaj. Inst. IV § 1, § 1 J. de act. 4, 6

2) Contrahere — im ursprünglichen Sinne zusammenziehen —, wie auch contractus wird von den Römern im weiteren Sinne für jede Begründung rechtlicher Beziehungen unter Individuen verwertet. Vgl. Schloßmann, Vertrag S. 23ff. Es bildete sich aber, und zwar mit Rücksicht auf die Einteilung der Obligationen „ex contractu" und „ex delicto", der engere Sprachgebrauch heraus, wonach Kontrakte klagbare Verträge sind. Hiervon geht namentlich Gajus aus, welcher jene Einteilung vertrat; vgl. Gajus Inst. III § 91, l. 5 D. de obl. et act. 44, 7. Demnach ist die klagbare conventio „contractus", die nicht klagbare bloßes „pactum". Vgl. l. 7 pr. § 1 und 2 D. de pactis 2, 14. Zuweilen bezeichnen die Römer bloß die entgeltlichen klagbaren Verträge als contractus, l. 25 § 1 D. de obl. et act. 44, 7, verb. „sui lucri causa".

3) Vgl. oben § 121.

4) l. 111 § 1 D. de R. J. 50, 17. Gaj. Inst. IV § 122, l. 49 D. de obl. et act. 44, 7.

5) l. 1 D. de nox. act. 9, 4.

6) Schon Gajus libro 2 aureorum l. 1 pr. D. de obl. et act. 44, 7 vermehrt seine ältere Einteilung: — vgl. oben Anm. 1 — obligationes aut ex contractu nascuntur aut ex maleficio aut proprio quodam jure ex variis causarum figuris. Er kommt dann im weiteren Verlaufe — libro 3 aureorum l. 5 D. eod. — auf die Subsumtion der Obligationen in quasi ex contractu und quasi ex delicto. Daher gibt § 2 J. de oblig. 3, 13 die vierfache Einteilung, aut enim ex contractu sunt aut quasi ex contractu aut ex maleficio aut quasi ex maleficio.

7) Vgl. l. 1 §§ 7ff. und l. 5 § 5 D. de his qui effuderint 9, 3.

8) Vgl. unten § 386. Auch die Gruppe der Quasikontrakte ist nicht mehr aufrecht

Als natürlichster Einteilungsgrund gilt demnach, daß ein großer Teil der Obligationen auf Rechtsgeschäften beruht, daß aber ein nicht minder wichtiger Teil sich an andere Tatbestände knüpft.[9]

Die Tatbestände dieser zweiten Gruppe sind mannigfachster Art. Es gehören dahin Vergehen, ungerechtfertigte Bereicherung, verwandtschaftliche und soziale Beziehungen.

Allgemeine Grundsätze sind nur bezüglich der Obligationen, die aus Rechtsgeschäften entspringen, zu entwickeln.

Erstes Kapitel.

Die Form der obligatorischen Geschäfte.

§ 263. Römisches Kontraktensystem.[1]

Genügt zur Begründung der Obligation jedwede irgendwie erklärte Willenseinigung des Gläubigers und des Schuldners? oder bedarf es einer bestimmten Form der Erklärung, welche unzweideutig zum Ausdrucke bringt, daß und was geschuldet sein soll?

Über diese Frage sind die Auffassungen der Völker seit Jahrtausenden geteilt.

Die Römer verlangten eine Form, damit sich der Abschluß des Geschäftes bestimmt abhebe gegenüber Vorbesprechungen und Vorverhandlungen.[2] Hierzu diente ihnen vorzugsweise die Stipulation.

Die Stipulation war ein mündlicher Vertrag unter Gegenwärtigen, bei welchem die Beteiligten ohne Unterbrechung Frage und Antwort austauschten. Der Gläubiger — der Stipulant — mußte die Frage tun, in welcher er die Geschäftsbedingungen formulierte, so daß dem Schuldner — dem Promittenten — nur die Bejahung oblag. In ihrer einfachsten Gestalt lautete die Stipulation centum dare spondes? spondeo.[3]

zu erhalten. Sie umfaßt sehr Verschiedenes. Richtig ist, daß einzelne der Obligationen, welche die Römer als Quasikontrakte klassifizierten, eine innere Verwandtschaft mit bestimmten Kontraktobligationen haben, so daß deren Analogie für sie verwertet werden kann; dies gilt namentlich für die negotiorum gestio im Verhältnisse zum Mandat. Es ist dies nichts allen römischen Quasikontrakten Eigentümliches. Vgl. Ramm, der Quasikontrakt 1882.

9) Anders Brinz Bd. 2 § 247.

1) Gneist, die formellen Verträge des neueren röm. Obligationenrechts 1845, A. Pernice in der Zeitschr. der Sav.Stiftg., rom. Abt. Bd. 9 S. 195, L. Seuffert, zur Geschichte der obligatorischen Verträge 1881, Pflüger, Nexum und Mancipium 1908. — Eine vollständige Darstellung des römischen Kontraktensystems und seiner Entwicklung ist hier nicht beabsichtigt, vielmehr nur Hervorhebung des für das Verständnis des jüngsten römischen Rechts Wesentlichen.

2) Pauli sententiae II, 14 § 1 ex nudo pacto inter cives Romanos actio non nascitur.

3) Vgl. l. 1 pr. ff. D. de verb. obl. 45, 1. Über die Entstehungsgeschichte der Stipulationen siehe Danz, der sakrale Schutz 1857, Kuntze, Exkurse zu den Institutionen S. 157.

Häufig wurden über die Stipulationen Urkunden aufgenommen, welche das mündliche, rasch verhallende Wort schriftlich fixierten. Dies war nichts rechtlich Notwendiges, aber bereits zu Ciceros Zeit Sitte.[4]

Den griechischen Nationen, welche vor und nach ihrer Unterwerfung in lebhaftem Verkehr mit den Römern standen, war die Form der Stipulation fremd. Bei ihnen galt die Schriftlichkeit als Regel, formlose Verträge waren aber nicht wirkungslos, wenn man Zeugen für sie hatte.[5] Nach und nach gewann dies auf das römische Recht Einfluß.[6]

In Rom machte sich frühe die Anschauung geltend, daß bei gewissen Geschäften Treue und Glauben — die fides — die Erfüllung auch des formlos gegebenen Worts vom ehrbaren Bürger fordere. Freilich stützte man sich hierbei ursprünglich nur auf die öffentliche Meinung und auf Rücksichten des Kredits; für gewisse Fälle trat die Drohung der Infamie hinzu. Schließlich wurden aber Klagen aufgestellt, welche die Erfüllung jener Geschäfte erzwangen, wenn sie auch formlos eingegangen waren.[7]

Wohl blieb die Stipulation die Regel für die Eingehung von Verpflichtungen, aber diese Regel wurde mehr und mehr durch sehr weitgehende Ausnahmen durchbrochen.

In der Kaiserzeit unterschied man demzufolge 4 Kategorien von obligatorischen Verträgen nämlich Real-, Verbal-, Literal- und Konsensualkontrakte.[8]

1. **Realkontrakte** sind **Darlehen**, **Kommodat**, **Depositum** und **Pfandkontrakt**.

Die Realkontrakte sind zusammengesetzte Geschäfte.[9] Der eine Teil gibt eine Sache zum Eigentum oder zum Besitz, oder wenigstens zur Detention, und der andere Teil verbindet sich zur Rückgabe.

2. **Verbalkontrakte** waren vorzugsweise die **Stipulationen**. In der Kaiserzeit nahmen die Stipulationsurkunden praktisch fast den Charakter von **Literalkontrakten** an. Denn es genügte, daß in ihnen das Versprechen des Promittenten schriftlich anerkannt war. Der Gegen-

---

4) Cicero, Topica cap. 25, 26.

5) Mitteis, Reichsrecht und Volksrecht 1891 S. 459, 514.

6) Dies ist Hypothese. Sie findet einen freilich unsicheren Anhalt in der traditionellen Äußerung der römischen Juristen, daß „ex jure gentium omnes paene contractus introducti sunt, ut emptio venditio, locatio conductio, societas, depositum, mutuum et alii innumerabiles“ § 2 in fine J. de jure naturali 1, 2. Zahlreiche Analogien dienen zur weiteren Unterstützung, unter anderem das Eindringen der „formlosen Hypothek“ aus dem griechischen Rechte.

7) l. 11 § 1 D. de act empt. vend. 19, 1. — Pernice, Labeo Bd. 1 S. 408 ff. hat nachgewiesen, daß die „fides“ entscheidenden Einfluß auf die Entwicklung der Klagbarkeit von formlosen Verträgen, namentlich von Mandat und Sozietät gewann. Doch liegt hierin nach unserer Auffassung nur ein Übergangsmoment. Als sich im Leben das Bedürfnis geltend machte, daß gewisse formlose Verträge festgehalten würden, bildete sich zunächst die Anschauung, daß die „fides“ ihre treue Erfüllung verlange, und nachdem diese Überzeugung eingewurzelt war, gab man gegen den, welcher ihr untreu wurde, eine Klage.

8) Gaj. Inst. III § 89.

9) Vgl. namentlich Brinz Bd. 2 § 228.

beweis, daß der mündliche Akt unterblieben sei, wurde unzulässig; nur den Nachweis gestattete man, daß an dem Tage der Ausstellung der Urkunde einer der Beteiligten nicht am Orte war, von dem aus sie datierte.[10]

3. Nach altrömischem Rechte wurden Literalkontrakte durch Eintragungen in das Hausbuch des Gläubigers — den codex accepti und expensi — unter Einwilligung des Schuldners abgeschlossen. Dies Institut war im Justinianischen Rechte antiquiert. Was hier Literalkontrakt genannt wird, ist eine zweideutige Rechtsbildung.[11]

4. Klagbar waren endlich als Konsensualkontrakte infolge bloßer formloser Willensübereinstimmung 4 Verträge mit typischem, genau bestimmtem Inhalt: nämlich Kauf, Miete, Mandat und Gesellschaft.

Dazu kamen gewisse Geschäfte, denen der Prätor[12] sowie spätere Kaiser[13] Klagbarkeit verliehen hatten — sog. pacta praetoria und legitima.

Der Kreis der klagbaren gegenseitigen Konsensualkontrakte war ein festgeschlossener. Formlose gegenseitige Geschäfte, welche nicht unter die Typen von Kauf, Miete, Mandat oder Gesellschaft fielen — namenlose, Innominatkontrakte —, waren daher nicht klagbar. Aber hier trat ein neues bedeutsames Moment hervor — die Erfüllung. Wer aus derartigen Geschäften seinerseits geleistet hatte, dem stand, falls die erwartete Gegenleistung ausblieb, seit alters die condictio sine causa behufs Rückforderung des Geleisteten offen. Seit der Kaiserzeit gewährte man ihm auch eine Forderung auf die versprochene Gegenleistung.

Den Anstoß gab der Trödelvertrag. Dies ist ein Geschäft, bei welchem dem Trödler eine Sache zum Verhandeln unter der Vereinbarung übergeben wird, daß er entweder die Sache oder einen bestimmten Schätzungspreis zurückgebe.[14] Ein derartiger Vertrag ist weder Kauf, noch Miete, noch Mandat. Daher verstand sich der Prätor dazu, für denselben eine eigene Klage „ex fide bona" aufzustellen, die aestimatoria praescriptis verbis, mittels deren der Geber die Sache oder den Preis vom Trödler einfordern konnte.[15]

---

10) Pauli sent. V. 7 § 2, l. 134 D. de verb. obl. 45, 1, l. 1 C. de contr. stip. 8, 37, dann l. 14 C. eod. — Gneist a. a. O. S. 253, Mitteis, Reichsrecht S. 459. Über den von Wendt in Iherings Jahrb. Bd. 28 n. 1 angenommenen Realverbalkontrakt siehe Pernice in der Zeitschr. der Sav.Stiftg., rom. Abt. Bd. 13 S. 246.

11) Siehe hierüber unter § 344 Anm. 10.

12) Hauptfall war das constitutum. Vgl. unten § 326.

13) Es gehörte hierher namentlich das formlose Schenkungsversprechen l. 35 § 5 a. ff. C. de donat. 8, 54.

14) Vgl. unten § 377.

15) Karlowa, Rechtsgeschäft S. 254 hat zuerst bemerkt, daß die actio aestimatoria der Ausgangspunkt für die Innominatkontrakte gewesen sei, und daß eine allgemeine, für alle bezüglichen Fälle bestimmte actio praescriptis verbis nicht im prätorischen Edikte proponiert war. Lenel, edictum S. 237 hat dies zu völliger Überzeugung ausgeführt. Vgl. l. 1 pr. D. de aestimatoria 19, 3, l. 1 § 1 D. de rerum permutatione 19, 4, l. 2 D. de praescriptis verbis 19, 5. Siehe desgleichen über den Ausdruck „actio" praescriptis verbis Gradenwitz, Interpolationen S. 123, Lenel, Zeitschr. der Sav.Stiftg., rom. Abt. Bd. 9 S. 181.

Auf Grund der Autorität großer Rechtslehrer, insbesondere des Labeo, gewährte der Prätor analog dieser Klage auch aus anderen unbenannten gegenseitigen Verträgen demjenigen, welcher seinerseits erfüllt hatte, eine Klage „praescriptis verbis" auf die versprochene Gegenleistung. Dies beruhte freilich weder auf Gesetz, noch auf Edikt, sondern auf nicht unbestrittener Juristenmeinung und prätorischer Praxis. Um so begreiflicher ist es, daß man dem erfüllenden Teil außer dem neuen Weg die ihm seit alters zustehende condictio sine causa auf Rückerstattung des von ihm Geleisteten beließ. Ihm blieb also ein Reuerecht, d. h. die Befugnis zum Rücktritt vom Geschäfte, bis er die Gegenleistung annahm.[16]

§ 264. Das römische Kontraktssystem und die Rechtsentwickelung in Deutschland.[1]

1. Das römische Kontraktssystem war zur Rezeption in Deutschland nicht geeignet. Es fehlten ihm innere Harmonie und Konsequenz. Denn das Prinzip der Notwendigkeit der Form war zwar in ihm nicht verdrängt, aber durch Ausnahmen, die zum großen Teile auf historischen Zufälligkeiten beruhten, willkürlich durchbrochen. Zudem fand die Form der Stipulation keine Anknüpfungspunkte im modernen Leben.[2]

Gleichwohl behaupteten noch die Zivilisten des Mittelalters die Klaglosigkeit der pacta nuda. Aber die Kanonisten entschieden sich für den Zwang zu deren Erfüllung.[3] Daraufhin stellte sich die Klagbarkeit formloser obligatorischer Verträge in der Theorie des gemeinen Rechts fest und wurde zu unbestrittenem Gewohnheitsrechte.[4]

2. Hiernach sind auch die römischen Innominatkontrakte sofort mit dem Abschlusse beiderseitig klagbar. Es bedarf also nicht mehr der Erfüllung, um ein Klagerecht auf die Gegenleistung zu erzeugen. Eine Konsequenz hiervon war, daß das Reuerecht dessen wegfiel, der leistete, ohne daß ihm die Gegenleistung erfüllt wurde; er hatte seiner Schuld genügt und war daher nur noch zur Einklagung der versprochenen Gegenleistung befugt.[5]

16) Ohne Zweifel stand dem Geber eine condictio sine causa — also ein Rücktrittsrecht — offen, wenn der Empfänger mit der Gegenleistung in Verzug war l. 1 § 4 D. de rer. permut. 19, 4. Hatte aber der Geber auch ein Reuerecht und eine sog. condictio ex poenitentia, ehe der andere Teil mit der Gegenleistung in Verzug kam, insbesondere wenn die für die Gegenleistung vereinbarte Zeit noch nicht abgelaufen war? Dies galt jedenfalls für das justinianische Recht l. 3 §§ 1 und 2, l. 5 pr. § 1 D. de cond. causa data 12, 4. Daß aber diese Stellen interpoliert seien, führt Gradenwitz, Interpolationen S. 146 aus. Ebenso Pernice, Labeo Bd. 3 S. 262.

1) Lothar Seuffert, Geschichte der obligatorischen Verträge 1881, R. Stintzing, Rezension dieses Werkes in der krit. Vierteljahrsschr. Bd. 23 S. 489.

2) Nach älterem deutschen Recht bedurfte der Schuldvertrag einer bestimmten, hörbaren und sichtbaren Form, insbesondere Hingabe eines Stabes oder Halmes oder eines anderen Symbols — wadia —, oder das Geloben mit Hand und Mund — Handschlag — oder das Geloben mit Fingern und Zunge — Aufrecken der Finger, auch in fränkischer Zeit Hingabe einer Schuldurkunde, Brunner, Grundriß der deutschen Rechtsgesch. S. 189. Aber schon im späteren Mittelalter machte sich vielfach der Satz geltend, daß man auch das formlos gegebene Wort halten müsse.

3) Vgl. die bei Seuffert a. a. O. S. 45 Angeführten.

4) Die Formlosigkeit der obligatorischen Verträge ist nicht ohne Bedenken. Sie führt die Gefahr mit sich, daß aus Äußerungen, die unüberlegt hingeworfen wurden, Klagen erhoben werden, nicht minder, daß über Inhalt und Tragweite der formlosen Verträge weitläufige und schwierige Prozesse entstehen. Dann kommt es zu schwankenden Zeugenaussagen und zum Schiedseid, — beides nicht allzu erwünschte Mittel des Prozesses. Doch ist auch BGB. für das Prinzip der Formfreiheit, immerhin mit erheblichen Ausnahmen. Dernburg, Bürg. Recht Bd. 1 §§ 134 ff.

3. Hieran schließt sich die Frage, ob die *römischen Realkontrakte* noch ihren ursprünglichen Charakter bewahrt haben, oder ob sie in der großen Masse der *Konsensualkontrakte aufgegangen* sind? Ist also das einfache Darlehen noch heute Realkontrakt, so daß die Leistung der Valuta durch den Darlehensgeber aufzufassen ist als „obligandi causa“ geschehen? Oder ist es Konsensualkontrakt geworden, so daß die Hingabe der Valuta als solvendi causa gilt, d. h. als Tilgung der vom Darlehensgeber mittels des Darlehenskontraktes seinerseits übernommenen Verbindlichkeit?[6] Das erstere trifft zu. Es entspricht der Auffassung des Verkehrs und des Lebens, daß sich Verbindlichkeiten wegen Darlehen, Depositum, Kommodat erst an die Inempfangnahme knüpfen. Hiernach bilden solche Geschäfte immer noch eine besondere Gruppe. Sie sind freilich in anderem Sinn Realkontrakte als in Rom, denn die Hingabe bildet nicht mehr, wie ehedem, eine positive und zwingende *Bedingung der Klagbarkeit*, sondern ein nach der Verkehrsauffassung als Parteiwille zu unterstellendes *Merkmal der Vertragsperfektion*. Dies gilt auch nach dem Recht des BGB.[7]

4. Obgleich Stipulationen nicht mehr geschlossen werden, spricht man auch heutzutage noch von „Stipulanten“ und „Promittenten“. Stipulant ist, wer einen Vertrag irgendwelcher Art abschließt, um Gläubiger, Promittent, wer ihn abschließt, um Schuldner zu werden.

Zweites Kapitel.

Der Abschluß obligatorischer Geschäfte.

§ 265. Schuldverträge und einseitige Versprechen.

I. Die Obligationen werden regelmäßig durch *Verträge* begründet, indem der Gläubiger ein Schuldversprechen des Schuldners annimmt.[1] Ob hierbei der Gläubiger das Versprechen herausfordert, wie dies bei der römischen Stipulation geschah, oder ob der Schuldner den Vorschlag macht, in welchen der Gläubiger seinerseits willigt, ist rechtlich unerheblich.

Den Römern erschien der Vertrag nur zwischen einem *bestimmten Gläubiger* und einem *bestimmten Schuldner* als möglich.[2] Nach

---

5) Diese Konsequenzen fanden nur allmählich und nicht ohne Widerstreben Anerkennung. Schriftsteller des letzten Jahrhunderts, welche die römische Theorie der Innominatkontrakte als praktisch verteidigen, zählt Seuffert a. a. O. S. 144 auf.

6) Die Frage ist sehr bestritten. Vgl. Demelius, Realkontrakt im heutigen Rechte in Iherings Jahrb. Bd. 3 n. 5, Unger, ebendaselbst Bd. 8 n. 1, Schey, Oblig. Verh. Bd. 1 S. 36.

7) Vgl. Dernburg, Bürg. Recht Bd. 1 § 78 Ziff. 5.

1) Vgl. auch BGB. § 305. Das Versprechen erscheint deutscher Rechtsauffassung als der Hauptbestandteil des Vertrages, die Annahme desselben — ein Ausdruck, der ursprünglich eine körperliche Handlung, nämlich die Ergreifung eines vom Schuldner dargebotenen *Wahrzeichens* des Vertrages, bedeutete — als etwas Akzessorisches. Vgl. Siegel, das Versprechen als Verpflichtungsgrund S. 7 ff.; aber auch F. Hofmann, die Entstehungsgründe der Obligation S. 64 ff. Nicht richtig ist die Behauptung Siegels S. 49, daß nach deutschem Recht *allgemein* der *einseitige* Wille, sich zum Schuldner zu machen, eine Verpflichtung desselben begründe und daß dessen Annahme durch den Gläubiger nur erforderlich sei, wenn der Schuldner sich für diesen Fall allein verpflichten wollte. Siehe auch Jacobi in Iherings Jahrb. Bd. 35 n. 1, Affolter im Archiv für bürgerl. Recht Bd. 4 S. 1 ff. und Kohler daselbst S. 49 ff.

2) Die meisten Romanisten verwerfen Verträge mit unbestimmten Gläubigern nach

deutscher Auffassung[3] kommen auch Verträge mit unbestimmten Gläubigern — die dem Schuldner gegenüber anonym bleiben — zu stande, indem ein Dritter statt des Gläubigers akzeptiert.[4]

II. In gewissen Fällen entstehen Obligationen durch einseitiges Versprechen des Schuldners.[5] Die Annahme des Versprechens ist zum Zustandekommen der Obligation zwar nicht erforderlich, es bleibt aber dem Ermessen des Gläubigers anheimgestellt, ob er von der ihm erwachsenen Befugnis Gebrauch machen will oder nicht.

Schon das römische Recht kannte derartige Fälle. Ihnen war gemeinsam, daß es sich um Zusagen handelte, die außerhalb des Geschäftsverkehrs standen. Man verschmähte hier die gewöhnlichen Formen.

Hauptfall ist das einseitige Versprechen einer Gabe — pollicitatio[6] — an eine Stadtgemeinde[7] wegen erwiesener Ehren oder aus anderen triftigen Gründen.

Auch das Votum gehört hierher, d. h. das einseitige Versprechen einer Zuwendung zugunsten frommer Zwecke.[8]

römischem Rechte, vgl. namentlich l. 10 und l. 21 D. de stip. servorum 45, 3. Siehe die bei Sohm in Goldschmidts Zeitschr. Bd. 17 S. 56 Anm. 34 Angeführten. Sohm selbst ist abweichender Ansicht.

3) Vgl. über das ältere deutsche Recht Gareis in Goldschmidts Zeitschr. Bd. 21 S. 349 ff., Brunner ebendaselbst Bd. 22 S. 85.

4) Speziell anerkannte Geschäfte mit unbestimmten Personen bilden die Seeversicherungen „für fremde Rechnung", wenn der Kommissionär oder Spediteur oder ein sonstiger Vertreter für einen nicht genannten Dritten Waren desselben versichert: desgleichen die Seeversicherungen für Rechnung dessen, „den es angeht", bei welchen offen gelassen wird, ob der Versicherungsnehmer für sich oder für einen Dritten versichert. Doch auf diese besonderen Fälle ist die Möglichkeit von Verträgen mit unbestimmten Personen nicht einzuschränken. Daher erkennt RG. Bd. 11 S. 249 die Rechtsgültigkeit eines Schuldscheines an, laut dessen sich der Aussteller dem künftigen Gläubiger einer auf das Grundstück eines Dritten einzutragenden Hypothek verbürgt. Siehe auch G. L. Strempel, die Blankozession nach gemein. R. 1893. BGB. läßt die Frage offen. Vgl. Dernburg, Bürg. Recht Bd. 2 Abt. 1 § 81 S. 177.

5) Solche Verpflichtungen aus einseitigen Versprechen sind im allgemeinen wie die aus Verträgen zu behandeln.

6) Der Ausdruck „pollicitatio" ist vieldeutig und bezeichnet nicht selten einen „formlosen Vertrag". Vgl. Schloßmann, Vertrag S. 153. Daß er aber — was Schloßmann leugnet — auch ein bloß einseitiges Versprechen bezeichnen kann und gerade in der Lehre der Versprechen an Stadtgemeinden diese Bedeutung hat, geht unzweideutig aus l. 3 pr. D. de pollicitationibus 50, 12 hervor. Ulpianus libro 4 disputationum: Pactum est duorum consensus atque conventio, pollicitatio vero offerentis solius promissum. et ideo illud est constitutum, ut, si ob honorem pollicitatio fuerit facta, quasi debitum exigatur. sed et coeptum opus, licet non ob honorem promissum, perficere promissor eo cogetur, et est constitutum. Vgl. Karlowa, Rechtsgeschäft S. 273, Regelsberger, Streifzüge im Gebiet des Zivilrechts 1892 II.

7) Nach RG. Bd. 15 S. 213 gilt dasselbe für Zusagen zum Vorteil des Staates. Dagegen Regelsberger a. a. O. S. 27. Die Pollizitationen standen unter einem Sonderrechte. Namentlich konnte sich der verarmte Schenker mit dem fünften Teile seines Vermögens von der Vollendung des Werkes frei machen. Reichte ferner die Erbschaft des Pollizitanten für das Werk nicht aus, so waren seine Erben befugt, wenn sie seine Deszendenten waren, sich mit dem zehnten, wenn sie dies nicht waren, mit dem fünften Teile der Erbschaft loszukaufen. In mehreren Einzelheiten sind übrigens die Äußerungen der römischen Juristen nicht übereinstimmend. Vgl. l. 6 pr., l. 9, l. 11, l. 14, l. 15 D. h. t. 50, 12, siehe ferner Windscheid Bd. 2 § 304 Anm. 7 und 8. Das BGB. hat dieses Institut beseitigt.

In viel weiterem Maße verwertet das moderne Recht die Verbindungskraft einseitiger Versprechen. Es läßt sie in allen Fällen zu, in welchen diese Weise der Verpflichtung allgemeinen Verkehrsinteressen nützlich ist.[9] Die Hauptfälle sind folgende:

1. Die Auslobung, d. h. die einseitige, öffentlich bekannt gemachte Zusage einer Belohnung für eine nützliche Leistung.[10] Widerruf oder Modifikation der Auslobung steht daher dem Auslobenden nach der Verkündung nur frei, wenn er sich dies vorbehielt. Die Interpretation seiner Auslobung ist ihm aber im Zweifel zuzugestehen. Wer die Leistung vollzieht, erwirbt sich und seinem Erben den Anspruch auf den ausgelobten Preis, auch wenn die Ausführung nicht mit Rücksicht auf die Auslobung und selbst wenn sie ohne Kenntnis von derselben geschah.[11] [12]

2. Inhaber- und Orderpapiere werden mit ihrer Ausstellung perfekt, so daß Gläubiger aus ihnen wird, wer immer die Urkunde gutgläubig erwirbt, sofern ihn die Skriptur äußerlich als Gläubiger legitimiert.[13]

3. Schon nach gemeinem Recht waren bindende Offerten möglich, d. h. Anerbieten zu einem Vertrage, bei denen man sich des Rechts zum Rücktritt für den Fall begibt, daß der Adressat die Offerte innerhalb der durch sie vorgesehenen Zeit annimmt.[14]

---

8) l. 2 D. de pollicitationibus 50, 12, cap. 18 X. de censibus 3, 39.

9) Vgl. Ehrlich, stillschw. Willenserklärung S. 225. Dernburg, Bürg. Recht Bd. 2 Abt. 1 § 79.

10) Gewohnheitsrecht hat die Auslobungen für nützliche Zwecke zu rechtsverbindlichen gemacht. Jede ernstlich gemeinte Auslobung für rechtsverbindlich zu erklären, ist unzweckmäßige Übertreibung. Es verspricht z. B. jemand öffentlich im Wirtshaus dem 100 Mark, welcher sein Glas am schnellsten leert. BGB. § 657 unterscheidet nicht, doch auch unter seiner Herrschaft wird kein Gericht aus läppischen Versprechen verurteilen. Man wird sie für „nicht ernst" erklären, so sehr auch der Auslobende seinen Ernst bei der Auslobung versicherte.

11) Den Römern waren Auslobungen sehr wohl bekannt. Ein originelles Beispiel gibt das Sklavenhalsband: fugi, tene me, quum revocaveris me domino meo Zosino, accipis solidum. Bruns, fontes ed. VI, p. 320. Aber es entstand hieraus nur eine Anstandspflicht, keine klagbare Obligation. — Anders im gemeinen Recht. Doch behaupteten viele, z. B. Windscheid Bd. 2 § 308 Anm. 3, daß in der Auslobung nur eine Offerte an eine unbestimmte Person liege, die der Annahme bedürfe. Windscheid, das. Anm. 7, leugnete ferner die Verpflichtung aus der Auslobung, wenn sie zurückgenommen wurde, selbst nachdem die vorgeschriebene Tätigkeit begonnen, aber noch nicht vollendet war. Es fehlte noch die Annahme. Habe jedoch jemand bereits eine Aufopferung gemacht, so müsse sie der Auslobende wegen „culpa in contrahendo" ersetzen. Über die Auslobung vgl. Siegel a. a. O. S. 91, Hofmann a. a. O. S. 38, Hasenöhrl, österr. Obl.Recht Bd. 2 § 57, Brinz, Bd. 4, Aufl. 2 S. 254, Lichtenstein, die Auslobung, Göttinger Inaug.Diss. 1893, Arnaldo Lucci, delle promesse per publici proclami, Napoli 1893, Oertel, die Lehre von der Auslobung 1895, Brummund, die Auslobung Greifswalder Inaug.Diss. 1898, Elster, die Auslobung nach gem. Recht und BGB. im Archiv für Bürg. Recht Bd. 18 S. 125 ff., Kohler in ders. Zeitschr. Bd. 25 S. 1 ff. Nach BGB. kann die Auslobung bis zur Vornahme der Handlung widerrufen werden, in der Bestimmung einer Frist für dieselbe liegt im Zweifel ein Verzicht auf die Widerruflichkeit. Eine Auslobung, die eine Preisbewerbung zum Gegenstand hat, ist nur gültig, wenn in der Bekanntmachung eine Frist für die Bewerbung bestimmt wird, vgl. §§ 658, 661. Die Auslobung ist unzweifelhaft ein einseitiges Versprechen. Die Belohnung erhält derjenige, welcher die Handlung vorgenommen hat, auch dann, wenn er nicht mit Rücksicht auf die Belohnung handelte; § 657. Vgl. Dernburg, Bürg. Recht Bd. 2 § 335, 2. Abt. S. 476.

12) Über den Fall, daß die Tätigkeit mehrerer den Erfolg bewirkt hat, vgl. BGB. § 660, über denjenigen, daß mehrere die Leistung selbständig vollbrachten, § 659 das.

13) Die Frage, ob das Inhaber- und Orderpapier auf Vertrag oder einseitiger „Kreation" beruht, war im bisherigen Recht sehr bestritten. Das BGB. hat sich der Kreationstheorie angeschlossen, vgl. §§ 793 ff.

14) Nach BGB. § 145 ist der Vertragsantrag im Zweifel bindend.

§ 266. Vertragsverhandlungen. Vorverträge.[1] Culpa in contrahendo.

1. Behufs des Vertragsschlusses werden oft langwierige Verhandlungen geführt, welche die entgegenstehenden Wünsche der Parteien zum Ausgleiche bringen sollen, nicht selten geht dieser nur schrittweise und Punkt für Punkt vor sich. Ein Vertrag ist aber erst zustande gekommen, wenn Einigkeit über alle nach dem Begriffe des bezüglichen Geschäftes und nach der Parteiabsicht wesentlichen Punkte erzielt ist. Selbst wenn die Parteien den materiellen Inhalt des Geschäftes vollständig feststellten, bleibt alles noch offen, falls sie das Geschäft von der Genehmigung eines Dritten oder einer bestimmten Form des Abschlusses, z. B. schriftlicher oder notarieller Beurkundung, abhängig gemacht haben.[2]

2. Dem Vertrage, wie ihn die Parteien bezwecken, können Vereinbarungen vorausgehen, welche die Kontrahenten bereits binden, aber nach ihrer Absicht durch weitere Verträge auszuführen und zu vervollständigen sind — Vorverträge.

a) Hierher gehören die sog. Punktationen. Man versteht darunter bei der Vertragsverhandlung gemachte Aufzeichnungen derjenigen Punkte, über welche bereits Verständigung eintrat. Die Punktation kann verschiedene Bedeutung haben.[3] Bald dient sie bloß pro memoria zur Vorbereitung

1) Vgl. Regelsberger, zivilrechtliche Erörterungen I 1868, Degenkolb, der Begriff der Vorverträge 1871, mit Ergänzungen im Archiv für ziv. Praxis Bd. 71 Nr. 1. Adler, Realkontrakt und Vorvertrag in Iherings Jahrb. Bd. 31 n. 4. Schloßmann in derselben Zeitschr. Bd. 45 S. 1 ff.; Stintzing, die Vorverpflichtung im Gebiete der Schuldverhältnisse 1903.

2) Welche Tragweite hat es aber, wenn vor dem Abschlusse schriftliche Form verabredet ist? Hat es den Sinn einer Vertragsbedingung? oder bloß der Sicherung des Vertrages, damit das mündlich Vereinbarte nachträglich dauernd fixiert werde? Justinian wollte im Falle der Abrede einer Beurkundung eine Vertragsbedingung angenommen haben. l. 17 C. de fide instrumentorum 4, 21, vgl. pr. J. de empt. et vend. 3, 23. Über die hier angeführten Formen der Urkunde siehe Brunner, Rechtsgeschichte der römischen und germanischen Urkunde 1880, S. 63 ff. Über die Auslegung der l. 17 C. de fide instrumentorum l. c. herrscht Streit. Seuffer, Abhandlungen aus dem Zivilrecht I, über die Verabredung der Schrift 1860, findet in der Verordnung nur Vorschriften über die Abfassung bezüglicher Urkunden. Regelsberger a. a. O. S. 14 meint dagegen, daß Justinian die Vereinbarung über die Schriftlichkeit als eine Bedingung und zwar ohne Zulassung des Beweises einer anderen Willensmeinung aufgefaßt wissen wollte. Die gemeinrechtliche Praxis hat sich dem aber nicht gefügt, ließ vielmehr die Parteiabsicht vom Richter frei erforschen, um hiernach die Bedeutung der Abrede zu bestimmen. Anders BGB. § 154 Abs. 2: „Ist eine Beurkundung des beabsichtigten Vertrages verabredet worden, so ist im Zweifel der Vertrag nicht geschlossen, bis die Beurkundung erfolgt ist." Dernburg, Bürg. Recht Bd. 1 § 139. Wird nach Abschluß eines mündlichen Vertrages über dessen Inhalt eine von den Vertragschließenden vollzogene Urkunde aufgesetzt, so bildet sie keineswegs eine bloße Beweisurkunde über den mündlichen Vertrag, sondern eine neue schriftliche Vereinbarung — Vertragsreproduktion. Vgl. Degenkolb im Archiv für ziv. Praxis Bd. 71 n. 5, gegen ihn Paul Meyer im Archiv für ziv. Praxis Bd. 87 n. 3. Zur Entkräftung der Schrift genügt daher nicht der Nachweis, daß ihr Inhalt von dem des vorhergehenden mündlichen Vertrags abweicht. Notwendig ist vielmehr, daß die Änderung oder Auslassung in der Urkunde ersichtlich auf Irrtum oder Simulation oder anderen Willensmängeln beruhe.

3) Degenkolb, a. a. O., wünscht, daß die Punktation als eine Mißfigur aus den Darstellungen unserer Lehrbücher verschwinde, da sie ganz verschiedene Dinge umfasse und als Rechtsbegriff gar nichts bedeute. Es gebe überall nur einen wahren Gegensatz: den

des künftigen Vertrages, ist also ohne bindende Kraft, bald bildet sie einen wahren Vertrag. Letzteres setzt voraus, daß die Punktation alle dem Vertrage begrifflich wesentlichen Punkte enthalte und daß sich die Parteien an das Aufgezeichnete fest binden wollen, trotzdem sie noch eine Fortsetzung der Verhandlung in Aussicht nehmen.[4] — Wie aber, wenn es zu der beabsichtigten weiteren Einigung nicht kommt? Dann hat der Richter in Streitfällen die Konsequenzen des in der Punktation Festgestellten zu ziehen und außerdem die sog. naturalia negotii als maßgebend zu erachten.

b) Vorverträge anderer Art bilden die pacta de contrahendo,[5] d. h. Verträge, wodurch man sich dem anderen Teile zum Abschluß eines Vertrages bestimmter Art — des sog. Hauptvertrages — verpflichtet. Dergleichen pacta können auch gegenseitig geschlossen werden, z. B. über Geben und Nehmen eines Darlehens.

Pacta de contrahendo sind besonders häufig zur Vorbereitung von Realverträgen, z. B. Darlehen, oder von Skripturobligationen, z. B. Wechseln. Aber auch Verträge über den künftigen Abschluß von Konsensualkontrakten sind nicht selten, namentlich, wenn es sich um eine Mehrheit künftiger Geschäfte handelt, deren Individualisierung noch nicht tunlich ist, z. B. ein Fabrikant verpflichtet sich, einem Kaufmann seine sämtlichen Fabrikerzeugnisse im Falle rechtzeitiger Bestellung gegen den Marktpreis für eine Reihe von Jahren zu überlassen.

Das pactum ist natürlich nur dann bindend, wenn aus ihm der Inhalt des abzuschließenden Geschäftes im Streitfalle sich durch den Richter feststellen läßt.

Aus dem pactum de contrahendo entspringt eine Klage auf Abschluß des Hauptgeschäftes. Aber der Berechtigte kann im Fall der Säumnis des anderen Teiles auch unmittelbar sein Interesse einklagen, da ein vom Gerichte festgestellter Vertrag nicht einem freiwillig geschlossenen gleichzustellen ist, vielmehr leicht neue Streitigkeiten hervorruft.[6]

Vertrag und die Vorverhandlung. Alle sog. Mittelfiguren wären nicht reell, weil sie unmögliche Begriffe seien. — Dies ist abstrakt genommen vollkommen richtig. Aber die Punktation ist eine tatsächliche Erscheinung, welche im Leben eine Rolle spielt. Wir können sie daher nicht ignorieren, sondern müssen ihren rechtlichen Gehalt bestimmen, wobei wir allerdings zu dem Resultate kommen, daß sie bald Vertrag, bald rechtlich unverbindlich ist.

4) Nach dem Rechte des BGB. ist dies im Zweifel nicht anzunehmen. § 154 besagt: Solange nicht die Parteien sich über alle Punkte eines Vertrags geeinigt haben, über die nach der Erklärung auch nur einer Partei eine Vereinbarung getroffen werden soll, ist im Zweifel der Vertrag nicht geschlossen ... Vgl. Dernburg, Bürg. Recht Bd. 1 § 128 S. 385.

5) Gründlich handelt vom pactum de contrahendo Degenkolb a. a. O. Vgl. ferner Regelsberger a. a. O. S. 129. Dissertationen bei Windscheid-Kipp Bd. 2 § 310. Den Ausdruck Vorvertrag auf das pactum de contrahendo zu beschränken, ist unzutreffend, weil er das Charakteristische dieses Vertrags nicht bezeichnet. Der Richter, welcher einen Tatbestand prüft und rechtlich zu bestimmen hat, würde nichts Greifbares feststellen, wenn er die Existenz „eines Vorvertrages" anerkennen wollte.

6) In Rom verlangte das pactum de contrahendo in der Regel die Form der Stipulation. Die Verurteilung ging auf das Interesse l. 68 D. de verb. obl. 45, 1 Paulus libro 2 ad edictum: ... quod si ita stipulatus fuero: „pecuniam te mihi crediturum spondes?" incerta est stipulatio, quia id venit in stipulationem, quod

Ob endlich Vorschriften über die Form des Hauptvertrages auch für die bezüglichen Vorverträge gelten, ist nach Inhalt und Zweck dieser Vorschriften zu beurteilen, also Sache ihrer Interpretation.[7]

3. Durch Verschulden bei Vertragsunterhandlungen — culpa in contrahendo — kann man denjenigen schädigen, welcher sich auf dieselben mit uns einließ. Nicht nach römischem, wohl aber nach heutigem gemeinen Rechte macht solche culpa verantwortlich. Insbesondere haftet, wer schuldhafterweise Angaben machte, welche bei dem anderen Teile die irrtümliche Vorstellung erwecken mußten, daß er einen rechtsbeständigen Vertrag abschließe.[8] Es ist ihm dann mindestens zu ersetzen, was er gehabt hätte, wenn von dem Vertrage keine Rede gewesen wäre — das sog. negative Vertragsinteresse.[9] [10] Hierfür hat namentlich einzustehen, wer sich als

mea interest. Die Verurteilung in das Interesse ist derzeit nicht, wie nach römischem Rechte, der einzige Ausweg, aber regelmäßig doch das Praktische und Angemessene, daher dem Kläger auf Antrag nicht zu versagen. BGB. läßt die Frage offen. Vgl. Dernburg, Bürg. Recht Bd. 2 Abt. 1 § 83 S. 183.

7) Die Verpflichtung zum Abschlusse von Geschäften kann auch durch letztwillige Verfügungen auferlegt sein. Sie beruht ferner nicht selten auf Gesetzen. Beispielsweise ist die öffentliche Eisenbahn zur Eingehung von Frachtgeschäften, die Post zur Übernahme von Postsendungen und zur Beförderung von Reisenden gesetzlich verpflichtet. Es wird allgemein angenommen, daß wer rechtlich ein Monopol hat, und Anstalten, welchen eine öffentliche Zweckbestimmung zusteht, einem Kontrahierungszwang unterliegen. Hierauf geht wenigstens die neuere Rechtsentwicklung aus. Vgl. Biermann in Iherings Jahrb. Bd. 32 S. 267; Dernburg, Bürg. Recht Bd. 2 Abt. 1 § 83 S. 184.

8) Die Haftung wegen culpa in contrahendo hat zuerst Ihering in seinen Jahrbüchern Bd. 4 n. 1 wissenschaftlich zu begründen gesucht. Gegen ihn trat Mommsen auf, die Haftung der Kontrahenten bei Abschließung von Schuldverträgen — Erörterungen Heft 2. Man kann zugestehen, daß eine derartige Haftung dem römischen Rechte fremd ist, und daß sich höchstens gewisse Anklänge beim Verkaufe einer nicht existierenden Erbschaft l. 18 und 19 D. de her. vel act. vend. 18, 4, sowie einer res extra commercium finden, l. 62 § 1 D. de contr. empt. 18, 1. Aber die ältere gemeinrechtliche Theorie hat eine Haftung nach Analogie der lex Aquilia auch bei schuldhafter Schadenszufügung, die nicht Sachbeschädigung ist, angenommen. Hiervon ist freilich die neuere Lehre als nicht quellenmäßig und zu vag zurückgekommen. Dagegen hat sich erhalten, daß man bei Rechtshandlungen, durch die man einen anderen kulpos beschädigt, allerdings für Schadensersatz einsteht. So ist es bei Arresten, die man unvorsichtig anlegt und dadurch den Arrestierten beschädigt, ebenso bei Vertragsunterhandlungen. Die Klage ist aber eine außerkontraktliche, wenn ein Vertrag nicht zustande kam, und keine Kontraktsklage, wie Ihering annimmt. Deshalb geht sie auch gegen denjenigen, welcher in fremdem Namen kontrahierte oder als Bote und Gehilfe des Mitkontrahenten falsche Mitteilungen über dessen Erklärungen machte, was Ihering nicht zugeben will. Keine culpa in contrahendo liegt übrigens vor, wenn man Vertragsunterhandlungen anspinnt und nachher willkürlich abbricht; denn dies ist das Recht eines jeden, und der andere Teil mußte wissen, daß dergleichen stets eintreten kann. So grundsätzlich auch Thon, Haftpflicht des Offerenten bei Widerruf seiner Offerte im Archiv für ziv. Praxis Bd. 80 S. 96 ff., dagegen Windscheid Bd. 2 § 307 Anm. 5, welcher die Haftung wegen angeblicher culpa in contrahendo sehr übertreibt. Melliger, culpa in contrahendo oder Schadensersatz bei nichtigen Verträgen 1898.

9) Gegen die Anwendung des negativen Interesses erklärt sich Bähr, Irrungen im Kontrahieren, in Iherings Jahrb. Bd. 14, insbesondere S. 422, vgl. aber Mommsen a. a. O. S. 52, Enneccerus, Rechtsgeschäft S. 501, Unger in Grünhuts Zeitschr. Bd. 15 S. 678, Brock, das negative Vertragsinteresse 1902, Gradenwitz, Anfechtung und Reurecht, Kuhlenbeck in der Deutschen Juristenzeitung X S. 1142.

10) Nach BGB. haftet man im Fall des § 307 wegen culpa in contrahendo auf

bevollmächtigt zu einem Vertragsschlusse für einen Dritten ausgab, ohne von diesem Vollmacht zu haben, auch wenn er deren Mangel nicht kannte.[11]

§ 267. Vertragsschluß. Verträge unter Abwesenden.[1]

Verträge werden in der Regel[2] so geschlossen, daß ein Teil dem anderen einen Antrag — die Offerte — macht und dieser sie annimmt. Wer den Antrag stellt, heißt Antragsteller — Offerent — und wer ihn erhält, Antragsempfänger — Adressat.[3]

Die Verhandlung wird entweder unter Gegenwärtigen und dann meist mündlich geführt, oder sie geschieht unter Abwesenden und zwar schriftlich durch Brief oder Telegramm oder mündlich durch Boten oder Telephon.

Nicht jede Aufforderung zum Kontraktsschlusse bildet eine Offerte. Man kann zunächst bloß die Anbahnung von Verhandlungen bezwecken, wie dies häufig bei öffentlichen Einladungen an das Publikum oder auch bei Anzeigen an einzelne Personen der Fall ist, die nicht unmittelbar Vertragsbestandteil sein sollen.[4] Offerte ist die Aufforderung zu einem Geschäfte

das negative Vertragsinteresse, vgl. auch § 122 Abs. 1, § 179. Dernburg, Bürg. Recht Bd. 1 § 130 S. 391.

11) RG. Bd. 35 S. 135 nimmt Haftung an, auch wenn der falsus procurator den Mangel seiner Vollmacht nicht kannte, und zwar selbst auf das positive Vertragsinteresse. Anders BGB. § 179 Abs. 2 wenigstens in letzterer Beziehung.

1) Die Literatur über Verträge unter Abwesenden ist eine außerordentlich reiche: vgl. vorzüglich Scheurl, Beiträge Bd. 1 n. 12, sowie in Iherings Jahrb. Bd. 2 n. 5, Bekker in seinen Jahrb. Bd. 2 n. 11 und Bd. 3 n. 4, Regelsberger, Erörterungen S. 1 ff., ferner Köppen, obligator. Vertrag unter Abwesenden in Iherings Jahrb. Bd. 11 n. 2, Sohm in Goldschmidts Zeitschr. Bd. 17 n. 2: über Vertragsschluß u. A., Schott, obligator. Vertrag u. A. 1873, Kühn, Vertragsschluß unter Abwesenden in Iherings Jahrb. Bd. 16 n. 1, Marsson, die Natur der Vertragsofferte 1879, Gardike, der Vertrag unter Abwesenden 1882, Oemler, der Vertrag u. A. 1885, Kohler im Archiv für bürg. Recht Bd. 1 S. 283, Maas, Vertragsschluß auf elektrischem Wege 1889, Krückmann, über den Vertragsschluß, Göttinger Inaug.Diss. 1892, Fritze, in welcher Weise wirkt bei unvollendeten Willenserklärungen Widerruf usw. Kieler Inaug.Diss. 1896. Siehe auch Siegel, das Versprechen als Verpflichtungsgrund, Hofmann, die Entstehungsgründe der Obligation, sowie Schloßmann, der Vertrag 1876 und in Grünhuts Zeitschr. Bd. 7 S. 565, Jacobi in Iherings Jahrb. Bd. 35 n. 1, Dernburg, Bürg. Recht Bd. 1 § 129.

2) Der beiderseitige Wille kann simultan erklärt werden, ohne daß dem einen Teil die Rolle des Offerenten, dem anderen die des Akzeptanten zufällt. So unter Gegenwärtigen, wenn ein Reisender und ein Träger behufs Abnahme des Koffers zueinander treten, ohne daß erkennbar ist, wer die Initiative für das Transportgeschäft gab. In entsprechender Weise kommt ein Vertrag unter Abwesenden zustande, wenn sich zwei gleichlautende Offerten kreuzen, vgl. Bekker a. a. O. Bd. 3 n. 4 Ziff. I; anderer Ansicht ist Leonhard, Irrtum S. 71.

3) Mit Recht lehrt Regelsberger a. a. O. S. 4: „In Verträgen hat nur diejenige Willenserklärung verpflichtende Kraft, welche dem anderen Vertragsteile oder seinem Stellvertreter gegenüber abgegeben wird." Anderer Meinung Windscheid Bd. 2 § 309 Ziff. 3. Nach dem Recht des BGB. sind der Antrag zum Vertrage sowie die Annahme des Antrages empfangsbedürftige Willenserklärungen.

4) Vgl. früher HGB. Art. 337. Daß auch Offerten an das Publikum vorkommen, führt Biermann in Iherings Jahrb. Bd. 32 S. 292 aus, vgl. auch Brinz, Pand. Bd. 4 S. 312, Zschimmer, die Offerte an das Publikum. Rostocker Inaug.Diss. 1897, Dernburg, Bürg. Recht Bd. 1 § 130. Solche liegen in der Aufstellung von Automaten. Vgl. über sie Auwers, der Rechtsschutz der automatischen Wage, Göttinger Inaug.Diss. 1891, Neumond im Archiv für ziv. Praxis Bd. 89 S. 166.

nur dann, **wenn sie in der Meinung erklärt ist, daß der Abschluß unmittelbar durch die Annahme seitens des Adressaten zustande kommen soll.**[5] Jede Offerte ist zeitlich begrenzt. Ihr Sinn ist, auch wenn dies nicht besonders ausgesprochen ist, daß der Antragsteller gegenwärtig, d. h. innerhalb angemessener Frist zum Geschäftsabschlusse bereit sei.[6]

Die Offerte vollendet sich, wenn sie zum Adressaten gelangte. Sie verliert jede Bedeutung, wenn dem Adressaten vorher die Zurücknahme seitens des Antragstellers, z. B. durch ein sie annullierendes Telegramm mitgeteilt ist. Die Annahme geschieht in der Regel durch Worte — mündlich oder schriftlich.

Unter der Herrschaft des gemeinen Rechts stritt man darüber, ob es zum Zustandekommen des Vertrags genüge, daß eine solche Annahme geäußert sei — sog. **Äußerungstheorie** —, oder ob sie zum Vertragsschlusse notwendig dem Antragsteller kundgetan sein müsse — sog. **Vernehmungstheorie**. Letztere stützte sich auf allgemeine Grundsätze. Der Mitteilung der Offerte muß die Mitteilung der Annahme entsprechen.

Bei Geschäften unter Gegenwärtigen erkannten dies schon die römischen Quellen an, indem sie die Wirksamkeit einer Stipulation verwarfen, bei welcher der Promittent auf die Frage eines Tauben bejahend antwortet.[7] Dies offenbar, weil die Zusage nicht zu dessen Verständnis gelangte. Das gleiche muß bei Geschäften unter Abwesenden gelten. Unmöglich kann die bloße Niederschrift einer zusagenden Antwort Vertragsschluß sein. Sie ist Vorbereitung des Abschlusses, Projekt. Der Schreiber kann daher zweifellos das Geschriebene zerreißen, ohne die Rechte des anderen Teiles zu kränken. Soll sich dies ändern, wenn der Brief kuvertiert ist? zur Post gegeben wurde, im Postbriefkasten liegt, oder weiter befördert wird?[8] In der ganzen Reihe der zur Übermittlung dienenden Schritte findet sich kein fester Abschluß, solange der Brief nicht in die Hände des Adressaten gelangt ist. Bis dahin kann der Schreiber das Schriftstück zurücknehmen oder widerrufen. Es ist in jedem Sinne sein,[9] also auch der Antragsteller noch nicht gebunden. Ist freilich die Annahmeerklärung einmal **an den Offerenten gelangt**, so muß dies genügen. Darauf kann nichts ankommen, ob er wirklich Kenntnis von derselben genommen hat. Wer eine Offerte stellt, muß von einlaufenden Antworten Notiz nehmen, und das Recht, welches brauchbare Normen für die Praxis aufzustellen hat, nimmt an, daß dies geschehen sei, auch wenn es tatsächlich unterblieb.[10]

---

5) Die Offerte muß derart sein, daß durch die Annahme eine vollkommene Einigung herbeigeführt werden kann, es ist aber zu eng, wenn man behauptet, sie müsse so gefaßt sein, daß der Vertrag durch das einfache „Ja" des Oblaten zustande kommen könnte. Offerten bilden auch solche Anträge, welche die nähere Festsetzung in das billige Ermessen des anderen Teiles stellen. Vgl. Regelsberger, Erörterungen S. 50.

6) Vgl. auch BGB. §§ 147 ff.

7) l. 1 § 15 D. de obl. et act. 44, 7. Gajus libro 2 aureorum: Sed et de surdo idem dicitur, quia, etiamsi loqui possit, sive promittit, verba stipulantis exaudire debet, sive stipuletur, debet exaudire verba promittentis.

8) Die Vertreter der Äußerungstheorie differieren in ihren Ansichten. Thöl, Handelsrecht Bd. 1 Aufl. 6 § 237 findet es genügend, daß das „Ja" geschrieben sei; Scheurl in Jherings Jahrb. Bd. 3 S. 258 sieht die Annahme als geschehen an „durch den ersten Schritt der Übermittlung an den Offerenten".

9) Ein Versuch von Windscheid Bd. 2 § 306 Anm. 5 und 6, die Äußerungs- und die Vernehmungstheorie auszugleichen, ist nicht gelungen, vgl. herüber unsere früheren Auflagen, Regelsberger a. a. O. S. 40.

10) Man pflegt daher von einer „**Empfangstheorie**" zu reden, die jedoch nichts ist als die vernünftige praktische Ausbildung der Vernehmungstheorie. Das BGB. hat sich der oben vertretenen Meinung angeschlossen; § 146 besagt, daß der Antrag dem

Nicht selten wird eine Offerte in dem Sinne gestellt, daß ihre sofortige Ausführung durch den Antragsempfänger Annahme finden soll. Dann kommt gemäß dem Willen des Offerenten das Geschäft durch die **Ausführung** zur Perfektion, ohne daß es einer Mitteilung seitens des Antragsempfängers oder der Kenntnis des Offerenten bedarf.[11]

Solange der Vertrag nicht durch die Perfektion der Annahmeerklärung zustande kam, darf zwar jeder Teil zurücktreten, aber es kann nicht genügen, daß der Rücktritt beabsichtigt war, er muß auch dem anderen Teile vorher erklärt sein.[12] Im gemeinen Recht wurde Verzicht des Offerenten auf Rücknahme der Offerte für den Fall rechtzeitigen Einlaufens der Annahmeerklärung als zulässig angesehen.[13]

Tod eines der Kontrahenten vor dem Abschlusse vereitelt den Vertrag, weil die Möglichkeit einer Einigung der Parteien damit abgeschnitten ist.[14] [15]

§ 268. Die Arra, Draufgabe.[1]

Vertragsunterhandlungen, insbesondere über Verkäufe oder Vermietungen, endigen nicht selten damit, daß der eine Teil dem anderen Geld oder ein anderes Wertobjekt einhändigt — Angeld, Draufgabe, Dingpfennig, Arra.

1. Im Zweifel hat dies die Bedeutung eines Zeichens des Ab-

Antragenden gegenüber angenommen werden muß, und § 130 Abs. 1 bestimmt: Eine Willenserklärung, die einem anderen gegenüber abzugeben ist, wird, wenn sie in dessen Abwesenheit abgegeben wird, in dem Zeitpunkte wirksam, in welchem sie ihm zugeht. Sie wird nicht wirksam, wenn dem anderen vor oder gleichzeitig mit ihr ein Widerruf zugeht.

11) Vgl. BGB. § 151: Der Vertrag kommt durch die Annahme des Antrags zustande, ohne daß die Annahme dem Antragenden gegenüber erklärt zu werden braucht, wenn eine solche Erklärung nach der Verkehrssitte nicht zu erwarten ist oder der Antragende auf sie verzichtet hat.

12) Die l. 4 pr. D. de manumissis vindicta 40, 2 wird nicht selten für die Ansicht angeführt, daß auch ein abgesendeter, aber noch nicht angekommener Widerruf wirksam sei. Es handelt sich jedoch hier um eine einseitige Willenserklärung und noch dazu um ein ganz singuläres Verhältnis. Vgl. dagegen l. 1 § 2 D. quod jussu 15, 4; Fritze a. a. O. S. 10.

13) Nach BGB. § 145 ist die Offerte regelmäßig solange bindend. Vgl. oben § 265 a. E. Köppen a. a. O. Bd. 11 insbesondere S. 324 betrachtet den Vertragsantrag schon nach römischem Rechte als obligierend unter der Bedingung der Annahme, daher als unwiderruflich. Vgl. hiergegen Windscheid Bd. 2 § 307 Anm. 7a und dort Angeführte.

14) Die Frage ist bestritten. Vgl. aber l. 2 § 6 D. de donat. 39, 5, Windscheid § 307 Anm. 9; Fritze a. a. O. S. 71. Anderer Ansicht ist namentlich Regelsberger, bei Endemann, Handbuch des Handelsr. Bd. 2 S. 442, Pand. Bd. 1 S. 551. Den entgegengesetzten Standpunkt vertritt BGB. § 153.

15) Bestritten war die juristische Konstruktion der **Versteigerung**. Vgl. über dies Geschäft Puchta, Pand. und Vorl. § 252, Kindervater in Jherings Jahrb. Bd. 7 n. 1 und n. 7; Jhering daselbst Bd. 7 n. 4 und 8; Unger daselbst Bd. 8 n. 5; Reuling daselbst Bd. 10 n. 6; Siegel a. a. O. S. 82; Brinz, Pand. Bd. 4 S. 329. BGB. § 156 bestimmt nunmehr: Bei einer Versteigerung kommt der Vertrag erst durch den Zuschlag zustande. Ein Gebot erlischt, wenn ein Übergebot abgegeben, oder die Versteigerung ohne Erteilung des Zuschlags abgeschlossen wird. Dies entspricht der an dieser Stelle bereits für das gemeine Recht vertretenen Ansicht. Danach liegt in der Veranstaltung einer Versteigerung nur eine **allgemeine Aufforderung zum Kontrahieren**. Das **Angebot des Ansteigerers** ist als **dessen Offerte** aufzufassen. Er ist an dieselbe gebunden, bis ein höheres Gebot vorgebracht wird. Die Annahme des Gebotes und der Kontraktsschluß geschieht durch den Zuschlag seitens des Versteigerers. Vgl. Dernburg, Bürg. Recht Bd. 2 § 82 S. 179.

1) Vgl. Bechmann, Kauf Bd. 2 S. 415, Schrödter, Erlanger Inaug.Diss. 1899; B. Vallentin, Berliner Inaug.Diss. 1900, Kunze, Erlanger Inaug.Diss. 1904. Über die Draufgabe des BGB. vgl. Dernburg, Bürg. Recht Bd. 2 § 99 S. 216.

schlusses des Vertrages,[2] die Arra ist dann, wie man zu sagen pflegt, confirmatoria.

2. Häufig verfolgt die Arra den Zweck einer Strafe — sog. arra poenalis. Nach römischem Rechte war die Straffunktion der Arra zweiseitig. Wie der Geber die Arra verlor, wenn ihm die Vereitlung des Geschäftes zur Last fiel, so hatte sie der Empfänger in doppeltem Betrage zurückzuerstatten, wenn ihn die Schuld traf.[3]

a) Die Strafarra kann bloß den Strafzweck verfolgen; dies gilt dann, wenn feststeht, daß die Parteien einen bindenden Vertrag noch nicht wollten, namentlich wenn sie vereinbarten, daß ihre Abmachungen erst bei schriftlicher Beurkundung endgültig sein sollten. — Hat sich der Geber durch Vereinbarung gegen Aufopferung der Arra beliebigen Rücktritt vom Vertrag vorbehalten, so ist sie zugleich Reugeld, arra poenitentialis.[4]

b) Die Arra kann auch Straffunktion haben neben dem Zweck, Zeichen des Abschlusses des Vertrages zu sein.[5] Ja diese Verbindung ist — was häufig verkannt wird, — die Regel geworden.[6] Der Empfänger ist infolgedessen befugt, wenn sich der Geber seiner vertragsmäßigen Verpflichtungen entzieht, statt auf Ausführung des Geschäftes zu bestehen oder Entschädigung zu liquidieren, die Arra für sich zu behalten.[7]

2) Pr. J. de empt. et vend. 3, 23, l. 35 pr. D. de contr. empt. 18, 1. Gajus libro 10 ad edictum provinciale: Quod saepe arrae nomine pro emptione datur, non eo pertinet, quasi sine arra conventio nihil proficiat, sed ut evidentius probari possit convenisse de pretio. Ebenso BGB. § 336. Die Arra ist zu unterscheiden von der Anzahlung eines Teiles des Kaufpreises, vgl. l. 2 C. quando liceat ab emptione 4, 45. Bechmann a. a. O. S. 416. Nach manchen Partikularrechten ist die Arra sogar notwendige Form bestimmter Kontrakte, namentlich der Gesindeverträge; dem gemeinen Rechte war dies fremd.

3) l. 17 C. de fide instrumentorum 4, 21. Das gemeine Recht übernahm nur die Strafe des Verlustes durch den Geber, nicht die doppelte Ersatzpflicht des Empfängers.

4) Nach BGB. § 336 Abs. 3 gilt die Draufgabe im Zweifel nicht als Reugeld.

5) Die Arra verfällt anerkanntermaßen dem Verkäufer auch ohne besondere Verabredung, wenn er den Verkauf unter lex commissoria abgeschlossen hat und gegenüber dem säumigen Käufer von dieser Klausel Gebrauch macht, l. 6 pr. l. 8 D. de lege commissoria 18, 3.

6) So auch nach BGB. § 338.

7) Daß die Arra im justinianischen Rechte im Zweifel neben ihrem Charakter als Zeichen des Vertragsschlusses Straffunktion hat, geht unseres Erachtens unzweideutig aus pr. J. de empt. et vend. 3, 23 hervor. Nachdem diese Stelle ausgeführt hat, daß man von einem Kaufvertrage zurücktreten dürfe, wenn die schriftliche Abfassung desselben verabredet sei und noch ausstehe — vgl. oben § 266 — fährt sie fort: Ita tamen impune recedere eis concedimus, nisi jam arrarum nomine aliquid fuerit datum: hoc etenim subsecuto, sive in scriptis sive sine scriptis venditio celebrata est, is qui recusat adimplere contractum, si quidem emptor est, perdit quod dedit, si vero venditor, duplum restituere compellitur, licet nihil super arris expressum est. Hieraus schloß schon Savigny, OR. Bd. 2 S. 271, daß die arra confirmatoria zugleich den Charakter einer Strafe habe. Dies mißfällt freilich vielen Neueren, insbesondere Bechmann a. a. O. Richtig ist, daß Justinian in den Institutionen verschiedene Fälle vermengt, während die zugrunde liegende l. 17 C. de fide instrument. 4, 21 hiervon keine Spur enthält. Aber derartiges ist bei Justinian nichts Unerhörtes. Es arbeitet sich hier eben ein neuer Gedanke in wenig geschickter Weise durch. Damit stimmt die Ausführung des römisch-syrischen Rechtsbuches überein — vgl. Bruns, Kommentar S. 216 —, laut dessen der Käufer, welcher eine arra gibt, zwar um des-

3. Die Arra ist im Zweifel nicht Zugabe zur vereinbarten Leistung.[8]

4. Der Empfänger der Arra wird, wenn nichts anderes vereinbart wurde, deren Eigentümer, er ist keineswegs bloßer Verwahrer fremden Eigentums und konsumiert er die Arra, so begeht er damit keine Unterschlagung.[9] Er ist aber obligatorisch zur Rückerstattung verbunden, wenn das Geschäft vollständig von der Gegenseite erfüllt ist, ohne daß eine Aufrechnung stattfand. Er hat sie auch zurückzugeben, wenn das Geschäft durch beiderseitige Übereinkunft oder seine Schuld rückgängig gemacht wird.

Drittes Kapitel.

Verhaftung aus fremden Geschäften.

§ 269. Allgemeines. Actio exercitoria und institoria.

Actiones adjecticiae qualitatis nennt man Klagen, durch welche ein Gewalthaber oder Geschäftsherr neben seinem Hauskinde, Sklaven oder Geschäftsführer aus dessen Kontrakten verbunden wurde.[1] [2] Diese Klagen

willen nicht zurücktreten darf, wenn er aber gleichwohl zurücktritt, die arra verliert. Bruns erklärt diese Sätze sehr richtig dahin, daß der Verkäufer die Wahl haben soll, entweder auf Erfüllung des Vertrages zu dringen oder den Rücktritt zuzulassen und dann die arra zu lukrieren. Dies war praktisch und bildete sich, wie es scheint, im Verkehre gewohnheitsmäßig aus. Von den Kompilatoren wurde dann der Satz, da er in den Rechtsquellen der klassischen Zeit noch nicht in dieser Allgemeinheit anerkannt war, gelegentlich eingeflickt. Vgl. Windscheid Bd. 2 § 325 Anm. 4, aber auch Ballentin a. a. O. S. 12ff.

8) Ebenso BGB. § 337.

9) Hierfür spricht, daß die arra mit einer „condictio" zurückgefordert wird, und daß nirgends von einer „Vindikation" der arra die Rede ist, wie sie doch, namentlich wenn es sich um einen Ring handelte, nahe gelegen hätte, wenn der Geber Eigentümer geblieben wäre, l. 11 § 6 D. de act. empt. 19, 1. Bechmann a. a. O. S. 417 glaubt dennoch, den Eigentumsübergang bestreiten zu müssen. Und allerdings läßt sich die „Notwendigkeit des Eigentumsüberganges" nicht behaupten. Aber darum handelt es sich auch nicht. Es fragt sich, was ist im Zweifel die Meinung der Parteien bei Hingabe der arra, was entspricht den Zwecken des Verkehres? Die Antwort der Römer ist: Eigentumsübergang. Nach BGB. ist es Frage der Auslegung, ob Eigentumsübertragung anzunehmen sei.

1) Über die adjektizischen Klagen vgl. Buchka, Stellvertretung §§ 3ff.; Savigny, OR. Bd. 2 § 54; Baron, Abhandlungen aus dem römischen Zivilprozeß II die adjektizischen Klagen 1882 und in Goldschmidts Zeitschr. Bd. 19 n. 2; Fr. Frese, die Lehre von der beauftragten Vermögensverwaltung Heft 1 1889 S. 181. Der Name dieser Klagen ist von den Neueren auf Grund des Ausspruches von Paulus libro 29 ad edictum l. 5 § 1 D. de exercit. act. 14, 1 gebildet: hoc edicto non transfertur actio, sed adjicitur. BGB. hat die adjektizischen Klagen beseitigt.

2) Die Klagformel der adjektizischen Klagen war derart konzipiert, daß die „intentio" der Klage auf die Person des Geschäftsführers gestellt war, während die „condemnatio" auf die Person des Geschäftsherrn ging. Hiernach entwirft Lenel folgende Formel der actio institoria: Quod A^s A^s de Lucio Titio, cum is a N^o N^o tabernae praepositus esset, X. pondo olei emit, cui rei Lucius Titius a N^o N^o praepositus erat, quidquid ob eam rem Lucium Titium A^o A^o dare facere oportet ex fide bona, ejus judex N^m N^m A^o A^o c. s. n. p. a. Diese Fassung hat zuerst Keller, Litis-

wurzelten teils in der eigenartigen Organisation der römischen Hausgewalt und dem Sklavenverhältnisse, teils dienten sie zum Ersatze der direkten Stellvertretung, welche die Römer als Prinzip nicht anerkannten. Einige gingen auf den vollen Schuldbetrag — in solidum —. Dies war der Fall bei der actio exercitoria, institoria und quod jussu. Andere verpflichteten nur bis zu dem Maße, welches sich aus den besonderen Tatbeständen ergab. Solcher Art war die actio de peculio und die actio de in rem verso.[3]

1. Durch die actio exercitoria wird der Reeder — exercitor navis —, welcher einen Schiffer — magister navis — zum gewerbemäßigen Betrieb der Schiffahrt einem Schiffe vorgesetzt hat, neben demselben aus dessen Geschäften verhaftet.[4] Es muß sich um Geschäfte handeln, zu denen der Schiffer vom Reeder ermächtigt ist oder als ermächtigt gilt, weil sie bei Schiffern der betreffenden Art üblich sind.[5] Der Mitkontrahent muß ferner die Absicht gehabt haben, zu den Zwecken zu kreditieren, für welche der Schiffer angestellt ist.[6] Geschah dies und lagen besondere Verdachtsgründe nicht vor, so steht ihm nicht entgegen, daß der Schiffer hinterher das Entnommene treuloserweise zu anderen Zwecken verwendete.[7]

2. Institor heißt der in dem Gewerbe eines anderen für einen Geschäftszweig, zu welchem der Abschluß von Rechtsgeschäften gehört, Angestellte.[8] [9] Dem Institor kann das ganze Gewerbe oder ein einzelner Zweig desselben anvertraut sein.

Aus den von ihm innerhalb seiner Zuständigkeit geschlossenen Geschäften gab der Prätor die actio institoria gegen den Geschäftsherrn. Sie trat zu der Klage gegen den Institor, welcher als Kontrahent persönlich verpflichtet war, hinzu.

---

kontestation und Urteil S. 432 vorgeschlagen. Zwar fehlt es nicht an Widerspruch. So namentlich neuerdings Mandry, Familiengüterrecht Bd. 2 S. 259, Brinz Bd. 2 S. 204, Baron a. a. O. Die Richtigkeit der Kellerschen Aufstellung ist aber überzeugend durch Lenel, edictum S. 206 nachgewiesen worden. Vgl. auch Krüger in der Zeitschr. der Sav.Stift. rom. Abt. Bd. 4 u. 7.

3) Da die neuere Rechtsentwicklung die Sklaverei nicht gelten läßt, die väterliche Gewalt eine von der römischen verschiedene Gestaltung hat und direkte Stellvertretung unbedingt anerkannt wird, so war die Rezeption der römischen actiones adjecticiae qualitatis von jeher eine sehr beschränkte. Brünell, gehören die actiones quod jussu institoria und exercitoria dem heutigen Recht an? Erlanger Inaug.Diss. 1898.

4) Tit. Dig. de exercitoria actione 14, 1.

5) Vgl. l. 1 § 5 D. h. t. 14, 1.

6) Brinz Bd. 2 S 225 nimmt an, daß es bezüglich der Vollmacht auf Wissen und Wollen des Mitkontrahenten nicht ankomme, wenn der Erfolg da sei, daß innerhalb ihres Umfanges gehandelt worden ist. Dies ist nicht als richtig anzuerkennen.

7) Vgl. l. 1 § 9 D. h. t. 14, 1.

8) Tit. Dig. de inst. act. 14, 3, Tit. Cod. de exercitoria et institoria actione 4, 25. Thöl, Handelsrecht — 6. Aufl. — Bd. 1 §§ 55ff.: „Institor ist nicht nur, wer einem kaufmännischen Gewerbe vorsteht, sondern auch wer für ein Gewerbe anderer Art angestellt ist."

9) Über die viel bestrittene l. 5 § 10 D. de inst. act. 14, 3 vgl. Ihering in seinen Jahrb. Bd. 2 S. 78. Thöl, Handelsrecht Aufl. 6 S. 301. Weitere Literaturangaben bei Windscheid Bd. 2 § 482 Anm. 15.

Das innere Verhältnis des Institor zu dem Geschäftsherrn ist zu unterscheiden von seiner Stellung nach außen — gegen gutgläubige Dritte. Dem Geschäftsherrn gegenüber ist der Institor verbunden, alle Anweisungen zu beobachten, und wird ihm im Falle ihrer Nichtbefolgung verantwortlich. Aber gutgläubigen Dritten haftet der Geschäftsherr auch aus solchen Verträgen seines Institors, welche jenen Anweisungen zuwiderliefen, sofern zu Kontrakten dieser Art solche Vertreter üblicherweise befugt sind.[10] Insbesondere gilt der in einem Handelslokale Angestellte als ermächtigt zu allen dort regelmäßig betriebenen Geschäften.[11] Nur solche Einschränkungen stehen auch gutgläubigen Dritten entgegen, die aus der Einrichtung des Geschäftsbetriebes oder durch öffentliche Bekanntmachungen ersichtlich waren, so daß sie bei etwelcher Sorgfalt nicht übersehen werden konnten.[12]

3. Eine actio quasi institoria wurde endlich in allen Fällen gegen den Geschäftsherrn gegeben, in welchen ein Bevollmächtigter, ohne Institor zu sein, im Namen eines Dritten kontrahierte.[13]

§ 270. Die drei Klagen aus den Kontrakten der Gewaltuntergebenen gegen den Gewalthaber.

Ein dreifaches Edikt stellte drei Klagen gegen den Gewalthaber aus den Kontrakten seiner Hausuntergebenen auf: nämlich die actio quod jussu, de peculio und de in rem verso.[1]

10) l. 11 § 3 D. h. t. 14, 3. Ulpianus, libro 28 ad edictum: De quo palam proscriptum fuerit, ne cum eo contrahatur, is praepositi loco non habetur: non enim permittendum erit cum institore contrahere, sed si quis nolit contrahi, prohibeat: ceterum qui praeposuit tenebitur ipsa praepositione. Proscribere palam sic accipimus claris litteris, unde de plano recte legi possit, ante tabernam scilicet vel ante eum locum in quo negotiatio exercetur, non in loco remoto, sed in evidenti.

11) Vgl. Töhl, Handelsrecht Bd. 1 S. 205, sowie die oben Anm. 10 abgedruckte Stelle. Vgl. HGB. § 56.

12) l. 7 § 1 D. de exercitoria act. 14, 1 . . . et in summa aliquam diligentiam in ea creditorem debere praestare. Hiernach bestimmt sich, inwieweit dem Mitkontrahenten eine „Erkundigungspflicht" obliegt. Vgl. hierüber Thöl, Handelsrecht Bd. 1 S. 216, aber auch Baron in Goldschmidts Zeitschr. Bd. 27 S 139.

13) Die actio quasi institoria verdankt ihre Anerkennung der Autorität Papinians, vgl. l. 30 pr. D. de neg. gest. 3, 5, l. 19 pr. D. de inst. act. 14, 3, l. 10 § 5 D. mandati 17, 1, l. 13 § 25 D. de act. empt. vend. 19, 1, l. 16 D. de inst. act. 14, 3, l. 5 und l. 6 C. de exerc. et inst. act. 4, 25, Baron in Goldschmidts Zeitschr. Bd. 27 S. 131. Es gehört hierher auch l. 30 pr. D. de neg. gest. 3, 5, darüber Schloßmann in Iherings Jahrb. Bd. 28 S. 287; vgl. Windscheid Bd. 2 § 482 Anm. 8. Dem gemeinen Rechte waren alle diese Klagen, also die actio exercitoria, institoria und quasi institoria fremd. Denn entweder handelte der Schiffer, Handlungsbevollmächtigte oder sonstige Vertreter in seiner Eigenschaft als Bevollmächtigter im Namen des Geschäftsherrn. In diesem Falle galt der Geschäftsherr nach den Grundsätzen der unmittelbaren Stellvertretung als der wahre Kontrahent, als allein und unmittelbar verpflichtet. Oder die Bevollmächtigten kontrahierten auf fremde Rechnung in eigenem Namen. In diesem Falle erhielten die Vertreter allein Rechte und Pflichten aus dem Kontrakte. Die Mitkontrahenten kreditierten dann nur ihnen und konnten den Geschäftsherrn nicht belangen. Dagegen blieben die römischen Grundsätze über den Umfang der Vollmacht der Schiffer und Institoren auch im gemeinen Rechte für die Frage maßgebend, inwieweit der Angestellte den Prinzipal durch seine Gewerbsgeschäfte verbindet. Vgl. HGB. § 54.

1) l. 1 § 1 D. de peculio 15, 1. Ulpianus libro 29 ad edictum: Est autem

1. Wer mit Hausuntergebenen auf Geheiß — jussu — ihres Hausvaters in dessen Angelegenheit kontrahierte, dem stand gegen denselben in solidum die actio quod jussu zu.[2 3] Notwendig war, daß der Dritte im Hinblick auf die Ermächtigung des Hausvaters den Vertrag einging.[4]

Zunächst war — civiliter oder naturaliter — der Hausuntergebene als Kontrahent dem Mitkontrahenten verpflichtet, der Hausvater haftete adjektizisch.[5]

2. Die actio de peculio ging gegen den Hausvater aus den kontraktlichen Verbindlichkeiten seines Hausuntergebenen, soweit dessen peculium reichte. Peculium hieß das dem Hausuntergebenen vom Hausvater eingeräumte Sondervermögen, welches tatsächlich dem Hausuntergebenen überlassen war, rechtlich aber in dem Eigentume des Hausvaters verblieb.[6 7]

---

triplex hoc edictum: aut enim de peculio aut de in rem verso aut quod jussu hinc oritur actio. Gradenwitz in der Zeitschr. der Sav.Stiftg. rom Abt. Bd. 27 S. 228 ff. und Seckel in der Festschrift für Bekker 1907.

2) Tit. Dig. quod jussu 15, 4; Drechsler, die actio quod jussu 1877; Mandry, Familiengüterrecht Bd. 2 S. 543 und dort Zitierte.

3) Bestritten ist, in wessen Angelegenheiten abgeschlossen sein muß, ob in denen des Vaters oder denjenigen des Hauskindes, oder ob Geschäfte beider Art betroffen waren. Das Richtige ist, daß es sich um Geschäfte des Vaters handeln müsse. Vgl. l. 1 §§ 1 und 5 D. quod jussu 15, 4, l. 5 § 2 D. de in rem verso 15, 3.

4) Jussus ist in der actio quod jussu nicht „Befehl" wie am deutlichsten hervorgeht aus der Form des jussus in l. 1 § 1 D. h. t. 15, 4 „quod voles cum Sticho servo meo negotium gerere periculo meo". Es bedeutet „Ermächtigung", zu Lasten des Jubenten zu kontrahieren. Der jussus wurde daher in der Regel direkt vom Hausvater dem dritten Kontrahenten kundgetan. Indessen genügte auch eine dem Hausuntergebenen erteilte Vollmacht, die dem Mitkontrahenten bekannt war. Vgl. über die verschiedenen Ansichten Vangerow Bd. 1 § 240 S. 446 und Mandry a. a. O. Genehmigung des Geschäftes nach seinem Abschlusse steht ursprünglicher Ermächtigung gleich, l. 1 § 6 D. h. t. 15, 4.

5) Im gemeinen Recht dagegen wurde infolge der Anerkennung direkter Stellvertretung der Hausvater in allen bezüglichen Fällen als der wahre Kontrahent und alleinige Verpflichtete angesehen.

6) Über das Pekulium, auf welches im Familienrechte zurückzukommen ist, vgl. vorzugsweise Mandry, über Begriff und Wesen des Pekulium 1869 und Mandry, Familiengüterrecht Bd. 2 S. 1 ff. Siehe dort die Literatur.

7) Die actio de peculio verpflichtete den Hausvater, soweit das Pekulium reichte, jedoch nur nach Abzug dessen, was der Vater vom Hausuntergebenen naturaliter zu fordern hatte — l. 9, l. 11 pr. und ff., l. 52 D. de peculio 15, 1. Der Hausvater mußte zahlen, bis das Pekulium erschöpft war. Kamen einzelne Pekuliargläubiger zuerst zur Befriedigung und war hierdurch das Pekulium aufgebraucht, so hatten die übrigen das Nachsehen. Dolose Verminderung des Pekuliums war dem Hausvater zuzurechnen, wenn innerhalb eines annus utilis nach derselben geklagt wurde, l. 30 § 6 D. h. t. 15, 1. Auch nach Aufhebung des Gewaltverhältnisses konnte gegen den ehemaligen Gewalthaber und dessen Erben, wenn sie das Pekulium besaßen, mit der actio de peculio „annalis" geklagt werden. Tit. Dig. 15, 2 Quando de peculio actio annalis est. War Pekuliarvermögen mit Wissen des Vaters zu einem Handelsgewerbe verwendet, so hatten die Geschäftsgläubiger die actio tributoria, vermöge deren sie verhältnismäßige Befriedigung aus dem pekuliaren Handelsvermögen fordern konnten, ohne daß bei dieser Klage der Hausvater wegen seiner Forderungen an den Hausuntergebenen im voraus einen Abzug machen durfte. Tit. Dig. 14, 4 de tributoria actione. Die Pekulienklagen sind in Deutschland nicht praktisch geworden, da Pekulien im römischen Sinne nicht vorkommen.

3. die Dritte der Klagen — actio de in rem verso[8] — gründet sich auf die Bereicherung des Hausvaters durch das Geschäft des Hauskindes[9] und geht bis zum Belaufe dieser Bereicherung.

Vorausgesetzt ist:

a) ein Geschäft des Versionsklägers mit dem Hausuntergebenen.[10]

b) Bereicherung des Hausvaters. Dieselbe kann in positiver Vermögensvermehrung oder darin bestehen, daß ihm Ausgaben erspart wurden, die er für notwendige, nützliche oder von ihm genehmigte Zwecke gemacht hätte.[11]

Gelangte das Ergebnis des Geschäftes in das Pekulium des Hausuntergebenen, so war die actio de in rem verso nicht begründet.[12]

c) Die Bereicherung muß infolge des Geschäftes des Hausuntergebenen eingetreten sein. Dies ist namentlich dann der Fall, wenn der Gewaltuntergebene von vornherein im Interesse des Hausvaters handelte, so daß dieser gegen ihn die actio mandati oder negotiorum gestorum hätte, wenn er ein Gewaltfreier wäre.[13] Aber unrichtig ist es, hierin eine notwendige Bedingung der Klage zu sehen. Es genügt, daß die Verwendung in das Vermögen des Hausvaters nachträglich erfolgte, sei es durch den Hausuntergebenen selbst, sei es auf andere Weise, vorausgesetzt nur, daß

---

8) Vgl. Tit. Dig. de in rem verso 15, 3. Ein eingehende Behandlung gibt Mandry, Familiengüterrecht Bd. 2 S. 454. Dort findet sich die ältere Literatur. Hinzuzufügen ist Brinz Bd. 2 S. 218, namentlich aber Tuhr, actio de in rem verso 1895, gegen ihn Schloßmann in Iherings Jahrb. Bd. 34 n. 2, dagegen aber wieder Tuhr das. n. 6. Die actio de in rem verso wurde im gemeinen Recht rezipiert.

9) Dies ist der Gesichtspunkt der Quellen l. 10 § 7 D. h. t. 15, 3, l. 17 § 4 D. de inst. act. 14, 3. Brinz a. a. O. führt hiergegen die Worte der l. 17 pr. D. h. t. 15, 3 Africanus libro 8 quaestionum an: Servus in rem domini pecuniam mutuatus sine culpa eam perdidit: nihilo minus posse cum domino de in rem verso agi existimavit, nam et si procurator meus in negotia mea impensurus pecuniam mutuatus sine culpa eam perdiderit, recte eum hoc nomine mandati vel negotiorum gestorum acturum. In der Tat ist die Stelle bedenklich, aber doch vorzugsweise, weil hier das versum non „durat". Vgl. jedoch Tuhr a. a. O. S. 209 ff.

10) Die actio de in rem verso ist actio adjecticiae qualitatis. Sie findet daher nicht statt, wenn der Kläger etwas unmittelbar in das Vermögen des Beklagten verwendet hat, oder wenn diesem durch Zufall etwas aus des Klägers Vermögen zufloß. Dies liegt in dem Gebiete der Kondiktionen.

11) l. 3 §§ 4 und 6, l. 5 § 2 D. h. t. 15, 3.

12) l. 5 § 3, l. 6 D. h. t. 15, 3.

13) l. 3 § 2 D. h. t. 15, 3. Ulpianus libro 29 ad edictum: Et regulariter dicimus totiens de in rem verso esse actionem, quibus casibus procurator mandati vel qui negotia gessit negotiorum gestorum haberet actionem quotiensque aliquid consumpsit servus, ut aut meliorem rem dominus habuerit aut non deteriorem. Viele meinen, hier sei der wahre Grund der actio de in rem verso angedeutet. Man erklärt geradezu die actio de in rem verso durch eine fiktive Zession der naturalen actio negotiorum gestorum oder mandati des Hausuntergebenen gegen seinen Gewalthaber, welche sich bei dieser Gelegenheit in eine zivile umsetzen würde. So Witte, Bereicherungsklage S. 256, bis zu einem gewissen Grade Brinz a. a. O., vor allem aber Tuhr a. a. O. S. 142. Dies ist aber nicht haltbar und führt vom richtigen Wege ab. Es handelt sich nicht um den Grund der Klage, sondern um ein einzelnes wichtiges Moment. Der Kausalzusammenhang zwischen Kontrakt und Bereicherung liegt vor allem dann vor, wenn die Zwischenperson die Absicht hatte, durch denselben die Geschäfte des Hausherrn zu führen. Dieser Kausalzusammenhang kann aber auch auf andere Weise hergestellt werden. Beispiele geben l. 7 § 4 und l. 19 D. h. t. 15, 3.

ein Kausalnexus zwischem dem Geschäfte, aus dem geklagt wird, und der Bereicherung besteht.[14]

d) Die Bereicherung darf nicht seitens des Versionsbeklagten dem Hausuntergebenen bereits vergütet sein.

Sie muß fortdauern.[15] Lag sie aber in einer Ausgabeersparnis, so ist dies eine Tatsache, die durch spätere Ereignisse nicht mehr ungeschehen gemacht werden kann.

Eine actio de in rem verso utilis steht demjenigen zu, der einem Hauskinde zum Zwecke seines Lebensunterhaltes kreditierte, sei es durch Naturalalimente, sei es durch Geldvorschüsse, sofern der Hausvater zum Unterhalt des Hauskindes verpflichtet war und durch das Kreditgeschäft an den zur Alimentation notwendigen Ausgaben etwas erspart hat.[16]

Die Versionsklage wurde endlich utiliter ausgedehnt auf Fälle, in welchen man mit Gewaltfreien kontrahierte.[17] Hier wird ein Geschäft des Versionsklägers mit einer gewaltunabhängigen Zwischenperson vorausgesetzt, ferner Bereicherung des Versionsbeklagten, und endlich Kausalzusammenhang zwischen dem Geschäfte und der Bereicherung. Ein solcher Kausalzusammenhang liegt nur dann vor, wenn der Kontrakt, aus welchem geklagt wird, von vornherein durch die Zwischenperson im Interesse des Versionsbeklagten geschlossen wurde. Daß auch der Versionskläger, wie viele Neuere meinen, beim Kontrakte das Verhältnis kennen und mit Rücksicht hierauf abschließen soll, wird nicht verlangt. Denn die Grundlage der Klage ist nicht etwa, daß der Kläger dem Versionsbeklagten kreditiert habe, sondern daß er ihn bereicherte.

14) l. 5 § 3 D. h. t. 15, 3. Ulpianus libro 29 ad edictum: Placet non solum eam pecuniam in rem verti, quae statim a creditore ad dominum pervenerit, sed et quae prius fuerit in peculio. Schenkt freilich der Gewaltuntergebene eine Sache, die er für sein Pekulium gekauft hat, seinem Vater, so hat deren Verkäufer keine actio de in rem verso gegen den letzteren. Denn dieser hat die Sache infolge der Schenkung und nicht jenes Kaufes. Dagegen ist die actio de in rem verso begründet, wenn der Hausuntergebene ein Darlehen im Interesse des Vaters aufnimmt und ihm die Summe sofort donandi animo, ohne ihn zum Pekuliarschuldner machen zu wollen, auszahlt, also seinerseits auf Regreß verzichtet. So läßt sich wohl l. 7 pr. und § 1 D. h. t. erklären, keinenfalls wird man aber mit Windscheid Bd. 2 § 483 Anm. 4 statt „actio est“ emendieren dürfen „actio cessat“. Denn dies ist ohne handschriftliche Unterlage und stimmt nicht mit dem Gange der Erörterung Ulpians. Vgl. auch Tuhr, a. a. O. S. 199.

15) l. 10 § 6 D. h. t. 15, 3. Ulpianus libro 29 ad edictum: Versum autem sic accipimus, ut duret versum: et ita demum de in rem verso competit actio, si non sit a domino servo solutum vel filio.

16) l 3 § 3 D. h. t. 15, 3, vgl. l. 21 D. eod. in fine verb. „dandam de in rem verso utilem actionem“.

17) Die actio de in rem verso utilis aus Kontrakten gewaltfreier Personen hat ihre feste Stütze in der l. 7 § 3 C. Quod cum eo qui in aliena est potestate 4, 26. Diocletianus et Maximianus. Alioquin si cum libero rem agente ejus, cujus precibus meministi, contractum habuisti et ejus personam elegisti, pervides contra dominum nullam te habuisse actionem, nisi vel in rem ejus pecunia processit vel hunc contractum ratum habuit. Eine andere Interpretation versucht Schloßmann in Iherings Jahrb. Bd. 28 S. 331. Dagegen Lenel im Archiv für ziv. Praxis Bd. 78 n. 11; dagegen wieder Schloßmann in Iherings Jahrb. Bd. 36 S. 316.

Es ist weiter notwendig, daß dem Versionsbeklagten der Gewinn aus dem Geschäfte zufiel, ohne daß er ihn von der Zwischenperson durch ein besonderes Geschäft erwarb oder ihn ihr vergütete. Nur unter dieser Voraussetzung ist er aus dem Geschäfte des Versionsklägers bereichert.[18] [19]

Viertes Kapitel.

Erfordernisse obligatorischer Geschäfte.

§ 271. Bestimmbarkeit der Leistung.

Aus Verabredungen kann eine Obligation nicht entspringen, solange noch Existenz und Umfang der beabsichtigten Verpflichtung in der Willkür dessen steht, der sie übernehmen soll.[1] Ein solcher Vertrag ist noch unfertig. Die Obligationen müssen aber nicht notwendig bestimmt — certae —, sie können auch unbestimmt — incertae — sein.

18) Die Ansichten der Neueren über die actio de in rem verso utilis sind sehr geteilt. Die einen vertreten weiteste Anwendung, die anderen engste Beschränkung, ja sie leugnen diese Klage überhaupt. In früherer Zeit sahen manche von der Voraussetzung, daß der Kontrakt seitens einer Zwischenperson im Interesse des Versionsbeklagten abgeschlossen sei, ganz ab und wollten unsere actio auch dann zulassen, wenn der Versionsbeklagte durch den Kontrakt eines anderen in ganz unvorgesehener und zufälliger Weise einen Vorteil erlangt hatte. So hielt man Handwerker und Lieferanten von Materialien, welche einem Bauunternehmer kreditiert hatten, für berechtigt, selbst gegen spätere Erwerber des Hauses mit der actio de in rem verso zu klagen. Hiergegen trat namentlich Kämmerer in Lindes Zeitschrift Bd. 8 n. 3, 4 und 8 auf. Eine solche vage und keineswegs immer billige Bereicherungsklage ist derzeit in der Literatur nicht mehr vertreten. Die entgegengesetzte Ansicht erkennt eine actio de in rem verso utilis aus Kontrakten überhaupt nicht an und behauptet, daß in der l. 7 C. cit. nur von einer actio negotiorum gestorum contraria des mit der Zwischenperson Kontrahierenden die Rede sei. Und zwar soll dies nach einigen eine dem Kläger um deswillen persönlich erwachsene negotiorum gestorum actio sein, weil er beim Kontrakte mit der Zwischenperson das Interesse des Beklagten im Auge gehabt habe; andere — Savigny, OR. Bd. 2 S. 32, Arndts § 248 Anm. 3 — betrachten die Klage als die vi legis an den Kläger zedierte actio negotiorum gestorum der Zwischenperson gegen den Beklagten. Beides läßt sich nur durch künstliche Umdeutungen der l. 7 cit. verteidigen, für die es an inneren wie äußeren Gründen fehlt. Viele, welche eine actio de in rem verso utilis anerkennen, beschränken sie wenigstens auf den Fall, daß der Abschließende beim Geschäftsschluß als Geschäftsführer hervortrat. So Ihering, Jahrb. Bd. 1 S. 339 ff. und Windscheid Bd. 2 § 483 Anm. 5. Auch dies ist ohne Stütze in den Quellen und ohne gute innere Gründe. Die Literatur stellt Kämmerer a. a. O. zusammen, sowie Ude im Archiv für ziv. Praxis Bd. 50 n. 18. Vgl. weiter Mandry, Familiengüterrecht Bd. 2 S. 460 und Rocholl, Rechtsfälle des Reichsger. Bd 1 S. 83, Mori, dell' act. de in rem verso, Firenze 1891. Das RG. Bd. 1 S. 143, 159, Bd. 21 S. 238 steht in preußischrechtlichen Sachen im wesentlichen auf dem hier vertretenen Standpunkte, in Bd. 43 S. 161 hat es sich der Ansicht von Windscheid und Ihering angeschlossen.

19) Das BGB. erwähnt die Verwendungsklage nicht. Es kann aber die Bereicherungsklage nach BGB. § 812 da Platz greifen, wo man früher eine Verwendungsklage zuließ. Dernburg, Bürg. Recht Bd. 2 Abt. 2 § 380.

1) Vgl. oben § 96, siehe ferner l. 115 D. de verb. obl. 45, 1, l. 85 § 1 D. de contr. empt. 18, 1.

Bestimmt sind Obligationen, wenn ihr Inhalt und Umfang im Vertragsakt ausdrücklich, genau und vollständig festgestellt ist,[2] unbestimmt, wenn der Vertragsakt sie noch nicht vollständig darlegt, sie aber ohne neue Übereinkunft vervollständigt werden können. Solche Obligationen sind zwar unbestimmt, nicht aber unbestimmbar.[3]

Die Unbestimmtheit liegt bald darin, daß bloß die Fassung des Vertrages eine unvollständige ist, während die Beteiligten über dessen Inhalt einig waren, bald aber auch darin, daß der Inhalt noch nicht vollkommen festgestellt wurde.

a) Bloße Unvollständigkeiten der Fassung sind durch Auslegung zu beseitigen. Vorausgesetzt ist natürlich, daß Erklärungen der Parteien oder Tatumstände bestehen, aus denen der Sinn des Vertrages genügend aufgehellt werden kann.[4]

b) Eine Ergänzung ohne neuen Vertrag ist nur statthaft, wenn die getroffenen Vereinbarungen selbst die Mittel hierzu an die Hand geben.

Zu diesem Zwecke kann der Vertrag auf Verhältnisse der Zukunft Bezug nehmen. Man verspricht z. B. einem Fabrikanten so viele Kohlen zu angemessenen Preisen für mehrere Jahre, wie er zum Betriebe seiner Fabrik brauchen wird. In Streitfällen hat hiernach der Richter das Quantum der zu liefernden Waren zu bestimmen.

Nicht selten verweisen die Verträge auf die Entscheidung von Dritten — Arbitratoren. Diese sind nicht Schiedsrichter, welche über einen Rechtsstreit urteilen, sondern Gehilfen der Beteiligten bei Gestaltung der Obligation.[5] Es gibt zwei Klassen von Arbitratoren. Entweder handelt es sich um persönliche Entscheidung; dann ist der Vertrag hierdurch bedingt und fällt zusammen, wenn die Arbitratoren die Entscheidung nicht geben wollen oder wegen Todes, Krankheit oder Abwesenheit überhaupt nicht oder nicht innerhalb der entsprechenden Frist geben können. Der Vertrag kann aber die Arbitratoren auch als Sachverständige berufen, und dann gilt er nicht als bedingt. Zwar muß auch in diesem Falle die Entscheidung der erwählten Arbitratoren tunlichst

---

2) l. 74 D. de verb. obl. 45, 1. Gajus libro 8 ad edictum provinciale: Stipulationum quaedam certae sunt, quaedam incertae. certum est, quod ex ipsa pronuntiatione apparet quid quale quantumque sit, ut ecce aurei X., fundus Tusculanus . . . Über incertum handelt vorzugsweise l. 75 D. eod., vgl. ferner l. 68 D. eod.

3) Der Gegensatz von „certum“ und „incertum“ hat eine große prozessualische Bedeutung. Denn obligationes certae eignen sich zu schleunigerer prozessualischer Behandlung als incertae. Nach heutigem Prozeßrechte ist eine „bestimmte Quantität“ als Gegenstand der Schuld Voraussetzung der Anwendbarkeit des Urkundenprozesses, ZPO. § 592, sowie des Mahnverfahrens, ZPO. § 688.

4) l. 94 D. de verb. obl. 45, 1. Marcellus libro 3 digestorum: Triticum dare oportere stipulatus es aliquis: facti quaestio est, non juris. igitur si de aliquo tritico cogitaverit, id est certi generis certae quantitatis, id habebitur pro expresso: alioquin si, cum destinare genus et modum vellet, non fecit, nihil stipulatus videtur, igitur ne unum quidem modium. Vgl. l. 95 D. eod.

5) Weismann, das Schiedsgutachten im Archiv für ziv. Praxis Bd. 72 S. 269, Triani, nota sull' arbitrium boni viri in den studi giuridici per il XXXV. anno d'insegnamento di Filippo Serafini S. 163ff., Schirmer, arbitrium merum und arbitrium boni viri, Archiv für ziv. Praxis Bd. 91 S. 136. ROHG. Bd. 16 S. 427.

eingeholt werden, aber wenn sie nicht zu erwirken ist, hat das Gericht — etwa nach Anhörung von Sachverständigen — die Feststellung vorzunehmen.[6]

Im heutigen Verkehre kommt es vor, daß einer der Kontrahenten vertragsmäßig ermächtigt wird, seinerseits Inhalt und Umfang der Leistungen näher festzustellen.[7] Solche Verträge sind bindend, wenn nachweisbare Umstände, insbesondere bestimmte Geschäftsgebräuche oder die Geschäftslage des einen Teiles den Maßstab für die Bestimmung an die Hand geben, so daß der eine Kontrahent ungemessener Willkür des anderen nicht unterworfen ist.[8]

Wird die Festsetzung durch die Arbitratoren einem der Mitkontrahenten oder durch die eine Partei der anderen erklärt, so ist das Bestimmungsrecht erschöpft.[9] Im Falle von Betrug, Zwang und wesentlichem Irrtum ist jedoch Verbesserung zulässig.[10]

Wegen Unredlichkeit der Entscheidung kann stets richterliche Hilfe angerufen werden, denn der Fall des Dolus gilt immer als vorbehalten. Handelte es sich um sachverständiges Ermessen, so kann die Entscheidung auch angefochten werden, weil sie dem Sachverhältnis widerspricht.[11] Der Beweis liegt dem Anfechtenden ob.[12]

§ 272. Unmögliche, unsittliche Versprechen.

I. Unmögliches kann nicht geleistet und demnach auch nicht geschuldet werden.[1] Dies ist ein Satz zwingender Logik. Das Versprechen einer unmöglichen Leistung ist daher notwendigerweise nichtig.[2]

6) Die Römer unterscheiden beide Arten vorzugsweise beim Gesellschaftsvertrage, l. 76, l. 78 D. pro socio 17, 2. Proculus libro 5 epistularum ... arbitrorum enim genera sunt duo, unum ejusmodi, ut sive aequum sit sive iniquum, parere debeamus — quod observatur, cum ex compromisso ad arbitrum itum est — alterum ejusmodi, ut ad boni viri arbitrium redigi debeat, etsi nominatim persona sit comprehensa, cujus arbitratu fiat. In proposita autem quaestione arbitrium viri boni existimo sequendum esse, eo magis quod judicium pro socio bonae fidei est. — Hieraus ergibt sich, daß zwar beide Formen des arbitratus möglich sind, daß man aber im Zweifel das arbitrium boni viri als beabsichtigt anzusehen hat. Auch BGB. § 317 Abs. 1 bestimmt: Ist die Bestimmung der Leistung einem Dritten überlassen, so ist im Zweifel anzunehmen, daß sie nach billigem Ermessen zu treffen ist.

7) Die Römer erkannten Verkäufe, bei denen die Preisbestimmung dem Käufer überlassen war, nicht an, vgl. l. 35 § 1 D. de contr. empt. 18, 1. Das gleiche galt für Mietkontrakte. Rümelin, Selbstkontrahieren S. 49. Nur actiones praescriptis verbis — nach vorgängiger Erfüllung seitens des Klägers — wurden zugelassen. Die Bestimmung der Sozietätsanteile konnte dagegen schon nach röm. Rechte dem billigen Ermessen eines Gesellschafters anvertraut werden, l. 6 D. pro socio 17, 2. Im heutigen Rechte ist die Geltung von Kauf- und Mietverträgen, bei welchen ein Kontrahent den Preis zu bestimmen hat, nicht zu bezweifeln. Vgl. BGB. § 315; Dernburg, Bürg. Recht Bd. 2 Abt. 1 § 86 S. 188.

8) Vgl. Wiener in Goldschmidts Zeitschr. Bd. 24 S. 42, ROHG. § 16 S. 427. BGB. § 315 Abs. 1. Unter diesen Voraussetzungen kommt es nicht selten vor, daß derartige Verträge stillschweigend geschlossen werden, indem nur die Verpflichtung des einen Teils, z. B. eines Werkmeisters, nicht aber die Vergütung für das Werk festgesetzt wird.

9) ROHG. Bd. 11 S. 247, BGB. § 318 Abs. 1.

10) Nach BGB. § 318 Abs. 2 ist die Bestimmung „anfechtbar".

11) Siehe die Anm. 6 abgedruckte l. 76 D. pro socio 17, 2, BGB. §§ 319, 315.

12) Vgl. RG. Bd. 1 S. 343.

Man unterscheidet die Fälle der Unmöglichkeit nach ihrem Grunde.

Die Unmöglichkeit ist absolut, wenn sie in der Art der zugesagten Leistung liegt, z. B. Geister zu zitieren; sie gilt als relativ, wenn die Leistung ihrer Art nach möglich und nur im gegebenen Falle unausführbar ist, z. B. man verspricht ein Pferd, welches bereits tot ist.[3]

Sie beruht ferner entweder auf Naturgesetzen oder auf der Rechtsverfassung.[4] Letzterer Art ist z. B. das Versprechen einer res extra commercium oder die Übereignung einer Sache an den, welchem sie bereits zu eigen ist; dagegen ist natürlich die Übertragung ihres Besitzes an den Eigentümer stets möglich.[5]

Die Unmöglichkeit ist entweder eine objektive, für jedermann vorhandene, oder eine subjektive, in der Person des Gläubigers oder des Schuldners begründete.[6]

Von der Unmöglichkeit, auch der subjektiven, ist die Schwierigkeit der Erfüllung zu unterscheiden. Dahin gehört Geldmangel des Schuldners. Er hindert die Entstehung einer Geldschuld nicht, auch wenn der Stipulant die Lage des Schuldners kannte. Ein Bettler kann also gültig ein Haus für eine Million kaufen; er kann Kredit finden oder eine Erbschaft erhalten.[7]

In der Regel macht es keinen Unterschied, ob die Unmöglichkeit eine notwendig dauernde ist, oder möglicherweise künftig beseitigt werden kann. Denn was zur Zeit des Vertragsschlusses ungültig versprochen wurde, ist für immer ungültig.[8]

---

1) Savigny, OR. Bd. 1 S. 381, Bd. 2 S. 284, Ude im Archiv für ziv. Praxis Bd. 48 n. 10, 14, Mommsen, Beiträge zum Obligationenrecht Bd. 1 S. 1 ff., Zimmermann in Iherings Jahrb. Bd. 13 n. 8, Hartmann, Obligation S. 166, Hesse im Archiv für ziv. Praxis Bd. 61 S. 258, Brinz Bd. 2 §§ 245 und 246. Über das Recht des BGB. vgl. Dernburg, Bürg. Recht Bd. 2 Abt. 1 §§ 60, 61 S. 128.

2) l. 185 D. de R. J. 50, 17. Celsus libro 8 digestorum: Impossibilium nulla obligatio est. BGB. § 306: „Ein auf eine unmögliche Leistung gerichteter Vertrag ist nichtig."

3) § 1 J. de inutilibus stipulationibus 3, 19.

4) § 2 J. de inutilibus stipulationibus 3, 19.

5) l. 82 pr. D. de verb. obl. 45, 1. Ulpianus libro 78 ad edictum: Nemo rem suam utiliter stipulatur, sed pretium rei suae non inutiliter: sane rem meam mihi restitui recte stipulari videor.

6) Letztere vom BGB. „Unvermögen des Schuldners zur Leistung" genannt.

7) l. 137 § 4 D. de verb. obl. 45, 1. Venulejus libro 1 stipulationum: Illud inspiciendum est, an qui centum dari promisit confestim teneatur an vero cesset obligatio, donec pecuniam conferre possit. quid ergo, si neque domi habet neque inveniat creditorem? sed haec recedunt ab impedimento naturali et respiciunt ad facultatem dandi . . et generaliter causa difficultatis ad incommodum promissoris, non ad impedimentum stipulatoris pertinet, ne incipiat dici eum quoque dare non posse, qui alienum servum, quem dominus non vendat, dare promiserit. Daß man derartige „Diffikultäten" von subjektiver Unmöglichkeit scharf unterscheiden muß, ergibt sich daraus, daß die Obligation auch in dem Falle rechtsbeständig begründet wird, wenn der Stipulant vom Vorhandensein der Schwierigkeiten beim Vertragsschlusse wußte, während er keinen Anspruch hat, wenn er die Unmöglichkeit, die in der Person des Schuldners liegt, beim Vertragsschlusse kannte, z. B. wissentlich jemanden, der kein französisches Wort versteht, als Lehrer dieser Sprache engagiert.

8) Vgl. oben § 107.

Wurde jedoch die Erfüllung vertragsmäßig noch aufgeschoben, so genügt, daß sie zu der Zeit möglich ist, in welcher sie zuerst gefordert werden kann, auch wenn sie im Augenblick des Vertragsschlusses nicht möglich war.[9] Beim Versprechen einer res extra commercium litt dies in Rom eine Ausnahme.[10] Derartige Verträge wurden schlechthin, auch wenn sie bedingt waren, als von böser Vorbedeutung und um deswillen unsittlich verworfen.[11]

Von besonderer Tragweite ist die Frage, ob das Versprechen von Unmöglichem den Promittenten aus dem Grunde zur Schadloshaltung verbindet, weil er versprochen hat, was zu leisten er nicht imstande ist. In dieser Hinsicht haben wir zu unterscheiden:

A. Die Unmöglichkeit liegt in der Person des Gläubigers. Dann hat der Schuldner — von Dolus abgesehen — nichts zu leisten.[12]

B. Anders, wenn die Unmöglichkeit in der Person des Schuldners oder auf objektiven Gründen beruht. Dann ist der Promittent gemäß der Entwicklung des späteren römischen Rechts regelmäßig zum Ersatze verpflichtet, es sei denn, daß der Stipulant von der Unmöglichkeit zur Zeit des Vertragsschlusses wußte oder wenigstens berücksichtigen mußte, daß eine Unmöglichkeit ohne Kenntnis des anderen Teils eingetreten sein könnte.[13]

Insbesondere ist dies bei Käufen und anderen Anschaffungsgeschäften der Fall, auch wenn der Promittent gutgläubig und ohne Verschuldung war.[14] Man streitet darüber, ob in solchen Fällen dem Stipulanten das

---

9) Vgl. l. 31 D. de verb. obl. 45, 1. Pomponius libro 24 ad Sabinum: Si rem meam sub condicione stipuler, utilis est stipulatio, si condicionis existentis tempore mea non sit. l. 98 pr. D. eod. Vgl. BGB. § 308.

10) l. 83 § 5, l. 137 § 6 D. de verb. obl. 45, 1, l. 34 § 2 D. de contr. empt. 18, 1 . . nec enim fas est ejusmodi casus exspectare.

11) Nach gemeinem Recht waren Geschäfte über öffentliche Sachen unter der ausdrücklichen oder stillschweigenden Bedingung ihres künftigen Eintrittes in den Verkehr gültig; hierin wird auch heute nichts Ungehöriges mehr gesehen. Wächter, Pandekten Bd. 2 S. 277 führt aus: „Wie könnte man es bei uns incivile und non fas nennen, wenn ich mit einer Stadt über den Ankauf des städtischen Theaters oder eines Stückes eines Kirchhofes, oder wenn ich mit einem Dritten über diese Objekte, weil wir hören, daß die Stadt sie zu veräußern beabsichtige, ein Rechtsgeschäft schließe." Dies gilt z. B. auch vom Kaufe eines Grundstückes zu Bauplätzen unter der Bedingung, daß die Stadt in die Aufhebung eines dasselbe durchschneidenden öffentlichen Weges und Überlassung an den Käufer willigt. Der Vertrag gilt als perfekt, wenn die Abtretung vor der zur Übereignung des Grundstückes festgesetzten Zeit oder einer sonstigen vertragsmäßigen Frist von der zuständigen Behörde beschlossen wird.

12) l. 34 D. de verb. obl. 45, 1, l. 1 § 10 D. de obl. et act. 44, 7.

13) Über die Entschädigungspflicht des Promittenten, wenn die Unmöglichkeit in dessen Person begründet ist, sind die Neueren einmütig, vgl. Windscheid Bd. 2 § 315 Anm. 3, Hartmann, Obligation S. 222, siehe jedoch auch Mommsen, Beiträge Bd. 3 S. 407.

14) Sehr streitig ist, unter welchen Voraussetzungen der Promittent zur Entschädigung verpflichtet wird, falls die versprochene Leistung zur Zeit des Vertragsschlusses aus objektiven Gründen unmöglich war. Mommsen a. a. O. Bd. 1 S. 109 gesteht dies nur im Falle von dolus oder culpa lata des Promittenten zu. Dagegen gibt Savigny, OR. Bd. 2 S. 290 dem mit der Unmöglichkeit unbekannten Käufer unbedingt einen Entschädigungsanspruch. Ihm wirft Windscheid Bd. 2 § 315 Anm. 5 zwar offenbaren Widerspruch mit den Quellen vor, indem er sich selbst durch

positive und negative[15] Vertragsinteresse zu ersetzen sei. Das erstere trifft zu, denn es ist recht, daß man ihm in Gelde leiste, was zugesagt wurde.[16]

II. Nichtig sind auch unsittliche Geschäfte — contra bonos mores.[17]

Dahin gehören sowohl Geschäfte, die direkt Unsittliches versprechen, z. B. die Beschädigung von Sachen Dritter, als auch solche, die indirekt eine Unsittlichkeit in sich schließen, indem man Geld oder Geldeswert zu dem Zwecke verspricht, um Unsittliches hervorzurufen oder zu fördern.

Unsittlich sind insbesondere Geschäfte, welche die Freiheit der Persönlichkeit des Promittenten in übertriebener Weise beschränken oder Entschlüsse erzwingen sollen, die nur der Ausdruck eigener freier Überzeugung sein dürfen.[18] [19]

---

mancherlei Distinktionen gegen diesen Vorwurf zu schützen sucht. Doch wird man sich Savigny anschließen müssen, wenn man die historische Entwicklung beachtet. Ursprünglich war die Obligation schlechthin wirkungslos, wenn Unmögliches ihren Inhalt bildete. So war und blieb es auch später bei der Stipulation, abgesehen von dolus, im Falle der Zufügung einer clausula doli. So war es ursprünglich auch beim Kaufe. Es fehlte ein Kaufobjekt, also bestand kein Kauf. Deswegen wurde es nötig, daß der Prätor in Fällen, in welchen ein „fundus religiosus“ als ein privater verkauft war, um dem Käufer zu helfen, eine eigene actio in factum aufstellte. l. 8 § 1 D. de religiosis 11, 7. Aber die freiere spätere Jurisprudenz ging weiter und gab bei dem Verkaufe eines Freien als Sklaven oder einer res extra commercium als einer im Verkehr befindlichen Sache die actio ex empto. Einige Juristen meinten, es sei in solchen Fällen zwar keine emptio vorhanden, aber eine actio ex empto, so Modestinus in der l. 62 § 1 D. de contr. empt. 18, 1; andere deduzierten dagegen, es bestehe ein Kauf, weil die actio ex empto des Käufers auf Schadloshaltung zugelassen werde. l. 4 D. de contr. empt. 18, 1. Widersprüche finden sich ferner in den Quellen beim Verkaufe einer nicht existierenden Sache an den nichtwissenden Käufer. Sie sind auf gleiche Gesichtspunkte zurückzuführen. Eine Verpflichtung des Verkäufers zur Schadloshaltung des Käufers bei solchen Verkaufsgeschäften erwähnen l. 24 pr. D. de act. empt. vend. 19, 1 und l. 8 und 9 D. de her. vel act. vend. 18, 4. Der Fall, daß die Kaufsache zufälligerweise vor Abschluß des Kaufes zugrunde gegangen war, wird in l. 57 pr. D. de contr. empt. 18, 1 besprochen, vgl. auch l. 15 pr., l. 34 § 1 D. eod. Es ist hierbei der Satz unseres Textes maßgebend. Ist eine unmögliche Handlung zugesagt, so wird der Promittent in der Regel nur für culpa zu haften haben, da bei solchen Kontrakten im allgemeinen kein unbedingtes Einstehen für den Erfolg, sondern nur pflichtmäßiges Bemühen zugesagt wird. Über die hier besprochenen Fragen vgl. Bechmann, Kauf Bd. 2 S. 429, wo auch die Literatur angeführt ist.

15) Nur das negative Vertragsinteresse gesteht Windscheid Bd. 2 § 315 Anm. 7 zu. Die Quellen, vgl. l. 7 ff. D. de her. vel act. vend. 18, 4, geben kein bestimmtes Resultat.

16) Nach BGB. § 307 Abs. 1 haftet, wer Unmögliches verspricht, wenn er die Unmöglichkeit kennt oder kennen muß, während sie der Mitkontrahent nicht kennt, noch kennen muß, auf Ersatz des negativen Vertragsinteresses, jedoch nicht über das positive Interesse hinaus. Vgl. Dernburg, Bürg. Recht Bd. 2 § 61 S. 130.

17) l. 4 C. de inutilibus stipulationibus 8, 38, Diocletianus et Maximianus .. cum omnia, quae contra bonos mores vel in pacto vel in stipulatione deducuntur, nullius momenti sint. l. 26 D. de verb. obl. 45, 1, Ulpianus libro 42 ad Sabinum: Generaliter novimus turpes stipulationes nullius esse momenti. Vgl. l. 27 pr., l. 35 § 1. l. 123 D. eod. Lotmar, der unmoralische Vertrag 1897. BGB. § 138 Abs. 1. „Ein Rechtsgeschäft, das gegen die guten Sitten verstößt, ist nichtig.“ Abs. 2 wendet dies auf wucherische Geschäfte an. Vgl. Dernburg, Bürg. Recht Bd. 1 § 125 S. 373, dort auch weitere Literatur.

18) Ungültig ist z. B. das Versprechen, sich niemals selbständig zu etablieren, niemals ein Konkurrenzgeschäft zu betreiben, ROHG. Bd. 21 S. 262, RG. Bd. 31 S. 97,

§ 273. Wucherische Geschäfte.

1. Die Vertragsfreiheit ist die Grundlage des Obligationenrechts. Indem sie jedem gestattet, das eigene Interesse rücksichtslos zu wahren, spornt sie die Kräfte an und fördert die Entwicklung des Verkehrs.

Aber sie birgt Gefahren in sich, wenn die Lage der Vertragschließenden eine ungleiche ist. Ausbeutung der Not, des Leichtsinnes und der Unerfahrenheit des Teils, welcher dem Ausbeutenden durch wirtschaftliche oder psychische Schwäche nicht gewachsen ist, bildet Wucher, welcher sittlich verwerflich, sozial und politisch verderblich ist.

2. Wie weit die Vertragsfreiheit um der Wuchergefahr willen eingeschränkt werden muß, ist ein schwieriges Problem für den Gesetzgeber.

Die Römer begrenzten seit der ältesten Zeit gesetzlich die Höhe des Zinsfußes.[1] Im späteren Rechte galten Verkäufe als anfechtbar, bei welchen der Kaufpreis nicht einmal den halben Wert des Sachwertes betrug.[2] Auch die lex Anastasiana,[3] wonach der Käufer einer Forderung vom Schuldner derselben nicht mehr als den Kaufpreis mit Zinsen beitreiben durfte, richtete sich gegen wucherische Ausbeutung.[4]

Radikaler war das kanonische Recht, welches Vertragszinsen überhaupt verbot. In Deutschland hat diese Vorschrift nicht Wurzel gefaßt.

Um die Mitte des neunzehnten Jahrhunderts suchte man die Vertragsfreiheit konsequent durchzuführen, indem man von der freien Konkurrenz Beseitigung aller ihrer Gefahren erwartete. Daher hob das Bundesgesetz

---

oder jemandem den gesamten Ertrag seiner wirtschaftlichen Tätigkeit für immer zu überlassen, ROHG. Bd. 18 S. 107. Vgl. Kohler, Abhandl. S. 62, Lemberg, Beschränkungen der Handels- und Gewerbefreiheit 1888, auch RG. Bd. 48 S. 251. Ungültig ist ein Versprechen für die Unterlassung einer Denunziation, ROHG. Bd. 23 S. 226. Dies muß selbst bezüglich der Antragsvergehen gelten. Nur dann wird der Vertrag nicht als ungültig anzusehen sein, wenn er eine Schadloshaltung für die Verletzung durch ein begangenes Vergehen enthält. Vgl. indessen RG. Bd. 42 S. 60. Nicht jedes Rechtsgeschäft ist übrigens nichtig, wenn es unter Umständen und mit Intentionen abgeschlossen wird, die den so Handelnden straffällig machen, RG. Bd. 6 S. 170, vgl. auch RG. Bd. 18 S. 242. Es kann den Intentionen des Strafgesetzes entsprechen, daß das Geschäft Geltung behält, trotzdem der dasselbe Schließende der Strafe verfällt.

19) Bei der Frage der Unsittlichkeit eines Geschäftes sind die bestimmenden und offensichtlichen Motive desselben notwendig mit in Betracht zu ziehen. Gerade sie entscheiden vorzugsweise über die Lauterkeit oder die Unsittlichkeit des Geschäftes. Doch darf dies nicht übertrieben werden. Sonst wäre Vertragstreue und Rechtssicherheit gefährdet. Entferntere, bloß mögliche, vorübergehende Zwecke sind daher im allgemeinen nicht zu beachten. Eine feste Regel, welche die Grenze zieht, läßt sich schwerlich geben. Juristischer Takt muß uns davor schützen, in Extreme zu verfallen. Der Verkäufer wird z. B. den Verkauf von Mobilien nicht um deswillen anfechten können, weil sie der Käufer zum Ausmöblieren der Wohnung seiner Maitresse bestimmt hat. Vgl. Ravit, über unsittliche Bedingungen und Verträge im Archiv für ziv. Praxis Bd. 58 insbesondere S. 66, Kohler im Archiv für bürgerl. Recht Bd. 1 S. 359, Bd. 5 S. 161, Schey, Obligationsverhältnisse Bd. 1 S. 149.

1) Siehe unten § 287 A.

2) Unten § 359 Ziff. 2.

3) Unten § 308 Ziff. 1.

4) Neumann, Geschichte des Wuchers in Deutschland 1865, Stobbe-Lehmann, Deutsch. Privatr. Bd. 3 S. 348.

vom 14. November 1867 jede Beschränkung des Zinsfußes auf;[5] das Handelsgesetzbuch ferner beseitigte für Handelsgeschäfte die Anfechtbarkeit der Verkäufe wegen Verletzung über die Hälfte sowie die lex Anastasiana. Hierdurch wurde zwar die merkantile Entwicklung in Deutschland gefördert, da aber die Ausbeutung der schwächeren Gesellschaftsgruppen, insbesondere der kleinen Bauern, freigegeben war, wuchsen die sozialen Mißstände und der Gegensatz zwischen den Bevölkerungsklassen.

3) Die Reichsgesetze vom 24. Mai 1880 und 19. Juni 1893 traten daher dem Wucher mit öffentlichen Strafen entgegen und erklärten wucherische Geschäfte für ungültig.

a) Auf Zinsgeschäfte allein bezog sich das Gesetz vom 24. Mai 1880; es wurde durch das Gesetz vom 19. Juni 1893 auch in dieser Hinsicht verschärft.

Danach waren Darlehen und Geschäfte jeder Art, die dazu bestimmt waren, dem anderen Teil leihweise Geld zu verschaffen — z. B. auch Verkäufe mit Wiederkaufsbefugnis des Käufers, zum Zweck eines Darlehns[6] — straffällig und ungültig, wenn der Geldgeber unter Ausbeutung von Notlage, Leichtsinn oder Unerfahrenheit sich oder einem Dritten Vermögensvorteile versprechen ließ, welche mit Überschreitung des üblichen Zinsfußes in auffälligem Mißverhältnis zu der Leistung standen.[7]

b) Das Gesetz vom 19. Juni 1893 wendete sich auch gegen den Sachwucher. Es forderte dabei nicht bloß Ausbeutung der Not, des Leichtsinns und der Unerfahrenheit durch Vermögensvorteile, welche in auffälligem Mißverhältnis zur Leistung standen, sondern auch, daß dieselbe gewerbs- oder gewohnheitsmäßig geschah.

Die nächste Veranlassung gaben sog. Viehverleihverträge und Viehverkäufe, sowie Verkäufe landwirtschaftlicher Grundstücke. Aber das Gesetz ging weiter, selbst auf Ausbeutung in Arbeitsverhältnissen konnten seine Bestimmungen ausgedehnt werden.

Noch allgemeiner ist § 138 Abs 2. BGB. Danach ist jedes wucherische Rechtsgeschäft nichtig, auch wenn es nicht gewerbs- oder gewohnheitsmäßig vorgenommen wurde. Die strafrechtlichen Bestimmungen sind nicht geändert.[8]

§ 274. Interesse, Vermögenswert der Leistung.

Unzählige Versprechen werden täglich gegeben, ohne daß sie klagbar sein sollen. Man verspricht z. B. einem anderen einen Besuch, verspricht, mit ihm zu speisen, ihn zu wählen. Worin liegt das Kriterium der wahren Obligation?

1. Der Gläubiger muß an der Leistung interessiert sein. Ursprünglich forderte die römische Jurisprudenz ein eigenes Vermögensinteresse des Gläubigers. Dies hielt sie noch später bei Stipulationen fest.[1]

---

5) Ähnlich schon früher Art. 292 des HGB. bezüglich der Schulden der Kaufleute. Das Bundesgesetz trat mit dem 1. Januar 1871 auch in den süddeutschen Staaten in Kraft mit Ausnahme von Bayern, wo ein besonderes, jedoch sehr ähnliches Gesetz galt. Einf.Ges. zum BGB. Art. 39 hebt das Gesetz vom 14. November 1867 auf, führt aber ein Zinsmaximum nicht wieder ein.

6) Vgl. RG. Bd. 43 S. 116.

7) „Notlage" liegt vorzugsweise vor, wenn der Kreditnehmer zur Erhaltung seiner Person, seiner Familie, seiner Ehre oder seines Gewerbes, Leichtsinn und Unerfahrenheit, wenn er zum Spiel und sonstigen unproduktiven Zwecken oder zu verwegenen Spekulationen Geld in Anspruch nimmt. Erforderlich ist stets, daß der Kreditgeber wußte, daß Not, Leichtsinn und Unerfahrenheit den anderen Teil zur Kreditentnahme unter den lästigen Bedingungen bestimmten.

8) Vgl. über das moderne Recht Dernburg, Bürg. Recht Bd. 1 §§ 126, 127 S. 378.

1) l. 38 § 17 D. de verb. obl. 45, 1. Ulpianus libro 49 ad Sabinum: Alteri

Aber bei den bonae fidei judicia ging sie hierüber hinaus. Auch das Wohl anderer wird als berechtigtes Interesse des Gläubigers behandelt, mag er ihnen aus verwandtschaftlichen und sozialen Rücksichten oder aus Erwägungen der Humanität etwas ausbedingen.[2] Dies gilt heutzutage allgemein.[3]

2. **Die Leistung muß der Vermögenssphäre angehören.**[4] Auch in dieser Hinsicht ist die Rechtswissenschaft nicht bei den alten, engen Schranken stehen geblieben. Sie fordert nicht, wie ursprünglich geschah, daß die Leistung das Vermögen dessen, an den sie erfolgt, direkt vermehre, es genügt, daß es sich um Dinge handelt, die im Verkehr für Geld zu haben sind. Das Vermögensinteresse liegt alsdann darin, daß dem Gläubiger Auslagen erspart werden, die er für Beschaffung des Geschuldeten aufzuwenden hat, wofern es ihm nicht vertragsgemäß geleistet wird.[5 6 7]

---

stipulari nemo potest, praeterquam si servus domino, filius patri stipuletur: inventae sunt enim hujusmodi obligationes ad hoc, ut unusquisque sibi adquirat quod sua interest: ceterum ut alii detur, nihil interest mea.

2) l. 54 pr. D. mandati 17, 1. Papinianus libro 27 quaestionum . . placuit enim prudentioribus affectus rationem in bonae fidei judiciis habendam, l. 6 pr., l. 7 D. de servis exportandis 18, 7. Insbesondere erkannten die Römer die Verbindungskraft eines mandatum aliena gratia an, d. h. eines bloß im Interesse eines Dritten gegebenen Auftrages, l. 2 § 2 D. mandati 17, 1, vgl. Ihering in seinen Jahrb. Bd. 18 S. 61.

3) Das Interesse wird sich meist aus dem Vertragsschlusse ohne weiteres ergeben. Einen besonderen Nachweis desselben hat der Gläubiger in der Regel nicht zu erbringen, es sei denn, daß konkrete Umstände auf sein Fehlen hinweisen.

4) l. 9 § 2 D. de statuliberis 40, 7 . . ea enim in obligatione consistere, quae pecunia lui praestarique possunt. Die Grundsätze des Obligationenrechts beziehen sich also nicht auf Versprechen, die bloß dem geselligen Verkehr angehören, z. B. zu einem Diner zu kommen, ferner nicht auf solche, die das persönliche Familienrecht, auch nicht auf diejenigen, welche die Ausübung politischer Rechte betreffen.

5) Verspricht der Verkäufer oder wer sonst Verbindlichkeiten für Geld übernimmt, bei Gelegenheit des Hauptvertrages Leistungen, welche eine pekuniäre Schätzung nicht zulassen, so kann der Käufer im Falle ihrer Nichterfüllung auf Kürzung des Geldpreises klagen, und umgekehrt hat der Käufer einen höheren Preis, als er zusagte, zu leisten, wenn er Verbindlichkeiten nicht pekuniärer Art neben dem Kaufpreis versprach und nicht erfüllt. Denn der Kaufpreis gilt als mit Rücksicht auf jene Verbindlichkeiten gemehrt oder gemindert. Hiervon geht Papinianus libro 27 quaestionum bei Beurteilung einer Zusage des Käufers eines Sklaven aus, welche diesem zur Strafe gereicht. l. 6 § 1 D. de servis exportandis 18, 7: Nobis aliquando placebat non alias ex vendito propter poenam homini irrogatam agi posse, quam si pecuniae ratione venditoris interesset. veluti quod poenam promisisset: ceterum viro bono non convenire credere venditoris interesse, quod animo saevientis satisfactum non fuisset. sed in contrarium me vocat Sabini sententia, qui utiliter agi ideo arbitratus est, quoniam hoc minoris homo venisse videatur, vgl. l. 10 D. eod., l. 79 D. de contr. empt. 18, 1.

6) Manche gehen weiter und behaupten, ohne Rücksicht auf Vermögenswert erzeuge nach gemeinem Recht jedes Versprechen einer Leistung eine bindende und klagbare Obligation, sofern es sich nicht um bloße Launen handle. Hierbei verkennen sie, daß ein Kriterium dafür nötig ist, was im Rahmen einer klagbaren Verbindlichkeit liegt und was bloß ethischen Pflichten oder gar nur der Höflichkeit entspricht. Eine sichere Grenze war im gemeinen Rechte, wo es an einer Form für die Eingehung von Obligationen fehlte, von ganz besonderer Bedeutung. Von dem Erfordernisse eines Vermögenswertes der Obligation wollen namentlich absehen Windscheid Bd. 2 § 250 Anm. 3, Ihering, in seinen Jahrb. Bd. 18 S. 43, Regelsberger bei Endemann, Handb. des Handelsr. Bd. 2 S. 472, Pernice, Labeo Bd. 3 S. 172 ff. Daß das röm. Recht auch in seiner jüngsten Gestalt an dem Erfordernis eines Vermögenswertes festhielt, das beweist vorzugsweise die oben Anm. 5 abgedruckte, von Ihering für das Gegenteil be-

§ 275. Verträge zugunsten Dritter.[1]

Verträge lauten „zugunsten Dritter", wenn sich der Stipulant Leistungen an einen Dritten ausbedingt, so daß auch diesem deren prozessualische Geltendmachung offen stehen soll.[2]

Das ältere römische Recht erkannte derartige Verträge nur ganz ausnahmsweise an. Dem Stipulanten versagte man die Klage aus solchen Kontrakten, weil ihm das eigene pekuniäre Interesse fehlte, welches für die Begründung einer Obligation als notwendig galt, dem Dritten verweigerte man sie, weil er nicht Mitkontrahent war.[3] Im späteren römischen

---

nutzte l. 6 § 1 D. de serv. export. 18, 7. Denn die Argumentation Papinians dreht sich einzig darum, ob nicht wenigstens mittelbar ein Vermögensinteresse bei dem bezüglichen Vertrage bestehe. Daraus, daß die röm. Juristen der späteren Zeit das Erfordernis des Vermögensinteresses in einer feinen Weise handhabten, ergibt sich gerade, daß sie es nicht über Bord geworfen haben. — Die röm. Theorie der Obligation ist zweifelsohne rezipiert und damit auch das Erfordernis des Vermögensinteresses. Weder ein Gesetz noch ein Gerichtsgebrauch, der dies beseitigte, ist nachzuweisen. Daß nach der heutigen Ordnung der Zwangsvollstreckung auch Versprechen nicht pekuniärer Art vollstreckt werden können, beweist nichts dafür, daß sich der Obligationsbegriff verändert hat. Unbegründet ist der Vorwurf, daß unsere Ansicht nur geldwerte Güter, nicht andere, zum Teil höhere, des rechtlichen Schutzes würdig erachte. Niemand bezweifelt, daß es nichtobligatorische Ansprüche gibt, die einklagbar sind, obgleich sie kein Vermögensinteresse haben, z. B. Verlöbnisse oder der Anspruch auf Auslieferung der uns vorenthaltenen Ehefrau oder Kinder. Nur das Bestehen von Obligationen ohne Vermögensinteresse wird geleugnet. Es verspricht z. B. der Bräutigam seiner Braut ernstlich, den gewohnten Klub nicht mehr zu besuchen, oder der schwächliche Bruder dem Bruder feierlichst, keine Zigarren mehr zu rauchen. Sollten derartige Versprechen klagbar sein und durch richterliche Strafauflagen erzwungen werden? Vgl. Laband im Archiv für ziv. Praxis Bd. 73 S. 171, Pothier, traité des obligations p. 1 ch. 1 § 138 und die bei Hasenöhrl S. 22 Anm. 79 Angeführten. Siehe auch Kuntze, Obligationen 1886 S. 122, Wendt, Pand. § 186, Hartmann im Archiv für ziv. Praxis Bd. 73 S. 370, Hellwig das. Bd. 86 Nr. 4; andererseits Kohler im Archiv für bürg. Recht Bd. 12 S. 1.

7) Vgl. Dernburg, Bürg. Recht Bd. 2 § 84 S. 185. Nach dem Recht des BGB. muß das gleiche gelten.

1) Ausführliche Dogmengeschichte der Verträge zugunsten Dritter gibt Gareis: die Verträge zugunsten Dritter 1873 S. 51 ff. Neuere Bearbeitungen sind von Stobbe-Lehmann, Privatr. Bd. 3 S. 228; Regelsberger in Endemanns Handb. des Handelsr. Bd. 2 S. 473; Bähr. Urteile des RG. S. 70; Regelsberger im Archiv für ziv. Praxis Bd. 67 n. 1 und Bähr ebendaselbst n. 5; Danz, Forderungsüberweisung S. 120; Luigi Tartufari, dei contratti a favore di terzi 1889, von der deutschen Theorie und Praxis handelt Tl. 4; Leonhard, die Anfechtbarkeit der Verträge für das Vermögen eines Dritten 1892; Pacchioni, i contratti a favore di terzi, Insbruck 1898. Das Recht des BGB. behandelt Hellwig, die Verträge auf Leistung an Dritte 1899. Dissertationen bei Windscheid-Kipp Bd. 2 § 316.

2) Von den Verträgen zugunsten Dritter sind zu unterscheiden die durch Stellvertreter geschlossenen Verträge. Denn bei der direkten Stellvertretung wird nur der Vertretene berechtigt, nicht der Vertreter, bei der indirekten nur der Vertreter, nicht der Vertretene. Sie sind also, wie Zimmermann, negotiorum gestio S. 84 sich ausdrückt, „einschichtige", nicht wie Verträge zugunsten Dritter „zweischichtige" Geschäfte.

3) l. 11 D. de obl. et act. 44, 7. Paulus libro 12 ad Sabinum: Quaecumque gerimus, cum ex nostro contractu originem trahunt, nisi ex nostra persona obligationis initium sumant, inanem actum nostrum efficiunt: et ideo neque stipulari neque emere vendere contrahere, ut alter suo nomine recte agat, possumus, l. 38 § 17 D. de verb. obl. 45, 1, vgl. oben § 274 Anm. 1. Eine Ausnahme macht das fideicommissum a debitore relictum, bei welchem der Erblasser mit seinem Schuldner

Rechte erlitt dieses Prinzip wesentliche Modifikationen, und das gemeine Recht hat es gänzlich umgebildet.

1. Schon in Rom erkannte man an, daß der Stipulant ein Klagerecht auf die Leistung an den Dritten dann erlange, wenn er an derselben mittelbar ein pekuniäres Interesse habe, wenn er z. B. die Zahlung seiner Schuld an seinen Gläubiger stipuliert hatte.[4] Noch weiter ging man bei den bonae fidei judicia. Im gemeinen Recht genügte aber allgemein ein auch nicht pekuniäres Interesse, um dem Stipulanten ein Klagerecht zu gewähren, z. B. wenn ein Fabrikherr zugunsten der Armen geldwerte Leistungen ausbedingt.

2. Dem Dritten gab man schon nach Justinianischem Recht in mehreren Fällen eine actio utilis, um die Leistung für sich zu erzwingen.[5] Auch Verträge über Leistungen an die Erben des Stipulanten oder einen seiner Erben, die noch im klassischen Rechte nicht klagbar waren, erhielten durch Justinian volle Wirksamkeit.[6] Immerhin wurde mit der Regel nicht gebrochen.

Nach modernem Recht galt der Dritte stets als befugt, aus Verträgen zu seinen Gunsten selbständig zu klagen, sofern dies durch den Vertrag bezweckt war.[7]

---

verabredete, daß die Schuldleistung ganz oder zum Teil einem Dritten gemacht werden solle, vgl. insbesondere l. 26 pr. D. depositi 16, 3, Hellwig a. a. O. S. 1ff. Hier hatte der Dritte bereits zurzeit der klassischen Juristen eine actio ex fideicommisso. Noch im vorjustinianischen Recht wurde dann die Wirksamkeit solcher Verträge zugunsten Dritter anerkannt, bei denen der Stipulant eine unentgeltliche Zuwendung an den Dritten unter Lebenden bezweckte, l. 3 C. de donat. quae sub modo 8, 54. Aber das Prinzip blieb unverändert, noch Diokletian und Maximian verwerfen in der l. 26 C. de jure dotium 5, 12 die Verträge zugunsten Dritter.

4) l. 38 §§ 20ff. D. de verb. obl. 45, 1. Ulpianus libro 42 ad Sabinum: Si stipuler alii, cum mea interesset, videamus, an stipulatio committetur. et ait Marcellus stipulationem valere . . § 20 J. de inut. stipulat. 3, 19. Vgl. ferner oben § 274 Anm. 3.

5) Eine actio utilis aus Kontrakten Dritter hatten ferner a) die Frau und deren Kinder, wenn ihnen ihr Aszendent bei Bestellung einer Dos deren Rückgabe stipuliert hatte, l. 45 D. sol. matr. 24, 3, l. 7 C. de pact. convent. 5, 14; b) der Eigentümer einer Sache, welche ein Dritter deponierte oder verlieh unter der Abrede, daß sie dem Eigentümer restituiert werden solle, l. 8 C. ad exhibendum 3, 42; c) der Verpfänder, welchem der Pfandgläubiger beim Pfandverkauf die Wiedereinlösung der Pfandsache vorbehielt, l. 13 pr. D. de pign. act. 13, 7.

6) Ein altes, formales Dogma bestimmte „ab heredibus incipere obligationes non posse". Dasselbe stand aber im Widerspruch mit sehr berechtigten menschlichen Interessen und wurde daher längst unterminiert und umgangen, vgl. Gaj. III § 100, ehe es Justinian in der l. un. C. ut actiones et ab herede et contra heredem incipiant 4, 11 geradezu wegräumte. Vgl. Scheurl, Beiträge Bd. 1 n. 3.

7) Sehr bestritten ist, unter welchen Voraussetzungen der Dritte ein Klagerecht hat, und ebenso streitet man über den Charakter dieses Rechts. Früher war die Ansicht sehr verbreitet, daß der Dritte ein Klagerecht nur erhalte, wenn er auf Aufforderung des Stipulanten dem Vertrag beitrete. Diese Theorie ist in neuere Gesetzgebungen übergegangen. Es ist auch kein Zweifel, daß, wenn ein derartiger Beitritt erfolgt, dem Dritten ein Klagerecht zusteht. Aber eine Aufforderung zum Beitritt und der Beitritt des Dritten ist im Leben etwas Seltenes. Und doch steht für viele Fälle das Klagerecht des Dritten fest. Was sind also dessen Kriterien? Regelsberger im Archiv für ziv. Praxis Bd. 67 S. 4 nimmt an, es sei durch die Absicht der Kontrahenten bedingt, aus ihrem Geschäfte und durch ihr Geschäft dem Dritten eine Forderung auf Erfüllung gegen den Versprechenden zuzuwenden, vgl. RG. Bd. 2 S. 54, Bd. 7 S. 131.

a) Infolgedessen entsteht aber die schwierige Frage, wann der Dritte bloß Destinatär ist, welcher zum Empfang der Leistung, aber nicht zur Klage berechtigt ist, und wann er auch seinerseits klagen kann? Die Kontrahenten selbst werden sich fast niemals hierüber besonders aussprechen. Der Richter ist daher auf die Würdigung der Zwecke des Geschäftes und der hiernach zu ermittelnden Absicht der Vertragsschließenden angewiesen. Seine Aufgabe wird ihm dadurch erleichtert, daß die Klageberechtigung des Dritten aus gewissen Arten von Verträgen sich gewohnheitsmäßig entwickelt hat. Dies ist der Fall bei den Gutsabtretungsverträgen, bei welchen der Veräußerer des Gutes zugunsten seiner Kinder oder Frau oder anderer ihm nahestehender Personen Abfindungen stipuliert,[8] ferner bei Lebensversicherungen zugunsten Dritter.[9]

Auch der in einem Frachtbriefe bezeichnete Adressat einer Frachtsendung hat ein Klagerecht auf Aushändigung des Gutes nach dem Gesetze, wenn der Frachtführer am Orte der Ablieferung angekommen ist und den Frachtbrief dem Adressaten übergeben hat.[10] Der Adressat einer Postsendung dagegen hat kein Klagerecht auf deren Auslieferung.[11]

b) Zweifelhaft ist ferner, ob und wie lange die Klausel zugunsten des Dritten ohne sein Zutun aufgehoben werden kann? Auch in dieser Beziehung muß auf die Eigenart des fraglichen Geschäftes zurückgegangen werden.[12] Lebensversicherungen zugunsten eines Dritten kann der Versicherungsnehmer, solange er lebt, aufheben und auch anderen zuwenden; das gleiche ist für Abfindungen aus Gutsabtretungsverträgen anzuwenden. Das Recht des im Frachtbriefe bezeichneten Adressaten am Frachtgute ist ein festes, sobald ihm der Frachtführer den Frachtbrief nach Ankunft des Gutes am Orte der Ablieferung übergeben hat.

c) Das Klagerecht des Dritten wurzelt im Vertrage, ist von dessen Geltung abhängig und unterliegt auch allen Modifikationen, welche die Kontrahenten bezüglich der Vertragsbedingungen trafen, ehe das Recht des Dritten ein unwiderrufliches wurde. Aber es ist doch ein selbständiges Recht, nicht bloß die zedierte Forderung des Stipulanten. Daher kann unter anderem der Adressat des Frachtbriefes im Falle der Nichtablieferung der Ware nicht bloß den Schaden des Absenders, sondern auch den eigenen geltend machen.[13]

Nicht notwendig sei aber, daß diese Absicht bei der Verabredung einen besonderen Ausdruck gefunden habe, es genüge, daß sie aus den Umständen erhelle. Hiergegen wendet sich Bähr im Archiv für ziv. Praxis Bd. 67 S. 163. Es komme niemals vor, führt er aus, daß die Parteien sich über eine solche Absicht oder Nichtabsicht bei der Stipulation der an den Dritten zu machenden Leistung aussprächen, ebensowenig beständen in der Regel besondere „Umstände", aus denen sich etwas über eine solche Absicht ergäbe. Man mag zugestehen, daß in der Formulierung von Regelsberger zu ausschließlich der besondere Willen der Kontrahenten betont ist, während für die Rechtsprechung vorzugsweise die typische Art des Geschäftes und seiner Zwecke in das Gewicht fällt. Aber die Unterscheidung von Geschäften, bei welchen der Dritte nur befugt ist, die Leistung zu empfangen, und solchen, bei welchen er auch berechtigt ist, sie einzuklagen, entspricht der bestehenden Verschiedenheit der Tatsachen. Sie mag schwierig sein, aber sie ist gegeben. BGB. § 328 steht auf dem hier vertretenen Standpunkt. Vgl. Dernburg, Bürg. Recht Bd. 2 §§ 105, 106 S. 233

8) Dies steht in Theorie und Praxis fest. Vgl. Stobbe-Lehmann, Deutsch. Privatr. Bd. 3 S. 239, RG. Bd. 2 S. 277, Bd. 29 S. 173, BGB. § 330.

9) Vgl. RG. Bd. 1 S 379 und dort Zitierte, RG. Bd. 11 S. 174, Bd. 16 S. 126; Windscheid Bd. 2 § 316 Anm. 15, Pfizner im Archiv für ziv. Praxis Bd. 72 S. 49, Heck, die Lebensversicherung zugunsten Dritter 1890, M. Reuscher, die rechtliche Natur des Vertrages über die Versicherung des eigenen Lebens. Berliner Inaug.Diss. 1890, §§ 12 ff., BGB. § 330.

10) HGB. §§ 433, 435. ROHG. Bd. 4 S. 359 ff., Hellwig a. a. O. S. 477 ff. Vgl. aber Goldschmidt, Handelsrecht Bd. 2 S. 749.

11) RG. Bd. 43 S. 98. Anders Hellwig S. 520, wenigstens gemäß den Grundsätzen des BGB., ferner Paul Schmidt, Tübinger Inaug.Diss. 1898.

12) BGB. § 328.

Fünftes Kapitel.

Die Arten obligatorischer Geschäfte.

§ 276. Einseitig und gegenseitig verpflichtende Geschäfte.

1. Die einfachsten Kreditverhältnisse, insbesondere die Darlehen, begründen einseitige Obligationen, so daß nur der eine Teil Gläubiger, nur der andere Schuldner aus dem Geschäfte wird.

Diese Form suchten die Römer auch dann den Obligationen tunlichst aufzuprägen, wenn es sich in der Tat um einen Komplex gegenseitiger Ansprüche handelte. Hierzu dienten ihnen die Stipulationen. Heutzutage benutzt man zu ähnlichen Zwecken den Wechsel, welcher gleichfalls eine streng einseitige Verpflichtung begründet.

2. Aber auch zweiseitige Obligationen, bei denen jeder Teil zugleich Gläubiger und Schuldner ist, fanden Anerkennung.

Es gibt zwei Kategorien derartiger Geschäfte:

a) Die synallagmatischen Verträge begründen einen Austausch gegenseitiger Verbindlichkeiten, welche beide für das Geschäft gleich wesentlich sind.[1] Hierher gehören Kauf, Miete und Gesellschaftsvertrag.

b) Bei einer zweiten Kategorie gegenseitig verpflichtender Geschäfte werden Hauptverpflichtung und Nebenverpflichtung unterschieden. Die erstere dient der Verwirklichung des Hauptzweckes des Geschäftes, die andere ist von mehr untergeordneter Bedeutung für diesen Zweck. So ist es z. B. beim Mandat, beim Depositum. Für die Hauptverpflichtung bebesteht die actio directa, für die Nebenverpflichtung die actio contraria.[2]

§ 277. Die synallagmatischen Geschäfte insbesondere.

Das synallagmatische Geschäft besteht darin, daß Versprechen gegen Versprechen ausgetauscht wird. Es hat eine gewisse gegen-

13) Manche nehmen an, der Dritte sei nur befugt, das Forderungsrecht des Stipulanten geltend zu machen. Seine Klage sei eine actio utilis, d. h. die des Stipulanten, vgl. Bähr a. a. O. Das Richtige ist wohl: der Dritte macht sein eigenes Recht aus dem Kontrakte geltend. Deshalb unterliegt er auch nicht Kompensationseinreden aus anderen Geschäften, die dem Stipulanten entgegenständen. Aber er klagt aus dem Geschäfte und kann sich daher den Einreden aus demselben, z. B. der exceptio non adimpleti contractus, nicht entziehen. Übereinstimmend BGB. § 334: Einwendungen aus dem Vertrage stehen dem Versprechenden auch gegenüber dem Dritten zu.

1) Vgl. l. 7 § 2 D. de pactis 2, 14, l. 19 D. de V. S. 50, 16. BGB. §§ 320 ff. nennt die synallagmatischen Verträge „gegenseitige".

2) Manche, z. B. Puchta, Pand. § 232 und Windscheid Bd. 2 § 320, betrachten die Obligationen mit actiones contrariae als „einseitige" des Hauptverpflichteten, indem sie die Obligierung des anderen Teiles als etwas bloß Mögliches und Nachträgliches ansehen. Dies ist unzutreffend. Der Kontrakt begründet eine Haftung des Gegenverpflichteten wie des Hauptschuldners; nur das ist ungewiß, ob sich aus ihr klagbare Schulden entwickeln. Vgl. Brinz Bd. 2 S. 57; dagegen wieder Rümelin im Archiv für ziv. Praxis Bd. 68 S. 163. Manche Schriftsteller sprechen von contractus inaequales bilaterales, Neuere zuweilen von „unvollkommen" zweiseitigen Verträgen. Über die judicia contraria vgl. Pernice, Labeo Aufl. 2 Bd. 2 Abt. II, 1 S. 222.

seitige Abhängigkeit der aus ihm entspringenden Obligationen zur Folge. Wie weit? Dies ist eine feine und wichtige Frage.

Je selbständiger die beiderseitigen Obligationen sind, desto größer ist ihr besonderer Wert, desto leichter ihre Realisierung und prozessualische Durchführung, desto näher liegt aber auch die Gefahr, daß der eine Teil sich auf Kosten des anderen bereichere.

Das entwickelte römische Recht hielt sich von Extremen fern, indem es — abgesehen von den Mietverträgen, die einer eigenartigen Behandlung unterlagen — folgende Grundsätze durchführte:

a) Mit dem Abschlusse des synallagmatischen Vertrages — insbesondere des Kaufgeschäftes — erhält jeder der Kontrahenten einen selbständigen und klagbaren Anspruch auf die ihm versprochene Leistung.

b) Wer jedoch selbst vertragswidrig aus dem Geschäfte nicht leistet, wird durch exceptio zurückgewiesen, falls er gegen die andere Partei Klage auf Erfüllung anstrengt.

Viele Neueren gehen weiter und stellen die Regel auf, daß jeder Kontrahent nur auf Austausch der Leistungen klagen könne. Das Klagerecht sei also bedingt durch Leistung von seiten des Klägers.[1]

Eine so scharfe Akzentuierung der gegenseitigen Abhängigkeit der Ansprüche steht jedoch im Widerspruche mit der Geschichte der römischen synallagmatischen Verträge.

Das römische Recht ging historisch und dogmatisch von der Selbständigkeit gegenseitiger Obligationen aus. Wir besitzen ein sicheres Zeug-

---

1) Einige Schriftsteller behaupten, daß aus den synallagmatischen Kontrakten nur eine Obligation entspringe, die aus einem Gemische von Ansprüchen und Gegenansprüchen bestehe, daß daher nicht die einzelne Leistung, auf welche das Desiderium des Klägers gerichtet sei, sondern der ganze Umfang des Geschäftes in den Prozeß übergehe. So namentlich Gans, Obligationenrecht: über bonae fidei und stricti juris actiones S. 108 und Liebe, Stipulation S. 284. Vgl. auch Scheurl, Beiträge Bd. 1 S. 151: „Forderungen und Gegenforderungen sind verwachsen wie Glieder eines Leibes, sind Teile eines Ganzen." Gemäßigter ist Keller in Bekkers Jahrbuch Bd. 4 u. 11. Nach ihm erwachsen aus dem synallagmatischen Kontrakte zwar einseitige und selbständige, jedoch wechselseitig bedingte Ansprüche, so daß jeder Teil die Gegenleistung gegen Angebot der ihm obliegenden Leistung fordern könnte. Gegen Keller erklärte sich bald W. A. Puchta in Bekkers Jahrbuch Bd. 5 n. 5 sowie Bekker ebendaselbst n. 6, vgl. auch Bekker, Aktionen Bd. 1 S. 368. Siehe ferner Dernburg, Kompensation S. 63 und Bechmann, Kauf Bd. 1 S. 540. Bechmann unterscheidet eine „genetische" Zweiseitigkeit des Kaufs, wonach er Austausch und Umsatz zweier gegenseitiger Versprechen ist, also auf Begründung von Gegenforderungen beruht, die bei ihrer Entstehung konnex sind, und die „funktionelle" Zweiseitigkeit, wonach die gegenseitigen Obligationen in ihrer Wirkung voneinander abhängen. Er bemerkt mit Recht: „Nichts kann gewisser sein, als daß Kauf und Miete in diesem Sinne ursprünglich keine zweiseitigen Geschäfte waren." Ebenso erklärt er mit Grund die mehrfach aufgestellte Behauptung, daß zu irgendeiner Zeit der Kauf eine formula duplex erzeugt habe: „quidquid alterum alteri dare facere oportet" für völlig grundlos, ja unmöglich. Auch Lenel, edictum perpetuum erwähnt mit Recht eine solche actio empti venditi nicht. Daß sie der vorhadrianischen Zeit angehörte und später verschwand, ist vollends unglaublich. Denn die Entwicklung ging dahin, die alte spröde Einseitigkeit zu mildern, nicht aber eine angebliche frühere Zweiseitigkeit abzustoßen.

nis dafür, daß noch in den letzten Zeiten der Republik der Verkäufer auf den Kaufpreis und der Käufer auf die Ware klagen konnte, ohne die Einrede fürchten zu müssen, daß sie selbst noch nicht geleistet hätten.[2] Dies entsprach dem Charakter des alten Rechts, welches größeres Gewicht auf rasche Erledigung der Ansprüche, als auf die möglichste Sicherung gegen die Gefahr einer etwaigen Übervorteilung legte. Der Prätor gestattete aber die exceptio mercis non traditae, wenn argentarii, welche Auktionen veranstaltet hatten, von den Steigerern die Kaufpreise vor Lieferung der verkauften Waren einforderten. Dieses war aber singuläres Recht gegenüber den Wechslern, deren Übergriffen die Römer überhaupt durch vielerlei besondere Rechtsmittel entgegentraten.[3] Später gewährte die Jurisprudenz der Kaiserzeit aus Billigkeit jedem Käufer in entsprechenden Fällen die exceptio mercis non traditae oder doli und gab ähnliche Befugnisse dem Verkäufer.

Nicht um Rüge fehlender Klagebedingungen handelte es sich hierbei, denn die Römer bezeichnen den Einwand unzweideutig als exceptio — als Gegenrecht.[4] Die römische Grundauffassung der synallagmatischen Verträge tritt in folgenden Lehren zutage:

1. Es gilt der Rechtssatz „periculum est emptoris". Demgemäß

---

2) Varro de re rustica II, 2 § 6 fährt, nachdem er vom Kaufabschlusse mit Gewährleistungsversprechen gehandelt hat, fort: Quum id factum est, tamen grex dominum non mutavit, nisi si est adnumeratum. Nec non emptor pote ex empto vendito illum damnare, si non tradet quamvis non solverit nummos ut ille emptorem simili judicio si non reddit pretium.

3) Gaj. Inst. IV. § 126a: Item si argentarius pretium rei quae in auctionem venerit, persequatur, obicitur ei exceptio, ut ita demum emptor damnetur, „si ei res, quam emerit, tradita est"; et est justa exceptio. Daß die exceptio gegen die Klagen der argentarii aufgestellt war, hat Lenel, edictum S. 402 besonders hervorgehoben.

4) Das Gewicht der Tatsache, daß es einer exceptio bedurfte, um den Käufer zu schützen, welcher vom Verkäufer, der noch nicht geliefert hatte, auf den Kaufpreis belangt wurde, empfinden die Gegner wohl. Sie suchen sie aber durch die Behauptung zu beseitigen, daß der Kaufpreis in der Mehrzahl der bezüglichen Stellen nicht aus dem Kaufvertrage, sondern aus einer Stipulation oder einem Literalkontrakte, der über denselben geschlossen worden sei, gefordert wurde, wogegen dann eine exceptio unentbehrlich gewesen sei. Doch in den betreffenden Stellen ist gerade hiervon nichts gesagt. Man mag das Dazwischenliegen einer Stipulation in l. 25 D. de act. empt. vend. 19, 1 vermuten, in l. 5 § 4 D. de doli mali exceptione 44, 4 behaupten, obgleich beides auf entschiedene Bedenken stößt. Jedenfalls ist diese Ausrede ausgeschlossen gegenüber der l. 5 C. de evictionibus 8, 44 Antoninus: Ex praediis, quae mercata es, si aliqua a venditore obligata et necdum tibi tradita sunt, ex empto actione consequeris, ut ea a creditrice liberentur: idenim fiet, si adversus venditorem ex vendito actione pretium petentem doli exceptionem opposueris. Die Klage des Verkäufers aus dem Kaufgeschäfte geht also nicht auf Austausch der Leistungen, sondern auf den versprochenen Preis schlechthin. Der Käufer entnimmt nur aus der Nichtleistung des Klägers eine auf Billigkeit gegründete Einrede. Allerdings stützen sich die Gegner auf Ulpianus libro 32 ad edictum l. 13 § 8 D. de act. empt. vend. 19, 1: Offerri pretium ab emptore debet, cum ex empto agitur, et ideo etsi pretii partem offerat, nondum est ex empto actio: venditor enim quasi pignus retinere potest eam rem quam vendidit. Auch diese Stelle weist aber darauf hin, daß es sich um ein Gegenrecht des Beklagten handelt. Siehe Heerwart im Archiv für ziv. Praxis Bd. 7 S. 314. Vgl. überhaupt zur Geschichte der exceptio Dernburg, Kompensation S. 68 und Bechmann, Kauf Bd. 1 S. 568, siehe ferner André, die Einrede des nicht erfüllten Vertrages 1890 § 5, W. Stintzing, nondum est ex empto actio, 1893.

muß der Käufer den Kaufpreis auch dann entrichten, wenn die Kaufsache nach der Perfektion des Kaufvertrages, noch ehe es zur Tradition kam, durch Zufall untergegangen ist, so daß sie nicht geleistet werden kann.[5]

Mit der Theorie, daß aus synallagmatischen Kontrakten jeder Teil nur gegen Angebot der Gegenleistung zu leisten verpflichtet sei, daß also die Obligation den Austausch der gegenseitig versprochenen Leistungen bezweckte, ist dies unvereinbar. Alle Versuche, von dieser Theorie aus den Übergang der Gefahr auf den Käufer mit dem Kaufabschlusse zu erklären, mußten notwendig scheitern. Denn der Widerspruch ist handgreiflich und kann nur mühsam und in gekünstelter Weise beseitigt werden.[6]

Von unserem Standpunkt aus erklärt sich der römische Satz von selbst. Der Käufer hat den Kaufpreis versprochen. Er muß ihn zahlen. Er könnte der Klage eine Einrede entgegenstellen, wenn ihm der Verkäufer vertragswidrig die Ware nicht leistete. Aber dies kommt hier nicht in Frage. Die Ware ist untergegangen, und zwar durch Zufall, und der Verkäufer ist infolgedessen von seiner Verpflichtung befreit. Seinem Anspruche auf den Kaufpreis steht nichts im Wege und deshalb trägt der Käufer die Gefahr.[7]

2. Da die synallagmatischen Verträge auf einem Austausche gegenseitiger Versprechen, nicht gegenseitiger Obligationen beruhen, so mußte sich die Möglichkeit von hinkenden Verträgen — negotia claudicantia — ergeben, bei welchen aus dem zweiseitigen Geschäfte nur ein Teil berechtigt und nur einer verpflichtet ist. Schließt insbesondere ein Unmündiger einen synallagmatischen Vertrag ohne Genehmigung seines Vormundes ab, so wird er aus demselben berechtigt, weil er selbständig Rechte aus Verträgen erwirbt, aber er ist nicht zur Gegenleistung verbunden, weil er sich nicht selbständig durch Rechtsgeschäfte verpflichten kann.[8] Freilich darf er das ihm Versprochene

5) Vgl. unten § 353. Über die Miete vgl. unten §§ 366, 367.

6) Der Satz „periculum est emptoris" ist in der Lehre vom Kaufe des näheren zu erörtern. Die Ansichten über den Grund des Satzes stellt am besten zusammen Puntschart, die fundamentalen Rechtsverhältnisse 1885 S. 5 ff.

7) Gegen die hier vertretenen Grundsätze spricht nicht die l. 50 D. de act. empt. vend. 19, 1. Labeo libro 4 posteriorum, sie enthält vielmehr deren Bestätigung. Bona fides non patitur, ut, cum emptor alicujus legis beneficio pecuniam rei venditae debere desiisset antequam res ei tradatur, venditor tradere compellatur et re sua careret. Labeo faßt Schuldengesetze – novae tabulae — in das Auge, die einen Erlaß der Geldschulden aussprechen, wie solche in der republikanischen Zeit mehrfach vorkommen. Dann kann der Verkäufer zur Tradition der Kaufsache nicht gezwungen werden, wenn ihm nicht der volle Kaufpreis angeboten wird. Dies rechtfertigt sich dadurch, daß der Käufer gegen den Kaufvertrag handelt, wenn er von der Wohltat des Schuldengesetzes Gebrauch macht. Vgl. Bechmann, Kauf Bd. 1 S. 589.

8) l. 13 § 29 D. de act. empt. vend. 19, 1. Ulpianus libro 32 ad edictum: Si quis a pupillo sine tutoris auctoritate emerit, ex uno latere constat contractus: nam qui emit, obligatus est pupillo, pupillum sibi non obligat. Vgl. pr. J. de auctoritate tutorum 1, 21. Ein weiterer Fall des negotium claudicans ist, wenn eine gestohlene Sache verkauft wird und nur der Käufer, nicht der Verkäufer, vom Diebstahl wußte. Hier entsteht ein Klagerecht des Verkäufers auf Zahlung des Preises,

nur erzwingen, wenn er die Gegenleistung seinerseits anbietet, denn es wäre dolos, ein Geschäft für sich geltend zu machen, das man nicht zugleich gegen sich gelten läßt.[9] Aber klagen kann doch nur er: der andere Teil hat daher jederzeit zur Leistung bereit zu sein, ohne seinerseits klagen zu dürfen. Freilich ist infolgedessen seine Lage eine sehr ungünstige.[10]

§ 278. Einrede des nichterfüllten Vertrages.[1]

I. Die Einrede des nicht erfüllten Vertrages — exceptio non adimpleti contractus — ist von großer praktischer Wichtigkeit und kann bei allen synallagmatischen Verträgen vorkommen.[2] Sie hat besondere Eigentümlichkeiten.[3]

1. Zunächst liegt dem Kläger der Beweis ob, wenn er die Einrede abwehren will, nicht, wie bei anderen Einreden, dem Beklagten, welcher sie vorschützt. Behauptet der Kläger nämlich, sie greife um deswillen nicht Platz, weil der Beklagte vor ihm zu leisten habe, so muß er dies aus dem Grunde beweisen, weil Leistung Zug um Zug bei synallagmatischen Kontrakten — von Mietkontrakten abgesehen — die Regel bildet. Leugnet der Kläger aber die Einrede aus dem Grunde, weil er seiner Verbindlichkeit bereits Genüge getan habe, so muß er nicht minder seine Behauptung beweisen. Denn in Streitfällen ist es Sache des Schuldners nachzuweisen, daß er erfüllt habe.[4]

2. Eine zweite Eigentümlichkeit ist, daß diese Einrede nicht notwendig zur Abweisung der Klage, auch nicht zur Abweisung angebrachter-

aber kein Klagerecht des dolosen Käufers, l. 34 § 3 D. de contr. empt. 18, 1. Über die negotia claudicantia vgl. Brandis in Lindes Zeitschrift Bd. 7 S. 149 ff., Dernburg, Kompensation S. 71 ff., ferner die bei Arndts § 234 Anm. 4 Zitierten.

9) Die Ansicht, daß dem aus dem synallagmatischen Vertrage einseitig Verpflichteten ein Retentionsrecht bis zum Angebot der Gegenleistung seitens des an und für sich nicht verpflichteten Mitkontrahenten zustehe, vertrat vorzugsweise Paulus, vgl. l. 7 § 1 D. de resc. vend. 18, 5 und die anderen bei Dernburg, Kompensation S. 74 Anm. 2 angeführten Stellen; Ulpian hatte diese Auffassung offenbar noch nicht, sonst hätte er diese wichtigste Modifikation in der oben Anm. 8 abgedruckten Stelle nicht übergehen können.

10) Schärfer wird die Zusammengehörigkeit der Gegenforderungen vom BGB. betont. Ist die Leistung des einen Teils unmöglich, so wird dadurch auch die Verbindlichkeit des anderen aufgehoben. Der Satz: periculum est emptoris ist beseitigt, ebenso das negotium claudicans. Aber auch jetzt ist das Klagerecht jedes Teils ein selbständiges und nicht durch die Leistung von seiner Seite bedingt. Nur aus Billigkeitsgründen wird gegen die Klage die Einrede des nicht erfüllten Vertrages gewährt. Vgl. Dernburg, Bürg. Recht Bd. 2 § 92 S. 200 ff.

1) Über die Entwicklung der exceptio non adimpleti contractus vgl. oben § 277; über ihren Charakter als Einrede siehe namentlich Heerwart im Archiv für ziv. Praxis Bd. 7 n. 18, Bd. 14 n. 9, Bd. 18 n. 15; zudem die bei Windscheid Bd. 2 § 321 Anm. 2 Angeführten, André a. a. O. § 5 und zu André R. Saleilles in den annales de droit commercial Bd. 6 S. 287, Bd. 7 S. 24, 97, 175. Stintzing, nondum est ex empto actio 1893. Über das derzeitige Recht vgl. Dernburg, Bürg. Recht Bd. 2 §§ 93, 94 S. 203.

2) Vgl. F. Zimmermann über die Statthaftigkeit der Einrede des nicht erfüllten Vertrages gegenüber der actio pro socio im Archiv für ziv. Praxis Bd. 54 n. 12.

3) Bruck, Beweislast hinsichtlich der Beschaffenheit des Kaufgegenstandes 1874.

4) BGB. stimmt überein, obgleich es die Frage nicht ausdrücklich entscheidet. Vgl. Dernburg, Bürg. Recht Bd. 2 Abt. 1 § 93 S. 204 Anm. 5.

maßen führt. Denn es wäre unzweckmäßig, den Kläger, nachdem die Entscheidung über Klage und Einrede spruchreif ist, abzuweisen, damit er dann unter Angebot der von ihm zu machenden Leistung aufs neue klage. Daher hat im Falle der Begründetheit der Einrede auf den eventuellen Antrag des Klägers Verurteilung des Beklagten unter der Bedingung gleichzeitiger Leistung des Klägers zu erfolgen.[5] [6] Dabei ist festzuhalten, daß es sich um eine aufschiebende Einrede handelt. Wer daher in dem irrigen Glauben, daß der andere Teil bereits geleistet habe, seinerseits erfüllte, ist nicht zur Rückforderung mit der condictio indebiti befugt, denn er leistete, was er schuldig war.[7] Es bleibt ihm nur die Klage auf die kontraktmäßig geschuldete Gegenleistung. Und vollends ist klar, daß, wer in der Erwartung der nachfolgenden Leistung des anderen Teiles erfüllte, nichts zurückfordern kann, wenn diese Erwartung getäuscht wird. Denn indem er leistete, ohne auf gleichzeitiger Gegenleistung zu bestehen, hat er kreditiert. Nur wenn er verleitet durch falsche Vorspiegelungen erfüllte, steht ihm eine Rückforderung wegen Dolus offen.[8]

II. Neben der exceptio non adimpleti contractus findet sich die exc. non rite adimpleti contractus. Hiermit wird jedoch in der Praxis sehr Verschiedenes zusammengefaßt.[9]

a) Nur eine Unterart der exceptio non adimpleti contractus liegt vor, wenn der Beklagte die geschuldete Gegenleistung unter der Behauptung zurückhält, daß das vom Kläger Geleistete oder Angebotene keine Erfüllung bildete, weil es unvollständig oder fehlerhaft war oder in etwas anderem bestand als im Schuldobjekt. Gleichwohl gestaltet sich hier die Beweislast in besonderer Art. Zwar hat der Kläger seinerseits darzutun, daß das, was er leistete oder anbot, seiner Verpflichtung vollständig genügte. Hierfür reicht aber der Beweis hin, daß es äußer-

5) Ebenso BGB. § 322 Abs. 1.

6) Wendet der Beklagte gegen den eventuellen Antrag des Klägers ein, daß er die Nachlieferung als verspätet nicht mehr anzunehmen habe und verlangt er daraufhin definitive Abweisung der Klage, so hat der Richter zuvörderst über das Petitum unbedingter Verurteilung zu entscheiden, dann aber, wenn dasselbe abzuweisen ist, was durch Teilurteil geschehen kann, über die Frage der Zulässigkeit einer Nachlieferung zu erkennen und die eventuelle Verurteilung für den Fall dieser Zulässigkeit auszusprechen. Vgl. die bemerkenswerte Ausführung von André a. a. O. S. 129.

7) Römer in Goldschmidts Zeitschr. für Handelsrecht Bd. 19 n. 4, l. 51 D. de condictione indebiti 12, 6. Dagegen Windscheid Bd. 2 § 321 Anm. 10.

8) Das Gegenteil nimmt Windscheid a. a. O. an. Er gesteht Rückforderung zu, wenn die Leistung geschah „in der Erwartung, daß die Gegenleistung erfolgen werde, ohne daß es nötig sei, sie auf gerichtlichem Wege zu erzwingen". „Der Leistende," führt Windscheid aus, „hat in diesem Falle nicht geleistet um seiner Verpflichtung willen, von der er wußte, daß er sie nicht zu erfüllen brauche, sondern in der Tat um der Gegenleistung willen auf seine Einrede verzichtet." Diese Distinktionen finden im praktischen Leben keinen Boden. Wie soll sich die Erwartung äußern, daß die Gegenleistung ohne gerichtliche Hilfe geschehen werde? Siehe auch Hanausek, Haftung des Verkäufers Bd. 2 S. 218.

9) Vgl. André a. a. O. Über das heutige Recht siehe Dernburg, Bürg. Recht Bd. 2 § 94 S. 205.

lich in Ordnung war, also dem Anscheine nach dem Vertrage entsprach. Es ist stets das Normale zu unterstellen und ordnungsmäßige Leistung zu vermuten, wenn sie der andere Teil vorbehaltlos annahm, obgleich ihm bei gehöriger Sorgfalt die später gerügten Mängel auffallen mußten. Behauptet der Beklagte dagegen, daß das scheinbar in normaler Beschaffenheit Angebotene oder Geleistete dem Vertrage nicht entsprach, so hat er dies zu beweisen.

Der Beklagte kann seine Leistung ganz zurückhalten, auch wenn die gerügten Mängel von geringerer Bedeutung sind, denn er braucht nur gegen volle Erfüllung zu leisten. Hat er jedoch die Leistung einmal als eine gehörige angenommen und fehlen bloß unbedeutende Teile oder Nebenleistungen, so darf er nur Nachlieferung oder Schadensersatz fordern und seine Gegenleistung, soweit sie teilbar ist, nur zum verhältnismäßigen Teil zurückhalten. Dies folgt aus der hier maßgebenden Billigkeit und Zweckmäßigkeit.[10]

b) Unter der Form obiger Einrede macht der Beklagte nicht selten ein selbständiges Gegenrecht z. B. auf Wandlung, Minderung des Kaufpreises, Schadensersatz geltend. Dasselbe führt je nach seiner Art bald zur endgültigen Abweisung der Klage, bald zur Minderung der Klagsumme. Der Bekagte hat gemäß allgemeiner Grundsätze die sein Gegenrecht begründenden Tatsachen zu beweisen.

§ 279. Abstrakte Obligationen.

Im Obligationenrecht ist der Gegensatz von abstrakten und kausalen Geschäften[1] von besonderer Wichtigkeit.

Verpflichtungen ruft man aus bestimmten wirtschaftlichen Gründen ins Leben. Ihre Existenz und ihr Umfang ist regelmäßig — bei den sog. kausalen oder materiellen Geschäften — von ihrer causa abhängig. Wer 1000 um eines Darlehens willen verspricht, schuldet sie nur, wenn ihm das Geld ausgezahlt ist, und wer 100 als Kaufpreis zusagt, kann zur Zahlung nicht genötigt werden, wenn ihm die verkaufte Ware nicht geliefert wurde. Dies belastet aber natürlich den Gläubiger, wenn er die ihm geschuldeten Summen einklagen will, oft mit schwierigen Beweisen. Der rechtzeitige Eingang seiner Außenstände kann infolgedessen stocken und damit vielleicht sogar der Weiterbetrieb seines Gewerbes.

Die Notwendigkeit des präzisen Eingangs geschuldeter Gelder für den Verkehr rechtfertigt vor allem die abstrakten Obligationen.

I. Solche wurden in Rom begründet durch die Stipulation in

---

10) Vgl. RG. in Seufferts Archiv Bd. 54 n. 214. BGB. § 320 Abs. 2 bestimmt: „Ist von der einen Seite teilweise geleistet worden, so kann die Gegenleistung insoweit nicht verweigert werden, als die Verweigerung nach den Umständen, insbesondere wegen verhältnismäßiger Geringfügigkeit des rückständigen Teiles, gegen Treu und Glauben verstoßen würde."

1) Vgl. oben § 83.

ihrer einfachsten Gestalt: decem dare spondes? spondeo.[2] Sie enthielt ein Schuldversprechen, aber keinen Schuldgrund. Kam es hierüber zum Prozesse, so hatte der Richter an und für sich nur über die rechtsbeständige Erteilung des Versprechens zu urteilen, aber nicht über dessen Grund. Dieser Rechtszustand erhielt sich indessen nicht auf die Dauer.

a) Der Zusammenhang des Schuldversprechens mit seinem Grunde ist bis zu einem gewissen Grade unzerreißbar; es konnten daher Konflikte nicht ausbleiben. Der Schuldner kann wegen eines in der Vergangenheit liegenden Grundes promittiert haben, z. B. wegen einer vorausgesetzten Verbindlichkeit aus Kauf, Miete, Mandat oder Gesellschaft — stipulatio debiti —, aber hinterher zeigt es sich, daß ein entschuldbarer Irrtum untergelaufen ist und die vorausgesetzte Verpflichtung nicht bestand. Oder, was noch schlimmer war, er hatte wegen eines erwarteten künftigen Ereignisses, insbesondere der Auszahlung einer Valuta, promittiert — stipulatio ob causam —, und dieselbe erfolgte nicht.[3] In solchen Fällen sah man sich genötigt, dem Promittenten eine condictio auf Befreiung von der Stipulationsschuld,[4] die des Grundes entbehrte, ja eine exceptio doli gegen die Stipulationsklage zu gewähren. Damit verlor freilich die Stipulation ihren ursprünglichen schneidigen, aber auch harten Charakter. Trotzdem behielt sie wesentliche Vorzüge, solange der Promittent, wie dies zunächst der Fall war, den Mangel der causa im Falle der Anfechtung seinerseits beweisen mußte.[5]

b) Auch dies änderte sich in der späteren klassischen Zeit. Man forderte seitdem vom Stipulanten, der die Stipulationsklage anstellte, den Nachweis, daß die causa verwirklicht sei, wenn der Beklagte deren Mangel vorschützte.[6] Damit setzte man jedem Mißbrauche ein Ziel, nahm

2) Den abstrakten Charakter der Stipulation hat Liebe, die Stipulation, zuerst gewürdigt und die gewonnenen Resultate später für die Theorie des Wechsels verwertet. Mit Recht hat aber Salpius, Novation S. 212 hervorgehoben, daß die Stipulation als allgemeine Vertragsform auch materielle Geschäfte in sich aufnehmen konnte, l. 5 pr. D. de verb. obl. 45, 1, Pauli sent. II 22 § 2. Vgl. übrigens auch Wendt in Iherings Jahrb. Bd. 28 S. 31 und dagegen Pernice in der Zeitschr. der Sav.Stiftg., rom. Abt. Bd. 13 S. 264. Siehe auch Mitteis, Reichsrecht S. 496.

3) Über die stipulatio debiti und ob causam siehe Bähr, die Anerkennung als Verpflichtungsgrund 1855, 3. Aufl. 1895, insbesondere §§ 14 ff., vgl. auch die klare Übersicht der Ansichten Bährs bei Rocholl, Rechtsfälle des RG. Bd. 1 S. 256.

4) Über diese „Liberationskondiktion" vgl. l. 1 und 3 D. de condictione sine causa 12, 7, Salpius a. a. O. S. 289.

5) Quintilian. Inst. orat. IV. 2, 6. Satis est dixisse: certam creditam pecuniam peto ex stipulatione: diversae partis expositio est, cur ea nondum debeantur.

6) Wenn der Beklagte gegen die Stipulation einwendete, es sei Valuta versprochen worden, aber nicht gegeben, so mußte der Kläger zweifellos die Auszahlung beweisen, l. 3 C. de non numerata pecunia 4, 30. Antoninus: Si ex cautione tua, licet hypotheca data, conveniri coeperis, exceptione opposita seu doli seu non numeratae pecuniae compelletur petitor probare pecuniam tibi esse numeratam: quo non impleto absolutio sequetur; a. 215. Dies mußte zu weiteren Konsequenzen führen, die l. 25 § 4 D. de probat. 22, 3 entwickelt — Paulus libro 3 quaestionum —: Sed haec, ubi de solutione indebiti quaestio est. sin autem cautio indebite exposita esse dicatur et indiscrete loquitur, tunc eum, in quem cautio exposita est, compelli, debitum esse ostendere, quod in cautionem deduxit, nisi ipse specialiter qui cautionem exposuit causas explanavit, pro quibus eandem conscripsit: tunc enim stare

aber zugleich der Stipulation den ihr eigentümlichen Nutzen. Ihr abstrakter Charakter war damit im Grunde vernichtet und dies konnte auch für die Stipulationsurkunden nicht ohne Folge bleiben. Bezeugten sie nur das Schuldversprechen, aber nicht den Schuldgrund — als sog. cautio indiscreta —, so bewiesen sie die Verpflichtung nicht mehr ausreichend.[7]

II. Im neueren Rechte erfuhr die Institution abstrakter Obligationen Wiederbelebung.[8] Zunächst geschah dies durch die Übung im Rechte der Kaufleute; aber man blieb hierbei nicht stehen.

1. Der Wechsel begründet notwendig abstrakte Verbindlichkeiten; er darf den Schuldgrund nicht enthalten, wenn er ein Wechsel sein soll. Ursprünglich nur ein Instrument für Geschäfte der Kaufleute, ist er heutzutage jedem zugänglich.

2. Desgleichen ist die Verbindungskraft von Anweisungen und Verpflichtungsscheinen der Kaufleute über Fungibilien gesetzlich anerkannt, auch wenn sie der Angabe des Schuldgrundes entbehren.[9]

Auch Inhaberpapiere begründen in der Regel abstrakte Schuldverpflichtungen.

3. Von diesen besonderen Fällen abgesehen können durch den Parteiwillen Obligationen auf bestimmte Leistungen ohne Abhängigkeit von ihrem Schuldgrunde begründet werden.[10] Nur muß der hierauf gerichtete Wille der Beteiligten feststehen. Dies ist namentlich der Fall, wenn man auf Grund einer Abrechnung eine bestimmte Summe zu schulden erklärt. Denn hierin spricht sich klar der Wille aus, daß auf die Faktoren der Rechnung nicht zurückgegriffen werden und daß nur das Ergebnis maßgebend sein soll. Das Gleiche gilt von der Anerkennung der Schuld einer gewissen Summe.[11]

---

eum oportet suae confessioni, nisi evidentissimis probationibus in scriptis habitis ostendere paratus sit sese haec indebite promisisse, vgl. l. 13 C. de non numerata pecunia 4, 30. Wie viel oder wenig in der l. 25 § 4 von Paulus selbst herrührt, wird sich nicht feststellen lassen; jedenfalls stimmen die angeführten Entscheidungen zusammen. Muß der Kläger, welcher aus der cautio indiscreta klagt, gegenüber der Einrede des Beklagten die Auszahlung der Valuta beweisen, wenn er deren Hingabe als den Grund der Stipulation bezeichnet, so liegt ihm folgerecht auch der Nachweis älterer Verbindlichkeiten ob, wenn er deren Bestehen als den Grund der Eingehung der Stipulation behauptet. Sonst könnte er sich mühelos durch ein bloßes Vorgeben von einem schwierigen und vielleicht nicht zu erbringenden Beweise befreien. Übrigens sind die Auffassungen der „berüchtigten" l. 25 § 4 D. de probat. sehr geteilt. Vgl. Windscheid Bd. 2 § 318 Anm. 4 und die dort Zitierten. Wir können nur finden, daß die gedachten Bestimmungen das Grabgeläute der abstrakten Stipulationen im römischen Rechte bildeten; Gneist, formelle Verträge S. 198. Vgl. auch Pernice a. a. O. S. 264.

7) Hiernach kannte die ältere gemeinrechtliche Lehre nur noch materielle Geschäfte, und kein Schuldschein galt als beweiskräftig, wenn er nicht außer dem Schuldversprechen den Schuldgrund angab. Man wies ihn zurück als cautio indiscreta.

8) Das ältere deutsche Recht fordert die Darlegung des Schuldgrundes zur Schuldklage nicht, vgl. Stobbe-Lehmann, Deutsch. Privatr. Bd. 3 § 220 Anm. 3 ff.

9) HGB. § 363. ROHG. Bd. 7 S. 204; Bd. 8 S. 431; Bd. 19 S. 277.

10) Seit Bähr a. a. O. diese Auffassung verteidigte, hat sie stetig an Anhängern gewonnen. An das justinianische Recht läßt sich freilich die Anerkennung abstrakter Versprechen nicht anknüpfen, vgl. oben Anm. 6. Wenn aber das gemeine Recht die Klagbarkeit obligatorischer Verträge schlechthin anerkannte, warum sollte nicht der übereinstimmende Wille der Kontrahenten die Kraft haben, auch abstrakte Verbindlichkeiten in das Leben zu rufen? Vgl. Windscheid Bd. 2 § 318. Und wenn man das nicht als entscheidend ansieht, so liegt jedenfalls eine aus dem Rechtsleben und dessen Bedürfnissen hervorgegangene Bildung vor, die in der Anschauung des Lebens wurzelnd sich auf Grund der Schrift von Bähr und durch deren Einfluß auf Theorie und Praxis frei entwickelt hat.

11) Hierfür RG. Bd. 2 S. 337, ferner Bd. 3 S. 264. — Die hier geforderte Schriftlichkeit gründet sich auf die Formvorschriften des preußischen Rechts.

Hierdurch wurde die alte Lehre von der cautio indiscreta wesentlich modifiziert. Der Schuldschein, welcher den Schuldgrund nicht angibt, gilt als vollständig und vollbeweisend, wenn die Parteien ersichtlich Begründung einer abstrakten Obligation wollten. Tritt diese Absicht aber nicht in ihm hervor, so ist er auch heute nur ein Bruchstück, dessen Tragweite sich erst bestimmen läßt, wenn der Schuldgrund dargetan ist.[12]

Auch das BGB.[13] kennt ein abstraktes Schuldversprechen und ein abstraktes Schuldanerkenntnis. Zur Gültigkeit dieser Verträge ist schriftliche Erteilung des Versprechens und der Anerkennungserklärung erforderlich. Eine Ausnahme machen die auf Grund einer Abrechnung oder im Wege des Vergleichs erteilten Schuldversprechen und Schuldanerkenntnisse. Sie sind formlos gültig. Der Einwand ist zulässig, daß die Übernahme der abstrakten Verpflichtung auf Irrtum, Betrug, Zwang beruhte; nicht minder, daß es sich um ein gesetzlich verbotenes, nichtiges Geschäft handelte.[14] Der Beweis liegt aber dem Schuldner ob.[15]

Dritter Abschnitt.

Inhalt und Gegenstand der Obligation.

Erstes Kapitel.

Das Wesen der obligatorischen Leistung.

§ 280. Inhalt und Gegenstand im allgemeinen.

I. Die Neueren bezeichnen den Inhalt der Obligation mit dem generellsten Ausdrucke, der sich finden ließ, als „Leistung“.

Die Römer spezialisierten und sprachen von „dare“, „facere“ und „praestare“.[1] Unter „dare“ verstanden sie die Übereignung körperlicher Sachen, wie auch die Bestellung dinglicher Rechte; „facere“ begreift sonstige Handlungen, die sich auf körperliche Sachen beziehen, z. B. die Besitzübergabe von Grundstücken, deren Bebauung, Bearbeitung; unter „praestare“ endlich verstand man insbesondere persönliche, körperliche oder auch liberale Dienste.[2] Eine scharfe Unterscheidung zwischen facere und

---

12) Es ist bedenklich, in jedem ohne causa ausgestellten Schuldschein im Zweifel die Übernahme einer abstrakten Verbindlichkeit zu sehen. Man geht hier von der Annahme aus, daß die Weglassung der causa im Schuldscheine an und für sich ein sicheres Zeichen der Absicht der Übernahme einer abstrakten Verbindlichkeit sei. Dies kann nicht zugestanden werden. Auch die Praxis geht nicht so weit, vgl. ROHG. Bd. 21 S. 179, Rocholl a. a. O. S. 332 ff., RG. in Seufferts Archiv Bd. 48 n. 23.

13) Vgl. §§ 780—782 und hierzu Dernburg, Bürg. Recht Bd. 2 §§ 88 ff. S. 193.

14) RG. Bd. 5 S. 124.

15) Diese Einreden können dritten gutgläubigen Erwerbern der Forderung nicht immer entgegengestellt werden, namentlich nicht beim Wechsel. Das Nähere gehört in einen andern Zusammenhang.

1) „Dare, facere, praestare“ fand sich in den Klagformeln, Gaj. Inst. IV. § 2, es wurde in die Definition der Obligation aufgenommen, l. 3 pr. D. de obl. et act. 44, 7, oben § 257 Anm. 3.

2) Die Bedeutung von praestare ist bestritten. Die Literatur siehe bei Hasenöhrl, österr. OR. Bd. 1 § 161 Anm. 2. Für unsere Auffassung führen wir an, daß bezüglich

praestare wurde jedoch nicht festgehalten. Demzufolge bedeutet facere im weiteren Sinne jede Handlung abgesehen von dare.

Von eingreifender rechtlicher Bedeutung ist der Unterschied zwischen Obligationen auf ein Tun — sog. positiven Obligationen — und auf ein Nichttun — negativen Obligationen.[3]

II. Als Gegenstand der Obligation läßt sich je nach dem Standpunkte, den man einnimmt, die geschuldete Handlung ansehen, die Person des Schuldners, sein Wille oder Vermögen, und endlich das zu Leistende.[4] Im praktischen Leben betrachtet man aber, alle Mittelglieder überspringend, einzig das zu Leistende als den Gegenstand der Obligation. Hiermit stimmen die römischen Juristen überein; ihnen ist das versprochene Objekt in obligatione.[5] Neuere Schriftsteller bezeichnen meist die geschuldete Sache als den „mittelbaren“ Gegenstand der Obligation, die Leistung aber als den „unmittelbaren“; in ihrer weiteren Darstellung halten sie diesen Standpunkt nicht fest und in der Tat ist diese Terminologie schwerfällig und nicht zu empfehlen.

III. Nicht selten übernimmt der Schuldner durch ein Geschäft die Verpflichtung zur Leistung mehrerer Objekte. Hier fragt es sich, ob dieselben im Sinne des Kontraktes eine Einheit bilden? oder ob nur eine zufällige Verbindung vorliegt? Im ersteren Falle entsteht eine Obligation, im zweiten liegen mehrere Obligationen vor. Ist eine einzige Obligation begründet, so darf der Gläubiger die Leistung einzelner Objekte zurückweisen, da er verlangen kann, daß das Angebot des Schuldners die ganze Schuld umfasse. Handelt es sich aber um verbundene Obligationen, so muß er auch einzelne Objekte, die ihm angeboten werden, annehmen, obwohl der Schuldner mit den anderen, gleichzeitig versprochenen, im Rückstande bleibt. Entscheidend ist die Meinung der Kontrahenten beim Vertragsschlusse. Sie ist nach der besonderen Sachlage und nach der Gesamtheit der Vertragsbestimmungen zu bemessen. Immerhin gilt in der Regel die durch eine Zahl bezeichnete Summe gleichartiger gleichzeitig zu liefernder

---

der operae des Freigelassenen an den Patron der Ausdruck praestare sich vorzugsweise findet und daß auch die lex Julia et Papia, welche von den Leistungen der Freigelassenen handelte, von „dare, facere, praestare“ sprach, l. 37 pr. D. de operis libert. 38, 1. Ferner stimmt mit derselben überein, daß die Mandatsklage auf dare, facere, praestare lautete, Gaj. Inst. III, § 155, Lenel, edictum S. 236, wahrscheinlich auch die actio pro socio, Lenel a. a. O. S. 237, sowie die actio communi dividundo, Lenel a. a. O. S. 164.

3) Rümelin im Archiv für ziv. Praxis Bd. 68 S. 166. Insbesondere kann von einer Zahlung der Schuld bei negativen Obligationen nicht die Rede sein; ein Klagerecht entspringt erst aus der Zuwiderhandlung; die Klagenverjährung läuft daher erst von ihr an, BGB. § 198. Über negative Obligationen nach dem BGB. vgl. Dernburg, Bürg. Recht Bd. 2 § 7 S. 18.

4) Vgl. Windscheid Bd. 2 § 252 Anm. 1, Hartmann, Obligationen S. 162. Hartmann will den Ausdruck Gegenstand der Obligation ganz vermieden wissen. Er läßt sich jedoch nicht entbehren.

5) Die Römer sprechen davon, daß species oder genera „in stipulationibus deducuntur“, l. 54 D. de verb. obl. 45, 1, sowie daß eine Sache „in obligatione“ ist oder bleibt, l. 9 § 1 D. de solut. 46, 3.

Objekte als einheitlicher Schuldgegenstand, mag es sich nun um Fungibilien handeln oder um Nichtfungibilien. Die Einheit des Preises ist nicht entscheidend.[6]

IV. Der Gegenstand der Obligation kann sich erweitern, Früchte und andere Erzeugnisse abwerfen, sich verändern. Hat der Gläubiger Anspruch auf derartige Vorteile?

Zu unterscheiden sind Restitutionsansprüche und Leistungsansprüche.[7]

a) Restitutionsansprüche sind Forderungen auf Herausgabe von solchen Gegenständen, welche dem Gläubiger zu eigen sind, z. B. auf die in der Hand des Depositars, Mandatars, Vormunds, unbeauftragten Geschäftsführers befindlichen Sachen des Geschäftsherrn; nicht minder auf Herausgabe dessen, was dem Forderungsberechtigten hätte zu eigen bleiben sollen, z. B. des durch Zwang, Betrug oder sonst ohne gehörigen Rechtsgrund an den anderen Teil Gelangten.

Ansprüche socher Art erstrecken sich auf alles, was das Geschuldete beim Schuldner abwarf, also namentlich auf Früchte und Zinsen, welche er gewonnen hat. Inwieweit er gewinnbare Früchte und Zinsen ersetzen muß, hängt von der Sachlage, insbesondere von seiner Redlichkeit oder Unredlichkeit ab. Jedenfalls aber wird er in der Regel für dasjenige, was er durch Selbstgebrauch oder Selbstverbrauch aus dem Herauszugebenden gewonnen hat, marktgängige Mietzinsen oder Kapitalzinsen, als sog. fingiertes Einkommen ersetzen müssen.[8]

b) Leistungsansprüche sollen dem Berechtigten verschaffen, was ihm bisher nicht gehörte. Hier erlangt der Gläubiger in der Regel Ansprüche auf Früchte und Zinsen des Geschuldeten erst vom Verzug des Schuldners oder dem Verzug gleichgesetzten Ereignissen an. Der Käufer jedoch trägt vom Zeitpunkte des Vertragsschlusses an die Gefahr und hat Anspruch auf alle Vorteile, insbesondere die Früchte der Kaufsache. Demgemäß stellten die Römer den allgemeinen Satz auf „cujus periculum, ejus est commodum“.[9] Derselbe hat aber keine allgemeine Geltung.[10]

---

6) l. 29 pr. D. de verb. obl. 45, 1, l. 16 § 1, l. 75 § 9, l. 86, l. 140 pr., § 1 D. eod., Windscheid § 252 Anm. 9, Dernburg, Preuß. Privatr. Bd. 2 § 24, Derselbe, Bürg. Recht Bd. 2 § 46 S. 104.

7) Näheres hierüber Petražycki, Lehre vom Einkommen Bd. 2 § 3, vgl. l. 38 D. de usuris 22, 1.

8) Eingehende Ausführung bei Petražycki, a. a. O. Bd. 2 § 6, § 13. Vgl. namentlich l. 19 D. de usuris 22, 1, l. 9 pr. D. de donat. 39, 5, l. 64 D. de rei vind. 6, 1.

9) § 3 J. de empt. et vend. 3, 23 . . . commodum ejus esse debet, cujus periculum est. l. 10 D. de R. J. 50, 17 Paulus libro 3 ad Sabinum: Secundum naturam est commoda cujusque rei eum sequi, quem sequentur incommoda. Eine große Zahl einzelner Entscheidungen, welche auf diese Regel Bezug nehmen, bei F. Mommsen, Erörterungen Heft 1 S. 1. — Vgl. Ihering, Abhandlungen S. 1 ff., Windscheid Bd. 2 § 327 Anm. 9, Petražycki a. a. O. Bd. 2 § 3 a. E.

10) Richtig ist der Satz, welchen Mommsen a. a. O. ausführt. „Wenn durch dasselbe Ereignis auf der einen Seite eine völlige oder teilweise Unmöglichkeit der geschuldeten Leistung herbeigeführt, auf der andern Seite ein commodum gewonnen ist, so steht der Anspruch auf das commodum demjenigen zu, welcher in Ansehung desselben die Gefahr trägt“. Doch hat die Regel ein weiteres Anwendungsgebiet.

V. Bei allen Obligationen ist Geldersatz der eventuelle Gegenstand der Obligation.[11] Er ist dem Gläubiger stets zu gewähren, wenn ihm das Geschuldete nicht geleistet wird und wenn sich diese Leistung nicht erzwingen läßt.

§ 281. Teilbare und unteilbare Obligationen.[1]

Die Obligationen sind teilbar, wenn ihre Zerlegung unbeschadet ihres Wesens und Wertes möglich ist, im anderen Falle sind sie unteilbar. — Diese Scheidung hat nicht die Bedeutung, daß dem Gläubiger einer teilbaren Forderung ohne weiteres Stückzahlung aufgedrängt werden kann, eine solche ist vielmehr nur zulässig, wenn dies besonders ausbedungen wurde. Die Teilbarkeit kommt in anderen Beziehungen in Betracht. Vor allem im Erbrechte. Nach einem uralten römischen Rechtssatze nämlich waren Forderungen und Schulden des Erblassers, welcher mit Hinterlassung mehrerer Erben verstirbt, unter die Miterben geteilt. Aber dies galt natürlich nur für teilbare Forderungen, nicht für unteilbare.

Bei der Frage der Teilbarkeit der Obligationen unterscheiden die Römer, ob es sich um „dare", „facere" oder „non facere" handelt.

1. Obligationen auf „dare" sind in der Regel teilbar.[2] Dies trifft vorzugsweise zu, wenn sie Quantitäten zum Gegenstande haben, z. B. eine Geldsumme oder zehn Pferde gleicher Art. Hier tritt Teilung nach der Zahl — numero — ein.

Auch Forderungen auf „dare" einer speziellen Sache gelten als teilbar, und zwar nach ideellen Teilen — partibus. Freilich ist dies nicht ohne Bedenken. Denn die ideelle Hälfte z. B. eines Pferdes ist nicht halb soviel wert und nicht halb so brauchbar wie das ganze Pferd. Und wenn ein Erbe des Schuldners die ideelle Hälfte des Schuldgegenstandes zu überlassen bereit ist, der andere Erbe aber sich der Erfüllung entzieht und zum Geldwerte seiner Teilschuld verurteilt wird, welches ist dann die Lage des Gläubigers? Über diese Bedenken setzte man sich zwar hinweg, erkannte

11) l. 68, 112 § 1 D. de verb. obl. 45, 1.

1) Das Hauptwerk ist von Ubbelohde, die Lehre von den unteilbaren Obligationen 1862. Dort findet sich die ältere Literatur p. XXIII; vgl. außerdem Steinlechner, juris communio Bd. 1 §§ 19 und 20, Rümelin, die Teilung der Rechte §§ 19 ff. und in Iherings Jahrb. Bd. 28 S. 434, Scheurl, Teilbarkeit S. 81 und die bei Windscheid Bd. 2 § 253 Zitierten, ferner Alf. Terrana, studio sulle obligazioni divisibili ed indivisibili 1891. Vgl. Dernburg, Bürg. Recht Bd. 2 § 47 S. 105.

2) l. 2 pr., § 1 D. de verb. obl. 45, 1. Paulus libro 12 ad Sabinum: Stipulationum quaedam in dando, quaedam in faciendo consistunt. Et harum omnium quaedam partium praestationem recipiunt, veluti cum decem dari stipulamur: quaedam non recipiunt, ut in his, quae natura divisionem non admittunt, veluti cum viam iter actum stipulamur: quaedam partis quidem dationem natura recipiunt, sed nisi tota dantur, stipulationi satis non fit, veluti cum hominem generaliter stipulor aut lancem aut quodlibet vas: nam si Stichi pars soluta sit, nondum in ulla parte stipulationis liberatio nata est, sed aut statim repeti potest aut in pendenti est, donec alius detur. ejusdem condicionis est haec stipulatio: „Stichum aut Pamphilum dari"? Vgl. weiter die Ausführung von l. 2 §§ 2 ff., l. 3, l. 4, l. 54, 72 und 85 D. de verb. obl. 45, 1.

aber dagegen die Unteilbarkeit einer Obligation auf eine generell bezeichnete Sache an. Denn wenn z. B. ein gutes Ackerpferd geschuldet war, und der eine Miterbe des Schuldners hätte infolge der Zulässigkeit der Teilung der Obligation die ideelle Hälfte des einen, sein Miterbe aber die ideelle Hälfte eines anderen Pferdes liefern dürfen, so wäre dies Hohn gegen den Gläubiger! Er erhielte trotz voller Leistung beider Erben nicht das, worauf er Anspruch hatte, nämlich ein Pferd.

Es sind ferner notwendig unteilbare Verpflichtungen zur Bestellung von Prädialservituten. Denn ihre teilweise Begründung ist unmöglich und gibt auch nicht einmal ein Teilrecht.

2. Obligationen auf „facere“ oder „non facere“ sind regelmäßig unteilbar. Doch ist auch dies nicht ausnahmslos. Es fragt sich immer, ist die Teilung unbeschadet des Wesens und Wertes der Obligation möglich?

Unteilbar sind namentlich Obligationen auf Herstellung einer Sache, z. B. Erbauung eines Hauses. Auch die Obligation auf Übergabe eines bestimmten Grundstückes wird für unteilbar erklärt,[3] folgeweise muß das gleiche für die Tradition einer jeden Spezies, insbesondere auch einer beweglichen Sache gelten. Der innere Widerspruch dieser Entscheidung mit der Anerkennung der Teilbarkeit der Obligation auf „dare“ einer Spezies ist nicht in Abrede zu stellen. Aber sollte die Entscheidung nicht an sich eine gesunde sein? Wer dies zugibt und hierin das jüngere, rationellere Prinzip sieht, wird freilich für das heutige Recht dazu gedrängt, Obligationen auf Leistung einer Spezies allgemein als unteilbar anzusehen.

Teilbare Obligationen auf „facere“ sind z. B. die Verpflichtungen, 100 Apfelbäume zu pflanzen oder 100 Karren Dung zu fahren.

Bezüglich der rechtlichen Behandlung unteilbarer Obligationen gelten folgende Grundsätze:

a) Jeder von mehreren Gläubigern hat das Recht, die ganze Leistung zu fordern und einzuklagen. Es ist aber zu unterscheiden, ob die Leistung an den Kläger allen Gläubigern unmittelbar zu gute kommt, wie es z. B. bei der geschuldeten Reparatur eines

3) l. 72 D. de verb. obl. 45, 1. Ulpianus libro 20 ad edictum: Stipulationes non dividuntur earum rerum, quae divisionem non recipiunt, veluti viae itineris actus aquaeductus ceterarumque servitutium. idem puto et si quis faciendum aliquid stipulatus sit, ut puta fundum tradi vel fossam fodiri vel insulam fabricari, vel operas vel quid his simile: horum enim divisio corrumpit stipulationem. Man hat sich von jeher verzweifelte Mühe gegeben, den Passus „fundum tradi“ wegzuinterpretieren. Gewiß ist zuzugeben, daß er mit dem herrschenden, auch von Ulpian — z. B. l. 9 § 1 D. de solut. 46, 3 — anerkannten Dogma über die Teilbarkeit der Obligationen auf „dare“ einer Spezies nicht harmoniert. War dies Dogma aber so rationell und einwandfrei, daß sich Ulpian an seine Analogie bei Obligationen auf facere notwendig halten mußte? Ubbelohde a. a. O. S. 40 Anm. 7 hat den Gedankenblitz, fundum „radi“ statt „tradi“ zu lesen, doch er selbst verfolgt ihn nicht — mit vollem Rechte; vgl. freilich Brinz, Pand. Bd. 2 S. 66 Anm. 7.

gemeinsamen Hauses der Fall ist, oder ob dies nicht zutrifft. In letzterem Falle ist der Schuldner berechtigt und seinen anderen Gläubigern gegenüber verpflichtet, Sicherstellung vom Kläger dafür zu fordern, daß, was dem Kläger geleistet wird, allen Berechtigten zuteil werde.[4]

Erfolgt die Naturalleistung des Schuldobjekts nicht und wird der Schuldner um deswillen in Geld verurteilt, so erhält der Kläger nur den seiner Erbquote oder seinem sonstigen Anteilsverhältnisse entsprechenden Teil der Litisästimation, da sein Interesse nicht weiter reicht.[5]

b) Der Gläubiger ist berechtigt, gegenüber jedem von mehreren Schuldnern einer unteilbaren Obligation das ganze Schuldobjekt zu fordern und einzuklagen. Es liegt also der Fall einer solidarischen Verbindlichkeit vor.[6]

Sehr streitig ist aber, ob dann, wenn es wegen Nichterfüllung der Verbindlichkeit zu einer Verurteilung in Geld — zur Litisästimation — kommt, Teilung unter die mehreren Erben des Schuldners einzutreten hat. Die Frage ist zu bejahen.[7]

---

4) Vgl. Ubbelohde a. a. O. S. 233. Die römischen Juristen sind bezüglich der Ordnung der Sache nicht ganz einig, vgl. l. 1 § 36, l. 14 pr. D. depositi 16, 3, l. 81 § 1 D. de solut. 46, 3.

5) l. 25 § 9 D. fam. erc. 10, 2. Paulus libro 23 ad edictum . . . omnibus in solidum competere actionem et, si non praestetur via, pro parte hereditaria condemnationem fieri oportet, vgl. l. 4 § 3 D. si serv. vind. 8, 5 und l. 54 § 1 D. de verb. obl. 45, 1. Zweckmäßiger ist die Bestimmung des BGB. § 432. Danach kann der Schuldner nur an alle Gläubiger gemeinschaftlich leisten, und jeder Gläubiger nur die Leistung an alle fordern. Jeder Gläubiger kann verlangen, daß der Schuldner die geschuldete Sache für alle hinterlege oder, wenn sie sich nicht zur Hinterlegung eignet, an einen gerichtlich zu bestellenden Verwahrer abliefere. Vgl. Dernburg, Bürg. Recht Bd. 2 § 166.

6) Das BGB. § 431 stimmt hiermit überein.

7) Die römischen Juristen gingen ursprünglich davon aus, daß jeder der Schuldner, der das Ganze schulde, auch zur vollen Geldästimation im Falle der Nichterfüllung der Obligation angehalten werden dürfe. Hieraus konnten sich jedoch große Härten ergeben. Man denke, ein Miterbe zu einem geringen Erbschaftsanteile wird, nachdem die Erbschaft längst geteilt ist, allein zur vollen Litisästimation eines großen, vom Erblasser übernommenen Baues angehalten. Paulus suchte gegen die hiernach möglichen Gefahren durch Kautionen zu schützen, welche sich die Miterben im judicium familiae erciscundae bestellen sollten, l. 25 § 10 D. fam. erc. 10, 2 und gab auch unabhängig davon dem Miterben, welcher die volle Litisästimation einer unteilbaren Leistung entrichtet hatte, einen Regreß mit der actio familiae erciscundae gegen die Miterben, die durch seine Zahlung befreit waren, l. 2 § 2 D. de verb. obl. 45, 1. Derartige Regreßansprüche gegen Miterben, die vielleicht längst verzogen oder insolvent geworden sind, konnten aber nicht ausreichen. Es machte sich daher eine andere Ansicht geltend, welche sich für die Teilung der Litisästimation als einer teilbaren Schuld unter die Miterben entschied, l. 72 pr. D. de verb. obl. 45, 1. Ulpianus libro 20 ad edictum . . . Celsus libro 38 digestorum refert Tuberonem existimasse, ubi quid fieri stipulemur, si non fuerit factum, pecuniam dari oportere ideoque etiam in hoc genere dividi stipulationem: secundum quem Celsus ait posse dici justa aestimatione facti dandam esse petitionem. Diese Stelle verdient unseres Erachtens im justinianischen Rechte den Vorzug, einmal weil sie ein billigeres Resultat gibt, dann weil sie die Frage direkt entscheidet, während die übrigen Stellen wohl Totalverurteilung des beklagten Miterben in die Litisästimation voraussetzen, aber keineswegs direkt feststellen. Vom Standpunkte des justinianischen Rechts lassen sich die Stellen sehr wohl

Zweites Kapitel.

Verschiedene Kategorien der Schuldobjekte.

§ 282. Spezies- und Genusschuld.

Die Obligation bestimmt ihren Gegenstand entweder individuell — Speziesschuld — oder als Gattung und Art — Genusschuld.[1]

In Erfüllung der Speziesschuld muß und darf nur eine individuell bestimmte Sache geleistet werden. Daher erlischt die Verpflichtung, wenn der Gegenstand durch Zufall zugrunde geht; mit anderen Worten: bei der Speziesschuld trifft den Gläubiger die Gefahr.[2]

Genusschulden bilden regelmäßig Schulden von Fungibilien; aber notwendig ist dies nicht, vielmehr können auch Nichtfungibilien generisch stipuliert werden, z. B. eine Stückzahl Pferde gewisser Art. Andererseits kann auch, was an sich Fungibilität hat, speziell zugesagt sein.[3]

Die generische Obligation bestimmt den Rahmen, innerhalb dessen geleistet werden muß. Aber der Gegenstand der Obligation und derjenige der Erfüllung ist nicht identisch. Gegenstand der Obligation ist die Gattung, Gegenstand der Erfüllung ein bestimmtes Individuum. Deshalb darf der Genusschuldner dem Gläubiger auch ein Stück anbieten, welches diesem beim Vertragsschlusse gehörte und später aus dessen Eigentume trat. Dem steht nicht entgegen, daß man die eigene Sache nicht gültig stipulieren kann. Wer z. B. generell ein Pferd von einem Pferdehändler gekauft hat und darauf das Pferd, welches er beim Vertragsschlusse besaß, an einen Dritten veräußerte, kann dieses Pferd nicht zurückweisen, wenn es der Pferdehändler erwarb und zur Erfüllung anbietet, sofern es nur der stipulierten Art angehört. Denn nicht das nunmehr angebotene Pferd war verkauft, sondern „ein" Pferd.[4]

---

auf Fälle beziehen, in welchen ein einzelner Miterbe, um die Klage gegen seine Miterben abzuschneiden, freiwillig die ganze Litisästimation übernimmt. Daß übrigens die Tendenz des römischen Rechts auf Teilung der Litisästimation ging, tun auch l. 11 § 3, l. 6 § 1 D. de aqua 39, 3 dar. — Die Neueren suchen überwiegend die l. 72 aus dem Wege zu räumen. Savigny, O.R. Bd. 1 S. 358 ff. meint, daß Celsus die Ansicht des Tubero bloß als „literarische Kuriosität", als „fast verschollene Merkwürdigkeit" angeführt habe. Ubbelohde S. 90 nimmt an, daß die Juristen in der l. 72 einen ganz besonderen Fall im Auge gehabt hätten — nämlich daß die Obligation schon bei Lebzeiten des Erblassers durch dessen Schuld unmöglich geworden sei — und doch findet sich in der Stelle hiervon nicht die geringste Andeutung. Gleichwohl hält Windscheid Bd. 2 § 299 Anm. 7 diese Erklärung für vollkommen annehmbar. Vangerow Bd. 3 § 567 Anm. 2 endlich unterscheidet zwischen Obligationen auf „dare" und „facere". Für die Teilung der Litisästimation ist überwiegend die Ansicht der älteren gemeinrechtlichen Schriftsteller; sie wird als die „herrschende" betrachtet. Wie hier Terrana a. a. O. S. 77. Vgl. auch die Literaturangaben daselbst.

1) l. 54 pr. D. de verb. obl. 45, 1.

2) Daher der Spruch „species perit ei cui debetur", dem sich dann anschließt „genus perire non censetur".

3) Vgl. oben § 63. Berndorff, die Gattungsschuld 1900.

4) So Marcellus in der l. 67 und l. 72 § 4 D. de solut. 46, 3. Anders freilich

Innerhalb der vereinbarten Gattung und Art darf auch die geringste Sorte geleistet werden,[5] nicht aber mangelhaftes.[6]

Der Zufall, welcher die Sache trifft, die man zu liefern dachte, befreit den Schuldner einer Genusschuld nicht.[7] Dies gilt auch dann, wenn die Magazine oder Fabriken eines Kaufmannes oder Fabrikanten zugrunde gingen, denen er die versprochenen Waren entnehmen wollte, sofern nur die Lieferung nicht aus den bei ihm vorhandenen Beständen oder den von ihm produzierten Waren zugesagt wurde. Denn trotz jenes Unfalles kann der Schuldner sich anderwärts versehen und seine Verbindlichkeit erfüllen.

Erlischt freilich die stipulierte Art, so wird auch der Genusschuldner wegen Unmöglichkeit der Leistung von seiner Schuld befreit. Dies sind indessen seltene Fälle.[8]

Der Schuldner der Genusschuld entschlägt sich jeder Gefahr, wenn er kontraktmäßig erfüllt,[9] z. B. die verkaufte Ware vom Erfüllungsorte an den Käufer absendet, oder wenn er Erfüllung vergeblich anbietet und hierdurch den Gläubiger in Verzug versetzt.[10]

Keine Genusschuld, sondern eine besondere Art der Speziesschuld bildet das Versprechen eines Teiles aus einer bestimmten Masse oder eines Stückes aus einer Menge, die durch Lagerort oder Zugehörigkeit zu einer Erbschaft und ähnliche Merkmale bezeichnet ist.[11]

Papinianus libro 17 quaestionum l. 66 § 3 D. de leg. II. Non idem respondetur, cum duobus testamentis generatim homo legatur: nam qui solvente altero legatarii factus est quamvis postea sit alienatus, ab altero herede idem solvi non poterit: eademque ratio stipulationis est. hominis enim legatum orationis compendio singulos homines continet utque ab initio non consistit in his qui legatarii fuerunt, ita frustra solvitur cujus dominium postea legatarius adeptus est, tametsi dominus esse desinit. Die Theorie des Marcellus ist vorzuziehen, die Papinians ist wenig natürlich.

5) l. 72 § 5 D. de solut. 46, 3. Nach BGB. § 243 hat der Schuldner eine Sache von mittlerer Art und Güte zu leisten. Über die Klausel tel quel vgl. RG. Bd. 19 S. 30 und Strodtmann in Goldschmidts Zeitschr. Bd. 38 S. 253.

6) Über die ädilizischen Rechtsmittel beim Gattungskauf siehe unten § 358 Ziff. 3.

7) Dies ist auch der Sinn von BGB. § 279. Vgl. Dernburg, Bürg. Recht Bd. 2 § 12 S. 31, § 62 S. 132.

8) Die ganze Kategorie geht z. B. zugrunde, wenn es sich um Aktien handelt und die Aktiengesellschaft erlischt, oder um Staatsschuldscheine einer Anleihe, welche zurückbezahlt wurde.

9) BGB. § 243 Abs. 2 faßt dies so: „Hat der Schuldner das zur Leistung einer solchen Sache seinerseits Erforderliche getan, so beschränkt sich das Schuldverhältnis auf diese Sache." Vgl. hierüber Dernburg, Bürg. Recht Bd. 2 § 12 S. 29.

10) Vgl. unten § 300. — Einigen sich Gläubiger und Schuldner darüber, daß ein bestimmtes Individuum geleistet werden soll, so geht die Genusschuld in eine Speziesschuld über. Erklärt der Schuldner einseitig, ein gewisses Individuum liefern zu wollen, so ändert sich die Schuld nicht, solange der Gläubiger diese Erklärung nicht annimmt.

11) Viele betrachten derartige Verhältnisse als Genusobligationen. So namentlich Windscheid Bd. 2 § 255 Ziff. 2, welcher überhaupt die Verpflichtung zum Geben einer nur „nach Merkmalen" bestimmten Sache als Genusschuld betrachtet. Nach dieser Definition wäre auch der Verkauf derjenigen meiner Kühe, welche einen weißen Flecken am Halse hat, Genusverkauf. Dagegen vgl. namentlich Brinz Bd. 2 § 100, welcher Anm. 6 die Literatur anführt. In der 7. Aufl. setzt Windscheid hinzu „die keine Individualisierungsmerkmale sind". Vgl. hierzu aber auch Dernburg, Bürg. Recht Bd. 2 § 11 S. 27.

Denn der Begriff der Gattung beruht auf der inneren Beschaffenheit der Waren und nicht auf zufälligen und vorübergehenden gemeinschaftlichen Beziehungen der Objekte. Es gelten auch bei Schulden solcher Art andere Grundsätze als bei Genusobligationen. Der Schuldner steht hier für Verschuldung z. B. bei der Bewachung ein, was bei Genusobligationen nicht der Fall ist. Mit dem zufälligen Untergange der ganzen Masse wird der Schuldner frei.

§ 283. Geld und Geldschulden.[1]

1. Unter Geld versteht man Sachen, welche die Allgemeinheit zur Wertung der Vermögensobjekte und als deren Äquivalente verwendet. Der Zweck des Geldes ist, Umsatzmittel zu sein.

Diese Bedeutung erhält es in letzter Linie durch die Schätzung des Verkehrs, aber auch der Staat greift helfend und gebietend ein.[2] Er schreibt vor, daß gewisse Dinge als Geld zu behandeln und als solches in Zahlung zu nehmen seien.[3] Er schafft hiermit das Geld im engeren Sinne — das Staatsgeld oder die Währung. Voll und ganz erreicht er seine Zwecke freilich nur, wenn seine Wertung wenigstens im allgemeinen mit der öffentlichen Meinung übereinstimmt. Dann fügt sich der Verkehr der Regelung willig und erblickt in der festen staatlichen Ordnung des Münzwesens eine Wohltat. Tritt aber die Bestimmung des Staates in schroffen Gegensatz zu der Wertung des Lebens, so entstehen ungesunde Zustände. Denn das staatliche Gebot vermag die Wertgeltung

1) Über Geldschulden vgl. vorzugsweise Pfeiffer, praktische Ausführungen Bd. 1 n. 7, Savigny, OR. Bd. 1 S. 403ff., Hartmann, über den rechtlichen Begriff des Geldes 1868, derselbe im Archiv für ziv. Praxis Bd. 65 n. 6 „internationale Geldschulden", Goldschmidt, Handelsrecht 1. Aufl. Bd. 1 Abt. 2 S. 1061. Dort finden sich die Literaturangaben. Interessante dogmengeschichtliche Nachweise gibt ferner Hartmann a. a. O. S. 117ff. Aus neuerer Zeit ist zu erwähnen Hasner, zur Lehre vom Gelde in Grünhuts Zeitschr. Bd. 7 n. 1 und Bekker über die Couponsprozesse 1881; Bekker, Pand. 1 § 75; Schey, Oblig. Verhältnisse Bd. 1 S. 108; Regelsberger, Pand. Bd. 1 §§ 104—106; Leidler, die Schwankungen des Geldwertes und die jur. Lehre vom Inhalte der Geldschulden in Conrads Jahrb. Bd. 62 n. 7.

2) Des Staatsgeldes gedenkt allein die vielbewunderte Erörterung von Paulus libro 33 ad edictum — l. 1 pr. D. de contr. empt. 18, 1: Origo emendi vendendique a permutationibus coepit. olim enim non ita erat nummus neque aliud merx, aliud pretium vocabatur, sed unusquisque secundum necessitatem temporum ac rerum utilibus inutilia permutabat, quando plerumque evenit, ut quod alteri superest alteri desit. sed quia non semper nec facile concurrebat, ut, cum tu haberes quod ego desiderarem, invicem haberem quod tu accipere velles, electa materia est, cujus publica ac perpetua aestimatio difficultatibus permutationum aequalitate quantitatis subveniret. eaque materia forma publica percussa usum dominiumque non tam ex substantia praebet quam ex quantitate, nec ultra merx utrumque, sed alterum pretium vocatur. Hierzu Erman, Zeitschr. der Sav.Stiftg., rom. Abt. Bd. 22 S. 161. Zur Geschichte des römischen Münzwesens vgl. Gaj. Inst. I. § 122 und namentlich Mommsen, Geschichte des römischen Münzwesens 1860.

3) Hartmann a. a. O. bestimmt den Begriff des Geldes geradezu dahin, daß es durch die fungibeln Stücke gebildet werde, welche rechtlich als eventuell letztes zwangsweises Mittel der solutio von Obligationen anerkannt sind. — In der Tat ist nicht zu bezweifeln, daß hierin die wichtigste spezifisch juristische Eigenschaft des Staatsgeldes liegt.

nur bis zu einem gewissen Grade zu erzwingen; der vom Staate mißachtete Verkehr sucht sich daher, soweit tunlich, seine eigenen ungeregelten Wege.

2. Als Geld dienen vorzugsweise Stücke edlen Metalles. Sie eignen sich hierzu durch die Höhe und verhältnismäßige Stetigkeit ihres Wertes, durch ihre Dauerhaftigkeit, leichte Transportabilität und Teilbarkeit.

Früher bestand in Deutschland Silberwährung.[4] Aus der kölnischen Mark, später dem Zollpfund Silber prägte man nach einem gewissem Verhältnisse — dem Münzfuße — Taler wie Gulden. Derzeit hat das Deutsche Reich Goldwährung.[5] Aus einem Pfunde Gold wird eine bestimmte Zahl von Kronen oder 10-Markstücken, sowie Doppelkronen, aber neuerdings nicht mehr von halben Kronen, geprägt.

Für bestimmte kleinere Beträge müssen in Zahlung genommen werden die Reichssilber-, Kupfer- und Nickelmünzen.[6] Derartige Münzen nennt man Scheidemünzen. Sie bilden das Geld des kleinen Verkehrs.

3. In der Regel ist eine im Inlande zu erfüllende Geldschuld in inländischer Währung zu zahlen. Es gilt das selbst für im Auslande in der ausländischen Währung eingegangene Geldschulden, welche im Inlande erfüllt werden müssen, so daß sie nach dem Kurse des Ortes und der Zeit der Zahlung in inländisches Geld umzurechnen sind.[7]

Der Staat schafft Staatsgeld, aber er verbietet nicht den Umlauf anderen, „freien“, „usuellen“ oder Verkehrsgeldes. Solches Geld bilden in Deutschland unter anderem die Reichskassenscheine, welche nach den Gesetzen Privaten nicht zur Zahlung aufgedrungen werden können,[8] ferner die Banknoten, in den Grenzdistrikten auch fremde Münzen. Das freie Geld läuft tatsächlich im Verkehre um und wird hier als Geld geachtet und angenommen; es kann aber nur dann als Zahlungsmittel aufgedrungen werden, wenn dies besonders bedungen ist.[9]

4. Die schwierigsten Fragen ergeben sich, wenn zwischen der Wertung von Geldstücken durch den Staat und durch den Verkehr Differenzen entstehen.

Man unterscheidet dreierlei Arten des Wertes des Geldes:

a) den Nennwert oder den äußeren Wert, welchen der Staat einem Geldstücke durch sein Gepräge oder durch Gesetz zuschreibt,

---

4) Über die Geschichte der deutschen Währung vgl. Dernburg, Bürg. Recht Bd. 2 § 14 S. 34.

5) Vgl. die Reichsgesetze vom 4. Dezember 1871, betreffend die Ausprägung von Reichsgoldmünzen, und das Münzgesetz vom 9. Juli 1873. Das letztere trat mit dem 1. Januar 1876 in Kraft.

6) Private sind nicht verpflichtet, Reichssilbermünzen im Betrage von mehr als 20 Mark, Nickel- und Kupfermünzen im Betrage von mehr als 1 Mark in Zahlung zu nehmen; die Reichs- und Landeskassen sind hierzu verpflichtet. Münzgesetz vom 9. Juli 1873 Art. 9.

7) Ebenso BGB. § 244.

8) Staatspapiergeld im eigentlichen Sinne, welches Private in Zahlung nehmen müssen, gibt es im Deutschen Reiche nicht. Die Reichskassenscheine sind aber von den Reichs- und Landeskassen zum Nennwerte in Zahlung zu nehmen; Gesetz, betreffend die Ausgabe von Reichskassenscheinen, vom 30. April 1874. Auch die Banknoten der Reichsbank sind kein Staatspapiergeld, Reichsbankgesetz vom 14. März 1875.

9) Über die rechtliche Bedeutung des Verkehrsgeldes vgl. Dernburg, Bürg. Recht Bd. 2 § 13 S. 32.

b) den **Metallwert** oder den inneren Wert, d. h. den Wert des in dem **Geldstücke enthaltenen edlen Metalles**,

c) den **Kurswert**, d. h. den **Marktpreis** des bezüglichen Geldstückes im Verkehre. Eine Differenz zwischen dem Nennwerte und dem Kurswerte bezeichnet man als Aufgeld oder Agio. Wenn sie zuungunsten des Nennwertes ist, spricht man auch von Disagio.

Besteht bloß eine Differenz zwischen Nennwert und **Metallwert**, ohne daß sie sich im Kurse ausdrückt, so ist dies rechtlich bedeutungslos. Denn das Geld erfüllt dann trotz des geringeren Metallwertes seine Funktion unverkürzt in Recht und Verkehr nach dem Nennwert.

Von um so größerer Tragweite ist ein etwaiges Disagio zwischen Nennwert und **Kurswert**. Infolge desselben ist die **Tauschkraft** der betreffenden Geldstücke eine geringere geworden, als sie nach der Absicht des Staates sein soll. Als z. B. das Papiergeld der ersten französischen Republik — die Assignaten — rapide im Kurse sank, da konnte man für Hundertfrankscheine kaum so viel kaufen, wie für wenige Silberfranken zu haben war. Wird aber durch das Sinken des Kurswertes auch die Kraft des Geldes als **Zahlungsmittel** vermindert? Dies behaupten viele. Auch erscheint es auf den ersten Blick als höchst unbillig, daß eine Schuld, die in vollwertiger Münze begründet wurde, in Gelde, dessen Kurswert gesunken und dessen Kaufkraft vermindert ist, getilgt werden darf. Und dennoch muß man sich hierfür entscheiden. Denn der Zweck des Staatsgeldes ist gerade, im Interesse des Verkehrs ein von den Schwankungen des Tages unabhängiges Zahlungsmittel zu schaffen und diesen Sinn hat der Zwangskurs des Geldes. Hieraus entspringen wesentliche Vorteile für den Verkehr. Daß unter außerordentlichen Verhältnissen auch Nachteile entstehen, ist unabwendbar, wenn das Staatsgeld seinen vollen Dienst leisten soll.[10]

Ist jedoch dem Schuldner freigestellt, in **usuellem** Gelde zu zahlen, so ist bezüglich seiner **der Kurswert** zugrunde zu legen. Denn in betreff des usuellen Geldes ist der Verkehr schlechthin Meister.

5. Es steht den Beteiligten frei, die Zahlung in bestimmter Sorte auszubedingen — **Geldsortenschuld**. Diese Absicht muß besonders hervorgehoben sein, z. B. durch die Bezeichnung „effektiv".

10) Savigny a. a. O. geht davon aus, daß von der allgemeinen Anerkennung abhänge, ob etwas Geld sei, wie auch, in welchem Grade es Geld sei, also wie hoch der ihm beizulegende Wert sich belaufe. Hiernach sei der **Kurswert** als wahrer Maßstab für den Inhalt einer Geldschuld eine unmittelbare Folge der allgemeinen Natur des Geldes. Die Auffassung von Savigny war eine einseitige. Dem praktischen Bedürfnisse, welches eine „publica ac perpetua aestimatio" fordert, l. 1 pr. D. de contr. empt. — oben Anm. 2 — wäre mit einem bloßen Kursgelde nicht gedient; der Staat stellt sich vielmehr mit dem Münzen die höhere Aufgabe einer festen Währung. Dies haben Hartmann und Goldschmidt a. a. O. näher nachgewiesen. Ein ganz anderes Verhältnis ist es, wenn eine Münze in ihrem Übergange zu einem anderen Münzfuße heruntergesetzt wird, ohne ihren Namen zu ändern. Dann ist die unter der Herrschaft des alten Münzfußes begründete Schuld nach Einführung des neuen im Verhältnisse zu berichtigen. Denn trotz Gleichheit des Namens ist die neue Münze eine andere als die alte.

Solche Geldsortenschulden haben einen zwiefachen Charakter, sie bilden entweder modifizierte Geldschulden oder reine Geldsortenschulden.[11]

a) Die erste Art bezweckt eine Geldschuld, die in der bedungenen Sorte entrichtet werden muß. Hieraus folgt, daß, wenn der Verkehr die bedungene Sorte nicht mehr aufweist, die Schuld nicht erlischt, vielmehr in anderen Sorten zu zahlen ist.[12]

b) Bei der ausschließlichen Geldsortenschuld dagegen kommt es dem Gläubiger nur auf die bedungene Sorte an, z. B. wegen seines Verkehrs mit dem Auslande. Ist die bedungene Sorte im Verkehre nicht mehr vorhanden, so erlischt die Schuld wegen Unmöglichkeit der Leistung.

Es können endlich auch bestimmte einzelne Münzen geschuldet sein. Dies ist Schuld einer Spezies, keine wahre Geldschuld.

§ 284. Alternative Obligationen.[1]

Die Obligationen sind entweder einfache oder alternative.

Alternativobligationen verbinden zur Leistung des einen „oder" des anderen Gegenstandes, z. B. eines Schimmels oder eines Rappen.[2] Die alternativen Schuldobjekte können speziell oder generell, Sachen oder Rechte sein.

Der Schuldner der Alternativobligationen ist bereits gebunden, doch bezüglich des Gegenstandes der Leistung besteht noch ein gewisser Spielraum,[3] da beide Objekte — alternativ — Gegenstand der Verbindlichkeit sind. Hieraus erkärt sich, daß der Schuldner wegen schuldhafter Behandlung eines jeden der Objekte dem Gläubiger haftbar werden kann. Zu leisten ist aber nur eines derselben.[4]

---

11) Deutsche WO. Art. 37. Auf eine Geldsortenschuld ist wohl zu beziehen l. 99 D. de solut. 46, 3. Paulus libro 4 responsorum: Respondit debitorem non esse cogendum in aliam formam nummos accipere, si ex ea re damnum aliquid passurus sit. Vgl. auch Dernburg, Bürg. Recht Bd. 2 § 16 S. 40.

12) Ebenso BGB. § 245. — Der Wert ist zu leisten, welchen die Münzsorte zu der Zeit hatte, wo sie gesetzlich zu existieren aufhörte, vgl. Windscheid Bd. 2 § 256 Anm. 31.

1) Vgl. Bernstein, zur Lehre von dem alternativen Willen Abt. I. 1878, sowie die alternative Obligation im röm. und im modernen Rechte in der Zeitschrift für vgl. Rechtsw. Bd. 2 Nr. 10; Ranne, die Disjunktivobligation 1880, Pescatore, die sog. alternative Obligation 1880. Dort S. 1 die frühere Literatur, dazu Karlowa in Grünhuts Zeitschr. Bd. 16 S. 431, Ryck, Schuldverhältnisse S. 206. Dissertationen bei Windscheid Bd. 2 § 255 Anm. 1.

2) Über die Bezeichnung der bezüglichen Obligationen als „alternative" oder, wie Einige vorschlagen, „disjunktive" vgl. Pescatore a. a. O. S. 1.

3) l 2 § 3 D. de eo quod certo loco 13, 4. Ulpianus libro 27 ad edictum: . . . quid debeat, esse in ejus arbitrio, an debeat, non esse. et ideo cum quis Stichum aut Pamphilum promittit, eligere posse quod solvat, quamdiu ambo vivunt: ceterum ubi alter decessit, extingui ejus electionem, ne sit in arbitrio ejus, an debeat, dum non vult vivum praestare, quem solum debet.

4) Vgl. unten Anm. 12. Bernstein, alternativer Wille, stellt die Frage so: ob bei der alternativen Obligation suspensive oder resolutive Pendenz stattfinde, ob es also ungewiß sei, welcher Gegenstand Objekt der Obligation werde oder welcher Objekt derselben bleibe. Aber keine dieser Alternativen ist unseres Erachtens zutreffend. Die Obligation ist mit dem Kontrakte fertig und umfaßt — alternativ beide Schuldobjekte. Im normalen Verlauf behält sie diesen Charakter bis zu ihrer Tilgung; diese geschieht

Die Alternativobligation braucht nichts über die Wahl zu bestimmen; sie kann aber die Wahl näher regeln.

1. Hat sie über die Wahl nichts bestimmt, so liegt es in der Hand des Schuldners, welches der Schuldobjekte er leistet.[5] [6]

Alternativobligationen solcher Art können zu einfachen werden:

a) durch Vertrag.[7] Die einseitige Erklärung des Schuldners an den Gläubiger, eines der Objekte liefern zu wollen, verpflichtet ihn zwar nicht; hat dieselbe aber den Charakter einer Vertragsofferte, so wird sie natürlich durch die Annahme des Gläubigers zum bindenden Vertrage. Und solche beiderseitige Absicht ist in der Regel dann zu unterstellen, wenn der Schuldner einen Teil des einen Schuldobjektes leistet und der Gläubiger ihn als teilweise Schuldtilgung annimmt.[8]

b) Durch Verzug allein verliert der Schuldner noch nicht das Recht, zwischen den Schuldobjekten zu wählen. Der Gläubiger muß daher alternativ klagen, der Richter alternativ verurteilen. Bleibt aber auch das verurteilende Erkenntnis erfolglos, so darf der Gläubiger seinerseits eines der Schuldobjekte beanspruchen und so die Obligation auf dasselbe konzentrieren.[9] Dies ist eine Konsequenz der alternativen Obligation, muß also indirekt als gewollt gelten. Dem Schuldner soll nicht freistehen, durch seine Passivität die Zwangsvollstreckung zu vereiteln, und doch ist diese nicht möglich, so lange es ungewiß ist, was der Gläubiger beitreiben darf.

c) Die alternative Obligation wird endlich zur einfachen durch Untergang des einen der Schuldgegenstände oder durch sonstige Unmöglichkeit seiner Leistung. Der Schuldner muß daher den übrigbleibenden Schuldgegenstand liefern und geht auch dieser zufälligerweise unter, so wird er befreit.

---

durch Leistung eines der Schuldobjekte. So faßt die Sache auch Paulus libro 10 quaestionum l. 128 D. de verb. obl. 45, 1 . . . utraque res ad obligationem ponitur, non ad solutionem. Vgl. oben § 258, wo nachgewiesen ist, daß der Inhalt der Obligation und derjenige der Erfüllung keineswegs immer derselbe zu sein braucht.

5) l. 138 § 1 D. de verb. obl. 45, 1. Ebenso BGB. § 262.

6) Dies gilt auch für Kaufgeschäfte l. 34 § 6 D. de contr. empt. 18, 1. Paulus libro 33 ad edictum: Si emptio ita facta fuerit: „est mihi emptus Stichus aut Pamphilus“, in potestate est venditoris, quem velit dare, sicut in stipulationibus, sed uno mortuo qui superest dandus est: et ideo prioris periculum ad venditorem, posterioris ad emptorem respicit. Vgl. l. 25 pr. D eod.

7) Im römischen Rechte war dies nur mittels exceptio pacti de non petendo bezüglich des einen Objektes zu realisieren. l. 27 § 6 D. de pactis 2, 14.

8) Insoweit muß man der Entscheidung der l. 26 § 13 D. de cond. indeb. 12, 6, l. 2 § 1 D. de verb. obl. 45, 1 die Anerkennung versagen. Die Ansichten sind freilich sehr geteilt, siehe einerseits Ihering in seinen Jahrbüchern Bd. 1 S. 31, andererseits Windscheid Bd. 2 § 255 Anm. 9. Über die Literatur der Streitfrage vgl. auch die bei Arndts § 240 Anm. 3 Angeführten, ferner Franz Leonhard in Iherings Jahrb. Bd. 41 S. 8. Nach BGB. § 263 erfolgt die Wahl durch Erklärung gegenüber dem anderen Teile.

9) Vgl. l. 11 § 1 D. de leg. II, ferner RG. Bd. 12 S. 184; dort ist auch die Literatur über die Frage angeführt. BGB. § 264 Abs. 1 stimmt überein, doch kann sich nach ihm der Schuldner, solange der Gläubiger die gewählte Leistung weder ganz noch zum Teil empfangen hat, durch eine der übrigen Leistungen von seiner Verbindlichkeit befreien. Vgl. Dernburg, Bürg. Recht Bd. 2 § 43 S. 99.

Demnach steht der eine Schuldgegenstand auf Gefahr des Schuldners, der andere auf Gefahr des Gläubigers.[10]

Immerhin kann sich der Schuldner von der Leistung des übriggebliebenen Gegenstandes durch Ersatz des Wertes des untergegangenen befreien, sofern dessen Vernichtung nicht ihm zur Last fällt. Sonst würde der Zufall, welcher den minder wertvollen Gegenstand vernichtete, dem Gläubiger sogar Vorteile bringen, was unbillig wäre und dem Sinne des Geschäftes zuwiderliefe.[11]

Wenn der Untergang des einen Schuldgegenstandes dem Schuldner zur Last fällt, so ist die Folge zunächst nur die, daß sich die Obligation auf das andere Objekt konzentriert. Geht dieses aber durch Zufall hinterher gleichfalls zugrunde, so muß der Schuldner den Geldwert des schuldhafterweise vernichteten Gegenstandes leisten, denn er hat durch sein Verhalten die Lage des Gläubigers vertragswidrig verschlechtert, indem er die Gefahr auf ihn abwälzte.[12] [13]

2. Trifft die Alternativobligation Bestimmungen über die Wahl, so sind diese natürlich maßgebend, durch sie kann dem Schuldner, dem

10) Vgl. die oben Anm. 6 abgedruckte l. 34 § 6 D. de contr. empt. 18, 1. Ist die Leistung des einen Schuldobjektes von vornherein unmöglich, so gilt die Obligation von Anfang an als einfache. l. 128 D. de verb. obl. 45, 1.

11) l. 47 § 3 D. de leg. I. Vgl. l. 95 § 1 D. de solut. 46, 3. Anders Pescatore S. 201 ff., Ryck, Schuldverh. S. 239.

12) l. 95 § 1 D. de solut. 46, 3. Papinianus libro 28 quaestionum: Quod si promissoris fuerit electio, defuncto altero qui superest aeque peti poterit. enimvero si facto debitoris alter sit mortuus, cum debitoris esset electio, quamvis interim non alius peti possit, quam qui solvi etiam potest, neque defuncti offerri aestimatio potest, si forte longe fuit vilior, quoniam id pro petitore in poenam promissoris constitutum est, tamen, si et alter servus postea sine culpa debitoris moriatur, nullo modo ex stipulatu agi poterit, cum illo in tempore, quo moriebatur, non commiserit stipulationem. sane quoniam impunita non debent esse admissa, doli actio non immerito desiderabitur. Die Stelle hat ein Janusgesicht. So konnte man sie für die entgegengesetzten Theorien der Alternativobligationen verwerten. Bernstein a. a. O., leitet aus der Verweigerung der Stipulationsklage ab „das kulpos vernichtete Objekt war nicht in obligatione, das Objekt, das in obligatione war, ist casu untergegangen". Er findet hier das beredteste Argument dafür, daß nicht etwa beide Objekte in obligatione sind, vielmehr nur das eine, und zwar derart, daß es noch ungewiß sei, welches. Wie aber erklärt er die actio doli? „Papinian suche der Gerechtigkeit auf Kosten der Konsequenz Genüge zu verschaffen, indem er seine Zuflucht zur actio doli nehme, gewiß ein verzweifeltes Mittel, das noch dazu in den meisten Fällen versagen werde". Diese Auffassung wird Papinian nicht gerecht. Die actio doli läßt sich nur daraus erklären, daß er annimmt, der Schuldner habe seiner Kontraktspflicht zuwidergehandelt, obwohl eine solche nach striktem Recht nicht mehr anerkannt wird. Wäre der Schuldner nicht nach dem Sinne des Kontrakts auch bezüglich des von ihm vernichteten Objekts gebunden, so würde jeder Grund fehlen, ihn dem Gläubiger gegenüber wegen schlechter Behandlung desselben haftbar zu machen. Man muß daher Windscheid § 255 Anm. 14 und Pescatore S. 231 beitreten, wenn sie die Entschädigungspflicht im heutigen Rechte als kontraktliche auffassen. Dies läßt sich nur aus der Grundidee rechtfertigen, daß beide Objekte in obligatione seien, eines aber in solutione. Vgl. noch Schirmer in der Zeitschr. der Sav.Stiftg., rom. Abt. Bd. 19 S. 362.

13) BGB. § 265 verfügt in grundsätzlicher Übereinstimmung mit dem gemeinen Recht: „Ist eine der Leistungen von Anfang an unmöglich, oder wird sie später unmöglich, so beschränkt sich das Schuldverhältnis auf die übrigen Leistungen", fügt aber hinzu: „Die Beschränkung tritt nicht ein, wenn die Leistung infolge eines Umstandes unmöglich wird, den der nicht wahlberechtigte Teil zu vertreten hat." Vgl. Dernburg, Bürg. Recht Bd. 2 § 44 S. 101.

Gläubiger oder einem Dritten die Wahl anheimgestellt werden. Ist dem Gläubiger die Wahl überlassen, so bildet sie einen Bestandteil des Gläubigerrechtes, welcher mit der Obligation auf jeden Rechtsnachfolger, also auch auf den Zessionar übergeht.[14] Ist sie einem Dritten anvertraut, so gilt in der Regel die persönliche Entscheidung desselben als notwendig und als für den Vertrag bedingend.[15]

In der Regel ist die vertragsmäßig zugestandene Wahl durch einmalige einseitige, den Beteiligten mitgeteilte Erklärung erledigt.[16] Aber auch das Recht, die Wahl bis zur Erfüllung zu ändern, kann vertragsmäßig zugestanden sein.[17]

Steht dem Gläubiger das Recht der Wahl zu und gerät er damit in Verzug, so kann der Schuldner richtiger Meinung nach eines der Objekte anbieten und sich durch dessen Deposition befreien; es wäre unzulässig und unerträglich, wenn ihm der Gläubiger das Recht, von seiner Schuld loszukommen, verkümmern dürfte.[18]

Von den Alternativobligationen verschieden sind Geschäfte, wonach sich der Schuldner von seiner Verpflichtung, das Schuldobjekt zu liefern, durch Angebot eines anderen Objektes befreien, und solche, wonach der Gläubiger statt des Schuldobjektes etwas anderes fordern darf — sog. alternative Ermächtigung, facultas alternativa des Schuldners oder des Gläubigers.[19]

14) Vgl. hierüber Pescatore a. a. O. S. 239, dem lediglich beizutreten ist.

15) l. 141 § 1 D. de verb. obl. 45, 1. Vgl. Pescatore a. a. O. S. 69.

16) Vgl. auch BGB. § 263 Abs. 1. Anders Pescatore a. a. O. S. 251. Aber wem eine Befugnis vertragsmäßig eingeräumt ist, hat sie eben in der Regel nur einmal. Windscheid Bd. 2 § 255 Anm. 9 in seiner Bemerkung gegen mich übersieht, daß ich den Fall, in dem über die Wahl nichts bestimmt ist, von dem unterscheide, in dem der Vertrag die Wahl regelt. Vgl. indessen Franz Leonhard in Iherings Jahrb. Bd. 41 S. 22.

17) Die Römer hatten verschiedene Formeln, je nachdem der Gläubiger ein jus variandi haben sollte oder nicht, l. 112 pr. D. de verb. obl. 45, 1. Pomponius libro 15 ad Quintum Mucium . . . respiciendus erit sermo stipulationis, utrumne talis sit, „quem voluero" an „quem volam": nam si talis fuerit quem voluero, cum semel elegerit, mutare voluntatem non poterit: si vero tractum habeat sermo illius et sit talis „quem volam", donec judicium dictet, mutandi potestatem habebit. Hiervon ist im heutigen Rechte kein Gebrauch zu machen.

18) Die entgegengesetzte Ansicht verteidigen Windscheid Bd. 2 § 346 Anm. 10 und Pescatore S. 256, wo auch die Literatur der Frage angeführt ist. Anders noch RG. Bd. 30 S. 99, Hirsch, zur Revision der Lehre v. Gläubigerverzuge 1895 S. 155. BGB. § 264 Abs. 2 besagt im Sinne unseres Textes: „Ist der wahlberechtigte Gläubiger im Verzuge, so kann der Schuldner ihn unter Bestimmung einer angemessenen Frist zur Vornahme der Wahl auffordern. Mit dem Ablaufe der Frist geht das Wahlrecht auf den Schuldner über, wenn nicht der Gläubiger rechtzeitig die Wahl vornimmt". Vgl. Dernburg, Bürg. Recht Bd. 2 § 43 S. 100.

19) Vgl. Regelsberger in Iherings Jahrb. Bd. 16 n. 3; Dernburg, Bürg. Recht Bd. 2 § 45 S. 103, dort siehe auch über andere den Wahlobligationen verwandte Schuldverhältnisse.

Drittes Kapitel.

Besondere Leistungen.

I. Die Zinsen.

§ 285. Die Zinsenpflicht im allgemeinen.[1]

1. Zins[2] ist die in Geld oder anderen vertretbaren Sachen zu entrichtende Abgabe des Schuldners, welcher ein in Geld oder in sonstigen Umlaufsmitteln bestehendes Kapital zu leisten hat.[3] [4] Sie wird neben dem Kapital geschuldet und bildet, während ihres Bestehens fortlaufend, dessen Einkommen.

Zinsen werden nach Prozenten — Hundertteilen — des Kapitals berechnet und zwar für gewisse Zeitabschnitte. Die Römer legten den Monat zugrunde, die Neueren berechnen den Zins nach Jahren.[5]

Renten unterscheiden sich von Zinsen dadurch, daß sie nicht wie Zinsen neben dem Kapital geschuldet sind, Dividenden z. B. von Aktien dadurch, daß sie Anteile vom Reingewinn bilden, welche nur beansprucht werden können,

---

1) Tit. Dig. de usuris 22, 1, Cod. 4, 32. — Glück Bd. 21 S. 1 ff., Vangerow Bd. 1 S. 111 ff.; Randa, die Lehre v. den Zinsen 1869; Schey, Obligationsverhältnisse Bd. 1 S. 129; Petražycki, Einkommen Bd. 2, §§ 10 ff.

2) Gegen die herrschende Definition, wonach Zinsen „Vergütung“ für die Benutzung eines Kapitals von Geld oder Fungibilien bilden, vgl. Petražycki Bd. 2 § 25.

3) Die herrschende Ansicht erkennt Zinsen nur im Fall einer Kapitalschuld von „Geld“ oder „Fungibilien“ an. Aber Petražycki a. a. O. § 20 macht mit Recht auf l. 3 § 4 D. de usuris 22, 1 Papinianus libro 20 quaestionum aufmerksam: Si auro vel argento facto per fideicommissum relicto mora intervenerit, an usurarum aestimatio facienda sit, tractari solet. plane si materiam istam ideo relinquit, ut ea distracta pecuniaque refecta fideicommissa solverentur aut alimenta praestarentur, non oportere frustrationem impunitam esse responderi oportet: quod si forte ideo relinquit, ut his vasis uteretur, non sine rubore desiderabuntur usurae ideoque non exigentur. Zinsen des Geldwertes vermachter goldener Gefäße können also geschuldet werden! da ist denn auch l. 25 C. h. t. 4, 32 Constantinus ad populum nicht befremdlich: Pro auro et argento et veste facto chirographo licitas solvi vel promitti usuras jussimus. Es ist nicht nötig mit Jhering, Jahrb. Bd. 12 S. 334, statt „et veste“ zu lesen „recte“. Der Wucherer hat dem Kapitalbedürftigen nicht „Geld“, sondern „Kleider“ gegeben, so daß er nach einem Jahre „gleichartige Kleider“ und 100 in Geld zurückzugeben hat. Übersteigt diese Summe den gesetzlichen Zinsfuß des Wertes jener Kleider, so ist das Versprechen insoweit ungültig. Es braucht nicht ausdrücklich ausgemacht zu sein, daß die Kleider zur Veräußerung behufs Gewinnung der Darlehnsvaluta gegeben werden. Es ist aber auch keineswegs erforderlich, daß die Kleider, wie die Glosse unterstellt, ästimiert waren. Über die Alltäglichkeit solcher Geschäfte Mitteis, Trapezitika, in der Zeitschr. der Sav.Stiftg., rom. Abt. Bd. 19 S. 205.

4) Getreidezinsen erwähnt l. 11 und l. 16 C. h. t. 4, 32.

5) Die Rechnungseinheit war in Rom ein Prozent für den Monat — usurae centesimae = 12 Prozent für das Jahr. Geringere Zinsen wurden als Bruchteile der usurae centesimae bezeichnet, wobei nach der in Rom üblichen Rechnungsweise der „as“ die Einheit und 12 „unciae“ die Brüche darstellten. Was also die Römer usurae semisses nannten, entspricht unseren 6 % per Jahr, was quincunces unseren 5 %, was trientes 4 % und besses 8 % usw. — Da die Zinsen in Rom regelmäßig an den Kalenden des Monats fällig wurden, hießen die Bücher über zinstragende Außenstände calendaria. Vgl. Hecht, röm. Kalendarienbücher 1868.

wenn ein solcher vorhanden ist, während die Zinsverbindlichkeit davon unabhängig ist, ob das geschuldete Kapital Gewinn abwirft oder nicht.[6]

Sog. Amortisationsquoten sind keine Zinsen, da sie die allmähliche Rückzahlung des Kapitals bezwecken.

Natürlich kann sich der Gläubiger für die Überlassung eines Kapitales anstatt oder neben den Zinsen Vorteile anderer Art ausbedingen. Dahin gehören z. B. Zuschläge zum Kapital bei seiner Rückzahlung. Auch Vergütung durch Überlassung von Sachen des Schuldners zum Gebrauche oder durch Dienste kommt vor. Solche Leistungen sind zwar keine Zinsen, aber sie werden in mancher Beziehung wie diese beurteilt, namentlich sind sie bei der Frage wucherischer Ausbeutung des Schuldners zu berücksichtigen.

2. Die Zinsen bilden mit der Kapitalschuld einen Schuldkomplex. Demgemäß braucht der Gläubiger die Zahlung des Kapitales nicht anzunehmen, wenn ihm nicht zugleich die rückständigen Zinsen angeboten werden.[7] Es ist ferner das Verfallen der Zinsen vom Stehenbleiben des Kapitales abhängig, so daß sie zu laufen aufhören, wenn letzteres nicht mehr geschuldet wird.[8] Deshalb bezeichnet man die Zinsenpflicht als eine akzessorische. Die einmal verfallenen Zinsen aber sind selbständige Verpflichtungen und überdauern daher den Untergang der Hauptschuld;[9] [10] sie sind auch besonders durch Klage verfolgbar.[11]

§ 286. Vertragsmäßige und gesetzliche Zinsen.

I. Das Bestehen einer Kapitalschuld zieht an sich eine Zinsenpflicht nicht nach sich. Diese bedarf vielmehr eines besonderen Grundes.

In Rom wurden Zinsen zugesprochen teils auf Grund von Zinsstipulationen, teils infolge des richterlichen Amtes — officio judicis — als Zubehör der Kapitalschuld. Die Neueren unterscheiden anstatt dessen vertragsmäßige und gesetzliche Zinsen, eine Einteilung, welche sich an die römische Unterscheidung anlehnt, aber keineswegs mit ihr zusammenfällt.

---

6) Sog. Bauzinsen bei Aktiengesellschaften sind Rückzahlungen aus dem Kapitale, welche während der Zeit der Vorbereitung des Unternehmens den Aktionären an Stelle von Zinsen zu vergüten sind. Sie werden in der Regel rechtlich wie Zinsen behandelt, gerät jedoch die Aktiengesellschaft vor ihrer Fälligkeit in Konkurs, so können sie nicht als Forderungen an die Gesellschaft angemeldet werden.

7) l. 41 § 1 D. h. t. 22, 1, RDHG. Bd. 25 S. 256.

8) l. 7 D. h. t. 22, 1, l. 16, l. 19 C. h. t. 4, 32.

9) Ist die Hauptforderung verjährt, so können auch Nebenforderungen, insbesondere auf Zinsen und Früchte, nicht mehr eingeklagt werden, auch wenn sie an sich, weil ihr Fälligkeitstermin ein jüngerer ist, noch nicht verjährt wären. Dies beruht auf Zweckmäßigkeitsgründen, die schwer in das Gewicht fallen. Sonst müßte nämlich um der Zinsen und anderer Nebeneinkünfte willen noch die Frage der Kapitalschuld trotz ihrer Verjährung zur Erörterung kommen, l. 26 pr. C. h. t. 4, 32. BGB. § 224.

10) Bietet der Schuldner zwar Zahlung der rückständigen Zinsen an, nicht aber des gleichfalls fälligen Kapitals, so darf der Gläubiger die Zahlung der Zinsen nicht zurückweisen.

11) Siehe § 286.

1. Zinsverträge — in Rom nur im Falle der Stipulation selbständig klagbar [1] — werden nach moderner Auffassung formlos geschlossen. [2] Eine Einigung ist wie über alle sonstigen wesentlichen Punkte, so auch über den Zinsfuß erforderlich. Es genügt aber gemäß den allgemeinen Grundsätzen, daß die Elemente für dessen Bestimmung vertragsmäßig festgestellt sind, z. B. durch Beziehung auf den marktgängigen Zinsfuß. [3]

Die Feststellung des Fälligkeitstermins ist nicht unbedingt erforderlich. In Ermangelung besonderer Vereinbarung hierüber werden die Zinsen selbstverständlich mit dem wiederkehrenden Jahrestag der Schuldbegründung fällig. [4] Zinsen sind erst mit Ablauf des Zinstermins zahlbar, sofern nichts anderes vereinbart wurde.

2. Bezüglich der gesetzlichen Zinsen sind zu unterscheiden Restitutionsansprüche und Leistungsansprüche. [5] [6]

a) Die Erstattung von Zinsen gehört primär zum Inhalt der Verpflichtung bei den Restitutionsansprüchen z. B. infolge einer Geschäftsführung oder unrechtmäßigen Habens.

Der Schuldner hat also hier behufs Restitution vor allem Zinsen zu erstatten, welche er aus dem fremden Kapital gewonnen hat, [7] ferner aber Zinsen, welche er aus demselben pflichtmäßig für den Gläubiger hätte ziehen sollen, [8] endlich schuldet er für den Gebrauch des fremden Kapitals Zinsen — sog. fingierte. [9]

Nicht minder hat, wer Verwendungen aus seinem Vermögen für fremde Zwecke machte, welche ihm zu erstatten sind, Zinsen der von ihm ausgelegten Gelder, sowie des Geldwerts zu fremdem Vorteil verwendeter

---

1) l. 24 D. de praescriptis verbis 19, 5, l. 40 D. de reb. cred. 12, 1 — „l. lecta est" —, l. 5 § 2 D. de solut. 46, 3.

2) Soweit einseitige Versprechen rechtsbeständig sind, können durch sie auch Zinsen versprochen werden, l. 10 D. de pollic. 50, 12, ebenso können Vermächtnisse die Verpflichtungen zu Zinsen auflegen, l. 3 § 6 D. de annuis legatis 33, 1. Wenn man also von vertragsmäßigen oder Konventionalzinsen zu sprechen pflegt, so geschieht dies nur a fortiori.

3) l. 41 § 2 D. de usuris 22, 1. Ist über die Höhe der Zinsen nichts bestimmt, so fragt es sich, ob die Beteiligten stillschweigend auf landesübliche Zinsen Bezug nehmen oder ob der Zinsvertrag noch unvollständig ist. In letzterem Falle sind keine Zinsen geschuldet. Anders Windscheid Bd. 2 § 260 Anm. 5. Vgl. aber Petražycki a. a. O. Bd. 2 § 24.

4) Vgl. auch oben § 285 Anm. 5 a. Ende. — Zahlung von Zinsen längere Zeit hindurch kann den Schluß auf ein Einverständnis der Beteiligten über Verzinsung der Schuld begründen, l. 6 pr. D. h. t. 22, 1. Aber eine Ersitzung des Zinsenrechtes liegt hierin nicht, wie Ältere vermeinten. Ist doch dem römischen Rechte der Besitz eines Rechts auf Zinsen, welcher die Vorbedingung der Ersitzung wäre, völlig fremd. Vgl. hierzu Dernburg, Bürg. Recht Bd. 2 § 19 S. 47.

5) Vgl. oben § 280 Ziff. IV.

6) Die herrschende Meinung geht dahin, daß sog. gesetzliche Zinsen nur von Geldschulden geschuldet werden, dies ist unrichtig, wie Petražycki a. a. O. dargetan hat. Vgl. die oben § 285 Anm. 3 abgedruckte l. 3 § 4 D. de usuris 22, 1. Anders BGB. §§ 288, 291.

7) l. 27 § 1 D. de min. 4, 4, l. 18 § 4 D. de neg. gest. 3, 5, l. 6 § 1 D. de pign. act. 13, 7, l. 10 § 3 D. mandati 17, 1, Petražycki a. a. O. § 12.

8) l. 24 C. de usuris 4, 32, l. 58 § 1 D. de adm. tut. 26, 7, l. 27 § 1 J. de min. 4, 4, Petražycki a. a. O. § 14.

9) l. 10 § 3 D. mandati 17, 1, l. 28 D. depositi 16, 3, Petražycki a. a. O. § 13.

Materialien — „Verwendungszinsen“ — zu beanspruchen, weil ihm sonst vollständiger Ersatz nicht zuteil würde.[10]

b) Bei Leistungsansprüchen dagegen entsteht eine Zinsverpflichtung, sofern solche nicht vereinbart war, nur sekundär, wenn besondere Tatsachen eintreten, welche die ursprüngliche Verpflichtung steigern.

Eine solche Tatsache ist vor allem der Verzug des Schuldners. Da der Gläubiger infolge desselben Anspruch auf Vergütung seines Interesses, insbesondere auch des nach dem Verzug entgangenen Gewinnes hat, so darf er als Betrag desselben landesübliche Zinsen fordern.[11]

Nach der Praxis kann der Gläubiger vom Schuldner auch Prozeßzinsen seit der Klageerhebung beanspruchen, wie wenn derselbe in Verzug wäre.[12]

Ein besonderes Vorrecht der Minderjährigen ist ferner, daß von der Fälligkeit ihrer Forderungen an Zinsen geschuldet werden, auch wenn der Vormund die Mahnung unterläßt.[13] Gleiches gilt vom Fiskus.[14] [15]

c) Auf eigenartigem Grunde beruht es, daß der Käufer den rückständigen, fälligen Kaufpreis von der Zeit an verzinsen muß, in welchem ihm die Kaufsache übergeben ist. Er soll nicht ohne Entgelt die volle Nutzung der Kaufsache haben und den Kaufpreis für sich verwerten.[16]

II. Im römischen Rechte war der Unterschied zwischen Stipulationszinsen und Zinsen anderer Art von wesentlichem Einflusse auf deren gerichtliche Geltendmachung.

1. Für die auf Zinsstipulationen beruhenden Zinsen bestanden besondere Klagen, welche vor, mit oder nach der Klage aus der Haupt-

10) l. 12 § 9 D. mandati 17, 1, l. 67 § 2 D. pro socio 17, 2; l. 18 § 4 D. de neg. gest. 3, 5, l. 3 § 1 D. de contr. tut. act. 27, 4, Petražycki a. a. O. § 16 BGB. § 256.

11) Petražycki a. a. O. § 15. Die Verzugszinsen bildeten sich bei den bonae fidei judicia l. 2 C. depositi 4, 34. Sie wurden weiter bei Vermächtnissen anerkannt l. 34 D. h. t. 22, 1; Gaj. Inst. II § 280. Nach gemeinem Recht sind Verzugszinsen auch bei Darlehnsschulden und sonstigen Geschäften, welche in Rom nur Klagen stricti juris erzeugten, geschuldet, nicht aber bei Schenkungsversprechen l. 22 D. de donat. 39, 5, Strafforderungen l. 9 D. de mag. conv. 27, 8, l. 1 C. de fisc. usuris 10, 8 sowie Zinsforderungen, da Zins von Zins nicht gewährt wird. Vgl. § 287 a. E. BGB. §§ 288, 289.

12) BGB. § 291 schreibt vor: „Eine Geldschuld hat der Schuldner von dem Eintritt der Rechtshängigkeit an zu verzinsen, auch wenn er nicht in Verzug ist; wird die Schuld erst später fällig, so ist sie von der Fälligkeit an zu verzinsen.“ Dies ist auch um deswillen bemerkenswert, weil das BGB. in vielen Fällen eine Fiktion der Rechtshängigkeit zu Hilfe nimmt, um die Verpflichtungen des Schuldners zu bestimmen. Vgl. Dernburg, Bürg. Recht Bd. 2 § 20 S. 48. — Nach justinianischem Rechte hörte mit dem rechtskräftigen Urteile der Zinsenlauf zunächst auf, es liefen aber nach einem 4 monatlichen Zeitraum 12 %. l. 1 ff. C. de usuris rei judicatae 7, 54. Dies wurde nicht gemeinrechtlich. Savigny Bd. 6 S. 412 und dort Zitierte. Einführungsgesetz zur ZPO. § 14 Ziff. 4.

13) l. 87 § 1 D. de leg. II., l. 3 C. in quibus causis in integrum 2, 40. Es ist bestritten, ob wahre mora des Schuldners eines Minderjährigen von der Fälligkeit der Schuld an „ex re“ anzunehmen sei. Vgl. unten § 298 Anm. 7. BGB. hat dieses Vorrecht der Minderjährigen beseitigt.

14) Auch dieses Vorrecht kennt BGB. nicht mehr.

15) Nach HGB. § 353 dürfen Kaufleute untereinander in beiderseitigen Handelsgeschäften ohne Verabredung oder Mahnung Zinsen von der Fälligkeit an berechnen.

16) l. 13 §§ 20 und 21 D. de act. empt. vend. 19, 1. l. 18 § 1 D. h. t. 22, 1. l. 2 C. h. t. 4, 32. Vgl. auch Petražycki a. a. O. S. 152. BGB. § 452.

schuld angestellt werden konnten. Das Klagerecht auf rückständige Vertragszinsen wurde daher durch die Annahme der Zahlung des Kapitales wie auch durch sonstige Tilgung der Hauptschuld nicht berührt.

2. Für Zinsen anderer Art fehlte die besondere Klage; sie wurden nur bei Gelegenheit der Hauptklage vom Richter zuerkannt. Sie konnten daher dann nicht mehr beigetrieben werden, wenn die Hauptschuld vollständig getilgt war, insbesondere durch Annahme der Zahlung.[17]

Ob dieser Unterschied vom gemeinem Recht festgehalten sei, war bestritten. Die herrschende Meinung nahm dies an. Sie sah in der Verweigerung einer besonderen Klage auf gesetzliche Zinsen eine Folge ihrer Natur; denn sie bilden, meinte man, eine bloße Eigenschaft der Hauptschuld, so daß sie deren Untergang nicht überdauern können. Doch gestanden selbst Anhänger der herrschenden Theorie zu, daß sich der Gläubiger im Falle der Zahlung der Kapitalschuld durch einseitigen Vorbehalt die ihm geschuldeten gesetzlichen Zinsen erhalten könne.[18] Damit widersprachen sie sich selbst. Denn was begrifflich mit dem Untergang der Kapitalschuld erlöschen muß, kann ein einseitiger Vorbehalt nicht konservieren. Nach unserer Ansicht beruhte es nicht auf inneren Gründen, sondern auf einer historischen Zufälligkeit, daß in Rom gesetzliche Zinsen nur durch das richterliche officium bei Gelegenheit der Hauptklage zugesprochen wurden und diesem Entwicklungsstadium sind die gesetzlichen Zinsen späterhin entwachsen. Es wurde allgemeiner Grundsatz, das jedes Recht den Schutz der Klage habe und nur aus besonderen Gründen Ausnahmen eintreten. Solche Gründe sind für gesetzliche Zinsen nicht nachweisbar.[19]

Wollte man auf einen besonderen Vorbehalt des Gläubigers bei Tilgung der Kapitalschuld Gewicht legen, so wäre das eine ungerechtfertigte Bevorzugung des im Recht erfahrenen Gläubigers vor dem minder gewitzigten. Nach BGB. unterliegt es keinem Zweifel, daß gesetzliche Zinsen selbständig einklagbar sind.

§ 287. Die Höhe der Zinsen.

I. Gesetzliche Zinsen werden in der Regel nach dem landesüblichen Zinsfuß bemessen, es steht aber der Beweis offen, daß im gegebenen Falle geringere oder höhere Zinsen aus besonderen Gründen zu entrichten sind.[1]

17) l. 24 D. depositi 16, 3. Papinianus libro 9 quaestionum ... est quidem constitutum in bonae fidei judiciis, quod ad usuras attinet ut tantundem possit officium arbitri quantum stipulatio. l. 6 D. de neg. gest. 3, 5. In gleichem Sinne sagt Paulus libro 5 responsorum l. 54 pr. D. locati 19, 2 ... usurae in bonae fidei judiciis et si non tam ex obligatione proficiscantur quam ex officio judicis applicentur. Eine besondere Klage auf solche Zinsen bestand nicht, l 4 C. depositi 4, 34, Imp. Gordianus ... non enim duae sunt actiones alia sortis alia usurarum sed una, ex qua condemnatione facta iterata actio rei judicatae exceptione repellitur vgl. l. 3 C. de usuris 4, 32. Eine große Milderung zeigt sich in l. 23 D. de exc. rei. jud. 44, 2. Aber wiederum die strengste Konsequenz zieht die l. 49 § 1 D. de act. empt. vend. 19. 1. Hermogenianus libro 2 juris epitomarum: Pretii, sorte licet post moram soluta, usurae peti non possunt, cum hae non sint in obligatione, sed officio judicis praestentur. Vgl. Petrażycki a. a. O. S. 244 ff.

18) Die Wirksamkeit eines solchen Vorbehaltes erkannte u. a. Windscheid Bd. 2 § 259 an.

19) Übereinstimmend u. a. Carus, die Klagbarkeit gesetzlicher Zinsen 1876, sowie Ruhstrat im Archiv für ziv Praxis Bd. 65 n. 9 Dort findet sich die Literatur. Carus und Ruhstrat suchten jedoch die römischen Entscheidungen umzudeuten, um so denjenigen Sätzen freie Bahn zu machen, die dem modernen Rechtsbewußtsein und der Zweckmäßigkeit entsprachen. Dies war verfehlt. Die hier vertretene Ansicht teilten im Resultate auch die Reichsgerichte: ROHG. Bd. 9 S. 231 und RG. Bd. 1 S. 351, 42 S. 121. In Betracht kann auch für dieselbe kommen: Einführungsgesetz zur ZPO. § 14 Nr. 5.

1) Vgl. die oben § 286 Anm. 7—11 angeführten Stellen, Petrażycki a. a. O. §§ 12—16.

Der landesübliche Zinsfuß war gemeinrechtlich auf 5 % festgestellt.[2]

II. Die Höhe der Vertragszinsen bestimmt der Vertrag, doch ist die Vertragsfreiheit hier keine unbeschränkte.

A. Die Römer kannten seit alters ein Zinsmaximum. Dasselbe betrug in der klassischen Kaiserzeit 12 %, im justinianischen Rechte für die Regel 6 %, bei Kaufleuten 8 %.[3]

Das kanonische Recht verbot das Zinsennehmen schlechthin.[4] Ihm mußte man sich im Mittelalter fügen, doch wurde hierdurch nur erreicht, daß die Kreditgeschäfte in andere Formen gedrängt wurden, insbesondere in die des Rentenkaufes. Nach der Rezeption des römischen Rechts gestattete man in Deutschland das Nehmen von Zinsen bis zum Höchstbetrage von 5 %.[5] Zinsverträge, welche diesen Maximalsatz überschritten, waren bis zu dessen Belaufe gültig, darüber hinaus aber nichtig.

Das Bundesgesetz vom 14. November 1867 beseitigte das Zinsmaximum, gestattete dagegen dem Schuldner, welcher mehr als 6 % versprochen hat, halbjährige Kündigung der Schuld nach Ablauf eines halben Jahres vom Geschäftsschlusse an.[6]

B. Wollte man von einem allgemeinen Zinsmaximum absehen, so mußte man dem Wucher im einzelnen Falle zu begegnen suchen. Das ist durch die Reichsgesetze vom 24. Mai 1880 und 19. Juni 1893, sowie durch BGB. § 138 Abs. 2 geschehen.[7]

C. Eine besondere Gefahr für die Wirtschaft der einzelnen und das Gesamtwohl liegt darin, daß verfallene Zinsen stehen bleiben und schließlich so anschwellen, daß der Schuldner ihrer nicht mehr Herr werden kann. Hiergegen sollten folgende Bestimmungen des römischen Rechts schützen:

1. Konventionalzinsen laufen nicht weiter, wenn ihre Rückstände bis auf den Betrag der Hauptschuld angewachsen sind.[8]

2) Reichsdeputationsabschied von 1600 § 139. Anders Windscheid Bd. 2 § 260 Anm. 5. Vgl. aber Behrend in der Zeitschr. der Sav.Stiftg., germ. Abt. Bd. 1 S. 85. Nach BGB. beträgt der Zinsfuß 4 %. Bei beiderseitigen Handelsgeschäften ist die Höhe der gesetzlichen Zinsen 5 %, HGB. § 352. Vgl. Dernburg, Bürg. Recht Bd. 2 Abt. 1 § 22 S. 51. Der Fiskus berechnete sich in Rom 6 %, l. 17 § 6 D. h. t. 22, 1. Petražycki a. a. O. S. 258. Nach l 37 (38) D. de neg. gest. 3, 5 gilt der Satz „ubi quis ejus pecuniam, cujus tutelam negotiave administrat, aut magistratus municipii publicam in usus suos convertit, maximas usuras praestat", also ursprünglich 12 %, im justinianischen Rechte 6 %. Vgl. Dernburg, Pfandrecht Bd. 2 S. 221.

3) l. 26 §§ 1 ff. C. h. t. 4, 32 a 528.

4) Tit. X. de usuris 5, 19; in 6 to. 5, 5; Clem. 5, 5. Funk, Geschichte des kirchlichen Zinsverbotes 1876.

5) Neumann, Geschichte des Wuchers in Deutschland 1865. Stobbe-Lehmann, Deutsch. Privatr Bd. 3 S. 350. Jüngster Reichsabschied von 1654 § 174.

6) BGB. § 247 hat dieses übernommen. Einf.Ges. zum BGB. Art. 39 hebt das Gesetz vom 14. November 1867 auf. Vgl. Dernburg, Bürg. Recht Bd. 2 § 23 S. 54.

7) Vgl. oben § 273.

8) l. 26 § 1 D. de cond. indebiti 12, 6, l. 10, l. 27 § 1 C. h. t. 4, 32. Die nov. 121 cap. 2 und nov. 130, desgleichen nov. 160 verordneten, daß auch die bereits gezahlten Zinsen in das duplum einzurechnen seien, eine Vorschrift, deren Verkehrtheit offensichtlich ist. Diese Novellen sind nicht glossiert. Die meist neben ihnen noch angeführten l. 29 und l. 30 C. h. t. 4, 32 existieren nicht. Es handelt sich bei ihnen

2. Verzinsung rückständiger Zinsen — anatocismus — findet nicht statt.[9] Dies gilt auch für gesetzliche Zinsen. Verträge, durch welche Zinsen von Zinsen bedungen werden, sind daher nichtig.[10] [11]

Das auf die gesetzlich verbotenen Zinsen Gezahlte mindert die Kapitalschuld des Zinspflichtigen. Wenn das Geleistete den Betrag der Schuld übersteigt, ist es zurückzuerstatten.[12] [13]

II. Die Alimentationspflicht.[1]

§ 288. Unmittelbare und mittelbare Alimente.

I. Der Anspruch auf Alimentation — Unterhalt — geht auf Gewährung des zum Leben des Alimentenberechtigten Erforderlichen. Der Anspruch kann sich auf das nackte Leben, also auf das zum Unterhalte schlechthin Notwendige beschränken — notdürftige Alimente, sog. alimenta naturalia. Wo aber eine solche Beschränkung nicht vorgesehen ist, steht dem Berechtigten alles zu, was zum standesgemäßen Leben notwendig ist, sog. alimenta civilia. Was hierzu gehört, ist nach den jeweiligen Umständen zu bemessen; vor allem ist zu leisten, was die körperliche

nur um Inhaltsangaben der Novellen, welche die Herausgeber in den Kodex einfügten, vgl. Krüger in seinem und Mommsens corpus juris vol. II. p. V. Übrigens siehe über das Verbot W. Sell in seinen Jahrb. Bd. 1 n. 2 und Pfeiffer, praktische Ausführungen Bd. 7 S. 42. BGB. hat diese Beschränkung beseitigt.

9) l. 26 § 1 D. de cond. indebiti 12, 6, l. 27 D. de re jud. 42, 1. Selbst wenn die Zinsen durch Vertrag in eine Kapitalschuld verwandelt werden, soll nach Justinians Gebot deren Verzinsung unzulässig sein, l. 28 C. h. t. 4, 32. Dies ist praktisch kaum durchzusetzen, weil Zahlung des Zinses und Rückgabe als Darlehen möglich ist. Daher beanstandete man die Bestimmung Justinians, vgl. Glück Bd. 21 S. 123, Windscheid § 261 Anm. 2 und dort Zitierte. Wer freilich als Geschäftsführer Zinsen, welche dem Geschäftsherrn gebühren, einkassierte, hat dieselben zu verzinsen, wenn er sie zu eigenem Nutzen verbrauchte, l. 10 § 3 D. mandati 17, 1 . . . denique Papinianus ait etiam si usuras exegerit procurator et in usus suos convertit, usuras eum praestare debere. Sie bilden im Verhältnis des Geschäftsführers zum Geschäftsherrn Kapital l. 58 §§ 1 und 4 D. de adm. tut. 26, 7.

10) l. 29 D. h. t. 22, 1. Marcianus libro 14 institutionum: Placuit, sive supra statutum modum quis usuras stipulatus fuerit sive usurarum usuras, quod illicite adjectum est pro non adjecto haberi et licitas peti posse.

11) Nach BGB. ist nur eine im voraus getroffene Vereinbarung, daß fällige Zinsen wieder Zinsen tragen sollen, nichtig. Eine Ausnahme wird für Sparkassen, Kreditanstalten und Bankgeschäfte zugelassen. Verzugs- und Prozeßzinsen sind von Zinsen nicht zu entrichten. BGB. §§ 248, 289, 291. Vgl. auch HGB. § 355, wonach für Zinsen, die in Kontokurrentabschlüssen enthalten sind, die Verzinslichkeit gestattet ist. Vgl. Dernburg, Bürg. Recht Bd. 2 § 23 S. 55.

12) l. 26 pr. D. de cond. indebiti 12, 6, l. 18 C. h. t. 4, 32. Vgl. Pauli sent. II. 14, 2: Usurae supra centesimam solutae sortem minuunt: consumpta sorte repeti possunt, außerdem den problematischen § 4 eod.

13) Zinskoupons, welche als Inhaberpapiere mit Inhaberpapieren ausgegeben werden, behalten ihre Natur als Zinsscheine. Allerdings bringt es ihre Eigenschaft als Inhaberpapiere mit sich, daß sie dem gutgläubigen Inhaber auch dann zu berichtigen sind, wenn die Kapitalschuld nicht existiert oder bereits getilgt ist. Dagegen können, da sie sich als Zinsen ankündigen, ihretwegen Verzugszinsen nicht beansprucht werden. ROHG. Bd. 10 S. 213, Bd. 24 S. 389. Vgl. aber BGB. § 248 Abs. 2 Satz 2.

1) Büngner, zur Theorie und Praxis der Alimentationspflicht 1876, Schanze, zur Lehre vom Alimentationsanspruch im Archiv für ziv. Praxis Bd. 69 n. 5.

Existenz fordert: Nahrung, Kleidung, Wohnung und Feuerung, sowie im Bedürfnisfalle Arzneimittel, nicht minder aber, was zur Erziehung und zur Pflege des Geistes nötig ist.[2]

Das Recht auf Alimente kann durch Vertrag, Vermächtnis, Gesetz oder richterliches Urteil begründet werden.

II. Es sind unmittelbare von mittelbaren Alimentationsansprüchen zu unterscheiden.[3]

1. Der unmittelbare Alimentationsanspruch verpflichtet direkt zur Erhaltung des Berechtigten. Solcher Art ist unter anderem die gesetzliche Alimentationspflicht von Aszendenten und Deszendenten gegeneinander.[4] Die Erfüllung der direkten Alimentationspflicht kann zwar durch das Mittel einer Geldleistung geschehen, aber nur unter der Voraussetzung, daß der Zweck der Alimentation hierdurch erreicht werde. Geht also z. B. das vom Vater seinem Sohne behufs Beschaffung des Unterhaltes gesendete Geld bei demselben ohne dessen dolus oder culpa lata zugrunde, so hat der Sohn Anrecht auf neue Alimentation. Andererseits kann die Nachzahlung der Alimente für die Vergangenheit nicht beansprucht werden; denn für diese ist nicht mehr zu sorgen — in praeteritum non vivitur, sagt ein alter Spruch. Es kann aber der Alimentenpflichtige wegen der Nichtgewährung der schuldigen Alimente Schadensersatz zu leisten haben, ferner Dritten, welche die Alimente oder die Mittel zu denselben vorschossen, mit der actio negotiorum gestorum zur Erstattung verpflichtet sein.[5]

2. Die mittelbare Alimentation besteht in fest bestimmten Zuwendungen, meist von Geld, zum Zwecke des Unterhaltes des Berechtigten. Der Verpflichtete ist hier nie verbunden, anderes oder mehr als das behufs der Alimentation Ausgeworfene zu leisten. Von solchen Verbindlichkeiten sind die Rückstände nachzuzahlen.

2) In l. 6 D. de alimentis legatis 34, 1 führt Javolenus libro 2 ex Cassio aus: Legatis alimentis cibaria et vestitus et habitatio debebitur, quia sine his ali corpus non potest: cetera quae ad disciplinam pertinent legato non continentur. Daß der Römer der Feuerung nicht erwähnt, ist nicht zu verwundern, wohl aber daß man in Deutschland durchgängig, ihm blind nachschreibend, bei Aufzählung der einzelnen Bedürfnisse der Feuerung gar nicht zu gedenken pflegt. Wenn ferner in Rom Erziehungskosten nicht zu den Alimenten gerechnet werden — so auch l. 6 § 5 D. de Carb. edicto 37, 10, l. 4 D. ubi pupillus 27, 2 —, so beweist dies sicher nicht, daß das gleiche auch unter den ganz verschiedenen deutschen Verhältnissen gelten soll. Uns gilt vielmehr: der Mensch lebt nicht vom Brote allein. Vgl. Mandry, Familiengüterrecht Bd. 1 S. 258; siehe auch BGB. § 1610: Das Maß des zu gewährenden Unterhalts bestimmt sich nach der Lebensstellung des Bedürftigen (standesmäßiger Unterhalt). Der Unterhalt umfaßt den gesamten Lebensbedarf, bei einer der Erziehung bedürftigen Person auch die Kosten der Erziehung und der Vorbildung zu einem Berufe. Vgl. auch § 1708.

3) Diese Unterscheidung hat namentlich Schanze a. a. O. in gelungener Weise entwickelt. Er spricht übrigens von „eigentlicher" und „uneigentlicher" Alimentation. Die erstere gehe auf ein „facere", die zweite auf ein „dare".

4) Vgl. aber BGB. § 1612.

5) Vgl BGB. § 1613, anders § 1711.

III. **Die Alimentenansprüche beider Kategorien sind besonders begünstigt:**

a) **Vergleiche über noch nicht fällige Alimente bedürfen gerichtlicher Bestätigung.** [6]

b) **Gesetzliche Alimentenforderungen können von Dritten nicht behufs Zwangsvollstreckung gepfändet werden.** [7]

Viertes Kapitel.

Ort und Zeit der Erfüllung.

§ 289. Der Erfüllungsort.[1]

Als Erfüllungsort ist derjenige Ort anzusehen, wo die geschuldete Leistung erfüllt und vom Gläubiger entgegengenommen werden muß.

Der Erfüllungsort kann genau fixiert oder offen gelassen werden.

1. Der Ort kann ausdrücklich durch Vereinbarung festgestellt sein, z. B. „1000 zahlbar in Berlin".[2] [3]

Nicht selten wird der Erfüllungsort zwingend durch den Gegenstand des Geschäftes bestimmt; z. B. wenn die Übergabe oder die Bearbeitung eines gewissen Grundstückes versprochen ist. Häufig ergibt er sich überzeugend aus den Umständen, der Verkehrssitte oder der Natur der Verpflichtung. Die Verpflichtung zur Lieferung oder Herausgabe einer bestimmten beweglichen Sache insbesondere ist in der Regel da zu erfüllen, wo sich die Sache ohne Verschuldung des Schuldners gerade befindet.[4] [5]

---

6) Mark Aurel schrieb durch eine Oratio die Notwendigkeit prätorischer Genehmigung zu Verträgen über noch nicht fällige vermachte Alimente vor. Auf andere, insbesondere auf unter Lebenden aus Liberalität zugewendete Alimente bezog sich diese Regel nicht l. 8 pr. § 2 D. de transactionibus 2, 15. In der l. 8 C. de transact. 2, 4 erklärt aber Gordian Vereinbarungen über künftige Alimente ohne prätorische Genehmigung schlechthin für ungültig. Und hiernach bezog die gemeinrechtliche Praxis die Bestimmung auf alle, mindestens aber auch auf gesetzliche Alimente. Vgl. RG. Bd. 4 S. 209, Oertmann, der Vergleich 1895 § 30, BGB. § 1714.

7) ZPO. § 850 Ziff. 2. Über andere Eigentümlichkeiten der Alimentenschulden vgl. Schanze a. a. O. S. 241.

1) Reatz, die Lehre vom Erfüllungsorte 1862, Schulin, zur Lehre vom Erfüllungsorte und vom Gerichtsstande der Obligation 1879, Johannes Burchard, zur Lehre vom Erfüllungsorte 1880, G. Melchior, über den Erfüllungsort bei Obligationsverhältnissen, insbes. bei Distanzeverkäufen, Göttinger Inaug.-Diss. 1892; weitere Dissertationen bei Windscheid Bd. 2 § 282.

2) Bei zweiseitigen Geschäften kann der Erfüllungsort für beide Teile verschieden sein, vgl. RG. Bd. 9 S. 353. Über den Fall eines alternativen Erfüllungsortes vgl. l. 2 § 3 D. de eo quod certo loco 13, 4. Über den Erfüllungsort für den Bürgen vgl. RG. Bd. 10 S. 284.

3) Darüber, daß an dem bestimmten Orte Zahlung zu leisten ist und daß das Angebot der Schuld an anderem Orte vom Gläubiger zurückgewiesen werden darf, vgl. l. 9 D. de eo quod certo loco 13, 4, l. 122 pr. D. de verb. obl. 45, 1, l. 9 C. de solutionibus 8, 42.

4) Auch BGB. § 269 Satz 1 legt hierauf das Hauptgewicht. — Insbesondere

2. Ist der Erfüllungsort nicht fixiert, so kann der Schuldner an jedem nicht unpassenden Orte leisten, also namentlich an seinem Wohnorte. Findet sich der Gläubiger auf Aufforderung des Schuldners an dem von diesem erwählten tauglichen Leistungsorte nicht ein, so kommt er in Verzug. Andererseits kann der Gläubiger, wenn der Schuldner nicht leistet, den Erfüllungsort in Gestalt des Klageortes fixieren, indem er in einem Gerichtsstande des Schuldners Klage erhebt.[6] [7]

3. Vom Erfüllungsorte ist im heutigen Rechte zu unterscheiden der Bestimmungsort, d. h. der Ort, wohin der Schuldner eine Sache zu

---

hat, wer Schadensersatz schuldet, auch bezüglich des Ortes der Art zu leisten, daß der Schaden ausgeglichen werde, z. B dem Reisenden kommt sein Koffer abhanden, er ist nach seinem Bestimmungsorte vom Schadensersatzpflichtigen nachzusenden. — Vgl. ferner RG. Bd. 10 S. 93.

5) l. 12 § 1 D. depositi 16, 3. Pomponius libro 22 ad Sabinum: Depositum eo loco restitui debet, in quo sine dolo malo ejus est, apud quem depositum est: ubi vero depositum est, nihil interest eadem dicenda sunt communiter et in omnibus bonae fidei judiciis. sed dicendum est, si velit actor suis impensis suoque periculo perferri rem Romam, ut audiendus sit. Vgl. l. 11 § 1 D. ad exhibendum 10, 4, l. 26 § 1, l. 47 pr. § 1, l. 108 D. de leg. I.

6) Die beiden in unserem Texte formulierten Grundsätze werden bezeugt in der l. 2 § 3 D. de eo quod certo loco 13, 4 . . . et generaliter definit Scaevola petitorem electionem habere ubi petat, reum ubi solvat, scilicet ante petitionem. Die Sentenz von Scävola führt Ulpian zwar bei Gelegenheit eines ganz besonderen Verhältnisses an, aber sie wird ausdrücklich als eine „generalis" bezeichnet; darunter verstehen die Römer allgemein durchgreifende Regeln. Mit ihr harmonieren denn auch sämtliche andere Quellenzeugnisse. Der Schuldner setzt den Gläubiger durch jedes Angebot in Verzug, welches nicht „inopportuno loco" geschieht, l. 39 D. de solut. 46, 3; hieraus ergibt sich, daß er an jedem nicht unpassenden Orte zu leisten befugt ist. Dazu wird mehrfach entschieden, daß der Schuldner am Orte der Klage leisten müsse, wenn der Zahlungsort nicht durch die Obligation fixiert sei. So namentlich in der l. 1 D. de annuis legatis 33, 1. Pomponius libro 5 ad Sabinum: Cum in annos singulos quid legatum sit neque adscriptum, quo loco detur: quocunque loco petetur dari debet, sicuti ex stipulatu aut nomine facto petatur. Siehe auch l. 22 D. de reb. cred. 12, 1, l. 4 D. de cond. tritic. 13, 3. Übereinstimmend ist Cohn, die actio de eo quod certo loco S. 103 Im übrigen sind die Ansichten der Neueren sehr geteilt. Viele verstehen unter „petere" nicht „klagen" sondern „fordern". Sie tun hiermit den Stellen Gewalt an; dies gilt namentlich von der oben genannten l. 2 § 3 D. de eo quod certo loco 13, 4. Das Resultat, zu dem sie durch diese Interpretation gelangen, ist wenig zweckmäßig. Windscheid, insbesondere Bd. 2 § 282 Anm. 5, behauptet, daß der Gläubiger die Leistung auch außergerichtlich an jedem Orte verlangen könne, an welchem ein Gerichtsstand des Schuldners begründet sei. So hätte der Gläubiger ein Wahlrecht zwischen den Gerichtsständen des Schuldners, vgl. ZPO. §§ 12 ff., welches er sogar vor der Fälligkeit der Forderung ausüben dürfte. Dies könnte zu großer Beschwerde des Schuldners gereichen. Anders wiederum Puchta, Pand. § 246 Anm. i, Savigny, OR. Bd. 1 S. 513 und Brinz Bd. 2 S. 453.

7) BGB. § 269 stellt, im wesentlichen übereinstimmend mit dem bisherigen Handelsrecht den Satz auf: Die Leistung hat an dem Orte zu erfolgen, an welchem der Schuldner zur Zeit der Entstehung des Schuldverhältnisses seinen Wohnsitz, bei gewerblichen Schulden seine gewerbliche Niederlassung hatte. Vgl. Dernburg, Bürg. Recht Bd 2 § 52 S. 113 — Ferner hat nach dem BGB. § 270 der Schuldner Geld im Zweifel auf seine Gefahr und seine Kosten dem Gläubiger an dessen derzeitigen Wohnsitz, bei gewerblichen Schulden an dessen derzeitige gewerbliche Niederlassung zu übermitteln. Geldschulden sind also sog. Bringschulden, nicht Holschulden. Bei Veränderung seines Wohnsitzes oder seiner gewerblichen Niederlassung nach der Entstehung des Schuldverhältnisses hat der Gläubiger die dadurch entstehenden Mehrkosten und Gefahren zu tragen. Vgl. Dernburg, Bürg. Recht Bd. 2 § 53 S. 115.

senden hat. Bei Verkaufsgeschäften von Kaufleuten mit Auswärtigen gilt es nämlich als selbstverständlich, daß dem Verkäufer obliegt, die verkaufte Ware an den Käufer zu senden, und zwar auf dessen Gefahr und Kosten. Hierdurch wird am Erfüllungsorte nichts geändert, aber es kommt bei derartigen Geschäften neben dem Erfüllungsorte der Ablieferungs- oder Bestimmungsort in Betracht.

§ 290. Klageort und Erfüllungsort.

I. Nach altrömischem Rechte konnte man eine Forderung, die an einem bestimmten Orte zu erfüllen war, nur an diesem Orte einklagen, und nirgends anders.[1]

Dies ist weniger befremdlich, als es auf den ersten Blick erscheint; denn wenn z. B. eine Forderung auf Wein, Öl oder auch Geld, die in Ephesus zahlbar war, zu Rom eingeklagt wurde und es zur Geldkondemnation kam, auf welche die römischen Klagen ausliefen, konnte ihr unmöglich der Wert zugrunde gelegt werden, den die eingeklagten Objekte hätten, wenn sie in Rom lieferbar wären. Es wäre damit etwas anderes zugesprochen worden, als geschuldet war; vielmehr mußte ermittelt werden, was eine Forderung auf Leistung zu Ephesus am Klageorte, in Rom, wert war. Dies konnte aber mit Sicherheit erst geschehen, als so zahlreiche Geschäfte gleicher Art geschlossen wurden, daß sich hierfür ein Marktpreis — ein Kurs auf Ephesus — feststellen ließ. In der älteren Zeit Roms war das noch nicht der Fall. Daher galten damals die Klagen an einem anderen Orte als dem bestimmten Erfüllungsorte als unmöglich.

Dies hatte erhebliche Übelstände im Gefolge. Denn die Einleitung des römischen Prozesses forderte die persönliche Gegenwart des Schuldners am Klageorte. Der Schuldner brauchte sich also nur am bestimmten Erfüllungsorte nicht treffen zu lassen, um die Anstellung der Klage überhaupt zu vereiteln.

Seit häufig Geschäfte auf Objekte lieferbar an dritten Handelsplätzen vorkamen und ein Kurs derselben in Rom bestand, schuf daher der Prätor die „actio de eo quod certo loco dari oportet", die in jedem Gerichtsstande des Beklagten angestellt werden konnte, und bei welcher die Verurteilung in Geld unter Zugrundelegung jenes Kurses oder eines sonst erweisbaren besonderen Interesses geschah.[2]

---

1) l. 1 D. deo eo quod certo loco 13, 4.

2) Vgl. Tit. de eo quod certo loco 13, 4, l. un. C. h. t. 3, 18. Die verschiedenen Ansichten über die Gründe des älteren Zustaudes und der Notwendigkeit besonderer Klage stellt zusammen Max Cohn, die actio de eo S. 5 ff. Daß die Klage zur Zeit Labeos bestand, geht aus l. 2 § 8 D. h. t. 13, 4 hervor. Wann ihre Einführung geschah, ist im übrigen ungewiß. Über die Formel siehe Lenel, Beiträge zur Kunde des prätorischen Edikts 1878 S. 5 ff. und edictum Aufl. 2 S. 191. Die Klage wird als arbitraria bezeichnet, vgl. oben § 118 S. 238 ff., Karlowa, röm. Rechtsgesch. Bd. 2 § 171 S. 1367. Beseler, das edictum de eo quod certo loco 1907 und darüber Hugo Krüger in der Zeitschr. der Sav.Stiftg., rom. Abt. Bd. 29 S. 491 ff. Bei bonae fidei judicia bedurfte es einer besonderen Klageformel nicht.

II. Der heutige Prozeß kennt einen besonderen Gerichtsstand des Erfüllungsortes;[3] Klage kann aber auch in anderen Gerichtsständen des Schuldners erhoben werden.

Wo man aber auch klagt, immer ist nach den allgemeinen Grundsätzen des heutigen Rechts zunächst Erfüllung an dem bestimmten Erfüllungsorte zu fordern und auf sie zu erkennen.[4] Eine Verurteilung in Geld geschieht in der Regel nur, wenn der Gläubiger wegen Nichteinhaltung der Lieferungszeit Geldersatz zu verlangen befugt ist, ferner wenn sich der Erzwingung der Leistung am Erfüllungsorte Hindernisse entgegenstellen. Die Schätzung hat stets das Ortsinteresse zu berücksichtigen und zwar ist sowohl die dem Gläubiger vorteilhafte wie nachteilige Kursdifferenz zu beachten.[5]

§ 291. Zeit der Leistung.

1. Die Forderung ist fällig von dem Zeitpunkt an, mit welchem die Leistung beansprucht werden kann.[1]

Die Fälligkeit tritt in der Regel unmittelbar mit der Entstehung der Forderung ein.[2] Ein Aufschub kann sich aber aus der Natur der schuldigen Leistung ergeben, er kann sich nach den Geschäftsgebräuchen oder anderen Umständen stillschweigend verstehen oder besonders festgestellt sein.[3]

2. Häufig ist die Klausel der Kündigung, mit oder ohne Kündigungsfrist.[4]

Die Kündigung ist eine einseitige Erklärung; sie kann außergerichtlich oder durch Vermittlung des Gerichts erfolgen. Sie geschieht auch durch Erhebung der Klage. In der Regel muß sie unbedingt sein.[5] Sie geht bald vom Gläubiger oder dessen Bevollmächtigten, bald vom Schuldner oder dessen Bevollmächtigten aus und vollendet sich mit der Zustellung an den Gekündigten oder einen zur Annahme der Kündigung Bevollmächtigten.[6] [7]

---

3) ZPO. § 29.

4) Wächter, Erörterungen Heft 2 S. 123, Cohn a. a. O. S. 205.

5) l. 2 § 8 D. h. t. 13, 4, l. un. C. h. t. 3, 18.

1) Vgl. Unterholzner Bd. 1 §§ 109 ff., Savigny Bd. 1 § 50. Ist die Forderung fällig, so sagen die Römer: dies venit. Vgl. über diesen Ausdruck oben § 102 Anm. 5.

2) l. 213 D. de V. S. 50, 16 . . ubi pure quis stipulatus fuerit, et cessit et venit dies, l. 41 § 1 D. de verb. obl. 45, 1, l. 14 D. de R. J. 50, 17. Ebenso BGB. § 271 Abs. 1, Dernburg, Bürg. Recht Bd. 2 § 54 S. 117.

3) l. 73 D. de verb. obl. 45, 1. Paulus libro 24 ad edictum: Interdum pura stipulatio ex re ipsa dilationem capit, veluti si id quod in utero sit aut fructus futuros aut domum aedificari stipulatus sit, vgl. l. 14, 60, 73, 98 § 1, l. 137 § 2 D. eod.

4) Vgl. Dernburg, Bürg. Recht Bd. 2 § 55, W. Immerwahr, die Kündigung 1898.

5) ROHG. Bd. 4 S. 341, Immerwahr a. a. O. S. 80.

6) Nur eine solche Kündigung ist für den Gekündigten rechtsverbindlich, auf welche er sich verlassen kann. Daher bestimmt BGB. § 174: Ein einseitiges Rechtsgeschäft, das ein Bevollmächtigter einem anderen gegenüber vornimmt, ist unwirksam, wenn der Bevollmächtigte eine Vollmachtsurkunde nicht vorlegt und der andere das Rechtsgeschäft aus diesem Grunde unverzüglich zurückweist. Die Zurückweisung ist ausgeschlossen, wenn der Vollmachtgeber den anderen von der Bevollmächtigung in Kenntnis gesetzt hatte.

7) Über die Kündigung durch einen unbeauftragten Geschäftsführer vgl. BGB. § 180.

Es liegt im Sinne des Instituts und entspricht dem loyalen Verkehre, denjenigen, welcher sich der Kündigung entzieht, so zu behandeln, wie wenn sie ihm zugestellt wäre.[8] Die Kündigung hat übrigens bald den Zweck der Beendigung eines dauernden Verhältnisses, z. B. einer Miete oder einer Sozietät, bald die Aufgabe, von der hier gehandelt wird, die Fälligkeit einer Forderung herbeizuführen.

3. Die Befristung gilt im Zweifel ausschließlich als im Interesse des Schuldners hinzugefügt.[9] Er kann daher den Gläubiger auch vorzeitig zur Annahme der Zahlung nötigen;[10] Recht auf Abzug des Zwischenzinses — Rabatt oder Diskont — hat er aber nur, soweit ein solcher ausbedungen oder verkehrsüblich ist.[11] Die Befristung kann auch das Interesse beider Teile im Auge haben, dann ist der Gläubiger befugt, die verfrühte Leistung zurückzuweisen, er darf sie aber auch nicht fordern. Bei verzinslichen, namentlich hypothekarisch versicherten Forderungen wird dies heute in der Regel als Parteiabsicht angesehen. Es kommen sogar Befristungen bloß im Interesse des Gläubigers vor. So ist z. B. die Hinterlegung einer Sache bis zu einem bestimmten Zeitpunkte aufzufassen; denn hierdurch wird der Depositar verpflichtet, den Gegenstand bis zu der vereinbarten Zeit für den Deponenten aufzubewahren, es seien denn besondere Gründe eingetreten, welche die vorzeitige Rückgabe rechtfertigen, der Deponent aber ist jederzeit zur Rückforderung befugt.[12]

4. Nur zu passender Zeit — bei Handelsgeschäften nur zur Geschäftszeit — kann Erfüllung verlangt und angeboten werden, es sei denn, daß sich der andere Teil mit der ungewöhnlichen Zeit zufrieden gibt.[13]

§ 292. Rechtliche Bedeutung der Zeitbestimmungen.

Die Absicht bei einer Zeitbestimmung kann entweder darin bestehen, daß der Gläubiger das Geschuldete von der Fälligkeit an fordern darf oder daß der Schuldner den Schuldgegenstand am Fälligkeitstermine anbieten muß. Ersteres gilt im allgemeinen als die Regel.[1]

Die Einhaltung der vertragsmäßigen Zeit hat verschiedene Bedeutung.

1. Sie ist in der Regel einfache Pflicht. Der Schuldner soll rechtzeitig leisten. Gleichwohl muß der Gläubiger auch ein verspätetes Angebot des Gegenstandes der Schuld annehmen, wenn ihm nur für den Schaden der Verzögerung zugleich Ersatz geboten wird.

2. Die richtige Zeit kann aber auch eine Bedingung der Leistung

8) Vgl. l. 161 D. de R. J. 50, 17 — oben § 97 Anm. 8 —, Immerwahr a. a. O. S. 83.

9) l. 41 § 1 D. de verb. obl. 45, 1 . . apparet diei adjectionem pro reo esse, non pro stipulatore, l. 38 § 16 D. eod., l. 70 D. de solut. 46, 3, l. 17 D. de R. J. 50, 17. Ebenso BGB. § 271 Abs. 2.

10) l. 15 D. de annuis legatis 33, 1, l. 43 § 2 D. de leg. II.

11) Ebenso BGB. § 272.

12) l. 1 §§ 45 und 46 D. depositi 16, 3. BGB. §§ 695, 696.

13) l. 39 D. de solut. 46, 3 verb. „opportuno tempore“, HGB. § 358.

1) Nach heutigem Rechte gilt diese Regel jedoch nicht im Falle der Zufügung eines dies certus. Vgl. unten § 297.

bilden. Der Gläubiger ist dann berechtigt, im Falle der Nichteinhaltung des Termins vom Vertrage zurückzutreten, anstatt seine Erfüllung zu verlangen.

Soll die Zeit Bedingung der Leistung sein, so wird sie meist fest bestimmt. Das geschieht bald mit einer gewissen Freiheit, z. B. es wird etwas „bei Eröffnung der Schiffahrt" oder „mit der Herbstsaison" versprochen,[2] bald so, daß präzis Tag oder auch Stunde der Erfüllung vereinbart wird. Geschäfte der letzteren Art sind die Fixgeschäfte des Handelsverkehrs, d. h. Zeitkäufe, die Handelsgeschäfte bilden, bei welchen der Termin der Lieferung präzis bestimmt ist.[3]

Zuweilen wird ausdrücklich festgesetzt, daß die Einhaltung der Zeit Bedingung der Leistung sein soll, z. B. durch Zufügung der sog. kassatorischen Klausel, wonach der Verkäufer oder Käufer nur gebunden ist, wenn der andere Teil zur festgesetzten Zeit seinerseits erfüllt. Jene Absicht kann aber auch sonst aus Art und Umständen des Vertrages bestimmt hervortreten.[4]

Nicht selten muß der gegenwärtige Wert einer erst künftig fälligen unverzinslichen Obligation ermittelt werden. Unter anderem ist dies für Konkursforderungen im Konkurse des Schuldners notwendig. Jener Wert kommt der Summe gleich, welche bei zinsbarer Anlegung mit den auflaufenden Zinsen am Verfalltage den Nominalbetrag der Forderung ergeben würde. Die Differenz dieser Summe und des Nominalbetrages der Forderung nennt man das Interusurium oder den Zwischenzins.[5]

---

2) Bei der Miete muß eine Verzögerung von wenigen Tagen in Einräumung der Wohnung geduldet werden. Längere Verzögerung berechtigt zum Rücktritte, l. 24 § 4 D. locati 19, 2. Vgl. noch ROHG. Bd. 7 S. 386, Bd. 9 S. 407, RG. Bd. 1 S. 62. BGB. § 542 Abs. 2.

3) HGB. § 376, siehe auch ROHG. Bd. 24 S. 194.

4) Nach BGB. § 361 ist bei gegenseitigen Verträgen der andere Teil im Zweifel zum Rücktritt berechtigt, wenn die Leistung von der Gegenseite nicht zur „genau bestimmten Zeit" oder in der „festbestimmten Frist" erfolgt. Vgl. Dernburg, Bürg. Recht Bd. 2 § 56 S. 120.

5) Man hat verschiedene Methoden für die Berechnung des Interusuriums aufgestellt. a) Die sog. Carpzovsche, welcher auch die römischen Juristen huldigten — l. 88 § 3 D. ad legem Falcidiam 35, 2 — verfährt einfach, aber ungenau. Sie berechnet den Zins der geschuldeten Summe von der Gegenwart bis zum Verfalltage und zieht dies Interusurium vom Nominalbetrage der Forderung ab. Nach ihr hätte eine in 20 Jahren zahlbare Forderung heute bei Zugrundelegung des landesüblichen Zinsfußes von 5 % den Wert von Null. Hieraus erhellt handgreiflich die Unrichtigkeit dieser Methode. b) Es ist unzweifelhaft, wird auch heutzutage nicht mehr angefochten, daß vielmehr diejenige Summe zu ermitteln ist, welche, verzinsbar angelegt, bis zum Verfalltage den Nominalbetrag der fraglichen Forderung erreichen würde. Auf dieser Basis ruhen zwei Methoden. Die eine hat Leibniz in seiner meditatio juridico-mathematica: de interusurio simplici, zum Urheber. Sie ermittelt die Summe, welche, wenn Zinsen und Zinseszinsen bis zur Fälligkeit zugeschlagen werden, der Schuldsumme nach ihrem Nominalbetrage gleichkommt. Die mathematische Richtigkeit dieser Methode sucht zu erhärten Oettinger im Archiv für ziv. Praxis Bd. 29 n. 2. Vgl. auch Keil, das Interusurium 1854. Doch wer wollte sie bezweifeln? Dennoch rechnet die Leibnizsche Methode zu scharf mit dem Gläubiger. Denn dieser ist keineswegs immer imstande, wenn ihm die bezügliche Summe derzeit ausgezahlt wird und er sie zinsbar anlegt, die Zinsen an ihrem Verfalltage stets pünktlich einzunehmen und sie sofort wieder verzinslich anzulegen.

Fünftes Kapitel.

Verschuldung, Verzug, Schadensersatz, Vertragsstrafe.

I. Verschuldung.[1]

§ 293. Die Verschuldung in Vertragsobligationen.

Strenge Haftung des Schuldners für zugesagte Leistungen spornt zu genauer Erfüllung des Vertrages an und kommt der Zuverlässigkeit des Verkehrs zugute.

Zu Rom bestand schon in der älteren Zeit hierfür eine lebhafte Empfindung. In zahlreichen Fällen reagierten gesetzliche, später auch magistratische Strafklagen gegen Untreue und Unzuverlässigkeit. Hiervon abgesehen mußten sich die Gläubiger gegen die Gefahren der Nichtleistung oder unzulänglichen Leistung durch besondere Strafstipulationen beim Vertragsschlusse sichern. Solche wurden durchweg üblich.[2]

Im übrigen war die Haftung wegen Verschuldung im früheren Rechte unvollkommen und unentwickelt.

Nach und nach kam es inmitten des Widerstreits der Interessen im Kampf der Gesellschaftsklassen, dessen Spuren noch bei den klassischen Juristen nicht ganz verwischt sind,[3] zur Bildung von Rechtssätzen, welche die Haftung der Vertragsschuldner wegen jeder Verschuldung zur Regel machten.

Diese Normen sind im allgemeinen nicht zwingend. Die Beteiligten

---

c) Mehr entspricht daher der Billigkeit die sog. Hoffmannsche Methode, welche G. A. Hoffmann in seiner Klugheit Haus zu halten 1731 aufstellte. Dieselbe legt die Summe zugrunde, welche mit Hinzurechnung ihrer Zinsen am Verfalltage den Nominalbetrag ausmacht. Diese Berechnungsweise hat die KO. § 65 für den Konkurs adoptiert, BGB. bringt sie allgemein zur Anwendung, vgl. §§ 1133, 1217.

1) Über Verschuldung im allgemeinen vgl. oben § 74. Die hauptsächliche Literatur ist dort Anm. 3 zitiert. Hinzuzufügen ist Jhering, das Schuldmoment im römischen Privatrecht 1867, in dessen verm. Schriften 1879 S. 155ff; Kniep, über Kontraktskulpa 1872; de Medio, studi sulla culpa lata im Bulletino dell'ist. di diritto Rom. Bd. 17 S. 5ff.

2) Strafstipulationen waren namentlich üblich, wenn es sich um „dare" eines Objektes handelte, vgl. l. 69 D. de verb. obl. 45, 1. Ganz gewöhnlich war es namentlich, sich gegen den Fall der Eviktion einer verkauften Sache durch Stipulation das Doppelte des Kaufpreises zu sichern. Es kam kaum vor, daß man eine Handlung, z. B. den Bau eines Schiffes, ausbedang, ohne eine Strafe für den Fall der Nichtleistung hinzuzufügen. § 7 J. de verb. obl. 3, 15, l. 44 § 6 D. de obl. et act. 44, 7.

3) Das klingt z. B. noch aus der l. 13 § 1 D. de pign. act. 13, 7, Ulpianus libro 38 ad edictum heraus. Venit autem in hac actione et dolus et culpa, ut in commodato: venit et custodia: vis major non venit. Das nachdrückliche Betonen, daß der Gläubiger wie beim Kommodat für culpa einzustehen habe, weist auf die Prätention der Kapitalisten hin, nur für dolus zu haften, wenn die ihnen gegebenen Pfänder Schaden litten; die präzise Ablehnung andrerseits jeder Verantwortlichkeit des Gläubigers für bloßen Zufall deutet darauf, daß die Schuldner, welche die Pfänder nach Tilgung ihrer Schuld zurückforderten, von einer Berufung auf zufälligen Untergang nichts wissen wollten. Man legte dem Gläubiger schließlich nicht bloß Haftung für culpa, sondern auch für custodia auf, so daß sich als Recht ergab: ea igitur quae diligens paterfamilias in suis rebus praestare solet a creditore exiguntur. Paulus libro 29 ad edictum l. 14 D. h. t. 13, 7.

können daher ihre Haftung durch Vereinbarungen mindern oder mehren. Zwei Sätze aber wurden unabänderliche Grundsäulen des Verkehrsrechts.

1. Der Vertragsschuldner steht mindestens für Dolus ein. Vereinbarungen, wonach man für Dolus nicht hafte, sind nichtig; dies stellte die Autorität des Celsus fest.[4] Hiernach kann man sich keinen Freibrief für künftigen Dolus erschleichen, auf seine Ansprüche wegen bereits begangenen Dolus aber darf der Gläubiger verzichten.

2. Grobe Nachlässigkeit steht dem Dolus gleich. Dieser Satz gilt richtiger Ansicht nach sowohl für außerkontraktliches Verhalten als auch für Kontrakte.[5] [6] [7] Bei reinen Strafklagen, z. B. bei der actio furti, war er nicht anwendbar.

Demnach kann man sich auch nicht im voraus Indemnität für grobe Nachlässigkeit durch Vertrag sichern.

Diese Grundsätze haben eine hohe wirtschaftliche Bedeutung. Sie fördern die Erhaltung der Güter der Nation, denn die erhöhte Verantwortung erzeugt Wachsamkeit und Tatkraft.

---

4) l. 23 D. de R. J. 50, 17 . . haec ita, nisi si quid nominatim convenit — vel plus vel minus — in singulis contractibus: nam hoc servabitur, quod initio convenit — legem enim contractus dedit — excepto eo, quod Celsus putat non valere, si convenerit, ne dolus praestetur: hoc enim bonae fidei judicio contrarium est. l. 27 § 3 D. de pactis 2, 14, l. 17 pr. D. commodati 13, 6, l. 1 § 7 D. depositi 16, 3, l. 6 § 9 D. de act. empt. vend. 19, 1. Übereinstimmend BGB. § 276 Abs. 2; vgl. Dernburg, Bürg. Recht Bd. 2 § 65 S. 140.

5) Die regelmäßige Gleichstellung der lata culpa und des dolus wurde von der älteren Doktrin seit der Glosse anerkannt. In neuerer Zeit fand sie eine gründliche Verteidigung durch F. Mommsen, Erörterungen Heft 2 S. 175 ff. Ihm neigt sich Windscheid Bd. 1 § 101 Anm. 10 zu. Viele Neueren sind aber dafür, daß der Satz nur beschränkte Geltung habe. So Ihering in seinen Jahrbüchern Bd. 4 S. 12, Pernice, Labeo Bd. 2 S. 425, neuerdings besonders Burckhardt, Gleichstellung von dolus und lata culpa 1885. Dort finden sich S. 31 Literaturangaben.

6) Für die regelmäßige Gleichstellung der lata culpa mit dem dolus im Gebiete des Privatrechts spricht, daß sie in zahlreichen Anwendungsfällen anerkannt wird, und zwar nicht aus Gründen, die der besonderen Natur der bezüglichen Verhältnisse entnommen sind, sondern aus dem allgemeinen Grunde, weil „dissoluta neglegentia prope dolum est", l. 29 pr. D. mandati 17, 1, weil „lata culpa plane dolo comparabitur", l. 1 § 1 D. si mensor 11, 6. Schon Nerva, welcher, soweit wir wissen, zuerst unseren Satz verteidigte, sprach geradezu aus „latiorem culpam dolum esse", l. 32 D. depositi 16, 3, und Paulus sagt libro 1 manualium l. 226 D. de V. S. 50, 16 „magna culpa dolus est". Die römischen Juristen wenden den Satz daher auch auf Fälle außerkontraktlicher grober Verschuldung an. So insbesondere l. 1 § 2 D. si is, qui testamento 47, 4. Vgl. auch l. 1 § 1 D. si mensor 11, 6, l. 8 § 3 D. de precario 43, 26. Zweifelhaft ist freilich l. 3 pr. D. de servo corrupto 11, 3. Die regelmäßige Gleichstellung entspricht auch dem Brauch der römischen Juristen, einmal gefundene Schlagworte wie „lata culpa dolus est" durchweg zu verwerten. Damit ist zugleich den Bedürfnissen der Praxis gedient, die bei allzuvielen und feinen Distinktionen unsicher wird. Und schließlich war, wie im Texte ausgeführt ist, die Gleichstellung auch im allgemeinen Interesse. Vgl. freilich RG. Bd. 21 S. 165.

7) Für diese Ansicht ROHG. Bd. 2 S. 293. Die Gegenansicht verteidigt u. a. Burckhardt a. a. O. S. 104. Siehe dort die Literatur über die Frage. Dem BGB. ist die Gleichstellung von Vorsatz und grober Fahrlässigkeit fremd.

§ 294. Das Maß der Verschuldung bei den einzelnen Kontraktverhältnissen.

1. Entwickelte Rechtnormen fordern, daß der Kontraktschuldner für jede, also auch für leichte Verschuldung einstehe. Und zwar gilt dies nach jeder Seite hin.[1]

Das alte Recht verstand unter culpa nur positives den Gläubiger schädigendes Tun, nicht aber bloße Vernachlässigung und so blieb es auch im späteren Rechte bei Stipulationen auf Geben einer bestimmten Sache.[2]

Aber bei den bonae fidei judicia machte sich das Prinzip geltend, daß, wer für schuldhafte Handlungen — culpa — hafte, auch für die Sorgsamkeit eines guten Hausvaters — diligentia —, also auch wegen Unterlassungen einzustehen habe.[3] [4] [5]

Die Verpflichtung zur Sorgfalt kann auch die zur Bewachung — custodia — in sich schließen, so daß der Schuldner angemessenen Verschluß anzubringen, Wächter zu stellen oder andere Sicherungsmaßregeln zu treffen hat. Insbesondere muß er die geschuldete Sache gegen Feuer und Diebe

---

1) Er haftet also, wenn er schuldhafterweise nicht erfüllt oder nicht gehörig erfüllt, oder wenn er sonst bei der Ausführung des Vertrages schuldhafterweise Schaden anrichtet.

2) l. 91 pr. D. de verb. obl. 45, 1, Pernice, Labeo Aufl. 2 Bd. 2 Abt. II, 1, S. 112.

3) Geht man davon aus, daß „culpa" die technische Bezeichnung der Quellen für „Nachlässigkeit" sei — wie dies unter anderen Windscheid Bd. 1 § 101 und Bd. 2 § 265 Anm. 2 tut —, so wird es zum Rätsel, daß die römischen Juristen untersuchen, ob, wer für „culpa" haftet, auch für „diligentia" einsteht, und warum beides, „culpa" und „diligentia", so oft von ihnen nebeneinander aufgeführt wird. Offenbar aber setzte sich die Gleichstellung der bloßen Vernachlässigung und der positiven Beschädigung erst sehr allmählich durch. Die Jurisprudenz hatte lange Zeit zu arbeiten, um sie in der Praxis einzubürgern. Zuerst scheint die Gleichstellung beim Kommodate durch Quintus Mucius Scaevola Anerkennung gefunden zu haben, l. 5 § 3 D. commodati 13, 6: Commodatum autem plerumque solam utilitatem continet ejus cui commodatur, et ideo verior est Quinti Mucii sententia existimantis et culpam esse praestandam et diligentiam. Nach Alfenus Varus l. 11 D. de periculo et commodo 18, 6 forderte Servius Sulpicius diligentia auch vom Verkäufer. Sie liegt ferner dem Pfandgläubiger wie einem Kommodatar ob, vgl. die oben § 293 Anm. 3 abgedruckten l. 13, l. 14 D. de pigneraticia actione 13, 7. Schließlich nahm man an, daß die Haftung für Diligenz bei allen bonae fidei Geschäften einzutreten habe, in denen man für culpa levis einstand. So erklärt sich die l. 23 D. de R. J. 50, 17 Ulpianus libro 29 ad Sabinum: Contractus quidam dolum malum dumtaxat recipiunt, quidam et dolum et culpam. dolum tantum: depositum et precarium. dolum et culpam mandatum, commodatum, venditum, pignori acceptum, locatum, item dotis datio, tutelae, negotia gesta: in his quidem et diligentiam. Vgl. Pernice, Labeo a. a. O. S. 146 ff., 221, Brinz Bd. 2 S. 251.

4) Die diligentia wird zuweilen als „exacta" oder „exactissima" bezeichnet. Aus l. 1 § 4 D. de obl. et act. 44, 7 und l. 72 D. pro socio 17, 2 geht hervor, daß hiermit der Gegensatz zur diligentia, quam in suis rebus, also zu der sog. culpa in concreto betont werden soll. Anders Baron: diligentia exactissima oder Haftung für custodia im Archiv für ziv. Praxis Bd 52 n. 2, die Haftung bis zur höheren Gewalt, das. Bd. 78 n. 7.

5) Das römische Prinzip ging in das gemeine Recht und das BGB. über; § 276 Abs. 1 lautet: „Der Schuldner hat, sofern nicht ein anderes bestimmt ist, Vorsatz und Fahrlässigkeit zu vertreten." Von einer anderen Erweiterung, nämlich der Haftung für Kunstfehler bei Dingen, die besondere Sachkenntnis fordern, ist oben § 74 Anm. 10 die Rede gewesen.

schützen.[6][7] Die Bewachung ist hier aber nur Pflicht, wenn die Verhältnisse des Falles sie dem guten Hausvater gebieten. Wer also z. B. die Früchte auf dem Felde verkauft hat, braucht sie in der Regel nicht besonders bewachen zu lassen.

Die durch Diligenz bedingte Bewachungspflicht hat hiernach eine andere Tragweite als die durch besonderen Vertrag begründete. Erstere hat ihr Maß in dem, was üblich ist, die andere in den Bestimmungen des Vertrages. Kommt der Schuldner den Vertragsbestimmungen über die Obhut nicht nach, so kann er sich dem Beschädigten gegenüber nicht darauf berufen, daß dieselben durch die gewöhnliche Sorgfalt nicht geboten waren. Ihn trifft die Schuld, weil er sein Wort nicht hielt.

Auf Mißverständnis dieser Verschiedenheit beruht die Ansicht, daß wer „custodia" versprach, für „Zufall" einstehe.[8]

2. Wer im ausschließlichen Interesse des Gläubigers eine Schuld übernimmt, haftet nur für dolus und culpa lata.[9] Diesen Rechtssatz hat die römische Jurisprudenz von dem Depositum abgeleitet, bei welchem der Depositar, da er ohne Lohn verwahrt, nur für dolus und schwere Verschuldung einsteht.[10]

---

6) Brinz Bd. 2 S. 361 hebt hervor, daß custodire eine gewisse Spezies von Handlungen bilde, z. B. Postenstehen, Umzäunen, Absperren, Verschließen, cautio damni Fordern, Kurieren, Reparieren. Von diesem Standpunkte aus muß die Lehre ihre Aufhellung finden, welche durch die Abstraktionen und bloß schematische Behandlung vieler früherer Schriftsteller in hohem Maße verdunkelt ist. Die Haftung für custodia kann begründet sein a) in einem selbständigen Vertrage, durch welchen man Bewachung verspricht, l. 1 § 12 D. depositi 16, 3; b) als Nebenvertrag bei einem anderen Geschäfte, z. B. einem Verkaufe; c) endlich kann sie Folge der kontraktlichen Diligenz sein. Vgl. Engelmann custodiae praestatio 1887; Bruckner, custodia nebst ihrer Beziehung zur vis major 1889; Biermann, custodia und vis major, Zeitschr. der Sav.Stiftg., rom. Abt. Bd. 12 n. 3; Baron a. a. O.; Stammler im sächs. Archiv für bürg. Recht Bd. 3 S. 65, eine Übersicht über die verschiedenen Ansichten gibt Simoncelli in der rivista ital. per le scienze giuridiche Bd. 14 S. 6.

7) Wer, wie der Depositar, bloß für dolus und culpa lata einzustehen hat, dem liegen besondere Bewachungsmaßregeln nicht ob. Daher heißt es geradezu, der Depositar stehe nicht für custodia ein, § 17 J. de obl., quae ex delicto 4, 1. Daß dies cum grano salis zu verstehen ist, liegt auf der Hand.

8) § 3a J. de empt. et vend. 3, 23. Quod si fugerit homo qui veniit aut subreptus fuerit, ita ut neque dolus neque culpa venditoris interveniat, animadvertendum erit, an custodiam ejus usque ad traditionem venditor susceperit. sane enim, si susceperit, ad ipsius periculum is casus pertinet: si non susceperit, securus erit. Sklaven wurden in der Regel in Rom nicht besonders bewacht, sie hätten auch sonst nicht ihrem Erwerbe selbständig nachgehen können. Der Verkäufer hat also nicht für Bewachung verkaufter Sklaven zu sorgen, die bei sorgfältigen Hausvätern nicht gewöhnlich ist. Entflieht der Sklave gleichwohl, so ist dies ein Unfall, der den Käufer trifft. Ganz anders, wenn der Verkäufer Bewachung versprach. Dann haftet er, wenn er sie unterließ, für solchen casus. Damit ist nicht gesagt, daß ihn das Versprechen der custodia für jeden casus verbinde. Daß der Unternehmer, welcher behufs Erfüllung seiner Verbindlichkeiten Sachen des Arbeitsherrn in Händen hat, regelmäßig für deren custodia einsteht, ergibt sich von selbst l. 5 pr. D. nautae 4, 9, l. 14 § 17 D. de furtis 47, 2. Dennoch kommt es auch hier zweifelsohne auf die besondere Sachlage an — vgl. freilich Lehmann in der Zeitschr. der Sav.Stiftg., rom. Abt. Bd. 9 S. 110. — Nicht anders ist es beim Kommodatar l. 5 §§ 5 und 6 D. commodati 13, 6, l. 19 D. eod.

9) l. 5 § 2 D. commodati 13, 6, l. 108 § 12 D. de leg. I — Africanus. Vgl. Pernice, Labeo, Aufl. 2 Bd. 2 Abt. II, 1 S. 149.

Dieses Prinzip hielt man aber nicht konsequent fest.

Für jede Verschuldung war verantwortlich, wer sich seinerseits zur Übernahme des Depositums anbot.[11] Ferner steht der Mandatar, obgleich er das Mandat unentgeltlich übernimmt, für jede Verschuldung ein. Mit Rücksicht auf den Nutzen des Verkehrs wurde also der Rechtssatz gerade in dem wichtigsten Falle außer acht gelassen.[12]

3. Nur für relative Sorgfalt — „diligentia quam suis", „culpa in concreto" — hat man aufzukommen, wenn man Fremdes mit Eigenem zusammen zu verwalten hat, insbesondere beim Miteigentume, bei der Sozietät, bei Verwaltung des Vermögens der Ehefrau und des Mündelvermögens.[13] Hier wird für die fremden Angelegenheiten nur die Sorgfalt verlangt, welche man in den eigenen anzuwenden pflegt.[14]

4. Von nicht minderer Bedeutung als die Abgrenzung des Maßes der Verschuldung ist die Beweisfrage.

Auf dem Schuldner lastet der Beweis, daß er seiner vertragsmäßigen Verpflichtung zur Sorgfalt nachgekommen sei. Denn der Gläubiger fordert aus dem Vertrag, der Schuldner hat daher zu seiner Befreiung darzutun, daß der an Sorgfalt leistete, was ihm oblag. Demgemäß befreit er sich von seiner vertragsmäßigen Verpflichtung zur Rückgabe anvertrauter z. B. gemieteter Sachen nicht schon durch den Nachweis ihres Unterganges oder Verlustes, sondern nur durch den Beweis, das dies ohne seine Schuld geschah.[15]

---

10) l. 17 § 2 D. de praescr. verb. 19, 5. Daß der Depositar nur für dolus einstand, erklärt sich historisch dadurch, daß wegen des Depositums ursprünglich keine Kontraktklage, vielmehr nur eine Deliktklage bestand, vgl. Dernburg, Kompensation S. 53, Pernice, Labeo Bd. 1 S. 435. Ebenso haftete, weil er nicht als Kontraktschuldner angesehen wurde, der Prekarist nur für dolus und culpa lata, l. 8 § 2, § 3 und § 6 D. de precario 43, 26. Nicht anders stand es beim Feldmesser — mensor, l. 1 D. si mensor falsum modum dixerit 11, 6. Denn auch gegen die Feldmesser war nur eine Deliktklage aufgestellt. Und hierbei bewendete es auch in der späteren Zeit, indem man daran festhielt „civiliter obligatus non est". Vgl. Pernice, Labeo, Aufl. 2 Bd. 2 Abt. II, 1 S. 173.

11) l. 1 § 35 D. depositi 16, 3. Nach BGB. gilt dieser Satz nicht, vgl. § 690.

12) Auch im BGB. macht sich bezüglich des Maßes der Verhaftung geltend, daß man die Schuld nur im Interesse des Gläubigers übernahm. Der allgemeine Grundsatz des römischen Rechts ist aber nicht anerkannt. Vgl. Dernburg, Bürg. Recht Bd. 2 § 65 S. 140.

13) l. 25 § 16 D. fam. erc. 10, 2, l. 72 D. pro socio 17, 2, l. 17 pr. D. de jure dotium 23, 3.

14) § 276 BGB. bestimmt: Wer nur für diejenige Sorgfalt einzustehen hat, welche er in eigenen Angelegenheiten anzuwenden pflegt, ist von der Haftung wegen grober Fahrlässigkeit nicht befreit. Vgl. Dernburg, Bürg. Recht Bd. 2 § 65 S. 140.

15) l. 9 § 4 D. locati 19, 2, l. 5 C. de act. pign. 4, 24. Vgl. HGB. § 390. Zweifelhaft ist die Beweislast freilich, wenn der Gläubiger wegen Nichterfüllung des Kontraktes Entschädigung fordert. Der Gläubiger hat dann die Kontraktpflicht nachzuweisen und sein Petitum auf Entschädigung dadurch zu motivieren, daß er die Unmöglichkeit der Erfüllung durch Schuld des Beklagten behauptet. Es ist Sache des Beklagten, trotzdem nachzuweisen, daß er entweder erfüllt habe, oder daß er zur Erfüllung bereit und imstande sei, oder daß er ohne Verschuldung zur Erfüllung außerstande sei. Der Beweis des Dolus des Beklagten ist Sache des Gläubigers, wenn er hierauf Rechte stützt. Doch ist auch dies bestritten, vgl. Windscheid Bd. 2 § 265 Anm. 17. BGB. § 282

Wer nur für culpa in concreto einsteht und sich auf sein unpräzises Benehmen in eigenen Angelegenheiten beruft, muß dies gleichfalls darlegen.[16]

Gründet der Kläger aber Ansprüche auf eine Verletzung aus Veranlassung oder bei Gelegenheit der Ausführung des Kontraktes, so liegt ihm der Nachweis der Schuld des Beklagten ob.

§ 295. Verhaftung für fremde Verschuldung.[1]

I. In der Regel ist man nur für die eigene Schuld verantwortlich. Grundsätzlich haben daher Hausherren und Geschäftsherren für Beschädigungen durch ihre Hausuntergebenen, Angestellten und Gehilfen nur soweit aufzukommen, als sie selbst, wenn auch nur indirekt, hierbei eine Schuld trifft. Diese kann unter anderem in mangelnder Sorgfalt bei der Auswahl liegen — culpa in eligendo — oder in Nachlässigkeit bei der Überwachung — culpa in custodiendo — oder in unzureichender Ausrüstung und sonstigen mangelhaften Vorkehrungen.[2]

II. Der Grundsatz der Nichthaftung des Herrn für seine Leute ließ sich nicht unbedingt durchführen. Die öffentliche Sicherheit und der Nutzen des Verkehrs forderten Modifikationen — praktische Vermittlungen.

1. Vor allem gilt dies für außerkontraktliche Beschädigungen. Nach Zivilrecht haftete der Hausvater für Delikte seiner Hausuntergebenen nur mit der actio noxalis, vermöge deren er entweder die Folgen ihres Deliktes gut zu machen oder den schuldigen Hausuntergebenen dem Beschädigten zur Sühne — noxa — zu überlassen hatte.[3] Die Magistrate verschärften dies in nicht wenigen Fällen, indem sie den Hausherrn für gewisse Delikte der „familia" direkt und persönlich einstehen ließen.[4] Schiffer und

---

besagt: Ist streitig, ob die Unmöglichkeit der Leistung die Folge eines von dem Schuldner zu vertretenden Umstandes ist, so trifft die Beweislast den Schuldner.

16) Die Distinktionen von Windscheid Bd. 2 § 265 Anm. 19 erledigen sich, wenn man das oben § 74 Anm. 13 Bemerkte für richtig hält.

1) Ubbelohde in Goldschmidts Zeitschr. Bd. 7 S. 199; Goldschmidt ebendaselbst Bd. 16 S. 284; R. J. Burchardt, über die Verantwortlichkeit des Schuldners für seine Gehilfen 1861; Wyß, die Haftung für fremde culpa 1867; vgl. noch Oetker, kriminelle und zivile Haftung Dritter nach hess. Rechtsquellen 1892 § 7.

2) l. 27 § 9 D. ad legem Aquiliam 9, 2. Ulpianus libro 18 ad edictum: Si fornicarius servus coloni ad fornacem obdormisset et villa fuerit exusta, Neratius scribit ex locato conventum praestare debere, si neglegens in eligendis ministeriis fuit, l. 11 pr. D. locati 19, 2, l. 10 § 1, l. 11 D. commodati 13, 6, l. 20 D. eod., l. 20 § 3 D. de neg. gest. 3, 5.

3) Über die Noxalklagen vgl. tit. Inst. de nox. act. 4, 8, Dig. 9, 4, Cod. 3, 41, ferner Wyß a. a. O. S. 8 und dort Zitierte.

4) Unter anderem gab der Prätor das interdictum de vi, wenn die familia des Hausvaters einen Besitzer gewaltsam aus seinem Grundstücke dejiziert hatte, l. 1 § 11 D. de vi 43, 16. Die publicani ferner hafteten für Gewalttaten, Diebstähle, Sachbeschädigungen ihrer familia. l. 1 pr. § 5 D. de publicanis 39, 4, vgl. Pernice, Labeo Aufl. 2 Bd. 2 Abt. II, 1 S. 55. Auch der Haftung der Käufer für Beschädigungen der Kaufsache durch ihre familia und ihre procuratores nach dem ädilizischen Edikte, falls die Sache wegen Mängel redhibiert werden soll, mag hier gedacht werden, l. 25 § 1 D. de aedilicio edicto 21, 1.

Wirte nahm man auch darüber hinaus für Diebstähle und Sachbeschädigungen ihrer Leute persönlich in Anspruch.[5] [6]

2. Diese Anschauungen gewannen auf wichtige Kontrakte Einfluß.

a) Der Geschäftsherr haftete für die Verschuldung seiner Institoren in der Eingehung sowie der Ausführung von Gewerbegeschäften mit der actio institoria.[7] Dies ergab sich aus der römischen Klageweise, nach welcher der Geschäftsherr ähnlich wie ein Bürge für die Verpflichtungen des Institors aus dessen Gewerbegeschäften einstand.

b) Der Unternehmer ferner ist im Falle einer locatio conductio operis — der Werkverdingung — für die Verschuldung seiner Angestellten und Gehilfen bei Ausführung des Unternehmens haftbar, auch wenn ihn persönlich keine Schuld trifft.[8] In der Praxis hat man dies auf alle Fälle

---

5) l. 6 und 7 D. nautae caupones 4, 9, l. un. D. furti adversus nautas 47, 5; Pernice a. a. O. S. 53.

6) BGB. § 831 verpflichtet zwar denjenigen, der einen anderen zu einer Verrichtung bestellt hat, zum Ersatz des von diesem angerichteten Schadens, gestattet ihm aber den Nachweis, daß er selbst die im Verkehr erforderliche Sorgfalt beobachtet habe oder daß der Schaden auch bei Anwendung dieser Sorgfalt entstanden sein würde. In diesen Fällen ist er nicht ersatzpflichtig. Vgl. Dernburg, Bürg. Recht Bd. 2 § 387 S. 623.

7) l. 1 § 2 D. de exercitoria actione 14, 1 l. 5 § 8 D. de inst. act. 14, 3, l. 5 § 3 D. de doli mali exc. 44, 4. Dunkel ist die hierher gehörige l. 5 § 10 D. de inst. act. Hierüber vgl. Schloßmann im Archiv für ziv. Praxis Bd. 63 n. 9, siehe auch Arndts § 250 Anm. 7 und dort Zitierte.

8) l. 25 § 7 D. locati conducti 19, 2. Gajus libro 10 ad edictum provinciale: Qui columnam transportandam conduxit, si ea, dum tollitur aut portatur aut reponitur, fracta sit, ita id periculum praestat, si qua ipsius eorumque, quorum opera uteretur, culpa acciderit: culpa autem abest, si omnia facta sunt, quae diligentissimus quisque observaturus fuisset. idem scilicet intellegemus et si dolia vel tignum transportandum aliquis conduxerit: idemque etiam ad ceteras res transferri potest. Der Unternehmer steht hiernach nicht bloß für die eigene Schuld, sondern auch für die seiner Gehilfen ein. Wenn Goldschmidt a. a. O. S. 355 auszuführen sucht, daß eine Haftung an dieser Stelle nur angenommen werde, wenn der Schaden durch die Schuld des Unternehmers und seiner Leute entstanden sei, so ist diese Auslegung nicht annehmbar. Denn danach würde der Unternehmer selbst für die eigene Schuld nicht haften, wenn nicht auch eine Schuld seiner Gehilfen konkurrierte. Dies ist aber nicht denkbar. Offenbar hat aber die Kopula die Bedeutung sowohl in dem „einen" wie „in dem anderen" Falle. Daß übrigens der Jurist einen besonderen Satz aussprechen wollte, und nicht etwas Selbstverständliches, daß nämlich der Unternehmer für seine culpa hafte, geht auch daraus hervor, daß er die Anwendung der Entscheidung bezüglich der Säule auf andere Fälle so nachdrücklich betont. — Die Auffassung von Goldschmidt teilt Windscheid Bd. 2 § 401 Anm. 5. Wolle man ihr aber auch nicht beistimmen, führt er aus, so sei es vollkommen erlaubt, anzunehmen, daß Gajus die culpa ipsius als culpa in eligendo gedacht habe. Es sei dies nicht gewagter, als in anderen Stellen, wo man eine derartige Annahme machen müsse. Es ist aber ein Unterschied, ob es sich um gelegentliche ungenaue Wendungen handelt oder um einen Satz, dem der Verfasser ausdrücklich eine allgemeine Tragweite zuschreibt. Und ist nicht der Ausspruch von Gajus über die Haftung des Prinzipals für die Fehler der Gehilfen der praktisch vernünftige, entspricht er nicht der Tendenz, die überall bei den klassischen Juristen hervortritt, die Haftung für culpa zu verstärken! Wozu ihn also wegdeuten bloß zu Ehren eines Prinzipes, welches vollständig durchzuführen doch nicht tunlich ist und das die Römer in vielen Fällen durch Ausnahmen durchbrachen. Vgl. Lehmann in der Zeitschr. der Sav.Stiftg., rom. Abt. Bd. 9 S. 118; ROHG. Bd. 13 S. 76; RG. Bd. 10 S. 165, Bd. 23 S. 91; Karlowa, röm. Rechtsgesch. Bd. 2 S. 649, Wilh. Abicht, Haftung des Unternehmers bei einer Werkverdingung für die Handlungen seiner Gewerbegehilfen, Göttinger Inaug.-Diss. 1891.

ausgedehnt, in denen jemand durch Vertrag die Verpflichtung übernommen hat, einen bestimmten Erfolg herbeizuführen.[9]

Dagegen waren nach gemeinem Recht Mieter und Kommodatare bezüglich der gemieteten und anvertrauten Sachen, Verkäufer hinsichtlich der Kaufobjekte, sowie gewöhnliche Mandatare und Geschäftsführer wegen Verschuldung ihrer Untergebenen nur ersatzpflichtig, wenn ihnen zugleich eigene Schuld zur Last fiel.[10] [11]

§ 296. Haftung bis zur höheren Gewalt.[1]

I. Die Vertreter gewisser Gewerbe haften in ihrem Betriebe für Unfälle „bis zur höheren Gewalt".

1. Das prätorische Edikt über das receptum nautarum cauponum legte Schiffern und Wirten die unbedingte Haftung für unversehrte Rückgabe der von ihnen im Betriebe ihres Gewerbes aufgenommenen Gegenstände auf.[2] Dies war ein Notgesetz, hervorgerufen durch die Unsicherheit der Straßen und Transporte in den letzten Zeiten der Republik,[3] welches ursprünglich keine Ausnahme kannte.

---

9) RG. Bd. 33 S. 169.

10) Vgl. die oben Anm. 2 angeführten Stellen, siehe auch RG. Bd. 21 S. 170.

11) Auf abweichendem Standpunkt steht BGB. bezüglich der Vertragsschulden. Danach hat der Schuldner ein Verschulden seines gesetzlichen Vertreters, — seines Gewalthabers und Vormunds — ferner das Verschulden von Personen, deren er sich zur Erfüllung seiner Verbindlichkeit bedient, in gleichem Umfange zu vertreten wie eigenes Verschulden. BGB. § 278; vgl. Dernburg, Bürg. Recht Bd. 2 § 68 S. 144.

1) Goldschmidt in seiner Zeitschr. für Handelsr. Bd. 3 S. 79 ff., S. 331 ff. und ebendaselbst Bd. 16 S. 328; Exner, Begriff der höheren Gewalt in Grünhuts Zeitschr. Bd. 10 S. 495; Dernburg ebendaselbst Bd. 11 S. 334; Huber, höhere Gewalt — Inaug.Diss. ohne Jahresangabe — Bern 1885; Hafner, Begriff der höheren Gewalt, Zürich 1887; Stucki, Begriff der höheren Gewalt, Berner Inaug.Diss. 1888; Gerth, Begriff der vis major 1890; Ude, Zeitschr. der Sav.Stiftg., rom. Abt. Bd. 12 n. 4; v. Hollander, vis major als Schranke der Haftung 1892; H. Schneider in Goldschmidts Zeitschr. Bd. 44 S. 75, 341; H. A. Fischer in Iherings Jahrb. Bd. 37 S. 199; E. Volkmar, vis major und Betriebsgefahr 1900 und die oben § 294 Anm. 6 Angeführten.

2) l. 1 pr. D. nautae caupones 4, 9. Ulpianus libro 14 ad edictum: Ait praetor: „Nautae caupones stabularii quod cujusque salvum fore receperint nisi restituent, in eos judicium dabo".

3) Vgl. l. 1 § 1 D. h. t. in fine. Goldschmidt, Handbuch des Handelsrechtes 3. Aufl. Bd. 1 S. 93 nimmt an: In altrömischer Zeit hätten Wirt und Reisender vor dessen Aufnahme regelmäßig einen ausdrücklichen mündlichen Vertrag über die Garantie der Unversehrtheit des Reisegepäcks des Gastes geschlossen, das sei Verkehrsusance geworden, welche das Edikt endlich sanktionierte. Dies ist wenig wahrscheinlich. Der Quirite trifft hungrig, durstig, müde nach langem Ritt abends vielleicht bei Sturm und Regen im Wirtshaus ein. Aber er führt sein triefendes Pferd nicht in den Stall, er trocknet seine Kleider nicht drinnen im Haus, er ißt nicht und er trinkt auch nicht, ehe der gefällige Wirt das Reisegepäck ausdrücklich mit den Worten „salvum fore recipio" oder ähnlichen unter seine Garantie nimmt. Und wie, wenn sich der bäuerische Wirt auf die Vertragsworte nicht einließ? Übernachtete dann der römische Reisende draußen im Freien? Gegen die Annahme eines Vertrages auch Baron, Archiv für ziv. Praxis Bd. 78 S. 239. — Lenel in der Zeitschr. der Sav.Stiftg., rom. Abt. Bd. 13 S. 403 unterstellt, daß die römischen Wirte durch Aufschrift auf der Straßenseite des Gasthofs z. B. „sarcinae salvae erunt" die Garantie zu übernehmen pflegten. Das ist eine sehr ansprechende Hypothese. Vgl. noch Pernice, Parerga X in derselben Zeitschr. Bd. 20 S. 132.

Nach dem Rechte der Kaiserzeit aber werden Schiffer und Wirte von der Haftung befreit durch den Nachweis höherer Gewalt, — vis major, damnum fatale — welche die aufgenommenen Objekte traf, sowie der eigenen Schuld der Reisenden.

Der Nachweis, daß ihnen persönlich keine Schuld zur Last fällt, befreit die Schiffer und Wirte nicht.[4]

2. Tötung und Verletzung von Personen infolge des Betriebes einer Eisenbahn machen deren Unternehmer schadensersatzpflichtig; nur im Falle höherer Gewalt oder eigenen Beschuldens des Betroffenen haften sie nicht.[5]

3. Eisenbahnen stehen ein für Verlust oder Beschädigung der Frachtgüter von der Empfangnahme an bis zur Ablieferung an den Adressaten, sie befreien sich durch den Nachweis der höheren Gewalt.[6] Die Post leistet im Falle der Beschädigung ihrer Reisenden Kur- und Verpflegungskosten, sofern nicht höhere Gewalt die Ursache war.[7] [8]

II. Was aber ist höhere Gewalt? Richtiger Ansicht nach Unfälle so außerordentlicher Art, daß im Verkehr mit ihnen nicht im voraus gerechnet werden kann, daß sie also im regelmäßigen Geschäftsgang nicht in Berücksichtigung gezogen werden.

Wer das Gewerbe eines Wirtes, Frachtführers oder ein Eisenbahnunternehmen betreibt, hat nicht bloß im gegebenen Fall für die Sorgfalt eines sorgsamen Hausvaters einzustehen. Er soll vielmehr dauernd die wirksamsten Einrichtungen und Veranstaltungen treffen, um das Publikum gegen Schaden zu sichern. Versäumt er dies, so haftet er wegen der Unvollkommenheit seiner Veranstaltungen, wenn ihn auch im konkreten Falle kein Vorwurf trifft. In diesem Sinne bildet das Unternehmen gleichsam eine Versicherungsanstalt für jeden, der mit ihm in Verkehr tritt.

Aber alle Vorkehrungen schützen doch nicht gegen Ereignisse so außerordentlicher Art, daß auf ihre Möglichkeit im Verkehr nicht gerechnet wird, also nicht vor höherer Gewalt.[9]

---

4) l. 3 § 1 D. h. t. 4, 9. Ulpianus libro 14 ad edictum . . . hoc edicto omni modo qui recepit tenetur, etiamsi sine culpa ejus res periit vel damnum datum est, nisi si quid damno fatali contingit. inde Labeo scribit, si quid naufragio aut per vim piratarum perierit, non esse iniquum exceptionem ei dari. idem erit dicendum et si in stabulo aut in caupona vis major contigerit. § 2. Eodem modo tenentur caupones et stabularii, quo exercentes negotium suum recipiunt: ceterum si extra negotium receperunt, non tenebuntur.

5) Reichshaftpflichtgesetz v. 7. Juli 1871 § 1.

6) HGB. § 456.

7) Postgesetz § 11 Nr. 2.

8) Nach dem BGB. haftet der Gastwirt für die aufgenommenen Sachen des Gastes, es sei denn, daß der Schaden durch den Gast selbst, durch die Beschaffenheit der Sachen oder höhere Gewalt verursacht wurde. BGB. § 701 Abs. 1. Vgl. ferner §§ 203, 1996; Dernburg, Bürg. Recht Bd. 2, 1 § 69 S. 148, Bd. 2, 2 § 353 S. 525.

9) Seit der Glosse stehen sich zwei Grundansichten über den Begriff der höheren Gewalt gegenüber. Nach der einen bilden gewisse ein für allemal bestimmte Zufälle — z. B. Erdbeben, Wasserfluten, Feindeseinbruch, sog. äußere Ereignisse — höhere Gewalt. Dieser Ansicht hat neuerdings Exner in scharfsinniger Weise eine eigenartige

II. Verzug.[1]

§ 297. Verzug des Schuldners. Voraussetzungen.

Der Schuldner ist in Verzug, wenn er schuldhafterweise nicht zur rechten Zeit erfüllt.[2]

Der Verzug des Schuldners verlangt:

1. Fälligkeit der Forderung.

Es muß also der etwaige Zahlungstermin herangekommen, die etwa vorbedungene Kündigung erfolgt, die dem Kontrakte zugefügte Bedingung eingetreten sein.

Wer durch Exzeption geschützt ist, kommt nicht in Verzug;[3] ebensowenig, wer bloß naturaliter schuldet.[4]

2. Um den Schuldner in Verzug zu setzen, bedarf es ferner der Zahlungsaufforderung des Gläubigers — interpellatio.[5]

Die Interpellation muß an passendem Orte und zu passender Zeit vor sich gehen.[6] Der Gläubiger hat das Recht der Interpellation nur, wenn er zur

---

Gestalt gegeben. Nach ihm ist höhere Gewalt ein Ereignis, welches außerhalb des Betriebskreises des betreffenden Verkehrsunternehmens entstanden, durch Hereinwirken in diesen Betriebskreis, einen Schaden an Leib oder Gut veranlaßt hat und welches, vermöge der Art und Wucht seines Auftretens, die im ordentlichen Laufe des Lebens zu gewärtigenden Zufälle augenscheinlich übersteigt. So auch Unger in Iherings Jahrb. Bd. 30 S. 417 und ähnlich Baron, Archiv für ziv. Praxis Bd. 78 S. 284, Cosack, Handelsrecht § 90 II. Nach der anderen Ansicht gibt es keine objektiven, ein für allemal feststehenden Kriterien der höheren Gewalt. Vielmehr handelt es sich um Dinge, welche die menschliche Vorsicht in der gegebenen Lage der Verhältnisse übersteigen — damnum quod imprudentibus accidit. Vgl. Dernburg a. a. O., W. Stintzing im Archiv für ziv. Praxis Bd. 81 S. 427; siehe auch RG. Bd. 21 S. 13.

1) Tit. Dig. de usuris et fructibus et causis et omnibus accessionibus et mora 22, 1; Literatur: Madai, die Lehre von der Mora 1837; Wolff, zur Lehre von der Mora 1841; Fr. Mommsen, die Lehre von der Mora in seinen Beiträgen zum Obligationenrecht Abt. 3 1855; Kniep, die Mora des Schuldners, 2 Bde. 1871 ff.

2) Das Wort mora hat eine doppelte Bedeutung, einmal Verzögerung der schuldigen Leistung objektiv genommen, dann schuldhafte Versäumnis. Beide Bedeutungen stellt Paulus libro 37 ad edictum l. 24 pr. D. h. t. 22, 1 in der Weise eines Wortspiels gegenüber: Si quis solutioni quidem moram fecit, judicium autem accipere paratus fuit, non videtur fecisse moram: utique si juste ad judicium provocavit. Vgl. Pernice, Labeo Aufl. 2 Bd. 2 Abt. II, 1 S. 18.

3) l. 54 D. de pactis 2, 14, l. 40 D. de rebus cred. 12, 1.

4) l. 88 D. de R. J. 50, 17.

5) l. 32 D. h. t. 22, 1. Marcianus libro 4 regularum: Mora fieri intellegitur non ex re, sed ex persona, id est, si interpellatus opportuno loco non solverit. Vgl. namentlich Siber in der Zeitschr. der Sav.Stiftg., rom. Abt. Bd. 29 S. 47 ff. Zuvielforderung des Gläubigers hindert den Eintritt des Verzuges bezüglich des wirklich Geschuldeten nicht unbedingt, vielmehr nur dann, wenn der Gläubiger den Betrag der wirklichen Schuld nicht annehmen wollte, vgl. RG. Bd. 9 S. 141, Dernburg, Bürg. Recht Bd. 2 § 71 S. 153. Daß in der Klage auf die Leistung, sowie in Zustellung eines Zahlungsbefehls im Mahnverfahren eine Mahnung liegt, ist selbstverständlich. Daß sie in einer Feststellungsklage nicht liegt, versteht sich nicht minder von selbst.

6) l. 32 D. h. t., l. 49 § 3 D. de verb. obl. 45, 1. Eine vor der Fälligkeit der Schuld eingehende Mahnung, laut deren der Schuldner nach der Fälligkeit zahlen soll, muß aber genügen. Windscheid Bd. 2 § 279 Anm. 4. Anders freilich BGB. § 284 Satz 1. In einer Kündigung ist eine Mahnung zur Zahlung nach Ablauf der Kündigungsfrist zu sehen.

Annahme der Zahlung befugt ist.[7] An seiner Stelle können sie Bevollmächtigte und gesetzliche Vertreter vornehmen, nicht aber unbeauftragte Geschäftsführer.[8] Die Aufforderung muß an den Schuldner[9] oder den zur Entgegennahme derartiger Erklärungen legitimierten Vertreter desselben erfolgen.[10]

Auch ohne Interpellation kommt der Schuldner in Verzug:

a) wenn seine Schuld dadurch entstanden ist, daß er sich fremden Gutes diebisch oder sonst dolos bemächtigte,[11]

b) wenn er sich der Interpellation entzieht;[12] dies ist der Fall, wenn er weder in seinem Wohnsitze beziehungsweise seiner Handelsniederlassung, noch am kontraktlich bestimmten Erfüllungsorte zu treffen ist, auch keinen Vertreter dort zurückgelassen hat, so daß alle Bemühungen des Gläubigers um Anstellung der Interpellation vergeblich sind,[13] [14]

7) Kniep a. a. O. Bd. 1 S. 166 nimmt an, daß Unmündige und andere Verpflichtungsunfähige, sofern sie Rechte erwerben können, zur Mahnung, nicht aber zur Zahlungsannahme berechtigt seien. Ein unmündiger Junge könne z. B. mahnen, daß ihm seine Jacke geliefert, sein Lesebuch zurückgegeben werde. Gewiß — aber er gilt auch zur Annahme dieser Dinge als von seinem Vorstande legitimiert. Dagegen müßte es zu verkehrten Resultaten führen, wenn er rechtsgültig mahnen dürfte, daß das vom Vormund gekaufte, für die Ökonomie nötige Pferd abgeliefert würde, was vielleicht zunächst noch gar nicht erwünscht ist. Die Mahnung ist ein Verwaltungsakt, welcher in der Regel nur dem Verwalter zusteht. Vgl. auch BGB. § 111 Satz 1: „Ein einseitiges Rechtsgeschäft, das der Minderjährige ohne die erforderliche Einwilligung des gesetzlichen Vertreters vornimmt, ist unwirksam."

8) Paulus libro 37 ad edictum l. 24 § 2 D. h. t. 22, 1 scheint das Gegenteil auszusprechen: Mora videtur creditori fieri, sive ipsi sive ei cui mandaverat sive ei qui negotia ejus gerebat mora facta sit. Doch man wird hier nur an den Gegensatz eines Spezialmandats zu genereller Bevollmächtigung denken dürfen. Denn es besteht bei der Mahnung durch jemanden, der sich ohne Auftrag in die Verwaltung gedrängt hat, keine Sicherheit dafür, daß der Gläubiger die Lösung des Schuldverhältnisses will. Man denke, es habe jemand bei seiner Abreise Geldsummen deponiert; ein Dritter drängt sich in die Verwaltung seiner Geschäfte ein. Wie soll der Depositar, den ein solcher negotiorum gestor während Abwesenheit des Deponenten zur Rückzahlung mahnt, in Verzug kommen, obgleich er dem Mahnenden nicht mit liberatorischem Effekte zahlen kann. BGB. § 180 hat die Frage im Sinne des Textes entschieden. Vgl. auch oben § 291 Anm. 6 und 7.

9) Der Schuldner muß handlungsfähig sein, l. 24 D. de verb. obl. 45, 1. Vgl. auch BGB. § 131 Abs. 1.

10) Unzweifelhaft und unbezweifelt ist, daß gesetzliche Vertreter, insbesondere Vormünder, statt des Vertretenen gemahnt werden können, l. 24 D. de verb. obl. 45, 1. Das gleiche gilt heutzutage bezüglich der Vertreter der juristischen Personen. Bestritten ist die Frage bezüglich der freiwilligen Vertretung. Vgl. Brinz Bd. 2 S. 294 Anm. 18. Die mora des Hauptschuldners versetzt den Bürgen zwar nicht in mora, schadet ihm aber in der Regel, da er für die Verbindlichkeiten des Hauptschuldners, wie sie sich gestalten, haftet, l. 91 § 4 D. de verb. obl. 45, 1, Brinz Bd. 2 S. 295 Anm. 22. Die mora des Bürgen schadet dem Hauptschuldner nicht. Vgl. übrigens Brinz S. 295 Anm. 24.

11) l. 8 § 1 D. de condict. furt. 13, 1: semper enim moram fur facere videtur, siehe ferner l. 1 § 35 D. de vi 43, 16. BGB. kennt diesen Grundsatz nicht.

12) l. 23 D. h. t. 22, 1. Ulpianus libro 34 ad edictum: Aliquando etiam in re moram esse decerni solet, si forte non exstat qui conveniatur.

13) Eine vor Gericht abgegebene Erklärung des Gläubigers, wie sie Mommsen a. a. O. S. 74 fordert, ist nicht nötig. Nur muß der Gläubiger den Willen, daß Zahlung geleistet werde, in bestimmter Weise zu erkennen geben. Es genügt daher unter anderem, daß man sich selbst oder daß ein Notar sich in die bisherige Wohnung des Schuldners begibt und daß dort eine Urkunde aufgenommen wird, welche den vergeblichen Versuch, Zahlung

c) wenn ein **bestimmter Zahlungstermin** vereinbart war und an diesem Tage nicht geleistet wird.

3. Die Verzögerung muß in einem **Verschulden** des Schuldners ihren Grund haben.[15] [16]

---

zu erlangen, konstatiert, vgl. Brinz Bd. 2 S. 297 Anm. 28; ferner jetzt auch Windscheid Bd. 2 § 278 Anm. 12. Bettmann, die Mahnung, Erlanger Jnaug.Diss. 1896.

14) Dies hat die gemeinrechtliche Praxis angenommen. Sie hielt sich an den Spruch: „dies interpellat pro homine". Gleichwohl handelt es sich hier um eine der berühmtesten Streitfragen des gemeinen Rechts. Schon die Glosse „committitur" zu l. 9 D. h. t. 22, 1 lehrte, daß „interpellari videtur ab ipsa die constituta", und dies wurde gemeine Meinung, die auch in Deutschland unumschränkte Anerkennung und Anwendung fand, bis sie Savigny in seinen Vorlesungen und später Neustetel im Archiv für ziv. Praxis Bd. 5 n. 8 bestritt. Seitdem sind die Ansichten geteilt; vgl. die bei Windscheid § 278 Anm. 4 zitierten Schriftsteller. Daß den Römern der Satz „dies interpellat" unbekannt war, ergibt folgendes: a) Die Regel, daß die mora infolge einer Interpellation — non ex re, sed ex persona — entstehe, wird als eine ganz allgemeine ausgesprochen l. 32 pr. D. h. t. 22, 1. Dies hätte einer Einschränkung bedurft, wenn sie für alle Schulden mit bestimmten Zahlungsterminen — also einen sehr häufigen Fall — nicht gegolten hätte. b) Die Juristen erwähnen das Vorkommen besonderer Ausnahmen an verschiedenen Stellen. Die mora solle „aliquando" ex re entstehen, namentlich wenn der Schuldner nicht zu finden sei. Mußte der Fall der Hinzufügung eines Zahlungstermins nicht näher liegen? Wie sollte sich erklären, daß ein so einflußreicher, so praktisch wichtiger Satz nirgends mit ausdrücklichen Worten hervorgehoben wurde, wenn er bestand. In diesem Falle liefert das Schweigen doch wohl vollen Beweis. c) In l. 17 § 4 D. h. t. 22, 1 entscheidet Paulus libro singulari de usuris: Ex locato qui convenitur, nisi convenerit ut tardius pecuniae illatae usuras deberet, non nisi ex mora usuras praestare debet. Für den Mietzins wird die Zahlungszeit gewiß **oft** vereinbart, dennoch entscheidet man hier **allgemein**, daß Zinsen in Fällen verspäteter Zahlung der Miete nicht ohne weiteres, sondern erst vom Verzuge an laufen, daß es also noch besonderer Veranstaltung zur Herbeiführung eines Verzuges bedarf. — Die Stellen, auf die sich die Gegner berufen, können das Resultat nicht erschüttern. Man führt hauptsächlich zwei an: a) In der l. 10 C. de act. empt. vend. 4, 49 reskribieren Diokletian und Maximian: Cum venditorem carnis fide conventionis rupta tempore placito hanc non exhibuisse proponas, empti actione eum quanti interest tua tunc tibi praestitam fuisse apud praesidem provinciae convenire potes. — Bei Lieferungsgeschäften über Fleisch mit bestimmter Lieferungszeit ist die rechtzeitige Leistung in der Regel Vertragsbedingung, verspätetes Angebot daher kein kontraktgemäßes. Um deswillen ist das Interesse an rechtzeitiger Lieferung zu ersetzen, ohne daß es auf die Frage des Verzuges im technischen Sinne ankommt. Das heißt nicht, wie Windscheid a. a. O. meint, etwas in die Stelle hineintragen, sondern nur das, was in ihr liegt, entwickeln. b) In l. 114 D. de verb. obl. 45, 1 äußert Ulpianus libro 17 ad Sabinum: Si fundum certo die praestari stipuler et per promissorem steterit, quo minus ea die praestetur, consecuturum me, quanti mea intersit moram facti non esse. Die Frage, welche hier zur Erörterung stand, war diejenige nach den **Wirkungen** der mora, ob nämlich bei der condictio eines fundus das Zögerungsinteresse in Betracht komme, oder etwa nur der Wert des Grundstücks im Augenblicke der Litiskontestation; vgl. l. 3 und l. 4 D. de condictione triticaria 13, 3. Welches die **Bedingungen** des Verzuges waren, ist aus dieser Stelle nicht zu entnehmen, da die Worte „si per promissorem steterit" die verschiedensten Lösungen offen halten. — Indessen ist in dieser Lehre nicht das reine römische Recht rezipiert, vielmehr hat die Praxis den Grundsatz „dies interpellat" übernommen und festgehalten. Vgl. namentlich Mommsen a. a. O. S. 84 ff. Eine andere Frage ist, ob der römische Satz nicht humaner und zweckmäßiger war als der gewohnheitsrechtlich gebildete, ob er nicht insbesondere für das heutige Recht vorzuziehen wäre. Ein eingeschriebener Brief würde dem Gläubiger den Beweis der Mahnung sichern. Wäre seine Absendung eine so lästige Sache? BGB. § 284 Abs. 2 bestimmt gleichwohl: „Ist für die Leistung eine Zeit nach dem Kalender bestimmt, so kommt der Schuldner ohne Mahnung in Verzug, wenn er nicht zu der bestimmten Zeit leistet." Vgl. Dernburg, Bürg. Recht Bd. 2 § 71 S. 155.

15) Ob die mora debitoris eine culpa fordere, ist Streitfrage. Zu den Gegnern

Es besteht also ein Unterschied zwischen dem böswilligen Schuldner und dem redlichen, ähnlich wie auf dem Gebiete des Sachenrechts zwischen dem unredlichen und redlichen Besitzer. Doch soll dies nicht ein Deckmantel heuchlerischer Chikane und eine Schädigung des Kredites werden. Wer nicht rechtzeitig erfüllt, wozu er verpflichtet ist, den trifft schon um deswillen ein Verschulden.[17]

Der Schuldner muß also seinerseits Entschuldigungsgründe vorbringen, um die Annahme einer Verschuldung abzuwehren.

Dieselben können in äußeren Hindernissen liegen, welche sich der Zahlung entgegenstellen, z. B. Wassersnot oder Krieg und Revolution, welche die Kommunikation unterbrechen.[18]

Auch Unkenntnis der Forderung gilt als Entschuldigungsgrund. Doch wird es damit nicht leicht genommen. Der Schuldner hat sich über Existenz und Betrag einer ihm gegenüber geltend gemachten Obligation möglichst zu vergewissern.[19] Nur wenn trotzdem die Überzeugung von der Nichtschuld begründet erscheint, ist er gerechtfertigt.

Mangel an Zahlungsmitteln gilt nie als Entschuldigung der Nichterfüllung.[20]

§ 298. Folgen des Verzuges des Schuldners.

Der säumige Schuldner hat dem Gläubiger das Interesse an der rechtzeitigen Leistung zu vergüten.[1] Doch das Recht begnügt sich

gehört Kniep a. a. O. Bd. 1 S. 326, siehe dort S. 406 die Literatur der Frage. Daß die Römer die mora auf culpa zurückführten, ergibt l. 91 § 3 D. de verb. obl. 45, 1. Von „inculpata mora" spricht daher l. 9 § 1 D. de usuris 22, 1. Es erklärt sich ferner das Vorkommen von Exkulpationsgründen der mora wissenschaftlich am besten daraus, daß die mora grundsätzlich Verschuldung erforderte. Mit Recht hebt aber Kniep a. a. O. hervor, daß die Schriftsteller, welche Verschulden auf ihre Fahne schreiben, keineswegs um deswillen einer und derselben Auffassung huldigen und ebensowenig ihre Gegner. So steht z. B. Windscheid Bd. 2 § 277, der wie wir die Verschuldung fordert, doch im praktischen Resultate auf einem ganz anderen Standpunkte, als er hier vertreten wird.

16) Auch BGB. § 285 besagt: Der Schuldner kommt nicht in Verzug, solange die Leistung infolge eines Umstandes unterbleibt, den er nicht zu vertreten hat.

17) Kläger hat daher zum Beweise der mora nur die Fälligkeit der Forderung und die Mahnung darzutun. Pauli sent. III 8 § 4 ... mora autem fieri videtur, cum postulanti non datur, vgl. Mommsen a. a. O. S. 23, Brinz S. 289. Namentlich ist aus l. 5 D. de rebus creditis 12, 1 keineswegs abzuleiten, daß Kläger behufs des Nachweises der mora darzutun habe, daß Beklagter seine Verpflichtung kannte. Ebensowenig gilt dies nach BGB.

18) l. 23 pr. D. h. t. 22, 1, vgl. l. 21 D. eod.

19) Die Vermutung spricht dafür, daß der Schuldner, welcher prozessiert statt zu zahlen, in Verzug ist.

20) Windscheid dagegen behauptet, „auch Zahlungsunfähigkeit, wenn sie durch unverschuldete Unglücksfälle herbeigeführt ist, muß als Entschuldigungsgrund gelten". Dies steht im Widerspruch mit l. 137 § 4 D. de verb. obl. 45, 1: et generaliter causa difficultatis ad incommodum promissoris, non ad impedimentum stipulatoris pertinet. Es ist jene Auffassung auch unvereinbar mit einem gesunden Kreditwesen. Auf eine Erörterung darüber, weshalb der Schuldner in den Zustand der Zahlungsunfähigkeit kam, braucht sich der Gläubiger nicht einzulassen. Vgl. Brinz Bd. 2 S. 291.

1) l. 36 § 2 D. de usu fructu 7, 1, l. 114 D. de verb. obl. 45, 1. Ebenso BGB. § 286 Abs. 1.

nicht mit einer so allgemeinen Regel. Bei der Schwierigkeit, das Interesse nachzuweisen, hätte sie dem Gläubiger keine ausreichende Gewähr für den vollen Ersatz dessen geboten, was ihm in Wahrheit entging. Man entwickelte vielmehr konkretere Sätze, welche dem Gläubiger den Beweis seines Interesses im einzelnen bis zu einem gewissem Grade ersparten.

1. Vom Verzuge an trägt der Schuldner die Gefahr des Unterganges sowie der Verschlechterung der geschuldeten Sache. Die altrömische Jurisprudenz hatte dies in der Form festgestellt, daß der Verzug die Obligation perpetuiere. Infolgedessen konnte der Gläubiger, welchem der Sklave Stichus geschuldet war, falls dieser nach dem Verzuge des Schuldners verstarb, immer noch klagen „Stichum dari oportere“. Auf Grund einer solchen Klage war ihm der Wert der toten Seele vom Richter zuzusprechen, wie wenn sie noch lebte. Die Jurisprudenz der Kaiserzeit rechtfertigte die Verurteilung dadurch, daß der Gläubiger das Schuldobjekt durch Verkauf bei rechtzeitiger Leistung verwerten und so den Schaden abwenden konnte.

Hiervon ausgehend gestattete man dem Schuldner den Gegenbeweis, daß der Zufall die Sache ungeachtet rechtzeitiger Leistung auch beim Gläubiger getroffen hätte. Zu diesem Beweise gehört aber, daß vom Gläubiger das Geleistete behalten und nicht verkauft worden wäre, und dieser Nachweis kann nur in seltenen Fällen gelingen.[2]

---

2) Seit den Glossatoren ist streitig, ob der Schuldner infolge der Perpetuation der Obligation unbedingt vom Augenblicke der mora die Gefahr trage, oder ob er frei werde, wenn der Untergang den Gläubiger auch dann getroffen hätte, falls die Leistung des Schuldgegenstandes rechtzeitig an ihn geschehen wäre. Vgl. über die Geschichte dieser Kontroverse Madai a. a. O. S. 289. Madai selbst vertritt die strengere Ansicht, während die heutigen Juristen überwiegend der milderen Auffassung huldigen. Ihr ist auch beizutreten. Nur ist, was meist nicht geschieht, die historische Entwicklung zu beachten; vgl. hierzu Pernice, Labeo Aufl. 2 Bd. 2 Abt. II, 1 S. 132 ff. Aufgestellt wurde der Satz der Perpetuation von den republikanischen Juristen als ein selbständiger und unbedingter. Er ist eine constitutio juris l. 91 § 3 D. de verb. obl. 45, 1. Paulus libro 17 ad Plautium: Sequitur videre de eo, quod veteres constituerunt, quotiens culpa intervenit debitoris, perpetuari obligationem, quemadmodum intellegendum sit. Vgl. l. 82 § 1 D. eod., l. 24 D. de usuris 22, 1. Seit der Kaiserzeit erregte jedoch diese Feststellung der alten Jurisprudenz Bedenken. Ulpianus libro 22 ad Sabinum — l. 47 § 6 D. de leg. I — berichtet über eine Äußerung von Labeo zu ihrer Rechtfertigung: Item si fundus chasmate perierit, Labeo ait utique aestimationem non deberi: quod ita verum est, si non post moram factam id evenerit: potuit enim eum acceptum legatarius vendere. Der Ausspruch von Labeo zündete. Was er zur Rechtfertigung des alten Satzes vorgebracht hatte, wurde nun als der leitende juristische Gedanke behandelt. Ulpianus libro 16 ad edictum l. 15 § 3 D. de rei vind. 6, 1 zieht hieraus Konsequenzen: Si servus petitus vel animal aliud demortuum sit sine dolo malo et culpa possessoris, pretium non esse praestandum plerique ajunt: sed est verius, si forte distracturus erat petitor si accepisset, moram passo debere praestari: nam si ei restituisset, distraxisset et pretium esset lucratus. Vgl. l. 14 § 1 D. depositi 16, 3. Die Modifikation der alten Regel durch Ulpian ist als das Maßgebende anzusehen. Sie entspricht der Billigkeit. Doch nicht der Gläubiger hat, wie einige meinen, zu beweisen, daß er bei rechtzeitiger Leistung veräußert hätte; dem Beklagten liegt der Beweis ob, daß der Gläubiger nicht veräußert hätte. Für die Beweispflicht des Gläubigers in betreff des Verkaufs ist u. a. Kniep a. a. O. Bd. 2 S. 45. Vgl. über die Frage Windscheid Bd. 2 § 280 Anm. 14 und dort Angef. Übrigens genügt der Schuldner seiner Beweispflicht, wenn er Umstände dartut, aus denen sich mit

2. Der Schuldner haftet ferner für die Preisminderung, welche die geschuldete Sache nach dem Verzug erfuhr.[3]

Auch dies folgerte man aus dem Gedanken, daß dem Gläubiger zu teil werden müsse, was er durch Verkauf des Schuldobjektes hätte erlangen können, wenn es rechtzeitig geliefert worden wäre.

Der etwaige höhere Wert der Zwischenzeit nach Eintritt des Verzugs und vor der wirklichen Leistung oder der Verurteilung gebührt dem Gläubiger nur, wenn er dartut, daß er bei rechtzeitiger Lieferung gerade jenen günstigen Moment benutzt hätte.

Nur der Dieb hat den höchsten Wert der Zwischenzeit schlechthin zu ersetzen. Er muß sich gefallen lassen, daß der Gläubiger ihm gegenüber auch entfernte Gewinnchancen geltend macht.[4]

3. Der Gläubiger hat vom Verzuge an Anspruch auf die Früchte und andere Erträgnisse der geschuldeten Sache, welche der Schuldner nach dem Verzug gewann oder hätte gewinnen sollen, wie auch auf etwaige Mehreinnahmen, die der Gläubiger bei rechtzeitiger Lieferung aus dem geschuldeten Gegenstande erzielen konnte. Insbesondere gebühren ihm Verzugszinsen — also in der Regel landesübliche Zinsen.[5] [6]

Ist der Gläubiger minderjährig, so sind ihm landesübliche Zinsen schon von der Fälligkeit seiner Forderung an zu zahlen.[7]

hoher Wahrscheinlichkeit ergibt, daß der Gläubiger nicht verkauft hätte. Gewißheit läßt sich bei derartigen hypothetischen Dingen nicht erbringen. Nach BGB. § 287 ist der Schuldner für die während des Verzuges durch Zufall eintretende Unmöglichkeit der Leistung verantwortlich, es sei denn, daß der Schaden auch bei rechtzeitiger Leistung eingetreten sein würde. Vgl. Dernburg, Bürg. Recht Bd. 2 § 72 S. 157.

3) l. 3 § 3 D. de act. empt. vend. 19, 1. Pomponius libro 9 ad Sabinum: Si per venditorem vini mora fuerit, quo minus traderet, condemnari eum oportet, utro tempore pluris vinum fuit, vel quo venit vel quo lis in condemnationem deducitur . . . Freilich muß bei dieser Stelle unterstellt werden, daß der Verkäufer sofort nach dem Verkaufe in Verzug geriet, indem ihn der Handel reute.

4) l. 8 § 1 D. de condictione furtiva 13, 1. Ulpianus libro 27 ad edictum: Si ex causa furtiva res condicatur, cujus temporis aestimatio fiat, quaeritur. placet tamen id tempus spectandum, quo res unquam plurimi fuit, maxime cum deteriorem rem factam fur dando non liberatur: semper enim moram fur facere videtur. Mit Unrecht leiten manche aus dieser Stelle eine allgemeine Regel des Verzuges her, siehe Windscheid Bd. 2 § 280 Anm. 19.

5) l. 39 § 1 D. de leg. I, Pauli sent. II, 12 § 7, l. 17 § 1 D. de rei vind. 6, 1, Petrażycki, Einkommen Bd. 2 §§ 7, 15. Während die Perpetuation und die sich hieraus ergebenden Rechtssätze den stricti juris judicia und einer constitutio der Juristen die Entstehung danken, haben sich die Ansprüche wegen der Verzugszinsen und der Früchte bei den bonae fidei judicia entwickelt: l. 32 § 3 D. h. t. 22, 1, l. 24 D. depositi 16, 3. Wie dies dann auf Vermächtnisse ausgedehnt wurde, ergibt Gaj. Inst. II § 280, Pauli sent III 8 § 4, l. 24 D. de usufructu legato 33, 2, l. 34 D. h. t. 22, 1. Der Reichsdeputations-Abschied von 1600 § 139 erkannte Verzugszinsen den Kreditoren ohne zu unterscheiden allgemein zu.

6) Die Ausnahmen siehe oben § 286 Anm. 11. BGB. § 288 Abs. 1 bestimmt: „Eine Geldschuld ist während des Verzugs mit vier vom Hundert für das Jahr zu verzinsen. Kann der Gläubiger aus einem anderen Rechtsgrunde höhere Zinsen verlangen, so sind diese fortzuentrichten."

7) Vgl. oben § 286. Es ist bestritten, ob die Schuldner Minderjähriger nur verpflichtet sind, von dem Zeitpunkt der Fälligkeit ihrer Schuld Zinsen zu zahlen, oder ob Verzug mit allen seinen Folgen während der Dauer der Minderjährigkeit besteht.

4. Ist die Geltendmachung einer Forderung durch Endtermin beschränkt, so fällt diese Beschränkung fort, wenn der Schuldner vor dessen Eintritt in Verzug kommt.[8]

Unbenommen ist dem Gläubiger der Nachweis und die Geltendmachung eines höheren Interesses an rechtzeitiger Erfüllung, als ihm die dargestellten Rechtssätze zugestehen. Insbesondere kann er zu diesem Zwecke nachweisen, daß ihm die rechtzeitige Berichtigung einer Geldschuld höheren Zinsgewinn gebracht oder größeren Verlust abgewendet hätte, als die landesüblichen Zinsen gutmachen.[9][10]

§ 299. Beendigung des Verzuges.

Der Verzug des Schuldners hört auf, — mora purgatur:[1]

1. Durch ein vollständiges Zahlungsangebot zu passender Zeit und an passendem Orte.

Die Verordnung Severs, auf die der Rechtssatz zurückgeht, sprach nur von einer Verpflichtung zur Zahlung von Zinsen, l. 87 § 1 D. de leg. II. Paulus libro 14 responsorum . . . quamvis enim constitutum sit, ut minoribus XXV annis usurae omnimodo praestentur, tamen non pro mora hoc habendum est, quam sufficit semel intervenisse, ut perpetuo debeantur. Ebenso l. 5 C. de act. empt. vend. 4, 49. Allerdings bezeichnete man dies als Folge einer mora im objektiven Sinne, l. 26 D. de fideicommissariis lib. 40, 5, l 3 C. in quibus causis 2, 40. Man mochte auch wohl hie und da versuchen, den Ausspruch zu Analogien zu verwerten. Hierauf ist aber gegenüber der Zurückweisung einer wahren mora in den oben angeführten Stellen Gewicht nicht zu legen. Erhielte doch sonst die an sich wohl zu rechtfertigende Verordnung Severs einen unbilligen Charakter. Hieran kann uns auch die l. 3 § 2 D. de adim. leg. 34, 4, die Windscheid zur Gegenansicht bestimmt, nicht irre machen. Es handelt sich hier um die Rektifikation einer zweideutigen Disposition des Erblassers nach dessen vermutlichem Willen. Vgl. Brinz Bd. 2 S. 298 Anm. 39, Seuffert, Archiv Bd. 47 n. 13 (OLG. Oldenburg). BGB. kennt dieses Vorrecht der Minderjährigen nicht.

8) l. 3 § 1 und 2 D. de adim. leg. 34, 4; Windscheid Bd. 2 § 280 Anm. 21.

9) So ausdrücklich Reichs-Dep.-Absch. von 1600 § 139. BGB. § 288 Abs. 2: Die Geltendmachung eines weiteren Schadens ist nicht ausgeschlossen.

10) Der Verzug des Mitkontrahenten gab nach gemeinem Recht dem anderen Teile kein Rücktrittsrecht, sofern dasselbe nicht bedungen war, aus der Natur des Geschäftes folgte oder nach der besonderen Sachlage durch Billigkeit gerechtfertigt erschien. Vgl. Gustav Lehmann, die Ausweitung der debitorischen Verzugsfolge 1891, Seuffert, Archiv Bd. 47 n. 101 (OLG. Kassel). Bezüglich der arra oben § 268. Anders das BGB. Hiernach darf der Gläubiger, falls die Leistung infolge des Verzuges für ihn kein Interesse hat, unter Ablehnung der Leistung Schadensersatz wegen Nichterfüllung verlangen. Bei einem gegenseitigen Vertrage aber kann der nicht säumige Teil dem anderen zur Bewirkung der Leistung eine angemessene Frist mit der Erklärung bestimmen, daß er die Annahme der Leistung nach dem Ablaufe der Frist ablehne. Nach dem Ablaufe der Frist ist er berechtigt, Schadensersatz wegen Nichterfüllung zu verlangen oder vom Vertrage zurückzutreten; der Anspruch auf Erfüllung ist ausgeschlossen. Hat die Erfüllung infolge des Verzuges für den Nichtsäumigen kein Interesse, so bedarf es der vorherigen Fristbestimmung nicht. BGB. §§ 286 Abs. 2, 326, ferner § 361, oben § 292 Anm. 4. Vgl. Dernburg, Bürg. Recht Bd. 2 § 72 S. 160; §§ 97, 98 S. 211.

1) Die älteren römischen Juristen nahmen an, daß die einmal durch mora eingetretene Perpetuation der Schuld nicht durch späteres Angebot der Leistung endige, sondern nur durch wirkliche Erfüllung oder Kondemnation des Schuldners. Dagegen erklärte sich Celsus l. 91 § 3 D. de verb. obl. 45, 1 . . . Celsus adulescens scribit eum, qui moram fecit in solvendo Sticho quem promiserat, posse emendare eam moram postea offerendo: esse enim hanc quaestionem de bono et aequo: in quo

Es macht keinen Unterschied, ob der Schuldner selbst oder ob ein Dritter Zahlung anbietet.[2]

Nur dasjenige Angebot reicht aus, welches die volle Schuld umfaßt, wie sie sich *infolge des Verzuges* gestaltet hat. In der Regel bedarf es eines *realen* Angebotes. Keinenfalls genügen bloße Worte des bisher säumigen Schuldners. Seine Erfüllungsbereitschaft muß sich vielmehr in Tatsachen aussprechen, aus denen sich die ernste Absicht ergibt, der Schuld unmittelbar zu genügen.

2. *Einwilligung des Gläubigers in das Stehenbleiben der Schuld* beendet ferner regelmäßig den Verzug. Sie geschieht z. B. durch einen Vertrag über Stundung, nicht minder durch eine bedingte Novation,[3] auch durch Annahme eines künftig fälligen Wechsels oder auch einer Sicherstellung.[4] [5]

---

genere plerumque sub auctoritate juris scientiae perniciose, inquit, erratur. Dem stimmte Julian und die spätere Jurisprudenz bei.

2) l. 72 § 2 D. de solutionibus 46, 3.

3) l. 54 D. de pactis 2, 14. — In einer bedingten Novation liegt Beendigung der mora auch für den Fall, daß die neue Obligation nicht zustande kommt. So entscheidet Marcellus libro 20 digestorum l. 72 § 1 D. de solutionibus 46, 3 „debitorem, cum stipulanti creditori sub conditione promisit, non videri in solutione hominis cessasse“; vgl. l. 14 pr. D. de novationibus 46, 2. Anderer Ansicht war freilich Venuleius — l. 31 pr. D. de novationibus 46, 2. Er ging noch von dem älteren Prinzipe — siehe Anm. 1 — aus, daß die einmal eingetretene Perpetuation nur durch Erfüllung beseitigt werde. Hierin liegt also eine historische Reminiszenz. Die Ansichten sind jedoch sehr geteilt. Vgl. namentlich Kniep, Einfluß der bedingten Novation auf die ursprüngliche obligatio 1860 S. 49 und Römer, die bedingte Novation 1863 S. 142.

4) Nicht zu billigen ist die Behauptung, daß der Verzug, welcher gegen den Abwesenden ohne Mahnung eintrat, mit dessen Rückkehr erlösche. Dies behauptet unter anderen Windscheid Bd. 2 § 281 Anm. 6, indem er sich darauf stützt, daß auch der Verzug, welcher zugunsten des minderjährigen Gläubigers eingetreten sei, durch dessen Großjährigkeit von selbst erlösche. Aber selbst wenn man in dem Falle der Minderjährigkeit des Gläubigers wahren Verzug annehmen wollte, was nicht richtig ist — vgl. oben § 298 Anm. 7 —, so liegen doch die Verhältnisse nicht gleich. Denn das Recht des minderjährigen Gläubigers ist ein besonderes Privileg; der Verzug, im Falle der Schuldner nicht zu finden ist, ergibt sich aus dem Wesen der Sache. Wie kann der Gläubiger veranlaßt werden, sich stets auf dem Laufenden über Anwesenheit oder Abwesenheit des Schuldners zu halten!

5) Bedenklich ist der häufig — z. B. von Windscheid Bd. 2 § 281 Anm. 8 — gelehrte Satz: „durch das Aufhören des Forderungsrechtes wird nicht bloß bewirkt, daß der Schuldner nicht mehr in Verzug ist, sondern er wird dadurch auch von derjenigen Steigerung seiner Verbindlichkeit befreit, welche der Verzug bereits erzeugt hat“. Dies kann unmöglich den Sinn haben: ist die Forderung, wie sie sich zur Zeit der Tilgung gestaltet hat, getilgt, so sind auch die Verzugsfolgen erledigt; denn dies wäre eine Tautologie. Gemeint ist vielmehr folgendes: wenn das ursprüngliche Schuldobjekt, z. B. das zu liefernde Quantum Getreide, nachdem der Schuldner in Verzug geriet, nachträglich geliefert und angenommen ist, so kann der Gläubiger die Ansprüche wegen Verzuges, z. B. auf die Preisdifferenz, die er infolge des Sinkens des Getreidepreises vom säumigen Schuldner zu beanspruchen hatte, nicht mehr geltend machen. Dies ist aber unbegründet. Unrichtig ist es, einen *Vorbehalt* des Gläubigers zu fordern, damit sich der Anspruch wegen der Verzugsfolgen erhalte; noch unrichtiger freilich ist die Behauptung Mommsens a. a. O., daß der Vorbehalt nur eine naturalis obligatio übrig lasse. Die Schuld, wie sie im Augenblicke der Zahlung bestand, ist vielmehr in solchem Falle nur *teilweise* getilgt, nichts hindert daher, sie geltend zu machen, soweit sie noch nicht abgetragen ist. Anders stünde es nur, wenn der Gläubiger jenen Anspruch bei der Annahme der Zahlung ausdrücklich oder stillschweigend *aufgab*.

Der Verzug hört in solchen Fällen zwar auf, die Erweiterungen und Veränderungen, welche die Forderung durch ihn erfuhr, bleiben aber unberührt. Natürlich kann der Gläubiger auch auf alle Ansprüche, die ihm durch den Verzug erwuchsen, verzichten.[6]

§ 300. Verzug des Gläubigers.[1]

Nichtannahme einer gehörig angebotenen Leistung ohne Grund setzt den Gläubiger in Verzug. Diese mora creditoris oder accipiendi ist ein Gegenstück zum Verzuge des Schuldners.

Allerdings ist die Annahme der angebotenen Leistung an sich ein Recht und keine Pflicht des Gläubigers.[2] Nur dann kann er daher auf Annahme verklagt und verurteilt werden, wenn er sie nach Wort und Sinn des betreffenden Geschäftes als Schuld übernommen hat.[3] Gleichwohl darf er in keinem Falle den Schuldner hinhalten und hierdurch dessen Verbindlichkeit steigern. Entzieht er sich also der Mitwirkung zur Lösung des Schuldverhältnisses, so ist die Folge entsprechende Erleichterung in der Haftung des Schuldners.[4]

Vorausgesetzt wird zum Verzuge des Gläubigers:[5]

1. Vollständiges Angebot von der Schuldnerseite[6] an passendem Orte und zu passender Zeit.

---

6) Brinz Bd. 2 § 274 unterscheidet „Endigung der mora“ und „Aufhebung“, durch welche sie mit aller ihrer Wirksamkeit von Anfang an erlösche. Diese Aufhebung liege in der Verzeihung der mora, welche nicht bloß den Effekt der Verschuldung, sondern die Verschuldung selbst tilge. Solche „Tilgung“ halten wir für unmöglich. Der Verzug ist eine vollendete Tatsache; sie kann nicht ungeschehen gemacht werden.

1) Kohler, Annahme und Annahmeverzug in Iherings Jahrb. Bd. 17 n. 8; Schey, Begriff und Wesen der mora creditoris 1884; Schmidt-Scharff, mora acc. des Käufers, Frankfurt 1891; Hirsch, zur Revision der Lehre vom Gläubigerverzuge 1895; Rosenberg in Iherings Jahrb. Bd. 43 S. 141.

2) Dies betont Kohler a. a. O. insbesondere S. 267 ff., und wahrlich mit Grund. Hat doch selbst das ROHG. Bd. 11 S. 155 in Übereinstimmung mit den Vorinstanzen einen Fabrikherrn, welcher mit einem Unternehmer einen Vertrag über Umänderung seiner Kalköfen abgeschlossen hatte, verurteilt, dem letzteren „die nach dessen System noch nicht umgeänderten Öfen zum Umbau nach seinem Systeme zu übergeben“. Aber hierzu war der Geschäftsherr nicht verbunden, sondern nur zur Zahlung der bedungenen Vergütung für die ihm geschuldete Leistung, deren Annahme oder Nichtannahme in seinem Belieben stand, weil sie nur zu seinen Gunsten stipuliert war. So auch Seuffert, Archiv Bd. 46 n. 256 (OLG. Braunschweig).

3) Vgl. über die Verpflichtung des Käufers zur Abnahme unten § 354 Anm. 9.

4) Vgl. Ulrich, Deposition und Dereliktion S. 2, dagegen freilich Kohler a. a. O. S. 270. Siehe auch Schey a. a. O. S. 93.

5) Vgl. l. 72 pr. D. de solut. 46, 3. Marcellus libro 20 digestorum: Qui decem debet, si ea optulerit creditori et ille sine justa causa ea accipere recusavit, deinde debitor ea sine sua culpa perdiderit, doli mali exceptione potest se tueri, quamquam aliquando interpellatus non solverit: etenim non est aequum teneri pecunia amissa, quia non teneretur, si creditor accipere voluisset. quare pro soluto id, in quo creditor accipiendo moram fecit, oportet esse.

6) Gerät der Gläubiger in Verzug, wenn ein Dritter, ohne vom Schuldner bevollmächtigt zu sein, die Zahlung anbietet? Nach gemeinem Recht war dies zweifelhaft. Nach BGB. § 267 Abs. 2 kann der Gläubiger die Leistung des Dritten nur ablehnen, wenn der Schuldner widerspricht. In anderen Fällen kommt er also in Verzug.

Selbst das Angebot der Zahlung vor der Fälligkeit darf nicht zurückgewiesen werden, wenn die Erfüllungszeit, was im Zweifel anzunehmen ist, nur im Interesse des Schuldners aufgeschoben wurde. [7]

In der Regel bedarf es eines tatsächlichen Angebotes — Realoblation —, wenn der Gläubiger in Verzug kommen soll. Die bloße Erklärung des Schuldners, erfüllen zu wollen, genügt aber, wenn ihm der Gläubiger kontraktgemäß noch nähere Bestimmungen über die Ausführung der Leistung zu geben hat und dies unterläßt. Dasselbe gilt, wenn sich der Gläubiger am Erfüllungsorte nicht einfindet und auch eine Zusendung des Schuldobjektes an ihn auf seine Gefahr und Kosten nicht ausführbar oder bei Geschäften der entsprechenden Art nicht üblich ist; endlich auch dann, wenn der Gläubiger im voraus bestimmt erklärt hat, daß er die Leistung nicht annehmen oder daß er eine ihm gleichzeitig obliegende Gegenleistung nicht erfüllen werde. [8]

2. Der Verzug des Gläubigers besteht vorzugsweise in der Zurückweisung der angebotenen Leistung, nicht minder aber in dem Unterlassen der ihm nach dem Kontrakte obliegenden Schritte, welche der Ausführung des Geschäftes vorhergehen müssen, falls von seiten des Schuldners eine entsprechende Aufforderung ergangen ist. [9]

3. Die Verzögerung muß verschuldet sein. [10] Das Verschulden ist aber nicht besonders nachzuweisen. Es ist im Falle der Zurückweisung der angebotenen Leistung anzunehmen. Der Gläubiger hat daher, um den

---

7) Eine zweckmäßige Modifikation trifft BGB. § 299; vgl. Dernburg, Bürg. Recht Bd. 2 § 75 S. 166.

8) ROHG. Bd. 10 S. 238, Bd. 13 S. 59; RG. Bd. 1 S. 311: Windscheid Bd. 2 § 345 Anm. 5. BGB. § 294 verlangt, daß dem Gläubiger die Leistung tatsächlich angeboten werde, begnügt sich aber in den Fällen des § 295 mit wörtlichem Angebot. Vgl. § 296, der den Satz: dies interpellat pro homine auch hier verwertet.

9) Vgl. l. 4 C. de usuris pupillaribus 5, 56. Neuerdings wurde die Frage besonders bezüglich des im Eisenhandel häufigen Geschäftes erwogen, bei welchem eine Quantität Eisen nach einem sog. Grundpreise mit der Bestimmung verkauft wird, daß der Käufer die Formen und Dimensionen der zu liefernden Ware nach einer vorliegenden Überpreisskala zu spezifizieren habe. Der Käufer, welcher trotz der Aufforderung des Verkäufers die Spezifikation nicht vornimmt, kommt in Verzug; RG. Bd. 10 S. 95, siehe dort die Entscheidungen des ROHG. und die Literatur, Oertmann im Archiv für ziv. Praxis Bd. 85 n. 10. Nunmehr hat HGB. § 375 das wichtige Geschäft geregelt. Vgl. Dernburg, Bürg. Recht Bd. 2 § 45 S. 102.

10) Verschuldung fordert unter anderen Windscheid Bd. 2 § 345 Anm. 8; gegen sie erklären sich Kohler a. a. O. S. 409, Brinz Bd. 2 S. 308, Hirsch a. a. O. S. 215. Wer aber den Verzug des Schuldners von dessen Verschuldung abhängig macht, wird diese auch zum Verzuge des Gläubigers verlangen müssen. Denn beide Institute laufen parallel. Siehe Schey a. a. O. S. 80, vgl. S. 105, l. 37 D. mandati 17, 1. Africanus libro 8 quaestionum . . . nisi forte aut per promissorem steterit, quo minus sua die solveret, aut per creditorem, quo minus acciperet: etenim neutri eorum frustratio sua prodesse debet. — Bedeutet „frustratio“ bei der mora debitoris schuldhafte Verzögerung, so kann dies Wort bezüglich der mora creditoris nicht wohl einen anderen Sinn haben. Auch die oben Anm. 5 abgedruckte l. 72 pr. D. de solut 46, 3 fällt in das Gewicht, wenn sie die Folgen des Verzuges an die Verweigerung der Zahlungsannahme „sine justa causa“ knüpft. Eine Verweigerung der Zahlungsannahme, bei der den Gläubiger kein Vorwurf trifft, ist offenbar eine gehörig begründete. Vgl. indessen neuerdings Kohler im Archiv für bürg. Recht Bd. 13 S. 149, Rosenberg a. a. O. S. 201.

Vorwurf des Verzuges zu beseitigen, seinerseits Gründe darzutun, welche ihn entschuldigen.[11]

Trotz des Verzuges des Gläubigers besteht die Verpflichtung des Schuldners fort, selbst die Zinsen laufen weiter,[12] aber seine Verbindlichkeit ist gelockert:

a) Der Schuldner haftet nur noch für dolus und culpa lata. Die Gefahr der angebotenen Sache geht auf den Gläubiger über. Das gilt auch für den Fall einer generischen Schuld, sofern das Angebotene abgesondert aufbewahrt wird.[13]

b) Der Schuldner kann sich des Schuldgegenstandes nach vorhergegangener Androhung entledigen. Nach altem Rechte konnte er die geschuldete Sache ohne weiteres wegwerfen oder sonst preisgeben, sich also durch Dereliktion befreien. Im ausgebildeten Rechte darf er dies nur, wenn ihm keine milderen Mittel, sich des Objekts zu entschlagen, zur Hand waren. Denn frivole Zerstörung von Gütern oder gar Chikane soll das Recht nicht dulden.[14]

Zu diesen Mitteln gehört die Deposition der geschuldeten Sache auf Gefahr und Kosten des Gläubigers bei einer Behörde[15] oder bei Privaten. Ferner steht ihm frei, den Schuldgegenstand auf Gefahr und Kosten des Gläubigers zu verkaufen, sog. Selbsthilfeverkauf.[16] Dann schuldet er statt desselben nur den eingenommenen Kaufpreis.

Der Schuldner hat Anspruch auf Ersatz der Auslagen und Schäden, die ihm durch den Verzug des Gläubigers erwuchsen. Er kann dies sowohl durch Zurückhaltung des Geschuldeten als auch durch Klage geltend machen.[17]

11) Nach BGB. ist Verschulden des Gläubigers nicht erforderlich.

12) Dies um deswillen, weil der Schuldner noch über das Kapital verfügt und es nutzen kann. Erst im Falle einer Deposition hört der Zinsenlauf auf, l. 28 § 1 D. de administ. tut. 26, 7, l. 9, l. 19 C. de usuris 4, 32; Seuffert, Archiv Bd. 46 n. 175 (OLG. Stuttg.). Verzugszinsen laufen freilich nicht weiter, da der Schuldner nicht mehr im Verzuge ist, sobald der Gläubiger in Verzug gerät. BGB. § 301 bestimmt: Von einer verzinslichen Geldschuld hat der Schuldner während des Verzugs des Gläubigers Zinsen nicht zu entrichten; vgl. auch § 302. Dernburg, Bürg. Recht Bd. 2 § 76 S. 167.

13) l. 5 D. de periculo et commodo 18, 6, l. 72 pr. D. de solut. 46, 3 oben Anm. 5, l. 84 § 3 D. de leg. I. Ebenso BGB. § 300.

14) l. 1 § 3 D. de periculo et commodo 18, 6. Ulpianus libro 28 ad Sabinum: Licet autem venditori vel effundere vinum, si diem ad metiendum praestituit nec intra diem admensum est: effundere autem non statim poterit, priusquam testando denuntiet emptori, ut aut tollat vinum aut sciat futurum, ut vinum effunderetur. si tamen, cum posset effundere, non effudit, laudandus est potius: ea propter mercedem quoque doliorum potest exigere, . . . commodius est autem conduci vasa nec reddi vinum, nisi quanti conduxerit ab emptore reddatur, aut vendere vinum bona fide. Noch bestimmter ergibt sich aus l. 8 D. de tritico 33, 6, daß das Wegschütten ein äußerstes, nur in Notfällen zulässiges Mittel ist. Vgl. auch Hirsch a. a. O. S. 18, anders Rosenberg a. a. O. S. 215. Nach § 303 BGB. ist der zur Herausgabe eines Grundstücks verpflichtete Schuldner berechtigt, nach dem Eintritte des Verzuges des Gläubigers und nach vorgängiger Androhung den Besitz aufzugeben.

15) Vgl. unten § 318, BGB. § 372 Satz 1.

16) Vgl. BGB. §§ 383 ff.

17) l. 8 D. de tritico 33, 6. l. 38 § 1 D. de act. empt. vend. 19, 1. Nach BGB. § 304 kann der Schuldner Ersatz der Mehraufwendungen verlangen, die er für das er-

Der Verzug des Gläubigers endigt durch die Erklärung, das Schuldobjekt annehmen zu wollen. Diese Erklärung hat aber nur in dem Fall Bedeutung, daß der Gläubiger sich gleichzeitig zu der ihm obliegenden Gegenleistung und zum Ersatz des dem anderen Teil durch den Verzug erwachsenen Schadens erbietet.[18] Der Verzug endet auch durch Vereinbarung über das weitere Stehenbleiben der Schuld.

III. Schadensersatz.

§ 301. Der Schaden und sein Ersatz im allgemeinen.[1]

Nachteile, welche uns treffen, bezeichnet man als Schaden — damnum —, wenn sie nach dem gewöhnlichen Laufe der Dinge entweder überhaupt nicht oder wenigstens noch nicht zu erwarten waren. Sie können sich auf unser Vermögen,[2] aber auch auf andere Güter beziehen.

Damit der Beschädigte den Schaden von sich abwälzen und dessen Ausgleichung von Dritten verlangen kann, bedarf es besonderer Gründe. Fehlen solche, so gilt der Satz „casus a nullo praestantur".[3] Diese Gründe sind aber zahlreich und mannigfaltig. Man kann den Schadensersatz durch Vereinbarung übernommen haben, wie dies bei dem Abschlusse von Versicherungsverträgen geschieht. Die Schadensersatzpflicht kann ferner unmittelbar durch Gesetz an gewisse Tatbestände geknüpft sein; dahin gehört die Pflicht zur Entschädigung wegen Expropriation von Privateigentum im öffentlichen Nutzen.

Insbesondere aber ist zum Schadensersatze verpflichtet, wer uns durch Handlungen oder Unterlassungen beschädigt hat und zwar schuldhafterweise.[4] Solche Beschädigung kann in der Nichterfüllung, der mangelhaften oder verzögerten Erfüllung von Kontrakten liegen. Sie kann auch außerkontraktlich sein.

---

folglose Angebot sowie für die Aufbewahrung und Erhaltung des geschuldeten Gegenstandes machen mußte. Vgl. Dernburg, Bürg. Recht Bd. 2 § 77 S. 168.

18) l. 18 D. de periculo et commodo 18, 6.

1) Fr. Mommsen, Beiträge zum Obligationenrecht: Bd. 2 zur Lehre vom Interesse 1855; Nußbaumer, über das Maß des Schadensersatzes 1855; Cohnfeldt — später Ryck —, die Lehre vom Interesse 1865. Gimmerthal, die Lehre vom Interesse in ihren Grundzügen rekonstruiert 1876; darüber Kohler in der Zeitschr. für franz. Zivilrecht. Bd. 8 S. 269 ff.

2) Auf Vermögensschaden beschränkt den Ausdruck l. 3 D. de damno infecto 39, 2. Paulus libro 47 ad edictum: Damnum et damnatio ab ademptione et quasi deminutione patrimonii dicta sunt.

3) l. 23 in fine D. de R. J. 50, 17. Wächter im Archiv für ziv. Praxis Bd. 15 S. 117. Aber die Regel, welche ältere häufig aufstellten: „casum sentit dominus", vgl. Wächter a. a. O. Ihre Unhaltbarkeit wird derzeit nicht leicht bestritten.

4) Das entwickelte römische Recht knüpfte die Schadensersatzpflicht vorzugsweise an die Verschuldung; vgl. Ihering, das Schuldmoment im röm. Privatr. 1867. Der deutschrechtlichen, keineswegs aus dem Volksbewußtsein verdrängten Auffassung entspricht es aber, daß, wer einen Schaden, wenn auch schuldlos veranlaßt hat, zu einer Schadensausgleichung verpflichtet ist. So namentlich, wenn sich der Schaden an ein über das Durchschnittliche hinausgehendes Unternehmen knüpft. Selbst die Vermögenslage des Schädigers wird billig in Betracht gezogen. Über diese allerdings dem römischen Recht

Es ergibt sich hieraus, daß die Schadensersatzpflicht bald eine primäre ist, z. B. bei außerkontraktlichen Schadenszufügungen oder bei Versicherungsverträgen, bald eine bloß eventuelle, wenn sie nämlich aus der Verletzung einer Vertragspflicht entspringt und für die vertraglich bedungene Leistung Ersatz gewährt. Im letzten Fall nimmt sie entweder die Stelle der kontraktlichen Leistung schlechthin ein, repräsentiert also das Hauptinteresse des Beschädigten, oder sie tritt neben die Hauptleistung, weil diese wegen Unvollkommenheit oder Verzögerung dem Vertrage nicht genau entspricht — accessorisches Interesse.

Die Vergütung eines Vermögensschadens geschieht in verschiedener Weise, bald mehr bald weniger vollständig.

Am durchgreifendsten erfolgt sie durch Herstellung des Zustandes, wie er ohne die Schadenszufügung vorläge.[5] Dieser Ausweg ist aber nicht immer möglich und kann nicht immer gefordert werden. Dann muß es zum Geldersatze kommen.[6]

Hierbei ist entweder ein bloß objektiver oder ein subjektiver Maßstab zur Anwendung zu bringen.

1. Der Ersatz beschränkt sich in einigen Fällen auf die Vergütung des objktiven Wertes eines entzogenen Gutes. Dies ist der Sachwert — vera rei aestimatio —, d. h. der Wert, welchen jene Sache auf dem Markte hat.[7] [8]

2. Meist hat der Beschädigte das Recht, hierüber hinauszugehen. Er nimmt in Anspruch nicht bloß was die Sache für jedermann wert war, sondern den Wert, welchen sie für ihn hatte.

Dies ist das Interesse, d. h. der Wert eines Gutes für eine bestimmte Person; der Unterschied zwischen dem Haben und dem Nichthaben für sein Vermögen.

Hierbei kommen aber bloß subjektive Meinungen und Schätzungen nicht

---

fremden Gesichtspunkte vgl. Steinbach, Ersatz von Vermögensschäden, Wien 1888, BGB. §§ 829, 833, 835. Vgl. Dernburg, Bürg. Recht Bd. 2 § 25 S. 60.

5) Windscheid Bd. 2 § 257 Anm. 6, siehe auch l. 9 pr. D. locati 19, 2. RG Bd. 17 S. 112. Dies ist auch das Prinzip des BGB., vgl. §§ 249, 250.

6) BGB. § 251. Der Schuldner, welcher wegen Nichtherausgabe einer dem Gläubiger gehörenden Sache z. B. einer verliehenen oder vermieteten, die er verlor, Geldentschädigung leisten mußte, kann, wenn die Sache später zum Vorschein kommt, Abtretung der Sache beziehungsweise der Klage auf sie oder Rückgabe der Entschädigung fordern, l. 17 § 5 D. commodati 13, 6, l. 2 D. de cond. sine causa 12, 7.

7) Das „verum rei pretium" stellt in Gegensatz zu dem „quod interest" unter anderem l. 2 § 13 D. vi bonorum raptorum 47, 8. Die Worte der Formel „quanti ea res est" bedeuteten ursprünglich nur die vera rei aestimatio, vgl. l. 179 D. de V. S. 50, 16, l. 193 D. eod. Sie wurden indessen im Laufe der Zeit vielfach ausdehnend interpretiert, so daß sie nicht selten auch das Interesse in sich begriffen, l. 68 D. de rei vind. 6, 1, l. 3 § 11 D. uti possidetis 43, 17, l. 4 § 7 D. de damno infecto 39, 2, l. 8 § 2 D. ratam rem 46, 8. Vgl. Brinz Bd. 2 § 281.

8) Bloß der Sachwert ist unter anderem dem Legatar zu vergüten, wenn der Erblasser wissentlich eine ihm fremde Sache vermachte, und der Erbe sie nicht zu mäßigem Preise erwerben konnte, l. 14 § 2 D. de leg. III. Vgl. ferner HGB. §§ 430 Abs. 1, 611 Abs. 1.

in Betracht.[9] Diese sog. Affektionsinteressen beruhen auf unkontrolierbaren Empfindungen des Verletzten und sind rechtlich gleichgültig.[10]

Auch für Schaden, welcher das Vermögen nicht betrifft, kann Ersatz zu leisten sein. Es handelt sich hierbei freilich nicht um eine ökonomische Wiederherstellung, sondern um eine moralische Ausgleichung — eine Satisfaktion.[11]

§ 302. Umfang der Interessevergütung.

Der Grund, welcher zur Leistung des Interesses verpflichtet, bestimmt auch das Maß desselben.

Am umfassendsten ist die Verhaftung für Verschulden. Es ist jeder Schade zu ersetzen, welcher in dem Verschulden des Schädigers seine Ursache hat.

1. Der Begriff des Schadens ist hierbei in weitem Sinne zu nehmen.[1] [2] Er kann in einer Vermögenseinbuße d. h. in der Zerstörung oder Entziehung von Werten bestehen, welche bereits zum Vermögen des Verletzten gehörten — sog. damnum emergens.

Nicht minder kann er aus der Vereitelung von Gewinn folgen, welcher zu erzielen war, sog. lucrum cessans. Dies ist freilich eine mehr oder weniger problematische Größe. Gewißheit kann nicht gefordert werden, sie ist in der Regel nicht zu erreichen, aber auch bloße Gewinnträume sind nicht in Anschlag zu bringen. Denn das Recht rechnet nicht mit Phantasien.

Der Gläubiger kann vor allem denjenigen Gewinn beanspruchen, zu dessen Erlangung er besondere Veranstaltungen mit gegründeter Aussicht auf Erfolg gemacht hatte, die aber durch Beschädigung vereitelt wurden. Er hat z. B. die geschuldeten Waren bereits mit hohem Vorteil weiter verkauft.[3] Hiervon abgesehen, kann er fordern, was jeder nach dem ge-

---

9) l. 33 pr. D. ad legem Aquiliam 9, 2, l. 6 D. de operis servorum 7, 7, l. 63 pr. D. ad leg. Falc. 35, 2.

10) Über Geltendmachung fremden Interesses vgl. v. Tuhr, eigenes und fremdes Interesse bei Schadensersatz aus Verträgen in Grünhuts Zeitschr. Bd. 25 S. 529, Regelsberger in Iherings Jahrb. Bd. 41 S. 250, RG. Bd. 40 S. 189.

11) Vgl. Ihering in seinen Jahrb. Bd. 18 S. 59, Unger, zur Lehre vom Schadensersatz nach östr. Rechte in Grünhuts Zeitschr. Bd. 8 n. 4, Pfaff, ebendaselbst Bd. 8 n. 12 und dort zitierte Schriften. Siehe auch BGB. § 253: „Wegen eines Schadens, der nicht Vermögensschaden ist, kann Entschädigung in Geld nur in den durch das Gesez bestimmten Fällen gefordert werden." Vgl. namentlich § 847, siehe Dernburg, Bürg. Recht Bd. 2 § 33 S. 79.

1) l. 13 pr. D. ratam rem 46, 8 . . . competit, in quantum mea interfuit, id est quantum mihi abest quantumque lucrari potui. l. 33 D. locati 19, 2.

2) Nach l. 40 pr. D. de damno infecto 39, 2 hat, wer cautio damni infecti stellte, im Falle des Einsturzes seines Hauses doch nur mäßige Entschädigung zu leisten, auch wenn durch denselben kostbare „tectoria" und „picturae" des Nachbars zerstört wurden, „quia honestus modus servandus est, non immoderata cujusque luxuria subsequenda". Häufig — vgl. z. B. Windscheid Bd. 2 § 258 Anm. 2 — sieht man in dieser Entscheidung ein allgemeines Prinzip und spricht dem Beschädigten den Ersatz für Nachteile allgemein ab, die ihren Grund „in übermäßigem Luxus" haben. Die Sentenz entspringt aber der stoischen Lehre von der Wertlosigkeit darstellender Künste und ihren schädlichen Einflüssen — vgl. oben S. 355 —; sie hat daher nicht die Bedeutung eines Rechtsprinzips.

3) Der Gläubiger kann nicht ohne weiteres den Gewinn fordern, welchen er nach

wöhnlichen Laufe der Dinge mit dem Geschuldeten hätte gewinnen können,[4] insbesondere landesübliche Zinsen einer Geldsumme oder sonstiger Umlaufsmittel, sowie ortsübliche Mietzinsen anderer Gegenstände; dies ohne Rücksicht darauf, ob er selbst verliehen oder vermietet hätte — sog. fingiertes Einkommen.[5]

2. Die Ersatzpflicht ist ferner bedingt durch den Kausalnexus zwischen der Verschuldung und dem Schaden. Dieser Zusammenhang muß nicht notwendig ein unmittelbarer sein — sog. unmittelbarer Schaden. Es genügt, daß die schuldhafte Handlung oder Unterlassung erst durch das Dazwischentreten anderer Ereignisse den fraglichen Schaden verursachte — sog. mittelbarer Schaden.[6] [7]

Dies kann jedoch nicht in das Grenzenlose gehen.[8] Erscheint nach der

---

der regelmäßigen Weise seines Geschäftsbetriebs mit dem Geschuldeten hätte erzielen können; eine Aktiengesellschaft z. B., welche 20% Dividende gewinnt, kann von ihren Schuldnern im Verzug nicht 20% beanspruchen. Dies schon um deswillen nicht, weil sie sich das bezügliche Geld gegen üblichen Zins anderweit beschaffen konnte. Paulus libro 33 ad edictum l. 21 § 3 D. de act. empt. vend. 19, 1: Cum per venditorem steterit, quo minus rem tradat, omnis utilitas emptoris in aestimationem venit, quae modo circa ipsam rem consistit: neque enim si potuit ex vino puta negotiari et lucrum facere, id aestimandum est, non magis quam si triticum emerit et ob eam rem, quod non sit traditum, familia ejus fame laboraverit: nam pretium tritici, non servorum fame necatorum consequitur. In gleichem Sinne führt Hermogenianus libro 2 juris epitomarum l. 20 D. de periculo et commodo 18, 6 aus: Venditori si emptor in pretio solvendo moram fecerit, usuras dumtaxat praestabit, non omne omnino, quod venditor mora non facta consequi potuit, veluti si negotiator fuit et pretio soluto ex mercibus plus quam ex usuris quaerere potuit. Allerdings entscheidet Ulpianus libro 27 ad edictum, l. 2 § 8 in fine D. de eo quod certo loco 13, 4, bezüglich der Abschätzung des Betrags einer am bestimmten dritten Orte zahlbaren Geldschuld: quid si merces solebat comparare: an et lucri ratio habeatur, non solius damni? puto et lucri habendam rationem. Es liegt hier eine besondere Veranstaltung vor, indem das Geld am dritten Ort zahlbar gemacht wurde. Anders unsere drei ersten Auflagen. Die Ansichten der neueren Schriftsteller gehen sehr auseinander. Vgl. die Zusammenstellung bei Arndts § 206 Anm. 4, neuerdings Haß in Jherings Jahrb. Bd. 37 S. 460.

4) Vgl. auch BGB. § 252: „Der zu ersetzende Schaden umfaßt auch den entgangenen Gewinn. Als entgangen gilt der Gewinn, welcher nach dem gewöhnlichen Laufe der Dinge oder nach den besonderen Umständen, insbesondere nach den getroffenen Anstalten und Vorkehrungen, mit Wahrscheinlichkeit erwartet werden konnte." Siehe Dernburg, Bürg. Recht Bd. 2 § 29 S. 70.

5) l. 19 pr. D. de usuris 22, 1: praeterea Gallus Aelius putat, si vestimenta aut scyphus petita sint, in fructu haec numeranda esse, quod locata ea re mercedis nomine capi potuerit. Petražycki, Einkommen Bd. 2 § 13.

6) Beispiele des Ersatzes indirekten Schadens finden sich in l. 6 § 4, l. 13 pr. § 2 D. de act. empt. vend. 19, 1, l. 19 § 1 D. locati 19, 2.

7) Es ist nicht erforderlich, daß es sich um Begebenheiten handelt, die notwendig infolge der schädigenden Tatsachen eintreten mußten. Auch voraussehbar müssen sie nicht gewesen sein. RG. Bd. 13 S. 65. Haftet doch zweifelsohne, wer in Verzug ist, für zufälligen Untergang des Schuldobjektes, auch wenn er durch Ereignisse, die außerhalb menschlicher Voraussicht liegen, entstand, z. B. durch Erdbeben bewirkt wurde. Anders Jhering, Schuldmoment S. 55. Die von ihm angeführte l. 43 D. de act. empt. vend. 19, 1 spricht aber nicht von einem Ereignisse, welches nicht vorauszusehen war, sondern von einer außerordentlich hohen Summe, an die man beim Kaufkontrakte nicht dachte, deren Einfordern also den Vertragsintentionen nicht entsprechen würde.

8) Über Kausalzusammenhang vgl. Bar, die Lehre vom Kausalzusammenhang 1871 und in Grünhuts Zeitschr. Bd. 4 S. 35, ferner die bei Windscheid Bd. 2 § 258 Anm. 15 Angeführten, Haß in Jherings Jahrb. Bd. 37 S. 327. Rümelin, die Verwendung der

Anschauung des Lebens die Verschuldung nicht mehr als die *Ursache*, sondern nur als entfernte *Veranlassung* der Beschädigung, so besteht eine Verhaftung für letztere nicht mehr. Es liegt aber nahe und ist gerechtfertigt, bei dolosem Handeln und grober Schuld die Verantwortlichkeit weiter auszudehnen als bei geringer Fahrlässigkeit.[9] [10]

3. Wenn der Beschädigte die *in seiner Hand liegenden*, durch die Umstände *offensichtlich* gebotenen *Vorkehrungen zur Abwendung des Schadens versäumt* oder ihn gar absichtlich *vergrößert*, so war dies *die Hauptursache* des Schadens. Er kann daher Dritte deswegen nicht zur Verantwortung ziehen.[11]

Kausalbegriffe im Archiv für ziv. Praxis Bd. 90 S. 171—344. Der Ersatz wegen Rechtswidrigkeit erstreckt sich *keineswegs*, wie manche annehmen, auf *jeden Schaden*, der *ohne sie nicht eingetreten wäre*. Wer wollte auch den Beschädiger eines Hauses für den Schaden verantwortlich machen, welchen die bei der Reparatur beschäftigten Arbeiter durch Diebstahl verursachten, oder denjenigen, welcher einen Menschen verwundete, wegen Krankheiten in Anspruch nehmen, die der behandelnde Arzt etwa in dessen Familie einschleppte. Vangerow Bd. 3 § 571 Anm. 3 S. 39, l. 52 pr. D. ad legem Aquiliam 9, 2. Die Schwierigkeit ist nur, die Grenze zu finden. Schwerlich kann dies durch ein abstraktes Prinzip geschehen. Es handelt sich um eine vernünftige Würdigung der Tatsachen im einzelnen Falle. Die Unterscheidung von „*Ursache*" und „*Veranlassung*" gewährt einen entsprechenden Ausdruck, eröffnet aber auch leicht Mißverständnissen Tür und Tor. So meinte ein Gutachten in der RG. Bd. 6 S. 1 entschiedenen Sache, daß der nach dem Fallen eines Arbeiters entstandene Leistenbruch desselben nicht durch den Fall „verursacht", sondern höchstens „veranlaßt" sei, wenn man annehme, daß die Disposition zu dem Bruche, d. h. eine Lücke in der Muskulatur der Bauchwand schon vorher da gewesen sei. Hätte sich der Gutachter die Frage richtig gestellt, nämlich, was ist die Ursache, daß der Schaden jetzt eingetreten ist? so hätte er sie wohl in dem Fallen des Arbeiters finden müssen. Vgl. auch RG. Bd. 29 S. 120.

9) Vgl. namentlich Hartmann im Archiv für ziv. Praxis Bd. 73 S. 359. Ein Beispiel gibt l. 13 § 14 D. de act. empt. vend. 19, 1. Vgl. hierzu Dernburg, Bürg. Recht Bd. 2 § 28 S. 69.

10) Nie kann Ersatz wegen einer Unbill gefordert werden, wenn sie nicht wirklich Schaden im Gefolge hatte. Selbst für den Fall gilt dies, daß sich ein Schaden nach dem gewöhnlichen Laufe der Dinge entwickeln mußte, daß es aber hierzu nicht kam, weil ein anderes Ereignis störend eingriff. Daher ist z. B. kein Anspruch gegen den Ehemann begründet, welcher die unentbehrlichen Reparaturen des ihm zur Dos gegebenen Hauses versäumt hat, falls das Haus, welches infolgedessen notwendig hätte zusammenstürzen müssen, vorher zufälligerweise niederbrennt, l. 4 in fine D. de impensis 25, 1, siehe ferner l. 11 § 3, l. 15 § 1 D. ad legem Aquiliam 9, 2. Auch in der l. 10 § 1 D. de lege Rhodia 14, 2 setzt Paulus voraus, daß durch die Umladung in Wahrheit ein Schaden nicht eintrat. Ganz anders steht es, wenn durch ein Unrecht ein *Schaden bereits herbeigeführt* ist und nunmehr unversehens Ereignisse eintreten, welche den Schaden *auch herbeigeführt hätten*, wenn *jenes Unrecht nicht begangen worden wäre*. Der einmal erworbene Anspruch auf Schadensersatz wird hierdurch nicht berührt. Es wird z. B. ein Pferd zu Schanden geritten, aber vor dem Verenden durch den Blitz erschlagen, l. 27 § 2 D. de rei vind. 6, 1, l. 11 § 3 D. ad legem Aquiliam 9, 2. Nicht immer werden diese Sätze zutreffend formuliert. So lehrt Mommsen, „daß das Interesse nicht zu prästieren sei, wenn der Schaden sicher auch sonst eingetreten wäre", vgl. auch Windscheid Bd. 2 § 258. Siehe hiergegen Vangerow Bd. 3 § 571 Anm. 2 S. 40; Brinz Bd. 2 S. 351.

11) Häufig behauptet man, daß der Schädiger nicht zu leisten habe, „wenn der Nachteil von dem Benachteiligten durch gehörige Sorgfalt hätte vermieden werden können, nur bei Beschädigung durch Arglist leide dies eine Ausnahme". So Mommsen a. a. O. S. 157 und S. 257; Windscheid Bd. 2 § 258 Anm. 17 und 18. Dies geht viel zu weit und ist nicht durch l. 9 § 4, l. 52 pr. D. ad legem Aquiliam 9, 2 zu rechtfertigen. Mit Recht sagt Ryck, Schuldverhältnisse S. 408 „wie sollte Mutwille oder Unvorsichtigkeit des Schädigers den Beschädigten zur Kraftanstrengung oder vielleicht kostspieligen Vorkehrungen

4. Ereignisse, für die man haftet, bringen nicht selten zugleich Schaden und Vorteile. Dann entsteht die Frage, ob der Betroffene sich den Vorteil auf den Schaden aufrechnen lassen muß, ob also eine sog. compensatio lucri cum damno einzutreten hat?[12] Dies ist dann der Fall, wenn Schaden und Vorteil in einem inneren Zusammenhange stehen, insbesondere wenn der Vorteil mit einem Schaden verknüpft ist, welchen der Schädiger zu vertreten hat. Fehlt der innere Zusammenhang, so ist die Aufrechnung ausgeschlossen.[13] Ebenso, wenn dem Beschädigten zwar aus demselben Rechtsverhältnisse, aber durch verschiedene Handlungen Vorteile und Nachteile erwuchsen.[14]

5. Grundsätzlich ist für die Bestimmung des Schadens die Minderung des Vermögens des Beschädigten zur Zeit der Fällung des Urteiles maßgebend. Nicht selten wird aber auf vergangene Zeiten zurückgegriffen, in denen die Vermögensminderung eintrat, deren Wirkung fortdauert. Insbesondere kann der Gläubiger, wenn sein Schuldner in Verzug kam, den höheren Wert beanspruchen, welchen die geschuldete Sache zu der Zeit hatte, als der Verzug eintrat, weil er diesen Wert damals bei rechtzeitiger Leistung realisieren nnd sich hierdurch dauernd erhalten konnte.[15] Besitzt die Sache zur Zeit des Urteils einen höheren Wert als zur Zeit des Eintrittes des Verzuges, so kann der Gläubiger auch diesen fordern, weil die Sache eben noch geschuldet wird.

Nach dem gemeinen Prozesse mußte der Beschädigte den Kausalnexus zwischen dem Ereignisse, für welches der Schädiger einstand, und dem behaupteten Schaden in das einzelne hinein dartun und erweisen. Fehlte ein Glied der Kette, so galt der Nachweis als mißlungen. So kam es trotz begründeter Ansprüche infolge der Schwierigkeit des Beweises oft nicht zu

---

behufs Abwehr nötigen". Man hat vielmehr nach den tatsächlichen Verhältnissen zu entscheiden, wo die Hauptursache des Schadens liegt. Vgl. neuerdings Wendt in Iherings Jahrb. Bd. 31 S. 153; Heinr. Levison, über Kompensation der culpa, Bonner Inaug. Diss. 1891; Jakubezky, Bemerkungen zum Entwurfe S. 54, Pernice, Labeo Aufl. 2 Bd. 2, S. 89, u. von Entscheidungen Seuffert, Archiv Bd. 47 n. 184, Bd. 48 n. 30 (RG.), RG. Bd. 46 S. 207. Im wesentlichen übereinstimmend BGB. § 254, vgl. hierüber Dernburg, Bürg. Recht Bd. 2 § 32 S. 75. Über die Frage, ob der körperlich Verletzte verpflichtet ist, sich einer Operation zu unterziehen, siehe Seuffert, Archiv Bd. 46 n. 189 (RG.). Fr. Endemann, die Rechtswirkungen der Ablehnung einer Operation, 1893, und hierüber Eck, jur. Literaturblatt Bd. 6 S. 8.

12) Oertmann, die Vorteilsausgleichung beim Schadensersatzanspruch 1901, Lorenz, compensatio lucri cum damno, Göttinger Inaug.Diss. 1896, Eichhoff, Kieler Inaug.Diss. 1898, Walsmann, Rostocker Inaug.Diss. 1900.

13) Beispielsweise kann auf die Ansprüche einer Witwe wegen Tötung ihres Ehemannes aus dem Haftpflichtgesetze eine Witwenpension nicht angerechnet werden, die seitens einer Versicherungsanstalt geschuldet wird, obleich die Tötung den Erwerb der Pension zur Folge hatte; RG. Bd. 10 S. 50, vgl. auch RG. bei Seuffert, Archiv Bd. 55 n. 74.

14) So l. 23 § 1 D. pro socio 17, 2; wenn in der l. 10 D. de neg. gest. 3, 5 das Gegenteil bestimmt scheint, so beruht dies auf besonderen Gründen, die bei der negotiorum gestio zu erörtern sind.

15) Vgl. oben § 298. Bei außerkontraktlichen Verletzungen ist in erster Linie die Zeit der Verletzung zu beachten. Im allgemeinen siehe Büff im Archiv für ziv. Praxis Bd. 33 n. 5 und 10, auch Dernburg, Bürg. Recht Bd. 2 § 30 S. 72.

ausreichender Schadloshaltung des Beschädigten, und grobe Rechtsverletzung blieb zum Nachteile des Rechtsbewußtseins häufig ungesühnt.[16]

Derzeit hat der Richter über die Frage, ob ein Schaden entstanden ist und wie hoch er sich beläuft, unter Würdigung aller Umstände nach freiem Ermessen zu erkennen.[17]

6. In Rom durfte der Kläger, dem ein doloser Beklagter gegenüberstand, verlangen, den Umfang seines Schadens einseitig durch Eid festzustellen — juramentum in litem.[18 19]

7. Justinian verordnete, daß der Richter das Interesse nicht über das Doppelte des Wertes der Sache, um die es sich handle, ansetzen dürfe, sofern dieser Wert ein bestimmter sei.[20]

IV. Konventionalstrafe.

§ 303. Begriff. Grundsätze.[1]

Konventionalstrafe ist eine zur Strafe für Nichterfüllung, unvollständige oder unpünktliche Erfüllung eines Versprechens bedungene Leistung.

1. Die Konventionalstrafe gehört zu der Gruppe von Vertragsklauseln, welche die prompte Erfüllung des Kontraktes durch Nachteile zu sichern

---

16) G. Lehmann, der Notstand des Schadensprozesses 1865, ferner die Schutzlosigkeit der materiellen Lebensgüter 1884.

17) ZPO. § 287 Abs. 1. Freilich läßt sich durch das Gesetz allein nichts bessern. Wenn die Richter, wie häufig geschieht, von der ihnen gegebenen freien Befugnis keinen rechten Gebrauch machen, so bleibt die alte Not. Vgl. auch Seuffert, Archiv Bd. 47 n. 233 (RG.), Dernburg, Bürg. Recht Bd. 2 § 26 S. 62.

18) Über das juramentum in litem vgl. Schröter in Lindes Zeitschrift Bd. 7 n. 11, Bd. 8 S. 159, l. 5 D. de in litem jurando 12, 3, Marcianus libro 4 regularum: In actionibus in rem et in ad exhibendum et in bonae fidei judiciis in litem juratur. Sed judex potest praefinire certam summam, usque ad quam juretur: licuit enim ei a primo nec deferre. Sed in his omnibus ob dolum solum in litem juratur, non etiam ob culpam: haec enim judex aestimat. Plane interdum et in actione stricti judicii in litem jurandum est.

19) Nach der ZPO. besteht dies Recht des Klägers nicht mehr. Doch kann der Richter nach seinem Ermessen dem Beweisführer die eidliche Schätzung seines Schadens nachlassen, selbst wenn der Beklagte nicht in Schuld ist. Der Richter hat einen Maximalbetrag zu bestimmen, an welchen der Schwörende gebunden ist. ZPO. § 287 Abs. 1 am Ende, Abs. 2.

20) l. un. C. de sententiis, quae pro eo quod interest proferuntur 7, 47. Justinianus . . . Sancimus itaque in omnibus casibus, qui certam habent quantitatem vel naturam, veluti in venditionibus et locationibus et omnibus contractibus, hoc quod interest dupli quantitatem minime excedere: in aliis autem casibus, qui incerti esse videntur, judices, qui causas dirimendas suscipiunt, per suam subtilitatem requirere, ut, quod re vera inducitur damnum, hoc reddatur. Diese Vorschrift ist im modernen Recht beseitigt. Über die Frage, ob die Bestimmung bereits durch die ZPO. aufgehoben war, vgl. unsere früheren Auflagen.

1) Neuenfeldt, ist die KStrafe Strafe oder Ersatzleistung? 1885; Nettelbladt, der Strafvertrag, Ludwigslust 1886; Seeler, zur Lage v. d. K.Strafe 1891; Bertolini, teoria generale della pena covenzionale 1894, dazu Schneider in der krit. Vierteljahrsschr. Bd. 36 S. 381 ff.; Pergament, K.Strafe und Interesse 1896; Sjögren, über die K.Strafe und die Strafklauseln der fränkischen Urkunden 1896; Specka, K.Strafe, Berliner Inaug.Diss. 1896; weitere Dissertationen bei Windscheid-Kipp Bd. 2 § 285.

suchen, die sie dem säumigen Schuldner androhen. Sie ist verwandt dem Vorbehalte einer lex commissoria bei Nichtzahlung des Kaufpreises, der Exmission des Mieters bei Nichterfüllung seiner Verbindlichkeiten aus der Miete, sowie des Rechtes der Kündigung eines Darlehens bei nicht pünktlicher Zinszahlung. Doch besteht ein wesentlicher Unterschied. Jene Vorbehalte bezwecken die *Aufhebung* des Rechtsverhältnisses zum Nachteile des Schuldners. Die Konventionalstrafe aber begründet eine *neue Verpflichtung* für den Fall der Nichteinhaltung des Hauptversprechens.[2]

Dieses Hauptversprechen muß nicht notwendig klagbar sein.[3] Aber gegen die Rechtsordnung und die guten Sitten darf es nicht verstoßen.[4]

2. Die Konventionalstrafe hat die Form einer bedingten Obligation. Man verspricht z. B. 100 Mark für jeden Tag der Verspätung, wenn man die versprochenen Maschinen am bestimmten Termin nicht abliefert. Nach ihrem Wortlaute müßte sie also bei Nichterfüllung des Hauptversprechens ohne weiteres verfallen. Doch ihr Zweck ist nur, einen Druck auf den Schuldner zur Erfüllung zu üben. Hiermit wäre eine so rigorose Auslegung unvereinbar. Daher verfällt die Strafe nicht, *wenn die verpönte Nichtleistung in Gründen, die außerhalb des Schuldners und seiner Person liegen*, ihre Ursache hat.[5] So weit ging man dagegen nicht, daß man die Strafe von der *Verschuldung* des Schuldners abhängig machte, verstirbt er daher vor dem Zahlungstermine, ohne Erben zu finden, so wird die Strafe verwirkt, obgleich von schuldhafter Nichterfüllung hier nicht gesprochen werden kann.[6] Im übrigen ist zu unterscheiden:

---

2) l. 13 § 26 D. de act. empt. vend. 19, 1.

3) Es gehört hierher namentlich der Fall, daß die Hauptverbindlichkeit wegen Mangels eines pekuniären Interesses nicht klagbar ist. Vgl. hierzu Dernburg, Bürg. Recht Bd. 2 § 101 S. 223.

4) l. 61 D. de verb. obl. 45, 1, l. 134 pr. D. eod. Vgl. auch BGB. § 344, Dernburg, Bürg. Recht a. a. O. S. 223.

5) l. 69 D. de verb. obl. 45, 1. Ulpianus libro 6 ad edictum: Si homo mortuus sit, sisti non potest nec poena rei impossibilis committetur, quemadmodum si quis Stichum mortuum dare stipulatus, si datus non esset, poenam stipuletur. Die Befreiung durch derartige Gründe hat der Beklagte darzutun. RG. Bd. 20 S. 33. Vgl. W. Mann, Gehört zur Verwirkung der K.Strafe ein Verschulden des Verpflichteten? Göttinger Inaug.Diss. 1890.

6) l. 77 D. de verb. obl. 45, 1, Paulus libro 58 ad edictum: Ad diem sub poena pecunia promissa et ante diem mortuo promissore committetur poena, licet non sit hereditas ejus adita. Vgl. l. 9 D. de nautico faenore 22, 2. Die K.Strafe verfällt auch, wenn infolge Eröffnung eines Konkurses über den Schuldner nicht erfüllt ist. RG. Bd. 21 S. 51. Windscheid behauptet — Bd. 2 § 285 Anm. 10 —, unverschuldete Unmöglichkeit der Erfüllung mache von der Strafe frei, unverschuldete Unmöglichkeit rechtzeitiger Erfüllung aber nicht. Es müsse nämlich im Zweifel angenommen werden, daß die Strafe den Gläubiger auf alle Fälle gegen die Nachteile verspäteter Erfüllung sichern sollte. Dies ist nicht begründet. Hat die Verspätung der Erfüllung ihren Grund in höherer Gewalt, sind z. B. durch Krieg oder Aufruhr alle Kommunikationswege abgeschnitten, auf welchen der Fabrikant die zu einer bestimmten Zeit versprochenen Maschinen liefern konnte, so entspricht es nicht dem Wesen der Strafe, noch auch der vermutlichen Vertragsintention, den Fabrikanten mit der Konventionalstrafe zu belasten. Nach BGB. § 339 ist die Strafe verwirkt, wenn der Schuldner in Verzug kommt. Damit wird grundsätzlich Verschulden des Schuldners gefordert, vgl. § 285. Anders, falls die geschuldete Leistung in einem Unterlassen besteht.

a) Besteht die Verpflichtung, an die sich die Strafe knüpft, in Handlungen, die zu einem bestimmten Termine geleistet werden sollten, so verfällt die Strafe mit dem ergebnislosen Ablaufe des Termines.[7]

b) War eine Frist für die Leistung vereinbart, so wird die Strafe mit Ablauf der Frist verwirkt.[8]

c) Fehlt es an derartiger Zeitbestimmung, so verfällt in der Regel die Strafe erst, wenn eine Aufforderung des Gläubigers unbeachtet blieb.[9]

d) Wurden Unterlassungen durch die Konventionalstrafe versichert, so tritt die Verwirkung mit der Zuwiderhandlung ein.[10]

In der Regel verfällt die Konventionalstrafe in vollem Umfange, wenn das Hauptversprechen auch nur teilweise nicht erfüllt ist. Natürlich kann auch anderes vereinbart sein.[11]

3. Der Gläubiger soll durch die Konventionalstrafe nicht Doppeltes erhalten. Es ist in dieser Hinsicht zu unterscheiden:

a) Die Konventionalstrafe soll gegen die Verzögerung der Hauptleistung oder gegen etwaige Mängel derselben sichern. Dann kann sie neben der Hauptleistung eingefordert werden,[12] aber sein Interesse wegen Verzögerung und wegen Mängel kann der Gläubiger in diesen Fällen nicht noch außer der Konventionalstrafe beitreiben.[13]

b) Die Konventionalstrafe ist im Hinblick auf die Nichterfüllung des Hauptversprechens vereinbart. Dann kann nicht beides, die Konventionalstrafe und die Hauptleistung, beigetrieben werden.[14] — Es ist aber gestattet,

7) l. 23 D. de obl. et act. 44, 7, l. 12 C. de contr. et comm. stip. 8, 37.

8) Streitig war unter den röm. Juristen, ob die K.Strafe schon zu der Zeit als verfallen gelte, in welcher mit Sicherheit vorauszusehen ist, daß die versprochene Leistung, z. B. ein Hausbau, nicht mehr bis zu dem für sie festgesetzten Termine ausgeführt werden könne. Dies bejaht l. 113 pr. D. de verb. obl. 45, 1; es verneint l. 124 D. eod., l. 10 § 1 D. si quis caut. 2, 11. Die letztere Ansicht ist die der späteren Juristen und die dem Vertrage mehr entsprechende. Vgl. Kohler im Archiv für ziv. Praxis Bd. 84 S. 29. BGB. läßt die Frage offen.

9) Es kann auch die Meinung gewesen sein, daß die K.Strafe verwirkt sein soll, wenn der Schuldner nicht in angemessener — mäßiger — Zeit geleistet habe. Die Aussprüche der röm. Juristen hinsichtlich der Auslegung bezüglicher Kontraktsbestimmungen gehen auseinander, vgl. l. 24 D. quando dies leg. 36, 2, aber auch l. 19 pr. D. eod., l. 1 D. de penu leg. 33, 9, l. 115 § 2 D. de verb. obl. 45, 1.

10) l. 122 § 6 D. de verb. obl. 45, 1. Ebenso BGB. § 339. Aber gemäß dem Begriffe der K.Strafe muß die Zuwiderhandlung eine bewußte, eine frei gewollte sein.

11) l. 47 D. de act. empt. vend. 19, 1, vgl. aber auch l. 9 § 1 D. si quis caut. 2, 11, l. 85 § 6 D. de verb. obl. 45, 1, Paulus libro 75 ad edictum: Item si ita stipulatio facta sit: „si fundus Titianus datus non erit, centum dari?“ nisi totus detur, poena committitur centum nec prodest partes fundi tradere cessante uno . . .

12) Nach BGB. § 341 Abs. 3 kann der Gläubiger, der die Erfüllung nachträglich annimmt, die Strafe nur verlangen, wenn er sich das Recht dazu bei der Annahme vorbehält. Für das gemeine Recht war dies bestritten, vgl. unsere früheren Auflagen.

13) Nach BGB. § 341 ist die Strafe Mindestbetrag des erlittenen Schadens. Die Geltendmachung eines weiteren Schadens ist nicht ausgeschlossen.

14) l. 28 D. de act. empt. vend. 19, 1, l. 4 § 7 D. de exc. doli 44, 4. RG. Bd. 33 S. 141. Zulässig ist, auf die Hauptleistung zu klagen und zugleich für den Fall

nachdem der eine der Ansprüche eingeklagt oder befriedigt ist, das etwaige Mehr des anderen Anspruches nachzufordern.[15]

4. Steht die Konventionalstrafe außer Verhältnis zu dem Interesse des Gläubigers an der Hauptleistung und führt sie infolgedessen zur Ausbeutung wegen einer verhältnismäßig geringen Verletzung, so verstößt sie gegen die guten Sitten, der Richter soll sie daher ermäßigen.[16]

Vierter Abschnitt.

Die Übertragung der Obligationen.[1]

§ 304. Einleitung. Veränderungen der Obligationen.

Hinsichtlich ihrer Entwicklungsfähigkeit steht die römische Obligation im Gegensatze zur heutigen. Die römische Obligation war ein unveränderlicher Typus; der Begründungsakt allein gab ihr dauernd die Norm; daher mußte ihm die Klage genau entsprechen. Die heutige Obligation dagegen ist beweglich und beständiger Fortbildung fähig; trotz aller Veränderungen gilt sie als dasselbe Rechtsverhältnis, da sie ihre Existenz aus dem ursprünglichen Begründungsakte herleitet. Dies bezieht sich sowohl auf den Inhalt, als auch auf die Subjekte der Obligation.

1. Die Römer erkannten dem Geschäftsschlusse nachfolgende Zusatzverträge — pacta adjecta —, abgesehen von mindernden, nicht an.[2] Jede Umgestaltung des Gläubigerrechtes forderte daher Umprägung und Neubegründung der Obligation durch Novation. Die moderne Obligation dagegen läßt sich durch Zusatzverträge verändern, ohne ihre Identität zu

der Nichterfüllung auf die Strafe, ebenso auch, nach Klage auf die Hauptleistung, solange diese nicht geschehen ist, auf die Strafe zu klagen. Vgl. Pergament a. a. O. S. 20.

15) l. 41, l. 42, l. 71 pr. D. pro socio 17, 2; Pergament a. a. O. S. 26, 83. BGB. § 340, vgl. aber auch § 342.

16) Da es aber hierfür an positiven gesetzlichen Aussprüchen fehlte, so wagte die gemeinrechtliche Praxis nicht leicht eine derartige Minderung, woraus große Mißstände entsprangen. Das BGB. hat das Minderungsrecht anerkannt. BGB. § 343, Dernburg, Bürg. Recht Bd. 2 § 102 S. 227. So schon früher bei Abzahlungsgeschäften — unten § 352 Ziff. 1 — das Reichsges. v. 16. Mai 1894 § 4 Abs. 1.

1) Das Hauptwerk ist von Mühlenbruch, die Lehre v. der Zession der Forderungsrechte 1817, 3. Aufl. 1836; siehe ferner Puchta, kleine Schriften n. 27; Windscheid, actio 1856; Kuntze, Obligation 1856 S. 267, S. 119 ff.; Albert Schmidt, Grundlehre der Zession 2 Bde. 1863 ff.; Bähr, zur Zessionslehre in Jherings Jahrb. — 1857 — Bd. 1 n. 8; R. Saleilles, de la cession des dettes, Paris 1890. Wenger, die Zession im Recht der gräcoägyptischen Papyri 1906. Dissertationen bei Windscheid-Kipp Bd. 2 § 328.

2) Dies galt selbst bei den bonae fidei judiciis, wie Ulpianus libro 4 ad edictum, l. 7 § 5 D. de pactis 2, 14 ausführt: . . . solemus enim dicere pacta conventa inesse bonae fidei judiciis. sed hoc sic accipiendum est, ut si quidem ex continenti pacta subsecuta sunt, etiam ex parte actoris insint: si ex intervallo, non inerunt, nec valebunt, si agat, ne ex pacto actio nascatur. Vgl. l. 13 C. de pactis 2, 3; Bechmann, Kauf Bd. 2 S. 480; Pernice in der Zeitschr. der Sav.Stiftg. rom. Abt. Bd. 9 S. 212.

verlieren, mögen sie nun Ort oder Zeit der Leistung oder auch das Schuldobjekt selbst betreffen.[3]

Sogar Verschuldung und Verzug führten im alten römischen Rechte nur zur Perpetuation der Obligation, also der Form nach nicht zu einer Veränderung ihres Inhaltes, sondern nur zur Ausschließung von Tilgungsgründen. Später freilich bewirkten sie auch in Rom tiefgreifende Veränderungen der Obligationen.[4]

2. Noch starrer hielt das altrömische Recht an der Unveränderlichkeit der Subjekte der Obligation fest. Nur der Kontrahent hatte die Kontraktsklage gegen den Mitkontrahenten, und nur der Beschädigte die Deliktsklage gegen den Schädiger. Doch gingen seit uralter Zeit die Forderungen und Schulden regelmäßig auf die Erben über, in denen die ursprünglich Beteiligten gleichsam fortleben.

Sonst bedurfte es einer Neubegründung der Obligation durch Novation, wenn durch Verfügung des bisherigen Gläubigers ein anderer an seine Stelle treten sollte. Sie vollzog sich durch die Promission des Schuldners an den neuen Gläubiger. Ebenso war der Eintritt eines neuen Schuldners an Stelle des alten nur durch Novation möglich.[5]

Im entwickelten Rechte bildeten die Obligationen einen immer wichtigeren Bestandteil des Vermögens; ihre Veräußerung auch ohne Mitwirkung des Schuldners gestaltete sich zum dringenden Bedürfnis. Da aber ein gerader Weg hierfür nicht offen stand, wurde man auf Seitenwege gedrängt. Man machte denjenigen, welchem man die Forderung übertragen wollte, zum Prozeßbevollmächtigten mit der Ermächtigung, das Einkassierte für sich zu behalten — procurator in rem suam. Derselbe erhielt die Gläubigerrechte, wenn er die Klage gegen den Schuldner erhob und es zur Litiskontestation brachte; denn die hierin liegende Novation verschaffte ihm das dominium litis.[6]

Sollte aber die Übertragung der Forderung sofortigen Wert für den Verkehr und die Konsistenz gewinnen, so mußte man den Erwerber schon vorher sichern. Diese Aufgabe löste man in folgender Weise:

a) Man gewährte dem Erwerber das Recht der Denuntiation d. h.

3) So auch Bechmann, Kauf a. a. O. Ganz unter dem Banne römischer Anschauungen steht Römer, Abhandlungen S. 5.

4) Vgl. oben § 298.

5) Gaj. Inst. II § 38 . . . quod mihi ab aliquo debetur, id si velim tibi deberi, nullo eorum modo, quibus res corporales ad alium transferuntur, id efficere possum, sed opus est, ut jubente me tu ab eo stipuleris; quae res efficit, ut a me liberetur et incipiat tibi teneri; quae dicitur novatio obligationis. sine hac vero novatione non poteris tuo nomine agere, sed debes ex persona mea quasi cognitor aut procurator meus experiri. Vgl. l. 25 § 2 D. de usu fructu 7, 1.

6) Die Klageweise ergibt Gaj. Inst. IV. § 86. Qui autem alieno nomine agit, intentionem quidem ex persona domini sumit, condemnationem autem in suam personam convertit. nam si verbi gratia L. Titius pro P. Maevio agat, ita formula concipitur si paret N^m^ Negidium P. Maevio sestertium X milia dare oportere, judex N^m^ Negidium L. Titio sestertium X milia condemna. si non paret absolve. Vgl. Karlowa, röm. Rechtsgesch. Bd. 2 § 170 S. 1358.

die Befugnis, dem Schuldner von der Abtretung des Forderungsrechts Mitteilung zu machen. Dieser durfte von nun an dem ursprünglichen Gläubiger nicht mehr zahlen. [7]

b) Der Erwerber erhielt actiones utiles, vermöge deren er nicht mehr als Bevollmächtigter, sondern in eigenem Namen klagte. Damit war die Abtretung von dem Untergange der Vollmacht, welcher dem procurator in rem suam noch drohte, schlechthin unabhängig. [8]

Nach römischer Auffassung war dies alles „Utilität“, eine singuläre, durch die Verkehrsbedürfnisse geforderte Abweichung vom Prinzipe. Das heutige Recht entnimmt hieraus einen neuen Grundsatz — die Befugnis, die Forderung selbst abzutreten. Zugleich ist es heute möglich, daß unbeschadet der Rechte des Gläubigers ein neuer Schuldner in die Obligation eintrete, ohne daß dieselbe ihre Identität einbüßt.

I. Die Zession.

§ 305. Die Zession und die Denuntiation.

1. Nach heutiger Auffassung sind Forderungen übertragbar. Folge der Zession ist also Übergang des Rechts. Der Abtretende — Zedent — hört auf, Gläubiger zu sein, der Erwerber — Zessionar — wird Gläubiger.

2. Wie verhalten sich aber Zession und Denuntiation zu einander? Richtiger Auffassung nach bewirkt die Zession den Übergang der Forderung; die Denuntiation hat die Aufgabe, diesen Übergang zu sichern. [1]

7) Vgl. über die Denuntiation unten § 305 Anm. 3.

8) Die actio utilis gab zuerst Antoninus Pius dem Käufer einer Erbschaft. l. 16 pr. D. de pactis 2, 14. Sie wurde in der späteren heidnischen Kaiserzeit jedem Käufer gewährt, wie auch dem Pfandnehmer einer Forderung und anderen, die auf einen onerosen Titel hin erwarben. l. 1, l. 2 C. de obligationibus 4, 10, l. 7 C. de hered. vel act. 4, 39, abgedruckt oben § 255 Anm. 12. — Justinian erst verlieh auch dem Schenknehmer einer Forderung die actio utilis. l. 4 C. de donat. 8, 53. Er knüpft an die Neuerung die Folge, daß die geschenkte Forderung auf die Erben des Beschenkten übergehen solle, auch wenn die Litiskontestation noch nicht stattgefunden hatte, was, wie er hervorhebt, bis dahin nicht der Fall war. Es ergibt sich hieraus, daß das mandatum in rem suam bis zur Litiskontestation wenigstens grundsätzlich nach denselben Regeln erlosch, wie gewöhnliche Mandate, daß also der Erwerb der Forderung durch den procurator in rem suam vor der Litiskontestation noch nicht vollzogen war, und nur eine Möglichkeit zu erwerben bestand. Über die Form der actio utilis wissen wir nichts Bestimmtes, obwohl es nicht an Versuchen gefehlt hat, sie zu rekonstruieren. Nur negative Anhaltspunkte gibt l. 5 C. quando fiscus 4, 15, Diocletianus et Maximianus. In solutum nomine dato non aliter nisi mandatis actionibus ex persona sui debitoris adversus ejus debitores creditor experiri potest. suo autem nomine utili actione recte utetur. Vgl. l. 55 D. de proc. 3, 3, Eisele, die actio utilis des Zessionars, Festschrift 1887. Das Verhältnis der actio mandata und utilis — mehr oder minder dunkel — bildete seit alters den Ausgangspunkt verworrener Theorien, worüber zu vergleichen ist Mühlenbruch a. a. O. S. 201. Siehe ferner Eisele in der Zeitschr. der Sav.Stiftg., rom. Abt. Bd. 27 S. 46ff.

1) Bähr a. a. O. S. 369 vertritt die Ansicht, daß nach der Zession der Zessionar der einzige Gläubiger sei. Dies ist zweifellos das Richtige. Die Auffassung, wonach

Trotzdem kann der Schuldner — der Zessus — unmöglich unmittelbar mit der Zession das Recht verlieren, seinem ursprünglichen Gläubiger zu zahlen oder anderweite Befreiung ihm gegenüber zu erlangen; denn der Akt der Zession vollzieht sich in der Regel ohne Mitwirkung und selbst ohne Wissen des Zessus. Deswegen tritt ein Zwischenstadium ein, in welchem der Zedent, obgleich er nicht mehr Gläubiger ist, doch dem Schuldner gegenüber noch als solcher legitimiert bleibt. — Es fragt sich, wann dieser Zustand aufhört? Nach der einen Ansicht dann, wenn der Schuldner sichere Kenntnis von der Zession erhält.[2] Dies scheint folgerecht, ruft aber praktische Bedenken hervor, denn „sichere Kenntnis" ist Überzeugtheit von der Richtigkeit einer Tatsache. Damit wird die Frage, ob der Schuldner seinem ursprünglichen Gläubiger noch zahlen darf und muß, von einem inneren, psychologischen Vorgange abhängig gemacht, der sich äußerlich nicht markiert und oft zweifelhaft bleibt.

Es war daher zweckmäßiger, den kritischen Moment durch eine äußere Tatsache zu fixieren und das geschah bereits, wie die herrschende Ansicht anerkennt, nach römischem Recht. Erst durch Denuntiation des Zessionars an den Zessus endigte die Legitimation des Zedenten zur Zahlungsannahme.[3] Ihr stand die Denuntiation seitens des Zedenten natürlich gleich.[4] [5] Auch eine Anerkennung der Zession gegenüber dem Zessionar durch den Zessus genügte.

Anders wurde der Verkauf einer Erbschaft beurteilt. Es handelt sich hier um eine Tatsache von selbständiger Bedeutung, die einen größeren Kreis von Rechten und Pflichten bestimmt; es kommt ferner vor, daß die

---

der Zessionar erst mit der Denuntiation Gläubiger werde, oder daß Zedent und Zessionar „Korrealgläubiger" seien — Windscheid Bd. 2 § 331 Anm. 8 — führt, wenn sie folgerecht durchgebildet wird, zu Resultaten, welche mit der Idee der Zession und den praktischen Zwecken, die durch sie verfolgt werden, in Widerspruch stehen. Wie hier: Seuffert, Archiv Bd. 47 n. 266.

2) Daß jede „sichere" Kenntnis des Schuldners von der Zession genüge, hat namentlich Bähr a. a. O. S. 369 verteidigt; ihm stimmt Regelsberger in Endemanns Handbuch des HR. Bd. 2 S. 528 zu, aber keineswegs teilen diese Auffassung ROHG. Bd. 23 S. 314 und RG. Bd. 4 S. 114, welche die Frage dahingestellt sein lassen. Vgl. überhaupt Mühlenbruch a. a. O. S. 492 und die bei Windscheid Bd. 2 § 331 Anm. 8 Zitierten. BGB. § 407 begnügt sich mit der Kenntnis des Schuldners von der Abtretung, eine Ausnahme macht § 411. Vgl. Dernburg, Bürg. Recht Bd. 2 § 139 S. 315.

3) l. 4 C. quae res pignori 8, 16, abgedruckt oben § 255 Anm. 9, l. 3 pr. C. de novationibus 8, 41. Gordianus. Si delegatio non est interposita debitoris tui ac propterea actiones apud te remanserunt, quamvis creditori tuo adversus eum solutionis causa mandaveris actiones, tamen, antequam lis contestetur vel aliquid ex debito accipiat vel debitori tuo denuntiaverit, exigere a debitore tuo debitam quantitatem non vetaris et eo modo tui creditoris exactionem contra eum inhibere.

4) ROHG. Bd. 23 S. 314. Windscheid freilich geht von der Ansicht aus, daß die Anzeige des Zedenten nicht genüge. Es fehlt ihm hierbei „die ergreifende Tätigkeit des Erwerbers". So Pand. Bd. 2 § 331 Anm. 9. Dort die Literatur über die Streitfrage.

5) Mit Recht sagt Wendt, Pand. § 216: Der Schuldner wird, was dritte Personen ihm an Nachrichten zutragen, ablehnen und übersehen dürfen in der wohlbegründeten Unterstellung, daß ihm über eine etwaige Zession schon von den Beteiligten unmittelbar eine Nachricht zugehen werde.

Erbschaftsschuldner dem Erbschaftskäufer nicht sämtlich bekannt und nicht leicht zu erreichen sind. Um deswillen forderte man keine spezielle Benachrichtigung der Erbschaftsschuldner, es genügte, daß sie vom Verkauf der Erbschaft wußten.[6]

Da der Zedent bis zur Denuntiation noch die Legitimation eines Gläubigers hat, so ist er auch befugt, während dieser Zeit gegen den Schuldner Klage zu erheben. Wohin würde es führen, wenn jedem Gläubiger seitens seines Schuldners entgegengestellt werden könnte, er habe erfahren, daß die Forderung zediert sei. Dies würde schikanösen Einreden und Prozeßverzögerungen weitesten Spielraum bieten.[7]

Gleichwohl ist der Zedent nicht mehr Gläubiger der von ihm abgetretenen Forderung. Die Gläubiger des Zedenten dürfen dieselbe daher vom Zeitpunkt der Zession an, auch wenn die Denuntiation noch nicht erfolgte, nicht mehr pfänden. Vielmehr kann der Zessionar intervenieren und jene Forderung als ihm gehörig in Anspruch nehmen.[8] Ferner fällt die zedierte Forderung nicht mehr in die Konkursmasse des Zedenten, wenn auch die Denuntiation an den Zessus zur Zeit der Eröffnung des Konkurses noch nicht geschehen war; der Zessionar kann die Forderung für sich geltend machen.

Hat endlich der Gläubiger eine Forderung zuerst an den Primus zediert und später dem Sekundus abgetreten, welcher seinerseits vor dem Primus zur Denuntiation schreitet, so geht dennoch der Primus als der ältere Zessionar dem Sekundus vor.[9] Ja es kann Primus, wenn Sekundus die Forderung bereits eingezogen hat, gegen ihn auf Herausgabe des Eingezogenen klagen, denn er hat sein, des Primus, Aktivum ohne Rechtsgrund erlangt.[10] [11]

---

6) l. 17 D. de transactionibus 2, 15. Papinianus libro 2 quaestionum: Venditor hereditatis emptori mandatis actionibus cum debitore hereditario, qui ignorabat venditam esse hereditatem, transegit: si emptor hereditatis hoc debitum ab eo exigere velit, exceptio transacti negotii debitori propter ignorantiam suam accommodanda est. idem respondendum est et in eo, qui fideicommissam recepit hereditatem, si heres cum ignorante debitore transegit.

7) Vgl. auch BGB. § 407 Abs. 2. Anders OLG. Hamburg bei Seuffert, Archiv Bd. 48 n. 177.

8) So RG. Bd. 4 S. 111.

9) Die Frage ist sehr bestritten. Für das bessere Recht dessen, welcher zuerst denunzierte, sind u. a. Muffet in Lindes Zeitschr. n. F. Bd. 12 n. 12 und Knorr im Archiv für ziv. Praxis Bd. 42 n. 15, Wendt, Pand. § 216. Früher vertrat diese Ansicht auch Windscheid, actio S. 190; anders Pand. Bd. 2 § 331 Anm. 10. — Einreden, die der Schuldner gegen den zuerst Denunzierenden gutgläubig vor der Denuntiation des älteren Zessionars erwarb, muß sich dieser freilich gefallen lassen. Vgl. auch BGB. § 408.

10) Bähr a. a. O. Bd. 1 S. 439.

11) Kann der Schuldner dem klagenden Zessionar gegenüber einwenden, daß der Zedent die Forderung bereits früher einem anderen zedierte, obgleich dieser noch nicht denunzierte? Dies bejaht RG. bei Gruchot Bd. 35 S. 976, ebenso das OLG. Rostock bei Seuffert, Archiv Bd. 48 n. 20.

§ 306. Zessionsakt und Zessionsgrund.[1]

Die Zession im eigentlichen Sinne geschieht durch den Gläubiger. Aber auch kraft richterlicher Verfügung und selbst von Rechts wegen erwirbt man Forderungen, wie durch Zession.

1. Zession im eigentlichen Sinne pflegt man als freiwillige — voluntaria — zu bezeichnen, weil sie sich durch einen Willensakt des Zedenten — Vertrag oder Vermächtnis — vollzieht. Von diesem Standpunkte aus ist sie auch freiwillig, wenn sie infolge einer gesetzlichen Verpflichtung vor sich geht.

Der Zessionsakt, d. h. die Übertragung der Forderung und der Zessionsgrund, z. B. der Verkauf derselben, sind, ähnlich wie bei der Tradition körperlicher Sachen, scharf zu unterscheiden. Allerdings fällt beides meist zeitlich und äußerlich zusammen; mit ihrem Verkaufe insbesondere gilt die Forderung regelmäßig unmittelbar als abgetreten. Aber die Zession ist dessenungeachtet ein abstraktes Geschäft, ihr Rechtsbestand daher unabhängig von ihrem Grunde.[2] Dies ist für den Zessus von großer Wichtigkeit. Denn infolgedessen hat er, ehe er dem Zessionar zahlt, nur die Gültigkeit der Zession, nicht diejenige des Zessionsgrundes zu prüfen. Ist der Zessionsakt nichtig, z. B. wegen Minderjährigkeit des Zedenten, so bleibt der Zessus dem Zedenten verpflichtet, kann also dem angeblichen Zessionar nicht zahlen. Die etwaige Anfechtbarkeit des Zessionsaktes berührt ihn aber nicht.[3]

Bestritten ist, welche Bedeutung die Einrede habe, wonach die Zession simuliert sei. Nach der Praxis ist sie nur dann zulässig, wenn der Zessus ein eigenes besonderes Interesse daran nachweist, daß die Zession nicht stattfinde. Denn, wie auch das Verhältnis nach innen liegen mag, jedenfalls hat der Gläubiger den Pseudozessionar nach außen hin zur Beitreibung der Forderung ermächtigt, und das genügt zur Legitimation.[4]

2. Auch durch richterliche Verfügungen werden Forderungen übertragen. Insbesondere überweist das Vollstreckungsgericht dem Gläubiger auf dessen Antrag die Geldforderung seines Schuldners behufs der Zwangsvollstreckung an Zahlungs Statt.[5]

---

1) Regelsberger, Beiträge z. L. von der Zession im Archiv für ziv. Praxis Bd. 63 n. 8.

2) Die Frage ist bestritten. A. Ansicht Strohal in Iherings Jahrb. Bd. 27 S 392. Vgl. die bei Regelsberger a. a. O. S. 164 Anm. 5 Zitierten. Wie unser Text: BGB. § 398; vgl. Dernburg, Bürg. Recht Bd. 2 § 134 S. 301.

3) Regelsberger a. a. O. S. 163.

4) Daß sich der Zessus nicht auf die Simulation der Zession berufen könne, daß hierin eine unzuläßige exceptio de jure tertii liege, ist ein in der Praxis herrschender Satz. Vgl. aber die feinen Untersuchungen von Regelsberger a. a. O. S. 167, siehe auch ROHG. Bd. 24 S. 322, Windscheid Bd. 2 § 334 Anm. 1, RG. bei Gruchot Bd. 36 S. 990. Über BGB. vgl. Dernburg, Bürg. Recht Bd. 2 Abt. 1 § 135 S. 304.

5) Der Gläubiger hat nach der ZPO. § 835 ein zwiefaches Recht an der von ihm behufs Zwangsvollstreckung gepfändeten Forderung seines Schuldners. a) Er kann sich die Forderung an Zahlungs Statt zum Nennwerte übereignen lassen. Dann ist seine Forderung auf den Betrag der überwiesenen getilgt, vorausgesetzt, daß dieselbe „besteht“, also gültig ist, dies auch, wenn der Drittschuldner zahlungsunfähig sein sollte. b) Der

3. Endlich gehen in einigen Fällen Forderungen auch von Rechts wegen auf einen neuen Gläubiger über.[6]

Hierin liegt keine wahre Zession, sondern gesetzliche Sukzession. Dennoch spricht man von einer notwendigen oder fingierten Zession — cessio necessaria —, weil die Rechtssätze der Zession wenigstens im wesentlichen hier analoge Anwendung finden.[7]

§ 307. Gegenstand der Zession.

Die Zession erstreckt sich auf das ganze Gebiet der Vermögensrechte. Auch dingliche Klagerechte sind daher zedierbar.[1] Aber vorzugsweise wichtig ist die Zession von Forderungen. Sie ist wie bei fälligen, so auch bei nichtfälligen, bedingten[2] und zukünftigen, und selbst bei klaglosen Obligationen möglich. Auch die Zession von Ansprüchen aus zweiseitigen Verträgen ist gültig; an dem Rechte des Zessus, nur gegen die vorgängige oder gleichzeitige Gegenleistung zu erfüllen, wird aber hierdurch nichts geändert.[3]

Gewisse Forderungen gelten wegen ihrer besonderen Natur oder wegen positiver Verbote als nicht zedierbar.

1. Unzulässig ist die Zession von Obligationen, die eine besondere Beziehung auf die Person des Gläubigers haben, so daß sie bei einer Übertragung ihren Zweck verfehlen würden. Dahin gehören unmittelbare Alimentenforderungen.[4]

Gläubiger kann sich mit seinem Pfandrecht an der gepfändeten Forderung begnügen. Er muß sich aber die Befugnis zur Einziehung derselben vom Gericht überweisen lassen, um sein Pfandrecht zu verwirklichen, sog. Überweisung zur Einziehung. Seine Forderung wird in diesem Falle so weit getilgt, als er von dem Drittschuldner etwas beitreibt, oder er wegen culpa in exigendo dem Gepfändeten verantwortlich wird. Vgl. Hellwig, die Verpfändung von Forderungen S. 115.

6) Häufig lehrte man, daß der Übergang der Forderung stets dann von Rechts wegen eintrete, wenn die Zession rechtlich erzwingbar sei. So Puchta, Pand. § 281 und Savigny, OR. Bd. 1 S. 243. Ein solcher Übergang ist zwar in einzelnen Fällen anzunehmen, in welchen eine ausdrückliche Zession zwecklose Formalität wäre, vgl. unten § 338 Anm. 13, keineswegs aber für die Regel. Er wäre in seiner Allgemeinheit nicht gerechtfertigt, denn er würde alle Sicherheit hinsichtlich der Person des Gläubigers über den Haufen werfen. Vgl. Mühlenbruch S. 470, Bähr Bd. 1 S. 400, Windscheid Bd. 2 S. 330 Anm. 12, endlich RG. Bd. 1 S. 314. Ist aber der Gläubiger zur Abtretung der Forderung verurteilt, so gilt die Zession als erklärt, sobald das Urteil die Rechtskraft erlangt hat. Vgl. ZPO. § 894.

7) Regelsberger a. a. O. S. 158 will den Begriff der „gesetzlichen" oder „fingierten" Zession beseitigen und nur einen gesetzlichen Forderungsübergang anerkennen. In jenen Ausdrücken liegt aber eine bequeme und eingebürgerte Formel, um anzuzeigen, daß die Grundsätze der eigentlichen Zession auf die Fälle des gesetzlichen Überganges der Forderungen analoge Anwendung finden. Vgl. BGB. § 412.

1) Vgl. oben § 188 Anm. 1 und 2. BGB. § 931.

2) Auch bedingt hinterlassene Vermächtnisse sind zedierbar trotz l. 41 D. de cond. et dem. 35, 1. RG. Bd. 8 S. 189, Wolff, Rechtswirkungen der Zession bedingter Vermächtnisse, Bonner Inaug.Diss. 1887, Enneccerus, Rechtsgeschäft S. 248, Windscheid Bd. 1 § 89 Anm. 10.

3) ROHG. Bd. 12 S. 74, RG. Bd. 13 S. 12. Handelt es sich um Gegenleistungen des Zedenten, die nach dem Vertrage nicht notwendig in eigener Person vorzunehmen sind, so steht es dem Zessionar frei, als in eigenem Interesse handelnder Vertreter des Zedenten zu erfüllen und hierdurch der exceptio non adimpleti contractus zu begegnen.

4) Vgl. über die Zession von Alimentenforderungen, insbesondere von Witwen-

2. Pfandrechte, Retentionsrechte, Rechte gegen Bürgen,[5] überhaupt Rechte, die nur um eines anderen Anspruches willen bestehen, können zwar mit dem Hauptrechte, nie aber ohne dasselbe abgetreten werden.

3. Vereinbarungen über Nichtzedierbarkeit einer Forderung — pacta de non cedendo — sind gültig und stehen jeder trotzdem vorgenommenen Zession entgegen.[6]

4. Die Zession rechtshängiger Ansprüche war nach römischem Rechte nichtig.[7]

5. Verboten war bei Strafe der Verwirkung der Forderung die Zession einer Forderung an potentiores, d. h. Personen die ein derartiges soziales Übergewicht hatten, daß der Schuldner ihnen gegenüber die Fortsetzung des Prozesses nicht wagen konnte.[8]

6. Verboten war die Übertragung einer Forderung an den Bevormundeten auf dessen Vormund.[9] [10]

§ 308. Rechte des Zessionars gegen den Zessus.

Die Forderung geht auf den Zessionar so über, wie sie zur Zeit der Zession beschaffen war.

Da jedoch der Zedent von der Zession bis zur Denuntiation noch die Legitimation eines Gläubigers hat, so unterliegt der Zessionar auch den Einreden, welche der Zessus noch in dieser Zwischenzeit gegen den Zedenten erwirbt.

---

pensionen RG. Bd. 4 S. 143. Als nicht zedierbar betrachtet man auch die actiones vindictam spirantes, die eine persönliche Genugtuung bezwecken, z. B. die Injurienklage, vgl. Mühlenbruch § 26, ferner Forderungen aus pacta de contrahendo, vgl. Degenkolb im Archiv für ziv. Praxis Bd. 71 S. 77, Seuffert, Archiv Bd. 53 n. 99. Nach BGB. § 399 darf eine Forderung nicht abgetreten werden, wenn die Leistung an einen anderen als den ursprünglichen Gläubiger nicht ohne Veränderung ihres Inhalts erfolgen kann. § 400 verbietet die Abtretung einer Forderung, soweit sie der Pfändung nicht unterworfen ist.

5) Anders Oberstes LG. für Bayern bei Seuffert, Archiv Bd. 53 Nr. 149.

6) Stegemann, das pactum de non cedendo im Archiv für ziv. Praxis Bd. 67 S. 315. Anders Ernst Schlesinger, die Wirksamkeit des pactum de non cedendo Erlang. Inaug.Diss. 1892, für die Gültigkeit des p. d. n. c. aber RG. Bd. 31 S. 164, Eck in Iherings Jahrb. Bd. 35 S. 304, BGB. § 399, vgl. aber auch § 405, hierzu Dernburg, Bürg. Recht Bd. 2 § 137 S. 308. Auch testamentarische Verbote der Zession etwa bis zu einem gewissen Alter des Zedenten sind gültig. — Die Zwangsvollstreckung in die Forderung ist durch dasselbe nicht ausgeschlossen; aber die gepfändete Forderung kann dem Gläubiger nur „zur Einziehung" überwiesen werden. ZPO. § 835. Vgl. Seuffert, Archiv Bd. 54 Nr. 211.

7) l. 5 C. de litigiosis 8, 36. Nach der ZPO. ist sie zulässig; der Prozeß muß aber unter den ursprünglichen Parteien fortgeführt werden und die bereits erwachsenen prozessualischen Rechte bleiben unberührt. ZPO. § 205 Abs. 1.

8) l. 2 C. ne liceat potentioribus 2, 13. Über die zahlreichen Streitfragen vgl. Vangerow Bd. 3 § 574 Anm. 1 S. 109. BGB. kennt das Verbot nicht; § 826 kann zum Teil Ersatz geben.

9) nov. 72 cap. 5.

10) Die römischen Zessionsverbote hatten schon im gemeinen Recht keine erhebliche praktische Bedeutung. Anwendung fanden die sub 5 und 6 erwähnten Beschränkungen. Nach dem RA. von 1551 § 79 und der RPO. von 1577 Tit. 20 § 4 war verboten, daß ein Jude seine Forderung an einen Christen anderen Christen zediere. Dies um zu verhüten, daß Christen sich auf Umwegen ein Recht auf die nur den Juden gestatteten Zinsverträge verschafften.

Im einzelnen gestalten sich die Rechte des Zessionars folgendermaßen:

1. Der Umfang, in welchem die Forderung übertragen wird, ergibt sich aus dem Zessionsakte[1] Was der Zessionar dem Zedenten als Gegenleistung für die Forderung gewährte, ist grundsätzlich ohne Bedeutung für sein Recht gegen den Zessus. Um jedoch unsaubern Spekulationen durch Aufkaufen schlechter Forderungen für geringe Preise entgegenzutreten, bestimmte die sog. lex Anastasiana, daß der Käufer einer Forderung nicht mehr vom Zessus beanspruchen dürfe, als der Kaufpreis derselben betrug. Hinsichtlich des Mehrbetrages wird der Zessus frei. Überlassung an einen Gläubiger statt Zahlung, ferner an den beklagten dritten Pfandbesitzer behufs Befreiung des Pfandes, endlich an einen Gemeinschafter behufs einer Auseinandersetzung wurden nicht betroffen.[2]

2. Auf den Zessionar gehen mit der Forderung auch deren Akzessionen, insbesondere die Rechte gegen die Bürgen und die Pfandrechte über.[3] Bestritten ist, inwieweit ihm besondere Vorrechte des Zedenten zustehen. Der Zessionar hat keinen Anspruch auf Vorrechte, welche die Person des Zedenten bei Realisierung der Forderung geltend machen konnte. Das gilt z. B. für die Sportelfreiheit des Fiskus, welcher einem Privaten seine Forderung zedierte. Vorrechte dagegen, welche sich an die Forderung knüpfen, gehen auf den Zessionar über, auch wenn sie um der Person des Zedenten willen gewährt waren. Hierher gehören namentlich die Konkursprivilegien.[4] [5]

1) Vgl. l. 34 pr. D. de leg. III. Es handelt sich, soweit der Zessionsakt keine ausdrückliche Bestimmungen enthält, um eine Interpretationsfrage. Gewöhnlich werden Verzugszinsen, Interessenforderungen, Ansprüche auf künftig verfallende Vertragszinsen, sowie auf noch nicht verfallene K.Strafen in der Zession begriffen sein. Rückständige Vertragszinsen und verfallene K.Strafen gelten dagegen in der Regel nicht als mit der Hauptforderung zediert. BGB. läßt die Frage offen. Vgl. Dernburg, Bürg. Recht Bd. 2 § 138 S. 312.

2) l. 22 § 1 C. mandati 4, 35. Anastasius aus dem Jahre 506: Per hanc itaque legem jubemus in posterum hujusmodi conamen inhiberi . . . ita tamen, ut, si quis datis pecuniis hujusmodi subierit cessionem, usque ad ipsam tantummodo solutarum pecuniarum quantitatem et usurarum ejus actiones exercere permittatur, licet instrumento cessionis venditionis nomen insertum sit: § 2 Exceptis scilicet cessionibus, quas inter coheredes pro actionibus hereditariis fieri contingit, et his, quascumque vel creditor vel is qui res aliquas possidet pro debito seu rerum apud se constitutarum munimine ac tuitione acceperit, nec non his, quas in legatarios seu fideicommissarios, quibus debita vel actiones seu res aliae relictae sunt, pro his fieri necesse sit. Über die zahlreichen Streitfragen, welche sich an die lex Anastasiana knüpfen, vgl. Vangerow Bd. 3 § 576. Selbstverständlich konnte der Zessionar nicht bloß vom Zessus einfordern, was er für die Forderung „gab", sondern auch was er als Kaufpreis für sie „versprach", RG. Bd. 14 S. 240. BGB. hat die lex Anastasiana beseitigt.

3) l. 6, l. 23 pr. D. de her. vel act. vend. 18, 4, l. 14 pr. D. eod., l. 6, l. 7 C. de obl. et act. 4, 10, l. 14 C. de fidejussoribus 8, 40. BGB. § 401 Abs. 1.

4) Bestritten ist, inwieweit dem Zessionar die Vorrechte des Zedenten bezüglich der Forderung zukommen, vgl. Mühlenbruch a. a. O. § 56, Vangerow Bd. 3 § 575 Anm. 2, Windscheid Bd. 2 § 332 Anm. 10. Hinsichtlich der Vererblichkeit unterscheiden die Römer privilegia „causae" und „personae". Die ersteren, welche um der Eigenschaften der Forderung willen gewährt sind, gehen auf die Erben des Gläubigers über, die anderen, welche um der Person des Gläubigers willen zugebilligt wurden, vererben sich nicht. Manche behaupten nun, daß dementsprechend zwar die privilegia causae auf die Zessionare übergingen, nicht aber die privilegia personae. Hierfür spricht scheinbar die l. 42 D.

3. Welche Einreden muß sich der Zessionar aus der Person des Zedenten gefallen lassen? In der Regel alle, also nicht bloß die exceptiones in rem, sondern auch solche, die in anderer Beziehung nur in personam sind. Es genügt, daß die tatsächliche Grundlage der Einrede vor der Denuntiation bestand.[6] Hat aber der Zessus dem Zessionar

---

de administratione tutor. 26, 7. Papinianus libro 1 definitionum: Ex pluribus tutoribus in solidum unum tutorem judex condemnavit. in rem suam judicatus procurator datus privilegium pupilli non habebit, quod nec heredi pupilli datur: non enim causae, sed personae succurritur, quae meruit praecipuum favorem. Aber die Entscheidung Papinians bezieht sich auf den Fall einer erzwungenen Zession, die nur einen Ersatz für das unter den Mitvormündern fehlende Klagerecht auf verhältnismäßige Austeilung des Schadensersatzes bezweckt. Ein Konkursprivileg für diesen Anspruch hätte in der Tat keine innere Berechtigung. Wenn Papinian fortfährt, daß dies Privilegium auch auf die Erben nicht übergehe, weil es kein privilegium causae sei, so rechtfertigt dies den Schluß nicht, daß es auch im Falle einer gewöhnlichen Zession erlösche. Damit würde die Zession die Forderung so erheblich verschlechtern, daß dem Gläubiger die Abtretung derselben häufig tatsächlich unmöglich gemacht wäre. Dies ist um so weniger anzunehmen, als in anderen Fällen der Übergang von persönlichen Privilegien auf den Zessionar unbedenklich zugestanden wird, vgl. l. 7 C. de privil. fisci 7, 73, l. 2 C. qui potior. 8, 18. Viele Neuere versagen jedoch Rechtswohltaten, die in einer Eigenschaft des Gläubigers ihren Grund haben, dem Zessionar wenigstens dann, wenn sie einen Vorzug nicht sowohl „verleihen" als „in Aussicht stellen". Zu Rechtswohltaten der letzteren Art rechnen sie die Konkursprivilegien. Vgl. Windscheid a. a. O. Will man sich mit der l. 42 cit. so abfinden, so geschieht dies doch nur sehr äußerlich, denn von einer solchen Unterscheidung enthält der Ausspruch Papinians nichts. Es kann auch nicht zugegeben werden, daß Konkursprivilegien nur eine „Aussicht" auf Vorteile gewähren, sie sind vielmehr sehr wichtige Eigenschaften gewisser Forderungen, die allerdings nur im Falle des Konkurses des Schuldners wirksam werden. Vgl. RG. Bd. 3 S. 34. Nunmehr bestimmt BGB. § 401 Abs. 2: Ein mit der Forderung für den Fall der Zwangsvollstreckung oder des Konkurses verbundenes Vorzugsrecht kann auch der neue Gläubiger geltend machen.

5) Sehr zweifelhaft ist, ob der Zessionar Vorrechte, die ihm bezüglich „seiner" Forderungen infolge seiner persönlichen Stellung zukommen, auch bezüglich „zedierter" Forderungen geltend machen dürfe, ob z. B. der Mündel oder das Hauskind das Vorrecht im Konkurse des Vormundes oder Vaters auch für zedierte Forderungen gegen denselben beanspruchen könne? Die Bejahung scheint geboten, da dem Zessionar die ihm zedierte Forderung übereignet wird. Allein dieser bloß formale Grund kann nicht durchschlagen. Die Lage des Schuldners soll durch die Zession nicht wesentlich verschlechtert, die Forderung durch sie nicht verbessert werden. Dies spricht für die Verneinung der Frage. Vgl. Windscheid Bd. 2 § 332 Anm. 12.

6) Windscheid Bd. 2 § 332 Anm. 2 stellt als Prinzip auf: Einreden, welche sich nicht sowohl „auf die Forderung selbst" als vielmehr „auf diese bestimmte Gläubigerperson beziehen", gehen mit dem Wechsel des Gläubigers unter. Hiergegen ist zu erinnern: Nicht darauf kann es hier ankommen, ob es sich um Einreden handelt, die den Erben des Gläubigers gegenüber versagen, sondern nur darauf, ob sie derart persönlich sind, daß sie gegen einen Zessionar nicht wirksam sind. Die Existenz solcher Einreden ist nicht nachzuweisen. Daß die exceptio doli, obgleich in personam, dem Zessionar aus der Person des Zedenten entgegensteht, wird heutzutage nicht bezweifelt. Man führt aber in erster Linie die Einrede der Kompetenz an. Dieselbe war allerdings „personae cohaerens" und stand daher nur dem Schuldner selbst, nicht dem Bürgen des Schuldners zu, l. 7 D. de exceptionibus 44, 1; nirgends aber ist bezeugt, daß sie auch in dem Sinne „in personam" erging, daß sie gegenüber dem Zessionar nicht durchgriff, wenn sie dem Zedenten gegenüber begründet war. Dies ist auch aus inneren Gründen nicht anzunehmen. Ob man direkt von seinem Schuldner die volle Schuldsumme beitreibt, oder indirekt auf dem Umwege der Zession, kann keinen Unterschied machen. Weiter führt man Stundungsverträge an. Jedoch ein Stundungsvertrag, durch welchen der Gläubiger für seine Person auf die Geltendmachung einer Forderung verzichtet, während er dieselbe seinen Erben vorbehält, — l. 57 § 1 D. de pactis 2, 14 — kann zweifellos dem Zessionar

gegenüber die Schuld als rechtsbeständig anerkannt, so darf er sich der Einreden, die ihm aus der Person des Zedenten zustanden, richtiger Ansicht nach nicht bedienen.[7]

Der Zessus kann ferner Einreden jeder Art aus der Person des Zessionars erwerben.[8]

4. Der Zessus muß gegen die Gefahr geschützt werden, doppelt zu zahlen. Diese Gefahr kann namentlich dadurch entstehen, daß der ursprüngliche Gläubiger die angebliche Zession nicht anerkennt und noch einmal Zahlung beitreibt, nachdem der Schuldner dem als Zessionar Auftretenden — sei es freiwillig, sei es durch rechtskräftiges Urteil gezwungen — bereits befriedigt hat. Um dies zu verhüten, kann der Schuldner vor der Zahlung von dem als Zessionar Auftretenden die Aushändigung der Zessionsurkunde oder sonstiger Beweismittel der Zession fordern, die ihm ermöglichen, dem ursprünglichen Gläubiger gegenüber seinerseits den Beweis der geschehenen Zession zu führen, wenn derselbe später klagen sollte. Ist der Zessionar hierzu nicht imstande, so kann er nur Deposition der Schuldsumme beanspruchen, es sei denn, daß er dem Zessus Realsicherheit gegen die Gefahr etwaiger Forderungen des Zedenten stellt.[9]

Machen verschiedene Prätendenten ein und dieselbe Forderung geltend, so kann der Schuldner die Geldsumme deponieren und die angeblichen Gläubiger den Streit untereinander ausfechten lassen.[10]

§ 309. Rechtsverhältnisse zwischen dem Zessionar und dem Zedenten.

Meist finden sich gegenseitige Ansprüche zwischen dem Zessionar und dem Zedenten. Sie entspringen nicht sowohl aus der Zession selbst, als aus ihrem Rechtsgrunde. Dieser bestimmt daher Inhalt und Umfang

---

des Gläubigers, so lange dieser lebt, entgegengestellt werden; dies entspricht seiner vermutlichen Absicht. Ein Vertrag aber, nach dem der Gläubiger auf die Geltendmachung der Forderung für seine Person verzichtet und sie gleichwohl einem etwaigen Zessionar vorbehält, wird nicht vorkommen; er wäre für den Schuldner nahezu wertlos. Dieses höchst entlegenen Falles wegen bedarf es der Distinktion von Windscheid nicht. Mit Recht lehren daher die meisten neueren Schriftsteller, daß sämtliche Einreden, welche bis zur Denuntiation in der Person des Zedenten begründet waren, auch dem Zessionar entgegenstehen, vgl. Francke im Archiv für ziv. Praxis Bd. 16 n. 15, Vangerow Bd. 3 § 575 Anm. 1. Nach BGB. tritt an die Stelle der Denuntiation die Kenntnis des Schuldners von der Abtretung, vgl. § 407.

7) Die Anerkennung der Forderung durch den Zessus — also nicht bloße Anerkennung der Zession — gibt derselben ein neues Fundament. Vgl. Glück Bd. 16 S. 426. Anderer Ansicht Mühlenbruch § 50. Erfolgte die Anerkennung irrtümlicherweise und geschah die Zession auf Grund eines onerosen Titels, so hat der Zessus arg. l. 12 D. de novat. 46, 2 eine condictio gegen den Zedenten, der sine causa bereichert ist, aber keine Rechte gegen den Zessionar.

8) Dem Zessus erwachsen keine Einreden aus Vereinbarungen zwischen Zedenten und Zessionar über die Weise, wie dieser die ihm unbedingt abgetretene Forderung geltend machen soll, insbesondere bei sog. cessio in securitatem, RG. 24 S. 162.

9) Vgl. namentlich Bähr S. 445, l. 11 § 21 D. de leg. III. BGB. § 410, Dernburg, Bürg. Recht Bd. 2 § 135 S. 305.

10) ZPO. § 75.

der Ansprüche. Es gibt aber Verbindlichkeiten, welche die Begleiter jeder Zession sind, weil sie sich aus der Natur des Zessionsgeschäftes ergeben.

1. Der Zedent ist dem Zessionar ersatzpflichtig, wenn er nach der Zession noch Zahlungen empfängt oder sonst von seiner formellen Legitimation zu Verfügungen über die Forderung zum Nachteile des Zessionars Gebrauch macht.[1]

2. Er hat ferner dem Zessionar zur Realisierung der Obligation jeden verkehrsüblichen Beistand zu leisten, namentlich auf Anfordern eine schriftliche Urkunde über die Zession auszustellen[2] und die Beweismittel über die Forderung zugänglich zu machen.

3. Er hat dem Zessionar alle Sicherungsmittel der zedierten Forderung zu übermitteln, also namentlich die Faustpfänder auszuhändigen, soweit sich dies mit seiner Verantwortlichkeit gegenüber dem Verpfänder verträgt.

4. Verkäufer von Forderungen haften für deren Rechtsbeständigkeit — nomen verum esse —, also dafür, daß diese an und für sich begründet und nicht infolge peremptorischer oder dilatorischer Exzeptionen, die dem Käufer beim Erwerbe unbekannt waren, für immer oder zurzeit aufgehoben sind. Dagegen stehen sie dem Käufer für die faktische Beitreibbarkeit der Forderung — nomen bonum esse — an und für sich nicht ein. Ist aber eine solche Verabredung ausbedungen, so haftet der Verkäufer doch nur unter der Voraussetzung, daß der Käufer die Forderung ungesäumt nach der Zession beziehungsweise Fälligkeit beitreibt und ununterbrochen verfolgt.[3] [4] Die Bestimmungen über den Verkauf gelten von jeder entgeltlichen Veräußerung.

---

1) l. 23 § 1 D. de her. vel. act. vend. 18, 4. Hermogenianus libro 2 juris epitomarum: Nominis venditor quidquid vel compensatione vel exactione fuerit consecutus, integrum emptori restituere compellatur. Es liegt auf der Hand, daß das vom Zedenten noch Eingenommene ohne Unterscheidung des Grundes der Zession — eventuell wegen ungerechtfertigter Bereicherung aus dem fremden Aktivum — dem Zessionar zu erstatten ist.

2) BGB. §§ 402, 403, Dernburg, Bürg. Recht Bd. 2 § 142 S. 324. Bähr S. 481: „Von selbst versteht es sich, daß die Kosten des Zessionsinstrumentes der Zessionar tragen muß, wenn nicht besondere Gründe für das Gegenteil vorliegen". Vgl. auch BGB. § 403, letzter Satz.

3) l. 4 D. de her. vel act. vend. 18, 4. Ulpianus libro 32 ad edictum: Si nomen sit distractum, Celsus libro nono digestorum scribit locupletem esse debitorem non debere praestare, debitorem autem esse praestare, nisi aliud convenit; l. 5 D. eod Paulus libro 33 ad edictum: et quidem sine exceptione quoque, nisi in contrarium actum sit. sed si certae summae debitor dictus sit, in eam summam tenetur venditor: si incertae et nihil debeat, quanti intersit emptoris, l. 74 § 3 D. de evictionibus 21, 2. BGB. §§ 437, 438 stimmen überein; der Verkäufer einer Forderung, der die Haftung für die Zahlungsfähigkeit des Schuldners übernommen hat, haftet im Zweifel nur für die Zahlungsfähigkeit zur Zeit der Abtretung. Vgl. Dernburg, Bürg. Recht Bd. 2 § 182, 2 Abt. S. 45.

4) Was hat der Verkäufer zu präftieren, wenn die verkaufte Forderung nicht oder nicht in dem angegebenen Maße besteht? Er ist, wie auch RG Bd. 8 S. 109 ausführt, dem gutgläubigen Käufer zum Ersatze seines gesamten Interesses verbunden, ohne Unterschied, ob die Forderung niemals bestand, ob sie ipso jure, z. B. durch Zahlung, aufgehoben oder ob sie durch Exzeption entkräftbar ist. Denn wer eine Forderung verkauft, versichert deren Existenz und muß für die Wahrheit dieser Versicherung einstehen, beziehungs-

Der Schenker der Forderung steht nur für etwaigen Dolus ein.[5] Ebenso verhält es sich im Falle einer Zession infolge einer Zwangsvollstreckung und bei gesetzlichen Zessionen.

II. Schuldübernahme.[1]

§ 310. Begriff und Wirkungen der Schuldübernahme.

Schuldübernahme pflegt man den Eintritt eines neuen Schuldners in eine Obligation zu nennen, die im übrigen fortbesteht. Sie ist privativ, wenn der neue Schuldner an die Stelle des bisherigen tritt, und kumulativ, wenn er neben letzterem verpflichtet wird; in der Regel gilt die Schuldübernahme als privativ. Sie bildet eine Sukzession; das Forderungsrecht bleibt bestehen, der Schuldner wechselt. Es wird aus dem ursprünglichen Geschäft geklagt, die Schuldübernahme bezieht sich nur auf die Passivlegitimation.

Die Schuldübernahme kann geschehen:

a) durch Vertrag des Übernehmers mit dem Gläubiger.

b) Schwieriger ist das Verhältnis, falls die Übernahme nur zwischen dem ursprünglichen Schuldner und dem Übernehmer vereinbart wurde. Der Vertrag verpflichtet den Übernehmer, die Befreiung des Mitkontrahenten herbeizuführen. Es fragt sich aber, ob auch dessen Gläubiger, obwohl er nicht beim Abschlusse beteiligt war, noch auch zum Beitritte aufgefordert ist, ein Forderungsrecht gegen den Schuldübernehmer erwirbt.[2]

---

weise für den Nachteil aufkommen, welcher dem dieser Versicherung glaubenden Käufer dadurch entsteht, daß sie den Tatsachen nicht entspricht. Das Interesse fällt, wenn auch ein bestimmter Nominalbetrag der Forderung angegeben war, keineswegs immer mit diesem zusammen und ist ebensowenig immer identisch mit dem gezahlten Kaufpreise. Das Interesse ist vielmehr nach den Umständen ein verschiedenes. Die Literatur über die Frage stellt zusammen RG. Bd. 8 S. 110. BGB. § 440 verweist auf die vom gegenseitigen Vertrage handelnden §§ 320—327 und läßt damit die Entscheidung dunkel. Vgl. Dernburg, Bürg. Recht Bd. 2 § 181 2. Abt. S. 42.

5) Vgl. auch BGB. § 523.

1) Delbrück, die Übernahme fremder Schulden 1853, hierüber Hinrichs in der Kieler allgemeinen Monatsschrift, Jahrgang 1853 S. 685, Gürgens in Jherings Jahrb. Bd. 8 n. 8, Regelsberger in Endemanns Handbuch des Handelsr. Bd. 2 S. 532 und im Archiv für ziv. Praxis Bd. 67 S. 24, Bähr daselbst S. 176, Unger, Schuldübernahme 1889, Adler im Archiv für bürg. Recht Bd. 3 S. 1, Blume, Novation, Delegation und Schuldübertragung 1895 S. 39 ff., Kipp in Jherings Jahrb. Bd. 36 S. 336, vgl. ferner die von Blume in Jherings Jahrb. Bd. 39 S. 390 zitierten.

2) Nach römischem Rechte entsprangen aus dem Vertrage zwischen dem Schuldner und dem Übernehmer wegen Übernahme der Schuld nur Ansprüche des Schuldners auf Befreiung und keine Rechte des Gläubigers der zu übernehmenden Forderung. l. 2 C. de her. vel act. vend. 4, 39. Antoninus. Ratio juris postulat, ut creditoribus hereditariis et legatariis seu fideicommissariis te convenire volentibus tu respondeas et cum eo, cui hereditatem venumdedisti, tu experiaris suo ordine . . . quamvis enim ea lege emerit, ut creditoribus hereditariis satisfaciat, excipere actiones hereditarias invitus cogi non potest. Hatte jedoch der Gläubiger gegen den Schuldübernehmer geklagt und mit ihm die Litiskontestation, die derselbe freiwillig mit ihm vollzog, vorgenommen, so war der ursprüngliche Schuldner befreit, l. 2 C. de pactis 2, 3. Severus et Antoninus. Post venditionem hereditatis a te factam, si creditores contra

Dies gilt dann, wenn die Schuldübernahme **Bestandteil eines Geschäftes ist, welches dem Schuldübernehmer die Werte verschafft, aus denen nach der Verkehrsauffassung die übernommene Schuld vorzugsweise zu tilgen ist,** insbesondere wenn ihm ein Vermögen übertragen wird, zu welchem die übernommenen Verbindlichkeiten gehören,[3] oder wenn er eine Sache, auf der eine hypothekarische Schuld ruht, erwirbt und zugleich die Schuld auch persönlich übernimmt.[4] Der Gläubiger behält freilich auch in diesen Fällen sein Forderungsrecht gegen den ursprünglichen Schuldner. Aber er gibt dasselbe auf, wenn er aus dem Übernahmevertrag Rechte gegenüber dem Übernehmer geltend macht, insbesondere gegen ihn klagt, vorausgesetzt, daß die Schuldübernahme im privativen Sinne geschah. Indem er die Vorteile annimmt, welche die Schuldübernahme für ihn hat, willigt er in das Geschäft, er kann es nicht teilen.[5]

Dies alles ist aber davon abhängig, daß das Übernahmegeschäft gegenüber dem Übernehmer, mit dem es geschlossen wurde, rechtliche Geltung hat.[6]

Der Übernehmer tritt in die Schuld ein, wie sie zur Zeit des Übernahmevertrages vorlag. Daher kann er in der Regel dem Gläubiger alle Einreden entgegenstellen, die dem ursprünglichen Schuldner zur Zeit des Übernahmevertrages zustanden.[7][8] Die Übernahme kann indessen auch in dem Sinne geschehen, daß der Übernehmer auf alle Einreden verzichtet.[9]

---

emptores actiones suas movisse probare potueris eosque eas spontanea suscepisse voluntate, exceptione taciti pacti non inutiliter defenderis.

3) Ein Hauptfall ist der Erwerb eines Handelsgeschäftes mit dessen Firma, HGB. § 22. Vgl. RG Bd. 2 S. 55 und in Gruchots Beiträgen Bd. 37 S. 1148, aber auch Simon, Haftung des Übernehmers für Handelsschulden in Goldschmidts Zeitschr. Bd. 24 S. 91.

4) RG. Bd. 7 S. 131, BGB. § 416, Dernburg, Bürg. Recht Bd. 2 § 159 S. 361.

5) BGB. § 415 läßt die Wirksamkeit der Schuldübernahme von der Genehmigung des Gläubigers abhängen. Die Genehmigung kann erst erfolgen, wenn der Schuldner oder der Übernehmer dem Gläubiger die Schuldübernahme mitgeteilt hat. Bis zur Genehmigung können die Parteien den Vertrag ändern oder aufheben. Vgl. hierzu Dernburg, Bürg. Recht Bd. 2 § 156 S. 356.

6) Ob das Recht des Gläubigers von der Rechtsbeständigkeit des Vertrages zwischen Schuldner und Übernehmer abhängt, ist bestritten. Regelsberger a. a. O. nimmt an, die Nichtigkeit des Vertrages entziehe dem Rechte des Gläubigers den Boden, nicht aber bloße Anfechtbarkeit, also schade ihm z. B. die exceptio doli oder die e. non adimpleti contractus nicht. Dies entspricht schwerlich den Intentionen, in welchen die Schuldübernahme geschieht. Ich kaufe ein neues Haus und übernehme die darauf ruhenden Hypotheken, das Haus wird mir aufgelassen, stürzt aber, weil nachlässig gebaut, zusammen. Bin ich persönlich zur Zahlung der Hypothekenschulden verbunden, obgleich ich es dem Verkäufer wieder zurückgebe? Noch weiter als Regelsberger geht Gürgens a. a. O. S. 283. BGB. § 417 Abs. 2 besagt: Aus dem der **Schuldübernahme** zugrunde liegenden Rechtsverhältnisse zwischen dem Übernehmer und dem bisherigen Schuldner kann der Übernehmer dem Gläubiger gegenüber Einwendungen nicht herleiten; vgl. im übrigen Dernburg, Bürg. Recht Bd. 2 § 157 S. 358.

7) Eine Ausnahme nimmt man bei den exceptiones personae cohaerentes an. Hinsichtlich der Einrede der Kompetenz muß man dies gelten lassen, weil sie eine höchstpersönliche Beziehung auf den Schuldner hat, dem gelassen werden soll, wessen er zu seinem Unterhalte bedarf.

8) Auch nach BGB. § 417 Abs. 1 kann der Übernehmer dem Gläubiger die Einreden des Schuldners entgegensetzen. Eine dem bisherigen Schuldner zustehende Forderung kann er indessen nicht aufrechnen.

Fünfter Abschnitt.

Die Tilgung der Obligationen.

§ 311. Beendigungsgründe im allgemeinen. Akzeptilation.[1]

Es liegt im Wesen der Obligation, daß sie in näherer oder entfernterer Zeit durch Leistung des Geschuldeten — Zahlung — ihr Ende finde. Sie kann auch durch Erfüllungssurrogate aufgehoben werden und zwar mit Willen des Gläubigers durch Leistung an Zahlungs Statt oder Novation, und ohne seinen Willen durch Kompensation. Auch hiervon abgesehen gibt es zahlreiche Gründe, welche sie aufheben, z. B. Verzicht des Gläubigers, Konfusion, Unmöglichkeit der Leistung.[2]

Viele Tilgungsgründe vernichten die Obligation unmittelbar; hierfür wendet man vorzugsweise die im übrigen vieldeutige Bezeichnung der Aufhebung „ipso jure“ an. Sonstige Gründe erzeugen nur peremptorische Exzeptionen, so daß erst infolge ihres Vorschützens das obligatorische Band zerrissen wird.[3]

Neben den speziellen Ursachen der Tilgung der Obligationen kannte das römische Recht eine abstrakte Tilgungserklärung des Gläubigers, welche die Obligation aufhob, ohne daß auf den Grund der Erklärung zurückgegangen wurde. Dies war die Akzeptilation,[4] ein Formalgeschäft, bei welchem der Schuldner dem Gläubiger die Frage stellte „quod ego tibi promisi, habesne acceptum?“ und der Gläubiger die zustimmende Antwort gab „habeo“.[5] [6] Die Akzeptilation war dazu bestimmt, reinen Tisch zu machen. Daher ließ sie keine Bedingungen oder andere Beschrän-

---

9) Vorrechte und vom Schuldner bestellte Pfandrechte erhalten sich. Auch Ansprüche gegen selbstschuldnerische Bürgen, welche die Rechtswohltat der Vorausklage nicht haben, gehen nicht unter. Natürlich behalten solche Bürgen, wenn sie zur Zahlung genötigt werden, ihre Regreßansprüche gegen den ursprünglichen Schuldner, für den sie interzedierten. Nach BGB § 418 gehen dagegen Bürgschaften, Pfandrechte und Konkursprivilegien unter.

1) Im weiteren Sinne heißt jede Aufhebung der Obligation „solutio“, d. h. Lösung, gleich Befreiung — Liberation — des Schuldners, l. 54 D. de solutionibus 46, 3; im engeren Sinne versteht man darunter nur die „Erfüllung“ der Obligation, l. 176 D. de V. S. 50, 16.

2) Vgl. Hartmann, Obligation S. 62.

3) l. 112 D. de R. J. 50, 17, Paulus libro 8 ad edictum: Nihil interest, ipso jure quis actionem non habeat an per exceptionem infirmetur. l. 66 D. eod., l. 20 § 3 D. de liberali causa 40, 12, l. 55 D. de V. S. 50, 16.

4) Vgl. über die Akzeptilation: Baron, Gesamtrechtsverhältnisse S. 309, Fitting, Korrealobligationen § 8, Erman, zur Geschichte der römischen Quittungen und Solutionsakte 1883, Girard, Manuel S. 501 ff.

5) § 1 J. quibus modis obligatio tollitur 3, 29. Andere Formeln und Stellen siehe bei Erman a. a. O. S. 32.

6) Den abstrakten Charakter der Akzeptilation behauptet mit Recht Baron a. a. O. Die Akzeptilation kann sich an eine Vollzahlung anschließen und ebensogut auf der Absicht eines Erlasses der Obligation ohne Befriedigung oder in Fällen nur teilweiser Befriedigung beruhen, l. 19 § 1 D. de acceptilatione 46, 4 Die Akzeptilation ist daher nicht, wie dies u. a. Arndts § 267 Anm. 1 tut, mit einem Erlaßvertrag zu identifizieren, vgl. unten § 322.

kungen zu.[7] Auch war man bemüht, sie möglichst gegen Anfechtung sicher zu stellen.[8]

Die Akzeptilation als Tilgung „verbis" hatte nur Kraft gegen Verbalobligationen.[9] Denn es war ein alter Satz der römischen Jurisprudenz, daß die Form der Aufhebung eines Geschäftes der Form seiner Begründung entsprechen müsse.[10] Es ließen sich indessen Obligationen jeder Art durch Novation in Verbalobligationen verwandeln und dann durch Akzeptilation tilgen. In dieser Weise konnte man alle Ansprüche beseitigen, die jemand aus irgendeinem Grunde prätendierte, indem man sie sämtlich nach einer durch Aquilius Gallus aufgestellten Formel — stipulatio Aquiliana — novierte und dann durch Akzeptilation aufhob.[11]

Die Akzeptilation galt als „eingebildete Zahlung".[12] Der Schuldner wurde daher seinem Gläubiger gegenüber so behandelt, wie wenn er gezahlt hätte. Aber eine vollkommene Gleichstellung von Zahlung und Akzeptilation ließ sich doch nicht durchführen.[13]

In der späteren Rechtsentwicklung fand die Akzeptilation keine Anwendung mehr, aber sie wurde zum Teil durch Quittungen ersetzt. Denn Quittungen sind im modernen Verkehre keineswegs bloß Beweismittel über empfangene Zahlungen.[14] Sie werden regelmäßig in Fällen auch anderer Abfindung des Gläubigers, insbesondere eines Schulderlasses ausgestellt. Quittungen bilden also Anerkenntnisse des Gläubigers

7) l. 4, l. 5 D. de acceptilatione 46, 4.

8) In l. 2 und l. 3 C. de acceptilationibus 8, 43 heben Diokletian und Maximian hervor, daß nach der Akceptilation „ei, qui ex nulla causa restitui potest, omnis agendi via praecluditur". Wenn jedoch um der ausgesprochenen Erwartung eines künftigen Ereignisses willen „akceptoferiert" wurde, und wenn sich dieses nicht verwirklichte, wurde eine condictio zugelassen, l. 4, l. 10 D. de condictione causa data causa non secuta 12, 4, l. 9 D. de praescriptis verbis 19, 5.

9) l. 19 pr. D. de acceptilatione 46, 4.

10) l. 80 D. de solutionibus 46, 3. Pomponius libro 4 ad Quintum Mucium: Prout quidque contractum est, ita et solvi debet, vgl. die bei Erman a. a. O. S. 50 zitierten Stellen. Siehe auch Leist, über die Wechselbeziehungen zwischen dem Rechtsbegründungs- und dem Rechtsaufhebungsakte 1876. Im alten Recht wurde demgemäß die durch nexum begründete Schuld durch einen Solutionsakt „per aes et libram" getilgt, ebenso gleichstehende, unmittelbar vollstreckbare, sog. Exekutivschulden; Literalobligationen tilgten buchmäßige, Verbalkontrakte mündliche Akzeptilationen. Konsensualkontrakte konnten, solange noch von keiner Seite erfüllt war, durch contrarius consensus aufgehoben werden. Gaj. Inst. III § 169, § 4 J. quib. mod. obl. tollit. 3, 29. Nach prätorischem Recht erzeugte übrigens bei Obligationen jeder Art ein formloses „pactum de non petendo" des Schuldners mit dem Gläubiger eine exceptio.

11) Die Formel findet sich in l. 18 § 1 D. de acceptilatione 46, 4, § 2 J. quib. mod. obl. tollit. 3, 29.

12) Eine „imaginaria solutio" nennt Gajus Inst. III § 169 die Akzeptilation, vgl. § 1 J. quib. mod. obl. tollit. 3, 29.

13) Vgl. über die Zahlungsähnlichkeit der Akzeptilation Erman a. a. O. S. 67.

14) In Rom galten Quittungen — apochae, securitates — nur als Empfangsbekenntnisse für Zahlungen, l. 19 § 1 D. de acceptilatione 46, 4, vgl. aber auch Frese in der Zeitschr. der Sav.-Stiftg., rom. Abt. Bd. 18 S. 250. Nach einer Verordnung Justinians, der l. 14 C. de non numerata pecunia 4, 30, erhielten die Quittungen erst Beweiskraft, wenn sie innerhalb 30 Tagen von der Ausstellung an nicht angefochten waren. Das Einführungsgesetz zur ZPO. § 17 hat dies aufgehoben.

über die Befreiung des Schuldners.[15] Zur Entkräftung einer Quittung genügt folgerecht nicht der Beweis, daß die Schuld nicht gezahlt ist, etwa durch Zuschiebung eines Eides über diese Frage. Der Gläubiger kann sie vielmehr durch diesen Beweis nur entkräften, wenn feststeht, daß er die Quittung um einer Zahlung willen ausstellte.[16][17]

I. Zahlung, Konkurs, Kompetenz.

§ 312. Die Zahlung.[1]

Das Ziel der Obligationen und somit auch ihre normale Beendigung ist die Erfüllung, d. h. die Leistung des Geschuldeten.

Die wissenschaftlich korrekte, aber abstrakte Bezeichnung „Erfüllung" ist dem Verkehre wenig geläufig. Man pflegt insbesondere bei Geldschulden von „Zahlungen" zu reden.[2] Es ist unvermeidlich, bei der Darstellung diesen volkstümlichen Ausdruck statt des kunstmäßigen „Erfüllung" mitzugebrauchen.

Die Erfüllung ist Sache des Schuldners. Nicht selten kann er sie einseitig vollziehen, z. B. durch Vornahme eines aufgetragenen Geschäftes. Meist aber bedarf es zu ihrer Ausführung der Annahme, also der Mitwirkung des Gläubigers. Zur richtigen Erfüllung gehört:

1. Die Leistung des Gegenstandes der Schuld behufs ihrer Tilgung.[3]

Anderes als das Geschuldete braucht der Gläubiger nicht anzunehmen.[4] Daher kann man eine Schuld, die nicht in Geld besteht, durch Angebot ihres Geldwertes nicht tilgen, wenn sich der Gläubiger nicht freiwillig für die Annahme erklärt.

---

15) Bähr, Anerkennung S. 255; Urteile des RG. S. 27; Brinz Bd. 2 S. 291 Anm. 9. Vgl. übrigens Arndts § 267 Anm. 1 a. E. und dort Zitierte. Eine gute Übersicht der verschiedenen Meinungen bei Dilloo, die Quittung, Berliner Inaug.Diss. 1895. Über die Quittung des BGB. vgl. Dernburg, Bürg. Recht Bd. 2 § 115 S. 257.

16) In ähnlicher Weise begründet die Zurückgabe des Schuldscheins an den Schuldner, sowie die absichtliche Vernichtung oder Kassation der Schuldurkunde wohl eine Vermutung für die „Liberation", keineswegs aber für die Zahlung oder irgendeine spezielle Art der Schuldtilgung. Vgl. l. 24 D. de probationibus 22, 3; l. 14, l. 15 C. de solutionibus 8, 42. Siehe aber auch RG. Bd. 14 S. 242.

17) Die Quittung beweist die Schuldtilgung in der Regel nur, wenn sie dem Schuldner ausgehändigt ist. Aber der Schuldner, welcher sie in Händen hat, muß diese Aushändigung nicht erst beweisen, es ist vielmehr Sache des Gläubigers, darzutun, daß die Quittung ohne seinen Willen an den Schuldner kam, wenn er dies behauptet. Denn nach dem regelmäßigen Laufe der Dinge ist derartiges nicht zu unterstellen.

1) Tit. Dig. de solutionibus et liberationibus 46, 3, Cod. 8, 42. Vgl. Gruchot, die Lehre von der Zahlung der Geldschuld 1871; Römer, Beiträge zur Lehre von der Erfüllung der Obligationen, Festschrift zur 4. Säkularfeier der Universität Tübingen von Römer und Meibom 1877; Cohn in Endemanns Handbuch Bd. 3 S. 998, 1003; Unger in Grünhuts Zeitschr. Bd. 15 S. 529; Kretschmar, die Erfüllung 1906.

2) Zahlung (Zuzählung) kann zu sehr verschiedenen Zwecken geschehen, hier handelt es sich um schuldtilgende Zahlung, Unger a. a. O. S. 532.

3) Der Schuldner, welcher sich zu seiner Befreiung auf eine Geldzahlung beruft, hat daher nicht nur die Zahlung nachzuweisen, sondern nicht minder, daß sie zum Zwecke der Schuldtilgung geschah. ROHG. Bd. 18 S. 260.

4) l. 2 § 1 D. de reb. cred .12, 1 „aliud pro alio invito creditori solvi non potest"

Ist eine Sache geschuldet, so genügt deren Überlieferung nicht; der Gläubiger kann vielmehr außerdem deren freies und unwiderrufliches Eigentum in Anspruch nehmen, und hat in Ermangelung dessen Schadensersatzansprüche gegen den Schuldner.[5]

Nicht erforderlich ist, daß der Gläubiger unmittelbar durch die Zahlung das Eigentum erhält, es genügt vielmehr, daß es ihm infolge derselben verschafft werde. Daher wird der Schuldner, welcher mit dem Gelde eines Dritten zahlte, befreit, falls der Gläubiger, ohne vom Ursprunge des Geldes etwas zu wissen, es mit eigenen Geldstücken vermischte, denn er erwarb das Geld nunmehr unwiderruflich infolge der Zahlung.[6]

Zu Teilleistungen ist der Schuldner nur berechtigt, wenn dies vereinbart wurde, sonst darf sie der Gläubiger zurückweisen.[7] In einigen besonderen Fällen sind sie aber gestattet.[8]

2. In der Regel ist nicht bloß der Schuldner, sondern jeder imstande,

---

5) l. 45 § 1 D. de leg. I., l. 27 D. h. t. 46, 3; l. 20, l. 38 § 3, l. 98 D. eod. Meist lehrt man, daß der Gläubiger bei generischen Obligationen, wenn ihm nicht Eigentum oder nicht freies Eigentum verschafft worden sei, Leistung einer anderen Sache fordern könne, doch fügt Windscheid Bd. 2 § 342 Anm. 6a hinzu, daß er auch Leistung des Interesses beanspruchen dürfe, das er an der Verschaffung des Eigentums am Hingegebenen hatte. Wir müssen, nach richtiger Auffassung, weiter gehen: Ist einmal die Lieferung erfolgt und angenommen, so kann nicht auf neue Lieferung geklagt werden, sie ist ein für allemal geschehen. Liberiert ist der Schuldner freilich nicht: formell war die Klage in Rom noch immer auf „dare oportere" anzustellen. Aber sie geht nunmehr materiell auf Geldersatz wegen der ungenügenden Leistung. l. 38 § 3, l. 72 § 5 D. h. t. 46, 3, l. 29 § 3 D. de leg. III vertragen sich hiermit durchaus.

6) l. 19 § 1 D. de reb. cred. 12, 1, l. 14 § 8, l. 17 D. h. t. 46, 3, l. 60 D. eod.

7) l. 41 § 1 D. de usuris 22, 1. Modestinus libro 3 responsorum: Lucius Titius cum centum et usuras aliquanti temporis deberet, minorem pecuniam quam debebat, obsignavit: quaero, an Titius pecuniae quam obsignavit usuras praestare non debeat. Modestinus respondit, si non hac lege mutua pecunia data est, uti liceret et particulatim quod acceptum est exsolvere, non retardari totius debiti usurarum praestationem, si, cum creditor paratus esset totum suscipere, debitor, qui in exsolutione totius cessabat, solam partem deposuit. Das gleiche gilt von Nichtgeldschulden, z. B. Lieferung gekaufter Waren. Vgl. über den Grundsatz übrigens Brinz Bd. 2 S. 290 Anm. 31. Eine Ausnahme macht l. 21 D. de rebus creditis 12, 1. Julianus libro 48 digestorum: Quidam existimaverunt neque eum, qui decem peteret, cogendum quinque accipere et reliqua persequi, neque eum, qui fundum suum diceret, partem dumtaxat judicio persequi: sed in utraque causa humanius facturus videtur praetor, si actorem compulerit ad accipiendum id quod offeratur, cum ad officium ejus pertineat lites deminuere. Es sollte also der Prätor aus Billigkeit die Klage auf das Ganze verweigern und nur eine Klage auf den strittigen Teil der Forderung zulassen. Da heutzutage eine besondere Gewährung oder Verweigerung der Klage durch das Gericht nicht stattfindet, so ist die Bestimmung unanwendbar. Viele betrachten jetzt allerdings den Gläubiger als von Rechts wegen zur Annahme der Teilzahlung verpflichtet, wenn der Schuldner, auf das Ganze belangt, die Schuld teilweise zugesteht, teilweise bestreitet. Mommsen, Beiträge Bd. 3 S. 148; Seuffert, Archiv Bd 46 n. 176. Doch dies ist ein von dem römischen sehr verschiedener Satz ohne innere Berechtigung. BGB. § 266 bestimmt: Der Schuldner ist zu Teilleistungen nicht berechtigt.

8) Mehrere Bürgen sind — infolge des beneficium divisionis — berechtigt, je einen Teil der Schuld zu bezahlen. Im Konkurse des Schuldners ferner müssen dessen Konkursgläubiger Teilzahlung annehmen. Der Akzeptant eines Wechsels endlich ist nach Art. 38 der WO. zu Teilzahlungen befugt. Solche Teilzahlungen haben jedoch erst von der Resttilgung an die volle Wirkung der Zahlung. Vgl. hierüber Goldschmidt in Iherings Jahrb. Bd. 26 S. 379.

die Erfüllung vorzunehmen und die Schuld zu tilgen.[9] [10] Oft zahlen Dritte im Auftrage des Schuldners,[11] aber auch ohne sein Wissen, ja gegen seinen Willen können sie die Schuld tilgen.[12]

Der Gläubiger darf auf persönlicher Erfüllung durch den Schuldner bestehen, wenn den Gegenstand der Obligation solche Handlungen bilden, bei welchen die Persönlichkeit des Leistenden nach den besonderen Bestimmungen des Vertrages oder den allgemeinen Anschauungen des Verkehrs in das Gewicht fällt, z. B. Herstellung eines Porträts, Erteilung von Unterricht, Gesindedienste.[13]

3. Die Erfüllung hat an den Gläubiger zu geschehen.[14] Doch ist er persönlich zur Annahme nur befugt, wenn er veräußerungsfähig ist.[15] Auch darf die Forderung nicht ihm gegenüber mit Beschlag belegt sein.

Anstatt des Gläubigers sind zur Zahlungsannahme legitimiert:[16]

9) Oertmann, die Zahlung fremder Schulden im Archiv für ziv. Praxis Bd. 82 S. 367. BGB. § 267.

10) Natürlich tritt die Tilgung der Schuld nicht ein, wenn der Dritte ein Recht auf Rückforderung des Gezahlten hat, insbesondere also dann nicht, wenn er zahlte, weil er sich irrtümlich für den Schuldner hielt, l. 38 § 2 D. h. t. 46, 3; vgl. l. 31 § 1 D. de her. pet. 5, 3, Francke, Kommentar zum Titel de hereditatis petitione S. 322, Windscheid Bd. 2 § 342 Anm. 22, Ruhstrat im Archiv für ziv. Praxis Bd. 67 S. 417, Oertmann a. a. O. S. 457.

11) Häufig nimmt der Gläubiger Anweisungen oder Wechsel von seinem Schuldner zahlungshalber an, d. h. behufs Einziehung des Schuldbetrags von einem Dritten. Hierdurch verpflichtet er sich stillschweigend zur sorgfältigen unverzüglichen Einziehung des Schuldbetrages und verzichtet darauf, vom Schuldner selbst Zahlung beizutreiben, ehe er den Versuch gemacht hat, dieselbe von dem Dritten zu erlangen. Der Schuldner dagegen leistet Gewähr dafür, daß der Gläubiger auf diesem Wege zu seiner Befriedigung kommt, und haftet für den Schaden, der ihm aus dem vergeblichen Versuch erwächst. Besondere Wichtigkeit hat im modernen Verkehr der Scheck, eine Anweisung auf ein Guthaben des Anweisenden bei einem Bankier in der besonderen Form des Schecks. Mit dem Scheck werden vorzugsweise Schulden getilgt, er kann aber auch der Erhebung von Geldsummen zu jedem anderen Zwecke dienen. Über den Scheck vgl. Dernburg, Bürg. Recht Bd. 2 § 239, 2. Abt. S. 217, und die dort Angeführten. Vgl. auch unten § 376 Anm 12.

12) l. 38 D. de neg. gest. 3, 5, Gajus libro 3 de verb. obl.: Solvendo quisque pro alio licet invito et ignorante liberat eum, l. 23, l. 40, l. 53 D. h. t. 46, 3. Vgl. übrigens oben § 300 Anm. 6.

13) Nach BGB. § 267 Abs. 2 kann der Gläubiger auch dann die Leistung des Dritten ablehnen, wenn der Schuldner widerspricht.

14) BGB. § 362. Wer aus entschuldbarem Irrtum einen Nichtgläubiger für seinen Gläubiger ansieht, und ihm infolgedessen zahlt, wird von seiner Schuld nicht befreit. Dem wahren Gläubiger kann dies nicht entgegengesetzt werden. Bei sog. Legitimationspapieren aber wird ausgemacht, daß der Schuldner an deren Präsentanten zahlen darf, ohne zur Prüfung seiner Legitimation verbunden zu sein. BGB. § 808.

15) Soweit der Gläubiger durch eine Zahlung, die ihm während seiner Veräußerungsunfähigkeit geleistet wurde, noch zur Zeit der Klageerhebung bereichert ist, wird der Zahlende durch exceptio doli geschützt. l. 4 § 4 D. de doli mali exc. 44, 4, l. 66 D. h. t. 46, 3.

16) Wenn der Gegenstand der Zahlung, die einem zur Zahlungsannahme an sich nicht Legitimierten geleistet wurde, nachträglich an den Gläubiger gelangt, so wird der Schuldner befreit, l. 61 D. h. t. 46, 3, Paulus libro 5 ad Plautium: In perpetuum quotiens id, quod tibi debeam, ad te pervenit et tibi nihil absit nec quod solutum est repeti possit, competit liberatio, vgl. l. 28 D. h. t. 46, 3. Die Schuld gilt daher namentlich als getilgt, wenn der Empfänger der Zahlung hinterher Gläubiger wird, l. 96 § 4 D. h. t., wie auch, wenn der Gläubiger ihn beerbt, l. 11 § 5 D. de pigne-

a) Bevollmächtigte — sog. Inkassomandatare — und gesetzliche Vertreter des Gläubigers;[17]

b) ein vertragsmäßiger Zahlungsempfänger — solutionis causa adjectus —, welchem zu zahlen der Schuldner ein kontraktliches Recht hat.[18] Der Gläubiger kann ihm die Ermächtigung zur Zahlungsannahme in der Regel nicht entziehen.[19] Er darf dies aber im Falle solcher Veränderungen, welche ihn offenbar als kreditunwürdig erscheinen lassen.[20] Die Ermächtigung des Zahlungsempfängers geht nicht auf seine Erben über.[21]

4. Wird seitens eines Schuldners mehrerer Schulden gleicher Art, insbesondere mehrerer Geldschulden, Zahlung geleistet, die nicht für alle ausreicht, so fragt es sich, welche Schuld getilgt ist?[22] Folgende Grundsätze gelten:[23]

---

raticia act. 13, 7. Vgl. BGB. § 185. — Streitfrage ist, ob der Schuldner durch die dem Gläubiger seines Gläubigers geleistete Zahlung befreit wird, vgl. l. 6 D. de doli mali exceptione 44, 4; Müller im Archiv für ziv. Praxis Bd. 15 n. 12; Vangerow Bd. 3 § 582 Anm. 1 und dort Zitierte. Unmittelbare Befreiung tritt, richtiger Ansicht nach, nicht ein, sondern nur mittelbare durch Kompensation in dem Falle, daß dem Schuldner gegen seinen Gläubiger wegen der Zahlung an dessen Gläubiger eine actio negotiorum gestorum oder eine andere Klage erwächst. Über die l. 11 § 5 D. de pigneraticia act. 13, 7 vgl. Dernburg, Pfandrecht Bd. 1 S. 306.

17) l. 12 pr. D. h. t. 46, 3. Die Frage, wer zur Zahlungsannahme als bevollmächtigt gilt, ist für den Verkehr von großer Bedeutung. Nach BGB. § 370 gilt der Überbringer einer Quittung als ermächtigt, die Leistung zu empfangen, sofern nicht die dem Leistenden bekannten Umstände der Annahme einer solchen Ermächtigung entgegenstehen. Andere Vermutungen stellt das HGB. auf. Wer in einem Laden oder offenen Warenlager angestellt ist, gilt zu solchen Empfangnahmen als ermächtigt, die daselbst gewöhnlich vor sich gehen, HGB. § 56. Geschäftsreisende im Dienste eines Kaufmannes dürfen die Kaufpreise aus den von ihnen abgeschlossenen Verkäufen einkassieren, HGB. § 55. Handlungsagenten sind dagegen zur Annahme von Zahlungen für den Geschäftsherrn nicht ohne weiteres ermächtigt, HGB. § 86. Der Vollmacht steht Genehmigung gleich, falls ein Nichtbevollmächtigter Zahlung annahm. Der Inkassomandatar erwirbt das Eigentum des Eingenommenen dem Gläubiger direkt, begeht also durch dessen Verwendung im eigenen Interesse eine Unterschlagung. Jedoch kann er nach Vertrag oder Usance auch bloßer Summenschuldner sein. Unger a. a. O. S. 534. — Wer einem früheren Bevollmächtigten zahlt, ohne zu wissen, daß dessen Vollmacht erloschen ist, wird befreit, l. 12 § 2, l. 18, l. 32, l. 34 § 3, l. 35, l. 38 § 1, l. 51 D. h. t. 46, 3. Nach BGB. gilt dies nicht unbedingt.

18) Die römische Formel war „mihi aut Sejo dare spondes", § 4 J. de inutilibus stip. 3, 19. Da nämlich einem Dritten nicht stipuliert werden konnte, war Sejus nicht Gläubiger, wohl aber galt er als solutionis causa adjectus. Vgl. Brandis im Rheinischen Museum für Jurisprudenz Bd. 5 n. 11.

19) l. 106 D. h. t. 46, 3. Ein Überrest der alten Auffassung, wonach in der Litiskontestation eine Novation des Anspruches lag, war, daß, wenn der Gläubiger mit dem Schuldner die Litiskontestation vollzogen hatte, die Zahlung an den adjectus nicht mehr gestattet wurde, l. 57 § 1 D. h. t. 46, 3, l. 16 pr. D. de fidejussoribus 46, 1.

20) l. 38 pr. D. h. t. 46, 3.

21) l. 81 pr. D. h. t. 46, 3, l. 55 D. de verb. obl. 45, 1.

22) Henrici in Iherings Jahrbüchern Bd. 14 n. 10 und Bd. 32 n. 2, Struckmann daselbst Bd. 15 n. 5, Cohn, a. a. O. S. 1013, Otto Berner, Verrechnung von Zahlungen. Göttinger Inaug. Diss. 1892, wo sich auch eine Übersicht über die ausländische Gesetzgebung findet, RG. Bd. 29 S. 110.

23) l. 1 C. de solut. 8, 42, Antoninus. In potestate ejus est, qui ex pluribus contractibus pecuniam debet, tempore solutionis exprimere, in quam causam reddat. quod si debitor id non fecit, convertitur electio ad eum qui accepit. si neuter voluntatem suam expressit, prius in usuras id quod solvitur, deinde in sortem

a) In erster Linie entscheidet die **Verfügung des Schuldners bei der Zahlung**. Sie muß nicht ausdrücklich sein, kann sich vielmehr auch aus den Umständen ergeben, z. B. aus der Kongruenz der gezahlten Summe mit einer der Forderungen. Die Verfügung des Schuldners ist maßgebend, auch wenn der Gläubiger das Gezahlte mit der Erklärung annimmt, auf anderes anrechnen zu wollen.[24]

b) In Ermangelung einer Bestimmung des Schuldners kann ihm der **Gläubiger beim Zahlungsgeschäfte** eine Anrechnung vorschlagen. Widerspricht der Schuldner nicht, so gilt dieselbe als **genehmigt**.[25] [26]

c) Wurde beim Zahlungsgeschäfte keine Bestimmung getroffen, so darf sie der **Gläubiger nachholen**, aber nur so, wie sie ein ordentlicher Schuldner in Hinblick auf seine Interessen getroffen hätte.

Hiernach sind Zinsen vor dem Kapital zu berichtigen.[27]

Ferner ist auf die fällige vor der nichtfälligen,[28] dann auf die dem Schuldner beschwerlichere Schuld vor der ihm leichteren anzurechnen.[29]

Hiervon abgesehen ist die ältere vor der jüngeren Schuld zu tilgen.

Wo solche Verbindlichkeiten nicht vorliegen, sind die mehreren Schulden im Verhältnisse der Summen zu berichtigen.[30]

Treibt der Gläubiger selbst die Zahlung bei, so hat er freie Hand bei

---

accepto feretur. Vgl. weiter l. 97 D. h. t. 46, 3, l. 1, l. 2 und l. 3 D. eod. Die — abweichenden — Grundsätze des BGB. sind in den §§ 366 und 367 enthalten. Vgl. Dernburg, Bürg. Recht Bd. 2 § 117 S. 264.

24) Windscheid behauptet Bd. 2 § 343 Anm. 2b: „Erklärt der Gläubiger bei der Annahme, das Geleistete auf ein anderes, als das vom Schuldner bezeichnete Forderungsrecht annehmen zu wollen, so wird keines von beiden Forderungsrechten getilgt, weder das vom Schuldner, noch das vom Gläubiger bezeichnete, und der Gläubiger ist zur Rückgabe des Empfangenen verpflichtet." Dies halte ich mit Henrici a. a. O. S. 464 und Struckmann a. a. O. für unrichtig. Denn das Zahlungsgeschäft geht vom Schuldner aus. Er bedarf der Mitwirkung des Gläubigers zwar behufs des Eigentumsüberganges; vollzieht sich derselbe aber, so ist das Geschäft in der Richtung durchgeführt, die der Schuldner ihm gegeben hat. So auch l. 2 D. h. t. 46, 3.

25) Trifft der **Schuldner** bei der Zahlung keine Verfügung über die Anrechnung, und holt dies der Gläubiger **sofort** nach, so ist er an bestimmte gesetzliche Regeln **nicht** gebunden. Es ergibt sich das aus der Natur der Sache, denn der Schuldner kann noch widersprechen und hierdurch der Anrechnung des Gläubigers entgegentreten. Tut er dies aber nicht, so ist Einverständnis vorhanden. Dies entspricht auch der Auffassung der l. 1 C. cit. und der l. 97 D. h. t. 46, 3, denn hiernach sollen die gesetzlichen Vorschriften über die Imputation nur eintreten, „utriusque demonstratione cessante". Dennoch lehrt man meist anderes auf Grund von l. 1 D. h. t. 46, 3. Indessen diese Stelle ist verunstaltet. Es sind die in den Schlußsatz eingefügten Worte: dummodo sic constituamus, ut in re sua constitueret, wie mir Ubbelohde mit Recht bemerkt, ein eingeschobenes Glossem oder eine ungeschickte, unüberlegte Interpolation. Nur unter dieser Annahme gewinnt die l. 1 und l. 3 Zusammenhang und Sinn. Jedenfalls sind die klaren Aussprüche der anderen Stellen entscheidend. Vgl. Eisele in der Zeitschr. der Sav.Stiftg., rom. Abt. Bd. 18 S. 35.

26) Ein solcher Fall liegt vor, wenn der Gläubiger in der Quittung eine bestimmte Schuld als getilgt bezeichnet, und der Schuldner diese Quittung vorbehaltlos annimmt. Anders wenn Überrumpelung des Schuldners erfolgte.

27) l. 1 C. cit., l. 5 § 2, l. 48 D. h. t. 46, 3.

28) l. 3 § 1, l. 103 D. h. t. 46, 3.

29) l. 97, l. 4, l. 5 pr., l. 94 § 3 D. h. t. 46, 3.

30) l. 8 D. h. t. 46, 3.

der Anrechnung und darf seine Interessen ohne Rücksicht auf den Schuldner wahren.[31]

5. Mit der Zahlung erlischt das Schuldverhältnis. Hat sie der Gläubiger vorbehaltlos angenommen, so liegt ihm der Beweis ob, falls er nachträglich Unvollständigkeit oder Mangelhaftigkeit der Zahlung behauptet.[32]

Dem Zahlenden ist auf sein Verlangen Zug um Zug mit der Zahlung Quittung zu leisten, natürlich auf seine Kosten.[33] Andernfalls darf er die Zahlung zurückhalten. Wurde ohne Quittung gezahlt, so kann der Schuldner auf deren Erteilung klagen.[34] Auch die Schuldverschreibung ist ihm zurückzugewähren.[35]

§ 313. Konkurs.[1]

Besondere Regeln für die Befriedigung der Forderungen bestehen im Falle des Konkurses des Gemeinschuldners.

Konkurs ist ein von der Gesamtheit der Gläubiger eröffnetes gerichtliches Verfahren, in welchem sie aus dem Vermögen des Gemeinschuldners verhältnismäßig befriedigt werden.

Nach römischem Rechte waren die Konkursgründe vorzugsweise Flucht des Schuldners, um sich der Klage zu entziehen — fraudationis causa latitatio —, sowie Abtretung des Vermögens — cessio bonorum — durch den Schuldner an seine Gläubiger behufs konkursmäßiger Behandlung desselben, ferner erbloses Versterben des Schuldners, endlich auch Nichtbefriedigung eines Judikates.

Das altrömische ordentliche Verfahren bestand darin, daß zuvörderst die Gläubiger in das Vermögen des Schuldners eingewiesen wurden — missio in bona — und nach der Besitznahme die Gesamtmasse an einen bonorum emtor verkauft wurde, welcher als Kaufpreis den Konkursgläubigern die Zahlung gewisser Prozente ihrer Forderungen versprach. Die Feststellung dieser Forderungen geschah außerhalb des Konkurses dem bonorum emtor gegenüber, ebenso war die Veräußerung der von ihm erstandenen Masse seine

---

31) l. 101 § 1 D. h. t. 46, 3; vgl. auch l. 35 pr. D. de pign. act. 13, 7, l. 5 § 2, l. 96 § 3 D. h. t. 46, 3. Dernburg, Pfandrecht Bd. 2 S. 211.

32) Dies gilt z. B. von einem Manko in Geldrollen. Übereinstimmend BGB. § 363.

33) Vgl. Unger a. a. O. S. 539. BGB. §§ 368, 369.

34) Ein Recht auf Quittung läßt sich aus den Quellen des römischen Rechts nicht dartun; anders Windscheid Bd. 2 § 344 Anm. 8 und dort Zitierte. Es steht jedenfalls gewohnheitsrechtlich fest.

35) l. 2 C. de cond. ex lege 4, 9, BGB. § 371.

1) Nur die allgemeinsten Grundzüge des Konkursrechts können hier Raum finden. Für das Einzelne Dernburg, Preußisches Privatrecht Bd. 2 §§ 111 ff. Hauptquelle ist nunmehr die deutsche Konkursordnung, welche am 1. Oktober 1879 mit den übrigen Reichsjustizgesetzen in Kraft trat und in neuer Fassung nach dem Gesetz vom 17. Mai 1898 am 20. Mai 1898 bekannt gemacht wurde. Vgl. Kohler, Lehrbuch des Konkursrechts 1891 und dort Zitierte, L. Seuffert, Deutsches Konkursprozeßrecht 1899. Ältere Literatur bei Windscheid Bd. 2 § 269 Anm. 4.

Sache.[2] Statt der bonorum emtio konnte dem Schuldner von der Mehrheit der Gläubiger Liquidation seines Vermögens durch Kuratoren bewilligt werden, welche dasselbe im einzelnen versilberten und aus dem Erlöse die Gläubiger verhältnismäßig befriedigten. Schließlich wurde die bonorum emtio durch dieses Verfahren völlig verdrängt.[3]

Nach gemeinem Rechte war Konkursgrund die Überschuldung des Gemeinschuldners, nach der KO. ist es in der Regel Zahlungsunfähigkeit desselben, die sich vorzugsweise in der Zahlungseinstellung ausspricht.[4]

a) Überschuldung ist vorhanden, wenn die Passiven die Aktiven des Vermögens übersteigen.

b) Zahlungsunfähigkeit ist eingetreten, wenn der Schuldner nicht imstande ist, seine fälligen Schulden, deren Einforderung geschah oder unmittelbar zu erwarten ist, zur Zeit zu begleichen.

Auch Überschuldete können noch zahlungsfähig sein, wenn sie z. B. durch weitere Inanspruchnahme von Kredit imstande sind, ihren präsenten Verbindlichkeiten gerecht zu werden.

Zahlungseinstellung ist die öffentliche Erklärung der Zahlungsunfähigkeit. Sie liegt unter anderem in Schließung des Handelsgeschäfts wegen Mittellosigkeit, in Nichthonorierung liquider, laufender Forderungen, insbesondere aus Wechseln.

§ 314. Die Rechtswohltat der Kompetenz.

I. In gewissen Fällen hat der Schuldner die Rechtswohltat der Kompetenz, d. h. es sind ihm bei Beitreibung der Forderung die Mittel zu einer eingeschränkten, standesmäßigen Existenz zu belassen.[1]

Die Rechtswohltat bezweckte ursprünglich nur Schutz gegen Personalexekution. Dies ergibt ihre römische Bezeichnung als condemnatio „in quantum facere potest debitor“, d. h. Beschränkung der Verurteilung auf den Betrag des Vermögens des Schuldners. Ebenso geht aus den Erörterungen der römischen Juristen hervor, daß man erst in der Kaiserzeit nach und nach auch Rückbehaltung von Vermögensmitteln zuließ.

Zunächst geschah dies zugunsten des Schenkers, welcher von dem Geschenknehmer verklagt wurde. Seit Justinian ließ man aber eine solche Rückbehaltung in allen Fällen der Rechtswohltat zu.[2] Nach völliger Auf-

---

2) Gaj. Inst. III §§ 77 ff., IV §§ 145, 146. Dernburg, bonorum emtio 1850; Keller, Zivilprozeß §§ 84 und 85; Bethmann-Hollweg, Zivilprozeß Bd. 2 S. 667.

3) Tit. Dig. de curatore bonis dando 42, 7.

4) KO. §§ 102 ff.

1) Altmann, das beneficium competentiae. Berliner Inaug.Diss. 1888, Wünsch, zur Lehre vom beneficium competentiae 1897, auch Karlowa, röm. Rechtsgesch. Bd. 2 § 178 S. 1410. Die moderne Bezeichnung der Rechtswohltat „beneficium competentiae“, also „in id, quod competit“, d. h. was der Schuldner hat, ist nichts weniger als elegant. Andere Benennungen haben jedoch keine allgemeine Anerkennung gefunden, Unterholzner, Schuldverhältnisse, spricht Bd. 1 S. 280 von „Verurteilung auf das Erschwingliche“, Windscheid Bd. 2 § 267 von der „Rechtswohltat des Notbedarfes“.

2) Zuerst findet sich, daß Pomponius — l. 30 D. de re judicata 42, 1 — dem Schenker „aliquid sufficiens“ beläßt. Denselben Gedanken verteidigt Paulus libro 6 ad Plautium l. 19 § 1 D. eod.: Is quoque, qui ex causa donationis convenitur, in quantum facere potest condemnatur et quidem is solus deducto aere alieno: et inter eos, quibus ex simili causa pecunia debetur, occupantis potior erit causa. immo nec

hebung der Personalexekution, kam nur noch diese zweite, dem Institute ursprünglich fremde Seite in Betracht.

Die Kompetenz ist ein Exekutionsprivileg,[3] sie mindert die Schuld nicht, hemmt vielmehr nur deren Beitreibung, um den Schuldner vor Not zu schützen.[4] Im Falle einer etwaigen Vollzahlung kann daher nichts zurückgefordert werden.

Kommt der Schuldner in bessere Verhältnisse, so hat er nachzuzahlen.[5]

Die Kompetenz wurde gegenüber der Klage vorgeschützt und war dann im Urteil vorzubehalten.[6] Sie konnte aber auch noch in der Exekutionsinstanz geltend gemacht werden.[7] Verzicht für die Zukunft war unzulässig.[8] [9]

II. Die Kompetenz hatten:[10]

1. Aszendenten gegen ihre Deszendenten,

2. Ehegatten gegeneinander,

3. Soldaten,

4. frühere Hauskinder wegen Schulden aus der Zeit der väterlichen Gewalt nach richterlichem Ermessen und nicht allzu lange nach der Beendigung der Gewalt.[11]

---

totum quod habet extorquendum ei puto: sed et ipsius ratio habenda est, ne egeat. Offenbar handelt es sich in den letzten beiden Sätzen — et puta — um ein Rechtsprinzip, das eine allgemeine Anerkennung noch nicht hatte und an sich dem Institute fremd war. Vgl. weiter l. 6 D. de cessione bonorum 42, 3. Daß zur Zeit der klassischen Juristen die Rechtswohltat noch nicht allgemein zur Rückhaltung von Vermögen berechtigte, geht auf das deutlichste daraus hervor, daß Justinian den bezüglichen Satz in seine Sammlung durch Interpolation einfügte, indem er in der l. 173 pr. D. de R. J. 50, 17, was Paulus bloß für die Schenkung ausgesprochen hatte, auf alle Fälle der Kompetenz erweiterte.

3) l. 8 D. de condictione indebiti 12, 6. Paulus libro 6 ad Sabinum: Quod nomine mariti, qui solvendo non sit, alius mulieri solvisset, repetere non potest: adeo debitum esset (est) mulieri. Demgemäß ist für die Kompetenz das örtliche Recht des Prozeßgerichts maßgebend, nicht das Recht, welchem die Schuld als solche unterliegt. Anders aber Kohler in Grünhuts Zeitschr. Bd. 14 S. 24.

4) Meist nimmt man an, daß der Schuldner nur das „Notdürftige" zurückhalten dürfe. Aber die Anm. 2 zitierten Stellen geben ihm ein weitergehendes Recht „aliquid sufficiens", „ne egeat".

5) l. 63 D. pro socio 17, 2, l. 8 C. soluto matrimonio 5, 18, l. un. C. de rei uxoriae act. 5, 13. Infolge der Klagenkonsumtion bedurfte es jedoch in Rom einer cautio — nuda repromissio —, vermöge deren der Schuldner, welcher mit dem Vorbehalt der Kompetenz verurteilt wurde, Nachzahlung für den Fall künftiger Verbesserung seines Vermögens versprach. Dies ist nicht gemeinrechtlich.

6) Für die Bemessung der Kompetenz ist die Zeit des Urteils maßgebend, l. 15 pr. D. soluto matrimonio 24, 3; l. 53 D. eod. Dies hat die Bedeutung, daß den Schuldner die Gefahr trifft, wenn er nicht sofort alles, was er schuldig ist, berichtigt, und sich sein Vermögen hinterher zufällig mindert.

7) ZPO. § 767 bezieht sich nicht auf Exekutionsprivilegien. Anders Windscheid Bd. 2 § 268 Anm. 6a, RG. Bd. 33 S. 378, Fischer in Iherings Jahrb. Bd. 34 S. 459.

8) Viele sind anderer Meinung. Aber Verzicht auf Exekutionsprivilegien, die im allgemeinen Interesse aufgestellt werden, ist überhaupt unstatthaft. Für einen besonderen Fall spricht die Unzulässigkeit des Verzichtes auf die Kompetenz aus l. 14 § 1 D. soluto matrimonio 24, 3.

9) Gegenüber Ansprüchen aus Dolus greift die Rechtswohltat nicht ein l. 4 § 2 D. quod cum eo 14, 5, l. 52 D. de re jud. 42, 1; l. 21 § 6 D. de act. rer. amot. 25, 2.

10) Die Hauptfälle führt auf: l. 16—l. 25 D. de re judicata 42, 1; vgl. auch § 38 J. de act. 4, 6.

5. Gesellschafter gegenüber der actio pro socio nach richterlichem Ermessen, [12]

6. wegen der Dos Beklagte in zahlreichen Fällen,

7. der aus einem Schenkungsversprechen Belangte. [13]

Während den übrigen Berechtigten die Kompetenz nur aus ihrem Bruttovermögen zukommt, steht sie dem Schenker aus seinem Nettovermögen, d. h. derart zu, daß er von dem Aktivvermögen, welches nach Abrechnung seiner übrigen Schulden bleibt, das zu seinem Unterhalt Nötige zurückhalten darf. [14]

II. Erfüllungssurrogate.

§ 315. Leistung an Zahlungs Statt.[1]

Mit Einwilligung des Gläubigers kann die Schuld statt durch das Schuldobjekt durch Leistung anderer Werte erfüllt werden. Dies ist Leistung an Zahlungs Statt, sog. datio in solutum. [2]

Sie tilgt die Obligation wie Zahlung ipso jure, denn der Gläubiger ist befriedigt und damit der Zweck der Obligation erreicht. [3] [4]

11) l. 2 D. quod cum eo 14, 5.

12) l. 22 § 1 D. de re judicata 42, 1. Das Edikt war nur für die socii omnium bonorum erlassen, l. 16 D. eod. Die societas omnium bonorum war überhaupt die Gesellschaftsform, für die zunächst der Prätor sein Edikt bestimmte, vgl. Lenel, edictum S. 237. Analog wurde das beneficium auch bei anderen Gesellschaftern, je nach Umständen gewährt. Nichts anderes will wohl l. 63 pr. D. pro socio 17, 2 besagen. Vgl. Altmann S. 31.

13) Das beneficium competentiae stand in Rom auch dem Gemeinschuldner zu, welcher eine cessio bonorum vorgenommen hatte. Über l. ult. C. de revoc. his quae per fraud. 7, 75 ist die Erklärung von Lenel, edictum S. 348 zu vergleichen.

14) Auch BGB. hat das beneficum competentiae in einigen Fällen anerkannt; namentlich § 519, wonach der Schenker die Erfüllung eines Schenkungsversprechens verweigern kann, soweit er außerstande ist, dasselbe ohne Gefährdung seines standesgemäßen Unterhaltes und ohne Gefährdung der ihm kraft Gesetzes obliegenden Unterhaltspflichten zu erfüllen. Vgl. ferner §§ 529 Abs. 2, 829, 1620, Dernburg, Bürg. Recht Bd. 2 § 208, 2. Abt. S. 127.

1) Römer, die Leistung an Zahlungs Statt 1866. Cohn in Endemanns Handbuch Bd. 3 S. 1075. Unger in Grünhuts Zeitschr. Bd. 15 S. 540. R. Ernst, mangelhafte Beschaffenheit der Leistung an Erfüllungs Statt, Zürich 1890. Maur. de Combes, de la dation en paiement, thèse, Toul. 1892. — BGB. § 364 spricht von „Leistung an Erfüllungs Statt".

2) „An Zahlungs Statt" ist die Leistung nur, wenn sie aus der Absicht der Schuldtilgung hervorging. Anders wenn der Schuldner seinem Gläubiger verkauft, um den Kaufgegenstand zu verwerten, und zugleich mit ihm Aufrechnung des Kaufpreises auf seine Schuld vereinbart In diesem Fall kann, wenn sich hinterher die Nichtexistenz der Schuld ergibt, der vermeinte Schuldner nicht die Ware kondizieren, wie das bei einer Hingabe an Zahlungs Statt der Fall wäre, vielmehr nur den Kaufpreis fordern. Vgl. Ernst a. a. O.

3) Es bestand ein Schulstreit zwischen den Sabinianern, welche infolge der datio in solutum Tilgung ipso jure annahmen, und den Prokulianern, die nur Befreiung durch exceptio doli anerkannten; Gaj. Inst. III, § 168. Die Ansicht der Sabinianer erhielt bereits in der heidnischen Kaiserzeit das Übergewicht — vgl. Römer a. a. O. S. 64 — und wurde von Justinian aufgenommen pr. J. quib. mod. obl. toll. 3, 29.

4) Das zur Befriedigung für eine vermeinte Schuld an Zahlungs Statt Gegebene ist auf Grund der condictio indebiti zurückzuerstatten. Entsprechend verhält es sich,

Wie aber, wenn dem Gläubiger das in Zahlung Gegebene infolge des besseren Rechts eines Dritten evinziert wird? Hierüber finden sich in den Quellen zwei Auffassungen.

Nach der einen ist dem Empfänger dann wie einem Käufer sein Interesse am Behalten des Hingegebenen zu vergüten.[5]

Nach der anderen gilt die ursprüngliche Forderung für den Fall der Eviktion als fortbestehend und kann gegen den Schuldner, wie gegen dessen Bürgen und Pfänder wieder geltend gemacht werden.[6]

Diese Entscheidungen sind grundsätzlich unvereinbar. Denn die letztere stützt sich auf die Anschauung, daß die Tilgung der alten Obligation bedingt sei dadurch, daß der Gläubiger die in solutum gegebene Sache behalten könne, die erstere geht davon aus, daß die alte Obligation unbedingt getilgt sei und eventuell ihr Äquivalent in dem Anspruche auf die Leistung des Interesses wegen Eviktion habe. Da sich aber beide Entscheidungen nebeneinander in den justinianischen Sammlungen finden, vereinigte man sie meist dadurch, daß man dem Gläubiger die Wahl gab, den einen oder den anderen Anspruch geltend zu machen.[7]

Dem Empfänger stehen wegen versprochener Eigenschaften und verborgener Mängel des Hingegebenen Ansprüche wie einem Käufer zu.[8] [9]

---

wenn zur Tilgung einer vermeintlich größeren Schuld, als wirklich bestand, eine Spezies an Zahlungs Statt gegeben wird. Sie kann ganz zurückgefordert werden, jedoch nur gegen Angebot des Geschuldeten, l. 26 § 4 D. de condictione indebiti 12, 6.

5) l. 4 C. de evictionibus 8, 44. Antoninus. Si praedium tibi pro soluto datum aliis creditoribus fuerat obligatum, causa pignoris mutata non est. igitur si hoc jure fuerit evictum, utilis tibi actio contra debitorem competit. nam ejusmodi contractus vicem venditionis obtinet. a. 212. Davon, daß der Evinzierte die ursprüngliche Forderung wieder geltend machen könne, ist hier nichts zu lesen. Es stünde auch nicht im Einklange mit der Gleichstellung von datio in solutum und Kauf. Vgl. l. 24 pr. D. de pigneraticia act. 13, 7.

6) l. 46 pr. D. de solut. 46, 3. Marcianus libro 3 regularum: Si quis aliam rem pro alia volenti solverit et evicta fuerit res, manet pristina obligatio. etsi pro parte fuerit evicta, tamen pro solido obligatio durat: nam non accepisset re integra creditor, nisi pro solido ejus fieret. Vgl. l. 60 D. eod. Leicht möglich, daß in l. 8 C. de sententiis et interlocutionibus 7, 45 — wie Brinz Bd. 2 S. 336 annimmt — sogar noch ein dritter Weg ins Auge gefaßt ist.

7) Über die Versuche, die Antinomie zu beseitigen, vgl. Römer a. a. O. S. 387 ff. Die herrschende Ansicht ist eine äußerliche, wenig befriedigende Vermittelung. Das Richtige ist, dem früheren Gläubiger nur einen Anspruch wegen Eviktion zu gestatten. Denn er hat die Forderung gegen die an Zahlungs Statt gemachte Leistung definitiv, keineswegs bedingt aufgegeben. Die Wiederherstellung von Schuldverhältnissen, welche die Beteiligten ohne Vorbehalt aufhoben, ist weder aus ihrem Willen zu begründen, noch zweckmäßig. Sie bedingt auch das Recht, Bürgen und Pfänder wieder in Anspruch zu nehmen, was den Verkehrsbedürfnissen nicht entspricht. Vgl. Dernburg, Pfandrecht Bd. 2 S. 247; Unger a. a. O. S. 543; Karlowa, röm Rechtsgesch. Bd. 2 § 173 S. 1382; nach seiner ansprechenden Vermutung ist die l. 43 pr. cit. nur eine Konsequenz der überwundenen Anschauung der Prokulianer (s. Anm. 3).

8) Nach dem BGB. hat der Schuldner wegen eines Mangels im Rechte oder wegen eines Mangels der Sache in gleicher Weise wie ein Verkäufer Gewähr zu leisten BGB. § 365.

9) In der nov. 4 cap. 3 führte Justinian das sog. beneficium dationis in solutum ein. Gemäß desselben konnte der zahlungsunfähige Schuldner einer Geldsumme, welcher für seine Grundstücke keine annehmbaren Käufer fand, seine Gläubiger nötigen, die

§ 316. Novation und Delegation.[1]

I. Novation heißt die Aufhebung einer Forderung durch Begründung einer neuen, welche auf dasselbe Ziel gerichtet ist.

Man streitet darüber, ob die Novation als eine Umwandlung oder als Neuschöpfung aufzufassen sei. Vom wirtschaftlichen Standpunkt aus handelt es sich um Umwandlung; das einmal begründete Kreditverhältnis wird in veränderter Form fortgesetzt, die Schuldpost bleibt dieselbe. Aber juristisch liegt Tilgung der bisherigen Obligation durch eine neue vor, die an deren Stelle tritt.[2 3]

Grundstücke nach ihrem Taxwerte in Zahlung zu nehmen, wobei jedoch dem Gläubiger die Auswahl unter den verschiedenen Grundstücken des Schuldners verblieb. Vgl. noch nov. 120 cap. 6 § 2. Die Bestimmung hatte jede praktische Bedeutung verloren, seit der Gläubiger die Eröffnung des Konkurses über seinen Schuldner im Falle der Zahlungsunfähigkeit desselben nach der KO. fordern konnte, da in dem Konkurse auch die Immobilien des Schuldners zur Tilgung seiner Schulden veräußert werden. Damit entgeht der Gläubiger der zwangsweisen datio in solutum. Vgl. übrigens Einf.Gesetz zur KO. § 4.

1) Tit. Dig. de novationibus et delegationibus 46, 2. Cod. 8, 41. Hauptwerke sind: Liebe, die Stipulation und das einfache Versprechen 1844 S. 156 ff; Fein, Beiträge zur Lehre von der Novation und Delegation 1850; Salpius, Novation und Delegation 1864; Salkowski zur Lehre von der Novation 1866; Gide, études sur la novation et le transport des créances en droit romain 1879. Darüber Heyrowski in der krit. Vierteljahrsschr. Bd. 21 S. 585 ff. Siehe auch Hruza, die Lehre von der Novation 1881; dort finden sich ausgiebige Literaturnachweise; vgl. ferner Kuntze, die Obligation 1886 S. 125, Unger a. a. O. S. 554, Rud. Merkel, der röm.-rechtliche Begriff der novatio, Straßburger Inaug.Diss. 1892. de Ruggiero, la novazione in diritto romano im Archivio guiridico Bd. 63 S. 209 ff., 493 ff., Blume, Novation, Delegation und Schuldübertragung 1895. BGB. erwähnt die Novation nicht besonders. Vgl. aber § 607 Abs. 2 und Dernburg, Bürg. Recht Bd. 2 § 119 S. 268.

2) Die Römer legen bei Definition der Novation das Hauptgewicht auf die Umwandlung. So l. 1 pr. D. h. t. 46, 2. Ulpianus libro 46 ad Sabinum: Novatio est prioris debiti in aliam obligationem vel civilem vel naturalem transfusio atque translatio. Vgl. auch die bei Hruza S. 8 zitierten Stellen, in welchen von „transferre" und „transire" die Rede ist. In der Tat ist es ein wesentliches Moment der Novation, daß es sich um eine Fortsetzung des einmal begründeten Kreditverhältnisses handelt. Ungenügend ist daher die Definition der Novation „als Aufhebung eines Forderungsrechts durch Begründung eines neuen", und unzutreffend ist es, wenn Windscheid Bd. 2 § 353 Anm. 3a lehrt, daß das durch die Novation geschaffene Forderungsrecht nicht bloß der Erscheinungsform, sondern auch der Substanz nach ein anderes sei. Von diesem Standpunkt aus müßte es auch Novation sein, wenn an Stelle eines Pachtvertrages ein Kaufgeschäft über das Pachtgut gesetzt, oder ein Depositum in ein Kommodat umgewandelt würde. Und doch trifft dies nicht zu, weil es sich in derartigen Fällen um ein Kreditverhältnis von anderer Substanz, als das alte handelt.

3) Die Novation ist der datio in solutum dadurch verwandt, daß es sich bei beiden Instituten um Tilgung einer Obligation durch Äquivalente unter Zustimmung des Gläubigers handelt. Aber die datio in solutum hat die Bestimmung, das Kreditverhältnis endgültig aufzulösen, die Novation, dasselbe in anderer Form fortzusetzen. Dies hat praktische Konsequenzen. Wird z. B. eine Spielschuld durch Hingabe an Zahlungs Statt getilgt, so besteht die Anfechtbarkeit nicht mehr, so wenig wie im Fall der Zahlung. Wird sie dagegen, wenn auch durch einen Wechsel, noviert, so bleibt die neue Forderung als aus einem Spiel erwachsen anfechtbar. Vgl. auch Merkel a. a. O. S. 90 ff.

Die Veränderung kann darin liegen, daß die neue Obligation von anderer Art ist als die alte, insbesondere von strengerer Verpflichtungskraft; z. B. im Falle des Ersatzes einer Kaufschuld durch eine Stipulationsschuld, heutzutage durch eine Wechselverbindlichkeit. Es ist ferner möglich, daß das Objekt der Schuld, während der Wert als identisch gilt, umgewandelt wird, z. B. durch das Versprechen von Geld statt Ware;[4] es kann sich endlich um eine Veränderung der Subjekte der Obligation, sei es des Gläubigers oder des Schuldners handeln.[5]

II. Die Novation unter Veränderung der Subjekte der Obligation gründet sich überwiegend auf Delegation — Überweisung.[6]

Sie ist Überweisung der Forderung oder der Schuld[7]

a) Eine Novation zugunsten eines neuen Gläubigers — sog. Forderungsüberweisung, aktive Delegation, delegatio nominis. Sie geht in der Weise vor sich, daß der bisherige Gläubiger — der Delegant — einem Dritten — dem Delegatar — seinen Schuldner — den Delegaten — überweist, und daß dieser auf Grund der Überweisung dem Delegatar verspricht, was er bisher dem Deleganten schuldete.

Häufig ist der Grund der Überweisung, daß der Delegant der Schuldner des Delegatars ist und die Delegation zum Zwecke der Tilgung dieser seiner Schuld vornimmt.

Die Rechte des Delegatars gegen den Delegaten sind aber unabhängig davon, ob der Grund, welcher den Deleganten zur Delegation bestimmte, ein stichhaltiger war oder nicht, ob er z. B. auf der irrtümlichen Annahme beruhte, daß er dem Delegatar schulde.[8]

Dagegen kann sich der Delegat gegenüber dem Delegatar darauf be-

4) Das ältere römische Recht forderte zur Novation vollständige Identität der Schuldgegenstände in beiden Obligationen, Gide a. a. O. S. 117, Hruza S. 9. Die spätere Jurisprudenz nahm es hiermit nicht mehr so genau, l. 28 D. h. t. 46, l. 10 C. si certum pet. 4, 2.

5) Windscheid § 353 Anm. 6a nimmt Novation an auch dann, wenn sich die neue Obligation durch „nichts" von der früheren unterscheidet. Vgl. hiergegen Gaj Inst. III, § 177, § 3 J. quib. mod. obl. toll. 3, 29, Salpius a. a. O. S. 176, Gide S. 81.

6) Vgl. Erich Danz, die delegatio nominis und debiti in Jherings Jahrbüchern Bd. 20 n. 3 und Forderungsüberweisung, Schuldüberweisung 1886; siehe ferner Eisele in der Festschrift für Planck 1887; Unger in Jherings Jahrb. Bd. 26 n. 8 und Danz im Archiv für ziv. Praxis Bd. 74 n. 7. Gegen Danz: Windscheid, die indirekte Vermögensleistung (1892) S. 24.

7) Vom letzteren Fall spricht l. 11 pr. D. h. t. Ulpianus libro 27 ad edictum: Delegare est vice sua alium reum dare creditori vel cui jusserit. Goldschmidt gibt in der Zeitschr. der Sav.Stiftg., rom. Abt. Bd. 10 S. 387 folgende Erklärung: „Delegation ist es, wenn man seinem Gläubiger oder einem von diesem aufgegebenen Dritten statt seiner einen Schuldner überweist"; denn zu „jusserit" sei „creditor" hinzuzudenken. Anders Danz a. a. O. S. 256. Jedenfalls ist es allzu kühn, wenn Goldschmidt hierauf gestützt „Schuldverschreibungen an Order oder Inhaber mit alternativer Inhaberklausel" bereits im römischen Rechte finden will. Derartige Bildungen des deutschen und modernen Rechts gezwungenerweise aus den römischen Quellen herauszulesen, heißt die Eigentümlichkeiten des römischen Geistes und den Fortschritt in der Geschichte der Menschheit verkennen. Vgl. auch Lenel, Zeitschr. der Sav.Stiftg., rom. Abt. Bd. 13 S. 403.

8) l. 21 § 1 D. de donationibus 39, 5.

rufen, daß er dem Deleganten nichts schuldete, wenn er im Irrtum hierüber dem Delegatar, dasjenige versprach, was er dem Deleganten zu leisten hatte.[9]

b) Die Novation durch Eintritt eines neuen Schuldners pflegt man Expromission zu nennen.[10] Sie kann ohne Wissen, ja gegen den Willen des bisherigen Schuldners vor sich gehen.[11] Meist aber gründet sie sich auf eine Überweisung des bisherigen Schuldners — Schuldüberweisung, passive Delegation, delegatio debiti.

Hier ist also der bisherige Schuldner der Delegant, der Gläubiger der Delegatar, der neue Schuldner der Delegat. Meist ist der Delegat der Schuldner des Deleganten und soll als solcher durch die Übernahme der Schuld des Deleganten liberiert werden.

Der Delegat kann im Falle der Schuldüberweisung aus seinem Verhältnisse gegen den Deleganten dem Delegatar keine Einreden entgegenstellen.[12]

Diejenigen Einreden, die dem Deleganten gegen den Delegatar zustehen, kann auch der Delegat geltend machen, sofern er nur an Stelle des Deleganten in dessen Schuld eintreten sollte und nicht abstrakt ein unbedingtes Schuldversprechen leistete.

§ 317. Erfordernisse und Wirkung der Novation.

I. Die Novation setzt voraus:

1. Eine ältere Obligation, welche aufgehoben werden soll; dieselbe muß nicht notwendig klagbar sein, es genügt auch eine naturale;[1] selbst durch Exzeption entkräftbare oder sonst anfechtbare Obligationen sind novierbar.

9) Mit Salpius a. a. O. ist eine titulierte und eine reine Delegation zu unterscheiden. a) Bei der titulierten Delegation verspricht der Delegat dem Delegatar, was er dem Deleganten schuldete. Ihre Form ergibt sich unter anderem aus l. 27 D. h. t. 46, 2: Emptor cum delegante venditore pecuniam ita promittit: „quidquid ex vendito dare facere oportet." Es liegt auf der Hand, daß im Falle der titulierten Delegation der Delegat dem Delegatar alle Einreden aus dem ursprünglichen Schuldverhältnisse entgegenstellen kann. Denn nur die Person des Gläubigers ist geändert, der Inhalt der Schuld dagegen in keiner Weise berührt. b) Eine reine Delegation ist vorhanden, wenn der Delegat dem Delegatar gegenüber eine reine Summenschuld übernimmt und keineswegs bloß verspricht, was er dem Deleganten schuldete. Erfolgt eine solche Delegation, wie dies heutzutage dadurch geschehen kann, daß sich der Delegat, welcher dem Deleganten Kaufgelder schuldet, dem Delegatar wechselmäßig verpflichtet, so kann der Delegat dem Delegatar keine Einreden aus dem Schuldverhältnisse gegen den Deleganten entgegenstellen. Salpius ging — mit vielen anderen — davon aus, daß sich auch im römischen Rechte reine Delegationen gefunden hätten. Auf solche bezieht er die l. 19 D. h. t. 46, 2. Danz a. a. O. hat aber aus guten Gründen behauptet, daß in Rom reine Delegationen nicht bekannt gewesen seien. Er bezieht die l. 19 auf eine „delegatio debiti"; wohl mit Recht. Hiervon ist die Frage unabhängig, ob im heutigen Rechte „reine Delegationen" bestehen, was bejaht werden muß. Gegen Danz: Fritz Caesar, reine und titulierte Delegationen, Hallenser Inaug.Diss. 1896.

10) Die Römer verwerten den Ausdruck Expromission in noch weiterem Umfange, vgl. Windscheid § 353 Anm. 8 und dort zitierte Stellen.

11) l. 8 § 5 D. h. t. 46, 2.

12) l. 19 D. h. t. 46, 2, vgl. oben Anm. 9 a. E., l. 4 § 20 D. de doli mali exceptione 44, 4; l. 12 D. h. t. 46, 2.

1) l. 1 § 1 D. h. t. 46, 2. Ulpianus libro 46 ad Sabinum: Illud non interest,

2. Eine neue Obligation.[2] Dem Zwecke der Novation können nur einseitige Verträge dienen, z. B. nicht Kaufgeschäfte.

In Rom geschah die Novation durch *Stipulationen*, welche dem Novationszwecke wie jedem anderen dienten.[3]

Verträge des heutigen Rechts zu Novationszwecken sind vorzugsweise die abstrakten, also namentlich *Abrechnungsgeschäfte*, sowie andere *Anerkennungsverträge*. Nicht selten kleidet sich die Novation auch in die Form, daß der Schuldner das Schuldobjekt als *Darlehen* behalten solle, z. B. geschuldete Kaufgelder. Auch *Wechsel können* der Novation dienen.

Hat die novierende Obligation rechtlichen Bestand, wenn die vorausgesetzte frühere Obligation in Wahrheit nicht existierte?

In Rom war die Novationsstipulation in der Regel *bedingt* durch die Existenz der früheren Obligation, die ihre Grundlage bildete.[4] Für die

---

qualis processit obligatio, utrum naturalis an civilis an honoraria, et utrum verbis an re an consensu: qualiscumque igitur obligatio sit, quae praecessit, novari verbis potest, dummodo sequens obligatio aut civiliter teneat aut naturaliter: ut puta si pupillus sine tutoris auctoritate promiserit. l. 2 D. eod.

2) Die Tilgung der älteren Obligation ist davon abhängig, daß aus der Novationsstipulation eine neue Obligation entspringt, daß also die beabsichtigte Obligation nicht schlechthin nichtig ist. Aber eine *naturale* Obligation genügt, ferner eine durch peremptorische Exzeption *entkräftbare*. Vgl. l 91 D. de solutionibus 46, 3; Ludw. Redlich, zur Lehre v. d. Schuldaufhebung durch Novation. Bresl. Inaug.Diss. 1893. Von den Umständen des Falles hängt es ab, ob und wieweit der Gläubiger, welcher durch eine derartige Novation seine Ansprüche verliert, Recht auf Ersatz oder Wiederherstellung hat. Eine *betagte* Obligation noviert die alte sofort, eine *bedingte* nur für den Fall des Eintrittes ihrer Bedingung, l. 8 § 1 D. h. t. 46, 2. Immerhin kann die alte Obligation während des Schwebens der Bedingung der neuen nicht geltend gemacht werden. Denn ihr steht die Einrede entgegen, daß vereinbart sei, die Einziehung der Forderung bis zur Entscheidung der Bedingung der neuen Obligation in der Schwebe zu lassen. So l. 36 D. de rebus creditis 12, 1; l. 80 und l. 83 D. de jure dotium 23, 3. Infolgedessen steht der Sache nach die alte Obligation nunmehr einer *bedingten gleich*, sie ist so zu beurteilen, wie wenn sie von dem Gegenteil der Bedingung der neuen Obligation abhängig wäre. Sie wäre z. B. im Konkurse des Schuldners wie eine bedingte Forderung zu behandeln. Hiervon geht die Anfrage an den Juristen Javolenus in der zitierten l. 36 D. de rebus creditis 12, 1 aus: „cum pendente condicione in eo statu sit obligatio tua adversus me, *tamquam* sub contrariam condicionem eam mihi spopondisti, si pendente condicione petam, an nihil acturus sum?" Manche drücken dies zu scharf aus und lehren, die alte Obligation „werde" zur bedingten, statt daß sie sagen sollten, sie „stehe einer bedingten gleich". Man hat auch dies zur Streitfrage gemacht; ein praktischer Unterschied ist nicht zu finden. — Die ältere Obligation bleibt in dem Falle bestehen, daß die Bedingung der neuen ausfällt, weil es dann an einer novierenden Obligation fehlt. Indessen kann auch die Absicht gewesen sein, daß die alte Obligation für alle Fälle abgetan sein soll. Darin liegt ein bedingter Erlaß der Forderung — pactum de non petendo — welcher natürlich zu respektieren ist, l. 8 § 1, l. 14 pr., l. 24 D. h. t. 46, 2, Gaj. Inst. III § 179. Vgl. Kniep a. a. O., Römer a. a. O., Ray, Einfluß bedingter Novation München 1891.

3) Auch der Literalkontrakt konnte in der vorjustinianischen Zeit zur Novation dienen, Gaj Inst. III § 128 und § 130. Anderer Ansicht ist Gide a. a. O. S. 216.

4) Daß die Existenz der früheren Obligation in der Regel *bedingend* für das Zustandekommen der novierenden Obligation in Rom war, darauf weisen schon die allgemeinen Aussprüche der römischen Juristen, vgl. l. 1 und l. 2 D. h. t. 46, 2. Insbesondere ergibt es sich aber aus der Behandlung der Novation *bedingter* Obligationen. Denn das Zustandekommen der neuen Obligation wird verneint, wenn die Bedingung

abstrakten novatorischen Verträge des **heutigen** Rechts gilt dies **nicht**. Vielmehr unterliegen sie nur einer **Anfechtung**, wenn die Existenz einer älteren Forderung bei ihrer Eingehung irrtümlich vorausgesetzt war.[5]

3. Es wird endlich erfordert die **Absicht zu novieren** — animus novandi — d. h. die alte Obligation durch die Begründung der neuen aufzuheben. Diese Absicht wird nicht, wie bis Justinian geschah, vermutet, wenn eine zweite Obligation bezüglich desselben Schuldgegenstandes in das Leben gerufen wird.[6] Sie muß aus dem Novationsvertrage **besonders** hervortreten.[7] Sonst bestehen zwei Obligationen nebeneinander, die auf das-

der alten ausfällt. Dies offenbar, weil die alte Obligation, welche noviert werden sollte, in diesem Falle nicht besteht. Die Versuche mancher Schriftsteller, z. B. Bähr, Anerkennung S. 49, und Römer a. a. O. S. 34, dies als eine ganz isolierte Erscheinung aufzufassen, sind nicht gelungen. Bedenkt man, daß jede, auch geringfügige Veränderung der Obligation in Rom eine Novation forderte, so wird es begreiflich, daß man die Veränderung nicht zur Kraft kommen ließ, wo nichts bestand, was zu verändern war. Immerhin war es auch in Rom möglich, die neue Obligation in dem Sinne zu begründen, daß sie von der Existenz der alten unabhängig sein solle. Nur mußte eine derartige Absicht besonders zutage treten, l. 21 und l. 25 D. de verb. obl. 45, 1.

5) Die Novation des heutigen Rechts soll das Schuldverhältnis auf eine neue Basis stellen. Die neue Obligation ist daher nicht abhängig von der Existenz der alten; sie kann höchstens bei Ermangelung derselben wegen Irrtums oder Betruges oder ähnlicher Gründe angefochten werden. Dies ist insbesondere klar, wenn die Novation auf Grund einer Abrechnung geschieht, und ist vollends zweifellos, wenn sie durch Übernahme einer Wechselverbindlichkeit bewirkt wird.

6) Ursprünglich trat die Novation in Rom ein, ohne daß es auf einen besonderen „animus novandi" der Beteiligten ankam. Es genügte, daß es sich um dieselbe Vermögenspost handelte. Mit Recht führen Salpius a. a. O. S. 131, Gide S. 163 aus, daß die Novation eine außerprozessualische Konsumtion bildete. Dies, um Doppeleintreibungen derselben Vermögenspost unmöglich zu machen. Vgl. l. 18 D. de verb. obl. 45, 1. Pomponius libro 10 ad Sabinum: Qui bis idem promittit, ipso jure amplius quam semel non tenetur. Daher weiß noch Gajus in seinen Institutionen III, § 176, die hier wie so oft die ältere Rechtstheorie wiedergeben, nichts von dem animus novandi. Erst in der Kaiserzeit bildete sich der Satz heraus, daß zur Novation die auf die Aufhebung der alten Obligation gerichtete Absicht der Beteiligten gehöre — der animus novandi. Man unterstellte den animus jedoch, wenn es sich in den beiden Obligationen um dasselbe Schuldverhältnis handelte. Der ältere Gegensatz war nur „duplari" oder „fieri novationem"; nunmehr war als dritte Möglichkeit hinzugetreten „uterque tenetur, sed altero solvente alter liberatur". Vgl. l. 8 § 5 D. h. t. 46, 2. Über den animus novandi in der klassischen Zeit spricht sich u. a. aus l. 31 D. h. t. 46, 2 — Venulejus — l. 2, l. 8 §§ 1 und 5, l. 28, l. 30 D. eod. 46, 2, l. 58 D. de verb. obl. 45, 1. Siehe auch Salkowski a. a. O. S. 224, Merkel a. a. O. S. 10ff. Entgegengesetzte Auffassungen verteidigt Windscheid Bd. 2 § 354 Anm. 12.

7) Justinian verordnete in der l. 8 C. h. t. 8, 41 pr. Novationum nocentia corrigentes volumina et veteris juris ambiguitates resecantes sancimus, si quis . . aliquid fecerit, ex quo veteris juris conditores introducebant novationes, nihil penitus priori cautelae innovari, sed anteriora stare et posteriora incrementum illis accedere, nisi ipsi specialiter remiserint quidem priorem obligationem et hoc expresserint, quod secundam magis pro anterioribus elegerint. § 1. Et generaliter definimus **voluntate** solum esse, **non lege** novandum, etsi non verbis exprimatur, ut sine novatione, quod solito vocabulo ἀνοβατεύτως dicunt, causa procedat: hoc enim naturalibus inesse rebus volumus et non verbis extrinsecus supervenire. — Der Sinn dieser Verordnung ist in hohem Grade bestritten. Viele verlangen, daß die Absicht der Novation mit **besonderen Worten** erklärt werde, was im praktischen Leben gewiß nur selten geschieht. Richtiger Ansicht nach wollte Justinian nur die Vermutungen für die Novation, welche das alte Recht festgehalten

selbe Ziel gerichtet sind. Aber ausdrücklich braucht die Novationsabsicht nicht erklärt zu sein.[8]

II. Die Novation hebt die zugrunde liegende Obligation ipso jure auf.[9]

§ 318. Öffentliche Deposition.[1]

I. Durch öffentliche Deposition des Schuldgegenstandes kann sich der Schuldner befreien, falls der Zahlung, zu der er an sich verpflichtet ist, von der Gläubigerseite Hindernisse entgegentreten. Diese Hindernisse sind vorzugsweise folgende:

a) Der Gläubiger will die Zahlung nicht annehmen, sei es schuldhafterweise,[2] sei es aus vermeinten Gründen, oder er kann sie nicht empfangen, weil er abwesend[3] oder veräußerungsunfähig und unvertreten ist, oder weil die Schuld mit Beschlag belegt wurde.

b) Der Gläubiger ist ungewiß,[4] sei es daß in der Schwebe ist, wem die Forderung zugehört, sei es daß beim Schuldner begründete Zweifel über die Person des Berechtigten bestehen.[5]

---

hatte, aufheben: die Novationsabsicht muß zutage getreten sein. Dies ist der Grundgedanke der Verordnung. Wenn Justinian ihm in einigen Wendungen einen zu scharfen Ausdruck gibt, so darf hierauf kein übertriebenes Gewicht gelegt werden. Zahlreiche Meinungsäußerungen über die Kontroverse stellt zusammen Vangerow Bd. 3 § 619 S. 367, siehe auch RG. Bd. 14 S. 210.

8) Über die Novation durch Wechsel vgl. Hellmann, die novatorischen Funktionen der Wechselbegebung 1874, Römer, Abhandlungen S. 78. In der Regel übermacht der Schuldner seinem Gläubiger Wechsel zahlungshalber, vgl. oben § 312 Anm. 11. Dann geht die ursprüngliche Forderung nicht durch die Übermachung der Wechsel, sondern erst durch die Einziehung der Wechselsumme unter. Daher kann der Gläubiger auf die ursprüngliche Forderung eventuell zurückgreifen, nämlich dann, wenn er aus dem Wechsel keine Befriedigung erlangt, und zwar ohne daß ihm hierbei eine Schuld zur Last fällt. Vgl. Seuffert, Archiv Bd. 54 Nr. 9. — Eine Novation durch die Übernahme der Wechselverpflichtung tritt ein, wenn der Wechsel in der Absicht einer sofortigen und endgültigen Begleichung der alten Schuld angenommen wurde. Vgl. auch BGB. § 364 Abs. 2.

9) In l. 10 D. h. t. 46, 2 spricht Paulus libro 11 ad Sabinum die Regel aus: „cui recte solvitur, is etiam novare potest." Dies ist aber, wie er selbst bemerkt, nicht richtig für den solutionis causa adjectus; es ist ebensowenig zutreffend für andere, welche vom Gläubiger bloß zur Annahme der Zahlung ermächtigt wurden.

1) Ulrich, die Deposition und Dereliktion behufs Befreiung des Schuldners 1877, Czyhlarz, gerichtliche Deposition in Grünhuts Zeitschr. Bd. 6 S. 657. Kohler im Archiv für Bürg. Recht Bd. 13 S. 209 ff.; Hellwig, Verträge auf Leistungen an Dritte 1899; Beer, die Hinterlegung zum Zwecke der Befreiung von Schuldverbindlichkeiten 1900. Dissertationen bei Windscheid-Kipp Bd. 2 § 347. BGB. §§ 372 ff. sprechen von „Hinterlegung".

2) Von dem Falle des Verzuges geht die l. 19 C. de usuris 4, 32 — die sog. lex depositionis — aus.

3) Vgl. l. 47 § 2 D. de fideicommissariis libertatibus 40, 5, l. 4 pr. D. de statuliberis 40, 7; Ulrich a. a. O. S. 14.

4) l. 18 § 1 D. de usuris 22, 1; l. 1 § 36 D. depositi 16, 3; vgl. l. 11 § 3 D. locati 19, 2.

5) Berücksichtigung übertriebener Ängstlichkeit des Schuldners, wie sie in der Entscheidung des ROHG. Bd. 10 S. 431 lag, ist eine Härte gegen den Gläubiger, welche Kühne in Iherings Jahrb. Bd. 17 S. 1 ff. — vgl. auch Jeß ebendaselbst Bd. 17 S. 158 — mit Recht mißbilligt. Aber Kühne geht seinerseits zu weit, wenn er eine bloß subjektive Ungewißheit des Schuldners wegen der juristischen Zweifelhaftigkeit des

Geld, andere Mobilien und auch Immobilien können in solchen Fällen deponiert oder sequestriert werden.[6] [7]

Die Deposition muß an der Hinterlegungsstelle des Bezirks geschehen, in welchem der Erfüllungsort liegt.[8]

II. Der Gläubiger ist befugt, das zu seinen Gunsten Deponierte von der Hinterlegungsstelle abzuheben, wenn seine Legitimation von dem, welchen es angeht, anerkannt[9] oder wenn sie ihm gegenüber rechtskräftig festgestellt ist.[10]

Solange der Gläubiger den Willen nicht erklärt hat, sich aus dem Depositum zu befriedigen, ist der Schuldner noch zu dessen Rücknahme berechtigt.[11] Erfolgt diese, so wird die Forderung gegen ihn wieder wirksam. Sie war also nur durch Exzeption gehemmt, solange die Deposition dauerte.[12]

Falles nicht beachtet wissen will. Nach BGB. § 372 kann der Schuldner außer im Falle des Annahmeverzuges des Gläubigers hinterlegen, wenn er aus einem anderen in der Person des Gläubigers liegenden Grunde oder infolge einer nicht auf Fahrlässigkeit beruhenden Ungewißheit über die Person des Gläubigers seine Verbindlichkeit nicht oder nicht mit Sicherheit erfüllen kann.

6) Nach BGB. § 372 können nur Geld, Wertpapiere und sonstige Urkunden sowie Kostbarkeiten hinterlegt werden, weitergehende Landesgesetze bleiben indessen nach Art. 146 Einf.Ges. unberührt. Über die Versteigerung geschuldeter beweglicher Sachen und die Hinterlegung des aus ihnen erzielten Erlöses vgl. BGB. §§ 383 ff.

7) Die Deposition erfolgte in Rom „in publico", und zwar in Tempeln oder öffentlichen Verwahrungsstellen — horrea — oder auch bei Wechslern. Ulrich a. a. O. S. 33. In Deutschland geschah sie früher ausschließlich bei den Gerichten; heutzutage erfolgt die Deposition von Geld meist bei administrativen Hinterlegungsstellen des Staates. Das Eigentum geht hierbei auf den Staat über, so daß ein depositum irregulare entsteht; es werden aber sog. Depositalzinsen vergütet, die freilich meist nur von geringer Höhe sind. Einf.Ges. z. BGB. Art. 144, 145 erhält die betreffenden landesrechtlichen Bestimmungen aufrecht.

8) Vgl. BGB. § 374 Abs. 1.

9) In der Regel genügt die Anerkennung des Gläubigers durch den Schuldner. Deponiert der Schuldner wegen des Annahmeverzuges eines von ihm bei der Hinterlegung bezeichneten Gläubigers, so erkennt er diesen schon damit als zum Empfang des Hinterlegten legitimiert an. Ganz anders, wenn der Schuldner gegenüber mehreren Forderungsprätendenten gemäß ZPO. § 75 deponiert hat; dann bedarf es der Anerkennung der konkurrierenden Prätendenten. Vgl. BGB. § 380.

10) Die l. 19 C. de usuris 4, 32 von Diokletianus und Maximianus bestimmt im § 4: Creditori scilicet actione utili ad exactionem earum non adversus debitorem, nisi forte eas receperit, sed vel contra depositarium vel ipsas competente pecunias. Über die verschiedenen Auffassungen dieser actio utilis vgl. Ulrich a. a. O. S. 41. Die Klage ist dadurch begründet, daß der Schuldner die Deposition zugunsten des Gläubigers vornahm — vgl. oben § 272 — was nicht unvereinbar damit ist, daß er zugleich sein Interesse wahrte.

11) Das Recht des Schuldners, die hinterlegte Summe zurückzunehmen, wenn er einem Gläubiger gegenüber hinterlegt, der sie nicht annehmen will, ist in der Sache begründet und wird namentlich in der oben Anm. 10 abgedruckten l. 19 bezeugt. Diese Rücknahme steht folgerecht auch der Konkursmasse des Deponenten zu. Nach BGB. § 376 Abs. 1 ist der Schuldner prinzipiell zur Zurücknahme der hinterlegten Sache berechtigt, Ausnahmen siehe das. Abs. 2. Dieses Recht zur Rücknahme ist aber der Pfändung nicht unterworfen, und während des Konkurses des Schuldners hat weder dieser noch die Konkursmasse die Rücknahmebefugnis, vgl. BGB. § 377.

12) Die l. 9 C. de solutionibus 8, 42 spricht von einer „liberatio" im Falle der „obsignatio" der geschuldeten Geldsummen. Hiernach wollen die meisten Schriftsteller der Deposition schlechthin tilgende Kraft beimessen. Vgl. aber Dernburg, Pfandrecht Bd. 2

§ 319. Kompensation.[1] Geschichtliche Entwicklung.

I. Kompensation ist Tilgung von Gegenforderungen durch Aufrechnung.[2]

Die Kompensation vollzieht sich entweder mittels Vertrages, so daß sich beide Teile durch Abrechnung für befriedigt erklären,[3] oder durch einseitige Erklärung eines der Beteiligten.

Die Kompensation ist nicht, wie man häufig behauptet, eine Unterart der Zahlung;[4] denn der Gläubiger erhält durch sie nicht das Schuldobjekt. Aber sie ersetzt den Effekt gegenseitiger Zahlung. Um deswillen entspricht sie der Zweckmäßigkeit und Billigkeit.[5]

II. Dem älteren Rechte freilich war die einseitige Kompensation im allgemeinen fremd.[6] Nur in einigen besonders wichtigen Fällen wurde auf einseitigen Antrag Kompensation im Prozeß gestattet.

a) Die Bankiers — argentarii — erhielten gegen ihre Geschäftsfreunde nur Klagen cum compensatione, d. h. auf den Überschuß ihrer Forderungen über deren Schulden aus den Geschäften mit ihnen. Der

---

S. 581, Ulrich a. a. O. S. 64. Tilgung ipso jure ist mit dem Rechte der Zurücknahme des Depositums unvereinbar, und unter Liberation kann auch Befreiung durch Exzeption verstanden sein. Vgl. auch BGB. §§ 378, 379, Dernburg, Bürg. Recht Bd. 2 § 123 S. 277.

1) Tit. Dig. de compensationibus 16, 2, Cod. 4, 31. Brinz, die Lehre von der Kompensation 1849 und in Bekkers Jahrb. Bd. 1 n. 2 — 1857. Dernburg, Geschichte und Theorie der Kompensation 1. Aufl. 1854, 2. Aufl 1868, dort siehe S. 5 die Literatur bis 1868. Seitdem erschien Schwanert, die Kompensation nach römischem Rechte 1870 und Eisele, die Kompensation 1876, ferner Stampe, das Kompensationsverfahren im vorjustinianischen stricti juris judicium 1886, Lippmann, zur Lehre von der Kompensation in Iherings Jahrb. Bd. 32 n. 4, Franz Leonhard, die Aufrechnung 1896, Liebknecht, Kompensationsvollzug und Kompensationsvorbringen nach gemeinem Rechte, Würzburger Inaug.Diss. 1897, Geib, Theorie der gerichtlichen Kompensation 1897, Siber, Kompensation und Aufrechnung 1899. Kretschmar, über die Entwicklung der Kompensation im röm. Rechte 1907.

2) Modestinus libro 6 pandectarum, l. 1 D. h. t. 16, 2: Compensatio est debiti et crediti inter se contributio.

3) Über den Kompensationsvertrag vgl. Dernburg a. a. O. § 71, Eisele S. 229, Römer, Abhandlungen S. 92, Siber a. a. O. § 6. Hauptstellen sind l. 4 D. qui pot. 20, 4, l. 47 § 1 D. de pactis 2, 14. Anders Leonhard a. a. O. S. 12, nach dem die Quellen den Kompensationsvertrag nicht kennen, vgl. aber gegen ihn Liebknecht S. 2. Die Aufhebung der Forderungen durch Kompensationsvertrag ist eine gegenseitig bedingte. Existiert daher die eine der Forderungen nicht, oder wird sie durch den Kompensationsvertrag nicht aufgehoben, weil ihrem Gläubiger die Legitimation zur Verfügung über sie fehlt, so besteht die ihr gegenüber zur Kompensation gestellte Forderung fort.

4) Nicht selten definiert man die Kompensation geradezu nach dem Vorgange von Noodt ad Dig. h. t. — opera Tom. II — als „mutua solutio juris interpretatione quasi per brevem manum facta". Vgl. hierüber Dernburg a. a. O. § 42.

5) l. 8 pr. D. de doli mali exceptione 44, 4, Paulus libro 6 ad Plautium: Dolo facit, qui petit quod redditurus est.

6) Über die Geschichte der Kompensation bis Mark Aurel vgl. Gaj. Inst. IV §§ 61 ff. Hierzu Dernburg a. a. O. § 5, Paul Chenevière, histoire de la compensation jusques et y compris le rescrit de Marc-Aurèle. thèse, Lyon 1892, Appleton, histoire de la compensation 1895, Leonhard a. a. O. S. 9, Karlowa, röm Rechtsgesch. Bd. 2 § 176 S. 1392, auch Braßloff, Zeitschr. der Sav.Stiftg, rom. Abt. Bd. 21 S. 362. Dagegen Eisele S. 3 ff.

Wechsler, welcher den Abzug der Gegenforderungen nicht voll vornahm, verlor Prozeß und Anspruch.

b) Der emtor bonorum mußte sich bei Einklagung der Außenstände, welche zu der von ihm erstandenen Konkursmasse gehörten, Aufrechnung — deductio — der Gegenforderungen der Konkursgläubiger an den Gemeinschuldner gefallen lassen. Dies geschah ohne Rücksicht darauf, ob es sich um gleichartige und um fällige Gegenforderungen handelte oder nicht. Die Konkursgläubiger sollten also nicht genötigt sein, was sie ihrerseits dem Gemeinschuldner schuldeten, voll zu zahlen und sich andererseits für ihre Gegenforderungen an denselben mit den vom bonorum emtor versprochenen Prozenten begnügen.

Seit Ende der Republik nahm man an, daß es auch in anderen Fällen dem Richter freistehe, Kompensation vorzunehmen. Zunächst war dies der Fall bei den bonae fidei judicia, wenn Gegenforderungen aus demselben Geschäfte geltend gemacht wurden, dann auch bei den stricti juris judicia im Falle der Vorschützung einer exceptio doli. Der Richter konnte hiernach kraft freien Ermessens die Kompensation zulassen oder nicht.[7] Später erließ Mark Aurel die Vorschrift, daß in strictis judiciis mit den Gegenforderungen des Beklagten kompensiert werde, wenn eine exceptio doli vorgeschützt war.[8]

Fortan beruhte die Kompensation nicht mehr auf der „Libertät" des Richters, sondern auf einer „Rechtsregel". Dies drückt die sprichwörtliche Redensart aus, die sich bildete „ipso jure compensari".[9]

7) Dernburgs Darstellung der Geschichte der Kompensation — S. 67 ff. — liegt der Gedanke zugrunde, daß die Kompensation, von den Spezialfällen des argentarius und bonorum emtor abgesehen, ursprünglich auf dem freien Ermessen der Privatrichter beruhte, so daß sie sich erst im Laufe der klassischen Kaiserzeit zum festen Rechte gestaltete. Dieser Grundgedanke hat seitdem eine bedeutungsvolle Bestätigung erhalten durch Studemunds Entzifferung des früher nur unvollständig lesbaren § 63 von Gaj. Inst. IV: Liberum est tamen judici nullam omnino invicem compensationis rationem habere; nec enim aperte formulae verbis praecipitur, sed quia id bonae fidei judiciis conveniens videtur, ideo officio ejus contineri creditur. Vgl. auch Leonhard a. a. O. S. 26.

8) § 30 J. de act. 4, 6 fährt, nachdem der Kompensation in den bonae fidei judicia gedacht ist, fort: sed et in strictis judiciis ex rescripto divi Marci opposita doli mali exceptione compensatio inducebatur. Die Kompensation wurde seitdem auch in strictis judiciis der Art durchgeführt, daß der Richter die Gegenforderungen auf die Klagsumme aufrechnete und dem Kläger um so viel weniger zusprach, vgl. unter anderen l. 22 pr. D. de exceptionibus 44, 1 und des weiteren Dernburg, Kompensation §§ 23 ff.

9) Die Stellen, welche das „ipso jure compensari" enthalten, sind: § 30 J. de actionibus 4, 6; l. 4, l. 10 pr. l. 21 D. de compensationibus 16, 2, l. 4, l. 14 C. eod. 4, 31. Viele nahmen an, daß sich die Forderungen mit ihrem Gegenübertreten ohne weiteres, also sine facto hominis, und in diesem Sinne ipso jure aufzehrten. Andere erklärten nach dem Vorgang des Glossators Azo, daß die Gegenforderungen sich für den Fall ihres Vorschützens bereits mit ihrem Gegenübertreten aufhöben, also „von selbst", aber doch nur infolge „einer Anrufung". Vgl. Windscheid Bd. 2 § 349. In der Tat bedeutete „ipso jure compensari" nur: Der Richter kompensiert infolge Rechtssatzes und nicht nach freiem Befinden. Das BGB. steht auf dem Standpunkt des Azo. Das Gegenübertreten aufrechenbarer Forderungen hat hiernach vernichtende Wirkung, falls es von einem der Beteiligten geltend gemacht wird. Vgl. Dernburg, Kompensation S. 310; Lenel, Ursprung und Wirkung der Exzeptionen 1876 S. 139; Dernburg, Bürg. Recht Bd. 2 § 127.

III. In der Vorschützung der Kompensation liegt nach römischem Recht eine Exzeption. Denn es handelt sich um ein Gegenrecht, welches dem Beklagten zusteht und dessen Verwirklichung dadurch bedingt ist, daß er es seinerseits geltend macht.[10]

§ 320. Voraussetzungen der Kompensation.

I. Aufrechenbar — kompensabel — werden Forderungen unter folgenden Voraussetzungen:

1. Sie müssen gegenseitig sein, so daß der Gläubiger der einen Schuldner der anderen Obligation ist.[1]

2. Nur rechtsbeständige und durch peremptorische Exzeption nicht entkräftbare Forderungen sind aufrechenbar.[2] Natürliche Forderungen können genügen.[3]

3. Auch Gleichartigkeit der Gegenforderungen wird vorausgesetzt. Daher sind vorzugsweise kompensierbar Forderungen auf Geld oder andere Fungibilien.[4] Werden ursprünglich ungleichartige Forderungen nachträglich gleichartig, so tritt ihre Kompensabilität ein.[5]

4. Die Gegenforderungen müssen endlich fällig sein.[6]

Vom Momente der Kompensabilität an erhalten beide Teile das Recht auf Aufrechnung, also die Einrede der Kompensation.

Es gibt Fälle, in denen Dritte die einem anderen erworbene Einrede der Kompensation geltend machen können, und solche, in denen die Kompensationseinrede anderen Personen als dem Gläubiger, gegen welchen sie erworben ist, entgegengesetzt werden kann.

a) Der Bürge darf mit den Gegenforderungen des Hauptschuldners kompensieren, da er befugt ist, die letzterem zustehenden Einreden geltend zu machen.[7]

---

10) l. 2 D. h. t. 16, 2 Julianus libro 90 digestorum: Unusquisque creditorem suum eundemque debitorem petentem summovet, si paratus est compensare.

1) l. 9 C. h. t. Gordianus. Ejus quod non ei debetur qui convenitur, sed alii, compensatio fieri non potest. Ebenso BGB. § 387, vgl. Dernburg, Bürg. Recht Bd. 2 § 126 S. 286. In der l. 18 § 1 D. h. t. 16, 2 erklärt Papinianus libro 3 responsorum: Creditor compensare non cogitur quod alii quam debitori suo debet, quamvis creditor ejus pro eo, qui convenitur ob debitum proprium, velit compensare. Doch dies hing mit der unvollkommenen Entwicklung der Zession zur Zeit Papinians zusammen.

2) l. 14 D. h. t. 16, 2. Vgl. BGB. § 390 Satz 1: Eine Forderung, der eine Einrede entgegensteht, kann nicht aufgerechnet werden; vgl. Dernburg, Bürg. Recht a. a. O.

3) Vgl. oben § 260 Anm. 12. Ein Beispiel in l. 20 § 2 D. de statu lib. 40, 7; die Obligation besteht zwischen einem Sklaven und dem Erben des Herrn. Über neueres Recht vgl. Dernburg a. a. O. S. 472.

4) Dernburg S. 483, Eisele S. 315, BGB. § 387.

5) Auch dingliche Ansprüche können unter dieser Voraussetzung kompensiert werden, l. 14 pr. C. h. t., § 30 J. de actionibus 4, 6, Dernburg, a. a. O. S. 352.

6) l. 7 pr. D. h. t. 16, 2. Ulpianus libro 28 ad edictum: Quod in diem debetur, non compensabitur, antequam dies venit, quamquam dari oporteat. Dasselbe gilt für die Stundungsverträge, wenn es sich nicht bloß um eine Gnadenfrist zur Beschaffung von Zahlungsmitteln handelt, vgl. l. 16 § 1 D. h. t. BGB. § 387 bestimmt, daß jeder Teil aufrechnen darf, sobald er die ihm gebührende Leistung fordern und die ihm obliegende Leistung bewirken kann.

b) Auch der Korrealschuldner darf mit Gegenforderungen seines Mitschuldners kompensieren, soweit dieser sein Gesellschafter ist und infolgedessen zur Tilgung der Korrealschuld beizutragen hat.[8]

c) Der Zessus endlich kann auf die Forderung des Zessionars Gegenforderungen aufrechnen, welche ihm gegen den Zedenten zur Zeit der Denuntiation der Zession zustanden. Eine strengere Ansicht will Kompensation nur mit Gegenforderungen zulassen, die zur Zeit der Denuntiation bereits kompensabel waren. Aber die Erwägung, daß einseitige Handlungen des Gläubigers die Lage eines Schuldners nicht verschlechtern dürfen, führt weiter.

Der debitor cessus kann hiernach dem Zessionar auch diejenigen Gegenforderungen gegen den Zedenten entgegenstellen, welche ihm zur Zeit der Denuntiation der Zession zustanden, aber erst später fällig wurden. Dagegen ist er zur Aufrechnung von Gegenforderungen, die ihm gegen den Zedenten zustehen, nicht befugt, wenn sie erst später fällig wurden als die zedierte Forderung. Denn es hieße den Vertragsbruch belohnen, wenn der Zessus die dem Zessionar übertragene Forderung dadurch unwirksam machen könnte, daß er deren Erfüllung so lange verzögerte, bis seine Gegenforderung an den Zedenten fällig würde, um dann zu kompensieren.[9] [10]

II. Die Kompensation ist ausgeschlossen:

1. im Falle des Verzichtes des Schuldners,[11]

---

7) l. 5 D. h. t. 16, 2. Nach BGB. § 770 Abs. 2 darf der Bürge die Zahlung an den Gläubiger verweigern, solange dieser sich durch Aufrechnung gegen eine fällige Forderung des Hauptschuldners befriedigen kann.

8) l. 10 D. de duobus reis 45, 2. Papinianus libro 37 quaestionum: Si duo rei promittendi socii non sint, non proderit alteri, quod stipulator alteri reo pecuniam debet. Vgl. unten § 330 Anm. 10. Dementsprechend ist anzunehmen, daß der Schuldner gegen einen Korrealgläubiger mit der Gegenforderung kompensieren kann, die ihm gegen den anderen Korrealgläubiger zusteht, wenn die beiden Gesellschafter sind, Dernburg, a. a. O. § 463. Doch sind die Meinungen geteilt, vgl. die bei Windscheid § 350 Anm. 20 Zitierten. BGB. § 422 Abs. 2 besagt: Eine Forderung, die einem Gesamtschuldner zusteht, kann nicht von den übrigen Schuldnern aufgerechnet werden. Vgl. auch § 429 Abs. 3.

9) Über die Kompensation im Falle der Zession siehe Dernburg a. a. O. S. 402, und außer den dort Zitierten Eisele S. 305. Das RG. Bd. 4 S. 255 und Bd. 11 S. 301 steht auf dem hier vertretenen Standpunkte, jedenfalls für das preußische Recht, vgl. Bolze, Praxis des RG. Bd. 1 S. 97. Siehe übrigens auch Ohnsorge in Iherings Jahrb. Bd. 20 S. 295. Der Sache nach übereinstimmend BGB. § 406, vgl. § 392. Siehe Dernburg, Bürg. Recht Bd. 2 § 140 S. 319.

10) Es gibt Fälle, in denen aus einem synallagmatischen Kontrakte eine andere Person berechtigt, als verpflichtet ist. Dies benimmt dem Beklagten nicht die Befugnis der exceptio non adimpleti contractus, wie wenn der Kläger selbst der zur Gegenleistung Verpflichtete wäre. Die exceptio non adimpleti contractus aber muß auf eine Kompensation hinauslaufen, wenn die Forderungen beide in Geld bestehen, z. B. weil der Anspruch des Käufers sich in einen solchen auf das Interesse umsetzt. In diesen Fällen tritt folgerecht auch eine Aufrechnung ein, obwohl der Gläubiger der einen Forderung nicht der Schuldner der anderen ist. l. 19 D. h. t. 16, 2. Dernburg a. a. O. S. 372. Ähnliches kann auch in anderen Fällen des Retentionsrechts vorkommen.

11) Ob in dem Versprechen „bar" zu zahlen — z. B. einem Schriftsteller sofort

2. gegenüber der Forderung auf Herausgabe dessen, was der Schuldner durch ungerechtfertigte Eigenmacht an sich nahm,[12]

3. gegenüber Forderungen auf Rückgabe eines Depositums; dies gilt auch bezüglich des depositum irregulare, bei welchem die Restitution nur in Sachen gleicher Art zu erfolgen hat,[13]

4. gegenüber Alimentenansprüchen.[14]

5. Infolge fiskalischen Privilegiums ist die Aufrechnung gegenüber Forderungen eines fiskalischen Departements mit Gegenforderungen an ein anderes Departement unzulässig.[15] Auch sollen gewisse Forderungen des Fiskus und der Städte der Kompensation nicht unterliegen.[16]

III. Im Konkurse tritt die Gerechtigkeit des Institutes der Kompensation besonders hervor. Der Gläubiger des Gemeinschuldners, welcher zugleich sein Schuldner war, hat eine natürliche Deckung für seine Forderung in seiner Schuld. Es entspricht daher der Billigkeit, daß er das Geschuldete nicht zum Nutzen aller in die Konkursmasse zahle, sondern auf seine Forderung aufrechnen, also gleichsam von der Masse aussondern dürfe. Deshalb wurde die Kompensation im Konkurse gegenüber den allgemeinen Grundsätzen erheblich erweitert und ähnlich gestaltet, wie dies im vorjustinianischen Konkursrechte der Fall war.[17] Es wird nur gefordert, daß zwischen dem Konkursgläubiger und dem Gemeinschuldner bereits vor der Konkurseröffnung gegenseitige Forderungen bestanden. Letztere brauchten zur Zeit der Konkurseröffnung noch nicht fällig und die Forderung des Gläubigers nicht auf einen Geldbetrag gerichtet zu sein. Auch bedingte Gegenforderungen berechtigen zur Kompensation; die fällige Schuld muß zwar in die Masse gezahlt werden, aber nur gegen Sicherstellung der Rückzahlung für den Fall des Eintrittes der Bedingung.

---

nach Ablieferung des Manuskriptes — ein Verzicht auf die Kompensationseinrede liegt, ist nach den Umständen des Falles zu beurteilen.

12) l. 14 § 2 C. h. t. 4, 31. Wissentlich unredliches Handeln wird nicht vorausgesetzt, jede objektiv widerrechtliche Selbsthilfe genügt. Dernburg a. a. O. S. 511. Vgl. RG. Bd. 19 S. 237, Seuffert, Archiv Bd. 48 n. 19. BGB. § 393 bestimmt: Gegen eine Forderung aus einer vorsätzlich begangenen unerlaubten Handlung ist die Aufrechnung nicht zulässig. Vgl. Dernburg, Bürg. Recht Bd. 2 § 128 S. 291.

13) l. 11 C. depositi 4, 34, l. 14 § 1 in fine C. h. t. 4, 31, § 30 J. de actionibus 4, 6. Siehe unten § 350. Dernburg a. a. O. S. 514. Eisele S. 351 spricht dieser Ausnahme aus unzureichenden Gründen die gemeinrechtliche Bedeutung ab. Vgl. hiergegen RG. Bd. 12 S. 89. Das RG. erkannte auch die Ausschließung der Kompensationseinrede beim depositum irregulare an. Nach BGB. kann der Depositar aufrechnen.

14) Vgl. Dernburg a. a. O. S. 519. Die Kompensation ist auch gegenüber mittelbaren Alimentationsansprüchen ausgeschlossen, bezüglich rückständiger Alimente freilich nur, wenn der Ertrag noch dem Zwecke der Alimentation dienstbar sein kann. Über Pensionsansprüche vgl. RG. Bd. 21 S. 186. BGB. § 394 Satz 1 besagt genereller: Soweit eine Forderung der Pfändung nicht unterworfen ist, findet die Aufrechnung gegen die Forderung nicht statt. Vgl. Dernburg, Bürg. Recht Bd. 2 § 128 S. 292.

15) l. 1 C. h. t. 4, 31, BGB. § 395.

16) l. 20 D. h. t. 16, 2, l. 3, l. 7 C. h. t. 4, 31, l. 46 § 5 D. de jure fisci 49, 14. Dernburg a. a. O. S. 524, Eisele S. 349.

17) KO. §§ 46 ff., Schrutka-Rechtenstamm, die Kompensation im Konkurse 1881, Kohler, Konkursrecht S. 123, Lothar Seuffert, Konkursprozeßrecht S. 229.

§ 321. Geltendmachung, Wirkungen der Kompensation.

I. Die Kompensation vollzieht sich mit der Erklärung des einen Teils an den anderen.[1] Meist wird sie im Prozeß vom Beklagten einredeweise vorgeschützt. Hierbei ist folgendes zu beachten:

1. Erwächst dem Schuldner eine kompensable Gegenforderung, so kann er die Kompensation auf Grund derselben auch dann noch vorschützen, wenn der Gläubiger zu einer Zeit klagt, wo sie verjährt ist. Denn das einmal begründete Recht der Aufrechnung wird durch die Verjährung der Klage nicht berührt.[2]

2. Der Beklagte, dem mehrere Gegenforderungen zustehen, kann in der Regel diejenige, welche er will, beliebig zur Kompensation bringen. Hat dagegen der Gläubiger mehrere Forderungen, so kann er dem Schuldner gegenüber erklären, welche er zur Kompensation mit dessen Forderung bestimmt.[3] Dies ist maßgebend. Klagt der Gläubiger aber eine seiner Forderungen ein, ohne daß er eine derartige Bestimmung, sei es vor der Klage oder in der Klage, getroffen hat, so ist der Schuldner befugt, auf die Klageforderung zu kompensieren. Kläger gibt, indem er die eine der Forderungen einklagt, zu erkennen, daß er auf sie hin zunächst befriedigt sein will, und er muß sich gefallen lassen, daß sich die Befriedigung durch Kompensation vollzieht. Eine Replik der Kompensation, wodurch der Gläubiger die vom Schuldner zur Kompensation gestellte Gegenforderung auf eine andere seiner Forderungen zur Aufrechnung bringt, ist also nur zulässig, wenn er diese Aufrechnung im voraus als seinen Willen erklärt hat. Immerhin kann jeder Teil beanspruchen, daß konnexe Forderungen, insbesondere solche aus demselben Geschäfte, vor nicht konnexen miteinander aufgerechnet werden.[4]

---

1) Vollzieht erst der Richter die Kompensation auf Grund des Antrags einer Prozeßpartei, wovon das römische Recht ausging, oder vollzieht sie sich schon durch einseitige Erklärung einer der Parteien an den Gegner? Das letztere entspricht dem Gang der modernen Rechtsentwicklung. So RG. Bd. 11 S. 119, Ohnsorge in Iherings Jahrb. Bd. 20 S. 285; bereits für das römische Recht verteidigt diese Auffassung Leonhard in der § 319 Anm. 1 genannten Schrift, gegen ihn aber Liebknecht a. a. O. S. 31. Vgl. jedoch auch Lippmann in Iherings Jahrb. Bd. 32 S. 157 und vor allen Geib, Theorie der gerichtlichen Kompensation 1897. Auch BGB. § 388 Satz 1 besagt: Die Aufrechnung erfolgt durch Erklärung gegenüber dem anderen Teile.

2) Vgl. Dernburg a. a. O. S. 472. Es ist dies herrschende Ansicht, die auch das RG. angenommen hat, Bolze, Praxis des RG. Bd. 1 S. 88. Übereinstimmend BGB. § 390 Satz 2.

3) Vgl. l. 5 D. h. t. 16, 2.

4) Diese Frage gehört zu den bestrittensten. Vgl. Dernburg a. a. O. S. 549, Eisele S. 365, Windscheid Bd. 2 § 349 Anm 21 ff. Zu ihrer Beantwortung fehlt es an jedem Anhalt in den Quellen. Die prinzipiellen Erwägungen, die man für die eine oder die andere der verschiedenen Ansichten geltend macht, haben eine zwingende Überzeugungskraft nicht. Es erscheint daher entsprechend, sich der Praxis der Reichsgerichte anzuschließen, welche zu den in unserem Texte formulierten Sätzen gelangte. Vgl. ROHG. Bd. 7 S. 367, Bd. 12 S. 389, Bd. 19 S. 76 und dort zitierte Entscheidungen; Bolze, Praxis Bd. 1 S. 89 n. 413. Vgl. auch RG. in Seufferts Archiv Bd. 48 n. 253, Zeitschr. für Verw. u. Rspfl. in Oldenbg. Bd. 19 S. 208, Leonhard a. a. O. S. 166. — Über das BGB. § 396 vgl. Dernburg, Bürg. Recht Bd. 2, Abt. 1 § 129 S. 294.

3. So sehr die Kompensation der Billigkeit entspricht, hat sie doch große prozessualische Schattenseiten. Sie ermöglicht dem Schuldner, seine Verurteilung aus unbestreitbaren Klagegründen durch Vorbringen zweifelhafter angeblicher Gegenforderungen hinauszuziehen.

Deshalb gab Justinian den Richtern die Befugnis, illiquide Kompensationseinreden, wenn die Klage zur Endentscheidung reif war, zu besonderer Verhandlung zu verweisen und den Beklagten vorläufig nach dem Klageantrage zu verurteilen. Liquid sind Ansprüche, deren Existenz durch rechtskräftiges Urteil, gerichtliches Geständnis oder öffentliche Urkunden festgestellt ist. Ihnen stehen die unmittelbar liquidablen gleich, die voraussichtlich innerhalb kurzer Frist, oder mindestens ehe die Klage zur Endentscheidung reif ist, liquid gemacht werden können.[5] [6]

II. Die Kompensationseinrede bewirkt, wie jede Exzeption, im Falle ihres Vorschützens Befreiung von dem Augenblicke an, in welchem ihre objektiven Voraussetzungen vorhanden waren. Wird also die Kompensation erklärt und kommt sie zur richterlichen Anerkennung, so ist nicht der Zeitpunkt des richterlichen Urteils zugrunde zu legen, sondern der Augenblick, in welchem sich die Gegenforderungen als kompensierbar gegenübertraten.[7]

---

5) l. 14 § 1 C. h. t. 4, 31: Ita tamen compensationes obici jubemus, si causa ex qua compensatur liquida sit et non multis ambagibus innodata, sed possit judici facilem exitum sui praestare. satis enim miserabile est post multa variaque certamina, cum res jam fuerit approbata, tunc ex altera parte, quae jam paene convicta est, opponi compensationem jam certo et indubitato debito et moratoriis ambagibus spem condemnationis excludi. hoc itaque judices observent et non procliviores in admittendas compensationes existant nec molli animo eas suscipiant, sed jure stricto utentes, si invenerint eas majorem et ampliorem exposcere indaginem, eas quidem alii judicio reservent, litem autem pristinam jam paene expeditam sententia terminali componant. Über die verschiedenen Auslegungen des Gesetzes und die gemeinrechtliche Entwicklung vgl. Dernburg a. a. O. S. 554, Hasse im Archiv für zivilistische Praxis Bd. 7 n. 9. Hasse führte aus, daß Liquidität nicht bei Ansprüchen ex eadem causa verlangt werde. Dies hatte zwar keine Begründung im Rechte Justinians, gewann aber Einfluß auf die Gesetzgebung.

6) Andere Grundsätze vertritt die ZPO. § 145 und § 302. Es ist hiernach gestattet, die Verhandlung über die Klage und über die Aufrechnung, wenn die Gegenforderung mit der Klageforderung nicht in rechtlichem Zusammenhange steht, zu trennen und ein Urteil über die Klageforderung unter Vorbehalt der Entscheidung über die Aufrechnung herbeizuführen, wenn es sich um nichtkonnexe Gegenforderungen handelt. Das Gesetz stellt diese Anordnungen dem Ermessen des Richters anheim. Es ist aber selbstverständlich, daß der Richter zu denselben nur dann schreitet, wenn entweder die Verbindung der Verhandlung über Forderung und Gegenforderung zur Verwirrung führen oder eine ungebührliche Prozeßverzögerung bewirken würde. In betreff der Aufrechnung, über welche die Entscheidung vorbehalten ist, bleibt der Rechtsstreit anhängig. Ergibt sich in dem weiteren Verfahren, daß die Aufrechnung begründet war, so ist das frühere Urteil aufzuheben und der Kläger abzuweisen. Zugleich ist der Kläger zum Ersatze des Schadens verpflichtet, der dem Beklagten durch das erste Urteil entstanden ist. Der Anspruch kann in dem anhängigen Rechtsstreite geltend gemacht werden. So nunmehr § 302 Abs. 4 der revid. ZPO. Nach der bisher. ZPO. bestand über die Tragweite der Bestimmungen der ZPO. Streit. Vgl. hierüber unsere früheren Auflagen.

7) Sachlich übereinstimmend BGB. § 389: Die Aufrechnung bewirkt, daß die Forderungen, soweit sie sich decken, als in dem Zeitpunkte erloschen gelten, in welchem sie zur Aufrechnung geeignet einander gegenübergetreten sind.

Hieraus folgt:

1. Im Falle der Aufrechnung werden Zinsen von den sich gegenüberstehenden Forderungen seit dieser Zeit nicht mehr berechnet.[8]

2. Zahlt der Schuldner, ohne zu wissen, daß ihm eine Gegenforderung und ein Kompensationsrecht zustehe, so ist er nicht darauf beschränkt, seine Gegenforderung einzuklagen. Er kann vielmehr das Gezahlte auch mit einer condictio indebiti zurückfordern;[9] denn er hat gezahlt, was er zu zahlen nicht verpflichtet war, weil ihm eine Einrede gegen die Forderung zur Seite stand.

3. Nach denselben Grundsätzen hört mit der Existenz der Gegenforderung auch der Verzug mit seinen Nachteilen auf.[10]

III. Erlaßverträge.

§ 322. Freiwilliger Erlaßvertrag.[1]

1. Forderungen gehen unter durch Erlaß, wenn der Gläubiger den Willen erklärt, auf sie zu verzichten, und der Schuldner diesen Verzicht annimmt.[2]

2. In Rom geschah der Schulderlaß in der Regel in der Form der Akzeptilation. Doch konnte dieselbe durch das formlose pactum de non petendo ersetzt werden, da hieraus dem Schuldner die exceptio pacti de non petendo gegen die Klage erwuchs.

3. Nach modernem Rechte genügt die formlose Erklärung zur Aufhebung der Obligation, wie sie zu deren Begründung ausreicht.[3]

Der Erlaß tilgt in der Regel die Obligation vollständig. Er kann aber auch bloß auf gewisse Personen beschränkt bleiben oder von Bedingungen abhängig gemacht sein.

Wird nur zeitweise auf die Geltendmachung der Forderung verzichtet, so ist dies kein Erlaß, sondern Stundung.

Der Erlaß kann behufs einer Schenkung geschehen. Dies ist aber keineswegs notwendig. Man erläßt z. B. einen Teil einer Forderung, um

---

8) l. 11 D. h. t. 16, 2, l. 4 C. h. t. 4, 31, l. 7 C. de solutionibus 8, 42.

9) l. 10 § 1 D. h. t. 16, 2.

10) Vgl. Dernburg a. a. O. S. 589, Windscheid Bd. 2 § 349 Anm. 7. Dort sind die Dissentienten zitiert.

1) Völderndorff, zur Lehre vom Erlaß 1850; Scheurl, Beiträge Bd. 2 n. 14; Unger a. a. O. S. 560; Altmann, der Erlaßvertrag 1891; Meißels, zur Lehre vom Verzichte in Grünhuts Zeitschr. Bd. 18 n. 9.

2) l. 91 D. de solutionibus 46, 3, BGB. § 397, Dernburg, Bürg. Recht Bd. 2 § 130 S. 295.

3) Der Erlaß ist keine Akzeptilation, sowenig wie der obligatorische Vertrag, welcher nach gemeinem Recht formlos Forderungen begründet, Stipulation ist, vgl. oben § 311 Anm. 6. Der Erlaß ist vielmehr eine dem formlosen obligatorischen Vertrage entsprechende Rechtsbildung des gemeinen Rechts. Keinesfalls ist er mit dem römischen pactum de non petendo zu identifizieren, welches nur eine exceptio erzeugte und überdies sowohl Stundung, als auch Erlaß herbeiführen konnte. Vgl. jedoch Vangerow Bd. 3 § 621 Anm. 1, aber auch Windscheid Bd. 2 § 357 Anm. 9.

sich die Zahlung des anderen Teiles zu sichern, oder aus „geschäftlicher Kulanz“. Dann fehlt der zur Schenkung erforderte animus donandi, d. h. die Absicht der Freigebigkeit.[4]

§ 323. Zwangserlaß. Akkord.

1. Unter Zwangserlaß versteht man einen Forderungserlaß, welcher durch die Mehrheit der Gläubiger eines Schuldners unter gerichtlicher Autorität geschlossen wird und auch die Minderheit bindet.

2. In Rom kam ein Zwangserlaß nur vor, um dem Erben den Antritt einer verschuldeten Erbschaft zu ermöglichen.[1] [2] Gemeinrechtlich ließ man aber derartigen Zwang in allen Fällen der Vermögensunzulänglichkeit des Schuldners behufs Abwendung des Konkurses zu.[3]

3. Die KO.[4] kennt keinen Zwangserlaß vor der Eröffnung des Konkurses zu seiner Abwendung, wohl aber Zwangsvergleich — Akkord — nach Eröffnung des Konkurses und nach Abhaltung des allgemeinen Prüfungstermines über die Konkursforderungen behufs Beendigung des Konkurses. Der Akkord besteht meist in einem teilweisen Schulderlasse, doch kann er auch bloße Stundung bezwecken. Im Fall betrügerischen Bankerotts ist er unzulässig.

Der Akkord wird zwischen dem Gemeinschuldner und seinen nicht bevorrechteten Konkursgläubigern verhandelt und geschlossen. Er fordert:

a) die Mehrheit der im Vergleichstermine anwesenden Gläubiger,

b) daß die Forderungen der Mehrheit mindestens $^3/_4$ der Gesamtsumme aller zum Stimmen berechtigenden Forderungen ausmachen.

Er bedarf gerichtlicher Bestätigung, welche auf Antrag eines beteiligten Konkursgläubigers zu versagen ist, falls der Akkord in unlauterer Weise zustande kam oder dem gemeinsamen Interesse der Konkursgläubiger widerspricht. Auch ohne Antrag ist der Vergleich zu verwerfen, wenn er infolge unredlichen Verhaltens des Gemeinschuldners den Gläubigern nicht mindestens den fünften Teil ihrer Forderungen gewährt; ist dies Folge des leichtsinnigen Verhaltens des Gemeinschuldners, so kann der Akkord durch richterliches Ermessen zurückgewiesen werden.

Der Akkord bindet auch die überstimmten und die abwesenden Gläubiger, muß aber allen gleiche Rechte gewähren.

IV. Andere Tilgungsgründe.

§ 324. Wegfall des Subjektes.

1. Die Obligationen gehen in der Regel auf die Erben des Gläubigers wie des Schuldners über.[1]

---

4) Über die causa des Erlaßvertrages vgl. namentlich Hartmann im Archiv für ziv. Praxis Bd. 85 n. 1.

1) l. 7 § 17, l. 10 D. de pactis 2, 14, vgl. l. 54 § 1 D. de manumiss. testament. 40, 4, l. 58 § 1 D. mandati 17, 1.

2) Außerdem kannte das justinianische Recht einen Zwang der Mehrheit der Gläubiger gegen die Minderheit zur Gewährung einer Stundung — eines sog. Moratoriums — zugunsten des Schuldners, l. 8 C. qui bonis cedere possunt 7, 71.

3) Über die Geschichte dieses Gewohnheitsrechts vgl. Fuchs, das Konkursverfahren 1863 S. 83 ff.

4) KO. §§ 173 ff.

1) l. 37 D. de adquir. vel omittenda her. 29, 2 . . . et ea, quae in nominibus sint, ad heredem transeant.

Auch wenn der Gläubiger oder der Schuldner verstirbt, ohne Erben zu hinterlassen, verschwinden sie nicht ohne weiteres. Sie bleiben vielmehr Aktiva und Passiva des Nachlasses, beziehungsweise der Konkursmasse, wenn der Konkurs über den Nachlaß eröffnet wird.

2. Gewisse Forderungen sind jedoch nach gesetzlicher Regel oder besonderen Verträgen höchstpersönlich, so daß sie mit dem Tode des Gläubigers oder mit dem des Schuldners untergehen. Dies sind besondere Fälle.[2]

3. Die Obligationen erlöschen ferner durch Konfusion, d. h. dadurch, daß sich Forderungen und Schulden in derselben Person vereinigen.[3] Denn niemand kann sein eigener Schuldner sein.[4] Der Hauptfall der Konfusion ist die Beerbung des Gläubigers durch den Schuldner oder des Schuldners durch den Gläubiger[5] Es ist dies aber nicht der einzige Fall. Insbesondere tritt auch die Konfusion der Forderung ein infolge ihrer Zession an den Schuldner[6]

---

2) Die einzelnen Fälle der Unvererblichkeit der Obligationen werden zweckmäßiger im Erbrechte angeführt.

3) Etwas schwülstig führt Modestinus libro 8 regularum l. 75 D. de solutionibus 46, 3 aus: Sicut acceptilatio in eum diem praecedentes peremit actiones, ita et confusio: nam si debitor heres creditori extiterit, confusio hereditatis peremit petitionis actionem. Vgl. Girtanner, Bürgschaft S. 504; Kuntze, die Obligation S. 217; Fitting, die Korrealobligation S. 103; Baron, Gesamtrechtsverhältnisse S. 335; Friedmann, die Wirkungen der confusio, Greifswalder Inaug.Diss. 1884; Mosler, Zur Lehre von der Konfusion, Berliner Inaug.Diss. 1897; Paul Kretschmar, die Theorie der Konfusion 1899; Bohne, die Konfusion der Obligationen nach röm. Recht 1908. Über l. 21 § 5 D. de fidejuss. et mand. 46, 1 Brunetti im Archivio giurid. Bd. 48 S. 135, gegen ihn Kretschmar a. a. O. S. 162.

4) Es liegt nahe, — wie Baron a. a. O. tut — den Hergang der Konfusion so zu denken, daß dem Schuldner die Sukzession in die Gläubigerstellung und dem Gläubiger die in die Schuldnerstellung unmöglich sei, und daß die Obligation um deswillen erlösche. Dies ist aber nicht die römische Auffassung. Vielmehr sukzediert hiernach der Gläubiger in die eigene Schuld und der Schuldner erwirbt die Forderung gegen sich selbst; doch geschieht dies nur momentan, denn mit dem Zusammentreffen der Gläubiger- und Schuldnerstellung in einer Person erlischt die Obligation. Schon der Ausdruck „confusio" beweist, daß sich die Römer die Sache so vorstellten, hierfür spricht auch l. 7 § 1 D. de stipulatione servorum 45, 3, vgl. Windscheid Bd. 2 § 352. Damit allein gewinnen wir praktische Ergebnisse. Nach der Gegenansicht wäre die Zession einer Forderung an einen Schuldner unmöglich, die Forderung bliebe also beim Zedenten, was nicht zweckmäßig ist. Nach der richtigen Ansicht gilt eine solche Zession als gültig, verwirklicht sich in der Person des Zessionars und führt zur Tilgung der Obligation durch Konfusion.

5) Wird der Gläubiger durch seinen Schuldner oder der Schuldner durch seinen Gläubiger blos zu einem Teile beerbt, so tritt die Konfusion nur zum entsprechenden Teile ein, l. 1 C. de actionibus hereditariis 4, 16. Gordianus. Pecuniam, quam tibi a matre debitam fuisse dicis, ab heredibus ejus coheredibus tuis pro parte tibi competenti petere debes.

6) Wird der Erwerb wieder aufgehoben, so ergibt sich hinterher, daß die Konfusion nur eine scheinbare war, und die Forderung bleibt bestehen. So ist es beispielsweise im Falle der Reszission des Testaments und des Erbschaftserwerbes durch die querella inofficiosi testamenti, l. 21 § 2 D. de inofficioso testamento 5, 2. Ganz anders, wenn der Erbe die Erbschaft nach der Konfusion verkauft. Die konfundierte Forderung lebt dann nicht wieder von selbst auf, aber der Erbe darf vom Käufer mit der actio venditi Zahlung des Betrages seiner untergegangenen Forderung an den Erblasser beanspruchen, und es kann ihm umgekehrt vom Käufer der Betrag einer durch Konfusion untergegangenen Forderung des Erblassers an ihn in Rechnung gestellt werden. Denn im Falle des Verkaufs einer Erbschaft soll der Verkäufer kontraktmäßig in die Lage gebracht werden, wie wenn nicht er, sondern der Käufer der Erbe geworden wäre. Vgl. l. 2 § 18 D. de her. vel act. vend. 18, 4, l. 20 D. eod., auch BGB. § 2377.

Der Gläubiger hat im Falle der Konfusion den Wert der Forderung in sich selbst. Um deswillen wird die Konfusion in den Quellen vielfach der Zahlung gleichgestellt. Diese Gleichstellung hat zwar praktische Folgen, ist aber keineswegs eine durchgreifende.[7]

§ 325. Unmöglichwerden der Leistung.[1]

1. Die Obligation erlischt, wenn die Leistung des Geschuldeten objektiv, sei es tatsächlich oder rechtlich, unmöglich wird.[2] Sie erhält sich jedoch auch in diesem Falle in Gestalt eines Anspruches auf Geldersatz, wenn der Schuldner durch Handlungen, die er zu vertreten hat, die Unmöglichkeit verursachte,[3] oder wenn er in Verzug war. Auch hat er eine etwaige Bereicherung zu erstatten, welche ihm infolge des Ereignisses, welches die Unmöglichkeit herbeiführte, zufiel.[4]

Der Untergang der Obligation tritt ferner ein, wenn Hindernisse in der Person des Gläubigers die Leistung unmöglich machen.

Die Frage, ob und wieweit der Schuldner durch unverschuldete, in seiner Person oder seinen Verhältnissen liegende Unmöglichkeit befreit wird, läßt sich nicht für alle Obligationen gleichmäßig beantworten. Es hängt dies davon ab, ob er in der bezüglichen Richtung nur für Verschuldung einsteht, oder in höherem Maße verpflichtet ist. Wer z. B. die Sache eines Dritten verkauft hat, wird nicht durch die Unmöglichkeit befreit, die Sache zu erwerben, welche er zu erstehen hoffte.[5]

2. Hauptfälle befreiender Unmöglichkeit der Leistung sind:

a) Untergang der geschuldeten speziellen Sache;[6] ihrem Untergange

7) Einen besonders scharfen Ausdruck wählt Papinianus libro 37 quaestionum. l. 50 D. de fidejuss. et mand. 46, 1: Debitori creditor pro parte heres extitit accepto coherede fidejussore: quod ad ipsius quidem portionem attinet, obligatio ratione confusionis intercidit aut — quod est verius — solutionis potestate: sed pro parte coheredis obligatio salva est non fidejussoria, sed hereditaria, quoniam major tollit minorem. In anderen Stellen jedoch wird die confusio nur der solutio gleichgestellt, l. 21 § 1 D. de liberat. leg. 34, 3 . . . confusione perinde exstinguitur obligatio ac solutione, ferner l. 71 pr. D. fidejuss. et mand. 46, 1. Gerade die letztere Stelle, auf die noch zurückzukommen ist, ergibt, daß die Gleichstellung der solutio und der confusio keine durchgreifende ist.

1) Mommsen, Beiträge Bd. 1 S. 228; Hartmann, Obligation S. 222; Brinz, Bd. 2 S 312. Rabel in der Festgabe für Bekker 1907.

2) Vgl. oben § 272, BGB. § 275. Bloß zeitweise Unmöglichkeit hat an sich nur aufschiebende Wirkung. Sie steht aber dauernder Unmöglichkeit gleich, wenn der Zweck der Obligation durch sie völlig vereitelt wird. Auch teilweise Unmöglichkeit kann, wenn durch sie der Vertragszweck völlig verfehlt wird, wie Erlaß wirken.

3) Vgl. Volze im Archiv für ziv. Praxis Bd. 74 S. 102, BGB. § 280 Abs. 1.

4) l. 35 § 4 D. de contr. empt. 18, 1, l. 14 D. de periculo et commodo 18, 6. Vgl. Mommsen a. a. O. S. 297, BGB. § 291, Dernburg, Bürg. Recht Bd. 2 § 62 S. 134. Auf Versicherungsgelder bezieht sich dies an und für sich nicht.

5) Vgl. l. 9 pr. D. locati 19, 2. Ulpianus libro 32 ad edictum: Si quis domum bona fide emptam vel fundum locaverit mihi isque sit evictus sine dolo malo culpaque ejus, Pomponius ait nihilo minus eum teneri ex conducto ei qui conduxit, ut ei praestetur frui quod conduxit licere.

6) Die Römer nennen einen durch Zufall eintretenden, die Sache treffenden „Unfall" vorzugsweise casus, vgl. l. 23 D. de R. J. 50, 17. Siehe insbesondere Brinz a. a. O.

steht es gleich, wenn sie aus dem Verkehre tritt; ist die Sache nicht für immer zerstört, vielmehr wiederherstellbar, so erlischt die Obligation nicht.[7]

b) Unmöglich wird auch die Übereignung einer speziellen Sache, wenn sie dem Gläubiger auf anderem Wege zu eigen wurde.[8] Hat der Gläubiger indessen für den Erwerb der Sache Auslagen gemacht, so kann er vom Schuldner Ersatz derselben wenigstens insoweit beanspruchen, als derselbe durch sie bereichert ist.[9]

Absoluter Befreiungsgrund ist dagegen der sog. „concursus duarum causarum lucrativarum“, wenn nämlich der Gläubiger, dem eine Sache auf Grund eines liberalen Titels geschuldet wird, dieselbe auf einen anderen liberalen Titel hin erwirbt.[10][11] Die Sache selbst kann ihm dann nicht

---

S. 312. Der casus kann nicht bloß in dem Untergange, sondern auch in der Beschädigung der geschuldeten Sachen liegen. Auf „casus“ beschränkt sich aber die Befreiung wegen Unmöglichkeit der Leistung nicht, wie dies manche, z. B. Brinz a. a. O., annehmen. Siehe unten Anm. 8.

7) l. 98 § 8 D. de solutionibus 46, 3. Vgl. Mommsen a. a. O. S. 294 und dort Zitierte; siehe aber auch Hartmann a. a. O. S. 225 Anm. 2.

8) Daß hierin ein Fall des Unterganges der Obligation wegen Unmöglichkeit der Leistung liege, verneint Hartmann a. a. O. S. 7 ff. Doch wird dies unseres Ermessens bewiesen durch l. 16 pr. D. de verb. obl. 45, 1. Pomponius libro 6 ad Sabinum: Si Stichum aut Pamphilum mihi debeas et alter ex eis meus factus sit ex aliqua causa, reliquum debetur mihi a te. Offenbar nimmt der Jurist an, daß die Obligation auf dasjenige der Objekte untergehe, welches dem Gläubiger zu eigen wird. Und weswegen anders, als wegen der Unmöglichkeit der Leistung?

9) l. 61 D. de solutionibus 46, 3. Ulpianus libro 5 ad Plautium: In perpetuum quotiens id, quod tibi debeam, ad te pervenit et tibi nihil absit nec quod solutum est repeti possit, competit liberatio. Vgl. Pauli sent. II 17, § 8. Fundum alienum mihi vendidisti: postea idem ex causa lucrativa meus factus est; competet mihi adversus te ad pretium recuperandum actio ex empto l. 84 § 5 D. leg. I, Mommsen a. a. O. Bd. 1 S. 260.

10) Über den Untergang durch sog. „concursus duarum causarum lucrativarum“ vgl. Mommsen a. a. O. S. 252; Hartmann a. a. O. S. 3; Karl Schmidt, Erklärung der Rechtsregel über das Zusammentreffen zweier causae lucrativae in Iherings Jahrbüchern Bd. 20 n. 9. Dort findet sich S. 411 Anm. 2 die ältere Literatur zusammengestellt. Vgl. auch Salkowski, Forts. v. Glück, Bd. 49 S. 122, Tigges, über den concursus duarum causarum lucrativarum, Göttinger Inaug.-Diss. 1895.

11) Die Regel formuliert allgemein l. 17 D. de obl. et act. 44, 7. Julianus libro 33 digestorum: Omnes debitores, qui speciem ex causa lucrativa debent, liberantur, cum ea species ex causa lucrativa ad creditores pervenisset. Vgl. l. 108 § 4 D. de leg. I. Africanus libro 5 quaestionum: Stichum, quem de te stipulatus eram, Titius a te herede mihi legavit: si quidem non ex lucrativa causa stipulatio intercessit, utile legatum esse placebat, sin e duabus, tunc magis placet inutile esse legatum, quia nec absit quicquam nec bis eadem res praestari possit. Windscheid führt Bd. 2 § 343a Anm. 6 aus, daß die Auffassung, wonach der Untergang der Obligation im Falle des concursus der lucrativae causae auf der Unmöglichkeit der Leistung beruhe, den Quellen widerspreche; denn diese sähen den Grund vielmehr darin, daß der Gläubiger hat, was er haben soll, daß ihm „nihil abest“. Das trifft schwerlich zu. Der Grund der Quellen ist eben ein zusammengesetzter. Er beruht darin, daß „bis eadem res praestari non potest“ und außerdem, daß dem Gläubiger „nihil abest“, daß also nicht, wie in anderen Fällen, an die Stelle der nicht mehr lieferbaren Sache Ersatz des für sie Ausgelegten tritt, weil eben nichts ausgelegt ist. — Windscheid seinerseits will den Satz dadurch erklären, „daß der die Forderung setzende Wille dasselbe nur zu dem Zwecke gesetzt hat, damit der Gläubiger erhalte, was er nun hat, daß er also das Forderungsrecht nicht für den Fall, der nun vorliegt, gewollt hat“. Bewiesen ist dies in keiner Weise. Auf dem Stand-

mehr übereignet werden, weil er an ihr bereits Eigentum erlangte und Ersatz ist ihm nicht zu leisten, weil er nichts für sie ausgelegt hat.

3. Was die gegenseitigen Verträge angeht, so erlischt mit der Unmöglichkeit der Erfüllung seitens des Vermieters auch die Verpflichtung des Mieters. Dagegen erhält sich in anderen Fällen der Anspruch desjenigen Teiles, dessen Gegenverpflichtung zufälligerweise untergeht. Dies ist wenigstens die Regel beim Verkaufe.[12]

4. Die Obligationen erlöschen auch, wenn jedes Interesse des Gläubigers an ihrer Erfüllung wegfällt.[13]

Sechster Abschnitt.

Mehrere Obligationen auf dasselbe Ziel.

Solidarobligationen, Bürgschaften, Interzessionen.

§ 326. Allgemeines.[1] Konstitutum.

I. Mit dem Wesen der Obligation, einen Erfolg zugunsten des Gläubigers herbeizuführen, verträgt sich das Bestehen mehrerer Obligationen, welche denselben Erfolg erzielen sollen, so daß es sich um konkurrierende Ansprüche, aber um eine Leistung handelt. Sie kommen unter denselben Subjekten wie auch unter verschiedenen vor.

Ursprünglich war man freilich in Rom nicht geneigt, konkurrierenden Obligationen freie Entfaltung zu gönnen. Dies hatte seinen Grund in der Besorgnis, daß Beitreibung aus jeder der Obligationen erzwungen werden könne, also doppelte Zahlung, obwohl nur eine einmalige bezweckt war. Um deswillen unterstellte die ältere Jurisprudenz bei einem zweiten Versprechen desselben Objektes, wenn es etwas Neues enthielt, Novation[2] und nahm, wenn es nichts Neues bot, seine Unverbindlichkeit an.[3] In

---

punkte von Windscheid steht im wesentlichen Schmidt a. a. O. S. 440. So wie hier Karlowa, röm. Rechtsgesch. Bd. 2 S. 837. Vgl. auch Pernice, Labeo Aufl. 2 Bd. 2 S. 268 Anm. 3.

12) Es ist dies bei den einzelnen Geschäften näher auszuführen. Nach BGB. §§ 323 ff. gilt das Prinzip der Miete für alle gegenseitigen Verträge. Vgl. Dernburg, Bürg. Recht Bd. 2 § 95 S. 206.

13) l. 32 D. locati 19, 2, Julianus libro 4 ex Minicio: Qui fundum colendum in plures annos locaverat, decessit et eum fundum legavit. Cassius negavit posse cogi colonum, ut eum fundum coleret, quia nihil heredis interesset. Vgl. l. 97 § 1 D. de verb. obl. 45, 1. Andere Auffassungen entwickelt Windscheid Bd. 2 § 361 Anm. 2, Krückmann im Archiv für ziv. Praxis Bd. 90 S. 88.

1) Die Schrift von Mitteis, die Individualisierung der Obligation 1886 hat mehrfache Berührungspunkte mit unserer Darstellung.

2) Oben § 317 Anm. 6.

3) l. 18 D. de verb. obl. 45, 1, l. 58 D. eod., l. 9 § 2 D. de novationibus 46, 2. Vgl. Mitteis a. a. O. S. 6.

anderen Fällen galt wenigstens durch Litiskontestation über die eine der konkurrierenden Obligationen auch die andere als konsumiert.

Diese Hindernisse und Erschwerungen wurden aber im späteren Rechte nicht mehr festgehalten. War es doch auch zweckwidrig, dem Gläubiger die Mittel zur Erlangung des ihm Geschuldeten zu beschränken.

Was vor allem mehrere Verpflichtungen desselben Schuldners auf dasselbe Objekt angeht, so erkannte das entwickelte römische Recht akzessorische Stipulationen neben der ursprünglichen Verpflichtung als zulässig an. Heutzutage ist ähnliches sehr häufig, z. B. Wechselschulden über Kaufgelder ohne Novationsabsicht.

II. Ein hierhergehöriges Institut, welches im Verkehre der Römer eine große Rolle spielte, in der römischen Gestalt aber bereits im gemeinen Recht nicht mehr vorkam, war das Konstitutum,[4] d. h. das Versprechen, eine Schuld wie sie zur Zeit besteht, an einem künftigen Termine zu zahlen. Hieraus entsprang die actio de pecunia constituta.[5]

Meist ging der Schuldner das Konstitutum ein, um Stundung für eine bereits fällige Schuld zu erlangen.[6] Die Nichterfüllung des Konstitutums galt als besonderer Treubruch. Hieraus erklärt sich die sponsio dimidiae partis des vorjustinianischen Rechts, kraft deren der Konstituent neben der Schuldsumme auf die Hälfte ihres Betrages zur Strafe verurteilt wurde.[7] Voraussetzung des Konstitutums war das Bestehen einer Schuld zur Zeit seiner Eingehung.[8] Der Konstituent blieb zur Zahlung auch für die Fälle verpflichtet, daß die konstituierte Schuld nachher unterging, z. B. zur Zeit der Einklagung des Konstitutums verjährt war. Natürlich tilgte aber eine Zahlung sowohl die Hauptschuld als auch die Schuld aus dem Konstitutum.[9]

Ursprünglich galt ein bestimmter Zahlungstermin als wesentlich; die spätere Jurisprudenz erkannte auch Konstitute ohne Zahlungstermine an, räumte aber dann dem Konstituenten eine mäßige Frist ein.[10]

---

4) Über das Konstitutum vgl. Tit. Dig. de pecunia constituta 13, 5, Cod. 4, 18, Lenel, edictum Aufl. 2 S. 241, Bruns, das constitutum debiti in seinen kleinen Schriften Bd. 1 S. 221 und in der Zeitschrift für Rechtsgeschichte Bd. 1 S. 28. Über das Historische auch Kappeyne van de Copello, Abhandlungen Heft 2 S. 230, Karlowa in Grünhuts Zeitschr. Bd. 16 S. 448, röm. Rechtsgesch. Bd. 2 § 172 S. 1371. Dissertation bei Windscheid-Kipp Bd. 2 § 284.

5) Die actio de pecunia constituta war ursprünglich, wie der Name beweist, nur im Falle der Konstituierung von Geldschulden möglich, später erkannte man sie bei Schulden von Fungibilien jeder Art an, Justinian in der l. 2 C. h. t. 4, 18 erklärt Konstitute aller Schulden für klagbar.

6) So Theophilus zu § 8 J. de actionibus 4, 6; vgl. freilich l. 3 § 2 D. h. t. 13, 5, Bruns, kleine Schriften Bd. 1 S. 245.

7) Gaj. Inst. IV, § 171.

8) l. 18 § 1 D. h. t. 13, 5. Ulpianus libro 27 ad edictum . . si quid tunc debitum fuit cum constitueretur, nunc non sit, nihilo minus teneat constitutum, quia retrorsum se acto refert. proinde temporali actione obligatum constituendo Celsus et Julianus scribunt teneri debere, licet post constitutum dies temporalis actionis exierit. Vgl. l. 1 § 8, l. 2, l. 3 pr. D. h. t. 13, 5.

9) Nach älterer Ansicht konsumierte die Litiskontestation über die Klage aus dem Konstitutum auch die Hauptklage; anders später l. 18 § 3 D. h. t. 13, 5.

10) l. 21 § 1 D. h. t. 13, 5. Paulus libro 29 ad edictum: Si sine die constituas,

Der Inhalt des Konstitutums mußte im wesentlichen mit dem der Hauptschuld übereinstimmen. Dennoch wurden Konstitute zugelassen, welche die Zahlung anderer Gegenstände oder andere Zahlungsmodalitäten feststellten.[11] Wurde mehr konstituiert als die Hauptschuld, so war das Konstitut bis zum Betrage der Hauptschuld gültig.[12]

Konstituieren konnte sowohl der Schuldner, als auch ein Dritter.[13]

Erstes Kapitel.

Die solidarischen Obligationen.

§ 327. Die Beteiligung mehrerer an Obligationsverhältnissen im allgemeinen.

Mehrere Subjekte können bei einem obligatorischen Verhältnisse in verschiedener Weise beteiligt sein. Es kann nämlich eintreten:

1. Teilung der Obligation unter die mehreren Gläubiger oder die mehreren Schuldner. Meist geschieht sie nach Kopfteilen, also zu gleichen Teilen, aus besonderen Gründen kann sie aber auch nach anderen Proportionen, z. B. nach Gesellschaftsanteilen, geschehen.

2. Multiplikation der Obligationen, so daß jeder Schuldner das Ganze leisten muß, z. B. den vollen Betrag des von allen verschuldeten Schadens, wobei die Leistung des einen den anderen nicht befreit.

3. Endlich solidarische Berechtigung oder solidarische Verpflichtung. Jeder Gläubiger hat das Ganze zu fordern oder jeder Schuldner das Ganze zu leisten. Aber einmalige Leistung tilgt alle Ansprüche.

Die Solidarität nennt man:

a) aktive, wenn es sich um die solidarische Berechtigung mehrerer Gläubiger handelt, und

b) passive, wenn mehrere solidarisch verpflichtet sind.

Die solidarischen Verpflichtungen sind weiter teils

a) selbständige und gleich kräftige, so daß es sich um mehrere Hauptobligationen handelt, teils

b) akzessorische, so daß die eine Schuld die Hauptschuld, die andere aber eine bloße Nebenschuld ist, welche der Sicherheit der Hauptobligation dient und mit deren Untergang erlischt.

---

potest quidem dici te non teneri, licet verba edicti late pateant: alioquin et confestim agi tecum poterit, si statim ut constituisti non solvas: sed modicum tempus statuendum est non minus X dierum, ut exactio celebretur.

11) l. 1 § 5 D. h. t. 13, 5, l. 5 pr. D. eod.

12) l. 11 § 1 D. h. t. 13, 5.

13) l. 5 §§ 2 und 3 D. h. t. 13, 5, l. 2, l. 26—28 D. eod. Vgl. unten § 334. Konstitute im römischen Sinne waren schon dem gemeinen Recht fremd. Das BGB. erwähnt das Konstitutum nicht mehr.

Die selbständigen Solidarobligationen zerfallen dann weiter in die **Korrealobligationen** und bloße Solidarobligationen oder Solidarobligationen im **engeren Sinne**.

§ 328. Korrealobligationen und Solidarobligationen.[1]

Zu unterscheiden sind Korrealobligationen und bloße Solidarobligationen. Hierüber ist kein Zweifel.[2] Über das Einteilungsprinzip aber gehen die Ansichten weit auseinander.

Das Richtige ist folgendes. Korrealobligationen sind **durch den Parteiwillen** geschaffene solidarische Berechtigungen oder Verpflichtungen; bei den bloßen Solidarobligationen dagegen entwickelt sich die Solidarität **unmittelbar aus der Konstruktion des Verhältnisses** und ist nicht Folge eines besonderen, auf sie gerichteten Willens.[3]

Die **Korealobligationen** streben also von **einem** und demselben Ausgangspunkte nach demselben Ziele, die **Solidarobligationen** tun dies von **selbständigen** Ausgangspunkten.

1. Die Korrealobligationen lassen sich hiernach definieren als **mehrere durch dasselbe Rechtsgeschäft begründete, auf dasselbe Objekt gerichtete Obligationen.** Sie sind zu einem Rechtsverhältnisse vereinigt, weshalb die Römer auch von „una" und „tota" obligatio sprechen.[4]

Die Korrealität entsteht:

a) durch **Vertrag.** Ursprünglich war in Rom Stipulation erforderlich.[5] [6] Man sprach daher von „correi stipulandi" und „correi pro-

1) Tit. Inst. de duobus reis 3, 16, Dig. 45, 2, Cod. 8, 39. Die Literatur über Korrealobligationen ist eine außerordentlich reiche. Vorzugsweise hervorzuheben ist Keller, Litiskontestation S. 413; Ribbentrop, zur Lehre von den Korrealobligationen 1831, Rückert, zur Theorie der Korrealobligation in Lindes Zeitschr. n. F. Bd. 12 S. 1 ff. Fritz in ders. Zeitschr. Bd. 17 S. 145 ff. Helmolt, die Korrealobligation 1857. Fitting, die Natur der Korrealobligationen 1859; Samhaber, zur Lehre von den Korrealoblig. 1861; Baron, die Gesamtrechtsverhältnisse im röm. Recht 1864. Czyhlarz in Grünhuts Zeitschr. Bd. 3 n. 2; Brinz, zur Lehre von den Korrealobligationen 1873; Landucci, le obligazione in solido secondo il diritto romano 1880; Woldner, die Korreal-Solidarität 1885. Unger, passive Korrealität und Solidarität in Jherings Jahrb. Bd. 22 n. 2 und Bd. 23 n. 3; Hölder in der Festschr. von Brinz und Hölder 1884 und im Archiv für ziv. Praxis Bd. 69 S. 203; Mitteis, passive Gesamtschuld in Grünhuts Zeitschr. Bd. 14 S. 419. Weitere Literatur siehe bei Hasenöhrl, österr. Obligationenrecht S. 84. Hinzuzufügen ist Eisele im Archiv für ziv. Praxis Bd. 77 S. 374 und hierzu Ascoli, sulle obligazioni solidali im bull. dell' istituto di dir. rom. Bd. 4 S. 287. Hruza, Korrealobligation und Verwandtes in der 2. Lesung des Entw. e. BGB. 1895, Binder, Korrealobligation im röm. und im heutigen Recht 1899. Vgl. auch Hartmann, Solidar- und Korrealobligationen nach schweizer. OR. 1886, Zeitschr. für schweiz. Recht n. F. Bd. 6 S. 113.

2) Nach Binder a. a. O. ist die passive Solidarobligation im klassischen Recht immer Korrealobligation, im justinianischen Recht immer bloße Solidarobligation, vgl. nam. S. 403, die aktive Solidarobligation aber dauernd Korrealobligation geblieben, S. 481.

3) Ähnlich Maur. Genin, du fondement de la distinction des obligations corréales et des obligations in solidum, thèse, Lyon 1893, der auf Untersuchungen von Gérardin fußt, vgl. bes. S. 76 ff. BGB. hebt den Unterschied nicht ausdrücklich hervor, vgl. aber § 420 mit § 427, Dernburg, Bürg. Recht Bd. 2 Abt. 1 § 160. S. 368.

4) Unger a. a. O. spricht von einer „kollektiven Einheit der Obligation". Dies stimmt bis zu einem gewissen Grade mit unserer Auffassung überein.

5) pr. J. h. t. 3, 16. Et stipulandi et promittendi duo pluresve rei fieri possunt.

mittendi". Hiernach wurde von den Neueren der Ausdruck Korrealobligationen gebildet. Schon in Rom aber war es möglich, durch formlosen Nebenvertrag, namentlich bei Real- und Konsensualkontrakten Korrealität auszubedingen. Nach jetzigem Recht genügt jede Verabredung. Gewöhnliche Formeln sind „samt und sonders", „ungeteilt", „solidarisch", oder auch „korreal".[7]

b) Ferner kann durch Anordnung des Erblassers die Korrealität bei Vermächtnissen begründet werden.[8]

Wenn mehrere ein obligatorisches Geschäft zusammen eingehen, so genügt dies noch nicht zur Herstellung einer korrealen Berechtigung oder Verpflichtung, vielmehr tritt im Zweifel bei teilbarer Leistung Teilung unter die mehreren nach Köpfen ein.[9] Wenn z. B. mehrere zusammen dieselbe Sache verkaufen, kaufen, mieten oder ein Darlehen aufnehmen, so ist jeder der Schuldner nur zu seinem Teil verbunden; wird einer von ihnen zahlungsunfähig, so fällt dies dem anderen nicht zur Last, gilt vielmehr als Schaden des Gläubigers.

Die Korrealität muß also besonders ausbedungen sein.[10] [11]

---

stipulandi ita, si post omnium interrogationem promissor respondeat „spondeo". ut puta cum duobus separatim stipulantibus ita promissor respondeat „utrique vestrum dare spondeo": nam si prius Titio spoponderit, deinde alio interrogante spondeat, alia atque alia erit obligatio nec creduntur duo rei stipulandi esse. duo pluresve rei promittendi ita fiunt: „Maevi, quinque aureos dare spondes? Seji, eosdem quinque aureos dare spondes?" Erforderlich war, daß die Verpflichtung „uno eodemque contractu" geschah l. 4 C. h. t. 8, 39. In l. 9 § 2 D. h. t. 45, 2 sind Personen vorausgesetzt, die an verschiedenen Orten wohnen, aber an demselben Orte die Promission leisten, Czyhlarz S. 67 Anm. 29. Daß die Korrealität sich auf Grund der Stipulation entwickelte, ergibt sich daraus, daß dieselbe von den römischen Juristen bei der Stipulation behandelt wird; vgl. die bei Mitteis a. a. O. S. 59 zusammengestellten Zitate. Mit Recht hebt auch Mitteis hervor, daß nach l. 47 D. locati 19, 2 die Korrealität bei bonae fidei negotia zur Zeit des Marzellus noch nicht allgemein anerkannt war. Selbst Papinian hält es für nötig, in der l. 9 pr. D. h. t. 45, 2 auszuführen, daß Korrealobligationen nicht bloß „verbis", sondern auch „ceteris contractibus" begründet werden könnten.

6) Im praktischen Leben bediente man sich in der römischen Kaiserzeit für die Eingehung von Korrealschulden nicht der einfachen im pr. J. h. t. 3, 16 — oben Anm. 5 — referierten Form, vielmehr bürgerte sich die Formel ein „spondemus invicem nos obligantes atque fide dicentes". Dies ergeben die bei Mitteis, Reichsrecht und Volksrecht 1891 S. 184 zitierten Urkunden. Wieweit verbreitet das Formular war, beweist namentlich auch, daß Papinian in der l. 11 pr. D. h. t. 45, 2 von einer gemeinen Meinung der Juristen — convenit — über die Tragweite einer solchen Klausel spricht. Nicht minder weist die nov. 99 hierauf hin. Über die l. 11 vgl. unten § 330 Anm. 19.

7) Die Römer forderten ursprünglich für die Korrealobligationen vollkommene Identität des Obligationsgegenstandes. Später hielt man hieran nicht mehr fest. Vgl. l. 5, l. 9 § 1, l. 15 D. h. t. 45, 2. Für das heutige Recht ist Identität des Schuldgegenstandes nicht absolut zu fordern.

8) l. 9 pr. D. h. t. 45, 2.

9) l. 11 § 1 D. h. t. 45, 2. Cum tabulis esset comprehensum „illum et illum centum aureos stipulatos" neque adjectum „ita ut duo rei stipulandi essent", virilem partem singuli stipulati videbantur. § 2 Et e contrario cum ita cautum inveniretur: „tot aureos recte dari stipulatus est Julius Carpus, spopondimus ego Antoninus Achilleus et Cornelius Dius", partes viriles deberi, quia non fuerat adjectum singulos in solidum spopondisse, ita ut duo rei promittendi fierent.

10) Ausdrücklich muß dies freilich nicht sein: es genügt die erkennbare Absicht. RG. Bd. 15 S. 175.

Sie verfolgt verschiedene Zwecke: Die aktive Korrealobligation erleichtert den Gläubigern die Rechtsverfolgung, weil jeder das Ganze fordern kann; sie macht auch dem Schuldner die Zahlung bequemer, da er jedem das Ganze zahlen darf. Die passive Korrealität aber sichert den Gläubiger gegen die Gefahr eines Ausfalles, solange auch nur einer der Schuldner zahlungsfähig ist, und erleichtert ihm die Rechtsverfolgung, da er jeden auf das Ganze belangen kann.[12]

2. Bloße Solidarobligationen können wie die Korrealobligationen aktive sein, so daß die beteiligten Gläubiger gleichberechtigt auf das Ganze sind,[13] und passive, wonach jeder Schuldner auf das Ganze verpflichtet ist. Die passiven Solidarobligationen sind bei weitem die häufigeren.

a) Ein Hauptfall ist, wenn mehrere infolge Deliktes zum Ersatze desselben Schadens verpflichtet sind.[14]

b) Nicht minder liegen solidarische Verbindlichkeiten vor, wenn mehrere Vormünder[15] oder Mandatare[16] wegen Verschuldung, die einem jeden von ihnen zur Last fällt, für denselben Schaden einzustehen haben.

c) Eine solidarische Verhaftung tritt endlich auch ein, wenn mehrere durch Versprechen, aber getrennt dieselbe Leistung übernehmen. Es sind z. B. Wechselschuldner, welche die Wechselsumme unabhängig voneinander als Trassanten, Indossanten oder Akzeptanten des Wechsels versprechen, bloße Solidarschuldner.[17] Nicht minder sind dies mehrere Versicherer, die denselben Schaden getrennt und selbständig versicherten.[18]

§ 329. Die Theorie der Einheit der Korrealobligationen.

1. Eine Erscheinung des vorjustinianischen Rechtes gab Keller und Ribbentrop die erste Anregung zur Entdeckung der Verschiedenheit von korrealen und von bloß solidarischen Obligationen. Wenn nämlich einer der mehreren Korrealschuldner beklagt und die Litiskontestation mit ihm vollzogen war, so galten vor Justinian alle Korrealschuldner durch die Klagenkonsumtion als befreit.[1] Die Litiskontestation hatte gesamtzerstörende Wirkung. Blieb also die Klage gegen den Schuldner ohne Ergebnis, z. B. wegen Zahlungsunfähigkeit des Beklagten, so konnte

11) BGB. bestimmt dagegen in § 427: Verpflichten sich mehrere durch Vertrag gemeinschaftlich zu einer teilbaren Leistung, so haften sie im Zweifel als Gesamtschuldner. Vgl. Dernburg, Bürg. Recht Bd. 2 § 161 S. 372.

12) Savigny, OR. Bd. 1 S. 215.

13) Mehrere Fälle aktiver Solidarobligation weist Ihering in seinen Jahrb. Bd. 24 n. 3 nach.

14) l. 14 § 15, l. 15 D. quod metus causa 4, 2, l. 17 pr. D. de dolo 4, 3, l. 1 § 10, l. 2 ff. D. de his qui effuderint vel dejecerint 9, 3. Crome in Iherings Jahrb. Bd. 35 S. 100; BGB. § 830.

15) l. 38 pr. D. de administ. tutor. 26, 7.

16) l. 60 § 2 D. mandati 17, 1.

17) Vgl. auch Binder a. a. O. S. 538.

18) RG. Bd. 6 S. 177.

1) l. 2 D. h. t. 45, 2, l. 31 § 1 D. de novationibus 46, 2, l. 5 in fine D. de fidejuss. et mand. 46, 1. Siehe diese Stelle in Anm. 3.

der Gläubiger von den übrigen Korrealschuldnern nichts mehr erlangen. Bloße Solidarobligationen dagegen erlöschen erst durch Befriedigung und keineswegs bereits durch die Litiskontestation mit einem der Mitschuldner.

Dies führte Keller zur Annahme, daß bei Korrealschulden nur eine einzige Obligation bestehe, wogegen die Solidarobligationen eine Mehrheit von Obligationen bildeten. Hierbei ergab sich aber, daß die Einheit der Korrealobligationen nicht allseitig durchführbar sei. Daher glaubte er im Sinne der römischen Juristen eine Unterscheidung machen zu müssen: sie sei einheitlich in ihrem „objektiven Bestande", habe jedoch „verschiedene subjektive Beziehungen".

Dieses Dogma erklärt aber nicht, was es erklären soll. Denn der Regel nach bezieht sich die Litiskontestation nur auf dieselben Prozeßparteien und die Wirkung der Korrealobligation über die Prozeßparteien hinaus wird dadurch nicht verständlich gemacht, daß die Obligation eine einige ist.[2] Die mehreren Korrealschuldner sind ja um nichts weniger verschiedene Subjekte.

Die römischen Juristen leiten daher die Konsumtion weder direkt noch indirekt aus der angeblichen Einheit der Obligation ab.[3] Die gesamtzerstörende Wirkung der Litiskontestation war nicht Folge derartiger scholastischer Erwägungen, sie ergab sich mit Notwendigkeit aus der Starrheit des alten Prozesses. Es lag bei der Korrealschuld stets die Gefahr vor, daß es zu einer Doppeleintreibung des Schuldobjektes kommen könnte, statt zu bloß einmaliger Zahlung durch einen oder den anderen Schuldner. Hätte man im altrömischen Prozeß Klagen auf das Ganze gegen jeden der Korrealschuldner zugelassen, so wäre die notwendige Konsequenz eine doppelte Verurteilung gewesen.[4] Doppelverurteilung hätte aber zur Doppelbeitreibung ermächtigt, denn im alten Rechte erzeugte jedes Judikat eine einwandfreie selbständige Verpflichtung. Auf das zu-

2) Vgl. namentlich Fitting a. a. O. S. 62.

3) l. 5 D. de fidejuss. et mand. 46, 1. Ulpianus libro 46 ad Sabinum ... si reus stipulandi exstiterit heres rei stipulandi, duas species obligationis sustinebit. plane si ex altera earum egerit, utramque consumet, videlicet quia natura obligationum duarum, quas haberet, ea esset, ut, cum altera earum in judicium deduceretur, altera consumeretur. Mit Recht bemerkt Unger a. a. O. S. 257: „Hiermit ist klar ausgesprochen, daß zwei Obligationen vorhanden sind und daß die jene in judicium deduzierte Obligation auch die andere aufzehrt. Die allseitige Wirkung der Litiskontestation wird von den Römern somit nicht auf die Einheit der Korrealobligation zurückgeführt."

4) Hätte man zur Zeit des jus strictum sukzessive Klage mit jedem der Schuldner zugelassen, so mußte der Gläubiger, da der Richter nur zu fragen hatte, ob der Schuldner litis contestatae tempore schuldete und die judicia damals nicht absolutoria waren — vgl. oben § 119 Anm. 2 —, unausweichlich mehrere Judikate erlangen, mehrere Judikate hätten aber, da das Urteil schlechthin exequierbar war, dem Gläubiger das Recht der Doppelbeitreibung gegeben. Die Tendenz des älteren römischen Rechtes, immer wegen derselben „Vermögenspost" nur eine Klage zuzulassen, geht auch aus der früheren Gestaltung der Novation hervor, vgl. das oben § 317 Anm. 6 Bemerkte. — Der hier gegebenen Erklärung stimmen zu Hartmann a. a. O. S. 7, Kohler in der krit. Vierteljahrsschr. n. F. Bd. 11 S. 212.

grunde liegende Verhältnis durfte man sich ihm gegenüber nicht berufen. Dem Verurteilten konnte es daher nichts mehr nützen, wenn der andere Korrealschuldner auf Grund seiner Verurteilung zahlte.

Die Alternative, vor welche sich das altrömische Recht gestellt sah, war Konsumtion des ganzen Rechtsverhältnisses durch die eine Litiskontestation oder Multiplikation der Ansprüche. Die Antwort konnte nicht zweifelhaft sein. Die gesamtzerstörende Wirkung der Litiskontestation war das geringere Übel, die Multiplikation der Judikate ein weit größeres, eine Verleugnung der Grundidee dieser Kreditform.

2. In der klassischen Kaiserzeit bestanden die Verhältnisse freilich nicht mehr, welche die gesamtzerstörende Wirkung der Litiskontestation früher zur Notwendigkeit gemacht hatten. In dieser Zeit war es möglich, trotz mehrerer Judikate die Verurteilten gegen Doppelbeitreibung zu schützen. Aber nunmehr war die gesamtzerstörende Wirkung der Litiskontestation gleichsam zur anderen Natur des Institutes geworden. In ihrer Erwartung hatten sich die Korrealschuldner verbunden. Wollten sie dieselbe nicht, so mußte sie durch besonderen Vertrag ausgeschlossen werden. Es war nicht Aufgabe der Rechtswissenschaft, hieran etwas zu ändern.

3. Eine andere Stellung nahm die Jurisprudenz der Kaiserzeit zu den Solidarobligationen ein, deren Hauptfall Beschädigung durch Delikt oder sonstige Verschuldung mehrerer Subjekte bildete.

Bei der Beteiligung mehrerer an demselben Delikt war jeder straffällig, so daß jeder die volle Sühne des Schadens als Strafe neben den anderen schuldete, daher ergab sich folgerecht Multiplikation der Schadensklagen.[5] Wo diese ausnahmsweise als zu exorbitant und einmaliger Ersatz als das Richtigere schien, blieb ursprünglich nur das Mittel der Konsumtion aller Klagen durch einmalige Litiskontestation übrig. Dies war noch der Standpunkt des Labeo.[6]

Sabinus aber stellte ein neues Prinzip auf. Hatten mehrere durch ein Delikt Schaden angerichtet und erschien einmaliger Schadensersatz als genügende Sühne, so sollte zwar nicht die Litiskontestation mit dem einen,

5) Insbesondere galt im Falle schuldhafter Sachbeschädigung durch mehrere noch im spätesten römischen Rechte, daß die Leistung des einen seinen Teilnehmer nicht befreite, l. 11 §§ 2 und 4, l. 51 § 1 D. ad legem Aquiliam 9, 2. Hierin lag nicht eine besondere Eigentümlichkeit der lex Aquilia, sondern ein Rest der Auffassung, welche ursprünglich bei allen Schadensklagen wegen Delikts herrschte.

6) l. 15 § 2 D. quod vi aut clam 43, 24, Ulpianus libro 71 ad edictum: Si in sepulchro alieno terra congesta fuerit jussu meo, agendum esse quod vi aut clam mecum Labeo scribit. et si communi consilio plurium id factum sit, licere vel cum uno vel cum singulis experiri: opus enim, quod a pluribus pro indiviso factum est, singulos in solidum obligare. (si tamen proprio quis eorum consilio hoc fecerit, cum omnibus esse agendum, scilicet in solidum): itaque alter conventus alterum non liberabit, quin immo perceptio ab altero: superiore etenim casu alterius conventio alterum liberat. Die oben eingeklammerten Worte halte ich, einer Anregung von Gradenwitz folgend, nicht für echt. Allerdings bilden sie keine Interpolation, so zu interpolieren hatten die Kompilatoren keinen Grund; sie sind wohl Interpretation eines stümperhaften vorjustinianischen Rechtslehrers und kamen als Glossen in den Text Ulpians. Vgl. auch Lenel, Palingenesia vol. II p. 840.

wohl aber die Befriedigung durch den einen die übrigen Schuldigen befreien.[7]

Der geschmeidige Prozeßmechanismus der Kaiserzeit ermöglichte die Durchführung des Prinzipes des Sabinus.

4. Justinian[8] hat schließlich verordnet, daß Bürgschaften und passive Korrealschulden wie die bloßen Solidarschulden nicht durch Litiskontestation mit dem einen Schuldner, sondern erst durch Befriedigung erlöschen sollten.

5. Man hat die Theorie der Einheit der Korrealobligation noch auf andere Weise zu stützen gesucht.[9] Aber eine genaue Prüfung halten alle diese Gründe nicht aus.

Die Römer reden freilich selbst zuweilen von „einer" Obligation, aber ebensooft, vielleicht noch häufiger, von mehreren Obligationen, manchmal in derselben Stelle mit dem Ausdruck wechselnd. Unmöglich kann daher die „Einheit der Obligation" ein römisches Dogma und der Grundstein der römischen Korrealobligation gewesen sein. Nichts anderes bedeutet hier una obligatio als „ein Obligationsverhältnis", „eine Vermögenspost".[10] Es handelt sich um „ein Schuldobjekt", aber „mehrere Obligationen".[11] Konnte doch auch eine dieser Obligationen bedingt oder

---

7) Daß es vorzugsweise Sabinus war, welcher die Befreiung der solidarisch haftenden Deliktsschuldner an die Perzeption knüpfte, ergibt l. 8 D. quod falso tutore 27, 6 Paulus libro 12 ad edictum bezüglich mehrerer doloser Pseudotutoren; et ideo si nihil aut non totum servatum sit, in reliquos non denegandam in id quod deest Sabinus scribit. Damit stimmt l. 1 §§ 13 und 14 D. de vi 43, 16. Quotiens verus procurator dejecerit, cum utrolibet eorum, id est sive domino sive procuratore, agi posse Sabinus ait et alterius nomine alteri — Ribbentrop, Korrealobligation S. 94 liest conventione alterum — eximi, sic tamen si ab altero eorum litis aestimatio fuerit praestita.

8) l. 28 §§ 2 und 3 C. de fidejussoribus 8, 40 Justinianus. Idemque in duobus reis promittendi constituimus, ex unius electione praejudicium creditori adversus alium fieri non concedentes, sed remanere et ipsi creditori actiones integras et personales et hypothecarias, donec per omnia ei satisfiat. § 3. Si enim pactis conventis hoc fieri conceditur et in usu quotidiano semper hoc versari adspicimus, quare non ipsa legis auctoritate hoc permittatur . . .?

9) Die Einheit der Korrealobligation wird noch immer von den Lehrbüchern festgehalten. Insbesondere ist für Windscheid Bd. 2 § 293 die Korrealobligation „eine einige Obligation mit einer Mehrheit der subjektiven Beziehungen", ebenso Arndts § 214, Wendt, Pand. § 209. Brinz Bd. 2 S. 235 nimmt Einheit der Obligation bei solidarischen wie bei korrealen Obligationen an. Gegen die Einheitstheorie haben sich in der neueren Zeit besonders Czyhlarz a. a. O., Eisele a. a. O., bis zu einem gewissen Grade auch Unger a. a. O., ferner Mitteis a. a. O. S. 48, 49, sowie Kuntze, Obligationen 1886 S. 141 ausgesprochen. Auch Fitting a. a. O. ist Gegner. Er sieht das Wesen der Korrealobligation darin, daß die Person des Schuldners beziehungsweise des Gläubigers noch ungewiß sei, was erst später durch Wahl gehoben werde. Vgl. hiergegen die bei Windscheid Bd. 2 § 293 Zitierten. Brinz unterstellt eine gegenseitige Vertretung der Korrealgläubiger und Korrealschuldner, eine Auffassung, die Waldner a. a. O. weiter durchzuführen sucht. Daß dieselbe eine ganz „abwegige" ist, führt mit Recht Mitteis a. a. O. S. 53 aus. Hölder verteidigt a. a. O. eine fingierte Identität der Einzelansprüche. Dagegen Unger a. a. O. in Jherings Jahrbüchern Bd. 23 S. 106.

10) Vgl. oben § 257 Anm. 4.

11) § 1 J. h. t. 3, 16: Ex hujusmodi obligationibus et stipulantibus solidum singulis debetur et promittentes singuli in solidum tenentur. in utraque tamen obligatione una res vertitur: et vel alter debitum accipiendo vel alter solvendo omnium peremit obligationem et omnes liberat. Die justinianischen In-

betagt, die andere unbedingt und unbetagt sein.[12] Mit der Theorie der Einheit der Obligation war dies nicht zu vereinigen.

Und wenn man von der Einheit der Obligation in ihrem objektiven Bestande und einer Mehrheit in den subjektiven Beziehungen spricht, wie soll es erklärt werden, daß in dem Falle der Beerbung des einen Korrealschuldners durch den anderen der Schuldner nunmehr durch beide Obligationen verhaftet wird?[13] Hier ist doch nur ein Schuldner, nur eine subjektive Beziehung vorhanden. Daher muß diese Mehrheit notwendig in dem objektiven Bestande der Obligation gesucht werden.[14]

Korreale Forderungen und Schulden bilden hiernach mehrere Obligationen wie die solidarischen. Nur sind bei den ersteren die Beteiligten durch ein engeres Band verbunden als bei bloßen Solidarobligationen.

§ 330. Die passiven Korrealobligationen.

Die passiven und die aktiven Korrealobligationen haben zwar in ihrer juristischen Konstruktion vieles Gemeinsame, sind aber doch von sehr verschiedener Bestimmung. Es ist daher zweckmäßig, sie getrennt und nicht, wie dies meist geschieht, verbunden zu betrachten. Was zunächst die passive Korrealschuld anlangt, so kann

1. der Gläubiger jeden der Korrealschuldner beliebig auf das Ganze oder auf Teile der Schuld belangen.[1]

Er ist auch befugt, alle Schuldner auf das Ganze zu verklagen, und zwar entweder in getrennten Prozessen oder in einem Verfahren.[2]

Die Novelle 99 gewährte den Korrealschuldnern nach dem Vorbilde des Rechts mehrerer Bürgen das beneficium divisionis. Und zwar sollte der Richter von Amts wegen die nicht mitbeklagten ortsanwesenden Schuldner vor Gericht ziehen, die Sache gemeinsam mit allen erörtern und alle zusammen anteilmäßig verurteilen.

2. Jeder der Korrealschuldner verpflichtet sich selbständig. Eine gegenseitige Verhaftung für Verschuldung des Mitschuldners folgt daher nicht logisch aus dem Begriff der Korrealschuld, aber sie entspricht doch

---

stitutionen haben den Titel de duobus reis den Institutionen von Florentinus entnommen, wie sich aus der Vergleichung des § 2 J. h. t. mit l. 7 D. h. t. 45, 2 Florentinus libro 8 institutionum ergibt.

12) § 2 J. h. t. 3, 16, l. 7 D. h. t. 45, 2, vgl. l. 9 § 2 D. h. t.

13) l. 5 D. de fidejuss. et mand. 46, 1, abgedruckt oben Anm. 3.

14) Über die Frage, ob der Gläubiger die Forderung gegen den einen Schuldner abtreten kann, während er die Forderung gegen den anderen zurückbehält, vgl. Schott, über Zession von Korr.Oblig., Breslauer Inaug.Diss. 1897; gegen ihn Binder a. a. O. S. 243.

1) l. 3 § 1 D. h. t. 45, 2, BGB. § 421.

2) In der klassischen Zeit war eine gemeinsame Klage gegen alle Korrealschuldner auf das Ganze unzulässig. Auch dies beruhte auf Tradition des älteren Rechts. Korreale Verurteilung hätte den Anforderungen, welche man in der alten Zeit an ein Judikat machte, nicht entsprochen. Das Urteil mußte damals bestimmt sein und eine feste Basis für die Exekution bilden. Daher sagt für Bürgen l. 1 C. de fidejussoribus tutorum 5, 57: in solidum et cum reo et cum fidejussoribus agi jure non potest. Daß das gleiche bei Korrealschuldnern gilt, ergibt l. 3 § 1 D. h. t. 45, 2.

den Interessen des Verkehrs und daher auch der regelmäßigen Absicht der Kontrahenten. Sie ist von praktischer Bedeutung, wenn mehrere gemeinsam eine Arbeit, z. B. einen Hausbau, übernehmen.[3] Auch bei anderen Leistungen, insbesondere zur Lieferung von Sachen, schien sie zweckmäßig. Um deswillen wurde die gegenseitige Haftung für Verschuldung des Mitschuldners herrschende Lehre.[4]

Folgerecht wird man jeden Korrealschuldner auch für den Verzug des Mitschuldners als haftbar erachten müssen.[5]

3. Justinian verordnete, daß die Unterbrechung der Verjährung durch einen der Korrealgläubiger oder gegenüber einem Korrealschuldner für und gegen alle wirke.[6] Dies hat seinen Grund im Verjährungsrechte. Der Gläubiger gilt hier nicht als nachlässig.

4. Welche Ereignisse haben gesamtzerstörende Wirkung, welche betreffen nur die Obligation des einen der Korrealschuldner?

a) Die Zahlung befreit alle Korrealschuldner.[7]

b) Das gleiche gilt ohne Zweifel für Zahlungssurrogate, also für Hingabe an Zahlungs Statt und öffentliche Deposition. Ferner hat die Novation mit einem der Korrealschuldner gesamtzerstörende Wirkung, sofern der animus novandi so weit geht.[8] Und zweifellos ist dies auch der Fall, wenn einer der Korrealschuldner mit einer ihm zustehenden Gegenforderung durch Erklärung oder im Prozeßwege kompensiert und dadurch die Korrealschuld getilgt hat. Kann aber der Korrealschuldner mit einer Gegenforderung des anderen kompensieren? Das hieße, vulgär ausgedrückt, aus fremdem Beutel zahlen. Nur dann ist dies zu-

---

3) l. 5 D. h. t. 45, 2.

4) l. 18 D. h. t. 45, 2. Pomponius libro 5 ex Plautio: Ex duobus reis ejusdem Stichi promittendi factis alterius factum alteri quoque nocet. Vgl. l. 5 § 15 D. commodati 13, 6. Pomponius kann nicht, wie Unger a. a. O. S. 250 annimmt, an Fälle gedacht haben, in welchen dem Beklagten persönlich eine Schuld um deswillen zur Last fällt, weil er die geschuldete Sache nicht vor Beschädigung durch den Mitkontrahenten gehütet hatte. Denn Stipulationsschuldner hafteten nicht für schuldhafte Unterlassungen. l. 91 pr. D. de verb. obl. 45, 1. Über die verschiedenen Versuche, die Entscheidung von Pomponius zu erklären, vgl. Hölder, Festschrift S. 58 und Mitteis in Grünhuts Zeitschr. Bd. 14 S. 465, sowie Longo in den studi giuridici per il XXXV anno d'insegnamento di Fil. Serafini 1892 S. 341. Sehr richtig Hartmann im Archiv für ziv. Praxis Bd. 73 S. 395. Nach BGB. § 425 tritt, soweit sich nicht aus dem Schuldverhältnis ein anderes ergibt, eine gegenseitige Haftung für Verschuldung des Mitschuldners nicht ein.

5) Marcianus libro 4 regularum l. 32 § 4 D. de usuris 22, 1 erklärt allerdings: Sed si duo rei promittendi sint, alterius mora alteri non nocet. Mit dem Gedanken des Einstehens füreinander, von dem Pomponius ausgeht, ist dies unseres Erachtens nicht zu vereinen. Aber Pomponius ist der Vorzug zu geben, weil seine Auffassung der Absicht der Kontrahenten mehr entspricht. Unger a. a. O. S. 248 Anm. 88 nennt es ein „leidiges Auskunftsmittel", daß Pomponius und Marzian widersprechender Ansicht gewesen seien. Warum sollen aber die römischen Rechtslehrer in derartigen Fragen weniger oft widersprechende Ansichten gehabt haben, als die neueren Juristen? Nach BGB. § 425 Abs. 2 haften die Gesamtschuldner für den Verzug eines Mitschuldners nicht.

6) l. 4 C. h. t. 8, 39. Anders BGB. § 425 Abs. 2.

7) l. 3 § 1 D. h. t. 45, 2, § 1 J. h. t. 3, 16, BGB. § 422 Abs. 1.

8) Vgl. l. 31 § 1 D. de novat. 46, 2. Abweichend Binder a. a. O. S. 212.

lässig, wenn er infolge eines Gesellschafts- oder sonstigen Kontrakts mit dem Korrealschuldner zu einer solchen Verwertung der Gegenforderung seines Gesellschafters ermächtigt ist.[9]

c) Was den Schulderlaß anlangt, so führten nach römischem Rechte der in die Form der acceptilatio und der in ein pactum de non petendo gekleidete zu verschiedenen Ergebnissen.

Die Akzeptilation mit einem der Schuldner hatte den gleichen gesamtzerstörenden Erfolg wie die Zahlung.[10]

Bei dem pactum de non petendo kam es darauf an, ob es bloß der Person des Vertragschließenden zugute kommen sollte, in personam war, so daß es sich auf ihn beschränkte, oder ob es ohne eine besondere Beziehung auf die Person des Vertragschließenden eingegangen, in rem war. Im letzteren Falle kam es dem anderen Korrealschuldner zugute, wenn der Vertragschließende an seiner Befreiung ein Interesse hatte, weil er ihm regreßpflichtig war.[11]

Der moderne Erlaßvertrag wirkt in der Regel zugunsten desjenigen, an dessen Befreiung der Vertragschließende ein Interesse hat. Aber es kann auch die Absicht vorliegen, daß nur der Paziszierende für seine Person befreit sein soll. Schließlich ist es möglich, daß der Gläubiger sich wie durch Zahlung befriedigt erklärt, so daß das ganze Schuldverhältnis damit erledigt wird. Dies ist namentlich dort anzunehmen, wo ohne Vorbehalt quittiert wurde.[12]

d) Wenn der Gläubiger den einen seiner Korrealschuldner beerbt, befreit die Konfusion an und für sich den Mitschuldner nicht. Standen jedoch die beiden in einem Geschäftsverhältnis, so kann der Gläubiger den Teil der Schuld nicht beanspruchen, welchen er erstatten müßte, wenn der Mitschuldner voll zahlte.[13]

e) Es war herrschende Meinung, daß das freisprechende Urteil, welches ein Korrealschuldner erlangt hatte, auch dessen Mitschuldnern zugute komme, vorausgesetzt, daß im Urteil die Existenz der Korreal-

---

9) l. 10 D. h. t. 45, 2, abgedruckt oben § 320 Anm. 8, BGB. § 422 Abs 2.

10) l. 2 D. h. t. 45, 2, l. 16 D. de acceptilatione 46, 4.

11) l. 21 § 5 D. de pactis 2, 14. Über mehrere Streitfragen siehe Vangerow, Bd. 2 § 573 S. 94.

12) So auch Mitteis in Grünhuts Zeitschr. Bd. 14 S. 445. Vgl. BGB. § 423. Der einem der Korrealschuldner zugeschobene Eid kam, wenn dieser die Schuld abschwor, auch den anderen Korrealschuldnern zugute. l. 28 § 3 D. de jurejurando 12, 2. Es war dies eine Folge des römischen Axioms — l. 27 D. de jurejurando 12, 2, Gajus libro 5 ad edictum provinciale — „jusjurandum loco solutionis cedit", welches man im Anschlusse an das prätorische Edikt — l. 34 § 6 D. eod. — „solvere aut jurare cogam" aufgestellt hatte. Mit Recht bemerkt aber Mitteis, die Individualisierung S. 90, daß das Bestreben, die Möglichkeit widerstreitender Eide auszuschließen, hierbei mitbestimmend war. Deshalb hat der Eid auch — l. 2 D. eod. — „majorem auctoritatem quam res judicata".

13) l. 71 pr. D. de fidejuss. et mand. 46, 1, Kretschmar, Konfusion S. 156, 168. In Fällen der Befreiung eines der Schuldner durch capitis deminutio blieb der andere gleichwohl verhaftet. l. 19 D. h. t. 45, 2. Ebenso wirkte eine etwaige Restitution des einen der Korrealschuldner gegen die Übernahme der Obligation nicht zugunsten des Mitschuldners.

schuld als solcher verneint wurde und nicht bloß die Verpflichtung des beklagten Schuldners. Allein diese Ansicht war unrichtig. Denn nach allgemeinen Grundsätzen hat das Urteil Rechtskraft nur unter den Prozeßparteien. Und nirgends wird in den Quellen hiervon eine Ausnahme für Korrealschuldner erwähnt. Eine Abweichung findet sich freilich bei Bürgschaftsverhältnissen.[14] Aber Korrealschulden und Bürgschaften sind nicht zu identifizieren.[15]

5. Hat der Korrealschuldner, welcher die Schuld voll oder doch über seinen Kopfteil hinaus gezahlt hat, einen Rückgriff gegen die übrigen, sofern sie hierdurch befreit sind?[16]

An sich begründet die Zahlung der ganzen Schuld keinen Rückgriff des Zahlenden gegen seine Mitschuldner. Er hat die eigene Schuld getilgt, nicht das Geschäft eines anderen geführt. Logischerweise kann sich daher der Rückgriff nur auf dasjenige Verhältnis stützen, welches die Beteiligten zur Übernahme der Korrealschuld bestimmte. Doch ein starres Festhalten an diesem Standpunkt führt zu unbilligen Ergebnissen. Das zugrunde liegende Verhältnis klar zu legen und hiernach den Regreß zu begründen, wird oft nur durch weitläufige Beweise, oft gar nicht gelingen. Und doch ist der Mitschuldner durch die Aufwendung des Zahlenden befreit und der Rückgriff in den meisten Fällen billig. Daher gilt der Rückgriff als der Vermutung nach begründet, wenn einer der Korrealschuldner über seinen Kopfteil hinaus zahlte; der beklagte Mitschuldner kann seinerseits diese Vermutung durch Darlegung des zugrunde liegenden Verhältnisses entkräften und nachweisen, daß dieses einen Rückgriff gegen ihn ausschließe.[17] [18]

14) l. 42 § 3 D. de jurejurando 12, 2. Pomponius libro 18 epistularum: Item si reus juravit, fidejussor tutus sit, quia et res judicata secundum alterutrum eorum utrique proficeret. Die letzten Worte sind wahrscheinlich interpoliert, da zur Zeit des Pomponius die Litiskontestation mit dem einen Schuldner den anderen befreite. Wie dem auch sei, nichts rechtfertigt es, über den Fall der Bürgschaft hinauszugehen. Übereinstimmend Binder a. a. O. S. 251.

15) Unsere Auffassung entspricht der ZPO. Denn hiernach sind Urteile der Rechtskraft nur soweit fähig, als über den durch die Klage erhobenen Anspruch entschieden wird. Der Anspruch gegen den einen Korrealschuldner ist aber von dem gegen den anderen verschieden. ZPO. § 301. So auch Mitteis in Grünhuts Zeitschr. Bd. 14 S. 456, dagegen Hartmann im Archiv für ziv. Praxis Bd. 50 S. 133 und Archiv für schweiz. Recht n. F. Bd. 6 S. 124. Nach BGB. § 425 Abs. 2 wirkt denn auch das rechtskräftige Urteil nur für den Gesamtschuldner, der es erstritten hat.

16) Es ist dies alte Streitfrage, vgl. schon Glosse „juvare“ zu l. 2 C. h. t. Dafür, daß die Zahlung seitens eines Korrealschuldners den Regreß begründe, W. Sell in Lindes Zeitschr. Bd. 3 n. 21, Bd. 4 n. 2, Savigny, OR. Bd. 1 S. 240, vgl. auch Kohler in Iherings Jahrb. Bd. 25 S. 118. Dagegen erklärte sich Schröter in Lindes Zeitschr. Bd. 6 S. 415, Vangerow Bd. 3 § 573 S. 75, Windscheid Bd. 2 § 294 Anm. 2.

17) Aus l. 62 pr. D. ad legem Falcidiam 35, 2 von Ulpian beziehungsweise Julian geht unzweifelhaft hervor, daß grundsätzlich der Rückgriff nicht Folge des Korrealverhältnisses an sich, sondern der zugrunde liegenden Sozietät usw. ist. Immerhin suchte man schon in Rom den Rückgriff möglichst zu erleichtern. Hieraus erkärt sich die l. 11 pr. D. h. t. 45, 2 von Papinian libro 11 responsorum, deren Verständnis bis jetzt — auch Mitteis, Individualisierung der Obligation S. 69 — nicht gelungen ist. Papinian legt seiner Erörterung das in der Praxis gewöhnliche Formular zugrunde, wonach die Korrealschuldner promittierten „invicem nos obligantes atque fide dicentes“, vgl. oben § 328 Anm. 6; er berichtet, es sei gemeine Meinung der Juristen, daß der Gläubiger hiernach seine Klage auf das Ganze gegen denselben Schuldner der Art teilen dürfe,

§ 331. Die aktiven Korrealobligationen.

1. Charakteristisch für die aktiven Korrealobligationen ist die Selbständigkeit und Unbedingtheit der Rechte eines jeden Gläubigers.

Jeder Gläubiger kann das Schuldobjekt ganz einklagen. Er bedarf nicht der Zustimmung der anderen Gläubiger. Jeder kann die Zahlung des ganzen Schuldobjekts fordern. Jedem kann das Ganze vom Schuldner angeboten werden. Jeder kann selbständig auf das Ganze klagen und begründet damit Rechtshängigkeit des gesamten Anspruchs. Siegt er, so sind die übrigen Gläubiger ausgeschlossen.[1]

Jeder Gläubiger kann ferner die Schuld mit dem Effekt erlassen, daß auch die Ansprüche der übrigen Korrealgläubiger getilgt sind; dies ist namentlich dann anzunehmen, wenn er unbedingt über die Schuld quittiert hat.[2] Ja, er kann durch Novation die Forderung in sein ausschließliches Recht bringen, womit die Ansprüche der übrigen Gläubiger erlöschen.[3] [4]

---

daß er ihn zur einen Hälfte als Hauptschuldner, zur anderen als Bürgen belange. Worin bestand der Nutzen und Zweck solcher Teilung? Zweifelsohne, dem Schuldner, welcher dann zur einen Hälfte als Bürge verurteilt wurde, damit seinen Regreß gegen den Mitschuldner zu sichern. Allerdings erklärt Papinian, der Gläubiger dürfe zu dieser Weise der Klage nicht gezwungen werden. Daraus geht aber gerade hervor, daß man es wenigstens für anständig hielt, so zu klagen, und daß es wohl auch an einer „douce violence" des Magistrats nicht ganz fehlte. Verfing diese nicht, so wird man sich doch, um modern zu reden, gegen „Provision" zu solcher Klageweise verstanden haben. — Wie dem aber sei „Diocletianus et Maximianus" — l. 1 C. h. t. 8, 39 — haben, was die Alten nur auf Umwegen zu erreichen wußten, direkt als praktisch und billig bestimmt: Creditor prohiberi non postest exigere debitum, cum sint duo rei promittendi ejusdem pecuniae, a quo velit. Et ideo, si probaveris te conventum in solidum exsolvisse, rector provinciae juvare te adversus eum, cum quo communiter mutuam pecuniam accepisti, non cunctabitur. Der zahlende correus hat also seinerseits zur Begründung seines Rückgriffs nur Beweis über die Zahlung der ganzen Schuldsumme zu führen.

18) Nach BGB. § 426 begründet die Zahlung seitens eines Korrealschuldners den Regreß. Die Gesamtschuldner sind im Verhältnisse zueinander im Zweifel zu gleichen Anteilen verpflichtet. Beiträge zahlungsunfähiger Mitschuldner sind von den übrigen Schuldnern zu tragen. Soweit ein Gesamtschuldner den Gläubiger befriedigt und von den übrigen Schuldnern Ausgleichung verlangen kann, geht die Forderung des Gläubigers gegen die übrigen Schuldner auf ihn über. Vgl. Dernburg, Bürg. Recht Bd. 2 § 163 S. 377.

1) Welche Wirkung die Klageerhebung seitens eines von mehreren Korrealgläubigern hat, war nach gemeinem Recht zweifelhaft. Nach klassischem Rechte konsumierte die Litiskontestation eines Korrealgläubigers den ganzen Anspruch, l. 2 D. h. t. 45, 2. Justinian hat dies durch die l. 28 C. de fidejussoribus 8, 40 nicht beseitigt; denn sie bezieht sich nur auf passive Korrealobligationen. Nach BGB. § 428 kann der Schuldner nach seinem Belieben an jeden der Gesamtgläubiger auch dann leisten, wenn einer der Gläubiger bereits Klage erhoben hat. Vgl. Dernburg, Bürg. Recht Bd. 2 § 165 S. 381.

2) Nach römischem Rechte ging die Forderung aller Korrealgläubiger unter, wenn der eine der Gläubiger dem Schuldner akzeptoferierte, l. 13 § 12 D. de acceptilatione 46, 4. Dagegen schadete ein pactum de non petendo des einen Korrealgläubigers dem anderen nichts, Paulus libro 3 ad edictum, l. 27 pr. D. de pactis 2, 14, l. 93 D. de solutionibus 46, 3. Doch ist dies sehr bestritten; vgl. Vangerow Bd. 3 § 373 S. 95 und BGB. § 429 Abs. 3.

3) l. 31 § 1 D. de novationibus 46, 2. Sehr bestritten ist freilich, wie sich die l. 27 pr. D. de pactis 2, 14 hierzu verhält. Am meisten hat es für sich, anzunehmen, daß Paulus in den kritischen Schlußworten „idemque in duobus reis stipulandi dicendum est" nur sagen wollte, daß auch der Nachlaßvertrag des einen Korrealgläubigers dem anderen nicht schade, daß sich also diese Worte nur auf die Hauptfrage und nicht

2. Korrealforderungen werden in den allermeisten Fällen durch Gesellschaftsvertrag begründet. Es kann ferner vorkommen, daß der eine der Gläubiger Mandatar des anderen ist, so daß ihm nur die volle Legitimation über die Forderung nach außen hin eingeräumt wird. Endlich ist denkbar, daß gar kein Verhältnis zwischen den Gläubigern besteht, indem z. B. „der Kirche zu X. oder zu Y." eine gewisse Summe vermacht ist, so daß dieselbe demjenigen Gläubiger zukommt, welcher zuerst die Zahlung beitreibt oder zuerst klagt.

3. Von diesem sog. inneren Verhältnisse hängt es ab, ob und wieweit derjenige Gläubiger, welcher die Schuld beitreibt, Erfüllungssurrogate für sie annimmt, oder über sie in der Absicht des gänzlichen Erlasses quittiert, den anderen Korrealgläubigern erstattungspflichtig ist.[5] [6]

§ 332. Behandlung der Solidarobligationen im engeren Sinne.

Die Solidarobligationen im engeren Sinne sind so verschieden, daß eine allgemeine Theorie über sie nur in einzelnen Punkten aufzustellen ist.

Was insbesondere die passiven Solidarobligationen anlangt, so hebt die Zahlung, die Annahme an Zahlungs Statt, die öffentliche Deposition und durchgeführte Kompensation sämtliche Solidarobligationen auf.[1] Anders, wenn der Gläubiger mit einem der Solidarschuldner noviert,[2] denn hierin liegt eine *Fortsetzung* des Rechtsverhältnisses in neuer Form, aber keine endgültige Befriedigung. Auch Erlaß gegenüber dem einen der Solidarschuldner befreit in der Regel nicht die anderen.[3]

Unterbrechung der Verjährung gegenüber einem der Solidarschuldner hat in bezug auf die übrigen keine Bedeutung.[4] [5]

---

auf den beiläufig verhandelten Punkt, ob der argentarius novieren könne, beziehen. Vgl. Vangerow Bd. 3 § 573, abweichend Binder a. a. O. S. 225.

4) Konstitutum zugunsten eines Korrealgläubigers tilgte nach römischem Rechte den Anspruch des anderen Gläubigers, „quia loco ejus cui jam solutum est haberi debet is cui constituitur". l. 10 D. de pec. const. 13, 5. Für das heutige Versprechen, zahlen zu wollen, kann dies nicht allgemein gelten, sondern nur bei Absicht der Novation.

5) l. 62 pr. D. ad legem Falcidiam 35, 2. Nach BGB. § 430 gilt dagegen: die Gesamtgläubiger sind im Verhältnisse zueinander zu gleichen Anteilen berechtigt, soweit nicht ein anderes bestimmt ist.

6) Im Falle rechtskräftiger Abweisung des einen Korrealgläubigers stand schon nach gemeinem Recht das Erkenntnis den anderen Gläubigern nicht entgegen, da das Urteil nur zwischen den Parteien Rechtskraft schafft. Nach BGB. besteht hierüber kein Zweifel. Vgl. BGB. § 429 Abs. 3.

1) Das Recht, welches die l. 10 D. h. t. 45, 2 dem Korrealschuldner einräumt, mit Gegenforderungen seines correus zu kompensieren — oben § 330 Anm. 10 —, ist bloßen Solidarschuldnern nicht zuzugestehen. So jetzt auch Mitteis in Grünhuts Zeitschr. Bd. 14 S. 468.

2) Entscheidende Quellenzeugnisse existieren bezüglich dieser Frage nicht. Vgl. übrigens Mitteis in Grünhuts Zeitschr. Bd. 14 S. 455.

3) Daß man bei solidarischen Obligationen in der Regel auf eine beschränkte Wirkung des Erlasses schließt, hat seinen Grund darin, daß in der Regel der Berechtigte bei solchen Schuldverhältnissen nur den, mit dem er verhandelt, aber keineswegs alle befreien will. Vgl. indessen Binder a. a. O. S. 184.

4) Anders bei passiven Korrealobligationen, vgl. oben § 330 Anm. 7.

5) Eine weitere Verschiedenheit der korrealen Obligationen und der bloß solidarischen liegt darin, daß bei den ersteren richtiger Ansicht nach eine gegenseitige Haftung für die

Ob und wieweit zwischen den verschiedenen Solidarschuldnern ein Rückgriff besteht, wenn einer das Ganze zahlen mußte, läßt sich in allgemeiner Weise nicht bestimmen. Ist z. B. jemand bei verschiedenen Versicherern selbständig für denselben Schaden versichert, und hat einer der Versicherer den ganzen Schadensersatz geleistet, so kann er von den übrigen Versicherern nichts fordern.[6]

Nach römischem Rechte hat auch, wer infolge eines Deliktes mit anderen haftbar ist, wenn er das Ganze zahlt, keinen Regreß gegen die übrigen Schädiger.

Zweites Kapitel.

Die Bürgschaft.

I. Geschichtliche Einleitung.

§ 333. Die Stipulationsbürgschaft.

1. **Der Vertrag mit einem Gläubiger, wonach man sich zu dessen Sicherheit neben seinem Schuldner verbindet, ist Bürgschaft.**[1] Ihm diente in Rom die Stipulation. Vor Justinian bestanden für die Stipulationsbürgschaft drei Formen nebeneinander.[2]

a) Die älteste, die „sponsio" mit den Worten „idem spondes?" war nur römischen Bürgern zugänglich.

b) Eine spätere Art führte den Namen „fidepromissio" mit der Formel „idem fidepromittis?" Sie stand auch den Peregrinen offen.

Diese beiden Arten der Verbürgung konnten nur **Verbalobligationen** dienen. Sie waren ferner in dem Sinne **höchstpersönlich**, daß sie auf die Erben des Bürgen nicht übergingen.

c) Die jüngste Art der Verbürgung war die „fidejussio" mit der Formel „idem fide tua jubes?" Sie stand Peregrinen offen, verband auch die Erben des Bürgen und konnte Obligationen jeder Art, selbst künftigen, für den Fall ihrer Entstehung hinzutreten.[3]

Verschuldung des Mitschuldners besteht — oben § 330 Anm. 5 —, nicht aber bei den solidarischen Obligationen. Wenn andere den hauptsächlichen Unterschied darin suchen, daß die res judicata bei den Solidarobligationen jus facit inter partes, bei den Korrealschulden inter omnes, so ist dieser Unterschied nicht begründet. Vgl. oben § 330 Anm. 16.

6) Daß in solchem Fall BGB. § 426 nicht Anwendung findet, liegt auf der Hand.

1) Tit. Inst. de fidejussoribus 3, 20. Dig. de fidejussoribus et mandatoribus 46, 1. Cod. 8, 40. Literatur: Girtanner, die Bürgschaft 1851; Hasenbalg, die Bürgschaft 1870. Der zweite Teil des Buches von Girtanner S. 147 ff. enthält eine Dogmengeschichte der Bürgschaft im Mittelalter und in der neueren Zeit und damit reiche Literaturangaben. O. Geib, zur Dogmatik des röm. Bürgschaftsrechts 1894. Vgl. auch Corsi, la fidejussione, 3. ed. Bologna 1893. Interessante Vergleiche ermöglicht Partsch, Griechisches Bürgschaftsrecht 1909.

2) Das Nähere siehe bei Gaj. Inst. III. § 115.

3) Vgl. Levy, sponsio, fidepromissio, fidejussio. Einige Grundfragen zum röm. Bürgschaftsrechte 1907.

2. Die Bürgschaft war in Rom ein Institut von großer sozialer Bedeutung und selbst von politischer Wichtigkeit. Es galt als Ehrenpflicht der vornehmen Klassen, für ihre Klienten als Bürgen einzutreten. In solcher Weise verschafften sie ihnen Kredit und fesselten sie zugleich an sich.[4] Dies befestigte den Einfluß der Aristokratie, zog aber auch eine drückende Verantwortung nach sich. Um deswillen erließ man zur Zeit der Republik zahlreiche Volksgesetze, welche die Last mindern sollten.

Unter diesen Gesetzen ist besonders zu beachten die lex Furia bezüglich der sponsores und fidepromissores.[5] Sie verordnete Doppeltes: Einmal wurden solche Bürgen durch Ablauf von zwei Jahren befreit; dann teilte sich die Verpflichtung von Rechts wegen unter die mehreren Bürgen derselben Schuld. Die fidejussores unterstanden nicht der lex Furia, offenbar weil die fidejussio erst nach der lex Furia aufkam und daher durch ihren Wortlaut nicht getroffen wurde.

3. Im justinianischen Rechte waren die älteren Formen der Bürgschaft außer Gebrauch gekommen; es bestand nur noch die fidejussio. Auch dieses Institut hatte einen strikten Charakter. Insbesondere war die fidejussio nichtig, wenn sie auf mehr oder anderes ging als die Hauptschuld.

4. Wie verhielt sich die fidejussio zur Korrealschuld?

Die Neueren bezeichnen sie meist als eine Spezies der letzteren.[6] Hauptschuld und Bürgschaftsschuld sollen „eine einige Obligation" bilden, hierfür wird vor allem die gesamtzerstörende Wirkung der Litiskontestation mit einem der Schuldner in das Feld geführt. Daß dieser Grund nicht durchschlagend ist, ergibt sich aus den früheren Ausführungen. Nirgends bezeichnen die Römer die fidejussio als eine Korrealschuld. Es handelt sich vielmehr trotz mancher Ähnlichkeit um verschiedene Dinge. Die Korrealschuldner sind Hauptschuldner, die Bürgen bloße Akzessionen.

§ 334. Geschäfte mit Bürgschaftseffekt.

Es gibt Geschäftsformen, die an sich nicht zur Verbürgung bestimmt sind, sich aber doch zu einer solchen benutzen lassen. So geschieht heutzutage die Übernahme von Wechselschulden auch zum Zweck der Verbürgung.[1]

---

4) Vgl. oben § 224; Dernburg, Pfandrecht Bd. 1 S. 1 ff.

5) Vgl. über diese Gesetze Gaj. Inst. III. §§ 121 ff., siehe auch Lenel, edictum Aufl. 2 S. 207. Nur mit einem Worte sei hier noch der lex Cornelia gedacht, die wir billig Sulla zuschreiben, „qua lege idem pro eodem apud eundem eodem anno vetatur in ampliorem summam obligari creditae pecuniae quam in XX milia" Gaj. Inst. III. § 124.

6) Siehe die bei Samhaber, Korrealschuld S. 170 Zitierten. Dagegen ist u. a Arndts § 350 Anm. 4, Czyhlarz in Grünhuts Zeitschr. Bd. 3 S. 102.

1) Erfolgt eine in Wechselform — Indossament oder Akzept — verkleidete Bürgschaft, so ist im Falle der Unwirksamkeit der Wechselverbindlichkeit die Bürgschaft erledigt, wenn sie nur durch den Wechsel geleistet werden sollte. Es können aber die Parteien eine zwiefache Verbürgung beabsichtigt haben, nämlich einmal eine wechselrechtliche und eventuell eine gewöhnliche. Daß solches vereinbart war, muß der Gläubiger beweisen. ROHG. Bd. 2 S. 366, RG. Bd. 4 S. 11.

Bei den Römern konnte man das constitutum zu Bürgschaften verwenden; auch das Mandat dient heuzutage wie in Rom der Bürgschaft.

1. Beim Konstitut dachten die Römer zunächst an das Versprechen der Zahlung einer eigenen Schuld. In der Kaiserzeit gewährte man indessen die actio de pecunia constituta, auch wenn die Zahlung fremder Schulden versprochen war — sog. constitutum debiti alieni.[2]

Ein solches Versprechen geschah keineswegs immer zur Sicherstellung, es konnte auch anderes, insbesondere Schuldübernahme bezwecken. In der klassischen Zeit verbürgte man sich durch constitutum nur selten.[3] Man lud sich damit für den Fall der Nichtzahlung eine Strafe im Umfange der Hälfte des Streitobjektes auf und verband sich zur Zahlung, auch wenn die Hauptschuld zur Zeit der Klage nicht mehr existierte, sofern sie nur beim Abschluß des Konstitutes bestanden hatte.

Häufig war dagegen damals Verbürgung durch receptum.

Receptum nannte man das Versprechen eines Wechslers zur Zahlung für einen Geschäftsfreund an einen Dritten — den Rezepten, in der Regel natürlich auf Anweisung des Geschäftsfreundes. Die Veranlassung des receptum bestand meist darin, daß der Anweisende dem Rezepten schuldete, dann hatte es den Charakter einer Verbürgung; aber wesentlich war die Existenz einer Schuld des Anweisenden für die Verpflichtung aus dem receptum nicht. Es konnte daher auch anderen Zwecken als denen der Verbürgung dienen. Justinian ließ das receptum in dem constitutum aufgehen.[4]

2. Häufig kommt der Kreditauftrag[5] vor — mandatum qualificatum — d. h. der einem Geldverleiher erteilte Auftrag, einem Dritten zu kreditieren, sei es, daß zu diesem Zwecke eine neue Obligation begründet[6] oder eine bereits bestehende verlängert werde.[7]

---

2) Über constitutum und receptum siehe namentlich Lenel in der Zeitschr. der Sav.Stiftg., rom. Abt. Bd. 15 S. 62, Bekker das. Bd. 16 S. 1, Rosello, im Archivio giurid. Bd. 45 S. 1, F. Serafini das. S. 553; vgl. auch Lenel, edictum, Aufl. 2 S. 127 und 240; über das constitutum im allgemeinen oben § 326.

3) Von dem constitutum debiti alieni handelte l. 5 §§ 2 und 3, sowie l. 2 D. de pecunia constituta 13, 5. Die bei weitem meisten Stellen aber, welche in den Pandekten von einem constitutum debiti alieni sprechen, bezogen sich, wie Lenel aus den Inskriptionen nachgewiesen hat, ursprünglich auf das receptum. So namentlich l. 27, l. 28 und l. 12 D. de pecunia constituta 13, 5.

4) Diese Verschmelzung geschah in der l. 2 C. de constituta pecunia 4, 18. Über diesen „gar nicht herb genug zu verurteilenden Fehlgriff Justinians" Lenel, Zeitschr. der Sav.Stiftg., rom. Abt. Bd. 2 S. 62. Vgl. Partsch in derselben Zeitschr. Bd. 29 S. 403 ff. Das BGB. kennt das Konstitutum nicht.

5) Rothenberg, Kreditauftrag im Archiv für ziv. Praxis Bd. 77 n. 12; Sokolowski, die Mandatsbürgschaft, Halle 1891; Geib a. a. O. S. 149 ff.; Unger, Handeln auf fremde Gefahr in Jherings Jahrb. Bd. 33 S. 6; Bertolucci, Studi Romanistici, contributo alla dottrina del mandato di credito in diritto romano 1906; Schey, die Obligationsverhältnisse des österr. allg. Privatrechts S. 471 ff.

6) l. 6 § 4 D. mandati 17, 1. Ulpianus libro 31 ad edictum: Si tibi mandavero quod mea non intererat, veluti ut pro Sejo intervenias vel ut Titio credas, erit mihi tecum mandati actio, ut Celsus libro 7 digestorum scribit, et ego tibi sum obligatus. § 6 J. de mandato 3, 26 . . . adeo haec ita sunt, ut quaesitum sit, an mandati teneatur qui mandavit tibi, ut Titio pecuniam fenerares: sed optinuit

Ein solcher Auftrag wird nach den Grundsätzen des Mandates beurteilt. Er erlischt daher wie jedes andere Mandat, wenn der Auftraggeber den Auftrag vor seiner Ausführung zurücknimmt, wenn der Beauftragte ihn vorher kündigt (wobei ihn unzeitige Kündigung verantwortlich macht), oder wenn der Mandant oder der Mandatar vor Ausführung des Auftrages stirbt.

Alle diese Rechtssätze sind der wahren Bürgschaft fremd. Es ist daher ein Mißgriff, wenn manche Neuere das Kreditmandat einfach in der Bürgschaft aufgehen lassen wollen.[8] Erst nach Ausführung des Kreditauftrages wird das Verhältnis einer Verbürgung ähnlich. Nunmehr läßt sich von einer Mandatsbürgschaft sprechen, denn jetzt hat der Geldverleiher außer dem Hauptschuldner in dem Auftraggeber einen Nebenschuldner. Der Mandant hat ihm kraft der actio mandati contraria für alle Nachteile einzustehen, welche ihm aus der Ausführung des Kreditauftrages erwuchsen, also namentlich für die Berichtigung des auf Grund des Auftrages gegebenen oder verlängerten Darlehens.[9] Dies hatte demnach zur Folge, daß wichtige positive Rechtssätze des Bürgschaftsrechtes auf das Kreditmandat ausgedehnt wurden.[10]

II. Das praktische Recht der Bürgschaft.

§ 335. Das Wesen der Bürgschaft.

An die Stelle der römischen fidejussio ist im modernen Rechte ein formloser Bürgschaftsvertrag getreten.[1] Er hat den strikten Charakter des römischen vorbildlichen Institutes nicht bloß in der Form, sondern auch in seinem Wesen abgestreift und untersteht durchweg den Grundsätzen der Billigkeit. Da der Vertrag formlos ist, so genügt jede Vereinbarung über Verbürgung, mag nun die Rede von „verbürgen" sein oder „fremde Schuld zahlen" oder „als Bürge eintreten", oder mögen andere Wendungen gebraucht sein.

Sabini sententia obligatorium esse in hoc casu mandatum, quia non aliter Titio credidisses, quam si tibi mandatum esset.

7) l. 12 § 14 D. mandati 17, 1: Si post creditam pecuniam mandavero creditori credendam, nullum esse mandatum rectissime Papinianus ait. plane si, ut exspectares nec urgueres debitorem ad solutionem, mandavero tibi, ut ei des intervallum, periculoque meo pecuniam fore dicam, verum puto omne nominis periculum debere ad mandatorem pertinere.

8) Daß der Kreditauftrag derzeit in der Bürgschaft aufgegangen sei, behauptete vorzugsweise Arndts § 353 Anm. 3. Anderer Ansicht u. a. Girtanner S. 540. Die älteren Ansichten siehe dort S. 197, vgl. ferner die bei Arndts Zitierten.

9) So auch BGB. § 778: Wer einen anderen beauftragt, im eigenen Namen und auf eigene Rechnung einem Dritten Kredit zu geben, haftet dem Beauftragten für die aus der Kreditgewährung entstehende Verbindlichkeit des Dritten als Bürge. Vgl. Dernburg, Bürg. Recht Bd. 2 Abt. 2 § 237 S. 215.

10) Die Verwandtschaft von Kreditauftrag und Bürgschaft betont bereits Julianus libro 3 ad Ursejum Ferocem l. 32 D. mandati 17, 1 . . . neque enim multo referre, praesens quis interrogatus fidejubeat an absens vel praesens mandet. Vgl. Sokolowski a. a. O. S. 77.

1) Die Scheidung zwischen fidejussio und constitutum ging im formlosen Bürg-

1. Die Bürgschaft ist als bloße Sicherheit Akzession der Hauptschuld. Auch wer sich als „Selbstschuldner“ verbürgt, ist bloß akzessorisch verbunden. Denn dies heißt nur, daß der Bürge auf die Einrede der Vorausklage und der Teilung verzichtet.[2]

Die Bürgschaftsschuld kommt als bloße Akzession nicht zustande, wenn die verbürgte Schuld zur Zeit der Verbürgung nichtig oder durch peremtorische Exzeption unwirksam war;[3] sie erlischt, wenn die Hauptschuld durch Tilgung ipso jure oder mittels Exzeption ihr Ende findet. Eine natürliche Verbindlichkeit kann aber verbürgt werden.[4] Gültig ist ferner die Bürgschaft für künftige Verbindlichkeiten, selbst wenn sie nur generell bezeichnet sind, sog. Kreditbürgschaften, z. B. für die aus einem bestimmten Geschäftsverkehr sich eventuell entwickelnden Verpflichtungen.[5]

Die Römer erachteten es als unvereinbar mit dem akzessorischen Charakter der Stipulationsbürgschaft, wenn der Inhalt der Bürgen- und Hauptschuld nicht völlig übereinstimmten. Auf eine geringere Summe konnte eine Bürgschaft gehen, dagegen war die fidejussio auf anderes,[6] einen größeren Betrag oder unter lästigeren Bedingungen als die Hauptschuld völlig nichtig.[7]

Das heutige Bürgschaftsrecht ist freier.[8] Es genügt, daß es sich um dieselbe Vermögenspost handelt. Daher kann das spezifische Objekt der Bürgschaftsschuld und der Hauptschuld ein verschiedenes sein, z. B. auf Geld statt auf Ware lauten. Dem Bürgen können auch härtere

---

schaftsvertrag des gemeinen Rechts verloren. Nach BGB. § 766 ist zur Gültigkeit des Bürgschaftsvertrages schriftliche Erteilung der Bürgschaftserklärung erforderlich. Soweit indessen der Bürge die Hauptverbindlichkeit erfüllt, wird der Mangel der Form geheilt. Vgl. Dernburg, Bürg. Recht Bd. 2 Abt. 2 § 285 S. 345.

2) Vgl. auch RG. Bd. 34 S. 153.

3) l. 29, l. 47 pr., l. 56 pr., l. 70 § 4 D. h. t. 46, 1, siehe weiter bezüglich irrtümlicher Verbürgung für eine verjährte Forderung l. 37 D. h. t. Höchst bestritten ist die Erklärung von l 25 D. h. t. 46, 1. Ulpianus libro 11 ad edictum: Marcellus scribit, si quis pro pupillo sine tutoris auctoritate obligato prodigove vel furioso fidejusserit, magis esse, ut ei non subveniatur, quoniam his mandati actio non competit. Derselbe Ulpian entscheidet libro 1 ad Sabinum l. 6 D. de verb. obl. 45, 1: Is, cui bonis interdictum est ... non potest vel promittendo obligari: et ideo nec fidejussor pro eo intervenire poterit, sicut nec pro furioso. Nach unserer Ansicht bezog sich die l. 25 ursprünglich auf das „receptum“, vgl. oben § 334 Anm. 3, zu dessen Verbindungskraft keine Hauptschuld nötig war; durch eine gedankenlose Interpolation, welche fidejusserit an die Stelle von receperit setzte, ist dann der Widerspruch entstanden. Vgl. neuerdings Audibert, études sur l'histoire du droit romain Bd. 1 S. 263 ff., der die l. 25 ebenfalls — aber in anderer Weise — für interpoliert hält, die Lösung des Widerspruchs jedoch in der Annahme findet, es handele sich in der l. 6 cit. um eine andere Art der Verschwenderentmündigung als in l. 25.

4) l. 6 § 2, l. 7, l. 16 § 3, l. 60 D. h. t. 46, 1.

5) l. 6 § 2 D. h. t. 46, 1, BGB. § 765 Abs. 2. Der Schuldner einer auf unbestimmte Zeit geschlossenen Kreditbürgschaft darf nach Verlauf eines den Umständen nach abzumessenden Zeitraums die Kreditbürgschaft kündigen. ROHG. Bd. 19 S. 110.

6) l. 42 D. h. t. Eine Modifikation siehe jedoch in l. 70 § 2 D. eod.

7) l. 8 § 7 D. h. t. Illud commune est in universis, qui pro aliis obligantur, quod, si fuerint in duriorem causam adhibiti, placuit eos omnino non obligari: in leviorem plane causam accipi possunt. Siehe weiter § 8 D. eod. und die folgenden §§.

8) Über die historische Entwicklung dieses Satzes seit dem Mittelalter siehe Girtanner S. 171.

Bedingungen als dem Hauptschuldner auferlegt werden. Es kann endlich der Bürge selbst mehr schulden als der Hauptschuldner, sofern das Überschießende als Entschädigung aufgefaßt werden kann.[9] Mindestens aber schuldet der Bürge, welcher mehr als der Hauptschuldner versprach, den Betrag der Hauptschuld.

2. Mit der akzessorischen Natur der Bürgschaft ist nicht zu identifizieren ihre Subsidiarität, wonach der Bürge erst angegriffen werden darf, wenn der Gläubiger vom Hauptschuldner nichts mehr erlangen kann. Sie war dem älteren römischen Rechte völlig unbekannt und wurde erst durch die Rechtswohltat der Vorausklage, welche Justinian schuf, Regel des Bürgschaftsrechtes.

3. Eigentümlich sind dem Bürgschaftsrechte wichtige Rechtswohltaten, welche die Stellung des Bürgen erleichtern. Der Bürge hat im justinianischen Rechte

a) das beneficium excussionis, sog. Recht der Vorausklage,

b) das beneficium cedendarum actionum, d. h. Anspruch auf Abtretung der Klage des Gläubigers gegen den Hauptschuldner und andere Bürgen im Falle einer Tilgung der Schuld,

c) das beneficium divisionis, das Recht des Bürgen auf Teilung der Klage unter die Mitbürgen.[10]

§ 336. Rechte des Gläubigers gegen den Bürgen.

1. In welchem Umfange der Bürge haftet, ergibt sich in erster Linie aus dem Bürgschaftsvertrage. Im Zweifel aber übernimmt er volle Verbürgung — in omnem causam[1] — d. h. die Haftung für alles, was der Hauptschuldner in dem Augenblicke, in welchem die Bürgschaft geltend gemacht wird, aus dem verbürgten Geschäfte zu leisten hat.[2]

---

9) Vgl. Windscheid Bd. 2 § 477 Anm. 23.

10) Das römische Recht untersagt den Soldaten Bürgschaften für Pachtungen l. 31 C. de locato 4, 65, desgleichen Geistlichen für Leistungen an den Fiskus, Pachtungen, Prozeßführung nov. 123 cap. 6; vgl. Girtanner S. 143, 283, 368; Hasenbalg S. 224. Diese Bestimmungen waren nicht gemeinrechtlich und sind dem BGB. fremd. Über Interzessionen der Frauen s. unten § 340.

1) Über die fidejussio in omnem causam vgl. namentlich l. 54 pr. D. locati 19, 2. Paulus libro 5 responsorum, wo bezüglich der Verzugszinsen ausgeführt wird . . . cum fidejussor in omnem causam se applicuit, aequum videtur ipsum quoque agnoscere onus usurarum, ac si ita fidejussisset: „in quantum illum condemnari ex bona fide oportebit, tantum fide tua esse jubes?“ vel ita: „indemnem me praestabis?“

2) Daß die Bürgschaft im Zweifel in omnem causam sei, entspricht den Zwecken des Bürgschaftsvertrages. Denn wer Kredit auf Bürgschaft gibt, will in der Regel, daß ihm gesichert sei, was er künftig zu fordern hat. Diese Auffassung bildete sich namentlich bei Paulus heraus, welcher sich vorzugsweise mit der Frage beschäftigte. Insbesondere führt dieser Jurist libro 16 ad Plautium l. 91 § 4 D. de verb. obl. 45, 1 die Verhaftung des Bürgen für die Verschuldung und den Verzug des Hauptschuldners darauf zurück, „quia in totam causam spoponderunt“. In derselben Weise spricht er sich in der l. 56 § 2 D. de fidejussoribus 46, 1, die unten Anm. 3 abgedruckt ist, aus: siehe übrigens auch l. 68 § 1 D. de fidejussoribus 46, 1. — Die Meinungen der Neueren über die Frage sind sehr geteilt. Viele nehmen an, daß der Bürge in der Regel nicht für Zinsen hafte, die aus dem Verzuge des Hauptschuldners erwuchsen. So

Er steht daher für die Folgen des Verzuges und der Verschuldung des Hauptschuldners sowie für gesetzliche Zinsen ein.[3] Dagegen sind Vertragszinsen, Konventionalstrafen und andere auf besonderen Vereinbarungen beruhende Verbindlichkeiten nur dann mit versichert, wenn die Verbürgung besonders auf sie erstreckt wurde.[4]

Der Bürge haftet für den Hauptschuldner. Er hat daher dessen Einreden geltend zu machen, mögen sie nun vor oder nach der Verbürgung entstanden sein. Nicht einmal ein Verbot des Hauptschuldners kann ihm dies Recht nehmen. Immerhin ist die Befugnis nichts Ausnahmsloses:

a) Einige Exzeptionen kommen nur solchen Bürgen zugute, welche einen Rückgriff gegen den Hauptschuldner hätten, wenn sie zahlen müßten. Dahin gehört die exceptio S. C. Macedoniani.[5]

Hasenbalg a. a. O. S. 267. Mit der hier verteidigten Ansicht übereinstimmend ist dagegen Windscheid Bd. 2 § 477 Anm. 26, Seuffert, Archiv Bd. 48 n. 180 (oberst. LG. f. Bayern). Auch für die Kosten der Ausklagung des Hauptschuldners hat der Bürge in der Regel aufzukommen, sofern ihm die Einrede der Vorausklage zukam, und der Gläubiger vom Bürgen nach Fälligkeit der Forderung vergeblich Zahlung forderte. Vgl. noch Seuffert, Archiv Bd. 46 n. 188. Nach BGB. § 767 ist — im Zweifel — für die Verpflichtung des Bürgen der jeweilige Bestand der Hauptverbindlichkeit maßgebend. Der Bürge haftet für die Folgen des Verschuldens und des Verzuges des Hauptschuldners, ferner für die dem Gläubiger von dem Hauptschuldner zu ersetzenden Kosten der Kündigung und der Rechtsverfolgung. Vgl. Dernburg, Bürg. Recht Bd. 2 Abt. 2 § 286 S. 347.

3) Haftet der Bürge, wenn sich aus dem Geschäfte, für welches er eintrat, Verbindlichkeiten anderer Art, als beabsichtigt war, entwickelten? Dies bejaht Paulus libro 15 quaestionum l. 56 § 2 D. de fidejussoribus 46, 1: Si nummos alienos quasi tuos mutuos dederis sine stipulatione, nec fidejussorem teneri Pomponius ait. quid ergo, si consumptis nummis nascatur condictio? puto fidejussorem obligatum fore: in omnem enim causam acceptus videtur, quae ex ea numeratione nasci potest. Vgl. l. 54, l. 60 D. de fidejussoribus 46, 1; Dernburg, Pfandrecht Bd. 1 S. 550.

4) Dies ergibt die Natur der Sache, weniger die hierfür angeführten Stellen. Es sind dies l. 10 pr. C. h. t. 8, 40, l. 9 C. quod cum eo 4, 26, l. 68 pr. D. h. t. 46, 1. Vgl. aber auch Seuffert, Archiv Bd. 51 n. 177.

5) In der neueren Literatur ist die Ansicht überwiegend, daß in der Regel jeder Bürge, nicht bloß der regreßberechtigte, die Exzeptionen des Hauptschuldners geltend machen könne, daß sich dies Recht also aus der akzessorischen Natur der Bürgschaft ergebe. Vgl. Vangerow Bd. 3 § 578 Anm. 2, Windscheid Bd. 2 § 477 Anm. 6, Brinz Bd. 2 S. 187. Jedoch gibt es auch abweichende Meinungen, siehe Vangerow a. a. O. Was die Quellen anlangt, so scheint die ältere Doktrin der Römer die Exzeptionen des Hauptschuldners nur den regreßberechtigten Bürgen zugestanden zu haben. Ihr entsprach es, daß Cassius dem Bürgen die exceptio S. C. Vellejani nur dann gewährte, „si a muliere rogatus esset", wenn ihm also die Mandatsklage gegen die Hauptschuldnerin zustand. — Julian aber räumte die Exzeption jedem Bürgen ein, auch wenn er keinen Regreß gegen die Hauptschuldnerin hatte, „quia totam obligationem improbat senatus", l. 16 § 1 D. ad S. C. Vellejanum 16, 1. Nach § 4 J. de replicationibus 4, 14 bildet der Regreß das Fundament des Anspruches auf die Exzeptionen des Hauptschuldners. Aber an anderen Orten werden die Einreden doch jedem Bürgen ohne weiteres zugestanden. So insbesondere die Kompensationseinrede in l. 4 und l. 5 D. de compensationibus 16, 2. Und ganz allgemein spricht Paulus in der l. 7 § 1 D. de exceptionibus 44, 1 aus, daß rei cohaerentes exceptiones etiam fidejussoribus competunt, ut rei judicatae, doli mali, jurisjurandi, quod metus causa factum est. Dies ist als jüngstes Recht anzusehen. Immerhin hielt man für einzelne Exzeptionen den Regreß als Bedingung fest. So Ulpian für die exceptio S. C. Macedoniani in l. 9 § 3 D. de S. C. Macedoniano 14, 6 und die exceptio pacti in l. 32 D. de pactis 2, 14, l. 5 pr. D. de liberatione legata 34, 3. Auch nach BGB. § 768 kann der Bürge die dem Hauptschuldner zustehenden Einreden geltend machen, und der

b) Es gibt höchst persönliche Einreden, welche nur dem Hauptschuldner, nicht aber seinem Bürgen zustehen. Dahin gehört die Einrede der Kompetenz.[6] Auch können sich die Bürgen eines Gemeinschuldners nicht auf den zu dessen Gunsten geschlossenen Zwangsvergleich berufen.[7]

2. Nach klassischem römischen Rechte stand dem nichtbefriedigten Gläubiger die Wahl zu, ob er den Bürgen oder den Hauptschuldner belangen wollte. Hatte er aber einmal mit Einem die Litiskontestation vorgenommen, so war seine Klage gegen alle Schuldner konsumiert, auch wenn er vom Beklagten nichts beitreiben konnte. Dies wurde für die Gläubiger sehr verfänglich. Man half sich daher auf Umwegen, indem man zur Mandatsbürgschaft griff, bei welcher solche Konsumtion nicht eintrat, oder zur Schadlosbürgschaft — fidejussio indemnitatis —, welche dadurch bedingt ist, daß der Gläubiger bei Belangung des Hauptschuldners einen Ausfall erlitten hat, also sogar vorgängige Rechtsverfolgung gegen diesen voraussetzt.[8]

Justinian hob die gesamtzerstörende Wirkung der Litiskontestation bei der Bürgschaft wie bei der Korrealschuld auf.[9] Schließlich gab er dem Bürgen — in der Nov. 4 cap. 1 — das Recht der Vorausklage — beneficium excussionis —, wonach der Hauptschuldner durchexequiert sein mußte, ehe der Bürge in Anspruch genommen werden konnte.[10]

Es ist dies eine Rechtswohltat des Bürgen, keine Bedingung der Bürgschaftsschuld an sich, begründet also eine Einrede, keine Klagebedingung. Immerhin hat der Gläubiger ihr gegenüber die vorgängige gehörige Belangung des Hauptschuldners darzutun, denn die Beweismittel hierfür müssen in seiner Hand sein.

So billig die Rechtswohltat erscheint, so kann sie doch leicht zu Prozeßverschleppung und Chikane mißbraucht werden. Dem suchen Ausnahmen zu begegnen. Solche begründen:

Bürge verliert eine Einrede nicht dadurch, daß der Hauptschuldner auf sie verzichtet. Stirbt aber der Hauptschuldner, so kann sich der Bürge nicht darauf berufen, daß der Erbe für die Verbindlichkeit nur beschränkt haftet. Nach § 770 kann der Bürge die Befriedigung des Gläubigers verweigern, solange dem Hauptschuldner das Recht zusteht, das seiner Verbindlichkeit zugrunde liegende Rechtsgeschäft anzufechten, und er hat die gleiche Befugnis, solange sich der Gläubiger durch Aufrechnung gegen eine fällige Forderung des Hauptschuldners befriedigen kann. Vgl. Dernburg, Bürg. Recht Bd. 2 Abt. 2 § 287 S. 349.

6) l. 7 pr. D. de exceptionibus 44, 1.

7) KO. § 193 am Ende, vgl. l. 58 § 1 D. mandati 17, 1, § 4 J. de replicationibus 4, 14.

8) l. 116 D. de verb. obl. 45, 1, l. 41 D. h. t. 46, 1. Vgl. Geib a. a. O. S. 18 ff.

9) l. 28 C. de fidejussoribus 8, 40.

10) Vgl. Unger in Jherings Jahrb. Bd. 29 n. 1, BGB. § 771: Der Bürge kann die Befriedigung des Gläubigers verweigern, solange nicht der Gläubiger eine Zwangsvollstreckung gegen den Hauptschuldner ohne Erfolg versucht hat (Einrede der Vorausklage). Wie weit die Zwangsvollstreckung zu betreiben ist, darüber siehe § 772. Vgl. Dernburg, Bürg. Recht Bd. 2 Abt. 2 § 288 S. 351.

a) Abwesenheit des Hauptschuldners, welche seiner Belangung vor dem Bürgen erhebliche Schwierigkeiten entgegenstellt,[11]

b) Ableugnung der Bürgschaftsschuld durch den Bürgen,[12]

c) Eröffnung des Konkurses über den Hauptschuldner,[13]

d) Voraussichtliche Erfolglosigkeit einer Zwangsvollstreckung gegen den Hauptschuldner insbesondere wegen notorischer Mittellosigkeit,[14]

e) Verzicht des Bürgen auf die Einrede; solcher Verzicht wird namentlich in der Verbürgung als Selbstschuldner gesehen.[15]

f) Die Einrede fällt weg, wenn die Bürgschaft für den Bürgen ein Handelsgeschäft ist.[16] [17]

Eine strengere Subsidiarität tritt durch Verbürgung für den Ausfall ein. Hier ist die subsidiäre Haftung Vertragsbedingung, nicht bloße Rechtswohltat. Der Schadlosbürge kann namentlich noch nicht in Anspruch genommen werden, wenn der Konkurs über den Hauptschuldner ausbricht, es ist vielmehr dessen Beendigung abzuwarten.

3. Die Bürgschaftsschuld kann durch Nachbürgen oder Afterbürgen, wie durch Pfand versichert werden. Solche Nachbürgschaft ist zunächst eine Akzession der Vorbürgschaft und nur mittelbar der Hauptschuld.[18] Sie wird daher kraftlos, wenn die Vorbürgschaft ungültig ist, auch wenn die Hauptschuld rechtsbeständig und noch nicht getilgt war. Der Nachbürge kann aber fordern, daß vor ihm nicht bloß der Vorbürge, sondern an erster Stelle der Hauptschuldner belangt werde, da er die Einreden des Vorbürgen geltend zu machen hat. Auch hat er in der Regel nicht bloß Rückgriff gegen den Vorbürgen, für den er direkt interzedierte, sondern auch gegen den Hauptschuldner, wenn er für ihn zahlte.

11) Was die Novelle unter Abwesenheit versteht, darüber gingen die Ansichten auseinander. Das RG. Bd. 6 S. 156 nahm an, daß der Hauptschuldner als anwesend zu betrachten sei, wenn er innerhalb des deutschen Reiches wohne. BGB. § 773 Ziff. 2 verlangt, daß die Rechtsverfolgung gegen den Hauptschuldner infolge einer nach der Übernahme der Bürgschaft eingetretenen Änderung des Wohnsitzes, der gewerblichen Niederlassung oder des Aufenthaltsorts wesentlich erschwert ist.

12) Dies beruht auf usueller ausdehnender Interpretation der l. 10 § 1 D. h. t. 46, 1, vom BGB. ist es beseitigt.

13) Dies ist Streitfrage. Vgl. u. a. Dernburg, Pfandrecht Bd. 2 S. 385, Windscheid Bd. 2 § 478 Anm. 4 und dort Angeführte. Hierfür ist auch RG. Bd. 4 S. 123, BGB. § 773 Ziff. 3.

14) BGB. § 773 Ziff. 4.

15) BGB. § 773 Ziff. 1. Über die Verschiedenheit der selbstschuldnerischen Bürgschaft und einer Korrealschuld vgl. ROHG. Bd. 20 S. 47.

16) HGB. § 349.

17) Über Bürgschaft zur Sicherung eines Zwangsvergleiches siehe KO. § 194.

18) l. 8 § 12 D. h. t. 46, 1, l. 27 § 4 D. eod. Ulpianus libro 22 ad edictum: Si fidejussor fuerit principalis et fidejussor fidejussoris, non poterit desiderare fidejussor, ut inter se et eum fidejussorem, pro quo fidejussit, dividatur obligatio: ille enim loco rei est nec potest reus desiderare, ut inter se et fidejussorem dividatur obligatio. Goldschmidt, Haupt- und Nachbürge in Iherings Jahrb. Bd. 26 S. 345.

§ 337. Rechte des Bürgen gegen den Hauptschuldner.

I. Nach altem Recht stand dem sponsor, welcher die Bürgschaftsschuld zahlte, eine eigene, besonders bevorzugte Klage — die actio depensi — gegen den Hauptschuldner zu, wenn dieser ihm die ausgelegte Summe nicht rechtzeitig ersetzte.[1]

II. Eine derartige Regreßklage des Bürgen gegen den Hauptschuldner auf Grund der Zahlung ist dem jüngsten Recht nicht bekannt. Es gelten hier folgende Prinzipien:

1. Die Bürgen erhalten nur Klagen nach Maßgabe des Rechtsverhältnisses, welches die Bürgschaft hervorrief.

In der Regel wird man Bürge auf Ansuchen oder doch in Gemäßheit des Willens des Schuldners, also in dessen Auftrag als Mandatar;[2] ein solcher nimmt seinen Regreß mit der actio mandati contraria.

Indessen kann der Bürge auch unaufgefordert für den Schuldner eintreten. Dann steht ihm die actio negotiorum gestorum offen, sofern deren allgemeine Voraussetzungen vorhanden sind. Dies ist nicht der Fall, wenn sich der Bürge gegen das Verbot des Hauptschuldners eingemischt hat.[3]

Keine Regreßansprüche endlich hat, wer sich donandi animo verbürgte, d. h. in der Absicht, im Falle einer Zahlung von dem Hauptschuldner nichts zu fordern. Natürlich auch nicht, wer nur formell und nach außen als Bürge auftrat, aber in Wahrheit beim Geschäfte der Hauptbeteiligte ist.

Die actio mandati und die negotiorum gestorum contraria des Bürgen haben folgenden Inhalt:

a) Hat der Bürge den Gläubiger aus seinen Mitteln befriedigt, sei es durch Zahlung, Hingabe an Zahlungs Statt, Kompensation oder Novation, so kann er Erstattung der Auslage fordern. Erließ ferner der Gläubiger die Schuldsumme, um dem Bürgen zu schenken, so kann dieser Erstattung des erlassenen Betrages vom Hauptschuldner fordern, obgleich er nichts ausgelegt hat.[4]

---

1) Die actio depensi war durch die lex Publilia dem sponsor gegeben, wenn er nicht innerhalb 6 Monaten von dem Hauptschuldner Deckung erhielt, Gaj. Inst. III. § 127, IV. § 22.

2) l. 6 § 2 D. mandati 17, 1. Ulpianus libro 31 ad edictum: Si passus sim aliquem pro me fidejubere vel alias intervenire, mandati teneor et, nisi pro invito quis intercesserit aut donandi animo aut negotium gerens, erit mandati actio. ROHG. Bd. 11 S. 3.

3) l. 20 § 1 D. mandati 17, 1, l. 40 D. eod. Paulus libro 9 ad edictum: Si pro te praesente et vetante fidejusserim, nec mandati actio nec negotiorum gestorum est: sed quidam utilem putant dari oportere: quibus non consentio, secundum quod et Pomponio videtur.

4) l. 10 § 13 D. mandati 17, 1. Ulpianus libro 31 ad edictum: Si fidejussori donationis causa acceptum factum sit a creditore, puto, si fidejussorem remunerari voluit creditor, habere eum mandati actionem; vgl. ferner l. 11, 12 pr. §§ 1 und 2 D. eod. — Steht dem Schuldner ein Befreiungsgrund zur Seite und zahlte der Bürge unwissentlich, so kann er gleichwohl Regreß nehmen, wenn ihm keine Schuld zur Last fällt, l. 10 § 12, l. 29 pr. ff. D. eod. Über den Fall der Verurteilung des Bürgen injuria judicis siehe l. 67 D. h. t. 46, 1 und l. 10 C. mandati 4, 35.

b) Dem Bürgen steht, ehe er zahlt, Klage auf Befreiung gegen den Hauptschuldner zu, wenn er bereits verurteilt ist, ferner, wenn der Schuldner die Tilgung seiner Schuld ungebührlich lange hinausschiebt oder anfängt, sein Vermögen zu vertun.[5]

Die Regreßansprüche des Bürgen können ihm durch Bürgen versichert sein, sog. Rückbürgen.

2. Der Bürge hat das sog. beneficium cedendarum actionum,[6] d. h. er kann das Geschuldete zurückhalten, bis ihm der Gläubiger seine Ansprüche gegen den Hauptschuldner mit deren Akzessionen zediert. Ja er kann dies Recht noch geltend machen, nachdem er bereits gezahlt hat.[7] [8]

---

5) l. 38 § 1 D. mandati 17, 1, l. 10 C. eod. 4, 35, l. 45 D. de fidejussoribus 46, 1. Vgl. auch BGB. § 775, Dernburg, Bürg. Recht Bd. 2 Abt. 2 § 289 S. 357.

6) Friedrich Keil, z. L. v. d. beneficium cedendarum actionum. Halle 1880, gute Inauguraldissertation.

7) Im Falle des Kreditauftrages versteht sich die Verpflichtung des Geldverleihers, dem Kreditmandanten die Klage gegen den Schuldner zu zedieren, nach den Grundsätzen des Mandates von selbst, l. 27 § 5 D. mandati 17, 1, l. 28 D. eod. Denn der Mandatar muß dem Mandanten erstatten, was er infolge des Mandates erlangte. Aber auch bei der Bürgschaft hat das Bedürfnis einer angemessenen Regulierung der Verhältnisse zum beneficium cedendarum actionum geführt, trotzdem daß man hiermit der juristischen Gestaltung Gewalt antat. Am weitesten ging Paulus libro 14 ad Plautium l. 36 D. de fidejussoribus 46, 1: Cum is qui et reum et fidejussores habens ab uno ex fidejussoribus accepta pecunia praestat actiones, poterit quidem dici nullas jam esse, cum suum perceperit et perceptione omnes liberati sunt. sed non ita est: non enim in solutum accipit, sed quodammodo nomen debitoris vendidit, et ideo habet actiones, quia tenetur ad id ipsum, ut praestet actiones. Paulus gibt also dem Bürgen das Recht auf Zession, auch wenn er bereits ohne Vorbehalt gezahlt hat, dagegen fordert Modestinus in der l. 76 D. de solutionibus 46, 3 noch einen Vorbehalt vor der Zahlung. Man wird sich der Ansicht von Paulus als der zweckmäßigeren anzuschließen haben. Dies entspricht auch der überwiegenden Praxis; doch sind die Meinungen geteilt. Die ältere Literatur gibt Girtanner S. 217 an, vgl. ferner Hasenbalg S. 414 sowie RG. Bd. 18 S. 235.

8) Windscheid Bd. 2 § 481 Anm. 7 behauptet, dem Bürgen stehe das beneficium cedendarum actionum nur zu „soweit er einen Rückgriff gegen den Hauptschuldner habe". Er räumt ein, daß diese Beschränkung in den Quellen nicht hervorgehoben werde, hält sie aber aus inneren Gründen für unzweifelhaft. Dies ist nicht richtig, vor allem nicht in dem Falle, in welchem der Bürge gegen Verbot des Hauptschuldners intervenierte. Denn wenn ihm dann keine actio negotiorum gestorum contraria zusteht, so kann dies sein Recht auf Klagenzession nicht hindern. Der Gläubiger hat die Klagen zu zedieren, ohne daß er daraus den Einwand erheben kann, daß der Bürge — weil er etwa donandi animo interzedierte oder selbst materiell der Beteiligte ist — von der actio cessa dem Hauptschuldner gegenüber keinen Gebrauch machen dürfe. Diese Dinge sind vielmehr zwischen dem Bürgen und dem Hauptschuldner zu verhandeln, welcher der actio cessa unter solchen Voraussetzungen eine exceptio entgegenstellen kann. Vgl. BGB. § 774 Abs. 1 Satz 3. Eine weitere Frage ist, ob der Bürge, welcher den Gläubiger infolge Erlasses oder Vergleiches mit einer geringeren Summe abgefunden hat und dennoch die Forderung gegen den Hauptschuldner voll zediert erhielt, auf deren vollen Betrag klagen darf. Hiermit vorzugsweise beschäftigt sich die Abhandlung von Keil — oben Anm. 6. Das Richtige ist, daß dem Hauptschuldner der actio cessa gegenüber der Einwand zusteht, daß sich der Bürge nicht auf seine Kosten bereichern soll; das trifft nur dann nicht zu, wenn der Gläubiger dem Bürgen schenken wollte. — Vermöge der Klagenzession gehen auf den Bürgen auch die Vorrechte und Sicherheiten der Forderung gegen den Hauptschuldner über, vgl. freilich oben § 308 Anm. 6. Dies jedoch nur so weit, als der Gläubiger dadurch keinen Schaden leidet. Wenn daher ein Gläubiger für mehrere Forderungen ein Pfandrecht hat und für eine derselben einen Bürgen, so ist er dem zahlenden Bürgen zur Abtretung seines Pfandrechts nur dann

War also die Zahlung der Bürgschaftsschuld verlangt und geleistet, so wird sie wie Kaufgeld für den Erwerb der Forderung behandelt.[9]

§ 338. Verhältnis mehrerer Bürgen.

I. Haben mehrere für dieselbe Schuld gebürgt, so haftet jeder der Bürgen solidarisch, also auf das Ganze.[1] Auch hatte der Bürge, welcher zahlte, gegen die Mitbürgen, die er befreite, ursprünglich keinen Regreß und hieran hielt man grundsätzlich auch später fest.[2]

II. Zwei Rechtswohltaten bewirkten gleichwohl Verteilung der Last.

1. Vermöge des Rechts auf Teilung — beneficium divisionis —, welches Hadrian Fidejussoren und Mandatoren gewährte, konnte der beklagte Bürge Teilung der Klage des Gläubigers unter die sämtlichen, zur Zeit ihrer Erhebung zahlungsfähigen Mitbürgen fordern.[3] [4]

Diese Rechtswohltat stand den Bürgen zu, ohne Unterschied, ob sie sich gemeinsam verbürgten oder getrennt und unabhängig voneinander.[5]

Erwies sich die Verpflichtung eines Mitbürgen als nichtig oder anfechtbar, so durfte die Teilung der Klage nicht gefordert werden, obwohl die Verbürgung gemeinsam geschah. Die Meinung und das Vertrauen des Bürgen, daß er Mitbürgen und infolgedessen die Rechtswohltat habe, konnte deren objektives Fundament nicht ersetzen.[6]

Die Rechtswohltat trat in Rom auch dann nicht ein, wenn der

verpflichtet, wenn seine gesamten pfandrechtlich versicherten Forderungen getilgt werden. l. 2 § 1 C. h. t. 8, 40, siehe auch RG. Bd. 3 S. 183, BGB. § 774 Abs. 1 Satz 2.

9) Nach BGB. § 774 geht die Forderung des Gläubigers gegen den Hauptschuldner auf den Bürgen unmittelbar kraft Gesetzes soweit über, als dieser den Gläubiger befriedigt. Vgl. Dernburg, Bürg. Recht Bd. 2 Abt. 2 § 289 S. 354.

1) l. 3 § 2 C. h. t. 8, 40, § 4 J. de fidejussoribus 3, 20, unten Anm. 3, BGB. § 769.

2) § 4 J. h. t. 3, 20, l. 39 D. eod. 46, 1, l. 11 pr. C. h. t.

3) § 4 J. de fidejussoribus 3, 20: Si plures sint fidejussores, quotquot erunt numero, singuli in solidum tenentur. itaque liberum est creditori a quo velit solidum petere. sed ex epistula divi Hadriani compellitur creditor a singulis, qui modo solvendo sint litis contestatae tempore, partes petere.

4) Über das beneficium divisionis vgl. Hasenbalg a. a. O. S. 466, dort siehe die ältere Literatur, dazu Brinz Bd. 2 S. 256 n. 1, Karl Knoll, das beneficium divisionis des Bürgen, Breslauer Inaug.Diss. 1895. Bezüglich der lex Furia, welche einen ähnlichen Gedanken hatte, siehe oben § 333.

5) Die nicht selten verteidigte Ansicht, daß das beneficium divisionis nur solchen Bürgen zustehe, welche sich gemeinsam verbürgten, entspricht den Quellen nicht, siehe z. B. den oben Anm. 3 abgedruckten § 4 J. h. t. 3, 20. Vgl. gegen diese Einschränkung Girtanner im Archiv für ziv. Praxis Bd. 43 n. 12, Hasenbalg a. a. O. S. 477, Goldschmidt in Iherings Jahrb. S. 351.

6) Windscheid freilich behauptet, das Recht auf Teilung habe trotz der Ungültigkeit der Verbürgung des Mitbürgen bestanden, wenn der Bürge guten Grund hatte, sich darauf zu verlassen, daß er nur zu seinem Teile haften werde, Bd. 2 § 479 Anm. 7, ebenso Brinz Bd. 2 S. 190 Anm. 7 und Goldschmidt a. a. O. S. 354. Dies scheint mir die Basis zu verrücken, auf welcher das römische beneficium divisionis stand. Da sogar Abwesenheit und Insolvenz des Mitbürgen die Einrede ausschloß, so mußte sie gewiß wegfallen, wenn der vermeinte Mitbürge nicht haftete. Die l. 48 D. h. t. 46, 1 spricht keineswegs für die Gegenansicht. Vgl. über die Stelle Girtanner S. 462 und im Archiv für ziv. Praxis Bd. 43 S. 286, sowie Hasenbalg S. 507.

Gläubiger dem Mitbürgen dessen Bürgschaftsschuld bereits vor der Fälligkeit erlassen hatte.[7]

Bestritt der Gläubiger, welcher einen der Bürgen auf das Ganze verklagte, die Solvenz der Mitbürgen, so mußte der Beklagte, wenn er die Teilung durchsetzen wollte, die Gefahr derselben auf sich nehmen und dem Gläubiger für die aus ihr entstehenden Nachteile Sicherheit leisten.[8] [9]

---

7) In l. 15 § 1 D. h. t. 46, 1 führt Julianus libro 51 digestorum aus: Si ex duobus, qui apud te fidejusserant in viginti, alter, ne ab eo peteres, quinque tibi dederit vel promiserit, nec alter liberabitur et, si ab altero quindecim petere institueris, nulla exceptione summoveris: reliqua autem quinque si a priore fidejussore petere institueris, doli mali exceptione submoveris. Durchaus unzulässig ist es, mit Girtanner im Archiv für ziv. Praxis Bd. 43 S. 281, Goldschmidt a. a. O. S. 367 das „nulla" exceptione bloß auf eine exceptio, nämlich pacti zu beziehen, oder gar mit Dedekind S. 123 statt quindecim zu lesen „decem". Das heißt nicht erklären, sondern weginterpretieren; vgl. freilich Windscheid Bd. 2 § 479 Anm. 7. Dagegen mit Recht Hasenbalg S. 488. Nur das eine läßt sich zugeben, daß der Ausspruch auf den Fall des Erlasses der Forderung vor der Fälligkeit gemünzt ist.

8) Was die prozessualische Geltendmachung des beneficium divisionis anbetrifft, so ist begreiflich eine Beweisaufnahme darüber, ob die Mitbürgen des Verklagten solvent sind, vom Übel. Sie verweitläufigt den Prozeß, indem sie die Untersuchung einer Frage hereinwirft, die oft sehr zweifelhaft ist und sich bei der Zwangsvollstreckung von selbst löst. Die Römer haben sich daher auf eine eingehende Erörterung derselben in der Regel nicht eingelassen. Vielmehr war das Verfahren folgendes: a) Der Prätor hatte eine actio divisa aufgestellt, auf welche der Gläubiger beschränkt war, wenn er die Solvenz der Mitbürgen in jure zugestand oder diese notorisch war. Pauli sent. I. 20, l. 10 § 1 C. h. t. 8, 40 -- wo offenbar „condemnationem" für „litiscontestationem" interpoliert ist, — Lenel, edictum Aufl. 2 S. 211. War die actio divisa einmal angestellt, so schadete es den auf ihren Teil belangten Mitbürgen nichts mehr, wenn ihr Mitbürge später insolvent wurde. l. 51 § 4, l. 52 § 1 D. h. t. 46, 1, l. 16 C. h. t. 8, 40. b) Bestritt der Gläubiger — in jure — die Solvenz der Mitbürgen, so konnte der auf das Ganze in Anspruch genommene Bürge die Teilung der Klage nur fordern, wenn er sie auf seine Gefahr gehen ließ und für Schadloshaltung des Gläubigers Kaution stellte. l. 10 pr. D. h. t. 46, 1. Ulpianus libro 7 disputationum: Si dubitet creditor, an fidejussores solvendo sint, et unus ab eo electus paratus sit offerre cautionem, ut suo periculo confidejussores conveniantur, in parte dico audiendum eum esse, ita tamen, et si satisdationes offerat et omnes confidejussores, qui idonei esse dicuntur, praesto sint; vgl. l. 16 C. h. t. 8, 40. c) Außerdem besagt l. 28 D. h. t. Paulus libro 25 ad edictum: Si contendat fidejussor ceteros solvendo esse, etiam exceptionem ei dandam „si non et illi solvendo sint". Aus dieser Stelle selbst erhellt, daß es sich bei der exceptio um einen ungewöhnlichen Weg handelte. Er war wohl für Fälle bestimmt, in denen der Gläubiger schlechthin auf die Klage in solidum gegen den ausgewählten Bürgen bestand und bereit war, die Frage nach der Solvenz der Mitbürgen in judicio verhandeln zu lassen, weil er ihrer Insolvenz gewiß zu sein glaubte. Die gemeinrechtliche Praxis verstattete meist dem beklagten Bürgen die Führung des Beweises, daß seine Mitbürgen insolvent seien, oder man legte gar dem Gläubiger den Beweis der Insolvenz der Mitbürgen auf. Dies hatte das beneficium divisionis nicht ohne Grund in Verruf gebracht; denn das Opfer an Zeit und Geld bei einem solchen Beweise war größer als der möglicherweise zu erzielende Vorteil. Vgl. Sokolowski in der Zeitschr. der Sav.Stiftg., rom. Abt. Bd. 11 S. 278.

9) Die gemeinrechtliche Praxis gab dem Bürgen die sog. provocatio ex lege „si contendat", indem sie die oben Anm. 8 unter c abgedruckte l. 28 D. h. t. hierfür ausbeutete. Durch diese Provokation forderte der Bürge den Gläubiger zur Klage heraus, um sich das benefic. div. zu sichern, und zwar geschah die Verurteilung des Provokaten dahin, daß, wenn er später klage, ihm die Einrede der Teilung ebenso entgegengesetzt werden dürfe, wie wenn er jetzt klage, wonach es dem Provokanten nicht schadete, wenn die jetzt noch zahlungsfähigen Mitbürgen in der Zwischenzeit zahlungsunfähig würden. Auch zur Erhaltung der anderen Rechtswohltaten des Bürgen gab man entsprechende

Die Rechtswohltat fiel fort:

a) wenn der Beklagte seine Bürgschaft leugnete,[10]

b) wenn der Mitbürge abwesend war oder wenn sich seiner Belangung sonst besondere Schwierigkeiten entgegenstellten,[11]

c) im Falle des Verzichtes, insbesondere auch bei Übernahme selbstschuldnerischer Bürgschaft.[12]

2. Zahlte einer von mehreren Bürgen die Schuld ganz oder über seinen Kopfteil hinaus aus seinen Mitteln, so war ihm billigerweise der Rückgriff gegen seine Mitbürgen nicht zu versagen. Das ältere römische Recht kannte freilich hierzu keinen Weg, da unter den Mitbürgen kein Kontrakt, also auch keine Klage bestand. Die ausgebildete Jurisprudenz half auf dem Umwege der Klagenzession, indem man den Gläubiger nötigte, seinen Anspruch gegen die Mitbürgen dem zahlenden Bürgen bei oder auch nach der Zahlung abzutreten.[13] [14]

§ 339. Beendigung der Bürgschaft.

Die Bürgschaft endet durch die Aufhebungsgründe, welche den Obligationen gemeinsam sind, unterliegt aber auch besonderen Endigungsgründen, da sie den Zweck verfolgt, Sicherungsmittel zu sein.

1. Mit dem Erlöschen der Hauptschuld endigt auch die Bürgschaft.[1] Dies gilt jedoch unbedingt nur für vollständiges Erlöschen, z. B.

Provokationen, vgl. Hasenbalg S. 627. Die ZPO. kennt die Provokationen nicht mehr. Man ging davon aus, daß sie durch die „Feststellungsklagen" (§§ 256, 280 ZPO., vgl. oben § 124) überflüssig geworden seien. Für die provocatio ex lege si contendat trifft dies freilich nicht zu.

10) l. 10 § 1 D. h. t. 46, 1.

11) l. 10 pr. D. h. t. 46, 1.

12) BGB. hat die Rechtswohltat überhaupt beseitigt.

13) l. 17, l. 36, l. 41 D. h. t. 46, 1, l. 11 § 1 C. h. t. 8, 40, l. 12 D. rem pupilli salvam fore 46, 6. Hasenbalg S. 428. RG. Bd. 18 S. 275. Anderer Ansicht Savigny, OR. Bd. 1 S. 273.

14) Das bildet den historischen Durchgangspunkt. Nach gemeinem Recht wurde angenommen, daß die Forderung des Gläubigers gegen die Mitbürgen behufs des Regresses von Rechts wegen auf den zahlenden Bürgen übergehe. Ausdrückliche Zession galt als überflüssig, weil ohne Interesse für die Beteiligten. Dem entspricht das Recht des BGB. Danach geht die Forderung des Gläubigers auf den zahlenden Bürgen soweit über, als er den Gläubiger befriedigt und von den übrigen Bürgen Ausgleichung verlangen kann. Vgl. BGB. § 774 Abs. 2 in Verbindung mit § 426, Dernburg, Bürg. Recht Bd. 2 Abt. 2 § 289 S. 358.

1) l. 43 D. de solut. 46, 3, abgedruckt oben § 224 Anm. 6. Es steht nicht im Widerspruche, daß die Bürgschaft fortdauert, wenn der Hauptschuldner nach seinem Tode keinen Erben findet, l. 95 § 1 D. de solut. 46, 3, l. 1 § 14 D. depositi 16, 3; denn die Erbschaft repräsentiert den Verstorbenen. Daß die Bürgschaft im Gegensatze zur Korrealobligation auch im Falle des Untergangs der Hauptschuld durch Konfusion untergeht, führt l. 71 pr. D. h. t. 46, 1 aus. Vgl. Kretschmar, Konfusion S. 118 ff. — Gegen den Untergang der Bürgschaft infolge der Aufhebung der Hauptschuld erklärt sich Girtanner S. 495. Die Bürgschaft sei eine „Erweiterung" der Hauptobligation, dieser Teil des Rechtsverhältnisses könne daher fortdauern, wenn das erste Stück, die Hauptschuld, beseitigt sei. Aber diese Auffassung der Bürgschaft ist verfehlt und die aus ihr gezogene Konsequenz steht auch nicht mit den Quellen im Einklang. Siehe Hasenbalg a. a. O. S. 295.

durch Zahlung, andere Befriedigung oder Konfusion. Bleibt eine natürliche Verbindlichkeit[2] zurück oder geschieht die Aufhebung nur durch Exzeption,[3] so kann sich die Bürgschaft mit voller Kraft erhalten.

Hat der Bürge die geschuldete Spezies schuldhafterweise vernichtet, so wird der Hauptschuldner befreit, da es sich hier für ihn um einen Zufall handelt, für den er nicht aufzukommen hat. Der Bürge aber kann sich hierauf nicht berufen; er bleibt aus der Bürgschaft verhaftet, wenn auch natürlich nur auf Geldersatz.[4]

2. Die Bürgschaft geht ferner unter, wenn sich Hauptschuld und Bürgschaftsschuld — z. B. durch Erbgang — in derselben Person vereinigen. Sie bleibt jedoch bestehen, wenn die Bürgschaftsschuld dem Gläubiger günstiger ist als die Hauptschuld,[5] insbesondere wenn die Hauptschuld klaglos, die Bürgschaftsschuld aber klagbar oder durch Pfand gedeckt ist.[6]

3. Der Bürge wird frei, wenn ihm der Gläubiger durch Verzicht auf Rechte oder durch Nachlässigkeit in der Betreibung der Schuld gesetzliche Hilfsmittel, die ihn vor Schaden wahren sollen, entzogen oder in ihrem Erfolge verkümmert hat.

---

2) l. 60 D. h. t. 46, 1.

3) Über das Recht der Bürgen, die Exzeptionen des Hauptschuldners anzurufen, vgl. oben § 336 Anm. 5.

4) Ursprünglich gab man in solchem Falle nur eine actio doli. Dies berichtet Papinianus libro 37 quaestionum l. 19 D. de dolo 4, 3: Si fidejussor promissum animal ante moram occiderit, de dolo actionem reddi adversus eum oportere Neratius Priscus et Julianus responderunt, quoniam debitore liberato per consequentias ipse quoque dimittitur. Vgl. auch l. 38 § 4 D. de solut. 46, 3. Papinian selbst stand jedoch auf diesem Standpunkte nicht mehr, sondern gestattete bereits Klage aus dem Bürgschaftsvertrage libro 28 quaestionum l. 95 § 1 D. de solutionibus 46, 3, vgl. oben § 284 Anm. 12. — Er fährt hier nach Besprechung der Verhältnisse der Alternativobligation fort: aliter quam in persona fidejussoris, qui promissum hominem interfecit, quia tenetur ex stipulatu actione fidejussor, quemadmodum tenebatur, si debitor sine herede decessisset. So auch Paulus in der l. 88 D. de verb. obl. 45, 1. Vgl. Vangerow Bd. 3 § 578 Anm. 2. Eine problematische Lösung versucht Huschke, Gajus S. 80. BGB. äußert sich über die Frage nicht.

5) l. 95 § 3 D. de solut. 46, 3. Papinianus libro 28 quaestionum: Quod volgo jactatur fidejussorem, qui debitori heres extitit, ex causa fidejussionis liberari totiens verum est, quotiens rei plenior promittendi obligatio invenitur.

6) l. 38 § 5 D. de solut. 46, 3. Africanus libro 7 quaestionum: Qui pro te apud Titium fidejusserat, pignus in suam obligationem dedit: post idem heredem te instituit. quamvis ex fidejussoria causa non tenearis, nihilo minus tamen pignus obligatum manebit. at si idem alium fidejussorem dederit atque ita heredem te instituerit, rectius existimari ait sublata obligatione ejus, pro quo fidejussum sit, eum quoque qui fidejusserit liberari. Vgl. Dernburg, Pfandrecht Bd. 2 S. 592. Afrikan erachtet die Nachbürgschaft — anders das Pfandrecht — als untergegangen, weil die prinzipale Bürgschaft durch die Konfusion vernichtet sei. Papinian aber erkennt solche Konfusion nicht mehr an, wenn die Bürgschaft dem Gläubiger mehr Vorteile bietet als die Hauptschuld. Das ist der Fall, wenn für sie eine Nachbürgschaft bestellt ist. Nach seiner Auffassung muß sich also die prinzipale Bürgschaft und damit die Nachbürgschaft erhalten. Die Entscheidung Afrikans ist antiquiert. Goldschmidt in Iherings Jahrb. Bd. 26 S. 353 proklamiert freilich, es sei an deren Geltung „kein Zweifel möglich" und mahnt „mit der Unterstellung antiquierter Rechtssätze etwas vorsichtiger zu sein". Den springenden Punkt hat er aber nicht erkannt. Wie hier auf Grund der nachrömischen Entwicklung auch Kretschmar, Konfusion S. 70ff.

Dieser Rechtssatz ist zwar dem römischen Bürgschaftsrechte fremd, er entspricht aber dem Sinne, in welchem nach heutiger Auffassung Bürgschaften übernommen werden, und der Entwicklung der Bürgschaft seit dem Mittelalter.[7]

Drittes Kapitel.

Die Interzessionen.

§ 340. Begriff und Arten der Interzession.[1]

1. **Interzession heißt die Übernahme einer Schuld, welche uns materiell fremd ist.**

Die Interzession kann in der Eingehung einer persönlichen Schuld bestehen, oder auch in der Bestellung eines Pfandrechts für die fremde Schuld.[2]

Man unterscheidet kumulative und privative Interzessionen.

a) Bei den kumulativen Interzessionen tritt der Interzedent neben den Schuldner, welchen die Obligation materiell angeht. Dies kann er als Bürge tun, oder indem er sich neben dem materiell Beteiligten als Korrealschuldner verpflichtet,[3] endlich auch durch Pfandbestellung für die fremde Schuld.

b) Bei der privativen Interzession tritt der Interzedent an Stelle des eigentlich Beteiligten in den Schuldnexus. Man kann sich hierbei von vornherein für den, welchen die Schuld angeht, allein verpflichten, z. B. durch Ausstellung eines Wechsels, während ein anderer die Valuta, d. h. die Wertvergütung für den Wechsel erhält.[4] Man kann ferner an die Stelle des bisherigen Schuldners durch Expromission oder Schuldübernahme treten.[5]

---

7) BGB. § 776 besagt: Gibt der Gläubiger ein mit der Forderung verbundenes Vorzugsrecht, eine für sie bestehende Hypothek, ein für sie bestehendes Pfandrecht oder das Recht gegen einen Mitbürgen auf, so wird der Bürge insoweit frei, als er aus dem gegebenen Rechte nach § 774 — oben § 337 Anm. 9 — hätte Ersatz erlangen können. Dies gilt auch dann, wenn das aufgegebene Recht erst nach der Übernahme der Bürgschaft entstanden ist. Vgl. Dernburg, Bürg. Recht Bd. 2 § 290 S. 359.

1) Sintenis, von Interzessionen und einigen Arten derselben in Lindes Zeitschrift Bd. 10 n. 2; Deurer, über den Begriff der Interzession im Archiv für ziv. Praxis Bd. 28 n. 15; Hasenbalg, Beiträge zur Lehre von der Interzession 1856; Brinz Bd. 2 S. 230; Tuhr, actio de in rem verso S. 46.

2) Oben § 229 Anm. 16.

3) l. 17 § 2, l. 18 D. ad S. C. Vellejanum 16, 1.

4) Solche Interzessionen nennt man nicht selten „tacitae“. Beispiele gibt l. 8 § 14, l. 29 D. ad S. C. Vellejanum 16, 1.

5) In Rom gehörte hierher auch die Übernahme persönlich verpflichtender Defension gegenüber der Schuldklage durch Litiskontestation, l. 2 § 5 D. ad S. C. Vellejanum, sowie die Leistung der Kompromißstipulation für den Schuldner, l. 32 § 2 D. de receptis 4, 8.

Nicht interzediert, wer der materiell Beteiligte ist, z. B. ein Dritter kauft für mich eine Sache als indirekter Stellvertreter und ich verbürge mich für die Zahlung des Kaufpreises.[6]

2. Interzession ist es auch, wenn man sich für eine fremde Schuld verbindet *in dem Glauben, daß es sich um eine eigene handele.* Verpfändet z. B. jemand sein Grundstück für eine Erbschaftsschuld, weil er sich für den Erben hält, während ein anderer der Erbe und also der wahre Schuldner ist, so liegt hierin — objektiv — eine Interzession.[7]

Meist jedoch geschieht die Interzession bewußtermaßen, um einem anderen Hilfe zu bringen, Kredit zu verschaffen oder zu verlängern. Wir dürfen als *eigentliche Interzessionsgeschäfte* solche bezeichnen, die *aus der Absicht zu interzedieren hervorgehen.* Hierbei will der Interzedent in der Regel nichts aus eigenen Mitteln aufopfern, ja nicht einmal in Vorschuß gehen. Ihm steht daher in der Regel gegen denjenigen, für welchen er interzedierte, im Falle einer Gefährdung Klage auf Deckung, nach seiner Verurteilung Klage auf Deckung oder Befreiung,[8] nach der Zahlung Klage auf Ersatz zu. Geschah die Interzession mit Wissen und Willen desjenigen, für den man eintrat, so steht dem Interzedenten zu diesen Zwecken die actio mandati contraria zu, ging sie ohne dessen Willen vor sich, aber ohne Verbot und zum Nutzen des Schuldners, die actio negotiorum gestorum. Wofern sich mit der Interzession die Absicht einer eventuellen Schenkung des Ausgelegten — der animus donandi — verband, kommen diese Ansprüche natürlich in Fortfall.

§ 341. Die weiblichen Rechtswohltaten.[1]

Nach der römischen Volksanschauung war die Interzession Sache der Männer und nicht der Frauen. Ihr gab das S. C. Vellejanum Bekräftigung, indem es den Frauen die Interzessionen verbot. Justinian steigerte die weiblichen Rechtswohltaten. Die gemeinrechtliche Praxis dagegen setzte sie auf Grund der veränderten wirtschaftlichen Verhältnisse und Anschauungen der neueren Zeit wesentlich herab; neuere Landesgesetze beseitigten sie in den meisten deutschen Staaten, das BGB. hob sie allgemein auf.

1. Das S. C. Vellejanum verbot den Frauen, zu bürgen, sowie sich durch Übernahme von Darlehnsschulden zugunsten anderer zu verbinden.[2] Man leitete hieraus das allgemeine *Verbot her, sich für fremde Schulden zu verpflichten.*[3]

---

6) l. 3, l. 13 pr., l. 22, l. 24 pr. D. ad S. C. Vellejanum 16, 1.

7) l. 23 D. ad S. C. Vellejanum 16, 1, abgedruckt unten § 341 Anm. 6.

8) Oben § 337 Anm. 5.

1) Tit. Dig. ad S. C. Vellejanum 16, 1, Cod. 4, 29; Kattenhorn, über Interzessionen der Frauen 1840; Bachofen, das Vellejanische Senatuskonsult, in seinen ausgewählten Lehren des Zivilrechts 1848 Abh. 1; Windscheid, über das Prinzip des S. C. Vellejanum im Archiv für ziv. Praxis Bd. 32 n. 12 und 13; Gradenwitz, Ungültigkeit S. 69. Siehe ferner die oben § 340 Anm. 1 Zitierten.

2) Die Worte des S. C. überliefert l. 2 § 1 D. h. t. 16, 1: **Quod Marcus Silanus et Velleus Tutor consules verba fecerunt de obligationibus feminarum, quae pro aliis reae fierent, quid de ea re fieri oportet, de ea re ita censuere: quod ad fide-**

Die Frauen galten als leichtherzig genug, etwas zu versprechen, ohne sich zu vergegenwärtigen, daß sie das Versprechen auslösen müßten, wenn derjenige, den die Sache anging, nicht zahlte. Deshalb verbot man ihnen die Obligation. Dagegen gestattete man ihnen unbedenklich, fremde Schulden abzuzahlen, durch Hingabe an Zahlungs Statt zu tilgen, oder sonst durch unmittelbare Aufopferungen zu beseitigen, da sich hier das zu bringende Opfer direkt fühlbar machte und übersehbar war.[4] [5]

Das S. C. betraf die Interzessionen schlechthin, daher auch solche, die nicht aus der Interzessionsabsicht, sondern der irrigen Meinung, selbst beteiligt zu sein, hervorgegangen waren.[6] Es gab jedoch eine Auffassung, wonach nur eigentliche Interzessionsgeschäfte, die in der Absicht, einem Dritten Kredit zu verschaffen, eingegangen waren, dem Verbot unterstanden.[7] Sie entspricht der neueren Rechtsauffassung.

Das Interzessionsverbot greift natürlich nicht ein, wenn nur dem äußeren Schein nach eine Interzession vorliegt, z. B. eine Bürgschaft, während man in Wahrheit ein eigenes Geschäft besorgte.

Daß es auch dann wegfiel, wenn die Interzession donandi animo geschah, wird zwar häufig behauptet, ist aber nicht bewiesen.[8]

Das Interzessionsverbot tritt nicht ein:

a) im Interesse des Verkehrs, wenn der Gläubiger entschuldbarerweise nicht wußte, daß die Frau interzediere,[9]

---

jussiones et mutui dationes pro aliis, quibus intercesserint feminae, pertinet, tametsi ante videtur ita jus dictum esse, ne eo nomine ab his petitio neve in eas actio detur, cum eas virilibus officiis fungi et ejus generis obligationibus obstringi non sit aequum, arbitrari senatum recte atque ordine facturos ad quos de ea re in jure aditum erit, si dederint operam, ut in ea re senatus voluntas servetur. Das S. C. gehört dem Jahre 46 nach Christi Geburt an. Der Konsul hieß übrigens Vellaeus, die Bezeichnung beruht also auf einer Verderbnis des Namens. Einer Änderung des prätorischen Ediktes bedurfte es nicht, um den Willen des Senates zur Geltung zu bringen, vielmehr reichte die allgemeine im Edikte proponierte Klausel aus: „si in ea re nihil contra legem senatusveconsultum factum sit", welche im Prozeßfalle durch Einfügung des Wortes „Vellejanum" in die Klageformel ergänzt wurde. Dagegen stellte der Prätor zwei Aktionen auf, um dem Gläubiger, welcher durch die ungültige Interzession der Frau einen Schuldner eingebüßt hatte, Hilfe zu bringen; siehe Lenel, edictum Aufl. 2 S. 278.

3) l. 2 § 4 D. h. t. 16, 1.

4) l. 4 § 1, l. 5 D. h. t. 16, 1.

5) Über Verzicht auf ein Pfandrecht und die Pfandrechtspriorität vgl. Dernburg, Pfandrecht Bd. 2 S. 544.

6) Wie weit man hierbei ging, ergibt l. 23 D. h. t. 16, 1. Paulus libro singulari ad S. C. Vellejanum: Si mulier in jure interrogata responderit se heredem esse, si sciens se heredem non esse responderit, minime intercessisse videri, quia decepit: quod si existimavit se heredem et eo nomine decepta responderit, in eam actionem quidem dari plerique existimaverunt, sed exceptione senatusconsulti adjuvari. Nach l. 8 § 2 D. h. t. 16, 1 erscheint die Frage aber unter den römischen Juristen als bestritten. Siehe Brinz Bd. 2 S. 232 Anm. 7.

7) Windscheid a. a. O. stellt als Prinzip des S. C. Vellejanum auf, „daß der Frau nur geholfen werde, wenn sie die fremde Obligation in der Erwartung übernehme, gar nicht zahlen zu müssen". So auch Hasenbalg, Beiträge zur Lehre von der Interzession Abh. 1. Dagegen Brinz a. a. O. S. 233. Wäre das Prinzip von Windscheid maßgebend gewesen, so könnten wir Entscheidungen wie die der l. 23 cit. schwer begreifen. Vgl. übrigens Windscheid, Pand. Bd. 2 § 485 Anm. 3.

8) Die Neueren verneinen überwiegend, daß Interzessionen, welche donandi animo erfolgten, durch das Interzessionsverbot getroffen würden. Indessen auch derartige Geschäfte bilden Interzessionen und nur außerdem eventuell Schenkungen. Sie fallen daher an sich unter das Interzessionsverbot. Eine Ausnahme für sie ist nirgends bezeugt. Daß den Frauen Schenkungen gestattet sind — l. 4 § 1, l. 21 § 1 D. h. t. 16, 1 —, kann mit Fug nicht hierfür aufgeführt werden. So Seuffert, Archiv Bd. 15 n. 224.

9) l. 4 pr., l. 6, l. 11, l. 12, l. 27 pr., l. 28 § 1 D. h. t. 16, 1.

b) wenn er minderjährig war und von dem, für welchen die Frau eintrat, nicht befriedigt werden kann,[10]

c) im Falle eines Betruges der Frau,[11]

d) wenn sich die Frau für die Interzession bezahlen ließ,[12] wenn sie für ihre Zahlungen als Interzedentin Deckung in Händen hat oder sonst durch die Interzession nicht ärmer wird.[13]

e) Die Interzession für das Versprechen einer Dos ist Frauen gestattet; sie entspricht ihrem Interesse.[14]

f) Durch Bestärkung nach 2 Jahren wird die Interzession gültig.[15]

Die verbotenen Interzessionsgeschäfte sind durch die exceptio S. C. Vellejani entkräftbar.[16] Sie läßt nicht einmal eine natürliche Verbindlichkeit übrig; aus Irrtum über die Verbindungskraft der Obligation Hingegebenes kann daher mit der condictio indebiti zurückgefordert werden.[17] Zahlt aber die Frau, wissend, daß sie aus der Interzession nicht schulde, so kann sie nichts zurückfordern, weil sie durch das Interzessionsverbot an unmittelbarer Zahlung fremder Schulden nicht gehindert ist.[18]

In Fällen einer verbotenen privaten Interzession wird gegen denjenigen, welcher durch sie der Verpflichtung ledig wurde, eine Klage gewährt.[19] Sie ist wiederherstellend — actio restitutoria — wenn durch die Interzession die früher bestehende Verpflichtung des Schuldners aufgehoben war,[20] und schuldbegründend — sog. institutoria — wenn derjenige, welchen das Verhältnis anging, niemals Schuldner geworden war, weil die Interzedentin an seiner Stelle von vornherein eintrat.[21]

2. Justinian verstärkte die Interzessionsverbote:

a) durch eine Formvorschrift. Er fordert eine öffentliche und von drei Zeugen unterschriebene Urkunde, wofür man in der gemeinrechtlichen Praxis eine öffentliche oder durch drei Zeugen beglaubigte Urkunde setzte.[22]

In Ermangelung dieser Form ist die Interzession nichtig; es bedarf also keiner exceptio, vielmehr ist die Klage, wenn der Charakter der Interzession aus dem Klageantrage erhellt, weil ihr Fundament ein nichtiges ist, von Amts wegen zurückzuweisen. Ist die Form beobachtet, so ist das Interzessionsverbot nur wirksam, wenn die Frau sich auf dasselbe beruft.

In den Fällen, in welchen das Interzessionsverbot nicht Platz greift, bedarf es der Form nicht.[23]

b) Interzessionen der Ehefrauen für ihre Männer sind nach der authentica „si qua mulier" nichtig.[24]

---

10) l. 12 D. de minoribus 4, 4.
11) l. 2 § 3 D. h. t. 16, 1.
12) l. 23 pr. C. h. t. 4, 29.
13) l. 16 pr., l. 21 pr., l. 22 D. h. t. 16, 1.
14) l. 12 C. h. t. 4, 29; vgl. ferner l. 24 C. eod.
15) l. 22 C. h. t. 4, 29.
16) l. 25 § 1 D. h. t. 16, 1. In Rom konnte die exceptio noch in der Exekutionsinstanz angerufen werden, l. 11 D. de S. C. Macedoniano 14, 6. Nach ZPO. § 767 Abs. 2 gilt dies nicht mehr. Siehe ferner l. 39 § 1, l. 40 D. de rei vind. 6, 1.
17) l. 40 D. de condictione indebiti 12, 6, l. 8 § 3 D. h. t. 16, 1.
18) l. 9 C. h. t. 4, 29.
19) l. 1 § 2 D. h. t. 16, 1. Wir behalten hier die römische Auffassung bei, welche auf dem Gegensatze des zivilen und prätorischen Rechts beruht. Vom modernen Standpunkt aus ließe sich sagen, daß wo die Römer die actio restitutoria gewährten, die Schuld des materiellen Schuldners nie untergegangen sei, und wo sie die sog. institutoria erteilten, sie von Anfang an bestanden habe.
20) l. 8 §§ 7—13, l. 9, l. 13 § 2, l. 14 D. h. t. 16, 1.
21) l. 8 §§ 14 und 15 D. h. t. 16, 1.
22) l. 23 C. h. t. 4, 29.
23) Die Frage ist sehr bestritten. Vgl. Vangerow Bd. 3 § 581 Anm. 2, Girtanner S. 351.

3. Im gemeinen Rechte hatten alle diese Bestimmungen ihr Wesen geändert. Denn die von den Römern so verpönte Interzession der Ehefrau für ihren Ehemann war in vielen Fällen eine unentbehrliche Bedingung des Gedeihens des Hausstandes. Auch ist die deutsche Frau keineswegs besonders leichtgläubig und wenig geneigt, ihr Hab und Gut für Fremde auf das Spiel zu setzen.

Die Umbildung geschah durch Zulassung eines Verzichtes in bestimmten Formen. In Rom war der Verzicht in der Regel unwirksam.[25]

Denn die Interzessionsverbote bilden, so sehr sie als Vorrechte erscheinen, im Grunde eine Minderung der Handlungsfähigkeit der Frauen; die hierauf bezüglichen Normen sind folglich zwingenden Rechts.

Gemeinrechtlich aber ließ man eidlichen Verzicht auf die Rechtswohltaten zu.

Ferner bildete sich allgemein die Praxis, daß die Frau auf die Rechtswohltaten nach vorgängiger gerichtlicher Belehrung verzichten könne.[26]

Damit war an die Stelle des Verbotes eine besondere Form für die Interzession durch die Frau getreten.

---

24) Nov. 134 cap. 8. Aus ihr ist die authentica „si qua mulier", die nach l. 22 C. h. t. 4, 29 in den Kodex eingefügt wurde, entnommen. Die Novelle bestimmt auch, daß der Gläubiger, wenn sich die Ehegatten in einer Urkunde verbinden, von der Frau nur fordern könne, was ihr nachweisbar aus dem Geschäfte zugute kam.

25) Im römischen Rechte wurde ein Verzicht auf die Rechtswohltat nur zugelassen, wenn eine Mutter oder Großmutter die Vormundschaft über ihr Kind übernahm. l. 3 pr. C. quando mulier tutelae 5, 35, nov. 118 cap. 5. Außerdem kommt in Betracht die Stipulation im Falle der l. 32 § 4 D. h. t. 16, 1.

26) Girtanner S. 268, 365.

Zweiter Teil.

Die einzelnen Forderungsrechte.

Erster Abschnitt.

Die Kontraktsobligationen.

Erstes Kapitel.

Die Realkontrakte.

I. Das Darlehen.

§ 342. Begriff. Begründung des Darlehens.[1]

Darlehen — mutuum — nennt man das Ausleihen umlaufenden Kapitals, d. h. die Überlassung einer Summe von Geld oder anderen Fungibilien zum Zwecke der Leihe, unter der Verpflichtung der Rückgabe einer Summe gleichartiger Objekte.[2][3]

1. Nicht selten gehen Verträge über Geben eines Darlehens — pacta de mutuo dando — oder über Nehmen eines solchen — pacta de mutuo accipiendo — dem Darlehen selbst voraus.[4] Beide Arten von Verträgen

1) Tit. Dig. de rebus creditis si certum petetur et de condictione 12, 1, Cod. de rebus creditis et jurejurando 4, 1, si certum petatur 4, 2; Huschke, die Lehre des römischen Rechts vom Darlehen 1882; Schey, die Obligationsverhältnisse des österr. Privatr. Bd. 1 S. 1, Lammfromm, Teilung, Darlehen, Auflage und Umsatzvertrag 1897, bes. S. 66, 173. Ein „weitschweifiges" Werk ist Heimbach, die Lehre von dem Kreditum 1849.

2) l. 1 § 2 D. de obl. et act. 44, 7. Gajus libro 2 aureorum: Re contrahitur obligatio mutui datione. mutui autem datio consistit in his rebus, quae pondere numero mensurave constant, veluti vino oleo frumento pecunia numerata, quas res in hoc damus, ut fiant accipientis, postea alias recepturi ejusdem generis et qualitatis; pr. J. quibus modis re contrahitur obligatio 3, 14. BGB. § 607.

3) Die römischen Juristen führen aus, „mutuum" sei um deswillen das Geschäft genannt worden, „quod ex meo tuum fit". Gaj. Inst. III. § 90, l. 2 § 2 D. h. t. 12, 1. Dies zu Nutz und Frommen der rechtsbeflissenen Jugend, welche mittels solcher etymologischer Spielereien das juristische Wesen des Geschäfts dem Gedächtnis einprägen sollte.

4) Über derartige Vorverträge überhaupt siehe oben § 266, insbesondere über das pactum de mutuo dando dort Anm. 7, Schey a. a. O. Bd. 1 S. 43 und 172. Verglichen werden kann Suffrian, das pactum de mutuo dando 1866, Storch, der heutige Darlehensvertrag 1878.

werden auch häufig miteinander verbunden. Sie haben manche Eigentümlichkeiten.

Der Vertrag über Geben des Darlehens geht nämlich in der Regel von der stillschweigenden Bedingung aus, daß der Darlehensnehmer zur Zeit der Auszahlung der Darlehensvaluta nicht kreditunwürdig sei. Dies entspricht der vermutlichen Meinung des Promittenten. Denn man will leihen, nicht verlieren.[5]

Natürlich muß aber der zur Darlehenshingabe Verpflichtete seinerseits Tatsachen beweisen, aus denen sich ergibt, daß die bei der Zusage unterstellte Kreditwürdigkeit des anderen Teiles schon zur Zeit des Geschäftsschlusses nicht bestand oder daß sie später aufgehört hat, z. B. vergebliche Pfändungen, Leistung des Manifestationseides, Zahlungseinstellung.[6]

Wer sich zum Nehmen eines Gelddarlehens verpflichtet hat, kann richtiger Ansicht nach, wenn er den Empfang verweigert, nicht zur Abnahme der Darlehensvaluta, vielmehr nur zum Ersatz des Interesses des Klägers an der vereinbarten Plazierung des Geldes genötigt werden. Dies ist um deswillen als die Meinung beim Vertragsschluß anzusehen, weil es keinen vernünftigen Sinn hat, jemanden zum Nehmen von Geld zu zwingen, für das er keine Verwendung findet.[7]

2. Zum Zustandekommen eines Darlehens ist erforderlich:

a) Die Übermachung der Valuta d. h. Zuwendung einer Summe von Fungibilien seitens des Darlehensgebers an den Empfänger.

b) Es muß Leihe bezweckt sein, d. h. Überlassung zum Gebrauch oder vielmehr Verbrauch.[8] Kein Darlehen ist eine dem Gläubiger gestellte Barkaution, keines das depositum irregulare. Denn hierbei ist die Überlassung des Geldes nur Mittel zur Erreichung anderer Zwecke, nämlich bei dem ersten Geschäft Sicherstellung, bei dem anderen Aufbewahrung einer Summe.[9]

c) Endlich ist ein rechtsgültiger Vertrag über Rückerstattung der Darlehenssumme erforderlich.[10] Der Vertragsschluß liegt ohne weiteres

5) Vgl. l. 38 pr. D. de solut. 46, 3. Das ROHG. Bd. 23 S. 137 nimmt dies für jede Kreditzusage mindestens im Verkehre der Kaufleute an. A. Ansicht ist u. a. Suffrian S. 6. Wie hier BGB. § 610; vgl. Dernburg, Bürg. Recht Bd. 2 § 236 S. 210.

6) Nach BGB. muß nachgewiesen werden, daß nachträglich eine wesentliche Verschlechterung in den Vermögensverhältnissen des anderen Teils eingetreten ist.

7) Die Frage ist bestritten. Vgl. hierüber Dernburg, Preuß. Privatr. Bd. 2 § 179 Anm. 7. BGB. läßt die Frage offen.

8) Der Darlehensgeber hat nicht danach zu fragen, wozu der Darlehensschuldner die Darlehenssumme zu benutzen denkt, ob er sie namentlich in vernünftiger und nützlicher Weise verwenden, oder in verschwenderischem und unmoralischem Treiben vergeuden will. Ist jedoch das Darlehensgeschäft ausschließlich und ersichtlich zu unsittlichen Zwecken bestimmt, soll es z. B. unmittelbar dazu dienen, einen Einsatz zu verbotenem Spiele zu erhalten, so ist es als contra bonos mores nichtig. Vgl. § 272 Anm. 19. Im Einklang steht l. 12 § 11 D. mandati 17, 1, wo vorausgesetzt ist, daß die Darlehenssumme von dem verschwenderischen Jünglinge zu dem Zwecke entnommen wird, um sie unmittelbar seiner Dirne zu geben.

9) Vgl. § 235 und § 350. Siehe auch Schey a. a. O. Bd. 1 S. 46. Dort ist auch das Verhältnis zum „Quasinießbrauch" erörtert.

in der Hingabe und der Annahme behufs eines „Darlehens". Natürlich können aber auch besondere Abreden über die Modalitäten der Rückzahlung getroffen werden.

Fehlt die Verpflichtungsfähigkeit des Nehmers des Darlehens, so ist zwar das reale, aber nicht das konsensuale Moment vorhanden. Ein Darlehen entsteht also dann nicht, die Stipulation des Darlehensgeschäfts z. B. über Kündigungsfristen, Verzinsung sind kraftlos, eine Darlehensklage greift nicht Platz; aber der Empfänger hat das Geliehene ohne Rechtsgrund, dieses kann daher mit der condictio sine causa zurückgefordert werden. Wenn der Empfänger minderjährig war, so beschränkt sich die Rückforderung auf den Betrag, um welchen er zur Zeit der Klageerhebung bereichert ist.[11]

§ 343. Die Darlehensvaluta.[1]

1. In seiner einfachsten und ohne Zweifel ursprünglichen Gestalt setzte das Darlehensgeschäft voraus, daß der Darlehensgeber ihm gehörige Fungibilien dem Darlehensnehmer durch Tradition übereignete. Hiernach kam ein Darlehen nur zustande, wenn der Darleiher ihm gehörige Fungibilien verlieh.[2] Auch mußte er veräußerungsfähig sein. Gewährte also ein Minderjähriger ohne vormundschaftliche Ermächtigung ein Darlehen, so konnte er das Verliehene vindizieren, und wenn es der Empfänger verbraucht hatte, kondizieren; eine Darlehensforderung erhielt er aber nicht.[3]

2. Nach dem späteren, freier entwickelten Rechte genügte es, daß der Darlehensgeber dem Darlehensnehmer die Valuta rechtsbeständig verschaffte. Infolgedessen gewann ein Darlehen, bei welchem die Darlehensgeber fremde Gelder — oder andere Fungibilien — verliehen hatten, dann Gültigkeit, wenn das Rückforderungsrecht des Eigentümers der Gelder durch Vindikation oder Kondiktion weggefallen war.[4]

10) Das Prinzip spricht am schärfsten aus die oben § 90 Anm. 7 abgedruckte l. 32 D. h. t. 12, 1. Die Anwendung, die Celsus dort von dem Prinzipe macht, ist freilich eine sehr schroffe. Siehe ferner l. 18 pr. D. eod.

11) l. 5 pr. und § 1 D. eod. de auctoritate tut. 26, 8, abgedruckt oben § 261 Anm. 3.

1) Schey, Obligationsverhältnisse S. 71.

2) l. 2 § 4 D. de reb. cred. 12, 1. Paulus libro 28 ad edictum: In mutui datione oportet dominum esse dantem. Über den Fall, daß die geliehenen Gelder dem Darleiher nur zum Teile gehören, vgl. l. 94 § 1 D. de solutionibus 46, 3, siehe auch l. 13 § 2, l. 16 D. h. t. 12, 1.

3) § 2 J. quibus alienare licet vel non 2, 8. Nunc admonendi sumus neque pupillum neque pupillam ullam rem sine tutoris auctoritate alienare posse. ideoque si mutuam pecuniam alicui sine tutoris auctoritate dederit, non contrahit obligationem, quia pecuniam non facit accipientis. ideoque vindicare nummos possunt, sicubi extent: sed si nummi, quos mutuos dedit, ab eo qui accepit bona fide consumpti sunt, condici possunt, si mala fide, ad exhibendum de his agi potest.

4) Die römischen Juristen sprechen hiervon in l. 13 § 1, l. 19 § 1 D. h. t. 12, 1, l. 24 § 2 D. de obl. et act. 44, 7. Auf das Einzelne gehen sie jedoch nicht ein. Es

Selbstverständlich entsteht ferner ein Darlehen dann, wenn ein Dritter seine Fungibilien im Namen des Darlehensgläubigers geleistet[5] hatte, nicht minder, wenn dessen Valuta nach Anweisung des Darlehensnehmers an einen Dritten gezahlt wurde.

Darlehen können endlich ohne Übergabe von Fungibilien in folgenden Formen abgeschlossen werden:

a) Man überläßt dem Geldbedürftigen eine Ware zum Verkauf, damit er den Erlös als Darlehensvaluta behält.[6] [7] Die Gefahr geht hier in der Regel mit Übergabe der Ware auf den Kreditsuchenden über, so daß

---

sind folgende Fälle zu unterscheiden: a) Man verleiht fremde Gelder ausdrücklich als fremde in der Erwartung der Genehmigung des Eigentümers. Hier kommt das Darlehen nur durch dessen Ratihabition zustande. Erteilt er sie nicht, so kann er seine Gelder vindizieren und im Fall etwaiger Konfusion kondizieren; der Empfänger hat sie also nicht rechtsbeständig. b) Man gibt fremde Gelder diebischerweise zum Darlehen mit Wissen des Empfängers. Hier hat der Eigentümer Vindikation und Kondiktion der Gelder. Ein Darlehen entsteht nicht. c) Man gibt fremde Gelder als Darlehen gleich als seien sie die eigenen, ohne daß der Empfänger von dem Eigentum des Dritten etwas weiß. Ist dann der Eigentümer — was selten sein wird — noch in der Lage, sein Eigentum geltend zu machen, z. B. weil sein Geld noch in seinen Rollen individuell erkennbar existiert, so kann er es vindizieren und der Darlehensnehmer schuldet dem Pseudodarlehensgeber nichts. d) Hat aber in dem gedachten Fall der Darlehensnehmer die ihm geliehenen Gelder in gutem Glauben konsumiert, insbesondere ausgegeben oder mit seinem Gelde ununterscheidbar vermischt, so verliert der bisherige Eigentümer der Gelder seine Vindikation und erhält auch keine Kondiktion gegen den Darlehensnehmer, da dieser gerade wegen seiner prima facie vorhandenen Darlehensschuld nicht als bereichert gilt, vgl. § 188 Anm. 26. Daher erhält der Darlehensgeber gegen ihn in diesem Fall die Darlehensklage als sog. actio de bene depensis. Dagegen ist der frühere Eigentümer der Gelder berechtigt, gegen den Darlehensgeber, der ihm dieselben verbracht hat, mit einer condictio furtiva, actio ad exhibendum zu klagen. BGB. enthält über alle diese Fälle keine besonderen Bestimmungen, vgl. indessen §§ 932, 935 Abs. 2. — Es ist übrigens einleuchtend, daß in der Regel die Behauptung, das Darlehen habe in fremden Geldern bestanden, eine Einrede bildet, welche nicht leicht anders vorgebracht werden wird, als wenn deren Eigentümer ihretwegen Ansprüche erhoben hat.

5) Mehrfach wird von den römischen Juristen besonders hervorgehoben, daß man Darlehensgläubiger auch dann wird, wenn ein anderer in unserem Namen die Darlehensvaluta aus seinen Mitteln gibt. So namentlich l. 9 § 8 D. h. t. 12, 1, l. 126 § 2 D. de verb. obl. 45, 1, l. 35 § 2 D. de donationibus 39, 5, l. 4 C. si certum petatur 4, 2, l. 3 C. per quas personas 4, 27. Ob außerdem Vollmacht oder Genehmigung des Darlehensgeschäftes durch denjenigen gefordert wird, welchem die Obligation erworben werden soll, ist höchst bestritten. Es sprechen hierfür l. 2 § 4 D. h. t. 12, 1, l. 34 pr. D. de donat. 39, 5. Die meisten Neueren nehmen gleichwohl an, daß es singulärerweise beim Darlehen auf den Konsens des Vertretenen in dem besprochenen Falle nicht angekommen sei. So namentlich Jhering in seinen Jahrb. Bd. 2 S. 101 und Schloßmann, das Darlehen auf fremden Namen in Grünhuts Zeitschr. Bd. 9 S. 505. Die entgegengesetzte Auffassung verteidigt siegreich Huschke a. a. O. S. 29. Anders Mitteis, Stellvertretung S. 67, Pernice, Labeo Bd. 3 S. 222.

6) Ähnlich steht es, wenn man dem Geldbedürftigen einen Wechsel oder eine andere Forderung zur Einziehung übermacht, damit er das Einkassierte als Darlehen behalte.

7) Dies Geschäft nennen manche contractus „mohatrae", ein mittelalterliches aus dem Arabischen stammendes Wort. Nach Schey a. a. O. S. 83 ist c. mohatrae Verkauf einer Sache auf Kredit mit sofortigem Rückkauf um einen kleineren bar bezahlten Preis. Ein Student kauft z. B. von A, um Geld zu bekommen, eine Partie alter Kleider für 100, zahlbar in einem halben Jahr und verkauft sie sofort dem B, der mit A operiert, für bare 50. BGB. behandelt diesen Fall nicht besonders.

im Fall ihres Untergangs oder ihrer Verschlechterung der Verkaufswert die Darlehenssumme bildet.[8]

b) Der Gläubiger vereinbart mit seinem Schuldner, daß dieser Geld oder Fungibilien, welche er aus einem anderen Grund schuldet, z. B. infolge eines Depositums, Mandates, Kaufes, als Darlehen behalte.[9] Daß der Schuldner zur Zeit dieser Vereinbarung die geschuldete Summe effektiv innehat, ist nicht gefordert.

c) Endlich genügt es sogar zur Begründung eines Darlehens, daß dem Darlehensnehmer Objekte unter einer Schätzung übergeben werden, welche die Darlehensvaluta ausmacht.[10] Es ist dann so, als wären die fraglichen Gegenstände an den Darlehensnehmer verkauft und die geschuldete Kaufsumme zur Darlehensvaluta gemacht. Die Römer meinten offenbar, ein Darlehen komme ja auch zustande, wenn in derartigen Fällen der Summenschuldner die schuldigen Gelder an seinen Gläubiger auszahle und dieser sie als Darlehensvaluta zurückübereigne; das zwecklose Herüber- und Hinüberschieben der Gelder könne durch eine Gedankenoperation ersetzt werden.

Gerade die zuletzt gedachte Form des Darlehens ist jedoch geeignet, wucherischer Ausbeutung zu dienen. Es ist daher fraglich, ob es zweckmäßig war, dieselbe durch eine so weit gehende Abstraktion zu ermöglichen.

§ 344. Die Verpflichtungen aus dem Darlehen.

1. Der Darlehensnehmer ist zur Rückerstattung[1] der geliehenen Summe in gleicher Gattung und Art[2] verpflichtet. Geld darf er in der Währung

---

8) l. 4 D. h. t. 12, 1, l. 11 pr. D. eod. 12, 1. Ulpianus libro 26 ad edictum: Rogasti me, ut tibi pecuniam crederem: ego cum non haberem, lancem tibi dedi vel massam auri, ut eam venderes et nummis utereris. si vendideris puto mutuam pecuniam factam. quod si lancem vel massam sine tua culpa perdideris prius quam venderes, utrum mihi an tibi perierit, quaestionis est. mihi videtur Nervae distinctio verissima existimantis multum interesse, venalem habui hanc lancem vel massam nec ne, ut, si venalem habui, mihi perierit, quemadmodum si alii dedissem vendendam: quod si non fui proposito hoc ut venderem, sed haec causa fuit vendendi, ut tu utereris, tibi eam periisse, et maxime si sine usuris credidi.

9) l. 15 D. h. t. 12, 1. Ulpianus libro 31 ad edictum: Singularia quaedam recepta sunt circa pecuniam creditam. nam si tibi debitorem meum jussero dare pecuniam, obligaris mihi, quamvis meos nummos non acceperis. quod igitur in duabus personis recipitur, hoc et in eadem persona recipiendum est, ut, cum ex causa mandati pecuniam mihi debeas et convenerit, ut crediti nomine eam retineas, videatur mihi data pecunia et a me ad te profecta. Aus der l. 34 pr. D. mandati 17, 1 von Afrikanus ergibt sich, daß diese freiere Auffassung der Zeit Julians noch nicht geläufig war. Viele Neuere freilich legen den Ausspruch Ulpians enger aus, als hier geschieht. Vgl. Windscheid Bd. 2 § 370 Anm. 11, Schey a. a. O. S. 84. Für die von uns verteidigte Ansicht legt namentlich die in der folgenden Anmerkung zitierte l. 8 C. si certum pet. 4, 2 ein schweres Gewicht in die Wagschale. Wie hier: BGB. § 607 Abs. 2; vgl. Dernburg, Bürg. Recht Bd. 2 § 234 S. 206.

10) l. 8 C. si certum pet. 4, 2. Daß der hier erörterte Fall recht wesentlich von dem bei Anm. 6 besprochenen differiert, liegt auf der Hand, wird aber doch zuweilen übersehen. BGB. enthält auch über diesen Fall keine Vorschriften.

1) Eine besondere Darlehensklage war im prätorischen Edikte nicht aufgestellt. Vielmehr wurden Gelddarlehen mit der actio certae pecuniae creditae, Darlehen von anderen Objekten mit der condictio triticaria eingeklagt. Vgl. oben § 122, Lenel,

zurückleisten, nicht bloß in der Sorte der geliehenen Valuta,[3] es sei denn anders bedungen. Zulässig ist die Vereinbarung der Zurückleistung einer geringeren Summe als der geliehenen;[4] nicht minder, was häufiger ist, eines Zuschlages zum Geliehenen.

In Ermangelung eines besonderen Vertrages ist das Darlehen zinslos — gratuitum.[5] In Rom forderte der Zinsvertrag für die Regel eine Stipulation, heutzutage ist er formlos. Verzugszinsen liefen in Rom nicht von Darlehen, weil sie stricti juris negotia waren.[6]

Vereinbarungen über die Zeit der Rückgabe sind häufig und geschehen nicht selten stillschweigend, z. B. durch Annahme von Zinsen für die Zukunft.[7] In Ermangelung von Vereinbarungen darf aber das Darlehen jederzeit, ja unmittelbar nach der Hingabe zurückgefordert werden.[8]

Den Darlehensschuldner trifft als Genusschuldner die Gefahr vom Momente des Empfanges der Darlehensvaluta an.[9]

Der klagende Gläubiger hat im Streitfalle die Auszahlung der Valuta als Darlehen zu beweisen. Dies geschieht vorzugsweise durch Empfangsbekenntnisse des Schuldners.[10] Dem Beklagten steht aber der Gegenbeweis

---

edictum Aufl. 2 S. 230ff., Brinz Bd. 2 S. 479. Wenn gleichwohl von einer „mutui actio" die Rede ist, z. B. l. 5 C. quibus non objiciatur longi temp. praescr. 7, 35, so bezieht sich das nicht auf die Form, sondern auf den Inhalt der Klage.

2) l. 3 D. h. t. 12, 1.

3) Über l. 99 D. de solut. 46, 3 vgl. oben § 283 Anm. 11.

4) l. 11 § 1 D. h. t. 12, 1.

5) Vgl. oben § 286. Auch nach BGB. müssen Zinsen besonders bedungen werden, vgl. § 608. Sie sind, sofern nicht ein anderes bestimmt ist, nach dem Ablaufe je eines Jahres, und wenn das Darlehen vor dem Ablauf eines Jahres zurückzuerstatten ist, bei der Rückerstattung zu entrichten.

6) Vgl. oben § 298 Anm. 5. Ein Ersatz lag zur klassischen Zeit in der Strafsponsion, wonach der in der actio pecuniae certae creditae Unterliegende dem Sieger ein Drittel der Klagsumme als Strafe zu leisten hatte. Gaj. Inst. IV, § 171. Das gemeine Recht ließ Verzugszinsen auch beim Darlehen zu.

7) l. 57 pr. D. de pactis 2, 14.

8) Nach BGB. § 609 hängt, wenn für die Rückerstattung des Darlehens eine Zeit nicht bestimmt ist, die Fälligkeit davon ab, daß der Gläubiger oder der Schuldner kündigt. Die Kündigungsfrist beträgt bei Darlehen von mehr als dreihundert Mark drei Monate, bei Darlehen von geringerem Betrag einen Monat. Sind Zinsen nicht bedungen, so ist der Schuldner auch ohne Kündigung zur Rückerstattung berechtigt.

9) § 2 J. quibus modis re contrahitur obligatio 3, 14. Vgl. auch Pernice, Labeo Bd. 2 Aufl. 2 Abt. II, 1 S. 94.

10) Seit dem dritten Jahrhundert nach Christi Geburt bildete sich der Satz in Rom aus, daß schriftliche Empfangsbekenntnisse über Auszahlung der Darlehensvaluta in den Darlehensschuldscheinen von dem Aussteller ohne weiteres durch Protestation — exceptio oder querela non numeratae pecuniae — innerhalb einer gewissen Zeit nach ihrer Ausstellung als unverbindlich abgelehnt werden konnten, so daß dann der Gläubiger einen anderen Beweis für die Auszahlung des Darlehens erbringen mußte. Diese exceptio oder querela durfte nach Justinians Verordnung noch binnen zwei Jahren nach Ausstellung des Scheines vorgebracht werden. l. 14 pr. C. h. t. 4, 30. War diese Zeit aber ohne Protestation verlaufen, so sollte jeder Gegenbeweis gegen die Urkunde ausgeschlossen sein, so daß dieselbe selbst dann verpflichtete, wenn in der Tat die Valuta nicht empfangen war. Daher bezeichnet Justinian derartige durch die Zeit gesicherte Schuldscheine geradezu als Literalkontrakte. Tit. Inst. de litterarum obligatione 3, 21. Diese Rechtssätze lassen sich nur dadurch erklären, daß es in Rom allgemeine Sitte war, zuvörderst den Kapitalisten die Darlehensurkunde mit den Empfangsbekenntnissen ein-

offen, daß er dieselben in Erwartung der Zahlung ausgestellt hat, die nicht erfolgt sei.

2. Es kann vorkommen, daß auch der Darlehensgeber aus dem Geschäfte haftbar wird. Er ist z. B. ersatzpflichtig, wenn er falsche Geldstücke unvorsichtigerweise gab und der Empfänger als Besitzer derselben zu Schaden kam, etwa wegen Falschmünzerei angeklagt und verhaftet wurde. Derartige Fälle sind jedoch der großen Menge der Darlehensgeschäfte gegenüber äußerst selten. Die Römer haben sie daher nicht beachtet und die Verpflichtung aus dem Darlehen als streng einseitige des Darlehensnehmers bezeichnet. Für die Regel ist dies vollkommen zutreffend.

§ 345. Gelddarlehen an Hauskinder.[1]

Gelddarlehen an Hauskinder werden infolge des S. C. Macedonianum ungültig, sofern sie nicht unter der Zustimmung oder Genehmigung des Hausvaters geschahen oder doch dessen Interessen dienten.

Es lag hierin singuläres Recht. Denn grundsätzlich konnten sich in Rom Hauskinder wie Gewaltunabhängige selbständig durch Verträge verpflichten.[2] Nur waren natürlich hierzu nicht fähig Unmündige.[3]

Die Verpflichtungsfähigkeit der großjährigen Hauskinder war dem römischen Verkehre kaum entbehrlich, weil dieselben in Rom, wo die väterliche Gewalt regelrecht erst mit dem Tode des Vaters erlosch, einen sehr großen Teil der volljährigen Bevölkerung ausmachten. Immerhin führten Gelddarlehen an Hauskinder zu Mißständen. Ein

---

zuhändigen und dann die Valuta teils durch die Wechsler, welche die Geldgeschäfte der Kapitalisten führten, teils durch die zur Verwaltung ihrer Gelder angestellten Sklaven oder Prokuratoren auf Anweisung des Darlehensgläubigers in Empfang zu nehmen. Der Beweis der Auszahlung wurde dann durch die Bücher dieser Vertreter und die ihnen gegebenen Empfangsbekenntnisse beziehungsweise durch ihr Zeugnis geführt. War freilich eine längere Zeit verflossen, so waren die Beweismittel über den realen Vorgang der Auszahlung der Valuta oft nicht mehr zu beschaffen. Aber jetzt stellte die förmliche Darlehensurkunde unanfechtbaren Beweis dar. — Wie dem auch sei, in Deutschland, wo derartige Verkehrsgebräuche nicht allgemein waren, erschien die Querel als höchst unbillig. Wie kommt der Schuldner dazu, von ihm ausgestellte Empfangsbekenntnisse einfach durch Protestation zu annullieren? Von diesem Standpunkte aus erklärte dies seinerzeit Köster in defect. juris communis p. 151 „der gesunden Vernunft nach für ein unbegreifliches mysterium juris", und Ludwig in seinen gelehrten Anzeigen T. I p. 238 „für ein Abenteuer, dessen offenbare Unbilligkeit jedem, der nur mit der Muttermilch nicht gar zu sehr verkürzt worden, in die Augen leuchte". So berichtet Kreittmayr in den Anmerkungen zum codex Maximilianus Bavaricus IV Kap. 11 § 3. Nichtsdestoweniger galten die Bestimmungen als gemeinrechtliche, mit denen man sich mehr oder weniger gezwungen abzufinden hatte. Die beste Darstellung der exceptio non numeratae pecuniae gibt Gneist, die formellen Verträge 1845 S. 7ff., vgl. die spätere Literatur bei Windscheid Bd. 2 § 372 Anm.; siehe ferner Huschke a. a. O. S. 91. Mitteis, Reichsrecht S. 497, Pernice in der Zeitschr. der Sav.Stiftg., rom. Abt. Bd. 13 S. 277, Kübler in derselben Zeitschr. Bd. 29 S. 208ff. — Das Einführungsgesetz zur ZPO. § 17 Abs. 1 bestimmt: „Die Beweiskraft eines Schuldscheins oder einer Quittung ist an den Ablauf einer Zeit nicht gebunden." Damit ist die Querel beseitigt. Vgl. Ludwig Goldschmidt in Iherings Jahrb. Bd. 24 Nr. 2.

1) Tit. Dig. de S. C. Macedoniano 14, 6, Cod. 4, 28. Mandry, Familiengüterrecht Bd. 1 S. 431; dort siehe die „fast überreiche" Literatur. Vgl. auch Brinz Bd. 2 S. 481, Huschke a. a. O. S. 149.

2) Siehe oben § 41.

3) Oben § 41.

besonders schreiender Fall — der Vatermord des von Wucherern bedrängten Haussohnes Macedo — veranlaßte daher das Verbot des S. C. Macedonianum.[4 5] Das Verbot betraf:

a) Gelddarlehen sowie sonstige auf Geldbeschaffung gerichtete Kreditgeschäfte.[6 7]

Verpflichtende Geschäfte anderer Art, insbesondere Verkäufe und Verbürgungen, waren den Hauskindern nicht verwehrt, es sei denn, daß die Absicht einer Umgehung des Verbotes zutage trat.[8]

b) Das Geldgeschäft mußte während der Dauer der väterlichen Gewalt zustande gekommen sein.[9] Das Hauskind aber, welches über castrense peculium und quasi castrense verfügte, wurde bis zur Höhe desselben wie ein Hausvater verpflichtet.[10]

c) Nicht verboten waren Geldgeschäfte, welchen der Hausvater von vornherein seine Zustimmung gab;[11] sie wurden ferner durch dessen nachträgliche Genehmigung gültig,[12] nicht minder dadurch, daß der Ertrag in das Vermögen des Vaters floß.[13]

d) Das Verbot war — im Interesse der Sicherheit des Verkehres — wirkungslos, wenn der Gläubiger entschuldbarerweise nicht wußte, daß es ein Hauskind sei, dem er kreditierte.[14]

---

4) l. 1 pr. D. h. t. 14, 6. Verba senatus consulti Macedoniani haec sunt „Cum inter ceteras sceleris causas Macedo, quas illi natura administrabat, etiam aes alienum adhibuisset, et saepe materiam peccandi malis moribus praestaret, qui pecuniam, ne quid amplius diceretur incertis nominibus crederet: placere, nec cui, qui filio familias mutuam pecuniam dedisset, etiam post mortem parentis ejus, cujus in potestate fuisset, actio petitioque daretur, ut scirent, qui pessimo exemplo faenerarent, nullius posse filii familias bonum nomen exspectata patris morte fieri.“ Vgl. die Erklärung der Worte des S. C. bei Keller, Institutionen S. 112.

5) Das S. C. wurde unter Vespasian erlassen, Sueton, Vespasian. cap. 11; Tacitus ann. 11 cap. 13 berichtet schon von Claudius „et lege lata saevitiam creditorum coercuit, ne in mortem parentum pecunias filiis familiarum fenori darent.“ Hieraus ist nicht zu schließen, daß bereits Claudius die Darlehen an Hauskinder schlechthin verbot, sondern nur, daß er gewisse Beschränkungen einführte. Der nähere Inhalt des Gesetzes läßt sich hieraus nicht entnehmen.

6) Dahin gehören nach römischem Rechte Stipulationsschulden behufs Entnahme von Geld l. 3 § 4, l. 4, l. 6 D. h. t. 14, 6.

7) Darlehensgeschäfte, aus denen dem Darlehensschuldner kein Geld zufloß, fielen nicht unter das Verbot, z. B. wenn dem Hauskinde Geld, welches es schuldete, vom Gläubiger statt der Darlehensvaluta überlassen wurde. l. 3 § 3 D. h. t. 14, 6.

8) l. 3 § 3, l. 7 pr. D. h. t. 14, 6.

9) Vgl. l. 6 D. h. t. 14, 6.

10) l. 1 § 3, l. 2 D. h. t. 14, 6.

11) l. 7 § 11 D. h. t. 14, 6.

12) l. 7 pr. C. h. t. 4, 28.

13) l. 7 §§ 12 ff., l. 17 D. h. t. 14, 6, l. 2, l. 5 C. h. t. 4, 28. Es war eine in rem patris versio erforderlich. Sie mußte nicht von vornherein beabsichtigt sein. Eine Anwendung machte, wie der Zusammenhang der Stelle mit der vorgehenden Erörterung ergibt, l. 7 § 14 D. h. t. 14, 6. Ulpianus libro 29 ad edictum: Si filius accepit mutuam pecuniam, ut eum liberaret, qui, si peteret, exceptione non summoveretur, senatus consulti cessabit exceptio. Der hier durch das Darlehen Befreite ist der Hausvater. Um deswillen fällt die exceptio des Senatuskonsultes weg. So Windscheid Bd. 2 § 373 Anm. 11 und Huschke a. a. O. S. 168. Der letztere schiebt nach liberaret die Worte „ab eo“ ein. Andere, z. B. Vangerow Bd. 1 § 245 Ziffer d unterstellen, der Haussohn habe Geld angenommen, um sich von einer eigenen Schuld zu befreien. Manche schließen hieraus weiter, daß jedes Gelddarlehen gültig gewesen sei, welches durch ein Bedürfnis des Hauskindes hervorgerufen wurde. So Arndts § 282 Anm. 2 Ziff. d unter Anziehung der l. 47 § 1 D. de solutionibus 46, 3. Die römische Jurisprudenz hat aber eine so weitgehende Ausnahme, welche die Anwendung des Verbotes unsicher machen würde, nicht gekannt. Vgl. Mandry a. a. O. S. 454.

14) l. 3 pr., l. 19 D. h. t. 14, 6. Vgl. übrigens l. 7 § 7 D. h. t. 14, 6. Ulpianus libro 29 ad edictum: Proinde et si alius mutuam dedit, alius stipulatus est, dabitur

Das verbotene Geldgeschäft galt nicht als nichtig, vielmehr konnte es nur durch exceptio S. C. Macedoniani angefochten werden.[15] Diese Einrede stand dem Hauskinde zu, und zwar vor wie nach der Endigung des Gewaltverhältnisses, nicht minder nach römischem Rechte dem aus der Schuld des Kindes mit der Pekulienklage belangten Vater,[16] selbstverständlich auch dessen Erben, endlich Bürgen, sowie sonstigen Interzedenten, wenn sie gegen das Hauskind Regreßrechte gehabt hätten.[17]

Das Verbot berührte nicht die natürliche Verbindlichkeit aus dem Darlehen.[18]

Genehmigung durch das Hauskind während der Dauer der väterlichen Gewalt war ohne Kraft; Genehmigung nach erlangter Selbständigkeit machte das Geschäft gültig.[19]

BGB. hat die Bestimmungen des S. C. Macedonianum beseitigt.

§ 346. Das Seedarlehen.[1]

1. Für den Verkehr des Altertums war von größter Wichtigkeit das Seedarlehen — foenus nauticum, pecunia trajectitia. In Griechenland ausgebildet, ging dies Institut in das römische Recht über.

Bei diesem Darlehen ist die Verpflichtung des Darlehensnehmers zur Rückzahlung des Kapitals und der vereinbarten Zinsen eine bedingte, an die Bedingung glücklicher Fahrt gebunden.[2]

Das Geschäft war ursprünglich, wie es scheint, auf die Beförderung des geliehenen Geldes nach dem Bestimmungshafen gerichtet; mit diesem Gelde sollten Waren für die Heimat angekauft werden. Die Verpflichtung des Darlehensschuldners hing dabei von der Ankunft der entliehenen Gelder in dem überseeischen Hafen ab. Später wurden auch Seedarlehen zur Anschaffung von Waren für den Export gegeben, so daß die Verpflichtung des Darlehensnehmers von der Ankunft dieser Waren im Bestimmungshafen abhing.[3] Schließlich gab man Darlehen

---

adversus eum exceptio, licet hic non dederit. sed et si alteruter eorum ignoravit in patris esse potestate, severius dicendum est utrique nocere. idem est et in duobus reis stipulandi.

15) Die exceptio konnte, wenn sie nicht gegenüber der Klage vorgebracht war, noch in der Exekutionsinstanz vorgeschützt werden. l. 11 D. h. t. 14, 6.

16) l. 6 pr. C. h. t. 4, 28.

17) l. 9 § 3 D. h. t. 14, 6, oben § 336 Anm. 5.

18) Vgl. oben § 261, insbesondere Anm. 10.

19) Es ist auch dies nicht unbestritten, vgl. Mandry a. a. O. S. 490. Pfandbestellung schließt die exceptio insoweit aus, als das Pfand reicht. l. 9 pr. D. h. t. Was die teilweise Tilgung einer durch exceptio S. C. Macedoniani anfechtbaren Darlehensschuld anlangt, so ist zu unterscheiden, ob sie als „Abschlagszahlung“ geschah, dann ist in ihr die Anerkennung der ganzen Schuld zu sehen, oder ob dies nicht der Fall ist, dann fehlt jeder Grund dafür, den nicht getilgten Teil der Schuld als anerkannt zu betrachten. Von der Unterstellung einer Abschlagszahlung geht l. 7 § 16 D. h. t. aus. Vgl. Dernburg, Pfandrecht Bd. 1 S. 548.

1) Tit. Dig. de nautico faenore 22, 2, Cod. 4, 33. Matthiaß, das foenus nauticum und die geschichtliche Entwicklung der Bodmerei 1881, Schröder in Endemanns Handbuch des Handelsrechts Bd. 4 S. 235, Voigt, röm. Rechtsgesch. § 55 S. 618, Sieveking, das Seedarlehen im Altertum, Leipziger Inaug.Diss. 1893, Karlowa, röm. Rechtsgesch. Bd. 2, 1 § 155. Eine interessante Urkunde über ein Seedarlehen enthält l. 122 § 1 D. de verb. obl. 45, 1. Vgl. hierüber Goldschmidt, Untersuchungen zu l. 122 § 1 D. de verb. obl. 1855.

2) Die abweichende Ansicht Savignys, System Bd. 6 S. 131 Anm. m hat mit Recht keinen Anklang gefunden.

3) l. 1 D. h. t. 22, 2.

zur Reparatur von Schiffen oder zur Löhnung der Mannschaft mit der Bestimmung, daß die Rückzahlung nur für den Fall der Ankunft des Schiffes im Bestimmungshafen zu erfolgen habe.

Man pflegte genaue Bestimmungen über die Reise zu treffen, so daß deren willkürliche Nichtbeachtung den Gläubiger von der Gefahr befreite. Die Vorschriften betrafen namentlich die Richtung der Fahrt, sowie die Zeit der Reise.[4]

Als selbstverständlich galt, daß der Gläubiger nur die Seegefahr trage. Verschuldung des Darlehensnehmers,[5] der Schiffsmannschaft oder innere Verderbnis der Güter fielen ihm nicht zur Last.

Für die Übernahme der Gefahr durften höhere Zinsen als das gesetzliche Maximum ausbedungen werden. Justinian beschränkte jedoch das Maximum auf 12 %.[6] Sehr gewöhnlich war es, zur Sicherung des Darlehens an den angeschafften Objekten ein Pfandrecht zu bestellen.[7] Es war dies indessen weder notwendig noch selbstverständlich.

2. Der Darlehensgläubiger konnte natürlich auch sonst eine Gefahr übernehmen und sich hierfür besondere Vorteile ausbedingen.[8]

3. Seedarlehen in römischer Weise sind dem heutigen Verkehre fremd, aber Ähnlichkeit mit dem antiken Seedarlehen hat der Bodmereivertrag des neueren Seerechts. Bei demselben kann sich jedoch der Darleiher nur an die verpfändeten Gegenstände — Schiff, Fracht, Ladung — halten, ohne daß der Darlehensnehmer sich persönlich verpflichtet. Infolgedessen erlischt das Recht des Darleihers ohne weiteres mit dem zufälligen Untergange der verpfändeten, über See gehenden Objekte.

II. Kommodat und Prekarium.

§ 347. Das Kommodat.[1]

Kommodat — Leihe im engeren Sinne — ist die unentgeltliche Überlassung einer Sache zum Gebrauch seitens des Verleihers — des Kommodanten — an den Entlehner — den Kommodatar — mit der Verpflichtung, sie nach Beendigung des Gebrauchs zurückzugeben.[2]

Darlehen und Kommodat haben beide den Zweck des Leihens; trotzdem sind ihre rechtlichen Wirkungen sehr verschiedene. Der Darlehensnehmer wird Eigentümer des Geliehenen, der Kommodatar bloßer Detentor für den

---

4) l. 6 D. h. t. 22, 2. Matthiaß a. a. O. S. 18.
5) l. 4 C. h. t. 4, 33.
6) l. 2 C. h. t. 4, 33, l. 26 § 2 C. de usuris 4, 32.
7) l. 4 pr., l. 6 D. h. t. 22, 2. Matthiaß a. a. O. S. 42.
8) l. 5 pr. D. h. t. 22, 2.

1) Tit. Dig. commodati vel contra 13, 6, Cod. de commodato 4, 23. Ferrini, storia et teoria del contratto di commodato im Archivio giurid. Bd. 52 S. 469.

2) Das Kommodat ist Realvertrag. § 2 J. quib. mod. re contr. obl. 3, 14, l. 1 § 3 D. de obl. et act. 44, 7. Natürlich können dem Kommodat Vereinbarungen vorhergehen, welche zum Verleihen verbinden. Sehr häufig wird aber die Zusage, zu leihen, z. B. ein Buch, wenn man es gelesen, nicht in der Absicht erteilt, sich juristisch zu verbinden. Die Lebenserfahrung ergibt, was gemeint war.

Kommodanten, welcher den juristischen Besitz und das Eigentum behält.[3] Der Darlehensschuldner ferner ist zur Rückerstattung der gleichen Menge von Fungibilien verbunden, der Kommodatar zur Rückgabe der speziellen Sache. Der Darlehensschuldner trägt infolgedessen die Gefahr, der Kommodatar steht nur für seine Verschuldung ein, so daß zufälliger Untergang oder Verderb der geliehenen Sache den Kommodanten trifft. Das Kommodat ist an Objekten jeder Art möglich, nicht bloß an Mobilien, sondern auch an Immobilien.[4] Selbst Fungibilien, insbesondere Inhaberpapiere, können kommodiert werden, z. B. zum Zwecke der Verpfändung.[5]

Wesentlich ist dem Kommodat die Unentgeltlichkeit; hierdurch unterscheidet es sich von der Sachenmiete.[6] Das Entnehmen von Büchern aus einer Leihbibliothek gegen Entgelt ist also Miete, nicht Kommodat.

Kommodiert kann auch werden, was dem Verleiher nicht zu eigen und nicht in seinem Besitz ist, z. B. von ihm bloß gemietetes, ja selbst gestohlenes Gut.[7] Dasselbe muß daher dem Dieb vom Entlehner zurückgegeben werden, solange es nicht für den Eigentümer in Anspruch genommen ist.

1. Die Hauptverpflichtung aus dem Geschäft ist die des Kommodatars. Sie wird mit der actio commodati directa geltend gemacht. Und zwar hat der Kommodatar

a) die geliehene Sache zu verwahren, er darf sie nur vertragsmäßig gebrauchen und haftet für jede Verschuldung. Zufall, welcher die Sache verschlechtert oder vernichtet, fällt ihm zur Last, wenn er sie gewinnsüchtig anders gebrauchte, als ihm durch den Kommodanten gestattet war, da hierin ein furtum usus liegt,[8] ferner bei Unterschlagung, sowie nach Verzug. In

3) l. 8 D. h. t. 13, 6. Pomponius libro 5 ad Sabinum: Rei commodatae et possessionem et proprietatem retinemus. l. 9 D. eod., l. 3 § 20 D. de adq. vel amitt. poss. 41, 2. Nach BGB. ist der Entleiher Besitzer, der Verleiher mittelbarer Besitzer.

4) Labeo nahm an, daß nur Mobilien kommodiert werden könnten, aber die klassische Jurisprudenz erachtete auch das Kommodat von Grundstücken, insbesondere von Wohnungen für zulässig, l. 1 D. h. t. 13, 6. Immerhin galt es als geratener, „praescriptis verbis" zu klagen, weil man nicht sicher war, ob der judex ein derartiges Kommodat anerkennen werde. l. 17 pr. D. de praescriptis verbis 19, 5. Auch die Leihe des BGB. erstreckt sich auf Sachen aller Art.

5) Bolze, Praxis des RG. Bd. 1 S. 207; l. 3 § 6 D. h. t. 13, 6. Ulpianus libro 28 ad edictum: Non potest commodari id quod usu consumitur, nisi forte ad pompam vel ostentationem quis accipiat. l. 4 D. eod., l. 18 § 1 D. de reb. cred. 12, 1. Auch unentgeltliche zeitweise Überlassung eines Rechts bildet ein Kommodat.

6) § 2 J. quib. mod. re contr. obl. 3, 14, l. 5 § 12 D. h. t. Ulpianus libro 28 ad edictum: Rem tibi dedi, ut creditori tuo pignori dares: dedisti: non repigneras, ut mihi reddas. Labeo ait commodati actionem locum habere, quod ego puto verum esse, nisi merces intervenit: tunc enim vel in factum vel ex locato conducto agendum erit. Übereinstimmend BGB. § 598.

7) l. 15, l. 16 D. h. t. 13, 6. — Nichtig ist das Kommodat, wenn die entliehene Sache dem Entlehner gehörte. l. 15 D. depositi 16, 3. Dies bezieht sich aber nicht auf Fälle, in denen dem Eigentümer das Recht, seine Sache zu gebrauchen, nicht zusteht, z. B. wenn er seine Sache von deren Nießbraucher leiht.

8) In der Annahme eines furtum usus sind die Römer außerordentlich weit gegangen, l. 5 § 8 D. h. t. Ulpianus libro 28 ad edictum: Quin immo et qui alias re commodata utitur, non solum commodati, verum furti quoque tenetur, ut Julianus libro 11 digestorum scripsit. denique ait, si tibi codicem commodavero

dem Ausnahmefall, daß die Leihe nur im Interesse des Kommodanten geschah, steht der Entlehner nur für dolus und culpa lata ein.[9]

b) Nach beendetem Gebrauch, sowie nach Verlauf der für den Gebrauch zugestandenen Zeit hat der Entlehner das Geliehene zurückzuerstatten und zwar zu bringen.[10] Die Dauer des Rechts zum Gebrauch bestimmt sich nach der Vereinbarung, eventuell nach dem Zweck der Leihe, wie er dem Kommodanten beim Geschäftsschluß mitgeteilt war, sowie nach dem Herkommen.[11] Auch Zubehör und alles, was er sonst infolge des Kommodates erhielt, hat der Kommodatar zu erstatten.[12]

2. Aus dem Kommodat können sich Gegenansprüche des Kommodatars wider den Kommodanten entwickeln, welche durch die actio commodati contraria geltend gemacht wurden. Diese Ansprüche betreffen:

a) Erstattung erheblicher Auslagen, wenn sie notwendig, unter Zustimmung des Kommodanten gemacht oder nach den Grundsätzen unbeauftragter Geschäftsführung zu vergüten sind. Regelmäßig wiederkehrende — sog. laufende — Kosten, z. B. für Fütterung eines Pferdes, kompensieren sich mit dem Gebrauch der Sache und sind nicht zu vergüten.[13]

b) Der Kommodant hat den durch seinen dolus oder culpa lata dem Kommodatar verursachten Schaden zu ersetzen. Ein Hauptfall ist Schädigung durch unzeitige Zurücknahme, z. B. ein gestütztes Haus ist infolge unzeitiger Wegnahme geliehener Stützen zusammengebrochen.[14] [15]

et in eo chirographum debitorem tuum cavere feceris egoque hoc interlevero, si quidem ad hoc tibi commodavero, ut caveretur tibi in eo, teneri me tibi contrario judicio: si minus, neque me certiorasti ibi chirographum esse scriptum: etiam teneris mihi, inquit, commodati, immo, ait, etiam furti, quoniam aliter re commodata usus es, quemadmodum qui equo, inquit, vel vestimento aliter quam commodatum est utitur, furti tenetur. BGB. § 603 besagt: Der Entleiher darf von der geliehenen Sache keinen anderen als den vertragsmäßigen Gebrauch machen. Er ist ohne die Erlaubnis des Verleihers nicht berechtigt, den Gebrauch der Sache einem Dritten zu überlassen. Vgl. Dernburg, Bürg. Recht Bd. 2 § 231 S. 199.

9) l. 5 § 10 D. h. t. 13, 6. Ulpianus libro 28 ad edictum: Interdum plane dolum solum in re commodata qui rogavit praestabit, ut puta si quis ita convenit: vel si sua dumtaxat causa commodavit, sponsae forte suae vel uxori, quo honestius culta ad se deduceretur, vel si quis ludos edens praetor scaenicis commodavit, vel ipsi praetori quis ultro commodavit. Weiteres Beispiel: man verleiht ein Buch an einen Freund, damit dieser uns über den Inhalt orientiere. Das BGB. hebt diesen Satz nicht hervor.

10) Bezüglich des Rückhaltungsrechts sind die bei der Miete geltenden Grundsätze — vgl. unten § 368 Anm. 27 — entsprechend anzuwenden. Siehe weiter l. 4 C. h. t. 4, 23. Die Einrede des Kommodatars, daß er selbst Eigentümer der geliehenen Sache sei, ist nach l. 15 D. depositi 16, 3 zulässig.

11) Vgl. auch BGB. § 604, und über Kündigung des Verleihers vor Ablauf der Zeit § 605, Dernburg, Bürg. Recht Bd. 2 § 232 S. 202.

12) l. 38 § 10 D. de usuris 22, 1.

13) l. 18 § 2 D. h. t. 13, 6. Der Kommodatar hat wegen derartiger Forderungen auch ein Retentionsrecht; l. 15 § 2, l. 60 D. de furtis 47, 2. Vgl. BGB. § 601, über eine kurze Verjährung § 606.

14) l. 17 § 3 D. h. t. 13, 6. Paulus libro 29 ad edictum: Sicut autem voluntatis et officii magis quam necessitatis est commodare, ita modum commodati finemque praescribere ejus est qui beneficium tribuit. cum autem id fecit . . ., tunc finem praescribere et retro agere atque intempestive usum commodatae rei

§ 348. Das Prekarium.[1]

Prekarium[2] ist die unentgeltliche Überlassung einer Sache oder eines Rechts[3] auf beliebigen Widerruf.

1. Das Prekarium war in Rom ein seit uralter Zeit wichtiges soziales, aber bloß tatsächliches Verhältnis. Der Patron gewährte dem Klienten, dann überhaupt der Vornehme oder Reiche dem von ihm abhängigen kleineren Manne aus Gnaden unentgeltlich Vergünstigungen.[4] Das Prekarium begründete ein Treueverhältnis des Empfängers — des Prekaristen —, nicht ein Rechtsverhältnis. Das Recht umfaßte nach der altrömischen Anschauung ein bestimmt abgeschlossenes Gebiet, in welchem die Form und die Regel herrschte; für das Prekarium war es charakteristisch, daß es außerhalb dieses Rahmens stand.

Nach römischer Vorstellung beruhte das Prekarium nicht auf Vertrag. War ein Kontrakt über die Rückgabe einer unentgeltlich auf Widerruf überlassenen Sache geschlossen, so entstand kein Prekarium.[5] Aus dem Prekarium entsprang daher keine Kommodatsklage, denn diese stützte sich auf einen Vertrag, welcher beim Prekarium nicht als beabsichtigt galt.

Der Geber des Prekarium hatte hiernach stets freies Widerrufsrecht, Verzicht hierauf war ohne rechtliche Geltung.[6]

Auch der Prekarist war nicht kontraktlich gebunden. Das interdictum de precario, welches das prätorische Edikt dem Geber gegen den Prekaristen

---

auferre non officium tantum impedit, sed et suscepta obligatio inter dandum accipiendumque. geritur enim negotium invicem et ideo invicem propositae sunt actiones, ut appareat, quod principio beneficii ac nudae voluntatis fuerat, converti in mutuas praestationes actionesque civiles. Vgl. ferner l. 18 § 3, l. 22 D. eod.

15) Der Kommodant ist auch schadensersatzpflichtig, wenn er Mängel der verliehenen Sache kannte und sie dem Kommodatar nicht anzeigte, es sei denn, daß er annehmen konnte, dieser kenne sie, oder sie seien für ihn nicht erheblich. l. 18 § 3, l. 22 D. h. t. 13, 6. Nach BGB. § 600 haftet der Verleiher, wenn er einen Fehler der Sache arglistig verschweigt.

1) Tit. Dig. de precario 43, 26, Cod. 8, 9. G. E. Schmidt, das Kommodat und Prekarium 1841; Dankwardt, das Prekarium und die Emphyteuse in Jherings Jahrb. Bd. 14 S. 290; Lenel ebendaselbst Bd. 19 S. 208; Bekker, Besitz S. 122 ff. Eine sehr anschauliche und zutreffende Darstellung des römischen Prekarium findet sich bei Fustel de Coulanges, histoire des institutions politiques de l'ancienne France, les origines du système féodal, Paris 1880 p. 63. Vgl. Max Weber, römische Agrargeschichte 1891, Jhering, Besitzwille S. 389, Ubbelohde bei Glück, Serie der Bücher 43, 44, Teil 5 S. 198 ff. BGB. erwähnt das Prekarium nicht.

2) l. 1 pr. D. h. t. 43, 26. Ulpianus libro 1 institutionum: Precarium est, quod precibus petenti utendum conceditur tamdiu, quamdiu is qui concessit patitur.

3) l. 2 § 3, l. 3, l. 8 § 5, l. 15 § 2 D. h. t. 43, 26. Die häufige Betonung dürfte dartun, daß in dem ursprünglichen Begriff des Prekariums die Überlassung eines Rechts nicht lag.

4) Vgl. auch oben § 226 und § 145.

5) l. 15 § 3 D. h. t. 43, 26. Pomponius libro 29 ad Sabinum: Cum quis de re sibi restituenda cautum habet, precarium interdictum ei non competit.

6) l. 12 pr. D. h. t. 43, 26. Celsus libro 25 digestorum: Cum precario aliquid datur, si convenit, ut in kalendas Julias precario possideat, numquid exceptione adjuvandus est, ne ante ei possessio auferatur? sed nulla vis est hujus conventionis, ut rem alienam domino invito possidere liceat.

einräumte,[7] hatte Ähnlichkeit mit einer Vindikation. Es gründete sich auf einen Zustand — das precario ab illo habere — eventuell auf Dolus.[8]

In der Kaiserzeit verschärfte man die Haftpflicht des Prekaristen. Man stellte culpa lata auch hier dem Dolus gleich, ließ ferner den Besitzer von der Klageerhebung an für den Zufall nach den Grundsätzen des Verzugs haften[9] und gewährte endlich dem Geber nach allgemeinen Grundsätzen eine Kondiktion auf Rückgabe des Besitzes, welchen der Prekarist nach dem Widerruf „sine causa“ innehatte.[10] Die Kontraktsklage — actio praescriptis verbis —, welche in Justinians Pandekten erwähnt wird, gehörte der nachklassischen Zeit an, die für das Institut kein rechtes Verständnis mehr hatte.[11]

Dem Prekarist steht in der Regel juristischer Besitz zu.[12]

2. Auch heutzutage kommt die Überlassung von Sachen und von Rechten zum Prekarium vor, doch haben sich nur einzelne der römischen Züge erhalten. Man überläßt etwas auf kürzere oder längere Zeit zum Gebrauche, ohne daß man rechtlich hierzu verpflichtet sein will. Was ursprünglich Vergünstigung war, bleibt jederzeit freie Konzession.[13] Der Prekarist hat auch heute in der Regel wie in Rom juristischen Besitz. Dagegen ist uns die Vorstellung völlig fremd, daß der Empfänger einer frei widerruflichen Gabe seinerseits nicht rechtlich gebunden sein soll, vielmehr erscheint er uns sowohl zur Rückgabe wie zur sorgfältigen Behandlung kontraktlich verpflichtet. Daher steht er auch

---

7) Die Formel des Interdiktes gibt l. 2 pr. D. h. t. 43, 26, vgl. Lenel, edictum Aufl. 2 S. 466.

8) Dies nach Bekker, Besitz a. a. O. S. 130. Vgl. auch Ubbelohde a. a. O. S. 320.

9) l. 8 §§ 4 und 6 D. h. t. 43, 26.

10) l. 19 § 2 D. h. t. 43, 26, abgedruckt Anm. 11.

11) Von einer actio praescriptis verbis ist in zwei Stellen der Pandekten die Rede. Einmal in der l. 19 § 2 D. h. t. Julianus libro 49 digestorum: Cum quid precario rogatum est, non solum interdicto uti possumus, sed et incerti condictione, id est praescriptis verbis. Daß die letzten Worte nicht von Julian herrühren, ist mit Händen zu greifen. Denn Julian konnte unmöglich die condictio, die eine actio sctricti juris auf Rückgabe war, mit der actio praescriptis verbis, einer actio bonae fidei auf Erfüllung des Versprochenen, identifizieren. Ferner spricht von einer actio praescriptis verbis die l. 2 § 2 D. h. t. Ulpianus libro 71 ad edictum . . . itaque cum quid precario rogatum est, non solum hoc interdicto uti possumus, sed etiam praescriptis verbis actione, quae ex bona fide oritur. Ist in der l. 19 § 2 cit. die Unechtheit unzweifelhaft, so haben wir sie auch hier anzunehmen, um so mehr, als der Zusatz „quae ex bona fide oritur“ recht schülerhaft klingt. Allerdings findet sich auch bei Pauli sent. V 6 § 10 die Äußerung „tamen et civilis actio hujus rei, sicut commodati competit“. Hieraus läßt sich schließen, daß wir es in allen diesen Stellen mit Glossen nachklassischer Rechtslehrer und nicht mit Erfindungen der Kompilatoren zu tun haben. Die Unechtheit ist nichtsdestoweniger gewiß. Vgl. Gradenwitz, Interpolationen S. 128, anders Windscheid Bd. 2 § 376 Anm. 3. Vgl. auch Ubbelohde a. a. O. S. 344.

12) Vgl. oben § 145.

13) Ist etwas zwar als Prekarium gegeben, aber für eine gewisse Zeit, unter Verzicht auf den Widerruf, so ist nicht wie in Rom der Verzicht unverbindlich — oben Anm. 6 —, er bleibt vielmehr in Kraft, es liegt aber kein Prekarium vor, sondern nur eine ungenaue Bezeichnung des Leihverhältnisses.

für jede Verschuldung ein. Nach dieser Seite ist ein Unterschied von Kommodat und Prekarium nicht aufrecht zu erhalten.

Infolgedessen ist das Prekarium zu einer Unterart des Kommodates geworden. Es zeichnet sich vorzugsweise durch die freie Widerruflichkeit aus. In diesem Sinne kommt das Prekarium auch nach dem Inkrafttreten des BGB. noch vor.

III. Depositum.[1]

§ 349. Begriff des Depositums. Verbindlichkeiten.

Depositum ist die Übergabe von Objekten zu unentgeltlicher Aufbewahrung.

Das Depositum ist ein Realkontrakt. Natürlich sind aber auch Verträge denkbar, durch welche man sich zur Annahme von Depositen verbindet.

Das Depositum bezweckt Verwahrung; wird aber besondere, über das Gewöhnliche hinausgehende Bewachung versprochen, so gestaltet sich das Geschäft zum Mandat.[2] Mit Unrecht schließen manche hieraus, das Depositum verbinde überhaupt nicht zur Verwahrung, sondern nur zur Gewährung eines Raumes behufs Aufbewahrung der Sache.[3]

Unentgeltlichkeit ist wesentlich; Verwahrung gegen Lohn gilt als Mietkontrakt.[4] [5]

Nicht in Betracht kommt, ob der Deponent Eigentümer ist; selbst

---

1) Tit. Dig. depositi 16, 3, Cod. 4, 34. Niemeyer, fiducia cum amico und depositum in der Zeitschr. der Sav.Stiftg., rom. Abt. Bd. 12 n. 13. Über Edikt und Formeln vgl. Lenel, edictum S. 230. Siehe auch Dernburg, Kompensation Aufl. 2 S. 51. BGB. §§ 688 ff. handeln vom „Verwahrungsvertrag" und beschränkt ihn auf bewegliche Sachen.

2) l. 1 pr. D. h. t. 16, 3. Ulpianus libro 30 ad edictum: Depositum est, quod custodiendum alicui datum est. Ebenso l. 1 § 9, l. 6 D. eod. Mit dieser Definition scheint freilich nicht zu stimmen, daß Ulpian weiter in l. 1 § 12 cit. ausführt: Quod si rem tibi dedi, ut, si Titius rem non recepisset, tu custodires, nec eam recepit, videndum est, utrum depositi tantum an et mandati actio sit. et Pomponius dubitat: puto tamen mandati esse actionem, quia plenius fuit mandatum habens et custodiae legem; ebendies gilt von § 17 J. de obl. ex delicto, 4, 1, wonach der Depositar „custodiam non praestat". Widerspruch ist aber nicht vorhanden. Die volle Bewachungspflicht, wie sie der sorgfältigste Hausvater vorzunehmen pflegt oder wie sie durch besonderen Vertrag vereinbart wird, ist dem Depositum fremd. Die gewöhnliche Obhut, die ohne culpa lata nicht versäumt werden kann, liegt allerdings in seinem Begriff.

3) Windscheid Bd. 2 § 378 Anm. 1. Richtiger erklärte ein alter Praktiker: si studiosus vel scholaris in alterius scholaris museo librum collocet scientis et patientis non est depositum. Vgl. Brinz Bd. 2 § 317 Anm. 3.

4) l. 1 § 8 und 9 D. h. t. 16, 3. Nicht im Widerspruch steht l. 2 § 23 D. vi bon. rapt. 47, 8, „pretium depositionis, non quasi mercedem accepi". Es ist dies Entschädigung für Kosten, Honorar. Unterholzner, OR. Bd. 2 S. 661, Petražycki, Einkommen Bd. 2 S. 380. Nach BGB. § 688 ist auch Verwahrung gegen Vergütung Verwahrungsvertrag, nach § 689 gilt die Vergütung unter Umständen als stillschweigend vereinbart, vgl. auch § 699.

5) Kein Depositum liegt vor, wenn etwas bei Gelegenheit eines anderen Kontraktes, z. B. eines Mandates, zur Verwahrung übergeben wird; „uniuscujusque enim contractus initium spectandum et causam": l. 8 pr. D. mandati 17, 1.

das Depositum von gestohlenem Gute ist daher dem Diebe zurückzugeben, solange es nicht für den Bestohlenen mit Beschlag belegt ist.[6]

Der Depositar wird nicht juristischer Besitzer der bei ihm hinterlegten Sache, vielmehr detiniert er dieselbe für den Deponenten.[7]

1. Die Hauptverbindlichkeit aus dem Depositum hat der Depositar. Gegen ihn richtet sich die actio depositi directa. Und zwar liegt ihm ob:

a) Verwahrung der deponierten Sache. Dieselbe hat in vereinbarter und üblicher Weise, in der Regel durch den Depositar persönlich zu geschehen. Besondere Gründe können eine andere Verwahrungsweise rechtfertigen.

b) Herausgabe der Sache mit ihrem Zubehör[8] und allem, was sie bei ihm abwarf.[9] Die Rückgabe hat am Orte, an dem sich die Sache zurzeit befindet, zu geschehen.[10] Doch ist sie dem Deponenten, falls er es verlangt, auf dessen Kosten und Gefahr zuzusenden. Hat sie der Depositar willkürlich — dolo oder culpa lata — verbracht, so ist sie dorthin zurückzustellen, wo sie deponiert wurde.[11]

c) Haftung für dolus und culpa lata.[12] [13] Im Falle einer Unterschlagung — furtum rei —, widerrechtlichen Gebrauches in gewinnsüchtiger Absicht — furtum usus —, oder wenn er in Verzug gesetzt ist, haftet der Depositar für Zufall.[14]

Auch hat er im Falle des Verzugs oder der Verwendung zu eigenem Nutzen Zinsen zu entrichten.[15]

Der Deponent soll möglichst gesichert sein. Er hatte Konkursprivilegien,[16] der Depositar, welcher es zu seiner Verurteilung kommen ließ, wurde infam.[17] Wenn das Depositum in besonderer Gefahr gegeben war, so erfolgte bei Nichtzurückgeben Verurteilung ins Doppelte.[18] Dies alles ist nicht mehr praktischen Rechts.

2. Der Deponent haftet dem Depositar mit der actio depositi contraria:

a) für Verschuldung. Daher hat er für den Schaden aufzu-

---

6) l. 1 § 39 D. h. t. 16, 3, l. 31 § 1 D. eod.

7) l. 3 § 20 D. de adquir. vel amitt. poss. 41, 2, l. 7 § 1 D. h. t. 16, 3. Im Sinne des BGB. ist der Verwahrer Besitzer.

8) l. 1 § 5 D. h. t. 16, 3. Siehe ferner l. 1 § 41 D. h. t.

9) l. 1. § 24 D. h. t. 16, 3. Über die Zeit der Rückforderung siehe oben § 291 Anm. 12.

10) l. 12 pr. § 1 D. h. t. 16, 3. Übereinstimmend BGB. § 697.

11) Vgl. noch oben § 280 Anm. 4.

12) Vgl. oben § 293 Ziff. 2. Erben des Depositars haften aus dem Verschulden des Erblassers zu ihrem Erbteil, aus eigenem Verschulden in solidum l. 7 § 1, l. 9, l. 18 D. h. t. 16, 3. Vgl. oben § 294 Ziff. 2 Anm. 10.

13) Nach BGB. haftet der Verwahrer bei entgeltlicher Verwahrung für culpa levis, bei unentgeltlicher für culpa in concreto, vgl. BGB. § 690.

14) l. 1 § 25, l. 12 § 3 D. h. t. 16, 3, l. 3 C. h. t.

15) l. 3, l. 4 C. h. t. 4, 34. BGB. § 689.

16) l. 7 § 2 und 3, l. 8 D. h. t. 16, 3, l. 24 § 2 D. de rebus auct. jud. poss. 42, 5.

17) l. 6 §§ 6 und 7 D. de his qui not. inf. 3, 2.

18) l. 1 § 1 D. h. t. 16, 3.

kommen, welchen die hinterlegte Sache dem Depositar verursachte, wenn er die Gefahr kannte oder voraussehen konnte und nicht anzeigte.[19]

b) Der Deponent hat notwendige, wie auch auf seine Anweisungen gemachte Aufwendungen — mit Zinsen — zu vergüten.[20] [21]

§ 350. Besondere Arten des Depositums.

1. Zulässig ist die Deponierung von Geld oder anderen Fungibilien — auch Wertpapieren — mit der Bestimmung, daß ebensoviel — also nicht notwendig dasselbe — zurückerstattet werde — depositum irregulare, Summendepositen.[1]

Äußerlich gleicht dieses Geschäft einem Darlehen.[2] Denn der Empfänger wird, wie beim Darlehen, Eigentümer des anvertrauten Geldes und übernimmt die Gefahr. Auch hat er oft Zinsen — sog. Depositalzinsen — zu zahlen. Aber die Zwecke und damit auch die juristische Gestaltung beider Verträge sind verschieden. Denn der Empfänger will beim depositum irregulare dem Geber einen Dienst leisten, nicht ein Darlehen nehmen. So wenn eine Herrschaft ihrem Dienstboten auf dessen Ersuchen Geld in ihrer Kasse aufhebt, so auch bei Depositen, welche Banken entgegennehmen, und bei Gelddepositen an öffentlichen Hinterlegungsstellen.[3]

19) l. 62 § 5 D. de furtis 47, 2.

20) Dem Depositar sind auch Fütterungskosten für die bei ihm eingestellten Tiere zu ersetzen, da er sie nicht nutzen darf, l. 23 D. h. t. 16, 3.

21) BGB. § 693 bestimmt: Macht der Verwahrer zum Zwecke der Aufbewahrung Aufwendungen, die er den Umständen nach für erforderlich halten darf, so ist der Hinterleger zum Ersatze verpflichtet.

1) Die Literatur siehe bei Niemeyer, depositum irregulare 1889. Vgl. ferner Reatz, Gutachten aus dem Anwaltsstand zum Entwurf S. 542, Schey, Obl.verhältn. Bd. 1 S. 55.

2) Dem depositum irregulare spricht mit manchen älteren Schriftstellern neuestens Niemeyer a. a. O. für das heutige Recht die positive Geltung ab. Dagegen Schirmer im Archiv für ziv. Praxis Bd. 78 S. 34, Bruckner in der krit. Vierteljahrschr. Bd. 34 S. 56. Vermittelnd Mitteis, Zeitschr. der Sav.Stiftg., rom. Abt. Bd. 19 S. 209. BGB. § 700 will die Vorschriften über das Darlehen angewendet wissen. Doch sollen sich Zeit und Ort der Rückgabe im Zweifel nach den Vorschriften über den Verwahrungsvertrag bestimmen. Vgl. Dernburg, Bürg. Recht Bd. 2 § 351 S. 519.

3) Die innere Verschiedenheit von Darlehen und depositum irregulare trat in Rom zum Teil in anderen Rechtssätzen hervor als derzeit. a) In Rom waren formlos versprochene Zinsen und Verzugszinsen zwar beim dep. irregulare, nicht aber beim Darlehen einklagbar, l. 25 § 1, l. 26 § 1, l. 28, l. 29 § 1 D. h. t. 16, 3. Über diese Stelle Segré im bulletino dell' Istituto di diritto Romano Bd. 19 und Kübler in der Zeitschr. der Sav.Stiftg., rom. Abt. Bd. 29 S. 129 ff. l. 4 C. h. t. 4, 34. b) Die Verurteilung aus dem dep. irregulare infamierte, nicht aber die aus dem Darlehen; dieses aber war durch die sponsio tertiae partis ausgezeichnet. c) Nach gemeinem Recht war die Kompensation und Retention gegenüber dem dep. irregulare ausgeschlossen; doch pflegten Banken, welche Gelddepositen nehmen, diese Ausschließung wegzubedingen. Anders auch Mitteis a. a. O. S. 211 für das verzinsliche Depositum. d) Bei Gelddepositen liegt dem Depositar eine Rechnungsstellung ob, welche von einem Darlehnsschuldner nicht gefordert werden kann. e) Die Rückforderung von Darlehen ist vielfach partikularrechtlich von Kündigungsfristen abhängig, sie bestehen nicht für Gelddepositen. Vgl. überhaupt Reatz a. a. O. S. 542. f) Die Zinsen eines Gelddarlehens sind nach modernen Rechten dem Gläubiger zu schicken, die von Gelddepositen sind beim Depositar abzuholen.

Wird Geld hinterlegt, ohne daß es verschlossen ist, so gilt das Depositum in der Regel als Hinterlegung einer Summe.[4] [5] [6]

2. Sequestration[7] heißt die Hinterlegung durch mehrere Personen mit der Vereinbarung, daß der deponierte Gegenstand je nach künftigen Ereignissen dem einen oder dem anderen herauszugeben ist.[8] Mit der Verwahrung verbindet sich hier der Zweck, die Sache bis zur Entscheidung des Ereignisses jeder Verfügung der hinterlegenden Parteien zu entziehen. Der Sequester wird daher juristischer Besitzer.[9]

Die Sequestration geschieht teils freiwillig durch die Beteiligten, teils zwangsweise. Häufig erhält der Sequester auch Verwaltungsbefugnisse. Dann ist er nicht bloßer Depositar, sondern Mandatar.[10]

Zweites Kapitel.

Die Konsensualkontrakte.

I. Kauf und Tausch.

§ 351. Begriff. Abschluß des Kaufvertrages.[1]

I. Die Zirkulation der Güter in der menschlichen Gesellschaft geschieht vorzugsweise durch Kauf, d. h. Umsatz von Waren gegen Geld.

4) Dies hebt schon Alfenus in der l. 31 D. locati 19, 2 hervor. Ein Widerspruch mit l. 34 pr. D. de auro 34, 2 ist nicht anzunehmen. Vgl. auch Seuffert, Archiv Bd. 52 Nr. 231. Der Satz rechtfertigt sich durch die „Flüssigkeit" des Geldes und gilt keineswegs für alle Fungibilien, insbesondere nicht für Inhaberpapiere. Erklärt also der Bankier, Stücke für seinen Kunden, die er ihm als Kommissionär angeschafft hat, nach Lieferung „in Verwahrung" zu nehmen, so verpflichtet er sich im Zweifel, sie als „reguläres" Depositum" zu verwahren. Er ist des Betrugs schuldig, wenn er dies gleichwohl unterläßt. Falls er dem Kunden die Nummern der Stücke mitteilt und dadurch besonders zu erkennen gibt, daß er sie individuell verwahren wolle, so gilt das nicht als wesentlich. Mit Unrecht legte ROHG. Bd. 19 S. 78 — vgl. auch Bd. 16 S. 207 — hierauf entscheidendes Gewicht; richtiger RG. Bd. 5 S. 1. Vgl. auch Reichsgesetz v. 5. Juli 1896, betr. die Pflichten der Kaufleute bei Aufbewahrung von Wertpapieren. BGB. § 700 Abs. 2 verlangt bei der Hinterlegung von Wertpapieren eine ausdrückliche Vereinbarung, wenn das Depositum irregulär sein soll.

5) Über den Übergang eines depositum regulare in ein irregulare vgl. l. 29 § 1 D. h. t. 16, 3, siehe freilich auch l. 9 § 9, l. 10 D. de reb. cred. 12, 1. Vgl. Constantin, l. 9 § 9 u. l. 10 D. 12, 1 im Streite über Depositum irregulare und Darlehn 1908. Siehe auch BGB. § 700.

6) Über eine besondere Art, das sog. Sammeldepot siehe oben § 172 Anm. 5. Dernburg, Bürg. Recht Bd. 2 § 351 S. 520.

7) Muther, die Sequestration und der Arrest 1856, behandelt vorzugsweise Prozessualisches und Historisches. Voigt, Besitz des Sequesters 1885. Serg. v. Nikonoff, die Lehre von der Sequestration 1894. BGB. erwähnt die Sequestration nicht.

8) l. 6 D. h. t. 16, 3. Paulus libro 2 ad edictum: Proprie autem in sequestre est depositum, quod a pluribus in solidum certa condicione custodiendum reddendumque traditur. Hauptfall ist der einer „controversia" l. 17 pr. D. h. t. 16, 3. Einen anderen Fall erwähnt l. 39 D. de solut. 46, 3, ferner l. 5 D. fam. erc. 10, 2. Es bestand eine besondere „sequestraria depositi actio"; das Nähere bei Lenel, edictum Aufl. 2 S. 281.

9) Oben § 145.

10) Vgl. l. 9 § 3 D. de dolo malo 4, 3.

Der Tausch, bei welchem Ware gegen Ware gegeben wird, hat daneben nur eine untergeordnete Bedeutung.[2]

Durch den Kauf gehen fortwährend notwendige, nützliche und auch überflüssige Güter von einer Hand in die andere, teils zur Konsumtion, d. h. zum unmittelbaren Verbrauch und Genuß, teils zur Weiterveräußerung, der Hauptfall der Handelsgeschäfte. Verkauft werden Güter jeder Art, die der Mensch schätzt und die eine Übertragung zulassen. Immerhin ist am wichtigsten der Kauf körperlicher Sachen; von ihm muß auch die Theorie des Kaufes ausgehen.

Die älteste Zeit begnügte sich mit dem Handkauf, d. h. dem Umsatze der Ware gegen Geld von Hand zu Hand. Noch heute ist dieses Geschäft sehr häufig, insbesondere im kleineren Verkehr.[3] Bei Geschäften über erheblichere Objekte aber kommt es meist zu Kaufkontrakten, d. h. zur Übernahme gegenseitiger Verpflichtungen bezüglich der Ware und des Preises.[4] Diesen Kontrakt nannten die Römer vorzugsweise emptio venditio. Seinen Normen unterstanden auch Handkäufe namentlich hinsichtlich der Gewährleistung, die dem Verkäufer oblag.

II. Der Kaufkontrakt über körperliche Sachen verpflichtet den Verkäufer zur Übergabe der Kaufsache behufs dauernder Beherrschung, den Käufer zur Zahlung des Kaufpreises.[5]

---

1) Treitschke, der Kaufkontrakt in besonderer Beziehung auf den Warenhandel 1838, Aufl. 2 — von Wengler — 1865, weit umfassender und tiefer angelegt Bechmann, der Kauf nach gemeinem Recht Bd. 1 1876, Bd. 2 Abt. 1 1884. Schloßmann, zur Geschichte des röm. Kaufes 1903.

2) Vgl. hierüber unten Anm. 18.

3) Realkauf nennt dies Geschäft Brinz Bd. 2 § 325, Naturalkauf Bechmann a. a. O. Bd. 1 S. 47. Wir ziehen den Namen Handkauf vor. Er bildet eine andere Geschäftsart als ein Kaufvertrag. Klagt daher der Verkäufer auf Zahlung des Kaufpreises für gelieferte Ware aus einem Kaufvertrage, und behauptet der Käufer dagegen einen Handkauf, bei welchem die Ware unmittelbar gegen Geld umgesetzt wurde, so liegt hierin eine Leugnung des Klagegrundes. Er kann noch nicht verurteilt werden, weil er die Entnahme der Ware zugesteht, aber die Geldzahlung seinerseits nicht beweist. Im Fall solcher Behandlung müßten sich die Käufer bei jedem Handkauf Quittung über die Preiszahlung geben lassen, was nicht üblich ist und unpraktisch wäre. Es muß umgekehrt der Kläger beweisen, daß in der Tat ein Kaufvertrag vereinbart war, ehe dem anderen Teil der Nachweis der Preiszahlung obliegt. So namentlich Bähr, Urteile des RG. S. 35, vgl. ROHG. Bd. 16 S. 158.

4) Pernice, Labeo Bd. 1 S. 457 führt aus, daß sich der Kaufkontrakt aus dem Realkaufe entwickelte und „daß ihm infolgedessen noch Reste der durchlaufenen Entwicklung anhaften". Vgl. Petražycki, Einkommen Bd. 2 S. 42.

5) l. 11 § 2 D. de act. empt. vend. 19, 1. Ulpianus libro 32 ad edictum: Et in primis ipsam rem praestare venditorem oportet, id est tradere: quae res, si quidem dominus fuit venditor, facit et emptorem dominum, si non fuit, tantum evictionis nomine venditorem obligat, si modo pretium est numeratum aut eo nomine satisfactum. emptor autem nummos venditoris facere cogitur. Ein Vertrag, bei dem ausgemacht wird, daß der Empfänger der Sache nicht Eigentümer werde, ist kein Kaufgeschäft. l. 80 § 3 D. de contr. empt. 18, 1. Aber auch ein Geschäft, wobei man Geld gab „ut mihi Stichum dares", daß man Eigentümer werden solle, galt den Römern nicht als Kauf. l. 16 D. cond. caus. dat. 12, 4. Vgl. Eck, die Verpflichtung des Verkäufers zur Gewährung des Eigentums 1874. Appleton, l'obligation de transférer la propriété dans le vente Romaine 1906. BGB. § 433 bestimmt: „Durch den Kaufvertrag wird der Verkäufer einer Sache verpflichtet, dem

Der Kaufkontrakt ist hiernach die erste Stufe zum Erwerb der Kaufsache durch den Käufer. Aber unrichtig ist es, in dem Kaufkontrakte bereits eine Entäußerung zu sehen. Vielmehr geschieht die Entäußerung der Kaufsache erst durch ihre Tradition.

Zum Kaufe gehört notwendig Ware und Preis.[6] Haben sich die Parteien über beides geeinigt, so gilt der Kauf als geschlossen, vorausgesetzt, daß sie ihr Übereinkommen nicht von anderen Punkten abhängig gemacht haben.

1. Im engeren Sinne nennt man Waren nur bewegliche Sachen,[7] im weiteren alle Werte, die verkauft werden.[8]

Verkäuflich sind körperliche Sachen — unbewegliche wie bewegliche — ferner Rechte. Insbesondere werden Forderungsrechte verkauft. Auch die Begründung von dinglichen Nutzungsrechten und deren Übertragung kann, soweit sie überhaupt veräußerlich sind, verkaufsweise geschehen. Gewerbliche Rechte, insbesondere Patentrechte, Urheberrechte sind verkäuflich. Ja es findet sich der Verkauf von Werten, welche ein besonderes Recht nicht bilden, z. B. eines Erwerbsgeschäftes, einer Kundschaft, eines Geheimnisses. Warum sollte man solche Geschäfte nicht, wie es die Vertragschließenden beabsichtigen, tunlichst nach den Regeln des Kaufes behandeln?

Vermögensganze, z. B. eine Erbschaft,[9] Sachgesamtheiten, z. B. eine Bibliothek sowie willkürlich zusammengestellte Mehrheiten von Objekten können als Einheit verkauft werden.

Zulässig ist auch der Verkauf zukünftiger Sachen, insbesondere von künftigen Früchten.[10] Der Verkaufspreis ist für sie nur zu zahlen, wenn sie wirklich zur Existenz gelangen.[11]

Sehr verschieden hiervon ist der Hoffnungskauf, z. B. eines Fischzuges. Bei ihm gilt als Äquivalent des Preises die Gewinn-

---

Käufer die Sache zu übergeben und das Eigentum an der Sache zu verschaffen. Der Käufer ist verpflichtet, dem Verkäufer den vereinbarten Kaufpreis zu zahlen und die gekaufte Sache abzunehmen." Vgl. Dernburg, Bürg. Recht Bd. 2 § 167.

6) pr. J. h. t. 3, 23, l. 9 D. de contr. empt. 18. 1.

7) l. 66 D. de V. S. 50, 16, vgl. Bechmann Bd. 1 S. 35.

8) Über das Kaufobjekt vgl. Bechmann Bd. 2 S. 117.

9) l. 7 ff. D. de hered. vel act. 18, 4.

10) Von solchem Kaufe spricht l. 8 pr. D. de contr. empt. 18, 1. Pomponius libro 9 ad Sabinum: Nec emptio nec venditio sine re quae veneat potest intellegi. et tamen fructus et partus futuri recte ementur, ut, cum editus esset partus, jam tunc, quum contractum esset negotium, venditio facta intellegatur: sed si id egerit venditor, ne nascatur aut fiant, ex empto agi posse. Als Verkauf einer künftigen Sache ist unter anderem gültig der Verkauf von noch nicht vom Kopfe getrennten Haarflechten. Aber ein Zwang, sie abschneiden zu lassen, besteht nicht, da zum Dulden eines solchen Eingriffes in die Persönlichkeit man sich rechtlich nicht verpflichten kann.

11) In der Regel ist bei derartigen Geschäften der Kaufpreis voll zu zahlen, wenn auch nur eine abnorm geringe Quantität der erhofften Sache zur Entstehung gelangt, aber bei außerordentlich großer Quantität erfährt er keine Vermehrung. Es kann sich aber aus Wort und Sinn des Vertrages etwas anderes ergeben. Anders freilich Friedrich Endemann, die Lehre von der emptio spei und rei speratae in Grünhuts Zeitschr. Bd. 12 n. 6, dazu E. Braun, Finden die Grundsätze des Kaufs auf die emtio spei Anwendung? 1896.

chance — die alea. Das Geschäft ist ein unbedingtes und der Preis daher auch zu zahlen, wenn die Hoffnung auf Ertrag völlig fehlschlägt.[12]

Existiert die Kaufsache im Augenblicke des Verkaufes nicht mehr, oder ist sie doch im wesentlichen zerstört, so kommt kein Kauf zustande. Im Falle ihrer Verschlechterung ist der Kaufpreis verhältnismäßig zu mindern.[13] Diese Grundsätze unterliegen jedoch infolge von Dolus oder zurechenbaren Verschuldens eines der Kontrahenten Modifikationen.[14]

Gültig ist der Verkauf fremder Sachen. Der Verkäufer ist zur Beschaffung der Sache verpflichtet und, wenn ihm diese nicht gelingt, zur Schadloshaltung des Käufers.[15]

Eine für den heutigen Verkehr besonders wichtige, vielfach eigentümliche Art der Verkäufe ist der Genuskauf, z. B. von Quantitäten Kaffee, Zucker, Tabak. Den Römern waren reine Genuskäufe nicht bekannt. Ihnen galten

---

12) l. 8 § 1 D. de contr. empt. 18, 1 fährt Pomponius — siehe oben Anm. 10 — fort: Aliquando tamen et sine re venditio intellegitur, veluti cum quasi alea emitur. quod fit, cum captum piscium vel avium vel missilium emitur: emptio enim contrahitur etiam si nihil inciderit, quia spei emptio est: et quod missilium nomine eo casu captum est si evictum fuerit, nulla eo nomine ex empto obligatio contrahitur, quia id actum intellegitur. Wenn Pomponius hier von einer emptio „sine re" spricht, so bezeichnet das vieldeutige Wort „einen Kauf ohne ein greifbares körperliches Objekt". Denn daß zum Kauf ein Kaufobjekt gehört, ist ihm selbstverständlich. Als solches behandelt er daher die „Gewinnchance", die alea. Bechmann a. a. O. S. 143 dagegen betrachtet solche Geschäfte als Sachenkäufe, weil er die Sache, die gewonnen werden kann, als Kaufobjekt ansieht. Und doch soll ein Kauf auch bestehen, wenn nichts gewonnen wird! Die Auffassung Bechmanns teilt Friedrich Endemann in der oben Anm. 11 zitierten Abhandlung. Siehe dort die dogmengeschichtliche Entwicklung. BGB. behandelt den Kauf zukünftiger Sachen und den Hoffnungskauf nicht besonders.

13) l. 15 pr. D. de contr. empt. 18, 1. Paulus libro 5 ad Sabinum: Et si consensum fuerit in corpus, id tamen in rerum natura ante venditionem esse desierit, nulla emptio est. l. 57 pr. D. eod. 18, 1. Paulus libro 5 ad Plautium: Domum emi, cum eam et ego et venditor combustam ignoraremus. Nerva Sabinus Cassius nihil venisse, quamvis area maneat, pecuniamque solutam condici posse ajunt. sed si pars domus maneret, Neratius ait hac quaestione multum interesse, quanta pars domus incendio consumpta (sit, quanta) permaneat, ut, si quidem amplior domus pars exusta est, non compellatur emptor perficere emptionem . . . sin vero vel dimidia pars vel minor quam dimidia exusta fuerit, tunc coartandus est emptor venditionem adimplere aestimatione viri boni arbitratu habita. Über diese Stelle vgl. Sokolowski, die Philosophie im Privatrecht Bd. 1 S. 343 ff.

14) Vgl. l. 57 §§ 1 ff. D. h. t.

15) l. 28 D. de contr. empt. 18, 1. Ulpianus libro 41 ad Sabinum: Rem alienam distrahere quem posse nulla dubitatio est: nam emptio est et venditio: sed res emptori auferri potest. Kohler, Abhandl. Bd. 1 S. 224, Seuffert Archiv Bd. 49 n. 12 (RG.). Doch ist der Kauf nichtig, wenn beide Teile wissen, daß die Kaufsache „furtiva" sei. l. 34 § 3 D. de contr. empt. 18, 1. Über den Kauf der eigenen Sache des Käufers vgl. l. 16 pr. D. de contr. empt. 18, 1. Pomponius libro 9 ad Sabinum: Suae rei emptio non valet, sive sciens sive ignorans emi und l. 34 § 4 D. eod. Paulus libro 33 ad edictum: Rei suae emptio tunc valet, cum ab initio agatur, ut possessionem emat, quam forte venditor habuit, et in judicio possessionis potior esset und endlich l. 61 D. eod. Siehe Bechmann Bd. 2 S. 74. Vgl. auch Haftung des Verkäufers einer fremden Sache, Inauguraldissertation von Frau Dr. Kempin, Zürich 1887. Nach BGB. § 433 ist der Verkäufer zur Verschaffung des Eigentums an der Sache verpflichtet, der Verkauf einer fremden Sache ist dadurch nicht ausgeschlossen.

als Kaufgegenstände nur individuelle Sachen oder Quantitäten, die aus bestimmten Massen heraus geleistet werden sollten. Statt des Genuskaufes dienten ihnen Stipulationen.[16]

Dienste und Arbeiten werden nicht gekauft, sondern gemietet.[17]

2. Der **Kaufpreis** muß in **Geld** bestehen.[18] Früher lehrte man oft, das pretium müsse bestimmt — certum —, dem Sachwerte entsprechend — justum — und wahr — verum — sein. Dies ist aber teils unrichtig, teils nichtssagend.

a) In Rom war allerdings altüberliefertes Erfordernis der Klagbarkeit des Kaufes, daß der Kaufpreis ein bestimmter sei. Doch nahm man auf diesen Satz, um den Verkehrsbedürfnissen zu genügen, bereits in der klassischen Kaiserzeit wenig Rücksicht.[19]

b) Dem Sachwert gleich — justum — braucht der Kaufpreis nicht zu sein. Vielmehr darf man wohlfeil kaufen und teurer verkaufen. Es gilt Vertragsfreiheit.[20] [21]

---

16) Daß die Römer keinen reinen Genuskauf kannten, ist mit Recht die Meinung vieler Neueren; vgl. namentlich Brinz Bd. 2 §§ 242 und 327 b, Bechmann Bd. 2 S. 331, Karlowa, röm. Rechtsgesch. Bd. 2 S. 615 und die dort Angeführten. Nach BGB. besteht darüber kein Zweifel.

17) Über die Grenze zwischen Kauf und locatio conductio operis siehe unten § 370 Anm. 9.

18) Die Sabinianer suchen den Tausch von Ware gegen Ware unter den Kauf zu subsumieren, aber die entgegengesetzte Ansicht der Prokulianer drang durch. l. 1 § 1 D. de contr. empt. 18, 1. Paulus libro 33 ad edictum: Sed an sine nummis venditio dici hodieque possit, dubitatur, veluti si ego togam dedi, ut tunicam acciperem: Sabinus et Cassius esse emptionem et venditionem putant: Nerva et Proculus permutationem, non emptionem hoc esse . . . sed verior est Nervae et Proculi sententia: nam ut aliud est vendere, aliud emere, alius emptor, alius venditor, sic aliud est pretium, aliud merx: quod in permutatione discerni non potest, uter emptor, uter venditor sit. vgl. l. 1 D. de rer. perm. 19, 4, Gaj. Inst. III § 141, § 2 J. de empt. 3, 23, Bechmann Bd. 1 S. 4. Auch Geld kann „gekauft" werden, vor allem Geld, welches nicht Währung ist, also ausländisches und Papiergeld. Vgl. Flesch in Iherings Jahrb. Bd. 19 n. 7, Rießer Bd. 20 n. 5.

19) Vgl. Dernburg, preuß. Privatr. Bd. 2 § 135, Fels, das pretium certum 1878, Bechmann Bd. 2 S. 338, RG. in Straff. Bd. 23 S. 399. In der Kaiserzeit behandelte man das pretium certum rein äußerlich. Man sehe sich die Argumentation Ulpians libro 28 ad Sabinum l. 7 § 1 D. h. t. 18, 1 an. Hujusmodi emptio „quanti tu eum emisti", „quantum pretii in arca habeo", valet: nec enim incertum est pretium tam evidenti venditione: magis enim ignoratur, quanti emptus sit, quam in rei veritate incertum est. Daß objektive Gewißheit des Preises genügen soll, macht das Erfordernis des „bestimmten" Preises zu einer Kuriosität. Darauf fährt — im § 2 — Ulpian fort: Si quis ita emerit: „est mihi fundus emptus centum et quanto pluris eum vendidero", valet venditio et statim impletur: habet enim certum pretium centum, augebitur autem pretium, si pluris emptor fundum vendiderit. In diesem Falle ist der Preis nicht einmal objektiv bestimmt, vielmehr seiner Höhe nach objektiv und subjektiv ungewiß. Dennoch wird der Vertrag wiederum aus einem sophistischen Grunde, aber doch sehr zweckmäßigerweise für gültig erklärt. So verfährt man nur, wenn es sich um historisch überkommene Sätze handelt, deren ursprüngliche Bedeutung dem Rechtsbewußtsein entschwunden ist. Vgl. oben § 271. Über das Ermessen Dritter siehe dort Anm. 6, über die Überlassung der Preisbestimmung an einen der Kontrahenten Anm. 7.

20) l. 22 § 3 D. locati 19, 2. Paulus libro 34 ad edictum: Quemadmodum in emendo et vendendo naturaliter concessum est quod pluris sit minoris emere, quod minoris sit pluris vendere et ita invicem se circumscribere, ita in locationibus

c) Der Kaufpreis muß ernsthaft versprochen sein, sonst liegt kein Kauf vor.[22] Dieser Satz beruht aber nicht auf einer Besonderheit des Kaufvertrages, er entspricht vielmehr den allgemeinen Regeln über simulierte Geschäfte.

§ 352. Arten der Kaufverträge. Nebenverträge.

1. Zu unterscheiden sind Bar-, Kredit- und endlich Pränumerationskaufverträge.

Beim Barkauf sind Ware und Preis gleichzeitig Zug um Zug zu liefern. Diese Art des Kaufes ist die verbreitetste. Beim Kreditkauf kreditiert der Verkäufer den Kaufpreis, so daß er die Ware vorher zu leisten hat. Beim Pränumerationskauf endlich wird die Zahlung des Preises vor Lieferung der Ware bedungen.

Eine besondere Art des Kreditkaufes sind die Abzahlungsgeschäfte, d. h. Kaufgeschäfte über bewegliche Sachen, bei welchen die Ware sofort übergeben wird, der Kaufpreis aber in Teilzahlungen berichtigt werden soll. Solche Geschäfte sind im modernen Verkehr sehr häufig, um den kapitalarmen Bevölkerungsklassen den Erwerb beweglicher Sachen zu ermöglichen, sie dienen aber leicht der Ausbeutung der Käufer und dagegen ist das Reichsgesetz vom 16. Mai 1894 gerichtet.[1]

2. Ein Zeitkauf liegt vor, wenn für die Lieferung der Ware ein Termin oder eine Frist bedungen ist. Der Zeitkauf kann Barkauf sein oder nicht. Von Tageskauf spricht man, wenn eine Zeit für die Lieferung der Ware nicht bedungen wurde.

3. Dem modernen Verkehr gehört der Versendungskauf — Distanceverkauf an.[2] Er gilt in der Regel als beabsichtigt, wenn Auswärtige bei Kaufleuten Waren bestellen. Hier muß der Erfüllungsort vom Bestimmungsort unterschieden werden. Der Erfüllungsort ist regelmäßig beim Verkäufer — an seiner Handelsniederlassung, seinem Wohnorte oder einem Lagerungsort der Ware. Der Verkäufer hat aber die Ware bei solchen Geschäften auf Gefahr und Kosten des Käufers nach einem anderen Orte — z. B. dem Wohnorte des Käufers — zu senden.

Anders verhält es sich beim Fernverkauf, wenn die Ware an den Käufer von auswärts geschickt wird, der Erfüllungsort aber beim Käufer ist

4. Folgende Geschäfte sind trotz Ähnlichkeit des Namens ihrem Wesen nach sehr verschieden.

---

quoque et conductionibus juris est. Über die Beschränkung dieses Satzes im Falle der Verletzung über die Hälfte siehe unten § 359.

21) Nach der Reichspolizeiordnung von 1548 und von 1571 Tit. 19 war der Verkauf von Getreide auf dem Halme nur gültig, wenn dessen Marktpreis bedungen wurde, und zwar entweder der zur Zeit des Kontraktschlusses oder des 14. Tages nach der Ernte.

22) l. 36, l. 38 D. de contr. empt. 18, 1. Ulpianus libro 7 disputationum: Si quis donationis causa minoris vendat, venditio valet: totiens enim dicimus in totum venditionem non valere, quotiens universa venditio donationis causa facta est.

1) Vgl. namentlich unten Anm. 22.

2) Vgl. Dernburg, Bürgerliches Recht Bd. 2 Abt. 2 § 172 S. 19.

a) Der Kauf auf Probe oder Besicht ist bedingt durch die Billigung der Ware seitens des Käufers.[3] Die Bedingung kann aufschiebend oder auflösend sein.[4] Im Zweifel ist sie aufschiebend.[5] Die Erklärung des Käufers ist in der Regel eine freie, von seinem Belieben abhängige;[6] sie kann aber auch als sachverständige gemeint sein,[7] so daß Entscheidung des Richters über dieselbe angerufen werden darf. Es kann eine vereinbarte oder auch ortsübliche Erklärungsfrist bestehen; ist dies nicht der Fall, so hat sich der Käufer nach angemessener Zeit auf Aufforderung des Verkäufers zu erklären.[8] Nichterklärung zur rechten Zeit gilt als Billigung, wenn die Ware übergeben, als Mißbilligung, wenn sie noch nicht übergeben war.[9] [10]

b) Der Kauf nach Probe[11] ist unbedingt. Er enthält das Versprechen eine mit der Probe übereinstimmende Ware zu liefern.

Der Käufer, welcher die Probemäßigkeit der Lieferung bestreitet, ist verpflichtet die Probe vorzulegen. Geschieht dies nicht ohne triftigen Grund, so hat er zu beweisen, das sie der Probe nicht entspreche.[12]

c) Beim Kauf zur Probe stellt der Käufer weitere Bestellungen in Aussicht, falls ihm die Ware gefällt. Diese Erklärung erzeugt keine rechtliche Verbindlichkeit.[13]

---

3) Vgl. oben § 96. Dort Anm. 1 ist auch die hauptsächliche Literatur über den Kauf auf Probe zitiert.

4) § 4 J. de empt. vend. 3, 23, abgedruckt oben § 96 Anm. 3. l. 20 § 1 D. de praescriptis verbis 19, 5, l. 6 D. de resc. vend. 18, 5.

5) Vgl. BGB. § 495 Abs. 1 Satz 2; Dernburg, Bürg. Recht Bd. 2 § 193 S. 82.

6) Anderer Ansicht ist Unger in Goldschmidts Zeitschrift Bd. 3 S. 407, aber ohne Grund, siehe jetzt auch Unger in Iherings Jahrb. Bd. 25 n. 6. Vgl. Fitting, Archiv für ziv. Praxis Bd. 46 S. 254, BGB. § 495 Abs. 1 Satz 1.

7) Solcher Art war die beim römischen Weinhandel gewöhnliche Klausel der „degustatio", durch welche die Unverdorbenheit des Weines konstatiert wurde. Cato, de re rustica cap. 148, l. 1 pr., l. 4 pr. § 1, l. 16 D. de per. et comm. 18, 6, l. 34 § 5 D. de contr. empt. 18, 1. Vgl. Goldschmidt, Zeitschr. für HR. Bd. 1 S. 73, Windscheid Bd. 2 § 387 Anm. 6 und dort Zitierte.

8) Vgl. BGB. § 496 Satz 1.

9) Vgl. BGB. § 496 Satz 2. — Die herrschende romanistische Theorie gestattete bei auflösenden Bedingungen auf Probe eine Frist von 60 Tagen. Sie stützte sich hierfür auf l. 31 §§ 22 ff. D. de aed. edict. 21, 1. Windscheid Bd. 2 § 387 Anm. 7 bezog aber diese Entscheidungen auf Fälle, in denen die Parteien das Recht des Rücktrittes nach den Grundsätzen des ädilizischen Ediktes bedungen haben, was in dem Ausdruck „redhibeatur" gesehen wurde. Dem war beizutreten.

10) Was die Gefahr anlangt, so versteht es sich von selbst, daß bei aufschiebender Bedingung der zufällige Untergang den Verkäufer trifft, weil das bedingte Geschäft nicht mehr nach dem Untergange des Objektes perfiziert werden kann, ferner aber auch die zufällige Verschlechterung, weil der Käufer trotz derselben noch zurücktreten darf. Für Verschulden während der Schwebezeit steht der Käufer ein. Sehr bestritten ist aber die Gefahr bei einer Resolutivbedingung. Das Richtige ist, daß sich die Bedingung der Auflösung nicht mehr perfizieren kann, wenn die Sache bereits untergegangen war. Dies folgt aus den allgemeinen Grundsätzen der Bedingung. Doch ist Windscheid Bd. 2 § 387 Anm. 10 anderer Ansicht.

11) Cropp in Heise u. Cropp, Abh. Bd. 1 n. 13. BGB. § 494; Dernburg, Bürg. Recht Bd. 2 § 194 S. 84.

12) ROHG. Bd. 12 S. 118, Bd. 20 S. 62.

13) Ob ein Kauf „zur Probe" geschlossen ist oder etwa ein Kauf „auf Probe", ist übrigens Auslegungsfrage, die keineswegs allein nach den Worten, welche die Beteiligten gebrauchten, zu beurteilen ist. ROHG. Bd. 2 S. 186.

5. Folgende Nebenverträge begründen persönliche Verpflichtungen unter den Kontrahenten:

a) der Vorbehalt des Wiederkaufes seitens des Verkäufers vom Käufer oder des Wiederverkaufes seitens des Käufers an den Verkäufer.[14] In Ermangelung anderer Vereinbarung ist für das neue Geschäft der frühere Kaufpreis maßgebend;

b) der Vorbehalt des Vorkaufes, wonach der Käufer die Sache, wenn er sie verkaufen will, seinem Verkäufer auf dessen Forderung zu den gleichen Bedingungen überlassen muß, die er mit einem Kaufliebhaber vereinbarte.[15]

6. Folgende Klauseln haben dingliche Wirkungen:

a) Die lex commissoria gibt dem Verkäufer das Recht der Annullierung des Kaufes, wenn der Kaufpreis nicht rechtzeitig vollständig gezahlt wird.[16] Die hierin liegende Bedingung ist im Zweifel auflösend.[17] Der Verkäufer hat die Wahl zwischen Forderung der Erfüllung oder Auflösung des Geschäftes. Die einmalige Wahl nach der Fälligkeit ist endgültig. Forderung der Zahlung enthält daher Abstehen von der Verfallsklausel.[18]

Infolge der Annullierung fällt das Eigentum an den Verkäufer zurück, frei von etwaigen seitens des Käufers bewilligten Lasten. Auch Früchte[19] der Zwischenzeit und Ersatz des schuldhafterweise vom Käufer verursachten Schadens kann er fordern. Der Käufer hat Retentionsrecht wegen notwendiger Verwendungen;[20] aber die von ihm geleistete Arra und die gemachten Anzahlungen erhält er nicht zurück.[21] [22] Im Umfange dieses Verlustes bleiben ihm aber die Früchte der Zwischenzeit.[23]

14) l. 12 D. de praescriptis verbis 19, 5, l. 2 C. de pactis inter empt. et vend. 4, 54, l. 7 C. eod. W. Schütze, über die Bedeutung, Wirksamkeit und das gegenseitige Verhältnis des pactum de retrovendendo, des pactum de retroemendo und des pactum displicentiae beim Kauf. Rostocker Inaug.-Diss. 1899. Wiederkäufe — Rückkaufgeschäfte — werden meist geschlossen, weil der Verkäufer in Geldnot ist und sich durch den Verkauf Geld verschaffen will, sich aber der Hoffnung hingibt, später die Mittel zu haben, um das Veräußerte zurückzuerwerben. Der Wiederverkäufer hat Anspruch auf Ersatz notwendiger, keineswegs nützlicher Verwendungen. Vgl. l. 25 D. de pign. act. 13, 7 „nec talem efficere rem pigneratam, ut gravis sit debitori ad reciperandum", vgl. Petrażycki, Einkommen Bd. 1 S. 311, 318 ff. Ausführlich BGB. §§ 497—503, vgl. Dernburg, Bürg. Recht Bd. 2 § 198 S. 98.

15) Dies Recht ist mit den dinglich wirkenden ähnlichen Rechten des deutschen Rechts, insbesondere dem s. g. Retraktrechte nicht zu identifizieren. Jäger, das Vorkaufsrecht n. gemeinem Recht 1893. Ausführlich BGB. §§ 504—514, über das dingliche Vorkaufsrecht vgl. §§ 1094 ff. Siehe Dernburg, Bürg. Recht Bd. 2 §§ 196, 197 S. 88.

16) Tit. Dig. de lege commissoria 18, 3. Burckhard im Archiv für ziv. Praxis Bd. 51 n. 12 und 17.

17) Oben § 100. Der Verkäufer hat das Recht der Auflösung, ohne daß es einer vorgängigen Androhung bedarf, l. 4 § 4 D. h. t. 18, 3, ferner ohne Rücksicht auf Verschuldung des Käufers, der Verkäufer hat es aber nicht, wenn die Ursache der Nichtzahlung in seiner Person liegt, l. 4 § 4, l. 8 D. h. t. 18, 3. Vgl. l. 51 § 1 D. de act. empt. vend. 19, 1, l. 8 D. h. t. 18, 3.

18) l. 7 D. h. t. 18, 3. Bloße Mahnung steht nach Seuffert Archiv Bd. 52 n. 240 (RG.) nicht gleich.

19) l. 4 pr. D. h. t. 18, 3, l. 5 D. eod.

20) Vgl. l. 16 D. de in diem addict. 18, 2.

21) Ob auch Anzahlungen verfallen, ist Streitfrage. Die Bejahung ist hart, wurde

b) Die addictio in diem berechtigt den Verkäufer zur Aufhebung des Kaufes für den Fall, daß innerhalb einer bestimmten Zeit von anderer Seite ein besseres Gebot erfolgt.[24] Der Käufer hat aber ein Vorkaufsrecht, so daß er in das bessere Gebot eintreten kann.[25]

§ 353. Perfektion des Kaufvertrages. Übergang der Gefahr.[1]

Mit der Perfektion des Kaufvertrages ging nach gemeinem Recht die Gefahr des zufälligen Unterganges oder der Verschlechterung der Ware auf den Käufer über — periculum est emptoris.[2] Dies

---

aber von den Römern vertreten. Dies geht hervor aus l. 6 pr. D. de leg. comm. 18, 3. Scaevola libro 2 responsorum . . . et ea lege uti venditor velit, fundos inemptos fore et id, quod arrae vel alio nomine datum esset, apud venditorem remansurum. Müßte der Verkäufer Anzahlungen zurückgeben, wenn er von der Klausel Gebrauch macht, so läge in dem responsum von Scävola, welcher doch seine Worte zu wägen pflegt, eine Gedankenlosigkeit. In l. 4 § 1 D. h. t. 18, 3 ferner entscheidet Ulpianus libro 32 ad edictum: Sed quod ait Neratius habet rationem, ut interdum fructus emptor lucretur, cum pretium quod numeravit perdidit: igitur sententia Neratii tunc habet locum, quae est humana, quando emptor aliquam partem pretii dedit. Es soll nicht „unmöglich" sein, diese Stelle von einem besonderen Vertrage über den eventuellen Verlust des angezahlten Preises zu verstehen. So Windscheid Bd. 2 § 323 Anm. 12, nach Burckhard a. a. O. S. 289, Seuffert, Archiv Bd. 49 n. 11 (OLG. Kiel). Aber natürlich und ungezwungen ist diese Erklärung nicht. Vgl. auch Pernice, Labeo Bd. 2 Aufl. 2 S. 188 Anm. 1.

22) Hat sich der Verkäufer bei einem Abzahlungsgeschäfte das Recht vorbehalten, wegen Nichterfüllung der dem Käufer obliegenden Verbindlichkeiten vom Vertrage zurückzutreten, so ist im Falle dieses Rücktritts nach zwingender Vorschrift des Reichsgesetzes vom 16. Mai 1894 jeder Kontrahent verpflichtet, dem anderen Teil die empfangenen Leistungen zurückzugewähren. Für Aufwendungen des Verkäufers und für Beschädigungen der Kaufsache, die der Käufer zu vertreten hat, ist Ersatz zu leisten. Für die Überlassung des Gebrauchs oder der Benutzung hat der Käufer deren Wert zu vergüten, wobei auf die Wertverminderung Rücksicht zu nehmen ist. Das Reichsgesetz findet keine Anwendung, wenn der Käufer als Kaufmann in das Handelsregister eingetragen ist.

23) BGB. § 347 behandelt den Besitzer im Fall des Rücktritts vom Empfang an, wie wenn von da an der Eigentumsanspruch rechtshängig geworden wäre, d. h. wie einen Verwalter fremden Guts.

24) Tit. Dig. de in diem addictione 18, 2, Paul Gerber, l. 41 pr. de R. V. Göttinger Inaug.Diss. 1893. Solche Geschäfte sind im modernen Verkehr nicht häufig. BGB. behandelt sie nicht besonders.

25) l. 7, l. 8 D. h. t. 18, 2.

1) Tit. Dig. de periculo et commodo 18, 6, Cod. 4, 48, Hofmann, über das Perikulum beim Kauf 1870; Puntschart, die fundamentalen Rechtsverhältnisse S. 1 ff. und dort Angeführte. Dazu Eck in Goldschmidts Zeitschr. Bd. 33 S. 141, ferner Eck in Holtzendorffs Rechtslexikon Wort „Kauf". W. v. Praun, zur Lehre von der Gefahr beim Kauf, Erlanger Inaug.Diss. 1891.

2) Die Römer haben den Satz „periculum est emptoris" außerordentlich häufig ausgesprochen, ohne Zweifel weil er schon in Rom nicht als unbedenklich galt. Als Lehrsatz trägt ihn vor § 3 J. de emptione et vend. 3, 23: Cum autem emptio et venditio contracta sit . . . periculum rei venditae statim ad emptorem pertinet, tametsi adhuc ea res emptori tradita non sit. itaque si homo mortuus sit vel aliqua parte corporis laesus fuerit, aut aedes totae aut aliqua ex parte incendio consumptae fuerint, aut fundus vi fluminis totus vel aliqua ex parte ablatus sit, sive etiam inundatione aquae aut arboribus turbine dejectis longe minor aut deterior esse coeperit: emptoris damnum est, cui necesse est, licet rem non fuerit nactus, pretium solvere. quidquid enim sine dolo et culpa venditoris accidit, in

heißt: der Käufer ist zur Zahlung des Kaufpreises verbunden, trotzdem ihm die Ware infolge Zufalles nicht oder nur verschlechtert tradiert werden kann.[3 4 5]

Zur Perfektion wird der Abschluß des Kaufgeschäftes erfordert. Aber nicht immer genügt er.[6]

eo venditor securus est. Vgl. ferner l. 5 § 2 D. de resc. vend. 18, 5, l. 11 § 12 D. quod vi 43, 24, l. 14 pr. D. de furtis 47, 2, l. 1, l. 4, l. 6 C. h. t. 4, 48. Gleichwohl verwarf die Regel Cujacius ad Africanum zur l. 33 D. locati, wovon er jedoch später zurückkam, recit. ad Cod. 4, 48. Neuerdings bekämpfte sie eingehend Puntschart a. a. O., insbesondere S. 215 ff. Sie steht indessen fest, wenn auch einige Stellen bedenklich sind. Dahin gehört zunächst l. 13 D. h. t. 18, 6. Paulus libro 3 Alfeni epitomarum: Lectos emptos aedilis, cum in via publica positi essent, concidit: si traditi essent emptori aut per eum stetisset quo minus traderentur, emptoris periculum esse placet, ferner l. 15 pr. eod.: Quod si neque traditi essent neque emptor in mora fuisset quo minus traderentur, venditoris periculum erit. Ob der Ädil die Zerstörung mit Recht angeordnet hat oder nicht, blieb hierbei offene Frage, wie aus l. 14 D. eod. erhellt. Es kam hierauf nichts an. Denn der Verkäufer hat jedenfalls der von ihm zu prästierenden custodia nicht entsprochen, wenn er die verkauften Betten auf die Straße stellte; deshalb trifft ihn die Gefahr. Zweifelhafter ist die l. 15 § 1 D. cit.: Materia empta si furto perisset, postquam tradita esset, emptoris esse periculo respondit, si minus, venditoris: videri autem trabes traditas, quas emptor signasset. Alfenus will auch hier wohl nur sagen: bis zur Tradition liegt dem Verkäufer custodia ob, deshalb trifft ihn so lange regelmäßig, d. h. sofern er seine Schuldlosigkeit nicht dartun kann, die Gefahr des Diebstahls. Daß Alfenus im allgemeinen den Satz „periculum est emptoris" anerkannte, geht meines Ermessens aus den Schlußworten der l. 12 D. h. t. 18, 6 bestimmt hervor. Am schwierigsten ist l. 33 D. locati 19, 2. Africanus libro 8 quaestionum: . . . si vendideris mihi fundum isque priusquam vacuus traderetur publicatus fuerit, tenearis ex empto: quod hactenus verum erit, ut pretium restituas. Aber auch Afrikanus nahm im allgemeinen an, daß den Käufer die Gefahr treffe, wie aus der demselben Buch der Quästionen entnommenen l. 39 D. de solut 46, 3 hervorgeht, „et nummi emptoris periculo sint . . . et nihilominus merx quoque, quia emptio perfecta sit". Die Entscheidung von Afrikanus in der l. 33 cit. muß daher in dem Außerordentlichen der „Einziehung des Grundstückes durch den Staat" ihren Grund gehabt haben. Vgl. Hartmann in Iherings Jahrb. Bd. 22 S. 417. Im Falle höherer Gewalt — oben § 296 Anm. 7 — erkannte wohl Afrikan die Regel „periculum est emptoris" nicht an; siehe aber auch die unten § 356 Anm. 15 abgedruckte l. 11 pr. D. de evict. 21, 2 von Paulus.

3) Über den Grund des Satzes „periculum est emptoris" vgl. oben § 277 S. 582 ff.

4) Nach BGB. gilt der Satz: periculum est emptoris nicht. § 446 bestimmt vielmehr: Mit der Übergabe der verkauften Sache geht die Gefahr des zufälligen Unterganges und einer zufälligen Verschlechterung auf den Käufer über. Von der Übergabe an gebühren dem Käufer die Nutzungen und trägt er die Lasten der Sache. Wird der Käufer eines Grundstücks vor der Übergabe als Eigentümer in das Grundbuch eingetragen, so treten diese Wirkungen mit der Eintragung ein. Vgl. auch § 447 über den Gefahrsübergang beim Distanzekauf und Dernburg, Bürg. Recht Bd. 2 § 174 S. 24.

5) Sehr bestritten ist der Fall, wenn der Verkäufer dieselbe Sache verschiedenen selbständig verkauft hat, und dieselbe zufälligerweise vor der Tradition untergeht oder verschlechtert wird. Vgl. hierüber Ihering in seinen Jahrb. Bd. 3 n. 7; Martinius, der mehrfache Verkauf derselben Sache 1873; Oesterlein, der mehrfache Verkauf 1883; Windscheid Bd. 2 § 390 Anm. 17. Nach unserer Ansicht ist zu unterscheiden: a) Die beiden Verkäufe geschahen bona fide, indem z. B. der Eigentümer und sein Bevollmächtigter dieselbe Sache, ohne voneinander zu wissen — vielleicht gleichzeitig — verkauften. Dann ist es unbedenklich, der Regel gemäß dem Verkäufer den doppelten Anspruch auf den Kaufpreis zu belassen, oder b) der zweite Verkauf geschah arglistig. Dann liegt in ihm nach römischer Ansicht ein falsum — l. 21 D. de falsis 48, 10 — der zweite Verkauf war seitens des Verkäufers contra bonos mores und der Verkäufer kann daher aus demselben keinen Vorteil ziehen.

6) Über die Bedeutung des Wortes „Perfektion" vgl. Puntschart a. a. O. S. 41.

a) Unter einer Suspensivbedingung geschlossene Käufe werden nur mit dem Eintritt der Bedingung perfekt. Sie kommen erst zustande, wenn die Kaufsache noch im Augenblick des Eintrittes der Bedingung existiert. Daher trifft während des Schwebens der Bedingung die Gefahr des Unterganges der Ware den Verkäufer, die Gefahr ihrer Verschlechterung dagegen den Käufer.[7]

b) Als unvollendet gilt ferner der Verkauf, wenn der Preis einer Masse nach Maß, Gewicht oder Zahl festgestellt ist — sog. emptio ad mensuram —, solange sie noch nicht gemessen, der Gesamtpreis also noch nicht ermittelt ist. Solche Geschäfte werden wie bedingte behandelt. Der Verkäufer trägt daher die Gefahr des Unterganges, der Käufer aber die der Verschlechterung der Ware.[8]

c) Nicht perfekt ist endlich der Verkauf, wenn eine bestimmte, noch nicht ausgeschiedene Zahl von Stücken oder Maß- oder Gewichtseinheiten aus einer Masse heraus verkauft wird.[9] Erst die Ausscheidung stellt hier das Kaufobjekt fest. Bis dahin trägt der Verkäufer die Gefahr des Unterganges und der Verschlechterung.

Ist eine Masse in Bausch und Bogen für einen Gesamtpreis verkauft — per aversionem —, so geht die Gefahr auf den Käufer schon mit dem Abschlusse des Kaufgeschäftes über.

Bei reinen Genuskäufen trägt grundsätzlich der Verkäufer die Gefahr bis zur Erfüllung, d. h. in der Regel bis zur Ablieferung der Ware an den Käufer oder bis zu dessen Verzug. Bei Distanzkäufen aber genügt Absendung der Ware oder Übergabe an einen Frachtführer behufs der Versendung.

§ 354. Verpflichtungen des Käufers.

Der Verkäufer kann mit der actio venditi vom Käufer fordern:

1. Zahlung[1] — Übereignung[2] — des bedungenen Kaufpreises. Auch Berichtigung durch andere Werte, z. B. durch Wechsel, Aktien oder

7) l. 8 pr., l. 10 D. h. t. 18, 6, l. 10 § 5 D. de jure dotium 23, 3.

8) l. 35 § 5 D. de contr. empt. 18, 1. Gajus libro 10 ad edictum provinciale . . . Sabinus et Cassius tunc perfici emptionem existimant, cum adnumerata admensa adpensave sint, quia venditio quasi sub hac condicione videtur fieri, ut in singulos metretas aut in singulos modios quos quasve admensus eris, aut in singulas libras quas adpenderis, aut in singula corpora quae adnumeraveris. l. 35 § 6 D. eod.

9) l. 2 C. de periculo et commod. 4, 48, Alexander. Cum convenit, ut singulae amphorae vini certo pretio veneant, antequam tradantur, imperfecta etiam tunc venditione periculum vini mutati emptoris, qui moram mensurae faciendae non interposuit, non fuit.

1) l. 13 § 20 D. de act. empt. vend. 19, 1. Ulpianus libro 32 ad edictum: Veniunt autem in hoc judicium infra scripta. in primis pretium, quanti res venit. item usurae pretii post diem traditionis: nam cum re emptor fruatur, aequissimum est eum usuras pretii pendere.

2) l. 11 § 2 in fine D. de act. empt. vend. 19, 1, l. 1 pr. D. de permutatione 19, 4.

durch Übernahme von Hypotheken,[3] kann dem Käufer gestattet oder zur Pflicht gemacht sein.

Außer dem Kaufpreise können dem Käufer noch sonstige Leistungen, z. B. Belassung von Mietern in der Kaufsache, auferlegt werden.[4]

2. Der rückständige Kaufpreis ist von der Übergabe der Ware an zu verzinsen,[5] wenn nichts anderes vereinbart wurde. Bei Kreditkäufen, bei welchen der Kaufpreis auf bestimmte Zeit gestundet wurde, ist dies zu unterstellen, da hier der Zins der Zwischenzeit regelmäßig in den Preis eingeschlossen wird.[6]

3. Verwendungen des Verkäufers nach dem Geschäftsabschluß sind ihm — mit Zinsen — zu erstatten, wenn sie notwendig waren oder auch nur nützlich, aber offensichtlich dem vermutlichen Willen des Käufers entsprechen, oder mit dessen Zustimmung gemacht wurden.[7] [8]

4. Der Käufer ist nicht bloß die Ware zu fordern berechtigt, er ist auch verpflichtet sie abzunehmen und hat, wenn er sie nicht abnimmt, die Kosten zu tragen, welche der Verkäufer aufwenden mußte, um sich ihrer zu entledigen. Die Verpflichtung der Abnahme der Ware liegt dem Käufer aber dann nicht ob, wenn zur Zeit des Vertragsschlusses sich ein Interesse des Verkäufers an derselben nicht voraussehen ließ.[9]

5. Der Käufer hat für Verschuldung einzustehen,[10] bei Distanzesendungen liegt ihm sorgfältige Aufbewahrung der Waren selbst dann ob, wenn er sie wegen Mängel oder aus anderen Gründen zurückzuweisen befugt ist.[11]

Gegenüber den Ansprüchen des Verkäufers kann der Käufer die Ein-

3) Sollen Hypotheken „in partem pretii“ übernommen werden, und ist diese Übernahme nicht tunlich, z. B. weil die Hypothekenschuld bereits getilgt war, so hat die Berichtigung der entsprechenden Kaufpreisrate in Gelde zu geschehen.

4) l. 13 § 30 D. de act. empt. vend. 19, 1. Verschiedene in den Quellen erwähnte Nebenleistungen stellt zusammen Unterholzner Bd. 2 S. 296 Anm. g. Immerhin liegt ein Kauf nur vor, wenn der Hauptzweck des Geschäfts Umsatz der Ware gegen Geld ist. Darüber ist nach der Lage des Falls zu befinden. Das Wertverhältnis muß berücksichtigt werden, ist aber nicht entscheidend.

5) l. 13 § 20 D. de act. empt. vend. 19, 1, — abgedruckt in Anm. 1, — l. 18 § 1 D. de usuris 22, 1, l. 2 C. de usuris 4, 32, l. 5 C. de act. empti 4, 49. Vgl. übrigens auch fragm. Vat. § 2.

6) Vgl. BGB. § 452, Dernburg, Bürg. Recht Bd. 2 § 176 S. 31. Nachträgliche Stundung des Kaufpreises hat die gleiche Bedeutung nicht.

7) l. 13 § 22 D. de act. empt. vend. 19, 1, Petražycki, Einkommen Bd. 1 S. 312. Vgl. BGB. § 450, Dernburg, Bürg. Recht a. a. O. S. 32.

8) Die Verwendungen sind vom Käufer auch dann zu ersetzen, wenn die Sache zufälligerweise unterging, ehe sie tradiert wurde.

9) Ob der Käufer unbedingt zur Abnahme der Ware verpflichtet ist oder nur unter besonderen Voraussetzungen, ist bestritten. Vgl. Barkhausen in Goldschmidts Zeitschrift Bd. 30 S. 30. In der l. 9 D. de act. empt. vend. 19, 1 entscheidet Pomponius libro 20 ad Sabinum einen besonderen Fall: Si is, qui lapides ex fundo emerit, tollere eos nolit, ex vendito agi cum eo potest, ut eos tollat. Hieraus allein ist eine ausnahmslose Pflicht nicht zu entnehmen. BGB. § 433 Abs. 2 besagt allgemein: Der Käufer ist verpflichtet, dem Verkäufer . . . die gekaufte Sache abzunehmen. Vgl. hierzu indessen Kohler im Archiv für bürgerl. Recht Bd. 13 S. 174.

10) Der Käufer ist insbesondere verantwortlich wegen schuldhafter Schädigung des Verkäufers bei der Abnahme der Ware.

11) HGB. 379, vgl. ROHG. Bd. 20 S. 202.

rede des mangelhaft oder nicht erfüllten Vertrages vorschützen.[12] Außerdem aber hat er die sog. exceptio evictionis imminentis, wenn ihm zwar erfüllt ist, aber Gefahr der Eviktion vorliegt. Droht teilweise Eviktion, so darf er einen verhältnismäßigen Betrag zurückhalten Durch Kaution kann der Verkäufer dieser Einrede begegnen.

§ 355. Verpflichtungen des Verkäufers. Allgemeines.

Der Käufer kann mit der actio ex empto vom Verkäufer fordern:

1. Übergabe der Kaufsache und ihres Zubehörs zur Zeit des Verkaufsschlusses.[1] Vervollständigung des Zubehöres kann er verlangen, soweit solches ordnungsmäßig mit der Sache zu liefern ist.[2] [3]

Auch der Nutzen, welchen die Kaufsache nach Abschluß des Kaufvertrages gewährte, gebührt dem Käufer, wie er die Gefahr trägt.[4] Und zwar sind ihm die von selbst erwachsenden Vorteile herauszugeben, z. B. Alluvionen oder die dem Eigentümer als solchem anfallende Hälfte eines in der verkauften Sache gefundenen Schatzes, nicht minder der regelmäßige Ertrag der Sache, insbesondere auch Pacht- und Mietgelder.[5] Gewinn, welchen der Verkäufer mit der Sache durch besondere Unternehmungen, Glücksfälle, oder gar in unredlicher Weise erlangte, ist kein Sachgewinn, sondern persönlicher und nicht herauszugeben.[6]

Der Ort der Leistung der Ware bestimmt sich nach allgemeinen Grundsätzen.[7] Eine spezielle Sache ist in der Regel da zu liefern, wo sie sich zur Zeit des Kontraktabschlusses befand.[8]

2. Jede Verschuldung beim Vertragsschluß[9] und bei Verwahrung der Kaufsache verbindet den Verkäufer zum Schadensersatz.[10] [11]

---

12) Siehe oben § 278.

1) l. 13 § 31, l. 18 D. de act. empt. vend. 19, 1, oben § 65. BGB. § 314. Eine etwa vereinbarte „Dreingabe" ist gleichfalls Teil des Kaufgegenstandes, l. 31 § 25 D. de aedil. edicto 21, 1. Vgl. Bauer, die Dreingabe beim Kauf 1887.

2) Dies folgt aus allgemeinen Grundsätzen. Ein verkauftes Haus z. B. ist mit den Schlüsseln, ferner, soweit dies ortsüblich ist, mit Sommerläden zu tradieren.

3) Beim Verkauf von Immobilien kann der Käufer auch die Mitwirkung des Verkäufers zur Überschreibung im Grundbuche fordern. Vgl. auch BGB. § 444.

4) Vgl. oben § 280 Anm. 9. Ihering, Abhandlungen n. 1 1843, Mommsen, Erörterungen aus dem OR. 1. Heft 1859, § 3 J. de empt. et vend. 3, 23, l. 7 pr. D. de peric. et commod. 18, 6.

5) Wie es sich mit den Pacht- und Mietzinsen verhält, war eine alte Streitfrage, vgl. Mommsen a. a. O. S. 124. Nach BGB. § 101 Ziff. 2 tritt Teilung der Miet- und Pachtzinsen nach Verhältnis der Dauer der Berechtigung des Verkäufers und des Käufers ein. Vgl. hierzu BGB. § 446.

6) Nicht herauszugeben ist z. B. die Finderhälfte des Schatzes, welchen der Verkäufer entdeckte; wer eine Flinte verkauft hat, muß den mit ihr gemachten Jagdgewinn nicht erstatten, vgl. auch l. 21 D. de her. vel act. vend. 18, 4. Vgl. Petražycki, Einkommen Bd. 1 § 6, Bd. 2 § 18.

7) Vgl. oben § 289.

8) l. 3 § 4 D. de act. empt. vend. 19, 1.

9) Franz Leonhard, die Haftung des Verkäufers für Verschuldung 1896.

10) l. 35 § 4 D. de cont. empt. 18, 1, l. 1 § 1, l. 2 § 1, l. 3 D. de peric. et commod. 18, 6.

3. Der Verkäufer hat endlich im Falle der Eviktion der Kaufsache Gewähr zu leisten und haftet für verborgene Mängel sowie wegen ausdrücklicher Zusagen.

Diese Verbindlichkeiten sind besonders zu betrachten.

§ 356. Haftung des Verkäufers wegen Eviktion.[1]

Der Verkäufer hat seiner Verpflichtung durch Tradition der Kaufsache zunächst Genüge getan.[2] Aber hinterher kann sich ergeben, daß sein Recht nicht ausreichte, um dem Käufer die dauernde rechtliche Herrschaft über sie zu verschaffen; dann treten weitere Verbindlichkeiten zutage.

Der Hauptfall ist die Eviktion, d. h. die Entziehung der Kaufsache infolge rechtskräftigen Urteiles. An diesen Fall dachte man im Verkehr vornehmlich, und aus ihm entwickelte sich die römische Theorie.

In Rom waren Strafstipulationen zur Leistung des doppelten Kaufpreises für den Fall der Eviktion wenigstens bei wichtigeren Objekten durchaus üblich; sie gehörten derart zum Kaufgeschäfte, daß der Käufer mit der actio ex empto auf ihre Übernahme klagen konnte, wenn der Verkäufer sich ihnen entzog.[3]

Dem modernen Verkehr ist dies fremd. Hier kann der Käufer im Falle der Eviktion nur mit der actio ex empto auf sein Interesse klagen.[4]

1. Voraussetzungen sind:

a) Die Kaufsache muß dem Käufer tradiert sein,[5] bis dahin kann er nur auf Tradition und bei deren Verzögerung auf Schadloshaltung klagen.

---

11) Über die Verpflichtung zur Tragung der Kosten des Kaufgeschäfts vgl. BGB. §§ 448, 449.

1) Tit. Dig. de evictionibus et duplae stipulatione 21, 2, Cod. 8, 44, K. O. Müller, die Lehre von der Eviktionsleistung I 1851 — unvollendet —; Bekker in seinem Jahrbuch Bd. 6 n. 8; Kempin siehe oben § 351 Anm. 15; P. F. Girard, études historiques sur la formation du système d'eviction 1884. Rabel, die Haftung des Verkäufers wegen Mangels im Rechte 1902; zur Rechtsvergleichung de Ruggiero, i papiri graeci e la „stipulatio duplae" 1901. — Gewöhnlich verdeutscht man Eviktion mit „Entwährung". Windscheid dagegen Bd. 2 § 391 schreibt „Entwehrung" mit Berufung auf Grimms Wörterbuch: „der juristische Sprachgebrauch verwechselt entwehren (aus dem Besitz setzen) und entwähren (nicht leisten)."

2) Nach BGB. § 440ff. kann der Käufer, dem die Kaufsache übergeben ist, wegen „Mangels im Rechte", auch ehe eine Entwährung erfolgt, Schadensersatz fordern, unter Umständen vom Geschäft zurücktreten. Aber er muß den Mangel im Recht beweisen. Im praktischen Leben wird man daher meist nur nach stattgefundener Entwährung klagen.

3) l. 31 § 20 D. de aedil. edicto 21, 1. Zur satisdatio galt der Verkäufer in der Regel nicht als verpflichtet, l. 37 pr., l. 56 pr. D. h. t. 21, 2, l. 1 § 8 D. de stip. praest. 46, 5, doch entschied hierüber Ortsgewohnheit, l. 6 D. h. t. 21, 2; über geringere Kaufobjekte siehe l. 37 § 1 D. h. t. 21, 2. Vgl. überhaupt Brinz Bd. 2 S. 734, Bechmann a. a. O. S. 669, Lenel, edictum S. 443, 446. Die Strafstipulation ging auf Leistung des Doppelten des Kaufpreises, nicht des Interesses; vgl. u. a. die Siebenbürgische Manzipationsurkunde bei Bruns, fontes S. 289: tum quanti ea puella empta est, tantam pecuniam et alterum tantum dari etc.

4) l. 8 D. h. t. 21, 2.

5) l. 61 und l. 62 pr. D. h. t. 21, 2, Müller a. a. O. S. 108.

b) Die Sache muß aber dem Käufer ferner durch rechtskräftiges Urteil abgesprochen und ihm tatsächlich entzogen sein.[6]

Das Urteil gegen den Käufer schadet dem Verkäufer nur, wenn ihm rechtzeitig der Streit verkündet war,[7] [8] d. h. in einem Stadium des Prozesses, in welchem noch die volle Verteidigung offen stand.[9]

Ist dem Verkäufer der Streit gehörig verkündet, so hat er dem Regreßanspruche des evinzierten Käufers zu genügen, ohne Rücksicht darauf, ob er an dem Prozesse teilgenommen hat. Ob das evinzierende Urteil gerecht war oder nicht, kommt nicht in Betracht.[10]

Die Streitverkündung ist überflüssig, wenn sich der Verkäufer auch ohne sie als Nebenintervenient am Prozesse beteiligt, wenn er auf sie verzichtet,[11] wenn er abwesend, d. h. außerhalb der Grenzen des deutschen Reiches ist, wenn sein Aufenthalt nicht ermittelt werden kann oder endlich, wenn er sich der Streitverkündung dolos entzog.[12] Unterblieb die Streitverkündung ohne solche Gründe, so wird der Verkäufer durch das evinzierende Urteil nicht verpflichtet. Ist der Käufer aber imstande nachzuweisen, daß ihm nur ein scheinbares und hinfälliges Recht übertragen war, so kann er hierauf Schadensersatzansprüche stützen.[13]

---

6) Eviktion ist erst vorhanden, wenn das rechtskräftige Urteil zur Tat wurde. Also vor allem, wenn der Käufer die Kaufsache, um dem Urteil zu genügen, dem Evinzenten herausgab, oder wenn sie ihm mittelst Zwangsvollstreckung abgenommen wurde. Es genügt aber auch, wenn er als Kläger auftreten mußte und rechtskräftig abgewiesen wurde, weil er damit des Besitzes endgültig entsetzt ist. Endlich reicht es auch hin, daß der beklagte Käufer, weil er die Sache nicht dem Richterspruch gemäß herausgab, in die Litisästimation verurteilt ist; es wird nicht gefordert, daß er die Litisästimation bereits gezahlt hat, denn die Sache gilt infolge der Verurteilung zur Litisästimation dem Prozeßgegner als abgekauft. Der Käufer hat die Sache daher fortan auf Grund dieses neuen Titels, und nicht auf Grund des ursprünglichen Kaufes, l. 16 § 1, l. 19 § 1, l. 57 pr. § 1 D. h. t. 21, 2.

7) Die Denuntiation wurde durch die Jurisprudenz gefordert, einmal, weil der Verkäufer über die Rechtslage der Kaufsache in der Regel besser unterrichtet sein wird als der Käufer, dann auch, weil es sich bei dem Streit mit dem Evinzenten mehr um das Interesse des Verkäufers handelt, welcher regreßpflichtig ist, als um dasjenige des Käufers selbst. Die Eviktionsstipulationen enthielten die Anforderung der Litisdenuntiation noch nicht, vgl. die Stipulationen der siebenbürgischen Wachstafeln bei Bruns, fontes juris ed. VI. S. 288 ff.

8) In Rom geschah die Denuntiation außergerichtlich, nach neuerem Rechte hat sie gerichtlich zu erfolgen, ZPO. § 73. Tritt der Litisdenunziat dem Prozesse bei, so ist er Nebenintervenient — socius litis § 74 a. a. O.

9) l. 29 § 2 D. h. t. Nach dem jetzigen Prozeßrechte genügt es, daß die Streitverkündung in der Berufungsinstanz geschieht, weil die Parteien in ihr hinsichtlich dessen, was sie vorbringen, nicht beschränkt sind.

10) ZPO. § 68. Nach l. 51 pr. D. h. t. 21, 2, vgl. l. 8 C. h. t. 8, 44, konnte sich der Verkäufer darauf berufen, daß der Käufer den Prozeß sordibus judicis aut stultitia verloren habe.

11) l. 63 pr. D. h. t. 21, 2.

12) l. 56 § 5 D. h. t. 21, 2.

13) Daß der Käufer wegen Eviktion nur dann Regreß nehmen könne, wenn er dem Verkäufer den Streit verkündete, spricht mit großer Bestimmtheit aus l. 7 C. h. t. 8, 44 und l. 8 C. eod., beide von Alexander: Emptor fundi, nisi auctori aut heredi ejus denuntiaverit, evicto praedio neque ex stipulatu neque ex dupla neque ex empto actionem contra venditorem vel fidejussores ejus habet. Hiermit wurde ein Satz,

c) Das Recht, auf Grund dessen die Eviktion des Käufers vor sich ging, muß endlich zu der Zeit bestanden haben, **als ihm die Kaufsache übergeben wurde.**[14]

Es macht keinen Unterschied, ob die Eviktion durch eine Eigentumsklage, eine Publizianische Klage, eine Pfandklage[15] oder eine gegen Dritte zulässige persönliche Klage erfolgte.[16] [17]

Teilweise Eviktion gibt Anspruch auf verhältnismäßigen Ersatz. Sie liegt in der Eviktion körperlicher oder ideeller Teile der Kaufsache, ferner indirekt in der Eviktion von Früchten oder anderen Erzeugnissen, welche die Kaufsache nach der Tradition eintrug, endlich auch in dem Erstreiten eines Nießbrauches.[18]

Auf Reallasten läßt sich dies nicht anwenden. Vielmehr steht der Verkäufer zwar nicht für Lasten ein, die nach der Ortsgewohnheit die Gegenstände der bezüglichen Art regelmäßig beschweren, wohl aber für nicht ortsübliche, welche er dem Käufer nicht anzeigte und die diesem unbekannt geblieben waren.[19]

---

welchen bereits die Juristen aus inneren Gründen verteidigt hatten — vgl. l. 53 § 1 D. h. t. 21, 2 — durch die kaiserliche Autorität befestigt.

14) l. 11 pr. D. h. t. 21, 2. Paulus libro 6 responsorum: Lucius Titius praedia in Germania trans Rhenum emit et partem pretii intulit: cum in residuam quantitatem heres emptoris conveniretur, quaestionem rettulit dicens has possessiones ex praecepto principali partim distractas, partim veteranis in praemia adsignatas: quaero, an hujus rei periculum ad venditorem pertinere possit. Paulus respondit futuros casus evictionis post contractam emptionem ad venditorem non pertinere et ideo secundum ea quae proponuntur pretium praediorum peti posse. l. 1 C. de periculo et commodo 4, 48.

15) l. 34 § 2, l. 35, l. 63 § 1 D. h. t. 21, 2, l. 4, l. 5, l. 19 C. h. t. 8, 44. Heutzutage wird übrigens meist vereinbart, daß der Käufer bestimmte, auf dem erkauften Grundstücke lastende Hypotheken auf den Kaufpreis zu übernehmen habe, während der Verkäufer die Liberation von etwaigen anderen nicht übernommenen Hypotheken verspricht. Dann hat natürlich der Käufer nur wegen der letzteren dem Verkäufer gegenüber Ansprüche. Und zwar kann er auf Befreiung klagen und ist nicht verbunden, eine Entwährung abzuwarten. Vgl. auch Seufferts Archiv Bd. 48 n. 252. BGB. § 439 Abs. 2 besagt: Eine Hypothek, eine Grundschuld, eine Rentenschuld oder ein Pfandrecht hat der Verkäufer zu beseitigen, auch wenn der Käufer die Belastung kennt. Das gleiche gilt von einer Vormerkung zur Sicherung des Anspruchs auf Bestellung eines dieser Rechte. Vgl. Dernburg, Bürg. Recht Bd. 2 § 180 S. 41.

16) In l. 34 § 1 D. h. t. 21, 2 ist von einer Teilungsklage, in l. 39 pr., l. 66 § 1 D. eod. von einer in integrum restitutio die Rede.

17) Wird der Besitzerwerb des Käufers durch possessorische Klage in Frage gestellt und unterliegt er hierbei, so ist er nicht evinziert; es ist ihm vielmehr noch nicht tradiert, l. 11 § 13 D. de act. empt. vend. 19, 1. Er hat daher auf Verschaffung des Besitzes und nur eventuell auf Leistung des Interesses zu klagen. Vgl. freilich auch l. 38 § 3 D. de verb. obl. 45, 1.

18) l. 66 pr. D. de contr. empt. 18, 1, l. 15 § 1, l. 39 § 5 D. h. t. 21, 2. Ebenso BGB., hiernach haftet der Verkäufer auch für die Freiheit von Grundgerechtigkeiten.

19) Wegen der Lasten vgl. l. 9 C. de act. empt. vend. 4, 49 und l. 21 § 1, l. 41 D. eod. 19, 1, die freilich ein sicheres Resultat nicht ergibt. Siehe namentlich Bekker a. a. O. S. 277. Nach BGB. § 436 haftet der Verkäufer eines Grundstücks nicht für die Freiheit desselben von öffentlichen Abgaben und von anderen öffentlichen Lasten, die zur Eintragung in das Grundbuch nicht geeignet sind. — Wegen der Rückstände von Abgaben und Lasten steht der Verkäufer ein, wenn sie der Käufer nicht übernahm.

d) Der Verkäufer ist nicht regreßpflichtig, wenn der Käufer das bessere Recht des Evinzenten zur Zeit des Kaufes kannte.[20]

Ebensowenig, wenn er „frei von Verbindlichkeiten" verkaufte oder wenigstens die Haftung wegen Eviktion ablehnte. Nicht einmal die Rückgabe des gezahlten Kaufpreises liegt ihm dann im Eviktionsfalle ob. Wußte er aber, daß er ohne Recht sei, und erschlich er den Verzicht auf Eviktion, so haftet er dem Käufer trotz desselben wegen seines Dolus.[21]

2. Den Gegenstand des Anspruches des evinzierten Käufers bildet sein Interesse.[22]

Gemäß der allgemeinen Grundsätze ist dasselbe nach der Zeit des Urteiles über die Regreßklage zu bemessen.[23] Dabei ist der Wert, den die Kaufsache für den Käufer hätte, zu schätzen. Der Kaufpreis kommt nicht in Betracht.[24]

Ging die Sache durch mehrere Hände — von A. an B., von B. an C., — und wird C. evinziert, so hat B. Regreß gegen A. wegen der Eviktion seines Nachmanns und C. einen solchen gegen B. wegen der eigenen Eviktion. Gegen A. hat C. keinen unmittelbaren Anspruch; der Regreß ist kein springender. Aber B. ist verpflichtet, seinem Nachmann C. den Anspruch gegen seinen Vormann A. zu zedieren.[25]

3. Auf die Fälle der Eviktion blieb der Rückgriff des Käufers gegen den Verkäufer nicht beschränkt. Er kann sein Interesse vielmehr in allen Fällen fordern, in denen er durch das mangelhafte Recht des Verkäufers Vermögensnachteile erlitt. So namentlich, wenn er den Eigentümer beerbte, denn er hat dann den Kaufpreis umsonst ausgegeben; nicht minder wenn ihm die Sache vermacht oder geschenkt ist[26] oder auch wenn er sie vom wahren Eigentümer, z. B. um dessen Ansprüche zu beseitigen, gekauft hat.[27] Selbst dann ist ihm eine Klage auf Schadloshaltung nicht zu versagen, wenn er nachträglich erfährt, daß die Kaufsache einem Dritten gehört, so daß er die Stellung eines gutgläubigen Besitzers verliert.[28]

20) l. 27 C. h. t. 8, 44. BGB. § 439 Abs. 1. Natürlich bezieht sich dies nicht auf Fälle, in welchen der Verkäufer die Beseitigung des Rechtes des Dritten versprochen hatte.

21) l. 6 § 9, l. 11 § 18 D. de act. empt. vend. 19, 1, l. 69 § 5 D. h. t. 21, 2. Über die letztere Stelle siehe die bei Arndts § 303 Zitierten. Scharff, die Lehre vom Gewährerlaß, Greifswald 1888. BGB. § 443.

22) Eigenartig BGB. § 440 Abs. 1. Es sollen die allgemeinen Regeln über gegenseitige Verträge maßgebend sein. Vgl. hierüber Dernburg, Bürg. Recht Bd. 2 § 181 S. 42.

23) l. 8 D h. t. 21, 2, l. 25, l. 29 C. h. t. 8, 44. Verwendungen sind zu ersetzen, l. 9, l. 16 C. h. t. 8, 44, soweit sie noch existieren, wertsteigernd sind, und der Käufer ihren Ersatz vom Evinzenten nicht erlangen konnte. l. 43, l. 45 pr. § 1 D. de act. empt. vend. 18, 1. Über Kostenersatz siehe Bekker S. 310. Wird ein Teil der Kaufsache evinziert, so ist natürlich nicht bloß dessen Wert zu schätzen, sondern nicht minder, um wie viel das dem Käufer Übrigbleibende für diesen weniger wert ist.

24) l. 70 D. h. t. 21, 2, l. 66 § 3 D. eod. Das Interesse kann — bei Sinken des Wertes der Kaufsache — niedriger als der Kaufpreis sein.

25) l. 61, l. 39 § 1, l. 71 D. h. t. 21, 2.

26) l. 41 pr. § 1 D. h. t. 21, 2, l. 13 § 15 D. de act. empt. vend. 19, 1. BGB. § 440 Abs. 3.

27) l. 29 pr. D. h. t. 21, 2. BGB. § 440 Abs. 3. Dies wurde im wesentlichen vertreten von Eck, die Verpflichtung zur Gewährung des Eigentums 1874.

Natürlich muß aber in derartigen Fällen der Käufer dem Verkäufer gegenüber den Beweis führen, daß der Dritte ein besseres Recht an der Sache hatte als der Verkäufer.[29]

4. Der Rückgriff besteht nicht bloß beim Kaufe, sondern auch beim Tausche, der Teilung, dem Vergleiche, überhaupt in allen Fällen entgeltlicher Veräußerung.[30]

§ 357. Haftung für Zusagen und Mängel.[1]

Nach allgemeinen Rechtsgrundsätzen ist der Verkäufer dem Käufer zur Leistung des Interesses verbunden, wenn er Eigenschaften der Kaufsache versprach, die ihr fehlen, oder, wenn er beim Kaufabschlusse Mängel derselben kannte und diese schuldhafterweise verschwieg.[2][3]

Diese Pflichten des Verkäufers steigerte das ädilizische Recht, welches sich im Anschlusse an die Edikte der kurulischen Ädilen entwickelte.

Die Ädilen hatten kraft ihrer Marktjurisdiktion zunächst besondere Edikte für Sklavenverkäufe, dann auch für Verkäufe von Spannvieh[4] erlassen; die Jurisprudenz der Kaiserzeit wendete diese Normen auf alle

---

28) Ist die der Eviktion unterworfene Sache vor der Eviktion durch Zufall untergegangen, so kann der Käufer nichts von dem Verkäufer fordern, dieser sei denn wegen Dolus verantwortlich. l. 21 pr. D. h. t. 21, 2, l. 26 C. h. t. 8, 44. Vgl. aber BGB. § 440 Abs. 2 am Ende.

29) Vgl. Eck, die Verpflichtung zur Gewährung des Eigentums 1874. Noch weiter geht das BGB. Danach ist der Verkäufer verpflichtet, dem Käufer die Sache zu Eigentum und frei von Rechten Dritter zu verschaffen. BGB. §§ 433, 434.

30) BGB. § 445. Bei solchen Verträgen, welche keinen streng geschäftlichen Charakter haben, z. B. gelegentlichem Tausch, wird jedoch oft eine Verpflichtung zur Leistung des vollen Interesses wegen Entwährung außerhalb der Vertragsintention liegen und um deswillen nicht anzunehmen sein. Vgl. Bernhöft in Bekker und Fischer, Beiträge zum Entwurf des bürg. Gesetzbuches Heft 12 S. 10.

1) Tit. Dig. de aedilicio edicto et redhibitione et quanti minoris 21, 1, Cod. de aediliciis actionibus 4, 58. Neustetel in seinen und Zimmerns Untersuchungen n. 9, Unterholzner im Archiv für ziv. Praxis Bd. 6 n. 3, Hermann Keller in Sells Jahrb. Bd. 3 S. 86, Bechmann, Kauf B. 1 S. 391, Hanausek, die Haftung des Verkäufers für die Beschaffenheit der Ware 1883—1887.

2) Dies galt bereits zur Zeit Ciceros im Grundstücksverkehr; de officiis III cap. 16 § 65. Vgl. über das ältere Recht Bechmann Bd. 1 S. 192, Pernice, Labeo Aufl. 2 Bd. 2 Abt. II S. 239. BGB. § 463 besagt: Fehlt der verkauften Sache zur Zeit des Kaufes eine zugesicherte Eigenschaft, so kann der Käufer . . . Schadensersatz wegen Nichterfüllung verlangen. Das gleiche gilt, wenn der Verkäufer einen Fehler arglistig verschwiegen hat.

3) Schon hier sei folgender maßgebende Ausspruch angeführt: l. 13 pr. D. de act. empt. vend. 19, 1. Ulpianus libro 32 ad edictum: Julianus libro 15 inter eum, qui sciens quid aut ignorans vendidit, differentiam facit in condemnatione ex empto: ait enim, qui pecus morbosum aut tignum vitiosum vendidit, si quidem ignorans fecit; id tantum ex empto actione praestaturum, quanto minoris essem empturus, si id ita esse scissem: si vero sciens reticuit et emptorem decepit, omnia detrimenta, quae ex ea emptione emptor traxerit, praestaturum ei: sive igitur aedes vitio tigni corruerunt, aedium aestimationem, sive pecora contagione morbosi pecoris perierunt, quod interfuit idonea venisse erit praestandum.

4) l. 1 § 1 D. h. t. 21, 1 — Sklavenedikt —, l. 38 pr. D. eod. — Jumentenedikt von Bechmann a. a. O. genannt.

Verkäufe an[5] und hiernach bestimmte man die Haftung des Verkäufers wegen Zusagen und wegen verborgener Mängel.[6]

a) Der Verkäufer haftet nach Ädilenrecht nicht bloß für versprochene, sondern für alle bei der Verhandlung und ihrer Vorbereitung angegebenen Eigenschaften der Kaufsache — der dicta wie der promissa, sofern der Käufer nicht die Unrichtigkeit der Angaben kannte.[7] Vage Anpreisungen aber, die im Verkehr allgemein nur als Redensarten gelten, sind rechtlich ohne Bedeutung.[8]

b) Der Verkäufer haftet ferner für nicht angezeigte Mängel der Ware, d. h. solche Abweichungen von ihrer gewöhnlichen Beschaffenheit, welche ihre Brauchbarkeit oder Verkäuflichkeit beeinträchtigen.[9] [10] Wegen

---

5) l. 1 pr., l. 63 D. h. t. 21, 1, l. 11 § 3 D. de act. empt. vend. 19, 1. Wlassak, zur Geschichte der negotiorum gestio S. 169, Hanausek a. a. O. S. 55.

6) Zahlreiche Bestimmungen des Edikts hingen mit spezifisch römischen Verkehrsgewhnheiten zusammen und sind nicht rezipiert. a) Der Verkäufer mußte dem Käufer binnen 2 Monaten nach dem Verkauf die Abwesenheit von Mängeln ausdrücklich promittieren l. 28 D. h. t. 21, 1, l. 11 § 4 D. de act. empt. vend. 19, 1; vgl. auch l. 62 D. h. t. Diese Garantiestipulation wegen Mängel pflegte mit der stipulatio duplae wegen Eviktion verbunden zu werden, ging jedoch in der Regel nicht auf das Doppelte, sondern auf das Interesse, vgl. l. 31 D. de evict. 21, 2. Beispiele finden sich bei Bruns fontes ed. VI p. 288, s. auch Hermes Bd. 19 S. 419. Für den Fall der Nichtleistung der Garantiestipulation konnte der Käufer den Kauf mit einer actio redhibitoria rückgängig machen. In Deutschland ist eine solche Klage ganz unbekannt, Hanausek Bd. 1 S. 79. b) Der Käufer hat binnen 2 Monaten eine redhibitorische Klage, wenn ihm mit dem verkauften Vieh dessen Aufputz — ornamenta — nicht geliefert wurde. l. 38 pr. § 11 D. h. t. 21, 1. c) In mehreren Fällen wurde der Verkäufer, welcher sich gegen das Edikt verfehlte, in das Doppelte verurteilt. Es war dies namentlich der Fall, wenn man es bei der actio redhibitoria trotz des Restitutionsbescheids des Richters zur Geldkondemnation kommen ließ; fügte man sich dem arbitrium de restituendo, so hatte man weiter nichts zu leisten. So ist l. 45 D. h. t. zu verstehen. Siehe Eck in den Festgaben für Beseler S. 187.

7) l. 19 § 2 D. h. t. 21, 1, l. 17 § 20, l. 18 D. eod., vgl. Bechmann a. a. O. S. 408. Angaben des Verkäufers über den Flächeninhalt des verkauften Grundstückes sind in der Regel als Zusicherung einer Eigenschaft aufzufassen. Vgl. l. 2 pr., l. 4 § 1, l. 6 pr., l. 13 § 14, l. 22, l. 42 D. de act. empt. vend. 19, 1, l. 65 § 6 D. de evict. 21, 2. Jedoch können sie auch bloß zu allgemeiner Orientierung dienen, ohne daß sie verpflichtend sein sollen. In welchem Sinne die Angaben gemacht sind, ergibt sich namentlich aus der Ortsgewohnheit. Vgl. BGB. § 468.

8) l. 19 pr. D. h. t. 21, 1. Ulpianus libro 1 ad edictum aedilium curulium: Sciendum tamen est quaedam et si dixerit praestare eum non debere, scilicet ea, quae ad nudam laudem servi pertinent: veluti si dixerit frugi probum dicto audientem. ut enim Pedius scribit, multum interest, commendandi servi causa quid dixerit, an vero praestaturum se promiserit quod dixit. l. 19 § 3 D. eod. Hanausek a. a. O. Bd. 1 S. 76 Anm. 4.

9) Nur vom Mangel der Brauchbarkeit spricht l. 1 § 8 D. h. t. 21, 1. Ulpianus libro 1 ad edictum aedilium curulium: Proinde si quid tale fuerit vitii sive morbi, quod usum ministeriumque hominis impediat, id dabit redhibitioni locum, dummodo meminerimus non utique quodlibet quam levissimum efficere, ut morbosus vitiosusve habeatur. Dem steht der Fall gleich, daß die „Handelbarkeit" der Ware beeinträchtigt ist. Vgl. jedoch Hanausek a. a. O. Bd. 1 S. 69. Über BGB. § 459 vgl. Anm. 10.

10) Windscheid, Voraussetzung n. 73, Pand. Bd. 2 § 395 sucht die ädilizischen Klagen auf den Gedanken der „Voraussetzung" zurückzuführen. Dagegen Crome, Archiv für ziv. Praxis Bd. 78 n. 4. Mit Recht. Der redselige Käufer kauft ein Reitpferd und erklärt dabei, er wolle es auch als Kutschpferd einspannen. Kann er es zurück=

sichtbarer Mängel hat der Käufer aber keine Ansprüche, wenn die Ware beim Verkaufe vorlag, oder wenn er sie vorher besehen hatte.[11]

Die ädilizischen Ansprüche sind nicht davon abhängig, daß der Verkäufer die Mängel kannte oder kennen konnte.[12] Sie treten z. B. auch dann in Kraft, wenn das verkaufte Vieh zur Zeit des Kaufschlusses krank, die Krankheit aber noch nicht erkennbar war, aber sie führen auch nur zur Aufhebung des Geschäftes oder Preisminderung und keineswegs zum Ersatze des vollen Interesses des Käufers, z. B. des Schadens der Ansteckung seines Stallviehes durch das gekaufte Stück.[13] Es handelt sich also um eine Art von Vermittlung zwischen den Ansprüchen beider Teile.

§ 358. Die ädilizischen Klagen im einzelnen.

Der Käufer hat nach ädilizischem Rechte wegen falscher Angaben und verborgener Mängel nach seiner Wahl entweder die actio redhibitoria oder die actio quanti minoris.[1]

1. Die actio redhibitoria — Wandlungsklage — bezweckt **Aufhebung des Geschäftes** zwischen Käufer und Verkäufer.[2]

a) Sie führt zur Rückgabe des gezahlten Kaufpreises,[3]) ferner zur Erstattung landesüblicher Zinsen desselben vom Momente seiner Zahlung.[4]

b) In der Regel hat der Käufer dagegen die Kaufsache mit ihrem Zubehör, deren Früchte und alles was sie sonst abwarf, zurückzugeben,[5]

---

geben, wenn es sich hierzu nicht gewöhnen will, obgleich es im übrigen fehlerlos ist? Der Verkäufer genügt seiner Pflicht, wenn die Ware objektiv gut ist, und wenn sich seine Zusagen bewahrheiten. Was der Käufer sonst erwartet und voraussetzt, geht ihn nichts an. Doch bestimmt BGB. § 459: Der Verkäufer einer Sache haftet dem Käufer dafür, daß sie zu der Zeit, zu welcher die Gefahr auf den Käufer übergeht, nicht mit Fehlern behaftet ist, die den Wert oder die Tauglichkeit zu dem gewöhnlichen oder dem **nach dem Vertrage vorausgesetzten Gebrauch** aufheben oder mindern. Vgl. hierüber Dernburg, Bürg. Recht Bd. 2 § 184 S. 49.

11) l. 14 § 10 in fine D. h. t. 21, 1. Ulpianus libro 1 ad edictum aedilium curulium ... ad eos enim morbos vitiaque pertinere edictum aedilium probandum est, quae quis ignoravit vel ignorare potuit. l. 1 § 6 D. eod. BGB. § 460, vgl. auch § 464.

12) l. 1 § 2 D. h. t. 21, 1.

13) Vgl. die oben Anm. 3 abgedruckte l. 13 pr. D. de act. empt. vend. 19, 1.

1) Auch BGB. § 462 stellt dem Käufer beide Klagen zur Auswahl, doch kann nach § 487 bei Verkäufen von Vieh (vgl. § 481) der Käufer nur Wandelung, nicht Minderung verlangen. Die besonderen Vorschriften über die Haftung wegen Viehmängel siehe das. §§ 481 ff. Vgl. Dernburg, Bürg. Recht Bd. 2 § 196 S. 76.

2) l. 23 § 7 D. h. t. 21, 1. Julianus ait judicium redhibitoriae actionis utrumque, id est venditorem et emptorem quodammodo in integrum restituere debere l. 23 § 1, l. 60 D. eod. Aber freilich werden keineswegs alle auch entfernte Folgen des Verkaufes beseitigt, vielmehr hat man sich innerhalb gewisser Grenzen gehalten, wie dies dem Grundgedanken einer Vermittlung zwischen den Ansprüchen entsprach, l. 17 § 2 D. de furtis 47, 2. Daß es sich nur um **persönliche** Ansprüche handelt und keineswegs um dingliche gegen Dritte, ist selbstverständlich. Vgl. noch Dehn, die act. redhibitoria in ihrer Funktion als Schadensersatzklage 1896.

3) l. 27 D. h. t. 21, 1. Ist der Kaufpreis noch nicht gezahlt, so ist der Käufer von seiner Schuld zu liberieren, „sive ipsi venditori obligatus est, sive etiam alii". l. 29 § 1 D. h. t. 21, 1.

4) l. 29 § 2 D. h. t. 21, 1, vgl. l. 27 § 1 D. de minoribus 4, 4. Ebenso BGB. § 347.

5) l. 23 § 9, l. 24, l. 31 §§ 2—4, l. 33 D. h. t. 21, 1.

ebenso auch die Wertverminderung zu ersetzen, welche die Sache durch seine oder seiner Leute Schuld erlitt.[6] Dies ist die Bedingung der Durchführung seines Anspruches. Jedoch kann er trotz Rückempfangs des Kaufpreises die Kaufsache so lange zurückhalten, bis ihm auch die Auslagen ersetzt sind, die er auf sie verwandte.[7] [8]

Steht der Käufer von der Redhibition nachträglich ab, so kann sie der Verkäufer nicht seinerseits betreiben, selbst wenn auf sie durch rechtskräftiges Urteil erkannt wäre.[9] Denn die Redhibition ist Recht und keineswegs Pflicht des Käufers.

c) Zufälle, welche der verkauften Sache beim Käufer zustoßen, treffen den Verkäufer; letzterer hat daher den Preis selbst dann zurückzuerstatten, wenn er wegen zufälligen Unterganges der Kaufsache nichts dagegen erhält. Dem gaben die Römer den bizarren Ausdruck „mortuus redhibetur" — der tote Sklave wird zurückgegeben, d. h. nichts.[10] [11]

d) Miterben des Käufers müssen sich über die Redhibition einigen, wenn sie redhibitorisch klagen wollen.[12] Von den Miterben des Verkäufers kann aber jeder einzelne auf Redhibition belangt werden, so daß er den auf ihn entfallenden Teil des Kaufpreises gegen Überlassung des entsprechenden ideellen Teiles der Kaufsache zurückzugeben hat.[13]

e) Wurden mehrere Objekte zusammen verkauft und ist eines mangelhaft, so erstreckt sich die Redhibition notwendig auf alle, wenn sie im Sinne des Verkehrs oder nach besonderer Erklärung beim Geschäftsschlusse als Einheit gekauft wurden.[14] Die Einheit des Preises ist für diese Absicht nicht entscheidend.[15]

---

6) l. 31 §§ 11 und 12 D. h. t. 21, 1. Das Edikt sprach nur von dem Schaden, welcher „opera familiae procuratorisve ejus" entstand, also durch deren Tätigkeit — Hanausek a. a. O. S. 144 —, aber die Interpretation der Juristen erklärte dies als verschuldeten Schaden; l. 48 pr. D. h. t. 21, 1. Vgl. auch Seuffert, Archiv Bd. 54 n. 13.

7) l. 29 § 3, l. 30 § 1 D. h. t. 21, 1. Laufende Auslagen kompensieren sich mit dem Gebrauche. Fütterungskosten sind daher dem Käufer nicht zu erstatten, wenn er von dem gekauften Tiere Gebrauch machen konnte. ROHG. Bd. 3 S. 100. Vgl. aber auch Seuffert, Archiv Bd. 52 n. 229.

8) Nach BGB. § 347 treten im Fall des Rücktritts vom Empfang an die Vorschriften ein, welche bei Rechtshängigkeit gelten würden, d. h. der Käufer gilt wie ein Verwalter fremden Guts.

9) l. 29 pr. D. h. t. 21, 1, vgl. l. 25 § 10, l. 26 D. h. t. 21, 1. Nach BGB. § 465 ist die Wandelung erst vollzogen, wenn sich der Verkäufer auf Verlangen des Käufers mit ihr einverstanden erklärt. Die Tragweite dieser Vorschrift ist freilich bestritten. Vgl. Dernburg, Bürg. Recht Bd. 2 § 185 S. 57.

10) l. 31 § 11, l. 38 § 3 D. h. t. 21, 1. Nach BGB. § 351 ist der Rücktritt ausgeschlossen, wenn der Käufer eine wesentliche Verschlechterung, den Untergang oder die anderweitige Unmöglichkeit der Herausgabe des empfangenen Gegenstandes verschuldet hat.

11) Nach § 352 BGB. ist der Rücktritt ausgeschlossen, wenn der Berechtigte die empfangene Sache durch Verarbeitung oder Umbildung in eine Sache anderer Art umgestaltet hat. Die Wandelung ist zulässig, wenn der Mangel sich erst bei der Umgestaltung der Sache gezeigt hat. (§ 467.) Vgl. auch § 353.

12) l. 31 §§ 5—7 D. h. t. 21, 1. BGB. § 356.

13) l. 31 § 10 D. h. t. 21, 1, vgl. Hanausek a. a. O. S. 149. Anders BGB. § 356.

14) l. 35 D. h. t. 21, 1. BGB. § 469.

f) Die redhibitorische Klage verjährt in 6 Monaten vom Verkauf an, aber utiliter berechnet. Nichtkenntnis des Käufers vom Fehler hindert daher den Beginn der Verjährung, es sei denn, daß sie auf grober Nachlässigkeit beruht.[16]

g) Beim Kauf geringwertiger Sachen besteht kein Redhibitionsrecht.[17]

2. Der Käufer hat ferner die Minderungsklage — actio quanti minoris — behufs Herabsetzung des Kaufpreises um denjenigen Betrag, welchen die Kaufsache infolge des Mangels weniger wert ist,[18] [19] als angenommen wurde.

a) Wegen verschiedener Mängel kann mehrmals auf Minderung geklagt werden.[20]

b) Die Minderungsklage hat den Erfolg der redhibitoria, wenn die Kaufsache völlig wertlos ist. Denn der Preis mindert sich dann auf Null, ist also in vollem Umfange zurückzugeben, dagegen aber auch die Sache.[21]

c) Die Minderungsklage verjährt in einem Jahre. Die Verjährung beginnt, wie die der actio redhibitoria.[22]

---

15) Die ältere römische Jurisprudenz nahm ohne weiteres Zusammengehörigkeit der Kaufobjekte bei Einheit des Preises — unitas pretii — an. So noch Afrikanus in der l. 34 pr. D. h. t. und Pomponius in der l. 64 pr. § 1 D. eod. auf Grund der Autorität des Labeo. Die spätere klassische Jurisprudenz, und zwar vor allem Ulpian in der l. 38 § 14, l. 59 § 1 D. h. t. 21, 1, legte auf die Einheit des Preises mit Recht kein entscheidendes Gewicht. Anders Fick im Archiv für Wechselrecht Bd. 8 § 129. Er nimmt an, die Einheit des Preises gebe dem Käufer das Recht der Wahl zwischen der Redhibition des einzelnen fehlerhaften Stückes und der Rückgabe des ganzen Assortimentes. Wie hier BGB. § 469. Vgl. hierzu § 471.

16) l. 19 § 6, l. 55 D. h. t. 21, 1. RG. Bd. 21 S. 162. Siehe übrigens Bruns und Sachau, syrisch-römisches Rechtsbuch S. 206. Über die — abweichenden — Grundsätze des BGB. vgl. §§ 477 ff. das., Dernburg, Bürg. Recht Bd. 2 § 190 S. 73.

17) l. 48 § 8 D. h. t. 21, 1. Pomponius libro 23 ad Sabinum: Simplariarum venditionum causa ne sit redhibitio, in usu est. Simplariae waren Verkäufe, bei denen eine stipulatio duplae wegen Eviktion nicht gefordert werden konnte; hierher gehören nach l. 37 § 1 D. de evict. 21, 2 solche über geringfügige Objekte. Vgl. Bruns a. a. O. S. 207. Nach BGB. gilt dieser Satz nicht. Doch hat der Käufer wegen unerheblicher Mängel keine Ansprüche gegen den Verkäufer § 459 Abs. 1 Satz 2.

18) Über die Berechnung bei der Minderungsklage geben die Quellen keine nähere Bestimmung, daher gehen die Ansichten sehr auseinander, vgl. Hellweg im Archiv für ziv. Praxis Bd. 59 n. 2, Hanausek a. a. O. Bd. 1 S. 128. Nach § 472 Abs. 1 BGB. ist der Kaufpreis in dem Verhältnisse herabzusetzen, in welchem zur Zeit des Verkaufs der Wert der Sache im mangelfreien Zustande zu dem wirklichen Werte gestanden haben würde. Hat jemand z. B. zur Erweiterung seiner Wirtschaft das Nachbarhaus, welches 10000 wert schien, für 20000 gekauft, weil es der Nachbar sonst nicht verkauft hätte und nur durch den besonders hohen Preis zum Verkaufe bewogen wurde, und findet sich hinterher Schwamm im Hause, wonach es an sich nur 8000 wert ist, so ist als Gleichung anzusetzen $\frac{8000}{10000} = \frac{x}{20000}$ $x = 16000$. Vgl. auch BGB. § 472 Abs. 2 und § 473.

19) Der Anspruch auf Preisminderung wird nicht, wie viele annehmen, dadurch berührt, daß der Käufer die Sache zu dem Betrag des Kaufpreises oder höher veräußerte. Der erworbene Anspruch auf Preisminderung wird hiernach nicht aufgehoben. RG. Bd. 17 S. 65.

20) l. 31 § 16 D. h. t. 21, 1. BGB. § 475.

21) l. 43 § 6 D. h. t. 21, 1.

d) Zwischen der redhibitoria und der quanti minoris hat der Käufer die Wahl.

Durch Erhebung der redhibitorischen Klage verliert der Käufer nicht das Recht, auf Preisminderung statt Redhibition zu klagen.[23] Dagegen kann, wer einmal auf Preisminderung geklagt hat, nicht mehr wegen desselben Fehlers auf Aufhebung des Geschäfts klagen, da er durch Anstrengung der Preisminderungsklage sich dahin entschieden hat, den Kauf aufrecht zu erhalten.

3. Die ädilizischen Rechtsnormen finden auch bei Genuskäufen Anwendung, wenn Ware der versprochenen Art geliefert ist, sich aber als mangelhaft erweist.[24] [25]

4. Ist der Kauf für beide Teile ein Handelsgeschäft, so hat der Käufer die Ware sofort nach der Ablieferung zu untersuchen und, wenn sich ein Mangel zeigt, unverzüglich eine Anzeige an den Verkäufer abzusenden. Andernfalls gilt die Ware als genehmigt, es sei denn, daß es sich um einen bei der Untersuchung nicht erkennbaren Mangel handelt. Zeigt sich später ein solcher Mangel, so muß die Anzeige unmittelbar nach der Entdeckung abgesandt werden, andernfalls gilt die Ware auch in Ansehung dieses Mangels als genehmigt. Hat der Verkäufer den Mangel arglistig verschwiegen, so kann er sich auf diese Vorschriften nicht berufen.[26]

§ 359. Aufhebung der Kaufgeschäfte.

1. Aufhebung der Kaufgeschäfte, d. h. Beseitigung ihrer Wirkungen, kann jederzeit durch die Kontrahenten vereinbart werden.[1]

2. Durch den Abschluß des Kaufvertrages kann eine Partei derart geschädigt sein, daß sie einseitig vom Geschäft abzustehen und dessen endgültige Auflösung durch den Richter zu fordern befugt ist. Hierzu be-

---

22) l. 19 § 6, l. 38 pr., l. 48 § 2 D. h. t. 21, 1. RG. Bd. 21 S. 162, oben Anm. 16. Die Grundsätze des BGB. weichen ab, vgl. §§ 477 ff.

23) Abweichend RG. Bd. 39 S. 174.

24) Die Anwendbarkeit der ädilizischen Klagen auf den Genuskauf ist sehr bestritten. Gegen dieselbe ist vorzugsweise Thöl, Handelsrecht Bd. 1 § 275 Anm. 17, wie auch Windscheid Bd. 2 § 394 n. 5. BGB. § 480 Abs. 1 bestimmt aber: Der Käufer einer nur der Gattung nach bestimmten Sache kann statt der Wandlung oder der Minderung verlangen, daß ihm an Stelle der mangelhaften Sache eine mangelfreie geliefert wird.

25) Auch bei anderen entgeltlichen Veräußerungsverträgen kann analoge Anwendung eintreten, vgl. auch BGB. § 493.

26) HGB. § 377. Vgl. auch § 378 (Lieferung einer anderen Ware als der bestellten).

1) Nach römischem Rechte konnten Konsensualkontrakte durch Willensübereinstimmung der beiden Parteien — contrarius consensus — nur aufgehoben werden, wenn noch von keiner Seite geleistet oder das bereits Geleistete zurückgegeben war. l. 5 § 1 D. de rescind. vend. 18, 5, l. 2, l. 3, l. 5 pr. D. eod., l. 2 C. quando liceat 4, 45. Dies hing mit der Klaglosigkeit der Verträge zusammen, denn aus dem aufhebenden Vertrage entsprang keine Klage auf Rückforderung des Geleisteten; daher konnte das Geschäft in solcher Weise nicht aufgehoben werden. Für das heutige Recht gilt dies nicht mehr. Wird, nachdem von einer oder von beiden Seiten erfüllt war, die Aufhebung des Geschäftes vereinbart, so entspringt aus dem Vertrage selbstverständlich die Klage auf Rückgabe des Geleisteten. Vgl. Bechmann, Kauf Bd. 2 S. 469 ff.

rechtigen Zwang, Betrug,[2] Mängel der Kaufsache,[3] endlich Verletzung über die Hälfte — laesio enormis.

Eine Verordnung des Kaisers Diokletian gewährte nämlich dem Verkäufer, welcher nicht einmal die Hälfte des gemeinen Wertes der Kaufsache erzielt hatte, das Recht auf Reszission des Verkaufs, wobei indessen der Käufer das Geschäft bis zur Rechtskraft des reszindierenden Erkenntnisses durch Angebot des vollen gemeinen Wertes der Kaufsache erhalten konnte.[4] Diokletian hatte dabei zunächst Verkäufe aus Not im Auge, welche zu Schleuderpreisen abgeschlossen waren.[5] Seit dem Mittelalter aber legte man diesem Gesetze vermuteten Dolus des Käufers oder wenigstens Irrtum des Verkäufers zugrunde.[6] Hieraus schloß man, daß auch dem Käufer, welcher mehr als das Doppelte des Wertes der Kaufsache[7] versprochen hatte, die Vermutung und Anfechtung zugute kommen müsse. Man nahm das gleiche auch bei anderen gegenseitigen Verträgen an, kraft deren Leistungen ausgetauscht werden sollten. Dies wurde gemeine Gewohnheit.

Wer jedoch behufs einer Spekulation kaufte, konnte, wenn diese fehlschlug, sich nicht auf übermäßige Verletzung berufen.[8] Auch blieb in der Praxis stets zweifelhaft, ob in öffentlicher Versteigerung abgeschlossene Käufe wegen Verletzung über die Hälfte anfechtbar seien. Da sich hierfür eine feste Gewohnheit nicht bildete, so galt die Anfechtung als unzulässig.[9] Verzichte auf die Anfechtung waren rechtsverbindlich, wenn sie nicht in einer Notlage oder durch Dolus und Irrtum veranlaßt wurden.[10]

3. Verzug des Verkäufers in der Lieferung der Ware oder des Käufers in deren Abnahme und Zahlung des Kaufpreises gibt dem anderen Teil ein Rücktrittsrecht nur, wenn es besonders ausbedungen oder nach der besonderen Sachlage durch Billigkeit gerechtfertigt ist.[11]

---

2) l. 1, l. 5 pr., l. 10 C. de resc. vend. 4, 44.

3) Vgl. § 358.

4) l. 2 C. de resc. vend. 4, 44. Imp. Diocletianus et Maximianus: Rem majoris pretii si tu vel pater tuus minoris pretii distraxit, humanum est, ut vel pretium te restituente emptoribus fundum venditum recipias auctoritate intercedente judicis, vel, si emptor elegerit, quod deest justo pretio recipies. minus autem pretium esse videtur, si nec dimidia pars veri pretii soluta sit a. 285, l. 8 C. eod. Vgl. Chambon, Beiträge zum Obligationenrecht 1851 S. 111 ff., Sandstein, laesio enormis. Berliner Inaug.Diss. 1887. — Das klassische römische Recht des Kaufes beruhte auf der Vertragsfreiheit, l. 22 § 3, l. 23 D. locati 19, 2, und unbegründet ist die Ansicht von Chambon, daß Diokletians Verordnung auf Prinzipien des bisherigen Rechts basiere.

5) Hierfür spricht die Motivierung der Verordnung „humanum est". Es stimmt dies aber auch mit der wirtschaftlichen Politik Diokletians, welcher bekanntlich durch ein auf Inschriften erhaltenes Edikt das Maximum der Preise festzustellen suchte.

6) Beiträge zur Dogmengeschichte gibt Chambon a. a. O. S. 117.

7) Streitig ist, ob das Doppelte des „gemeinen Wertes" oder „das Interesse" zugrunde zu legen ist. Das RG. Bd. 10 S. 126 läßt die Frage offen.

8) RG. Bd. 10 S. 126.

9) RG. Bd. 6 S. 152.

10) Das BGB. hat, ebenso wie bereits das bisherige Handelsgesetzbuch, die Anfechtung wegen Verletzung über die Hälfte beseitigt. BGB. § 138 Abs. 2.

11) Vgl. oben § 298 Anm. 10 ff., Regelsberger im Archiv. für ziv. Praxis Bd. 50 n. 2.

§ 360. Tauschverträge.[1]

Eine andere wirtschaftliche Bedeutung als der Kauf, d. h. Umsatz von Waren gegen Geld, hat der Tausch, der Umsatz von Waren gegen Ware. Der Kauf hat einen streng geschäftlichen Charakter, ist er doch das wichtigste und allgemeinste Verkehrsgeschäft. Der Tausch dagegen wird meist nur gelegentlich abgeschlossen und hat häufig keinen streng geschäftlichen Charakter.

Demzufolge trennte die entwickelte römische Jurisprudenz — im Gegensatz zur älteren Lehre, welche die Sabinianer vertraten — beide Arten von Verträgen streng voneinander. Der Tausch wurde nicht durch bloßen Konsens klagbar, er bildete vielmehr einen Innominatkontrakt,[2] und nur wer seinerseits erfüllt hatte, konnte mit einer actio praescriptis verbis auf die eingetauschte Ware klagen. Es war überdies zulässig, nach freier Wahl das Hingegebene mit einer condictio zurückzufordern.

Dies ist infolge der allgemeinen Klagbarkeit der Verträge antiquiert. Man kann unmittelbar aus dem Tauschvertrage auf Erfüllung klagen, so daß aber dem Kläger, wenn er nicht geleistet hat, oder nicht zur Leistung bereit ist, exceptio non adimpleti contractus entgegensteht. Rückgabe des in Tausch Gegebenen kann daher nur unter den gleichen Umständen verlangt werden, unter denen man auch von einem Verkaufe zurücktreten darf.

Als weitere Folge ist anzusehen, daß mit Abschluß des Tausches jeden Teil die Gefahr der ihm zugesagten Sache trifft, daß ihm aber auch deren Nutzungen gebühren.

Beide Teile haben beim Tausch die Rechte und Pflichten von Verkäufern. Dies gilt namentlich für Eviktion,[3] für Zusagen und Mängel,[4] wie auch wegen Verletzung über die Hälfte.

Bereits die Römer erklärten beim Tauschvertrage jeden Teil dazu verbunden, den anderen zum Eigentümer der Tauschsache zu machen.[5] Es lag hierin ein Unterschied vom Verkaufe; derzeit gilt das gleiche auch beim Kaufvertrage.[6]

Nach BGB. § 326 kommen die allgemeinen Grundsätze der gegenseitigen Verträge zur Anwendung.

1) Tit. Dig. de rerum permutatione 19, 4 Cod. 4, 64. Bernhöft in Bekker und Fischer, Beiträge zum Entwurf eines bürg. Gesetzbuches Heft 12. — Damm de Seydewitz, de permutatione, Hallenser Inaug.Diss. 1868, G. Lukas, über den Tausch, Freiburger Inaug.Diss. 1899.

2) l. 1 § 2 D. h. t. 19, 4. Vgl. oben § 264.

3) Vgl. aber auch oben § 356 Anm. 31.

4) l. 2 D. h. t. 19, 4. Da aber beim Tausch ein „Preis" nicht besteht, kann auf „Preisminderung" nicht geklagt werden, sondern nur auf Redhibition und außerdem auf Schadensersatz, wenn dies im Falle eines Verkaufes zulässig gewesen wäre. Bernhöft a. a. O. S. 30.

5) l. 1 pr. D. h. t. 19, 4.

6) BGB. § 515 bestimmt über den Tausch nur: Auf den Tausch finden die Vorschriften über den Kauf entsprechende Anwendung. Vgl. Dernburg, Bürg. Recht Bd. 2 § 199 S. 103.

II. Spiel und Wette.

§ 361. Spiel.[1]

Spiel ist die Vereinbarung von Gewinn und Verlust unter entgegengesetzten Bedingungen aus Spiellust, d. h. um durch Wagen Gewinn zu erhaschen und die Zeit zu vertreiben.

Das Spiel steht im Gegensatze zu ernsten, dem Leben und der bürgerlichen Gesellschaft nützlichen Beschäftigungen. Es ist unnütz, oft sogar verderblich; denn ungezügelte Spiellust untergräbt das Wohl einzelner, ja ganzer Gesellschaftskreise.

Daher waren Spielgeschäfte um Geld oder Geldeswert in Rom nichtig und wenigstens bis Justinian strafbar.[2] Sie begründeten keine Klage und das auf sie Gezahlte durfte zurückgefordert werden; erst in 50 Jahren verjährte diese Rückforderung.[3] Gewisse Kampfspiele jedoch galten als erlaubt, ja sogar als löblich. Daher waren Klagen aus ihnen zulässig, immerhin nur bis zu einem geringen Betrage.

Heutzutage belegt das Strafgesetzbuch unter gewissen Voraussetzungen das Spielen, namentlich gewerbsmäßiges Glücksspiel, mit öffentlichen Strafen.[4] Strafbare Spielgeschäfte sind als gegen die guten Sitten verstoßend nichtig, so daß auf sie Gezahltes zurückgefordert werden kann.[5]

Aber auch nicht strafbare Spiele stehen außerhalb der Sphäre des Rechtes. Daher kann der Spielgewinn nicht durch Klage, auch nicht durch Kompensation zwangsweise beigetrieben werden. Rückforderung des Gezahlten ist jedoch unzulässig.[6]

Die Klaglosigkeit macht es notwendig, das Spiel von anderen ähnlichen Geschäften abzugrenzen.

Dem Spiel steht besonders nahe die Wette. Viele meinen, im Spiel bestimme die Tätigkeit der Spieler den Ausgang; anderenfalls liege Wette vor. Dies ist unzutreffend, da Glücksspiele oft ohne Tätigkeit der Spieler vor sich gehen. Entscheidend ist vielmehr die Absicht des Spielens.[7]

---

1) Tit. Dig. de aleatoribus 11, 5 Cod. de aleae lusu 3, 43 — durchaus auf Restitution beruhend; Wilda in der Zeitschrift für deutsches Recht Bd. 8 n. 8; Bruck über Spiel und Wette 1868; Krügelstein über den begrifflichen Unterschied von Spiel und Wette 1869; H. Schuster, das Spiel im deutschen Rechte 1878; Schönhardt, Alea: über die Bestrafung des Glücksspieles im älteren römischen Rechte 1885.

2) l. 2 § 1 D. h. t.

3) l. 1 § 2 C. h. t. 3, 43.

4) Strafgesetzbuch §§ 284 u. 360 Ziff. 14.

5) So auch Seuffert, Archiv Bd. 50 n. 164.

6) So auch BGB. § 762 Abs. 1. Vgl. RG. Bd. 39 S. 163. Daß die Rückforderung im Falle des Betruges nicht ausgeschlossen ist, braucht kaum betont zu werden. Auch Hingabe an Zahlungs Statt kann nicht zurückgefordert werden. Aber gegenüber einem Schuldversprechen, welches an die Stelle der Spielschuld trat, insbesondere einem Wechsel, steht die Einrede offen, daß der Grund Spiel war. Ebenso BGB. § 762 Abs. 2.

7) Das RG. behandelt hiernach Beteiligung an dem bei Pferderennen eingerichteten

Aber freilich muß diese objektiv in den Bedingungen und Regeln über Gewinn und Verlust hervortreten. Es kann also nicht genügen, daß die Beteiligten subjektiv der Spiellust fröhnten, um ein Geschäft, daß nach seinen Bestimmungen als ein ernstes erscheint, als Spiel in Frage zu stellen. Damit wäre die Sicherheit des Verkehrs bedroht. Daher sind z. B. die Zeitkäufe der Börse klagbar. Obgleich sie häufig dem Spiele dienen, können sie auch eine ernste geschäftliche Bestimmung haben.[8] [9]

§ 362. Die Wette.[1]

In Rom waren Spiele verboten, aber Wetten — sponsiones im besonderen Sinne — erlaubt und klagbar, und seit alters sehr verbreitet.[2]

Auch bei Wetten handelt es sich um Wagen und Gewinnen unter entgegengesetzten Bedingungen. Doch ihr Zweck ist nicht, zu spielen. Wetten werden vielmehr im Meinungskampfe geschlossen zur Erhärtung des Ernstes der entgegengesetzten Behauptungen der Wettenden und zur Herbeiführung einer Entscheidung über dieselben. Was aber den Namen Wette führt, darf nicht in Wettspiel ausarten, sonst ist es als Spiel zu behandeln.[3] [4]

Es war ferner ein richterliches Moderationsrecht bei übertriebenen Wettsummen anzuerkennen.[5] Denn solche arten in Spiel aus, und sind jedenfalls gegen die guten Sitten.[6] [7]

Totalisator, bei welchem Einsätze auf die mitrennenden Pferde gemacht wurden, als Glücksspiel. Vgl. Dernburg, Bürg. Recht Bd. 2 § 211 S. 139 Anm. 2.

8) Dagegen sind Spielgeschäfte die „reinen Differenzgeschäfte", bei denen es nur auf Zahlung der Differenz des Kurses eines bestimmten Tages, z. B. Ultimo des Monats und des Tages des Geschäftsschlusses abgesehen ist. Aus den Umständen kann sich ergeben, daß was Verkauf genannt ist, reines Differenzgeschäft sein sollte. Vgl. Dreyer im sächs. Arch. für bürg. Recht Bd. 2 S. 401, Wiener, das Differenzgeschäft vom Standpunkt der jetzigen Rechtsprechung 1893, Simon, Klagbarkeit der Differenzgeschäfte in Goldschmidts Zeitschr. Bd. 41 S. 455, G. A. Leist, Archiv für ziv. Praxis Bd. 83 n. 2. Vgl. BGB. § 764, insbesondere aber Börsengesetz v. 22. Juni 1896 §§ 66, 69; siehe Dernburg, Bürg. Recht Bd. 2 § 213 S. 143; v. Seeler, der Spieleinwand im Arch. f. bürg. Recht Bd. 24 S. 1 ff.

9) Aus Kreditgeschäften zur Erlangung der Mittel zum Spielen wird dem Kreditierenden, wenn er den Zweck kannte, die Klage versagt l. 2 § 1 D. quarum rerum actio 44, 5. Anderer Ansicht Windscheid Bd. 2 § 420 Anm. 7. BGB. hat die Bestimmung beseitigt. Ohne Relevanz ist die Kategorie der aleatorischen oder gewagten Geschäfte. Dahin rechnet man unter anderem Wetten, Hoffnungskäufe — l. 8 § 1 D. de contr. empt. 18, 1, oben § 351 Anm. 12 — selbst Versicherungsverträge. Sie haben mit dem Spiele ein Wagnis gemeinsam, da durchweg Existenz oder Umfang eines Anspruches von ungewissen Eventualitäten abhängig gemacht wird, ohne daß dies auf die Gegenleistung einen Einfluß hat. Aber Spiele sind sie nicht, sofern sie ernste Zwecke verfolgen.

1) l. 17 § 5 D. de praescriptis verbis 19, 5, Stobbe-Lehmann, Deutsch. Privatr. Bd. 3 § 244 Anm. 10.

2) In Rom ersetzten die sponsiones zum Teil unsere heutigen „Anerkennungsklagen".

3) Vgl. oben § 361 Anm. 8.

4) Richtig waren auch Wetten um Spiele. l. 3 D. de aleatoribus 11, 5. Das litt bei den löblichen Kampfspielen in Rom eine Ausnahme, welche keineswegs auf heutige „erlaubte" Spiele zu übertragen ist.

5) Wetten à coup sûr, bei denen der Wettende besondere sichere Quellen

III. Schenkung. Vergleich.

§ 363. Begriff der Schenkung.[1] [2]

Liberalitäten, d. h. freigebige Gewährung geldwerter Vorteile liegen in zahlreichen Geschäften, z. B. unentgeltlicher Leihe, Übernahme eines Depositums,[3] Vermächtnissen. Besonders ausgezeichnet ist aber die — Schenkung — donatio — d. h. freigebige Vermögenszuwendung durch Vertrag.

Schenkungen sind keineswegs immer sittlich und wirtschaftlich gerechtfertigt. Sie gehen zuweilen unvorsichtig unter Impulsen des Augenblicks, nicht selten unter einem moralischen Druck vor sich, welcher die Schwäche des Schenkers ausbeutet. Oft folgt ihnen Reue, wenn sie der Beschenkte mit Undank vergilt oder wenn sich die Verhältnisse des Schenkers ändern; vielfach verfolgen sie auch unlautere Zwecke. Deshalb sind Schenkungen rechtlich erschwert.

---

für die Richtigkeit seiner Behauptung hat, ohne dies dem Gegner, welcher sie nicht kennt, mitzuteilen, sind betrügerisch und als nichtig zu erachten. Viele sind zwar anderer Ansicht. Insbesondere nimmt Keller, Pand. § 229 Dolus nur an, wenn bei einer nackten Tatsache das Nichtwissen vorgespiegelt wurde. Doch die Klagbarkeit zweideutiger Wetten zu begünstigen, dafür besteht wahrlich kein Grund.

6) So Thöl, Handelsrecht Bd. 1 § 305 S. 102; dagegen Stobbe-Lehmann Bd. 3 § 244 S. 427; Windscheid Bd. 2 § 420 Anm. 1.

7) BGB. stellt die Wette dem Spiel gleich. Vgl. Dernburg, Bürg. Recht Bd. 2 § 212 S. 141.

1) Tit. Inst. de donationibus 2, 7. Dig. 39, 5. Cod. 8, 53. Meyerfeld, die Lehre von den Schenkungen Bd. 1 1835 und Bd. 2 Abt. 1 1837; Savigny, System Bd. 4 S. 1—297; Bekker, Pand. Bd. 2 §§ 102 ff.; Pernice, Labeo Bd. 3 S. 87; Burckhard, zum Begriff der Schenkung 1899, Burckhard zu Fr. Vaticana 269, Beitrag zur Lehre von Schenkung und Dos in den Festgaben für Dernburg 1900. — Beachtenswert ist auch Reatz, die Schenkung, in den Gutachten aus dem Anwaltstand über den Entw. eines bürg. Gesetzbuchs, Heft 3 S. 163.

2) Die Stellung der Schenkung im System ist eine unsichere. Die Institutionen Justinians betrachten sie als Erwerbsgrund des Eigentums und stellen sie neben die usucapio, wie Mitteis, röm. Privatrecht wohl mit Recht annimmt, weil die Sachschenkung der häufigste Fall ist. Hierin folgten ihnen die früheren Systematiker; manche neuere Schriftsteller bringen sie, wie hier geschieht, in das Obligationenrecht, weil die aus ihr entspringenden Verpflichtungen besonders wichtig sind. Andere endlich, wie namentlich Puchta, Pand. § 53 und Savigny a. a. O. S. 3, reihen sie in den allgemeinen Teil ein, weil sie einen allgemeinen Charakter hätten, welchen die verschiedensten Rechtsgeschäfte annehmen können, so daß die Schenkung kein „einzelnes Rechtsgeschäft“ bilde. Die Schwierigkeit liegt in der Sache. Die römische wie die heutige Systematik klassifiziert die Rechte nach ihrer juristischen Gestalt, also je nachdem es sich um Eigentum, Servituten, Forderungsrechte usw. handelt. Die Schenkung aber individualisiert sich nicht durch ihre juristische Gestalt, welche in der Tat die allerverschiedenste sein kann, sondern durch ihren besonderen — wirtschaftlichen — Zweck. Sie charakterisiert sich also durch eine Eigenschaft, welche dem Klassifikationsprinzip des Systems fremd ist. Es kreuzen sich verschiedene Einteilungsgründe. Da wir nur ein Prinzip dem System zugrunde legen können, so sind gewisse Abweichungen vom streng systematischen Gange unvermeidlich. Vgl. Burckhard, die Stellung der Schenkung im Rechtssystem 1891 und dort Zitierte.

3) Auch solche Liberalitäten nennt man im weiteren Sinne Schenkungen. Vgl. Savigny a. a. O. S. 13 und dort zitierte Stellen.

Zum Begriff der Schenkung gehört:

1. eine Zuwendung zugunsten des Beschenkten auf Kosten des Vermögens des Schenkers.[4]

Sie kann vor sich gehen durch Übereignung körperlicher Sachen, Abtretung ihres Besitzes, Bestellung von dinglichen Nutzungsrechten, Übertragung von Forderungen, durch Verzichte, Schenkungsversprechen.[5]

Auch die Schenkung eines ganzen Vermögens, des jetzigen und des künftigen ist zulässig.[6] Sie begründet keine Universalsukzession, geht vielmehr durch Übermachung aller einzelnen Vermögensbestandteile vor sich. Daher verbinden den Schenker seine Schulden trotz der Schenkung nach wie vor persönlich und verpflichten den Beschenkten den Gläubigern gegenüber nicht, solange er die Verpflichtungen nicht ausdrücklich übernommen hat. Der Schenker darf aber die zu deren Tilgung erforderlichen Beträge vorweg abziehen und zurückhalten und, soweit dies nicht geschah, vom Beschenkten deren Tilgung fordern.[7] [8]

Auch unentgeltliche Überlassung des Gebrauches einer Sache ist an sich nicht Schenkung, da auch sie keine Verminderung des Vermögens enthält. Dies ist sie aber allerdings, wenn sie den Verlust einer regelmäßigen und ordentlichen Einnahmequelle in sich schließt, indem man z. B. für längere Zeit die unentgeltliche Benutzung eines Miethauses einräumt.[9] [10]

2. Die Schenkung muß aus der Absicht der Bezeigung einer

4) Eine engere Definition legt das römische Recht beim Verbot der Schenkungen unter Ehegatten zugrunde. Vgl. unten § 365 Ziff. 2, l. 5 § 8 D. de donat. inter vir. et uxor. 24, 1. Ulpianus libro 32 ad Sabinum . . . definiri solet eam demum donationem impediri solere, quae et donantem pauperiorem et accipientem faciet locupletiorem; ebenda § 16, l. 25 D. eod. BGB. § 516 Abs. 1 bestimmt: Eine Zuwendung, durch die jemand aus seinem Vermögen einen anderen bereichert, ist Schenkung, wenn beide Teile darüber einig sind, daß die Zuwendung unentgeltlich erfolgt. Das ist nicht zutreffend. Wer z. B. einem Nachbar etwas überläßt, bloß um es los zu werden, z. B. Gartenerde, mit der man räumen will, um einen Bau aufzuführen, schenkt nicht, obgleich er unentgeltlich überläßt und den Nachbar bereichert. Vgl. Dernburg, Bürg. Recht Bd. 2 § 205 S. 116.

5) Vgl. Meyerfeld a. a. O. Bd. 1 S. 93, Savigny a. a. O. S. 105. Man spricht von Schenken „dando", „promittendo", „liberando". — Über Verzicht vgl. oben § 322 a. E.

6) Nach BGB. § 310 ist ein Vertrag, durch den sich der eine Teil verpflichtet, sein künftiges Vermögen oder einen Bruchteil seines künftigen Vermögens zu übertragen oder mit einem Nießbrauche zu belasten, nichtig. Ein entsprechender Vertrag über das gegenwärtige Vermögen ist gültig, bedarf aber der gerichtlichen oder notariellen Beurkundung, BGB. § 311.

7) l. 28 D. de donat. 39, 5, l. 72 pr. D. de jure dotium 23, 3. Vgl. BGB. § 419.

8) Ausschlagung angetragenen Erwerbes, insbesondere einer Erbschaft oder eines Vermächtnisses, in Schenkungsabsicht fällt nicht unter das Verbot der Schenkungen unter Ehegatten, l. 5 §§ 13 und 14, l. 31 § 7 D. de donat. inter vir. et uxor. 24, 1, weil sie den Schenkenden nicht ärmer macht, als er war. Im übrigen liegt auch hierin Schenkung, Neatz a. a. O. Anders unsere 1. Aufl., Regelsberger, Pandekten Bd. 1 S. 612, Hölder, Pand. § 55. Anders auch BGB. § 517; vgl. hierzu Dernburg, Bürg. Recht Bd. 2 § 205 S. 118.

9) l. 9 pr. D. h. t. 39, 5. Savigny a. a. O. S. 32.

10) Nach l. 23 pr. D. h. t. 39, 5 ist Erlaß oder Minderung künftiger Zinsen keine Schenkung.

Freigebigkeit — dem animus donandi — hervorgehen.[11] Welche weiteren Zwecke sich dahinter verbergen, ob Wohlwollen und Edelmut, Prahlerei oder unsaubere Bestrebungen, z. B. die Gewinnung der Gunst einer einflußreichen Person, ist für den Begriff der Schenkung gleichgültig.

Die Schenkungsabsicht beruht auf dem Entschlusse der Freigebigkeit, welcher zutage getreten sein muß. Bleibt die Absicht einer Vermögensübertragung ungewiß, so ist keine Schenkung zu unterstellen, vielmehr in der Regel eine condictio sine causa, nach Umständen eine actio negotiorum gestorum, begründet.[12]

3. Die Schenkung fordert einen Vertrag zwischen dem Schenker und Beschenkten.[13] Allerdings kann sich zum Zweck einer Schenkung eine Zuwendung auch ohne Zustimmung des Begünstigten vollziehen, z. B. durch Zahlung einer Schuld an dessen Gläubiger. Aber eine Schenkung erwächst hieraus nur, wenn der Bedachte die Gunst annimmt, was auch stillschweigend geschehen kann; lehnt er die Schenkung ab, so schuldet er den entsprechenden Betrag dem Schenker, welchem dann die condictio sine causa zusteht.

4. Als Unterarten der Schenkungen pflegt man hervorzuheben:

a) Die remuneratorischen oder belohnenden, wegen der Verdienste des Beschenkten um den Geber, um Dritte oder das Gemeinwesen.[14] Solche Schenkungen unterscheiden sich aber in der Regel durch nichts von anderen.

b) Eine eigene Art bilden nur die Schenkungen von Todeswegen — mortis causa —, unter der Bedingung, daß der Beschenkte den Schenker überlebt. Sie nähern sich den Vermächtnissen und unterliegen in vielen Stücken ihrer Theorie.[15]

---

11) l. 1 pr. D. h. t. 39, 5. Julianus libro 17 digestorum . . . propter nullam aliam causam facit, quam ut liberalitatem et munificentiam exerceat: haec proprie donatio appellatur. Mit Recht bekämpft Reatz a. a. O. die herrschende Ansicht, daß die Schenkungsabsicht mit der Absicht der Bereicherung des anderen Teiles zu identifizieren sei. Man schenkt z. B., wenn man zu Ferienkolonien kranker armer Kinder eine Summe gibt, auch wenn diese Gabe niemanden bereichert. Über die causa donandi Lenel im Archiv für ziv. Praxis Bd. 74 S. 230. Vgl. auch RG. Bd. 14 S. 193.

12) In diesem Sinne ist es nicht unrichtig, wenn man den Satz aufstellt: „Schenkungen sind nicht zu vermuten". Vgl. l. 33, l. 44 D. de neg. gest. 3, 5. BGB. § 685 Abs. 2.

13) l. 19 § 2 D. h. t. 39, 5. Ulpianus libro 76 ad edictum: Non potest liberalitas nolenti adquiri. Siehe ferner die oben § 175 Anm. 5 abgedruckte l. 18 D. de rebus creditis 12, 1, vgl. auch Cicero, Topica cap. 8: „neque donationem sine acceptatione intelligi posse". Burckhard, über Schenkungsannahme 1892. Es kann übrigens zugestanden werden, daß die römische Jurisprudenz bezüglich dieses Erfordernisses zu einem einhellig angenommenen Dogma nicht gelangte. Pernice, Zeitschr. der Sav.Stiftg., rom. Abt. Bd. 9 S. 215, Bekker Bd. 2 S. 182. Auch nach BGB. ist die Schenkung ein Vertrag, vgl. § 516 Abs. 2, Dernburg, Bürg. Recht Bd. 2 § 206 S. 121.

14) Die Römer brauchten hierfür die Bezeichnung munus, freilich nicht ganz konsequent; Mitteis, röm. Privatrecht S. 154. Harburger, die remuneratorische Schenkung 1875. Dort findet sich ein dogmengeschichtlicher Überblick. G. Blume, remunerat. Schenkung, Freiburger Inaug.Diss. 1890. Über diese Schenkungen siehe näheres unten § 364 am Ende.

15) Eine besondere Art von Schenkungen sind die „üblichen", z. B. zu Neujahr

§ 364. Die Verbindlichkeiten aus der Schenkung.

1. Schenkungen werden häufig statt durch unmittelbare Übereignung durch Schenkungsversprechen begründet.

Sie forderten nach vorjustinianischem Rechte die Stipulationsform, Justinian erklärte aber bloßen Vertrag für hinreichend,[1] unvorgreiflich der besonderen Vorschriften über größere Schenkungen.

Die Erfüllung eines Schenkungsversprechens gilt als Zahlung der aus ihm erwachsenen Schuld, keineswegs als selbständige Schenkung.

Die Verpflichtungen aus dem Schenkungsversprechen werden besonders milde behandelt:

a) der Schenker schuldet keine Verzugszinsen;[2]

b) es kommt ihm das beneficium competentiae zugute, und zwar derart, daß seine übrigen Schulden vorabgezogen werden und ihm danach die Subsistenz gelassen wird.[3]

2. Auf Grund der Schenkung haftet der Schenker dem Beschenkten für dolus und culpa lata.[4] Er ist ihm insbesondere schadensersatzpflichtig, wenn er dolos oder durch grobe Fahrlässigkeit eine fremde oder fehlerhafte Sache verschenkte und der Beschenkte auf sie Aufwendungen machte, Auflagen ihretwegen erfüllte, Prozeßkosten wegen Eviktion auszulegen hatte, oder wenn durch Fehler des geschenkten Gegenstandes Sachen des Beschenkten verdarben.

Der Schenker, welchem solche Verschuldung nicht zur Last fällt, haftet weder für Eviktion, noch für Mängel, mag er die Sache unmittelbar geschenkt oder zur Erfüllung eines Schenkungsversprechens geleistet haben.[5]

---

an Dienstboten und an Dritte, ferner an Verwandte. Sie verdienen eine besondere rechtliche Behandlung. Doch tritt dies im römischen Rechte nicht hervor. Vgl. Regelsberger, Pand. Bd. 1 S. 621. Anders BGB. § 534: Schenkungen, durch die einer sittlichen Pflicht oder einer auf den Anstand zu nehmenden Rücksicht entsprochen wird, unterliegen nicht der Rückforderung und dem Widerrufe. Über das negotium mixtum cum donatione vgl. Lammfromm, Teilung, Darlehen, Auflage und Umsatzvertrag 1897 S. 132, W. Koeppen, Das negotium mixtum cum donatione 1901.

1) l. 35 § 5 b ff. C. h. t. 8, 53, § 2 J. h. t. 2, 7.

2) l. 22 D. h. t. 39, 5. Windscheid Bd. 2 § 366 Anm. 4. Prozeßzinsen sind keine Verzugszinsen. Daher hat sie auch der Schenker zu leisten. Die Ausschließung der Verzugszinsen nach römischem Rechte hing historisch damit zusammen, daß die Klage aus der Schenkungsstipulation stricti juris war. Allein dies war nicht der einzige Grund hierfür. Sie beruht auf Billigkeit und griff daher auch im gemeinen Recht ein, obgleich die Klage aus dem Schenkungsversprechen eine strikte Natur nicht mehr hatte. Ebenso BGB. § 522.

3) Vgl. oben § 314. BGB. § 519: Der Schenker ist berechtigt, die Erfüllung eines schenkweise erteilten Versprechens zu verweigern, soweit er bei Berücksichtigung seiner sonstigen Verpflichtungen außerstande ist, das Versprechen zu erfüllen, ohne daß sein standesmäßiger Unterhalt oder die Erfüllung der ihm kraft Gesetzes obliegenden Unterhaltspflichten gefährdet wird. Treffen die Ansprüche mehrerer Beschenkten zusammen, so geht der früher entstandene Anspruch vor. Vgl. Dernburg, Bürg. Recht Bd. 2 § 208 S. 127.

4) Übereinstimmend BGB. § 521.

5) l. 18 § 3 D. h. t. 39, 5. Ulpianus libro 71 ad edictum: Labeo ait, si quis

§ 365. Die Beschränkungen der Schenkungen.

1. Die Normen, welche die Schenkungen einschränken, betreffen teils die Form des Abschlusses, teils das materielle Recht, indem sie gewisse Schenkungen verbieten, anfechtbar oder widerrufbar machen.

Für Schenkungen über 500 Solidi verlangte Justinian gerichtliche Insinuation,[1] einmal um dem Schenker Zeit zur Überlegung zu geben, sodann um einen öffentlichen Beweis für den Fall später entstehender Streitigkeiten zu sichern.[2]

In der Rezeptionszeit setzte man an die Stelle des Solidus den Reichsdukaten, dessen Wert auf 4 Gulden des 18-Guldenfußes tarifiert wurde. Hiernach betragen 500 Solidi in heutiger Münze 4666 Mark und 67 Pfennige.

Die Insinuation geschah in der Weise, daß die vom Schenker beim Gerichte mündlich abgegebene Erklärung in die Gerichtsbücher — acta — wörtlich eingetragen wurde.[3]

---

mihi rem alienam donaverit inque eam sumptus magnos fecero et sic mihi evincatur, nullam mihi actionem contra donatorem competere: plane de dolo posse me adversus eum habere actionem, si dolo fecit. l. 2 C. de evictionibus 8, 44, Pauli sent. V 11 § 5. Nach BGB. §§ 523, 524 ist der Schenker dem Beschenkten im allgemeinen nur dann schadensersatzpflichtig, wenn er einen Mangel im Rechte oder einen Fehler der verschenkten Sache arglistig verschweigt. Doch bestehen besondere Bestimmungen für den Fall, daß der Schenker die Leistung eines Gegenstandes, insbesondere eines nur der Gattung nach bestimmten, versprochen hat, den er erst erwerben sollte. Auch in diesen Fällen haftet der Schenker indessen höchstens für grobe Fahrlässigkeit. Vgl. §§ 523 Abs. 2 und 524 Abs. 2, Dernburg, Bürg. Recht Bd. 2 § 208 S. 126.

1) Marezoll in Löhrs Magazin Bd. 4 S. 175 und in Lindes Zeitschr. Bd. 1 n. 1 1828; J. Bremer, zur Lehre von der Insinuation der Schenkungen in Jherings Jahrbüchern Bd. 13 n. 3; Herbert Pernice, zur Lehre von der Insinuation der Schenkungen, Greifswalder Inaug.Diss. 1882.

2) Im älteren Rechte waren größere Schenkungen an nicht besonders gesetzlich ausgenommene Personen durch die lex Cincia — aus dem Jahre 550 der Stadt — verboten. Zwar waren sie nicht nichtig, aber anfechtbar, bis sie sowohl rechtlich als tatsächlich vollständig vollzogen waren. Es war daher insbesondere bei verschenkten res mancipii außer der mancipatio Besitzübertragung notwendig und, wenn es sich um Mobilien handelte, auch, daß der Beschenkte mit dem interdictum utrubi den Vorzug hatte, also majore parte anni besaß. Siehe fragm. Vat. §§ 248 ff. Vgl. namentlich Mitteis, röm. Privatrecht S. 155 ff., ferner Rudorff, röm. Rechtsgeschichte Bd. 1 S. 53 und dort Zitierte; Pollack, Schenkungswiderruf 1886 S. 17. Diese Vorschriften veralteten in der christlichen Kaiserzeit. Inzwischen war die gerichtliche Insinuation für Schenkungen in Gebrauch gekommen, die zuerst Konstantinus Chlorus in seinen Gebieten zur notwendigen Form machte. Vgl. Brunner, zur Rechtsgeschichte der röm. u. germ. Urkunde S. 128. Justinian befreite von dieser Form zuvörderst Schenkungen bis zu 300 Solidi, l. 34 pr. C. h. t. 8, 53, dann solche bis zu 500 Solidi, l. 36 § 3 C. h. t. Die Richtung der Gesetzgebung Justinians ging auf Erleichterung der Schenkungen, zum großen Teile deswegen, weil man fromme Gaben damals sehr begünstigte.

3) l. 25 § 1 C. h. t. 8, 53. Nach gemeinem Recht vollzog sie sich entweder durch eine mündliche Erklärung vor Gericht, über welche ein Protokoll aufgenommen wurde, oder durch eine dem Gerichte übergebene Schenkungsurkunde, zu deren Inhalt sich der Schenker bei Gericht bekannte, worüber gleichfalls ein Protokoll errichtet wurde. Die Mitwirkung des Beschenkten beim Gericht war nicht erforderlich, die Annahme der Schenkung durch ihn konnte formlos und außergerichtlich geschehen. Nach BGB. § 518 ist zur Gültigkeit eines Vertrags, durch den eine Leistung schenkweise versprochen wird, die gerichtliche oder notarielle Beurkundung des Versprechens erforderlich, der Mangel der Form wird durch die Bewirkung der versprochenen Leistung geheilt.

Die nicht insinuierte Schenkung war nichtig, soweit sie 500 Dukaten überschritt, bis zu diesem Betrage aber gültig.[4] Nicht insinuierte Schenkungen von Sachen höheren Wertes begründeten daher Miteigentum; doch konnte der Eigentümer des größeren Teiles gegen Entschädigung Eigentum des Ganzen beanspruchen.[5] Die Nichtigkeit war von Amts wegen zu beachten.

Rentenschenkungen bedurften der Insinuation nicht, wenn die einzelnen Raten weniger als 500 Dukaten betrugen, und sich auf die Zeit des Lebens entweder des Gebers oder des Beschenkten beschränkten. Länger bewilligte Rentenschenkungen, auf unbestimmte Zeit hinaus, waren zu insinuieren, sonst völlig nichtig. Bei Rentenschenkungen auf bestimmte Zeit mußten die Beträge zusammengerechnet werden, so daß sich hiernach bemaß, ob Insinuation erforderlich war oder nicht.[6]

2. Schenkungen an den Ehegatten, welche den Schenker ärmer, den Beschenkten reicher machen, waren in Rom nichtig. Sie konvaleszierten aber, wenn der Schenker in der Ehe vor dem Beschenkten starb.[7] Schenkungen von Todes wegen wurden zugelassen.

3. Der Schenker hat das Recht des Widerrufes:[8] [9]

a) in gewissen gesetzlich bestimmten Fällen groben Undankes des Beschenkten.[10] Der Widerruf ist ein höchst persönliches Recht des Schenkers; er muß dem Beschenkten gegenüber erfolgen. Aus ihm entspringt eine

4) l. 34 § 1 C. h. t. 8, 53.

5) Das nähere in l. 34 § 2 C. h. t. 8, 53. — Die Zuwendung des Geschenkten kann durch Geschäfte — insbesondere mit Dritten — vermittelt sein, die trotz des Mangels der Insinuation rechtsbeständig sind. Dann ist wegen Mangels der Insinuation nur eine condictio sine causa des Schenkers gegen den Beschenkten zulässig auf Herausgabe der Bereicherung zur Zeit der Klageanstellung. Vgl. Windscheid Bd. 2 § 367 Anm. 7. Dieselbe Klage hatte der Schenker auch dann, wenn er die ursprünglich zulässige Vindikation nicht erheben kann.

6) Vgl. l. 34 § 4a C. h. t. 8, 53. Von der Notwendigkeit der Insinuation waren ausgenommen: a) Schenkungen durch oder an den Regenten, b) zum Wiederaufbau von Gebäuden, c) zum Loskauf von Gefangenen, d) an eine Frau durch Bestellung einer Dos zu ihren Gunsten.

7) Dem BGB. ist diese Bestimmung fremd.

8) Pollack, der Schenkungswiderruf 1886. Siehe auch Bothmer, die rechtliche Konstruktion des Widerrufs im Archiv für ziv. Praxis Bd. 61 S. 335.

9) Nach klassischem Rechte hatte der Patron das Recht willkürlichen Widerrufes von Schenkungen an seine Freigelassenen, fragm. Vat. § 272. Später wurde dies Recht auf Fälle der Undankbarkeit des Freigelassenen beschränkt, l. 1 C. de revocandis donationibus 8, 55, und außerdem wegen nachträglicher Geburt von Kindern des Patrons zugelassen, l. 8 C. eod. Justinian erhob in der l. 10 C. eod. den Widerruf wegen Undankbarkeit zu einer allgemeinen Rechtsregel.

10) Die Fälle waren folgende: a) grobe wörtliche Beleidigungen — vgl. Seuffert, Archiv Bd. 54 n. 222 —, b) Tätlichkeiten gegen den Schenker, c) bedeutende Vermögensschädigung, d) Lebensgefährdung des Schenkers, endlich e) Nichterfüllung der bei der Schenkung aufgelegten Verbindlichkeiten. Selbstverständlich ist durchweg, damit „Undankbarkeit" vorliege, Dolus erforderlich. Besondere Bestimmungen gelten für die Mutter, welche zur zweiten Ehe schreitet, bezüglich der Revokation von Schenkungen an Kinder erster Ehe, l. 7 C. h. t. 8, 55, nov. 22 cap. 35. BGB. § 530 Abs. 1 bestimmt: Eine Schenkung kann widerrufen werden, wenn sich der Beschenkte durch eine schwere Verfehlung gegen den Schenker oder einen nahen Angehörigen des Schenkers groben Undankes schuldig macht.

Revokationsklage gegen den Beschenkten und dessen Erben auf das zur Zeit der Widerrufserklärung noch beim Beschenkten Vorhandene.[11]

b) Nach der Praxis hatte, wer zur Zeit einer Schenkung kinderlos war, wenn ihm nachher eheliche Kinder geboren wurden, das Recht zum Widerruf. Auch dies Recht war ein höchstpersönliches und wurde dem Widerruf wegen Undankbarkeit analog behandelt.[12]

4. Schenkungen sind anfechtbar:

a) seitens der durch die Schenkung benachteiligten Gläubiger des Schenkers nach der Bestimmung der Anfechtungsgesetze;

b) durch verkürzte Pflichtteilserben.

Alle diese Bestimmungen sind auch bei den remuneratorischen Schenkungen anzuwenden;[13] [14] denn auch sie sind Schenkungen.

Eine Ausnahme gilt jedoch für Schenkungen zum Danke für die Rettung des Schenkers aus Lebensgefahr.[15]

---

11) Vgl. l. 7 pr. C. de revoc. don. 8, 55, Petrażycki, Fruchtverteilung S. 190. Die Widerrufserklärung muß vom Schenker persönlich ausgehen, sie kann außergerichtlich sein. Sie begründet die Klage auf Rückgabe — condictio causa finita — die aktiv und passiv vererblich ist. Pollack a. a. O. S. 50. Auch nach BGB. ist das Widerrufsrecht ein höchstpersönliches Recht des Schenkers — vgl. aber auch § 530 Abs. 2 —, nach dem Tode des Beschenkten ist der Widerruf nicht mehr zulässig (vgl. § 532 Satz 2). Ist die Schenkung widerrufen, so kann die Herausgabe des Geschenkes nach den Vorschriften über die Herausgabe einer ungerechtfertigten Bereicherung gefordert werden (§ 531 Abs. 2). Vgl. Dernburg, Bürg. Recht Bd. 2 § 209 S. 132.

12) Nach justinianischem Rechte war der Patron befugt, wegen nachgeborener Kinder die Schenkungen an seine Freigelassenen zu widerrufen, wenn er zur Zeit ihrer Vornahme keine Kinder hatte, l. 8 C. de revoc. don. 8, 55. Es war dies eine Reminiszenz des früheren unbeschränkten Widerrufsrechts des Patrons, fragm. Vat. § 272. BGB. kennt diesen Grund des Widerrufs nicht, dafür aber ein in den §§ 528, 529 näher geregeltes Recht des Schenkers, die Rückgabe des Geschenkes nach den Vorschriften über die Herausgabe einer ungerechtfertigten Bereicherung zu fordern, wenn er nach der Vollziehung der Schenkung außerstande ist, seinen standesmäßigen Unterhalt zu bestreiten und die ihm seinen Verwandten, seinem Ehegatten oder seinem früheren Ehegatten gegenüber gesetzlich obliegende Unterhaltspflicht zu erfüllen. Vgl. Dernburg, Bürg. Recht Bd. 2 § 208 S. 129.

13) Vgl. RG. Bd. 4 S. 121, aber auch BGB. § 534, oben § 363 Anm. 15.

14) Was belohnende Schenkung genannt wird, ist zuweilen in Wahrheit „Lohn", nicht Schenkung und dann sind natürlich die Beschränkungen der Schenkungen nicht anwendbar. Einen derartigen Fall behandelte Papinianus libro 29 quaestionum l. 27 D. h. t. 39, 5. Aquilius Regulus juvenis ad Nicostratum rhetorem ita scripsit: „quoniam et cum patre meo semper fuisti et me eloquentia et diligentia tua meliorem reddidisti, dono et permitto tibi habitare in illo cenaculo eoque uti". defuncto Regulo controversiam habitationis patiebatur Nicostratus et cum de ea re mecum contulisset, dixi posse defendi non meram donationem esse, verum officium magistri quadam mercede remuneratum Regulum ideoque non videri donationem sequentis temporis irritam esse. Die Entscheidung Papinians setzt voraus, daß ein Rechtssatz bestand, wonach Schenkungen von Wohnrechten nur auf Lebenszeit des Schenkers gewährt wurden. Dies ergibt auch l. 32 D. h. t. 39, 5, vgl. Harburger a. a. O. S. 6. Unter dieser Voraussetzung wurde die Frage wichtig, ob in Wahrheit Schenkung oder Honorierung vorliege, Papinian erklärt sich für das letztere, — mit Recht, siehe l. 1 pr. D. de extraord. cogn. 50, 13, Harburger a. a. O. S. 15.

15) l. 34 § 1 D. h. t. 39, 5 aus Pauli sent. V 11 § 6. Die donatio wird für „irrevocabilis" erklärt. Dies hieß im Sinne von Paulus: sie unterliegt den Beschränkungen der lex Cincia nicht; im Sinne Justinians ist es aber von einer Befreiung von der Vorschrift der gerichtlichen Insinuation zu verstehen, welche sich an Stelle der

§ 366. Der Vergleich.[1]

Vergleich — transactio — ist der Vertrag, welcher bezweckt, die Ungewißheit eines Rechtes oder die Unsicherheit seiner Erfüllung mittels gegenseitiger Zugeständnisse zu beseitigen.[2]

1. Der Vergleich wird wie die Schenkung vorzugsweise durch seinen Zweck bestimmt. Die Geschäfte, mittels deren er ins Leben tritt, sind, wie dies auch bei der Schenkung der Fall ist, verschiedener Art.[3] Er entsteht namentlich durch Anerkennung oder sofortige Erfüllung eines bestrittenen Rechts zu einem Teile gegen Verzicht auf weitergehende Prätentionen; ferner durch Verzicht auf einen Anspruch gegen eine Abfindung in Geld oder Geldeswert.[4] Wegen Eviktion sowie wegen der Mängel zur Abfindung gegebener Objekte haftet der Abfindende wie ein Verkäufer.[5]

2. Vergleichen kann man sich über Rechte jeder Art, soweit sie der Verfügung der Vergleichschließenden unterstehen.

In Rom waren Vergleiche durch bloßen Vertrag — pacta — gegen rechtskräftige Urteile ungültig. Um diesen gegenüber Vergleiche zu ermöglichen, bedurfte es einer förmlichen Aufhebung der Urteilsschuld durch Akzeptilation. Heutzutage ist auch ein formloser Vergleich imstande, rechtskräftige Erkenntnisse zu beseitigen.[6]

---

lex Cincia eingebürgert hatte. Auch Widerruf wegen Undankbarkeit und nachträglicher Geburt von Kindern ist, wie der Wortlaut ergibt, ausgeschlossen. Vgl. übrigens Regelsberger a. a. O. § 170 Anm. 8.

1) Tit. Dig. de transactionibus 2, 15, Cod. 2, 4. Risch, die Lehre vom Vergleich 1855, Sturm, die Lehre vom Vergleich 1889; darüber Sokolowski in der krit. Vierteljahrsschr. n. F. Bd. 16 S. 79 ff., Bekker Bd. 2 § 110, Oumé Kendjiro, de la transaction Paris 1889, Bülow, absolute Rechtskraft des Urteils im Archiv für ziv. Praxis Bd. 83 S. 83, Oertmann, der Vergleich im gem. Zivilrecht 1895, Bertolini, della transazione secondo il diritto Romano 1900.

2) l. 1 D. h. t. 2, 15. Ulpianus libro 50 ad edictum: Qui transigit quasi de re dubia et lite incerta neque finita transigit. Gegen diese Begriffsbestimmung Bülow a. a. O. S. 83 Anm. 89, S. 89 Anm. 97a. Bülow betrachtet als Vergleich nur den Vertrag, durch welchen ein streitiges Rechtsverhältnis zur Feststellung kommt. Verträge, durch welche ein unstreitiger Anspruch modifiziert wird, z. B. den Zwangsvergleich im Konkurs, bezeichnet er als „Abfindungsverträge". Dagegen Oertmann a. a. O. S. 53, Bertolini a. a. O. S. 54, wie hier auch BGB. § 779. Die Römer brauchen das Wort transactio übrigens häufig in einem viel weiteren Sinne und verstehen darunter Verträge jeder Art zur endgültigen Feststellung eines Rechtsverhältnisses. Dies z. B. in der l. 8 § 6 D. h. t. 2, 15; vgl. Buhl, Anerkennungsvertrag S. 79. Über die von Buhl vorgeschlagenen Begriffsbestimmungen siehe Windscheid Bd. 2 § 413 Anm. 6a.

3) Deshalb ist auch die Stellung des Vergleiches im System eine ebenso unsichere, wie die der Schenkung. Siehe Risch a. a. O. S. 12. Bülow a. a. O. S. 85 ff. will den Vergleich in den allgemeinen Teil neben das Urteil gestellt haben. Aus didaktischen Gründen ist dies hier nicht geschehen.

4) l. 6 pr. C. h. t. 2, 4, l. 33 pr. C. eod. Oertmann S. 189. Wegen der Zusage der Abfindung bestand, sofern sie nicht durch Stipulation geschah, nach römischem Rechte nur eine actio praescriptis verbis seitens dessen, welcher seinerseits den Vergleich erfüllt hatte. Vgl. Buhl a. a. O. S. 112. Nach BGB. entspringen selbstverständlich aus dem Vergleiche unmittelbar Klagen auf Erfüllung.

5) l. 33 pr. § 1 C. h. t. 2, 4, Bertolini a. a. O. S. 284.

6) Es handelt sich hier um eine historische Entwicklung. Ein formloser Vergleich — pactum transactionis — war der res judicata gegenüber kraftlos: const. 4 Cod.

Über den Inhalt von Urkunden, insbesondere von Testamenten, kann man sich in der Regel zweckmäßigerweise nur nach ihrer Kenntnisnahme vergleichen. Ein rechtliches Verbot von Vergleichen vor deren Einsicht existiert aber nicht.[7]

Vergleiche über künftige Alimente bedürfen gerichtlicher Bestätigung.[8]

3. Vergleiche sind richterlichen Urteilen ähnlich, da sie wie diese einen Streit beenden sollen.[9]

Der Vergleich steht Bürgen und anderen Interzedenten nur dann entgegen, wenn sie ihn mitvollzogen oder nachträglich genehmigt haben. Er kommt ihnen jedenfalls zugute, wenn sie sich auf ihn berufen. Damit erkennen sie ihn aber auch gegen sich an.

4. Nach Art der Menschen erhebt sich über Vergleiche und ihre Tragweite nicht selten neuer Streit, da sie glauben, sich übereilt zu haben oder übervorteilt zu sein. Natürlich sind Vergleiche wegen Zwanges, Betruges und wesentlichen Irrtums nach allgemeinen Grundsätzen anfechtbar. Dagegen begründet es keine Anfechtung, wenn das Sachverhältnis, worüber man sich verglichen hat, hinterher durch neu aufgefundene Urkunden klargestellt wird, sie seien denn vom Gegner betrügerisch hintangehalten worden.[10]

Vergleiche erledigen nur die Streitpunkte, über welche man sich vergleichen wollte. Worin dieselben bestanden, ergibt sich nicht bloß aus dem Inhalt des Vergleiches, sondern auch aus der Gesamtheit aller Tatsachen, welche den Ansprüchen, die man geltend machte, zugrunde lagen.[11]

Gregoriani l. 11 „de re judicata pacisci nemo potest" Pauli sent. I. 1 § 5, const. 3 Cod. Hermogeniani Tit. IV. Wenn sich l. 7 pr., l. 11 D. h. t. 2, 15 und l. 23 § 1 D. de cond. indeb. 12, 6 allgemeiner ausdrücken, so werden zu weit gehende Schlüsse abgeschnitten durch die l. 32 C. de transact. 2, 4, Diocletianus et Maximianus. Si causa cognita prolata sententia, sicut jure traditum est, appellationis vel in integrum restitutionis solemnitate suspensa non est, super judicato frustra transigi non est opinionis incertae. proinde si non Aquiliana stipulatione et acceptilatione subsecuta competentem tibi actionem peremisti, praeses provinciae usitato more legum rebus pridem judicatis effectum adhibere curabit. Vergleiche gegenüber einem Urteil waren hiernach gültig, wenn dasselbe durch Akzeptilation nach vorgängiger Novation beseitigt war. Vgl. auch Bekker Bd. 2 S. 266. Dagegen Regelsberger, Pand. Bd. 1 S. 623 A. 6 und namentlich Bülow a. a. O. S. 83. Siehe über die Frage auch Oertmann a. a. O. S. 206 ff., Bertolini a. a. O. S. 345.

7) Gajus libro 17 ad edictum provinciale l. 6 D. h. t. 2, 15 — vgl. l. 1 § 1 D. test. quemadmodum aper. 29, 3 — sprach nur von der tatsächlichen Unmöglichkeit, sich über ein noch nicht eingesehenes Testament zu vergleichen. Vgl. Windscheid Bd. 2 § 414 Anm. 12, Regelsberger a. a. O. Anm. 8, Oertmann a. a. O. S. 228 ff.

8) Oben § 288 Anm. 6, Bertolini a. a. O. S. 150.

9) l. 20 C. h. t. 2, 4 „non minorem auctoritatem transactionum quam rerum judicatarum esse". Oertmann a. a. O. S. 192 ff. Nach der ZPO. § 794 Ziff. 1, 2 sind vor einem deutschen Gerichte über eine anhängige Streitsache abgeschlossene Vergleiche sogar wie Urteile vollstreckbar.

10) l. 19 C. h. t. 2, 4.

11) l. 12 D. h. t. 2, 15. Celsus libro 3 digestorum: Non est ferendus qui generaliter in his, quae testamento ei relicta sunt, transegerit, si postea causetur de eo solo se cogitasse, quod prima parte testamenti et non etiam quod posteriore

IV. Die Mietverträge.[1]

§ 367. Die Arten der Mietverträge. Geschichtliche Einleitung.

Die Mietverträge stellen uns Sachen oder Arbeitskräfte auf Zeit gegen ein Geldäquivalent zur Verfügung Es gibt drei Hauptarten:

a) die Sachenmiete — locatio conductio rei,

b) die Dienstmiete — locatio conductio operarum,

c) die Übernahme eines Unternehmens — locatio conductio operis.

Diese für das bürgerliche Leben so wichtigen Institute erwuchsen aus unscheinbaren Anfängen.[2]

1. Die Sachenmiete entwickelte sich zunächst in bezug auf Mobilien. Vermietung von Spannvieh war bereits den 12 Tafeln bekannt;[3] die von Sklaven, z. B. zu Erntearbeiten, mag gleichfalls früh vorgekommen sein.[4] Bei solchen Vermietungen muß sich die Bezeichnung locatio conductio „Aufstellen" und „Wegführen" gebildet und eingebürgert haben; denn für andere Gegenstände paßt sie nicht. Offenbar kam eine Vermietung von Immobilien erst in Aufnahme, nachdem jene Ausdrücke bei den Moventien den Sinn von Vermietung angenommen hatten. In der Tat waren die Grundbesitzer und Bewohner des alten Latium entweder Eigentümer oder Prekaristen, nicht aber Pächter und Mieter.[5]

Gehen wir davon aus, daß der Urfall der römischen Sachenmiete Vermietung von Moventien war, daß auf dieser Basis die Grundzüge der Theorie des Mietvertrags entstanden, und daß man diese Prinzipien erst

---

legatum sit. si tamen postea codicilli proferuntur, non improbe mihi dicturus videtur de eo dumtaxat se cogitasse, quod illarum tabularum, quas tunc noverat, scriptura contineretur, vgl. l. 36 D. fam. erc. 10, 2 und l. 42 C. h. t. 2, 4. Windscheid, Pand. Bd. 2 § 414, vgl. Regelsberger im Archiv für ziv. Praxis Bd. 47 S. 160, Herold in Grünhuts Zeitschrift Bd. 16 S. 694, Lenel im Archiv für ziv. Praxis Bd. 79 S. 80ff., Regelsberger, Pand. Bd. 1 S. 626, Oertmann a. a. O. S. 234. Im wesentlichen wie hier BGB. § 779; vgl. Dernburg, Bürg. Recht Bd. 2 § 204 S. 115.

1) Tit. Inst. de locatione et conductione 3, 24, Dig. locati conducti 19, 2, Cod. 4, 65.

2) Vgl. Carl Christoph Burckhard, zur Geschichte der locatio conductio 1889.

3) Gaj. Inst. IV § 28. Lege autem introducta est pignoris capio, veluti lege XII tabularum . . . adversus eum, qui mercedem non redderet pro eo jumento, quod quis ideo locasset, ut inde pecuniam acceptam in dapem, id est in sacrificium impenderet. Vgl. hierüber Burckhard a. a. O. S. 15.

4) Die von Brinz Bd. 2 S. 752 Anm. 4 angeführten Stellen ergeben, daß bei Plautus „conducere" regelmäßig das „Holen" von Arbeitern bedeutet. So auch Burckhard a. a. O. S. 28. Es darf uns nicht irre machen, daß in den Erörterungen der Pandektenjuristen die Miete von Immobilien die Hauptrolle spielt. Denn sie war seit den letzten Jahrhunderten der Republik der wichtigste Fall. Die überkommenen Regeln der Miete ihr einigermaßen anzupassen, war denn auch eine besonders schwierige Aufgabe, welche die Juristen zu lösen hatten. Nach Karlowa, röm. Rechtsgesch. Bd. 2 S. 636 war dagegen die Miete von Immobilien die älteste Miete!

5) Über Mommsen: die römischen Anfänge von Kauf und Miete in der Zeitschr. der Sav.Stiftg., rom. Abt. Bd. 6 S. 260, siehe Burckhard a. a. O. S. 16.

später auf Mietverträge über Immobilien übertrug, so erklären sich manche befremdende Erscheinungen des römischen Mietrechts.

Dahin gehört, daß in Rom bei Vermietungen keine gesetzlichen Kündigungsfristen bestanden, so daß, wenn nichts Besonderes vereinbart war, jeder Teil jederzeit das Verhältnis aufheben konnte. Dies ist bei der Miete von Mobilien natürlich, bei der Miete von Immobilien und namentlich bei der Pacht kaum anwendbar.

Auch der römische Rechtssatz, wonach der Käufer, welchem die Mietsache übereignet wurde, an die Vermietungsverträge seines Verkäufers nicht gebunden ist, hat bei der Vermietung von Mobilien nichts Auffallendes. Daß er sich aber bei der Vermietung von Immobilien und insbesondere bei Pachtverhältnissen entwickelt hätte, wäre schwer begreiflich.[6]

Da die Vermietung von Mobilien meist auf kürzere, mehr oder minder unbestimmte Zeit geschieht, so lag es nahe, daß man regelmäßig die Zahlung des Mietzinses erst bei der Beendigung der Miete — postnumerando — nach Verhältnis der Zeit des Gebrauches leistete. Ging die Sache durch Zufall zugrunde, so lief hiernach der Mietzins nicht weiter. So mag sich der Satz „periculum est locatoris“ gebildet haben, wodurch die Gefahr anders normiert wird, wie bei anderen zweiseitigen Verträgen, insbesondere beim Kaufe.

2. Die locatio conductio operarum, bei welcher Freie ihre Dienste vermieteten, stand der Vermietung von Sklaven oder anderen Hausuntergebenen durch den Hausherrn tatsächlich sehr nahe. Der Arbeiter, welcher sich am Arbeitsmarkte aufstellte, war der locator, und der Arbeitsherr, welcher ihn zur Arbeit mitnahm, conductor.

3. Bei der locatio conductio operis wird der Arbeitsherr der locator und der Übernehmer der Arbeit der conductor genannt.

Woher dieser Wechsel? Denkt man sich als Urfall die Weide fremden Viehes, so ließen sich die Bezeichnungen unschwer erklären.[7] Als man dem andere Arbeiten gleichstellte, blieb dann den Unternehmern der Name conductor.

Der locator klagt mit der actio locati und der conductor mit der actio conducti.

---

6) Hiermit stehen die Ausführungen in Dernburgs Begriff und Entwicklung des juristischen Besitzes S. 69 sowie von Pernice, Labeo Bd. 1 S. 467 nicht im Widerspruch. Zur Miete, bemerkt Pernice, wohnten in Rom untergeordnete Leute — Freigelassene, Klienten, Dichter —; ihnen dem Kapitale gegenüber einen besonderen Rechtsschutz angedeihen zu lassen, lag nicht im Sinne der römischen Juristen. So richtig dies ist, so waren die bezüglichen Sätze doch für Wohnungsmiete und Pacht leichter durchzusetzen, wenn sie sich an die bisherige Entwicklung der Miete anschlossen, als wenn man den blanken Klassenegoismus hätte hervorkehren müssen. Vgl. hierzu jetzt Pernice, Parerga VIII, Zeitschr. der Sav.Stiftg., rom. Abt. Bd. 19 S. 89.

7) Vgl. l. 9 § 5 D. h. t. 19, 2 „si quis vitulos pascendos conduxit“. Ähnlich Brinz Bd. 2 S. 752 Anm. 4. Nach und nach mag man „locare“ für „austun“ und „conducere“ für „sich etwas Vorteilhaftes zu Gemüte führen“ genommen haben, Pernice, Zeitschr. für Rechtsgeschichte n. F. Bd. 3 S. 55, vgl. auch ebendaselbst Bd. 9 S. 239. Bei der Verdingung von Arbeiten wäre man auf solche Ausdrücke schwerlich gekommen.

§ 368. a) Die Sachenmiete.

1. Das Gebiet der Sachenmiete, d. h. des Vertrages über Einräumung von Sachen zur Benutzung auf Zeit gegen einen Mietzins[1] ist ein ausgedehntes. Ihren Gegenstand bilden Mobilien, städtische und landwirtschaftliche Immobilien, nutzbare Rechte und selbst Erwerbsgeschäfte.

Sie kann in der Einräumung bloßen Gebrauches bestehen — Miete im engeren Sinne — oder in der Überlassung von Einkommen, insbesondere von natürlichen Früchten — Pacht. Beide Geschäfte unterscheiden sich im römischen Rechte nur in wenigen Einzelheiten.[2]

Wesentlich ist ein Mietzins in Geld[3] oder in Früchten. Insbesondere ist die Teilpacht, bei welcher dem Verpächter fortlaufend eine Quote des Fruchtertrages zu entrichten ist, eine Art der Miete.[4]

Überlassung einer Nutzung gegen andere Äquivalente, z. B. Dienste, ist nicht Miete,[5] aber im wesentlichen ihr analog zu behandeln.

Der Mietkontrakt setzt nicht voraus, daß der Vermieter der Eigentümer des Mietsobjektes sei, oder an demselben ein Nutzungsrecht habe. Die gegenseitigen Verpflichtungen des Vermieters und Mieters entstehen vielmehr auch, wenn der Vermieter kein Recht an der von ihm vermieteten Sache hat.[6]

2. Der Mieter hat folgende Rechte:

a) auf rechtzeitige Einräumung der Mietsache und deren Gewährung während der Mietzeit, und zwar in kontraktgemäßem Zustande, mit dem bedungenen und üblichen Zubehör,[7]

---

1) l. 2 pr. D. h. t. 19, 2, Gajus libro 2 rerum cottidianarum besagt: . . . locatio et conductio contrahi intellegitur, si de mercede convenerit. Natürlich müssen die Beteiligten aber auch über das Mietobjekt einig sein, nicht minder über die Zeit der Miete, namentlich also, ob auf unbestimmte Zeit oder auf bestimmte gemietet sein soll und in letzterem Falle, auf wie lange.

2) Vgl. übrigens Pfizer, Pacht und Miete im Archiv für ziv. Praxis Bd. 71 S. 445. Die Römer haben keine besondere Bezeichnung für die Pacht. Doch heißt der Pächter meist „colonus"; der Wohnungsmieter oft „inquilinus". Erheblicher sind die Unterschiede zwischen Miete und Pacht im BGB.

3) § 2 J. h. t. 3, 24. Anders BGB.

4) l. 25 § 6 D. h. t. 19, 2. Gajus libro 10 ad edictum provinciale: . . . partiarius colonus quasi societatis jure et damnum et lucrum cum domino fundi partitur. Die Teilpacht ist in der Regel nicht Sozietät, wie Waaser, die colonia partiaria des römischen Rechtes 1885 behauptet. Nur die Teilung der Früchte mit dem Grundherrn ist der Sozietät ähnlich. Im übrigen ist das Verhältnis Pacht. Hierfür ist entscheidend die Absicht der Beteiligten. Die Grundsätze der Sozietät würden den Zwecken, welche dieselben bei solchem Verhältnis verfolgen, nicht entsprechen. Vgl. unten § 381 Anm. 6, Pernice, Parerga in der Zeitschrift für Rechtsgeschichte n. F. Bd. 3 S. 57, Zachariä v. Lingenthal, Zeitschr. der Sav.Stiftg., rom. Abt. Bd. 12 S. 80, Ferrini im Archiv für ziv. Praxis Bd. 81 S. 1, Zobkow, die Teilpacht 1895, Crome, die partiarischen Rechtsgeschäfte 1897 S. 37 ff. BGB. erwähnt die Teilpacht nicht. Der Pachtzins kann auch in bestimmten Summen von Naturalien festgesetzt sein, l. 8, l. 21 C. h. t. 4, 65.

5) l. 5 § 2 D. de praescriptis verbis 19, 5, § 2 J. h. t. 3, 24. Vgl. Anm. 3.

6) l. 7, l. 9 pr., § 6 D. h. t. 19, 2. Die Miete der eigenen Sache ist nichtig, es sei denn, daß dem Mieter rechtlich oder wenigstens tatsächlich die Nutzung derselben fehlte, l. 28 D. de adquir. vel. amitt. poss. 41, 2.

7) l. 15 § 1, l. 19 § 2 D. h. t. 19, 2, l. 19 § 5 D. eod. BGB. §§ 536, 581.

b) auf Schadensersatz wegen **jeder Verschuldung** des Vermieters.[8]

Wird ihm die Mietsache nicht rechtzeitig gewährt oder auch nur zeitweise entzogen, so hat er ein **Rücktrittsrecht**.[9] Geringe Verzögerung der Übergabe und spätere vorübergehende Behinderung muß er sich jedoch gefallen lassen, wenn es sich dabei nur um Unbequemlichkeiten handelt, die im Leben nicht leicht zu vermeiden sind, und die man zu ertragen pflegt.[10]

Entschädigung wegen der völligen oder teilweisen **Nichtgewährung** oder der **Entziehung** der Mietsache ist dem Mieter dann zu leisten, wenn die Schuld hieran den Vermieter trifft[11] oder das bessere Recht eines Dritten, welches zur Zeit der Vermietung bestand und dem Mieter unbekannt war, die Ursache bildete.[12]

Mängel der Mietsache werden zwar nicht nach ädilizischem Recht behandelt.[13] Hindern sie aber den kontraktmäßigen Gebrauch, so hat der Mieter das Recht des Rücktritts oder verhältnismäßiger Minderung des Mietzinses. Entschädigungsansprüche hat er ihretwegen, wenn dem Vermieter wegen falscher Angaben, Nichtanzeige oder Nichtbeseitigung derselben eine Schuld zur Last fällt.[14] Dies alles gilt sowohl für Mängel, die zur Zeit des Abschlusses des Mietkontraktes bestanden, als für solche, die sich während der Dauer der Miete entwickelten.[15]

c) Notwendige Verwendungen, welche der Mieter im Interesse des Vermieters vornahm, sind ihm mit Zinsen zu ersetzen.[16]

---

8) l. 19 § 5 D. h. t. 19, 2, l. 28 C. h. t. 4, 65. Vgl. freilich Pernice, Labeo Bd. 2 Aufl. 2 Abt. II, S. 251.

9) l. 24 § 4 D. h. t. 19, 2. Paulus libro 34 ad edictum . . . sera est enim patientia fruendi, quae offertur eo tempore, quo frui colonus aliis rebus illigatus non potest. quod si paucis diebus prohibuit, deinde paenitentiam agit omniaque colono in integro sunt, nihil ex obligatione paucorum dierum mora minuet — berühmte Worte. Vgl. oben § 292 Anm. 2. Pfizer, Archiv für ziv. Praxis Bd. 71 S. 457, BGB. § 542.

10) Vgl. auch BGB. § 542 Abs. 2.

11) l. 33 in fine D. h. t. 19, 2. Africanus libro 8 quaestionum: . . . si colonus tuus fundo frui a te aut ab eo prohibetur, quem tu prohibere ne id faciat possis, tantum ei praestabis, quanti ejus interfuerit frui, in quo etiam lucrum ejus continebitur: sin vero ab eo interpellabitur, quem tu prohibere propter vim majorem aut potentiam ejus non poteris, nihil amplius ei quam mercedem remittere aut reddere debebis. Vgl. RG. Bd. 41 S. 147.

12) l. 9 pr. D. h. t. 19, 2. Ulpianus libro 32 ad edictum: Si quis domum bona fide emptam vel fundum locaverit mihi isque sit evictus sine dolo malo culpaque ejus, Pomponius ait nihilo minus teneri ex conducto ei qui conduxit, ut ei praestetur frui quod conduxit licere. Vgl. BGB. § 541.

13) l. 63 D. de aedil. edicto 21, 1. Vgl. aber BGB. § 537.

14) Vgl. BGB. § 538.

15) l. 19 § 1, l. 25 § 2 D. h. t. 19, 2. Fehler, von welchen der Mieter beim Kontraktschluß wußte oder die er sehen mußte, kann er nicht rügen, es sei ihm denn ihre Beseitigung vom Vermieter zugesagt, l. 13 § 6 D. de damno infecto 39, 2. BGB. § 539, aber auch § 544.

16) l. 19 § 4, l. 61 pr. D. locati 19, 2. Nach l. 55 § 1 D. eod. sollen auch nützliche Verwendungen ersetzt werden, vgl. aber Petražycki, Einkommen Bd. 1 S. 307. Nicht ersetzt werden die laufenden Ausgaben z. B. Futterkosten für ein gemietetes Pferd. BGB. § 547 besagt: Der Vermieter ist verpflichtet, dem Mieter die auf die Sache gemachten notwendigen Verwendungen zu ersetzen. Der Mieter eines Tieres hat jedoch die Fütterungskosten zu tragen. Die Verpflichtung des Vermieters zum Ersatze sonstiger

d) Der Mieter ist zur Aftervermietung und Afterverpachtung befugt,[17] wenn der Vertrag nichts anderes bestimmt.

Die auf der Mietsache ruhenden Lasten und Abgaben hat der Vermieter zu tragen.[18]

3. Die Rechte des Vermieters sind folgende:

a) Er hat Anspruch auf den bedungenen Mietzins. Dieser ist in der Regel postnumerando, d. h. nach Beendigung der Miete oder der vereinbarten und üblichen Zinstermine zu zahlen.[19] Der Vermieter trägt die Gefahr; das heißt: der Mietzins läuft nicht weiter, wenn die Mietsache zugrunde geht,[20] oder wenn der Mieter sonst infolge eines nicht in seiner Person liegenden Grundes an der Fortsetzung des Vertragsverhältnisses gehindert ist.[21] [22] Im Falle teilweiser erheblicher Störung der Miete kann ein entsprechender Abzug verlangt werden.[23]

Dem entspricht das Recht des Pächters auf Nachlaß am Pachtzins — remissio mercedis —, falls der Fruchtertrag vor dem Eintun durch außerordentliche Unfälle vernichtet oder erheblich geschmälert wird. Bei mehrjähriger Pacht muß sich der Pächter indessen eine Aufrechnung besonders guter Jahre gefallen lassen.[24]

Verwendungen bestimmt sich nach den Vorschriften über die Geschäftsführung ohne Auftrag. Der Mieter ist berechtigt, eine Einrichtung, mit der er die Sache versehen hat, wegzunehmen. Nach § 556 Abs. 2 steht dem Mieter eines Grundstücks wegen seiner Ansprüche gegen den Vermieter ein Zurückbehaltungsrecht nicht zu.

17) l. 6 C. h. t. 4, 65. Selbstverständlich haftet der Mieter für Sorgfalt bei Auswahl des Aftermieters und Afterpächters. Nach BGB. § 549 ist der Mieter ohne die Erlaubnis des Vermieters zur Untermiete nicht berechtigt. Doch hat der Mieter bei grundloser Verweigerung der Erlaubnis ein vorzeitiges Kündigungsrecht.

18) l. un. § 3 D. de via publica 43, 10.

19) Vgl. BGB. §§ 551, 584.

20) Dieses wichtige Prinzip scheint vorzugsweise Alfenus für die Wohnungsmiete festgestellt zu haben. l. 30 § 1 D. h. t. 19, 2. Alfenus libro 3 digestorum a Paulo epitomatorum: Aedilis in municipio balneas conduxerat, ut eo anno municipes gratis lavarentur: post tres menses incendio facto respondit posse agi cum balneatore ex conducto, ut pro portione temporis, quo lavationem non praestitissit, pecuniae contributio fieret. Vgl. oben § 367 Abschn. 1 a. E.

21) Hierher kann auch die Furcht vor Gefahren gehören. Man mietet z. B. eine Sommervilla und in der Nähe bricht die Cholera aus. Mietzins kann dann im Falle des Rücktrittes des Mieters nicht beansprucht werden, wenn auch die Villa von der Krankheit verschont bleibt. l. 27 § 1 D. h. t. 19, 2. Alfenus libro 2 digestorum: Iterum interrogatus est, si quis timoris causa emigrasset, deberet mercedem necne. respondit, si causa fuisset, cur periculum timeret, quamvis periculum vere non fuisset, tamen non debere mercedem: sed si causa timoris justa non fuisset, nihilo minus debere.

22) Der Rücktritt von der Miete ist nicht dadurch ausgeschlossen, daß die Behinderung des Gebrauchs von vornherein als mögliches Ereignis vorausgesehen werden konnte. Wird z. B. zur Möbelfabrikation ein Lokal in einem Rayon gemietet, welcher besonderen Anordnungen der Zollbehörde unterliegt, und es werden später von der Zollbehörde neue Vorschriften getroffen, welche jene Fabrikation unmöglich machen oder erheblich beschränken, so darf der Mieter zurücktreten, RG. Bd. 4 S. 169.

23) l. 27 pr. D. h. t. 19, 2.

24) l. 15 §§ 2—4, l. 25 § 6 D. h. t. 19, 2, l. 8 C. h. t. 4, 65. W. Sell im Archiv für ziv. Praxis Bd. 20 n. 8, Jacobi, Remission des Pachtzinses 1856, Vangerow Bd. 3 § 641 Anm. 1. BGB. kennt einen Anspruch des Pächters auf Nachlaß am Pachtzins nicht.

b) Der Mieter hat die Mietsache **gut zu behandeln**,[25] und haftet wegen jeder Verschuldung, mag nun Untergang oder Verschlechterung der Sache die Folge sein.[26] Erhebliche Veränderungen hat er zu unterlassen.

c) Nach Beendigung der Miete ist er **zur Rückgabe** der Mietsache[27] mit Zubehör in ihrem derzeitigen Zustand[28] verpflichtet.[29]

4. Das Recht des Mieters ist kein dingliches, sondern ein persönliches. Er hat bloße Detention für den Vermieter, keinen juristischen Besitz.[30] [31]

In Rom konnte der Vermieter demzufolge den Mieter beliebig aus der Mietsache setzen, er war ihm nur entschädigungspflichtig, wenn dies vorzeitig kontraktwidrig geschah. **Ein neuer Erwerber**, insbesondere ein Käufer der vermieteten Sache war an die Mietverträge seines Vorgängers überhaupt nicht gebunden.[32] [33] Dies drückt man gewöhnlich durch den Satz aus: „Kauf bricht Miete". Natürlich blieb aber der Vermieter dem Mieter kontraktlich zur **Entschädigung** verbunden, wenn infolge der Veräußerung der Kontrakt nicht eingehalten wurde.

Das BGB. hat für Grundstücke den umgekehrten Satz: „Kauf bricht **nicht** Miete" zur Geltung gebracht.[34]

25) Dazu können Aufwendungen zur Erhaltung der Sache gehören. Vgl. oben Anm. 16, Petražycki, Einkommen Bd. 1 S. 165, BGB. § 582 für die Pacht. Über eine Anzeigepflicht des Mieters vgl. BGB. § 545. Namentlich liegt dem Pächter auch die Pflicht der **Summission** ob, oben § 210 Anm. 7, l. 45 § 13 D. de jure fisci 49, 14, Petražycki a. a. O. S. 117, BGB. § 586 Abs. 2.

26) Der Mieter steht für die Schuld seiner Leute und Gäste nur ein, soweit ihn selbst eine Schuld z. B. in deren Aufnahme trifft, l. 11 pr. D. h. t. Vgl. weiter l. 11 § 1 ff., l. 12, l. 25 §§ 3 und 4 D. h. t. Nach BGB. kommt § 278 desselben zur Anwendung, vgl. Dernburg, Bürg. Recht Bd. 2 § 68 S. 146. Absichtliches Zuwiderhandeln gegen ausdrückliche Verbote des Mietkontraktes verpflichtet auch für den zufälligen, hieraus entstehenden Schaden, l. 11 § 1 D. h. t. Über die Verpflichtungen des Pächters eines Geschäftsetablissements vgl. Kohler im Archiv für ziv. Praxis Bd. 71 n. 9.

27) Es kommt oft vor, daß Mieter oder Pächter die Herausgabe der Mietsache trotz Beendigung der Miete verzögern und den klagenden Verpächter durch Chikanen und unbegründete Vorwände hinzuhalten suchen. Die l. 25 C. h. t. 4, 65 tritt dem durch Ausschließung des Einwandes entgegen, daß der Mieter selbst der Eigentümer der Mietsache sei. Er muß dies also in besonderem Prozesse geltend machen.

28) Über die Rückgewähr eines Pachtgrundstücks nach BGB. vgl. §§ 591—594, über die Übernahme des Inventars zum Schätzungswert §§ 587—589. Siehe Dernburg, Bürg. Recht Bd. 2 § 228 S. 188.

29) Über die gesetzlichen Pfandrechte des Vermieters und Verpächters vgl. oben § 231.

30) l. 10 D. de adquir. vel amitt. poss. 41, 2, oben § 145; über BGB. vgl. § 150 Anm. 4.

31) Über das folgende vgl. Dernburg (der ältere), Abhandlungen n. 1 und Ziebarth, die Realexekution und die Obligation mit Rücksicht auf die Miete 1866, ferner Degenkolb, Platzrecht und Miete 1867, Geller in Grünhuts Zeitschr. Bd. 5 S. 313, L. Jacobi, Miete u. Pacht 1889 S. 21. Zur Geschichte der Miete und Pacht in den deutschen Rechten des Mittelalters siehe Brünneck in der Zeitschr. der Sav.Stiftg., germ. Abt. Bd. 1 S. 138.

32) l. 12, l. 18 pr. D. de vi 43, 16, l. 20 D. de adquir. vel amitt. poss. 41, 2. Ziebarth a. a. O. S. 126 ff.

33) Weder war der Käufer dem Mieter, — l. 25 § 1 D. h. t. 19, 2 und die oben Anm. 32 zitierten Stellen —, noch auch der Mieter dem Käufer zur Fortsetzung der Miete nach dem Verkaufe verpflichtet, l. 32 D. h. t. 19, 2, l. 9 C. h. t. 4, 65.

34) BGB. §§ 571—581, vgl. Dernburg, Bürg. Recht Bd. 2 §§ 222—224 S. 171 Hinsichtlich beweglicher Sachen vgl. BGB. § 986 Abs. 2.

5. Hinsichtlich der Beendigung sind Mietverträge mit oder ohne Zeitbestimmung zu unterscheiden. Die Miete ohne Zeitbestimmung kann jederzeit von jedem der beiden Teile mittels Kündigung unmittelbar beendigt werden. Doch bestehen in Deutschland für Wohnungsmieten fast überall lokale Kündigungsfristen, welche einzuhalten sind.[35]

Mieten unter Zeitbestimmungen endigen mit deren Ablauf[36] und außerdem vor dieser Zeit:

a) durch Untergang der Mietsache,

b) infolge Rücktritts des Mieters, wenn ihm die kontraktmäßige Nutzung nicht gewährt wird,[37]

c) durch Entsetzung des Mieters seitens des Vermieters wegen zweijährigen Rückstandes der Mietzinsen,[38] erheblicher Verschlechterung der Mietsache,[39] notwendiger Reparaturen[40] und wenn der Vermieter, ohne daß es vorauszusehen war, selbst der Sache bedarf.[41] [42]

d) Konkurs des Mieters, nachdem die Mietsache in seine Detention kam, gibt dem Vermieter und dem Konkursverwalter ein Kündigungsrecht unter Beachtung der vereinbarten oder der gesetzlichen Kündigungsfristen.[43]

Tatsächliche Fortsetzung der Miete nach ihrer Beendigung gilt als Wiedererneuerung des Vertrages, und zwar wenn sie Pacht ist, auf ein Jahr, sonst auf Kündigung.[44]

---

35) Die Kündigungsfristen des BGB. siehe § 565, für Pachtungen § 595.

36) Vgl. aber auch BGB. § 567.

37) Vgl. oben Anm. 22. Nach BGB. § 544 gibt erhebliche Gesundheitsgefährlichkeit eines zum Aufenthalt von Menschen gemieteten Raums schlechthin ein Kündigungsrecht. — Über die Versetzung von Beamten vgl. BGB. § 570.

38) l. 54 § 1, l. 56 D. h. t. 19, 2. Nach BGB. § 544 genügt Verzug an 2 Terminen. Durch Zahlung vor Anzeige der Aufhebung der Miete erhält sich das Recht des Mieters. Siehe oben § 223 Anm. 22.

39) l. 54 § 1 D. h. t. 19, 2, l. 3 C. h. t. 4, 65. BGB. § 553.

40) l. 3 C. h. t. 4, 65, l. 30 pr., l. 35 pr. D. h. t. 19, 2, vgl. BGB. § 323.

41) l. 3 C. h. t. 4, 65. Nur von der Wohnungsmiete ist hier übrigens die Rede. R. Samter, Benutzungsrecht des Vermieters bei eigenem Gebrauch. Jenaer Inaug.Diss. 1890. BGB. kennt diesen Fall des Kündigungsrechts nicht.

42) In Rom dauerte der Mietvertrag nach dem Tode des Mieters unverändert fort § 6 J. de loc. 3, 24, l. 10 C. eod. Anders BGB. § 569, § 596 Abs. 2, vgl. Dernburg, Bürg. Recht Bd. 2 § 221 S. 170.

43) KO. § 19.

44) l. 13 § 11, l. 14 D. h. t. 19, 2. Röder, Abhandlungen n. 1; Vangerow Bd. 3 § 644. Dem Ausspruche in der l. 13 § 11 cit. von Ulpianus libro 32 ad edictum „in urbanis autem praediis . . . jure utimur, ut, prout quisque habitaverit, ita et obligetur" folgt — offenbar von der Hand der Kompilatoren — der höchst bestrittene Zusatz: „nisi in scriptis certum tempus conductioni comprehensum est". Das bedeutet: wenn im ursprünglichen Mietvertrage — in scriptis im Gegensatz zu der späteren stillschweigenden Erneuerung — eine Zeit für die etwaige Fortsetzung der Miete vorgesehen wurde, so ist sie maßgebend, nicht die Zeit des tatsächlichen Wohnens. Vgl. Röder a. a. O. S. 40; Pernice, Parerga VIII, Zeitschr. der Sav.Stiftg., rom. Abt. Bd. 19 S. 92 Anm. 3. Behn im Archiv für ziv. Praxis Bd. 68 n. 4 kommt durch eine andere Interpretation zu demselben Resultat wie wir. Anderer Meinung Vangerow a. a. O. und Windscheid Bd. 2 § 402 Anm. 13. Nach BGB. § 568 gilt bei Fortsetzung des Gebrauchs nach dem Ablaufe der Mietzeit das Mietverhältnis als auf unbestimmte Zeit verlängert.

§ 369. b) Die Dienstmiete.[1]

Dienstmiete — locatio conductio operarum — ist die Vermietung von Diensten auf Zeit gegen Geld. Soweit ihre besondere Natur dem nicht entgegensteht, wird sie nach Analogie der Sachenmiete behandelt.

Die Dienstmiete hat es nur mit solchen Arbeiten zu tun, die nach Anordnung und Geheiß des Arbeitgebers vor sich gehen.[2] Es ist aber keineswegs erforderlich, daß es sich um bloße Handarbeit — sog. illiberale Dienste — handelt. In Rom, wo die Sklavenarbeit überwog, hatte die Dienstmiete nur untergeordnete Bedeutung,[3] [4] heutzutage aber ist sie nach Beseitigung der Sklaverei und anderer durch Geburt begründeter Subjektionsverhältnisse von größter sozialer Wichtigkeit. Besondere Arten sind die Gesindemiete, der Arbeitsvertrag mit Gesellen, mit Fabrikarbeitern, mit der Schiffsmannschaft, die Anstellung von Handlungsgehilfen.[5]

Die Dienstmiete wird bald auf bestimmte,[6] bald auf unbestimmte Zeit geschlossen. Im letzteren Fall hatte in Rom jeder Teil jederzeit das Rücktrittsrecht. Aber nach modernem Recht bestehen Kündigungsfristen. Ihre Dauer richtet sich nach Landesgesetz, nach Übung, oder in Ermangelung dessen nach richterlichem billigem Ermessen.[7]

a) Der Arbeiter hat seine Dienste persönlich zu leisten; denn sie sind gemietet. Der Arbeitgeber ist daher nicht verpflichtet, eine Vertretung zuzulassen.[8]

b) Für die Dienste ist der Lohn zu zahlen — im Zweifel postnumerando.[9] Er kann nach der Zeit der Arbeit bemessen sein — z. B. Tagelohn, — oder nach dem Maße der Arbeit — Akkordarbeit. Der Lohn ist auch dann zu zahlen, wenn der Mieter die Dienste willkürlich zurückweist oder aus Gründen, die in seiner Person liegen, nicht brauchen oder annehmen kann. Selbst der Tod des Mieters ist an sich kein Grund der

1) Dankwardt in Jherings Jahrb. Bd. 14 n. 5, Pernice in der Zeitschr. der Sav.-Stiftg., rom. Abt. Bd. 9 S. 242, Jean Adnet, le louage de services, thèse, Paris 1892.

2) Brinz Bd. 2 S. 762.

3) Pauli sent. II 18 § 1: homo liber, qui statum suum in potestate habet et pejorem eum et meliorem facere potest: atque ideo operas suas diurnas nocturnasque locat, vgl. l. 91 D. de furtis 47, 2.

4) Keine Miete war nach römischer Auffassung der Vertrag mit den Feldmessern, da sie keinen Lohn, sondern Honorar erhielten, und nur wegen Dolus verantwortlich waren. l. 1 pr. D. si mensor falsum modum dixerit 11, 6. Dies sind auf älterer römischer Volksanschauung beruhende Sätze, die für das heutige Recht keine Bedeutung haben. Vgl. BGB. § 611 Abs. 2.

5) Vgl. über diese verschiedenen Kontrakte Dankwardt a. a. O., Dernburg, Bürg. Recht Bd. 2 §§ 309 ff. Selbst auf das Staatsdienstverhältnis sind die privatrechtlichen Normen des Dienstvertrages anzuwenden, soweit sie nicht mit den öffentlichen Zwecken des Staatsdienstes in Widerspruch stehen, RG. Bd. 18 S. 173.

6) Vgl. hierzu BGB. § 624: Ist das Dienstverhältnis für die Lebenszeit einer Person oder für längere Zeit als fünf Jahre eingegangen, so kann es von dem Verpflichteten nach dem Ablaufe von fünf Jahren gekündigt werden.

7) Vgl. BGB. §§ 621—623.

8) Übereinstimmend BGB. § 613.

9) Ebenso BGB. § 614.

Beendigung eines auf bestimmte Zeit geschlossenen Dienstvertrages; er ist dies nur, wenn es sich um höchstpersönliche Leistungen an den Dienstherrn handelte.[10]

Bleibt dem Vermieter durch die Nichtannahme seiner Dienste freie Zeit übrig, so kann ihm auf seine Lohnforderung, was er inzwischen verdient hat, angerechnet werden, vorausgesetzt, daß es sich nicht um anstrengendere oder schwierigere Arbeiten handelte. Auch solcher Verdienst gehört hierher, der von seinem persönlichen Entschluß abhing.[11] [12]

Der Arbeitgeber hat nach Analogie der Sachenmiete das Recht, vom Vertrage zurückzutreten, wenn er die Dienste aus Gründen, die außerhalb seiner Person liegen, nicht annehmen kann.[13] Insbesondere steht ihm der Rücktritt offen, wenn sein Vertrauen in das Wollen und Können seines Angestellten berechtigterweise erschüttert ist.[14] Eröffnung des Konkurses über das Vermögen des Dienstherrn gewährt beiden Teilen ein Kündigungsrecht unter Beobachtung der vereinbarten oder üblichen Kündigungsfristen.[15]

§ 370. c) Locatio conductio operis.

Der Vertrag, durch welchen sich ein Unternehmer — conductor — gegenüber dem Besteller — locator — zur Vollführung eines Unternehmens gegen einen Geldpreis verbindet, heißt locatio conductio operis,[1] Verdingungsmiete oder Werkverdingung.[2]

Bezweckt wird ein ökonomischer Effekt — ein opus.[3] [4] Dahin gehören

10) l. 19 § 9 D. h. t., abgedruckt Anm. 11, l. 19 cit. § 10, l. 4 D. de offic. adsessor. 1, 22. Vgl. BGB. § 620 Abs. 2.

11) l. 19 § 9 D. h. t. 19, 2. Ulpianus libro 32 ad edictum: Cum quidam exceptor operas suas locasset, deinde is qui eas conduxerat decessisset, imperator Antoninus cum divo Severo rescripsit ad libellum exceptoris in haec verba: „Cum per te non stetisse proponas, quo minus locatas operas Antonio Aquilae solveres, si eodem anno mercedes ab alio non accepisti, fidem contractus impleri aequum est“.

12) Vgl. den oben § 302 entwickelten Satz, BGB. § 615.

13) In l. 38 pr. D. h. t. erklärt zwar Paulus libro singulari regularum: Qui operas suas locavit, totius temporis mercedem accipere debet, si per eum non stetit, quo minus operas praestet. Doch ist dies nicht auf Fälle zu beziehen, in welchen eine solche Unmöglichkeit der Leistung des fraglichen Dienstes eintrat, die nicht in der Person des Gläubigers begründet war. RG. Bd. 3 S. 182 und dort Angeführte. Vgl. Haeselich, wer trägt die Gefahr des Zufalls bei Verträgen über zu leistende Dienste, Rostocker Inaug.Diss. 1898. Über vorzeitige Kündigung des Dienstverhältnisses nach BGB. vgl. §§ 626–628, Dernburg, Bürg. Recht Bd. 2 § 308 S. 398.

14) RG. Bd. 23 S. 167.

15) KO. § 22.

1) Dankwardt, die l. c. operis Iherings Jahrb. Bd. 13 n. 7, Pernice, Zeitschr. der Sav.Stiftg., rom. Abt. Bd. 9 S. 244.

2) BGB.: Werkvertrag, §§ 631 ff.

3) Es ist unrichtig, wenn viele, z. B. Wächter Bd. 2 S. 479 in seinen Beilagen zu den Pandekten, die l. c. operis als „einen Fall“ der l. c. operarum bezeichnen. Es handelt sich bei ihr vielmehr um einen herzustellenden ökonomischen Effekt. l. 5 § 1 D. de V. S. 50, 16. Paulus libro 2 ad edictum: „Opere locato conducto“: his verbis Labeo significari ait id opus, quod Graeci ἀποτέλεσμα vocant, non ἔργον, id est ex opere facto corpus aliquod perfectum. Natürlich ist aber für diesen Effekt

namentlich Manipulationen mit körperlichen Dingen, z. B. Bearbeitung oder Verarbeitung von Mobilien, Transport von Sachen[5] und von Personen, Bauten und sonstige Umgestaltungen von Immobilien. Nach den gleichen Grundsätzen sind geldwerte immaterielle Leistungen geschäftlicher, künstlerischer, technischer oder wissenschaftlicher Art zu behandeln.[6] [7]

1. Der Unternehmer hat bald bloß Arbeit zu leisten — reine Werkverdingung — bald auch Materialien für das Werk zu liefern — Werklieferungsvertrag.[8]

Liegt jedoch dem Unternehmer die Beschaffung des zu bearbeitenden Hauptgegenstandes ob, so gilt das Geschäft als Verkauf, nicht als Werkverdingung.[9] Auf bloße Zutaten bezieht sich dies nicht. Daher bilden Bauten auf einem Grundstück, welches der Besteller anweist, stets Werkverdingung, auch wenn der Unternehmer die Baumaterialien liefert.[10]

von seiten des Unternehmers Arbeit aufzuwenden. Dies sucht Paulus libro 34 ad edictum, l. 22 § 2 D. h. t. 19, 2 zur Geltung zu bringen: „locat enim artifex operam suam, id est faciendi necessitatem."

4) BGB. § 631 Abs. 2 besagt: Gegenstand des Werkvertrags kann sowohl die Herstellung oder Veränderung einer Sache als ein anderer durch Arbeit oder Dienstleistung herbeizuführender Erfolg sein. Besonders behandelt BGB. den Mäklervertrag, §§ 652 ff.

5) Das HGB. normiert „das Frachtgeschäft" §§ 425 ff. und das Frachtgeschäft zur See §§ 556 ff.

6) Vgl. über den Lehrvertrag Dernburg, Bürg. Recht Bd. 2 Abt. 2 § 315, über den Bühnenengagementsvertrag Opet im Archiv für ziv. Praxis Bd. 86 n. 3.

7) Ein besonders wichtiges Geschäft dieser Art ist die Auskunftserteilung über die Kreditwürdigkeit einer Person, welche eine regelmäßige Grundlage für den vielverzweigten modernen Kredit geworden ist. Vgl. hierüber Hugo Jacoby, die Krediterkundigung. Berliner Inaug.Diss. 1891. Die bezügliche Auskunft wird regelmäßig „ohne Obligo" erteilt, und diese Klausel ist als usancemäßig zu unterstellen, wenn sie ausnahmsweise fehlen sollte. Zweifellos haftet der Erteiler gleichwohl für dolus. Ob aber auch für culpa lata? Dies hält Jacoby a. a. O. für unzutreffend. Uns scheint umgekehrt die Haftung für grobe Fahrlässigkeit geboten und im allgemeinen Interesse. Nur muß sich der Richter der großen Schwierigkeiten der Auskunftserteilung bewußt bleiben und daher mit der Annahme grober Fahrlässigkeit vorsichtig sein.

8) Eine sog. locatio conductio irregularis ist es, wenn dem conductor verstattet ist, statt der zur Verarbeitung gegebenen Materialien andere zu verwenden, oder auch im Falle eines Transportes andere als die hingegebenen Fungibilien zu restituieren. l. 31 D. h. t. 19, 2, l. 34 pr. D. de auro 34, 2, vgl. Karlowa in Grünhuts Zeitschr. Bd. 16 S. 418, P. Rossi, l. c. operis irregularis in den studi senesi Bd. 7 S. 181 ff. — Ein hierher gehöriger Fall ist die Zahlung einer Geldsumme durch „Postanweisung".

9) § 4 J. h. t. 3, 24: Item quaeritur, si cum aurifice Titio convenerit, ut is ex auro suo certi ponderis certaeque formae anulos ei faceret et acciperet verbi gratia aureos decem, utrum emptio et venditio an locatio et conductio contrahi videatur? Cassius ait materiae quidem emptionem venditionemque contrahi, operae autem locationem et conductionem. sed placuit tantum emptionem et venditionem contrahi. quodsi suum aurum Titius dederit mercede pro opera constituta, dubium non est, quin locatio et conductio sit. Dies nach Gaj. Inst. III. § 147, vgl. l. 2 § 1 D. h. t. 19, 2. Die Unterstellung der Werklieferungsverträge unter den Kauf ist übrigens unzweckmäßig und wirtschaftlich bedenklich. Ehrenberg, Kauf und Werkvertrag in Jherings Jahrb. Bd. 27 n. 4. BGB. § 651 unterscheidet zwischen der Herstellung vertretbarer und nicht vertretbarer Sachen. Im ersten Fall finden die Vorschriften über den Kauf Anwendung, im letzteren Fall zum Teil die Grundsätze des Kaufs, meist aber diejenigen des Werkvertrages. Vgl. Dernburg, Bürg. Recht Bd. 2 § 325.

10) l. 20 D. de contr. empt. 18, 1, quoniam tunc a me substantia proficiscitur. l. 22 § 2 D. h. t. 19, 2. Ob der Bau auf eigenem Boden des Bestellers oder auf

Der Unternehmer hat vertragsmäßig, rechtzeitig[11] und fehlerlos[12] abzuliefern.

Persönliche Ausführung ist nichts Wesentliches. Der Unternehmer kann die Arbeit vielmehr weiter verdingen,[13] es sei denn das Gegenteil vereinbart oder nach der Natur der fraglichen Arbeit selbstverständlich. Die locatio conductio operis begreift also auch die sog. Entreprise in sich.[14]

Gehilfen darf der Unternehmer regelmäßig verwenden, auch wenn er zur persönlichen Leistung verbunden ist. Für Verschuldung von Vertretern und Gehilfen steht er wie für die eigene ein.[15]

Die Verpflichtung des Unternehmers ist in der Regel vererblich.

2. Der Besteller — locator — schuldet den bedungenen Preis, und zwar je nach der Vereinbarung erst nach Vollendung des Werkes, oder gemäß den einzelnen Stadien des Fortschreitens.[16] Vorschüsse sind zu leisten, sofern sie besonders ausbedungen oder üblich sind.[17]

Der Lohn ist auch geschuldet, wenn das Unternehmen durch kontraktwidrige Kündigung seitens des Bestellers verhindert wird. Die Ersparnis an sonst nötigen Aufwendungen ist aber anzurechnen.[18]

---

fremdem ausgeführt werden soll, ist gleichgültig. So RG. Bd. 13 S. 209 bezüglich des Baues eines Zirkus auf einem städtischen Platze infolge Bestellung einer Kunstreitergesellschaft. Vgl. ferner ROHG. Bd. 23 S. 89, Seuffert, Archiv Bd. 48 n. 254, RG. in jur. Wochenschr. 1893 S. 556.

11) Verzögerung gibt nicht selten dem Besteller ein Rücktrittsrecht nach den oben § 292 entwickelten Grundsätzen. Vgl. BGB. § 636, Dernburg, Bürg. Recht Bd. 2 § 321.

12) Ist eine unverzügliche Nachbesserung möglich, so kann sie der Besteller fordern, der Unternehmer anbieten. Wie lange der Besteller auf sie warten muß, ist nach den Lebensverhältnissen und den Zwecken des Kontraktes zu beurteilen. Begnügt sich der Besteller mit einer mangelhaften Arbeit, so kann er Minderung des Preises fordern und, im Falle der Unternehmer in Schuld ist, Schadensersatz. Dem Besteller steht aber auch der Rücktritt vom Geschäft frei, wenn die Arbeit in erheblicher Weise der kontraktgemäßen Beschaffenheit entbehrt, sofern er nur das ihm Geleistete zurückgeben kann, was namentlich bei Bauten auf seinem Grund und Boden nicht der Fall ist. Ist das Unternehmen noch nicht vollendet, so kann er dasselbe aufgeben, wenn sich herausstellt, daß es kontraktmäßig nicht auszuführen ist. Er muß dann für das Fertiggestellte Vergütung leisten, l. 60 § 4 D. h. t. 19, 2. Der Unternehmer haftet für Fehler nicht, wenn er auf Anweisung des Bestellers gehandelt hat, es sei denn, daß er als Kunstverständiger den nicht sachverständigen Arbeitsherrn auf die Gefahren der Ausführung aufmerksam machen mußte. Vgl. l. 51 § 1, l. 60 § 3 D. h. t. 19, 2. Nach BGB. §§ 633 ff. kann der Besteller, wenn das Werk fehlerhaft ist, die Beseitigung des Mangels verlangen und zu diesem Zweck dem Unternehmer eine angemessene Frist bestimmen. Nach dem Ablaufe der Frist kann der Besteller Wandelung oder Minderung und, wenn der Mangel des Werkes von dem Unternehmer zu vertreten ist, auch Schadensersatz wegen Nichterfüllung verlangen. Vgl. Dernburg, Bürg. Recht Bd. 2 § 320.

13) l. 48 pr. D. h. t. 19, 2.

14) Dankwardt a. a. O. S. 305 will freilich „locatio conductio operis“ und „Entreprise“ scharf unterschieden wissen. Mit Unrecht. Der Unternehmer verspricht ein Arbeitsprodukt und nicht notwendig seine Arbeit. Das ergibt auch l. 48 pr. D. cit.

15) Oben § 295 Anm. 8.

16) l. 51 § 1 D. locati 19, 2, BGB. § 641 Abs. 1.

17) Laufen Zinsen des rückständigen Lohns von der Ablieferung der Arbeiten an? Eine derartige Analogie eines immerhin singulären Satzes des Kaufrechts ist bedenklich. Vgl. Windscheid Bd. 2 § 401 Anm. 1a, BGB. § 641 Abs. 2.

18) Vgl. l. 19 § 9 D. h. t. 19, 2, Bolze, Praxis des RG. Bd. 2 S. 230, BGB. § 649, Dernburg, Bürg. Recht Bd. 2 § 324.

Der Besteller hat das zu Bearbeitende rechtzeitig zu liefern,[19] sowie das vollendete Werk rechtzeitig abzunehmen. Ist es kontraktmäßig, so hat er seine Billigung zu erteilen.[20] Dieselbe liegt oft schon in vorbehaltloser Annahme oder darin, daß er in kurzer Frist keinerlei Mängel rügt. Nach der Billigung steht der Unternehmer nur für solche Fehler ein, welche bei ordnungsmäßiger Prüfung nicht erkennbar waren. Daß dies der Fall ist, muß der Besteller nachweisen. Hat der Unternehmer die Billigung durch Dolus herbeigeführt, so entlastet sie ihn nicht.[21]

3. Bestritten ist die Frage, wer die Gefahr trägt, d. h. ob dem Unternehmer in Fällen zufälliger Vernichtung oder Verschlechterung des übernommenen Werkes gleichwohl der Lohn gebührt.[22]

Natürlich geht die Gefahr auf den Besteller über, wenn er das Werk abgenommen hat oder hätte abnehmen sollen. Dagegen trägt bis dahin der Unternehmer die Gefahr, denn die Vergütung ist ihm für das vollendete Werk zugesagt. Aber allzu strenges Festhalten an diesen Grundsätzen wäre hart. Sie erleiden daher aus billiger Berücksichtigung der aufgewendeten Arbeit folgende Modifikationen:

a) Trat Untergang oder Verschlechterung des Werkes wegen des vom Besteller gelieferten Materials ein, so trifft die Gefahr ihn, er hat also verhältnismäßigen Lohn zu vergüten.

Das gleiche gilt, wenn der zufällige Schaden Folge eines in der Person des Bestellers liegenden Grundes war oder die Sache zu einer Zeit traf, wo sie sich im Gewahrsam des Bestellers befand.[23]

b) Den Besteller trifft die Gefahr auch, wenn das Werk durch höhere Gewalt zerstört wird, welche durch technische Vorkehrungen nicht beseitigt werden konnte, z. B. durch ein Erdbeben.[24] [25]

19) Vgl. auch BGB. §§ 642, 643.

20) Siehe Samter, probatio operis in der Zeitschr. der Sav.Stiftg., rom. Abt. Bd. 26 S. 125 ff. Vgl. auch BGB. § 640 Abs. 1.

21) l. 24 pr. D. h. t. 19, 2. Aus dem Satze „ut irrita sit adprobatio dolo conductoris facta" läßt sich nicht mit Arndts § 315 schließen, daß der Unternehmer nach der Billigung nur für dolus hafte.

22) Siehe Bolze, über den Zufall bei der Werkverdingung im Archiv für ziv. Praxis Bd. 57 n. 5, Schmauser, Zufall bei der Werkverdingung, Erlanger Inaug.Diss. 1891, Adnet a. a. O. S. 29 siehe oben § 369 Anm. 1, Oertmann, Zufall bei der Werkverdingung in Grünhuts Zeitschr. Bd. 24 S. 1. Vgl. ferner die bei Windscheid Bd. 2 § 401 Anm. 8 Angeführten.

23) Dies folgt aus der Natur der Sache, vgl. Strohal in Jherings Jahrb. Bd. 33 S. 386.

24) Aus dem Begriff der l. c. operis, wie ihn Labeo entwickelt — vgl. oben Anm. 3 — folgt, daß der conductor die Gefahr trägt, wenn das opus zugrunde geht, ehe es der Besteller angenommen hat oder hätte annehmen sollen. Dies spricht Labeo libro 1 pithanorum l. 62 D. h. t. 19, 2 aus: Si rivum, quem faciendum conduxeras et feceras, antequam eum probares, labes corrumpit, tuum periculum est. Paulus macht die offenbar billige Ausnahme: „immo si soli vitio id accidit, locatoris erit periculum, si operis vitio accidit, tuum erit detrimentum." Eine andere noch tiefer greifende Ausnahme rührt von Sabinus her. Vgl. l. 59 D. h. t. 19, 2. Javolenus libro 5 Labeonis posteriorum: Marcius domum faciendam a Flacco conduxerat: deinde operis parte effecta terrae motu concussum erat aedificium. Masurius Sabinus, si vi naturali, veluti terrae motu hoc acciderit, Flacci esse periculum.

§ 371. Die lex Rhodia de jactu.[1]

Bedroht eine Seegefahr Schiff und Ladung gemeinsam, zu deren Abwendung der Führer des Schiffes Opfer bringt, so haben alle, die gefährdet waren, den Schaden — die große Haverei[2] — gemeinsam zu tragen.

Dieser Satz — die lex Rhodia de jactu — ging aus dem rhodischen Recht in das römische, und von da in das mittelalterliche und neuere Seerecht über. Es wird hierdurch eine rechtliche Gemeinschaft zwischen dem Reeder des Schiffes und sämtlichen Befrachtern desselben von der Einladung der Frachtgüter in das Schiff bis zu deren Wiederausladung begründet, welche in der durch die Befrachtung entstandenen tatsächlichen Gemeinschaft eine natürliche Grundlage hat.

Die Voraussetzungen der Austeilung des Schadens sind:

1. eine unmittelbare, Schiff und Ladung gemeinsam bedrohende Gefahr,
2. zur Rettung gebrachte Opfer. Urfall ist das Auswerfen von Waren über Bord;[3] aber auch alle anderen Rettungsmaßregeln des Schiffes gehören hierher, z. B. Überladung von Waren in Leichterschiffe, in denen sie zugrunde gingen, Kappen der Masten oder andere Beschädigungen des Schiffes, Loskauf von Piraten.[4]

Die vis naturalis, von der Sabinus sprach, ist die höhere Gewalt, vgl. oben § 296 Anm. 9. Übereinstimmend ist Florentinus libro 7 institut. l. 36 D. h. t. 19, 2: Opus quod aversione locatum est donec adprobetur, conductoris periculo est: quod vero ita conductum sit, ut in pedes mensurasve praestetur, eatenus conductoris periculo est, quatenus admensum non sit: et in utraque causa nociturum locatori, si per eum steterit, quo minus opus adprobetur vel admetiatur. si tamen vi majore opus prius interciderit quam adprobaretur, locatoris periculo est, nisi si aliud actum sit: non enim amplius praestari locatori oporteat, quam, quod sua cura atque opera consecutus esset. Dies wird ergänzt durch l. 37 D. h. t. 19, 2. Javolenus libro 8 ex Cassio: Si, priusquam locatori opus probaretur, vi aliqua consumptum est, detrimentum ad locatorem ita pertinet, si tale opus fuit, ut probari deberet.

25) BGB. § 644 Abs. 1 bestimmt in strenger Weise: Der Unternehmer trägt die Gefahr bis zur Abnahme des Werkes. Kommt der Besteller in Verzug der Annahme, so geht die Gefahr auf ihn über. Für den zufälligen Untergang und eine zufällige Verschlechterung des von dem Besteller gelieferten Stoffes ist der Unternehmer nicht verantwortlich. Vgl. auch Abs. 2 u. §§ 645, 646. Dernburg, Bürg. Recht Bd. 2 Abt. 2 § 318.

1) Tit. Dig. de lege Rhodia de jactu 14, 2, Pauli sent. II. 7, HGB. §§ 700 ff., Goldschmidt in seiner Zeitschrift Bd. 35 S. 36, S. 321, Heck, das Recht der großen Haverei 1889, insbesondere S. 592. Dort siehe die Literatur.

2) Der Ausdruck „Haverei" ist zum technischen für den Schaden und das ganze Rechtsinstitut geworden. Ist der Name arabischen Ursprungs? siehe Goldschmidt a. a. O. Anm. 1. Es handelt sich bei der Haverei in unserem Sinne um außerordentliche Aufwendungen. Die „ordinäre" oder „kleine" Haverei, d. h. Aufwendungen in mißlichen Lagen, die aber nichts Außergewöhnliches sind, z. B. Aufeisen, Notwendigkeit eines Lootsen, hat der Reeder allein zu tragen, ohne daß er die Ladungsinteressenten heranziehen darf. Von der „großen" oder „gemeinsamen" Haverei ferner ist die partikulare oder besondere zu unterscheiden. Dies sind Schäden, die den einzelnen treffen. Es entsteht z. B. Feuer in der Ware eines der Befrachter, durch welches dieselbe zerstört wird.

3) l. 1 D. h. t. 14, 2. Paulus libro 2 sententiarum: Lege Rhodia cavetur, ut, si levandae navis gratia jactus mercium factus est, omnium contributione sarciatur quod pro omnibus datum est.

4) Beispiele enthalten l. 2 § 1, l. 3, l. 5 § 1 D. h. t. 14, 2, l. 4 pr. D. eod.,

3. Die Maßregeln müssen vom Führer des Schiffes ausgegangen sein.[5]

4. Das Schiff muß erhalten bleiben, wie auch ein Teil der Ladung.[6]

Die Verteilung des Schadens geschah in Rom dadurch, daß der Schiffer den Beitragspflichtigen entsprechende Abzüge zu machen und hieraus den Vergütungsberechtigten Ersatz zu leisten hatte.[7] Nach jetzigem Seerechte ist ein Verteilungsplan — Dispache — durch amtlich angestellte Dispacheure aufzustellen,[8] [9] auf Grund dessen die Vergütungsberechtigten direkt Ansprüche gegen die Beitragspflichtigen erhalten. Doch haften dieselben zunächst nur mit dem geretteten Gute.[10]

Die Bestimmungen der lex Rhodia galten auch für Flußschiffe.[11] Hier sind aber die Vorschriften des Binnenschiffahrtsgesetzes maßgebend.[12]

Auf andere Fälle läßt sich die lex Rhodia nicht anwenden, denn sie beruht auf keinem allgemeinen Rechtsprinzip, sondern auf den besonderen Verhältnissen der Frachtschiffahrt.[13]

V. Mandat. Verwandte Geschäfte. Negotiorum gestio.

a) Mandat.[1]

§ 372. Begriff des Mandates.

Dir Übernahme eines Auftrages — Mandates — ohne Lohn begründet gegenseitige Verbindlichkeiten zwischen dem

l. 2 § 3 D. eod. Vgl. auch l. 4 § 2 D. eod. — HGB. § 706 zählt einzelne Fälle der großen Haverei auf, ohne erschöpfen zu wollen; dagegen macht die Bestimmung des Gesetzes darüber, was bei den von ihm aufgezählten Unfällen zur großen Haverei gehört, erschöpfendes Recht. ROHG. Bd. 13 S. 407.

5) Ausdrücklich heben die römischen Quellen dies nicht hervor, es versteht sich von selbst Anders Heck S. 594. Im neueren Seerecht ist hierüber kein Zweifel. HGB. § 700.

6) Pauli sent. II. 7, § 3, l. 4 pr. D. h. t. — l. 2 pr. D. eod.; HGB. § 703.

7) Paulus libro 34 ad edictum, l. 2 pr. D. h. t. 14, 2: Si laborante nave jactus factus est, amissarum mercium domini, si merces vehendas locaverant, ex locato cum magistro navis agere debent: is deinde cum reliquis, quorum merces salvae sunt, ex conducto, ut detrimentum pro portione communicetur, agere potest.

8) HGB. § 729.

9) Nach HGB. § 711 entscheidet bezüglich der geopferten und der geretteten Waren der Verkaufswert am Bestimmungsorte. So war es auch in Rom, wie Heck a. a. O. S. 604 nachgewiesen hat, während die herkömmliche Interpretation der l 2 § 4 D. h. t. 14, 2 zu dem Ergebnis kam, daß die geopferten Waren nach ihrem „Einkaufspreis" zu berechnen seien. Natürlich ist bezüglich der geopferten abzuziehen, was an Unkosten infolge des Verlustes der Güter gespart wurde. — Nicht beitragspflichtig war in Rom Mundvorrat, l. 2 § 2 in fine D. h. t. 14, 2; etwas weiter geht § 723 des HGB.

10) HGB. §§ 725 und 726.

11) Dagegen OLG. Hambg. in Seufferts Archiv Bd. 46 n. 22.

12) Binnenschiffahrtsgesetz §§ 78 ff.

13) Ausdehnung der Grundsätze der lex Rhodia auf alle Fälle, in welchen jemand Sachen verschiedener Eigentümer in Händen hat und die Sachen des einen durch Aufopferung der Sachen des anderen rettet, behauptet Windscheid Bd. 2 § 403 Anm. 13. Weiter noch geht Jhering in seinen Jahrbüchern Bd. 10 S. 348. Vgl. gegen beide Goldschmidt a. a. O. S. 61. Er verwirft u. a. mit Recht die Anwendung der lex Rhodia auf einen Fall, in welchem der Kondukteur eines Postwagens Räubern, die ihn anfielen, einen miteingeladenen Geldbeutel behufs Rettung der anderen Poststücke auslieferte. Ebenso Heck a. a. O. S. 589.

Auftraggeber — dem Mandanten — und dem Beauftragten — dem Mandatar.[2]

Das Mandat hat vornehmlich Rechtshandlungen zum Gegenstande, seien dies nun Rechtsgeschäfte oder prozessualische Handlungen. Aber auch die Übernahme von bloß tatsächlichen Leistungen ist Mandat, wenn sie nicht gegen Lohn geschieht.[3]

Das Mandat kann die Verwaltung eines ganzen Vermögens zum Inhalte haben, sich auf bestimmte Zweige desselben beziehen, oder auch einzelne Geschäfte betreffen.[4]

Nicht selten schließt das Mandat eine Vollmacht ein, d. h. die Ermächtigung, Rechtshandlungen mit der Wirkung vorzunehmen, als habe sie der Geschäftsherr selbst vollzogen.[5] Dann hat das Mandat nicht bloß Bedeutung zwischen dem Auftraggeber und dem Beauftragten — nach innen —, sondern auch für dritte Personen — nach außen. Aber nicht jedes Mandat enthält eine derartige Vollmacht. Andererseits gibt es im entwickelten Rechte zahlreiche Fälle von Vollmachten, ohne daß ein Auftrag vorliegt. Der Bevollmächtigte ist dann zu der bezüglichen Rechtshandlung befugt, ohne zu derselben verpflichtet zu sein.

Die Römer unterscheiden mandatum mea, aliena und tua gratia.[6]

a) Regelmäßig wird das Mandat im Interesse des Auftraggebers — mea gratia — erteilt. Damit kann übrigens das Interesse eines Dritten oder auch des Beauftragten Hand in Hand gehen.

b) Das Mandat kann ferner gültigerweise im bloßen Interesse eines Dritten — aliena gratia — gegeben werden, so daß der Mandant kein selbständiges Interesse an der Ausführung hat.

c) Dagegen ist das Mandat tua gratia, welches nur im Interesse des Beauftragten erteilt wird, an sich ohne rechtliche Kraft. Ein solcher Auftrag hat bloß die Bedeutung eines Rates. Aus diesem kann der Erteiler nur dann in Anspruch genommen werden, wenn er dolos

---

1) Tit. J. de mandato 3, 26, Dig. mandati vel contra 17, 1, Cod. 4, 35.

2) Die Römer nennen den Auftraggeber „mandans" oder „mandator"; für den Beauftragten hatten sie keine besondere Benennung; die vieldeutige Bezeichnung „procurator" mußte aushelfen.

3) § 13 J. h. t. 3, 26 . . . si fulloni polienda curandave vestimenta dederis aut sarcinatori sarcienda nulla mercede constituta neque promissa, mandati competit actio. Neuere Gesetzgebungen beschränken meist das Mandat auf den Fall des Auftrages zu Rechtshandlungen. BGB. stimmt mit dem gemeinen Recht überein.

4) Ein Mandat, wonach der Mandatar seine eigene Sache an den Mandanten veräußern soll, erscheint seltsam. Warum nicht lieber gleich Verkauf? Dennoch kommt es vor. Wenn man nämlich einem Miteigentümer oder einem Miterben den Auftrag gibt, die gemeinschaftliche Sache oder Erbschaft ganz für den Mandaten zu erwerben, so erstreckt sich das Mandat auch auf den eigenen Teil des Mandatars, l. 22 § 4, l. 34 § 1, l. 35, l. 36 D. h. t. Liegt hierin, wie Goldschmidt, Handb. des Handelsr. 3. Aufl. Bd. 1 S. 78 lehrt, daß man in Rom bereits das „Selbsteintrittsrecht des Kommissionärs" nach Art des modernen Handelsrechts kannte? Das ist durchaus unannehmbar, vgl. oben § 316 Anm. 7.

5) Laband in Goldschmidts Zeitschr. für Handelsr. Bd. 10 S. 205.

6) l. 2 D. h. t. 17, 1, pr. § 1 und ff. J. h. t. 3, 26.

handelte oder sich besonders verpflichtete.[7, 8] Natürlich ist der Mandant aber dann haftbar, wenn der Beauftragte aus dem Mandate nicht ersehen konnte, daß es bloß in seinem Interesse erteilt war, und es ausführte.

Das Mandat ist unentgeltlich[9] und daher kein Erwerbsgeschäft des Mandatars. Hierdurch unterscheidet es sich vom Dienstvertrag. Der Mandatar wird durch persönliche Beziehungen zum Mandanten z. B. Verwandtschaft, Freundschaft, Kollegialität zur Übernahme des Auftrages bestimmt, nicht durch die Absicht, Geld zu verdienen. Allerdings kann ihm ein Honorar zugesagt sein.[10] Honorar ist aber etwas anderes als Lohn; es bezweckt nicht Geldgewinn; es wird gewährt als Bezeigung der Dankbarkeit, als Anerkennung für die geleisteten Dienste, als Entschädigung für Auslagen, die im einzelnen nicht leicht berechnet werden können, wie auch als eine Sustentation während der Zeit der Geschäftsbesorgung.[11] Ob Honorar oder Lohn bedungen ist, läßt sich in der Regel nur aus den besonderen Umständen des Falls entnehmen.

---

7) l. 2 § 6 D. h. t. 17, 1. Gajus libro 2 rerum cottidianarum . . . magis consilium est quam mandatum et ob id non est obligatorium, quia nemo ex consilio obligatur, etiamsi non expediat ei cui dabatur. Ebenso § 6 J. h. t. 3, 26. Der Erteiler eines Rates wird aus demselben verbunden: a) für den übeln Ausgang, wenn er böswillig schlecht riet, l. 47 pr. D. de R. J. 50, 17, vgl. l. 10 § 7 D. h. t. 17, 1, ebenso b) wenn er für die Folgen des Rates einzustehen versprach, l. 12 § 13 D. h. t. 17, 1, c) wegen jeder Verschuldung haftet, wer sorgfältigen Rat zugesagt hat. Die Übernahme einer derartigen Verbindlichkeit ist zu unterstellen, wenn man gewerbsmäßig Rat erteilt und dies gegen Vergütung tat. RG. Bd. 27 S. 118, Seuffert, Archiv Bd. 55 n. 26. Ernst Wolff, die Haftung des Ratgebers, Berliner Inaug.Diss. 1899. BGB. § 676 hat an diesen Sätzen nichts geändert. Vgl. Dernburg, Bürg. Recht Bd. 2 § 294 S. 366.

8) Wie sich zu den in Anm. 7 entwickelten Grundsätzen die l. 6 § 5 D. h. t. 17, 1 von Ulpianus libro 31 ad edictum verhalte, ist sehr bestritten: Plane si tibi mandavero quod tua intererat, nulla erit mandati actio, nisi mea quoque interfuit: aut, si non esses facturus, nisi ego mandassem, etsi mea non interfuit, tamen erit mandati actio. Man leitet hieraus häufig den Satz her, daß Rat und mandatum tua gratia den Ratenden verbinde, wenn der andere Teil bloß hierdurch zu der fraglichen Handlung bestimmt worden sei, spricht sich aber nicht darüber aus, wie dies festgestellt werden soll. Auf die unausgesprochenen Gedanken des Beratenen kann es keinesfalls ankommen. Die Entscheidung ist — man bemerke das Futurum — nur auf den Fall gemünzt, daß dem Ratgeber ausdrücklich vor der Ausführung erklärt wurde, daß man das Geratene „nur mit Rücksicht auf den Rat tun werde". Wenn dazu der Ratgeber schweigt, so ist zu schließen, daß er für den Erfolg seines Rates einstehen wolle. Es handelt sich hiernach um ein stillschweigendes Garantieversprechen. Andere Auffassungen siehe bei Vangerow Bd. 3 § 659 Ziff. 4, Wächter, Pandekten Bd. 2 S. 451, Wolff a. a. O. S. 16. Vgl. dagegen Sokolowski, die Mandatsbürgschaft S. 50 ff.

9) l. 1 § 4 D. h. t. 17, 1. Paulus libro 32 ad edictum: Mandatum nisi gratuitum nullum est: nam originem ex officio atque amicitia trahit, contrarium ergo est officio merces: interveniente enim pecunia res ad locationem et conductionem potius respicit. l. 36 § 1 D. eod. Javolenus libro 7 ex Cassio . . . nec lucrum tibi ex hac causa adquirere debes, cum mandatum gratuitum esse debet. Ebenso BGB. § 662.

10) l. 6 pr. D. h. t. 17, 1. Das Honorar konnte in Rom nicht mit der actio mandati, sondern nur durch extraordinaria cognitio beigetrieben werden l. 7 D. h. t. 17, 1, l. 1 C. h. t. 4, 35, l. 1 pr. ff. de extraordin. cognitionibus 50, 13.

11) Löwenfeld in den Gutachten des Anwaltstandes zum Entwurf des BGB. S. 884. Petrażycki, Einkommen Bd. 2 § 34.

Bei der Tätigkeit als **Geistlicher**, **Lehrer** von Wissenschaft und Kunst, **Arzt**, **Rechtsanwalt** — operae liberales — kommen überwiegend unschätzbare Güter in Frage. Hier wird die Leistung nicht bezahlt, sondern honoriert. Diese Dienste sind daher notwendig als Mandate zu betrachten.[12]

§ 373. Die Verpflichtungen aus dem Mandat.

1. Die Verpflichtungen des **Mandatars** sind folgende:

a) Es liegt ihm **sorgfältige und genaue Ausführung** des übernommenen Auftrages ob, nicht nach dem bloßen Wortlaute, sondern nach dem erkennbaren Sinne. In der Regel hat er auch nachträglichen Anweisungen des Mandanten nachzukommen, sofern sie innerhalb der Grenzen des Auftrages bleiben. Willkürliche Abweichungen sind ihm nicht gestattet, auch wenn sie pekuniär vorteilhaft sein sollten, denn er ist Vertreter und nicht Herr des Geschäftes.[1] Ändern sich jedoch die Umstände, welche den Auftrag bestimmten, so hat der Beauftragte die Entscheidung des Geschäftsherrn einzuholen, soweit dies aber nicht tunlich ist, in dessen Sinn zu handeln.[2]

Vollführung des Auftrages durch andere — **Substituten** — ist dem Mandatar gestattet, es sei denn persönliche Tätigkeit vorgeschrieben oder nach der Natur des Geschäftes als selbstverständlich anzusehen. Aber auch in diesen Fällen ist ihm bei eigener Verhinderung im Notfalle Substitution gestattet und unter Umständen zur Pflicht gemacht.[3] Wer berechtigterweise zur Ausführung des Auftrages Vertreter verwendete, haftet nur für eigenes Verschulden, insbesondere in der Auswahl oder Instruierung der Substituten; wer unberechtigterweise Vertreter annahm, haftet für jeden hieraus entspringenden Schaden und steht insbesondere für deren Versehen wie für die eigenen ein.

---

12) Vgl. Löwenfeld a. a. O. und in der Münchener Festgabe für Planck, Inästimabilität und Honorierung der operae liberales 1887 S. 387 ff. Es besteht der Unterschied vom gewöhnlichen Mandat, daß der Geistliche, Lehrer usf. in der Ausführung keineswegs schlechthin an die Anweisungen des Geschäftsherrn gebunden ist, vielmehr ihm gegenüber seinerseits eine autoritative Stellung einnimmt, um den Vorschriften der Religion, Wissenschaft, Kunst Geltung zu verschaffen. Heſke, der Arzt, 1886. BGB. nimmt auch hier einen Dienstvertrag an, wendet aber auf ihn in wesentlichen Punkten die Vorschriften über den Auftrag an, vgl. § 675, Dernburg, Bürg. Recht Bd. 2 § 293 S. 364.

1) l. 5 § 1 D. h. t. 17, 1. Paulus libro 32 ad edictum: Itaque si mandavero tibi, ut domum Sejanam centum emeres tuque Titianam emeris longe majoris pretii, centum tamen aut etiam minoris, non videris implesse mandatum.

2) Übereinstimmend BGB. § 665.

3) Vgl. l. 8 § 3 D. h. t. 17, 1, cap. 1 § 2 und cap. 9 in VI. de procuratoribus 1, 19; Goldschmidt in seiner Zeitschr. Bd. 16 S. 309. Anders Windscheid Bd. 2 § 410 Anm. 5. Zwischen dem Auftraggeber und dem Substituten erwachsen infolge der Geschäftsführung des letzteren actiones negotiorum gestorum l. 5 § 3 D. de neg. gest. 3, 5. Es kommt aber auch vor, daß der Mandatar im Namen und für Rechnung seiner Mandanten dem Substituten das Mandat erteilt, dieser also Mandatar des ersten Mandanten wird. Vgl. auch ROHG. Bd. 24 S. 198. Nach BGB. § 664 darf der Beauftragte im Zweifel die Ausführung des Auftrags nicht einem Dritten übertragen.

b) Jede Verschuldung, die ihm bei Ausführung des Geschäftes oder in dessen Versäumnis zur Last fällt, macht den Mandatar schadensersatzpflichtig.[4]

c) Was er infolge des Mandates erhielt, hat er dem Mandanten zu erstatten, auch wenn dem Mandanten an sich kein Recht auf die Einnahme zustand.[5] Daher hat er einkassierte Zahlungen auf vermeinte, in der Tat nicht bestehende Forderungen des Mandanten in Rechnung zu stellen;[6] Früchte und Zinsen, die er von dem verwalteten Vermögen zog oder die er hätte ziehen sollen, muß er vergüten; die dem Mandanten gebührenden Gelder hat er dann zu verzinsen, wenn er sie in seinem eigenen Vorteil verwendete.[7] [8]

Auch die Herausgabe von Dokumenten liegt ihm ob, die er infolge des Mandates in Händen hat; insbesondere sind Vollmachtsurkunden nach Beendigung des Mandates zurückzuliefern.[9]

d) Der Mandatar hat dem Mandanten in angemessener Weise Auskunft und Rechenschaft über die Ausführung des Auftrages zu geben und nach Bedürfnis eine förmliche Rechnung mit den nötigen Belegen vorzulegen.[10]

Die Klage des Mandanten gegen den Mandatar ist die actio mandati directa.

2. Der Mandant ist dem Mandatar vorzugsweise zur Schadloshaltung verbunden.

a) Er hat ihm die Auslagen zu ersetzen, welche der Mandatar bona fide und verständigerweise machte, selbst wenn sie ohne Erfolg blieben, und auch wenn etwa der Mandant sparsamer gewesen wäre.[11] Er muß diese Aus-

4) l. 11, l. 13, l. 21 C. h. t. 4, 35, l. 23 D. de R. J. 50, 17. Vgl. aber auch collatio legum Rom. et Mos. X 2 § 3. Siehe oben § 294 Ziff. 2.

5) l. 20 pr. D. h. t. 17, 1. Paulus libro 11 ad Sabinum: Ex mandato apud eum qui mandatum suscepit nihil remanere oportet, sicuti nec damnum pati debet, si exigere faeneratam pecuniam non potuit. BGB. § 667.

6) l. 46 § 4 D. de procuratoribus 3, 3, l. 10 §§ 2 und 3, l. 8 D. h. t. 17, 1.

7) Wie weit man zu gehen hat, ist eine interessante, praktisch wichtige Frage. Der Egoismus der Bevollmächtigten und die Neigung des Verkehrs, die Dinge bequem und lax zu behandeln, suchen das Maß herunterzudrücken, aber das Recht erfüllt seine hohe und sittenreinigende Aufgabe, wenn es den Standpunkt skrupuloser Redlichkeit und vollkommener Anständigkeit gleichwohl festhält. Der Bevollmächtigte hat daher namentlich Extraprovisionen und Geschenke, womit ihn der dritte Kontrahent wegen des Abschlusses aufgetragener Geschäfte mit ihm zu belohnen sucht, auch wenn er redlich handelte, und der Verdacht der Bestechung fern liegt, dem Mandanten in Rechnung zu stellen. RG. Bd. 4 S. 290, Crome, die partiarischen Rechtsgeschäfte S. 504. Natürlich gilt dies auch für Handlungsgehilfen. Geschäfte, die der Mandatar bei Gelegenheit der Ausführung des Auftrages schließt, gehen dagegen den Mandanten nichts an.

8) l. 10 § 3 D. h. t. 17, 1. Es wird nicht unterschieden, ob die Verwendung unerlaubt oder erlaubt war. BGB. § 668.

9) RG. Bd. 3 S. 186, BGB. § 175.

10) l. 46 § 4 D. de procuratoribus 3, 3, l. 56 § 2 D. h. t. 17, 1, vgl. l. 111 D. de cond. et dem. 35, 1.

11) l. 12 §§ 7ff., l. 45, l. 12 § 9 D. h. t. 17, 1. Selbst infolge entschuldbaren Irrtums gemachte Aufwendungen darf der Mandatar anrechnen. l. 29 §§ 1ff., l. 51 D. h. t. 17, 1. BGB. § 670 besagt: Macht der Beauftragte zum Zwecke der Ausführung des Auftrags Aufwendungen, die er den Umständen nach für erforderlich halten darf, so ist der Auftraggeber zum Ersatze verpflichtet.

lagen zudem verzinsen.[12] Auch hat er Vorschüsse wegen voraussichtlicher Auslagen zu leisten.[13]

Hat der Mandatar seinen Auftrag überschritten, so kann er trotzdem Erstattung der Auslagen fordern, wenn er seine Ansprüche nach den Grenzen des Mandates ermäßigt und gleichwohl dem Mandanten alles anbietet, was derselbe bei genauer Einhaltung des Mandates gehabt hätte. Dies gilt namentlich, wenn er zwar die gestellte Preisgrenze bei einem aufgetragenen Einkauf überschritt, aber dem Mandanten das Eingekaufte für den festgesetzten Preis belassen will.[14]

b) Verschuldung des Mandanten macht ihn dem Mandatar schadensersatzpflichtig. Für zufälligen Schaden, welcher dem Mandatar bei Gelegenheit der Ausführung des Auftrages zustieß, braucht er nicht aufzukommen.[15] [16]

c) Dem Mandanten liegt endlich Zahlung des vereinbarten, gesetzlichen

12) l. 12 § 9 D. h. t. 17, 1. BGB. § 256 Satz 1.

13) l. 12 § 17, l. 45 pr. D. h. t. 17, 1. BGB. § 669.

14) § 8 J. h. t. 3, 26, Gajus III § 161, l. 3 § 2 und 4 D. h. t. 17, 1. Dies war die Ansicht des Prokulus, während Sabinus und Cassius in diesem Falle dem Mandatar die actio mandati versagten, weil das Mandat nicht vollführt war.

15) l. 26 § 6 D. h. t. 17, 1. Paulus libro 32 ad edictum: Non omnia, quae impensurus non fuit mandator, imputabit, veluti quod spoliatus sit a latronibus aut naufragio res amiserit vel languore suo suorumque adprehensus quaedam erogaverit: nam haec magis casibus quam mandato imputari oportet. l. 61 § 5 D. de furtis 47, 2. Das Prinzip ist nicht unbedenklich. Schon die Glosse „mandato" zu l. 26 § 6 D. mandati bemerkt: „item nec hic § de curialitate debet servari". Unger, Handeln auf fremde Gefahr in Jherings Jahrb. Bd. 33 S. 329 unterscheidet mit Grund solche Unfälle, die Folge der Ausführung des Mandates sind, für welche der Mandant haftet, von solchen, welche nur bei Gelegenheit dieser Ausführung entstanden, und für die der Mandant nicht einzustehen hat. Im wesentlichen wie Unger auch Hanau, Berliner Inaug.Diss. 1894, Eisele, Archiv für ziv. Praxis Bd. 84 S. 319.

16) Wie, wenn ein Auftrag falsch übermittelt wird? Ein Fall dieser Art (vgl. Zeitschr. für deutsches Recht Bd. 19 S. 456 ff.) machte in den fünfziger Jahren besonderes Aufsehen. Während die Kurse an den Börsen auf und nieder schwankten, gab ein Bankhaus den Auftrag, gewisse Papiere „zu kaufen". Die Telegraphenanstalt übermittelte: „zu verkaufen". Dies wurde ausgeführt. Es entstand ein erheblicher Schaden. Konnte der Beauftragte Ersatz fordern? Dagegen sprach, daß ein Vertrag des Mandatars mit dem Mandanten über das Kaufgeschäft wegen wesentlichen Irrtums nicht zustande gekommen war. Vgl. oben § 89. Auch eine culpa in contrahendo auf seiten des Auftraggebers lag sicher nicht darin, daß er sich des Telegraphen bediente. Dennoch haben die bei weitem meisten Schriftsteller die Entschädigungspflicht des Auftraggebers angenommen. Vgl. Jhering in seinen Jahrb. Bd. 4 S. 83, Windscheid Bd. 2 § 309 Anm. 5 und dort Zitierte, Pernice in Goldschmidts Zeitschr. Bd. 25 S. 132. Das Rechtsgefühl scheint dafür zu sprechen, die juristische Rechtfertigung ist aber schwierig; deshalb gehen die Ansichten hierüber sehr auseinander. Man wird sie in der Eigentümlichkeit des Mandates suchen müssen. Der Mandant setzt die Tätigkeit des Mandatars für seine Zwecke in Bewegung und verlangt unmittelbare Ausführung. Deshalb fordert es die bona fides, daß er die Deckung aller durch unrichtige Übermittlung seiner Aufträge entstehenden Nachteile übernehme. In diesem Sinne gilt er als Vertragsschuldner. RG. Bd. 28 S. 16. Nunmehr bestimmt BGB. § 120: Eine Willenserklärung, welche durch die zur Übermittlung verwendete Person oder Anstalt unrichtig übermittelt worden ist, kann unter der gleichen Voraussetzung angefochten werden wie nach § 119 eine irrtümlich abgegebene Willenserklärung. Vgl. Dernburg, Bürg. Recht Bd. 1 § 145 Ziff. V.

oder ortsüblichen Honorars ob, und zwar in der Regel nach Beendigung des Geschäftes.

Der Mandatar klagt gegen den Mandanten mit der actio mandati contraria.

Mehrere Mandatare sind solidarisch zur Ausführung des Auftrages verbunden und mehrere Mandanten haften dem Mandatar solidarisch.[17]

§ 374. Erlöschen des Mandates.

Das Mandat findet sein natürliches Ende mit der Vollendung des aufgetragenen Geschäftes, mit dem Herankommen eines dem Auftrag gesetzten Endtermins, dem Eintritte einer ihm eingefügten auflösenden Bedingung, endlich auch durch die Unmöglichkeit seiner Ausführung.

Ferner endigt es nach besonderem Mandatsrechte, weil es eine auf Vertrauen gegründete persönliche Beziehung anknüpft:

a) Durch Kündigung eines der beiden Teile.

Der Mandant darf den Auftrag jederzeit widerrufen. Das Mandat endet daher, sobald der Mandatar vom Widerruf erfährt,[1] es sei ihm denn die Abwicklung des Angefangenen gestattet. Dies ändert sich nicht durch vertragsmäßigen Verzicht des Mandanten auf den Widerruf, wohl aber hat der Verzicht zur Folge, daß das Honorar für die ganze Kontraktszeit geschuldet wird.[2]

Auch der Mandatar hat das Recht der Kündigung. Geschieht sie jedoch unzeitig, so daß der Geschäftsherr nicht mehr anderweit vorsorgen kann, so wird der Mandatar schadensersatzpflichtig. Nur aus wichtigen Gründen darf er auch unzeitig kündigen.[3]

b) Ferner ist der Tod eines der Beteiligten Erlöschungsgrund.

Das Mandat erlischt also regelmäßig mit dem Tode des Mandanten; doch muß der Mandatar hiervon Kenntnis erlangt haben.[4] Aber auch dann ist er verpflichtet und berechtigt, Angefangenes zu vollenden.[5] Bereits das römische Recht ließ Mandate für Geschäfte zu, welche erst nach dem Tode des Mandanten besorgt werden sollten.[6]

Mit dem Tode des Mandatars erlischt das Mandat, doch haben

17) l. 59 § 3 D. h. t. 17, 1.

1) l. 15 D. h. t. 17, 1. BGB. § 671 Abs. 1.

2) ROHG. Bd. 6 S. 180, Bd. 23 S. 324. RG. Bd. 3 S. 186.

3) l. 22 § 11 D. h. t. 17, 1, l. 23—25 D. eod.; z. B. der Mandant gibt dringende Veranlassung zur Kündigung oder der Mandatar wird durch schwere Krankheit verhindert. Übereinstimmend BGB. § 671 Abs. 2. Nach Abs. 3 das. kann der Beauftragte auf das Kündigungsrecht verzichten, eine Kündigung aus wichtigen Gründen wird dadurch nicht gehindert.

4) l. 26 pr. D. h. t. 17, 1, l. 15 C. h. t. 4, 35. Vgl. BGB. § 674.

5) Vgl. auch BGB. § 672 Satz 2.

6) l. 12 § 17, l. 13 D. h. t. 17, 1, siehe freilich auch l. 108 D. de solut. 46, 3. Vgl. Zimmern, über den nach dem Tode des Mandatars zu vollziehenden Auftrag im Archiv für ziv. Praxis Bd. 4 n. 19 und Vangerow Bd. 3 § 662. Nach BGB. § 672 erlischt der Auftrag nicht durch den Tod oder die Geschäftsunfähigkeit des Auftraggebers. Vgl. ZPO. § 86 über die Prozeßvollmacht, HGB. § 52 Abs. 3 über die Prokura.

dessen Erben dem Mandanten den Todesfall sofort mitzuteilen, ferner in Notfällen Angefangenes zu vollenden.[7]

Die Beendigung des Mandates berührt nicht die bereits aus ihm erwachsenen Verbindlichkeiten, sie hindert nur die Entstehung weiterer Mandatspflichten.

Mit dem Mandat erlischt auch die Vollmacht, die in ihm liegt.[8]

b) Unterarten des Mandates und verwandte Geschäfte.

§ 375. Garantieverträge.

Die Kehrseite des Mandates ist das Versprechen des Mandanten, dem Mandatar die Auslagen des ausgeführten Geschäftes zu ersetzen. Solche Garantie kann sogar den Hauptzweck bei Erteilung des Mandates bilden. Sie wird auch häufig selbständig übernommen.

1. Der Kreditauftrag — mandatum qualificatum — vor allem hat sein Schwergewicht in der Übernahme einer Garantie. Er besteht in dem Auftrage, einem Dritten zu kreditieren, womit man Schadloshaltung wegen der Kreditgewährung verspricht. So entsteht der Effekt einer Bürgschaft.[1]

2. Selbständiger Art sind die Garantieverträge,[2] welche die Unterstützung geplanter Unternehmen dadurch bezwecken, daß man deren Risiko ganz oder teilweise auf sich nimmt.

Dahin gehört namentlich die Garantie gegen Verluste für den Fall, daß die Einnahmen von künstlerischen oder gewerblichen Ausstellungen die Kosten nicht decken sollten, sowie die Zinsgarantien von Staaten oder Korporationen zugunsten von Eisenbahngesellschaften oder anderen Unternehmern.

Der Garantierende ist hier nicht Mandant, er erhält kein Recht auf die Ausführung des Unternehmens, aber er sucht es durch die Übernahme der Garantie im privaten oder öffentlichen Interesse zu fördern.

Sorgfalt in der Herstellung und Betreibung des Unternehmens ist in der Regel stillschweigende Bedingung der Garantie.

Unerwartete Unfälle belasten den Garantierenden.

§ 376. Die Anweisung.[1 2]

Anweisung nennt man die seitens des **Anweisenden** — des **Assignanten** — dem **Anweisungsempfänger** — dem **Assig-**

---

7) Vgl. l. 1 pr. D. de fidejuss. et nominat. 27, 7, l. 40 D. pro socio 17, 2. Nach BGB. § 673 erlischt der Auftrag nur im Zweifel durch den Tod des Beauftragten.

8) Das Nähere siehe oben § 106 Anm. 2.

1) Vgl. oben § 334.

2) Stammler, der Garantievertrag im Archiv für ziv. Praxis Bd. 69 n. 1, Sokolowski, Mandatbürgschaft; über das Garantiemandat S. 4 ff., vgl. auch Unger, Handeln auf fremde Gefahr, in Jherings Jahrb. Bd. 33 S. 300. BGB. erwähnt den Garantievertrag nicht.

1) Die Römer wendeten den Ausdruck „delegatio", welchen sie bei sehr verschiedenen Geschäftsoperationen verwerteten, auch auf Fälle der Anweisung zur Zahlung an. Dies ist nicht mehr gebräuchlich, dagegen nennt der kaufmännische Sprachgebrauch seit

natar — erteilte Ermächtigung, Geld oder andere Werte bei einem Dritten — dem Angewiesenen oder Assignaten — auf Rechnung des Anweisenden zu erheben. Sie gibt dem Anweisungsempfänger eine Ermächtigung zur Einziehung des Betrages; die Einkassierung kann im Interesse des Anweisenden erfolgen, so daß der Anweisungsempfänger dessen Mandatar ist, aber sehr häufig liegt sie im Interesse beider Teile. Sie kann auch bloß im Interesse des Anweisungsempfängers vor sich gehen, z. B. behufs einer Kreditierung oder auch einer Schenkung, die ihm der Anweisende durch das Mittel der Anweisung zu machen beabsichtigt.[3] Zugleich wird durch die Anweisung dem Angewiesenen in der Regel ein Mandat zur Zahlung erteilt.

Häufig ist der Anweisende Schuldner des Anweisungsempfängers und der Angewiesene Schuldner des Anweisenden. Doch ist auch dies nichts Wesentliches. Hieraus ergibt sich, daß die Anweisung bei Geschäften verschiedener Art eine Rolle spielt. Dementsprechend sind auch die Rechtsfolgen, welche sich an sie knüpfen, verschieden.

a) Übernimmt infolge der Anweisung der Anweisende gegenüber dem Anweisungsempfänger irgendwelche Verpflichtungen bezüglich des Einganges der Zahlung? Eine Garantie hierfür liegt ihm nur dann ob, wenn er sie ausdrücklich versprach oder wenn die Haftung als verkehrsüblich unterstellt werden muß. Das letztere ist in der Regel der Fall, wenn die Anweisung gegen Entgelt erteilt wird.[4]

b) Ist der Anweisungsempfänger dem Anweisenden zu prompter Einforderung verbunden? Dies gilt dann als selbstverständlich, wenn er

---

mehreren Jahrhunderten solche Geschäfte „Assignationen" oder „Anweisungen". Hierin liegt ein Fortschritt, weil es zweckmäßig war, dem besonderen Verhältnis einen besonderen Namen zu geben. Eine direkte Beantwortung der vielfach streitigen und schwierigen Fragen, die sich bei der Anweisung erheben, ist in den römischen Rechtsquellen nicht enthalten. Die Theorie der Anweisung ist daher teils aus allgemeinen Grundsätzen, teils aus der Beobachtung der Anschauungen des Verkehrs zu gewinnen. Ganz anders Wendt, das allgemeine Anweisungsrecht 1895.

2) Die Literatur ist eine reiche. Sie findet sich bei Georg Cohn in Endemanns Handbuch des Handelsrechts Bd. 3 S. 1093 zusammengestellt. Hinzuzufügen ist außer Wendt (siehe Anm. 1) Lenel in Iherings Jahrb. Bd. 36 S. 113. BGB. § 783ff. behandelt nur die Anweisung auf Geld, Wertpapiere oder andere vertretbare Sachen, die durch Aushändigung einer Urkunde erfolgt.

3) Viele sehen in der Anweisung zur Erhebung einer Zahlung bei einem Dritten zwei Mandate, nämlich ein erstes an den Anweisungsempfänger zur Einziehung — mandatum accipiendi, Inkassomandat — und ein zweites an den Angewiesenen zur Leistung der Zahlung — mandatum solvendi. Diese Lehre vom Doppelmandat war lange Zeit die herrschende. Ihr huldigte u. a. Thöl, HR. Bd. 1 § 325; siehe dagegen die bei G. Cohn a. a. O. S. 1097 angeführten Schriftsteller. Gegen die Theorie des Doppelmandates spricht sich auch RG. Bd. 11 S. 138 aus, ebenso Wendt a. a. O. S. 71ff., Lenel a. a. O. S. 116ff.

4) Einverständnis herrscht darüber, daß die Nichthonorierung der Anweisung nicht ohne weiteres einen Regreß des Anweisungsempfängers gegen den Anweisenden begründet, vgl. ROHG. Bd. 13 S. 313. Wann aber in der Erteilung der Anweisung zugleich stillschweigend die Übernahme einer Garantie für den Eingang liegt, darüber gehen die Ansichten sehr auseinander, vgl. Cohn a. a. O. S. 1106. Es handelt sich um die Würdigung einer Verkehrsgewohnheit. BGB. äußert sich über die Frage nicht.

Inkassomandatar des Anweisenden ist. Es ist ferner zu unterstellen, wenn es sich um Einkassierung eines **Ausstandes** des Anweisenden gegen den Angewiesenen handelt.[5] [6]

c) Ist der **Angewiesene** dem **Anweisenden** gegenüber zur **Honorierung** der Anweisung verpflichtet? Dies wird selbst dann nicht gefordert, wenn er dessen Schuldner ist. Vielmehr setzt es voraus, daß der Angewiesene das in der Anweisung liegende Zahlungsmandat dem Anweisenden gegenüber übernahm.[7]

d) Der **Anweisungsempfänger** erhält durch die Anweisung keine Klagerechte **gegen den Angewiesenen**,[8] selbst dann nicht, wenn der Angewiesene dem Anweisenden zur Honorierung der Anweisung verbunden war.

Der Angewiesene kann aber dem Anweisungsempfänger Zahlung durch sog. **Annahme** der Anweisung versprechen. Er ist dann nach Maßgabe seines Annahmeversprechens gebunden.[9]

e) Der Angewiesene hat **Regreß** gegen den **Anweisenden**, wenn er die Anweisung dessen Auftrag gemäß honoriert hat. Er hat solchen nicht, wenn ihm vorher ein Widerruf zukam.[10] [11]

---

5) Indem der Anweisende auf seinen Schuldner anweist, stellt er dem Anweisungsempfänger in Aussicht, daß er selbst den Ausstand nicht einziehen werde. Es ist daher als die Absicht der Kontrahenten anzusehen, daß andererseits der Assignatar mit dem Versuch der Einziehung prompt vorgeht. Über eine Anzeigepflicht des Anweisungsempfängers siehe BGB. § 789.

6) Wird eine Anweisung behufs Tilgung einer Forderung — **zahlungshalber** — gegeben, so kann der Assignatar jene Forderung — darüber ist man wohl einig — nur dann noch geltend machen, wenn er von dem Angewiesenen trotz rechtzeitiger Einforderung keine Zahlung erlangen konnte. Die Geltendmachung der Forderung gegenüber dem Schuldner wird also im Falle der Annahme einer Anweisung zahlungshalber bedingt durch die Nichthonorierung der Anweisung seitens des Angewiesenen.

7) Vgl. auch BGB. § 787 Abs. 2: Zur Annahme der Anweisung oder zur Leistung an den Anweisungsempfänger ist der Angewiesene dem Anweisenden gegenüber nicht schon deshalb verpflichtet, weil er Schuldner des Anweisenden ist.

8) Der Assignatar kann auch dann gegen den Angewiesenen nicht klagen, wenn der Anweisende eine Forderung gegen den Angewiesenen hatte. Damit er die Forderung des Anweisenden gegen den Angewiesenen einklagen könne, muß sie ihm zediert sein.

9) Die Römer stellten den Satz auf „**qui delegat solvit**", d. h. wenn N., der Schuldner des A., diesem zahlungshalber eine Anweisung auf den X. gab und wenn X. in Erfüllung dieser Anweisung dem A. promittierte, dann galt die Forderung des A. gegen den N. als getilgt, l. 187 D. de V. S. 50, 16, l. 18 D. de fidejuss. et mand. 46, 1, l. 26 § 2 D. mandati 17, 1; Salpius, Novation und Delegation § 76, Lenel a. a. O. S. 127, Pernice, Parerga VIII, Zeitschr. der Sav.Stiftg. Bd. 19, S. 117 Anm. 6, dagegen Windscheid Bd. 2 § 412 Anm. 17. Die Römer waren der Konkurrenz zweier Forderungen auf dasselbe Ziel abgeneigt. Daher entwickelte sich dieser Satz. Nach gemeinem Rechte gilt dagegen der Spruch „**Anweisung ist keine Zahlung**". So auch BGB. § 788. Der Assignatar hat daher nach dem Akzept zwei Forderungen, eine unbedingte gegen den Akzeptanten und eine eventuelle — durch das Nichteingehen der Forderung gegen den Akzeptanten trotz ordentlicher Beitreibung bedingte — gegen seinen ursprünglichen Schuldner. Vgl. freilich Leonhard, Anfechtbarkeit der Verträge für das Vermögen eines Dritten S. 42, Wendt a. a. O. S. 234.

10) Über die Frage, wer den Schaden trägt, wenn ein gefälschter Scheck eingelöst wird, ob der Aussteller des Schecks oder die Zahlung leistende Bank, vgl. Unger, Handeln auf fremde Gefahr, in Iherings Jahrb. Bd. 33 S. 353.

11) BGB. § 791 bestimmt: Die Anweisung erlischt nicht durch den Tod oder den

§ 377. Der Trödelvertrag.[1]

Der Verkauf von Waren durch dritte Personen kann durch Geschäfte sehr verschiedener Art erfolgen. Übernehmen letztere den Verkauf ohne Entgelt, so liegt ein Mandat vor, geschieht es gegen Entgelt, ein Mietkontrakt; wird der Verkauf als gemeinschaftliche Angelegenheit behandelt, so ist eine Sozietät vorhanden.[2] Ein besonderer Vertrag behufs Betriebes des Verkaufes ist der Trödelvertrag.[3]

Beim Trödelvertrag übergibt man eine Sache dem Trödler zum Verkaufe unter einer Taxe mit der Vereinbarung, daß er die Sache oder die Taxsumme zurückerstatte.[4] Dem Trödler verbleibt sein Mehrerlös über die Schätzungssumme; hierdurch ist er am Verkauf mitinteressiert.[5] Daneben kann ihm eine feste Vergütung zugebilligt sein.[6]

Der Trödler wird nicht Eigentümer der Sache; er erhält sie nur zum Vertrödeln,[7] aber er ist ermächtigt, ihr Eigentum zu übertragen oder auch sie gegen Erstattung der Taxsumme als sein Eigentum für sich zu behalten.

Der Trödler steht für Verschuldung ein. Die Gefahr des Zufalls trifft ihn nur in dem Falle, wenn er den Verkauf in seinem Interesse erbeten hat.[8]

Eintritt der Geschäftsunfähigkeit eines der Beteiligten. Über die Übertragung der Anweisung durch den Anweisungsempfänger siehe Wendt a. a. O. S. 122, BGB. § 792.

1) Tit. Dig. de aestimatoria 19, 3; Chambon, Beiträge z. Obligationenrecht n. 1; Brinz, kritische Blätter n. 1; Lipp, Beitrag zur Lehre vom Trödelvertrag 1880; Friedrichs, Trödelvertrag. Breslauer Inaug.Diss. 1890; Liebert, Beiträge zur Lehre vom contractus aestimatorius. Berliner Inaug.Diss. 1890; Coviello, del contratto estimatorio in der rivist. italian. p. la scienze giurid. Bd. 15 S. 362, Bd. 16 S. 3. BGB. erwähnt den Trödelvertrag nicht, die bezüglichen Geschäfte sind nach der Parteivereinbarung und in zweiter Linie nach der Usance, schließlich nach den allgemeinen Grundsätzen des Obligationenrechts zu beurteilen.

2) Vgl. l. 1 pr. D. h. t. 19, 3.

3) Für den Trödelvertrag stellte der Prätor eine eigene Klage, die actio de aestimato auf, welche als Vorbild für die actiones praescriptis verbis aus anderen Innominatkontrakten diente. Vgl. oben § 263 Anm. 15. Dies haben die Ausführungen von Ulpian in der l. 1 pr. D. h. t. im Auge von den Worten „quotiens" an, welche freilich, wie wir sie jetzt lesen, von den Kompilatoren arg zugerichtet wurden. Siehe Lenel, edictum Aufl. 2 S. 239 und die dort Anm. 1 Zitierten.

4) Die Römer behandelten den Trödelvertrag als Innominatkontrakt, welcher nur durch Hingabe klagbar wurde. Im heutigen Rechte ist schon der Vertrag über das Vertrödeln klagbar. Es ist für den Trödelvertrag nicht wesentlich, daß der Hingebende Eigentümer sei. Da er dies aber in der Regel ist, so darf er — a fortiori —, wie dies im Text geschieht, als der Eigentümer bezeichnet werden.

5) Der Trödler ist nicht verpflichtet, sich um den Verkauf zu bemühen, wenn dies nicht besonders ausgemacht wird; er gilt durch die Aussicht auf den zu machenden Gewinn als genügend angespornt. Anderer Ansicht ist u. a. Windscheid Bd. 2 § 383.

6) l. 2 D. h. t. 19, 3.

7) Dafür, daß der Trödler nicht Eigentümer wird, spricht, daß ihm die Sache nur „vendenda" gegeben wird. Siehe auch l. 5 § 18 D. de tributoria 14, 4. Doch ist die Frage des Eigentumsüberganges nicht unbestritten.

8) Sehr bestritten ist die Gefahr. Dem Trödler scheint die Gefahr aufzulegen Ulpianus libro 32 ad edictum l. 1 § 1 h. t. **Aestimatio autem periculum facit ejus qui suscepit: aut igitur ipsam rem debebit incorruptam reddere aut aesti-**

Der Eigentümer kann, wenn eine Frist für das Vertrödeln festgestellt wurde, nach deren Ablauf klagen, sonst nach angemessener Frist, oder, sobald der Trödler verkauft hat.

Die Klage geht alternativ auf Rückgabe der Sache oder der Taxsumme, wenn der Trödler weder verkauft, noch die Absicht erklärt hat, die Sache zu behalten; im Falle einer Anzeige dieser Absicht ist einfach auf Zahlung der Schätzungssumme zu klagen.[9]

c) Die negotiorum gestio.[1]

§ 378. Allgemeines über die negotiorum gestio.

Die auftraglose Besorgung fremder Geschäfte begründet gegenseitige Obligationen zwischen dem Geschäftsführer und Geschäftsherrn, welche zwar nicht auf Kontrakt beruhen, aber ihrem Inhalte nach den Obligationen aus dem Mandate so ähnlich sind, daß sie ihnen zweckmäßig angereiht werden.

Das prätorische Edikt, dem diese Ansprüche ihre Klagbarkeit entnehmen, lautete in allgemeinster Weise: si quis negotia alterius gesserit, judicium eo nomine dabo.[2] Dieser Fassung entsprach auch die demonstratio

---

mationem de qua convenit. Und doch schreibt Ulpian in demselben Werke libro 28 ad edictum l. 17 § 1 D. de praescriptis verbis 19, 5: Si margarita tibi aestimata dedero, ut aut eadem mihi adferres aut pretium eorum, deinde haec perierint ante venditionem, cujus periculum sit? et ait Labeo, quod et Pomponius scripsit, si quidem ego te venditor rogavi, meum esse periculum: si tu me, tuum: si neuter nostrum, sed dumtaxat consensimus, teneri te hactenus, ut dolum et culpam mihi praestes. Mit der letzteren Entscheidung stimmt Pauli sent. II. 4 § 4 überein. Analog ist ihr l. 11 pr. D. de reb. cred. 12, 1 von Ulpian. Wie die widersprechenden Entscheidungen zu vereinigen sind, wird immer zweifelhaft bleiben.

9) Als besondere Art des Trödelvertrages erscheint das „buchhändlerische Konditionsgeschäft", bei welchem der Verleger dem Sortimenter Verlagsartikel zum Verkauf übergibt unter der Verpflichtung, dieselben entweder ordnungsmäßig zurückzuerstatten oder zur Ostermesse zum angesetzten Preise zu bezahlen. Dies Geschäft enthält die wesentlichen Charakterzüge des Trödelvertrages, nämlich einmal die Übergabe einer „res vendenda" und zweitens die Verbindlichkeit, die Ware oder eine festgesetzte Summe zurückzugeben. Außerdem hat das Konditionsgeschäft noch seine besonderen usancemäßigen Eigentümlichkeiten. Vgl. namentlich Buhl, das Konditionsgeschäft in Goldschmidts Zeitschr. Bd. 5 S. 142. Weidling, das Konditionsgeschäft 1885, betrachtet den Konditionshandel „als suspensiv bedingtes Kaufgeschäft". Vgl. auch Friedrichs a. a. O., Dernburg, Bürg. Recht Bd. 2 § 348 Ziff. II.

1) Tit. Dig. de negotiis gestis 3, 5, Cod. 2, 18; Wächter im Archiv für ziv. Praxis Bd. 20 n. 11; Chambon, die neg. gestio 1848. Ruhstrat im Archiv für ziv. Praxis Bd. 32 n. 7 (1849), Bd. 33 n. 2 und 9, Bd. 34 n. 3, Bd. 64 n. 2, in Iherings Jahrb. Bd. 19 n. 6, sowie Bd. 27 n. 2 und eine Monographie 1858; Dankwardt, die neg. gestio 1855; Köllner, die Grundzüge der actio neg. gest. 1856; Aarons, Beiträge zur Lehre von der neg. gestio 1. Abteil. dogmengeschichtliche Erörterung 1860; E. Zimmermann, echte und unechte neg. gestio 1872 und die Lehre von der stellvertretenden neg. gest. 1876; Monroy, die vollmachtlose Ausübung fremder Vermögensrechte 1878; Sturm, das neg. utiliter gestum 1878; Wlassak z. Geschichte der neg. gestio 1879; Kohler, Menschenhilfe in Iherings Jahrb. Bd. 25 S. 42; Thon im Archiv für ziv. Praxis Bd. 80 S. 77 ff.

2) l. 3 pr. D. h. t. 3, 5. Die Stellung im Edikte weist darauf hin, daß man ursprünglich an die Vertretung im Prozesse dachte, Wlassak a. a. O. S. 42. Es finden sich noch die Ediktsworte „sive quis negotia, quae cujusque cum quis moritur fuerint,

der actio negotiorum directa des Geschäftsherrn gegen den Geschäftsführer und der actio contraria des Geschäftsführers gegen den Geschäftsherrn. Aber die intentio dieser Klagen machte doch die Verurteilung davon abhängig, daß etwas auf Grund solcher Geschäftsführung „ex fide bona“ zu leisten war. Damit wurde der Richter zu sachgemäßer Begrenzung des Tatbestandes ermächtigt und verpflichtet.

Ursprünglich begriff das Edikt — dies ergibt seine allgemeine Fassung — auch die Fälle in sich, in welchen ein Mandatar, ein Tutor oder Protutor fremde Geschäfte geführt hatte.[3] Die Ausscheidung dieser Fälle erfolgte frühzeitig, indem besondere Klagen für sie aufgestellt wurden.[4] [5]

Der negotiorum gestio verblieb daher nur die auftraglose Geschäftsführung. Und zwar bestehen zwei Kategorien derselben:

a) Die eine ist die Besorgung der fremden Geschäfte auf fremde Rechnung. Man hat sie die stellvertretende oder auch die echte negotiorum gestio genannt.

b) Unter gewissen Umständen werden actiones negotiorum gestorum gewährt, obgleich der Handelnde die fremden Geschäfte für sich, nicht für den dominus negotii in Angriff genommen hat. Man spricht hier von einer unechten negotiorum gestio.

§ 379. Geschäftsführung für andere auf deren Rechnung.

Der Hauptfall der nogotiorum gestio ist die für den Geschäftsherrn unternommene. Sie kann die Fürsorge für andere, insbesondere für Abwesende oder sonst an der Besorgung ihrer Angelegenheiten Behinderte bezwecken.[1] Aber eine solche Absicht ist nichts Unerläßliches. Nicht selten veranlaßt die Rücksicht auf den eigenen Vorteil die Wahrung des fremden, indem man z. B. eine gemeinsame Sache, um einen besseren Erlös zu erzielen, für eigene und fremde Rechnung verkauft. Oft handelt man, indem man die Geschäfte anderer auf deren Rechnung besorgt, unter dem Drucke öffentlichen Zwanges.[2] [3]

---

gesserit“. Sie sind offenbar erst nachträglich von den Prätoren in das Edikt eingeschoben worden; Dernburg in der Festgabe für Heffter S. 115. Vgl. Wlassak a. a. O. S. 38.

3) Hätte zur Zeit, als das älteste Edikt über die negotiorum gestio zuerst publiziert wurde, bereits eine actio mandati oder tutelae bestanden, so konnte es nach unserer Ansicht nicht so gefaßt werden, wie wir es lesen, vielmehr hätte man das Moment, worin etwas Neues lag, nämlich daß es sich um „auftraglose“ Geschäftsführung handelte, auch hervorheben müssen. Dies hat Wlassak a. a. O. S. 24 überzeugend ausgeführt. Anderer Ansicht ist Brinz Bd. 2 S. 633, Ruhstrat in Jherings Jahrb. Bd. 27 S. 95, Karlowa, röm. Rechtsgesch. Bd. 2 S. 672 Anm. 1.

4) Die actio mandati ist bereits vor Cicero aufgestellt worden, so daß aber ihre „Einführung“ noch im Gedanken lag, Cicero pro Roscio Amerino cap. 38 § 111.

5) Unten § 379 Anm. 7.

1) An diesen Fall, in dem die negotiorum gestio das dringendste Bedürfnis ist, denken die römischen Juristen zunächst, l. 1 D. h. t. 3, 5, Ulpianus libro 10 ad edictum: Hoc edictum necessarium est, quoniam magna utilitas absentium versatur, ne indefensi rerum possessionem aut venditionem patiantur vel pignoris distractionem vel poenae committendae actionem, vel injuria rem suam amittant. Vgl. l. 2 D. eod.

Wesentlich ist nur, daß man Geschäfte, die einem anderen zugehören, auf dessen Rechnung vornimmt, ohne ihm gegenüber hierzu verbunden zu sein.

1. Die Voraussetzungen solcher Geschäftsführung sind:

a) Besorgung fremder Geschäfte. Dahin zählen vor allem die unmittelbar dem fremden Vermögenskreise zugehörenden, z. B. Reparatur eines fremden Hauses.[4] Aber auch Geschäfte, welche an sich neutral sind, d. h. eine notwendige Beziehung zu einem bestimmten Vermögen nicht haben, können durch den Willen des Geschäftsführers anderen zugewendet werden, z. B. Einkauf von Waren zugunsten des Gewerbes eines Dritten.[5]

b) Die Geschäftsführung muß eine auftraglose sein, d. h. sie darf ihre Veranlassung nicht in einer Verpflichtung gegenüber dem Geschäftsherrn haben, also weder auf einem Mandat desselben[6] noch auf einer Vormundschaft[7] beruhen.[8] Daß der Geschäftsführer anderen zu der fraglichen Handlung verpflichtet ist, kommt nicht in Betracht.[9]

---

2) l. 3 § 10 D. h. t. 3, 5. Ulpianus libro 10 ad edictum: Hac actione tenetur non solum is qui sponte et nulla necessitate cogente immiscuit se negotiis alienis et ea gessit, verum et is qui aliqua necessitate urguente vel necessitatis suspicione gessit. Wlassak a. a. O. S. 140 nimmt an, daß Ulpian hier den weiteren Begriff der negotiorum gestio zugrunde gelegt habe, wonach sie auch die Mandatsklage umfaßte.

3) Es wird z. B. jemand von der Obrigkeit, weil er prima facie als dazu verpflichtet erscheint, zu einer Handlung, z. B. zur Räumung eines Grabens, im öffentlichen Interesse angehalten, und er führt das ihm Auferlegte „auf Rechnung dessen, dem es obliegt", aus. Vgl. l. un. D. de via publica 43, 10. — Haben öffentliche Armenverbände eine act. neg. gest. gegen den von ihnen unterstützten Armen, welcher zu Vermögen kommt, sowie gegen dessen alimentationspflichtige Verwandte? Dies verneint RG. Bd. 14 S. 197 und Kohler a. a. O. S. 107, weil der Verband durch seine öffentliche Pflicht gezwungen die Unterstützung leistete, aber unseres Ermessens im Widerspruch mit der l. 3 § 10 D. h. t., oben Anm. 2. Jene öffentliche Verpflichtung hebt die Tatsache nicht auf, daß der Verband den Armen in dessen Interesse Hilfe leistete. Vgl. auch Gesetz über den Unterstützungswohnsitz v. 6. Juni 1870 § 62. Über das Recht des BGB.: Dernburg, Bürg. Recht Bd. 2 § 299 Anm. 12.

4) l. 5 § 13 D. h. t. 3, 5 . . . alterius re ipsa gestum negotium.

5) Derartige Geschäfte werden endgültig zu fremden durch die Ratihabition desjenigen, für den gehandelt ist, oder durch dessen Verpflichtung zu ratihabieren. Daher l. 5 § 11 D. h. t. 3, 5 . . . ratihabitio constituet tuum negotium, quod ab initio tuum non erat, sed tua contemplatione gestum. Vgl. übrigens Wlassak a. a. O. S. 74.

6) l. 6 § 1 D. mandati 17, 1. Ulpianus libro 31 ad edictum: Si cui fuerit mandatum, ut negotia administraret, hac actione erit conveniendus nec recte negotiorum gestorum cum eo agetur: nec enim ideo est obligatus quod negotia gessit, verum idcirco quod mandatum susceperit: denique tenetur et si non gessisset. § 1 J. de obl. quasi ex contractu 3, 27, l. 20 C. h. t. 2, 18, BGB. § 677. Keinenfalls hat aber, wer mit der act. neg. gest. klagt, die Negative zu beweisen, daß er ohne Auftrag handelte. Man kann daher primär mit der act. mandati aus dem Mandat klagen und eventuell für den Fall, daß es nicht erwiesen sein sollte, mit der act. neg. gestorum. Ruhstrat in Iherings Jahrb. Bd. 27 S. 95.

7) Nach römischem Rechte galt dies nur für die Tutel. Für die Kuratel wendete man die actio negotiorum an. Doch scheint man wenigstens in der späteren klassischen Zeit die Tatsache der Kuratel in der demonstratio der Klage markiert, also regelmäßig eine utilis actio angewendet zu haben. Vgl. die bei Brinz Bd. 2 S. 634 Anm. 7 zitierten Stellen.

8) Bei Handlungen eines Miteigentümers für sich und seine Genossen ist zu unterscheiden, ob es sich um Geschäfte handelte, die notwendig oder doch bei guter Administration zweckmäßigerweise gemeinsam auszuführen waren, dann hat der Gerierende

Wer daher die Geschäfte des A. infolge eines Mandates des B. in dessen Interesse besorgt, hat nebeneinander gegen den B. die actio mandati, gegen den A. die actio negotiorum gestorum.[10]

c) Die Geschäftsführung muß auf Rechnung des Geschäftsherrn unternommen sein.

Kenntnis der Person des Geschäftsherrn ist nichts Wesentliches und Irrtum hierüber daher nicht schädlich;[11] er gibt aber, auch wenn er entschuldbar wäre, keine Rechte gegen den vermeinten Geschäftsherrn.[12]

2. Die Geschäftsführung ist bald für den Geschäftsherrn verbindlich, bald ist dies nicht der Fall.

Den Geschäftsherrn verbindet:

a) die nützlich unternommene Geschäftsführung — negotium utiliter coeptum.

Manche Schriftsteller bezeichnen als nützlich unternommen nur notwendige Geschäfte, d. h. zur Erhaltung des Vermögens des Geschäftsherrn bestimmte.[13] Es ist zuzugestehen, daß solche Geschäfte vorzugsweise nützlich sind.[14] Indessen sind sie dies keineswegs immer, namentlich dann nicht, wenn der Geschäftsherr das fragliche Vermögensstück als der Erhaltungskosten unwert nicht instand gesetzt haben wollte.[15] Andererseits

---

die act. communi dividundo, oder ob dies nicht der Fall war, dann ist die act. negotiorum gestorum anzuwenden, l. 6 § 2 D. communi dividundo 10, 3, Ulpianus libro 19 ad edictum: Sive autem locando fundum communem sive colendo de fundo communi quid socius consecutus sit, communi dividundo judicio tenebitur . . . hoc autem ideo praestat communi dividundo judicio, quia videtur partem suam non potuisse expedite locare. ceterum non alias communi dividundo judicio locus erit, ut et Papinianus scribit, nisi id demum gessit, sine quo partem suam recte administrare non potuit: alioquin si potuit, habet negotiorum gestorum actionem eaque tenetur. Vgl. Brinckmann, Verhältnis der act. communi div. und der act. neg. gest. 1855, Windscheid Bd. 2 § 431 Anm. 13.

9) Vgl. oben Anm. 2.

10) l. 3 § 11, l. 4, l. 5 § 6 D. h. t. 3, 5, l. 14 C. eod. 2, 18. Es kann freilich der Fall so liegen, daß der Mandatar offenbar nur mit dem Mandanten zu tun haben will, l. 53 D. mandati 17, 1. Vgl. übrigens Thibaut, Abhandlungen n. 20 und Windscheid Bd. 2 § 431 Anm. 3 ff.

11) l. 5 § 1 D. h. t. 3, 5. Ulpianus libro 10 ad edictum: Sed et si, cum putavi Titii negotia esse cum essent Sempronii, ea gessi, solus Sempronius mihi actione negotiorum gestorum tenetur. l. 5 § 10, l. 25 D. eod. Brinz Bd. 2 S. 644 Anm. 42. Sind mehrere bei demselben Geschäfte interessiert, so entsteht eine actio negotiorum gestorum immer nur zwischen dem Geranten und demjenigen, für den er zu handeln gedachte, l. 60 § 1 D. mandati 17, 1.

12) Kohler a. a. O. S. 52. Anwendung hiervon macht ROHG. Bd. 24 S. 126. Übereinstimmend BGB. § 686.

13) Nur die Unternehmung notwendiger Geschäfte betrachten als negotium utiliter coeptum Wächter im Archiv für ziv. Praxis Bd. 20 n. 11, Vangerow Bd. 3 § 664 S. 506, Brinz Bd. 2 S. 641 Anm. 33.

14) Vgl. übrigens über den Begriff der notwendigen Geschäfte oben § 190 Anm. 5.

15) l. 9 § 1 D. h. t. 3, 5. Ulpianus libro 10 ad edictum . . . quid enim si eam insulam fulsit, quam dominus quasi impar sumptui dereliquerit vel quam sibi necessariam non putavit? oneravit, inquit, dominum secundum Labeonis sententiam . . . sed istam sententiam eleganter Celsus deridet: is enim negotiorum gestorum, inquit, habet actionem, qui utiliter negotia gessit: non autem utiliter negotia gerit, qui rem non necessariam vel quae oneratura est patremfamilias

gelten auch nicht notwendige Geschäfte als nützlich, wenn sie den Plänen und Wünschen des Geschäftsherrn entsprechen. Man denke z. B. an den besonders günstigen Ankauf eines Grundstücks für den Abwesenden, nach welchem letzterer schon lange behufs Abrundung seines Besitzes gestrebt hatte.

Nützlich unternommen ist also die Geschäftsführung, sofern der Geschäftsführer annehmen konnte und mußte, daß sie der Geschäftsherr, wenn er in der Lage zu handeln gewesen wäre, selbst in Angriff genommen hätte.

Entscheidend ist demnach keine strikte Regel, sondern vernünftige Erwägung des Falles, kein bloß objektives, sondern vorzugsweise ein subjektives Moment.[16]

Hatte der Geschäftsherr die Einmischung in seine Geschäfte überhaupt oder wenigstens dem Geschäftsführer verboten, so ist sie auch dann für ihn nicht verbindlich, wenn sie von gutem Erfolge begleitet war.[17]

Bestand aber die Geschäftsführung in der Beisetzung einer Leiche, so hatte der Geschäftsführer in Rom eine eigene Klage, die actio funeraria. Diese wurde auch gewährt, wenn er gegen ein Verbot gehandelt hatte, sofern er hierbei dringenden Pietätsrücksichten nachgab.[18] Dieser Satz muß verallgemeinert werden. Hiernach ist die Geschäftsführung stets als für den Geschäftsherrn verbindlich und nützlich anzusehen, wenn sie aus dringenden Pietätsrücksichten, in Erfüllung einer öffentlichen Pflicht oder infolge öffentlichen Zwanges vor sich ging.[19]

b) Nachträgliche Genehmigung macht eine auch nicht nützlich unternommene oder verbotene Geschäftsführung rechtsverbindlich.[20]

---

adgreditur . . . quid si putavit se utiliter facere, sed patrifamilias non expediebat? dico hunc non habiturum negotiorum gestorum actionem.

16) Vgl. Ruhstrat in Iherings Jahrb. Bd. 27 S. 70. l. 13 § 22 D. de act. empt. vend. 19, 1. Die Ansprüche aus der negotiorum gestio gründen sich auf das Interesse der bürgerlichen Gesellschaft an dem Wohlsein ihrer Glieder und an der Erhaltung und möglichsten Mehrung ihrer Güter. Vgl. Windscheid Bd. 2 § 430 Anm. 17, Kohler a. a. O. S. 23. Nach BGB. § 683 ist entscheidend, daß die Übernahme der Geschäftsführung dem Interesse und dem wirklichen oder dem mutmaßlichen Willen des Geschäftsherrn entsprach. Vgl. Dernburg, Bürg. Recht Bd. 2 § 300.

17) l. 7 § 3 D. h. t. 3, 5, l. 24 C. h. t. 2, 18. BGB. § 678. — Wem eine Sache zur Aufbewahrung oder zur Nutzung — als Nießbraucher, Kommodatar, Mieter — oder zur Sicherung — als Pfandgläubiger oder Wiederverkäufer überlassen ist, so daß er vertragsmäßig nur Ersatz notwendiger Verwendungen beanspruchen darf, kann seine Rechtsstellung nicht ändern und als unbeauftragter Geschäftsführer auch Ersatz nützlicher Verwendungen beanspruchen.

18) l. 14 § 13 D. de religiosis 11, 7. Uber die act. funeraria vgl. Brinz Bd. 2 S. 655, H. Funcke, die act. funeraria, Hallesche Inaug.Diss. 1890, Karlowa, röm. Rechtsgesch. Bd. 2 § 154 S. 1307.

19) l. un. § 3 D. de via publica 43, 10, vgl. Windscheid Bd. 2 § 430 Anm. 20 und dort Zitierte. Dahin gehört namentlich die Leistung gesetzlich geschuldeter Alimente. Vgl. BGB. § 679: Ein der Geschäftsführung entgegenstehender Wille des Geschäftsherrn kommt nicht in Betracht, wenn ohne die Geschäftsführung eine Pflicht des Geschäftsherrn, deren Erfüllung im öffentlichen Interesse liegt, oder eine gesetzliche Unterhaltspflicht des Geschäftsherrn nicht rechtzeitig erfüllt werden würde; siehe auch § 683 Satz 2.

20) L. Seuffert, Ratihabition S. 47, BGB. § 684 Satz 2. Die Ratihabition gibt dem Geschäftsführer eine ähnliche Stellung, wie sie der Mandatar einnimmt, aber sie

Die actiones negotiorum gestorum haben einen verschiedenen Inhalt, je nachdem es sich um eine den Geschäftsherrn verpflichtende Geschäftsführung handelt oder nicht.

3. Was die actio directa des Geschäftsherrn anlangt, so gilt folgendes:

a) Seine Ansprüche entsprechen, wenn er die Geschäftsführung als rechtsverbindlich anerkennen muß oder anerkennt, denen des Mandanten gegen den Mandatar. Der Geschäftsführer hat ihm daher Rechnung zu legen.[21]

Er ist ihm weiter wegen jeder Verschuldung haftbar.[22] Wer in einem Notfalle notwendige Geschäfte besorgte, haftet nur für dolus und culpa lata.[23]

Die Genehmigung der Geschäftsführung im ganzen nimmt dem Geschäftsherrn nicht das Recht, im einzelnen Ersatz für Fehler zu fordern.[24]

Der Geschäftsführer hat endlich, was er infolge der Geschäftsführung einnahm, dem Geschäftsherrn herauszugeben.[25]

b) Der Geschäftsherr kann eine nicht nützlich unternommene und von ihm auch nicht genehmigte Geschäftsführung ablehnen. Dann darf er Wiederherstellung des früheren Zustandes fordern. Aber er muß die einheitlich geführte Verwaltung entweder ganz verwerfen oder ganz anerkennen. Es ist ihm also nicht gestattet, die günstig auslaufenden Unternehmungen für sich in Anspruch zu nehmen, die ungünstigen aber zurückzuweisen.[26]

---

macht ihn nicht zum Mandatar l. 8 D. h. t. 3, 5 „utique mandatum non est", l. 12 § 4 D. de solutionibus 46, 3 „rati enim habitio mandato comparatur". Wie verhält sich aber hierzu l. 60 D. de R. J. 50, 17. Ulpianus libro 10 disputationum: Semper qui non prohibet pro se intervenire, mandare creditur. sed et si quis ratum habuerit quod gestum est, obstringitur mandati actione. Unmöglich kann sich der Schlußsatz auf die Vergangenheit beziehen. Was negotiorum gestio war, bleibt es auch. Man muß beachten, daß Ulpian hier die stillschweigende Erteilung eines Mandates untersucht. Er sieht sie einmal in dem wissentlichen Dulden der Intervention; nicht minder, so müssen wir die Stelle verstehen, mandiert für die Zukunft, wer eine fortlaufende ursprünglich auftragslose Geschäftsführung für die Vergangenheit genehmigt. Übereinstimmend Schloßmann in Iherings Jahrb. Bd. 36 S. 323.

21) § 1 J. de obl. quasi ex contractu 3, 27 verb. „tenetur ut administrationis rationem reddat". BGB. § 681 Satz 2.

22) § 1 J. de obl. quasi ex contractu 3, 27, l. 10 D. h. t. 3, 5. Die Verschuldung kann auch darin bestehen, daß der negotiorum gestor einzelne Geschäfte in Angriff nahm und andere hiermit verbundene liegen ließ; l. 5 § 14 D. h. t. 3, 5.

23) l. 3 § 9 D. h. t. 3, 5. Bloß für dolus und culpa lata steht auch ein, wer als Erbe vom Erblasser Unternommenes zu vollenden hat, l. 17 C. h. t. 2, 18.

24) l. 8 D. h. t. 3, 5.

25) l. 2, l. 18 § 4, l. 28 D. h. t. 3, 5. BGB. § 681 Satz 2. Der Geschäftsführer hat auch eingezogene „indebita" für den Geschäftsherrn herauszugeben, l. 22, l. 7 § 1 D. h. t. 3, 5. Vgl. ferner l. 18 § 3 D. h. t. 3, 5. Über Verzinsung RG. Bd. 18 S. 196.

26) Da der Vermögensherr die Geschäftsführung zurückweisen kann, so folgt, daß der Geschäftsführer den casus für alle Unternehmungen, die ihm hier zufallen, zu tragen hat. l. 10 D. h. t. 3, 5. Pomponius libro 21 ad Quintum Mucium: Si negotia absentis et ignorantis geras, et culpam et dolum praestare debes. sed Proculus interdum etiam casum praestare debere, veluti si novum negotium, quod non sit solitus absens facere, tu nomine ejus geras: veluti venales novicios coemendo vel aliquam negotiationem ineundo. nam si quid damnum ex ea re secutum fuerit,

4. Auf Grund der actio contraria stehen dem Geschäftsführer folgende Ansprüche zu:

a) Wenn die Geschäftsführung für den Geschäftsherrn verbindlich, insbesondere nützlich oder von ihm genehmigt war, so hat der negotiorum gestor dieselbe rechtliche Stellung wie ein Mandatar. Der Geschäftsherr muß ihm daher die gemachten Auslagen mit Zinsen[27] ersetzen und die von ihm für die Zwecke der Geschäftsführung übernommenen Verbindlichkeiten abnehmen.[28]

Die Aufwendungen sind auch dann zu ersetzen, wenn der Erfolg der Geschäftsführung kein günstiger war.[29]

Der Geschäftsherr haftet ferner wegen etwaiger Verschuldung, z. B. er zerstört das Gerüste und Arbeitsgerät des Geschäftsführers, welches er bei seiner Rückkehr in seinem Besitztume vorfindet.

b) War die Geschäftsführung nicht nützlich unternommen und auch nicht genehmigt, so kann der Geschäftsführer doch insoweit Ersatz fordern, als der Geschäftsherr durch sie bereichert ist.[30]

§ 380. Fremde Geschäfte auf eigene Rechnung.

Etwas ganz anderes als die Unternehmung fremder Geschäfte auf fremde Rechnung liegt vor, wenn man Geschäfte, die objektiv fremd sind — re ipsa aliena — für sich besorgt. Dennoch paßten auch auf solche

---

te sequetur, lucrum vero absentem: quod si in quibusdam lucrum factum fuerit, in quibusdam damnum, absens pensare lucrum cum damno debet.

27) l. 18 § 4 D. h. t. 3, 5 und Petrażycki, Einkommen Bd. 2 S. 163. BGB. § 683 Satz 1.

28) l. 2 D. h. t. 3, 5 . . . justum est, si utiliter gessit, praestare ei, quidquid eo nomine vel abest ei vel afuturum est. Desgleichen Vergütung in üblichem Maße, wenn es sich um technische Dienstleistungen handelte, die entgeltlich geleistet zu werden pflegen, Seuffert, Archiv Bd. 46 n. 186 (OLG. Hamburg). Diese Verpflichtung besteht nicht, wenn der Geschäftsführer in liberaler Absicht auf den Regreß verzichtet. Der Geschäftsführer braucht nicht besonders zu behaupten und zu beweisen, daß er die Auslagen für die ihm fremden Geschäfte „recipiendi animo" machte. Vielmehr ist es Sache des Geschäftsherrn, darzutun, daß die Aufwendung „donandi animo" geschah. Vgl. l. 4 D. h. t. 3, 5. Wenn freilich Eltern ihre unmittelbaren Kinder alimentieren oder ihnen sonst Zuwendungen machen, welche im Leben gewöhnlich als liberale angesehen werden, so muß, wenn sie gleichwohl Ersatz beanspruchen, der animus recipiendi bei der Aufwendung bewiesen werden. l. 33 D. h. t. 3, 5, l. 50 D. fam. erc. 10, 2, l. 11 C. h. t. 2, 18; vgl. l. 15 C. eod. RG. Bd. 10 S. 117. BGB. § 685 bestimmt: Dem Geschäftsführer steht ein Anspruch nicht zu, wenn er nicht die Absicht hatte, von dem Geschäftsherrn Ersatz zu verlangen. Gewähren Eltern oder Voreltern ihren Abkömmlingen oder diese jenen Unterhalt, so ist im Zweifel anzunehmen, daß die Absicht fehlt, von dem Empfänger Ersatz zu verlangen. Vgl. Dernburg, Bürg. Recht Bd. 2 § 302.

29) l. 21 D. h. t. 3, 5, Gajus libro 3 ad edictum provinciale . . . veluti si frumentum aut vinum familiae paraverit idque casu quodam interierit, forte incendio ruina. sed ita scilicet hoc dici potest, si ipsa ruina vel incendium sine vitio ejus acciderit, l. 9 § 1 D. eod.

30) arg. l. 5 § 5 D. h. t. 3, 5. BGB. § 684 Satz 1. War der Geschäftsherr unmündig, so kann er überhaupt nur bis zum Belaufe seiner Bereicherung belangt werden. l. 5 § 2, l. 36 D. h. t. 3, 5, l. 2 C. h. t. 2, 18. Es ist dies eine Reminiszenz der Auffassung der negotiorum gestio als eines Quasikontraktes; aus inneren Gründen rechtfertigt sich der Satz nicht. Vgl. Kohler a. a. O. S. 44.

Fälle das Edikt „si quis negotia alterius gesserit“ und die actiones negotiorum gestorum.

Daher gewährte man diese Klagen:

1. wenn jemand wissentlich und gewinnsüchtig fremde Geschäfte für sich besorgte.[1] Der Herr des Geschäftes hat dann die actio negotiorum gestorum directa auf Rechnungslegung und Herausgabe des infolge der Geschäftsführung Eingenommenen oder auch nach seiner Wahl auf Wiederherstellung des früheren Zustandes, der Gerent aber kann mit der actio contraria Erstattung seiner Auslagen bis zum Betrage der Bereicherung des Vermögensherrn fordern, wenn sich dieser das Produkt des Geschäftes aneignet.

2. Wer fremde Geschäfte im Glauben, es seien eigene, besorgt, kann unmöglich, wie manche vermeinen, schlechthin als Vertreter desjenigen behandelt werden, welchem das Geschäft objektiv zugehört. Dies würde ihn und den Geschäftsherrn mit einer Verantwortlichkeit belasten, für die es an inneren Gründen fehlt, und stünde mit anerkannten Rechtssätzen, namentlich hinsichtlich der Stellung eines gutgläubigen Besitzers fremder Sachen in schroffem Widerspruche.

Aber ebenso unhaltbar ist es, die Anwendung der actiones negotiorum gestorum in diesem Falle durchaus zu leugnen.[2] Sie sind vielmehr unter besonderen Umständen zuzulassen:[3]

a) Hat jemand eine fremde Sache gutgläubig für sich veräußert, und ist er durch den Preis bereichert, so hat der Eigentümer der Sache, wenn

1) l. 5 § 5 D. h. t. 3, 5. Ulpianus libro 10 ad edictum: Sed et si quis negotia mea gessit non mei contemplatione, sed sui lucri causa, Labeo scripsit suum eum potius quam meum negotium gessisse — qui enim depraedandi causa accedit, suo lucro, non meo commodo studet —: sed nihilo minus, immo magis et is tenebitur negotiorum gestorum actione. ipse tamen si circa res meas aliquid impenderit, non in id quod ei abest, quia improbe ad negotia mea accessit, sed in quod ego locupletior factus sum habet contra me actionem. Übrigens hat der bösgläubige Besitzer fremder Sachen wegen Verwendungen doch nur ein Retentionsrecht. BGB. § 687 Abs. 2 bestimmt, daß wenn jemand ein fremdes Geschäft als sein eigenes behandelt, obwohl er weiß, daß er nicht dazu berechtigt ist, der Geschäftsherr die Ansprüche aus der unbeauftragten Geschäftsführung geltend machen kann, in diesem Falle aber auch verpflichtet ist, alles durch die Geschäftsführung Erlangte nach den Vorschriften über die Herausgabe einer ungerechtfertigten Bereicherung herauszugeben. Vgl. Dernburg, Bürg. Recht Bd. 2 § 303 Ziff. III.

2) Köllner a. a. O. S. 29, vgl. aber Vangerow Bd. 3 § 664 S. 504. Vgl. BGB. § 687 Abs. 1: Die Vorschriften über die Geschäftsführung ohne Auftrag finden keine Anwendung, wenn jemand ein fremdes Geschäft in der Meinung besorgt, daß es sein eigenes sei.

3) Die Hauptstelle ist die berühmte l. 48 D. h. t. 3, 5. Africanus libro 8 quaestionum: Si rem, quam servus venditus subripuisset a me venditore, emptor vendiderit eaque in rerum natura esse desierit, de pretio negotiorum gestorum actio mihi danda sit, ut dari deberet, si negotium, quod tuum esse existimares, cum esset meum, gessisses: sicut ex contrario in me tibi daretur, si, cum hereditatem quae ad me pertinet tuam putares, res tuas proprias legatas solvisses, quandoque de ea solutione liberarer. Vgl. auch l. 3 C. de rei vind. 3, 22. Nicht selten generalisiert man die Entscheidung des Afrikan. Am weitesten geht hierbei Dankwardt, negotiorum gestio § 22. Vgl. auch Monroy a. a. O. S. 50, Windscheid Bd. 2 § 431 Anm. 18, RG. Bd. 13 S. 184. Die Auffassung von Monroy halte ich für viel zu weitgehend.

ihm durch zufällige Umstände die Vindikation abgeschnitten wird, eine actio negotiorum gestorum directa gegen jenen Veräußerer auf den Betrag der Bereicherung.[4]

b) Hat ein vermeinter Erbe durch Erfüllung einer auf der Erbschaft lastenden Verbindlichkeit den wahren Erben befreit, so erwächst ihm hieraus die actio negotiorum gestorum contraria gegen den wahren Erben bis zum Belauf seiner Bereicherung.[5]

VI. Der Gesellschaftsvertrag.

§ 381. Begriff und Arten des Gesellschaftsvertrages.[1]

Gesellschaft — societas — ist eine vertragsmäßige Vermögensgemeinschaft.

a) Die Gemeinschaft des Vermögens braucht nicht notwendig im Miteigentum zu bestehen; vielmehr genügt, daß durch gegenseitige Verbindlichkeiten die Verwendung zu gemeinsamen Zwecken, insbesondere die Austeilung von Gewinn und Verlust festgestellt wird.[2]

Meist sind die Ziele der Gesellschaften auf Erwerb oder Erhaltung von Vermögen gerichtet; aber dies ist nichts Wesentliches. Es gibt zahlreiche Gesellschaften mit anderen Zwecken, z. B. zu geselligem Zusammensein, zu wissenschaftlichen und künstlerischen Bestrebungen. Gesellschaften zu unerlaubten Zwecken sind aber unzulässig und nichtig.

b) Notwendig ist ferner ein Gesellschaftsvertrag, welcher übrigens, weil formlos, auch stillschweigend geschlossen sein kann. Vermögensgemeinschaften, die nicht auf Vertrag beruhen, etwa durch Erbschaft, Vermächtnis oder Zufall entstanden, bilden keine Sozietäten. Natürlich kann sich aber ein Gesellschaftsvertrag an sie knüpfen.[3]

Grundlegend für den Gesellschaftsvertrag ist der animus contrahendae societatis, d. h. die Absicht, als Genossen zusammenzuwirken.[4] Daher ist

4) In diesem Falle gewährten Afrikan und Julian auch eine condictio, l. 23 D. de reb. cred. 12, 1. Sie versuchten eben verschiedene Wege, um für das, was ihnen billig erschien, die praktische Form und die Rechtfertigung zu finden. Francke, hered. petitio S. 325 ff., Pacchioni in den studi giuridici per il 35 anno d'insegnamento di Filippo Serafini 1892 S. 99 ff. Vgl. BGB. § 816 Abs. 1 Satz 1: Trifft ein Nichtberechtigter über einen Gegenstand eine Verfügung, die dem Berechtigten gegenüber wirksam ist, so ist er dem Berechtigten zur Herausgabe des durch die Verfügung Erlangten verpflichtet.

5) Vgl. außer der Anm. 3 abgedruckten l. 48 D. h. t. die l. 14 § 11, l. 32 pr. D. de rel. 11, 7, l. 50 § 1 D. de her. pet. 5, 3, BGB. § 2022.

1) Tit. Inst. de societate 3, 25. Dig. pro socio 17, 2. Cod. 4, 37.

2) l. 58 pr., l. 74 D. h. t. 17, 2.

3) l. 32 D. h. t. 17, 2. Ulpianus libro 2 ad edictum: Nam cum tractatu habito societas coita est, pro socio actio est, cum sine tractatu in re ipsa et negotio, communiter gestum videtur. l. 31, l. 33 und l. 34 D. h. t.

4) Je nach der Absicht der Beteiligten bildet derselbe Tatbestand bald eine Sozietät, bald ein anderes Geschäft. l. 44 D. h. t. 17, 2. Ulpianus libro 31 ad edictum: Si margarita tibi vendenda dedero, ut, si ea decem vendidisses, redderes mihi decem, si pluris, quod excedit tu haberes, mihi videtur, si animo contrahendae societatis id actum sit, pro socio esse actionem, si minus, praescriptis verbis. Die Absicht

es in der Regel keine Gesellschaft, wenn der Kaufmann seinen Handlungsgehilfen, der Fabrikant seinen Arbeitern außer dem Lohne einen Anteil am Gewinne zusagt,[5] ebensowenig ist es die Teilpacht;[6] es fehlt hier die Absicht, welche auf die Gesellschaft gerichtet ist.

Je nach dem Umfang der Vermögensgemeinschaft zerfallen die Gesellschaften in verschiedene Arten.

a) Die umfassendste ist die Gesellschaft des gesamten Vermögens — societas omnium bonorum.[7] [8] Sie erstreckt sich auf alles, was die Gesellschafter zur Zeit des Geschäftsschlusses haben und später, sei es durch Arbeit, sei es in anderer Weise, z. B. durch Erbschaften erwerben, nicht minder auf die Schulden der Gesellschafter. Aber sie erstreckt sich nicht auf den Erwerb der Gesellschafter durch Delikt, und Deliktsschulden der Gesellschafter fallen ihr nicht zur Last.

b) Die allgemeine Erwerbsgesellschaft — societas quaestus — umfaßt alles Einkommen der Gesellschafter,[9] natürlich auch die bezüglichen Schulden, nicht aber einmalige Kapitalvermehrungen, z. B. durch Erbschaften, Glücksfälle.

Diese beiden Gesellschaftsarten pflegen die Neueren als allgemeine den übrigen Gesellschaften — den besonderen oder partikulären — entgegenzustellen.

c) Hierher gehören die Vereinigungen zum Betriebe eines Gewerbes,[10] insbesondere eines Handelsgewerbes — Handelsgesellschaften.[11] Ferner sog. Gelegenheitsgesellschaften, d. h. die für einzelne Angelegenheiten eingegangenen Vereinigungen.[12]

§ 382. Entwicklung des römischen Sozietätsrechts.

Die Meinungen der Neueren über die geschichtliche Entwicklung der römischen Sozietät sind geteilt.[1]

---

ist natürlich aus den äußeren Umständen zu schließen; auch aus der sozialen Stellung der Beteiligten lassen sich Anhaltspunkte gewinnen. Vgl. Seuffert, Archiv Bd. 51 n. 104 (OLG. Hamburg).

5) ROHG. Bd. 1 S. 194, Bd. 17 S. 275, Bd. 18 S. 1. Vgl. Crome, die partiarischen Rechtsgeschäfte §§ 23 ff.

6) Vgl. oben § 368 Anm. 4. Auch dieses Verhältnis kann in eine Sozietät übergehen. l. 52 § 2 D. h. t. 17, 2.

7) l. 1 § 1, l. 2, l. 3 pr. § 1, l. 5 pr., l. 52 §§ 16 ff., l. 53, l. 65 pr. § 3, l. 73 D. h. t.

8) Die Sachen der Gesellschafter werden im Falle der societas omnium bonorum ohne besondere Tradition unmittelbar gemeinsam, oben § 173 Anm. 2. Der Satz wird altes Gewohnheitsrecht gewesen sein; die römischen Juristen erklärten ihn durch Unterstellung eines constitutum possessorium. Nach BGB. § 310 ist die societas omnium bonorum „nichtig".

9) l. 7, l. 13 D. h. t. 17, 2.

10) l. 52 § 5 D. h. t. 17, 2.

11) Die Handelsgesellschaften normiert besonders das HGB. §§ 105 ff. Vgl. Dernburg, Bürg. Recht Bd. 2 §§ 365 ff.

12) l. 5 pr. D. h. t. 17, 2.

1) Vgl. Pernice, Labeo Bd. 1 S. 443; Leist, z. Geschichte der römischen societas 1881; Lastig in Goldschmidts Zeitschr. Bd. 24 S. 400; Pernice, Parerga in der Zeitschr.

Gesellschaftsverträge kommen derzeit vorzugsweise auf dem Gebiete des Handels und der Industrie vor. Ähnlich war es in Rom seit den letzten Zeiten der Republik und in der Kaiserzeit. Deshalb meinen manche, daß auch im alten Rom die merkantilen Sozietälen im Vordergrund gestanden haben. Dies ist gleichwohl irrig. Die Ausgangspunkte des römischen Gesellschaftsrechts waren andere. Es steht fest, daß die actio pro socio für die societas omnium bonorum aufgestellt wurde, und daß sich die prätorischen Edikte auf diese Gesellschaftsform bezogen.[2] Die societas omnium bonorum hat aber keinen merkantilen, sondern einen familienartigen und agrarischen Charakter. Sie schloß sich, wie aus zahlreichen Zeugnissen hervorgeht, an die Gemeinschaft der Miterben, insbesondere der Agnaten an,[3] bildete also deren vertragsmäßige Fortsetzung — consortium — behufs der gemeinschaftlichen Bewirtschaftung des Erbgutes, ohne Zweifel zugleich Waffengemeinschaft zu Schutz und Trutz vor allem gegen räuberische Einfälle von Feinden zu Land und zur See.

Die römischen societates omnium bonorum lassen sich hiernach mit den deutschen Ganerbschaften vergleichen.[4] Aber freilich besteht der Unterschied, daß die Ganerbschaften rechtlich unauflösbar waren. Die römischen Genossenschaften hingegen erhielten sich wohl tatsächlich die Generationen hindurch, aber es bestand die Befugnis einseitiger Kündigung, und sie erloschen bei jedem Todesfall eines der Genossen, um meist mit dem Erben erneuert zu werden.

Da die Sozietäten Familiengenossenschaften waren, entstand die Anschauung, daß unter den Gesellschaftern ein jus fraternitatis walte, wovon bei merkantilen Gesellschaften oft wenig zu merken ist.[5]

Für die socii omnium bonorum war ferner das beneficium competentiae natürlich und vom Prätor gegeben. Wieweit dasselbe auf andere socii zu übertragen sei, war schon den Römern zweifelhaft.[6] [7]

für Rechtsgeschichte n. F. Bd. 3 S. 48, Bd. 9 S. 232 und dort Zitierte, Schmoller im Jahrb. für Gesetzgebg., Verwaltg. u. Volkswirtsch. n. F. Bd. 16 S. 376 ff. Trumpler, die Geschichte der röm. Gesellschaftsformen 1906.

2) Lenel, edictum Aufl. 2 S. 287 führt namentlich an: die societas omnium bonorum steht in den Kommentaren zum Edikte voran, sowohl bei Paulus, vgl. l. 1 § 1, l. 3 pr. § 1 D. h. t., wie bei Ulpian, vgl. l. 5 pr. D. h. t. Ferner zählt die actio pro socio zu den „generalia judicia" l. 28 pr. D. h. t. 17, 2. Das Richtige hat schon Salkowski de soc. publ. p. 20 gesehen. Dagegen Pernice, Labeo S. 443.

3) Vgl. Leist a. a. O., Pernice, Parerga S. 67 und die dort angeführten Stellen.

4) Siehe über die Ganerbschaften Edward Wippermann 1873.

5) l. 63 pr. D. h. t. 17, 2.

6) Vgl. oben § 314 Anm. 12.

7) Die römische Sozietät erlosch noch zur Zeit des Gajus, Inst. III § 153, durch jede capitis deminutio, auch durch die minima. Die Erklärung von Gajus, daß die capit. deminutio dem Tode gleichstehe, ist nicht ausreichend, denn diese Gleichstellung war keine absolute. War aber die Sozietät ursprünglich die fortgesetzte Erbgemeinschaft der Agnaten, so bestand hierfür ein historischer Grund. Mit der Qualität als Agnat erlosch eben die Voraussetzung der Teilnahme an der Agnatensozietät. Bei der Ausdehnung der Sozietät auf andere Verhältnisse erhielt sich der Satz, gleich als wurzele er in ihrer allgemeinen Natur. In Wahrheit hatte er keinen rationellen Grund

Auch daß die Gesellschafter gegenseitig nur für culpa in concreto einstehen, erklärt sich durch den familienartigen Charakter der alten societas.[8] Für merkantile Gesellschaften paßt dieser Satz nicht, wenn er sich auch traditionell auf sie vererbt hat.[9]

Noch in der Kaiserzeit kam die societas omnium bonorum vor,[10] aber dominierend war sie längst nicht mehr. Sabinus nahm daher an, im Falle der Begründung einer Gesellschaft ohne nähere Bestimmung sei eine allgemeine Erwerbsgesellschaft zu unterstellen.[11]

§ 383. Beiträge, Anteile, gegenseitige Verbindlichkeiten der Gesellschafter.

Über Beiträge der Gesellschafter, deren Anteile und Verpflichtungen entscheiden in erster Linie die Bestimmungen des Gesellschaftsvertrages, soweit nicht zwingende Rechtsnormen entgegenstehen, und in zweiter die des Gesetzes.

1. Die Beiträge der Gesellschafter bestehen teils in Einlagen — Geld oder Geldeswert — teils in Diensten. Es ist zulässig, daß ein Gesellschafter bloß Dienste, oder daß er bloß Kapital leistet.[1]

Die Einlagen treten entweder in das Miteigentum der Gesellschafter — societas quoad sortem — oder dienen ohne Eigentumswechsel den Gesellschaftszwecken — societas quoad usum —. In Ermangelung anderer Vereinbarungen ist bei Einlagen von Geld, von anderen Fungibilien und von Objekten, die unter einer Schätzung eingebracht wurden, Miteigentum anzunehmen, sonst aber nicht.[2]

---

mehr. Daher ließ ihn das spätere klassische Recht fallen und beschränkte das Erlöschen der Sozietät auf capit. demin. maxima und media. l. 63 § 10, l. 65 § 11 D. h. t. 17, 2.

8) Unbefriedigend ist die Erklärung von Gajus libro 2 cottidianarum rerum l. 72 D. h. t. 17, 2 „quia qui parum diligentem sibi socium adquirit, de se queri debet". Dieser Grund würde bei jedem Kontrakte zutreffen.

9) Er ist auch in das BGB. § 708 übergegangen.

10) Dies ergeben die oben § 381 Anm. 7 zitierten Quellenzeugnisse.

11) l. 7 D. h. t. 17, 2. Dies schrieb Sabinus, — dessen Ausspruch hier Ulpian wiedergibt — wie wir meinen, aus dem Rechte seiner Zeit heraus. Für den Ursprung der römischen Sozietät aus dem Handelsrechte, wie Pernice, Labeo Bd. 1 S. 443 annahm, beweist die Entscheidung nichts.

1) Ob Kapital und Arbeit als Beiträge gleichzuachten seien, war bei den republikanischen Rechtslehrern streitig. Von besonderem Interesse ist die Kontroverse zwischen Q. Mucius Scaevola und S. Sulpicius Rufus, von der schon Sabinus berichtet l. 30 D. h. t. 17, 2, vgl. Gaj. Inst. III § 149, welcher von einer „magna quaestio" spricht. Man ließ ursprünglich die Arbeit als Ergänzung ungleicher Geldbeiträge zu, ohne ihr eine selbständige Stellung einzuräumen. Volle Gleichberechtigung als Prinzip ist erst in l. 1 C. h. t. 4, 37 anerkannt: Diocletianus et Maximianus. Societatem uno pecuniam conferente alio operam posse contrahi magis obtinuit. Auch diese Stelle weist auf frühere Zweifel hin. Hierin liegt ein neuer Beleg dafür, wie verfehlt es ist, den römischen Rechtslehrern ein Verständnis für die Kategorien der modernen Nationalökonomie zu imputieren; vgl. Sokolowski, die Philosophie im Privatrecht Bd. 1 S. 70 ff.

2) Diese Regeln entsprechen den allgemeinen Grundsätzen, siehe Vangerow Bd. 3 § 651 Anm. 2. Vgl. auch BGB. § 706 Abs. 2. Anderer Ansicht ist u. a. Windscheid Bd. 2 § 405 Anm. 13.

2. Wenn man von Gewinn oder Verlust der Gesellschaft spricht, faßt man nicht das Ergebnis einzelner Geschäfte ins Auge, sondern das Gesamtresultat bei Beendigung des Gesellschaftsvertrages.[3] [4]

Man versteht unter Gewinn den Betrag, um welchen sich das in die Gesellschaft eingelegte Kapital vermehrte, unter Verlust die Summe, um welche sich die Einlage verminderte und die etwa noch außerdem behufs Deckung von Verbindlichkeiten der Gesellschaft zu beschaffen ist.

3. Die Anteile der Gesellschafter an Gewinn und Verlust sind in Ermangelung besonderer Vereinbarungen gleiche. Dies ohne Rücksicht auf die Höhe ihrer Einlagen.[5]

Der Gesellschaftsvertrag kann aber ungleiche Anteile feststellen.[6] Es ist zulässig, die Anteile der Gesellschafter am Gewinn und am Verlust nach verschiedenen Proportionen anzusetzen, aber im Zweifel ist das Verhältnis beider dasselbe.[7]

Einem Gesellschafter kann ein Gewinnanteil ohne Beteiligung am Verlust zugebilligt werden, aber Verträge, wonach ein Kontrahent von der Beteiligung am Gewinn ausgeschlossen ist und nur den Verlust ganz oder teilweise zu tragen hat, sind keine Gesellschaftsverträge.[8]

---

3) l. 30 D. h. t. 17, 2. Paulus libro 6 ad Sabinum . . . neque enim lucrum intellegitur nisi omni damno deducto neque damnum nisi omni lucro deducto, § 2 J. h. t. 3, 25 verb. quod ita intellegi oportet, ut, si in aliqua re lucrum, in aliqua damnum allatum sit, compensatione facta solum quod superest intellegatur lucro esse.

4) Bei den modernen Handelsgesellschaften wird jedoch jährlich Gewinn und Verlust berechnet. Hieran knüpfen sich erhebliche Rechtsfolgen. Vgl. auch BGB. § 721 Abs. 2: Ist die Gesellschaft von längerer Dauer, so hat der Rechnungsabschluß und die Gewinnverteilung im Zweifel am Schlusse jedes Geschäftsjahrs zu erfolgen.

5) l. 29 pr. D. h. t. 17, 2. Ulpianus libro 30 ad Sabinum: Si non fuerint partes societate adjectae, aequas eas esse constat. § 1 J. h. t. 3, 25. Es fehlt freilich nicht an Schriftstellern, welche „die gleichen Teile" als „verhältnismäßige", d. h. als im Verhältnis der Kapitalbeträge eines jeden Gesellschafters zu bemessende auffassen. Doch dies entspricht den Worten nicht. Welches wäre die Lage der Gesellschafter, welche nur Dienste, aber kein Kapital beitragen! Man darf aber natürlich nicht übersehen, daß es sich bloß um Verteilung von Gewinn und Verlust handelt. Hat z. B. X. 1000 eingeschossen und Y. Dienste versprochen, so kann das Verhältnis sein: a) Bei Endigung der Gesellschaft sind nur 1000 vorhanden, X. bekommt dieselben zurück, Y. erhält nichts und hat nichts zu leisten, da weder Gewinn noch Verlust vorliegt. b) Es sind 1200 vorhanden. X. nimmt 1000 als seine Kapitaleinlage und 100 als Hälfte des Gewinnes, Y. erhält 100 als die andere Gewinnhälfte. c) Es sind infolge von Verlusten nur noch 500 übrig. Dann erhält X. 500 als noch restierenden Einschuß, und da der Schaden, welcher 500 beträgt, gleichmäßig zu tragen ist, so hat ihm Y. außerdem 250 zuzuzahlen. Vgl. Vangerow Bd. 3 § 651 Anm. 2. Dort finden sich andere Ansichten angemerkt. Wie hier auch BGB. § 722 Abs. 1.

6) l. 1 J. h. t. 3, 25, l. 29 pr. D. h. t. 17, 2.

7) l. 29 § 1 D. h. t. Ulpianus libro 30 ad Sabinum: Ita coiri societatem posse, ut nullam partem damni alter sentiat, lucrum vero commune sit, Cassius putat. Natürlich muß aber eine Sozietät beabsichtigt sein, und nicht eine bedingte Schenkung; nichts anderes wollen die zugefügten Kautelen, vgl. auch § 2 J. h. t. 3, 25, BGB. § 722 Abs. 2.

8) l. 29 § 2 cit. Aristo refert Cassium respondisse societatem talem coiri non posse, ut alter lucrum tantum, alter damnum sentiret, et hanc societatem leoninam solitum appellare: et nos consentimus talem societatem nullam esse. Löwengesellschaft nannte man sie nach der äsopischen Fabel, nach welcher der Löwe

4. Die Verbindlichkeiten der Gesellschafter gegeneinander sind folgende:

a) Sie haben die vereinbarten Einlagen und Dienste zu leisten. Wegen Eviktion und verborgener Mängel der Einlagen haften sie wie Verkäufer.[9]

Vom Abschlusse des Sozietätsvertrages an haftet die Gesellschaft für die Gefahr der Einlagen, welche in einer bestimmten Spezies zugesagt wurden.[10]

b) Die Gesellschafter stehen für culpa in concreto ein.[11]

c) Eingenommenes haben sie nach Maßgabe des Gesellschaftsvertrages vorzustellen.[12]

Für Auslagen, die sie im Interesse der Gesellschaft entsprechenderweise machten, ist ihnen Ersatz, und für übernommene Verbindlichkeiten Deckung zu gewähren.[13] Selbst Schaden, welcher den Gesellschaftern zufälligerweise bei Gelegenheit der Besorgung der Gesellschaftsangelegenheiten zustieß, ist ihnen zu vergüten.[14]

---

mit dem Esel auf die Jagd geht und schließlich alle Teile des Jagdgewinnes an sich nimmt — Phädrus I, 45. — Es sollte also grober Übervorteilung entgegengetreten werden. Gleichwohl kann der Vertrag von anderem Standpunkte aus gültig sein, nicht bloß als Schenkung, sondern namentlich auch als Garantievertrag, vgl. oben § 375. BGB. äußert sich über die Zulässigkeit der societas leonina nicht. Vgl. Dernburg, Bürg. Recht Bd. 2 § 361 Ziff. II.

9) Dies folgt aus allgemeinen Prinzipien.

10) Die Hauptstelle über die Gefahr der Einlage ist l. 58 pr. D. h. t. 17, 2. Ulpianus libro 31 ad edictum: Si id quod quis in societatem contulit exstinctum sit, videndum, an pro socio agere possit. tractatum ita est apud Celsum libro septimo digestorum ad epistulam Cornelii Felicis: cum tres equos haberes et ego unum, societatem coimus, ut accepto equo meo quadrigam venderes et ex pretio quartam mihi redderes. si igitur ante venditionem equus meus mortuus sit, non putare se Celsus ait societatem manere nec ex pretio equorum tuorum partem deberi: non enim habendae quadrigae, sed vendendae coitam societatem. ceterum si id actum dicatur, ut quadrigae fieret eaque communicaretur tuque in ea tres partes haberes, ego quartam, non dubie adhuc socii sumus. Die Ansichten gehen außerordentlich auseinander; vgl. über sie das Referat von Puntschart, fundamentale Rechtsverhältnisse S. 478. Celsus unterscheidet zwei Fälle. In dem einen soll zwar ein gemeinsamer Verkauf stattfinden, aber eine Einlage der Pferde in einen Gesellschaftsfonds nicht geschehen. Hier trifft der Untergang des Pferdes den Eigentümer desselben allein. In dem anderen Fall sollen die Pferde zu einem Viergespann zusammengelegt werden. Bei einem Geschäfte dieser Art trifft der Untergang der Pferde die Gesellschaft vom Abschluß des Gesellschaftsvertrages an, ähnlich wie bei einem Verkaufe. Der Übergang der Gefahr der zugesagten Einlage knüpfte sich also an den Vertragsschluß und keineswegs erst an die Tradition. Anders ist es natürlich, wie l. 58 § 1 D. eod. hervorhebt, wenn die Einlage nur generisch bestimmt ist, namentlich in Geld besteht. Dann kann die Gefahr auf die Gesellschaft erst mit dem Einbringen selbst übergehen. Nach BGB. gilt dies für Einlagen jeder Art.

11) l. 72 D. h. t. 17, 2. BGB. § 708. Vgl. oben § 382 Anm. 8. Siehe übrigens auch l. 52 §§ 2, 3 D. h. t. 17, 2. Über die Kompensation beiderseitiger Nachlässigkeit vgl. Dernburg, Kompensation S. 333.

12) l. 74 D. h. t. 17, 2.

13) l. 38 § 1 D. h. t. 17, 2. Die Auslagen sind zu verzinsen. l. 67 § 2 D. h. t. 17, 2, Petražycki, Einkommen Bd. 2 S. 165. BGB. § 713 lautet: Die Rechte und Verpflichtungen der geschäftsführenden Gesellschafter bestimmen sich nach den für den Auftrag geltenden Vorschriften der §§ 664—670, soweit sich nicht aus dem Gesellschaftsverhältnis ein anderes ergibt. Vgl. Dernburg, Bürg. Recht Bd. 2 § 358 S. 542.

14) l. 52 § 4 D. h. t. 17, 2. Ulpianus libro 31 ad edictum: Quidam sagariam negotiationem coierunt: alter ex his ad merces comparandas profectus in latrones incidit suamque pecuniam perdidit, servi ejus vulnerati sunt resque proprias

Die Auseinandersetzung und Austeilung von Gewinn und Verlust muß nach dem Inhalte des Gesellschaftsvertrages geschehen.

d) Jedem Gesellschafter ist von den Mitgesellschaftern die nötige Aufklärung über die Gesellschaftsangelegenheiten und Einsicht in deren Papiere zu gewähren, nach Bedürfnis auch besonders Rechnung zu legen.[15]

Die Klage — actio pro socio — entsteht, sobald ein Gesellschafter seinen Verbindlichkeiten nicht Genüge leistet, also auch vor der Beendigung der Gesellschaft.[16]

5. Dem Gesellschafter steht es frei, bezüglich seines Anteiles eine Untergesellschaft abzuschließen. Es erwachsen hieraus aber nur Rechte und Pflichten zwischen ihm und seinem Untergesellschafter, welche den ursprünglichen Gesellschaftsvertrag nicht berühren.[17]

§ 384. Verhältnis der Gesellschafter nach außen.

Die Gesellschaft ist nicht, wie die Korporation, ein selbständiges Rechtssubjekt.[1] Vielmehr sind die Gesellschafter nach innen und nach außen die Träger der gesellschaftlichen Rechte und Pflichten. Sie sind also die Miteigentümer der Gesellschaftsobjekte, sie sind die Gläubiger der für die Gesellschaft erworbenen Forderungen und die Schuldner der gesellschaftlichen Schulden. Dies wird jedoch bei gewissen modernen Gesellschaften, die mit einzelnen korporativen Rechten ausgestattet sind, nicht festgehalten.[2]

Bezüglich der Rechte und Verbindlichkeiten der Gesellschafter dritten Personen gegenüber sind Innengesellschaften und Außengesellschaften zu unterscheiden.

a) Bei der Innengesellschaft handelt der vertragschließende Gesellschafter in eigenem Namen auf Rechnung der Gesellschaft. Er allein ist daher den Mitkontrahenten gegenüber berechtigt; die Mit-

---

perdidit. dicit Julianus damnum esse commune ideoque actione pro socio damni partem dimidiam adgnoscere debere tam pecuniae quam rerum ceterarum, quas secum non tulisset socius nisi ad merces communi nomine comparandas proficisceretur. sed et si quid in medicos impensum est, pro parte socium adgnoscere debere rectissime Julianus probat . . . nam sicuti lucrum, ita damnum quoque commune esse oportet, quod non culpa socii contingit, vgl. l. 60 § 1 D. eod. Daß der Mandatar zufälligen Schaden bei Gelegenheit der Besorgung der aufgetragenen Geschäfte nicht in Rechnung stellen kann, darüber siehe oben § 373 Anm. 15. — Vgl. Unger, Handeln auf fremde Gefahr, in Jherings Jahrb. Bd. 33 S. 339.

15) Vgl. auch BGB. § 716.

16) Ursprünglich nahmen die Römer an, daß eine actio pro socio erst nach Beendigung der Sozietät zulässig sei. Hieran hielten sie nicht fest, l. 65 § 15 D. h. t. 17, 2.

17) l. 19 — l. 23 D. h. t. 17, 2.

1) Oben § 49 Ziff. 2.

2) Oben § 48. Nach BGB. bildet das Gesellschaftsvermögen im Fall der Außengesellschaft ein Sondervermögen zur gesamten Hand. Die Gesellschafter haben keine ideellen Anteile an den einzelnen Bestandteilen des Gesellschaftsvermögens. Die Gläubiger der Gesellschaft können Zwangsvollstreckung in das Gesellschaftsvermögen nur auf Grund eines gegen alle Gesellschafter vollstreckbaren Titels betreiben, die Privatgläubiger eines Gesellschafters nur an dessen Stelle kündigen und sich an den diesem zukommenden Nettobetrag halten. Vgl. Dernburg, Bürg. Recht Bd. 2 § 359.

kontrahenten haben gegen ihn allein Forderungsrechte. Sie können seine Mitgesellschafter nur mit der actio de in rem verso utilis nach deren allgemeinen Voraussetzungen bis zum Belaufe ihrer Bereicherung belangen.[3]

b) Bei den Außengesellschaften schließen die geschäftsführenden Gesellschafter Verträge im Namen der Gesellschaft. Wer zu solcher Vertretung berechtigt ist, bestimmt der Gesellschaftsvertrag. Es können alle oder einzelne Gesellschafter dazu befugt sein. Die Vollmacht ferner mehrerer geschäftsführender Gesellschafter kann eine kollektive sein, so daß sie zusammen handeln müssen, oder eine individuelle, kraft deren jeder für sich zur Vertretung befugt ist.[4]

Die Geschäfte, welche die geschäftsführenden Gesellschafter in Gemäßheit ihrer Vollmacht im Namen der Gesellschaft schließen, berechtigen und verpflichten unmittelbar sämtliche Gesellschafter.

In der Regel teilen sich daher Forderungen und Verbindlichkeiten unter die Gesellschafter und zwar nach Gesellschaftsteilen, wenn dieselben festbestimmt und beim Kontrakt in Betracht gezogen sind,[5] sonst aber nach Kopfteilen.[6]

§ 385. Beendigung der Gesellschaft.

Gesellschaften endigen nach Durchführung der Aufgaben, für die sie bestimmt waren, mit Eintritt eines Endtermines oder einer auflösenden Bedingung, endlich infolge der Unmöglichkeit, den Gesellschaftszweck zu erreichen.[1]

Endigungsgründe nach Gesellschaftsrecht sind:

1. Tod eines Gesellschafters.[2]

---

3) l. 82 D. h. t. 17, 2. Papinianus libro 3 responsorum: Jure societatis per socium aere alieno socius non obligatur, nisi in communem arcam pecuniae versae sunt. Die Entscheidung vereinigt sich sehr wohl mit den oben § 270 über die actio de in rem verso utilis entwickelten Grundsätzen. Über eine andere Erklärung von Sell, Versuche Bd. 1 S. 48, siehe Vangerow Bd. 3 § 653 S. 480.

4) Vgl. auch BGB. §§ 709—712. Hiernach steht, wenn der Gesellschaftsvertrag nicht etwas anderes ergibt, die Führung der Gesellschaftsgeschäfte den Gesellschaftern gemeinschaftlich zu, für jedes Geschäft ist die Zustimmung aller Gesellschafter erforderlich.

5) Nach l. 44 § 1 D. de aedilicio edicto 21, 1 und l. 4 pr. D. de exerc. act. 14, 1 haften die Gesellschafter „pro portione qua socii fuerunt". Die Beschränkung unseres Textes erscheint jedoch als selbstverständlich. Abweichend Fr. Krech, die Haftung der Gesellschafter für Gesellschaftsschulden, Greifswalder Inaug.Diss. 1900 § 5 S. 22.

6) Nach BGB. haften die Gesellschafter persönlich als „Gesamtschuldner" für die durch Vertrag begründeten Gesellschaftsschulden, für außerkontraktliche Verpflichtungen stehen sie persönlich, aber geteilt ein, BGB. §§ 420, 427. Vgl. Dernburg, Bürg. Recht Bd. 2 § 360.

1) Vgl. l. 63 § 10 D. h. t. 17, 2, BGB. § 726. In l. 1 pr. D. h. t. 17, 2 führt Paulus libro 32 ad edictum aus: Societas coiri potest vel in perpetuum, id est dum vivunt, vel ad tempus vel ex tempore vel sub condicione. In l. 70 D. eod. aber, libro 33 ad edictum äußert er: Nulla societatis in aeternum coitio est. Dies ist kein Widerspruch. Dort ist die Rede von der Vertragsintention, hier von deren rechtlicher Kraft.

2) § 5 J. h. t. 3, 25, l. 65 § 9 D. h. t. 17, 2.

Der Übergang auf die Erben der Gesellschafter konnte nach römischem Recht nicht gültig bedungen werden.[3]

Der Erbe ist berechtigt und verpflichtet, wegen der von seinem Erblasser in Angriff genommenen Gesellschaftsgeschäfte alles Notwendige vorzunehmen und haftet hierbei für Dolus und grobe Verschuldung.[4]

Geschäfte, die ein Gesellschafter unternahm, ehe er den Tod seines Gesellschafters erfuhr, gehen noch auf Rechnung der Gesellschaft.[5]

2. Eröffnung des Konkurses über einen der Gesellschafter.[6]

3. Übereinkunft der Gesellschafter.[7]

4. Einseitige Kündigung.[8] Sie hebt die Gesellschaft auch dann auf, wenn dieselbe nach dem Gesellschaftsvertrage noch fortdauern sollte. Aber unzeitige und arglistige Kündigung bringt Nachteile. Kündigt man nämlich eine Gesellschaft vor der im Vertrage bestimmten Zeit ohne triftige Gründe,[9] so befreit man sich nicht vom Mitgesellschafter, aber man befreit diesen von sich, d. h. der Kündigende ist am Verlust, nicht am Gewinn beteiligt, welcher sich aus den zur Zeit der Kündigung noch laufenden Geschäften ergibt.[10]

Entsprechendes gilt bei einer auf unbestimmte Zeit geschlossenen Gesellschaft im Falle arglistiger Kündigung, namentlich um ein Geschäft für sich allein zu machen, welches sonst auf Rechnung der Gesellschaft gegangen wäre. Der Kündigende hat nämlich dann den Gewinn aus diesem Geschäft noch mit dem Gesellschafter zu teilen, etwaige Verluste aber allein zu tragen.[11] [12]

3) l. 35, l. 52 § 9 D. h. t. 17, 2. Eine Ausnahme bestand in Rom bezüglich der societates vectigalium, l. 59 pr. D. h. t. 17, 2. Den Übergang gestatten HGB. § 131 Ziff. 4 und BGB. § 727 Abs. 1.

4) l. 40 D. h. t. 17, 2, vgl. freilich aber auch l. 35 und l. 36, l. 65 § 9 D. h. t. 17, 2, siehe auch BGB. § 727 Abs. 2.

5) l. 65 § 10 D. h. t. 17, 2, BGB. § 729.

6) § 8 J. h. t. 3, 25, l. 65 § 1 D. h. t. 17, 2. Vgl. BGB. § 728, aber auch § 736.

7) l. 65 § 3 D. h. t. 17, 2.

8) l. 14, l. 15, l. 16 pr., l. 65 § 6 D. h. t. 17, 2.

9) Über die Gründe, welche eine vorzeitige Kündigung rechtfertigen, befindet richterliches Ermessen im Streitfall, vgl. l. 14 D. h. t. 17, 2 verb.: Aut quid si ita injuriosus et damnosus socius sit, ut non expediat eum pati. Nach BGB. § 723 Abs. 1 Satz 2 ist ein wichtiger Grund zur Kündigung insbesondere dann vorhanden, wenn ein anderer Gesellschafter eine ihm nach dem Gesellschaftsvertrag obliegende wesentliche Verpflichtung vorsätzlich oder aus grober Fahrlässigkeit verletzt oder wenn die Erfüllung einer solchen Verpflichtung unmöglich wird.

10) l. 65 § 6 D. h. t. 17, 2. Paulus libro 32 ad edictum: Item qui societatem in tempus coit, eam ante tempus renuntiando socium a se, non se a socio liberat: itaque si quid compendii postea factum erit, ejus partem non fert, at si dispendium, aeque praestabit portionem. Der Satz bezieht sich nur auf bereits in Angriff genommene Sachen. So erklärt sich l. 17 § 1 D. h. t. 17, 2, wo der Festsetzung einer Zeit für die Sozietät die Bedeutung abgesprochen wird, weil auch ohne solche eine unzeitige Kündigung verantwortlich mache. Nach BGB. § 723 Abs. 2 hat der Gesellschafter, der ohne wichtigen Grund zur Unzeit kündigt, den übrigen Gesellschaftern den daraus entstehenden Schaden zu ersetzen.

11) § 4 J. h. t. 3, 25. Als dolos galt auch die Kündigung an einen Abwesenden. Vgl. l. 17 § 2 D. h. t. 17, 2. Nach BGB. § 723 Abs. 2 macht jede ohne wichtigen Grund zur Unzeit erfolgte Kündigung schadensersatzpflichtig.

Besteht die Gesellschaft aus mehreren Personen, so endigt sie mit dem Ausscheiden eines Gesellschafters für alle. Die Fortsetzung der Gesellschaft unter den übrigen kann aber für solche Fälle vereinbart werden.[13]

Zweiter Abschnitt.

Die außerkontraktlichen Obligationen.

Erstes Kapitel.

Die Deliktsobligationen.

§ 386. A. Das Allgemeine der Deliktsobligationen.[1]

Private Strafklagen bestanden in Rom seit den ältesten Zeiten. Schon die 12 Tafeln kannten sie wegen bestimmter grober, gleichsam in die Sinne fallender Vergehen gegen Person und Vermögen, namentlich wegen Diebstahl, Körperverletzung und gewisser Sachbeschädigungen. Genereller wurden Sachbeschädigungen durch die lex Aquilia geahndet.

Besonders zahlreiche Strafklagen schuf das prätorische Edikt. Ein Teil bezweckte Verschärfungen der alten Strafen; dahin gehörte die actio vi bonorum raptorum wegen Entwendungen und Sachbeschädigungen mit Gewalt.[2] Mit anderen Klagen suchte man verfeinerten Delikten entgegenzutreten, die früher unbekannt oder unbeachtet waren. Diesen Zweck verfolgte die actio de servo corrupto des Hausherrn wegen Verleitung seines Sklaven zum Bösen, auf das Doppelte des Interesses[3] und analog des Hausvaters wegen Verführung seines Hauskindes;[4] ferner die actio

---

12) Über die Kündigung des Gläubigers eines Gesellschafters vgl. BGB. § 725.

13) § 5 J. h. t. 3, 25, l. 65 § 9 D. h t. 17, 2, BGB. § 736. Über die Ausschließung eines Gesellschafters vgl. BGB § 737, Dernburg, Bürg. Recht Bd. 2 § 362. Die Vollmacht zur Vertretung der Gesellschaft erlischt mit deren Auflösung, die Abwicklung der Gesellschaftsgeschäfte — Liquidation — hat durch die Gesellschaft insgesamt oder durch besonders für sie bestellte Vertreter zu geschehen. Vgl. über die Auseinandersetzung BGB. §§ 730—735, Dernburg, Bürg. Recht Bd. 2 § 364.

1) Savigny, OR. Bd. 2 S. 293; Jhering, das Schuldmoment im römischen Privatrecht, insbesondere S. 58; Binding, die Normen Bd. 1 Abt. 1 S. 213; Pernice, Labeo Aufl. 2 Bd. 2 S. 1 ff.; Mommsen, römisches Strafrecht 1899 S. 523 ff.; Mitteis, röm. Privatrecht S. 315 ff. Vgl. auch v. Liszt, die Deliktsobligationen im System des BGB. 1898; Meltzl, die Obligation im Zeichen des Delikts, 1908.

2) Die actio vi bonorum raptorum wurde von dem Prätor Lukullus im Jahre 76 v. Chr. aufgestellt. Vgl. über sie Keller, semestria ad Ciceronem l. III p. 541, Karlowa, römische Rechtsgesch. Bd. 2 § 161 S. 1337. Man nahm an, „in quadruplo inest et rei persecutio ut poena tripli sit", pr. J. vi bonorum raptorum 4, 2. Die actio vi bonorum raptorum konkurrierte mit der actio furti und der actio legis Aquiliae, so daß es sich nur um eine Verschärfung der Strafe in Fällen der Gewalt handelte.

3) Tit. Dig. de servo corrupto 11, 3; Cod. de furtis et de servo corrupto 6, 2; Keller, Institutionen S. 151, Karlowa, röm. Rechtsgesch. Bd. 2 § 163 S. 1345.

4) l. 14 § 1 D. de servo corrupto 11, 3. In dieser Funktion ist die Klage re-

de calumnia des kalumniös mit einem Rechtsstreit Behelligten auf das Vierfache dessen, was sich sein Gegner von Dritten hat zahlen lassen, um ihm den kalumniösen Prozeß anzuhängen, oder was er seinerseits hatte zahlen müssen, um sich den kalumniösen Prozeß vom Leibe zu halten.[5] [6] Am bedeutsamsten war die actio de dolo, durch welche der Prätor jede böswillige Beschädigung ahndete. Die meisten prätorischen Deliktsklagen unterlagen einer kurzen Verjährung.[7]

So fixierte man durch Gesetz und Edikte einen großen Kreis von Privatdelikten, d. h. bestimmter doloser oder auch kulposer Vergehen, an welche die Rechtsnorm eine Klage des Verletzten gegen den Schuldigen auf Sühne und Ausgleichung knüpfte.[8]

Die Deliktsklagen hatten eine Doppelnatur. Sie bildeten Privatrechte, wurden im Wege des Zivilprozesses verfolgt und standen dem Gläubiger in der Weise zu, daß er frei über sie verfügte und ihr Resultat ihm zugute kam. Aber sie hatten zugleich eine wichtige öffentliche Bestimmung. Denn sie bezweckten die Bestrafung des Schuldigen und dienten infolgedessen zur Ergänzung des lückenhaften öffentlichen Strafrechts der Römer.

Es kommen zwei Gesichtspunkte in Frage, welche die Entwicklung der Klagen nach verschiedenen Richtungen hin beeinflußten. Der eine betrifft die Funktion der Strafe des Beschädigers, der andere die einer Schadloshaltung des Beschädigten. Die Strafe ist das Dominierende, aber schon in Rom machte sich der Zweck der Entschädigung geltend. Man unterschied:[9]

a) Reine Strafklagen. Bei ihnen kam der Zweck der Entschädigung gar nicht oder kaum in Betracht. Letzterem dienten andere Rechtsmittel. Das Hauptbeispiel ist die actio furti, insoweit neben ihr eine condictio furtiva bestand. Auch die actio injuriarum gehörte im wesentlichen hierher.

b) Gemischte Strafklagen, welche dem Verletzten durch die ihm zuerkennende Geldstrafe zugleich Entschädigungen gewähren sollten. Dahin gehört die actio legis Aquiliae und die actio doli.

---

zipiert, geht aber nur auf das einfache Interesse. Windscheid Bd. 2 § 456 Anm. 18. Der Gerichtsgebrauch gab sie auch der Mutter wegen ihrer verführten Kinder, dem Ehemanne wegen der verführten Ehefrau, der Herrschaft wegen Verführung ihres Gesindes. Glück Bd. 11 S. 319. Diese Anwendung ist gerecht. Vgl. auch Eisenberger, über die actio servi corrupti directa et utilis, Erlanger Inaug.Diss. 1889; Entsch. des Oberst. Landesgerichts für Bayern Bd. 12 S. 110.

5) Tit. Dig. de calumniatoribus 3, 6, Karlowa a. a. O. § 167 S. 1352.

6) Es war dies reine Strafklage. Eine Anwendung im gemeinen Rechte war ausgeschlossen. Anders Windscheid Bd. 2 § 471 Anm. 5, welcher aber aus der römischen Klage ein grundsätzlich von ihr verschiedenes Rechtsmittel macht.

7) pr. J. de perpetuis et tempor. act. 4, 12. Perpetua war jedoch unter anderem die actio de servo corrupto l. 13 pr. D. de servo corrupto 11, 3.

8) Die Deliktsklagen sind ähnlich wie die Kontraktsklagen streng individualisiert. Es muß der besondere Tatbestand vorliegen, an welchen die Rechtsnorm eine Deliktsklage geknüpft hat.

9) Vgl. oben § 121.

Daß zwischen dem Gedanken der Strafe und der Entschädigung schon in Rom ein Konflikt bestand, läßt sich namentlich aus dem Falle erkennen, wo mehrere zusammen dasselbe Delikt verübt hatten. Ginge man hierbei von dem Gedanken der Strafe aus, so müßte Multiplikation der Klagen entstehen, d. h. jeder hätte die Strafe, die er verdient hat, zu zahlen, ohne daß die Leistung des einen den anderen befreite. Betrachtet man die Entschädigung des Verletzten als das Hauptziel, so ist nur solidarische Verpflichtung anzunehmen, d. h. die Leistung des einen befreit den anderen, da dem Verletzten durch sie volle Schadloshaltung zuteil wurde.

Die Multiplikation der Ansprüche gegen mehrere Schädiger erhielt sich in Rom bei der actio legis Aquiliae, trotzdem sie gemischte Strafklage war; die bloß solidarische Verhaftung stellte sich aber bei der actio doli und anderen gemischten Strafklagen fest.[10]

§ 387. B. Das Furtum.[1 2]

Der römische Begriff des furtum — der Entwendung — ist sehr umfassend. Zwar die noch von Sabinus vertretene Ansicht, daß ein furtum auch an Grundstücken begangen werden könne, so daß z. B. der Pächter, welcher das Pachtgrundstück verkauft und dadurch den Verpächter um seinen Besitz bringe, wegen furtum belangbar sei,[3] wurde später entschieden verworfen.[4] Aber jede widerrechtliche, gewinnsüchtige Zueignung einer beweglichen Sache ist furtum.[5]

Dasselbe erfordert also:

a) Zueignung — contrectatio — einer beweglichen Sache. Eine körperliche Handlung bezüglich des Entwendeten ist unumgänglich. Daher bildet das bloße Ableugnen eines Depositums durch den Depositar, in der Absicht das Hinterlegte für sich zu behalten, kein furtum.[6]

Wegnahme aus fremdem Gewahrsam nach Analogie des

10) Oben § 329. Nach BGB. ist ausschließlich der Gesichtspunkt der Entschädigung maßgebend, doch kann in den Grenzen des § 847 auch wegen eines Schadens, der nicht Vermögensschaden ist, eine billige Entschädigung in Geld verlangt werden.

1) Tit. Inst. de obl. quae ex delicto 4, 1, Dig. de furtis 47, 2, Cod. 6, 2, Pauli sent. II. Tit. 41, H. F. Hitzig, Beiträge zur Lehre vom furtum, Zeitschr. der SavStiftg., rom. Abt. Bd. 23 S. 315.

2) Dollmann, die Entwendung 1834; Wächter in Weiskes Rechtslexikon Bd. 3 S. 354; Keller, Institutionen S. 134; Mommsen, röm. Strafrecht S. 733.

3) Gellius noctes atticae XI cap. 18.

4) Gaj. Inst. II § 51, l. 25 pr. § 1 D. h. t. 47, 2. Mommsen a. a. O. S. 740 Anm. 2. Siehe aber auch l. 25 § 2 D. eod. Ulpianus libro 41 ad Sabinum . . . Eorum, quae de fundo tolluntur, ut puta arborum vel lapidum vel harenae vel fructuum, quos quis furandi animo decerpsit, furti agi posse nulla dubitatio est. Wegnahme von Blumen, Pilzen, Beeren usw. ohne gewinnsüchtige Absicht ist kein Delikt.

5) Berühmt ist die Definition von Paulus libro 39 ad edictum l. 1 § 3 D. h. t. 47, 2: Furtum est contrectatio rei fraudulosa lucri faciendi gratia vel ipsius rei vel etiam usus ejus possessionisve. BGB. kennt den Begriff des Furtums nicht, es setzt dafür (§ 848) Entziehung einer Sache durch eine unerlaubte Handlung. Vgl. darüber §§ 848—851, Dernburg, Bürg. Recht Bd. 2 § 388 a. E.

6) l. 1 §§ 1 und 2 D. h. t. 47, 2, l. 52 § 19, l. 68 pr. D. h. t. 47, 2.

Diebstahls im deutschen Strafgesetzbuch gehört nicht zum Begriff.[7] Furtum ist vielmehr auch Unterschlagung, d. h. Vergreifen an fremden Sachen, die man im Besitze oder in Gewahrsam hat,[8] und Funddiebstahl, also Aneignung verlorener oder in der Not weggeworfener Gegenstände;[9] selbst wissentliche Annahme der Zahlung auf eine Nichtschuld, welche der Zahlende irrtümlich als bestehend ansieht,[10] sowie Manipulationen mit einer Schuldurkunde, die den Gläubiger um seine Forderung bringen, bilden ein furtum.[11]

Das Delikt besteht nicht bloß in Aneignung der Substanz einer Sache — furtum rei — wie solche beim Diebstahl im Sinne des heutigen Strafrechts sowie bei Unterschlagungen und beim Funddiebstahl stattfindet, auch gewinnsüchtige Anmaßung eines Gebrauches,[12] auf den man kein Recht hat — furtum usus — fällt unter dasselbe; nicht minder Aneignung bloßen Besitzes durch den Eigentümer — furtum possessionis — z. B. wenn er dem Faustpfandgläubiger die verpfändete Sache nimmt.[13]

b) Erforderlich ist ferner die gewinnsüchtige Absicht — animus lucri faciendi.[14] Der Wille sich dauernd zu bereichern gilt dabei nicht als wesentlich; wer daher kontrektiert, um zu verschenken, ist gleichfalls ein fur,[15] nicht aber wer eine Sache wegnimmt, um sie zu zerstören.[16]

Wegen des furtum gab man zweierlei Klagen:

1. Die actio furti, eine Deliktsklage, welche ihren Ursprung im Gesetz der 12 Tafeln hatte.[17] Sie ging auf eine Privatstrafe, deren Höhe beim furtum manifestum und beim nec manifestum verschieden war.

---

7) Strafgesetzbuch § 242.

8) l. 43 § 1, l. 52 § 7, l. 68, l. 72 pr. D. h. t. 47, 2. Über das furtum des bösgläubigen Besitzers vgl. Landsberg 1888 gegen Pampaloni im Archivio giur. Bd. 28 1882 und gegen Landsberg wieder Ferrini das. Bd. 47 S. 423.

9) l. 43 §§ 4—11 D. h. t. 47, 2.

10) l. 18 D. de cond. furt. 13, 1, l. 81 §§ 5 und 6 D. de furtis 47, 2. Über abweichende Ansichten vgl. Vangerow Bd. 3 § 625 S. 399.

11) l. 27 § 3, l. 28—32, l. 52 § 23 D. h. t. 47, 2, l. 41 § 1 D. ad legem Aquiliam 9, 2.

12) Es gebraucht z. B. ein Depositar oder Faustpfandgläubiger die anvertraute Sache für sich, oder ein Kommodatar oder Mieter benutzt das Geliehene in nicht vertragsmäßiger Weise, § 6 J. h. t. 4, 1. W. Carl, das furtum usus, Erlanger InaugDiss. 1891, Pampaloni, furto di possesso e furto di uso, studi Senesi Bd. 10 S. 77, Bd. 11 S. 145.

13) § 10 und § 15 J. h. t. 4, 1. So versteht die herrschende und richtige Meinung das furtum possessionis, von welchem Paulus in der oben Anm. 5 abgedruckten l. 1 § 3 D. h. t. 47, 2 spricht. Theophilus freilich zu § 1 J. h. t. bezieht den Ausdruck auf alle Fälle der Unterschlagung. Aber Theophilus irrt offenbar; wer unterschlägt, entwendet nicht die „possessio", sondern die Substanz, die „res".

14) l. 55 § 1 D. h. t. 47, 2 „species enim lucri est ex alieno largiri et beneficii debitorem sibi adquirere". Anders Gebauer, über den strafrechtl. Schutz wertloser Gegenstände. Breslauer InaugDiss. 1892 §§ 6, 7. Das deutsche Strafgesetzbuch § 242 sieht bezüglich des Diebstahls und im § 246 bezüglich der Unterschlagung von der gewinnsüchtigen Absicht ab. Ebenso BGB. § 848.

15) l. 52 § 13 D. h. t. Siehe auch l. 39 und l. 83 § 2 D. h. t. 47, 2.

16) Vgl. unten § 388 Anm. 5 u. 6.

17) Gaj. Inst. III §§ 184 ff., Gellius noctes atticae XI cap. 18.

Furtum manifestum nannte man die Entwendung, wenn der Dieb auf der Tat oder unmittelbar nachher, ehe er die entwendete Sache in seinen nächsten Zufluchtsort gebracht hatte, ergriffen wurde; nec manifestum, wenn dies nicht der Fall war. Beim furtum nec manifestum war das Doppelte, beim furtum manifestum das Vierfache des klägerischen Interesses zu leisten.[18]

Die actio furti stand jedem zu, der bei dem Diebstahl interessiert, d. h. durch denselben beschädigt war, also keineswegs bloß dem Eigentümer der entwendeten Sache.[19]

2. Daneben konnte der Eigentümer der entwendeten Sache sich der condictio furtiva auf Rückerstattung der Sache gegen denjenigen bedienen, welcher sie kontrektiert hatte. Es war dies keine Strafklage, sie ging vielmehr nur auf Rückerstattung und Ersatz.

Soweit das Gebiet der condictio furtiva reicht, ist die actio furti reine Strafklage.[20] Aber die actio furti hatte außer ihrer Strafnatur den Zweck der Schadloshaltung in allen Fällen, in welchen eine condictio furtiva nicht neben ihr zugunsten des Beschädigten bestand. Ihre Erhebung war daher noch zulässig:

a) Seitens des Eigentümers der entwendeten Sache gegen Anstifter und Gehilfen des Diebstahls.[21]

b) Seitens aller anderen, die bei dem Diebstahl interessiert waren, gegen den Dieb und die Diebsgenossen.[22]

C. Die Klage wegen Sachbeschädigung und verwandte Rechtsmittel.

§ 388. Schuldhafte Beschädigung von Sachen und Personen.

I. Schuldhafte Sachbeschädigung.[1]

Die lex Aquilia, ein zur Zeit der dritten plebejischen Sezession[2] von einem Volkstribunen Aquilius rogiertes Plebiszit, bestimmte:

---

18) Über die Formel der actio furti nec manifesti vgl. namentlich Lenel, edictum Aufl. 2 S. 318. Nach seiner Ausführung sind folgende Formelworte nicht zu bezweifeln: si paret A° A° a N° N° opeve consilio Ni Ni furtum factum esse paterae aureae, quam ob rem Nm Nm pro fure damnum decidere oportet . . . Gaj. Inst. IV § 37. Problematisch ist die Fassung der sich anschließenden condemnatio.

19) l. 10 — l. 15 D. h. t. 47, 2.

20) Die actio furti verfolgte ursprünglich neben der Strafe zugleich Schadensersatz, wie sich aus der oben Anm. 18 mitgeteilten Intentio der Klage ergibt Indessen wurde dem Bestohlenen wohl nie daneben die Vindikation der entwendeten Sache versagt. Seit den letzten Jahrhunderten der Republik erkannte man aber daneben zugunsten des Eigentümers auch die condicto furtiva an. Soweit deren Zuständigkeit ging, wurde die actio furti reine Strafklage.

21) Vgl. übrigens l. 6 D. de cond. furt. 13, 1, unten § 394 Anm. 6.

22) Vgl. l. 83 § 1 D. h. t. 47, 2.

1) Tit. Inst. de lege Aquilia 4, 3. Dig. ad legem Aquiliam 9, 2. Cod. de lege Aquilia 3, 35. Suarez, de Mendoza ad legem Aquiliam in Meerman thesaurus II, p. 1. Noodt ad legem Aquiliam, opera I, p. 137. A. Pernice, zur Lehre von den Sachbeschädigungen 1867. Grueber, the Roman law of damage to property, a commentary on the title of the Digest ad legem Aquiliam. London 1886. v. Tuhr, zur Schätzung des Schadens in der lex Aquilia. Basel 1892.

a) im ersten Kapitel: wer einen fremden Sklaven oder Vierfüßler mit Unrecht tötet, sei dem Eigentümer zur Zahlung einer Geldsumme verurteilt (siehe b), die dem höchsten Werte des getöteten Sklaven oder Tieres im letzten Jahr entsprach.

b) im dritten Kapitel: wer einen anderen durch Brennen, Brechen oder Verderben sonstiger Sachen mit Unrecht schädigt, sei verurteilt, dem Eigentümer eine solche Summe Geldes zu zahlen, die dem Werte des verdorbenen Gegenstandes in den letzten 30 Tagen entspricht.[3]

Hieraus hat die römische Rechtswissenschaft erweiternd und verfeinernd das Delikt der Sachbeschädigung — damnum injuria datum — entwickelt. Die Erweiterung geschah durch analoge Klagen — actiones utiles — und zwar vorzugsweise in Gestalt von formulae in factum.[4]

Zum Tatbestand des Deliktes gehört:

a) Sachbeschädigung — damnum corpori datum. Sie besteht in der Zerstörung oder körperlichen Verletzung von Gegenständen. Dem sind die Fälle gleichzustellen, wo Sachen ohne physische Zerstörung jemandem entzogen werden, z. B. durch Schlagen von Geld aus der Hand, so daß es nicht wieder zu erlangen ist,[5] oder im Verderben von Sachen ohne ihre körperliche Verletzung, z. B. durch Vermischen von Saatgetreide mit Unkrautsamen.[6]

b) Verschuldung, und zwar genügt geringe Verschuldung — culpa levis.[7] Wer schuldlos Schaden verursacht, hat nichts zu ersetzen.[8] Daher erzeugen Schadenszufügungen in unverschuldetem Notstande zur Wahrung berechtigter Interessen keine Haftpflicht.[9]

---

2) Theophilus IV 3 § 15, vgl. Pernice a. a. O. S. 18.

3) Pernice a. a. O. S. 15 restituiert Kap. 1: Si quis servum servamve alienum alienamve quadrupedemve pecudem injuria occiderit, quanti ea res in eo anno plurimi fuerit, tantum aes ero dare damnas esto, Kap. III: Ceterarum rerum si quis alteri damnum faxit quod usserit fregerit ruperit injuria, quanti ea res fuerit in XXX diebus proximis, tantum aes ero dare damnas esto. Dies nach l. 2 pr. und l. 27 § 5 D. h. t. 9, 2, sowie Gaj. Inst. III §§ 210, 217 und 218. — Das zweite Kapitel der lex behandelte einen anderen Gegenstand; es gab eine Klage gegen den Adstipulator, „qui pecuniam in fraudem stipulatoris acceptam fecerit". Das mag ein Amendement gewesen sein, welches der Volkstribun in seine Rogation aufzunehmen sich genötigt sah.

4) Die im Anschlusse an die lex Aquilia gewährten Klagen werden bald als actiones „utiles", bald als „in factum" bezeichnet, und zwar ohne Unterschied der Fälle. Über diese Nebeneinanderstellung vgl. Pernice a. a. O. S. 144; Lenel, edictum Aufl. 2 S. 197; Karlowa, röm. Rechtsgesch. Bd. 2 § 160 S. 1336.

5) l. 27 § 21 D. h. t. 9, 2. RG. Bd. 40 S. 205.

6) l. 27 §§ 14 und 20 D. h. t. 9, 2.

7) l. 44 pr. D. h. t. 9, 2. Ulpianus libro 42 ad Sabinum: In lege Aquilia et levissima culpa venit, vgl. l. 31 D. eod. Vgl. RG. Bd. 47 S. 249.

8) l. 3, l. 4 pr. D. h. t. 9, 2 oben § 112 Anm. 12. Vgl. ferner Unger in Iherings Jahrb. Bd. 30 S. 376.

9) l. 29 § 3 D. h. t. 9, 2. Ulpianus libro 18 ad edictum: Item Labeo scribit, si, cum vi ventorum navis impulsa esset in funes anchorarum alterius et nautae funes praecidissent, si nullo alio modo nisi praecisis funibus explicare se potuit, nullam actionem dandam. Dies hat eine merkwürdige Anwendung in dem RG. Bd. 5 S. 161 entschiedenen Falle erfahren. Vgl. Tuhr, über den Notstand im Zivilrecht, Habilitationsschrift, Heidelberg 1888, Zeitschr. für Verwaltung und Rechtspflege in Oldenburg. Bd. 17 S. 357, Pernice, Labeo Bd. 2 Aufl. 2 S. 66. Neuere Schrift=

Nach der älteren römischen Auffassung wurde unmittelbare Beschädigung durch eine körperliche Handlung — corpore —, also ein sichtbarer Kausalnexus vorausgesetzt, nach dem entwickelten Rechte aber genügt jede verschuldete Verursachung des Schadens, z. B. Tötung durch Reichen von Gift statt der geforderten Arznei.

Auch schuldhaftes Unterlassen verpflichtet aquilisch; freilich bilden Unterlassungen eine Schuld nur unter besonderen Voraussetzungen.[10]

Was die Anstellung der Klage anlangt, so gilt folgendes:

a) Klagberechtigt war nach der lex Aquilia selbst nur der Eigentümer der beschädigten Sache.[11] Dinglich an ihr Berechtigte, insbesondere Nießbraucher und Pfandgläubiger,[12] sowie gutgläubige Besitzer[13] erhielten aber die Klage analog; ebenso, wer bloß obligatorische Ansprüche auf die Sache hatte, wenn er durch die Sachbeschädigung benachteiligt wurde und in anderer Weise nicht zum Ersatz gelangen konnte.[14]

b) Haftbar ist, wer die Sachbeschädigung direkt oder indirekt — z. B. als Urheber oder Gehilfe[15] — verursacht hat. Mehrere haften solidarisch. Die Leistung des einen befreit auch nach späterem römischen Recht die übrigen nicht.[16]

---

steller entscheiden sich meist dahin, daß man zwar befugt sein soll, zur Abwehr überwiegend schwerer Gefährdung fremde Sachen zu schädigen oder zu vernichten, aber gegen Verpflichtung zum Schadensersatz. So entstand fast in letzter Stunde BGB. § 904: „Der Eigentümer einer Sache ist nicht berechtigt, die Einwirkung eines anderen auf die Sache zu verbieten, wenn die Einwirkung zur Abwehr einer gegenwärtigen Gefahr notwendig und der drohende Schaden unverhältnismäßig groß ist. Der Eigentümer kann Ersatz des ihm entstehenden Schadens verlangen." Siehe Dernburg, Bürg. Recht Bd. 3 § 79. Vgl. aber auch BGB. § 228.

10) l. 8 pr.; l. 27 § 9 D. h. t. 9, 2. Die aquilische Klage wird hier zugelassen, wenn ein Chirurg eine an sich gerechtfertigte Operation vornimmt und die weitere Behandlung schuldhafterweise unterläßt, ferner wenn in einem Schmelzofen Feuer angezündet wurde und der Anzündende selbst oder ein anderer, der hierzu verpflichtet war, die Bewachung unterließ, so daß infolgedessen das Haus abbrannte. Vgl. ROHG. Bd. 11 S. 426, Seuffert, Archiv Bd. 46 n. 17, Bd. 47 n. 196, Blätter für Rechtsanwendung Bd. 57 S. 267, Seuffert, Archiv Bd. 55 n. 138, 202.

11) l. 11 § 6 und 7 D. h. t. 9, 2, vgl. Pernice a. a. O. S. 183.

12) l. 11 § 10, l. 12—l. 17, l. 30 § 1 D. h. t. 9, 2. Dernburg, Pfandrecht Bd. 2 S. 402. Grueber im Archiv für ziv. Praxis Bd. 75 S. 303.

13) l. 11 § 8, l. 17 D. h. t. 9, 2.

14) Vgl. auch l. 41 pr. D. h. t. 9, 2 und dazu Pernice a. a. O. S. 211. Ist doch die Regel bei Deliktsklagen, daß jeder Beschädigte klagberechtigt ist. Sie gilt auch bei der actio de pauperie wegen Beschädigung durch Tiere, l. 2 D. si quadrupes 9, 1. Der unbedingten Durchführung beim damnum injuria datum stellte sich entgegen, daß die lex Aquilia die Klage nur zugunsten des „dominus" einführte. Aber nie sollte ein Beschädigter rechtlos sein. Abweichend Ferrini, la legittimazione attiva nell' a. legis Aquiliae in der rivista italiana per le scienze giurid. Bd. 12 S. 180.

15) l. 11 § 1 D. h. t. 9, 2. Haftet der Anstifter aquilisch? Nach altrömischem Rechte war die Frage zu verneinen; der Anstifter hatte nicht corpore beschädigt. Daher gewährte noch Javolenus — l. 37 pr. D. h. t. 9, 2 — die Klage gegen den Anstifter nicht allgemein. Aber dies ist eine Übergangsstufe. Dem Prinzip des entwickelten Rechts entspricht es, daß für den Schaden verantwortet, wer ihn verursachte, also auch der Anstifter. Vgl. RG. Bd. 10 S. 132, Windscheid Bd. 2 § 455 Anm. 27. BGB. § 830 Abs. 2 besagt: Anstifter und Gehilfen stehen Mittätern gleich.

16) Vgl. oben § 329 Anm. 5.

Waren mehrere bei der Tat zusammen beteiligt, z. B. bei einer Schlägerei, und ist der Anteil des einzelnen am Schaden nicht mehr festzustellen, so haftet jeder für alle Folgen der Tat.[17]

c) Gegenstand der Klage ist das Interesse des Klägers. Die besondere Schätzung der lex Aquilia, wonach bald der höchste Wert innerhalb des letzten Jahres, bald des letzten Monats vor der Tat in Anspruch genommen werden konnte,[18] ist nicht rezipiert worden. Ebensowenig die römische Vorschrift, wonach der Beklagte, welcher seine aquilische Verpflichtung mit Unrecht ableugnete, in das Doppelte zu verurteilen war.[19]

II. Schuldhafte Beschädigung von Personen.[20]

Die Grundsätze der Sachbeschädigungen fanden analoge Anwendung auf die Körperverletzungen von Personen. Der Mißhandelte erhielt — etwa seit Hadrian — eine utilis Aquiliae actio gegen den Schuldigen.[21] In Rom war nur Entschädigung für die Kurkosten, den versäumten Erwerb, endlich wegen der Verkümmerung der Erwerbsfähigkeit zu leisten.[22] Wegen der Entstellung und des Schmerzes konnte dagegen nichts beansprucht werden.[23] [24]

17) l. 11 § 2 und § 4, l. 51 § 1 D. h. t. 9, 2. RG. Bd. 1 S. 89, Seuffert, Archiv Bd. 51 n. 263 (OLG. f. Bayern). BGB. § 830 Abs. 1 bestimmt: Haben mehrere durch eine gemeinschaftlich begangene unerlaubte Handlung einen Schaden verursacht, so ist jeder für den Schaden verantwortlich. Das gleiche gilt, wenn sich nicht ermitteln läßt, wer von mehreren Beteiligten den Schaden durch seine Handlung verursacht hat. Vgl. Dernburg, Bürg. Recht Bd. 2 § 386.

18) Über die Gründe dieser Schätzungsweise vgl. Tuhr a. a. O. S. 3. Inwieweit der Sachwert als solcher in Betracht kommt, vgl. das. S. 8.

19) l. 2 § 1 D. h. t. 9, 2, § 26 J. de actionibus 4, 6.

20) Weinrich, die Haftpflicht wegen Körperverletzung und Tötung eines Menschen nach dem im Deutschen Reiche geltenden Rechte 1883.

21) l. 13 pr. D. h. t. 9, 2 vgl. l. 3 D. si quadrupes 9, 1, l. 7 D. de his qui effuderint 9, 3.

22) Vgl. auch BGB. § 842: Die Verpflichtung zum Schadensersatze wegen einer gegen die Person gerichteten unerlaubten Handlung erstreckt sich auf die Nachteile, welche die Handlung für den Erwerb oder das Fortkommen des Verletzten herbeiführt. Nach § 843 muß der Schadensersatz prinzipiell durch Entrichtung einer Geldrente geleistet werden.

23) l. 7 D. de his qui effuderint 9, 3. Gajus libro 6 ad edictum provinciale: Cum liberi hominis corpus ex eo, quod dejectum effusumve quid erit, laesum fuerit, judex computat mercedes medicis praestitas ceteraque impendia, quae in curatione facta sunt, praeterea operarum, quibus caruit aut cariturus est ob id, quod inutilis factus est. cicatricium autem aut deformitatis nulla fit aestimatio, quia liberum corpus nullam recipit aestimationem. Gemeinrechtlich wurde aber der Frau, welcher durch Entstellung die Aussicht sich zu verheiraten verkümmert war, eine vom Richter arbiträr zu bemessende Entschädigung gewährt. Seuffert, Archiv Bd. 18 n. 42, Weinrich a. a. O. S. 63. Anerkannterweise bestand ferner das Recht auf Schmerzensgelder. Sie sind nicht Strafe, sondern Ersatz und Ausgleichung der erlittenen Schmerzen. Stobbe-Lehmann, Deutsches Privatr. Bd. 3 § 260 S. 525. Daher ging die Verpflichtung auf die Erben des Schädigers über. Den Erben des Beschädigten stand aber die Klage nicht zu, wenn sie nicht bereits von ihrem Erblasser erhoben war.

24) Manche Neuere suchten den Anspruch auf Schmerzensgelder als Privatstrafe zu konstruieren und wollten daraus schließen, daß derselbe infolge des Reichsstrafgesetzbuchs weggefallen sei. Daß es sich um einen Ersatz handele, hat namentlich Wächter, die Buße 1874 ausgeführt. Ihm sind die meisten beigetreten. Vgl. Hellmann im Archiv für ziv. Praxis Bd. 78 n. 1. BGB. hat die in Anm. 23 genannten Rechte beseitigt, an ihre Stelle sind die Ansprüche aus § 847 getreten.

§ 389. Beschädigung durch Tiere.

Wer Schuld an einer Beschädigung anderer durch Tiere hat, ist aquilisch verantwortlich. Zur Schuld gehört auch Versäumnis der Aufsicht, ferner Mangel an Gewandtheit und Tüchtigkeit, wenn man ein Tier an Orten des Verkehrs führt oder reitet.[1]

Verübte aber ein Tier boshafterweise Schaden, ohne daß jemanden die Schuld trifft, so hat der Beschädigte die actio de pauperie — eine Noxalklage.[2]

Die Noxalklagen waren im Hinblick auf Delikte der Hausuntergebenen geschaffen. Sie nötigten namentlich den Eigentümer eines schuldigen Sklaven, ihn zu vertreten und Schadensersatz zu leisten, oder ihn zur noxa zu geben. Es wurde derjenige belangt, welchem das Eigentum zur Zeit der Litiskontestation, nicht zur Zeit der Tat zustand.[3]

Tiere sind nicht zurechnungsfähig und können keine Delikte begehen. Dies war den Römern der Kaiserzeit völlig klar.[4] Aber anders dachten hierüber die römischen Bauern sechs bis sieben Jahrhunderte früher; ihrer naiven Anschauung galten boshafte Beschädigungen seitens eines Vierfüßlers als Delikte. Deshalb verpflichteten die 12 Tafeln den Eigentümer, das boshafte Tier zur noxa zu geben oder den Schaden zu ersetzen.[5] Das Klagerecht erhielt sich, auch nachdem die primitiven Vorstellungen, in denen es wurzelte, längst nicht mehr bestanden.[6]

Es mußte aber eine besondere Bosheit oder ungewöhnliche Erregung des Tieres obgewaltet haben und der Schaden auch nicht einem Menschen zur Last fallen.[7]

---

1) l. 8 § 1, l. 53 § 2 D. ad legem Aquiliam 9, 2. Vgl. Eisele in Iherings Jahrb. Bd. 24 S. 480; Unger in Grünhuts Zeitschr. Bd. 15 S. 683 Anm. 31, Sturm, Beiträge zum röm. Recht 1891 S. 75, BGB. § 834.

2) Tit. Dig. si quadrupes pauperiem fecisse dicatur 9, 1. Inst. 4, 9. Eisele a. a. O. und die dort S. 488 zitierten. Sturm, Beiträge zum röm. Recht 1891 n. 6, Isay in Iherings Jahrb. Bd. 39 V, insbes. S. 282.

3) Über die römischen Noxalklagen vgl. Tit. Dig. de noxalibus actionibus 9, 4; Zimmern, System der Noxalklagen 1818; ferner die bei Arndts § 326 Anm. 3 Zitierten und Lenel, edictum S. 154. Girard, les actions noxales, Paris 1888, darüber Kipp, Zeitschr. der Sav.Stiftg., rom. Abt. Bd. 10 S. 397.

4) Ulpianus libro 18 ad edictum. l. 1 § 3 D. h. t. 9, 1: Pauperies est damnum sine injuria facientis datum: nec enim potest animal injuria fecisse, quod sensu caret.

5) So Zimmern a. a. O. S. 79, Vangerow Bd. 3 § 689. Vgl. l. 1 § 11 D. h. t. 9, 1. Wächter, Pand. Bd. 2 § 495 beruft sich hiergegen auf die oben Anm. 4 abgedruckte Stelle Ulpians. Er würdigt aber dabei nicht den Unterschied der Zeiten.

6) Ja, man gab die Klage utiliter auch bei Schaden durch Nichtvierfüßler, also z. B. — Affen — Vierhänder — oder Hühner. l. 4 D. h. t. 9, 1.

7) Das Prinzip der Klage entwickelt l. 1 § 4 D. h. t. Ulpianus libro 18 ad edictum: Itaque, ut Servius scribit, tunc haec actio locum habet, cum commota feritate nocuit quadrupes, puta si equus calcitrosus calce percusserit, aut bos cornu petere solitus petierit, aut mulae propter nimiam ferociam: quod si propter loci iniquitatem aut propter culpam mulionis, aut si plus justo onerata quadrupes in aliquem onus everterit, haec actio cessabit damnique injuriae agetur. Nichts anderes will aber auch l. 1 § 7 D. eod.: Et generaliter haec actio locum habet, quotiens contra naturam fera mota pauperiem dedit: ideoque si equus dolore concitatus calce petierit, cessare istam actionem. Dies heißt, es muß ein Schade geschehen sein,

Kläger ist der Beschädigte.[8] Beklagter ist der Eigentümer des schädigenden Tieres zur Zeit der Klageerhebung.[9] Die Klage ist aktiv und passiv vererblich.[10]

In ähnlicher Weise besteht eine noxale actio de pastu, wenn Tiere fremdes Gelände abweiden, ohne daß jemand eine Schuld hieran trägt.[11] [12]

§ 390. Die actio de dejectis et effusis.[1]

Der Bewohner eines Raumes, von dem aus auf Orte, wo das Publikum verkehrt, etwas hinausgeworfen oder gegossen wurde, haftet für den Schaden. Dies bestimmte das prätorische Edikt zur Sicherung des Verkehrs im öffentlichen Interesse. Die Klage ist zwar keine Deliktsklage, denn sie gründet sich nicht auf Schuld, aber sie ist den Deliktsklagen nahe verwandt.[2] Sie war auf das Doppelte des Schadens gerichtet.

Der Beweis des Mangels an eigener Schuld entlastet den Bewohner nicht,[3] wohl aber der Nachweis höherer Gewalt, z. B. einer Überwältigung durch Aufständige oder Feinde.[4]

Ob man den Raum als Eigentümer, als Mieter, oder umsonst bewohnt, ist gleichgültig; aber vorübergehend Aufgenommene haften als solche nicht.[5] Mehrere Bewohner stehen solidarisch ein.[6]

Es kommt nicht darauf an, ob der Wurf oder Guß aus einem Hause oder einer Bude, einem Karren oder einem Schiffe,[7] ob er ferner nach einem öffentlichen oder einem anderen Orte geschah, wenn er nur dahin erfolgte, wo zurzeit Menschen zu verkehren pflegten.[8]

---

welcher nach dem gewöhnlichen Lauf der Dinge nicht zu erwarten war. Vgl. OLG. Braunschw. bei Seuffert, Archiv Bd. 48 n. 33; vgl. auch RG. Bd. 48 S. 259.

8) l. 2 pr. D. h. t. 9, 1: „non solum domino, sed ei cujus interest competit“. RG. Bd. 20 S. 199.

9) l. 1 § 12 D. h. t. 9, 1: „et in quadrupedibus noxa caput sequitur“. Miteigentümer haften solidarisch. Über die Frage, ob der Eigentümer, welcher das Tier veräußert, als dolo desinens possidere verklagt werden kann, vgl. RG. Bd. 20 S. 205.

10) l. 1 § 17 D. h. t. 9, 1.

11) l. 14 § 3 D. de praescriptis verbis 19, 5. Pauli sent. I, 15 § 1. Eisele a. a. O. S. 495.

12) BGB. § 833 bestimmt: Wird durch ein Tier ein Mensch getötet oder der Körper oder die Gesundheit eines Menschen verletzt oder eine Sache beschädigt, so ist derjenige, welcher das Tier hält, verpflichtet, dem Verletzten den daraus entstehenden Schaden zu ersetzen. Vgl. Dernburg, Bürg. Recht Bd. 2 § 396. Über den Ersatz des Wildschadens vgl. BGB. § 835, Einf.Ges. Art. 69—72.

1) Tit. Dig. de his qui effuderint 9, 3. Glück Bd. 10 S. 392. Weiß, Haftung für fremde culpa S. 66. Unger in Jherings Jahrb. Bd. 30 n. 4.

2) § 1 J. de obl. quae quasi ex delicto 4, 5, l. 5 § 5 D. de obl. et act. 44, 7.

3) l. 1 § 4 D. h. t. 9, 3. Vgl. aber auch Seuffert, Archiv Bd. 40 n. 288 (RG.).

4) Die Quellen erwähnen diese Ausnahme nicht. Vgl. Unger a. a. O. und in Jherings Jahrb. Bd. 30 S. 416 Anm. 17.

5) l. 1 § 9 D. h. t. 9, 3.

6) l. 1 § 10, l. 2—4 D. h. t.

7) l. 6 § 3 D. h. t. 9, 3.

8) l. 1 § 2, l. 6 pr. § 1 D. h. t. 9, 3.

Dem in Anspruch Genommenen steht der Rückgriff gegen den Schuldigen offen.[9] [10]

D. Haftung wegen anderen Schadens als Sachbeschädigungen.

§ 391. Ersatz wegen Verschuldung im allgemeinen. Die Actio doli.

Die aquilische Klage, auch als actio utilis, beschränkte sich in Rom ausschließlich auf Zerstörung oder Entwertung von Körpern. Vermögensbeschädigungen anderer Art verpflichteten den Schuldigen daher außerkontraktlich nur in Fällen des Dolus.[1]

Jede widerrechtliche absichtliche Vermögensbeschädigung, die nicht in anderer Weise ebensogut ausgleichbar ist, begründet die actio doli.[2]

Dieselbe ist also eine generelle, aber subsidiäre Klage wegen Dolus.

a) Ursprünglich eingeführt für Fälle des Betruges, also absichtlicher *Täuschung*,[3] wurde sie auch bei anderen böswilligen *Veranstaltungen* gegeben.[4] Aber hierauf beschränkte sie sich nicht. Sie soll vorbedachte Vermögensschädigungen jeder Art gut machen, ohne Rücksicht darauf, *welche Gestalt* dieselbe annehmen oder welcher *Mittel* sie sich bedienen mögen, ja sogar rücksichtslose Ausnützung einer günstigen Situation kann mit ihr verfolgt werden.[5]

---

9) l. 5 § 4 D. h. t. 9, 3. Dies auf Grund der Autorität von Labeo.

10) BGB. hat die act. de dejectis et effusis beseitigt. Ähnliche Verhältnisse betreffen die §§ 836—838. Vgl. Dernburg, Bürg. Recht Bd. 2 § 398.

1) Pernice, Sachbeschädigung S. 157. Außerkontraktlich wurden in Rom magistratus municipales infolge eines durch Trajan veranlaßten Senatuskonsultes den Pupillen subsidiär haftbar, wenn sie etwas in der Bestellung der Vormünder versehen hatten, l. 5 C. de magistratibus conveniendis 5, 75, und zwar hafteten sie für culpa l. 7 D. de mag. conv. 27, 8. Auch der judex wurde seit der Zeit von Gajus für imprudentia, welche auf culpa levis hinaus kommt, in Anspruch genommen, vgl. P. Usteri, die privatrechtliche Verantwortlichkeit des römischen Richters, Zürich 1877; Pernice, Labeo Bd. 2 Abt. II 1 S. 168; Lenel edictum Aufl. 2 S. 161; l. 5 § 4 D. de obl. et act. 44, 7. BGB. § 839 Abs. 1 bestimmt: Verletzt ein Beamter vorsätzlich oder fahrlässig die ihm einem Dritten gegenüber obliegende Amtspflicht, so hat er dem Dritten den daraus entstehenden Schaden zu ersetzen. Fällt dem Beamten nur Fahrlässigkeit zur Last, so kann er nur dann in Anspruch genommen werden, wenn der Verletzte nicht auf andere Weise Ersatz zu erlangen vermag. Vgl. Dernburg, Bürg. Recht Bd. 2 § 392. Nach modernem Recht macht auch Verschulden bei *Vertragsunterhandlungen* — culpa in contrahendo — selbst wenn es nicht zum Vertrage kommt, also außerkontraktlich — ersatzpflichtig. Oben § 266 Ziff. 3.

2) Tit. Dig. de dolo malo 4, 3; Cod. 2, 20; Pernice, Labeo Bd. 2 S. 97 Aufl. 2 S. 200, Parerga VII, in der Zeitschr. der Sav.Stiftg., rom. Abt. Bd. 17 S. 205, Mommsen, röm. Strafrecht S. 678. Mitteis, röm. Privatrecht S. 317 bestimmt den dolus nicht als Arglist, sondern als bewußte Rechtswidrigkeit; der dolus bilde den Gegensatz zur bona fides, er bedeute jedes Verhalten, welches dem abstrakten Prinzip von Treue und Redlichkeit widerspricht. Über die Aufstellung der actio doli durch Aquilius Gallus vgl. oben § 92 Anm. 3.

3) Aquilius, von jemandem, welchem das neue Rechtsmittel offenbar zu „vag" war, gefragt: „quid esset dolus malus?" antwortete: „quum esset aliud simulatum, alius actum". An dieser Begriffsbestimmung hielt auch Servius Sulpicius fest. Siehe die oben § 74 Anm. 4 abgedruckte l. 1 § 2 D. h. t. 4, 3.

4) So Labeo nach l. 1 § 2 D. h. t. 4, 3.

5) Mitteis a. a. O. S. 319. Spezifisch *arglistige* Schädigung wird mit dem

b) Der Anspruch hat einen ergänzenden und subsidiären Charakter. Doch ist die actio doli auch zulässig, wenn andere Rechtsmittel nicht gleich sicheren Erfolg versprechen.[6]

Kam es zu einem Kontraktschlusse, so wird die Kontraktsklage, nicht die Dolusklage zugelassen. Dies ist wichtig wegen der kurzen Verjährung der außerkontraktlichen Dolusklage. Sie verjährt in 2 Jahren vom begangenen Dolus ab, geht jedoch auch nachher auf den Betrag der Bereicherung des Beklagten.[7]

Hat ein Dritter aus dem Dolus Vorteile gewonnen, ohne an ihm teilzunehmen, so haftet er auf den Betrag seiner Bereicherung.[8]

E. Die Injurienklage.

§ 392. Begriff und Grundsätze.[1] [2]

Entwendungen, Sachbeschädigungen und Dolus sind Delikte gegen das Vermögen, die Injurie ist das Delikt gegen die Person.

Auch die römische Injurie hat einen weiten Tatbestand. Nicht bloß um Körperverletzungen und Beleidigungen, also besondere Kränkungen des Ehrgefühls handelt es sich. Injurie ist vielmehr jede absichtliche widerrechtliche Äußerung einer Mißachtung der Persönlichkeit.[3]

Ausdruck „fraus" bezeichnet. Überzeugend sind die Bemerkungen von Mitteis über den Zusammenhang des Dolusbegriffes mit den infamierenden Klagen. Daß infamia auch als Folge der culpa eintritt, beruht auf späterer Auffassung, die in interpolierten Stellen zum Ausdruck kommt. Dieselbe Beobachtung machte ich in einer in russischer Sprache veröffentlichten Arbeit über die societas. Der Herausgeber.

6) l. 7 pr. D. h. t. 4, 3. Die actio doli wurde namentlich auch gegeben, wenn es als zweifelhaft erschien, ob eine andere Klage begründet war, l. 7 § 3 D. h. t. 4, 3, wenn eine gegen einen Dritten offenstehende Klage wegen dessen Insolvenz keinen Erfolg versprach, l. 6 D. h. t. 4, 3, vgl. auch l. 18 § 5 D. eod., wenn der mit der Vertragsklage zu belangende Dritte hätte im Auslande verklagt werden müssen, RG. Bd. 34 S. 151. Römische Eigentümlichkeiten der actio doli waren noch, daß sie der Prätor nur nach vorgängiger Sachuntersuchung und regelmäßig auch nicht wegen einer geringen Summe gewährte, l. 9 § 5 D. h. t. 4, 3. Diese Praxis hing mit der staatsrechtlichen Stellung der römischen Magistrate zusammen und ist nicht rezipiert.

7) l. 8 C. h. t. 2, 20, l. 28 D. h. t. 4, 3. Im klassischen Rechte war die Verjährungszeit ein annus utilis. Für die Geltung der kurzen Verjährung auch RG. Bd. 23 S. 178.

8) l. 15 pr. §§ 1 und 2 D. h. t. 4, 3. Das BGB. bestimmt § 826: „Wer in einer gegen die guten Sitten verstoßenden Weise einem anderen vorsätzlich Schaden zufügt, ist dem anderen zum Ersatz des Schadens verpflichtet." Diese actio doli ist namentlich in Fällen von Bedeutung, in welchen der Schädiger ein Recht zur fraglichen Handlung hat, das er gegen die guten Sitten zu vorsätzlicher Schädigung ausnutzt. Vgl. Dernburg, Bürg. Recht Bd. 2 § 393.

1) Tit. Inst. de injuriis 4, 4, Dig. 47, 10, Cod. 9, 35.

2) A. D. Weber, über Injurien und Schmähschriften 1793 ff., 4. Aufl. 1820; Walter im neuen Archiv des Kriminalrechts Bd. 4 S. 108 ff., S. 241 ff.; Ihering, Rechtsschutz gegen injuriöse Rechtsverletzungen in seinen Jahrb. Bd. 23 n. 6; Landsberg, Injuria und Beleidigung 1886. Dort findet sich weitere Literatur. Vgl. noch Pernice, Labeo Bd. 2 Aufl. 2 S. 19 ff., Mommsen, römisches Strafrecht S. 784, Hitzig, Injuria 1899.

3) Bekanntlich kannten bereits die zwölf Tafeln die injuria, welche sie mit der Buße von 25 Assen bedrohten. Die altrömische Jurisprudenz scheint aber unter injuria

a) Der animus injuriandi, welcher ihr zugrunde liegt,[4] äußert sich im bewußt geringschätzigen Benehmen gegenüber einem anderen. Die Kränkung braucht nicht das Ziel der Tat zu sein; es genügt, daß man, um andere Zwecke zu erreichen, die Kränkung nicht scheute.

b) Die injuriöse Handlung kann sich direkt gegen die fremde Person wenden, ihren Körper antasten, ihre Freiheit verkümmern,[5] ihrer Ehre zu nahe treten oder ihren Namen mißbrauchen.[6]

Es gibt außerdem indirekte Injurien, deren Begriff und Umfang freilich sehr bestritten ist. Sie liegen in der böslichen absichtlichen Antastung der Rechte einer Person gegenüber der Außenwelt. Eine indirekte Injurie kann in jedem Diebstahl, in absichtlicher Sachbeschädigung oder sonstiger doloser Vermögensverletzung liegen. Denn wer böslich fremden Besitz mißachtet, der mißachtet auch den Besitzer. Aber eine Injurienklage wird in solchen Fällen nicht gewährt, sie ist vielmehr bei doloser Antastung von Gerechtsamen nur subsidiär, d. h. sie wird dadurch ausgeschlossen, daß Strafklagen wegen der Verletzung des Vermögens bestehen.[7]

Hauptfälle indirekter Injurien, welche eine Injurienklage erzeugen, sind Störungen des Gemeingebrauches,[8] Behinderung des Eigentümers in der Benutzung seiner Sachen,[9] Eindringen in fremdes Besitztum gegen den Willen des Eigentümers.[10]

— vgl. Landsberg a. a. O. S. 32 und dort Zitierte — nur Körperverletzung verstanden zu haben. Hieraus erklärt sich, daß der Prätor besondere Edikte gegen andere Arten von persönlichen Verletzungen erließ, insbesondere wegen „convicium", wegen Antastungen der Schamhaftigkeit und „ne quid infamandi causa fiat", vgl. Lenel, edictum S. 320. Jedenfalls findet schon Labeo das Wesen der injuria in der contumelia, l. 13 § 4 D. h. t. 47, 10. Als contumelia charakterisieren die Injurie geradezu die klassischen Definitionen der Institutionen pr. J. h. t. 4, 4 dem Paulus entnommen — collatio II, 5 § 1 — und die l. 1 pr. D. h. t. 47, 10 von Ulpian. Die Stelle von Paulus sucht contumelia zu veranschaulichen durch ὕβρις. Im weiteren Sinne ist injuria nach den gedachten Stellen „omne quod non jure fit", ἀδίκημα. Vgl. aber auch Pernice, Labeo, Bd. 2 Aufl. 2 S. 27.

4) l. 3 § 1 D. h. t. 47, 10. Ulpianus libro 56 ad edictum „injuria ex affectu facientis consistit".

5) Realinjurien und Verbalinjurien unterscheidet l. 1 § 1 D. h. t. 47, 10.

6) Ein Fall aus dem heutigen Leben ist Setzen eines Namens unter Aufrufe oder Petitionen ohne die Ermächtigung seines Trägers.

7) Die Römer hatten die Verletzung, welche für die Person des Beschädigten in einem gegen sie verübten Diebstahl, Sachbeschädigung oder Dolus liegt, bereits durch die Strafzuschläge der actio furti legis Aquiliae und den infamierenden Charakter der actio doli hervorragend geahndet. Deshalb sollte nicht noch außerdem eine actio injuriarum zugelassen werden. Wenn aber das Delikt nicht vollendet war, wenn z. B. ein Dieb sich um zu stehlen eingeschlichen hatte, ohne den Diebstahl zu vollführen, gewährte man die Injurienklage, weil durch actio furti keine Sühne zu erreichen war; l. 21 § 7 de furtis 47, 2.

8) l. 2 § 9 D. ne quid in loco publico 43, 8. Ulpianus libro 68 ad edictum: Si quis in mari piscari aut navigare prohibeatur, non habebit interdictum, quemadmodum nec is, qui in campo publico ludere vel in publico balineo lavare aut in theatro spectare arceatur: sed in omnibus his casibus injuriarum actione utendum est. l. 13 § 7 D. h. t. 47, 10. Über entsprechende Anwendungen auf Fälle des heutigen Lebens vgl. Ihering a. a. O. S. 270.

9) l. 24 D. h. t. 47, 10, l. 25 D. de act. empt. vend. 19, 1, l. 44 D. h. t. 47, 10. Über die letzte Stelle siehe Pernice, Labeo, Bd. 2 Aufl. 2 S. 36. Anwendungen auf

Gegenstand der Injurienklage ist eine von dem Richter zu bemessende Privatstrafe,[11] bei der auch die pekuniäre Benachteiligung des Klägers in Betracht gezogen wird.[12] Sie ist aktiv und passiv unvererblich[13] und verjährt in einem Jahre utiliter berechnet.[14] Die private Injurienklage wurde in Deutschland rezipiert.[15]

Zweites Kapitel.

Die Kondiktionen.

§ 393. A. Die Kondiktionen im allgemeinen.[1]

Erwerb aus fremdem Vermögen ohne rechtlichen Grund erzeugt eine persönliche Klage auf Rückerstattung — eine Kondiktion.[2]

Nachbarverhältnisse und insbesondere Kollisionen zwischen Mietern macht Jhering a. a. O. S. 280. Wenn aber Jhering die Veranstaltung von Tanzvergnügen in der oberen Etage ohne weiteres als mittelbare Injurie gegen den Mieter der unteren auffaßt, so dürfte er zu weit gehen.

10) l. 5 pr. §§ 2, 5 D. h. t. 47, 10.

11) Der Prätor hatte an die Stelle der Injurienklage der 12 Tafeln auf 25 Asse die actio injuriarum aestimatoria gesetzt, bei welcher der Richter die Höhe der Strafe nach seinem Ermessen feststellte. l. 17 § 5 D. h. t.

12) l. 8 C. h. t. 9, 35. Landsberg a. a. O. S. 90.

13) l. 13 pr. D. h. t. 47, 10.

14) l. 5 C. h. t. 9, 35.

15) BGB. § 824 bestimmt: Wer der Wahrheit zuwider eine Tatsache behauptet oder verbreitet, die geeignet ist, den Kredit eines anderen zu gefährden oder sonstige Nachteile für dessen Erwerb oder Fortkommen herbeizuführen, hat dem anderen den daraus entstehenden Schaden auch dann zu ersetzen, wenn er die Unwahrheit zwar nicht kennt, aber kennen muß. Durch eine Mitteilung, deren Unwahrheit dem Mitteilenden unbekannt ist, wird dieser nicht zum Schadensersatze verpflichtet, wenn er oder der Empfänger der Mitteilung an ihr ein berechtigtes Interesse hat. Vgl. weiter § 825. Nach § 847 kann im Falle des § 825, ferner wenn gegen eine Frauensperson ein Verbrechen oder Vergehen wider die Sittlichkeit verübt worden ist, schließlich im Falle der Freiheitsentziehung auch wegen des Schadens, der nicht Vermögensschaden ist, eine billige Entschädigung in Geld verlangt werden. Dieser Anspruch ist nicht übertragbar und geht nicht auf die Erben über, es sei denn, daß er durch Vertrag anerkannt oder daß er rechtshängig geworden ist. Ehrverletzungen können unter BGB. § 823 Abs. 2 fallen. Vgl. Dernburg, Bürg. Recht Bd. 2 § 390.

1) Savigny, System Bd. 5 S. 503: „Die Kondiktionen"; Windscheid, die Lehre des röm. Rechts von der Voraussetzung 1850; Erxleben, die condictiones sine causa 1. Abt. 1850, 2. Abt. 1853; Witte, die Bereicherungsklagen 1859; Jacobi, Rechtsbegriff der Bereicherung in Jherings Jahrb. Bd. 4 S. 296; Voigt, die condictiones ob causam 1862; Pernice, Labeo Bd. 3 S. 202 ff.; Bolze, zur Lehre von den Kondiktionen, insonderheit von der cond. sine causa im Archiv für ziv. Praxis Bd. 78 n. 14; Bolze, einige Quellenstellen zur Lehre von den Kondiktionen, daselbst Bd. 79 n. 5; R. v. Mayr, die condictio des römischen Privatrechts 1900 und in der Zeitschr. der Sav.Stiftg., rom. Abt. Bd. 24 S. 258 ff., Bd. 25 S 188 ff. Vgl. auch Lenel im Archiv für ziv. Praxis Bd. 74 n. 6 und Windscheid daselbst Bd. 78 S. 161 ff. Koschembahr-Lyskowski, die Condictio als Bereicherungsklage im klass. röm. Recht 2 Bde. 1893—1907.

2) l. 66 D. de condictione indebiti 12, 6. Papinianus libro 8 quaestionum:

Die Kondiktionen hatten als judicia stricti juris ihren Ursprung und Namen aus der Zeit der legis actiones. Sie bestanden in der actio certae pecuniae creditae wegen kreditierter Geldsummen, der condictio triticaria wegen aller bestimmten Objekte und endlich der condictio incerti wegen Werte von anderer Art.[3] Die Kondiktionen waren ursprünglich nur zur Rückforderung von kontraktlich Kreditiertem bestimmt. Aber die Jurisprudenz benutzte sie etwa seit den letzten Jahrhunderten der Republik[4] auch zur Rückforderung dessen, was außerkontraktlich ungerechtfertigterweise aus fremdem Vermögen erworben war. Hierdurch machte sie diese strikten Klagen den höchsten Zwecken der Billigkeit dienstbar.

Die außerkontraktlichen Kondiktionen setzen voraus:

1. Erwerb des Kondiktionsschuldners aus dem Vermögen des Kondiktionsgläubigers. Die Forderung hat also eine reale Grundlage. Deshalb stellten die römischen Juristen wenigstens die condictio indebiti der Darlehensklage an die Seite.[5]

Der einfachste und ursprüngliche Fall ist Erwerb des Eigentums an körperlichen Sachen. Aber im entwickelten Rechte genügt jede Vermehrung des Vermögens des einen auf Kosten des anderen, z. B. durch Erlangung von dinglichen Rechten an fremder Sache,[6] Erwerb von Forderungen,[7] Erlaß von Verbindlichkeiten,[8] Ersparnisse anderer Art.[9] Und auch darauf kommt es nicht an, daß die Werte direkt aus dem Vermögen des einen an den anderen gelangten.[10]

Wem der Besitz einer fremden Sache ohne das Eigentum zufällt, hat die Sache noch nicht erworben. Der Eigentümer kann sie noch vindizieren; daher steht ihm nach altrömischem Rechtssatz keine Kondiktion zu. Der Dieb jedoch durfte sich hierauf nicht berufen. Kondizierte also der Bestohlene die entwendete Sache, die noch in seinem Eigentume stand, so war die Klage gültig — „odio furum“.[11]

Der Satz aber verlor seine Bedeutung, seit man gegen denjenigen, welcher den Besitz einer fremden Sache ohne Rechtsgrund an sich gebracht hatte, eine condictio possessionis gewährte, welche auch dem Eigentümer jener Sache nach Verlust des Besitzes zustand.[12]

Haec condictio ex bono et aequo introducta, quod alterius apud alterum sine causa deprehenditur, revocare consuevit. Vgl. BGB. § 812 Abs. 1 Satz 1: Wer durch die Leistung eines anderen oder in sonstiger Weise auf dessen Kosten etwas ohne rechtlichen Grund erlangt, ist ihm zur Herausgabe verpflichtet.

3) Oben § 122.

4) Vgl. Voigt a. a. O. S. 226, anders Mayr a. a. O.

5) Gaj. Inst. III § 91.

6) l. 12 D. de condictione indebiti 12, 6.

7) l. 1 pr. D. de condictione sine causa 12, 7.

8) l. 4, l. 10 D. de cond. causa d. c. n. s. 12, 4.

9) Siehe Windscheid Bd. 2 § 421 Anm. 10ff. BGB. § 812 Abs. 2 hebt hervor: Als Leistung gilt auch die durch Vertrag erfolgte Anerkennung des Bestehens oder des Nichtbestehens eines Schuldverhältnisses.

10) Vgl. namentlich den oben § 188 Anm. 26 besprochenen Fall.

11) Gaj. Inst. IV § 4. § 14 J. de actionibus 4, 6.

2. Der Vermögensübergang, obgleich formal rechtlich vollendet, muß materiell ungerechtfertigt sein. Hierbei ist folgendes in Betracht zu ziehen:

a) Es kann sich um eine Unredlichkeit des Kondiktionsschuldners handeln, so daß der Erwerb auch subjektiv als widerrechtlich erscheint.

Wegen unredlichen Erwerbes bestehen drei Arten von Kondiktionen, nämlich die cond. furtiva, ob turpem causam und ob injustam causam.

b) Es genügt aber auch, daß bloß objektiv ein Unrecht vorliegt, ohne daß dem Kondiktionsschuldner subjektiv eine Verschuldung zur Last fällt.

Der Zweck ist dann die Anfechtung formalen Rechts, welches der tieferen materiellen Begründung entbehrt.

Auch solcher Kondiktionen gibt es drei: nämlich die condictio indebiti, ob causam und sine causa.

Die Neueren bezeichnen die Kondiktionen meist als Bereicherungsklagen, indem sie deren Zweck in die Herausgabe ungerechtfertigter Bereicherung setzen.[13] Dies trifft aber nicht überall zu. Die Kondiktionen haben allerdings eine reale Grundlage und gehen auf Rückerstattung, aber durchaus nicht immer nur bis zum Betrag der Bereicherung des Beklagten. Insbesondere bezwecken die Kondiktionen wegen subjektiver Unredlichkeit des Kondiktionsschuldners volle Interessevergütung.[14]

B. Die Kondiktionen unredlichen Erwerbes.

§ 394. Die condictio furtiva.[1]

Die condictio furtiva verbindet zur Rückerstattung von entwendetem Gut.

Es ist eine alte Streitfrage, ob diese Kondiktion eine Deliktsklage sei? Natürlich setzt sie ein Delikt, das furtum, voraus. Aber ihr Klagfundament ist ein reales, nämlich das Erlangen des Entwendeten aus dem Vermögen des Bestohlenen, und ihr Klagzweck der reale der Rückerstattung. Sie ist daher eine wahre Kondiktion.[2] Dies zeigt sich in ihren Voraussetzungen:

---

12) l. 15 § 1 D. de cond. indeb. 12, 6, l. 2 D. de cond. trit. 13, 3. Vgl. über die condictio possessionis Bruns, Besitzklagen S. 185; Pflüger, Besitzklagen S. 120; Bolze im Archiv für ziv. Praxis Bd. 79 S. 206 ff.

13) Das BGB. überschreibt den betreffenden Titel: ungerechtfertigte Bereicherung.

14) Bereicherung des einen unter Benachteiligung eines anderen begründet auch an sich noch keine Verpflichtung. Dergleichen bringt die Ordnung der menschlichen Gesellschaft, ihr Streben und Kämpfen mit sich. Dem widerspricht nicht Pomponius libro 9 ex variis lectionibus l. 206 D. de R. J. 50, 17: Jure naturae aequum est neminem cum alterius detrimento et injuria fieri locupletiorem. Es muß nur auf injuria das gebührende Gewicht gelegt werden. In l. 14 D. de condictione indebiti 12, 6 erklärt sich die verkürzte Wendung durch ihre besondere Beziehung auf den in l. 13 § 1 D. eod. erörterten Fall; anderer Ansicht W. Sell, Versuche 1833.

1) Tit. Dig. de condictione furtiva 13, 1, Cod. 4, 8. Vgl. BGB. § 848 ff.

2) Für eine Deliktsklage erklärt die cond. furtiva unter den Neueren vorzugsweise

a) Kläger ist nur der Eigentümer sowie der dinglich Berechtigte, dem etwas entwendet ist.[3] Die Klage erlischt, wenn der Eigentümer durch eigene Handlungen das Eigentum des Gestohlenen aufgibt.[4] Denn sie vertritt die Stelle der Vindikation.[5]

b) Nur wer selbst realiter kontrektierte, nicht aber der Urheber und Gehilfe können belangt werden.[6] Mehrere, welche die Kontrektation zusammen vornahmen, haften jedoch solidarisch.[7]

Die Klage geht als Vermögensklage gegen die Erben des Entwenders ohne jede Begrenzung, nicht beschränkt wie eine Deliktsklage.[8]

c) Gegenstand der Klage ist Rückerstattung des Entwendeten. Dabei gerät der Entwender sofort in Verzug. Aus diesem Grunde haftet er für zufälligen Untergang, hat den höchsten Wert zu ersetzen, welchen die entwendete Sache jemals zwischen der Zeit des Diebstahls und der Verurteilung hatte, und muß nicht nur die selbst gezogenen und die von ihm versäumten Früchte restituieren, sondern alle, welche der Bestohlene hätte gewinnen können.[9]

§ 395. Condictio ob turpem vel injustam causam.[1]

Kondizierbar ist regelmäßig alles, was man infolge von Vergehen oder sonstiger grober Unsittlichkeit an sich brachte.

1. Besonderer Art ist die condictio ob turpem causam mit

Francke, Beiträge S. 29. Nach Windscheid Bd. 2 § 453 ist sie ein „Deliktsanspruch im Gewande eines Anspruches aus ungerechtfertigter Bereicherung". Hiergegen Savigny Bd. 5 S. 551 und Vangerow Bd. 3 § 679 Anm. 2. Die Römer sahen die condictio furtiva durchaus nicht als Deliktsklage an; das ergibt sich unter anderem aus ihrer Behandlung, im Falle eines Diebstahls seitens eines Sklaven. Wäre sie eine Deliktsklage, so müßte sie gegen den jeweiligen Herrn des diebischen Sklaven als noxale angewandt werden, nicht minder gegen den Dieb selbst nach seiner Freilassung. Sie wurde aber gegen den Hausherrn nur als Pekulienklage gegeben, eine condictio furtiva noxalis existierte nicht und wird auch durch l. 4 D. h. t. 13, 1 nicht bezeugt, vgl. Savigny a. a. O. S. 562. Dementsprechend konnte auch gegen den Sklaven selbst nach seiner Feilassung zwar die actio furti, nicht aber die condictio furtiva angestellt werden, falls er nicht als Freier den Diebstahl fortgesetzt hatte, l. 15 D. h. t. 13, 1.

3) l. 1, l. 12 § 2 D. eod. 13, 1. Wäre die condictio Deliktsklage, so hätte man sie allen Interessierten zugestehen müssen. Aber ihr Fundament ist Erwerb aus fremdem Vermögen. Daher hat sie nur der Eigentümer und der dinglich Berechtigte.

4) l. 10 § 2, l. 12 pr. D. h. t. 13, 1.

5) Daß die condictio furtiva elektiv mit der vindicatio konkurriert — oben § 393 Anm. 11 — steht damit nicht in Widerspruch.

6) l. 6 D. h. t. 13, 1 von Ulpian. Paulus freilich in der l. 53 § 2 D. de V. S. 50, 16 läßt die condictio furtiva wohl gegen den Gehilfen, nicht aber gegen den Urheber des furtum zu. Dieser Widerspruch erklärt sich aus der Annahme des Paulus, daß der Gehilfe, weil er an der Kontrektation teilnahm, sich wenigstens tatsächlich etwas aus dem fremden Vermögen angeeignet habe, was ihm dann odio furum zur condictio genügen mochte. Anders Karlowa, röm. Rechtsgesch. Bd. 2 S. 786. Vgl. auch Pernice, Labeo, Bd. 2 Aufl. 2 S. 107 f.

7) l. 1 C. h. t. 4, 8.

8) l. 9 D. h. t. 13, 1.

9) l. 8, l. 20 D. h. t. 13, 1.

1) Tit. Dig. de condictione ob turpem vel injustam causam 12, 5, Cod. de condictione ob turpem causam 4, 7, sowie Tit. Cod. de condictione ex lege et sine causa vel injusta causa 4, 9.

dem Zwecke der Rückerstattung dessen, was sich der Empfänger unsittlicherweise von dem Geber um künftiger Handlungen oder Unterlassungen willen leisten ließ. Vorausgesetzt wird, daß die Leistung nur vom Standpunkte des Empfängers aus und nicht des Gebers eine schimpfliche war. Es gehören dahin namentlich Erpressungen, z. B. Abkaufen der Veröffentlichung eines Pamphletes oder Bezahlung, um ein Depositum zurückzuerhalten, welches der Depositar ohne solche seiner Pflicht zuwider nicht erstatten will.[2]

Lag in dem Geschäft zugleich eine Unsittlichkeit des Gebers, z. B. im Falle des Dingens eines Mörders, so kann nichts zurückgefordert,[3] aber das bloß Versprochene auch nicht eingeklagt werden.[4]

2. Jeder sonstige unsittliche Erwerb begründet die condictio ob injustam causam,[5] z. B. Annahme wucherischer Zinsen.[6]

Der Inhalt dieser Ansprüche bestimmt sich nach den Grundsätzen der condictio furtiva.[7]

C. Die Kondiktionen wegen objektiv ungerechtfertigten Erwerbes.

§ 396. Die condictio indebiti.[1]

Zahlung einer vermeinten, aber nicht bestehenden Schuld begründet die condictio indebiti. Eine solche Zahlung überträgt Eigentum; denn der Geber wie der Empfänger hatten den Willen der Übereignung bei der Übergabe.[2] Aber der Zweck des Geschäftes, die Schuldtilgung, ist nicht erreicht, denn es fehlte die Schuld. Die Über-

---

2) l. 1 § 2 D. h. t. 12, 5. Paulus libro 10 ad Sabinum: Quod si turpis causa accipientis fuerit, etiamsi res secuta sit, repeti potest; l. 2 D. eod. Ulpianus libro 26 ad edictum: ut puta dedi tibi ne sacrilegium facias, ne furtum, ne hominem occidas . . . Item si tibi dedero, ut rem mihi reddas depositam apud te vel ut instrumentum mihi redderes. RG. Bd. 36 S. 203.

3) l. 3 D. h. t. 12, 5, Paulus libro 10 ad Sabinum: Ubi autem et dantis et accipientis turpitudo versatur, non posse repeti dicimus: veluti si pecunia detur, ut male judicetur. Vgl. ferner l. 4 § 3 D. eod. Ulpianus libro 26 ad edictum: Sed quod meretrici datur, repeti non potest, ut Labeo et Marcellus scribunt, sed nova ratione, non ea, quod utriusque turpitudo versatur, sed solius dantis: illam enim turpiter facere, quod sit meretrix, non turpiter accipere, cum sit meretrix. Vgl. Seuffert, Archiv 51 n. 183, Bd. 54 n. 213. Übereinstimmend BGB. § 817 Satz 2.

4) l. 1, l. 5 C. h. t. 4, 7. Übereinstimmend BGB. § 817 Satz 2.

5) l. 6 D. h. t. 12, 5.

6) l. 3 C. h. t. 4, 9. Interessant der vom RG. Bd. 45 S. 170 entschiedene Tatbestand.

7) l. 7 C. h. t. 4, 7. Nach l. 4 C. eod. konnten keine Zinsen gefordert werden. Dies war Folge der strikten Natur der in Rom hier anzustellenden actio certae pecuniae creditae. Nach BGB. § 819 Abs. 2 ist der Empfänger vom Empfange an verpflichtet, wie wenn der Anspruch auf Herausgabe zu dieser Zeit rechtshängig geworden wäre, d. h. wie ein Verwalter fremden Guts. Vgl. Dernburg, Bürg. Recht Bd. 2 § 379 a. E.

1) Tit. Dig. de condictione indebiti 12, 6. Cod. 4, 5. Erxleben, die condictiones sine causa Abt. 1 1850, Voigt a. a. O. §§ 74 und 75, Pernice, Labeo Bd. 3 S. 238, Maur. Desribes, de la condictio indebiti, thèse, Paris 1892.

2) Oben § 175.

eignung ist also grundlos. Deshalb wird dem irrtümlich Zahlenden die condictio indebiti auf Rückerstattung gewährt. Ihre Erfordernisse sind folgende:

1. Zahlung zum Zweck einer Schuldtilgung.[3] Dies ist im weitesten Sinne zu nehmen. Übereignung von Geld, von anderen Fungibilien, einer Spezies, Leistung von Diensten,[4] Übernahme von Verpflichtungen,[5] selbst Verzichte[6] gehören hierher. Eine eigentliche Zahlung ist nicht erforderlich, auch Leistung an Zahlungs Statt begründet die Kondiktion.[7]

2. Nichtbestehen der vermeinten Schuld, habe sie nun nie bestanden oder sei sie bereits getilgt gewesen. Als Nichtschuld gilt auch, was durch eine peremtorische Exzeption entkräftbar ist, sofern dieselbe keine natürliche Verbindlichkeit zurückläßt.[8]

Zahlungen auf Naturalobligationen sind, auch wenn sie aus Irrtum geschahen, in der Regel unanfechtbar.[9] [10]

Wurde aus Irrtum vorzeitig auf eine gewisse, aber noch nicht fällige Schuld gezahlt, so entsteht keine Kondiktion,[11] auch nicht des Vorteils des Zwischenzinses;[12] denn es ist eine Schuld getilgt. Erfolgte aber auf eine bedingte[13] oder sonst ihrer Existenz nach ungewisse Schuld irrtümlich Zahlung, so ist sie während der Schwebe der Schuld kondizierbar; denn noch ist nichts geschuldet.

Wer in dem irrigen Glauben, selbst Schuldner zu sein, die Schuld eines Dritten zahlt, ist zur Rückforderung befugt, denn er zahlte nicht die wirkliche, sondern eine vermeinte Schuld; wer dagegen die Schuld eines Dritten in dessen Namen zahlt infolge des irrigen Glaubens, diesem hierzu verpflichtet zu sein, kann nicht kondizieren; denn der Gläu-

3) Notwendig ist, daß der Zahlende die Absicht der Schuldtilgung hatte. Daß der Gläubiger dies bei der Empfangnahme zufällig nicht wußte, kommt nicht in Betracht. Lenel a. a. O. S. 224.

4) l. 26 § 12, l. 40 § 2 D. h. t. 12, 6.

5) l. 31 D. h. t. 12, 6.

6) l. 39 D. h. t. 12, 6.

7) l. 26 §§ 4—6 D. h. t. 12, 6. Römer, Leistung an Erfüllungs Statt S. 132.

8) l. 26 § 3 und § 7, l. 30, l. 32 § 1, l. 43 D. h. t. 12, 6. Übereinstimmend BGB. § 813 Abs. 1.

9) Vgl. oben § 260 Anm. 9, § 261 Anm. 17.

10) Können gezahlte, nicht geschuldete Zinsen eines geschuldeten Kapitals zurückgefordert werden? Dies scheint zu verneinen die l. 26 pr. D. h. t. 12, 6. Ulpianus libro 26 ad edictum: Si non sortem quis, sed usuras indebitas solvit, repetere non poterit, si sortis debitae solvit. Die Römer verstehen unter usurae indebitae häufig solche, die „ex pacto“ ohne Stipulation versprochen waren, vgl. l. 5 § 2 D. de solutionibus 46, 3. Hierauf wird man den Ausspruch zu beschränken haben.

11) l. 10 D. h. t. 12, 6, BGB. § 813 Abs. 2. Dies gilt auch, falls ein sog. dies incertus quando, certus an in Aussicht steht, insbesondere „cum moriar dare promisero“ l. 17 D. h. t. 12, 6, vgl. auch l. 56 D. eod.

12) Vgl. BGB. § 813 Abs. 2.

13) l. 16 D. h. t. 12, 6. Natürlich gilt dies nicht bei „notwendigen“ Bedingungen, die eintreten müssen, l. 18 D. h. t. 12, 6. Sie sind keine wahren Bedingungen. Vgl. ferner l. 56 D. eod.

biger erhielt hier, was er zu fordern hatte. Der Zahlende ist daher auf seinen Rückgriff gegen den befreiten Schuldner verwiesen.[14]

Zahlung an einen Nichtgläubiger, den der Schuldner für seinen Gläubiger hielt, befreit ihn nicht, gibt ihm aber die condictio gegen den Empfänger, es sei denn, daß der Gläubiger die Zahlung genehmigte oder daß ihm das Gezahlte hinterher ausgehändigt wurde.[15]

3. Die Zahlung muß in entschuldbarem Irrtum geschehen sein. Rechtsirrtum genügt daher in der Regel nicht.[16]

War dem Empfänger der Irrtum des Zahlenden bekannt, so begeht er ein furtum, und wird ihm dies nachgewiesen, so haftet er nach den strengeren Grundsätzen der condictio furtiva.[17]

Auch bloßer Zweifel des Zahlenden an der Existenz der Schuld genügt zur Rückforderung.[18] Sie wird auch durch einen Vorbehalt bei der Zahlung gewahrt.[19]

Selbst wer zur Vermeidung eines richterlichen oder administrativen Zwangsverfahrens zahlte, kann das Geleistete zurückfordern, obwohl er die Nichtexistenz der angeblichen Forderung kannte.

4. Nach alter römischer Auffassung war die Rückforderung ausgeschlossen, wenn die Zahlung zur Tilgung einer angeblichen Judikatsschuld[20] oder gleichgestellten Damnationsschuld[21] erfolgte.[22]

---

14) In diesem Sinne sind zwei Aussprüche von Paulus zu vereinigen. In l. 65 § 9 D. h. t. 12, 6 libro 17 ad Plautium führt er aus: Indebitum est . . . si id quod alius debebat, alius quasi ipse debeat solvat, vgl. l. 19 § 1, l. 31 D. h. t. 12, 6. In l. 44 D. h. t. 12, 6 aber äußert Paulus libro 14 ad Plautium: Repetitio nulla est ab eo qui suum recepit, tametsi ab alio quam vero debitore solutum est. Dies muß sich notwendig auf Fälle beziehen, in denen die Zahlung nicht geschah „quasi ipse debeat". Vgl. Oertmann im Archiv für ziv. Praxis Bd. 82 S. 457, Herrmann in Grünhuts Zeitschr. Bd. 27 S. 1.

15) l. 65 § 9 D. h. t. 12, 6, l. 8 C. h. t. 4, 5.

16) Es wird vielfach behauptet, daß unentschuldbarer Irrtum ausreiche. Die Quellen fordern aber mit Bestimmtheit Entschuldbarkeit, vgl. l. 25 pr. D. de probationibus 22, 3, l. 10 C. de juris et facti ignorantia 1, 18, l. 9 § 5 D. de juris et facti ignorantia 22, 6, l. 6 und l. 7 C. h. t. 4, 5, l. 9 C. ad legem Falcidiam 6, 50 oben § 75. Die verschiedenen Ansichten siehe bei Vangerow Bd. 3 § 625 S. 396. Die hier vertretene Meinung teilt Brinz Bd. 2 S. 550 Anm. 39, RG. Bd. 44 S. 141. Dagegen ist Wächter, Pand. Bd. 2 S. 502, K. Adler in Iherings Jahrb. Bd. 33 S. 197. Die — entschuldbare — irrtümliche Ansicht, daß eine Einrede nicht beweisbar sei, kann die condictio indebiti begründen. RG. Bd. 21 S. 198. Nach BGB. § 814 ist die Rückforderung nur dann ausgeschlossen, wenn der Leistende gewußt hat, daß er zur Leistung nicht verpflichtet war.

17) Vgl. oben § 387 Anm. 10, BGB. § 819 Abs. 1.

18) So entschied Justinian die Streitfrage der römischen Juristen in der l. 11 C. h. t. 4, 5.

19) l. 2 pr. D. h. t. 12, 6. Ein solcher Vorbehalt kann generell sein und erhält dann jeden Einwand, oder speziell und erstreckt sich dann nicht auf anderes. Übrigens kann der Gläubiger nicht genötigt werden, eine Zahlung unter einem unbegründeten Vorbehalt anzunehmen. Dernburg, Bürg. Recht Bd. 2 § 213 Anm. 10 und dort Angeführte. E. Behrens, die Erfüllung unter Vorbehalt, Göttinger Inaug.Diss. 1900.

20) Altes römisches Rechtsaxiom war „qui ex causa judicati solvit, repetere non potest" l. 74 § 2 D. de judiciis 5, 1, l. 36 D. familiae erciscundae 10, 2, l. 29 § 5 D. mandati 17, 1, l. 1 C. h. t. 4, 5, l. 2 C. de compensationibus 4, 31. Nicht bloß dann zessierte die Rückforderung, wenn ein Urteil gefällt, aber nichtig war, vielmehr

Was die Geltendmachung der condictio anlangt, so ist:

a) berechtigt derjenige, in dessen Namen die Zahlung erfolgte,[23]

b) verpflichtet die Person, der sie geleistet wurde. Hat man als Vertreter eine Nichtschuld einkassiert, so geht die condictio gegen den Vertretenen, wenn dieser hierzu Vollmacht erteilte oder die Annahme genehmigte, sonst gegen den Empfänger selbst.[24]

c) Bezüglich des Gegenstandes der Rückgewähr sind Geldzahlungen und andere Leistungen zu unterscheiden.

Geld ist im empfangenen Betrage zurückzuerstatten, der Empfänger ist Genusschuldner, etwaiger zufälliger Verlust daher in der Regel sein Schaden.

Anderes — auch Fungibilien außer Geld, z. B. Getreide — ist in specie zurückzugewähren.[25] Der Empfänger hat daher zu leisten, was er vom Gezahlten noch besitzt, ferner, im Falle der Veräußerung, den erlösten Preis, und wenn er das Empfangene verzehrte, den Preis zur Zeit der Konsumtion. Zufälliger Untergang oder Verderb ist aber Schaden des Zahlenden.

Früchte und Akzessionen, die der Kondiktionsschuldner gewann, hat er herauszugeben.[26] Vom Verzuge an steigert sich seine Verpflichtung nach den allgemeinen Grundsätzen.

d) Der Kläger hat nicht nur die Zahlung zu beweisen,[27] sondern auch die Nichtexistenz der vermeinten Schuld; denn indem er sie zahlte, hat er sie prima facie anerkannt. Ein merkwürdiges Privileg war

---

auch in dem Fall, wenn auf ein vermeintes gar nicht existierendes Urteil gezahlt war, l. 36 D. familiae erciscundae 10, 2. Paulus libro 2 quaestionum . . . quamvis non sit judicium, tamen sufficit ad impediendam repetitionem, quod quis se putat condemnatum.

21) § 7 J. de obl. quasi ex contr. 3, 27 . . ex quibus causis infitiando lis crescit, ex his causis non debitum solutum repeti non posse, veluti ex lege Aquilia, item ex legato, l. 4 C. h. t. 4, 5. Rudorff in der Zeitschr. für geschichtliche Rechtswissenschaft Bd. 14 S. 95.

22) Dunkel ist der Satz der l. 42 D. h. t. 12, 6. Ulpianus libro 68 ad edictum: Poenae non solent repeti, cum depensae sunt. Vgl. l. 46 D. de R J 50, 17. Man muß annehmen, daß Strafen gemeint sind, die mit der Formel „dare damnas esto" in den Gesetzen angedroht waren, daß also auch hier von einer vermeinten Exekutivschuld die Rede ist, vgl. Karlowa, der röm. Zivilprozeß S. 200. Es handelt sich also nicht um einen praktisch anwendbaren Rechtssatz.

23) l. 6 pr., l. 57 pr. D. h. t. 12, 6, l. 18 D. de condictione furtiva 13, 1, l. 6 C. h. t. 4, 5. Über die Zahlung vermeinter Schulden durch den Bürgen vgl l. 47 D. h. t. 12, 6. Siehe überhaupt Schloßmann, die condictio indebiti bei Zahlungen für einen Dritten in Grünhuts Zeitschr. Bd. 9 S. 553, ferner Oertmann a. a. O. S. 445.

24) l. 6 § 2, l. 57 § 1 D. h. t. 12, 6.

25) Vgl. BGB. § 818 Abs. 3, Dernburg, Bürg. Recht Bd. 2 § 381.

26) l. 15 pr., l. 65 § 5 D. h. t. 12, 6. Nach römischem Rechte konnten Zinsen nicht beansprucht werden. l. 1 C. h. t. 4, 5.

27) Über den Beweis bei der condictio indebiti handelt die famose l. 25 pr. § 1 und 2 D. de probationibus 22, 3, welche zwar den Namen von Paulus libro 3 quaestionum an sich trägt, zu einem großen Teile aber ohne Zweifel ein Werk der Kompilatoren ist. Vgl. Römer, die Beweislast hinsichtlich des Irrtums S. 55; Bähr, die Anerkennung, insbesondere §§ 21 ff.; Fr. Zimmermann im Archiv für ziv. Praxis Bd. 48 n 4; E. Hofmann im Archiv für prakt. Rechtswissenschaft n. F. Bd. 8 n. 10; Wächter, Pand. Bd. 2 S. 501. Weitere Literatur siehe bei Vangerow Bd. 3 § 625 Anm. 2 S. 402. BGB. enthält keine Entscheidung. Vgl. Dernburg, Bürg. Recht Bd. 2 § 375 Ziff. II, 2.

freilich Pupillen, Minderjährigen, Soldaten, Bauern und geistig beschränkten Individuen eingeräumt. Zahlten sie und forderten dann das Gezahlte als Nichtschuld zurück, so sollte ihnen gegenüber der Empfänger den Beweis der Schuld führen.[28]

Auch seinen Irrtum bei der Zahlung mußte der Kläger dartun; denn er ist ein Hauptfaktor des Anspruches. Häufig freilich ergibt sich der Irrtum ohne weiteres aus dem Beweise der Nichtschuld und ihrer Zahlung.

§ 397. Die condictio ob causam.[1 2]

Die condictio ob causam entspringt aus Geschäften, bei welchen man etwas um künftiger Zwecke willen leistete, die sich nicht verwirklichten.[3]

a) Es wird eine Zuwendung des Kondiktionsgläubigers an den Kondiktionsschuldner durch Übereignung von Sachen[4] — datio — oder abstraktes Versprechen,[5] z. B. Wechsel — promissio — oder in anderer Weise vorausgesetzt.

b) Diese Zuwendung bildet nur das erste Stück des Geschäftes, so daß dessen Vollendung von Ereignissen der Zukunft abhängt.

Diese Ereignisse können der Einwirkung der Beteiligten entrückt sein, so bei einer Schenkung von Todes wegen, welche von dem Eintreten des Todes des Schenkers vor dem des Beschenkten abhängt.[6] Sie können an die Mitwirkung des Empfängers gebunden sein, ohne daß diese allein entscheidet, — z. B. bei Hingabe einer Dos an den Bräutigam, welche das Eingehen der Ehe fordert[7 8] —; sie können endlich auch bloß in einer Handlung des Empfängers bestehen.[9]

28) Modifikationen des Prinzipes, in denen zum Teil reine Willkür liegt, trifft übrigens l. 25 § 2 D. de prob. 22, 3 selbst. Der Satz ist nie rezipiert worden.

1) Tit. Dig. de condictione causa data causa non secuta 12, 4, d. h. condictio, „weil der Grund nicht nachfolgte dem, was wegen eines Grundes gegeben war“: causa non secuta ist ablativus absolutus, data ist Akkusativ abhängig von secuta, causa ist ablativus causalis zu data; vgl. Voigt, condictiones S. 490. Tit. Cod. de condictione ob causam datorum 4, 6.

2) Literatur: Wächter, doctrina de condictione causa data 1822; Erxleben, die condictiones sine causa 2. Abt. 1853; Wendt, Reurecht und Gebundenheit Heft 1 1878; Brinz Bd. 2 S. 533; Windscheid im Archiv für ziv. Praxis Bd. 78 S. 181 ff.; Pernice, Labeo Bd. 3 S. 259.

3) Wann sich die condictio ob causam in Rom einbürgerte, darüber sind nur Vermutungen möglich. Servius Sulpicius behandelte sie l. 8 D. h. t. 12, 4.

4) Natürlich ist der Hauptfall das Geben von Geld. l. 1 pr. § 1, l. 2 pr. D. h. t. 12, 4.

5) l. 1 § 2 D. de condictione sine causa 12, 7, l. 24 D. de mortis causa don. 39, 6.

6) l. 12 D. h. t. 12, 4. Vgl. oben § 100.

7) l. 6 und l. 10 D. h. t. 12, 4.

8) Hierher gehört der Fall einer Zahlung des Schuldners an einen auftraglosen Geschäftsführer seines Gläubigers in Erwartung künftiger Genehmigung des Gläubigers, die indessen ausbleibt, l. 14 D. h. t. 12, 4.

9) l. 5 pr. §§ 1 und 2 D. h. t. 12, 4. Die condictio ob causam ist nicht begründet, wenn eine Leistung zur Erfüllung eines gegenseitigen Vertrages geschah, auch wenn die Gegenleistung ausblieb. Man leistete dann nicht ob causam futuram. Anders war die Auffassung bei den römischen Innominatkontrakten, vgl. oben § 263.

Sie bilden den Hauptinhalt des Geschäftes oder etwas bloß Sekundäres — einen modus.[10]

Die Verwirklichung des fraglichen Ereignisses muß ein Bestandteil des Geschäftes sein. Das kann sich aus dem allgemeinen Wesen des Geschäftes ergeben, wie bei Schenkungen von Todes wegen und einer Dosbestellung, oder auf besonderen Vereinbarungen beruhen.

Erwartungen und Voraussetzungen, die von den Kontrahenten beim Geschäftsabschluß gehegt oder auch ausgesprochen wurden, kommen nicht ohne weiteres in Betracht. Wird z. B. die Parzelle eines Grundstücks einem Bekannten in der ausgesprochenen beiderseitigen Erwartung verkauft, daß gute Nachbarschaft walten werde, und entsteht trotzdem später Streit, so kann um deswillen von einer Anfechtung des Kaufgeschäftes keine Rede sein.[11] Eine solche wäre nur dann möglich, wenn jene Voraussetzung als Bedingung oder Modus zu einem Bestandteil des Geschäftes erhoben würde.[12]

c) Die Kondiktion erwächst, wenn der Zweck vereitelt, das beabsichtigte Geschäft also nicht zustande gekommen ist. Aus welchem Grunde es nicht zur Geschäftsvollendung kam, ist regelmäßig ohne Bedeutung. Die Kondiktion entsteht auch, wenn Zufall[13] oder der eigene Wille des Gebers die Veranlassung geben.[14] Indessen kann auch die Meinung bei der Zuwendung gewesen sein, daß sie der Empfänger behalten soll, wenn er nicht selbst den Geschäftszweck schuldhaft vereitelt.[15]

Inhalt und Umfang der Verpflichtung bemißt sich nach den Grundsätzen der condictio indebiti für die Zeit, in welcher ihre speziellen Erfordernisse noch nicht eingetreten waren oder der Kondiktionsschuldner ihren

10) Oben § 103 Anm. 10.

11) l. 3 § 7 D. h. t. 12, 4. Ulpianus libro 26 ad edictum . . ut et ipse — Celsus — ait, eum qui dedit ea spe, quod se ab eo qui acceperit remunerari existimaret vel amiciorem sibi esse eum futurum, repetere non posse opinione falsa deceptum.

12) Es ist nicht gerade falsch, wenn diese Kondiktion auf ermangelnde Voraussetzung zurückgeführt wird, aber unpräzis. Nur Voraussetzungen, welche Geschäftsbestandteile bilden, kommen in Betracht. Vgl. namentlich Windscheid Bd. 2 § 427. Siehe darüber auch oben § 103 Ziff. II. BGB. § 812 fordert, daß der mit einer Leistung nach dem Inhalte des Rechtsgeschäfts bezweckte Erfolg nicht eintritt. Vgl. Dernburg, Bürg. Recht Bd. 2 § 377.

13) l. 16 D. h. t. 12, 4. Celsus libro 3 digestorum . . et ideo, si mortuus est Stichus, repetere possum quod ideo tibi dedi, ut mihi Stichum dares. Übrigens paßt das Beispiel von Celsus im heutigen Rechte nicht mehr, weil im gegebenen Falle heutzutage ein Kaufvertrag anzunehmen wäre. Vgl. oben § 351 Anm. 5.

14) l. 1 § 1 D. h. t. 12, 4. Ulpianus libro 26 ad edictum: Si parendi condicioni causa tibi dedero decem, mox repudiavero hereditatem vel legatum, possum condicere. A. ist zum Erben eingesetzt unter der Bedingung, daß er dem B. 10,000 gebe, er zahlt sie aus und schlägt nachher die Erbschaft aus, weil er sie bei näherer Überlegung nicht suffizient findet. Er kann die 10,000 kondizieren.

15) Dies wird namentlich im Falle der Unmöglichkeit der Erfüllung eines modus angenommen, l. 8 C. h. t. 4, 6. Vgl. BGB. § 815: Die Rückforderung wegen Nichteintritts des mit einer Leistung bezweckten Erfolges ist ausgeschlossen, wenn der Eintritt des Erfolges von Anfang an unmöglich war und der Leistende dies gewußt hat oder wenn der Leistende den Eintritt des Erfolges wider Treu und Glauben verhindert hat.

Eintritt aus entschuldbaren Gründen noch nicht kannte. Für die spätere Zeit hat er gewonnenes und gewinnbares Einkommen zu erstatten.[16]

Der Kläger hat zur Begründung seiner Klage nur nachzuweisen, daß er dem Beklagten etwas zu dem von ihm behaupteten Geschäftszweck zuwendete, Sache des Beklagten ist es darzutun, daß sich der Zweck verwirklicht hat oder daß die Entscheidung noch aussteht.

§ 398. Die condictiones sine causa.[1]

Im weiteren Sinne sind alle erörterten Kondiktionen sine causa, da sie sämtlich auf einem Erwerb ohne gehörigen Grund beruhen.[2]

Im besonderen Sinne spricht man aber von condictiones sine causa bei grundlosen Erwerbungen, welche nicht unter die bisher behandelten Kategorien fallen. Sie dienen also zur Ergänzung der nichtdeliktischen Kondiktionen. Ihr Gebiet ist ein ausgedehntes.[3]

Sie beschränken sich nicht auf Übertragungen durch den Kondiktionsgläubiger ohne gehörigen Grund, sie werden auch zugelassen, wenn etwas sonst grundlos aus fremdem Vermögen erworben wurde, z. B. infolge einer Spezifikation[4] oder eines Verkaufes fremder Sachen, durch welchen sich deren gutgläubiger Besitzer auf Kosten des Eigentümers bereichert hat.[5]

Die Kondiktionen sine causa finden Anwendung, wenn der Erwerb von vornherein grundlos war, nicht minder, wenn er hinterher grundlos wurde.

a) Zur ersten Art gehört unter anderem Erwerb, der nicht einmal subjektiv einen Grund hat, bei dem Zufall und Mißverständnis ihr Spiel trieben, es wird z. B. durch einen Schreibfehler in einem Wechsel eine Null zuviel gesetzt;[6] ferner Übertragungen auf einen bloß vermeinten Grund hin, z. B. die Übereignung zum Zweck eines Geschäftes, welches sich jeder Teil anders vorstellt;[7] endlich zum Zweck gesetzlich verbotener Geschäfte, z. B. von Schenkungen unter Ehegatten.

b) Fälle, in welchen der ursprünglich vorhandene Grund später wegfällt, sog. causa finita, liegen u. a. vor, wenn eine arra nach vollständiger

---

16) Vgl. l. 38 § 1 D. de usuris 22, 1, l. 42 § 1 D. solut matrim. 24, 3, Petražycki, Einkommen Bd. 2 S. 33. Vgl. BGB. § 820, Dernburg, Bürg. Recht Bd. 2 § 381 Ziff. V, 4.

1) Tit. Dig. de condictione sine causa 12, 7, Cod. 4, 9. Reinhard im Archiv für ziv. Praxis Bd. 29 n. 7; Kiesselbach in Jherings Jahrb. Bd. 5 n. 1.

2) Die Älteren sprachen daher von einer condictio sine causa „generalis", welche mit den übrigen condictiones konkurrierte. So schon die glossa „est" zu l. 1 pr. D. h. t. 12, 7. Von einer Konkurrenz ist aber keine Rede, sondern nur von einem generellen Gesichtspunkte, unter welchem die verschiedenen Kondiktionen wissenschaftlich zusammengefaßt werden können. Vgl. Mitteis in Jherings Jahrb. Bd. 39 n. 3, Mayr a. a. O. S. 276.

3) Vgl. Vangerow Bd. 3 § 628 S. 409.

4) Oben § 167. Vgl. l. 4 § 2 D. de reb. cred. 12, 1. Ulpianus libro 34 ad Sabinum: Ea quae vi fluminum importata sunt, condici possunt.

5) Oben § 188 Anm. 26, BGB. § 816.

6) Vgl. RG. Bd. 10 S. 111, l. un. C. de calculi errore 2, 5.

7) Vgl. die oben § 175 Anm. 5 abgedruckten Stellen.

Erfüllung des Geschäftes beim Mitkontrahenten,[8] oder ein Schuldschein nach Tilgung der Schuld beim Gläubiger zurückgeblieben ist.[9] Fernere Beispiele sind, daß man Entschädigung von einem Mitkontrahenten erhielt, welcher den Verlust einer ihm anvertrauten Sache verschuldete und diese Sache später wieder erlangte,[10] oder daß eine Schenkung wegen Undankbarkeit widerrufen wurde.[11]

Der Umfang des Anspruches ist in den verschiedenen Fällen der condictio sine causa keineswegs immer derselbe. In der Regel sind die bei der condictio indebiti entwickelten Grundsätze maßgebend. Aber in mehreren Fällen haftet der Kondiktionsbeklagte nur auf den Betrag seiner Bereicherung zur Zeit der Klageerhebung. Hat er daher das Empfangene verzehrt, so braucht er nichts zu leisten. So verhält es sich namentlich im Falle einer nichtigen Schenkung unter Ehegatten.[12]

Drittes Kapitel.

Die Anfechtungsrechte verletzter Gläubiger.

§ 399. Die geschichtliche Entwicklung der actio Pauliana.[1]

Überschuldete Schuldner veräußern häufig vor Eröffnung des Konkurses[2] ihre Habe, um sie ihren Gläubigern zu entziehen. Hierin liegt eine Treulosigkeit und schwere Gefährdung des Kredites.

Solange die strenge Personalexekution bestand, waren solche Machinationen freilich weniger zu fürchten, da sie den Unwillen der Gläubiger herausgefordert hätten, welchen der Schuldner hätte büßen müssen. Seit der Einschränkung der Personalexekution wurden aber Schutzmittel für die Gläubiger erforderlich, die der Prätor gewährte.

Zum rechten Verständnis ist zu beachten, daß es in Rom zwei Arten des Konkurses gab, nämlich den ordentlichen Konkurs durch emptio bonorum und die spätere Form der Liquidation durch Kuratoren. Für beide Arten stellte der Prätor besondere fraudatorische Klagen auf.

---

8) l. 11 § 6 D. de act. empt. vend. 19, 1.

9) l. 2 C. h. t. 4, 9.

10) l. 2 D. h. t. 12, 7.

11) Oben § 365 Ziff. 3a.

12) l. 5 § 18, l. 6 D. de donationibus inter virum et uxorem 24, 1.

1) Tit. Dig. quae in fraudem creditorum facta sunt ut restituantur 42, 8, Cod. de revocandis his, quae per fraudem alienata sunt 7, 75.

2) Handlungen des Gemeinschuldners nach der Konkurseröffnung sind nach heutigem Rechte den Gläubigern gegenüber relativ nichtig. Die Konk.O. vom 17. Mai 1898 § 6 bezeichnet sie als den Konkursgläubigern gegenüber „unwirksam". Nach römischem Rechte waren die immittierten Gläubiger durch ihr prätorisches Pfandrecht gegen Benachteiligungen durch dieselben geschützt. Vgl. auch l. 6 § 7 D. h. t. 42, 8.

1. Beim ordentlichen Konkursverfahren durch emptio bonorum wurden nachstehende Grundsätze befolgt:

a) Zunächst griff man ein, wenn der Schuldner, um seine Gläubiger zu benachteiligen, ihm gehörende körperliche Objekte an Dritte veräußert hatte, welche Mitwisser des Betruges waren. Dies ist jetzt und war zu allen Zeiten der hauptsächliche Fall einer dolosen Verkürzung der Gläubiger. Der Prätor gab den immittierten Konkursgläubigern, deren Schädigung durch das Ergebnis der bonorum emptio festgestellt war, eine vindicatio utilis der veräußerten Objekte an des Schuldners Statt unter der Fiktion, daß die Veräußerung nicht stattgefunden habe.[3]

b) Diese älteste fraudatorische Klage setzte voraus, daß der Gemeinschuldner Eigentümer der eingeklagten Objekte vor der Veräußerung gewesen war und daß die Gläubiger dies nachweisen konnten. Aber jener Nachweis ließ sich nicht immer erbringen, jedenfalls war er lästig und für die Gläubiger beschwerend. Deshalb gab ihnen der Prätor das interdictum fraudatorium.[4] Dasselbe war ein interdictum apiscendae possessionis und setzte nur voraus, daß die bezüglichen Objekte tatsächlich in dem Vermögen des Schuldners gewesen und daß sie vom Schuldner diesem Vermögen unter Wissen des Beklagten fraudulos entfremdet waren.

c) Hieran schloß der Prätor zum Schutze der fraudierten Gläubiger im allgemeinen die Zusage einer actio in factum, unter Umständen selbst gegen solche Geschäftsgenossen, die beim Erwerb von der Fraudation keine Kenntnis hatten.[5]

d) Nicht minder versprach er Verweigerung der Klage gegen den bonorum emtor aus Kontrakten, die der Gemeinschuldner fraudulos unter Mitwissen der Mitkontrahenten eingegangen war.[6]

2. Für den Fall, daß Konkurskuratoren zur Veräußerung der Masse bestellt waren, gab der Prätor schließlich eine fraudatorische Klage, welche nunmehr so allgemein gefaßt wurde, daß sie alle Machinationen des treulosen Schuldners traf.[7]

---

3) § 6 J. de actionibus 4, 6. Es ist dies dieselbe Klage, welche Cicero ad Atticum I, 1 § 3 erwähnt. Daß diese enge und begrenzte Klage, welche übrigens auch Cicero a. a. O. in Verbindung mit der bonorum venditio setzt, nicht identisch sein kann mit der weiten und abstrakten, welche die l. 1 pr. D. h. t. 42, 8 für den Kuratorenkonkurs zusagt, liegt auf der Hand.

4) Das interdictum fraudatorium lautete nach l. 10 pr. D. h. t. 42, 8: Ulpianus libro 73 ad edictum: Ait praetor: „Quae Lucius Titius fraudandi causa sciente te in bonis, quibus de ea re agitur, fecit: ea illis, si eo nomine, quo de agitur, actio ei ex edicto meo competere esseve oportet, ei, si non plus quam annus est, cum de ea re, qua de agitur, experiundi potestas est, restituas".

5) Diese Klage wurde dem interdictum fraudatorium mit den Worten angehängt — l. 10 pr. D. h. t. 42, 8: Interdum causa cognita — et si scientia non sit — in factum actionem permittam. Die Beziehung auf die emptio bonorum ergibt l. 10 § 18 D. h. t. 42, 8.

6) l. 25 D. de rebus auctoritate judicis vend. 42, 5. Ulpianus libro 64 ad edictum: Ait praetor: „Quod postea contractum erit, quam is, cujus bona venierint, consilium receperit fraudare, sciente eo qui contraxerit, ne actio eo nomine detur".

7) l. 1 pr. D. h. t. 42, 8. Ulpianus libro 66 ad edictum: Ait praetor: „Quae

Eine dieser Klagen hieß actio Pauliana, welche, ist zweifelhaft.[8]

In der justinianischen Kompilation sind die fraudatorischen Klagen des alten Rechts verschmolzen, nicht ohne daß Widersprüche stehen blieben. Man pflegt die fraudatorische Klage des justinianischen Rechts actio Pauliana zu nennen.

§ 400. Die Grundsätze der actio Pauliana.[1]

1. Die actio Pauliana wurzelt ausschließlich in der Unredlichkeit des Schuldners — sie hat also eine subjektive Grundlage.

Ihre Voraussetzungen sind folgende:

a) Entäußerung von Vermögen durch den Schuldner. Dies ist im weitesten Sinne zu nehmen. Veräußerung von körperlichen Objekten, von Rechten, Übernahme von Lasten, Eingehen von Schulden, Verzichte gehören hierher.[2]

Ob die Entäußerung durch fraudulose Handlungen oder fraudulose Unterlassungen geschah, macht keinen Unterschied.[3]

Zurückweisung eines angebotenen Erwerbes durch den Schuldner wird von der Klage nicht betroffen.[4]

b) Absicht des Schuldners, seine Gläubiger zu verkürzen — consilium fraudandi.[5]

c) Erfolg dieser Absicht, indem die Gläubiger, welche verkürzt werden sollten, oder solche, die an deren Stelle traten, aus dem Vermögen des Schuldners nicht vollständig befriedigt werden können.[6]

d) Der Geschäftsgenosse wird nur dann verpflichtet, wenn er

---

fraudationis gesta erunt cum eo, qui fraudem non ignoraverit, de his curatori bonorum vel ei, cui de ea re actionem dare oportebit, intra annum, quo experiundi potestas fuerit, actionem dabo. idque etiam adversus ipsum, qui fraudem fecit, servabo. Wer das in Anm. 4 und das hier abgedruckte Edikt vergleicht, kann nicht im Zweifel sein, daß der Prätor besondere Edikte für die bonorum emptio und den Kuratorenkonkurs aufstellte. Daß in l. 1 pr. D. h. t. der Kurator nicht interpoliert ist, ergibt sich aus dem Gange des Ediktskommentars Ulpians, welcher im 66. Buche von den Konkurskuratoren, im 64. Buche von der emtio bonorum handelte. Vgl. namentlich Lenel, edictum Aufl. 2 S. 414.

8) In l. 38 § 4 D. de usuris 22, 1 bezeichnet Paulus die persönliche fraudatorische Klage als Pauliana; Theophilus zum § 6 J. de act. 4, 6 nennt so auch die fraudatorische rescissoria in rem.

1) Otto, die Anfechtung nach gemeinem, sächsischem und Reichsrecht 1881. Dort ist die wichtigere ältere Literatur zu finden.

2) l. 1 § 2, l. 2, l. 3 pr. D. h. t. 42, 8.

3) l. 3 § 1, l. 4 D. h. t. 42, 8.

4) l. 6 pr. § 5 D. h. t. 42, 8. Die älteste fraudatorische Klage ging von dem Falle der Veräußerung aus — oben § 399 Anm. 3. — Wenn auch die späteren Edikte weiter gefaßt waren, l. 1 pr. D. h. t., so hielt man doch am Grundgedanken fest.

5) l. 1 pr. § 1, l. 17 § 1 D. h. t. 42, 8, l. 10 D. qui et a quibus 40, 9. Es genügt das Bewußtsein der wenn auch nur eventuellen Schädigung der Gläubiger. Daß diese Schädigung der Hauptzweck des Handelns sei, ist nicht erfordert. Auch wer seine Gläubiger durch eine Handlung der Dankbarkeit oder der Frömmigkeit schädigt, handelt ihnen gegenüber fraudulos. RG. Bd. 9 S. 73. Culpa lata ist dem dolus gleichzustellen.

6) l. 10 § 1 D. h. t. 42, 8.

entweder von der fraudulosen Absicht wußte, oder durch das fraudulose Geschäft eine lukrative Zuwendung erhielt.[7]

2. Sind Zahlungen anfechtbar, welche der Überschuldete an einzelne seiner Gläubiger machte, um dieselben vor den anderen zu begünstigen?

Die Römer verneinten die Frage, weil der Schuldner nicht fraudulos handele, wenn er Schulden zahle, und keinenfalls der Gläubiger, wenn er ihm Geschuldetes annehme.[8] Dies galt selbst für Zahlungen auf noch nicht fällige Schulden. Nur der Vorteil des Interusuriums durch die verfrühte Zahlung war daher den übrigen Gläubigern herauszugeben.[9]

Die Möglichkeit einer derartigen Bevorzugung einzelner ihm nahestehender Gläubiger durch den Schuldner entspricht jedoch keineswegs der Billigkeit und ist auch den Interessen des Kredites nicht förderlich. Deshalb gewährte die Gratifikationstheorie, welche lange Zeit gemeinrechtlich herrschte, den Konkursgläubigern auch bei Begünstigung von Mitgläubigern durch Zahlung das Anfechtungsrecht.[10] Aber diese Theorie konnte sich gegenüber den römischen Quellen in der neueren Zeit nicht behaupten.

Pfandbestellung für einen Gläubiger zum Nachteil der übrigen ist anfechtbar,[11] nicht minder Hingabe an Zahlungs Statt;[12] denn hierin liegen neue Geschäfte.

3. Die fraudatorische Klage ist persönlich, nicht dinglich.[13]

---

7) Vorausgesetzt ist Erwerb auf lukrativen Titel. Nicht geradezu notwendig ist Schenkung. Auch Legatare sind ohne Rücksicht auf Teilnahme an der fraus belangbar, l. 6 § 13 D. h. t. 42, 8, ebenso durch Erlaß eines Pfandrechts Begünstigte, l. 2 und l. 18 D. h. t. 42, 8, obgleich sie nicht Geschenknehmer im eigentlichen Sinne sind.

8) Dies besagt die berühmte l. 6 § 7 D. h. t. 42, 8. Ulpianus libro 66 ad edictum: Sciendum Julianum scribere eoque jure nos uti, ut, qui debitam pecuniam recepit ante, quam bona debitoris possideantur, quamvis sciens prudensque solvendo non esse recipiat, non timere hoc edictum: sibi enim vigilavit. Auch Erfüllung von Naturalobligationen erschien nicht als fraudulos, also als unanfechtbar, l. 19 und l. 20 D. h. t. 42, 8.

9) l. 10 § 12 D. h. t. 42, 8. Ulpianus libro 73 ad edictum: Si, cum in diem deberetur, fraudator praesens solverit, dicendum erit in eo, quod sensi commodum in repraesentatione, in factum actioni locum fore: nam praetor fraudem intellegit etiam in tempore fieri, vgl. l. 17 § 2 D. h. t. 42, 8. Die Frage ist jedoch bestritten.

10) Die Gratifikationstheorie bekämpfte vorzugsweise Francke im Archiv für ziv. Praxis Bd. 16 n. 5, für dieselbe trat auf Laspeyres ebendaselbst Bd. 21 n. 2, gegen ihn Vangerow Bd. 3 § 697 S. 621, ebenso Brezzo a. a. O. S. 344.

11) l. 10 § 13 D. h. t. 42, 8.

12) Es ist dies kontrovers, vgl. Vangerow Bd. 3 § 698 S. 628, A. Hennig, die Anfechtbarkeit der datio in solutum. Breslauer Inaug.Diss. 1897.

13) Ob die fraudatorische Klage „in personam“ oder „in rem“ sei, ist nicht unbestritten. Vgl. die bei Schey a. a. O. S. 125 Anm. 11 Zitierten. In l. 38 pr., § 4 D. de usuris 22, 1 wird die Pauliana ausdrücklich als persönliche Klage bezeichnet. Es kann auch nicht zweifelhaft sein, daß sämtliche in dem Pandektentitel zusammengeworfenen Klagen den Charakter von persönlichen an sich tragen. Allerdings war das im § 6 J. de actionibus 4, 6 erwähnte Rechtsmittel — oben § 399 Anm. 3 — wenigstens seiner Form nach dinglich. Dasselbe ist aber im justinianischen Rechte, wie sich aus den Pandekten ergibt, nicht festgehalten; es war längst überwuchert durch die jüngeren fraudatorischen Klagen, insbesondere durch die in l. 1 pr. D. h. t. 42, 8 enthaltene, welche im justinianischen Rechte als das eigentlich maßgebende fraudatorische Rechtsmittel anzusehen ist. Anders Brezzo a. a. O. S. 85.

a) Klagberechtigt ist der Konkurskurator, nach Bedürfnis auch der verletzte Gläubiger selbst.[14]

b) Belangbar ist der Geschäftsgenosse des Schuldners, sofern er Mitwisser der fraus war oder durch dieselbe einen lukrativen Erwerb machte.[15] Auch gegen den fraudulosen Schuldner selbst ist die Klage zulässig.[16]

c) Der am Dolus Beteiligte hat den verletzten Gläubiger in die Lage zu versetzen, wie wenn die Veräußerung nicht stattgefunden hätte.[17] Es kommt nicht in Betracht, ob er die Sache inne hat, oder nicht; ihn trifft die Gefahr.[18] Früchte, Akzessionen und Zinsen hat er herauszugeben, nicht bloß solche, die er gewann, sondern alles, was der fraudulose Schuldner voraussichtlich hätte gewinnen können.[19]

Gutgläubige Erwerber sind, wenn sie paulianisch haften, nur bis zu ihrer Bereicherung zur Zeit der Klageerhebung haftbar.[20]

d) Was der Beklagte für die an ihn veräußerten Objekte geleistet hat, kann er anrechnen, soweit es dem Kläger zugute gekommen ist.[21]

e) Die Klage verjährt in einem Jahre, utiliter von dem Momente an gerechnet, in welchem sie für den Kläger entstanden war.[22] Nachher geht sie noch auf die Bereicherung des Beklagten.[23]

f) Erben haften nach den Grundsätzen der Deliktsobligationen.[24]

---

14) l. 1 pr. D. h. t. 42, 8. Otto a. a. O. S. 127 und S. 213.

15) Auch Dritte sind belangbar, wenn sie zur Zeit des Erwerbes Kenntnis von der Mitwissenschaft ihres Mitkontrahenten an der fraus hatten, arg. l. 9 D. h. t. 42, 8. Dies ist freilich gleichfalls bestritten, vgl. Otto a. a. O. S. 113 und dort Zitierte.

16) Dies bestimmte das Edikt bezüglich des Kuratorenkonkurses ausdrücklich, l. 1 pr. D. h. t. 42, 8, bezüglich des gewöhnlichen Konkurses bejahte es die Jurisprudenz, l. 10 § 24, l. 25 § 7 D. h. t. 42, 8. Die Pauliana gegen seinen Schuldner war dem Gläubiger vorteilhaft, weil sie bezüglich der Exekution mehr begünstigt war als die gewöhnliche Schuldklage.

17) l. 38 § 4 D. de usuris 22, 1. Paulus libro 6 ad Plautium . . . praetor id agit, ut perinde sint omnia, atque si nihil alienatum esset.

18) Der dolose Geschäftsgenosse des betrügerischen Schuldners trägt die Gefahr, es sei denn, daß er nachweisen kann, daß die Sache auch bei dem Veräußerer untergegangen wäre. Die Frage der Gefahr ist bestritten.

19) l. 10 § 20 D. h. t. 42, 8. Ulpianus libro 73 ad edictum: Et fructus, non tantum qui percepti sunt, verum etiam hi, qui percipi potuerunt a fraudatore, veniunt, sed cum aliquo modo, scilicet ut sumptus facti deducantur. Lange nicht so weit war das interdictum fraudatorium gegangen. Hiervon ist l. 25 § 4 D. h. t. stehen geblieben, Schey a. a. O. S. 164, ein Widerspruch, welcher viel Kopfzerbrechen gemacht hat.

20) l. 6 §§ 11 und 12, l. 10 § 5 D. h. t. 42, 8.

21) l. 7 und l. 8 D. h. t. 42, 8.

22) l. 1 pr. D. h. t. 42, 8, vgl. l. 10 § 18 D. h. t. 42, 8, l. 6 § 14 D. eod., deren Erklärung hier zu weit führen würde.

23) l. 10 § 24 D. h. t. 42, 8.

24) Vgl. l. 11 D. h. t. 42, 8.

Viertes Buch.

Das Familienrecht.

Erster Abschnitt.

Allgemeine Begriffe.

§ 401. Die Familie und das Familienrecht.

1. Unter dem gemeinsamen Namen des Familienrechts vereinigt man das Recht der Ehe, der väterlichen Gewalt und der Vormundschaft.[1]

2. Die Familienrechte haben zwei Seiten. Sie sind reine Familienrechte, soweit sie eine persönliche Abhängigkeit begründen, oder Familiengüterrechte, d. h. durch das Familienrecht bedingte Vermögensrechte. Das persönliche Familienrecht ist das grundlegende, da es das Familiengüterrecht durchweg beeinflußt.

3. Den äußeren Mittelpunkt der Familie bildet das Haus, welches den Hausvater, seine Frau und seine Kinder umschließt. Das Wort familia bedeutete denn auch ursprünglich in Rom nichts anderes als Hauswesen, d. h. den Hausvater sowie die Sachen und Personen, welche ihm unterstehen.[2] In weiterem Sinne ist die römische Familie der Kreis der Agnaten, d. h. der Personen, die in einer Hausgewalt stünden, wenn der gemeinsame Ahne nicht verstorben wäre. Aber schon in Rom rechnete man zu den Familiengliedern auch bloße Blutsverwandte.

4. Die älteste Organisation der römischen Familie im engeren Sinne war eine patriarchalisch-autokratische. Der Hausvater hatte über seine Ehefrau in manu und über seine Kinder in der potestas eine Herrengewalt, welche dem Eigentumsrechte sehr ähnlich war. Der Fortschritt in der Geschichte bestand darin, daß an die Stelle dieser autokratischen Herrengewalt gegenseitige persönliche Abhängigkeitsverhältnisse traten.

Hierbei ist die Stellung der Ehefrau von derjenigen der Hauskinder zu unterscheiden:

1) Puchta § 331 stellte die Vormundschaft in das Obligationenrecht, Windscheid teilweise in das Obligationenrecht, teilweise in das Familienrecht. Der Herausgeber der 8. Aufl., Kipp, hat dies mit Recht geändert. Auch BGB. stellt die Vormundschaft in das Familienrecht, vgl. Dernburg, Bürg. Recht Bd. 4 § 1. Über die juristische Konstruktion der Familienrechte vgl. Bekker, Pand. Bd. 1 S. 77. Über das Verhältnis der Familien- und Erbrechte bei den Römern zueinander vgl. Mitteis, röm. Privatrecht S. 73 ff.

2) Mannigfache Bedeutungen des Wortes „familia“ führt an: Ulpianus libro 46 ad edictum l. 195 §§ 1 ff. D. de V. S. 50, 16; vgl. Bekker, Pand. Bd. 1 S. 77. Mitteis, röm. Privatrecht S. 79 ff.

a) Die spätere Auffassung hat mit der Ehe cum manu, bei welcher die Frau in der Gewalt ihres Ehemannes stand, völlig gebrochen. Im justinianischen Rechte kommt dieses Institut nicht mehr vor, die Ehegatten sind vielmehr grundsätzlich gleichberechtigt, wenn auch die Autorität des Mannes überwiegt.

b) Die Hauskinder blieben auch im jüngsten römischen Rechte unter der zivilen potestas des Hausvaters; nur wurde seine Macht bedeutend abgeschwächt.

§ 402. Kognation und Agnation.

Für die Geschichte des römischen Rechts ist von großer Wichtigkeit die Unterscheidung der zivilen Verwandtschaft — der Agnation — und der natürlichen Verwandtschaft — der Kognation.

1. Agnaten sind im allgemeinen die durch den Mannesstamm Verwandten.[1] Durch capitis deminutio trat man aber aus der Agnatenfamilie und das bezog sich auch auf die nachher erzeugten Nachkommen des Minuierten. Andererseits zählte zu den Agnaten, auch wer nicht Blutsverwandter, aber durch Adoption in die väterliche Gewalt eines Agnaten und damit in die Agnatenfamilie eingetreten war.

2. Kognaten oder Blutsverwandte sind die voneinander oder von einem gemeinsamen Dritten abstammenden Personen.[2]

Blutsverwandt sind die ehelichen Kinder mit ihrem Vater und ihrer Mutter sowie mit deren Verwandten. Die unehelichen Kinder gelten nur als verwandt mit ihrer Mutter und deren Verwandten, nicht aber mit dem Erzeuger und seinen Verwandten.[3] [4]

Das älteste römische Recht beachtete einzig die Agnation, also die Verwandtschaft durch den Mannesstamm.[5] Auf der Agnation beruhte namentlich die gesetzliche Erbfolge. Es lag hierin ein wichtiges wirtschaftliches und

1) Die maßgebende Definition der Agnation stammt von Gaj. Inst. III § 10: Vocantur autem agnati, qui legitima cognatione juncti sunt. legitima autem cognatio est ea, quae per virilis sexus personas conjungitur. itaque eodem patre nati fratres agnati sibi sunt, qui etiam consanguinei vocantur, nec requiritur, an etiam matrem eandem habuerint. item patruus fratris filio et invicem is illi agnatus est. Diese Definition geben wieder: § 1 J. de legit. adgnat. tut. 1, 15 und andere Stellen des corpus juris. Der Grundbegriff der Agnation ist im deutschen Rechte derselbe wie im römischen, nur zählen nach römischem Rechte auch die Frauen, welche durch den Mannesstamm verwandt sind, zu den Agnaten. Dem deutschen Rechte ist dies fremd. Die capitis deminutio hat selbstverständlich für den deutschrechtlichen Agnationsbegriff keine Bedeutung. Endlich tritt man in Deutschland durch Adoption nicht in die Agnatenfamilie des Adoptivvaters ein.

2) l. 1 § 1 D. unde cognati 38, 8. Ulpianus libro 46 ad edictum: Cognati autem appellati sunt quasi ex uno nati, aut, ut Labeo ait, quasi commune nascendi initium habuerint.

3) l. 2. l. 8 D. unde cognati 38, 8. Übereinstimmend BGB. §§ 1705, 1706.

4) Als Blutsverwandte — cognati — galten übrigens auch die in die Agnatenfamilie eingetretenen Nichtverwandten. Denn man stellte den Grundsatz auf, daß der Agnat notwendig auch als Kognat anzusehen sei, l. 1 § 4 D. unde cognati 38, 8. Mit dem Austritte aus dem Agnatenverbande hörte die durch die Adoption begründete Kognation auf, l. 3 D. eod.

5) Vgl. aber auch Leist, alt-arisches jus civile 1892 S. 231 ff.

politisches Prinzip. Die Vermögen blieben in der Familie desselben Namens, sie gelangten nicht an die durch Weiber Verwandten. Zugleich war dies eine streng aristokratische Ordnung, welche die Erhaltung der Güter in den Familien sicherte.

Das klassische römische Recht berücksichtigte auch die Kognation, und schließlich kam der demokratische Gedanke zur ausschließlichen Geltung, daß sich im Rechte und namentlich in der gesetzlichen Erbfolge alle Blutsverwandte gleichstehen, so daß die Agnation kein Vorrecht gibt.

§ 403. Die Arten der Verwandtschaft.

I. Natürlicherweise ergeben sich zwei Hauptgruppen:[1]

1. Verwandte in gerader Linie sind der Erzeuger und seine unmittelbaren und mittelbaren Nachkommen. Man spricht nach dem Bilde eines Stammbaumes von Aszendenten und Deszendenten, indem man vom Ahnherrn zu den Nachkommen herabsteigt.

Die Römer nennen die Aszendenten parentes und die Deszendenten liberi, ohne Unterschied, ob die letzteren mittelbare oder unmittelbare Nachkommen sind.[2] Der deutsche Sprachgebrauch bezeichnet als Eltern und Kinder nur die unmittelbaren Erzeuger und Nachkommen.[3]

2. Seitenverwandte sind die von einem gemeinsamen Dritten Abstammenden. Die nächsten sind die Geschwister. Geschwister, welche beide Eltern gemeinsam haben, nennt man vollbürtige — germani — diejenigen, welchen nur ein Parens gemeinsam ist, halbbürtige. Geschwister mit einem gemeinsamen Vater nannte man consanguinei, ohne Rücksicht darauf, ob sie von derselben Mutter oder von verschiedenen Müttern geboren waren; Geschwister, die nur die Mutter gemeinsam haben, heißen uterini.

II. Die Nähe der Verwandtschaft wird nach Graden gemessen. Hierbei ist die römische von der kanonischen Berechnung — computatio — zu unterscheiden.

1. Die römische geht vom Satze aus: „so viel Grade wie dazwischen liegende Zeugungen".[4] Hiernach sind in gerader Linie die Eltern mit ihren Kindern im ersten, die Enkel mit den Großeltern im zweiten, die Urenkel mit den Urgroßeltern im dritten Grade verwandt. Was die Seitenlinie betrifft, so sind die Geschwister miteinander im zweiten, Oheim und Tante mit Neffe und Nichte im dritten, Geschwisterkinder miteinander im vierten Grade verwandt.

2. Die kanonische Komputation weicht in der geraden Linie nicht von der römischen ab, wohl aber in der Seitenlinie. Denn sie zählt nur bis zum gemeinsamen Stammvater hinauf, nicht wie die römische

1) l. 1 § 1 D. de gradibus 38, 10, BGB. § 1589.

2) l. 220 D. de V. S. 50, 16. Callistratus libro 2 quaestionum. „Liberorum" appellatione nepotes et pronepotes ceterique qui ex his descendunt continentur. l. 51 D. eod.

3) Das BGB. bezeichnet die Deszendenten als „Abkömmlinge"; unter „Kindern" versteht es nur die Deszendenten ersten Grades, vgl. § 1924.

4) §§ 1 ff. J. de gradibus cognationis 3, 6.

durch den gemeinsamen Stammvater hindurch. Geschwister also sind hiernach im ersten Grade verwandt. Sind die Seiten ungleich, so bestimmt die längere den Verwandtschaftsgrad. Nach kanonischem Rechte sind daher Oheim und Neffe im zweiten Grade miteinander verwandt, nicht anders als Geschwisterkinder.[5]

§ 404. Die Verschwägerung.[1]

1. Nach gemeinem Sprachgebrauch rechnet man zu den Verwandten auch die Verschwägerten — adfines. Die Rechtsstellung der letzteren ist aber von derjenigen echter Verwandter — Blutsverwandter — verschieden. Den Verschwägerten steht namentlich nicht wie den Blutsverwandten gegeneinander ein gesetzliches Erbrecht zu. Nahe Verschwägerung hat vorzugsweise Bedeutung als Ehehindernis, ferner hinsichtlich des Rechts, als Richter oder als Zeuge in den Rechtssachen des Verschwägerten tätig zu sein.

Verschwägert sind dem Gatten die Blutsverwandten seines Ehegatten.[2] Die beiderseitigen Verwandten von Ehegatten sind miteinander nicht verschwägert.

2. Die Beziehung des einen Ehegatten zu den Deszendenten des anderen von einem früheren Gatten bezeichnet der deutsche Sprachgebrauch als Stiefverwandtschaft. Im Rechtssinn unterscheidet sie sich zwar nicht von anderen Arten der Verschwägerung. Der Begriff aber ist ein weiterer. Stiefgeschwister nennt man auch halbbürtige Geschwister, also Verwandte.

3. Verschwägerung entsteht nur durch den Abschluß einer rechtsgültigen Ehe.[3] Nach kanonischem Rechte wurde sie auch durch Konkumbenz begründet, ohne Unterschied, ob die Konkumbenten Ehegatten waren oder nicht.[4]

4. Die Schwägerschaft endigt nach römischem Rechte mit der Auflösung der sie begründenden Ehe.[5]

5) Vgl. die bei Glück Bd. 23 S. 176 angeführten Stellen. Die kanonische Berechnung beruht auf germanischen Auffassungen. Die römische Komputation war die gemeinrechtliche. Sie liegt auch der Reichsgesetzgebung, insbesondere dem BGB. § 1589 Abs. 1 zugrunde.

1) Glück Bd. 23 S. 211; Bekker, Pandekten Bd. 1 S. 194.

2) l. 4 § 3 D. de gradibus et adfinibus 38, 10 . . . adfines sunt viri et uxoris cognati.

3) l. 4 § 8 D. h. t. 38, 10. Aus dem bloßen Verlöbnis entsteht noch keine Affinität, § 9 J. de nuptiis 1, 10. Trotzdem wird das Verhältnis der Verlobten im weiteren Sinne als „adfinitas“ bezeichnet l. 8 D. de condictione causa data 12, 4, l. 38 § 1 D. de usuris 22, 1. Übrigens sah man sich in Rom veranlaßt, bezüglich der Ehehindernisse auch „serviles adfinitates“ anzuerkennen, l. 14 § 3 D. de ritu nuptiarum 23, 2, ferner außereheliche Geschlechtsverbindungen, l. 4 C. de nuptiis 5, 4.

4) Vgl. die bei Schulte, Lehrbuch des Kirchenrechts § 168 Anm. 6 zitierten Stellen. Die dort angeführte Glosse definiert „est affinitas personarum proximitas ex coitu proveniens“. Die Römer zählten keine Grade der Affinität, wohl aber geschah dies durch das kanonische Recht, so daß der Grad der Blutsverwandtschaft mit dem Ehegatten auch den Grad der Affinität mit dessen Gatten bestimmt. Dem schließt sich BGB. § 1590 Abs. 1 Satz 2 an.

5) l. 3 § 1 D. de postulando 3, 1. BGB. § 1590 Abs. 2 bestimmt entsprechend der deutschen Auffassung das Gegenteil. Ein Ehehindernis bildete aber in Rom die ehemalige Affinität auch nachdem die Ehe, auf der sie beruhte, aufgelöst war, § 6 J. de nuptiis 1, 10.

Zweiter Abschnitt.

Das Eherecht.

Erstes Kapitel.

Das Wesen der Ehe.

§ 405. Begriff der Ehe. Staat und Kirche.

I. Die Ehe ist die rechtlich anerkannte vollkommene Lebensgemeinschaft eines Mannes und einer Frau.[1]

Der Ehe liegt das natürliche Verhältnis der Geschlechter und die Notwendigkeit ihrer Vereinigung behufs Erhaltung der Menschheit zugrunde, welches aber zur Ehe erst durch das Recht wird. Eine Ehe entsteht nur, wenn deren rechtliche Voraussetzungen vorhanden und wenn die Formen, welche das Recht fordert, gewahrt sind. Nur dann treten die Rechtsfolgen einer Ehe ein, namentlich die bedeutendste, die Legitimität der durch die Verbindung erzeugten Kinder und der Eintritt dieser Kinder in die väterliche Gewalt ihres Erzeugers.

Die Ehe ist also ein Rechtsinstitut. Ja, sie ist das wichtigste aller privatrechtlichen Einrichtungen, da sie die Grundlage der Organisation der bürgerlichen Gesellschaft bildet.[2]

II. Im Mittelalter ordnete der Staat, noch nicht gereift zum vollen Bewußtsein seiner Aufgaben, das persönliche Eherecht völlig den Satzungen der Kirche unter.

Die Ehe bildet nach katholischem Dogma ein Sakrament. Das kanonische Recht regelte daher die Eingehung und Auflösung der Ehe, behandelte die Ehesachen als geistliche Sachen und nahm die Gerichtsbarkeit über Ehesachen ausschließlich für die geistlichen Oberen in Anspruch.[3] Dies alles galt im mittelalterlichen Staate unbedingt als maßgebend.

Die Reformation verwarf zwar die Auffassung der Ehe als eines Sakramentes und erkannte deren weltlichen Charakter an. Dennoch behielt die protestantische Kirche zunächst entscheidenden Einfluß auf die Gestaltung des ehelichen Personenrechts.[4] Im Anschluß an ihre Auffassungen entstand ein gemeines protestantisches Eherecht, welches man nicht bloß auf Protestanten, sondern auch auf andere Nichtkatholiken anwendete.

III. Der heutige Staat verweltlichte die Ehegesetzgebung und die Jurisdiktion in Ehesachen.

---

1) l. 1 D. de ritu nuptiarum 23, 2. Modestinus libro 1 regularum: Nuptiae sunt conjunctio maris et feminae et consortium omnis vitae, divini et humani juris communicatio. Das Eherecht der Römer wie der Hellenen und hiernach der gesamten christlichen Völker beruht auf der Monogamie. Rechtsvergleichend Léotard, la famille dans l'antiquité Paris 1909. Im Römerreich erhielt sich freilich trotz l. 2 C. de incestis nuptiis 5, 5 bei manchen Stämmen polygamische Sitte; Mitteis, Reichsrecht S. 221. Auch das Institut des „Probejahres" wich in Ägypten nicht ganz dem römischen Ehebegriff. Mitteis a. a. O.

2) Savigny Bd. 1 S. 346 führt aus, „daß die juristische Seite des Wesens der Ehe gerade die geringere sei, indem die wichtigere einem ganz anderen Gebiete als dem des Rechts angehöre". Dies wurde unendlich oft wiederholt. Mit Recht hat hiergegen Brinz Bd. 3 S. 664 Einspruch erhoben.

3) Vgl. namentlich concilium Tridentinum sessio XXIV „de sacramento matrimonii". Schulte, Lehrbuch des Kirchenrechts § 155 und dort Zitierte.

4) Vgl. namentlich Scheurl, das gemeine deutsche Eherecht 1881.

Das Reichsgesetz vom 6. Februar 1875 über die Beurkundung des Personenstandes und über die Eheschließung (s. g. Personenstandsgesetz) insbesondere regelte:
a) die Eingehung der Ehe unabhängig von der Mitwirkung der Kirche, und ließ
b) über Ehesachen nur die staatlichen Gerichte mit verbindlicher Kraft für den Staat entscheiden.

Das BGB. steht im allgemeinen auf demselben Standpunkt, beschränkt aber seine Satzungen nach der Überschrift des 1. Abschnittes seines 4. Buches auf die „bürgerliche Ehe" und bestimmt in § 1588 ausdrücklich, daß die kirchlichen Verpflichtungen in Ansehung der Ehe durch die Vorschriften dieses Abschnittes nicht berührt werden.

§ 406. Die persönliche Stellung der Ehegatten.

Nach altem römischen Rechte stand dem Ehemann eine eheherrliche Gewalt — manus — über seine Ehefrau zu, so daß ihr Vermögen in dem seinen aufging, ihr Erwerb ihm gehörte und ihre Person seinem Rechte über Tod und Leben unterlag.[1] Das jüngste römische Recht hat mit der Manus völlig gebrochen. Es gibt hier keine eheherrliche Gewalt mehr. Die Ehegatten stehen in gegenseitiger, rechtlich anerkannter Abhängigkeit; der Ehemann aber hat die Führung der ehelichen Gemeinschaft.[2] Dies tritt in folgenden Sätzen hervor:

1. Die Ehefrau führt den Familiennamen des Mannes und behält denselben auch nach Auflösung der Ehe bis zu etwaiger Wiederverheiratung.[3] Sie teilt auch den Stand, insbesondere den Adel, des Mannes.[4]

2. Sie teilt im Rechtssinne das Domizil des Ehemannes,[5] auch wenn sie tatsächlich ihren Wohnort anderswo haben sollte. Sie muß ihm selbst in dem Falle folgen, wenn er das Domizil verlegt, sofern ihr nicht besondere Gründe zur Seite stehen.

Der Ehemann hat das interdictum de uxore exhibenda et ducenda gegen Dritte, welche ihm die Frau vorenthalten und dies auch gegen den Vater der Frau oder deren Mutter.[6]

1) Daß manus und Ehe ursprünglich als identisch galten, halte ich für zweifellos, denn wenn ein filiusfamilias verheiratet war, wurde die manus dem Haussohne und nicht seinem Vater zugeschrieben; Gaj. Inst. II § 159. Dies hat namentlich Brinz Bd. 3 S. 666 hervorgehoben. Die manus „fiduciae causa", welche offenbar nichts Ursprüngliches war — vgl. Gaj. Inst. I § 114 — ist für die Bestimmung des Grundcharakters des Instituts ohne Bedeutung. Vgl. Mitteis, röm. Privatrecht S. 75 ff.

2) BGB. § 1354: Dem Manne steht die Entscheidung in allen das gemeinschaftliche eheliche Leben betreffenden Angelegenheiten zu; er bestimmt insbesondere Wohnort und Wohnung. Die Frau ist nicht verpflichtet, der Entscheidung des Mannes Folge zu leisten, wenn sich die Entscheidung als Mißbrauch seines Rechtes darstellt. Vgl. Dernburg, Bürg. Recht Bd. 4 § 32.

3) So nach BGB. § 1355; es trifft im § 1577 für den Fall der Scheidung besondere Bestimmungen.

4) l. 13 C. de dignitatibus 12, 1. Das BGB. bestimmt hierüber nichts, weil es sich um eine Frage des öffentlichen Rechts handelt.

5) l. 65 D. de judiciis 5, 1, l. 38 § 3 D. ad munic. 50, 1. BGB. § 10.

6) l. 2 D. de liberis exhibendis 43, 30, l. 11 C. de nuptiis 5, 4. Das BGB. bestimmt hierüber nichts. Nach römischem Recht hatte der Mann gegen die Frau keine Klage auf Herstellung des gemeinsamen Lebens. Wohl aber steht nach Reichsrecht jedem Teile eine Klage auf Herstellung des ehelichen Lebens zu. Vgl. ZPO. §§ 606 ff., RG. Bd. 6 S. 149, Bd. 5 S. 165, Bd. 15 S. 188, Windscheid Bd. 2 § 490 Anm. 2, BGB. § 1353 Abs. 1: Die Ehegatten sind einander zur ehelichen Lebensgemeinschaft verpflichtet. Ausnahmen hiervon in Abs. 2.

3. **Die Ehefrau erwirbt dem Manne durch ihre häuslichen und gemeinen Dienste.**[7] Selbständiger gewerblicher oder künstlerischer Erwerb dagegen gehört ihr.

4. Aus den römischen Quellen läßt sich eine Alimentationspflicht des Ehemannes der Frau gegenüber nicht begründen, wohl aber entstand sie nach gemeinrechtlicher Gewohnheit.[8]

5. Die väterliche Gewalt über die Tochter erlosch nach römischem Rechte nicht durch deren Verheiratung.[9]

Zweites Kapitel.

Eingehung und Auflösung der Ehe.

§ 407. Verlöbnis.[1]

1. **Verlöbnis** — sponsalia — **nennt man das gegenseitige Versprechen künftiger Ehe.**[2]

Erfordernisse sind der von beiden Seiten erklärte Wille, die Handlungsfähigkeit der Verlobten im allgemeinen[3] und deren Fähigkeit, wenigstens künftig die Ehe miteinander einzugehen,[4] endlich der Konsens der Eltern

---

7) l. 48 pr. D. de operis libertorum 38, 1. Brinz Bd. 2 S. 673. Es ist dies gemeine Praxis. BGB. § 1356 Abs. 2 besagt: „Zu Arbeiten im Hauswesen und im Geschäfte des Mannes ist die Frau verpflichtet, soweit eine solche Tätigkeit nach den Verhältnissen, in denen die Ehegatten leben, üblich ist." Natürlich kommen aber auch die körperlichen und geistigen Kräfte der Frau und selbst Vereinbarungen vor der Ehe in Betracht.

8) Nach BGB. § 1360 hat nicht nur der Mann der Frau, sondern im Notfalle auch die Frau dem Manne Unterhalt zu gewähren, Dernburg, Bürg. Recht Bd. 4 § 35. Über die Unterhaltsgewährung für den Fall, daß die Ehegatten getrennt leben, vgl. § 1361; Dernburg, Bürg. Recht Bd. 4 § 29.

9) Nach BGB. erlischt die elterliche Gewalt durch die Verheiratung der Tochter nicht, vgl. § 1626, doch bestehen für sie besondere Bestimmungen, vgl. §§ 1633, 1661. Nach Reichsrecht teilt die Frau die Staatsangehörigkeit (R.Gesetz vom 1. Juni 1870 §§ 5, 11, 19, 21) und den Unterstützungswohnsitz (R.Gesetz vom 6. Juni 1870 §§ 9, 15—17) des Mannes.

1) Stutz, Die Rechtsnatur des Verlöbnisses 1900; Dernburg, Bürg. Recht Bd. 4 §§ 6 ff.

2) l. 1 D. de sponsalibus 23, 1. Florentinus libro 3 institutionum: Sponsalia sunt mentio et repromissio nuptiarum futurarum. Nach kanonischem Rechte unterschied man sponsalia de futuro — Verlöbnis — und sponsalia de praesenti — die Ehe.

3) Die Bestimmung der l. 14 D. de sponsalibus 23, 1, wonach Kinder vom 7. Jahre an gültig verlobt werden konnten, wurde durch das kanonische Recht festgehalten, cap. 4 X de desponsatione impuberum 4, 2. In integrum restitutio gegen Verlöbnisse wegen Minderjährigkeit war zulässig. Hatte jedoch der minderjährige Verlobte die Braut geschwängert, so war die Restitution ausgeschlossen, da die Aufhebung des Verlöbnisses der Braut unverbesserlichen Nachteil bringt. RG. Bd. 21 S. 181.

4) l. 9, l. 14. l. 16 D. de sponsalibus 23. 1.

oder Vormünder, sofern deren Einwilligung zum Abschlusse der Ehe gesetzlich einzuholen ist.[5]

2. Die Hauptfrage des Verlöbnisrechtes besteht darin, ob und inwieweit die Erfüllung des Verlöbnisses staatlich erzwungen werden kann, und ob ein Entschädigungsanspruch aus dem Bruche des Verlöbnisses erwächst?

Das klassische römische Recht verwarf jeden Zwang zur Vollziehung der Ehe[6] und gewährte dem verlassenen Teile auch keine Entschädigungsansprüche. Ja man erklärte sogar auf den Bruch des Verlöbnisses gesetzte Konventionalstrafen, als gegen die guten Sitten verstoßend, für nichtig.[7] Denn die Ehe sollte Sache freier Entschließung sein. Später ließ man die Bekräftigung der Verlöbnisse durch Arra zu. Der Geber der Arra, welchen am Nichtzustandekommen des Verlöbnisses die Schuld traf, verlor sie, der schuldige Empfänger hatte sie in doppeltem Betrage zu restituieren.[8]

3. Geschenke unter Verlobten sind zurückzuerstatten, wenn die Ehe nicht zustande kommt.[9] Geschenke an die Braut verbleiben jedoch der Braut sowie ihren Erben zur Hälfte, wenn das Verlöbnis durch den Tod eines der Verlobten vereitelt wird. Dies galt in Rom nur für Verlöbnisse, die durch einen Kuß besiegelt waren.[10]

---

5) Dies Prinzip spricht die l. 7 § 1 D. de sponsalibus 23, 1 aus. In Rom war hiernach der Konsens des paterfamilias der Verlobten nötig. Bestritten ist die Frage der Form. Vieles spricht dafür, durch eine bestimmte Form das ernste Verlöbnis von bloßem Getändel zu scheiden. In Rom geschahen die Verlöbnisse formlos, l. 4 pr. § 1, l. 7 pr. D. de sponsalibus 23, 1. Dagegen war die Beobachtung von Formen alte deutsche Rechtssitte und in Partikularrechten vielfach Bedingung der Rechtsgültigkeit. Vgl. Sohm, Trauung und Verlobung 1876. Nach BGB. bedarf das Verlöbnis keiner Form.

6) l. 1 C. de sponsalibus 5, 1. Über das ältere röm. Recht vgl. Karlowa, röm. Rechtsgesch. Bd. 2 S. 176 und Hruza, Beiträge zur Geschichte des röm. und griech. Familienrechts 1892.

7) l. 134 pr. D. de verb. obl. 45, 1, l. 2 C. de inutilibus stipulationibus 8, 38. Vgl. BGB. § 1297 Abs. 2: Das Versprechen einer Strafe für den Fall, daß die Eingehung der Ehe unterbleibt, ist nichtig.

8) l. 5 C. de sponsalibus 5, 1. Auch nach BGB. § 1297 Abs. 1 kann aus einem Verlöbnis nicht auf Eingehung der Ehe geklagt werden. Nur das negative Interesse ist zu ersetzen, wenn die Nichteinhaltung des Verlöbnisses verschuldet war, §§ 1298, 1299. Die unbescholtene Verlobte, die dem Verlobten die Beiwohnung verstattet hat, kann auch eine angemessene Geldentschädigung verlangen, § 1300.

9) l. 16 C. de donationibus ante nuptias 5, 3. BGB. § 1301 Satz 1 bestimmt: Unterbleibt die Eheschließung, so kann jeder Verlobte von dem anderen die Herausgabe desjenigen, was er ihm geschenkt oder zum Zeichen des Verlöbnisses gegeben hat, nach den Vorschriften über die Herausgabe einer ungerechtfertigten Bereicherung fordern.

10) Weshalb wurde soviel Gewicht auf einen bloßen Kuß gelegt! Viele nehmen an, in Spanien habe ein besonderes Recht bezüglich des Kusses bestanden, welches in der zitierten, an den vicarius Hispaniarum erlassenen Verordnung Anerkennung gefunden. So namentlich Spangenberg, Erörterungen 1 n. 9 und im Archiv für ziv. Praxis Bd. 12 S. 269. Es scheint aber, wie aus dem römisch-syrischen Rechtsbuch L. 91 zu schließen ist, insbesondere im Orient ein Unterschied bestanden zu haben zwischen Verlobungen, bei welchen sich die Verlobten nicht früher als bei der Hochzeit kennen lernten, und Verlöbnissen, bei welchen der Gatte die Braut gesehen und geküßt hat. Solche Verlöbnisse, bei welchen sich die Verlobten menschlich nahe getreten waren, hatten natürlich eine andere Bedeutung als die ersteren. Vgl. auch Mitteis, Reichsrecht S. 225 Anm. 3.

§ 408. Die Form der Eheschließung.

1. Dem römischen Rechte genügte zur Eingehung der Ehe der Ehekonsens, d. h. der beiderseits erklärte Wille, in den Ehestand zu treten. An eine Form war die Erklärung nicht gebunden, wenn auch meist die Ehe unter Feierlichkeiten eingegangen wurde. Deshalb war sogar die Einführung der Braut in das Haus des abwesenden Bräutigams als Hausfrau zum Abschluß der Ehe ausreichend.[1]

2. Der bloße Ehekonsens reichte auch nach älterem kanonischen Rechte aus. Erst das tridentinische Konzil schrieb eine Form vor, nämlich die Erklärung der Eheschließung durch die Verlobten vor dem eigenen Pfarrer eines derselben und vor zwei Zeugen; conc. Trid. sessio XXIV cap. 1. In ähnlicher Weise verlangte die Sitte bei den Protestanten die Kopulation durch den Pfarrer. Das Reichsgesetz vom 6. Februar 1875 verweltlichte die Form. Ihm folgt im allgemeinen BGB. § 1317. Hiernach ist einer Eheschließung wesentlich die persönliche Erklärung der Verlobten, die Ehe miteinander eingehen zu wollen bei gleichzeitiger Anwesenheit vor dem Standesbeamten, welcher zur Entgegennahme dieser Erklärung bereit ist. Es soll ein Aufgebot vorausgehen, zwei Zeugen sollen bei der Eheschließung gegenwärtig sein, die Eintragung in das Heiratsregister soll erfolgen, der Standesbeamte der zuständige sein; die Gültigkeit der Ehe ist von alledem nicht abhängig.[2]

§ 409. Die sachlichen Erfordernisse der Eheschließung.

I. Die sachlichen Erfordernisse der Eheschließung haben eine verschiedene Bedeutung.

1. Einige sind wesentlich; ihr Fehlen bildet daher ein trennendes Hindernis — impedimentum dirimens —, d. h. die anscheinende Ehe ist nicht rechtsbeständig und daher richterlich zu trennen. Andere sind nebensächlich, sie bilden nur aufschiebende Hindernisse — i. impediens tantum —, welche die Nupturienten und den Standesbeamten an der Vollziehung des Eheschlusses hindern, eine dessenungeachtet abgeschlossene Ehe aber nicht in Frage stellen.

2. Die trennenden Hindernisse sind wiederum von verschiedener Wirkung. Denn einige entspringen direkt dem öffentlichen Interesse. Sie begründen die Nichtigkeitsklage, durch welche auch der Staatsanwalt die Nichtigkeitserklärung der Ehe und die Trennung der Ehegatten betreiben

---

Osculum bedeutet in den Formeln der Zeit auch dos und Dotalurkunde; Brunner, die fränkisch-romanische dos S. 3. Auch das weist darauf hin, daß ein Verlöbnis mit Kuß ein besonders ausgezeichnetes war. Die deutsche Praxis hat nie den Beweis des Kusses unter den Verlobten gefordert, den Kuß vielmehr „präsumiert". BGB. § 1301 Satz 2 besagt: Im Zweifel ist anzunehmen, daß die Rückforderung ausgeschlossen sein soll, wenn das Verlöbnis durch den Tod eines der Verlobten aufgelöst wird.

1) l. 15 D. de cond. et dem. 35, 1: Ulpianus libro 35 ad Sabinum: Cui fuerit sub hac condicione legatum „si in familia nupsisset", videtur impleta condicio statim atque ducta est uxor, quamvis nondum in cubiculum mariti venerit. nuptias enim non concubitus, sed consensus facit. l. 5—7 D. de ritu nuptiarum 23, 2. Hasse, Güterrecht S. 96; Scheurl a. a. O. S. 40. Vgl. aber auch unten § 419 Anm. 3.

2) Unzulässig ist die Abschließung der Ehe unter Bedingungen oder unter Zeitbestimmungen. Ebenso BGB. § 1317 Abs. 2.

kann. Andere gelten nur als Privatsache des Verletzten, welchem die Anfechtungsklage gegen die Ehe zusteht.[1]

II. Sachliche Erfordernisse der Ehe sind freier Wille der Nupturienten, die Einwilligung der konsensberechtigten Eltern bez. der Vormünder, endlich Fähigkeit der Nupturienten, miteinander eine Ehe einzugehen.

1. Unerläßlich ist der freie Ehekonsens willensfähiger Nupturienten. Hiernach ist die Eheschließung durch einen Geisteskranken, welcher die Tragweite dieses Aktes nicht zu erkennen vermag, nichtig.[2]

Anfechtbar machen die Ehe der Irrtum über die Person des anderen Teiles oder wesentliche Eigenschaften desselben,[3] nach protestantischem Rechte auch Betrug, welcher den Willen gefangen nahm,[4] und Zwang.[5] [6]

2. Bezüglich des Rechts von Eltern und Vormündern zum Ehekonsens sind die Auffassungen sehr verschieden.

In Rom galt die Zustimmung des Hausvaters zur Ehe seiner Hauskinder als unerläßlich. Ohne diesen Konsens war die Ehe nichtig.[7] Verweigerte der Hausvater seine Einwilligung grundlos, so konnte er zu deren Erteilung von der Obrigkeit gezwungen werden.[8]

Ganz anders das kanonische Recht. Dies sieht in der Einholung des Konsenses der Eltern zwar eine Pflicht der Pietät, aber die Ehe als Sakrament wird durch die Nupturienten auch ohne die elterliche Zustimmung unauflöslich geschlossen.[9]

Das protestantische Kirchenrecht[10] betonte die Notwendigkeit der Einwilligung der Eltern schärfer. Eine Ehe ohne Zustimmung des Hausvaters war hiernach anfechtbar. In Fällen grundloser Verweigerung der Zustimmung bestand Klage auf richterliche Ergänzung.

---

1) Die Einteilung der Ehehindernisse in aufschiebende und trennende und die weitere in öffentliche und in private ist in der gemeinrechtlichen Wissenschaft hergebracht. Vgl. Uihlein im Archiv für ziv. Praxis Bd. 14 n. 2.

2) BGB. § 1325.

3) Nach katholischem Kirchenrechte ist wesentlich nur der Irrtum in der Person selbst und der error qualitatis in personam redundans, d. h. über Eigenschaften, welche die Individualität feststellen. Leonhard, Irrtum S. 411 und dort Zitierte. Nach der protestantischen Praxis kommt in Betracht Irrtum über solche Eigenschaften, welche regelmäßig den Konsens bedingen. Keinenfalls aber bloßer error fortunae, d. h. über die Vermögensumstände des Verlobten. Andreae, über den Einfluß des Irrtums auf die Gültigkeit der Ehe. Göttinger Inaug.Diss. 1893. Vgl. jetzt BGB. § 1333; Dernburg, Bürg. Recht Bd. 4 § 19.

4) RG. Bd. 5 S. 177. Auch Betrug hinsichtlich der Vermögensverhältnisse konnte nach gemeinem Recht eine Anfechtung begründen. RG. B. 18 S. 223. Anders BGB. § 1334 Abs. 2.

5) Über Zwang vgl. oben § 91 Anm. 24. Das kanonische Recht stimmt im wesentlichen mit dem römischen überein. Vgl. BGB. § 1335.

6) Nach BGB. bildet Simulation keinen Nichtigkeits- oder Anfechtungsgrund.

7) pr. J. de nuptiis 1, 10.

8) l. 19 D. de ritu nuptiarum 23, 2 verb. „coguntur in matrimonium collocare et dotare“. Richterliche Ergänzung des väterlichen Ehekonsenses trat in Rom nicht ein, sondern prätorischer Zwang gegen den Hausvater zur Erteilung.

9) conc. Tridentinum sess. XXIV cap. 1: sancta synodus anathemate damnat, qui falso affirmant matrimonia a filiisfamilias sine consensu parentum contracta irrita esse.

10) Über das protestantische Kirchenrecht, welches jedoch nach manchen Richtungen hin unsicher ist, vgl. Scheurl a. a. O. S. 165.

Das Gesetz vom 6. Februar 1875 §§ 29 ff. verlangte für Söhne bis zur Vollendung des 25., für Töchter bis zur Vollendung des 24. Lebensjahres den Konsens des Vaters; waren die Kinder vaterlos, denjenigen der Mutter. Minderjährige bedurften auch des Konsenses des Vormundes. Das BGB. § 1305 hat das Elternrecht bezüglich der Ehe ihrer Kinder auf das äußerste eingeschränkt. Für die Kinder wird bis zur Vollendung des 21. Lebensjahres Einwilligung des Vaters, ist dieser verstorben, Einwilligung der Mutter verlangt.[11] Das Hindernis ist nur ein aufschiebendes.

III. Persönliche Unfähigkeit, eine Ehe überhaupt oder mit einer gewissen Person zu schließen, besteht in folgenden Fällen:

1. Solange sie nicht aufgelöst oder für nichtig erklärt ist, hindert eine frühere Ehe eine neue mit einer anderen Person.[12]

2. Ehemündigkeit ist zur Eheschließung notwendig.

Dieselbe begann nach römischem Rechte mit dem vollendeten 14. Lebensjahre bei Männern und mit dem vollendeten 12. bei Weibern;[13] ebenso nach kanonischem Rechte.[14]

Nach dem Reichsgesetz vom 6. Februar 1875 § 28 Abs. 2 trat die Ehemündigkeit bei Männern mit dem vollendeten 20. und bei Weibern mit dem vollendeten 16. Lebensjahre ein; Dispensation war zulässig. Das BGB. § 1303 verlangt für Männer den Eintritt der Volljährigkeit — natürliche oder gerichtlich erklärte —, für Weiber das vollendete 16. Jahr und kennt eine Dispensation nur für Frauen.

3. Nach römischem Rechte war wegen Verwandtschaft die Ehe zwischen Aszendenten und Deszendenten verboten, ferner mit Geschwistern und deren Abkömmlingen.[15] Wegen Verschwägerung war namentlich die Ehe zwischen den Personen untersagt, unter denen eine Art von Eltern- und Kindesverhältnis stattfindet, also zwischen Schwiegereltern und Schwiegerkindern, Stiefeltern und Stiefkindern.[16][17]

Das BGB. § 1910 Abs. 1 hält die engsten Grenzen ein. Verboten ist die Ehe zwischen Aszendenten und Deszendenten sowie unter Geschwistern, ferner zwischen Stiefeltern und Stiefkindern, Schwiegereltern und Schwiegerkindern jeden Grades. Das Hindernis ist ein öffentliches, trennendes. Verwandtschaft im Sinne dieser Vorschrift

---

11) Dies gilt auch für volljährig erklärte Kinder. Doch können diese beantragen, daß das Vormundschaftsgericht die ihnen verweigerte elterliche Einwilligung ersetzt, BGB. § 1308.

12) Vgl. Strafgesetzbuch § 171, indessen auch BGB. 1326: Eine Ehe ist nichtig, wenn einer der Ehegatten zur Zeit der Eheschließung mit einem Dritten in einer „gültigen" Ehe lebte. Dernburg, Bürg. Recht Bd. 4 § 15.

13) pr. J. de nuptiis 1, 10, l. 4 D. de ritu nuptiarum 23, 2.

14) Das kanonische Recht läßt Dispensation von der Altersgrenze zu und erkennt auch die Ehe von jüngeren Personen im Falle des Nachweises der Geschlechtsreife an, vgl. Schulte, Lehrbuch § 163.

15) §§ 1 ff. J. de nuptiis 1, 10, l. 17 C. eod. 5, 4. Vgl. Karlowa, röm. Rechtsgesch. Bd. 2 S. 174.

16) §§ 6 ff. J. de nuptiis 1, 10. Vgl. ferner l. 5 C. de incestis et inut. nupt. 5, 5: Fratris uxorem ducendi vel duabus sororibus conjungendi penitus licentiam submovemus, nec dissoluto quocumque modo conjugio.

17) Über das kanonische Recht, welches viel weiter ging, vgl. Schulte, Lehrbuch §§ 167 ff. Das Ehehindernis wegen Verwandtschaft betrifft Ehen unter Aszendenten und Deszendenten ohne Unterschied des Grades, und in der Seitenlinie — gemäß den Beschränkungen des Lateranischen Konzils von 1215 — bis zum 4. Grade kanonischer Komputation. Die legitime Affinität ist Hindernis bis zum 4., die illegitime — aus außerehelicher Geschlechtsgemeinschaft bis zum 2. Grade einschließlich.

besteht auch zwischen einem unehelichen Kinde und dessen Abkömmlingen einerseits und dem Vater und dessen Verwandten andererseits. BGB. § 1310 Abs. 3, vgl. auch Abs. 2.

4. Verboten ist die Ehe zwischen dem wegen Ehebruchs Geschiedenen und seinem Mitschuldigen, vorausgesetzt, daß dessen Person aus dem Scheidungsurteil erhellt. Dispensation ist zulässig. Das Hindernis ist ein öffentliches, trennendes. BGB. §§ 1312, 1328.

5. Die Ehe der Adoptierenden mit dem angenommenen Kind und dessen Abkömmlingen ist, solange das Adoptivverhältnis dauert, verboten,[18] BGB. § 1311; doch ist dies Hindernis nicht ein trennendes.[19] [20]

§ 410. Aufhebung der Ehe.

1. Die Ehe als lebenslängliche Gemeinschaft erlischt normalerweise nur durch den Tod eines der Ehegatten.[1]

2. Die Ehescheidung ist eins der wichtigsten sozialen und legislativen Probleme. Soll der lebenslängliche Bestand der Ehe bloß durch die freie Gesinnung der Eheleute getragen oder durch rechtlichen Zwang gesichert werden?

In Rom war die Ehe durch privaten Entschluß lösbar, und zwar nicht bloß kraft Übereinstimmung — divortium —, sondern auch einseitig — durch repudium.[2] Wer aber die Scheidung verschuldete, verfiel in Strafe. Ursprünglich trafen ihn nur private Vermögensnachteile zugunsten des unschuldigen Teiles;[3] in der christlichen Kaiserzeit gesellten sich hierzu schwere öffentliche Strafen.[4]

---

18) In Rom galt das Hindernis als ein die Adoption überdauerndes, die Ehe als nefas, l. 55 D. de ritu nupt. 23, 2.

19) Vgl. auch BGB. § 1771 Abs. 1.

20) Nach römischen Recht war die Ehe zwischen dem Vormund und dessen Kindern mit dem Mündel verboten, l. 59, l. 60, l. 62 D. de ritu nupt. 23, 2. Dem BGB. ist das Verbot nicht mehr bekannt.

1) Über die Todeserklärung vgl. BGB. §§ 1348 ff., Dernburg in Guttentags Festschr. für den 26. Deutschen Juristentag 1902.

2) l. 2 D. de divortiis 24, 2.

3) Ulpian. fragm. tit. IV §§ 12 und 13.

4) Das Nähere gehört in die Rechtsgeschichte. Vgl. namentlich die Novelle 97 cap. 11 und 13. Die katholische Kirche verbot Scheidung der zwischen Christen leiblich vollzogenen Ehe. Die evangelische Lehre gestattete Scheidung wegen Ehebruch, böslichem Verlassen und sonstigen schweren Verschulden des Gatten, welches das eheliche Zusammenleben unmöglich machte. So auch BGB. § 1565 bis 1568, ein weiterer Scheidungsgrund ist Geisteskrankheit, § 1509.

Drittes Kapitel.

Das eheliche Güterrecht.

1. Das Allgemeine.

§ 411. Das System der Gütertrennung.

Im justinianischen Rechte waren die Ehegatten bezüglich ihrer Vermögen gleichberechtigt. Jeder Teil verfügte über sein Vermögen selbständig,[1] die Handlungsfähigkeit der Ehefrau wurde durch die Eheschließung nicht berührt. Die Gatten schlossen daher wie Fremde miteinander Rechtsgeschäfte ab, z. B. Verkäufe, Vermietungen, Darlehnsgeschäfte. Schenkungen unter Ehegatten waren aber verboten und nichtig.

Auch miteinander Prozesse führen konnten die Ehegatten, doch wurden infamierende Klagen verweigert. Geschah ein Diebstahl zwischen den Ehegatten, so waren die Diebstahlsklagen nicht zulässig. Hatte aber einer dem anderen etwas mit Rücksicht auf die künftige Scheidung entwendet, so gab man dem Bestohlenen eine eigene Klage zur Rückerlangung des Entwendeten, die actio rerum amotarum.[2]

Die Schroffheit des Systems der Trennung der Vermögen der Ehegatten konnte zwar dadurch gemildert werden, daß der Ehegatte von seiten der Frau eine dos erhielt, welche zur Bestreitung der Ehekosten bestimmt war. Damit aber etwas dos werde, bedurfte es eines besonderen, hierauf abzielenden Rechtsgeschäftes.[3]

Das gesetzliche Güterrecht des BGB. § 1363 ist Trennung der Vermögen von Mann und Frau mit Verwaltung und Nutznießung des Vermögens der Frau durch den Mann. Es kann aber durch Ehevertrag Gütertrennung ohne solches Recht des Mannes am Frauenvermögen eingeführt werden, nicht minder regelt das BGB. allgemeine Gütergemeinschaft, Errungenschaftsgemeinschaft und Fahrnisgemeinschaft für den Fall, daß die Ehegatten eines dieser Rechte durch Ehevertrag für sich erwählen.

§ 412. Paraphernen. Muzianische Präsumtion.

1. Vermögen der Frau, welches nicht dos ist, nannte man Paraphernen, die Überlassung der Verwaltung dieses Vermögens an den Ehemann bildete ein Mandat. Der Mann unterlag daher bei der Verwaltung den Anweisungen der Frau und ihrem Widerruf. Besonderheiten dieses Mandates waren nur, daß der Mann bloß für culpa in concreto haftete, nicht wie der gewöhnliche Mandatar für jede leichte Verschuldung, und

1) l. 8 C. de pactis conv. 5, 14 . . . nullo modo muliere prohibente virum in paraphernis volumus se immiscere.

2) l. 1 l. 2 D. de actione rerum amotarum 25, 2; sie hatte die Natur einer condictio furtiva, Mommsen, römisches Strafrecht S. 759.

3) Das römische Dotalrecht wurde nur in einzelnen Teilen Deutschlands rezipiert. Über sein Geltungsgebiet vgl. Neubauer, das in Deutschland geltende eheliche Güterrecht 1878.

daß der Frau wegen ihrer Ansprüche ein gesetzliches Pfandrecht am Vermögen des Mannes zustand.[1]

2. Auf Grund der Muzianischen Präsumtion galten in Streitfällen die Vermögensobjekte, welche in den Händen eines der Ehegatten waren, als dem Ehemanne gehörig, soweit die Frau nicht ihr Eigentum nachweisen konnte.[2]

II. Die dos.[1]

§ 413. 1. Begriff und Wesen.

Der Ehemann hat als das Haupt der Familie die Kosten der Ehe zu tragen, d. h. die standesmäßigen Auslagen für Erhaltung der Frau und Erziehung der Kinder. Es liegt sehr nahe, daß ihm hierzu seitens seiner Genossin, der Frau, ein Beitrag gewährt wird.

Dies war in Rom die dos, ein seitens der Frau dem Manne zur Bestreitung der ehelichen Kosten zugewendetes Vermögen, welches in der Regel der Frau nach Endigung der Ehe zurückgegeben werden mußte.

1. Meist stattete der Vater oder der väterliche Großvater die Tochter mit der dos aus, aber sie konnte auch von der Frau selbst oder von Dritten bestellt werden und hierauf beruht die Haupteinteilung der dos.

a) Die vom Vater oder väterlichen Großvater der Frau aus seinem Vermögen bestellte dos hieß profecticia. Sie ergab sich aus dem Verhältnis des Vaters zur Tochter; väterliche Gewalt war nichts Wesentliches.[2]

---

1) l. 11 § 2 C. de pactis conventis 5, 14. Vgl. auch BGB. § 1430.

2) l. 51 D. de donat. inter vir. et uxor. 24, 1. Pomponius libro 5 ad Quintum Mucium: Quintus Mucius ait, cum in controversiam venit, unde ad mulierem quid pervenerit, et verius et honestius est quod non demonstratur unde habeat existimari a viro . . . ad eam pervenisse. evitandi autem turpis quaestus gratia circa uxorem hoc videtur Quintus Mucius probasse. — Der Grund, den Pomponius unterstellt — Verhütung schändlichen Erwerbes — ist ein erniedrigender und würde die Präsumtion gegenüber der großen Zahl der ehrbaren Frauen zu einer Beleidigung machen. Der Satz ist in der Tat tiefer begründet und zwar darin, daß in der Regel der Mann es ist, welcher das Vermögen, von dem die Ehegatten leben und das sie besitzen, erwirbt. — Vgl. auch KO. § 45. BGB. § 1362 besagt: Zugunsten der Gläubiger des Mannes wird vermutet, daß die im Besitz eines der Ehegatten oder beider Ehegatten befindlichen beweglichen Sachen dem Manne gehören. Dies gilt insbesondere auch für Inhaberpapiere und für Orderpapiere, die mit Blankoindossament versehen sind. Für die ausschließlich zum persönlichen Gebrauche der Frau bestimmten Sachen, insbesondere für Kleider, Schmucksachen und Arbeitsgeräte, gilt im Verhältnisse der Ehegatten zueinander und zu den Gläubigern die Vermutung, daß die Sachen der Frau gehören.

1) Tit. Dig. de jure dotium 23, 3, Cod. 5, 12; Hasse, das Güterrecht der Ehegatten 1. Bd. 1824, unvollendet; Bechmann, Dotalrecht 1883 und 1887; Czyhlarz, Dotalrecht 1870; Brinz Bd. 3 S. 689. Vgl. auch Brunner, die fränkisch-romanische Dos, in den Sitzungsberichten der Berliner Akademie Bd. 29 S. 545.

2) Den Begriff der dos profecticia entwickelt l. 5 D. h. t. 23, 3. Ulpianus libro 31 ad Sabinum. Vgl. namentlich § 11: Si pater pro filia emancipata dotem dederit, profecticiam nihilominus dotem esse nemini dubium est, quia non jus potestatis, sed parentis nomen dotem profecticiam facit: sed ita demum, si ut parens dederit: ceterum si, cum deberet filiae, voluntate ejus dedit, adventicia dos est.

b) Die nicht vom väterlichen Aszendenten bestellte dos hieß adventicia, mochte sie nun von der Frau oder von Dritten herstammen.[3]

c) Besonderer Art war die dos recepticia, bei welcher der Besteller sich selbst die Rückerstattung der dos ausbedang, so daß sie der Frau nach Auflösung der Ehe nicht verblieb.[4]

2. Der wesentliche Zweck der dos war, einen Fonds zu bilden, aus welchem die ehelichen Kosten bestritten wurden.

3. Die Dotierung war keine Schenkung an den Mann, denn er hatte dafür die Kosten der Ehe zu tragen.[5] Wohl aber galt es als Schenkung an die Frau, wenn jemand, ohne hierzu verpflichtet zu sein, für sie eine dos bestellte, es sei denn, daß er sich die Rückgabe nach Endigung der Ehe ausbedang. Immerhin wurde die gerichtliche Insinuation für die Dosbestellung erlassen, auch wenn sie zugleich eine Schenkung bildete.[6] Denn die Dotierung war vom Rechte besonders begünstigt.

§ 414. 2. Die Geschichte des römischen Dotalrechts.[1]

Die Geschichte des römischen Dotalrechtes zeigt drei Hauptstadien, in welchen sich die rechtliche Lage der Frau dem allgemeinen Gange der Entwicklung entsprechend stetig verbesserte.

1. In der ältesten Zeit erhielt der römische Ehemann die dos zum dauernden Eigentume,[2] [3] und es bestand keinerlei Klagerecht der Frau auf deren Rückgabe nach Auflösung der Ehe.

---

3) Ulpian. fragm. VI § 3. Dos aut profecticia dicitur, id est quam pater mulieris dedit; aut adventicia, id est ea, quae a quovis alio data est.

4) Ulpian. fragm. VI § 5: adventicia autem dos semper penes maritum remanet, praeterquam si is, qui dedit, ut stibi redderetur, stipulatus fuerit; quae dos specialiter recepticia dicitur. l. 31 § 2 D. de mortis causa don. 39, 6. l. 76 D. h. t. 23, 3: „nisi matrimonii oneribus serviat dos nulla est". l. 56 § 1 D. h. t. 23, 3. Vgl. l. 66 D. pro socio 17, 2.

5) l. 19 D. de obl. et act. 44, 7. Julianus libro 73 digestorum: Ex promissione dotis: non videtur lucrativa causa esse, sed quodammodo creditor aut emptor intellegitur, qui dotem petit. l. 5 § 5 D. de doli mali exceptione 44, 4, l. 8 § 13 D. quib. mod. pign. solv. 20, 6. Marcianus libro singulari ad formulam hypothecariam: Quodsi in dotem dederit, vendidisse in hoc casu recte videtur propter onera matrimonii. Siehe jedoch auch Bechmann S. 198, ferner Czyhlarz a. a. O. S. 54.

6) Vgl. l. 31 C. h. t. 5, 12. Die Schenkung an die Frau perfiziert sich freilich nur, wenn die Frau die Liberalität auch ihrerseits annimmt. Gegen die Auffassung, daß in der Dosbestellung eine Schenkung an die Frau liege, hat sich Bechmann a. a. O. S. 211 erklärt; für dieselbe Czyhlarz a. a. O. S. 65, besonders aber Burckhard, zu fragmenta Vaticana 269. 1900.

1) Über die Geschichte der dos vgl. Dernburg, Kompensation S. 96; Bechmann a. a. O. S. 33; Czyhlarz S. 32; Gide, du caractère de la dot, ein Anhang zu dessen von Esmein herausgegebenem Werke Etude sur la condition privée de la femme, Paris 1885; Esmein, la nature originelle de l'action rei uxoriae in der nouv. revue historique de droit franç. et étrang. Bd. 17 S. 145 ff.; Cuq, les institutions juridiques des Romains 1891 S. 229, 494.

2) l. 1 D. h. t. 23, 3. Paulus libro 14 ad Sabinum: Dotis causa perpetua est, et cum voto ejus qui dat ita contrahitur, ut semper apud maritum sit. Vgl. Bechmann a. a. O. S. 17.

3) Dotierung war natürlich auch bei der Ehe cum manu im Gebrauch, wenn der Vater seine Tochter verheiratete. Begab sich eine Frau sui juris in eine Ehe cum manu,

Allerdings betrachtete man auch damals in der römischen Gesellschaft die dos als Frauengut — res uxoria —, doch gewann diese Auffassung noch keinen unmittelbaren Einfluß auf das Recht. Wohl aber wurde es infolgedessen herkömmlich und galt als Anstandspflicht, daß der Ehemann für den Fall seines Todes der überlebenden Frau die dos oder Äquivalente derselben testamentarisch vermachte.[4] Scheidungen ferner wurden nach alter Sitte vom Ehemanne nicht ohne Befragen eines Familienrates vorgenommen.[5] Dieser befand naturgemäß, falls er die Scheidung billigte, zugleich auch darüber, ob und inwieweit der Frau ihre dos zurückzuerstatten sei — ein Gutachten, welches den Mann zwar nicht rechtlich verband, dem er sich aber tatsächlich nicht leicht entziehen konnte.

2. Mit der Lockerung der Sitten nahmen seit dem sechsten Jahrhundert der Stadt die frivolen Ehescheidungen überhand. Nunmehr kamen cautiones rei uxoriae auf, wodurch sich der Mann bei Eingehung der Ehe zur Rückerstattung der dos für den Fall der Ehescheidung verpflichtete. Ferner erteilte der Prätor ediktmäßig der Frau die actio rei uxoriae zunächst in Fällen der Ehescheidung,[6] dann auch des Vorversterbens des Ehemannes.[7] Der vom Prätor ernannte arbiter hatte dieselbe Aufgabe wie der vor Zeiten vom Ehemanne berufene Familienrat. Denn die Klageformel wies ihn an, der Frau von ihrer dos zuzusprechen, was gut und billig sei. Er entschied hierüber mit freiestem Ermessen, wie ein Zensor.[8] [9] Das Klagerecht war ein

so war ihr Vermögen von Rechts wegen Eigentum des Mannes und von einer wahren dos nicht die Rede, doch erhielt die Frau nach ähnlichen Grundsätzen wie bei wahrer dos nach Auflösung der Ehe einen Rückforderungsanspruch. Vgl. Cicero, topica cap. 4 § 23.

4) Über die bezüglichen Vermächtnisse siehe Tit. Dig. de dote praelegata 33, 4; Esmein in seinen mélanges d'histoire du droit. Paris 1868 „Le testament du mari et la donatio ante nuptias".

5) Nach Valerius Maximus II 9 § 2 wurde L. Antonius im Jahre 446 der Stadt aus dem Senate gestoßen, weil er sich von seiner Frau schied „nullo amicorum in consilium adhibito".

6) Gellius, noctes atticae VI cap. 3: memoriae traditum est quingentis fere annis post Romam conditam nullas rei uxoriae neque actiones neque cautiones in urbe Romana aut in Latio fuisse.

7) Nach dem Edikte „de alterutro" hatte die Frau nur die Wahl, ob sie die ihr von ihrem Manne gemachten letztwilligen Zuwendungen, oder ob sie die actio rei uxoriae beanspruchen wolle, l. un. § 3a C. de rei uxoriae act. transfusa 5, 13, l. 7 pr. C. Theod. de testamentis 4, 4; Czyhlarz a. a. O. S. 476. Das Edikt bezog sich auf alle letztwilligen Zuwendungen des Mannes an die Frau, also auch auf solche, welche keinen Bezug auf die dos hatten. Mit Recht bemerkt Esmein, mélanges a. a. O., daß hiernach die Frau wählen mußte zwischen dem alten Rechte, gemäß dem der Ehemann testamentarisch ihre Stellung nach seinem Ermessen regelte, und dem neuen Rechte, welches ihr Rechtsansprüche auf Erstattung der dos unabhängig von den Anordnungen ihres Mannes gewährte. Die actio rei uxoriae galt eben ursprünglich als etwas Außerordentliches, als eine Hilfe für den Notfall. Justinian hob das edictum de alterutro auf. Denn die von ihm gegebene Dotalklage hat einen ganz anderen Charakter als die actio rei uxoriae des vorjustinianischen Rechtes.

8) Gellius, noctes atticae X cap. 23 referiert aus der Rede des älteren Cato „de dote" die Worte „vir cum divortium fecit mulieri judex pro censore est, si quid perverse tetreque factum est a muliere multatur". Voigt, lex Maenia S. 24 Anm. 31 erachtet hier den Ehemann als den judex. Die vorausgehenden Worte von Gellius: „Cato non solum existimatas, sed multatas quoque a judice mulieres refert" weisen, wie Voigt selbst fühlt, auf das Gegenteil hin.

außerordentliches, höchst persönliches der Frau,[10] es ging auf ihre Erben nur über, wenn die dos bereits von ihr selbst eingefordert war.[11]

Starb die Frau in der Ehe, so behielt der Mann die dos. Die dos profecticia hatte er an den Besteller zu erstatten, wenn dieser seine Tochter überlebte.[12]

3. Die Ansprüche der Frau wurden durch die Gesetzgebung des Augustus befestigt.[13] Zunächst stellte man die Abzüge von der dos — retentiones —, welche bisher der schuldigen Frau nach richterlicher Willkür gemacht waren, auf feste Quoten.[14] Ferner wurde der Frau eine wesentliche Sicherung dadurch gewährt, daß man die Veräußerung der zur dos gegebenen italischen Immobilien verbot.

Überhaupt ging der Zug der Kaiserzeit dahin, die Befugnisse der Frau bezüglich der dos möglichst zu steigern. Der Einfluß der provinziellen Rechte ist hierbei unverkennbar.[15]

Immer mehr wurde es Sitte, durch besondere Stipulationen beim Eheschluß der Frau und ihren Erben ein unverkürztes Recht auf die dos zu verschaffen.

4. Auf diesen Brauch stützte sich Justinian und stellt die Frau von Rechts wegen so, wie wenn sie die günstigsten Eheverträge abgeschlossen hätte. In solcher Absicht gewährte er ihr eine ordentliche und vererbliche actio tacita ex stipulatu an Stelle der außerordentlichen und höchstpersönlichen actio rei uxoriae. Fortan mußte die dos regelmäßig der Frau oder ihren Erben nach Auflösung der Ehe zurückerstattet werden. Sie verblieb jedoch dem Manne, wenn die Frau die Schuld an der Scheidung der Ehe trug.

Justinian begünstigte ferner die Frau durch gesetzliche privilegierte Pfandrechte, welche er dem hergebrachten Konkursprivilegium der Dotal-

---

9) Es sind uns die entscheidenden Worte der Formel „quod ejus aequius melius erit" überliefert, an welche sich der Kondemnationsbefehl schloß. Ihnen mögen etwa die Worte vorausgegangen sein „quod Aa Aa a No No dotem repetit. Vgl. noch Pernice, Labeo Bd. 2 Abt. II, 1 Aufl. 2 S. 206.

10) Die Ansicht von Esmein a. a. O., daß die Klage ursprünglich Pönalklage wegen der ungerechtfertigten Ehescheidung durch den Mann war, hat sehr viel für sich.

11) Ulpian. fragm. Tit. VI § 7. Vat. fragm. § 112.

12) Ulpian. fragm. Tit. VI § 4. Vat. fragm. § 108. l. 6 pr. D. h. t. 23, 3.

13) Vgl. Czyhlarz a. a. O. S. 335.

14) Ulpian. fragm. VI § 9: Retentiones ex dote fiunt aut propter liberos, aut propter mores, aut propter impensas, aut propter res donatas, aut propter res amotas. Abzüge propter liberos fanden statt, wenn die Frau die Schuld an der Ehescheidung traf. Sie betrugen ein Sechsteil für jedes Kind, jedoch nie mehr als drei Sechstel, die Abzüge propter mores setzten gleichfalls Schuld der Frau voraus, sie gingen im Falle des Ehebruchs auf ein Sechstel, sonst auf ein Achtel der dos. Der Ehemann, welcher sich gegen die Frau verfehlte, wurde dadurch bestraft, daß er die dos zurückgeben mußte, ohne daß ihm die sonst gesetzlichen Rückzahlungstermine zugute kamen.

15) In dem unter Kaiser Galba durch den Statthalter von Ägypten erlassenen Edikte des Tiberius Julius Alexander erscheint die dos nach dortigem Provinzialrechte nicht als Eigentum des Ehemannes. Vgl. Bechmann a. a. O. S. 111. Ebenso war es nach griechischen Rechten, siehe hierüber Mitteis, Reichsrecht S. 230.

klage hinzufügte. Dazu gab er ihr außer der persönlichen Klage auf Rückerstattung eine Vindikation der noch existierenden Dotalsachen.[16]

Hiernach blieb der Ehemann auch im jüngsten Rechte Eigentümer der Dotalsachen; doch materiell gingen seine Befugnisse nicht viel über die eines Nießbrauchers hinaus.

§ 415. 3. Die Begründung des Dotalverhältnisses.

I. Die gesetzliche Dotationspflicht.

1. Der Ehemann hatte keinen gesetzlichen Anspruch auf Dotation, wohl aber war ihm seine Frau, welche die Mittel dazu besaß, zur Dosbestellung sozial — naturaliter — verbunden.[1]

2. Dagegen hat die Frau vor wie nach Abschluß der Ehe einen gesetzlichen Anspruch auf eine Dotation, d. h. auf Gewährung einer dos an ihren Mann:[2]

a) gegen ihren Vater oder väterlichen Großvater.[3] Diese Verpflichtung war nicht durch väterliche Gewalt bedingt.[4] Sie bestand zwar nicht, wenn die Tochter genügendes eigenes Vermögen zur Dosbestellung hatte, aber auch dann galt eine vom Vater bestellte dos im Zweifel als aus dessen eigenem Vermögen und nicht aus dem Vermögen der Tochter gegeben, welches er verwaltete.[5]

b) Auch die Mutter war in Fällen dringenden Bedürfnisses zur Dotation ihrer Tochter verbunden.[6] [7]

---

16) Vgl. unten § 420 Anm. 7.

1) l. 32 § 2 D. de condictione indebiti 12, 6.

2) Die Klage steht also der Frau zu und nicht dem Manne, es sei ihm denn die Forderung der Frau zediert; die Bestellung der dos hat aber an den Mann und nicht an die Frau zu geschehen.

3) Die Verpflichtung des Vaters, seine Tochter zu dotieren, war ursprünglich nur eine soziale; eine gesetzliche wurde sie erst in der Kaiserzeit, l. 19 D. de ritu nuptiarum 23, 2. Der Hergang dürfte folgender gewesen sein. Die lex Julia de maritandis ordinibus erklärte magistratischen Zwang für zulässig, wenn die Eltern ihre Kinder mit Unrecht am Heiraten hinderten. Die Interpretation erblickte ein derartiges Hindernis schon darin, daß man der Tochter die übliche, den Verhältnissen entsprechende dos nicht mitgab. Dies bestätigten Severus und Caracalla. Anders Czyhlarz S. 172 und dort Zitierte.

4) Da selbst die Mutter, wenn auch nur aus besonderen Gründen, zur Dosbestellung verpflichtet wurde, so war gewiß der Vater dotationspflichtig, auch wenn er nicht mehr die väterliche Gewalt besaß; vgl. auch l. 7 D. de dotis collatione 37, 7 und l. 7 C. de dotis promissione 5, 11.

5) l. 5 § 12 D. h. t. 23, 3, l. 7 C. de dotis promissione 5, 11.

6) l. 14 C. de jure dotium 5, 12. Diocletianus et Maximianus: Mater pro filia dotem dare non cogitur nisi ex magna et probabili vel lege specialiter expressa causa. Durch besondere Gesetzbestimmung wurde die ketzerische Mutter verpflichtet, die orthodoxe Tochter zu dotieren. l. 19 § 3 C. de haereticis 1, 5.

7) Über die Verpflichtung der Eltern, ihrer Tochter im Falle der Verheiratung eine Aussteuer zu gewähren, vgl. BGB. §§ 1620 ff. das. Über die Dotationspflicht des Schwängerers siehe BGB. §§ 825, 847, 1300, 1715.

II. Die Dosbestellung.

1. Die dos war dem Ehemann zu bestellen. Ihm kam sie auch zu, wenn er in väterlicher Gewalt stand. Dann trat sie aber als Adventizgut in den Nießbrauch und in die Verwaltung des Vaters, und diesem lag der Unterhalt des Hausstandes der Eheleute ob.[1]

Die dos galt auch dann als dem Manne bestellt, wenn ihre Auszahlung auf seine Rechnung und nach seinem Willen an einen Dritten geschah, so daß dieser der Eigentümer wurde.

2. Bestellen konnte die dos jeder, also die Frau, ihre Eltern, Dritte.

3. Als Gegenstand der dos wurde alles zugelassen, was einen Vermögenswert hatte und übertragbar war. Hierher gehörten namentlich körperliche Sachen, ferner dingliche Rechte an solchen, insbesondere Nießbrauchsrechte,[2] sei es, daß für den Ehemann ein Nießbrauch begründet oder daß ihm ein bestehender Nießbrauch der Ausübung nach übertragen wurde, nicht minder Forderungen,[3] literarische und andere Urheberrechte. Die Dotierung konnte durch Verzichte, insbesondere durch Erlaß von Forderungen geschehen, die gegen den Mann bestanden.[4] Es konnten die gesamten Vermögensrechte des Bestellers, namentlich der Frau, als dos übergeben werden.[5] [6]

Häufig erfolgte die Bestellung unter einer Schätzung.[7] Diese wirkte in der Regel wie ein Verkauf,[8] weshalb man von einer dos venditionis causa aestimata sprach. Die Schätzungssumme galt statt des Inferierten als das Dotalobjekt, und deren Betrag war nach Auflösung der Ehe zu erstatten. Daraus folgte, daß der Ehemann für die Abnutzung der inferierten Objekte und selbst für die Gefahr ihres zufälligen Unterganges und Verderbens haftete, daß ihm aber andererseits auch alle Vorteile aus denselben zufielen. Die Schätzung war auch in anderem Sinne möglich,

1) Selbstverständlich wurde die dos nach altem Rechte Eigentum des Gewalthabers, des Ehemannes. Nach justinianischem Rechte mußte sie Adventizgut werden, soweit sie nicht a patre des Mannes kam. Vgl. einerseits Bechmann a. a. O. Bd. 2 S. 45, 283, andererseits Brinz Bd. 3 S. 694.

2) l. 78 § 2 D. h. t. 23, 3. Auch durch Verzicht auf einen Usufrukt des Dosbestellers am Grundstücke des Mannes kann die Dotierung geschehen. l. 78 pr. § 1 D. h. t. 23, 3.

3) l. 2 C. de obligationibus 4, 10.

4) l. 43 pr. § 1 D. h. t. 23, 3.

5) l. 72 pr. D. h. t. 23, 3. Hierin lag keine Universalsukzession. Vielmehr blieb der Besteller Schuldner der Passiva des Vermögens und durfte die zu deren Tilgung nötigen Beträge zurückhalten.

6) Eine dos konnte auch in der Art bestellt werden, daß man ein Legat zugunsten des Ehemannes, welcher der Erbe war, ausschlug oder auf eine Erbschaft zum Vorteil des Ehemannes, welcher Substitut oder Intestaterbe ist, verzichtete; l. 14 § 3 D. de fundo dotali 23, 5. Vorausgesetzt wurde natürlich auch in diesen Fällen die Einwilligung des Mannes, daß alles infolge des Verzichtes ihm Zufallende dos sei.

7) Über die sog. dos aestimata vgl. Bechmann a. a. O. Bd. 2 S. 212; Czyhlarz a. a. O. S. 151 und in Lindes Zeitschr. n. F. Bd. 20 n. 1; Sternberg, Beiträge § 2.

8) Einerseits heißt es „aestimatio venditio est" l. 10 § 6 D. h. t. 23, 3. Ulpianus libro 34 ad Sabinum, vgl. l. 14 und l. 15 D. eod., l. 10 C. h. t. 5, 12; andererseits erfahren wir von Ulpian l. 16 D. eod., sie sei „non simplex venditio sed dotis causa".

z. B. um eventuell die Höhe des Ersatzes zu bestimmen, falls der Ehemann schuldhafterweise die Dotalobjekte nicht restituieren sollte.[9]

4. Die Dotierung vollzog sich

a) durch unmittelbare Übereignung der Dotalobjekte — dotis datio — und sonstige direkte Verwirklichung der Zuwendung, z. B. durch Zession oder Erlaß einer Forderung,

b) durch Versprechen. Dasselbe forderte in der klassischen Zeit entweder eine Stipulation oder eine Zusage des Bestellers — dictio — und deren Annahme.[10] Schon in der christlichen Kaiserzeit aber genügte formloser Vertrag — pollicitatio.[11]

Mit dem Vertragsschluß galt der Mann als dotiert, denn sein Vermögen war jetzt durch ein Forderungsrecht vermehrt und die Auszahlung des Versprochenen Tilgung einer Schuld; das Gezahlte wurde aber Gegenstand der dos.[12]

Dotalversprechen waren regelmäßig vom Eheschluß an fällig. Von da ab konnte der Besteller durch Mahnung in Verzug gesetzt werden. Früchte und Zinsen wurden mit dem Ablauf von zwei Jahren seit Abschluß der Ehe auch ohne Mahnung geschuldet.[13]

5. Das seitens der Frau in die Ehe Gebrachte galt als dos nur in dem Falle, wenn die Absicht der Beteiligten auf eine Dotierung ging. Diese Absicht brauchte nicht mit ausdrücklichen Worten erklärt zu sein.[14]

Deshalb ist unter anderem eine dem Werte der inferierten Sache nicht entsprechende Schätzung anfechtbar.

9) l. 50 D. soluto matrimonio 24, 3. Es kommt auch der Vertrag vor, daß entweder die Taxsumme oder die inferierte Sache zurückzuerstatten ist. Dann hat in der Regel der Mann als Schuldner nach den Grundsätzen der Alternativobligationen die Wahl. In diesem Falle trägt er zwar die Gefahr des zufälligen Unterganges der inferierten Dotalsachen, durch welchen die Obligation zur einfachen wird, aber nicht die der Abnutzung und der zufälligen Verschlechterung, denn er kann die eingebrachten Sachen, auch wenn sie abgenutzt oder zufällig verdorben sind, zurückgeben. Andere Konsequenzen ergeben sich, wenn der Frau das Wahlrecht zwischen den Sachen und der Schätzungssumme durch den Vertrag eingeräumt wird.

10) Ulpian. fragm. VI. § 1. Dos aut datur aut dicitur aut promittitur. § 2. Dotem dicere potest mulier, quae nuptura est, et debitor mulieris, si jussu ejus dicat: item parens mulieris virilis sexus, per virilem sexum cognatione junctus, velut pater, avus paternus. dare, promittere dotem omnes possunt. Die dotis dictio diente auch zum Schulderlaß. Übrigens ist sie vielfach dunkel. Die neueste Besprechung ist von Bernstein in den Festgaben der Berliner Juristen für Beseler 1885 S. 79 ff.; vgl. Kohler in Goldschmidts Zeitschr. Bd. 33 S. 135, Karlowa, röm. Rechtsgesch. Bd. 2 S. 201.

11) Nach l. 6 C. h. t. 5, 11 bedarf es „in pollicitatione rerum dotalium" der Stipulation nicht. Diese Pollizitation ist nicht, wie manche annehmen, ein einseitiges, nicht akzeptiertes Versprechen im Sinne der l. 3 D. de pollicitationibus 50, 12, oben § 265. Denn die Dosbestellung begründet Verpflichtungen auch des Mannes und ist daher ohne dessen Akzeptation nicht zu vollziehen. Unter der pollicitatio dotis ist vielmehr ein formloser Vertrag zu verstehen, eine Bedeutung, welche das Wort pollicitatio sehr häufig hat. Vgl. Schloßmann, Vertrag S. 153, Brinz Bd. 3 S. 730.

12) l. 31 §§ 5—8 C. h. t. 5, 12.

13) Dem Besteller der dos stand in der Regel gegenüber der Klage des Ehemannes das beneficium competentiae zu, l. 17 pr. § 1 D. soluto matrimonio 24, 3. Vgl. aber auch l. 84 D. h. t. 23, 3.

14) Über besondere Fälle, in denen man das Einbringen der dos als selbstver-

6. Der Besteller der dos haftete dem Manne wegen Eviktion der Dotalobjekte:

a) wenn dieselben venditionis causa geschätzt wurden, nach den Regeln des Verkaufes,

b) im Falle eines Dolus,

c) wenn sich der Besteller besonders wegen Evition verpflichtet hatte.

7. Die Dosbestellung geschah nicht selten vor dem Eheschlusse. Dann konnte das Dotalobjekt unmittelbar Vermögen des Mannes werden, zur dos wurde es aber erst bei Eingehung der Ehe.[15] Kam letztere nicht zustande, so hatte der Besteller wegen Vereitelung des Zweckes der Übereignung eine condictio auf Rückgewähr. Die Übertragung konnte aber auch durch die Eheschließung bedingt werden, so daß sie sich erst mit ihr vollzog.

Übereignung körperlicher Sachen zur Dotierung vor der Ehe galt im Zweifel als unbedingt, Versprechen[16] und Schulderlaß[17] als durch den Eheschluß bedingt.

8. Die dos bildete ein besonderes Vermögen, welches wuchs und sich minderte. Seine Bestandteile konnten wechseln:

a) von Rechts wegen, also ohne den Willen der Ehegatten, z. B. infolge einer Expropriation der Dotalsachen gegen Entschädigung,[18]

b) durch Übereinkunft von Mann und Frau über den Umtausch der Dotalobjekte — permutatio dotis.[19] [20] Solche Geschäfte verbanden die Frau nicht, sofern sie durch dieselben beeinträchtigt wurde.

III. Die Dotalverträge.[1]

Die Vertragsfreiheit war bezüglich der Dotalverhältnisse wesentlich beschränkt.

1. Dotalverträge galten als nichtig, wenn sie gegen Grundprinzipien des Dotalrechts verstießen. Dahin gehörte die Vereinbarung, daß der Mann allen Ertrag, den er aus der dos während der Ehe gewann,

---

ständlich ansah, vgl. l. 24, l. 30, l. 40, l. 64 D. h. t. 23, 3. Siehe überhaupt Bechmann in Bekkers Jahrbuch Bd. 5 n. 14.

15) l. 7 § 3 D. h. t. 23, 3 und l. 8 D. eod. Callistratus libro 2 quaestionum: Sed nisi hoc evidenter actum fuerit, credendum est hoc agi, ut statim res sponsi fiant et, nisi nuptiae secutae fuerint, reddantur, l. 6 D. de cond. c. d. c. n. s. 12, 4.

16) l. 21 D. h. t. 23, 3. Ulpianus libro 35 ad Sabinum: Stipulationem, quae propter causam dotis fiat, constat habere in se condicionem hanc „si nuptiae fuerint secutae", et ita demum ex ea agi posse (quamvis non sit expressa condicio), si nuptiae, constat. l. 83 D. h. t. 23, 3.

17) l. 43 D. h. t. 23, 3.

18) Vgl. l. 78 § 4 D. h. t. 23, 3.

19) l. 26, l. 27 D. h. t. 23, 3.

20) l. 54 D. h. t. 23, 3. Gajus ad edictum praetoris titulo de praediatoribus besagt: Res, quae ex dotali pecunia comparatae sunt, dotales esse videntur.

1) Tit. Dig. de pactis dotalibus 23, 4. Cod. de pactis conventis 5, 14. Bechmann Bd. 2 S. 379; Czyhlarz S. 429; Brinz Bd. 3 S. 758; Beldimano, de pactis dotalibus. Berliner Inaug.Diss. 1877.

nach Auflösung derselben erstatte:[2] wo bliebe ihm dabei der Beitrag zu den Kosten der Ehe! Auch der Verzicht des Mannes auf Anrechnung seiner Verwendungen auf die dos war nichtig, denn solche Verwendungen mindern die dos von Rechts wegen.[3]

2. Ferner wurden Dotalverträge verworfen, welche die Rechtsstellung der Frau ungebührlich verschlechterten.[4] [5] Insbesondere war hiernach nichtig der absolute Verzicht der Frau auf Rückerstattung der dos auch für den Fall der Trennung der Ehe durch den Tod des Mannes.[6] Wohl aber durfte die dos dem Manne für den Fall der Ehescheidung zugesichert werden, sofern ihm Kinder aus der Ehe verblieben,[7] nicht minder für den Fall der Trennung durch den Tod der Frau, auch wenn die Ehe kinderlos war.

Bei der Bestellung der dos durch Dritte, zur Dotierung nicht verpflichtete Personen trat eine Kollision der Erwägungen ein. Man wollte die Dritten nicht zurückschrecken, zugleich aber das Wohl der Frau möglichst fördern. Dritte Besteller konnten daher bei der Dotierung oder auch später bis zum Eheschlusse die Rückerstattung der dos zu ihren Gunsten mit dem Manne vereinbaren, dieselbe auch beliebigen Dritten versprechen lassen.[8] Nachher bedurfte es zu Vereinbarungen des Bestellers und des Ehemannes über die dos auch der Zustimmung der Frau, da diese mit der Eheschließung das Recht auf die dos erworben hatte. Vereinbarungen, wodurch der Mann zum Nachteil der Frau ungebührlich begünstigt würde, durften dritte Besteller selbst bei der Dotierung nicht gültig abschließen.[9]

---

2) Der Vertrag, wonach zwar die Früchte das Dotalvermögen vermehren, aber die aus den Dotalfrüchten gewinnbaren Erträge dem Manne verbleiben sollen, war gestattet. l. 4 D. h. t. 23, 4.

3) l. 5 § 2 D. h. t. 23, 4. Über den Verzicht des Mannes auf das beneficium competentiae vgl. l. 14 § 1 D. soluto matrimonio 24, 3.

4) Vgl. l. 17 D. h. t. 23, 4.

5) Es konnte unter anderem nicht zum Nachteil der Frau ausgemacht werden, daß der Ehemann nur für Dolus haften solle, l. 6 D. h. t. 23, 4.

6) l. 12 § 1 D. h. t. 23, 4. l. 2 D. eod., l. 1 § 1 D. de dote praelegata 33, 4, l. 3 C. h. t. 5, 14. — l. 16 D. h. t. 23, 4. Paulus libro 35 ad edictum: Ut autem longiore die solvatur dos, convenire non potest, non magis quam ne omnino reddatur.

7) l. 1 § 1 D. de dote praelegata 33, 4. Ulpianus libro 19 ad Sabinum ... quod est admissum posse deteriorem condicionem dotis fieri intervenientibus liberis, totiens locum habet, quotiens ipsa in matrimonio decedit vel divortium intervenit.

8) l. 29 pr. D. soluto matrimonio 24, 3. Ulpianus libro 3 disputationum: Quotiens pater dotem dat et stipulatur, ita demum in suam personam de dote actionem transfert, si ex continenti stipuletur: ceterum si interposito tempore stipulari velit, non nisi consentiente filia poterit, quamvis in potestate sit, quia deteriorem condicionem in dote filiae facere non potest nisi consentiat. plane si ante nuptias dotem dederit, poterit ex intervallo, ante nuptias tamen, et citra voluntatem quoque filiae stipulari. Die Tragweite dieser Stelle ist sehr bestritten. Vgl. darüber unsere früheren Auflagen.

9) l. 3 C. de pactis conventis 5, 14. Czyhlarz a. a. O. S. 440. Brinz Bd. 3 S. 761 Anm. 19.

§ 416. 4. Die Rechtsverhältnisse während der Ehe.

I. Die Rechte des Ehemannes.

Der Ehemann war Eigentümer der Dotalsachen.

Allerdings hatte die Frau weitgehende Rechte bezüglich ihrer dos. Aber ein doppeltes Eigentum an der dos einesteils des Mannes und anderenteils der Frau, wie es früher viele annahmen und noch heute manche verteidigen, bestand deshalb doch nicht.

1. Als Eigentümer erwarb der Ehemann die Erträgnisse und Accessionen der Dotalsachen grundsätzlich zu Eigentum. In sein freies Eigentum traten aber nur die Früchte; nur sie verblieben ihm endgültig. Andere Erträgnisse, z. B. die dem Eigentümer als solchem anfallende Hälfte des in dem Dotalgrundstücke gefundenen Schatzes, vermehrten das Dotalvermögen und waren als dessen Bestandteile nach Beendigung der Ehe herauszugeben.[1]

2. Infolge seines Eigentumsrechtes war der Ehemann grundsätzlich zur Veräußerung der Dotalsachen legitimiert.

a) Dies erlitt jedoch eine erhebliche Beschränkung durch die lex Julia de fundo dotali,[2] welche im Interesse der Sicherung der gesetzlichen Ansprüche auf Rückgewähr[3] die Veräußerung der Dotalgrundstücke verbot und für nichtig erklärte. Dies Gesetz, ursprünglich nur italische Grundstücke betreffend, wurde auf außeritalische erstreckt[4] und erhielt auch Anwendung gegenüber dem Bräutigam.[5] Es verhinderte ferner die Bestellung dinglicher Rechte. Ursprünglich war nur die Verpfändung unbedingt untersagt, die Eigentumsübertragung dagegen unter Zustimmung der Frau gestattet. Justinian ließ auch diese nicht zu,[6] eine unpraktische Bestimmung, welche, folgerecht durchgeführt, den Eheleuten auch in Fällen der dringendsten Not oder größten Nutzens die Hände gebunden hätte.

---

1) l. 7 § 12 D. soluto matrimonio 24, 3. Ulpianus libro 31 ad Sabinum ... sed et si (sc. arbores) vi tempestatis ceciderunt, dici oportet pretium earum restituendum mulieri nec in fructum cedere, non magis, quam si thesaurus fuerit inventus: in fructum enim non computabitur, sed pars ejus dimidia restituetur quasi in alieno inventi.

2) Tit. Dig. de fundo dotali 23, 5; Cod. eod. 5, 23; Gaj. Inst. II § 63; Pauli sent. II 21 b § 2; pr. J. quibus alienare 2, 8; Bachofen, ausgewählte Lehren S. 89; Czyhlarz in Lindes Zeitschr. Bd. 22 n. 11 und Dotalrecht S. 196; Bechmann a. a. O. Bd. 2 S. 445. Was man lex Julia de fundo dotali in Übereinstimmung mit l. 1 D. h. t. 23, 5 nennt, ist ein Kapitel der lex Julia de adulteriis vom Jahre 18 vor Christi Geburt.

3) l. 3 § 1 D. h. t. 23, 5. Paulus libro 36 ad edictum: Totiens autem non potest alienari fundus, quotiens mulieri actio de dote competit aut omnimodo competitura est. Dabei ist an einen Dotalanspruch auf das Grundstück gedacht. Das Veräußerungsverbot greift deshalb nicht ein: a) bei der dos recepticia, b) bei der dos aestimata, da hier nicht das Grundstück, sondern die Schätzungssumme dotal ist, c) wenn das Grundstück alternativ dotal ist, sofern der Mann die Wahl hat.

4) l. un. § 15 C. de rei uxor. act. 5, 13. pr. J. quibus alienare 2, 8.

5) l. 4 D. h. t. 23, 5. Selbstverständlich blieb die Veräußerung auch nach Beendigung der Ehe bis zur Restitution der dos verboten.

6) l. un. § 15 C. de rei uxor. act. 5, 13.

Die Veräußerung konvaleszierte, wenn nach Auflösung der Ehe keine dotalrechtlichen Ansprüche der Frau oder ihres Vaters vorlagen.[7]

b) Bezüglich der Mobilien bestand kein gesetzliches Veräußerungsverbot. Doch nur über Fungibilien und alle rascherem Verderben ausgesetzten Objekte hatte der Ehemann das volle Verfügungsrecht ohne Zustimmung der Frau. Veräußerte er Mobilien anderer Art ohne solche Einwilligung, so war dies der Frau gegenüber unberechtigt. Diese konnte sie daher nach Auflösung der Ehe als zu ihrer dos gehörend vom Manne beanspruchen[8] und nach justinianischem Rechte sogar von Dritten vindizieren.[9]

3. Der Ehemann hatte alle Rechtsmittel eines Eigentümers, z. B. Vindikation, Servitutenklagen, die condictio furtiva[10] und die actio legis Aquiliae.

II. Die Rechte der Ehefrau.

Obgleich die dos juristisch im wahren Eigentume des Mannes stand, so war sie nach der Auffassung des Lebens dennoch Frauenvermögen[1] und hierin lag die Quelle aller Rechte der Frau. Diese wurden vorzugsweise nach Auflösung der Ehe wirksam, traten aber auch bereits während der Ehe hervor.

---

7) l. 17 D. h. t. 23, 5, l. 42 D. de usurp. 41, 3.

8) l. 50 D. soluto matrimonio 24, 3. Scaevola libro 2 responsorum: Aestimatis rebus in dotem datis pactum intercessit, ut, ex quacumque causa dos reddi deberet, ipsae res restituerentur habita ratione augmenti et deminutionis viri boni arbitratu, quae vero non extarent, ab initio aestimatio earum — also die vereinbarte Schätzung und nicht was die Sache zur Zeit des Unterganges oder des Urteils wert wäre —: quaesitum est, cum res quaedam quas maritus vendiderat extarent, an secundum pactum et haec ad mulierem pertinerent. respondi res quae extant, si neque volente neque ratum habente muliere venissent, perinde reddendas, atque si nulla aestimatio intervenisset.

9) Vgl. unten § 420.

10) l. 49 § 1 D. de furtis 47, 2.

1. Die hauptsächlichsten Stellen, welche manche dazu bestimmten, die Frau sogar als Eigentümerin der dos anzusehen, sind l. 3 § 5 D. de minoribus 4, 4. Ulpianus libro 11 ad edictum: Ergo etiam filiam familias in dote captam, dum patri consentit stipulanti dotem non statim quam dedit, vel adhibenti aliquem qui dotem stipularetur, puto restituendam, quoniam dos ipsius filiae proprium patrimonium est. Doch dies besagt nur: die Dotalansprüche gehören nicht zum Vermögen des Hausvaters, sondern der Haustochter; l. 75 D. h. t. 23, 3. Tryfoninus libro 6 disputationum: Quamvis in bonis mariti dos sit, mulieris tamen est, et merito placuit, ut, si in dotem fundum inaestimatum dedit, cujus nomine duplae stipulatione cautum habuit, isque marito evictus sit, statim eam ex stipulatione agere posse. porro cujus interest non esse evictum quod in dote fuit quodque ipsa evictionem pati creditur ob id, quod eum in dotem habere desiit, hujus etiam constante matrimonio, quamvis apud maritum dominium sit, emolumenti potestatem esse creditur, cujus etiam matrimonii onera maritus sustinet. Das wahre Eigentum des Mannes an der dos wird gerade hier zugestanden, und nur betont, daß die dos auch während der Ehe der Frau Vorteile gewähre, daß sie daher schon jetzt an ihr juristisch interessiert sei. Weniger scharf ist Justinian, wenn er in l. 30 C. h. t. 5, 12 gleichsam zur Auswahl hinstellt, ob man annehmen wolle, daß die Dotalsachen „ex naturali jure ejusdem mulieris“ seien oder „secundum legum subtilitatem ad mariti substantiam“ gehörten. Doch auch hiernach bleibt es dabei, daß der Mann juristisch betrachtet allein Eigentümer der dos ist, wenn auch die Frau nach einer natürlichen, d. h. hier unjuristischen Betrachtung in der dos ihr Vermögen sieht.

1. Standesgemäßer Unterhalt aus der dos war natürliches Anrecht der Frau. In Notfällen erwuchs hieraus ein klagbarer Anspruch.[2]

2. Geriet der Ehemann in Vermögensverfall, so ging das Recht der Verwaltung der dos von Rechts wegen auf die Ehefrau über. Sie konnte daher die Herausgabe der dos fordern und über sie, wie sonst der Ehemann, verfügen.[3]

3. Hiervon abgesehen war die Zurückgabe während der Ehe nur zu notwendigen, nützlichen oder sittlich gebotenen Zwecken zulässig.

Gab der Mann ohne dringende Veranlassung die dos während der Ehe in die Hände seiner Frau und ging sie bei ihr zugrunde, so konnte er sich nach Auflösung der Ehe der wiederholten Erstattung nicht entziehen.[4]

§ 417. 5. Die Dotalverhältnisse nach Auflösung der Ehe.

I. Die Rückforderung im allgemeinen.

Nach Endigung der Ehe war die dos in der Regel zurückzuerstatten. Hinsichtlich der dos recepticia, bei welcher der Besteller sich oder Dritten die Rückerstattung vorbehalten hatte, war lediglich die Vereinbarung maßgebend.[1]

In anderen Fällen traten die dotalrechtlichen Normen in Kraft.

a) Die hauptsächliche Dotalklage war auch im justinianischen Rechte eine persönliche.[2] Sie verfolgte Rechnungslegung sowie Erstattung des Dotalvermögens. Den anormalen und höchst persönlichen Charakter, welcher der alten actio rei uxoriae innewohnte, hatte sie abgestreift. Sie war als sog. actio tacita ex stipulatu der Vertragsklage nachgebildet, namentlich also vererblich.

Die Ehefrau hatte im justinianischen Rechte nicht bloß ein Vorzugsrecht vor den chirographarischen Gläubigern des Mannes, sondern auch ein gesetzliches Pfandrecht,[3] mit einem Privilegium vor älteren hypothekarischen Gläubigern.[4]

b) Justinian gewährte der Frau eine utilis rei vindicatio.[5] Damit erhielt sie ein dingliches Recht auf Rückübertragung der Dotalsachen.

---

2) l. 22 § 8 D. soluto matrimonio 24, 3.

3) l. 29 D. h. t. 5, 12.

4) l. un. C. si dos constante matrimonio soluta fuerit 5, 19. Der Grund des Satzes ist zweifelhaft. Viele erklären ihn daraus, daß die vorzeitige Rückgabe eine Schenkung unter Ehegatten bilde. Aber vorzeitige Zahlung einer Schuld ist nicht Schenkung. Es handelt sich um ein spezielles Verbot, welches wahrscheinlich in der lex Papia Poppaea enthalten war. Czyhlarz a. a. O. S. 492.

1) Es bestand dann in Rom die act. ex stipulatu oder in Fällen formloser Vereinbarung die act. praescriptis verbis, l. 6 C. h. t. 5, 12.

2) l. un. C. de rei uxoriae actione in ex stipulatu transfusa 5, 13, oben § 414. Die Klage wird häufig in den Quellen actio de dote und von uns hiernach als „Dotalklage“ bezeichnet.

3) l. 17 § 1 — l. 19 pr. D. de rebus auctoritate judicis 42, 5. Dies Privileg war höchst persönlich, l. un. C. de privilegio dotis 7, 74.

4) l. un. § 1 C. de rei uxoriae actione 5, 13, l. 12 C. qui potiores 8, 17. Hiervon besteht nichts mehr. KO. § 61.

5) l. 30 pr. C. h. t. 5. 12. Justinianus: In rebus dotalibus sive mobilibus sive immobilibus seu se moventibus, si tamen extant, sive aestimatae sive inaestimatae sint, mulierem in his vindicandis omnem habere post dissolutum matrimonium

Und zwar bezog sich dieser Anspruch auch auf in dritter Hand befindliche Objekte, abgesehen von Fungibilien; ja er erstreckte sich sogar auf ästimierte Dotalsachen, vorausgesetzt, daß die Ästimationssumme nicht gezahlt wurde.

II. Rückforderungsberechtigte.[1]

Als rückforderungsberechtigt galten die Frau und deren Erben. War die geschiedene oder verwitwete Frau noch Haustochter, so stand die Dotalklage nur dem Vater und der Tochter gemeinsam zu.[2]

Der Vater hatte den Dotalanspruch wegen der von ihm bestellten dos profecticia,[3] wenn seine Tochter in der Ehe verstarb.[4] In diesem Falle waren also die Erben der Frau ausgeschlossen.

III. Gegenstand der Dotalklage.

Gegenstand der Dotalklage war das Dotalvermögen, in dem Stande und Betrage, in dem es sich zurzeit befand.

1. Die dos bestand in einer festen Summe, sofern sie verkaufsweise abgeschätzt war, oder zu ihr Geld und andere Fungibilien gehörten. Dann war diese Summe zu erstatten, ohne daß in Betracht kam, ob das entsprechende Kapital in den Händen des Mannes sich minderte oder vermehrte.[1]

2. Sonst mußten die Bestandteile des Dotalvermögens genau so erstattet werden, wie sie im Laufe der Zeit geworden waren, zunächst also die inferierten Sachen, soweit sie noch vorhanden waren,[2] dann was etwa durch Vereinbarung oder von Rechts wegen an deren Stelle trat. Dazu kamen die Accessionen der dos.[3] Zu diesen gehörten auch vor Eingehung und nach Auflösung der Ehe gewonnene Früchte der Dotalsachen. Dagegen galten die auf die

---

praerogativam et neminem creditorum mariti, qui anteriores sunt, posse sibi potiorem causam in his per hypothecam vindicare, cum eaedem res et ab initio uxoris fuerant et naturaliter in ejus permanserunt dominio. Die Auslegung ist sehr bestritten. Vgl. darüber unsere früheren Auflagen.

1) Tit. Dig. soluto matrimonio dos quemadmodum petatur 24, 3, Cod. 5, 18, l. un. C. de rei uxoriae act. 5, 13.

2) Ulpian. fragm. VI § 6, l. 2 §§ 1 ff., l. 3, l. 4 D. h. t. 24, 3. Vgl. Brinz Bd. 3 S. 714.

3) Vgl. über den Begriff der dos profecticia oben § 413.

4) Der Vater hatte die Rückforderung der dos profecticia, wenn die Tochter in der Ehe verstarb, ohne Rücksicht darauf, ob sie zur Zeit der Bestellung oder ihres Todes in seiner Gewalt stand. Denn ganz allgemein erklärt l. 6 pr. D. de jure dotium 23, 3. Pomponius libro 14 ad Sabinum: Jure succursum est patri, ut filia amissa solacii loco cederet, si redderetur ei dos ab ipso profecta, ne et filiae amissae et pecuniae damnum sentiret. Und speziell bezeugt l. 71 D. de evictionibus 21, 2, daß auch „si filia emancipata est, uno casu ad patrem dos regredi potest", nämlich „mortua in matrimonio filia". Vgl. im übrigen unsere früheren Auflagen.

1) l. 42 D. de jure dotium 23, 3. Gajus libro 11 ad edictum provinciale: Res in dotem datae, quae pondere numero mensura constant, mariti periculo sunt, quia in hoc dantur, ut eas maritus ad arbitrium suum distrahat et quandoque soluto matrimonio ejusdem generis et qualitatis alias restituat vel ipse vel heres ejus.

2) l. 11 D. h. t. 24, 3. Pomponius libro 16 ad Sabinum: Si alienam rem sciens mulier in dotem dederit, reddenda ei est, quasi suam dedisset.

3) l. 4, l. 10 § 1 D. de jure dotium 23, 3.

Ehezeit fallenden Früchte als freies Eigentum des Mannes und brauchten nicht restituiert zu werden.[4]

Bezüglich der Früchte des letzten Jahres der Ehe trat aber verhältnismäßige Teilung zwischen dem Ehemann und der Ehefrau — beziehungsweise deren Successoren — ein. Dies machte die Freiheit der Ehescheidung in Rom zur Notwendigkeit. Der Nießbrauch endigt in der Regel durch ein zufälliges Ereignis, den Tod des Nießbrauchers, daher konnte man beim Nießbrauch die Perzeption einfach über die Gewinnung der Früchte entscheiden lassen. Dagegen konnte das Dotalverhältnis in Rom durch willkürliche Ehescheidung eines Teiles enden und solche Scheidungen waren sehr häufig. Hätte man auch hier die Perzeption als maßgebend angesehen, so wären die niedrigsten Spekulationen möglich gewesen. Der Mann insbesondere hätte die Ehe unmittelbar vor der Ernte schließen und nach deren Eintun sofort wieder auflösen können, um die Ernte als Beute zu behalten. Diese für die Ehescheidung aufgestellten Regeln wurden dann auch auf die Auflösung der Ehe durch den Tod ausgedehnt.

Wie aber war das Teilungsjahr zu bestimmen? Es lag nahe, das laufende Frucht- oder Pachtjahr zum Teilungsjahr zu machen. Dies nahmen, wie es scheint, die älteren römischen Juristen an. Aber dem Übel war damit nicht abgeholfen. Daher bestimmte man als das Datum, von welchem das Teilungsjahr berechnet wurde, den Tag des Abschlusses der Ehe, und wenn das bezügliche Dotalgrundstück erst später übereignet wurde, den Tag dieser Übereignung.[5] [6]

---

4) Über die Restitution der Früchte der dos vgl. u. a. Francke im Archiv für ziv. Praxis Bd. 30 n. 10, Bechmann Bd. 2 S. 188, Czyhlarz S. 235, Bolze im Archiv für ziv. Praxis Bd. 61 S. 321 und Brandis ebendaselbst Bd. 69 n. 6, Huschke. Zeitschrift für Rechtsgeschichte Bd. 10 S. 1, Wiedemann in der Zeitschr. der Sav.Stiftg., rom. Abt. Bd. 7 S. 106, L. v. Petražycki, die Fruchtverteilung beim Wechsel der Nutzungsberechtigten 1892, Abh. I.

5) Die Prinzipien formuliert am klarsten l. 6 D. h. t. 24, 3. Paulus libro 7 ad Sabinum: Si ante nuptias fundus traditus est, ex die nuptiarum ad eundem diem sequentis anni computandus annus est: idem in ceteris annis servatur, donec divortium fiat. nam si ante nuptias traditus sit et fructus inde percepti, hi restituendi sunt quandoque divortio facto quasi dotis facti. Hierzu vgl. l. 5 D. eod. Ulpianus libro 30 ad Sabinum: De divisione anni ejus, quo divortium factum est, quaeritur, ex die matrimonii an ex die traditi marito fundi maritus sibi computet tempus. et utique in fructibus a viro retinendis neque dies dotis constitutae neque nuptiarum observabitur, sed quo primum dotale praedium constitutum est, id est tradita possessione.

6) So Petražycki a. a. O. Seine Ausführungen geben auch den Schlüssel zu der vielbesprochenen Entscheidung der l. 7 § 1 D. h. t. 24, 3. Ulpianus libro 31 ad Sabinum: Papinianus libro undecimo quaestionum divortio facto fructus dividi ait non ex die locationis, sed habita ratione praecedentis temporis, quo mulier in matrimonio fuit: neque enim, si vindemiae tempore fundus in dotem datus sit eumque vir ex Kalendis Novembribus primis fruendum locaverit, mensis Januarii suprema die facto divortio, retinere virum et vindemiae fructus et ejus anni, quo divortium factum est, quartam partem mercedis aequum est: alioquin si coactis vindemiis altera die divortium intercedat, fructus integros retinebit. itaque si fine mensis Januarii divortium fiat et quatuor mensibus matrimonium steterit, vindemiae fructus et quarta portio mercedis instantis anni confundi debebunt, ut ex ea pecunia tertia portio viro relinquatur. — Über den Fall ist kein Zweifel. Die Ehe

3. Die **Restitution** der Dotalgrundstücke hat **sofort** nach Auflösung der Ehe zu geschehen. Für andere Objekte ist dem Manne und seinen Erben gesetzlich die **Frist eines Jahres** gewährt.[7] Doch sind auch die während dieses Jahres von speziellen Dotalsachen gewonnenen Früchte dotal und zu erstatten. Vom Ablauf des Jahres an hat der Restitutionspflichtige 4 % Zinsen des Wertbetrages der dos zu berichtigen. Dabei kommen aber fruchttragende Sachen, deren Fruchtertrag herauszugeben ist, nicht in Anschlag.

4. Der Ehemann war, während er das Dotalvermögen verwaltete, wegen culpa in concreto verantwortlich. Die hiernach entstandene Entschädigungsforderung vermehrte das Dotalvermögen.[8]

5. **Notwendige Verwendungen** auf die Dotalobjekte **minderten** das **Dotalvermögen** von **Rechts wegen**, so daß sich die Erstattungspflicht um deren Betrag verringerte. Dies bezog sich nicht auf die sog. laufenden Verwendungen, d. h. solche, welche eine Last des Fruchtertrages

---

hatte am ersten Oktober begonnen und wurde am letzten Januar des folgenden Jahres getrennt, dauerte also 4 Monate. Ein Weinberg war zur dos gegeben. Der Ehemann hatte im Oktober die Weinernte eingetan und den Weinberg vom ersten November ab verpachtet. Was gebührt ihm nun vom Ertrage des Ehejahres? Papinian polemisiert, wie Petražycki mit Recht ausführt, hier gegen die ältere Ansicht, welcher wohl noch Sabinus huldigte, wonach das laufende Pachtjahr Teilungsjahr sein sollte. Denn danach würde der Mann, welcher im Oktober heiratete, die Weinernte eintat, darauf den Weinberg verpachtete und sofort die Ehe auflöste, die ganze Weinernte behalten können, weil sie nicht in das laufende, sondern in das verflossene Fruchtjahr fiel. Papinian macht daher das Ehejahr zum Teilungsjahr. Von diesem Standpunkt wäre das Folgerechte, daß der Ehemann den dritten Teil — für 4 Monate — der Teilungsmasse erhielte, welche aus dem Ertrag der Weinernte und 11 Pachtmonaten bestand. Daß hiernach der Ehemann immer noch sehr günstig behandelt würde, kann uns, wenn wir den Zweck der Teilung der Früchte, wie ihn Petražycki entwickelt, beachten, nicht mehr befremden. Aber Papinian wirft nicht 11/12, sondern nur 3/12 des Pachtzinses in die Teilungsmasse. Dies erklärt Petražycki mit Recht dadurch, daß Papinian hier nur die auf die Ehezeit entfallenden Früchte verteilt. Auf diese allein kam es ihm an, vor allem wollte er zeigen, daß die Frau auch Anteil an der Weinernte habe. Aber der Mann braucht sich mit dem ihm hier Zugebilligten nicht zu begnügen. Er bekommt auch noch von demjenigen Pachtzins, der auf das Ehejahr nach Auflösung der Ehe fällt, ein Drittel, also im ganzen doch den dritten Teil von **elf** Pachtmonaten. Lotmar, in Iherings Jahrb. Bd. 33 n. 3 hat Petražycki nicht zu widerlegen vermocht. Vgl. denselben ebendaselbst S. 448. Gegen Petražycki auch Kipp bei Windscheid Aufl. 8 § 501 Anm. 8.

7) In der klassischen Zeit hatte der Mann zur Erstattung der Fungibilien drei Jahrestermine, während er andere Dotalobjekte sofort restituieren sollte. Ulpian. fragm. VII § 8. Justinian unterscheidet in der l. un. § 7 C. h. t. 5, 13 Immobilien und Mobilien, vgl. Czyhlarz a. a. O. S. 388.

8) l. 17 D. de jure dotium 23, 3. Eines politischen Prozesses gedenkt Javolenus libro 6 ex posterioribus Labeonis l. 66 D. soluto matrimonio 24, 3. In his rebus, quas praeter numeratam pecuniam doti vir habet, dolum malum et culpam eum praestare oportere Servius ait. ea sententia Publii Mucii est: nam is in Licinnia Gracchi uxore statuit, quod res dotales in ea seditione, qua Gracchus occisus erat, perissent, ait, quia Gracchi culpa ea seditio facta esset, Licinniae praestari oportere. Vgl. Arndts, ziv. Schriften Bd. 1 S. 457. Siehe auch BGB. § 1359. Über die Verantwortlichkeit des Ehemannes in bezug auf eine ihm versprochene dos oder in dotem gegebene Forderung handelt Meyerfeld im rheinischen Museum für Jurisprudenz Bd. 7 n. 5. Vgl. Bechmann Bd. 2 S. 240 und Czyhlarz S. 263, auch Pernice, Labeo Bd. 2 Aufl. 2 Abt. II, 1 S. 207.

bildeten.[9] Wegen nützlicher Verwendungen hatte der Ehemann die Mandatsklage, wenn sie mit Einwilligung der Frau gemacht wurden, die actio negotiorum gestorum, wenn deren allgemeine Voraussetzungen vorhanden waren.[10]

IV. Beweis bei der Dotalklage.

Der Kläger hatte zu beweisen, daß eine Dos bestellt und daß der Fall der Rückforderung eingetreten sei.

Der Nachweis der Erteilung eines Dotalversprechens an den Mann genügte zur Begründung des Anspruches auf Erstattung des Versprochenen, wenn der Mann für gehörige Beitreibung verantwortlich war, er befreit sich dann nur durch den Nachweis, daß er ohne seine Verschuldung nichts erhielt.

War der Mann nicht für die Beitreibung haftbar, so mußte der Kläger die Auszahlung des Versprochenen beweisen. Dies galt namentlich in dem Falle, wenn der Kläger selbst oder sein Erblasser seinerzeit das Dotalversprechen geleistet hatte und nun Rückerstattung des Betrages forderte.

III. Schenkungen unter Ehegatten. Propter nuptias donatio.

§ 418. Die Schenkungen unter Ehegatten.[1]

Schenkungen unter Ehegatten waren nach römischem Recht nichtig.

Dies ist auffallend. Was scheint natürlicher als Geschenke unter Ehegatten, um ihrer Liebe und Anhänglichkeit Ausdruck zu geben, und dennoch waren sie verboten. Die Freiheit der Ehescheidung brachte die römische Praxis und Gewohnheit zu dieser Auffassung. Denn die Würde der Ehe wäre gefährdet gewesen, wenn man das Schauspiel hätte erleben können, daß der zärtlichere Gatte ihre Fortsetzung durch Geschenke erkaufen mußte.[2] Bei gesunden Verhältnissen haben die Ehegatten ihr Vermögen ohnehin tatsächlich gemein; ein Bedürfnis, während der Ehe zu schenken, besteht daher in der Regel nicht. Soweit dies doch der Fall ist, waren Schenkungen zulässig.

---

9) l. 5 pr. D. de inpensis in res dotales factis 25, 1 . . . dicitur necessarias impensas dotem minuere, l. 16 D. eod., § 37 J. de actionibus 4, 6, l. un. § 5 C. de rei uxor. act. 5, 13. Dernburg, Kompensation S. 105, Czyhlarz S. 276, Sternberg a. a. O. §§ 8 ff., Brinz Bd. 3 S. 729, Petražycki, Einkommen Bd. 1 S. 160, A. Leinweber, die Dotalimpensen 1893.

10) Die Behandlung der impensae utiles gegenüber den Dotalansprüchen ist bestritten, vgl. Czyhlarz S. 346 und 386. Justinian verordnet, daß sie mit der actio mandati eingeklagt werden, wenn sie mit Zustimmung der Frau gemacht waren, wo dies nicht zutraf, wurde die actio negotiorum gestorum angestrengt, l. un. § 5 C. de rei uxor. act. 5, 13.

1) Tit. Dig. de donationibus inter virum et uxorem 24, 1, Cod. 5, 16. Savigny, System Bd. 4 S. 165; F. Hofmann in Grünhuts Zeitschrift Bd. 8 S. 286 und dort Zitierte; Gradenwitz, Ungültigkeit obligatorischer Rechtsgeschäfte S. 191; Brinz Bd. 3 S. 790.

2) l. 1 D. h. t. 24, 1. Ulpianus libro 32 ad Sabinum: Moribus apud nos receptum est, ne inter virum et uxorem donationes valerent. hoc autem receptum est, ne mutuato amore invicem spoliarentur donationibus non temperantes, sed profusa erga se facilitate, l. 2, l. 3 pr. D. eod. Erörterungen über den Ursprung des Verbotes siehe bei Hofmann a. a. O. Gegen den gewohnheitsrechtlichen Ursprung im Anschlusse an Alibrandi: Kipp bei Windscheid Aufl. 8 § 509 Anm. 1. Nach BGB. sind Schenkungen unter Ehegatten gültig.

1. Für das Verbot bestanden folgende Voraussetzungen:

a) Vornahme während der Zeit der Ehe. Nicht betroffen waren Schenkungen zwischen den künftigen Gatten, selbst wenn sie am Hochzeitstage vor der Ehe geschahen,[3] ebensowenig solche unter Geschiedenen, auch wenn sie sich später wieder verheirateten.[4]

Die Ehe mußte gültig sein. Schenkungen an eine Konkubine waren nicht verboten.[5]

b) Es mußte sich um Schenkungen handeln, welche eine Bereicherung des Beschenkten auf Kosten des Geschenkgebers bezweckten.[6]

c) Gesetzlich gebilligt waren Schenkungen zur Wiederherstellung eines zerstörten Gebäudes,[7] sowie solche, welche dem Ehemanne die Erlangung und Bekleidung von Ehrenstellen ermöglichen sollten.[8]

Allgemein gültig waren Schenkungen auf den Todesfall, da sie berechtigten Zwecken dienten und durch den Schenker jederzeit widerrufbar waren.[9] Ebenso waren gestattet Schenkungen divortii causa, d. h. zur Zeit und auf den Fall einer Ehescheidung.[10]

2. Das Schenkungsgeschäft hatte keine Gültigkeit. Der Beschenkte erlangte daher kein Eigentum durch die Tradition des Geschenkten,[11] und der Geschenkgeber behielt dessen Vindikation.[12] Ungültig waren ferner Schenkungsversprechen und Schulderlasse.[13]

Soweit die Vindikation des Geschenkten nicht mehr möglich war, hatte der Schenker eine condictio sine causa in Höhe der Bereicherung des Beschenkten.[14]

3. Infolge einer Oratio des Severus und Caracalla[15] konvaleszierte die an sich nichtige Schenkung, wenn der Schenker, ohne widerrufen zu haben, vor dem Geschenknehmer in der Ehe verstarb. Die Erben des verstorbenen Ehegatten konnten also in solchen Fällen nicht, wie dies früher Rechtens war, das Geschenkte zurückfordern.

---

3) l. 27, l. 66 § 1 D. h. t. 24, 1.
4) l. 64, l. 35 D. h. t. 24, 1.
5) l. 3 § 1, l. 65 D. h. t. 24, 1.
6) l. 5 § 8 D. h. t. 24, 1. Ulpianus libro 32 ad Sabinum: Concessa donatio est sepulturae causa: nam sepulturae causa locum marito ab uxore vel contra posse donari constat et si quidem intulerit, faciet locum religiosum. hoc autem ex eo venit, quod definiri solet eam demum donationem impediri solere, quae et donantem pauperiorem et accipientem faciet locupletiorem.
7) l. 14 D. h. t. 24, 1.
8) l. 40—l. 42 D. h. t. 24, 1.
9) l. 9 §§ 2 ff. D. h. t. 24, 1.
10) l. 11 §§ 11 ff. D. h. t. 24, 1. RG. Bd. 5 S. 153. Enthielten dieselben ein Erkaufen der Einwilligung zur Ehescheidung, so waren sie wegen Unsittlichkeit nichtig.
11) l. 3 §§ 10 ff. D. h. t. 24, 1.
12) l. 35 und l. 36 D. h. t. 24, 1.
13) l. 3 § 10, l. 5 §§ 1 ff. D. h. t. 24, 1.
14) l. 5 § 18 D. h. t. 24, 1. l. 55 D. eod. Paulus libro 6 quaestionum . . . Videtur maritus, quamvis solvendo non sit, ex donatione locupletior effectus, cum pecunia mulieris res comparata exstet. respondi: locupletiorem esse ex donatione

§ 419. Die propter nuptias donatio.[1]

Propter nuptias donatio — Ehegeschenk — nannte man eine Zuwendung seitens des Mannes an seine Frau zu den Zwecken der Ehe, welche der Frau im Falle einer Scheidung durch Schuld des Mannes wie auch als Wittum bei dessen Tode auszufolgen war.

Auch dieses Institut stand geschichtlich im engsten Zusammenhang mit der Freiheit der Ehescheidung. Die Frau, welche der Ehemann jederzeit ohne pekuniäre Nachteile verstoßen darf, ist ein Spielzeug seiner Laune und seines jeweiligen Gefallens. Eine ganz andere Stellung nimmt die Gattin ein, wenn sie von ihrem Ehemann im Falle einer Scheidung durch dessen Schuld eine namhafte Summe beanspruchen kann.

Das Institut entwickelte sich aus der Schenkung, welche nach weitverbreiteter Sitte des Altertums der Ehemann seiner Braut bei Abschluß der Ehe zu machen hatte. Es bildete sich aus ihr dadurch aus, daß der Mann das Ehegeschenk regelmäßig seiner Gattin zunächst nur verschrieb und es in seiner Verwaltung behielt, so daß es ihr bei Scheidung durch Schuld des Mannes oder bei dessen Tode zu verabfolgen war.[2]

Im Orient betrachtete man den schriftlichen Ehekontrakt mit Verschreibung einer dos und einer donatio sogar als Bedingung einer gültigen Ehe. Kaiser Majorian machte dies in seiner nov. 6, 9 zum römischen Reichsrecht.[3] Doch seine Verordnung wurde bald wieder beseitigt.

Dem vorjustinianischen Rechte galt das Ehegeschenk trotz seiner Eigentümlichkeiten noch als Schenkung, daher mußte es vor Abschluß der Ehe gewährt sein und hieß ante nuptias donatio. Justinian aber ließ dasselbe auch nach der Eheschließung zu und nannte es propter nuptias donatio. Überhaupt begünstigte Justinian dies Institut im

negari non potest: non enim quaerimus, quid deducto aere alieno liberum habeat, sed quid ex re mulieris possideat. Der Zeitpunkt, nach welchem die Bereicherung bemessen wird, war in Rom die Litiskontestation l. 7 pr. D. h. t. 24, 1.

15) l. 32 § 2 D. h. t. 24, 1. Ait Oratio „fas esse eum quidem qui donavit, paenitere: heredem vero eripere forsitan adversus voluntatem supremam ejus qui donaverit durum et avarum esse“, vgl. l. 3, l. 10 C. h. t. 5, 16. Über den Grundgedanken der Oratio vgl. Hofmann bei Grünhut Bd. 8 S. 298 und dort Zitierte.

1) Tit. Cod. de donationibus ante nuptias vel propter nuptias 5, 3, l. 7 C. de dotis promissione 5, 11, nov. 61, nov. 96 cap. 1, nov. 97 cap. 1. Syrisch-römisches Rechtsbuch, herausgegeben von Bruns und Sachau S. 264 und dort zitierte Stellen. Das vollständige Quellenmaterial und die Literatur siehe bei Mitteis, Reichsrecht S. 225. Mitteis hat die Auffassung von Francke im Archiv für ziv. Praxis Bd. 26 S. 63, der auch die früheren Auflagen dieses Buches folgten, an der Hand der seither entdeckten und zugänglich gemachten Quellen überzeugend begründet und schärfer, in manchen Punkten richtiger entwickelt. Andere Ansichten hatten Löhr im Archiv für ziv. Praxis Bd. 15 n. 20, Bd. 16 n. 1 und H. Schott die d. p. n. Münchener Inaug.Diss., 1867. BGB. kennt die propter nuptias donatio nicht mehr.

2) Wie Brunner, die fränkisch-romanische dos S. 5 nachgewiesen hat, wurde die donatio ante nuptias der Frau meist vor der Dosbestellung gewährt, und häufig ihr Gegenstand dem Manne als dos zurückgeleistet.

3) Ausgabe von Hänel p. 312. Vgl. über die dos als Erfordernis der Eheschließung Brunner a. a. O. S. 8.

Interesse der Erhaltung der Ehen. Es wurde von ihm als Gegendos ausgebildet, wie dies schon seine Vorfahren angebahnt hatten.

Demgemäß verpflichtete man den Hausvater des Ehemanns, seiner Schwiegertochter eine donatio zuzuwenden, wie der Vater der Frau ihrem Manne eine dos zu gewähren hatte. Die der Frau als donatio verschriebenen Immobilien ferner wurden als unveräußerlich erklärt, wie Dotalimmobilien. Die Frau erhielt wegen der ihr verschriebenen donatio ein gesetzliches Pfandrecht. Sie konnte endlich deren Verwaltung fordern, wenn der Mann in Vermögensverfall geriet.

Justinian verlangte sogar, daß die donatio der dos im Betrage gleichstehen müsse. Um dies verständlich zu machen, muß man sich vergegenwärtigen, daß meist nur Gleichbegüterte miteinander die Ehe eingingen, im übrigen die donatio regelmäßig nicht wie die dos sofort ausgezahlt, sondern nur verschrieben wurde. Nach einer im Osten bestehenden Sitte betrug die donatio die Hälfte der dos.

IV. Ehescheidungsstrafen. Nachteile der Wiederverheiratung.

§ 420. Ehescheidungsstrafen.[1]

Wer schuldhafterweise den Ehegatten verstieß oder ihm Veranlassung zur Ehetrennung gab, erlitt im römischen Rechte Vermögensnachteile.

1. Nach einer Verordnung von Theodosius und Valentinian aus dem Jahre 449 verlor im Falle der Scheidung die schuldige Ehefrau ihre dos an den Ehemann, und der schuldige Ehemann die donatio propter nuptias an die Frau.[2]

Justinian bestimmte für den Fall der Nichtbestellung einer dos oder donatio den Verlust eines Viertels des Vermögens des schuldigen Teiles bis zu 100 Pfund Gold.[3] In Fällen des Ehebruchs trat Erhöhung der Strafe um ein Drittel ein.

Waren Kinder aus der Ehe vorhanden, so erhielten sie das Eigentum, der geschiedene Ehegatte aber den Nießbrauch und die Verwaltung.[4]

2. Zuwendungen an den Gatten von Todes wegen gelten nur für den Fall der Dauer der Ehe bis zum Tode. Sie verlieren daher ihre Kraft durch die Ehescheidung, mag sie nun seitens des Honorierten verschuldet sein oder nicht.[5]

---

1) Glück Bd. 27 S. 3; Ortloff in Ortloff, Heimbach und Vermehren, juristische Abhandlungen Bd. 2 Abt. 1 1857.

2) l. 8 C. de repudiis 5, 17.

3) l. 11 C. de repudiis 5, 17. Hieran schloß sich dann die Novellengesetzgebung nov. 22 cap. 15 und 16 und nov. 117 cap. 8 und 9. 100 Pfund Goldes betrug zu Justinians Zeiten die übliche größte Mitgift, vgl. Zachariae v. Lingenthal in der Zeitschr. der Sav.Stiftg., rom. Abt. Bd. 13 S. 15.

4) l. 8 § 7 C. de repudiis 5, 17. Nach BGB. §§ 1578 ff. bestehen die Ehescheidungsstrafen nur in der Verpflichtung des allein für schuldig erklärten Teils, dem anderen standesmäßigen Unterhalt durch Entrichtung einer Geldrente zu gewähren. Statt der Rente kann der Berechtigte eine Abfindung in Kapital verlangen, wenn ein wichtiger Grund vorliegt.

5) l. 49 § 6 D. de leg. III; jedoch kann auch das Gegenteil beabsichtigt sein. l. 3 D. de auro 34, 2. Übrigens sprechen die Quellen nur von Vermächtnissen und Schenkungen von Todes wegen. Neuere übertragen den Satz auf die Erbeinsetzungen. Arndts § 416 am Schlusse. Auch auf Ehe- und Erbverträge wird er anzuwenden sein. So auch Seuffert Archiv Bd. 46 n. 105 (RG.). Vgl. BGB. § 2077, ferner § 1584.

§ 421. Nachteile der Wiederverheiratung.[1]

Die christliche Kaiserzeit mißbilligte eine neue Ehe, wenn Deszendenten aus einer früheren vorhanden waren, vornehmlich bei Frauen, aber auch bei Männern. Daher trafen den Wiederheiratenden — parens binubus — zugunsten seiner Deszendenten aus der früheren Ehe, sofern sie keiner Undankbarkeit schuldig waren, Vermögensnachteile, wie auch andere Zurücksetzungen — poenae secundarum nuptiarum.

1. Nachteile, welche sowohl den Vater als die Mutter trafen, sind:

a) Verlust der lucra nuptialia[2] an die Deszendenten der früheren Ehe. Ehegewinn ist, was der Wiederheiratende als Gatte infolge der früheren Ehe erworben hat, namentlich die dem Ehemanne aus der früheren Ehe verbliebene dos, ferner Schenkungen und Erwerb von Todes wegen nach Gesetz oder letztem Willen.

Die Deszendenten erwarben diese lucra zu Eigentum nach den Regeln, die für die Intestaterbfolge galten, ohne Rücksicht darauf, ob sie Erben ihres verstorbenen parens geworden waren oder nicht.

Dem conjux binubus blieb Nießbrauch und Verwaltung.[3]

b) Der Ehegatte konnte dem neuen Gatten nicht mehr von Todes wegen hinterlassen, als das wenigst begünstigte Kind der früheren Ehe von ihm von Todes wegen erhielt.[4]

2. Der Mutter fielen folgende Nachteile zur Last:

a) War die Mutter gesetzliche Erbin eines Kindes der früheren Ehe, zugleich mit Geschwistern desselben, so reduzierte sich ihr Erbteil auf den bloßen Nießbrauch, während die Proprietät den Geschwistern des Verstorbenen oder deren Kindern zufiel.[5]

b) Die Mutter verlor bei der Wiederverheiratung die Fähigkeit zur Bekleidung der Vormundschaft über ihre Kinder[6] und das vorzugsweise Recht auf ihre Erziehung.[7]

Der vorversterbende Ehegatte konnte dem überlebenden die Vermögensnachteile der Wiederverheiratung letztwillig erlassen.

---

1) Tit. Cod. de secundis nuptiis 5, 9 und si secundo nupserit 5, 10; an ihre Stelle trat Novelle 22. Über die Geschichte der poenae secundarum nuptiarum vgl. vorzugsweise Löhr im Archiv für ziv. Praxis Bd. 16 S. 31; siehe ferner Marezoll in Lindes Zeitschr. Bd. 5 n. 23, Geiger ebenda Bd. 19 n. 7, Vangerow Bd. 1 § 227 Anm. 1.

2) Die lucra nuptialia behandelt Marezoll in Lindes Zeitschr. Bd. 3 S. 91.

3) nov. 22 cap. 21 § 1, cap. 26 § 1. Vgl. übrigens auch Brunner, die fränkisch-romanische dos Ziff. 5.

4) nov. 23 cap. 27 und 28, l. 6 C. h. t. 5, 9. Das Nähere im Erbrecht.

5) nov. 22 cap. 46. Streitfrage war, ob dieser Nachteil auch den Vater trifft. Hierfür waren viele Neuere, z. B. Geiger a. a. O. S. 204, Windscheid Bd. 2 § 511 Anm. 9. Dagegen mit Recht Marezoll in Lindes Zeitschr. Bd. 5 S. 397 und Vangerow a. a. O., insbesondere aber RG. Bd. 4 S. 129.

6) Vgl. unten § 437 Anm. 1.

7) l. 1 C. ubi pupilli educentur 5, 49, nov. 22 cap. 38.

Dritter Abschnitt.

Die väterliche Gewalt und das Elternrecht.

Erstes Kapitel.

Entstehung und Endigung der väterlichen Gewalt.

§ 422. Eheliche Abstammung.

Die väterliche Gewalt in ihrer altrömischen Gestalt gab dem Vater schrankenloses Recht über die Person des Kindes und Eigentum an seinem Erwerb.[1] Sie ist schon im justinianischen Rechte sehr gemildert, weit mehr noch in Deutschland.[2] [3]

Eheliche Kinder treten mit der Geburt in die Gewalt ihres Vaters. In Rom erstreckte sich diese Gewalt — mittelbar — auch auf eheliche Abkömmlinge gewaltuntergebener Söhne.[4]

Ehelich sind die in der Ehe durch die Ehegatten erzeugten Kinder, ferner aber auch die in der Ehe von der Ehefrau geborenen, welche der Ehemann vor der Ehe erzeugt hat.[5]

1. Von der Ehefrau am 182. Tage nach dem Eheschlusse und später im Laufe der Ehe geborene Kinder sind als der ehelichen Verbindung entstammende anzusehen.[6] Aus dieser Stellung können sie nur durch ge=

1) Nur die Gallier und Galater hatten etwas der römischen väterlichen Gewalt Ähnliches. Gaj. Inst. I 55. Caesar, bell. Gall. 4, 19. Karlowa, röm. Rechtsgesch. Bd. 2 S. 79 ff. Über die Partikularismen, welche die väterliche Gewalt in den römischen Provinzen annahm, vgl. Mitteis, Reichsrecht S. 209.

2) Vgl. Stölzel, das Recht der väterlichen Gewalt in Preußen, Separatabdruck aus dem Justizministerialblatt 1874. Karl Lehmann, die väterliche Gewalt im heutigen Europa in Jherings Jahrb. Bd. 25 n. 2.

3) BGB. hat an die Stelle der väterlichen Gewalt die elterliche gesetzt. Bei bestehender Ehe kommt sie dem Vater zu. Der Mutter: 1. wenn der Vater gestorben oder für tot erklärt ist, 2. wenn der Vater die elterliche Gewalt verwirkt hat und die Ehe aufgelöst ist. (§ 1684.) Vgl. auch § 1685. In den Fällen des § 1687 hat das Vormundschaftsgericht der Mutter einen Beistand zu bestellen. Über ihr uneheliches Kind steht der Mutter die elterliche Gewalt nicht zu (§ 1707).

4) § 3 J. de patria potestate 1, 9.

5) Stintzing, Präsumtion der ehelichen Vaterschaft in Jherings Jahrb. Bd. 9 n. 5; Fuchs, die Rechtsvermutung der ehelichen Vaterschaft 1880. BGB. § 1591 Abs. 1 Satz 1 besagt: Ein Kind, das nach der Eingehung der Ehe geboren wird, ist ehelich, wenn die Frau es vor oder während der Ehe empfangen und der Mann innerhalb der Empfängniszeit der Frau beigewohnt hat. Letzteres wird schlechthin nur vermutet, soweit die Empfängniszeit in die Zeit der Ehe fällt.

6) l. 12 D. de statu hominum 1, 5. Paulus libro 19 responsorum erklärt: Septimo mense nasci perfectum partum jam receptum est propter auctoritatem doctissimi viri Hippocratis: et ideo credendum est eum, qui ex justis nuptiis septimo mense natus est, justum filium esse. Dies würde nach römischer ziviler Berechnung auf den 180. Tag hinführen. Aber l. 3 § 12 D. de suis et legitimis 38, 16, Ulpianus libro 14 ad Sabinum, entscheidet für den 182. Tag: De eo, qui centesimo octogesimo secundo die natus est, Hippocrates scripsit et divus Pius pontificibus rescripsit justo tempore videri natum. Die letztere Zeitbestimmung wurde gemeinrechtlich in Theorie und Praxis rezipiert. Nach BGB. § 1592 gilt als Empfängniszeit die Zeit von dem 181. bis zum 302. Tage vor dem Tage der Geburt des Kindes, mit Einschluß sowohl des 181. als des 302. Tages.

richtliches Urteil verdrängt werden, welches feststellt, daß sie in der Tat nicht vom Ehemanne abstammen. Dies ist wie jede andere Tatsache durch überzeugende Gründe darzutun. Die einleuchtendsten sind Abwesenheit des Ehemannes von der Frau während der ganzen Dauer der längstmöglichen Konzeptionszeit, ferner dessen Impotenz. Aber auch andere Umstände, die eine volle richterliche Überzeugung hervorrufen, genügen, z. B. die Frau lebt an dem Orte ihres Ehedomizils, aber von ihrem Manne getrennt, in offenem Konkubinat mit einem Dritten.[7] Der Nachweis des Ehebruches der Frau während der Konzeptionszeit allein reicht dagegen nicht hin, wenn die Frau mit ihrem Ehemanne lebte, da dann das Kind trotz des Ehebruches vom Ehemanne stammen kann.[8] Sollte aber das Kind offenkundig von anderer Rasse sein als die Eheleute, z. B. sind diese Weiße, das Kind ein Mulatte, so gilt es als illegitim.

Kinder, welche von der Ehefrau während der Ehe vor dem 182. Tage nach dem Eheschlusse geboren werden, gelten gleichfalls als ehelich, jedoch nur, solange der Ehemann ihre Legitimität nicht bestreitet. Hat er die Vaterschaft einmal ausdrücklich oder stillschweigend anerkannt, so bedarf es des Gegenbeweises, daß er das Kind nicht erzeugte, wenn er es verleugnen will.[9]

2. Als ehelich ist ferner das Kind zu erachten, welches durch die ehemalige Ehefrau innerhalb 300 Tagen von Endigung der Ehe an geboren ist.[10] Gegenbeweis ist zulässig.

Der Nachweis, daß ein noch später nachgeborenes Kind ehelich erzeugt sei, ist nicht schlechthin ausgeschlossen. Eine Vermutung für seine Legitimität besteht aber nicht.[11]

---

7) Die klassische Stelle ist l. 6 D. de his qui sui vel alieni juris sunt 1, 6. Ulpianus libro 9 ad Sabinum: Filium eum definimus, qui ex viro et uxore ejus nascitur. sed si fingamus afuisse maritum verbi gratia per decennium, reversum anniculum invenisse in domo sua, placet nobis Juliani sententia hunc non esse mariti filium. non tamen ferendum Julianus ait eum, qui cum uxore sua adsidue moratus nolit filium adgnoscere quasi non suum. sed mihi videtur, quod et Scaevola probat, si constet maritum aliquamdiu cum uxore non concubuisse infirmitate interveniente vel alia causa, vel si ea valetudine paterfamilias fuit ut generare non possit, hunc, qui in domo natus est, licet vicinis scientibus, filium non esse. Vgl. BGB. § 1591 Abs. 1 Satz 2: Das Kind ist nicht ehelich, wenn es den Umständen nach offenbar unmöglich ist, daß die Frau das Kind von dem Manne empfangen hat.

8) l. 12 § 9 D. ad legem Juliam de adulteriis 48, 5. Papinianus libro singulari de adulteriis . . . non utique crimen adulterii, quod mulieri obicitur, infanti praejudicat, cum possit et illa adultera esse et impubes defunctum patrem habuisse.

9) Vgl. Fuchs a. a. O. S. 19, S. 37. BGB. § 1591 Abs. 2 Satz 2.

10) Nach BGB. § 1593 genügt Geburt innerhalb 302 Tagen nach Auflösung der Ehe. Für den Fall der Wiederverheiratung der Frau siehe § 1600.

11) Ziemlich schroff spricht sich aus l. 3 § 11 D. de suis et legit. 38, 16. Indessen steht fest, daß die Zeit der Schwangerschaft unter Umständen eine längere als 300 Tage ist, vgl. Fuchs a. a. O. S. 15. Es kann aber nicht gemeint sein, legitimen Kindern, weil sich ihre Geburt verzögert, die Rechte ehelicher zu nehmen. BGB. § 1592 Abs. 2 besagt: Steht fest, daß das Kind innerhalb eines Zeitraums empfangen worden ist, der weiter als 302 Tage vor dem Tage der Geburt zurückliegt, so gilt zugunsten der Ehelichkeit des Kindes dieser Zeitraum als Empfängniszeit.

Wer ist zur Bestreitung der Legitimität eines während der Ehe geborenen oder bis zum 300. Tage nachgeborenen Kindes befugt? In der Regel ist nur der Ehemann hierzu berechtigt. Ist er handlungsunfähig, so kann sein Vormund für ihn die Anfechtungsklage anstellen. Andere Interessierte sind — von Fällen einer Kollusion abgesehen — nur nach dem Tode des Ehemannes befugt, eine Frage zum gerichtlichen Austrag zu bringen, an der zunächst nur er ein Interesse hatte.[12] [13]

3. Die Rechte ehelicher Kinder haben auch die in ungültiger oder nichtiger Ehe geborenen, wenn beide Ehegatten oder einer derselben die öffentlich geschlossene Ehe für gültig hielten,[14] — Putativehe.

§ 423. Legitimation.

Uneheliche Kinder erhalten die Rechte von ehelichen durch Legitimation. Diese erfolgt:

a) durch Verheiratung der unehelichen Eltern — l. per subsequens matrimonium.[1] [2] Die Vaterschaft des Ehemannes ist unumgängliche Voraussetzung. Sie kann durch ihn mittels wörtlicher oder tatsächlicher Anerkennung festgestellt werden, es steht aber Gegenbeweis gegen dies Anerkenntnis offen.[3] Auch andere Beweise der Vaterschaft sind zulässig.[4]

b) Durch Ehelichkeitserklärung, d. h. durch Reskript des Landesherrn auf Antrag des außerehelichen Vaters.[5] Der Antrag

---

12) l. 1 §§ 6, 12, 16, l. 2, l. 3 pr. D. de agnosc. liberis 25, 3.

13) BGB. stimmt im wesentlichen überein. Nach § 1593 kann die Unehelichkeit des Kindes nur geltend gemacht werden, wenn der Mann die Ehelichkeit angefochten hat oder, ohne das Anfechtungsrecht verloren zu haben, gestorben ist. Nach § 1594 kann die Anfechtung nur binnen Jahresfrist erfolgen, beginnend mit dem Zeitpunkte in welchem der Mann die Geburt des Kindes erfährt. Sie ist ausgeschlossen, wenn der Mann das Kind nach der Geburt als das seinige anerkennt (§ 1598). Über die Form der Anfechtung siehe §§ 1596, 1597, über die Anfechtung durch einen Vertreter § 1595.

14) cap. 2, 8, 14, 15 X. qui filii sint legitimi 4, 17. Das kanonische Recht forderte Eingehung der Ehe „in facie ecclesiae". Derzeit muß für Ehen, die im Reichsgebiet geschlossen sind, Abschluß beim Standesbeamten erfordert werden. Vgl. BGB. §§ 1699 ff.

1) Dieck, Beiträge zur Legitimation durch nachfolgende Ehe 1832; Wolf, legitimatio per subsequens matrimonium 1881, BGB. §§ 1719—22.

2) Im römischen Rechte bezog sich die Legitimation ausschließlich auf Konkubinenkinder — liberi naturales. Zunächst waren, um zur Ehe mit der Konkubine zu bestimmen, temporäre Verordnungen von Konstantin, Zeno und Anastasius erlassen worden, wonach wer mit einer Konkubine Kinder erzeugt hatte, sie durch Heirat mit der Mutter legitimierte. Justinian machte die s. g. legitimatio per subsequens matrimonium zu einem dauernden Rechtsinstitute in l. 10 C. de naturalibus liberis 5, 27, woran sich die l. 11 C. eod., ferner nov. 74 und nov. 89 cap. 8 anschlossen. Vgl. Paul Meyer, der römische Konkubinat, 1895, § 39, § 49.

3) RG. Bd. 22 S. 223, Seuffert, Archiv Bd. 51 n. 35.

4) Dies führt mit Recht Wolf a. a. O. aus, aber er stellt an den Beweis solche Anforderungen, daß derselbe nur in den allerseltensten Fällen gelingen könnte. Nichts anderes muß nachgewiesen sein, als daß der Ehemann seiner späteren Frau in der Konzeptionszeit ihres vor der Ehe geborenen Kindes beigewohnt hat. BGB. § 1720 Abs. 1 stimmt überein.

5) Über die Legitimation vgl. nov. 74 pr. cap. 1 und 2, nov. 89 cap. 9, Stölzel a. a. O. S. 10.

der Mutter oder des Kindes genügt, wenn der verstorbene Vater den Willen der Legitimation testamentarisch geäußert hat.[6]

Das Reskript ist Gnadensache.[7] Es wird herkömmlich nur erteilt, wenn die Heirat mit der Mutter unmöglich oder unpassend ist, und wenn keine ehelichen Kinder des Erzeugers vorhanden sind. —

Das Kind erhält die Rechte eines ehelichen durch die Legitimation auch ohne seine Einwilligung; in die väterliche Gewalt tritt es aber nur infolge seiner Zustimmung.[8]

Der Legitimierte gilt wie ehelich erzeugt nicht bloß im Verhältnis zum Vater, sondern auch zu den Verwandten des Vaters. Auch seine Abkömmlinge werden legitimiert.[9]

§ 424. Die Adoption.[1]

Die altrömische Adoption war ein Institut von religiöser und politischer Bedeutung. Sie hatte den Zweck der Erhaltung der Geschlechter. Ihr Wesen war daher Eintritt des Adoptivkindes in die väterliche Gewalt und in die Agnatenfamilie des Adoptivvaters.[2]

1. Seit alter Zeit zerfiel die Adoption in zwei Hauptarten.[3]

a) Adoption im engeren Sinne war Kindesannahme eines Hauskindes. Sie vollzog sich durch persönliche Erklärungen des natürlichen und des Adoptivvaters vor Gericht in Gegenwart des Kindes, welches nicht widersprach.[4]

---

6) nov. 74 cap. 2 § 1, nov. 89 cap. 10, s. g. legitimatio per testamentum. Nach BGB. § 1733 Abs. 2 ist nach dem Tode des Vaters die Ehelichkeitserklärung nur zulässig, wenn der Vater den Antrag bei der zuständigen Behörde eingereicht, oder bei oder nach der gerichtlichen oder notariellen Beurkundung des Antrags das Gericht oder den Notar mit der Einreichung betraut hat.

7) Ebenso BGB. § 1734.

8) So das justinianische Recht nov. 89 cap. 11. BGB. fordert für die Legitimation durch nachfolgende Ehe Einwilligung des Kindes nicht, wohl aber für die durch Ehelichkeitserklärung, vgl. §§ 1726 ff.

9) Nach BGB. erhält nur der durch nachfolgende Ehe Legitimierte die vollen Rechte des ehelichen Kindes; die Wirkungen der Ehelichkeitserklärung dagegen erstrecken sich außer auf das Kind selber nur auf dessen Abkömmlinge, nicht aber auf die Verwandten und die Frau des Vaters und ebensowenig auf den Ehegatten des Kindes (§ 1737).

1) Tit. Inst. de adoptionibus 1, 11, Dig. 1, 7, Cod. 8, 47.

2) l. 23 D. h. t. 1, 7. Die heutige Adoption hat einen rein bürgerlichen und Familiencharakter. Sie ist Begründung eines Kindesverhältnisses durch Rechtsgeschäft. Diese Umbildung wurde bereits im späteren römischen Rechte eingeleitet.

3) BGB. §§ 1741 ff. kennt nur eine Art der Annahme an Kindes Statt.

4) In der klassischen Zeit vollzog sich die adoptio durch eine in jure cessio vor dem Prätor, wozu dann noch, um den filius von seinem natürlichen Vater zu befreien, mit Rücksicht auf die Worte der 12 Tafeln, drei Manzipationen hinzutraten, Gaj. Inst. I. § 134. — Es ist anzunehmen, daß diese so künstliche Form erst in der republikanischen Zeit aufkam, und daß ursprünglich die Adoptionen von homines alieni wie sui juris nur durch Volksbeschluß möglich waren. — Justinian ordnete die Form der Adoption im engeren Sinne neu unter Abschneidung der alten Weitläufigkeiten l. 11 C. h. t. 8, 47. Nach BGB. § 1741 bedarf es zur Annahme an Kindes Statt eines Vertrages zwischen dem Annehmenden und dem Kinde. Der Vertrag bedarf der Bestätigung durch das zuständige Gericht.

b) **Arrogation** hieß die Kindesannahme eines **bisher gewaltfreien Menschen.** Ursprünglich bedurfte es einer Rogation beim Volke und eines Volksschlusses;[5] daher der Name. Später trat ein kaiserliches Reskript an die Stelle,[6] welches den Antrag des Adoptivvaters und die Zustimmung des Adoptivkindes forderte, und wenn das Kind minderjährig war, Einwilligung der Vormundschaft. Vorgängige Prüfung der Legalität und Sachgemäßheit der Arrogation hat stattzufinden. Unter anderem soll der Arrogierende 60 Jahre alt sein.[7] Wer einen Unmündigen arrogiert, muß ihm ein Viertel seines Vermögens auf den Todesfall zuwenden — quarta divi Pii.[8]

2. Für beide Arten der Adoption galten folgende Regeln:

a) Der Adoptierende mußte ein Mann sein; Frauen konnten indessen zum Ersatze verlorener Kinder adoptieren.[9]

b) Der Adoptierende mußte 18 Jahre älter sein als das Adoptivkind, da man den Satz aufstellte, daß die Adoption eine Nachbildung der Natur sein solle.[10]

Der Adoption unehelicher Kinder durch den Vater stand nichts im Wege; gerade sie ist ein häufiger Fall.

3. Bedingungen und Zeitbestimmungen ließ die Adoption nicht zu; auch in dieser Hinsicht war sie ein Abbild der Natur.[11]

4. Die Wirkungen der Adoption gestalteten sich nach justinianischem Rechte sehr verschieden.

a) **Die Arrogation** gab dem Adoptivvater die väterliche Gewalt über das Adoptivkind und bewirkte dessen Eintritt in die Agnatenfamilie des Adoptivvaters.

b) Das gleiche galt bei der sog. **vollkommenen Adoption**, kraft

5) Gaj. Inst. I. § 99. Gellius, noctes atticae V § 19.

6) l. 6 C. h. t. 8, 47.

7) l. 15 § 2 D. h. t. 1, 7.

8) Nach älterem Rechte war die Arrogation unmündiger Personen unzulässig. Dies änderte sich durch Antoninus Pius, Gaj. Inst. I § 102. Doch war Sicherheit bezüglich der Herausgabe des Kindesvermögens zu bestellen, und zwar an die, welchen dasselbe zugekommen wäre, wenn die Arrogation nicht stattgefunden hätte, l. 13 ff. D. h. t. 1, 7. Dazu kam die Verpflichtung der Hinterlassung der Quart des Vermögens der Adoptierenden. l. 2 pr. C. h. t. 8, 47.

9) § 10 J. h. t., l. 11, l. 5 C. h. t. 8, 47.

10) § 14 J. h. t, l. 11. Dem älteren Rechte gehörte dieses Erfordernis nicht an. Als sich Clodius behufs der Erlangung des Volkstribunates durch einen Plebejer adoptieren ließ, zugleich aber bemüht war, den Akt zu einer Farce zu machen, nahm er einen Jüngeren als er war zum Adoptivvater. Cicero pro domo 18, 14. Zur Zeit von Gajus war die Zulässigkeit der Adoption durch jüngere Personen Streitfrage. Gaj. Inst. I § 106. BGB. § 1744 besagt: Der Annehmende muß das 50. Lebensjahr vollendet haben und mindestens 18 Jahr älter sein als das Kind. Vgl. auch BGB. § 1745. Andere Erfordernisse: Der Adoptierende darf keine ehelichen Abkömmlinge haben (§ 1741), der Ehegatte des Annehmenden und des Angenommenen müssen zustimmen (§ 1746), ebenso bis zur Vollendung des 21. Lebensjahres des Adoptivkindes dessen Eltern (§ 1747).

11) l. 34 D. h. t. 1, 7, BGB. § 1742.

deren der leibliche Vater sein Kind einem leiblichen Aszendenten desselben zur Adoption gab.

c) Ganz anders verhielt es sich bei der von Justinian geschaffenen unvollkommenen Adoption, wenn der leibliche Vater sein Kind jemandem zur Adoption gab, welcher nicht Aszendent desselben war. Diese Adoption bewirkte nichts anderes, als ein Intestaterbrecht des Kindes gegenüber dem Adoptivvater.[12]

d) Die Adoption durch eine Frau setzte den Adoptierten in das Verhältnis eines leiblichen Kindes zu seiner Adoptivmutter.[13]

§ 425. Beendigung der väterlichen Gewalt.

I. Bezüglich der Dauer der väterlichen Gewalt bestehen bei den indogermanischen Nationen zwei Grundsysteme, welche wir das römische und das germanische nennen können:

1. In Rom blieb die Familie unter der Gewalt des paterfamilias bis zu dessen Tode.[1] Ohne Zweifel wirtschaftete sie meist auch tatsächlich zusammen in demselben Hause, solange der Stammherr lebte. Zuläsig war Emanzipation, d. h. Entlassung aus der Gewalt durch den Willen des Vaters. Sie geschah[2] entweder durch eine Erklärung des Vaters vor Gericht in Gegenwart des Kindes, welches nicht widersprach[3] — sog. emancipatio Justinianea, oder — was wichtig war, wenn Vater und Kind an verschiedenen Orten wohnten — durch Reskript des Regenten auf Antrag des Vaters unter Zustimmung des Kindes — emancipatio Anastasiana.[4] Die Emanzipation war Gnade des Vaters; dieser behielt zur Entschädigung — als praemium emancipationis — die Hälfte des Nießbrauches an den Adventizien seines Kindes.

2. Nach der germanischen Auffassung endigt die Gewalt des Vaters, wenn das Kind fähig wird, sich selbst vorzustehen.

a) Bei Söhnen mit Errichtung einer eigenen Wirtschaft — separata oeconomia. Eine solche liegt in der Betreibung eines selbständigen Gewerbes, in der Bekleidung eines öffentlichen Amtes und selbst darin, daß man eine Beschäftigung in dem Gewerbe

---

12) Die Unterscheidung zwischen der sog. adoptio plena und minus plena hat Justinian in der l. 10 C. h t. 8, 47 eingeführt. Vgl. auch BGB. § 1763: Die Wirkungen der Annahme an Kindes Statt erstrecken sich nicht auf die Verwandten des Annehmenden. Der Ehegatte des Annehmenden wird nicht mit dem Kinde, der Ehegatte des Kindes nicht mit dem Annehmenden verschwägert.

13) l. 5 C. h. t. 8, 47.

1) In Rom fielen die Enkel, wenn ihr Vater lebte und in der Gewalt seines Vaters gestanden hatte, nach dem Tode des Großvaters in die Gewalt ihres Vaters, pr. J. quibus modis potestatis 1, 12. Dem Tode stand die capitis deminutio gleich. Dagegen endigt die Gewalt des natürlichen Vaters noch durch adoptio plena seines Kindes, § 8 J. quibus modis jus 1, 12. BGB. § 1765 Abs. 1: Mit der Annahme an Kindes Statt verlieren die leiblichen Eltern die elterliche Gewalt über das Kind.

2) Über die Form der Emanzipation vor Justinian, vgl. Gaj. Inst. I § 132; Keller, Institutionen S. 204, siehe aber auch Mitteis, Reichsrecht S. 216.

3) l. 6 C. de emancipationibus 8, 48.

4) l. 5 C. h. t. 8, 48.

eines anderen erhält, in der man seinen Lebensberuf findet. Großjährige kann der Vater an der Separation nicht hindern.

b) Bei Töchtern knüpft sich die Endigung der Gewalt an deren Verheiratung. Gemäß den heutigen sozialen Verhältnissen ist auch die Endigung der Gewalt über die Tochter anzunehmen, falls sie ein selbständiges Gewerbe betreibt.

II. Nach BGB. § 1626 endigt die elterliche Gewalt durch die Volljährigkeit des Kindes.

III. In einigen Fällen endigte nach römischem Recht die Gewalt auch zur Strafe des Vaters wegen schwerer Verfehlungen desselben.[5]

Zweites Kapitel.

Das Vermögensrecht der Hauskinder.[1]

§ 426. Geschichte des Rechtes des Hausvaters.

I. Nach altrömischem Rechte wurde alles dem Hausvater zu eigen, was seine Hauskinder erwarben.[2]

Natürlich hatten die Hauskinder, welche mit dem Vater wirtschafteten, bei dessen Lebzeiten in der Regel den Mitgenuß des väterlichen Vermögens, sie wurden auch bei seinem Tode von Rechts wegen seine Erben, wenn sie nicht förmlich enterbt waren. Um deswillen behaupten manche ein Gesamteigentum der freien Hausgenossen an dem Patrimonium des römischen Hauses, ähnlich wie solches auf griechischem und germanischem Boden bestand.[3] Doch damit verkennt man die spezifische Eigentümlichkeit des römischen Rechts. Der Hausvater war vielmehr der Alleineigentümer des Vermögens des Hauses, die Kinder hatten kein Recht an demselben.

Die starre Vermögenseinheit wurde dadurch gemildert, daß Hauskinder wie Sklaven nicht selten ein Sondervermögen — peculium[4] — durch

5) Zur Strafe erlosch die väterliche Gewalt wegen Aussetzung des Kindes l. 2 C. de infantibus expositis 8, 51, wegen Verkuppelung der Töchter l. 6 C. de spectaculis 11, 41 und wegen Eingehung einer blutschänderischen Ehe nov. 12 cap. 2 Vgl. aber auch Hans Stocar, Entzug der väterlichen Gewalt im römischen Rechte, Zürich 1903, und darüber B. Kübler in der Zeitschr. der Sav.Stiftg., rom. Abt. Bd. 26 S. 453 ff. BGB. § 1680 bestimmt: Der Vater verwirkt die elterliche Gewalt, wenn er wegen eines an dem Kinde verübten Verbrechens oder vorsätzlich verübten Vergehens zu Zuchthausstrafe oder zu einer Gefängnisstrafe von mindestens 6 Monaten verurteilt wird. Die Verwirkung der elterlichen Gewalt tritt mit der Rechtskraft des Urteils ein. Vgl. ferner § 1697 Satz 1: Die Mutter verliert die elterliche Gewalt, wenn sie eine neue Ehe eingeht.

1) Mandry, das gemeine Familiengüterrecht Bd. 1 1871, Bd. 2 1876. Über den Begriff „Familie" bei den Römern vgl. Mitteis, röm. Privatrecht S. 79 ff.

2) Gaj. Inst. II § 87. Igitur quod liberi nostri, quos in potestate habemus, item quod servi nostri mancipio accipiunt vel ex traditione nanciscuntur, sive quid stipulentur, vel ex aliqualibet causa adquirunt, id nobis adquiritur: ipse enim, qui in potestate nostra est, nihil suum habere potest.

3) Brinz, Pandekten Bd. 3 S. 614 Anm. 2.

4) Vgl. Mandry, über Begriff und Wesen des Pekulium 1869, Mandry, Familiengüterrecht Bd. 2 S. 1. Dort siehe S. 2 Anm. 1 die Literatur über das Pekulium.

Konzession des Hausvaters erhielten. Auch dies Vermögen gehörte rechtlich ausschließlich dem Hausvater, er konnte es jederzeit einziehen; es bildete bei seinem Tode einen Bestandteil seines Nachlasses. Tatsächlich aber unterstand es dem Hauskinde.[5]

Die wichtigste Konsequenz der Einräumung eines Pekuliums war, daß der Vater bis zum Betrage des Pekuliums aus den kontraktlichen Schulden des Hausuntergebenen mit der actio de peculio belangbar war.[6] Diese Haftung bezog sich keineswegs bloß auf Schulden, welche das Hauskind infolge einer Ermächtigung des Hausvaters kontrahiert hatte, sondern auch auf diejenigen, die es ohne den Willen des Vaters, ja gegen dessen Verbot eingegangen war.[7]

Obligationen zwischen den durch eine Gewalt verbundenen Personen galten als klaglos, also als bloß natürliche.[8]

II. Die alte Organisation des Hauses erhielt sich bis zum Anfang der Kaiserzeit. Von da an erfuhr sie allmählich Modifikationen.

1. Gewisse Vermögen erwarb das Hauskind zu Eigentum und zu eigener Verwaltung — freies Kindesgut. Dahin gehörte das peculium castrense, d. h. der Erwerb des Haussohnes infolge Kriegsdienstes, ferner das peculium quasi castrense, vorzugsweise Erwerb als Beamter, Advokat, Geistlicher, endlich die irregulären Adventizien, d. h. Erwerb des Kindes, welcher nach besonderer Bestimmung vom Nießbrauche und der Verwaltung des Vaters befreit war.

2. Hiervon abgesehen, wurde der Erwerb des Kindes, welcher nicht vom Vater stammte, zwar dem Kinde zu eigen, trat aber in den Nießbrauch und in die Verwaltung des Vaters — reguläres Adventizgut oder unfreies Kindesgut.

§ 427. Die Ausbildung des unfreien Kindesvermögens.[1]

Nach justinianischem Rechte gehört dem Hauskinde alles, was es nicht aus dem väterlichen Vermögen erwarb; der Hausvater aber hatte in der

---

Das Pekulium wird bei den Byzantinern und der Glosse sowie bei den Neueren „profecticium" genannt, d. h. das vom Vater stammende, im Gegensatze zu anderem Kindeserwerbe, dem „adventicium", welches aber im justinianischen Rechte in Wahrheit kein „peculium" mehr ist.

5) Das peculium wird von den Römern definiert als „veluti patrimonium filiorum filiarumque, item servorum" § 10 J. de act. 4, 6; l. 47 § 6 D. de peculio 15, 1. Es ist Vermögen, welches tatsächlich der gewaltunterworfenen Person, rechtlich deren Gewalthaber gehört: Mandry, Familiengüterrecht Bd. 2 S. 6. Es entsteht nur durch die Konzession des Hausvaters: Mandry a. a. O. S. 69.

6) Über die Pekulienklagen vgl. oben § 270 Anm. 7.

7) l. 17 § 4 D. de instit. act. 14, 3.

8) § 6 J. de inutilibus stipulationibus 3, 19, l. 2 pr. D. de contr. empt. 18, 1, l. 7 D. de obl. et act. 44, 7. Von der Pfordten, Abhandlungen n. 2 „Obligationen zwischen den durch väterliche Gewalt verbundenen Personen", Mandry, Familiengüterrecht Bd. 1 S. 150.

1) Tit. Cod. de bonis maternis et materni generis 6, 60, de bonis quae . . . liberis . . . adquiruntur, 6, 61. Marezoll, Revision der Lehre von den sog. Adventizien in Lindes Zeitschr. Bd. 8 n. 2, 6, 9.

Regel den Nießbrauch und die Verwaltung des Kindesvermögens.[2] Man kann es daher zutreffend „unfreies Kindesgut" nennen; gewöhnlich bezeichnet man es aber als „reguläres Adventizgut" im Gegensatz zu dem aus der Substanz des väterlichen Vermögens in die Hand des Kindes gelangten peculium profecticium.[3]

Noch im Beginne der christlichen Kaiserzeit gehörten die Adventizien des Kindes dem Hausvater. Aber Konstantin sicherte den Kindern ihr Muttergut für den Fall des Todes des Vaters.[4] Anderer Kindeserwerb wurde dem später gleichgestellt.[5] Allmählich entwickelte sich hieraus die Vorstellung, daß das Kind Eigentümer der Adventizien sei und daß sich das Recht des Vaters auf Nießbrauch und Verwaltung beschränke.[6] Immerhin wirkte die alte Auffassung in folgenden Sätzen nach:[7]

a) Der Vater war berechtigt, einen dem Kinde angetragenen Erwerb, z. B. Erbschaften und Vermächtnisse, welchen dieses zurückwies, für sich in Anspruch zu nehmen.

b) Der väterliche Nießbrauch und die Verwaltung erloschen in Rom nicht schlechthin mit der Gewalt des Vaters. Beides dauerte namentlich im Falle des Todes des Kindes fort, wenn der Vater nicht an dessen Erbschaft beteiligt war.

§ 428. Das unfreie Kindesgut im einzelnen.[1]

Der Vater hatte am unfreien Kindesgut Nießbrauch[2] und Verwaltung.[3] Aber diese Befugnisse waren von den gewöhnlichen Begriffen des Nießbrauches und der Verwaltung wesentlich verschieden.[4]

---

2) § 1 J. per quas personas 2, 9, l. 6 pr. § 1 C. h. t. 6, 61.

3) Im Gebrauche ist auch der Name „peculium adventicium". Gewiß wenig glücklich. Das peculium war im Eigentume des Vaters, aber im Genusse des Kindes, das unfreie Kindesgut ist im Eigentume des Kindes, aber im Nießbrauche und in der Verwaltung des Vaters, vgl. übrigens Marezoll a. a. O. S. 58.

4) l. 1 C. h. t. 6, 60, l. 1 C. Theod. de bonis maternis 8, 18 vom Jahre 319. Konstantin schloß sich hierbei an die griechische Rechtsanschauung an, die auch unter der Herrschaft des römischen Rechts nicht ausgestorben war; Mitteis, Reichsrecht S. 211.

5) Durch die l. 2 C. h. t. 6, 60 wurde Erwerb von der Mutterseite gleichgestellt, später auch Erwerb vom Ehegatten des Hauskindes l. 1 C. h. t. 6, 61.

6) Darüber, daß der Vater mindestens bis Theodosius II. Eigentümer des Kindesgutes blieb, daß dies aber ein praecipuum aus der Erbschaft des Vaters für das Kind bildete und durch ein Veräußerungsverbot gegen Entfremdung seitens des Vaters gesichert war, vgl. Brinz, Bd. 3 S. 644, Kohler in Iherings Jahrb. Bd. 24 S. 248.

7) l. 8 C. h. t. 6, 61.

1) Völk in den Blättern für Rechtsanwendung. 1890. Ergänzungsband n. 1 bis 8. J. Jacobsohn, der ususfructus paternus an den bona adventicia der Hauskinder. Berliner InaugDiss. 1893.

2) BGB. § 1652.

3) Nach BGB. § 1638 erstreckt sich die Vermögensverwaltung des Vaters auch auf das freie Kindesvermögen; eine Ausnahme macht das dem Kinde von Todes wegen oder unentgeltlich unter Lebenden Zugewendete, wenn der Erblasser durch letztwillige Verfügung, der Dritte bei der Zuwendung bestimmt hat, daß der Erwerb der Verwaltung des Vaters entzogen sein soll.

4) l. 1 ff. C. h. t. 6, 60, l. 6 § 1 C. h. t. 6, 61 von Justinian, l. 6 § 2 a C. eod. Et gubernatio earum sit penitus impunita et nullo modo audeat filius familias vel

1. Der Nießbrauch des Vaters bezog sich auf das Gesamtvermögen; je nach der Beschaffenheit der Vermögensstücke war er ein wahrer oder — insbesondere an verbrauchbaren Sachen — uneigentlicher.

Die Gläubiger des Kindes konnten ohne Rücksicht auf den väterlichen Nießbrauch ihre Befriedigung aus dem Kindesvermögen betreiben.

2. Die Bewirtschaftung durch den Vater war eine freiere; er durfte wesentliche Veränderungen vornehmen. Eine Nießbrauchskaution hatte er nicht zu leisten.[5]

3. Die Verwaltung des Kindesgutes geschah aus eigenem Rechte, nicht in Vertretung des Hauskindes. An die Zustimmung seines Kindes, selbst des großjährigen, war der Vater daher nicht gebunden; jedoch mußte er die Einwilligung des großjährigen anwesenden Kindes bei Führung von Prozessen einholen.[6]

Rechnung brauchte der Vater seinem Hauskinde nicht zu legen, weil er die Verwaltung zum eigenen Vorteil führte. Aber wegen nachweisbarer Verschuldung haftete auch er.[7]

Dem Vater war die Veräußerung der Substanz nicht gestattet, abgesehen von unnützen Sachen und wegen Schulden des Kindes.[8]

4. Wegen ihres Muttergutes hatten die Hauskinder nach römischem Rechte eine Generalhypothek am Vermögen des Vaters.[9]

§ 429. Das freie Kindesvermögen.

Gewisse Bestandteile des Kindesvermögens waren frei vom Nießbrauche und der Verwaltung des Hausvaters, und alles, was sich aus ihnen entwickelte und mit ihnen vom Kinde erworben wurde, trat in die gleiche Rechtslage.[1]

1. Freies Kindesvermögen war das castrense peculium,[2] d. h. der Erwerb des Haussohnes als Soldat.[3] Zuerst erhielt der Haussohn durch

---

filia vel deinceps personae vetare eum, cujus in potestate sunt, easdem res temere aut quomodo voluerit gubernare.

5) l. 8 § 4 d C. h. t. 6, 61: „paterna reverentia eum excusante et a ratiociniis et a cautionibus".

6) l. 8 § 3 C. h. t. 6, 61 spricht von Mündigen.

7) In l. 1 C. h. t. 6, 60 bestimmt Konstantin für das Muttergut des Kindes „parentes omnem debent tuendae rei diligentiam adhibere". Dies ist auf alle Adventizien zu beziehen, l. 8 § 4 a und § 4 d C. h. t. 6, 61. Vgl. Arndts § 432 Anm. 3, Windscheid Bd. 2 § 517 Anm. 5; Marezoll a. a. O. S. 388 will die Haftung für die Diligenz auf die bona materna beschränken. Nach BGB. § 1664 haftet der Vater für culpa in concreto.

8) l. 8 §§ 4 und 5 C. h. t. 6, 61. Die Kinder können das ohne gesetzlichen Grund Veräußerte vindizieren; erst von Endigung der Gewalt an läuft eine dreißigjährige Verjährung gegen ihre Vindikation.

9) l. 8 § 4 C. de secundis nuptiis 5, 9, l. 6 § 4 C. h. t. 6, 61. Dernburg, Pfandrecht Bd. 1 S. 376.

1) Übereinstimmend BGB. § 1638 Abs. 2, § 1651 Abs. 2.

2) Tit. Dig. de castrensi peculio 49, 17. Cod. 12, 36. Eine besonders gründliche Monographie ist Fitting, castrense peculium 1871.

3) l. 11 D. h. t. 49, 17. Macer libro 2 de re militari: Castrense peculium est, quod a parentibus vel cognatis in militia agenti donatum est vel quod ipse filiusfamilias in militia acquisiit, quod nisi militaret, adquisiturus non fuisset. nam, quod erat et sine militia adquisiturus, id peculium ejus castrense non est. l. 1 C. h. t. 12, 36, l. 8 D. h. t. 49, 17.

Augustus die Befugnis, über solchen Erwerb letztwillig zu disponieren;[4] später erlangte er die unbeschränkte Verfügung; schließlich erkannte man ihn als freien Eigentümer an.[5]

Es lag hierin zunächst eine Begünstigung des Soldatenstandes. Überdies war der Berufssoldat durch den Dienst von Hause getrennt und oft in weiter Ferne stationiert, er mußte daher selbständig wirtschaften. Auf seine Verhältnisse paßte die auf das Zusammenleben und die gemeinsame Arbeit der Glieder des Hauses gegründete alte Familienverfassung nicht mehr.

Zum castrense peculium gehörten Sold und Beute des Soldaten, das zu seiner militärischen Ausstattung Gewährte, ferner Zuwendungen von Kommilitonen, endlich auch Erbschaften seitens seiner Frau.[6]

2. Denselben Charakter erhielt seit der christlichen Kaiserzeit das peculium quasi castrense, der Erwerb als Staatsbeamter, Advokat oder Geistlicher, da alle diese Personen Namen, Ehre und Rechte der Soldaten besaßen; nicht minder das vom Regenten oder der Regentin Geschenkte, weil dies als nach den besten Rechten verliehen galt.[7]

3. Freies Kindesgut bildeten endlich nach einem Gesetze Justinians die irregulären Adventizien.[8] Sie entstanden durch liberale Zuwendungen von Dritten an das Kind, die unter Ausschluß des Nießbrauches und der Verwaltung des Vaters erfolgten,[9] ferner durch den Verzicht des Vaters auf Nutzung und Verwaltung.

Nach positiver Vorschrift gehört hierher auch, was das Hauskind von einem seiner Geschwister ab intestato ererbt hat, wenn der Vater Miterbe war. Dann soll sich nämlich der Vater mit seinem Erbteil begnügen.[10]

Der großjährige Haussohn verwaltet das irreguläre Adventizgut persönlich; für den minderjährigen ist ein Kurator zu bestellen. Dies kann auch der Vater sein. Er handelt dann aber als Vormund und Vertreter des Kindes, nicht kraft väterlichen Rechtes.

Über seine irregulären Adventizien kann das Hauskind nicht testieren, wohl aber über sein peculium castrense und quasi castrense.[11]

---

4) pr. J. quibus non est permissum 2, 12, Ulpian. fragm. XX § 10.

5) Nach Hadrian wurde der Sohn als Eigentümer des peculium castrense angesehen, Fitting a. a. O. S. 131. Starb aber das Hauskind ohne Testament, so galt das Vermögen in Gemäßheit des alten Rechts doch als dem Vater verblieben, l. 2, l. 14 pr., l. 19 § 3 D. h. t. 49, 17. Nach Novelle 118 änderte sich auch dies, und vererbte sich das Vermögen in Ermangelung eines Testamentes nach den Regeln der gewöhnlichen Intestaterbfolge.

6) l. 13 D. h. t. 49, 17.

7) Über die Entstehung des peculium quasi castrense vgl. Fitting a. a. O. S. 416, über den Umfang ebenda S. 447.

8) Buchholtz, Fälle der extraordinären Adventizien in Lindes Zeitschrift Bd. 14 n. 11, Brinz Bd. 3 S. 652.

9) Nov. 117 cap. 1. Die bloße Ausschließung vom Nießbrauch nimmt dem Vater noch nicht das Recht der väterlichen Verwaltung, RG. Bd. 10 S. 149.

10) Nov. 118 cap. 2.

11) Das „freie Vermögen" des BGB. ist nur der Nutznießung der Vaters nicht unterworfen. Die Verwaltung desselben steht ihm, abgesehen vom Falle des § 1638 — oben § 428 Anm. 3 — zu. Freies Vermögen sind: 1. die ausschließlich zum persön-

Drittes Kapitel.

Rechte und Pflichten der Eltern.

§ 430. Rechte bezüglich der Person des Kindes.

Im alten Rom war die Person des Kindes der Gewalt seines Hausvaters unbedingt unterworfen, Leben und Tod stand in dessen Hand; nicht minder hatte er das Recht zum Verkaufe des Kindes. Im jüngsten römischen Rechte blieb hiervon nur die Befugnis des Hausvaters zu mäßiger Züchtigung des Hauskindes [1] und zum Verkaufe von Neugeborenen aus Not. [2]

Der Vater hatte in erster Linie das Recht der Erziehung, auch wenn ihm die Gewalt über das Kind nicht zukam, in zweiter Linie hatte das Erziehungsrecht die Mutter. Sie ging dem Vater sogar vor, wenn ihn die Schuld an einer Scheidung der Ehe traf, [3] nicht minder, wenn sein Lebenswandel das Wohl des Kindes gefährdete. [4]

Dem Hausvater stand die Klage auf Auslieferung des Kindes — das interdictum de liberis exhibendis et ducendis — zu. [5]

§ 431. Gegenseitige Alimentationspflicht von Aszendenten und Deszendenten. [1]

1. Daß Eltern ihre Kinder im Bedürfnisfalle zu erhalten haben, lehrt Natur und Instinkt, und daß die Kinder ihre Eltern in Fällen der Not nicht im Stiche lassen, ist Pflicht der Dankbarkeit und Pietät. Ähnliche Verbindlichkeiten haben entferntere Aszendenten und Deszendenten gegen

---

lichen Gebrauche des Kindes bestimmten Sachen, insbesondere Kleider, Schmucksachen und Arbeitsgeräte, 2. was das Kind durch seine Arbeit oder durch den ihm nach § 112 gestatteten selbständigen Betrieb eines Erwerbsgeschäfts erwirbt, 3. was das Kind von Todes wegen erwirbt oder was ihm unter Lebenden von einem Dritten unentgeltlich zugewendet wird, wenn der Erblasser durch letztwillige Verfügung, der Dritte bei der Zuwendung bestimmt hat, daß das Vermögen der Nutznießung entzogen sein soll.

1) l. 3, l. 4 C. de patria potestate 8, 46. In schwereren Fällen kann der Vater bei der Obrigkeit härtere Bestrafung, insbesondere Unterbringung in Besserungsanstalten beantragen. Vgl. BGB. § 1631 Abs. 2.

2) l. 2 C. de patribus qui filios distraxerunt 4, 43. Burchardi, das gemeinrechtliche Erziehungsrecht im Archiv für ziv. Praxis Bd. 8 n. 8.

3) Nov. 117 cap. 7. Die Regel ist keine unbedingte. Das Vormundschaftsgericht bestimmt nach seinem Ermessen im Interesse des Kindes. Es kann daher auch dem schuldigen Teile die Erziehung überlassen, wenn derselbe hierzu fähiger erscheint, l. un. C. divortio facto 5, 24. Vgl. BGB. §§ 1635, 1636.

4) l. 1 § 3 D. de liberis exhibendis 43, 30. RG. Bd. 18 S. 186.

5) Tit. Dig. de liberis exhibendis 43, 30. Vgl. die bei RG. Bd. 10 S. 115 Zitierten, Fritz Eckard, das elterliche Recht auf Herausgabe der Kinder, Rostocker Inaug. Diss. 1900. Vgl. l. 2, l. 3 C. de liberis exhibendis 8, 8. BGB. § 1632: Die Sorge für die Person des Kindes umfaßt das Recht, die Herausgabe des Kindes von jedem zu verlangen, der es dem Vater widerrechtlich vorenthält.

1) Tit. Dig. de agnoscendis et alendis liberis 25, 3; Puggé im rhein. Museum Bd. 3 S. 559; Reinhard in Lindes Zeitschr. N. F. Bd. 13 n. 5; Mandry, Familiengüterrecht Bd. 1 S. 246; Pernice in der Zeitschr. der Sav.Stiftg. rom. Abt. Bd. 5 S. 22.

einander.[2] Seit der Kaiserzeit wurden diese Pietätspflichten extra ordinem klagbar. Dabei hing die nähere Festsetzung vom konkreten Falle und von dem Befunde der Umstände ab. Voraussetzung war Bedürftigkeit des Klägers, also Armut und Arbeitsunfähigkeit, oder doch unverschuldete Erwerbslosigkeit.[3] Durch grobe Verletzung der Kindes- oder der Elternpflicht wurde der Anspruch verwirkt.[4]

Die Verpflichtung war höchstpersönlich. Die Erben des Pflichtigen blieben jedoch bei äußerster Bedürftigkeit des Berechtigten haftbar.[5]

2. Nach altem römischen Rechte hatten die unehelichen Kinder keinerlei Ansprüche gegen ihren Erzeuger. Sie galten wie ohne Vater geboren. Justinian aber gab den Konkubinenkindern — den liberi naturales — ein Recht auf Alimente gegen den Erzeuger. Im römischen Recht findet diese Verpflichtung keine weitere Ausdehnung.[6]

Vierter Abschnitt.

Das Vormundschaftsrecht.[1]

Erstes Kapitel.

Die Grundbegriffe.

§ 432. Die Entwicklung des römischen Vormundschaftsrechtes.

I. Vormundschaft ist das Amt der Obhut und Vertretung schutzbedürftiger Gewaltfreier.[2]

Die Vormundschaft ist ein Surrogat der väterlichen Gewalt, nur in ihrer Ermangelung tritt daher Bevormundung ein. Es ist kein Widerspruch hiergegen, sondern nur eine verfeinerte Durchbildung des

2) Vgl. auch BGB. § 1601: Verwandte in gerader Linie sind verpflichtet, einander Unterhalt zu gewähren.

3) l. 5 § 7 D. h. t. 25, 3. BGB. § 1602 Abs. 1: Unterhaltsberechtigt ist nur, wer außerstande ist, sich selbst zu unterhalten.

4) l. 5 § 11 D. h t. 25, 3, l. 4 C. de alendis liberis 5, 25. RG. Bd. 5 S. 156. Nach BGB. § 1611 können unwürdige Verwandte den notwendigen Unterhalt verlangen.

5) l. 5 § 17 D. h. t. 25, 3. Vgl. BGB. § 1615.

6) Nov. 89 cap. 12 § 6, cap. 13 und 15. Spangenberg im Archiv für ziv. Praxis Bd. 1 n. 5. Zirndorfer in der Zeitschr. der Sav.Stiftg., rom. Abt. Bd. 20, 33. BGB. §§ 1708 ff.

1) Rudorff, das Recht der Vormundschaft 3 Bde. 1833 ff.; Kraut, die Vormundschaft des deutschen Rechts 3 Bde. 1835 ff.; Dernburg, das Vormundschaftsrecht der preußischen Monarchie, Aufl. 3, herausgegeben von Schultzenstein 1886. Über den Charakter des vormundschaftlichen potestes vgl. Mitteis, röm. Privatrecht S. 76 ff.

2) l. 1 pr. D. de tutelis 26, 1. Paulus libro 38 ad edictum: Tutela est, ut Servius definit, vis ac potestas in capite libero ad tuendum eum, qui propter aetatem sua sponte se defendere nequit, jure civili data ac permissa.

Grundgedankens, daß im entwickelten Rechte auch über **Hauskinder** eine Vormundschaft in denjenigen Fällen Platz greift, in **welchen die bestehende väterliche Gewalt nicht ausgeübt werden** kann.[3]

II. Das Vormundschaftsrecht hat in Rom so verschiedene Entwicklungsstufen durchlaufen, daß Beginn und Ende scharfe Kontraste bilden.

1. Einer radikalen Umgestaltung unterlag vornehmlich die **tutela über Unmündige**. Die alte Tutel über mündige **Frauen** nahm hieran nur bis zu einem gewissen Grade teil und starb dann ganz ab.[4]

a) Ursprünglich war die Tutel **bloß Familienangelegenheit, später wurde sie Staatssache.**

Vormünder — tutores legitimi — waren in alter Zeit einzig die Agnaten und der Patron des Mündels, also dessen Familiengenossen. Dazu kam die tutela testamentaria durch Testament des Hausvaters begründet.[5] Dieselbe gehörte zwar gleichfalls dem Familienrechte an, war aber schon von anderem Gepräge.

Obrigkeitliche Ernennung des Tutors wurde erst durch die lex Atilia eingeführt und zwar bloß für Fälle, in denen es sonst an einem Tutor fehlte. Sie galt als etwas Außerordentliches, wie daraus erhellt, daß der Prätor den tutor Atilianus nur in Verbindung mit der Mehrheit der Volkstribunen ernennen durfte. Solche Kautelen waren der lex Julia Titia, welche später in den Provinzen die Ernennung in gleichem Falle den Provinzialstatthaltern anvertraute, unbekannt.

In der Kaiserzeit geschah die Bestellung der Tutoren extra ordinem durch die Magistrate; sie wurde immer häufiger.[6]

b) Die Tutel bildete in alter Zeit bloß ein **Recht des Tutors**.[7] Zwar knüpfte sich an sie auch ein Kreis von Pflichten gegen den Mündel, welche indessen sittlicher, nicht rechtlicher Natur waren.[8]

Dies änderte sich später. In der Kaiserzeit ist von selbständigen

---

3) Vgl. BGB. §§ 1773, 1909.

4) Die Tutel über Weiber behandeln: Löhr in seinem Magazin Bd. 3 S. 407; Stemann in Sells Jahrb. Bd. 3 n. 6; Keller, Institutionen S. 243. Über ihr Absterben vgl. Mitteis, Reichsrecht S. 219.

5) Die testamentarische Tutel wird auf die 12 Tafeln zurückgeführt, l. 1 pr. D. de testamentaria tut. 26, 2. Doch — trotz Ulpian. fragm. XI § 14 — wurzelt sie schwerlich in einer ausdrücklichen Bestimmung dieses Gesetzes, sie ist vielmehr durch die Interpretation der Juristen geschaffen. Vgl. indes Bruns, fontes S. 22 Anm. V. 3.

6) Vgl. tit. Inst. de Atiliano tutore 1, 20, Gaj. Inst. I § 185.

7) Daß die Tutel ursprünglich zum Vorteil der Vormünder und nicht der Mündel begründet wurde, hat Löhr in seinem Magazin Bd. 3 n. 1: „Über die römischen Begriffe von Tutel und Kuratel" nachgewiesen. Nimmt man an — und dies ist nach dem jetzigen Standpunkte unserer Erkenntnis kaum zu bezweifeln —, daß actio tutelae, durch welche der Vormund zur rechtlichen Verantwortung gezogen wird, erst der späteren Republik angehörte, so erhalten die Ausführungen Löhrs ein verstärktes Gewicht. Anderer Ansicht ist freilich Cuq, les institutions juridiques Bd. 1 S. 311.

8) Gellius, noctes atticae V cap. 13. Massurius Sabinus in libro juris civilis tertio: In officiis apud majores nostros ita observatum est primum tutelae, deinde hospiti, deinde clienti, tum cognato, postea affini.

Rechten des Tutors wenig mehr die Rede, wohl aber von rechtlichen Verpflichtungen tief einschneidender, zum Teil sehr lästiger Art.

c) Hierzu kommt ein Drittes: In der älteren Zeit hatte der Tutor freie Hand, ohne an die Zustimmung der Obrigkeit bei seinen Handlungen gebunden zu sein. Seit dem zweiten Jahrhundert nach Christi Geburt mußte er in immer steigendem Maße bei wichtigeren Akten die Genehmigung der Obrigkeit einholen.

2. Jünger als die tutela war ein zweites vormundschaftliches Institut Roms, die cura. Dieselbe betraf Minderjährige, Geisteskranke, Verschwender, gebrechliche Personen, Vermögen von Abwesenden, ruhende Erbschaften.

Die cura stand im Gegensatz zur Tutel, insofern sie von Anfang an nicht Rechte des Kurators, sondern Pflichten desselben begründete.[9] Eine weitere Verschiedenheit bildete, daß der Kurator regelrecht von der Obrigkeit bestellt wurde. Diese beiden Unterschiede sind im justinianischen Rechte infolge der Umbildung der Tutel zurückgetreten. Es blieb nur noch folgendes: Der Tutor hatte das Recht der auctoritatis interpositio, wodurch er an sich unverbindliche Willenserklärungen des Mündels zu vollkräftigen machte. Diese Handlung war ein Formalakt, sie mußte in Gegenwart des Mündels, unmittelbar nach dessen Erklärung, mündlich vom Tutor vollzogen werden.[10] Dem Kurator stand dieses Recht nicht zu.[11]

§ 433. Die Gründe der Bevormundung.

Gründe der Bevormundung sind nach römischem Rechte folgende:

1. Minderjährigkeit.
2. Geisteskrankheit.[1]
3. Entmündigung wegen Verschwendung.
4. Dauernde Behinderung an eigener Vermögensverwaltung durch

9) Löhr, Magazin Bd. 3 S. 9 nimmt an, daß auch die „cura“ ursprünglich den Vorteil des Kurators und nicht des Kuranden bezweckte. Dies stützt er vorzugsweise darauf, daß die 12 Tafeln verordneten: „si furiosus est agnatorum gentiliumque in eo pecuniaque ejus potestas esto“. Cicero de inventione II cap. 50. Vgl. Bruns, fontes S. 23 Anm. 7a. Wenn sich aber auch das prätorische Institut der cura an diese Bestimmung zunächst anlehnte, so war dasselbe doch eine selbständige Bildung, die neue Gesichtspunkte zur Geltung brachte.

10) Vgl. § 2 J. de auctoritate tut. 1, 21. Der römische Satz: tutor personae non rei datur l. 12—14 D. de test. tut. 26, 2 heißt nichts anderes als: er wird der Person bestellt, damit er mit auctoritatis interpositio deren Willenserklärungen zu rechtsgültigen machen kann. Schüler, tutor personae datur, Göttinger Inaug.-Diss. 1890.

11) Vorzugsweise Löhr, Magazin Bd. 1 n. 1 hat das Eigentümliche der Tutel in das Recht der auctoritatis interpositio gesetzt. Vgl. über die verschiedenen Ansichten Vangerow Bd. 1 § 263. Nach BGB. wird jede Vormundschaft obrigkeitlich begründet, sog. Dativtutel. Sie ist entweder Vormundschaft „i. e. Sinn“, welche die vollen Befugnisse eines Vormundes gibt, §§ 1898—1905, oder Pflegschaft, welche nur in einzelnen Beziehungen vormundschaftliche Befugnisse gewährt, §§ 1909 ff. Dies hat sich aus der römischen Tutel und Kuratel entwickelt.

1) Nur solche Geisteskranke erhalten einen curator furiosi, welche der Altersvormundschaft entwachsen sind, § 3 J. de curatoribus 1, 23, l. 3 pr. § 1 D. de tutelis 26, 1. Das gleiche gilt von Verschwendern und gebrechlichen Personen.

Körpergebrechen, insbesondere Taubheit, Blindheit, Altersschwäche, Krankheit,[2] sog. cura debilium personarum.

5. Neben dem Vormunde[3] und dem Vater werden, falls diese zur Besorgung einzelner Angelegenheiten nicht fähig sind, im Bedürfnisfalle Kuratoren bestellt.

6. Der Embryo kann einen Kurator erhalten.[4]

7. Für Vermögen, das nicht vertreten ist, insbesondere für das eines Abwesenden, ferner für eine ruhende Erbschaft darf ein Kurator bestellt werden.[5] — Bei solchen sog. Realkuratelen war der Kurator in Rom nur zur Obhut über das Vermögen sowie zum Verkauf dessen, was sonst zugrunde gehen würde, berechtigt.[6] Eine verbreitete Praxis hat aber seine Vollmacht erweitert.[7]

§ 434. Die Vormünder.[1]

Die Verwaltung der Mündelangelegenheiten geschieht durch den Vormund. Als das Normale und Zweckmäßige gilt Verwaltung durch einen Vormund.[2] Es können aber mehrere Vormünder berufen werden, namentlich wenn dies durch Testament vom Vater des Mündels verordnet ist. Dann muß die Obrigkeit nähere Bestimmung treffen,[3] sie hat dabei väterliche letztwillige Verfügungen zu beachten, keineswegs aber unbedingt zu befolgen.[4]

a) Wird einem von mehreren Vormündern durch die Obrigkeit die Verwaltung ganz überwiesen, so sind die übrigen Ehrenvormünder — tutores honorarii. Als solche sind sie zur Überwachung des verwaltenden Vormundes berechtigt und verpflichtet, haben zu diesem Zwecke die Einsicht in die Vormundschaftsrechnungen und Papiere, die Kontrolle

---

2) § 4 J. de curatoribus 1, 23. Nach BGB. § 1910 ist in diesen Fällen die Anordnung einer Pflegschaft — doch in der Regel nur mit Einwilligung des Gebrechlichen — zulässig.

3) §§ 5 und 6 J. de curatoribus 1, 23. BGB. § 1909.

4) Über den Pfleger einer Leibesfrucht nach BGB. vgl. § 1912.

5) Adamkiewicz, der Rechtsbegriff der Kuratel 1892. Über den Abwesenheitspfleger nach BGB. vgl. §§ 1911, 1921, über den Nachlaßpfleger §§ 1960, 1975 ff., 2012, 2017, über den Pfleger unbekannter Beteiligter § 1913, über den Pfleger eines durch öffentliche Sammlung für einen vorübergehenden Zweck zusammengebrachten Vermögens § 1914.

6) l. 48 D. de adm. tut. 26, 7, l. 1 § 4 D. de muneribus 50, 4. Rudorff a. a. O. Bd. 1 S. 162.

7) Vgl. die bei Dernburg a. a. O. S. 416 Zitierten. Nach BGB. § 1915 finden auf die Pflegschaft die für die Vormundschaft geltenden Vorschriften entsprechende Anwendung.

1) Löhr im Archiv für ziv. Praxis Bd. 11 n. 1 S. 3; Keller, Pandekten § 437; Brinz Bd. 3 S. 832.

2) l. 3 §§ 3 u. 7 D. de adm. tut. 26, 7, BGB. § 1775.

3) Hinsichtlich der Regelung bestand ein besonderes prätorisches Edikt, dessen Inhalt aus § 1. J. de satisdat. tut. 1, 24 ersichtlich ist. Hiernach sollte eine Verhandlung mit den Vormündern stattfinden. In erster Linie war zu berufen, wer satisdatio anbot, sofern nicht der Mitvormund sich gleichfalls zu derselben bereit erklärte.

4) l. 3 § 3. D. de adm. tut. 26, 7, BGB. § 1797 Abs. 3.

der Anlage von Vormundschaftsgeldern; äußerstenfalls haben sie die Absetzung des pflichtwidrig verwaltenden Vormundes zu betreiben.[5]

b) Die Obrigkeit kann die Verwaltung der Vormundschaftsgeschäfte auch nach Bedürfnis unter die mehreren Vormünder teilen, sei es nach Geschäftszweigen, sei es nach Gegenden. Jeder hat dann nur das ihm zugeteilte Ressort zu verwalten, ist aber für das des anderen Ehrenvormund.[6]

c) Kommt es nicht zu einer obrigkeitlichen Verteilung der Geschäfte, so sind alle Vormünder zur Verwaltung gleichberechtigt. Es besteht aber keine Kollektivvollmacht, wonach sie zusammen handeln müßten. Vielmehr hat jeder einzelne die volle Vertretung,[7] und zwar dergestalt, daß jedem ein Einspruchsrecht gegen die von Mitvormündern beabsichtigten Handlungen zusteht.[8] [9]

Die Verantwortlichkeit für die ganze Verwaltung wird durch bloße private Teilung der Geschäfte nicht aufgehoben.[10]

---

5) l. 3 § 2 D. de administratione tutorum 26, 7. Ulpianus libro 35 ad edictum: Ceteri igitur tutores non administrabunt, sed erunt hi, quos vulgo honorarios appellamus. nec quisquam putet ad hos periculum nullum redundare: constat enim hos quoque, excussis prius facultatibus ejus qui gesserit, conveniri oportere: dati sunt enim quasi observatores actus ejus et custodes, imputabiturque eis quandoque, cur, si male eum conversari videbant, suspectum eum non fecerunt. adsidue igitur et rationem ab eo exigere eos oportet et sollicite curare, qualiter conversetur, et si pecunia sit, quae deponi possit, curare, ut deponatur ad praediorum comparationem. Auch der tutor honorarius hatte in Rom an sich Verwaltungsrecht und auctoritas, aber er sollte sich nicht in die Verwaltung mischen, weshalb Dritte, welche das Verhältnis kannten und doch unter seiner auctoritas kontrahierten, keine Ansprüche erhielten. l. 49 D. de adquis vel omitt. her. 29, 2 und l. 4 D. de auct. tut. 26, 8 vereinigen sich solchergestalt.

6) l. 3 § 9, l. 4 D. de adm. tut. 26, 7, BGB. § 1797 Abs. 2.

7) Nach vorjustinianischem Rechte bedurfte es bei der legitima tutela regelrecht zu allen Verfügungen der auctoritas sämtlicher Vormünder. Cicero pro Flacco 34: „nihil potest de tutela legitima sine omnium tutorum auctoritate deminui". Dagegen genügte bei testamentarischen und obrigkeitlichen Vormündern die auctoritas eines einzelnen der Vormünder. Justinian hob diesen Unterschied in der l. 5 C. de auctoritate praestanda 5, 59 auf. Jeder Vormund hat die volle Verfügung; nur zu Angelegenheiten, welche die Aufhebung der Tutel mit sich führen, namentlich zur Arrogation des Mündels, bedarf es der Zustimmung aller Tutoren.

8) l. 7 § 3 D. de curat. furioso 27, 10. — Vgl. übrigens noch l. 47 pr. D. de adm. tut. 26, 7. Nach BGB. § 1797 Abs. 1 führen mehrere Vormünder die Vormundschaft gemeinschaftlich. Bei einer Meinungsverschiedenheit entscheidet das Vormundschaftsgericht.

9) Jeder der mehreren Tutoren ist solidarisch verantwortlich. Dem in Anspruch Genommenen steht aber das Recht der Klagenzession offen, l. 2 C. de dividenda tutela 5, 52. Carus, Carinus et Numerianus a. 284: Si divisio administrationis inter tutores sive curatores in eodem loco seu provincia constitutos necdum fuit, licentiam habet adulescens et unum eorum eligere et totum debitum exigere, cessione videlicet ab eo adversus ceteros tutores seu curatores actionum ei competentium facienda. Über die Haftung nach BGB. vgl. § 1833 Abs. 2.

10) l. 2 § 3 C. de dividenda tutela 5, 52. Sin vero ipsi inter se res administrationis diviserunt, non prohibetur adulescens et unum ex his in solidum convenire, ita ut actiones, quas adversus alios habet, ad electum transferat.

§ 435. Die Obervormundschaft.

Die Obrigkeit gewann zwar im späteren römischen Rechte steigenden Einfluß auf die Vormundschaft, aber eine einheitliche und systematische Zusammenfassung ihrer Rechte und Pflichten fand nicht statt.[1]

Die Obrigkeit hatte als Obervormund nicht die Aufgabe, selbst den Mündel zu vertreten, ihr stand die Aufsicht und Leitung zu. Sie konnte daher den Vormund mit Anweisungen bezüglich der Führung der Geschäfte versehen. Je nach dem Vertrauen, welches der Vormund verdiente, zog sie die Zügel mehr oder minder straff.

Wer die Obervormundschaft verwaltete, haftete dem Mündel für Verschuldung, aber nur subsidiär, d. h. soweit von anderer Seite kein Ersatz zu erlangen war.[2]

Der Magistrat pflegte in Rom bei der Entscheidung über persönliche Verhältnisse des Mündels Verwandte des Mündels — den Familienrat — zuzuziehen.[3]

Zweites Kapitel.

Die Begründung und Beendigung der Vormundschaft.

§ 436. Berufungsgründe, Bestellung.

I. Die Berufungsgründe zur Tutel waren in Rom:

1. Testament. Kraft der väterlichen Gewalt konnte der Vater dem unmündigen Kinde für den Fall, daß es durch seinen Tod gewaltfrei wurde, in einem gültigen Testamente oder testamentarisch bestätigten Kodizille einen Tutor ernennen.[1] Daneben bestand in Rom die Auffassung, daß der Vater ohne Rücksicht auf die Gewalt, in Ermangelung des Vaters die Mutter, und schließlich selbst ein Fremder, welcher den Unmündigen zum Erben einsetzt, Vorschläge bezüglich des Vormundes des Unmündigen machen kann. Solcherart letztwillig bezeichnete Vormünder wurden von der Obrigkeit bestätigt

1) l. 6 § 2 D. de tutelis 26, 1. Nach BGB. ist die obervormundschaftliche Behörde das Gericht.

2) Nach römischem Rechte hafteten nur die Munizipalmagistrate, welche etwas bei Bestellung der Vormünder versäumt hatten. Tit. Dig. de magistratibus conveniendis 27, 8. Vgl. BGB. § 1848, § 841.

3) l. 1 § 1 D. ubi pupillus educari 27, 2. Über den dem französischen Rechte entlehnten Familienrat des BGB. vgl. §§ 1858 ff. das., vgl. auch § 1847.

1) §§ 3 und 4 J. de tutelis 1, 13, l. 1 D. de testamentaria tutela 26, 2. Das Recht des Vaters erstreckt sich auch auf nachgeborene Kinder. Es bezog sich in Rom selbst auf Enkel, welche in der Gewalt des Großvaters standen, falls sie nach dessen Tode nicht in die Gewalt ihres Vaters fielen, vielmehr gewaltfrei wurden. Der Tutor mußte certus, d. h. individuell bestimmt, l. 20 D. de testamentaria tut. 26, 2 und in befehlender Weise ernannt sein, l. 1 § 1 D. de confirmando tut. 26, 3. Die Ernennung mußte sich auf das Gesamtvermögen erstrecken, l. 12 ff. D. h. t. 26, 2. Ernennung unter Bedingungen und Zeitbestimmungen war zulässig. Die Ernennung verlor ihre Geltung, wenn das Testament seine Kraft einbüßte.

— tutores confirmati —, und zwar die vom Vater gewollten ohne besondere Untersuchung, die sonst vorgeschlagenen nach Prüfung der Sachlage.[2]

2. In Ermangelung testamentarischer traten die gesetzlichen Tutoren ein. Es waren dies die nächsten gesetzlichen Erben des Mündels, also ursprünglich vorzugsweise seine Agnaten,[3] im jüngsten Rechte die nach der Novelle 118 berufenen Intestaterben.[4]

3. In letzter Reihe kam es zur Erwählung eines Tutors durch die Obrigkeit.[5]

II. Die Kuratoren bestellte regelrecht die Obrigkeit. Dabei wurde jedoch der Vorschlag der Eltern tunlichst berücksichtigt.[6]

Die Vormundschaft begann, sobald der Berufene von der Berufung erfahren hatte.[7]

§ 437. Fähigkeit zur Vormundschaft.

Zu unterscheiden ist absolute und relative Unfähigkeit.

1 Absolut Unfähige wurden nicht Vormünder, auch wenn die Vormundschaft obrigkeitlich auf sie übertragen sein sollte; ihre Handlungen waren für den Mündel nicht verbindlich. Der Mündel hatte keinen Vormund. In diesem Sinne gelten als unfähig:[1]

a) Frauen. Nach justinianischem Rechte waren jedoch die Mutter und Großmutter zur Vormundschaft über Kinder und Enkel fähig, wenn sie sich nicht wieder verheirateten und den weiblichen Rechtswohltaten entsagten.[2]

b) Minderjährige, Geisteskranke, interdizierte Verschwender. Dieselben gelangten vor Justinian zwar zur Vormundschaft, nur sollten sie zur Führung der Geschäfte nicht zugelassen werden.[3] Dies entsprach der ursprünglichen

---

2) l. 2 ff. de confirmando tut. 26, 3. Obgleich der Prätor den väterlichen Vorschlag ohne Prüfung der Sachgemäßheit konfirmieren sollte, so hatte er doch zu untersuchen, ob der Wille des Vaters bis zum Tode gedauert habe und ob nicht etwa nach der Bestellung Umstände eingetreten seien, welche den Vater, wenn sie zu seiner Kenntnis gelangt wären, wahrscheinlich bestimmt hätten, die Ernennung zurückzunehmen, l. 8 ff. D. eod. 26, 3.

3) l. 1 pr. D. de legitimis tutoribus 26, 4.

4) Nov. 118 cap 5.

5) § 3 J. de Atiliano tutore 1, 20. Vgl. Mitteis, Über die Kompetenz zur Vormundschaftsbestellung in der Zeitschr. der Sav.Stiftg., rom. Abt. Bd. 29 S. 390 f. Der Tutor darf obrigkeitlich nicht unter einer Bedingung ernannt werden, l. 6 § 1 D. de tutelis 26, 1.

6) §§ 1 und 3 J. de curatoribus 1, 23. Vgl. auch Audibert, du curateur donné par testament au prodigue, in d. nouv. revue hist. de droit franç. et étranger Bd. 16 S. 5.

7) l. 1 § 1 D. de administratione tut. 26, 7.

1) Nach BGB. § 1780 kann zum Vormunde nicht bestellt werden, wer geschäftsunfähig oder wegen Geistesschwäche, Verschwendung oder Trunksucht entmündigt ist.

2) Gaj. Inst. I § 195, l. 16, l. 18 D. de tutelis 26, 1, l. 26 D. de testamentaria tutela 26, 2, Tit. Cod. 5, 35, nov. 94 cap. 1, nov. 118 cap. 5. Vgl. Wenger in der Zeitschr. der Sav.Stiftg., rom. Abt. Bd. 26 S. 449 ff. Nach BGB. sind Frauen zur Vormundschaft fähig, können sie aber ablehnen.

3) Sogar der impubes war „legitimus tutor“. Ulpian. fragm. XI. § 20. Ebenso der Geisteskranke, l. 17 D. de tutelis 26, 1. A. A. indessen Karlowa, röm. Rechtsgesch. Bd. 2 S. 274.

Anschauung, wonach die Tutel ein Recht des Vormundes bildete und nicht etwa im Interesse des Mündels Platz griff. Nach justinianischem Rechte galten aber solche Personen als absolut unfähig.[4]

c) Geistliche wurden von Justinian für unfähig erklärt, um sie von der Last der Vormundschaft definitiv zu befreien. Unfähig waren auch aktive Soldaten.[5]

2. Relativ unfähig waren Vormünder, auf welche die Vormundschaft nicht übertragen werden durfte, und die von derselben durch die Obrigkeit entfernt wurden, wenn sie trotzdem bestellt waren.[6]

Es gehören hierher durch Verbot der Eltern des Mündels Ausgeschlossene,[7] Gläubiger und Schuldner des Mündels, endlich der Ehemann bezüglich seiner Ehefrau.[8] Hierher ist auch der Verlust der bürgerlichen Ehrenrechte zu stellen.[9]

§ 438. Ablehnung der Vormundschaft.[1]

I. Die Übernahme der Vormundschaft war Bürgerpflicht. Man konnte daher zu derselben von der Obrigkeit durch Exekutivstrafen genötigt werden.[2] Die Mutter aber und Großmutter hatten zwar das Recht, nicht aber die Pflicht, Vormünder zu werden.[3]

Zahlreiche Gründe gaben die Befugnis, die Vormundschaft abzulehnen:[4]

a) drei Vormundschaften im Hause,[5]

b) fünf leibliche Kinder,[6]

c) Armut, Krankheit, Schreibensunkunde,[7] Alter über 70 Jahre.[8]

d) Bekleidung öffentlicher Ämter, Abwesenheit in Staatsgeschäften.[9]

II. Die Exkusationsgründe mußten in Rom innerhalb fester Fristen nach Kenntnis der Berufung bei der Obrigkeit angebracht werden. Diese

---

4) l. 5 C. de legitima tutela 5, 30. § 13 J. de excusationibus 1, 25.

5) l. 4 C. qui dare tutores 5, 34.

6) l. 21 § 2 D. de tut. dat. 26, 5, l. un. C. si contra matris voluntatem 5, 47.

7) l. 3 § 12 D. de suspectis tut. 26, 10.

8) l. 2 C. qui dare tutores 5, 34.

9) Nach BGB. sollen die in den §§ 1781—1784 genannten Personen nicht zu Vormündern bestellt werden.

1) Tit. I. de excusationibus 1, 25, Dig. 27, 1, Keller, Institutionen S. 232.

2) pr. J. h. t. 1, 25 . . . et tutelam et curam placuit publicum munus esse. Über die Entwicklung dieses Satzes vgl. Pernice in der Zeitschr. der Sav.Stiftg., rom. Abt. Bd. 5 S. 25. Übereinstimmend BGB. §§ 1785, 1788.

3) l. 2 § 1 C. quando mulier 5, 35, nov. 118 cap. 5, nov. 94 cap. 1. Vgl. auch BGB. § 1786 Ziff. 1.

4) Die Ablehnungsgründe nach BGB. sind im § 1786 aufgezählt.

5) § 5 J. h. t. 1, 25, l. 6 pr. D. h. t. 27, 1.

6) Nach römischem Rechte exkusierten 3 Kinder in Rom, 4 in Italien, 5 in den Provinzen. Nur lebende werden mitgezählt. Im Kriege umgekommene gelten wie lebende. Es kommt nicht darauf an, ob die Kinder in der Gewalt stehen oder nicht, insbesondere, ob sie emanzipiert, adoptiert sind, pr. J. h. t. 1, 25.

7) § 6 J. h. t. 1, 25, §§ 7 und 8 J. eod.

8) § 13 J. h. t. 1, 25.

9) Vgl. über das Exkusationsrecht der römischen Beamten, ferner der Professoren und Ärzte, sowie der Zunftgenossen: Rudorff a. a. O. Bd. 2 S. 96; Keller, Institutionen S. 234.

Frist betrug mindestens 50 Tage, bei größeren Entfernungen verlängerte sie sich nach Verhältnis.[10]

§ 439. Beendigung der Vormundschaft.

Die Vormundschaft endigte entweder in der Weise, daß sie überhaupt beseitigt wurde, oder so, daß nur die Funktion des bisherigen Vormundes aufhörte und ein neuer Vormund einzutreten hatte.

1. Die Bevormundung endete schlechthin, wenn ihre Gründe wegfielen;[1] die Altersvormundschaft erlosch mit der Großjährigkeit oder Großjährigkeitserklärung des Mündels, sowie durch seinen Eintritt in eine väterliche Gewalt. Jede Vormundschaft hörte mit dem Tode des Mündels oder dessen Todeserklärung auf.

2. Die Funktion des Vormundes endete, ohne daß damit die Bevormundung aufhörte:

a) Durch den Tod des Vormundes, sowie dadurch, daß er absolut unfähig wurde,[2] namentlich auch dadurch, daß die Mutter oder Großmutter, welche Vormünderinnen waren, zur neuen Ehe schritten.[3]

b) Im alten Rechte konnte der testamentarische Tutor die Vormundschaft beliebig niederlegen.[4] Im späteren Rechte ist hiervon nicht die Rede er kann nur aus bestimmten Gründen die Entbindung von der Obrigkeit beanspruchen.[5]

c) Die Entsetzung des Vormundes durch das Gericht war in der altrömischen Zeit nur wegen Dolus auf Grund einer accusatio suspecti zulässig.

Im späteren römischen Rechte ist die Absetzbarkeit des Vormundes sehr erweitert worden. Die Entsetzung konnte wegen jeder Pflichtwidrigkeit geschehen, ja ohne solche, wenn der Vormund untüchtig oder ungeeignet erschien.[6]

---

10) § 16 J. h. t. 1, 25, l. 14 D. h. t. 27, 1.

1) BGB. § 1882. Auch nach Endigung der Vormundschaft haben die bisherigen Vormünder die laufenden Geschäfte bis zu dem Zeitpunkt zu besorgen, wo sie das Mündelvermögen herausgeben oder den Mündel in Annahmeverzug setzen. Vgl. l. 33 § 1 D. de administratione tut. 26, 7, BGB. § 1893 in Verbindung mit §§ 1682, 1683. Über die Endigung der Pflegschaft vgl. 1918 ff.

2) Vgl. BGB. § 1885 Abs. 1: Das Amt des Vormundes endigt mit seiner Entmündigung.

3) Vgl. auch BGB. § 1887.

4) Von solcher abdicatio spricht noch Ulpian. fragm. XI. § 17.

5) Vgl. l. 12 D. de excusationibus 27, 1, BGB. § 1889.

6) l. 3 D. de suspectis 26, 10. Grundsätzlich geschah die Entsetzung in Rom auf Grund einer besonderen accusatio suspecti, welche quasi publica war, also von jedem erhoben werden konnte, der am Mündel Interesse hatte und ein zweiseitiges Verfahren einleitete. Doch kam sie, wenn die Gründe offenbar waren, auch ohne solche Anklage vor. Derzeit verfährt das Gericht von Amts wegen untersuchend, auf Grund von Anzeigen Dritter oder auch ohne solche. Daß bloße Ungeeignetheit zur Absetzung genügt, darüber vgl. l. 3 §§ 12 und 18 D. eod. 26, 10. Absetzung wegen dolus machte in Rom infam; Entfernung aus anderen Gründen hatte diese Folge nicht. — BGB. § 1886 besagt: Das Vormundschaftsgericht hat den Vormund zu entlassen, wenn die Fortführung des Amtes, insbesondere wegen pflichtwidrigen Verhaltens des Vormundes, das Interesse des Mündels gefährden würde oder wenn in der Person des Vormundes einer der im § 1781 bestimmten Gründe vorliegt.

Drittes Kapitel.

Rechtswirkungen der Vormundschaft.

§ 440. Sorge für die Person und das Vermögen des Mündels.[1]

1. Nach römischem Rechte war die Sorge des Vormundes für die Person des Mündels sehr beschränkt. Die Erziehung mußte der Vormund nicht selbst vornehmen, dieses Recht[2] stand zunächst der Mutter zu, aber er hatte für die Erziehung zu sorgen, sie zu überwachen, die Mittel für sie aus dem Mündelvermögen auszuwerfen,[3] nach Umständen Lehrverträge für den Mündel abzuschließen.

2. Die wichtigste Pflicht des Vormundes bildete die Sorge für das Vermögen des Mündels; er sollte es erhalten und nach Möglichkeit vermehren, jedoch ohne das Risiko von Spekulationen.[4] Nach römischer Auffassung handelte aber der Mündel persönlich bei Rechtsgeschäften und Prozessen, der Tutor legte nur die auctoritas ein.[5]

Liberalitäten aus dem Mündelvermögen waren dem Vormunde nicht gestattet;[6] eine Ausnahme bildeten Gaben, welche Anstand und Sitte forderten.[7]

Geschäfte, bei denen der Vormund direkt beteiligt war, durfte er für den Mündel weder schließen, noch genehmigen.[8]

Mündelgelder sollte der Vormund vorzugsweise in Grundstücken anlegen,[9] die als die beste Kapitalanlage galten, weil sie sich dem Mündel auch bei Kriegen und Krisen erhielten. Nächstdem sollten sie sicher zinsbar untergebracht werden.[10] Nach den heutigen wirtschaftlichen Verhältnissen ist die Erwerbung von Grundstücken keineswegs eine besonders gute Anlage. Der Vormund ist daher in der Regel auf zinsbare Forderungen verwiesen.

1) Gesterding, Sorge für die Person und Erziehung des Mündels in seiner „Ausbeute" VI, 2. BGB. § 1800 verfügt: Das Recht und die Pflicht des Vormundes, für die Person des Mündels zu sorgen, bestimmt sich nach den für die elterliche Gewalt geltenden Vorschriften der §§ 1631—1633. Über die Mitwirkung des Gemeindewaisenrates vgl. § 1850.

2) l. 1 C. ubi pupilli educentur 5, 49.

3) l. 2, l. 3 D. ubi pupillus educari 27, 2.

4) l. 47 § 6 D. de administratione tut. 26, 7.

5) Tit. Dig. de auctoritate et consensu 26, 8.

6) l. 22, l. 46 § 7 D. de administratione tut. 26, 7, BGB. § 1804 Satz 1.

7) l. 12 § 3 D. eod. 26, 7, BGB. § 1804 Satz 2.

8) Es galt der Satz: „tutor in rem suam auctor fieri non potest", l. 1 pr. D. de auctoritate tutorum 26, 8. Vgl. BGB. § 181.

9) l. 5 pr., l. 7 § 3 D. de administratione tut. 26, 7, l. 24 C. h. t. 5, 37, Petražycki, Einkommen Bd. 2 S. 187, Pernice, Parerga VIII, in der Zeitschr. der Sav.Stiftg., rom. Abt. Bd. 19 S. 123.

10) Wenn der Vormund die bei Antritt der Vormundschaft vorgefundenen Mündelgelder nicht binnen 6 Monaten, und wenn er die nachher eingehenden nicht binnen 2 Monaten anlegte, so hatte er persönlich von denselben Zinsen zu entrichten. Man bezeichnete diese Frist als laxamentum temporis, l. 7 § 11, l. 15 D. administratione tut. 26, 7. Jedoch konnte sich der Vormund durch den Nachweis befreien, daß ihm in der genannten Frist eine pupillarische Anlage nicht möglich war, l. 3 C. de usuris pupillaribus 5, 56.

Der Vormund haftete bei seiner Verwaltung für die Sorgfalt, die er in eigenen Angelegenheiten befolgte.[11] Verwendete er Mündelgelder zum eigenen Nutzen, so hatte er die höchsten Zinsen zu entrichten,[12] ursprünglich also 12 %, nach Justinians Neuerungen 6 %.

§ 441. Veräußerungsverbot und Kontrollmaßregeln.

1. Je freier der Vormund steht, desto wirksamer und nützlicher kann seine Verwaltung für den Mündel bei gutem Willen und Intelligenz sein, desto näher liegt aber auch die Gefahr, daß das Vermögen des Mündels infolge von Unvorsichtigkeit, Ungeschicklichkeit, Untreue des Vormundes zugrunde geht. Das frühere römische Recht ließ dem Vormunde in der Veräußerung des Mündelvermögens ganz freie Hand. Später verfiel man in das entgegengesetzte Extrem.

Zuerst verbot die Oratio Severi die Veräußerung landwirtschaftlicher Grundstücke der Unmündigen, wenn sie nicht von dessen Erblasser letztwillig gestattet war, außer wegen Schulden nach vorgängigem prätorischen Dekrete.[1] Wie sehr dies den herrschenden Zeitansichten entsprach, zeigt die Ausdehnung des Verbotes durch Interpretation, indem man es insbesondere auf alle Minderjährigen erstreckte,[2] ferner auf jede Bestellung dinglicher Rechte an Immobilien des Mündels.[3]

Die Veräußerung gegen Verbot war nichtig.[4] Sie konvaleszierte aber durch Genehmigung seitens des Mündels nach erreichter Großjährigkeit,[5] durch Unterlassung gerichtlicher Schritte binnen 5 Jahren nach der Groß-

---

11) l. 1 pr. D. de tutelae actione 27, 3. Andere Äußerungen der Quellen stimmen freilich nicht überein, vgl. Hasse, culpa S. 253, Petrażycki, Einkommen Bd. 2 S. 347 ff. Nach BGB § 1833 haftet der Vormund für jedes Verschulden.

12) l. 7 § 10 D. de adm. tut. 26, 7. BGB § 1834 besagt: Verwendet der Vormund Geld des Mündels für sich, so hat er es von der Zeit der Verwendung an zu verzinsen.

1) Über die Oratio Severi — aus dem Jahre 195 n. Chr. Geb. — vgl. Tit. Dig. de rebus eorum 27, 9; Bachofen, ausgewählte Lehren S. 119. Nach l. 1 § 2 D h. t. lautete die betreffende Stelle der die Vormundschaft auch sonst regelnden Oratio: „Praeterea, patres conscripti, interdicam tutoribus et curatoribus, ne praedia rustica vel suburbana distrahant, nisi ut id fieret, parentes testamento vel codicillis caverint quod si forte aes alienum tantum erit, ut ex rebus ceteris non possit exsolvi, tunc praetor urbanus vir clarissimus adeatur, qui pro sua religione aestimet, quae potius praedia alienari obligarive debeant, manente pupillo actione, si postea potuerit probari obreptum esse praetori. si communis res erit et socius ad divisionem provocet, aut si creditor, qui pignori agrum a parente pupilli acceperit, jus exsequetur, nihil novandum censeo." Daß statt des korrupten „possunt" der Florentina „potius" zu lesen ist, ergibt l. 5 § 10 D. h. t. 27, 9. — Nur die landwirtschaftlichen Grundstücke galten in Rom als sicherste Kapitalanlage, Häuser dagegen wegen der Feuersgefahr beim Mangel eines Versicherungswesens als ein sehr unsicherer Besitz. Bachofen a. a. O. S. 126.

2) l. 10, l. 11 D. h. t. 27, 9.

3) l. 3 § 5 D. h. t. 27, 9.

4) Der Mündel behält hiernach die Vindikation. Inwieweit der Beklagte die Herausgabe des von ihm gezahlten noch beim Mündel vorhandenen Kaufpreises verlangen kann, darüber vgl. l. 16 C. de praediis 5, 71.

5) l. 3 pr. C. si major factus 5, 74.

jährigkeit, und binnen 10, unter Abwesenden 20 Jahren, wenn die Veräußerung unentgeltlich war.[6]

Auf dem eingeschlagenen Wege schritt man in der christlichen Kaiserzeit fort. Dem Vormunde wurde die Veräußerung aller zur Substanz des Vermögens gehörigen konservierbaren, nicht ganz geringfügigen Sachen,[7] ferner die Einziehung von Forderungen des Mündels ohne gerichtliches Dekret untersagt.[8]

2. Die ordnungsmäßige Vermögensverwaltung des Vormundes wurde durch besondere Maßnahmen gesichert:

a) Der Vormund konnte bei Beginn der Vormundschaft eidlich verpflichtet werden.[9]

b) Er sollte Kaution stellen.[10] Diese Vorschrift wurde jedoch nicht allgemein durchgeführt.

c) Der Vormund hatte bei Beginn der Vormundschaft ein genaues Vermögensverzeichnis — Inventar — aufzunehmen. Hierüber wachte das Vormundschaftsgericht, dem das Inventar einzureichen war.[11]

d) Die Obrigkeit konnte öffentliche Deposition von Geldern,[12] derzeit auch von Inhaberpapieren fordern.[13]

§ 442. Die Vormundschaftsklagen.[1]

In Rom bestanden zwei Arten der Vormundschaftsklagen. Die eine, die actio rationibus distrahendis, war Deliktsklage. Sie ging gegen

6) l. 3 § 1 C. si major factus 5, 74.

7) l. 22 C. de administratione tutorum 5, 37. Constantinus a. 326, insbesondere § 6: Jam ergo venditio tutoris nulla sit sine interpositione decreti, exceptis his dumtaxat vestibus, quae detritae usu aut corruptae servando servari non potuerint; § 7: Animalia quoque supervacua minorum quin veneant, non vetamus.

8) l. 25, l. 27 C. eod. 5. 37. Vgl. über die Genehmigung des Vormundschaftsgerichts BGB. §§ 1821—1825.

9) Nach BGB. § 1789 erfolgt die Verpflichtung mittels Handschlag an Eides Statt.

10) In Rom wurde Bestellung von Bürgen — satisdatio — vorzugsweise von den tutores legitimi gefordert, l. 5 § 1 D. de legitimis tut. 26, 4. Sie, die aus eigenem Rechte und ursprünglich in eigenem Interesse die Tutel führten, genossen am wenigsten Vertrauen und wurden in der späteren Zeit am energischsten in Anspruch genommen; ferner hatten die Satisdation die von niederen Magistraten gegebenen Vormünder zu leisten. Die testamentarischen, desgleichen die von den höheren Magistraten eingesetzten Vormünder waren in der Regel kautionsfrei. Gaj., Inst. I § 200. Die Kaution konnte durch prätorische Zwangsmittel, insbesondere durch Pfändung erzwungen werden, § 3 J. de satisdatione tut. 1, 24. Vgl. das Nähere bei Keller, Institutionen S. 241, Lenel, edictum Aufl. 2, S. 306; Karlowa, röm. Rechtsgesch. Bd. 2 § 135 S. 1187.

11) l. 7 pr. D. de administratione tut. 26, 7. Das Inventar sollte unter Zuziehung öffentlicher Personen errichtet werden, l. 24 C. eod. 5, 37. Dasselbe lieferte Beweis gegen den Vormund l. 13 § 1 C. arbitrium tut. 5, 51, aber der Gegenbeweis des Irrtums war nicht zu versagen. — BGB. § 1802. Erlaß der Errichtung eines öffentlichen Inventars durch den Erblasser des Mündels galt als zulässig, l. 13 § 2 C. arbitrium tut. 5, 51.

12) l. 4 C. de administratione tut. 5, 37. BGB. §§ 1814 ff.

13) Über befreite Vormundschaft vgl. BGB. §§ 1852 ff. Nach deutschem Herkommen mußte der Vormund den Verwandten jährlich Rechnung legen. Über die Rechnungslegung nach BGB. vgl. §§ 1840—1843.

1) Tit. Dig. de tutelae et rationibus distrahendis 27, 3. Cod. arbitrium tutelae 5, 51.

den treulosen Vormund, welcher Mündelgut unterschlug, auf das Doppelte des Unterschlagenen.[2]

Die andere, die actio tutelae, war ein bonae fidei judicium.[3] Sie zog den Tutor wegen der Führung der Vormundschaftsgeschäfte zur Verantwortung, ähnlich wie einen Mandatar.[4] Die actio rationibus distrahendis entsprach der älteren Epoche des Vormundschaftsrechtes, welche eine Pflicht des Vormundes zu sorgfältiger Verwaltung des Mündelgutes noch nicht kannte. Die actio tutelae, ohne Zweifel weit jünger, führt uns das Vormundschaftsrecht in seiner entwickelten Gestalt vor Augen.

1. Die actio tutelae directa war die Klage des Mündels gegen den Vormund. Sie erwuchs mit Beendigung der Vormundschaft.[5] Wegen einzelner Punkte konnte jedoch auch vorher Klage erhoben werden,[6] und zwar durch einen von der Vormundschaftsbehörde zu diesem Zwecke bestellten Kurator.

In ihrer normalen Gestalt erstreckte sie sich auf die ganze vormundschaftliche Verwaltung. Der Vormund hatte Rechnung zu legen[7] und das Mündelvermögen herauszugeben, wobei er seine im Interesse des Mündels gemachten Auslagen in Abzug bringen durfte.[8]

Der Vormund mußte ersetzen, was durch seine Schuld — in der Regel durch culpa in concreto — verloren ging.

Die Erben des Vormundes konnten aber, wenn der Prozeß nicht bereits gegen ihren Erblasser eingeleitet war, nur wegen dolus oder culpa lata desselben in Anspruch genommen werden.[9] Dies ist gerechtfertigt, weil sie oft nicht in der Lage sein werden, die Motive ihres Erblassers vollständig aufzuklären und dessen Tun oder Unterlassen zu rechtfertigen.

Das spätere römische Recht gab dem Mündel eine Generalhypothek gegen den Vormund und Vorrecht in dessen Konkurs.[10]

2. Die actio tutelae contraria[11] des Vormundes gegen den Mündel ging auf Ersatz der angemessenerweise für den Mündel gemachten Auslagen

---

2) l. 2 D. h. t. 27, 3, l. 55 § 1 D. de administratione tut. 26, 7, Pauli sententiae II. 30 § 1. Über den Namen siehe Rudorff a. a. O. Bd. 3 S. 2. Vgl. auch Lenel, edictum Aufl. 2 S. 310.

3) Nur für die Tutel wurde eine besondere Klage aufgestellt. Bezüglich des Kurators half man sich mit einer actio negotiorum gestorum. Vgl. Lenel, edictum Aufl. 2 S. 309, vgl. oben § 378.

4) Die actio tutelae ging an sich nur gegen den Tutor, welcher die Tutel wirklich geriert hatte. Erst in der Kaiserzeit wurde eine actio utilis gegen den Vormund gegeben, welcher, obgleich er die Delation kannte, die Führung der Geschäfte schuldhafterweise unterlassen hatte — periculo suo cessavit, l. 4 § 3 D. rem pupilli 46, 6.

5) l. 4 D. h. t. h. 27, 3.

6) l. 9 § 7 D. h. t. 27, 3.

7) l. 1 § 3 D. h. t. 27, 3.

8) l. 1 § 4 D. de contraria tut. et utili act. 27, 4.

9) l. 1 C. de heredibus tutorum 5, 54.

10) l. 22 D. h. t. 27, 3, l. 44 § 1 D. de adm. tut. 26, 7. — KO. § 61 Ziff. 5.

11) Tit. Dig de contraria act. 27, 4. Der Vormund kann übliche Vergütungen fordern, wenn er dem Mündel besondere Dienste geleistet hat, welche in seinen Beruf einschlagen. Übereinstimmend BGB. § 1835.

und zwar mit Zinsen, wie auch auf Abnahme von Verbindlichkeiten, welche der Vormund persönlich auf Rechnung des Mündels übernommen hatte. Mit derselben Klage forderte der Vormund das Honorar, welches ihm vom Erblasser des Mündels oder aus besonderen Gründen von der Obrigkeit bewilligt wurde.[12]

§ 443. Der Protutor.

In Rom konnte leicht zweifelhaft werden, ob jemand Tutor sei oder nicht, oft verwaltete man daher eine Vormundschaft, ohne Tutor zu sein — als Protutor. Die Gültigkeit eines Testaments, in welchem ein Tutor ernannt war, mochte bestritten sein, nicht minder, wer der nächste gesetzliche Erbe, also der gesetzliche Vormund sei.

Zwischen dem Mündel und dem Protutor traten gegenseitige Verbindlichkeiten ein, die analog den zwischen dem Mündel und seinem Vormund bestehenden behandelt wurden.[1]

Dritte, welche mit dem vermeinten Tutor — dem falsus tutor — in rechtliche Verhandlungen traten, konnten dadurch benachteiligt werden, daß diesem in Wahrheit die Befugnis fehlte, den Mündel zu verpflichten. Sie erhielten deshalb in Rom Entschädigungsansprüche, wenn der vermeinte Tutor in Dolus war.[2]

---

12) Vgl. BGB. § 1836.

1) Es war eine eigene actio wegen des Falles vom Prätor proponiert, deren demonstratio lautete: Quod N^s N^s pro tutore A^i A^i negotia gessit; die intentio war fiktizisch, da die Folgen eintreten sollten, wie wenn der Gerierende Tutor gewesen wäre. Tit. D. de eo qui pro tutore 27, 5; Lenel, edictum Aufl. 2 S. 310. Über die actio contraria protutelae vgl. Brinz Bd. 3 S. 863 Anm. 2.

2) Der Prätor hatte in dieser Richtung zwei Edikte aufgestellt. Das eine versprach restitutio in integrum, wenn der Gläubiger des Pupillen mit demselben unter Autorität eines vermeinten tutor die Litiskontestation vollzogen hatte, wodurch er seine actio gegen den Pupillen konsumierte, ohne in dem erhobenen Prozeß siegen zu können, l. 1 §§ 1, 2 und 6 D. quod falso tutore 27, 6, Lenel, a. a. O. S. 115. Das andere Edikt lautete: In eum qui, cum tutor non esset, dolo malo auctor factus esse dicetur, judicium dabo, ut quanti ea res erit, tantam pecuniam condemnetur, l. 7 pr. D. eod. 27, 6, Lenel S. 115. Diese Dolusklage war zwar zunächst gleichfalls für den Fall bestimmt, daß gegen den Pupillen falso tutore auctore Prozesse geführt waren, sie wurde aber auch benutzt, wenn Kontrakte mit dem Mündel unter der falschen Autorität eingegangen waren, l. 11 pr. D. eod. 27, 6. Sie wurde übrigens offenbar zu einer Zeit aufgestellt, in welcher die generelle Klage wegen Dolus noch nicht proponiert war. Vgl. oben § 391.

Fünftes Buch.

Das Erbrecht.[1]

Erster Abschnitt.

Die allgemeinen Lehren.

I. Das Wesen des Erbrechts.

§ 444. Die Bedeutung des Erbrechts.

Den Schlußstein des Privatrechts bildet das Erbrecht, d. h. die Vorschriften über die Nachfolge der Lebenden in die Rechte eines Verstorbenen. Oft bezeichnet man als das ausschließliche Gebiet des Erbrechts das Vermögen des Erblassers.[2] Doch seine Sphäre ist eine weitere. Auch im öffentlichen Rechte ist es von größter Bedeutung. Vornehmlich ist die Regierungsgewalt in den monarchischen Staaten erblich. Aber auch im Privatrechte ist der Übergang des Vermögens des Verstorbenen zwar die Hauptsache, keineswegs aber der ausschließliche Gegenstand des Erbrechts.

Das Erbrecht ist eine durch die Geschichte bewährte Institution, welche den berechtigten Ansprüchen der Individuen und dem Bedürfnisse der bürgerlichen Gesellschaft entspricht.[3]

Denn die Persönlichkeit des einzelnen wird gesteigert durch sein Recht der letztwilligen Verfügung. Erst durch seine Vererblichkeit erhält ferner

---

1) Die Arbeiten über das Erbrecht sind zum Teil veraltet, zum Teil bloße Bruchstücke. Vollendet ist Köppen, Lehrbuch des Erbrechts 1886 ff., unvollendet dagegen Köppen, System des Erbrechts 1. und 2. Lieferung 1862 und 1864, Schirmer, Handbuch des Erbrechts I. Teil 1863. Die beste Bearbeitung der erbrechtlichen Streitfragen findet sich bei Vangerow, Pand. Bd. 2. Erbrechtliche Abhandlungen enthält auch der II. Band der zivilistischen Schriften von Arndts. Ein massenhaftes Material findet sich bei Glück von Bd. 33 an. Es gehört ferner hierher Gans, das Erbrecht in welthistorischer Entwicklung, 4 Bde. 1824 ff., wovon der II. Band das römische Erbrecht betrifft. Auch kommt in Betracht F. Mommsen, Entwurf eines deutschen Reichsgesetzes über das Erbrecht 1876, ferner Unger, das österreichische Erbrecht, Bd. 6 seines österreich. Privatrechts, Bernhöft, zur Reform des Erbrechts 1894. Reiches Material enthält auch Gruchot, Preuß. Erbrecht in Glossen zum allg. Landrecht auf römischer und germanischer Grundlage, 3 Bde. 1865 ff. Vgl. auch Strohal, das deutsche Erbrecht auf Grundlage des BGB. 2 Aufl. 1900.

2) Unger a. a. O. § 1 Anm. 3.

3) Die ältere naturrechtliche Schule betrachtete den Untergang der Rechte mit dem Tode des Eigentümers als das „Natürliche", das Erbrecht daher als eine rein „positive" staatliche Einrichtung. Vgl. hiergegen Unger a. a. O. § 1 Anm. 1.

das Eigentum seinen vollen Wert. Infolge derselben dient es nicht bloß flüchtigem Genuß und eiligem Vertun, es wird vielmehr zur dauernden Grundlage des Wohlstandes derjenigen Familien, welche zu erwerben und zu erhalten verstehen.

Die hierdurch geförderte Vermehrung des Kapitals kommt der bürgerlichen Gesellschaft überhaupt zugute. In der Stetigkeit der Besitzverhältnisse welche das Erbrecht schafft, findet der Staat selbst die festen Strebepfeiler, auf welche er seine Unvergänglichkeit gründet.

Die Römer würdigten das Erbrecht vorzugsweise als ein Gut, welches die Persönlichkeit des Erblassers potenziert. In Rom dominierte daher das Testament.[4] Nach deutscher Auffassung hat die soziale Bedeutung des Erbrechts das Übergewicht; hier tritt die Erbberechtigung der Familie in den Vordergrund.[5]

§ 445. Der Erbe und der Vermächtnisnehmer.

I. Der Tod vernichtet das Subjekt, an welches sich Rechte und Verbindlichkeiten knüpften. Dem Vermögen ist sein Mittelpunkt genommen.

Die so gerissene Lücke ist auszufüllen. Dabei machen sich Interessen des Nachfolgers geltend, nicht minder aber gebieterische Anforderungen des Verkehrs und des Kredites. Denn eine regelmäßige Kreditgewährung ist nur möglich, wenn für die Berichtigung der Schulden und Verbindlichkeiten auch im Falle des Absterbens der Schuldner gesorgt ist.

Die Lösung des Problems geschieht durch die Universalsuccession des Erben.[1]

Der Erbe setzt die Persönlichkeit des Erblassers fort, er repräsentiert den Erblasser.[2] Er erwirbt also das Gesamtvermögen des Erblassers als Einheit.

1. Ihm fallen alle Vermögensteile des Erblassers, soweit sie vererblich sind, unmittelbar mit dem Erbschaftserwerbe zu. Die Regeln, welche über den Erwerb von Objekten als einzelner gelten, beziehen sich daher nicht auf die Nachfolge des Erben. Dies gilt namentlich von den Formen des Erwerbes.[3] Es gehen ferner solche Objekte, von deren Erwerb als

---

4) Quintiliani declamatio CCCVIII: Neque enim aliud videtur solacium mortis quam voluntas ultra mortem.

5) Die Neueren legen — einseitig — alles Gewicht auf die objektive und soziale Rechtfertigung des Erbrechts; siehe Unger a. a. O und dort Zitierte.

1) l. 62 D. de R. J. 50 17. Julianus libro 6 digestorum: Hereditas nihil aliud est, quam successio in universum jus quod defunctus habuerit. Verwandte Stellen siehe bei Arndts § 464 Anm. 2. Vgl. Mitteis, röm. Privatrecht S. 93 ff. S. 100 ff. Siehe auch BGB. § 1922 Abs. 1: Mit dem Tode einer Person (Erbfall) geht deren Vermögen (Erbschaft) als Ganzes auf eine oder mehrere andere Personen (Erben) über.

2) Die Römer sprechen vorzugsweise von einem „succedere in locum defuncti". Gaj. Inst. IV § 34. Häufig wird die Äußerung der nov. 48 praef. zitiert: „nostris videtur legibus una quodammodo persona heredis et illius qui hereditatem in eum transmittit". Hölder in der Zeitschr. der Sav.Stiftg., rom. Abt. Bd. 16 S. 221 und Bd. 30 S. 66 ff.

3) So von der Übereignung von Grundstücken, vgl. BGB. § 873.

einzelner der Erbe wegen eines Mangels in seiner Erwerbsfähigkeit ausgeschlossen wäre, auf ihn als Teile der Gesamtheit über.[4] Durch die Universalsuccession wird er endlich Eigentümer auch solcher Nachlaßsachen, von deren Existenz er nichts weiß oder die er nicht haben will.

2. Der Erbe wird mit dem Erbschaftserwerb Schuldner der Schulden des Erblassers und hat für die Rechtshandlungen des Erblassers vermögensrechtlich aufzukommen, wie für die eigenen, ohne Rücksicht darauf, ob der Nachlaß zahlungsunfähig ist oder nicht;[5] er haftet daher auch mit dem eigenen Vermögen. Erst Justinian hat dem Erben in der rechtzeitigen Errichtung eines Inventars über den Bestand des Nachlasses das Mittel gegeben, seine Verpflichtungen auf den Betrag der Nachlaßmasse zu beschränken.

II. Der Erbe repräsentiert den Erblasser nicht bloß in vermögensrechtlicher Hinsicht. Ihm liegt unter anderem die Bestattungspflicht ob und infolgedessen die Wahrung der Rechte des Erblassers auf eine Grabstätte.[6]

III. Mehrere Personen können zusammen als Miterben — coheredes — berufen werden.

Die Konkurrenz beschränkt die Berufung jedes Miterben auf einen Bruchteil — eine Quote — des Nachlasses; aber jeder gilt zugleich eventuell, d. h. für den Fall der Beseitigung einer Konkurenz der Miterben, als auf das Ganze des Nachlasses auch quantitativ berufen. Sowie es sich daher entscheidet, daß einer der Miterben die ihm angetragene Quote nicht erwirbt, gebührt sie den übrigen. Man nennt dies Akkreszenz oder Anwachsung. Denn die zunächst auf eine Quote beschränkte Erbberechtigung wächst infolge innerer Triebkraft und erfaßt damit die ausgefallene Portion.[7]

IV. Neben der Erbsuccession finden sich Vermächtnisse, d. h. letztwillige Zuwendungen einzelner Vermögensrechte zu Lasten des Erben. Ihr Erwerb ist rechtlich bedingt durch den Eintritt eines Erben.[8]

Nur der Erbe repräsentiert den Erblasser, nicht aber der Vermächtnis-

---

4) l. 62 D. de a. r. d. 41, 1. Paulus libro 2 manualium: Quaedam, quae non possunt sola alienari, per universitatem transeunt, ut fundus dotalis, ad heredem, et res, cujus aliquis commercium non habet: nam etsi legari ei non possit, tamen heres institutus dominus ejus efficitur. Vgl. l. 9 pr. § 1 D. de re militari 49, 16.

5) l. 119 D. de V. S. 50, 16. Pomponius libro 3 ad Quintum Mucium: Hereditatis appellatio sine dubio continet etiam damnosam hereditatem: juris enim nomen est sicuti bonorum possessio.

6) Vgl. BGB. § 1968: Der Erbe trägt die Kosten der standesmäßigen Beerdigung des Erblassers. Nach RG. Bd. 12 S. 280 ist der Erbe zur Klage gegen eine Kirchengemeinde auf Gestattung des ehrlichen Begräbnisses seines Erblassers legitimiert. Es handelte sich um Bestattung der Leiche eines im Duell getöteten Sohnes des Klägers, welche inzwischen provisorisch auf einem auswärtigen Kirchhofe beigesetzt war.

7) Die Akkreszenz ist keine neue Berufung zugunsten des Akkreszenzberechtigten. Sonst müßte dieser den Fall erleben. Das trifft nicht zu. Die Anwachsung verwirklicht sich vielmehr auch bei den Erben des Akkreszenzberechtigten, l. 26 § 1 D. de condit. et demonstrat. 35, 1. Daher pflegt man zu sagen: „portio portioni accrescit“. Über Akkreszenz haben neuerdings vorzugsweise geschrieben: Strohal, Transmission 1879 S. 90 und Hofmann, kritische Studien 1885 S. 57. Dort siehe die Literatur.

8) Anders nach BGB., vgl. § 1939.

nehmer. Der Vermächtnisnehmer kann daher für die Erbschaftsschulden selbst dann nicht in Anspruch genommen werden, wenn er mehr als der Erbe aus dem Nachlasse erhält, ja wenn ihm der ganze Wert des Nachlasses zugewendet sein sollte.

Dagegen bestehen folgende Rechtssätze:

a) Vermächtnisse sind nur insoweit gültig, als die Aktiven des Nachlasses die Passiven übersteigen. Unter allen Umständen gehen die Gläubiger des Erblassers den Vermächtnisnehmern vor.

b) Die lex Falcidia fordert, daß dem Erben der vierte Teil seiner Erbportion frei von Vermächtnissen verbleibe. Soweit diese Grenze überschritten ist, mindern sich die Vermächtnisse von Rechts wegen.[9]

II. Voraussetzungen der Erbfolge.

§ 446. Der Erblasser.

Beerbt werden kann jeder Mensch.[1]

Vorausgesetzt ist der Tod.[2] Hereditas viventis non datur. Solange also ein Individuum lebt, kann es nicht beerbt werden, auch nicht mit seinem Willen. Hiernach gilt auch der Verkauf der Erbschaft eines noch Lebenden als gegenstandslos und nichtig.[3]

Können juristische Personen beerbt werden? Dies ist zu verneinen. Dennoch ist ihr Vermögen in Ermangelung besonderer gesetzlicher oder statutarischer Bestimmungen bei ihrem Erlöschen nach Analogie erbloser Hinterlassenschaften zu behandeln, so daß es wie diese an den Fiskus fällt.[4]

§ 447. Gründe der Erbfolge.

I. In Rom gab es nur zwei Gründe der Erbfolge:

1. Das Testament, d. h. die einseitige letztwillige widerrufliche Ernennung eines Erben seitens des Erblassers.

2. Das Gesetz, d. h. die Rechtsnorm, welche in Ermangelung eines Testamentes einen Erben beruft — den gesetzlichen oder Intestaterben.[1] —

---

9) BGB. hat die l. Falcidia beseitigt.

1) In Rom gab es Menschen, die nicht beerbt werden konnten. So insbesondere Sklaven, l. 4 C. communia de successionibus 6, 59. Gleiches galt nach älterem Rechte für Hauskinder, l. 11 D. de fidejussoribus 46, 1; nach justinianischem Rechte hinterlassen sie Erben, nur können sie in der Regel nicht testieren. Peregrinen wurden nicht nach römischem Rechte, sondern nur nach dem Rechte ihres Staates beerbt. Ulpian. fragm. XX 14; vgl. Gaj. Inst. III 120. Römer aber, welche das Bürgerrecht zur Strafe verloren, konnten, da sie nirgends Bürger waren, Erben nicht hinterlassen, l. 7 § 5 D. de bonis damnatorum 48, 20; l. 8 §§ 1 ff. D. qui test. facere 28, 1. Nach kanonischem Rechte können die Mitglieder eines Klosterordens nicht beerbt werden. Cap. 2 X. de testamentis 3, 26. Hellmann, das gemeine Erbrecht der Religiosen 1874. BGB. hat die Bestimmung beseitigt.

2) Als tot gilt der gerichtlich für tot Erklärte. Ergibt sich aber hinterher die Unrichtigkeit der Todeserklärung, so war die Erbfolge nicht eröffnet.

3) l. 1 D. de hered. vend. 18 4; l. 27 D. de acquir. vel omitt. hered. 29, 2.

4) Vgl. oben § 53 Anm. 9, BGB. § 46.

1) Das gemeine Recht hat den Erbvertrag hinzugefügt, mittels dessen der Erblasser dem Vertragserben seinen Nachlaß kontraktlich, also in unwiderruflicher Weise zusichert. Auch BGB. hat diese drei Berufungsgründe anerkannt.

II. Für das Verhältnis von Testament und Gesetz galt in Rom grundsätzlich die Regel: „nemo ex parte testatus, ex parte intestatus decedere potest“.[2] Der Erblasser konnte seine Testamentserben nicht derart auf einen Teil seines Nachlasses einsetzen, daß er den anderen Teil den Intestaterben beließ. Daran knüpften sich folgende Sätze:

a) Waren die Testamentserben im Testamente auf einen Teil des Nachlasses beschränkt, so erhielten sie gleichwohl auch den anderen Teil. Die Intestaterben blieben völlig ausgeschlossen.

b) Waren Miterben testamentarisch eingesetzt und erwarb einer das ihm Zugedachte nicht, so wuchs es regelrecht den testamentarisch Mitberufenen an, die ihre Portion erwarben. Dies auch dann, wenn der Testator erklärtermaßen das Gegenteil wollte.

c) Die Regel griff nicht Platz, wenn der Intestaterbe die Anfechtung des Testamentes gegen einen der Testamentserben durchsetzte und gerichtliche Reszission desselben ihm gegenüber erlangte, während er hierzu dem anderen Testamentserben gegenüber nicht imstande war. Dann kam es durch die Kraft des Urteiles zu einer Konkurrenz der testamentarischen und der Intestaterbfolge.[3]

d) Unanwendbar war die Regel bei Testamenten der Soldaten, denn hier war der Wille des Erblassers allein maßgebend.[4]

Dies alles erscheint rätselhaft. Ist doch das Testament auch der Nichtsoldaten nichts anderes als eine Willenserklärung. Im Willen des Erblassers hat es seine Quelle und ihm entnimmt es seine Kraft. Und doch erhielt es eine Wirkung, die mit dem Willen des Erblassers in Widerstreit stand und weit über ihn hinausgriff![5] Die Entstehung dieses Prinzips erklärt sich daraus, daß im alten Rom ein einfaches, leicht zu handhabendes Recht unentbehrlich war. Die Geschworenen, welche über die Privatrechtshändel entschieden, waren nicht imstande, komplizierte Verhältnisse

---

2) Cicero de inventione II, 21: Unius pecuniae dissimilibus de causis heredes esse non possunt, nec unquam factum est, ut ejusdem pecuniae alius testamento, alius lege heres esset, l. 7. D. de R. J. 50, 17. Pomponius libro 3 ad Sabinum: Jus nostrum non patitur eundem in paganis et testato et intestato decessisse: earumque rerum naturaliter inter se pugna est „testatus“ et „intestatus“, § 5 J. de heredibus instituendis 2, 14, . . . neque idem ex parte testatus et ex parte intestatus decedere potest, nisi sit miles, cujus sola voluntas in testando spectatur.

3) l. 15 § 2 D. de inofficioso test. 5, 2. Papinianus libro 14 quaestionum: Filius, qui de inofficiosi actione adversus duos heredes expertus diversas sententias judicum tulit et unum vicit, ab altero superatus est . . . credimus eum legitimum heredem pro parte esse factum: et ideo pars hereditatis in testamento remansit, nec absurdum videtur pro parte intestatum videri.

4) l. 6 D. de testamento militis 29, 1. Ulpianus libro 5 ad Sabinum: Si miles unum ex fundo heredem scripserit, creditum quantum ad residuum patrimonium intestatus decessisset: milis enim pro parte testatus potest decedere, pro parte intestatus.

5) Über den Grund gehen die Ansichten sehr auseinander. Eine Übersicht von Mühlenbruch bei Glück Bd. 40 S. 142 und Gruchot a. a. O. Bd. 1 S. 373. Siehe die Abhandlungen von Huschke im rheinischen Museum Bd. 6 n. 8 und von Hölder, Beiträge zum römischen Erbrechte n. 9. Vgl. neuerdings Karlowa, röm. Rechtsgesch. Bd. 2 S. 844, Bonfante im bulletino dell' istituto di diritto romano Bd. 4 S. 97.

zu ordnen. Die Kombination der Bestimmungen eines Testamentes, welches nur über Teile des Nachlasses verfügt, oder gar mehrerer solcher Testamente mit Anrechten von Intestaterben, ist oft eine schwierige. An dieser Aufgabe müht sich nicht selten auch der geschulte Verstand rechtsgelehrter Richter erfolglos ab. Der römische judex konnte sich auf soche Verwicklungen nicht einlassen. Wurde ein Testament beigebracht, so legte er es ausschließlich seinem Urteile zugrunde. Ein anderes Verfahren hätte als unausführbar gegolten. Das gleiche Motiv führte zu der Regel, daß das jüngere Testament notwendig durch seine Existenz das ältere aufhebe, wenn auch die Bestimmungen beider ihrem Inhalte nach verträglich gewesen wären.[6]

In der Kaiserzeit hatten sich die Verhältnisse freilich geändert.

Jetzt besaßen die römischen Richter die geistige Freiheit und Bildung, um die Kombination mehrerer Berufungsgründe zu verwirklichen. Die alte Regel hatte sich aber dem Rechte bereits inkrustiert. Die Testamente waren auf diese Weise zugeschnitten. So erhielt sich die Tradition des älteren Rechts. Nur bei der neuen Rechtsbildung der Soldatentestamente wendete man sie nicht mehr an.[7]

§ 448. Der Erwerb der Erbschaft.[1]

I. Der Erbschaftserwerb setzt den Willen, Erbe zu sein und gewisse objektive Tatsachen voraus.

1. Die zum Erbschaftserwerbe erforderlichen objektiven Tatsachen bilden die Delation oder Berufung. Es ist dies ein bildlicher, aber bezeichnender Ausdruck. Denn der Erbberechtigte ist durch jene Tatsachen vor die Entscheidung gestellt, ob er Erbe sein will oder nicht. Es ergeht gewissermaßen von seiten des Rechts an ihn der Antrag, Erbe zu werden.[2]

Der Tod des Erblassers ist eine für die Beerbung unentbehrliche Tatsache. Daher tritt die Berufung frühestens mit dessen Tode ein.

Oft bedarf es aber noch weiterer Ereignisse. Die Berufung steht beispielsweise trotz des Todes des Erblassers noch aus, wenn eine der Erbeseinsetzung zugefügte Bedingung noch schwebt oder wenn ein Embryo der nächste Erbe für den Fall seiner lebenden Geburt sein wird.

Den Ausdruck Berufung wendet man nicht immer als technischen an. Insbesondere spricht man auch von einer Berufung mittels Testamentes bei Lebzeiten des Erblassers im Sinne der Erwählung des dereinstigen Erben.

---

6) Nur der Soldat konnte aus mehreren, zu verschiedenen Zeiten verfertigten Testamenten beerbt werden, l. 19 pr. D. de testamento militis 29, 1.

7) Im heutigen Recht gilt die Regel nicht mehr. Vgl. namentlich BGB. § 2088 Abs. 1: Hat der Erblasser nur einen Erben eingesetzt und die Einsetzung auf einen Bruchteil der Erbschaft beschränkt, so tritt in Ansehung des übrigen Teiles die gesetzliche Erbfolge ein.

1) Köppen, Lehrbuch S. 76. Vgl. auch Hofmann, kritische Studien S. 69.

2) l. 151 D. de V. S. 50, 16. Terentius Clemens libro 5 ad legem Juliam et Papiam: „Delata" hereditas intellegitur, quam quis possit adeundo consequi. Die Delation wird nicht dadurch aufgehalten, daß der Berufene durch subjektive, in seiner Person liegende Gründe momentan an dem Erwerbe verhindert ist. Hofmann a. a. O. S. 70.

2. In der Regel erwarb nach römischem Recht der Berufene die Erbschaft erst durch seinen Willensentschluß. Dies galt bei allen Personen, welche nicht in der Gewalt des Erblassers bis zu dessen Tode standen, den extranei oder voluntarii heredes.

Anders verhielt es sich bei den Gewaltuntergebenen des Erblassers. Diese erwarben die Erbschaft ohne ihr Wissen und Wollen, selbst wenn sie überschuldet sein sollte.[3] Jedoch gab ihnen der Prätor das Recht, sich dadurch von der Erbschaft loszumachen, daß sie sich derselben enthielten — beneficium abstinendi. So wurden auch sie definitiv Erben erst durch ihre Einmischung — einen Willensakt. Daher fiel bei ihnen Berufung und definitiver Erwerb keineswegs zusammen.[4]

II. Wer einmal Erbe geworden war, blieb Erbe für immer. Der Erblasser konnte also nicht Erben auf Zeit oder bis zu gewissen Ereignissen einsetzen. Semel heres, semper heres.[5]

Nach BGB. gilt dies nicht.

§ 449. Die Erbfähigkeit.

Zu unterscheiden ist die Erbfähigkeit, die Fähigkeit zu erben im allgemeinen, und die Kapazität, d. h. das Recht, etwas aus einem bestimmten Nachlasse von Todes wegen zu erwerben.

Der römischen Auffassung war die Erbfähigkeit ein Vorrecht. Dasselbe stand nur römischen Bürgern zu, und außerdem zugunsten römischer Bürger deren Sklaven.[1]

In zahlreichen Fällen war auch römischen Bürgern die Erbfähigkeit zur Strafe entzogen.[2]

Das Vorrecht, zu Erben eingesetzt zu werden, hatten ferner gewisse juristische Personen, insbesondere der Fiskus, die Gemeinden, die christliche Kirche und deren fromme Stiftungen. Andere Korporationen konnten es nur durch besondere Privilegien erhalten.[3]

---

3) In Rom erwarben zwangsweise die Erbschaft auch die mit der Freiheit als Erben eingesetzten Sklaven des Erblassers.

4) Nach BGB. § 1943 erwirbt der berufene Erbe die Erbschaft zwar gleichfalls durch „Annahme". Aber mit dem Ablauf der für die Ausschlagung bestimmten Frist, ohne daß sie ausgeschlagen ist, „gilt die Erbschaft als angenommen". Der deutschrechtliche Satz „der Tote erbt den Lebendigen" ist also zwar im wesentlichen übernommen, doch trägt er römisches Gewand.

5) Vgl. hierzu aber unten § 455.

1) Peregrinen waren erbunfähig, l. 6 § 2 D. de heredibus instituendis 28, 5, nicht minder deren Sklaven.

2) Erbunfähig zur Strafe waren namentlich a) alle zu einer Kapitalstrafe Verurteilten, da sie entweder „servi poenae" oder Peregrinen wurden, b) Ketzer und Apostaten, c) Söhne und Töchter von Hochverrätern, d) die Witwe, welche das Trauerjahr verletzte; sie konnte nur Verwandte bis zum dritten Grade ab intestato beerben und nicht testamentarisch zur Erbin eingesetzt werden. Das Nähere siehe bei Vangerow Bd. 2 § 404.

3) Über die Erbunfähigkeit juristischer Personen vgl. Binding — den Älteren — in der Zeitschrift für Rechtsgeschichte Bd. 8 S. 293 und die dort zitierten Abhandlungen, vgl. auch Pernice, Labeo Bd. 1 S. 260 ff. a) Die Erbfähigkeit des römischen Staates wurde nie beanstandet, Pernice a. a. O. S. 264. b) Die Gemeinden dagegen galten

Die **testamentarische Erbfähigkeit** — testamenti factio passiva — mußte **an drei Zeitpunkten** vorhanden sein:

a) zur Zeit der Testamentserrichtung,

b) zur Zeit des Todes des Erblassers oder, wenn die Einsetzung bedingt war, der Erfüllung der Bedingung. Unfähigkeit zwischen der Testamentserrichtung und dem Tode des Erblassers oder dem Eintritte der Bedingung war ohne Einfluß.[4]

c) Die Fähigkeit brauchte endlich von der Zeit der Berufung bis zum Erwerbe bestehen.

Die **Kapazität** brauchte nur **zur Zeit der Berufung und des Erbschaftserwerbes** vorhanden sein.[5]

§ 450. Indignität.[1]

Die Indignität war für das Erbrecht der römischen Kaiserzeit von großer Bedeutung. Testamentarische und gesetzliche Erbschaften sowie Vermächtnisse wurden in sehr vielen Fällen wegen Indignität entzogen und — als ereptorium — von anderen in Anspruch genommen.

I. Es gab zwei Hauptgruppen der Indignitätsgründe:

1. Mißachtung des Erblassers, seines Andenkens oder seines letzten Willens. Insbesondere galt als unwürdig, wer den Erblasser umbrachte oder verkommen ließ;[2] ferner wer im Falle der Ermordung des

---

lange Zeit als unfähig, zu Erben eingesetzt zu werden, wofür Ulpian, fragmenta XXII § 5 folgende wohl alt überlieferte, fadenscheinige Gründe beibringt: „nec municipium, nec municipes heredes institui possunt, quoniam incertum corpus est, et neque cernere universi, neque pro herede gerere possunt, ut heredes fiant.“ Der ursprüngliche Grund war ohne Zweifel ein politischer, den man nicht eingestehen wollte: die Eifersucht Roms auf die Munizipien. In der Kaiserzeit wurden letztwillige Zuwendungen an Stadtgemeinden — zunächst Vermächtnisse, Universalfideikommisse, schließlich auch Erbeinsetzungen — gestattet. Die Munizipien waren nicht mehr gefährlich und bedurften der Zuschüsse durch Erbschaften zur Deckung ihres Defizits. Die l. 12 C. de heredibus instituendis 6, 24 von Leo erkennt das Erbrecht der Städte an. c) Die Erbfähigkeit der christlichen Kirche gewährleistete bereits Konstantin in der l. 1 C. de sacrosanctis ecclesiis 1, 2. d) Die Erbfähigkeit frommer Stiftungen bestätigt l. 48 C. de episcopis 1, 3. e) Bezüglich anderer juristischer Personen bestimmt l. 8 C. de hered. inst. 6, 24. Diocletianus et Maximianus: Collegium, si nullo speciali privilegio subnixum sit, hereditatem capere non posse dubium non est.

4) Die Zwischenzeit zwischen der Testamentserrichtung und der Delation schadete also nichts, l. 60 § 4 D. de heredibus instituendis 28, 5. Celsus libro 16 digestorum: Si heres institutus scribendi testamenti tempore civis Romanus fuit, deinde ei aqua et igni interdictum est, heres fit, si intra illud tempus quo testator decessit redierit aut, si sub condicione heres institutus est, quo tempore condicio exsistit.

5) Einf.Ges. zum BGB. Art. 86 hält die landesgesetzlichen Vorschriften aufrecht, welche den Erwerb von Rechten durch juristische Personen beschränken oder von staatlicher Genehmigung abhängig machen, soweit diese Vorschriften Gegenstände im Wert von mehr als 5000 M. betreffen. Vgl. auch Art. 87 Abs. 2.

1) Tit. Dig. de his, quae ut indignis 34, 9, Cod. de his quibus ut indignis auferuntur et ad S. C. Silanianum 6, 35. Keller, Institutionen S. 390, Vangerow Bd. 2 § 565, Walther Eck, Indignität u. Enterbung. Berliner Inaug.Diss. 1894.

2) Es ist Streitfrage, ob auch dem die Erbschaft entrissen wird, welcher durch levis culpa den Tod des Erblassers verschuldet hat. Vgl. darüber unsere früheren Auflagen. BGB. § 2339 Abs. 1 Nr. 1 bestimmt: Erbunwürdig ist, wer den Erblasser vorsätzlich und widerrechtlich getötet oder zu töten versucht oder in einen Zustand ver-

selben die Verfolgung des Mörders versäumte.[3] [4] Unwürdig waren auch die Intestaterben, welche den wahnsinnigen Erblasser hilflos trotz Aufforderung im Stiche ließen.[5]

Wer den letzten Willen als falsch[6] oder inoffiziös angriff und rechtskräftig zurückgewiesen wurde, war unwürdig, aus ihm etwas zu erhalten.[7] Desgleichen galt die Unterdrückung des Testamentes des Erblassers durch seinen Intestaterben sowie eines Kodizilles durch den in ihm Onerierten als Indignitätsfall.[8]

Der Erbe galt als unwürdig, wenn der Erblasser den Namen des eingesetzten Erben durchstrich oder dessen Einsetzung formlos unter dem Vorwurfe der Unwürdigkeit zurücknahm.

Beruhte endlich das bestimmte Motiv der Erbeinsetzung auf Irrtum, wurde insbesondere ein untergeschobenes Kind im Irrtum, es sei echt, eingesetzt, so war der Berufene unwürdig.[9]

2. Zuwendungen, die ihren Grund in gesetzwidrigem Verhalten des Erblassers und des Honorierten hatten, unterlagen gleichfalls der Entreißung. Dies traf vor allem „tacita fideicommissa" behufs Umgehung der testamentarischen Erwerbsbeschränkungen, wenn nämlich der Erblasser jemandem eine Zuwendung machte, welcher sich in einer aus dem letzten Willen nicht ersichtlichen Weise zur Restitution derselben an einen Erwerbsunfähigen verpflichtet hatte.[10]

II. Eripient war in Rom regelmäßig der Fiskus. Man nahm an, daß der Unwürdige das Zugedachte nicht behalten dürfe, und daß gleichwohl durch den Unwürdigen andere, die nach ihm erbberechtigt wären, ausgeschlossen seien. So gewann der Fiskus Raum. Doch überwies man in einigen Fällen das Entrissene anderen Personen.

---

setzt hat, infolgedessen der Erblasser bis zu seinem Tode unfähig war, eine Verfügung von Todes wegen zu errichten oder aufzuheben.

3) BGB. kennt diesen Fall der Erbunwürdigkeit nicht mehr.

4) Ein weiterer Fall der Indignität war Erhebung einer „status controversia" gegen den Erblasser, l. 9 § 1 D. h. t. 34, 9. Dabei ist doch wohl nur an die ungerechtfertigte Anfechtung der Freiheit oder des Bürgerrechts gedacht.

5) nov. 115 cap. 3 § 12, cap. 4 § 6. Es verlor ferner sein Erbrecht zugunsten der Kirche seiner Heimatgemeinde, wer versäumte, seinen Erblasser, welcher in Gefangenschaft geraten war, loszukaufen, nov. 115 cap. 3 § 13. BGB. kennt auch diese Fälle nicht mehr.

6) l. 5 §§ 1 ff. D. h. t. 34, 9. Die Indignität drohte auch dem für die Falschheit des Testamentes aussagenden Zeugen — l. 5 § 10 D cit. und — nach der Meinung einiger — selbst dem Richter, welcher das Testament für falsch erklärte, wenn die höhere Instanz anders erkannte l. 5 § 12 cit. Auch diese Fälle sind dem BGB. unbekannt.

7) l. 8 § 14 D. de inofficioso test. 5, 2. Über den Fall von l. 2 pr. D. h. t. siehe Keller a. a. O. S. 396.

8) l. 26 D. de lege Cornelia de falsis 48, 10. Vgl. l. 4 D. eod. Die analogen Bestimmungen des BGB. siehe das. § 2339 Abs. 1 Nr. 4, vgl. auch Nr. 2 und 3.

9) Die bezüglichen Fälle sind später näher in das Auge zu fassen. Vgl. §§ 468 ff. Über erzwungene Unterlassung oder Errichtung einer letztwilligen Verfügung vgl. unten § 469 Anm. 3—5.

10) l. 10 pr. l. 11, l. 23 D. h. t. 34, 9. Über das Delationensystem, welches sich an diese Indignität anknüpfte, vgl. Keller a. a. O. S. 411.

Insbesondere erhielt den Nachlaß, wer die Intestaterben eines verlassenen Geisteskranken vergeblich zur Pflege aufgefordert hatte und diese selbst übernahm.[11] Wer ferner sich der Vormundschaft, zu der er letztwillig berufen war,[12] oder der ihm letztwillig auferlegten Erziehung eines Kindes des Erblassers entzog,[13] verlor das Zugedachte an diejenigen Personen, welchen es ohne diese Anordnung zugekommen wäre.

Die Berufung des Unwürdigen geschah trotz seiner Indignität nach den gewöhnlichen Regeln, er konnte die Erbschaft sogar erwerben,[14] aber das Erworbene wurde ihm entrissen.[15] Kannte der Erbe die Indignität und trat er gleichwohl die Erbschaft an, so wurden ihm Ansprüche, die er gegen den Erblasser hatte und die infolge seines Antrittes durch Konfusion untergegangen waren, nicht wiederhergestellt. Im Falle eines Irrtums erfolgte Restitution.[16]

Die Anrechte des Fiskus wurden nicht dadurch geschmälert, daß der Unwürdige das ihm Zugedachte ausschlug. Denn der Fiskus ließ sich die Beute nicht entziehen.[17]

Nach deutscher Rechtsbildung tritt an die Stelle des Fiskus, wer berufen wäre, wenn der Unwürdige nicht existiert hätte. Auf diesem Standpunkte steht auch das BGB.[18]

§ 451. Die ruhende Erbschaft.[1]

Die Erbschaft ruht — hereditas jacet[2] — in der Zeit zwischen dem Tode des Erblassers und dem Antritte des Erben.

---

11) nov. 115 cap. 3 § 12.

12) l. 5 § 2 D. h. t. 34, 9; l. 28 § 1, l. 32, l. 36, D. de excusationibus 27, 1. Vgl. Pernice, Labeo Bd. 3 S. 64.

13) l. 1 § 3 D. ubi pupillus educari 27, 2. Pernice a. a. O. S. 68.

14) Deshalb spricht sich W. Eck dagegen aus, daß die Indignität hier unter die „Voraussetzungen der Erbfolge" gestellt ist. Mit Unrecht; denn eine wirksame Erbfolge wird durch die Indignität gehindert. Die Indignität bildet eine relative Erbunfähigkeit.

15) l. 16 § 2 D. h. t. 34, 9 „cum suo onere fiscum succedere".

16) l. 8, l. 17 D. h. t. 34, 9.

17) Wie aber, wenn der Unwürdige den Berufungsfall nicht erlebt? l. 26 D. h. t. 34, 9. Apud Scaevolam libro 30 digestorum Claudius notat: Si vivo testatore decesserit is, cui illicite legatum relictum erat, non fisco hoc vindicatur, sed apud eum a quo relictum est remanet. Vgl. Eck a. a. O. S. 57.

18) Vgl. BGB. § 2344: Ist ein Erbe für erbunwürdig erklärt, so gilt der Anfall an ihn als nicht erfolgt. Die Erbschaft fällt demjenigen an, welcher berufen sein würde, wenn der Erbunwürdige zur Zeit des Erbfalls nicht gelebt hätte; der Anfall gilt als mit dem Eintritte des Erbfalls erfolgt.

1) Die grundlegende Arbeit ist von Jhering, Abhandlungen n. 3, dazu Scheurl, Beiträge Bd. 1 n. 1. Die umfangreiche Literatur hat neuestens Köppen, Lehrbuch S. 44 zusammengestellt. Vgl. noch Dusi, la eredità giacente 1891, insbes. S. 116, Steinlechner, das schwebende Erbrecht und die Unmittelbarkeit der Erbfolge Tl. II S. 1ff.; darüber Sokolowski in der krit. Vierteljahrsschr. Bd. 36 S. 535. Ed. Cuq, institutions juridiques Bd. 2 S. 578.

2) In den Quellen findet sich der Ausdruck „hereditas jacet", l. 13 § 5 D. quod vi aut clam 43, 24.

Hier kämpfte eine grobsinnige Auffassung, die, aus ältester Zeit stammend, in Rom nie ganz verdrängt wurde, mit verfeinerten, durch die Jurisprudenz entwickelten Vorstellungen. Dabei handelte es sich nicht bloß um dogmatische Begriffe, sondern auch um handgreifliche Interessen.

1. Hatte nach dem Tode des bisherigen Eigentümers der Erbe noch nicht angetreten, so erschien naiver Anschauung der Nachlaß ohne Herrn, also rechtlos.[3] Das war im alten Rom keineswegs bloße Theorie, sondern empfindliche Praxis:

a) Hiernach galt gewinnsüchtige Aneignung von Nachlaßsachen, solange sie der Erbe noch nicht in Besitz genommen hatte, nicht als furtum, war also straflos — ein Satz von größter Tragweite.[4] Im Augenblicke höchster Gefährdung des Vermögens, in welchem sein Träger und Schützer hinweggerafft ist, erhielt die Plünderung durch Verneinung der Strafbarkeit einen Freibrief!

b) Betrachtete man den Nachlaß dergestalt als herrenlos, so wäre es vielleicht folgerecht gewesen, jeden Okkupanten unmittelbar als Eigentümer anzusehen. So weit ist man indessen nicht gegangen, man statuierte die usucapio pro herede. Wer eine Nachlaßsache in Besitz nahm, usukapierte in einem Jahre ursprünglich die Erbenstellung, später die Nachlaßsache. Erst die Besitznahme durch den Erben schloß die Möglichkeit einer solchen Usukapion aus.[5]

3) Von der Herrenlosigkeit geht namentlich Labeo aus. So l. 65 D. de her. inst. 28, 5 — servus hereditarius nullius est —, l. 13 § 5 D. quod vi aut clam 43, 24. Er bemühte sich, die Konsequenzen abzuwehren. Vgl. Pernice, Labeo Bd. 1 S. 358. Noch Gajus Inst. II § 9, l. 1 pr. D. de div. rer. 1, 8 lehrt: quod humani juris est, plerumque alicujus in bonis est, potest autem et nullius in bonis esse: nam res hereditariae, antequam aliquis heres existat, nullius in bonis sunt.

4) Gaj. Inst. III § 201; l. 69—71 D. de furtis 47, 2; l. 6 D. expilatae hereditatis 47, 19. Eine eigenartige Erklärung versucht Szävola l. 1 § 15 D. si is qui testamento liber esse 47, 4. Ulpianus libro 38 ad edictum: Scaevola ait possessionis furtum fieri: denique si nullus sit possessor, furtum negat fieri: idcirco autem hereditati furtum non fieri, quia possessionem hereditas non habet, quae facti est et animi. Dieser Versuch ist mißglückt. Ein furtum ist zweifellos an fremden Sachen möglich, die niemand besitzt, z. B. an im Seesturm ausgeworfenen Waren, falls sich der Auswerfende bloß des Besitzes, nicht auch des Eigentumes entledigen wollte, l. 43 § 11 D. de furtis 47, 2. Der Satz „furtum hereditati non fieri" war vom Standpunkte der Zeit Szävolas nicht mehr zu erklären. Er bildete eben ein Residuum der älteren Anschauung, daß der Nachlaß herrenlos sei. Dies war die Ansicht von Paulus libro primo ad Neratium l. 6 D. expilatae hereditatis 47, 19: rei hereditariae furtum non fit sicut nec ejus, quae sine domino est. Vgl. Steinlechner a. a. O. Teil 1 S. 137.

5) Gaj. Inst. II §§ 52 ff. Vgl. insbesondere § 54. Quare autem hoc casu etiam soli rerum annua constituta sit usucapio, illa ratio est, quod olim rerum hereditariarum possessione velut ipsae hereditates usucapi credebantur, scilicet anno: lex enim XII tabularum soli quidem res biennio usucapi jussit, ceteras vero anno: ergo hereditas in ceteris rebus videbatur esse, quia soli non est, quia neque corporalis est; et quamvis postea creditum sit ipsas hereditates usucapi non posse, tamen in omnibus rebus hereditariis, etiam quae solo tenentur, annua usucapio remansit. — Die von Gajus in § 55 angeführten „Gründe" für die usucapio pro herede: voluerunt veteres maturius hereditates adiri, ut essent, qui sacra facerent, ... ut et creditores haberent, a quo suum consequerentur, sind offenbar in späterer Zeit erdacht und nimmermehr die Basis des Instituts. Über die usucapio pro

2. Die Jurisprudenz und kaiserliche Reskripte waren bestrebt, den Nachlaß zu schützen und dem Erben zu erhalten. Dies setzte aber voraus, daß man die Idee der Herrenlosigkeit des Nachlasses durch andere Vorstellungen überwand.

Dazu schlug man verschiedene Wege ein.

a) Man stellte den Satz auf, der Erbe gelte, wann immer er die Erbschaft erwerbe, als vom Tage des Todes des Erblassers an sukzedierend.[6] Was inzwischen gegen den Nachlaß geschah, erschien also nachträglich als eine Usurpation gegen den Erben. Das reichte jedoch nicht aus.

Auch bei dieser Vorstellung blieb es dabei, daß der Nachlaß zunächst herrenlos war.

b) Dem Übel wurde besser abgeholfen, wenn sich in der Zwischenzeit ein gegenwärtiges Rechtssubjekt einführen ließ, unter dessen Namen der Nachlaß geschützt und verwaltet werden konnte. Nun war die Person des Erblassers historisch der Mittelpunkt der Erbschaft, die Spur seines Wesens und Wirkens hatte sich in seinem Nachlasse erhalten, aus ihm trat er unserem geistigen Auge noch entgegen. Hiernach schien das Axiom gerechtfertigt: Der Nachlaß trägt die Person des Erblassers in sich und hat so noch in ihm seinen Herrn. Diese Auffassung wurde vorzugsweise durch Julian vertreten und erhielt durch seine Autorität Anerkennung.[7] Der kraß realistischen Vorstellung, daß der Nachlaß herrenlos sei, trat die spiritualistische gegenüber, daß der Nachlaß die Person des Erblassers repräsentiere.

In innerer Verbindung hiermit stehen tiefgreifende Neuerungen.

Ein Senatuskonsult erklärte unter Hadrian die usucapio pro herede dem Erben gegenüber als unwirksam.[8]

---

herede siehe Keller, Institutionen S. 248, Hölder, Abhandl. S. 129 und die bei Arndts § 472 Anm. 2 Zitierten, auch Jhering, Scherz und Ernst S. 137.

6) Einen bestimmten Ausdruck gab diesem Gedanken Cassius l. 28 § 4 D. de stipulationibus servorum 45, 3. Gajus libro 3 de verb. obl.: Illud quaesitum est, an heredi futuro servus hereditarius stipulari possit. Proculus negavit, quia is eo tempore extraneus est. Cassius respondit posse, quia qui postea heres extiterit, videretur ex mortis tempore defuncto successisse. Hiernach spricht denn Celsus libro 38 digestorum l. 193 D. de R. J. 50, 17 allgemein aus: Omnia fere jura heredum perinde habentur, ac si continuo sub tempus mortis heredes extitissent; ebenso Florentinus libro octavo institutionum l. 54 D. de adquir. vel omitt. hered. 29, 2: Heres quandoque adeundo hereditatem jam tunc a morte successisse defuncto intellegitur. Ähnlich Paulus in der l. 138 pr. D. de R. J. 50, 17. Über das Rückwirkungsprinzip vgl. hauptsächlich Steinlechner a. a. O. §§ 5—8, 28 ff.

7) l. 33 § 2 D. de adquir. rer. dom. 41, 1. Ulpianus libro 4 disputationum: Nam et condictio, quotiens servus hereditarius stipulatur vel per traditionem accipit, ex persona defuncti vires assumit, ut Juliano placet: cujus et valuit sententia testantis personam spectandam esse opinantis. Vgl. l. 31 § 1 D. de hered. inst. 28, 5; l. 15 pr. D. de interrogat. 11, 1. Am schärfsten spricht sich aus Ulpianus libro 4 de censibus l. 34 D. de adquir. rer. dom. 41, 1: Hereditas enim non heredis personam, sed defuncti sustinet, ut multis argumentis juris civilis comprobatum est. So auch § 2 J. de hered. inst. 2, 14.

8) Gaj. Inst. II § 57. Im justinianischen Rechte wurden die Singularitäten der

Die Plünderung der Erbmasse wurde als crimen expilatae hereditatis mit öffentlicher Strafe belegt, was eine Oratio von Mark Aurel bestätigte.[9]

Auch der Satz, daß die Erbschaft die Person des Erblassers in sich trage, hatte schließlich nur den Zweck, dem Erben zu dienen. Soweit er mit berechtigten Interessen des Erben in Widerspruch trat, fand er daher keine Anwendung.[10]

III. Zur Geschichte des Erbrechts.

§ 452. Hereditas und bonorum possessio.[1]

Im ausgebildeten römischen Rechte bestehen nebeneinander zwei Erbrechtssysteme: das zivile — die hereditas — und das prätorische — die bonorum possessio.

Die bonorum possessio war in ihrer regelmäßigen Gestalt Universalsukzession wie die hereditas, begründete also den unmittelbaren Übergang der Nachlaßaktiven sowie der Nachlaßschulden.[2] Die Regel nemo pro parte testatus, ferner die Akkreszenz griffen bei der bonorum possessio wie bei der hereditas Platz.

Bezüglich der Berufung und des Erwerbes bestanden aber große Verschiedenheiten zwischen den beiden Instituten.

1. Das alte Zivilrecht berief ab intestato ausschließlich agnatische Verwandte und Geschlechtsgenossen, es berücksichtigte in keiner Weise Kognaten ebensowenig den überlebenden Ehegatten des Erblassers als solchen.

Der Prätor gewährte dagegen die bonorum possessio auch bloßen Kognaten und dem überlebenden Ehegatten. Nicht minder entwickelte sich ein prätorisches Testament in freierer, vom Zivilrecht abweichender Form. Fortan konnte es geschehen, daß der eine heres, ein

---

usucapio pro herede ganz beseitigt, es galten nur noch die allgemeinen Grundsätze der Usukapionslehre.

9) l. 1 D. expilatae hereditatis 47, 19.

10) Hiernach heißt es: hereditatem in quibusdam vice personae fungi — l. 15 pr. D. de usurp. 41, 3 oder in plerisque: pr. J. de stipulatione servorum 3, 17. In l. 35 D. de stipulat. serv. 45, 3 erklärt Modestinus libro septimo regularum eklektisch: Servus hereditarius et heredi futuro et hereditati recte stipulatur. Dem BGB. ist eine ruhende Erbschaft im römischen Sinne fremd; Strohal, deutsches Erbrecht S. 11.

1) Die hauptsächlichsten Quellen der Lehre sind tit. Inst. de bonorum possessionibus 3, 9, ferner das 37. Buch der Pandekten und zahlreiche Titel des 38. Buches, sowie Codex lib. 6 von tit. 9 an. Die neuere Literatur stellt zusammen Leist in den unten genannten Schriften. Besonders zu nennen sind Löhr in seinem Magazin Bd. 3 S. 216 ff. und Bd. 4 S. 149 ff., Fabricius, Ursprung und Entwicklung der bon. poss. 1837, B. W. Leist, bonorum possessio Bd. 1 1844 und Bd. 2 1848 und Leist bei Glück Serie der Bücher 37 und 38 Bd. 1—5. Siehe auch Ubbelohde, die erbrechtlichen Interdikte bei Glück, Serie der Bücher 43 und 44 Teil 3, Voigt, röm. Rechtsgesch. Bd. 1 § 48.

2) l. 3 § 1 D. de bonorum possessionibus 37, 1. Ulpianus libro 39 ad edictum: Hereditatis autem bonorumve possessio, ut Labeo scribit, non uti rerum possessio accipienda est: est enim juris magis quam corporis possessio. denique etsi nihil corporale est in hereditate, attamen recte ejus bonorum possessionem adgnitam Labeo ait. l. 1. D. eod. Ulpianus eod. Bonorum possessio admissa commoda et incommoda hereditaria itemque dominium rerum, quae in his bonis sunt, tribuit: nam haec omnia bonis sunt conjuncta, l. 208 D. de V. S. 50, 16.

anderer bonorum possessor war. Wer ging dann vor? Ein allgemeines Prinzip bestand darüber nicht.

An und für sich war das Recht des heres das besser fundierte.

Er konnte mit der hereditatis petitio, gestützt auf sein Erbenrecht, dem bonorum possessor den Nachlaß streitig machen und ihm den Besitz wieder entwinden. Da aber das spätere Rechtsbewußtsein überwiegend in der Ordnung der bonorum possessio Ausdruck gefunden hatte, so wurde der bonorum possessor in zahlreichen Kollisionsfällen durch die exceptio doli generalis gegen den heres geschützt.

Wo die bonorum possessio durch den heres vereitelt werden konnte, nannte man sie sine re, d. h. ohne materiellen Effekt, sonst cum re. [3]

2. Während der Erwerb der hereditas ein privater Vorgang war, wurde die bonorum possessio durch gerichtlichen Akt erworben.

a) Das prätorische Edikt verzeichnete die Fälle, in denen die bonorum possessio zugelassen werden sollte.

Demgemäß war die Gewährung im Einzelfalle beim Prätor zu beantragen. [4] Dieser erteilte sie ohne eingehende Untersuchung „ex edicto“, d. h. für den Fall, daß der Antragsteller tatsächlich der nach dem Edikt Berufene war. Machte der Beliehene die bonorum possessio dann gegen Dritte im Prozeßwege geltend, so konnten diese das Nichtvorhandensein der von dem Edikt erforderten Tatsachen noch einwenden und, hierauf gestützt, die Rechtsbeständigkeit der bonorum possessio anfechten. Diese Art der bonorum possessio nannte man edictalis.

b) In anderen Fällen verlieh der Prätor die bonorum possessio durch ein besonderes Dekret nach eingehender Sachuntersuchung — bonorum possessio decretalis. [5]

Die christliche Kaiserzeit gewährte die ediktale bonorum possessio nicht mehr besonders; es genügte, daß sie bei irgendeinem Gerichte agnosziert, d. h. der Wille ihres Erwerbes gerichtlich verlautbart wurde. [6]

---

3) Ulpian. fragm. XXVIII § 13: Bonorum possessio aut cum re datur, aut sine re: cum re, cum is, qui accipit cum effectu bona retineat; sine re, cum alius jure civili evincere hereditatem possit. Gaj. Inst. III § 36: Nam si verbi gratia jure facto testamento heres institutus creverit hereditatem, sed bonorum possessionem secundum tabulas testamenti petere noluerit, contentus eo, quod jure civili heres sit, nihilominus ii, qui nullo facto testamento ad intestati bona vocantur, possunt petere bonorum possessionem; sed sine re ad eos pertinet, cum testamento scriptus heres evincere hereditatem possit. Vgl. Leist bei Glück Bd. 1 S. 312 u. 343.

4) Die bonorum possessio galt als prätorisches „beneficium“, Ulpian. fragm. XXVIII § 12, es war ein Teil des officium jus dicentis „bonorum possessionem dare“, l. 1 D. de jurisdictione 2, 1.

5) Über die Form der Erteilung der bonorum possessio decretalis siehe l. 3 § 8 D. de bon. poss. 37, 1. Die Fälle der bonorum possessio decretalis haben materiell nichts Gemeinsames; vgl. über sie Leist bei Glück Bd. 2 S. 265. Unter anderem gehörten hierher Fälle provisorischen Erbschaftsbesitzes, wo definitiver Erwerb noch nicht möglich war, oder wenigstens vertagt werden durfte, wie bei der b. p. Carboniana, ferner Fälle, welche zwar der Wortlaut des Ediktes über die b. p. nicht deckte, die aber in dem Grundgedanken desselben einbegriffen waren.

6) l. 9 C. qui admitti 6, 9. Leist bei Glück Bd. 2 S. 309.

3. Für den Erwerb der hereditas bestanden keine gesetzlichen Fristen; der Erwerb der ediktalen bonorum possessio war dagegen an eine kurze Frist gebunden. Diese betrug in der Regel 100 Tage von der Berufung an; zugunsten der Deszendenten und Aszendenten des Erblassers aber lief ein Jahr. Die Berechnung erfolgte durchweg utiliter.[7]

4. Bei der zivilen Intestaterbfolge beobachtete man in alter Zeit den merkwürdigen Satz: „in legitimis hereditatibus successio non est". War also einmal eine Delation an die Intestaterben geschehen und blieb sie resultatlos, so wurde nicht weiter deferiert; die Erbschaft galt als vakant.

Dagegen stellte der Prätor für die ediktale bonorum possessio das successorium edictum auf. Wenn also die zunächst Berufenen die bonorum possessio ausschlugen, sie innerhalb der Frist nicht agnoszierten oder sonst wegfielen, so erfolgte eine neue Delation nach der Ordnung des Edikts.[8]

Der bonorum possessor erhielt sämtliche Klagen des Erben gegen die Schuldner des Erblassers und Inhaber von Erbschaftssachen utiliter.[9][10] Aber auch die Erbschaftsgläubiger ihrerseits konnten gegen ihn klagen.

Er hatte außerdem das interdictum „quorum bonorum", wodurch er sich schleunig den Besitz der körperlichen Erbschaftssachen erzwang. Aus diesem Grunde war vor allem dem Zivilerben der Erwerb der bonorum possessio wünschenswert.[11]

---

7) § 9 J. h. t. 3, 9; l. 1 § 9, § 12 D. de successorio edicto 38, 9.

8) l. 1 § 10 D. de successorio edicto 38, 9. Ulpianus libro 49 ad edictum: Quibus ex edicto bonorum possessio dari potest, si quis eorum aut dari sibi noluerit aut in diebus statutis non admiserit, tunc ceteris bonorum possessio perinde competit, ac si prior ex eo numero non fuerit. Es ist anzunehmen — wie Lenel, edictum Aufl. 2 S. 348 hervorhebt —, daß dieser Bericht ziemlich getreu dem Wortlaut des prätorischen Ediktes entspricht.

9) Die Klagen zu Gunsten und zu Lasten des bonorum possessor waren ficticiae nach dem Schema: Si Aulus Agerius L. Titio heres esset, tum sie eum fundum, de quo agitur, ex jure quiritium ejus esse oporteret. Gaj. Inst. IV § 34. In dieser Formel sucht man vergebens die Erwähnung der grundlegenden Tatsache, daß Kläger die bonorum possessio ediktmäßig erworben habe. Aber mit Recht führt Lenel, a. a. O. S. 177 aus, daß für die ständige Einfügung kein Bedürfnis bestand, und daß praktische Gründe gegen sie sprachen. Denn häufig wird der Beklagte nicht in Abrede stellen, daß Kläger die bonorum possessio ordnungsmäßig erhalten hat, vielmehr nur, daß dessen Erblasser Eigentümer oder Gläubiger war. Dann bedurfte es keines Zusatzes in der Formel, der nur Chikane nahe gelegt hätte. Leugnete aber der Beklagte den Erwerb der bonorum possessio durch den Kläger mit einigem Anschein, so stand ihm die exceptio offen: „si A° A° ex edicto praetoris bonorum possessio data est". Nicht anders verhielt es sich, wenn jemand als bonorum possessor belangt wurde. Leugnete er, bonorum possessor zu sein, so mußte er eine bezügliche exceptio in die Klagformel inserieren lassen.

10) Der bonorum possessor erhielt sogar nach Analogie der hereditatis petitio des Zivilerben eine „hereditatis petitio possessoria", vgl. hierüber Lenel, a. a. O. S. 175.

11) Gaj. Inst. III § 34 ab intestato heredes suos et agnatos ad bonorum possessionem vocat. quibus casibus beneficium ejus in eo solo videtur aliquam utilitatem habere, ut is, qui ita bonorum possessionem petit, interdicto, cujus principium est „quorum bonorum", uti possit.

§ 453. Entwicklung der bonorum possessio.

Die bonorum possessio stand dem Zivilerben offen, aber auch gewissen Personen ohne ziviles Erbrecht.

Dies legt die Frage nach dem Kern des Institutes nahe. Bezweckte der Prätor bei Einführung der bonorum possessio eine Hilfe für den Zivilerben oder die Schaffung neuer Erbklassen? Letzteres war die bei weitem wichtigste Funktion der späteren bonorum possessio. Hiernach unterstellten denn auch die Juristen der Kaiserzeit, sie sei zum Zwecke der Ergänzung und Verbesserung des zivilen Erbrechtes in das Leben gerufen.[1] Diese Ansicht ist einseitig. Es handelt sich hier vielmehr um eine historische Entwicklung, die verschiedene Stadien durchschritt:

a) Sein ursprünglicher Zweck war wohl, dem Zivilerben zu Hilfe zu kommen, indem man ihn in den Nachlaß einwies und zu diesem Behufe mit dem interdictum quorum bonorum ausrüstete. Die bonorum possessio wurde also adjuvandi juris civilis gratia eingeführt.

Hieraus erklärt sich, daß der bonorum possessio die Ordnung des Zivilrechtes zugrunde lag, welche nur erweitert und modifiziert erschien.[2]

Was den Prätor zu solcher Hilfe veranlaßte, ist streitig.

Anknüpfungspunkt war das uralte Recht des Prätors, bei Einleitung des Erbschaftsprozesses dem einen Teil die Vindizien, d. h. den Besitz zu erteilen. Es ist aber ein begreifliches Bestreben des Erben, auch ohne einen Prozeß anstellen zu müssen, möglichst leicht und rasch in den Besitz der Erbschaft zu gelangen. Im alten Rom, wo die Plünderung der Erbschaft straffrei war, mußte dies Bedürfnis auf das dringendste hervortreten. Man entsprach ihm, indem man die bonorum possessio demjenigen erteilte, welcher prima facie als Erbe erschien.[3]

b) Später gelangte man dazu, die bonorum possessio, falls ein Zivilerbe nicht existierte oder sich wenigstens nicht meldete, Personen zuzuweisen, welche nicht Erben waren.

Ohne die Dazwischenkunft des Prätors wäre die Erbschaft dem ersten Okkupanten und Usukapienten zugefallen. Gerechter und billiger erschien es, sie denen zu verschaffen, welche in naher Familienbeziehung zu dem

---

1) pr. J. h. t. 3, 9. Jus bonorum possessionis introductum est a praetore emendandi veteris juris gratia. So auch Savigny, vermischte Schriften Bd. 2 S. 231, Windscheid Bd. 3 § 532 Anm. 4. Noch andere führt Leist bei Glück a. a. O. Bd. 1 S. 40 an.

2) Anschaulich tritt uns der Entwicklungsgang in den Berichten Ciceros, insbesondere in Verrem II, 1 cap. 44 §§ 14 ff. entgegen, vgl. hierüber Leist bei Glück S. 50.

3) Das Edikt über die bonorum possessio secundum tabulas hat bei Cicero in Verrem II, 1 cap. 45 § 117 folgenden Wortlaut: Si de hereditate ambigitur et tabulae testamenti obsignatae non minus multis signis quam e lege oportet ad me proferentur, secundum tabulas testamenti potissimum possessionem dabo. Aller Wahrscheinlichkeit nach begann hiermit das älteste Edikt über die bonorum possessio. Das „ambigitur" beweist die ursprüngliche Verbindung mit dem Erbschaftsprozesse. Dagegen sind im Edikte Hadrians die Worte „si de hereditate ambigitur", soweit ersichtlich, verschwunden, Lenel, edictum Aufl. 2 S. 337.

Erblasser standen, insbesondere Kognaten, die das Zivilrecht nicht berücksichtigte, und dem überlebenden Ehegatten.

So bildeten sich die Klassen der bonorum possessio supplendi juris civilis gratia.

c) Ein letzter Schritt war es, daß man die bonorum possessio in gewissen Fällen Nichterben gab und diese gegen den Erben schützte — corrigendi juris civilis gratia.

Dies bildete den Höhepunkt des Institutes, von dem es allmählich wieder hinabstieg.

Im jüngsten römischen Rechte wurde die hereditas selbst erweitert und der Billigkeit gemäß umgeschaltet. Es bedurfte daher der Ergänzung durch die bonorum possessio kaum noch, so daß sie allmählich fast ganz verschwand.

§ 454. Legate und Fideikommisse.[1]

Bis Justinian bestanden auch für Vermächtnisse zwei Institute, ein altziviles — das Legat — und ein neueres — das Fideikommiß.

1. Die Legate waren an Formen gebunden und strikten Rechtes.

Nur in gültigen Testamenten waren sie möglich, nur den Testamentserben konnten sie aufgelegt werden; sie mußten der Erbeseinsetzung als dem Hauptstück des Testamentes nachfolgen, sonst verloren sie die Kraft.[2]

Es gab 4 Typen von Legaten. Zwei sind Hauptarten, zwei sind Nebenarten.

a) Das legatum per vindicationem übertrug unmittelbar Eigentum. Seine spezifischen Worte waren „do lego"; doch auch die Fassung „sumito", „capito", „sibi habeto" erkannte man an.[3]

Die vermachten Objekte mußten zur Zeit des Todes im quiritischen Eigentume des Erblassers stehen, nicht minder — von Fungibilien abgesehen — bereits im Augenblicke der Testamentserrichtung, sonst galten sie als ungültig vermacht.

Der Legatar erwarb nach der Lehre der Sabinianer das Eigentum mit dem Antritte des Erben ohne sein Wissen und Wollen, doch konnte er repudiieren; die Prokulianer forderten dagegen zum Erwerbe eine Annahmeerklärung seitens des Legatars.[4]

b) Die zweite Hauptform war das Damnationslegat mit der Formel: „damnas esto dare".[5] Dies Legat gewährte nicht unmittelbar

---

1) Gaj. Inst. II §§ 192 ff. Ulpian. fragm. XXIV und XXV. Fadda, dell' origine dei legati in per l' VIII centenario della Università di Bologna studi giuridici e storici 1888 S. 163.

2) Gaj. Inst. II § 229. Ulpian. fragm. XXIV § 15.

3) Gaj. Inst. II § 193. Die meisten halten mit Recht das Vindikationslegat für das älteste Legat, für die Urform. Es ist das einfachste, wiederum aber auch das strikteste, was beides auf ein höheres Alter hinweist. Doch ist Hölder, zur Geschichte des römischen Erbrechts 1881 S. 72 anderer Ansicht.

4) Gaj. Inst. II § 195.

5) Gaj. Inst. II § 201. Ulpian. fragm. XXIV § 14.

Eigentum, begründete vielmehr eine **Obligation des Erben** zur Übereignung. In solcher Weise konnte der Erblasser auch Sachen seines Erben oder Dritter vermachen, die der Erbe zu erwerben und zu geben oder deren Preis er zu bezahlen hatte.

c) Eine Nebenform des Damnationslegates war das l. sinendi modo relictum, welches den Erben zum **Dulden der Wegnahme** verpflichtete. Es genügte hierzu, daß die legierte Sache dem Erblasser zur Zeit seines Todes oder daß sie wenigstens dem Erben gehörte.[6]

d) Das Vindikationslegat hatte eine Nebenform in dem **Präzeptionslegat** mit der Formel „praecipito", vorzugsweise zugunsten eines Miterben.[7] Die Sabinianer wollten es ausschließlich für Miterben gelten lassen, die Prokulianer behandelten es als Vindikationslegat, auch wenn es Fremden zugewendet war.[8]

Das S. C. Neronianum milderte die schroffe Scheidung der Legatsarten.[9]

2. Fideikommisse, d. h. Vermächtnisse, die **ohne Beobachtung der zivilrechtlichen Regeln**, nicht befehlend, sondern **ersuchend** angeordnet wurden, waren seit alters in Rom häufig. Denn wegen eines einzelnen Vermächtnisses ein Testament zu errichten, welches stets die Gesamterbschaft betreffen mußte, war oft lästig, oft nicht ausführbar. Nicht selten ordnete man auch Fideikommisse zugunsten von Personen an, welche man nach Zivilrecht nicht bedenken konnte. Eine Schrifturkunde — codicilli — war die Regel, die sich im Interesse größerer Sicherheit von selbst empfahl; notwendig war sie nicht.

Fideikommisse standen ursprünglich außerhalb des Rechtes; Pietät und Dankbarkeit des Beauftragten — des Fiduziars — sowie Scheu vor der öffentlichen Meinung bewirkten gleichwohl regelmäßig Erfüllung. Seit Augustus aber wurden sie extra ordinem klagbar.[10]

Seitdem unterwarf man sie allmählich einschränkenden Rechtsregeln.[11]

---

6) Gaj. Inst. II § 209. Wie kam man auf das sonderbare legatum sinendi modo relictum? In dieser Form allein ließen sich Objekte vermachen, die des quiritarischen Eigentums unfähig waren, z. B. die possessiones am ager publicus, die praedia provincialia. Vgl. Ulpian. fragm. XXIV § 9: res populi . . nec per damnationem legari potest, quoniam dari non potest. So wird auch der bonitarische Eigentümer, welcher seinen Erben nicht zur Gewährung des quiritarischen Eigentums verpflichten wollte, vermacht haben.

7) Bernstein, zur Lehre vom römischen Voraus, in der Ztschr. der Sav.Stiftg. rom. Abt. Bd. 15 S. 26.

8) Gaj. Inst. II § 216. Bernstein a. a. O. S. 39. Nach der Ansicht der Sabinianer konnte das Präzeptionslegat auch nicht mittels selbständiger Klage, sondern nur bei Gelegenheit der actio familiae erciscundae vom Prälegatar geltend gemacht werden.

9) Ulpian. fragm. XXIV § 11. Si ea res, quae non fuit utroque tempore testatoris ex jure Quiritium, per vindicationem legata sit, licet jure civili non valeat legatum, tamen senatusconsulto Neroniano firmatur; quo cautum est, ut quod minus aptis verbis legatum est, perinde sit ac si optimo jure legatum esset: optimum autem jus legati per damnationem est. Gaj. Inst. II §§ 197, 218.

10) § 1 J. de fideicommissariis hereditatibus 2, 23, pr. J. de codicillis 2, 25. Bruckner, zur Geschichte des Fideikommisses 1893.

11) Vgl. über fideicommissa Gaj. Inst. II §§ 246 ff., speziell über die Unterschiede der Legate und der Fideikommisse: Gaj. Inst. II §§ 268 ff. siehe ferner Ulpian. fragm. XXV.

Ja in der christlichen Kaiserzeit verloren sie die ursprüngliche Formlosigkeit der Errichtung und die Zuziehung von 5 Zeugen wurde regelmäßige Form — die Kodizillarform.

3. Justinian endlich verschmolz Legate und Fideikommisse. Jedes Vermächtnis sollte die Vorzüge des Legates und des Fideikommisses vereinigen.[12]

§ 455. Fideikommissarische Erbschaften.[1]

Die Auflage der Restitution einer Erbschaft oder einer Quote derselben wird Universalfideikommiß genannt.

Seit der Kaiserzeit nahm dies Institut einen hohen Aufschwung, so daß es die Gesetzgebung besonderer Pflege würdigte.

Was veranlaßte die Entwicklung dieses neuen mächtigen Astes an dem alten Baum des römischen Erbrechtes?

1. Das alte Recht hatte die Regel semel heres, semper heres geschaffen. Dieser Grundsatz schützte einfache und durchsichtige Verhältnisse, schnitt Verwicklungen ab, welche unvermeidlich sind, wenn sich mehrere Erben zeitlich folgen. Er beseitigte Schwierigkeiten für die Erbschaftsgläubiger, wie sie bei einem Wechsel der Erben, welche die Nachlaßschulden zu entrichten haben, leicht entstehen.

Auf die Dauer kam man aber mit jener einfachen durchgreifenden Regel nicht aus. Obgleich sie grundsätzlich fortbestand, so wurde sie doch praktisch durch das Universalfideikommiß umgangen. Oft veranlaßte die Lage der Familie den Erblasser zu wünschen, daß der Nachlaß dem Erben — als Fiduziar — nur auf Zeit oder bis zu gewissen Ereignissen gehöre, dann aber anderen — als Fideikommissaren. Er kann beispielsweise sein Vermögen dem überlebenden Ehegatten auf Lebenszeit zuwenden, nach dessen Tode aber seinen nächsten Verwandten. Zuweilen empfiehlt es sich, die Mittelsperson eines fiduziarischen Erben im Interesse des Fideikommissars zu wählen,[2] z. B. weil dieser den Nachlaß zurzeit als Erbe wegen Abwesenheit oder Geisteskrankheit nicht erwerben könnte.

Solche Zwecke suchte man zu erreichen, indem man den einen zum Erben einsetzte und ihn verpflichtete, die Erbschaft dem anderen herauszugeben.

2. Dieses Universalfideikommiß galt ursprünglich als bloßes Vermächtnis, man stieß aber dabei auf große praktische Schwierigkeiten. Denn der Erbe wurde verpflichtet, dem Universalfideikommissar die Aktiven der Erbschaft zu übereignen, blieb aber den Erbschaftsgläubigern ausschließlich haftbar.[3] Wohl konnte er vom Universalfideikommissar Deckung für die

12) l. 2 C. communia de legatis 6, 43.

1) Gaj. Inst. II § 247; Tit. Inst. de fideicommissariis hereditatibus 2, 23; Dig. ad S. C. Trebellianum 36, 1; Cod. 6, 49. Mielke, Universalfideikommiß u. Nacherbschaft Rostocker Inaug.Diss. 1901.

2) l. 48 D. h. t. 36, 1 . . prorogando tempus solutionis tutelam magis heredi fiduciario permisisse videatur. l. 3 § 3 D. de usuris 22, 1.

3) Gaj. Inst. II § 252. Olim autem nec heredis loco erat nec legatarii, sed potius emptoris. tunc enim in usu erat ei, cui restituebatur hereditas, nummo uno eam hereditatem dicis causa venire; et quae stipulationes inter venditorem here-

Erbschaftsschulden, eventuell Ersatz seiner Auslagen für dieselben fordern, aber er trug die Gefahr, wenn dieser seine Schuldigkeit ihm gegenüber nicht erfüllte. Dann mußte er den Erbschaftsgläubigern aus eigenem Vermögen zahlen, ohne vom Universalfideikommissar, welcher die Erbschaftsaktiven an sich genommen hatte, Ersatz zu erlangen.

Hiergegen wandte sich das S. C. Trebellianum. Es gehen danach die Erbschaftsklagen, aktive und passive, auf den Universalfideikommissar über, sobald ihm der Nachlaß dem Willen des Erblassers gemäß restituiert ist; der Fiduziar kann nach der Restitution die Erbschaftsklagen nicht mehr geltend machen und wegen der Nachlaßschulden nicht mehr belangt werden.[4])

Auch nach dem S. C. Trebellianum ist das Universalfideikommiß zunächst Vermächtnis, wird als solches erworben und begründet nur einen obligatorischen Anspruch gegen den Erben auf Restitution. Aber es läuft seitdem in eine mittelbare Erbfolge aus. Denn nach der Restitution vertritt der Universalfideikommissar den Erblasser und steht an Stelle des Erben.

3. Dem Trebellianum folgte bald das S. C. Pegasianum.[5] Es sollte energisch auf den Antritt des Erben hinwirken, durch welchen die Geltung des Universalfideikommisses als eines Vermächtnisses rechtlich bedingt wurde, seine Bestimmungen waren jedoch zum Teil wenig geschickt.

Nach ihm hatte der Erbe das Recht zum Abzuge der falzidischen Quart auch dem Universalfideikommissar gegenüber. In diesem Falle wurde jedoch nicht ex Trebelliano restituiert, sondern in Gemäßheit des früheren Rechtes, so daß der Fiduziar dauernd ausschließlich den Erbschaftsgläubigern trotz der Restitution von drei Vierteilen der Erbschaftsaktiven haftbar blieb. Dies läßt sich nur daraus erklären, daß sich die Vorschriften des Trebellianum noch nicht eingelebt hatten und von dem Verfasser des S. C. Pegasianum mit Mißtrauen betrachtet wurden.

Ferner verordnete das Pegasianum für den Fall, daß sich der fidu-

ditatis et emptorem interponi solent, eaedem interponebantur inter heredem et eum, cui restituebatur hereditas, id est hoc modo: heres quidem stipulabatur ab eo, cui restituebatur hereditas, ut quidquid hereditario nomine condemnatus fuiset sive quid alias bona fide dedisset, eo nomine indemnis esset, et omnino si quis cum eo hereditario nomine ageret, ut recte defenderetur; ille vero, qui recipiebat hereditatem, invicem stipulabatur, ut si quid ex hereditate ad heredem pervenisset, id sibi restitueretur, ut etiam pateretur eum hereditarias actiones procuratorio aut cognitorio nomine exequi.

4) l. 1 § 2 D. h. t. 36, 1: Verba haec sunt: Cum esset aequissimum in omnibus fideicommissariis hereditatibus, si qua de his bonis judicia penderent, ex his eos subire, in quos jus fructusque transferretur, potius quam cuique periculosam esse fidem suam: placet, ut actiones, quae in heredem heredibusque dari solent, eas neque in eos neque his dari, qui fidei suae commissum sic, uti rogati essent, restituissent, sed his et in eos, quibus ex testamento fideicommissum restitutum fuisset, quo magis in reliquum confirmentur supremae defunctorum voluntates.

5) Gaj. Inst. II §§ 254 ff. Vgl. Mautner, schützt das röm. Recht u. das BGB. die Vermächtnißnehmer gegen die Arglist ausschlagenden Erben, Heidelberger Inaug.-Diss. 1909.

ziarische Erbe des Erbschaftsantrittes weigerte, prätorischen Zwang zum Antritt auf Antrag des Universalfideikommissars, so daß dann aber auf diesen alle Vorteile und Lasten der Erbschaft sofort übergingen.

4. Justinian bestimmte wieder, daß das Universalfideikommiß in allen Fällen ex Trebelliano zu restituieren sei.[6] Wenn also der Fiduziarerbe die Quart — die jetzt sog. Trebelliana — abzieht, so behält er nur zu $^1/_4$ die Stelle eines Erben und zu $^3/_4$ geht sie auf den Universalfideikommissar über.

Zweiter Abschnitt.

Die einseitigen letztwilligen Verfügungen.

Erstes Kapitel.

Begriff und allgemeine Grundsätze.

§ 456. Das Testament und das Kodizill.

I. Das altrömische Recht kannte nur eine rechtsverbindliche letztwillige Anordnung des Erblassers: das Testament. Seit Augustus traten an die Seite der Testamente die Kodizille.

1. Testamente sind einseitige letztwillige Verfügungen, durch welche sich der Erblasser einen Erben ernennt.[1] In einem abgeleiteten Sinne versteht man unter Testament auch die Schrifturkunde über dies Geschäft — die tabulae testamenti.[2]

Außer der Erbeseinsetzung konnte das Testament Anordnungen anderer Art enthalten, insbesondere Vermächtnisse, Vormundschaftsernennungen, Freilassungen. Wesentlich war ihm aber nur die Erbeseinsetzung. Sie

---

6) § 7 J. h. t. 2, 23.

1) Das Wesen des Testamentes bezeichnet § 34 J. de legatis 2, 20 „Testamenta vim ex institutione heredum accipiunt", vgl. l. 10 D. de jur. cod. 29, 7. Die echte Definition des Testamentes aber war in Rom eine andere. Noch von den spätklassischen Juristen wird es als „die" letztwillige Verfügung definiert, gleich als gäbe es außer ihm keine. Das Testament galt in der alten Zeit als die einzige und noch in der Kaiserzeit die alleinige echt zivile letztwillige Verfügung. In diesem Sinne sagt noch Modestinus libro 2 pandectarum l. 1 D. qui test. facere possunt 28, 1: Testamentum est voluntatis nostrae justa sententia de eo, quod quis post mortem suam fieri velit. Darauf spielt auch die schülerhafte Ethymologie an: pr. J .de testamentis 2, 10: Testamentum ex eo appellatur, quod testatio mentis est!

2) Dasselbe Testament kann in mehreren Urkunden, die alle gleichermaßen Originale sind, abgefaßt werden, l. 24 D. qui test. facere 28, 1, l. 3 § 1 D. de tab. exhib. 43, 5, l. 4 D. de his, quae in testamento del. 28, 4. Enthalten diese verschiedenen, gleichzeitig solennisierten Originale verschiedene Bestimmungen, so sind sie zu kombinieren, l .1 § 6 und § 7 D. de bon. poss. secundum tabulas 37, 11. In der altrömischen Zeit hätte man sich auf solche Komplikationen nicht eingelassen.

3) l. 10, l. 20 D. de jur. cod. 29, 7, § 2 J. eod. 2, 25. Es gilt der Satz: „codicillis hereditas neque dari neque adimi potest". RG. Bd. 31 S. 175. Ein ausführliches Werk über Kodizille gibt Fein bei Glück Bd. 44 und 45.

war seine Grundlage; wurde sie nicht verwirklicht, so galt das ganze Testament als hinfällig.

2. Kodizille waren einseitige, letztwillige Verfügungen, welche die Einsetzung eines Erben nicht enthielten.[3]

Auch die Schrifturkunde über derartige Geschäfte nannte man Kodizill. Dies war sogar die eigentliche und ursprüngliche Bedeutung des Wortes. Seit man unter Kodizillen auch das bezügliche Geschäft verstand, sprach man aber auch von mündlichen Kodizillen.[4]

Die Kodizille setzten eine unabhängig von ihnen eintretende Erbfolge voraus. Sie waren testamentarische, wenn sie sich an ein Testament anlehnten, und Intestatkodizille, wenn sie sich an Intestaterben wandten.

Die testamentarischen Kodizille wiederum sind teils konfirmierte, d. h. solche, die der Erblasser in seinem Testamente nachträglich oder im voraus bestätigt hat, teils nichtkonfirmierte.[5] Konfirmierte Kodizille konnten in Rom auch zivilrechtliche Anordnungen, insbesondere Legate aufnehmen, nichtkonfirmierte dagegen nur fideikommissarische Verfügungen.[6]

Testament und Kodizill waren einseitige Rechtsgeschäfte, nämlich bloße Manifestationen des Willens des Erblassers. Urkundspersonen — Zeugen oder Richter — mußten zwar bei der Errichtung regelrecht hinzugezogen werden, aber auf den Inhalt der Verfügung wirkten sie nicht ein. Die Gegenwart des Erben ferner oder anderer Honorierter, ihre etwaige Erklärung über Annahme oder Ablehnung der Honorierung zur Zeit der Errichtung war für die Gültigkeit des Testamentes und des Kodizilles ohne Einfluß. Erst nach dem Tode des Erblassers kam die Erklärung der Honorierten in Betracht.[7]

II. Der Erblasser war, solange er lebte, zum Widerrufe seines Testamentes und seiner Kodizille befugt. Dies Recht verlor er nicht durch die Erklärung, sich desselben begeben zu wollen — die sog. derogatorische Klausel.[8] [9] Ebensowenig konnte er besondere Bedingungen und besondere Formen für etwaige Nachträge oder einen Widerruf rechtsverbindlich festsetzen.[10]

---

4) Schon Justinian l. 3 pr. C. de bon. libert. 6, 4 spricht von „codicillis sine scriptis habitis". Neuere bezeichnen mündliche Kodizille als „nuncupativi".

5) l. 8 pr. § 1 D. eod. 29, 7.

6) Gaj. Inst. II § 270a.

7) BGB. § 1937 hat den Unterschied zwischen Testament und Kodizill beseitigt, jede einseitige Verfügung von Todes wegen heißt hier Testament.

8) l. 4 D. de adim. leg. 34, 4. Ulpianus libro 33 ad Sabinum: Ambulatoria est voluntas defuncti usque ad vitae supremum exitum. l. 22 pr. D. de leg. III. Hermogenianus libro 4 juris epitomarum . . . nemo eam sibi potest legem dicere, ut a priori ei recedere non liceat.

9) In Rom waren Konventionalstrafen, welche die Testierfreiheit beschränkten, ungültig, sei es, daß sie eine Erbeseinsetzung erzwingen oder deren Widerruf verhindern sollten, l. 61 D. de verb. obl. 45, 1, l. 4 C. de inut. stip. 8, 38.

10) l. 6 § 2 D. de jure codicillorum 29, 7. Marcianus libro 7 institutionum: Licet in confirmatione codicillorum pater familias adjecerit, ut non alias valere velit quam sua manu signatos et subscriptos, tamen valent facti ab eo codicilli, licet neque ab eo signati neque manu ejus scripti fuerint: nam ea quae postea geruntur prioribus derogant. l. 88 pr. D. de leg. II.

§ 457. Testierrecht und Testierfähigkeit.[1]

Der Erblasser mußte das Recht und die Fähigkeit zu testieren — testamenti factio — haben,[2] damit sein Testament oder Kodizill[3] gültig sei.

1. Testierrecht hatten in Rom nur römische Bürger.[4]

Ferner war dies Recht durch zahlreiche Gesetze zur Strafe entzogen.[5]

Endlich hatte in Rom das Testierrecht nur der Gewaltfreie, nur er konnte sein Haus bestellen. Daher durften Hauskinder nicht über ihre Adventizien testieren, nicht einmal über die irregulären. Die Zustimmung des Vaters verlieh ihnen nicht das fehlende Recht. Bezüglich seiner kastrensischen und quasikastrensischen Pekulien war aber der Haussohn testierfähig, denn hinsichtlich ihrer stand er dem Hausvater gleich.[6]

Wer an seinem Testierrechte zweifelte, konnte in Rom nicht testieren, auch wenn er es hatte, daher z. B. auch nicht, wer im Ungewissen über den Tod seines Vaters und über die hierdurch erfolgte Endigung der Gewalt desselben war, trotzdem diese nicht mehr bestand.[7]

Dem Erblasser mußte das Testierrecht im Augenblicke der Errichtung des Testamentes und des Todes zustehen. Ein vom Gewaltfreien errichtetes Testament verlor daher seine Geltung, wenn er nachher unter väterliche Gewalt kam.[8]

2. Die Fähigkeit, ein Testament zu errichten, fehlt wegen Mangels des gehörigen Willens:

a) den Unmündigen, also Personen männlichen Geschlechtes bis zur Vollendung des 14., und weiblichen bis zum vollendeten 12. Jahre.[9] Mündige — gewaltfreie — Minderjährige konnten testieren, ohne der Einwilligung ihrer Vormünder zu bedürfen.

b) Die Willensfähigkeit fehlte ferner den Geisteskranken,[10] ohne Unterschied, ob sie entmündigt waren oder nicht.

Der Richter, welcher eine letztwillige Verfügung aufnahm, hatte sich über den Geisteszustand des Testators zu vergewissern. Doch schloß dies den Gegenbeweis nicht aus, wenn er die Handlungsfähigkeit des Testators unrichtigerweise annahm.

---

1) Tit. Dig. qui testamenta facere possunt 28, 1, Cod. 6, 22.

2) Die Römer bezeichnen das Recht und die Fähigkeit zu testieren als testamenti factio l. 4 D. h. t. 28, 1. In einem weiteren Sinne verstehen sie darunter die Fähigkeit, bei einem Testamente als Testator, Zeuge, Erbe oder sonstiger Honorierter beteiligt zu sein, l. 16 D. h. t. 28, 1; § 6 J. de testamentis ordinandis 2, 10.

3) l. 2, l. 114 pr. D. de leg. I, l. 1 §§ 2—4 D. de leg. III.

4) l. 8 D. h. t. 28, 1.

5) Zur Strafe unfähig waren namentlich: a) verurteilte Pasquillanten, l. 18 § 1 D. h. t. 28, 1; b) wer einen Inzest begangen hatte bezüglich Nichtverwandter, l. 6 C. de incestis 5, 5, vgl. jedoch nov. 12; c) gewisse Ketzer. Vgl. Wächter im Archiv für ziv. Praxis Bd. 17 n. 14 „Über die Testierunfähigkeit wegen begangener Verbrechen".

6) pr. J. h. t. 2, 12, l. 6 pr. D. h. t. 28, 1, l. 12 C. h. t. 6, 22. Nach BGB. stehen Hauskinder hinsichtlich des Testierrechts den Gewaltfreien völlig gleich.

7) l. 14, l. 15 D. h. t. 28, 1, l. 1 pr. D. de leg. III.

8) Vgl. unten § 482.

9) l. 5 D. h. t. 28, 1. Nach BGB. § 2229 Abs. 2 kann ein Minderjähriger ein Testament errichten, wenn er das 16. Lebensjahr vollendet hat.

10) l. 16 § 1 D. h. t. 28, 1. Es gilt dies auch von Kranken, die vorübergehend ihrer Geisteskraft beraubt waren, l. 17 D. h. t. 28, 1; nicht minder von Personen in somnambulem oder hypnotischem Zustande.

Partielle Geisteskrankheit entzog die Testierfähigkeit nicht absolut. Letztwillige Bestimmungen also, welche unzweifelhaft nicht mit der Krankheit in Verbindung standen, waren gültig. In lichten Augenblicken konnte auch der sonst Geisteskranke testieren, selbst wenn er entmündigt war.[11]

c) Die entmündigten Verschwender waren nicht fähig zu testieren und insofern den Geisteskranken gleichgestellt. Ihre vor der Entmündigung errichteten Testamente blieben aber in Kraft.[12]

d) Wegen Mangels der Fähigkeit, sich in der gesetzlichen Form zu erklären, war testierunfähig, wer sich infolge Krankheit oder Gebrechen weder schriftlich noch mündlich auszudrücken imstande war.[13]

Bloße Zeichensprache genügte nicht.

Justinian erklärte die Taubstummgeborenen für unfähig zu testieren.[14] Dabei setzte er voraus, daß sie weder artikuliert sprechen noch schreiben konnten. Der heutige Taubstummenunterricht gibt ihnen diese Kenntnisse; damit erlangen sie selbstverständlich die Testierfähigkeit.

Die Fähigkeit, ein Testament zu errichten, mußte zur Zeit seiner Abfassung vorhanden sein. Späterer Verlust der Fähigkeit des Erblassers schadete dem Testamente nicht, späterer Erwerb desselben machte das ungültig errichtete Testament nicht gültig. Dies galt selbst dann, wenn ein Verschwender während bestehender Entmündigung testierte und nachher infolge Aufhebung seiner Entmündigung wieder testierfähig wurde.[15]

Zweites Kapitel.

Die Formen der letztwilligen Verfügungen.

I. Einleitung.

§ 458. Form und Formlosigkeit.

Soll der letzte Wille an Formen gebunden sein oder formlos gelten?

Die Formen, die in Betracht kommen, sind Errichtung bei öffentlichen Instanzen, insbesondere vor dem Volke, dem Regenten oder dem Gerichte — öffentliche Testamente —; ferner Errichtung vor Zeugen, endlich schriftliche Beurkundung, insbesondere eigenhändige Niederschrift oder wenigstens Unterschrift — private Testamente.

---

11) l. 9 C. h. t. 6, 22. Anders nach BGB.

12) l. 18 pr. D. h. t. 28, 1. BGB. § 2229 Abs. 3 bestimmt: Wer wegen Geistesschwäche, Verschwendung oder Trunksucht entmündigt ist, kann ein Testament nicht errichten. Die Unfähigkeit tritt schon mit der Stellung des Antrages ein, auf Grund dessen die Entmündigung erfolgt. Vgl. auch § 2230, aber auch § 2253 Abs. 2.

13) l. 29 C. de testamentis 6, 23.

14) l. 10 C. h. t. 6, 22. Das ältere römische Recht hatte Tauben und Stummen schlechthin die Testierfähigkeit versagt, weil sie die Formen nicht gehörig vollziehen konnten. Ulpian. fragm. XX § 13, vgl. l. 7, l. 16 pr. D. h. t. 28, 1. Über das Testament des Stummen oder sonst im Sprechen Verhinderten nach BGB. siehe dort § 2243.

15) Vgl. aber auch BGB. § 2230 Abs. 2.

Die Form ist bei letztwilligen Verfügungen von besonderer Bedeutung. Bei diesem wichtigen Akte ist es erforderlich, daß der Wille ein gesammelter und ernster sei und daß möglichst jeder Zweifel darüber abgeschnitten werde, ob es sich um einen bloßen Entwurf und um ein vorläufiges Projekt des Erblassers, oder um einen bestimmten Entschluß handelte. Und da der Erblasser von der Welt abgeschieden ist, wenn sein letzter Wille die entscheidenden Wirkungen üben soll, so ist es empfehlenswert, durch bestimmte Formvorschriften dessen Authentizität und Unverfälschtheit zu sichern.

Aber die Vorteile der Form sind nur durch erhebliche Opfer zu erkaufen. Denn jede Formvorschrift bringt die Gefahr mit sich, daß ein ernster letzter Wille nicht zur Verwirklichung gelangen kann, weil der Erblasser nicht mehr imstande war, die Form zu wahren. Vor allem wird oft schwer empfunden werden, daß Anordnungen, welche der Erblasser in der Tat schließlich nicht mehr wollte und verwarf, doch Kraft behalten, weil die Formen, welche zum Widerruf nötig sind, nicht mehr beobachtet werden konnten.

Das Problem der Form oder der Formlosigkeit des letzten Willens hat die Römer lebhaft beschäftigt. Es finden sich drei Phasen, in denen entgegengesetzte Tendenzen vorwalten.

a) Der altrömischen und der republikanischen Zeit galt es als Naturgesetz, daß das Testament, die einzige Weise letztwilliger rechtlich bindender Verfügung, die man damals kannte, an schwerwiegende Formen geknüpft war.

b) Seit Augustus trat eine entgegengesetzte Tendenz hervor. Es nahm die Formlosigkeit der letztwilligen Verfügungen in der klassischen Kaiserzeit einen weiten Raum ein, ohne doch völlig durchzudringen. Formlos waren in jener Zeit die Fideikommisse, beziehungsweise die Kodizille,[1] formlos vollzog sich der Widerruf der Fideikommisse und der Vermächtnisse überhaupt.[2] Der nackte Wille ferner genügte bei den Testamenten der Soldaten.[3]

Dazu kam, daß sich die alten Formen, auch soweit sie bestehen blieben, abschwächten.

Konnte doch ein Testament in der Art errichtet werden, daß sein eigentlicher Kern, die Erbeseinsetzung, einer künftig zu errichtenden formlosen Urkunde überwiesen wurde — sog. mystisches Testament.[4]

c) In der christlichen Kaiserzeit trat eine entschiedene Reaktion gegen die Formlosigkeit ein. Die Testamentsformen wurden reorganisiert, die Kodizille an eine bestimmte Form, nämlich die Errichtung vor 5 Zeugen

1) Oben § 454.
2) Unten § 493.
3) Vgl. unten § 462.
4) Unten § 467 Anm. 12.

gebunden, die formlosen Soldatentestamente endlich auf die Zeit der Mobilmachung beschränkt.[5]

§ 459. Zur Geschichte der Testamentsformen.[1]

1. Am Anfange der römischen Geschichte steht das Volkstestament.[2] Zweimal im Jahre versammelte sich das römische Volk „calatis comitiis“ zum Zwecke der Errichtung von Testamenten unter der Leitung der Pontifizes.

Nicht um ein Volksgesetz handelte es sich dabei, wie manche behaupten. Der römische Bürger verkündete vielmehr vor dem Volke, welches ihm Zeugnis leistete, autonom sein Hausgesetz, mündlich und öffentlich.

Eine Nebenart war das testamentum in procinctu, bei welchem der Soldat, ehe sich das Heer zur Schlacht in Bewegung setzte, vor der Front — dem Volke in Waffen — seinen letzten Willen testierte.

2. Das Volkstestament wurde allmählich durch das private Manzipationstestament verdrängt.

Nicht jedem war es möglich und nicht jedem gelegen, zur Testamentserrichtung vor dem Volke zu erscheinen. Deshalb schufen die Juristen das Manzipationstestament — eine künstliche Verwertung, um nicht zu sagen Verdrehung der Manzipation. Man veräußerte nämlich mittels mancipatio vor dem libripens und 5 Zeugen sein Vermögen an den familiae emptor. Aber eine damit verbundene Erklärung, die nuncupatio testamenti, wies denselben in die Stellung eines Erben und legte ihm die Beobachtung des letzten Willens des Erblassers auf.

Diese Form erlitt im Laufe der Zeit eine doppelte tiefgreifende Veränderung. Man ernannte nämlich andere zu Erben und entzog dem familiae emptor das Erbrecht, so daß er im Grunde nichts mehr war als ein Zeuge, wenn auch der Form nach das Testamentsgeschäft mit ihm abgeschlossen wurde. Von großer Bedeutung war der Brauch, die Testamente schriftlich aufzusetzen, so daß man sie nur bei der Manzipation durch eine generelle Nunkupationsformel bekräftigte.[3]

Der Schwerpunkt solcher Testamente lag in der Testamentsurkunde und ihrer Bekräftigung durch den Testator. Im übrigen war das Manzi-

5) Unten § 463 Anm. 12.

1) Über die Geschichte der römischen Testamente schrieben namentlich Trekell, de origine atque progressu testamenti factionis praesertim apud Romanos 1739, und J. H. Dernburg — der Ältere —, zur Geschichte der römischen Testamente 1821, vgl. ferner Hölder, Beiträge 1881 S. 20ff., Franc. Greiff, de l'origine du testament Romain Paris 1888, Ed. Lambert, la tradition romaine sur la succession des formes du testament devant l'histoire comparative Paris 1901. Appleton, le testament Romain 1903. Vgl. auch Schulin, das griechische Testament verglichen mit dem römischen 1882.

2) Gaj. Inst. II § 101. Ulpian. fragm. XX § 2. Gellius, noctes atticae XV cap. 27.

3) Gaj. Inst. II §§ 104ff. Eaque res ita agitur: qui facit testamentum, adhibitis, sicut in ceteris mancipationibus, V testibus civibus Romanis puberibus et libripende, postquam tabulas testamenti scripserit, mancipat alicui dicis gratia

pationstestament zu einer Förmlichkeit herabgesunken, die sich infolge der Tradition erhielt, aber, innerlich hohl, ihre Bedeutung verlor.

3. Dies führte zum sog. prätorischen Testamente.

Dem Prätor lag es fern, eine neue Testamentsform in das Leben zu rufen. Was hätte ihn hierzu veranlaßt und ermächtigt? Er versprach aber die bonorum possessio — ursprünglich nicht als Erbschaftsbesitz — secundum tabulas testamenti, wenn eine von mindestens 7 Zeugen besiegelte Testamentsurkunde vorgelegt wurde, in welcher der Bittsteller zum Erben eingesetzt war,[4] da dieser dann prima facie als richtiger Testamentserbe galt. Denn regelmäßig hatte der Erblasser, welcher eine solche Urkunde abfassen ließ, auch die zivilen Formen gewahrt. Das ließ sich freilich nicht immer im Augenblicke feststellen, wurde aber als selbstverständlich vorausgesetzt.

Trat der zivile Intestaterbe mit der hereditatis petitio gegen den bonorum possessor auf und konnte dieser im Erbschaftsstreite die Beobachtung der zivilen Förmlichkeiten nicht dartun, oder wies ihm der Zivilerbe einen Fehler in ihrer Vornahme nach, so mußte der Beklagte die Erbschaft herausgeben — seine bonorum possessio war sine re.

Dies änderte sich seit Antoninus Pius. Der bonorum possessor wurde fortan gegen den Zivilerben geschützt, wenn auch die Förmlichkeiten der mancipatio und nuncupatio testamenti nicht oder nicht richtig ausgeführt waren.[5]

Jetzt erst war das prätorische Testament endgültig geschaffen.

4. Theodosius II. reorganisierte im Jahre 439 das sog. ordentliche Privattestament vor 7 Zeugen, indem er ziviles und prätorisches Testament verschmolz.[6]

Daneben kamen wieder öffentliche Testamente in Übung, welche dem Kaiser übergeben oder vor Gericht — apud acta — errichtet wurden.

---

familiam suam; in qua re his verbis familiae emptor utitur: Familia pecuniaque tua endo mandatelam custodelamque mea esse ajo, quo tu jure testamentum facere possis secundum legem publicam, hoc aere, et, ut quidam adiciunt, aeneaque libra, esto mihi empta"; deinde aere percutit libram idque aes dat testatori velut pretii loco; deinde testator tabulas testamenti manu tenens ita dicit: Haec ita ut in his tabulis cerisque scripta sunt, ita do ita lego ita testor, itaque vos, Quirites, testimonium mihi perhibetote; et hoc dicitur nuncupatio: nuncupare est enim palam nominare, et sane quae testator specialiter in tabulis testamenti scripserit, ea videtur generali sermone nominare atque confirmare. Manche freilich meinen, der familiae emptor sei niemals wirklicher Erbe, sondern immer nur eine Art von Testamentsvollstrecker gewesen, so Cuq a. a. O. S. 297, Greiff a. a. O. S. 132.

4) Ursprünglich forderte der Prätor, daß „tabulae testamenti obsignatae non minus multis signis quam e lege oportet ad me proferentur". Cicero in Verrem II cap. 45 § 117. Später verlangte er nicht, daß ihm das Testament vorgelegt werde, es genügte ihm, daß „tabulae non minus quam septem testium signis signatae extabunt", eine erhebliche Erleichterung; vgl. Lenel, edictum Aufl. 2 S. 337.

5) Gaj. Inst. II § 119 und § 120 . . . rescripto imperatoris Antonini significatur eos, qui secundum tabulas testamenti non jure factas bonorum possessionem petierint, posse adversus eos, qui ab intestato vindicant hereditatem, defendere se per exceptionem doli mali.

6) Novella Theodosii II tit. XVI c. 2.

Für besondere Fälle waren außerordentliche Formen zulässig. Merkwürdig ist, daß Valentinian III. im Jahre 466 eigenhändig geschriebene — holographische — Testamente auch ohne Zeugen für gültig erklärte.[7] Das fand aber im justinianischen Rechte keine Aufnahme.

II. Die ordentlichen Testamentsformen des justinianischen Rechts.

§ 460. Das ordentliche Privattestament und das öffentliche Testament.

I. Das ordentliche Privattestament des justinianischen Rechts wurde vor 7 Testamentszeugen abgefaßt.[1]

1. Die Gegenwart von 7 Zeugen, die männlich, mündig und zur Solennisierung des Testaments nicht unfähig waren.[2] Allgemein galten als unfähig:

a) Wahnsinnige und andere des Vernunftgebrauches Beraubte;[3]

b) Taube und Stumme;[4]

Blinde sind durch kein Gesetz für unfähig erklärt, doch wird sie der Testator nicht leicht zuziehen;

c) entmündigte Verschwender;[5]

d) wer durch Strafurteil die bürgerlichen Ehrenrechte verlor, bei schriftlichen Testamenten;[6]

e) ferner waren unfähig die Gewaltuntergebenen des Testators,[7] sowie der eingesetzte Erbe und alle mit diesem durch väterliche Gewalt verbundenen Personen.[8] [9]

7) Novella Valentiniani III tit. XX c. 2.

1) Tit. Inst. de testamentis ordinandis 2, 10, Dig. qui testamenta facere possunt 28, 1. Cod. de testamentis 6, 23. Die Notariatsordnung von 1512 Tit. II „von Testamenten“ hat dieses Testament zum Gebrauch erläutert.

2) In den Quellen wird der Satz ausgesprochen — § 6 J. h. t. 2, 10 — Testes adhiberi possunt ii, cum quibus testamenti factio est. Damit ist aber nicht gemeint, daß nur derjenige Testamentszeuge sein darf, welcher ein Testament errichten kann. Weiber können testieren, aber nicht Testamentszeugen sein, Hauskinder Zeugen sein, aber nicht testieren. — In Rom waren auch Peregrinen und Sklaven zeugnisunfähig, ferner zur Strafe die intestabiles, l. 18 § 1 D. h. t. 28, 1.

3) l. 20 § 4 D. h. t. 28, 1 „si habet intermissionem eo tempore adhiberi potest“, also auch entmündigte Geisteskranke in lichten Augenblicken.

4) § 6 J. h. t. 2, 10. Die Unfähigkeit der Stummen beruht auf historischen Reminiszenzen, Schwerhörigkeit schadet nicht.

5) l. 18 pr. D. h. t. 28, 1.

6) Reichsstrafgesetzbuch § 34 Nr. 5. Mandry, der zivilrechtl. Inh. der RG. S. 90. Über die zum Teil streitigen römischen Bestimmungen vgl. Vangerow Bd. 2 § 444 I Ziff. 4.

7) § 9 J. h. t. 2, 10. Vgl. noch l. 20 § 2 D. h. t. 28, 1. Ulpianus libro 1 ad Sabinum . . quaeri potest, an pater ejus, qui de castrensi peculio potest testari, adhiberi ab eo ad testamentum testis possit. et Marcellus libro decimo digestorum scribit posse: et frater ergo poterit. Die entgegengesetzte Ansicht vertrat Gajus Inst. II § 106. Sie ging in § 9 J. h. t. 2, 10 über. Sie ist aber offenbar ein Ausdruck früherer, später überwundener Anschauungen.

8) § 10 J. h. t. 2, 10. Bei dem testamentum per aes et libram konnten der familiae emptor und die mit ihm durch eine Gewalt Verbundenen nicht Zeugen sein, weil das Testamentsgeschäft der Form nach mit ihm geschlossen wurde, Gaj. Inst. II § 105. Der Erbe und die mit ihm durch Gewalt Verbundenen durften dagegen Zeugen sein, Gaj. Inst. § 108. Justinian änderte dies; l. 20 pr. D. h. t. 28, 1 ist wahrscheinlich interpoliert. Auch Legatare und Fideikommissare können Zeugen sein, § 11

2. Es mußte eine besondere Aufforderung des Testators an die Zeugen erfolgen, dem Testierakte beizuwohnen.[10] [11]

3. Der Akt mußte ununterbrochen in Gegenwart der Zeugen vollzogen werden. Kleinere Unterbrechungen wegen leiblicher Bedürfnisse des Testators oder der Zeugen schadeten nicht. Wurde aber die Vollendung vertagt, so konnte das Testamentsgeschäft nicht wieder da aufgenommen werden, wo es stille stand, mußte vielmehr von vorn beginnen. Es ist also Einheit der Handlung — unitas actus — nach Ort und Zeit erforderlich.[12]

Der Testierakt konnte entweder mündlich oder schriftlich sein.

a) Zum mündlichen Testamente — t. nuncupativum war nur erfordert, daß der Erblasser seinen letzten Willen vollständig und den Zeugen hörbar und verständlich erklärte.[13]

J. h. t. Die Regel galt richtiger Ansicht nach selbst für Universalfideikommissare, doch ist dies bestritten und nicht unzweifelhaft.

9) Wenn ein Sklave „qui omnium consensu liberorum loco fuit" als Zeuge zugezogen war, so soll nach einem Reskripte Hadrians das Testament Geltung haben, l. 1 C. h. t. 6, 23, § 7 J. h. t. 2, 10. Hiervon ist eine analoge Anwendung auf andere Fälle wohl zu machen. Anderer Ansicht sind jedoch viele, namentlich Windscheid Bd. 3 § 542 Anm. 16.

10) Vgl. über die Rogation der Zeugen l. 21 § 2 D. h. t. 28, 1. Ulpianus libro 2 ad Sabinum: In testamentis, in quibus testes rogati adesse debent, ut testamentum fiat, alterius rei causa forte rogatos ad testandum non esse idoneos placet. quod sic accipiendum est, ut, licet at aliam rem sint rogati vel collecti, si tamen ante testimonium certiorentur ad testamentum se adhibitos, posse eos testimonium suum recte perhibere, l. 21 pr. C. h. t. 6, 23. Vgl. übrigens Fein bei Glück Bd. 44 S. 426.

11) Vielbesprochen ist l. 27 D. h. t. 28, 1. Celsus libro 15 digestorum: Domitius Labeo Celso suo salutem. Quaero, an testium numero habendus sit is, qui, cum rogatus est ad testamentum scribendum, idem quoque cum tabulas scripsisset, signaverit. Juventius Celsus Labeoni suo salutem. Non intellego quid sit, de quo me consulueris, aut valide stulta est consultatio tua: plus enim quam rediculum est dubitare, an aliquis jure testis adhibitus sit, quoniam idem et tabulas testamenti scripserit. Nach dieser Stelle nennen die Juristen nicht selten eine alberne Frage „quaestio Domitiana" und eine grobe Antwort „responsum Celsinum". Vgl. über die Stelle Hofmann, kritische Studien 1885 S. 42. Domitius sprach sich in der Tat unpräzis aus. Sein Zweifel beruhte wohl darauf, daß der Betreffende im gegebenen Falle nur zum Schreiben und nicht zur Zeugnisablegung rogiert war, Celsus indessen versteht ihn so, als fragte er: ob der Schreiber der Testamentsurkunde als solcher unfähig sei, als Zeuge bei deren Solennisierung mitzuwirken, wofür es an einem Bedenken fehlte.

12) l. 21 § 3 D. h. t. 28, 1. Ulpianus libro 2 ad Sabinum: Uno contextu actus testari oportet. est autem uno contextu nullum actum alienum testamento intermiscere, § 3 J. h. t. 2, 10. l. 28 C. h. t. 6, 23. Einheit der Zeit wie des Ortes ist ein altüberliefertes Stück des römischen Formalrechts. Sie hat auch praktischen Nutzen, und zwar in doppelter Beziehung. Die Einheit der Errichtungszeit verbürgt die innere Einheit und Übersichtlichkeit der Bestimmungen mehr, als wenn das Testament zu verschiedenen Zeiten vorgenommen wurde. Ferner erleichtert sie den Zeugen die Erinnerung und verhindert falsche Aussagen. Denn diese sind schwer zu kontrollieren, wenn es sich um zu verschiedenen Zeiten vorgenommene stückweise Erklärungen des Testators handelt.

13) l. 21 § 4, l. 26 C. h. t. 6, 23. Der Testator brauchte nicht besonders zu erklären, daß er ein mündliches Testament zu machen beabsichtigte. Konnte aber ein Testament als mündliches aufrecht erhalten werden, welches der Testator schriftlich abfassen wollte, wenn es zwar zur Vollziehung der Schrifturkunde nicht kam, der Inhalt

Das Testament blieb ein mündliches, auch wenn unmittelbar nach dem Testierakt und unter Mitwirkung der Zeugen des Beweises halber eine schriftliche Aufzeichnung vorgenommen war, sog. testamentum nuncupativum in scripturam redactum.

b) Das schriftliche Testament verlangte besondere Formen zur Sicherung der Identität und Unverfälschtheit der Testamentsurkunde. Diese mußte in Buchstaben geschrieben sein; Zeichenschrift, z. B. stenographische, genügte nicht.[14]

Die Urkunde konnte vorher geschrieben sein, sei es vom Testator, sei es von Dritten.[15] Der Testator mußte sie aber den Zeugen vorlegen, als seinen letzten Willen anerkennen und eigenhändig unterschreiben.[16] Diese Unterschrift war nicht erforderlich, wenn der Testator das Testament eigenhändig geschrieben und in ihm dies ausdrücklich bezeugt hatte — beim holographischen Testamente.[17]

Konnte der Testator wegen Schreibensunkunde oder anderer Verhinderung nicht schreiben, so war ein Unterschriftszeuge zuzuziehen, welcher in seinem Namen die Unterschrift leistete — der octavus subscriptor.

Auch die Zeugen hatten zu unterschreiben — subscribere —, und zwar unter Beifügung eines Siegels, welches dem verschlossenen und verschnürten Testament von außen aufgedrückt wurde. Dem Siegel fügten die Zeugen ihren Namen zu — superscribere —, damit man sie vor der Testamentseröffnung zur Rekognition der Siegel laden konnte.[18]

II. In der christlichen Kaiserzeit wurden zwei Formen öffentlicher Testamente anerkannt, das testamentum principi oblatum und das gerichtliche.[19]

---

aber den Zeugen vollständig etwa durch Verlesung des Entwurfes mitgeteilt worden war. Das Testament galt dann als unfertig. Es war nur ein Projekt mitgeteilt. Vgl. über die Frage die bei Windscheid Bd. 3 § 541 Anm. 3 Zitierten, RG. Bd. 26 S. 202. — Die Verneinung ist dann unzweifelhaft, wenn der Testator den Testamentsakt freiwillig abbrach und das Testament nicht wieder aufnahm, obgleich er hierzu imstande gewesen wäre.

14) l. 6 § 2 D. de bonorum possessionibus 37, 1.

15) Vom Testator selbst geschriebene Testamente heißen holographa, von anderen — dem testamentarius — geschriebene allographa.

16) Die Unterschrift der Zeugen und auch des Testators wurde erst seit der christlichen Kaiserzeit gefordert, § 3 J. h. t. 2, 10. Das Genauere siehe bei Bruns, kleinere Schriften Bd. 2 S. 77 ff.

17) l. 28 § 6 C. h. t. 6, 23.

18) In den zu Ravenna aufgefundenen Testamentsurkunden aus dem 6. Jahrhundert, Bruns, fontes (6. Aufl.) S. 281, tritt der Unterschied von superscriptio und subscriptio klar hervor. Nach den Eröffnungsprotokollen der dortigen Testamente erklärten namentlich die Zeugen „agnosco signaculum anuli mei et superscriptionem meam sed et intrinsecus subscripsi“. Vgl. Bruns in seinen kleinen Schriften Bd. 2 S. 89. Nach BGB. § 2231 Ziff. 2 kann ein Testament durch eine vom Erblasser unter Angabe des Ortes und des Tages eigenhändig geschriebene und unterschriebene Erklärung errichtet werden. Wer minderjährig ist oder Geschriebenes nicht zu lesen vermag, kann ein solches Testament nicht errichten, § 2247.

19) l. 19 C. de testamentis 6, 23, nov. Valentiniani III c. 1 §§ 1 und 2.

Nicht bloß der Richter des Domizils des Erblassers, sondern jeder mit der Solennisierung von Testamenten betraute Richter war zuständig. Natürlich mußte er innerhalb seines Gerichtssprengels, also amtlich, tätig geworden sein.

Meist blieb das Testament im Depositum des Gerichtes. Dies war aber für seine Rechtsbeständigkeit nicht wesentlich.[20]

III. Besondere Arten der Testamente.

§ 461. Außerordentliche Formen.

Die römischen Formen der Privattestamente waren in einem Falle erschwert, in vielen erleichtert.

1. Das Testament des Blinden war erschwert. Sein Inhalt mußte den Zeugen mündlich und speziell eröffnet und zudem schriftlich beurkundet werden. Außer den 7 Zeugen mußte ein Notar, oder wenn ein solcher am Orte nicht auffindbar war, ein achter Zeuge hinzugezogen werden. Die Testamentsurkunde war von sämtlichen Urkundspersonen zu unterschreiben und zu untersiegeln.[1] [2]

2. Bei Errichtung von Testamenten zur Zeit einer Pest, d. h. einer ansteckenden lebensgefährlichen Epidemie, war den Zeugen erlassen, sich in unmittelbarer Nähe des Testators aufzuhalten.[3]

3. Zum Testamente auf dem Lande[4] — ruri conditum — genügten 5 Zeugen. Die geringere Zahl war freilich vom Gesetze nur für den Fall zugelassen, daß nicht mehr „gefunden wurden"; das ergibt sich aber daraus, daß eben nicht mehr mitwirkten, und war nicht besonders zu beweisen.[5] Beim schriftlichen Testamente auf dem Lande konnten ferner die schreibkundigen Zeugen für die nicht schreibkundigen unterschreiben. Dies setzte aber voraus, daß den Zeugen der Inhalt des Testaments bekannt gemacht war.

4. Für das Aszendententestament — testamentum parentum inter liberos — genügte eigenhändige Niederschrift der Namen der zu Erben

---

20) Nach BGB. § 2231 Ziff. 1 kann ein Testament vor einem Richter oder vor einem Notar errichtet werden.

1) l. 8 C. qui facere testamenta possunt 6, 22. Not.Ordn. II § 9. Glück Bd. 34 S. 26 und dort Zitierte.

2) Dieselben Formen gelten für Kodizille der Blinden. Der Blinde kann auch unter seinen Deszendenten in keiner anderen Form testieren. Bei gerichtlichen Testamenten und Kodizillen der Blinden fallen aber die besonderen Vorschriften weg trotz § 4 J. quibus non est permissum 2, 12, Glück a. a. O. S. 37. BGB. enthält über das Blindentestament keine besonderen Vorschriften.

3) l. 8 C. h. t. 6, 23. Diocletianus et Maximianus: Casus majoris ac novi contingentis ratione adversus timorem contagionis, quae testes deterret, aliquid de jure laxatum est: non tamen prorsus reliqua etiam testamentorum solemnitas perempta est. Testes enim hujusmodi morbo oppresso eo tempore jungi atque sociari remissum est, non etiam conveniendi numeri eorum observatio sublata. Vgl. Vangerow Bd. 2 § 445. Die entsprechenden Bestimmungen des BGB. siehe § 2250.

4) l. 31 C. de testamentis 6, 23. Not.Ordn. II § 2. Mühlenbruch bei Glück Bd. 42 S. 245. Marezoll im Archiv für ziv. Praxis Bd. 9 n. 15. Fritz in Lindes Zeitschrift Bd. 5 n. 2. Die entsprechenden Bestimmungen des BGB. siehe § 2249.

5) Vgl. jedoch Windscheid Bd. 3 § 544 Anm. 8.

ernannten Deszendenten, ferner ihrer Erbteile mit Buchstaben und endlich des Datums.[6] Die Unterschrift des Testators wurde nicht verlangt.

Die bloße Teilung des Nachlasses durch Aszendenten unter Deszendenten ohne Änderung der Erbportionen — divisio inter liberos — erfordert nur einen von dem Aszendenten oder den Deszendenten unterzeichneten Schriftsatz.[7]

§ 462. Das Militärtestament.[1]

Das römische Militärtestament wurde nach dem Vorgange einer temporären Verordnung von Julius Cäsar durch Mandate der römischen Kaiser seit Titus geschaffen.[2] Für die Soldaten sollte hiernach an die Stelle der streng formellen und kunstgerechten zivilen Testamentstheorie Natur und Einfachheit treten, so daß der nackte Wille des Testators volle Geltung erhielt.[3]

Daher war der Soldat von den zivilen Vorschriften über die Form der Testamente entbunden. Jede Art der Erklärung genügte, wenn nur der ernste Wille des Testators feststand.[4]

Das Soldatentestament war ferner von materiellrechtlichen Beschränkungen der Testamente frei.[5] Hier galt namentlich nicht die Regel nemo pro parte testatus decedere potest,[6] nicht der Satz semel heres semper heres,[7] nicht die lex Falcidia.[8] Verfügungen gegen die guten Sitten aber waren auch in den Soldatentestamenten ungültig, z. B. kaptatorische Dispositionen,[9] nicht minder was gegen die Rechte Dritter verstieß[10]

Die Geltung der während der Soldatenzeit errichteten Testamente

6) l. 21 § 3 Cod. de testamentis 6, 23, nov. 107 cap. 1; Mühlenbruch bei Glück Bd. 42 S. 151 und dort Zitierte. Nach BGB. bewendet es bei den allgemeinen Vorschriften.

7) nov. 18 cap. 7, nov. 107 cap. 3. Seuffert, Archiv Bd. 47 n. 206, RG. Bd. 35 n. 30.

1) Tit. Inst. de militari testamento 2, 11, Dig. de testamento militis 29, 1, Cod. 6, 21. Mühlenbruch bei Glück Bd. 42 S. 19.

2) pr. J. h. t. 2, 11, l. 1 D. h. t. 29, 1. Das Anwachsungsrecht beim testamentum militis behandelt Hofmann, krit. Studien n. 5.

3) l. 1 pr. D. h. t. 29, 1. Das betreffende Kapitel der mandata schloß mit den Worten „faciant igitur testamenta quo modo volent, faciant quo modo poterint sufficiatque ad bonorum suorum divisionem faciendam nuda voluntas testatoris“.

4) Die große Schwierigkeit, den ernsten letzten Willen von unbedachten Äußerungen zu scheiden, trat freilich sehr frühe hervor. Schon Trajan legte bei der Frage der Ernstlichkeit Gewicht darauf, ob die Erklärung „convocatis ad hoc hominibus, ut voluntatem suam testaretur“ erfolgt war. l. 24 D. h. t. 29, 1. Aber hierin lag keine notwendige Form. Konstantinus bezeichnet daher in der l. 15 C. h. t. 6, 21 als ausreichend: „si quid in vagina aut in clipeo litteris sanguine suo rutilantibus adnotaverint, aut in pulvere inscripserint gladio sub ipso tempore, quo in proelio vitae sortem derelinquunt.“

5) l. 13 § 2 D. h. t. 29, 1.

6) l. 6, l. 19 pr., l. 37 D. h. t. 29, 1.

7) l. 15 § 4, l. 41 pr. D. h. t. 29, 1.

8) l. 12 C. h. t. 6, 21. Aber „si quid ultra vires patrimonii postulatur . . tueri te potes“ gilt auch für den mit Legaten beschwerten Erben des Soldaten.

9) Vgl. unten § 470 Ziff. 2.

10) l. 11 C. h. t. 6, 21. Vgl. ferner l. 15 pr. D. h. t. 29, 1, l. 16 D. eod.

erlosch mit dem Austritte aus dem Soldatenstande, im Falle einer Entlassung in Ehren jedoch erst nach Ablauf eines Jahres.[11]

Justinian beschränkte das Privileg auf den Fall des Feldzuges.[12]

IV. Erleichterte Form für Vermächtnisse.

§ 463. Die Kodizillarform.[1]

Da sich die Formlosigkeit der Kodizille auf die Dauer nicht bewährte, war das Nächste, sie an die Testamentsformen zu binden. Das versuchte Konstantin für die Intestatkodizille.[2]

Doch dies schien wieder zu weit zu gehen, und es bildete sich — wohl als Kompromiß zwischen den extremen Ansichten — eine eigene Kodizillarform.[3] Sie fordert:

a) die Zuziehung von 5 Zeugen, vor denen der Erblasser seinen Willen erklärt, oder eine Schrift solennisiert.

b) Die schriftlichen Kodizille hat der Erblasser, wenn sie nicht holographe sind, vor den Zeugen zu unterschreiben oder, falls er hierzu nicht imstande ist, durch einen für ihn Schreibenden unterzeichnen zu lassen. Auch die Zeugen haben zu unterschreiben.

c) Endlich wird auch Einheit des Aktes verlangt. Weitere Solennitäten der Testamente wurden für die Kodizille nach Justinians Zeugnis nicht gefordert.[4] Man legte vorzugsweise Gewicht darauf, den Beweis der Echtheit und Unverfälschtheit zu sichern.

Kodizille der Blinden teilen die Erschwerungen ihrer Testamente.[5]

Die Testamentsformen, insbesondere gerichtliche Errichtung, genügen auch für Kodizille.

§ 464. Das Oralfideikommiß.[1]

Da Justinian die Kodizillarform vorzugsweise als Beweissicherung betrachtete, kam er auf den Gedanken des sog. Oralfideikommisses, dessen Form einzig in

11) l. 25, l. 26 D. h. t. 29, 1.

12) pr. J. h. t. 2, 11; l. 17 C. h. t. 6, 21. Über das moderne Soldatentestament vgl. Mandry, Inhalt der Reichsgesetze S. 618 und Dernburg, Preuß. Privatr. Bd. 3 § 114.

1) Tit. Inst. de codicillis 2, 25. Dig. de jure codicillorum 29, 7. Cod. de codicillis 6, 36. Über die Form der Kodizille vgl. Danz in Lindes Zeitschr. Bd. 9 n. 8. Das BGB. kennt keine besondere Kodizillarform, vgl. oben § 456 Anm. 7.

2) Zuerst bestimmten Konstantinus und Konstantius im Jahre 326 für die Intestatkodizille l. 1 C. Theod. de testamentis 4, 4: In codicillis quos testamentum non praecedit sicut in voluntatibus testamenti septem testium vel quinque interventum non deesse oportet: sic enim fiet, ut testantium successiones sine aliqua captione serventur. Im Jahre 424 erließ dann Theodosius der Zweite am Schlusse einer von der Kodizillarklausel handelnden Konstitution eine allgemeine Verfügung über die Zuziehung von 5 oder 7 Zeugen bei Kodizillen jeder Art. l. 7 § 2 C. Theod. eod. Aus dieser Verordnung entstand die l. 8 § 3 C. h. t. 6, 36, welche die Kodizillarform regelt.

3) l. 8 § 3 C. h. t. 6, 36, l. 28 in fine C. de testamentis 6, 23, l. 8 C. qui test. facere 6, 22.

4) Seit Danz a. a. O. ist die Meinung herrschend geworden, daß alle Testamentsformalitäten bei den Kodizillen zu beachten seien und daß nur die Zahl der Zeugen eine geminderte sei. Unerklärt bleibt dabei vor allem, daß die Kodizille nach § 3 J. h. t. 2, 25 „nullam solemnitatem ordinationis desiderant". Dafür daß die Kodizillarzeugen nur als Beweiszeugen betrachtet wurden, spricht ferner l. 32 C. de fideicommissis 6, 42. Daß es auf die Rogation der Zeugen nicht ankam, ergibt endlich l. 8 § 3 C. h. t. 6, 36 „quinque testes vel rogati vel qui fortuitu venerint". Nur auf gezwungene Weise wird diese Gesetzesbestimmung weginterpretiert.

5) l. 8 C. qui test. facere possunt 6, 22; oben § 461 Ziff. 1.

1) l. 32 C. de fideicommissis 6, 42, § 12 J. de fideicommissariis hered. 2, 23. Arndts bei Glück Bd. 47 S. 341. Sonnenschmidt, neue praktische Erörterungen S. 1. Andere Literatur siehe bei Windscheid Bd. 3 § 629. Dem BGB. ist das Oralfideikommiß unbekannt.

der unmittelbaren Mitteilung des Erblassers an den Beschwerten besteht. Er wollte treue Erfüllung solcher Auflagen erzwingen, ohne daß doch die Gefahren der Formlosigkeit einträten. Kläger sollte nämlich den Gefährdeeid zu schwören haben, wonach er ohne Chikane klage, Beklagter sich nur durch den Eid befreien, daß er die fragliche Anordnung nicht vom Erblasser vernommen habe.[2] Weigerte er sich dessen, so wurde er verurteilt. Anderer Beweis war ausgeschlossen.

Drittes Kapitel.

Die allgemeinen Grundsätze von letztwilligen Verfügungen.

I. Der letzte Wille und seine Erklärung.

§ 465. Bestimmtheit des Willens.

Die Verfügungen von Todes wegen müssen das Ergebnis des **eigenen bestimmten** Willens des Erblassers sein.[1 2] Dies bezieht sich nicht auf die Vorbereitung. Dritte können dem Erblasser Vorschläge machen, den Testamentsentwurf für ihn schreiben, ja ausarbeiten. Indem ihn der Erblasser persönlich nach genommener Kenntnis solennisiert, macht er sich seinen Inhalt zu eigen. Es ist auch nicht ausgeschlossen, daß der Erblasser beim Testamentsgeschäfte selbst Hilfe und Beistand Dritter in Anspruch nimmt.

Die getroffenen Anordnungen aber müssen selbständige sein.

Dabei ist nach römischem Rechte folgendes zu unterscheiden:

a) Nicht gestattet war dem Erblasser, **Dritten die Verfügung über seinen Nachlaß testamentarisch zu übertragen**, ihnen hierbei, wie man sagt, carte blanche zu geben.[3] Derartige allgemeine Vollmachten entsprechen den Bedürfnissen des Verkehrs für Geschäfte unter Lebenden, anders bei Geschäften von Todes wegen. Denn für die Beerbung besteht ohnehin eine allgemeine gesetzliche Ordnung. Dem Erblasser war es zwar anheimgestellt, seinen letzten Willen in concreto an deren

---

2) Der Eid, welchen der angeblich Onerierte zu leisten hatte, lautet nach § 12 J. h. t. 2, 23 „quod nihil tale a testatore audivit“. Das ist ein fester Punkt, von dem man auszugehen hat. Viele Neuere wollen gleichwohl ein durch Boten oder Brief vermittelte Mitteilung als genügend ansehen. So Windscheid Bd. 3 § 629.

1) Ulpian. fragm. XXII § 4 „certum consilium debet esse testantis“.

2) Über Konventionalstrafen, wodurch man letztwillige Verfügungen des Versprechenden zu erzwingen sucht, vgl. oben § 456 Anm. 9.

3) l. 32 pr. D. de hered. inst. 28, 5. Gajus libro 1 de testamentis ad edictum praetoris urbani: Illa institutio „quos Titius voluerit“ ideo vitiosa est, quod alieno arbitrio permissa est: nam satis constanter veteres decreverunt testamentorum jura ipsa per se firma esse oportere, non ex alieno arbitrio pendere. Dem hat das BGB. sich angeschlossen; vgl. § 2065 Abs. 2: Der Erblasser kann die Bestimmung der Person, die eine Zuwendung erhalten soll, sowie die Bestimmung des Gegenstandes der Zuwendung nicht einem anderen überlassen.

Stelle zu setzen; wenn er selbst aber nicht etwas zu bestimmen wußte, so behielt es mit Recht bei der gesetzlichen Erbfolge sein Bewenden.

b) Es fragt sich weiter, ob bestimmte Anordnungen testamentarisch an die Zustimmung Dritter geknüpft werden konnten; z. B. eine Frau, gewohnt, stets ihrem Manne zu folgen, testierte während dessen Abwesenheit im Felde bei plötzlich ausbrechender Krankheit: „Ich vermache mein Vermögen dem N., wenn mein Mann damit einverstanden ist. Eine alte römische Rechtsregel lautete, daß die Testamente durch sich selbst bestehen müßten, und erklärte insbesondere Erbeseinsetzungen unter der Bedingung des Wollens Dritter für nichtig. Aber in der Kaiserzeit umging man diese Regel. Man gestattete nämlich, letztwillige Dispositionen an Handlungen Dritter zu knüpfen, welche, an sich irrelevant, nur den Zweck hatten, die Willenszustimmung auszudrücken. Hiernach wäre oben gedachte Anordnung gültig, falls sie die Frau stilisierte, folgendermaßen: wenn mein Mann an den N. ein „Ja" schreibt.[4]

Ulpian erklärte beides aber mit Recht für gleichbedeutend und erkannte Zuwendungen unter der Bedingung des „Wollens" Dritter an.[5]

Unzweifelhaft konnte man eine letztwillige Verfügung in das vernünftige Ermessen Dritter stellen.[6]

c) Die ältere Jurisprudenz schloß aus der Anforderung eines bestimmten Willens des Erblassers, daß er eine „incerta persona" nicht honorieren dürfe, d. h. eine solche, deren Individualität sich der Erblasser nicht konkret vorstellen könne. Ungültig war daher z. B. ein Vermächtnis zugunsten des künftigen Schwiegervaters eines noch unverlobten Sohnes des Erblassers. Justinian hat dies aufgehoben.[7] — Etwas anderes ist es, wenn der Erblasser, welcher eine juristische Person schaffen und zum Erben

4) l. 69 D. de hered. inst. 28, 5. Pomponius libro 7 ad Quintum Mucium: Si quis Sempronium heredem instituerit sub hac condicione „si Titius in Capitolium ascenderit", quamvis non alias heres esse possit Sempronius, nisi Titius ascendisset in Capitolium, et hoc ipsum in potestate sit repositum Titii: quia tamen scriptura non est expressa voluntas Titii, erit utilis ea institutio. atquin si quis ita scripserit: „si Titius voluerit, Sempronius heres esto", non valet institutio: quaedam enim in testamentis si exprimantur, effectum nullum habent, quando, si verbis tegantur, eandem significationem habeant quam haberent expressa, et momentum aliquod habebunt. Ebenso Modestinus in der l. 52 D. de cond. et demonstr. 35, 1, welcher hinzufügt: inde dictum est: expressa nocent, non expressa non nocent".

5) Ulpianus libro 9 ad Sabinum. l. 1 pr. D. de leg. II: In arbitrium alterius conferri legatum veluti condicio, potest: quid enim interest, „si Titius in Capitolium ascenderit" mihi legetur an „si voluerit", ebenso in l. 46 § 2 D. de fideic. libert. 40, 5 und in l. 43 § 2 D. de leg. I. Vgl. Unger in Iherings Jahrb. Bd. 25 S. 334. Anders aber BGB. § 2065 Abs. 1: Der Erblasser kann eine letztwillige Verfügung nicht in der Weise treffen, daß ein anderer zu bestimmen hat, ob sie gelten oder nicht gelten soll.

6) l. 1 § 1 D. de leg. II, l. 11 § 2 D. de leg. III. Vermächtnisse können nicht in die bloße Willkür des Erben, wohl aber in dessen sachgemäßes Ermessen gestellt werden, l. 11 § 7 D. de leg. III, l. 46 § 3 D. de fideicommissariis libert. 40, 5. Vgl. auch RG. Bd. 21 S. 188.

7) Vgl. Ulpian. fragm. XXII § 4; § 25, § 27 J. de leg. 2, 20 und die restituierte l. un. C. de incertis personis 6, 48.

einsetzen will, ihre Art und ihren Zweck wenigstens in den Grundzügen so genau bezeichnen muß, daß erhellt, was er wollte und daß sie in das Leben treten kann.[8]

§ 466. Die Willenserklärung.

1. Bezüglich der Willenserklärung besteht ein tiefgreifender Unterschied zwischen dem klassischen und dem justinianischen Rechte.

In der alten Zeit knüpfte sich die Honorierung im Testamente an bestimmte Formeln. Insbesondere mußte die Erbeseinsetzung mit den Worten „heres esto" oder „heredem esse jubeo" geschehen,[1] nicht minder waren die Legate an ihre spezifischen Formeln, z. B. „do lego" oder „damnas esto dare" gebunden.[2]

Die Vorzüge dieses Systems lagen darin, daß die Wahl der Formel unmittelbar volle Klarheit darüber verbreitete, welche Rechtsstellung der Honorierte erhalten sollte. Aber freilich setzte es voraus, daß die besondere Bedeutung der einzelnen Formeln in dem nationalen Bewußtsein lebte. Seit dies nicht mehr der Fall war, mußte es hart erscheinen, daß der Wille des Erblassers wegen des Vergreifens in unverstandenen Formeln hinfällig werde. Jetzt verordnete daher Konstantin II., daß jede Erklärung zur Erbeseinsetzung genüge, wenn der Wille des Erblassers zu derselben erhelle,[3] und gab ähnliche Bestimmungen für die Vermächtnisse.

Daraus mußten sich notwendig einschneidende Umgestaltungen des früheren Rechts ergeben.[4] Unter anderem war alter Rechtssatz, daß man aus dem Inhalt einer Bedingung eine Erbeseinsetzung nicht entnehmen könne, „positus in condicione non est positus in dispositione". War z. B. geschrieben: „Wenn mein Bruder nicht mein

---

8) Vgl. oben § 51 a. E. Es sollen jedoch Stiftungen zugunsten „der Armen" nicht dadurch in Frage gestellt werden, daß der Testator nicht genügend für deren Vertretung gesorgt hat. Vielmehr gilt die Gemeinde des Ortes als berufen, deren Einwohnern die Stiftung zugute kommen soll, l. 24, l. 28 pr. C. de episcopis 1, 3, RG. Bd. 19 S. 257. Vgl. auch BGB. § 2072.

1) Gaj. Inst. II § 117: Sollemnis autem institutio haec est: Titius heres esto; sed et illa jam comprobata videtur: Titium heredem esse jubeo; at illa non est comprobata: Titium heredem esse volo; sed et illae a plerisque inprobatae sunt: Titium heredem instituo, item: heredem facio.

2) Oben § 454.

3) l. 15 C. de testamentis 6, 23. Constantinus ad populum: Quoniam indignum est ob inanem observationem irritas fieri tabulas et judicia mortuorum, placuit ademptis his, quorum imaginarius usus est, institutioni heredis verborum non esse necessariam observantiam, utrum imperativis et directis verbis fiat an inflexa. Nec enim interest, si dicatur „heredem facio" vel „instituo" vel „volo" vel „mando" vel „cupio" vel „esto" vel „erit", sed quibuslibet confecta sententiis, quolibet loquendi genere formata institutio valeat, si modo per eam liquebit voluntatis intentio, nec necessaria sint momenta verborum, quae forte seminecis et balbutiens lingua profudit. a. 339. Die Verordnung gehört den Söhnen Konstantins M. an, nach J. Gothofredus dem Konstantius, vgl. Krüger zu dieser Stelle.

4) l. 21 C. de legatis 6, 37, ursprünglich ein Bestandteil der in l. 15 C. de testamentis — oben Anm. 3 — benutzten Verordnung Konstantins.

Erbe sein will, sollen meine Neffen meine Erben sein", so galt der Bruder nicht als ernannt.[5] Das war veraltet, denn jede, auch die indirekt ausgesprochene Erbeseinsetzung genügte.

2. Bezüglich der Bezeichnung der Person des Honorierten und des ihm Zugewendeten waltete schon seit der klassischen Zeit Freiheit, so daß insbesondere der Honorierte nicht mit Namen genannt zu werden brauchte, vielmehr beliebig bezeichnet sein konnte.[6]

3. Falsche Bezeichnung — falsa demonstratio — schadete nichts,[7] wenn nur die Identität nicht zweifelhaft war.[8]

Ließ sich die Identität des Honorierten nicht mit Sicherheit ermitteln, so blieb die Verfügung wirkungslos; so namentlich, wenn mehrere gleiche Namen führten und ungewiß war, wen der Erblasser gemeint hatte, denn keiner könne dartun, daß er der Honorierte sei.[9]

4. Als ungültig galt die Honorierung, wenn sie im Sinne des Testators noch nicht vollendet war.[10]

5. Der Testator konnte in seinem schriftlichen Testamente auf eine andere Urkunde verweisen, in welcher der Erbe, der anderweitige Honorierte oder das ihm Zugewendete bezeichnet werden sollte — testamentum mysticum.[11] Damit gab sich der Erblasser die Ermächtigung, seinen letzen Willen formlos zu erklären. Dieser Satz bildete sich in einer Zeit aus, in welcher man die Form nur als lästige Schranke, nicht aber

---

5) l. 19 D. de her. inst. 28, 5, l. 16 § 1 in fine D. de vulg. et pup. subst. 28, 6, vgl. freilich l. 86 D. de her. inst. 28, 5. Für Fideikommisse galt der Satz nicht, vgl. RG. Bd. 10 S. 113

6) l. 9 § 8 D. de her. inst. 28, 5. Bloße Bezeichnung durch ein Schimpfwort genügt nicht, z. B. „mein Spitzbube von Neffen". Es wäre wenig anständig für einen der Neffen, das Prädikat für sich in Anspruch zu nehmen, noch schlimmer, wenn eine Konkurrenz mehrerer um dasselbe einträte.

7) „falsa demonstratio non nocet" § 30 J. de legatis 2, 20, l. 49 § 3 D. de her. inst. 28, 5, l. 33 pr. l. 72 § 8 D. de cond. et dem. 35, 1.

8) l. 4 C. de testamentis 6, 23, l. 7 § 1 C. de leg. 6, 37, § 29 J. de leg. 2, 20. Nach l. 7 § 2 D. de suppellect. leg. 33, 10, l. 4 pr. D. de leg. I war freilich erfordert, daß bei Vermächtnissen das nomen appellativum der vermachten Sache korrekt gebraucht werde. Aber auch dies kann der l. 21 C. de leg. 6, 37 gegenüber keine Geltung mehr beanspruchen. Wenn also z. B. der Erblasser gewohnt war, seinen Weinvorrat „seine Bibliothek" zu nennen, und er vermacht „seine Bibliothek" einem Zechbruder, während er Bücher überhaupt nicht besitzt, so ist das Vermächtnis des Weinvorrats nach heutigem Rechte gültig. Vgl. übrigens Leonhard, Irrtum S. 330, Eisele in Iherings Jahrb. Bd. 23 S. 18 ff., namentlich S. 38.

9) l. 10 pr. l. 28 D. de rebus dubiis 34, 5. Anders BGB. § 2073: Hat der Erblasser den Bedachten in einer Weise bezeichnet, die auf mehrere Personen paßt, und läßt sich nicht ermitteln, wer von ihnen bedacht werden sollte, so gelten sie als zu gleichen Teilen bedacht.

10) Das Testament ist noch nicht zustande gekommen, weil es noch unvollständig war — l. 29 pr. D. de hered. inst. 28, 5 —, wenn der Erblasser nach einer Erbeseinsetzung noch Erben ernennen wollte, ja wenn er vor der beabsichtigten Ernennung von Substituten verstummte, l. 25 D. de hered. inst. 28, 5. Dagegen ist das bloße Unterlassen der beabsichtigten Zufügung von Vermächtnissen in der Regel nicht geeignet, die Geltung der Erbeseinsetzungen in Frage zu stellen.

11) l. 78 D. de her. inst. 28, 5. Papinianus libro 17 quaestionum. Asse toto non distributo ita scriptum est: „quem heredem codicillis fecero, heres esto":

zugleich als wohltätige Garantie ansah. Er ist ungesund und zweckwidrig. Mündliche mystische Testamente wurden dagegen nicht zugelassen.[12]

§ 467. Die Interpretation der Testamente.

Die Ausbildung des römischen Testamentsrechts beruht auf Verbindung der Methoden typischer und individueller Interpretation.

Die ältere, typische Interpretation schloß sich an die herkömmlichen stereotypen Ausdrücke der Testamente und prägte ihnen die ein für allemal anerkannte Bedeutung auf. Dadurch entwickelte sich zum großen Teile das objektive römische Testamentsrecht.

Die individuelle Interpretation fand Anerkennung seit Ende der Republik und trat in der Kaiserzeit in die erste Linie.[1] Sie suchte den Willen des Erblassers im gegebenen Fall möglichst zu erkennen und zu verwirklichen.[2] Daher wurde seine individuelle Sprechweise beachtet, wie sie sich sonst dokumentierte oder sich aus dem Sprachgebrauch seines Standes und seiner Heimat ergab;[3] der Zusammenhang seiner Verfügungen wurde in das Auge gefaßt, seinen Zwecken Berücksichtigung geschenkt. Frühere und spätere Erklärungen des Erblassers konnten maßgebende Bedeutung gewinnen.[4]

Trotzdem blieben aber die herkömmlichen typischen Interpretationen von Bedeutung, denn sie kamen überall zur Anwendung, wo der kon-

---

Titium codicillis heredem instituit. ejus quidem institutio valet ideo, quod, licet codicillis dari hereditas non possit, tamen haec ex testamento data videtur, vgl. l. 12 D. de bon. poss. sec. tab. 37, 11, l. 10 D. de cond. inst. 28, 7; siehe ferner l. 38 D. de cond. et dem. 35, 1. Nicht unbestritten ist, ob der Nachzettel der Kodizillarform bedürfe, doch ist die herrschende Ansicht dagegen. Fein bei Glück Bd. 45, S. 119. Überhaupt Örtmann, das testamentum mysticum, Berliner Inaug.-Diss. 1887.

12) Gegen die Zulassung mystischer Erbeseinsetzungen bei mündlichen Testamenten vgl. l. 21 pr. D. qui test. facere 28, 1, l. 26 C. de testamentis 6, 23. Das BGB. hat das mystische Testament überhaupt beseitigt.

1) In der berühmten causa Curiana — vgl. über sie unten § 478 Anm. 12 — traten die verschiedenen Interpretationsmethoden in einen Gegensatz, welcher mit Recht in Rom das größte Aufsehen erregte. Der hochangesehene Jurist Publius Mucius Scävola verteidigte in diesem großen Prozesse das alte Testamentsrecht und die Formularjurisprudenz, der berühmte Redner Crassus das neue, den konkreten Willen betonende Recht. Cicero, Brutus cap. 52 § 195 . . quid ille — Scävola — non dixit de testamentorum jure? de antiquis formulis? quam captiosum esset populo, quod scriptum esset negligi et opinione quaeri voluntates et interpretatione divertorum scripta simplicium hominum pervertere? dagegen Crassus — § 198 — Aequum bonum, testamentorum sententias voluntatesque tutatus est; quanta esset in verbis captio quum in ceteris rebus tum in testamentis si negligerentur voluntates.

2) l. 24 D. de rebus dubiis 34, 5. Marcellus libro 11 digestorum: Cum in testamento ambigue aut etiam perperam scriptum est, benigne interpretari et secundum id, quod credibile est cogitatum, credendum est.

3) l. 50 § 3 D. de leg. I. Ulpianus libro 24 ad Sabinum: Si numerus nummorum legatus sit neque apparet quales sunt legati, ante omnia ipsius patris familias consuetudo, deinde regionis, in qua versatus est, exquirenda est: sed et mens patris familiae et legatarii dignitas vel caritas et necessitudo, item earum quae praecedunt vel quae sequuntur summarum scripta sunt spectanda.

4) l. 21 § 1 D. qui test. facere possunt 28, 1.

krete Wille des Erblassers nicht feststellbar war. Ja unter Umständen wurde derselbe gegenüber der einmal anerkannten Auslegung nicht berücksichtigt.[5]

Andererseits wiederum schwächte sich schon in der späteren klassischen Zeit die Empfindung für die prägnante Bedeutung mancher Redewendungen ab, auf die man früher Gewicht gelegt hatte, und die alte Sorgfalt bei der Abfassung der Testamente wurde in weiten Kreisen nicht mehr beobachtet.[6] Daher ließ schon die spätklassische Jurisprudenz manche subtile Unterscheidung fallen, welche sich früher an die Wahl bestimmter Ausdrücke geknüpft hatte, und es änderten sich hiernach nicht wenige Rechtssätze.[7]

II. Fehlerhafte Verfügungen.

§ 468. Wesentlicher Irrtum.

1. Ist etwas anderes erklärt als gewollt, so besteht kein letzter Wille; denn das Erklärte ist nicht gewollt und das Gewollte nicht erklärt; z. B. der Schreiber des Testamentes, dem dasselbe diktiert wird, schreibt aus Mißverständnis oder Arglist einen anderen Erben, als ihm der Testator diktierte, und dieser solennisiert das Testament, ohne den Fehler bemerkt zu haben.[1] Bloßer Irrtum im Namen des ernannten Erben ist dagegen unschädlich.

2. Entspringt die letztwillige Verfügung aus irrtümlichen Beweggründen, so ist sie an sich gültig, denn sie ist gewollt.

Das ältere Recht erachtete sie für unanfechtbar, selbst wenn der irrige Beweggrund ausdrücklich angeführt war. Es hieß: „falsa causa non nocet". Im verfeinerten Recht hielt man es für unstatthaft, einer letzt-

---

5) l. 19 D. de usu legato 33, 2. Modestinus libro singulari de heurematicis: Si alii fundum, alii usum fructum ejusdem fundi testator legaverit: si eo proposito fecit, ut alter nudam proprietatem haberet, errore labitur. nam detracto usu fructu proprietatem eum legare oportet eo modo: „Titio fundum detracto usu fructu lego: vel Sejo ejusdem fundi usum fructum heres dato". quod nisi fecerit, usus fructus inter eos communicabitur, quod interdum plus valet scriptura quam peractum sit. Vgl. unten § 498 Anm. 2.

6) Vgl. l. 88 § 17 D. de leg. II.

7) Beispielsweise hatte nach früherem klassischen Rechte der Substitut, welcher an die Stelle des Instituten trat, die diesem „nominatim" auferlegten Vermächtnisse nicht zu entrichten. Denn man nahm an, daß der Testator sich der Formel „quisquis mihi heres erit" oder ähnlicher Worte bedient hätte, wenn er sie auch dem Substituten hätte auferlegen wollen. Als aber die in der altrömischen Zeit gewöhnliche sorgfältige Abfassung der Testamente und Abwägung der Worte in sehr vielen Fällen nicht mehr Platz griff, sah sich Sever veranlaßt, als Regel auszusprechen, daß die dem Instituten „nominatim" aufgelegten Vermächtnisse in der Regel als im Sinne des Testators auch dem Substituten obliegend anzusehen seien. Siehe unten § 477 Anm. 8.

1) l. 9 pr. D. de her. inst. 28, 5. Ulpianus libro 5 ad Sabinum: Quotiens volens alium heredem scribere alium scripserit in corpore hominis errans . . placet neque eum heredem esse qui scriptus est, quoniam voluntate deficitur, neque eum quem voluit, quia scriptus non est. l. 9 §§ 1—7 D. eod. Vgl. überhaupt oben §§ 89 und 90. Nach BGB. § 2078 besteht in diesem Falle nur ein Anfechtungsrecht, in derselben Weise wie wegen Irrtums im Beweggrunde, vgl. unten Anm. 5.

willigen Anordnung Folge zu geben, welche der Erblasser offenbar, wenn er sich noch aussprechen könnte, verwerfen würde. Man erklärte sie daher für anfechtbar.

a) Dies stieß bei Vermächtnissen auf keine Hindernisse; dem Legatar trat eine exceptio doli entgegen.[2]

b. Schwierig aber war die Behandlung bei Erbeseinsetzungen. Sie blieben zweifellos an sich trotz des irrtümlichen Motivs gültig. Ein älteres Testament war daher rumpiert, Intestaterbschaft ausgeschlossen. Es fehlte also an einer zur Anfechtung legitimierten Person. Man half sich mit dem Indignitätsprinzip. Der Fiskus in der Regel entzog dem infolge Irrtums Eingesetzten das Zugedachte als einem Unwürdigen.[3] Hatte aber der Erblasser im irrigen Glauben, daß die von ihm ernannten Testamentserben verstorben seien, neutestiert, so überwies man die Erbschaft den Erben des früheren Testamentes.[4] [5]

§ 469. Unlautere Behinderung. Zwang.[1]

Wenn die Frage des Testierens an den Erblasser herantritt, ist er oft hilflos und gebrechlich und von seiner Umgebung abhängig. Das Recht

---

2) l. 72 § 6 D. de cond. et dem. 35, 1. Papinianus libro 18 quaestionum: Falsam causam legato non obesse verius est, quia ratio legandi legato non cohaeret: sed plerumque doli exceptio locum habebit, si probetur alias legaturus non fuisse. Vgl. über den Satz: „Falsa causa non nocet“ Keller, Instit. S. 387.

3) l. 46 pr. D. de jure fisci 49, 14. Hermogenianus libro 6 juris epitomarum: Aufertur ei quasi indigno successio, qui, cum heres institutus esset ut filius, post mortem ejus, qui pater dicebatur, suppositus declaratus est. l. 4 C. de heredibus inst. 6, 24 Imp. Gordianus: Si pater tuus eum quasi filium heredem instituit, quem falsa opinione ductus suum esse credebat, non instituturus, si alienum nosset . . . auferendam ei successionem divi Severi et Antonini placitis continetur.

4) l. 93 D. de her. inst. 28, 5. Paulus imperialium sententiarum in cognitionibus prolatarum ex libris sex 1, seu decretorum libro 2: Pactumeius Androsthenes Pactumeiam Magnam filiam Pactumeii Magni ex asse heredem instituerat, eique patrem ejus substituerat. Pactumeio Magno occiso et rumore perlato, quasi filia quoque ejus mortua, mutavit testamentum Noviumque Rufum heredem instituit hac praefatione: quia heredes, quos volui habere mihi contingere non potui, Novius Rufus heres esto. Pactumeia Magna supplicavit imperatores nostros et cognitione suscepta, licet modus institutioni contineretur, quia falsus non solet obesse, tamen ex voluntate testantis putavit imperator ei subveniendum. igitur pronuntiavit hereditatem ad Magnam pertinere, sed legata ex posteriore testamento eam praestare debere, proinde atque si in posterioribus tabulis ipsa fuisset heres scripta. Das zweite Testament wird also nicht als ungültig erachtet. Vielmehr wird nur die Erbschaft dem Novius Rufus entzogen, so daß statt des Fiskus die Pactumeia Magna eintritt.

5) Nach BGB. § 2078 kann eine letztwillige Verfügung angefochten werden, soweit der Erblasser zu derselben durch die irrige Annahme oder Erwartung des Eintritts oder Nichteintritts eines Umstandes bestimmt worden ist. Zur Anfechtung ist nach § 2080 derjenige berechtigt, welchem die Aufhebung der letztwilligen Verfügung unmittelbar zustatten kommen würde. Über Form und Frist der Anfechtung siehe §§ 2081, 2082. Besonderes gilt für den Fall, daß eine letztwillige Verfügung anfechtbar ist, durch die eine Verpflichtung zu einer Leistung begründet wird, vgl. hierüber § 2083.

1) Tit. Dig. si quis aliquem testari prohibuerit vel coegerit 29, 6 Cod. 6, 34. Vgl. oben § 91.

hat ihn gegen mißbräuchliche Ausbeutung dieser Lage zu schützen. Diese Aufgabe ist aber nichts Leichtes.

Bloßes Zureden, wenn auch dringlicher und lästiger Art, insbesondere seitens des Ehegatten, mag nicht anständig sein, rechtlich läßt sich nichts dagegen tun.[2] Nur gegen rechtswidrige Mittel reagiert das Recht, mögen sie Behinderung des Erblassers an beabsichtigten Verfügungen oder Zwang zu solchen bezwecken.

1. Widerrechtliche Behinderung am Testieren ist in sehr verschiedener Weise möglich, insbesondere durch Zwang gegen die Person, indem man den Erblasser z. B. einschließt, oder durch Drohungen einschüchtert; oder durch Betrug, indem man ihm den Tod der von ihm gewünschten Erben vorspiegelt; endlich durch Verstandesberaubung oder Tötung. Auch durch Machinationen gegen andere, z. B. gegen die an das Testamentsgericht abgesendeten Boten, kann man das Testament hindern.[3] So mißbilligenswert derartige Dinge sind, so können sie ihr Ziel trotz alledem erreichen; die Intention des Erblassers ist alsdann nicht verwirklicht, ein Testament nicht zustande gekommen, der vom Erblasser Gewünschte wird also nicht Erbe. Ist freilich der Erbe an den Machinationen beteiligt gewesen, so verliert er als unwürdig seine Erbansprüche.[4]

Wer ferner das Testament widerrechtlich hinderte, ist demjenigen, welchen der Erblasser honorieren wollte, infolge der actio doli zum Ersatze seines wahrscheinlichen Schadens verbunden.

2. Erzwungene Verfügungen auf den Todesfall waren nach römischem Recht nicht schlechthin nichtig.

Doch dem erzwungenen Vermächtnisse stand die exceptio quod metus causa entgegen. Dem Erben ferner, dessen Einsetzung infolge Zwanges geschah, wurde in Rom die bonorum possessio versagt. Dieselbe wurde denjenigen deferiert, welche ohne das erzwungene Testament berufen wären.[5]

---

2) l. 3 D. h. t. 29, 6. Papinianus libro 15 responsorum: Virum, qui non per vim nec dolum, quo minus uxor, contra eum mutata voluntate, codicillos faceret, intercesserat, sed ut fieri adsolet, offensam aegrae mulieris maritali sermone placaverat, in crimen non incidisse respondi, nec ei quod testamento fuerat datum auferendum, l. 3 C. h. t. 6, 34.

3) l. 1 pr. D. h. t. 29, 6.

4) l. 1 § 2, l. 2 D. h. t. 29, 6. l. 88 § 4 D. de leg. II, l. 19 D. de his, quae ut indignis 34, 9, BGB. § 2339 Abs. 1 Ziff. 2.

5) Wie eine erzwungene Erbeseinsetzung zu behandeln sei, war sehr bestritten. Lenel hat in der Zeitschr. der Sav.Stiftg. rom. Abt. Bd. 10 S. 71 dargelegt, daß der Prätor unter der Rubrik „quibus bonorum possessio non competit" ein Edikt mit der Rubrik des Titels 29, 6 erließ: si quis aliquem testari prohibuerit vel coegerit, daß er also die ediktmäßige bonorum possessio für den Fall eines erzwungenen Testaments versagte, und zwar nicht bloß dem Zwingenden, sondern auch Dritten, zu deren Gunsten der Zwang ausgeübt war. Die bonorum possessio wurde daher anderen deferiert, wie wenn jenes Testament nicht da wäre und diese wurden gegen den in demselben ernannten Erben geschützt. Vgl. auch Schirmer im Archiv für ziv. Praxis Bd. 79 S. 232 ff. Nach BGB. § 2078 Abs. 2 gelten, wenn der Erblasser zu der Verfügung widerrechtlich durch Drohung bestimmt worden ist, die oben § 468 Anm. 5 angegebenen Bestimmungen.

Genehmigung des Erblassers im Stande voller Freiheit beseitigt die Anfechtbarkeit der erzwungenen Verfügung.

§ 470. Maßnahmen gegen Erbschleicherei.

Wo testamentarische Verfügungen die Regel bilden, da stellt sich auch die Erbschleicherei in feineren und gröberen Formen unfehlbar ein. Die Gesetzgebung vermag auch dagegen nur wenig. Einige besonders gehässige Arten sind jedoch verpönt.

1. Der Schreiber der Testamentsurkunde kann seine Stellung leicht mißbrauchen, um dem halb widerwilligen Testator Zuwendungen abzuringen. Daher droht infolge des S. C. Libonianum [1] dem Schreiber eines Testamentes oder Kodizilles, sofern er nicht einziger Intestaterbe des Erblassers war, die Strafe der Fälschung, wenn er sich oder den mit ihm durch Gewalt Verbundenen eine Zuwendung zuschrieb, und die Jurisprudenz behandelte sie als ungültig, wie nicht geschrieben.[2] Spezielle eigenhändige Bestätigung des Erblassers macht sie jedoch straffrei und gültig.[3]

2. Für nichtig wurden durch Senatuskonsulte ferner kaptatorische Zuwendungen erklärt, d. h. solche, die an die Bedingung geknüpft sind, daß der Honorierte seinerseits den Testator oder einen anderen von ihm Bezeichneten honorieren werde.[4]

Der Testator spekuliert hier auf das Versterben des von ihm Honorierten vor ihm und hofft dessen Erbschaft an sich zu bringen, indem er ihm den Köder einer Zuwendung in seinem Testamente vorhält.

III. Nebenbestimmungen bei letztwilligen Verfügungen.

§ 471. Allgemeines. Die aufschiebende Bedingung.

1. Bei Erbeseinsetzungen wurden verschiedene Arten von Nebenbestimmungen nicht zugelassen. Unstatthaft waren namentlich zeitliche Beschränkungen[1] und auflösende Bedingungen,[2] weil sie mit der Regel semel heres semper heres als unverträglich galten; sie wurden als nicht zugefügt angesehen. Suspensiv bedingte Erbeseinsetzungen waren dagegen gültig.[3]

---

1) Tit. Dig. de lege Cornelia de falsis et de senatus consulto Liboniano 48, 10. Cod. de his, qui sibi adscribunt in testamento 9, 23. Keller, Institutionen S. 361.

2) l. 1 pr. D. de his, quae pro non scriptis 34, 8.

3) Vgl. auch BGB. § 2235.

4) l. 71, l. 72 D. de heredibus inst. 28, 5. BGB. kennt das Verbot nicht mehr.

1) l. 34 D. de her. inst. 28, 5, § 9 J. de her. inst. 2, 14. Heres et pure et sub condicione institui potest. ex certo tempore aut ad certum tempus non potest, veluti „post quinquennium quam moriar“ vel „ex Kalendis illis“ vel „usque ad Kalendas illas heres esto“: diemque adjectum haberi pro supervacuo placet et perinde esse, ac si pure heres institutus esset. Vgl. freilich l. 23 pr. D. de her. inst. 28, 5. Wenig befriedigend ist der Erklärungsversuch von Leist bei Glück, Bücher 37 u. 38 Bd. 4 S. 289. Doch stimmt Steinlechner, das schwebende Erbrecht S. 294 f., im wesentlichen mit ihm überein.

2) arg. l. 89 D. de hered. inst. 28, 5, l. 17 § 4 D. de testamento mil. 29, 1. Mehrere verteidigten die Ansicht, die Erbeseinsetzungen zugefügte Resolutivbedingung sei in die entgegengesetzte Suspensivbedingung zu verwandeln. Dies widerspricht aber der Absicht des Testators, welcher dem unter Resolutivbedingung eingesetzten Erben den Nachlaß sofort und unmittelbar zuwenden will, und entspricht auch nicht den Quellen. Vgl. Vangerow Bd. 2 § 434 Anm. 1 S. 105 und dort Zitierte.

3) Nach dem BGB. sind Bedingungen und Zeitbestimmungen unbeschränkt zulässig; bei Endterminen und auflösenden Bedingungen gelten die gesetzlichen Erben als Nacherben eingesetzt, bei Anfangsterminen und aufschiebenden Bedingungen sind die gesetzlichen Erben die Vorerben, BGB. §§ 2104, 2105.

2. Solange die aufschiebende Bedingung einer Erbeseinsetzung schwebte, war niemand berufen. Die Berufung des bedingt Eingesetzten nämlich erfolgte natürlich erst mit Eintritt der Bedingung, welche er, um zu erwerben, erleben mußte. Inzwischen waren auch die Intestaterben ausgeschlossen. Denn an sie erging erst dann eine Berufung, wenn es gewiß war, daß niemand aus dem Testamente Erbe werden konnte.[4] Der Prätor gab inzwischen bedingt ernannten Testamentserben gegen Kaution provisorischen Erbschaftsbesitz.[5]

3. Bei Vermächtnissen waren suspensive und resolutive Bedingungen, Anfangs- und Endtermine gültig.[6]

§ 472. Begünstigte Behandlung der Bedingungen letztwilliger Verfügungen.

Vielfach wurden suspensiv bedingte letztwillige Verfügungen wirksam, trotzdem es zur Erfüllung der Bedingungen noch nicht kam oder überhaupt nicht kommen konnte.

Der Hauptgrund für diese auffallende Erscheinung lag darin, daß durch das Setzen der Bedingung ein Druck auf den Honorierten zum Zweck einer Handlung oder Unterlassung ausgeübt werden sollte. Dieser Druck führte aber, wenn man die Verfügung logisch und nach ihrem Wortlaute auslegte, oft weiter, als es in der Intention des Erblassers lag.

1. Es war eine Handlung zur Bedingung gesetzt, deren Vollzug die Mitwirkung eines dabei interessierten Dritten forderte, z. B. die Verheiratung mit ihm. Hierbei konnte der bedingt Honorierte zwar zur Handlung bereit sein, während der Dritte die Mitwirkung verweigerte. Die Bedingung war hier ihrem Wortlaute nach ausgefallen, dennoch galt sie in der Regel als erfüllt, da man unterstellte, daß dies der Intention des Erblassers entsprechen würde, wenn er den gegebenen Fall in das Auge gefaßt hätte.[1]

2. In Rom war die Bedingung häufig, wonach der Honorierte schwören mußte, etwas zu tun oder zu unterlassen. Dabei handelte es sich oft um gesetzlich Verbotenes, in welchem Falle man den Prätor um Erlaß des Schwures anging.

Später aber erließ das prätorische Edikt die Bedingung des Eides ein für allemal, behielt sich aber vor, den Inhalt dessen, was beschworen werden sollte, wie einen Modus zu erzwingen, wenn es sich nicht um gesetzlich Verbotenes oder Unsittliches handelte.[2]

4) l. 3, l. 39, l. 69 D. de acquir. vel omitt. hered. 29, 2, l. 60 § 6 D. de her. inst. 28, 5. Auch Substituten und Miterben waren ausgeschlossen, solange die Bedingung der Einsetzung des Instituten beziehungsweise des Miterben schwebte. Anders BGB., vgl. Anm. 3.

5) l. 23 pr. D. de her. inst. 28, 5, l. 12 D. qui satisdare cog. 2, 8.

6) Bis Justinian waren auch Vermächtnisse „ad tempus relicta" ungültig, l. 26 C. de legatis 6, 37. Vgl. Hofmann, krit. Studien S. 138.

1) Oben § 98. Ebenso besagt BGB. § 2076: Bezweckt die Bedingung, unter der eine letztwillige Zuwendung gemacht ist, den Vorteil eines Dritten, so gilt sie im Zweifel als eingetreten, wenn der Dritte die zum Eintritte der Bedingung erforderliche Mitwirkung verweigert.

2) Vgl. l. 8 D. de condit. instit. 28. 7. Dieses Edikt bestand zur Zeit der Ver-

3. Zuwendungen unter negativen Potestativbedingungen, welchen der Honorierte, solange er lebt, zuwiderhandeln kann, sind nahezu vergebliche, da es sich erst mit dem Tode des Honorierten entscheidet, daß die Bedingung erfüllt sei. Es gehört dahin die Bedingung, nicht wieder zu heiraten. Auf Grund der Autorität von Q. Mucius Scävola nahm man an, daß solche Bedingungen dadurch erfüllt wurden, daß der bedingt Honorierte eine Kaution stellte, wodurch er Herausgabe des Vermachten für den Fall der Zuwiderhandlung versprach.[3] Die Kaution war denen zu stellen, welchen das bedingt Zugewendete verblieben oder zugewendet wäre, wenn das Ausfallen der Bedingung von vornherein festgestanden hätte.[4] [5]

4. Letztwillige Zuwendungen unter unmöglichen oder unsittlichen Bedingungen werden wie unbedingte behandelt. Die Bedingung gilt als nicht zugefügt. Dies war die Ansicht der Sabinianer,

---

rinen noch nicht. Denn in dem in Verrem, II 1 cap. 47 § 123 und 124 besprochenen Falle mußten die Erben den Prätor noch speziell um Erlaß eines Eides angehen, welcher etwas gesetzlich Verbotenes erzwingen sollte, während das Edikt die Bedingung eines jeden Eides ein für allemal erläßt. Aber auch Neratius scheint es noch nicht gekannt zu haben, l. 97 D. de cond. et dem. 35, 1. Jedenfalls war es zur Zeit Julians in Kraft, l. 12 § 2 D. de manum. test. 40, 4. Vgl. übrigens Pernice, Labeo Bd. 3 S. 47 f.

3) Die cautio **Muciana** wurde für Legate unter negativen Bedingungen aufgestellt, welche „morte legatariorum finiuntur“, l. 73 D. de cond. et dem. 35, 1. Sie griff daher nicht Platz, wenn dem Legatar unter der Bedingung vermacht war, etwas mit einem gewissen Dritten nicht vorzunehmen, z. B. denselben nicht zu heiraten. Denn eine solche Bedingung kann sich sehr wohl zur Zeit des Lebens des Legatars verwirklichen, nämlich durch den Tod jenes bestimmten Dritten. l. 106 D. eod. tit. 35, 1. Ausnahmsweise erwarb der Legatar aber auch in solchem Fall das Legat sofort gegen Leistung der Kaution, wenn es offenbar gegen die Meinung und die Zwecke des Testators wäre, daß der Legatar das Legat gerade beim Tode jener bestimmten Person erhalten solle. So in den Fällen der l. 72 pr. § 1 D. eod. tit. Aus Gründen der Moral und der öffentlichen Sicherheit gab man ferner bei der Bedingung „si Stichum non manumisit“ dem Legatar den Anspruch auf sofortige Auszahlung gegen Stellung der cautio, da sonst eine schwere Gefährdung des Lebens des Sklaven offenbar eingetreten wäre. l. 7 pr., l. 67 D. eod. tit. 35, 1. Über die verschiedenen Ansichten siehe Vangerow Bd. 2 § 435 S. 126. — Die cautio **Muciana**, ursprünglich für Legate eingeführt, wurde später auch bei Erbeseinsetzungen zugelassen. l. 7 pr. D. eod. tit. 35, 1.

4) Nach klassischem römischen Rechte hatten die Intestaterben keinen Anspruch auf die cautio, wenn einem testamentarischen Erben ex asse eine negative Potestativbedingung aufgelegt war; es wurde vielmehr die Bedingung als unmöglich erklärt, weil niemand da war, dem kaviert werden konnte. l. 4 § 1 D. de cond. inst. 28, 7; vgl. freilich Arndts Schriften Bd. 3 S. 151. Die nov. 22 cap. 4 bestimmte aber bezüglich der Bedingung des Nichtwiederverheiratens, daß auch die Intestaterben kautionsberechtigt seien. Hierin ist nicht eine Singularität zu finden, sondern die Manifestation einer veränderten Rechtsanschauung, welche allgemein maßgebend sein muß, vgl. Dernburg, Pfandrecht Bd. 1 S. 395.

5) Die Regelung des BGB. weicht ab. § 2075 bestimmt: Hat der Erblasser eine letztwillige Zuwendung unter der Bedingung gemacht, daß der Bedachte während eines Zeitraums von unbestimmter Dauer etwas unterläßt oder fortgesetzt tut, so ist, wenn das Unterlassen oder das Tun lediglich in der Willkür des Bedachten liegt, im Zweifel anzunehmen, daß die Zuwendung von der auflösenden Bedingung abhängig sein soll, daß der Bedachte die Handlung vornimmt oder das Tun unterläßt.

welche in das justinianische Recht überging, während die Prokulianer die Zuwendung als nichtig ansahen.[6]

§ 473. Der Modus bei letztwilligen Verfügungen.

Der Erblasser kann Anordnungen über dasjenige treffen, was nach seinem Tode geschehen oder unterbleiben soll, ohne diese Vorschriften zu Bedingungen seiner Zuwendung zu erheben. Solche Verfügungen haben einen sehr verschiedenen rechtlichen Charakter.

a) Sie können sich als bloße Wünsche und Ratschläge ohne rechtliche Verbindungskraft — nuda praecepta — darstellen, z. B. wenn der Erblasser seinem Kinde in seinem letzten Willen einen gewissen Beruf empfiehlt.[1]

b) Sie bilden Vermächtnisse, wenn sie pekuniäre Vorteile Dritten zuwenden, und begründen dann die Vermächtnisklage,[2] z. B. der Erblasser legt dem Erben auf, einem Mieter, solange er lebt, die Mietwohnung im Hause des Erblassers nicht zu kündigen.

c) Sie gestalten sich zum Modus, wenn sie nicht bedingend sind und den Honorierten dennoch rechtlich verbinden sollen.[3][4] Dahin sind zu rechnen Anordnungen, welche die Person und das Gedächtnis des Erblassers betreffen, z. B. Bestimmungen über seine Briefschaften oder Manuskripte, oder welche für Dritte, z. B. das Publikum, von Wichtigkeit sind, etwa Öffentlichkeit seiner Gemäldegalerie anordnen. Aber auch Anordnungen im Interesse des Honorierten selbst sind keineswegs immer, wie manche behaupten, bloß unverbindliche Ratschläge. Oft nimmt der Erblasser an ihnen ein selbständiges Interesse und erhebt sie zu Befehlen.

Für die Ausführung des Modus haben die Erben zu sorgen, welche den Erblasser auch in dieser Hinsicht vertreten.

---

6) Gaj. Inst. III § 98, § 10 J. de her. inst. 2, 14, l. 3, l. 6 D. de cond. et dem. 35, 1. Vgl. Hofmann, kritische Studien S. 14. Dem BGB. ist der Satz unbekannt.

1) Vgl. l. 5 § 8 D. de adm. tut. 26, 7, l. 71 pr. D. de cond. et dem. 35, 1, Pernice, Labeo Bd. 3 S. 1 ff.

2) l. 2 C. de his quae sub modo 6, 45. Pfaff und Hofmann, Exkurse über das österreich. bürg. Recht Bd. 2 S. 326.

3) Letztwillige Anordnungen, die nicht bestimmte Zuwendungen enthielten, konnten ursprünglich in Rom nur in der Form der Bedingung verfügt werden, sonst hatten sie wohl Autorität, aber keine Verbindungskraft. Allein in der Kaiserzeit ging das Bestreben dahin, in den Fällen, in welchen der Erblasser nicht bloß raten, sondern befehlen wollte, die Auflage auch rechtlich zu erzwingen, soweit dies mit Sittlichkeit und öffentlichen Interessen vereinbar war. l. 17 § 4 D. de cond. et dem. 35, 1. Dies spricht sich am entschiedensten in dem Schlußsatze der l. 7 D. de annuis legatis 33, 1 aus, wo im Anschlusse an die Verfügung des Erblassers, daß seine Kinder bei ihrer Mutter erzogen werden sollen, bemerkt wird: et in omnibus, ubi auctoritas sola testatoris est, neque omnimodo spernenda neque omnimodo observanda est. sed interventu judicis haec omnia debent, si non ad turpem causam feruntur, ad effectum perduci. Nimmt man an, was sehr wahrscheinlich ist, daß die letzten Worte von den Kompilatoren herrühren, so ergibt sich gerade hieraus um so bestimmter die Absicht der justinianischen Kodifikation.

4) Vgl. BGB. § 1940 ff.

Ist der Modus einem Legatar auferlegt, so dürfen die Erben das Legat nur gegen Sicherstellung der Ausführung des Modus auszahlen; sie können auch auf Sicherstellung klagen. Miterben können gegeneinander auf Vollziehung bestehen, wenn der Modus allen oder einem der Erben auferlegt ist, insbesondere dient hier die Teilungsklage zur Regulierung.[5] Ist der Modus freilich einem Alleinerben auferlegt, so fehlt es im römischen Rechte an einer zur Betreibung legitimierten Person. Doch kann die Obrigkeit intervenieren, wenn ein öffentliches Interesse vorliegt.[6]

Heutzutage kann der Erblasser einen Testamentsexekutor bestellen, welcher für die Vollziehung des Modus zu sorgen hat.

Viertes Kapitel.

Die Erbeseinsetzung.

I. Die Erbeseinsetzung im allgemeinen.

§ 474. Die Erfordernisse der Erbeseinsetzung.

Testamentserbe ist, wen der Erblasser zu seinem unmittelbaren Universalsukzessor ernennt.[1]

1. Die technische Bedeutung des Wortes Erbe ist dem Laien wenig geläufig. Ihm erscheint die Redewendung „ich vermache dem X" oder: „X soll erben" als gleichbedeutend. Bei der Auslegung der Testamente ist folglich für die Frage, ob ein Honorierter Erbe ist, weniger auf diese Ausdrücke, als auf den Sinn Gewicht zu legen, der aus der Verfügung im ganzen spricht.[2]

2. Gültig eingesetzt werden können nur Erbfähige; die Erbschaft erwerben nur Erwerbsfähige — capaces.

Zahlreiche Klassen von Personen galten in Rom als erwerbsunfähig — incapaces. In der klassischen Kaiserzeit waren hierbei sozialpolitische und fiskalische Gründe bestimmend.

---

5) l. 18 § 2 D. familiae erciscundae 10, 2. Vgl. BGB. § 2194 Satz 1: Die Vollziehung einer Auflage können der Erbe, der Miterbe und derjenige verlangen, welchem der Wegfall des mit der Auflage zunächst Beschwerten unmittelbar zu statten kommen würde.

6) l. 50 § 1 D. de her. pet. 5, 3. Pernice, Labeo Bd. 3 S. 39. Vgl. auch BGB. § 2194 Satz 2: Liegt die Vollziehung im öffentlichen Interesse, so kann auch die zuständige Behörde die Vollziehung verlangen.

1) Siehe oben § 456.

2) Windscheid Bd. 3 § 546 Anm. 8 und dort Zitierte. BGB. § 2087 Abs. 1 bestimmt: Hat der Erblasser sein Vermögen oder einen Bruchteil seines Vermögens dem Bedachten zugewendet, so ist die Verfügung als Erbeinsetzung anzusehen, auch wenn der Bedachte nicht als Erbe bezeichnet ist.

Insbesondere erklärte eine lex Papia Poppaea die caelibes und orbi, d. h. unverheiratete und kinderlose, für teils ganz, teils halb unfähig, aus Testamenten Fremder zu erwerben. Das ungültig Hinterlassene — das caducum — fiel in erster Linie anderen im Testamente zu Erben ernannten Personen, welche Kinder hatten, in zweiter Linie dem Fiskus zu.[3]

Im justinianischen Recht wurden die politischen und fiskalischen Inkapazitätsgründe und die Lehre vom caducum überhaupt[4] [5] beseitigt. Es blieben Beschränkungen aus familienrechtlichen Gründen:

a) Wer eine neue Ehe einging, während er aus seiner früheren Deszendenten hatte — der parens binubus —, durfte dem neuen Ehegatten weder von Todes wegen noch durch Liberalitäten unter Lebenden mehr zuwenden als dem mindest bedachten — nicht undankbaren — Kinde, beziehungsweise Kindesstamme, früherer Ehe. Für die Bemessung war die Zeit des Todes des binubus maßgebend. Das zuviel Zugewendete wurde unter die Kinder — beziehungsweise die Kindesstämme — der früheren Ehe gleichmäßig verteilt.[6]

b) Wer legitime Deszendenz hinterließ, konnte seinen unehelichen Kindern und deren Mutter zusammen nicht mehr von Todes wegen oder durch Liberalitäten unter Lebenden vermachen als ein Zwölftel seines Nachlasses. Justinian bestimmte dies für Fälle des Konkubinats,[7] die Praxis wendete es auf alle unehelichen Verhältnisse überhaupt an. Das zuviel Vergebene fiel an die legitimen Erben des Erblassers.[8]

§ 475. Ernennung von Miterben.[1]

Der Erblasser kann beliebig viele Erben ernennen, die sich in den Nachlaß zu teilen haben.

In Rom legten Erblasser und Juristen bei der Bemessung der Teile gewohnheitsmäßig ein Duodezimalsystem, die sog. Unzialrechnung zugrunde. Der gemeinsame Nenner war also regelrecht das Zwölftel — die uncia.[2]

Der Erblasser konnte den Miterben ausdrücklich Teile zuweisen — heredes cum partibus scripti; er konnte auch von einer besonderen Zuweisung von Teilen absehen — heredes sine partibus scripti. Teile mußten aber auch solche Erben erhalten, sonst waren sie nicht Erben. Fehlte es an einer ausdrücklichen Verteilung oder wies sie Mängel auf, so war es Aufgabe der Jurisprudenz, die Teile im vermutlichen Sinne des Testators festzustellen.

---

3) G. Hartmann, Zeitschrift für Rechtsgeschichte Bd. 5 S. 219.

4) Über andere Kaduzitätsfälle vgl. unten § 482.

5) l. un. C. de caducis tollendis 6, 51.

6) l. 6 C. de secundis nuptiis 5, 9, nov. 22 cap. 27 und 28, Schiffner, die gesetzlichen Vermächtnisse § 57. Die zuweilen verteidigte Ansicht, daß das zuviel Hinterlassene unter die Deszendenten und den überlebenden Ehegatten zu teilen sei, ist zwar rationell, entspricht aber nicht den Quellen. Vangerow Bd. 1 zu § 227 Anm. 1 I. b.

7) Nov. 89 cap. 12. Der Konkubine allein konnte in dem Fall nur $^1/_{24}$ der Erbschaft zugewendet werden.

8) So RG. Bd. 8 S. 119. Dort findet sich die Literatur der Frage. Das BGB. hat beide Bestimmungen beseitigt.

1) Tit. Inst. de heredibus inst. 2, 14, Dig. 28, 5.

2) § 5 J. h. t. 2, 14. Hereditas plerumque dividitur in XII uncias, quae assis appellatione continentur. habent autem et hae partes propria nomina ab uncia usque ad assem, ut puta haec: sextans, quadrans, triens, quincunx, semis, septunx, bes, dodrans, dextans, deunx, as.

1. Erben sine partibus galten in der Regel als zu gleichen Teilen ernannt.[3]

Die Absicht ungleicher Verteilung konnte aber durch Verbindung — conjunctio — erklärt sein.

Es waren folgende Verbindungen möglich:

a) bloß sachliche — re tantum conjunctio —, wenn mehrere Erben auf dieselbe Portion, aber in verschiedenen Sätzen eingesetzt sind, z. B.: A. soll Erbe zur Hälfte sein, mit ihm seine Frau B., der C. soll dagegen die andere Hälfte haben.

b) sachliche und zugleich sprachliche — re et verbis conjunctio —, wenn nämlich mehrere Erben in demselben Satze auf dieselbe Portion eingesetzt sind, z. B. A. und B. sollen zusammen die eine Hälfte meines Nachlasses haben, und C. die andere, oder: meine Erben sollen sein 1. A. und B. und 2. der C.[4]

c) bloß sprachliche — verbis tantum conjunctio —, wenn mehrere Erben in einem Satze genannt sind, ohne daß doch die Verbindung als solche erscheint, z. B. A. und B. sollen meine Erben sein, ebenso auch der C.

Waren mehrere Erben auf dieselbe Portion berufen, so galten sie den übrigen Erben gegenüber als Einheit und erhielten bloß Teile dieser Portion.[5] Andererseits hatten sie auch ein vorzugsweises Anwachsungsrecht, wenn einer der mit ihnen zusammenberufenen wegfiel.[6]

Es machte keinen Unterschied, ob die Miterben bloß sachlich, oder ob sie sachlich und sprachlich zusammen berufen waren.

Dagegen lag auf der Hand, daß die bloß sprachliche Verbindung nur eine Zufälligkeit war, welche auf den Teilungsmodus keinen Einfluß haben konnte. Wir dürfen freilich nicht außer acht lassen, daß die Römer weit raffinierter bei der Abfassung ihrer Testamente zu Werke gingen als wir und ihre Sprache weit mehr als Kunstprodukt ausbildeten. Sie fanden daher auch in geringen Sprachnuancen besondere Absichten und folgerten leichter aus der sprachlichen Verbindung eine sachliche, als in Deutschland zulässig ist.[7]

---

3) § 6 J. h. t. 2, 14, l. 9 § 12 D. h. t. 28, 5. Selbst für den Fall gilt dies in der Regel, daß der Erblasser den Erben auf ihren Anteil einzelne Objekte verschiedenen Wertes oder verschiedene Teile an bestimmten einzelnen Objekten zugewiesen hat. Siehe unten § 476 Ziff. 2. l. 9 § 13, l. 10, l. 35 pr. §§ 1 und 2 D. h. t. 28, 5. Übereinstimmend BGB. § 2091.

4) l. 142 D. de V. S. 50, 16. Paulus libro 6 ad legem Juliam et Papiam: Triplici modo conjunctio intellegitur: aut enim re per se conjunctio contingit, aut re et verbis, aut verbis tantum. nec dubium est, quin conjuncti sint, quos et nominum et rei complexus jungit, veluti „Titius et Maevius ex parte dimidia heredes sunto", vel ita „Titius Maeviusque heredes sunto" . . .

5) Ebenso BGB. § 2093.

6) Ebenso BGB. § 2094 Abs. 1 Satz 2.

7) Die Römer fanden eine re et verbis conjunctio bereits in folgendem: l. 60 § 2 D. h. t. 28, 5. Celsus libro 16 digestorum: „Titius heres esto: Sejus et Maevius heredes sunto." verum est quod Proculo placet duos semisses esse, quorum

Hatte der Erblasser seine nächsten Intestaterben zu Erben eingesetzt, so griff das Prinzip gleicher Verteilung ebenfalls regelmäßig nicht Platz, sondern nach der zu vermutenden Absicht des Erblassers der Maßstab der Intestaterbfolge.

2. War eine Verteilung durch den Erblasser zwar geschehen, aber inkorrekt, so wurden mehrere Fälle unterschieden:[8]

a) Er hatte allen Erben Teile zugeschrieben, diese erschöpfen aber nicht die Gesamtheit des Nachlasses. Dann wuchsen die Teile nach reinem römischen Rechte verhältnismäßig, bis das Ganze verteilt war.

b) Überstiegen die zugewiesenen Teile das Ganze, so trat in der Regel verhältnismäßige Reduktion aller Erbteile ein.[9] Dies litt dann eine Ausnahme, wenn offenbar durch die späteren Ernennungen die früheren insoweit aufgehoben werden sollten, als der Betrag der ersteren reichte.[10]

c) Hatte der Erblasser einigen seiner Erben ausdrücklich Teile zugewiesen, den anderen aber nicht, so erhielten die letzteren den nichtverteilten Rest.[11]

Es konnte der Fall eintreten, daß der Erblasser unter die heredes cum partibus bereits den „as" verteilt, ja ihn überschritten hatte, und doch noch weitere Erben ohne bestimmte Teile ernannt waren. Dann galt, um den heredes sine partibus Raum zu schaffen, die Regel: ex asse fit dupondium; es wurde also die Erbschaft zu 24 Unzien gerechnet. Modern ausgedrückt heißt dies, die Teile der heredes cum partibus werden auf die Hälfte reduziert und die heredes sine partibus erhalten die hierdurch frei gewordenen Portionen.

---

alter conjunctim duobus datur. Sollte eine bloße verbis conjunctio angenommen werden, so bedurfte es bei solcher Wortverbindung eines Zusatzes, welcher diese Absicht markierte, l. 13 pr. D. h. t. Ulpianus libro 7 ad Sabinum: Interdum haec adjectio „aeque heredes sunto" testatoris voluntatem exprimit, ut puta „Primus et fratris mei filii aeque heredes sunto": nam haec adjectio declarat omnes ex virilibus partibus institutos, ut et Labeo scripsit, qua detracta semissem fratris filii, semissem Primus haberet. Derartige Feinheiten sind dem Sprachgebrauche heutiger Erblasser fremd. Wurde im Testament also bestimmt: „ich berufe den A. und B. zu meinen Erben, ferner den C.", so ist hieraus derzeit eine sachliche Verbindung des A. und B. auf eine Portion nicht zu entnehmen. Ebensowenig wenn bestimmt würde: meine Brüder und X. sollen meine Erben sein.

8) § 7 J. de her. inst. 2, 14, l. 13 § 2 und 3 D. de her. inst. 28, 5, l. 3 C. de testamento militis 6, 21.

9) § 7 in fine J. de her. inst. 2, 14, l. 13 §§ 4—7 D. h. t. 28, 5, BGB. § 2090.

10) Hatte insbesondere der Erblasser jemanden auf „seinen ganzen Nachlaß" eingesetzt und dann noch Erben zu bestimmten Teilen berufen, so wurde angenommen, daß mit den späteren Dispositionen die erste teilweise zurückgenommen sei, so daß der auf das Ganze Eingesetzte doch nur den Rest bekam, gerade so, wie wenn er sine parte instituiert wäre, l. 23 pr. C. de legatis 6, 37. Vgl. übrigens Schrader, ziv. Abhandl. n. 4, andererseits Vangerow Bd. 2 § 449 Anm. 3 S. 163.

11) Ebenso BGB. § 2092 Abs. 1.

§ 476. Erbeseinsetzung auf Einzelobjekte.[1]

Es kommt vor, daß der Erblasser jemanden zum Erben auf Einzelobjekte ernennt; das ist der heres ex re certa. Z. B. A. soll mein Erbe sein „auf mein Grundstück" oder „auf 10,000 Mark".

Rechtlich Unvereinbares ist hier zusammengekoppelt. Denn Erbe sein heißt Universalsukzessor des Erblassers, also Herr seines Gesamtvermögens werden. Was soll daneben die Erwähnung der res certa?

Ist sie bloß Hervorhebung des erheblichsten Bestandteiles des Nachlasses, so ist sie überflüssig. Soll darin eine Beschränkung des Erben liegen, so enthält sie einen juristischen und logischen Widersinn.

Als bei den Römern derartiges vorkam, erklärten sie, daß der Eingesetzte doch trotz des Zusatzes Erbe sei. Insofern wird der Zusatz wie nicht vorhanden betrachtet.[2]

Falls aber in dem Zusatz indirekt eine Verfügung des Erblassers zugunsten Dritter lag, die sich insbesondere nach den Grundsätzen der Fideikommisse aufrecht erhalten ließ, bekam er doch wieder eine rechtliche Bedeutung, und zwar nach der Ungleichheit der Fälle eine sehr verschiedene.

1. Ein einziger Erbe ist eingesetzt, und zwar auf eine bestimmte Sache. Er gilt trotzdem als normaler Erbe.[3] Der Zusatz ist unjuristisch und ohne jede Folge, wenn er nicht zugunsten bestimmter Dritter gemacht ist.

Enthält er aber eine Beschränkung des eingesetzten Erben zugunsten Dritter, was aus dem Verhätnisse zu früheren Dispositionen des Erblassers oder auch sonst erhellen kann, so liegt darin indirekt die Anordnung eines Universalfideikommisses für jene Dritte,[4]

---

1) Das Hauptwerk ist von Neuner: die heredis institutio ex re certa 1853. Dort findet sich die ältere Literatur. Neuere Abhandlungen sind: Padeletti, die Lehre von der Erbeinsetzung ex re certa 1870; Kuntze, über die Erbeinsetzung ex re certa auf bestimmte Nachlaßstücke 1875; Schwing, zur Lehre von der heredis institutio ex re certa 1875. Vgl. noch Vangerow Bd. 2 § 449 Anm. 2, Brinz Bd. 3 S. 73. Nach BGB. ist bei einer Einsetzung auf Einzelobjekte ein Vermächtnis anzunehmen. Vgl. § 2087 Abs. 2.

2) Die Aufrechterhaltung der Erbenqualität „detracta rei mentione" geht wohl auf Sabinus zurück. l. 9 § 13 D. de her. inst. 28, 5. Aquilius Gallus respondierte nach l. 75 D. de her. inst. 28, 5 bezüglich eines Falles, in welchem der Erbe „excepto fundo" eingesetzt war. Das ist nach richtiger Ansicht keine heredis institutio ex re certa.

3) Ulpianus libro 1 ad Sabinum. l. 1 § 4 D. de her. inst. 28, 5: Si ex fundo fuisset aliquis solus institutus, valet institutio detracta fundi mentione.

4) l. 30 D. ad S. C. Trebellianum 36, 1. Marcianus libro 4 institutionum: Si quis priore facto testamento posterius fecerit testamentum, etiamsi ex certis rebus in posteriores tabulas heredes instituit, superius tamen testamentum sublatum est, ut divi quoque Severus et Antoninus rescripserunt, cujus constitutionis verba rettuli, cum alia quoque praeterea in constitutione expressa sunt. „Imperatores Severus et Antoninus Coccejo Campano. Testamentum secundo loco factum, licet in eo certarum rerum heres scriptus sit, jure valere, perinde ac si rerum mentio facta non esset, sed teneri heredem scriptum, ut contentus rebus sibi datis aut suppleta quarta ex lege Falcidia hereditatem restituat his, qui priore testamento scripti fuerant, propter inserta fideicommissaria verba, quibus ut valeret prius testamentum expressum est, dubitari non oportet". et hoc ita intellegendum est, si non aliquid specialiter contrarium in secundo testamento fuerit scriptum. Vgl. RG. Bd. 46 S. 181.

so daß der heres ex re certa doch nur die spezielle Sache, bzw. die Falzidische Quart behält.[5]

2. Der Erblasser hat mehrere Erben ernannt, und zwar jeden auf bestimmte Objekte.[6] Hier sind alle rechte Erben. Und zwar gelten sie im Zweifel als zu gleichen Erbschaftsteilen eingesetzt, wonach sie ihre Verpflichtung den Erbschaftsgläubigern und Vermächtnisnehmern gegenüber regelt.[7] Die Anweisung der bestimmten Sachen hat hier die Bedeutung, daß sie bei der Teilung der Erbschaft jedem der Erben auf seine Erbschaftsportion zu übergeben sind. Ferner aber, daß sie, soweit sie bei einzelnen Erben ihre Erbschaftsportion übergeben, Vorvermächtnisse bilden.

Dem Teilungsrichter liegt die Zuweisung und Adjudikation nach Anordnung des Erblassers ob.[8]

3. Ein Erbe oder einige sind richtig, daneben aber ein Erbe oder mehrere Erben auf bestimmte Objekte eingesetzt.

Dann liegt die Absicht klar zutage, die Erben ex re certa auf die Einzelsache zu beschränken. Justinian suchte das direkt zu verwirklichen.[9] Deshalb sollen die richtig eingesetzten Erben, wenn sie antreten, allein die Rechte und Pflichten der Erben haben; der heres ex re certa ist weder aktiv noch passiv an den Erbschaftsklagen beteiligt, er steht von Rechts wegen, wie wenn er die Erbschaft ex Trebelliano seinen Miterbern restituiert hätte, und behält nur die zugewiesene Sache wie ein Legatar. Vom Erben hat er dann nur den Namen.[10]

Dagegen kommt seine Eigenschaft als Erbe zur vollen Geltung, wenn die neben ihm richtig eingesetzten Erben die Erbschaft nicht erwerben. Denn nur zu deren Gunsten war er beschränkt. Daher ist der heres ex re certa dann so Erbe, wie wenn er nicht bloß auf die bestimmte Sache ernannt wäre.[11] [12]

II. Substitutionen.

§ 477. 1. Die Vulgarsubstitution.

Substitution ist letztwillige Ernennung eines Ersatzerben für den in erster Linie ernannten Honorierten. Ihre Fälle und Wirkungen sind derart verschieden, daß eine konkretere gemeinsame Definition unmöglich ist.

Substitutionen sind zunächst und im Zweifel Erbeseinsetzungen, doch auch bei Vermächtnissen kamen sie in Aufnahme.[1]

5) Maudry, Archiv für ziv. Praxis Bd. 51 n. 5.

6) l. 35, l. 79 pr. D. h. t. 28, 5.

7) l. 10, l. 11, l. 9 § 13 D. de her. inst. 28, 5, oben § 475 Anm. 3.

8) Die Zuwendungen galten als Legate, da sie durch das judicium familiae erciscundae verwirklicht wurden, l. 35 § 1, l. 79 pr. D. h. t. 28, 5, und nicht als Fideikommisse extra ordinem durch die Magistrate.

9) Zu diesem Zweck hat Justinian in der berühmten und vielumstrittenen l. 13 C. de heredibus inst. 6, 24 verordnet: Quotiens certi quidem ex certa re scripti sunt heredes vel certis rebus pro sua institutione contenti esse jussi sunt, quos legatariorum loco haberi certum est, alii vero ex certa parte vel sine parte, qui pro veterum legum tenore ad certam unciarum institutionem referuntur, eos tantummodo omnibus hereditariis actionibus uti vel conveniri decernimus, qui ex certa parte vel sine parte scripti fuerint, nec aliquam deminutionem earundem actionum occasione heredum ex certa re scriptorum fieri.

10) Selbst Anspruch auf quarta Trebelliana hat der heres ex re certa in diesem Falle nicht. Neuner a. a. O. S. 464; Seuffert, Archiv Bd. 30 n. 157. A. M. Vangerow Bd. 2 § 449 S. 157.

11) Fällt von den richtig Eingesetzten nur einer hinweg, so tritt das Anwachsungsrecht nur zugunsten der übrigbleibenden richtig Eingesetzten ein, Seuffert, Archiv Bd. 54 Nr. 92.

12) Die römische Lehre der institutio ex re certa ist dem BGB. fremd. Strohal, Erbrecht S. 87.

1) Vgl. l. 50 pr. D. de leg. II.

Unter gemeiner oder Vulgarsubstitution verstand man die Ernennung eines Substituten zum Erben für den Fall, daß der zunächst gewollte Erbe — der Institut — nicht Erbe werde.[2] Da in Rom den Erlassern daran lag, testamentarisch beerbt zu werden, so war diese Art der Substitution ganz gewöhnlich; daher ihr Name. Weitere Substitutionen konnten sich beliebig anschließen. Auch hiervon machte man in Rom reichlichen Gebrauch. In dem inschriftlich erhaltenen Testamente des Dasumius finden sich 6 Grade von Erben.[3]

Häufig war in der klassischen Kaiserzeit die sog. substitutio reciproca, d. h. gegenseitige Substitution der Miterben.[4] Wenn nämlich ein Miterbe fortfiel, so trat in der Regel nicht Anwachsung an die Miterben ein, sondern Behandlung der Erbportion als caducum. Dem begegnete man durch die gegenseitige Substitution.[5] Wechselseitig substituierte Miterben galten als zu denselben Portionen substituiert, zu denen sie instituiert waren.[6]

Die Vulgarsubstitution war:

1. Erbeseinsetzung. Daher bezeichnete man den Instituten als Erben des ersten, den ihm substituierten des zweiten Grades, und zählte weitere Grade bei weiteren Substituten.[7] Alle Erfordernisse der Erbeseinsetzung galten auch für die Vulgarsubstitution.

Hatte der Erblasser „seine Erben“ als solche mit Vermächtnissen oder Auflagen beschwert, so traf dies selbstverständlich auch die Substituten, falls sie infolge des Eintritts des Substitutionsfalls seine Erben wurden. Aber nach einer Konstitution von Severus galten auch die persönlich — nominatim — dem Instituten aufgelegten Vermächtnisse als stillschweigend vom Substituten wiederholt,[8] da anzunehmen ist, daß der Erblasser, was er dem zunächst von ihm Begünstigten auflegte, um so gewisser durch den in zweiter Linie Stehenden entrichtet haben wollte. Diese Vermutung griff jedoch nicht Platz, wenn sie der Fassung des Testamentes oder der besonderen Natur der Auflage widersprach.[9]

---

2) Tit. Inst. de vulgari substitutione 2, 15, Dig. de vulgari et pupillari substitutione 28, 6. Cod. de impuberum et de aliis substitutionibus 6, 26. Mühlenbruch bei Glück Bd. 40 S. 248. BGB. § 2096: Ersatzerbe.

3) Bruns, fontes S. 270; Rudorff, Zeitschr. für Rechtsgesch. Bd. 12 S. 301.

4) Solche Substitution geschah oft durch eine kurze Klausel, z. B. „eosque invicem substituo und noch kürzer l. 37 § 1 D. de her. inst. 28, 5. Die Neueren sprechen dann von einer substitutio compendiosa oder breviloqua.

5) Dies hebt ausdrücklich hervor l. un. § 1 a. C. de caducis tollendis 6, 51. Vgl. unten § 481.

6) l. 1 C. h. t. 6, 26, l. 5, l. 41 § 1 D. h. t. 28, 6, BGB. § 2098 Abs. 1. Über den Fall, daß den Miterben Nichterben als Substituten beigefügt sind, vgl. l. 32 D. h. t. 28, 6.

7) l. 1 pr. D. h. t. 28, 6. Modestinus libro 2 pandectarum: Heredes aut instituti dicuntur aut substituti: instituti primo gradu, substituti secundo vel tertio.

8) l. 74 D. de leg. I, l. 61 § 1 D. de leg. II, l. 4 C. ad S. C. Trebellianum 6, 49; siehe ferner l. 82 § 1 D. de leg. II, l. 77 § 15 D. eod. Arndts bei Glück Bd. 47 S. 266, oben § 467 Anm. 7.

9) l. 74 D. de leg. I. Ulpianus libro 4 disputationum . . . quid enim si aliam

2. Die Vulgarsubstitution war eine **bedingte** Erbeseinsetzung und hing davon ab, daß der Institut nicht Erbe wurde. Solange dies in der Schwebe blieb, galt der Substitut als noch nicht berufen. Er mußte daher den Wegfall des Instituten **erleben**, wenn sich seine Substitution verwirklichen sollte.

Die Bedingung der Substitution fiel aus, sobald der Institut Erbe wurde. Dies änderte sich nicht, wenn er unmittelbar nach dem Erwerbe der Erbschaft verstarb, ohne einen Erben zu hinterlassen.[10] Die Bedingung der Substitution war aber sowohl dann eingetreten, wenn der Institut nicht erben **konnte**, etwa weil er vor dem Antritt verstarb, als auch für den Fall, daß er nicht Erbe sein wollte.[11]

Es gab Fälle, in denen der Vulgarsubstitut berufen wurde, trotzdem der Institut Erbe geworden war, so namentlich, wenn der Institut notwendiger Erbe des Testators wurde, aber abstinierte; oder, wenn er sich gegen den Antritt restituieren ließ.[12]

Andererseits wurde der Substitut nicht berufen, trotzdem der Institut verstarb, ohne Erbe geworden zu sein, wenn ein anderer an dessen Stelle infolge sog. Transmission erwarb. Natürlich konnte aber der Erblasser den Substituten dem Transmissar durch besondere Bestimmung vorziehen.[13]

§ 478. 2. Die Pupillarsubstitution.[1]

I. Der Vater konnte seinem unmündigen Hauskinde in zweifacher Weise substituieren, nämlich einmal vulgariter, also für den Fall, daß das Kind sein **Erbe nicht wird**, und außerdem, damit verbunden oder allein pupillariter, d. h. für den Fall, daß **es ihn überlebte, aber in den Jahren der Unmündigkeit verstarb**.[2] —

Die Pupillarsubstitution war eine Schöpfung der Sitte in den letzten Zeiten der Republik. Starke Impulse drängten auf sie hin, nicht bloß die Unvollkommenheit der alten gesetzlichen Intestaterbfolge, nach welcher leicht entfernte Agnaten und die Gentilen den Nachlaß des Kindes trotz des Vorhandenseins nächster Verwandter desselben erlangten. Man glaubte auch das Leben des Kindes gegen Gefahren zu sichern, wenn

---

tem reliquit a substituto ei fideicommissario vel legatario, quam ab instituto non reliquerat? vel quid si certa causa fuit, cur ab instituto relinqueret, quae in substituto cessaret? vel quid si substituit ex parte fideicommissarium, cui ab instituto reliquerat fideicommissum?

10) l. 5 C. h. t. 6, 26.

11) Die Scholastiker bezeichneten den Fall, daß der Institut nicht erben **will**, als casus „noluntatis", und den, daß er nicht Erbe werden **kann**, als casus „impotentiae".

12) l. 44 D. de re judicata 42, 1. Mühlenbruch a. a. O. S. 360. Das römische Indignitätsrecht siehe in l. 15 pr. D. de S. C. Silaniano 29, 5.

13) Vgl. Hofmann, kritische Studien S. 25 und dort Zitierte.

1) Tit. Inst. de pupillari substitutione 2, 16; Dig. de vulgari et pupillari substitutione 28, 6; Cod. de impuberum et de aliis substit. 6, 26; Keller, Institutionen S. 265; Vangerow § 452, Pietak, zur Lehre von der Pupillarsubstitution im Archiv für ziv. Praxis Bd. 58 n. 12, Bd. 59 n. 1. Das BGB. hat die Pupillarsubstitution beseitigt.

2) Ulpian. fragm. XXIII § 7. Liberis impuberibus in potestate manentibus tam natis quam postumis heredes substituere parentes possunt duplici modo, id est aut eo, quo extraneis, ut, si heredes non extiterint liberi, substitutus heres fiat, aut proprio jure, ut, si post mortem parentis heredes facti intra pubertatem decesserint, substitutus heres fiat, l. 1 § 1 D. h. t. 28, 6, Gaj. Inst. II § 181.

man dessen Erben in verschlossenen, wohlverwahrten Testamentsurkunden ernannte und dadurch ungewiß machte, wer im Falle der Wegräumung des Kindes dessen Erbe würde.[3]

Freilich waren hierbei erhebliche juristische Schwierigkeiten zu überwinden.

Anfänglich betrachtete man den Pupillarsubstituten einfach als Erben des Vaters, der ihn ernannte. Zwar erhielt der Pupillarsubstitut die Erbschaft des Kindes; doch glaubte man dessen Nachlaß als identisch mit dem des Vaters ansehen zu können, was er ja tatsächlich in vielen Fällen auch war. Aber diese Auffassung ließ sich nicht festhalten. Sie stand in Widerspruch mit der Regel semel heres semper heres, wenn das Kind seinen Vater beerbt hatte und in den Jahren der Unmündigkeit verstarb. Noch unhaltbarer war sie, wenn sich das Kind von der väterlichen Erbschaft abstiniert hatte oder gar vom Vater exheredierte war, aber aus anderen Quellen, z. B. von seiner Mutter nach des Vaters Tode Vermögen erworben hatte, in welches der Pupillarsubstitut sukzedierte.

II. Daher wendete man sich in der klassischen Kaiserzeit der Ansicht zu, ein Testament werde über zwei Erbschaften gemacht, die des Vaters und die des Kindes;[4] der Pupillarsubstitut werde also Erbe des Kindes. Der Vater errichtet das Testament aus eigenem Rechte, keineswegs als Vertreter des Kindes, und er verfügt doch über die Erbschaft des Kindes. Das sind Gedanken, welche sich keineswegs harmonisch zusammenfügen.

1. Die Pupillarsubstitution galt als Bestandteil des väterlichen Testamentes. Sie mußte mit diesem solennisiert werden, wenn sie auch in einer besonders verschlossenen Urkunde — den secundae tabulae — niedergeschrieben war. Notwendig mußte also der Vater auch für sich ein Testament machen, also sich einen Erben ernennen wenn er eine Pupillarsubstitution anordnen wollte. Dieser Erbe konnte das unmündige Kind sein, nicht minder aber ein anderer.

Ferner fiel mit dem Testamente des Vaters notwendig auch die Pupillarsubstitution dahin, insbesondere auch dann, wenn niemand die väterliche Erbschaft antrat.[5]

Mit Vermächtnissen konnte der Vater den Pupillarsubstituten nur insoweit beschweren, als der eigene Nachlaß zur Zeit seines Todes reichte — pater de suo legat —.[6]

2. Der Pupillarsubstitut war im entwickelten Rechte Erbe des Kindes.[7] Er erwarb den Nachlaß des Kindes mit dessen Tode, ohne Rücksicht darauf, ob dasselbe Erbe des Vaters wurde, und zwar in dem Umfange, den der Nachlaß jetzt hatte.[8]

III. Die Pupillarsubstitution wurde kraftlos:

1. wenn das Kind im Augenblicke des Todes des Vaters nicht in dessen — unmittelbarer — Gewalt stand.[9] [10]

2. Wenn das Kind die Jahre der Unmündigkeit überlebte.[11]

---

3) Gaj. Inst. II § 181.

4) Gaj. Inst. II § 180 deutet auf verschiedene Erklärungsversuche hin: quam ob rem duo quodam modo sunt testamenta, aliud patris, aliud filii, tamquam si ipse filius sibi heredem instituisset; aut certe unum est testamentum duarum hereditatum. Ulpian formulierte mit Vorliebe den Satz „unum testamentum alia atque alia hereditas est" l. 2 § 2 D. de her. vel act. vend. 18, 4, l. 2 § 4 D. h. t. 28, 6.

5) § 5 J. h. t. 2, 16.

6) l. 11 § 5, l. 87 § 5 D. ad leg. Falc. 35, 2.

7) Pietak a. a. O. Bd. 58 S. 378 und die dort zitierten Belegstellen.

8) l. 10 § 5 D. h. t. 28, 6. Ulpianus libro 4 ad Sabinum: Ad substitutos pupillares pertinent et si quae postea pupillis obvenerint: neque enim suis bonis testator substituit, sed impuberis, cum et exheredato substituere quis possit.

9) l. 41 § 2 D. h. t. 28, 6.

10) Nach römischem Rechte konnte der Großvater den Enkel in der Gewalt substituieren für den Fall, daß sie bei seinem Tod nicht in die Gewalt ihres Vaters fielen, l. 2 pr. D. h. t. 28, 6.

11) l. 14 D. h. t. 28, 6. Natürlich kann der Testator auch eine kürzere Zeit als die Mündigkeit festsetzen, l. 21 D. eod.

IV. Pupillar- und Vulgarsubstitutionen bezüglich unmündiger Hauskinder wurden in Rom gewöhnlich verbunden. Daher schloß man von einem auf das andere, auch wenn der Erblasser wörtlich nur die eine Substitutionsart hervorgehoben hatte.[12]

§ 479. 3. Die Quasipupillarsubstitution.[1]

Das Recht, seinem geisteskranken oder sonst natürlicherweise testierunfähigen Kinde ein Testament zu machen, konnte schon nach klassischem Rechte der Vater durch Privileg des Regenten erlangen.[2] Durch ein Gesetz Justinians erhielt aber jeder Aszendent ohne weiteres die Befugnis, seinen geisteskranken Deszendenten zu substituieren, wenn er ihnen den Pflichtteil hinterließ.[3] Hierbei mußte er zuerst unter dessen geistig gesunden Deszendenten und dann unter dessen gesunden Geschwistern wählen.[4]

Wurde der Deszendent testierfähig, oder gewann er legitime Deszendenten, so verlor das auf Grund Privilegiums oder Gesetzes errichtete Testament seiner Aszendenten die Kraft.

III. Das Anwachsungsrecht.[1]

§ 480. Das Allgemeine des Anwachsungsrechts.

Von Anwachsung ist in den Quellen überall die Rede, wo ein Miterbe zu einer Portion der Erbschaft noch eine andere erhält. Das gilt auch dann, wenn es infolge eines selbständigen Berufungsgrundes erfolgt, z. B. wenn ein zu einem Teile unbedingt und zu einem anderen bedingt eingesetzter Erbe durch Eintritt der Bedingung zu seiner unbedingten die

12) Ob man aus einer Pupillarsubstitution auf eine Vulgarsubstitution schließen dürfe, war schon im Jahre 661 der Stadt in dem berühmten judicium Curianum verhandelt worden. Es hatte nämlich ein gewisser Coponius testiert: Post mortem meam si mihi postumus nascitur in mensibus proximis heres mihi esto. si moriatur antequam in suam tutelam venerit, M. Curius mihi heres esto. Der von Coponius so bestimmt erwartete Sohn erschien nicht, und es erhob sich nach seinem Tode ein Prozeß zwischen seinen Intestaterben und dem Curius, der den Erbschaftsbesitz erlangt hatte. Der letztere siegte, wie es scheint, so daß die Centumvirn die Vulgarsubstitution als in der pupillarischen enthalten erachteten. Cicero de oratore I. cap. 39, II. cap. 32, Brutus cap. 53; W. Munzinger, causa Curiana 1865; A. Schneider, die drei Scävola 1879. Mit diesem Präjudiz war freilich die Frage noch nicht endgültig entschieden. Doch stellte sich in der Kaiserzeit als Regel fest, daß von der einen auf die andere Substitution zu schließen sei, l. 4 pr. § 1 D. h. t. 28, 6. Natürlich tritt die Vermutung aber nicht ein, wo ihr Indizien eines entgegengesetzten Willens gegenüberstehen, l. 4 § 2 cit., l. 2, l. 4 C. h. t. 6, 26. Siehe das Nähere bei Herbert Pernice in Bekkers Jahrb. Bd. 1 n. 7, Vangerow Bd. 2 § 451 Anm. 1 und § 453 Anm. 1.

1) Osk. Cohn, die Quasipupillarsubstitution 1892. Das BGB. hat auch diese Substitution beseitigt.

2) l. 43 pr. D. de vulg. et pupillari subst. 28, 6.

3) l. 9 C. de impuberum et aliis substitutionibus 6, 26 aus dem Jahre 528, § 1 J. de pupillari subst. 2, 16, vgl. l. 7 § 1 b, § 8 C. de cur. fur. 5, 70.

4) Das Gesetz will seinem Wortlaut nach — § 1 — nur diejenigen Geschwister des Geisteskranken bevorzugt haben, welche vom Testator stammen. Das war aber nur der Fall, welcher dem Gesetzgeber als nächstliegender vorschwebte. Auch andere Geschwister des Geisteskranken haben gleiche Rechte.

1) Baumeister, das Anwachsungsrecht u. Miterben 1829; Mayer, das Recht der Anwachsung bei Erbrecht und Legaten 1835; Rudorff, über die caducorum vindicatio in der Zeitschrift für gesch. Rechtsw. Bd. 6 n. 6; Fitting, zur Lehre vom Anwachsungsrecht im Archiv für ziv. Praxis Bd. 57 n. 9; Krieg, Delation der Erbschaft im Fall einer Totgeburt 1876; Strohal, Transmission pendente condicione 1879 S. 90; Hofmann, krit. Studien n. 3, 5.

bedingte Portion erwirbt.[2] Ein besonderes Rechtsinstitut ist jedoch nur solche Akkreszenz, welche aus dem Wesen des Verhältnisses von Miterben folgt.

Wir bezeichnen daher als Akkreszenz im engeren Sinne den Fall, daß sich die Portion eines Miterben durch eine andere frei werdende Portion infolge des Miterbenverhältnisses vergrößert. Der Grund der Akkreszenz liegt darin, daß jeder Miterbe, wenn er auch zunächst nur auf einen Teil eingesetzt ist, von selbst und notwendig eventuell Rechtsnachfolger auf den gesamten Nachlaß wird.[3] Dies erkärt sich daraus, daß der Zweck und Grundgedanke der Beerbung eine vollständige Repräsentation des Erblassers fordert.

Die Akkreszenz tritt notwendig ein:

a) auch gegen den Willen des Erblassers. So wenig derselbe seine Vererbung überhaupt ausschließen kann, so wenig kann er sie endgültig auf eine bloße Quote des Nachlasses beschränken.[4] Wohl aber kann er ihren Eintritt dadurch verhüten, daß er durch Substitutionen dafür sorgt, daß keine Portionen vakant werden. Denn Substitutionen wie auch Transmissionen gehen der Akkreszenz vor.[5]

Ferner kann der Erblasser die Akkrescenz bis zu einem gewissen Grade nach seinem Willen regulieren, indem er einzelnen Erben ein engeres Akkreszenzrecht verleiht.

b) Die Akkreszenz ist nicht minder eine Notwendigkeit für den Erben. Sie bildet keine selbständige Berufung. Daher braucht der Miterbe, welcher seine Urportion erwarb, die Erledigung der anwachsenden Portion nicht zu erleben. Vielmehr vollzieht sich die Akkreszenz als eine rechtliche Notwendigkeit auch bei seinen Erben. Deshalb pflegt man zu sagen „portio portioni accrescit".[6]

Der Akkreszenzerbe kann die Anwachsung auch nicht zurückweisen, wenn sie ihm etwa wegen Überschuldung der Erbschaft nachteilig sein sollte, vorausgesetzt natürlich, daß er seine Urportion bereits erwarb.

§ 481. Die Akkreszenz unter testamentarischen Miterben.

Hinsichtlich der Akkreszenz unter testamentarischen Miterben ist folgendes zu beachten:

1. In der klassischen Kaiserzeit war sie durch die lex Papia Poppaea in positiver und willkürlicher Weise eingeschränkt und besonders gestaltet.

---

2) l. 6 C. de impuberum et aliis substit. 6, 26 und die bei Brinz a. a. O. angeführten Stellen.

3) So auch BGB. § 2094 Abs. 1 Satz 1: Sind mehrere Erben in der Weise eingesetzt, daß sie die gesetzliche Erbfolge ausschließen, und fällt einer der Erben vor oder nach dem Eintritte des Erbfalls weg, so wächst dessen Erbteil den übrigen Erben nach dem Verhältnis ihrer Erbteile an.

4) Anders BGB. § 2094 Abs. 3: Der Erblasser kann die Anwachsung ausschließen.

5) Doch auch BGB. § 2099: Das Recht des Ersatzerben geht dem Anwachsungsrechte vor.

6) l. 2 § 8 D. de b. p. s. t. 37, 11, l. 31 D. de acquir. vel omitt. hered. 29, 2, l. un. § 10 a C. de caducis toll. 6, 51.

Denn dieses Gesetz erklärte die Erbportionen, welche dadurch vakant wurden, daß der testamentarische Teilerbe vor der Eröffnung des Testamentes verstarb oder Peregrine wurde, für eine portio caduca und teilte sie den im Testament genannten Personen, die Kinder hatten, oder eventuell dem Fiskus zu.[1] Im justinianischen Rechte ist dies zwar aufgehoben,[2] jedoch nicht ohne Nachwirkungen zu hinterlassen.

2. Was die Lasten der ausfallenden Portion anlangte, so hatte sie von jeher der Vindikant des caducum zu tragen.[3] Seit Sever nahm man aber auch an, daß der Akkreszenzerbe ebenso wie ein Substitut die Lasten, welche dem weggefallenen Miterben persönlich aufgelegt waren, gleich als seien sie auch ihm aufgelegt, zu berichtigen verpflichtet sei.[4] Ob dies auch für den Fall eintrete, daß der Miterbe von Anfang ungültig ernannt war, ist Streitfrage. Doch spricht die Konsequenz für die Bejahung.[5]

3. Durch Zusammenberufen — conjunctio — begründet der Erblasser ein spezielles Akkreszenzrecht unter den Verbundenen.

Auch hier kann nur eine sachliche Verbindung, d. h. eine Berufung auf dieselbe Portion in Betracht kommen.

Eine bloß sprachliche Verbindung — verbis tantum conjunctio — ohne Berufung auf dieselbe Portion ist auch hier ohne rechtliche Bedeutung.

4. Soweit ein spezielles Anwachsungsrecht nicht besteht, tritt das allgemeine ein, und zwar nach Verhältnis der Erbportionen der Miterben.

Die unter sich speziell Verbundenen nehmen natürlich an dem allgemeinen Anwachsungsrechte teil.

---

1) Ulpian. fragm. XVII § 1. Vgl. über die Kaduzität die bei Vangerow Bd. 2 § 496 Anm. 1 Zitierten.

2) l. un. C. de caducis tollendis 6, 51 vom Jahre 534. Schon in den Pandekten ist nach Geheiß Justinians nichts von caduca enthalten. Const. tanta l. 2 § 6 b C. de vetere jure enucleando 1, 17. Vangerow a. a. O. Bd. 2 S. 318.

3) Ulpian. fragm. XVII § 3. Caduca cum suo onere fiunt.

4) Das alte Recht, wonach der Akkreszenzerbe die dem Ausgefallenen „nominatim" auferlegten Vermächtnisse nicht zu tragen hatte, lehrt Celsus l. 29 § 1 und 2 D. de leg. II. Seine Entscheidung ist von den Kompilatoren aus Versehen in die Pandekten aufgenommen. Dagegen wendete Ulpian das Reskript von Sever bezüglich der Substituten auf die Akkreszenzerben an l. 61 § 1 D. de leg. II. Hiervon geht auch Justinian aus l. un. § 4 C. de caducis toll. 6, 51.

5) BGB § 2095 bestimmt: Der durch Anwachsung einem Erben anfallende Erbteil gilt in Ansehung der Vermächtnisse und Auflagen, mit denen dieser Erbe oder der wegfallende Erbe beschwert ist, sowie in Ansehung der Ausgleichungspflicht als besonderer Erbteil.

Fünftes Kapitel.

Ungültigkeit der Testamente.

§ 482. 1. Nichtigkeit und Vernichtung der Testamente im allgemeinen.[1]

Testamente sind ohne Wirkung, entweder weil sie von vornherein nichtig waren — t. nullum — oder weil sie nachträglich vernichtet wurden. Ein erheblicher Unterschied zwischen beidem besteht darin, daß die von Anfang an nichtigen Testamente, wie wenn nichts vorgegangen wäre, ältere Testamente des Erblassers nicht berühren,[2] während Testamente, die gültig errichtet sind, früher errichtete Testamente selbst dann aufheben, wenn sie selbst nachträglich ungültig werden sollten.[3]

1. Von Anfang an nichtig sind insbesondere Testamente,[4] wenn dem Erblasser Recht oder Fähigkeit zu testieren fehlte oder wenn die Solennitäten der Errichtung nicht gewahrt sind.

Jeder Mangel an wesentlichen Formalitäten, ob groß oder klein, macht das Testament nichtig; die Nichtachtung von bloß instruktionellen Vorschriften für die Errichtung aber stellt es nicht in Frage.

2. Testamente werden nachträglich vernichtet:

a) Wenn der Erblasser das Recht, ein Testament zu hinterlassen, verliert — t. irritum —, was nur so vorkommen kann, daß er durch Arrogation oder Legitimation in eine väterliche Gewalt gelangt.[5]

Das Testament wird jedoch aufs neue gültig, wenn der Erblasser durch Wiederaufhebung der Gewalt das Testamentsrecht zurückerhält.[6]

b) Das Testament fällt ferner zusammen, wenn keiner der eingesetzten Erben aus ihm Erbe wird — t. destitutum —,[7] sowie endlich

c) durch rechtsgültige Willenserklärung des Erblassers — t. ruptum.

d) Nach klassischem Rechte war das Testament von vornherein nichtig, wenn die Noterben nicht gehörig berücksichtigt waren, und wurde durch

---

1) Tit. Inst. quibus modis testamenta infirmantur 2, 17, Tit. Dig. de injusto rupto irrito facto testamento 28, 3.

2) § 2 J. h. t. 2, 17, l. 2 D. h. t. 28, 3.

3) Eine Ausnahme tritt ein, wenn der Erblasser nach Errichtung eines Testamentes ein anderes an dessen Stelle macht, dasselbe dann aber absichtlich zerstört, um das frühere wieder in Kraft treten zu lassen. Denn obgleich das erste Testament durch Errichtung des zweiten aufgehoben ist, wurde dennoch aus ihm in diesem Falle eine bonorum possessio cum re gegeben, l. 11 § 2 D. de bonorum possessione secundum tabulas 37, 11. Vgl. auch BGB. § 2258 Abs. 2: Wird das spätere Testament widerrufen, so ist das frühere Testament in gleicher Weise wirksam, wie wenn es nicht aufgehoben worden wäre.

4) l. 4 D. qui testamenta facere 28, 1.

5) §§ 4, 5 J. h. t. 2, 17. Nach BGB. gilt dies nicht mehr.

6) § 6 J. h. t. 2, 17, l. 1 § 8 D. de bon. poss. secundum tab. 37, 11 l. 8 § 3 D. de jure codicillorum 29, 7.

7) Auch dies gilt nach BGB. nicht.

das spätere Anwachsen eines postumus, der nicht im Testamente beachtet war, nachträglich vernichtet — ruptum. Wie es sich im justinianischen Rechte mit den Ansprüchen von Aszendenten und Deszendenten des Erblassers verhielt, ist später zu untersuchen.

Nicht bloß Nichtigkeit, auch Anfechtbarkeit ist möglich, insbesondere wegen Indignität des Erben, sowie wegen Verletzung des Pflichtteilsrechtes naher Verwandter.

§ 483. 2. Widerruf der Testamente.

Der Erblasser kann sein Testament jederzeit widerrufen.[1] Aber formlose Erklärungen genügen hierzu nicht.[2]

1. Die Aufhebung geschieht vor allem durch Errichtung eines neuen rechtsbeständigen Testamentes.[3] Dies war ursprünglich die einzige Weise des Widerrufes.

Das spätere Testament beseitigt notwendig das alte, auch wenn der Testator dies nicht erklärt hat, und wenn die Testamente ihrem Inhalte nach an sich miteinander verträglich wären.[4]

2. Wenn der Testator in der Absicht des Widerrufes sein Testament zerstört oder die Namen sämtlicher eingesetzten Erben durchstreicht, so ist es gleichfalls aufgehoben. Zerstörung der Urkunde, ohne Absicht der Aufhebung, berührt den Rechtsbestand des Testamentes nicht.[5]

3. Widerruf vor 3 Zeugen oder zu gerichtlichem Protokoll hebt das Testament auf, sofern es über 10 Jahre alt ist.[6]

---

1) Vgl. oben § 456 Anm. 9 und 10, BGB. § 2253.

2) Vgl. Paul Krüger, krit. Versuche 1870 n. 1, dazu Leist bei Glück bon. possessio Bd. 4 S. 140 und wiederum Krüger, Zeitschrift für Rechtsgeschichte Bd. 14 S. 53. Krüger behauptet, Versuche S. 28 und S. 35, daß in der Regel schon der formlose Widerruf eine exceptio doli gegen den eingesetzten Erben begründet habe. Er hat aber nicht bewiesen, daß das spätere römische Recht zu solcher Zersetzung der Form vorgeschritten sei. Vgl. unsere früheren Auflagen.

3) § 2 J. h. t. 2, 17, l. 11, l. 16 D. de injusto 28, 3. Nur Soldaten konnten mehrere sukzessiv errichtete Testamente hinterlassen, welche zusammen gültig waren, l. 19 D. de testamento militis 29, 1. Über den historischen Grund des Rechtssatzes vgl. oben § 447.

4) Wenn sich in den Bestimmungen des späteren Testamentes die Absicht ausspricht, daß die Verfügungen des früheren Testamentes, soweit sie nicht modifiziert sind, fortgelten sollen, so werden dieselben als fideikommissarische erhalten. Ein wichtiges Beispiel siehe oben § 476 Anm. 4. BGB. § 2258 Abs. 1 besagt: Durch die Errichtung eines Testamentes wird ein früheres Testament insoweit aufgehoben, als das spätere Testament mit dem früheren in Widerspruch steht.

5) Tit. Dig. de his quae in testamento delentur 28, 4, l. 2 § 7, l. 8 § 3 D. de bon. poss. secundum tabulas 37, 11, l. 1 § 8 D. si tabulae test. 38, 6. BGB. § 2255. Die Intestaterben müssen beweisen, daß die Vernichtung in der Absicht der Aufhebung des Testamentes geschah. Nach BGB. a. a. O. Abs. 2 dagegen wird vermutet, daß die Vernichtung in dieser Absicht geschehen sei. Die Zerstörung einer Abschrift und bei mündlichem Testament die Vernichtung der aufgenommenen Beweisurkunde enthält keine Aufhebung des Testamentes. Die historische Genesis dieser Form des Widerrufes erhellt aus Gajus, Inst. II § 151; vgl. hierzu Krüger, Versuche a. a. O.

6) Honorius und Theodosius verordneten im Jahre 418, daß Testamente kraftlos werden sollten, wenn der Testator die Errichtung 10 Jahre überlebe, l. 4 C. Theod. de testamentis 4, 4. Nach der l. 27 C. de testamentis 6, 23 von Justinian soll dies aber nur gelten, wenn der Testator den Widerruf vor 3 Zeugen oder gerichtlich erklärt hat.

§ 484. 3. Die Kodizillarklausel.[1]

Der Erblasser hat ein Schutzmittel gegen die Gefahr der Vereitelung seines Testamentes wegen Ungültigkeit[2] in der Kodizillarklausel, d. h. der Erklärung, daß dasselbe eventuell als Kodizill gelten solle.

In der Regel ist darunter ein Intestatkodizill verstanden, unter Umständen aber auch ein testamentarisches Kodizill.[3]

Tritt die Kodizillarklausel in Wirksamkeit, so verwandeln sich die Erbeseinsetzungen in Universalvermächtnisse,[4] die Vermächtnisse bleiben bestehen; dabei ist aber möglicherweise nach dem Zusammenhange der Verfügungen ein anderer als oneriert anzusehen, als wenn das Testament bei Kräften bliebe.[5]

Damit sich der letzte Wille in ein Kodizill umwandle und in dieser Rechtsform gültig sei, wird gefordert:

1. Daß der Testator hierzu durch eine Kodizillarklausel ermächtigte. Subintelligiert wird diese Klausel in der Regel nicht. Doch ist keine besondere Formel nötig, jede Willensäußerung genügt.

2. Daß die Rechtsbedingungen eines gültigen Kodizilles vorhanden sind. Der Erblasser muß also namentlich die Testierfähigkeit besitzen und die Form eines Kodizills gewahrt haben.

3. Die Kodizillarklausel gewährt keinen Schutz gegen solche Tatsachen, welche auch Kodizille vernichten. Widerruft der Erblasser also seine Disposition, so wird sie durch die Kodizillarklausel nicht gerettet.

4. Will der als Erbe Eingesetzte die Rechtshilfe der Kodizillarklausel, so muß er dies erklären. Hat er sich einmal gerichtlich als Erbe oder als Universalfideikommissar erklärt, so soll seine Wahl unabänderlich sein. Nur Deszendenten und Aszendenten des Erblassers bis zum 4. Grad agnatischer und bis zum 3. Grad kognatischer Verwandtschaft haben das Recht beliebiger Änderung ihres Entschlusses.[6]

§ 485. 4. Urteil und Vergleich über die Rechtsbeständigkeit des Testamentes.

Entsteht Streit über die Rechtsbeständigkeit eines Testamentes, so wird er in der Regel zwischen den angeblichen Testamentserben und Intestaterben ausgetragen, denn die ersteren sind am meisten bei der Verteidigung, die letzteren bei der Bekämpfung des Testamentes interessiert.

Die Geltung des Testamentes berührt aber einen weiten Kreis von anderen Personen, insbesondere Legatare, Erbschaftsgläubiger und Erbschaftsschuldner. Daher fragt es sich, ob die rechtskräftigen Urteile und Vergleiche zwischen den Erbschaftsprätendenten für die Rechtsverhältnisse jener anderen Personen bestimmend sind. Strenges Recht und abstrakte Logik führen zur Verneinung, denn Urteile und Vergleiche be-

---

1) Über die Kodizillarklausel vgl. Fein bei Glück Bd. 45 S. 184; Vangerow Bd. 2 § 527; Coels, die Lehre von der sog. Konversion eines unwirksamen Testamentes in ein wirksames Kodizill 1879. Nach BGB. hat sich die Kodizillarklausel erledigt.

2) Ungültigkeit in dem weiten Sinne genommen, von dem oben § 107 Anm. 1 die Rede war, tritt hier ein, z. B. auch bei Ausfall einer Bedingung der Erbeinsetzung.

3) Vgl. Fein a. a. O. Bd. 45 S. 264.

4) l. 88 § 17 D. de leg. II, l. 2 § 4 D. de jure cod. 29, 7.

5) In der Regel bleiben sie zu Lasten der als Erben Eingesetzten, wenn dieselben Universalfideikommissare werden. Windscheid Bd 3 § 631 Anm. 4.

6) l. 8 C. de codicillis 6, 36. Vgl. J. A. Seuffert, einige Bemerkungen über die Kodizillarklausel 1828, Fein Bd. 45 S. 279. Vgl. auch RG. Bd 11 S. 232. Nach RG. Bd. 41 S. 165 ist jede Wahl unwiderruflich, nicht bloß die im Prozesse erklärte.

rühren dritte Personen, die nicht zugezogen sind, an sich nicht. Immerhin sprechen praktische Erwägungen dafür, das unter den Erbprätendenten Festgestellte möglichst auch für und gegen die sekundär Beteiligten zur Geltung zu bringen, weil sich sonst zahlreiche Prozesse mit widersprechendem Ausgange und nachteiligen Komplikationen entwickeln können.

So wurde das Recht dazu gedrängt, zwischen den Anforderungen strenger Rechtskonsequenz und denen des praktischen Lebens zu vermitteln.

1. War ein rechtskräftiges Urteil zwischen dem Testamentserben und dem Intestaterben ergangen, so galten folgende Sätze:

a) Wer obsiegte, konnte von den Erbschaftsgläubigern als Erbe in Anspruch genommen werden, und wenn der Testamentserbe den Prozeß gewann, durften ihn auch die Legatare belangen. Es war also demjenigen, welcher die Eigenschaft als Erbe im Erbschaftsprozesse behauptete und erstritt, nicht gestattet, diese Eigenschaft, wenn er von den Gläubigern in Anspruch genommen wurde, hinterher zu verleugnen. [1] Auch die Erbschaftsschuldner konnten sich nicht weigern, das rechtskräftige Urteil zwischen den Erbschaftsprätendenten anzuerkennen. [2]

b) War dem Testamente seine Gültigkeit rechtskräftig aberkannt, so wirkte dies auch gegen die Legatare, da eben das Testament praktisch seine Kraft verloren hatte. Vorausgesetzt wurde, daß der Testamentserbe im Prozesse mit dem Intestaterben kontradiktorisch verhandelt hatte und nicht bloß infolge seiner Kontumaz verurteilt war, und daß keine Kollusion zwischen den Erbschaftsprätendenten vorlag. Die Legatare waren aber berechtigt, in dem Erbschaftsstreite zu intervenieren und so dessen Ausgang mitzubestimmen. [3]

2. Analoge, obgleich weniger weittragende Sätze traten ein, wenn sich die Erbprätendenten über die Geltung des Testamentes verglichen hatten.

a) Die Erbschaftsgläubiger waren berechtigt, sich an die Erbschaftsprätendenten zu denjenigen Teilen der Erbschaft zu halten, welcher jedem derselben im Vergleiche zuerkannt wurde. Den Legataren stand das Recht zu, denjenigen, welcher vergleichsweise ein Teil der Erbschaft als Testamentserbe erhielt, für diesen Teil in Anspruch zu nehmen. [4]

b) Dagegen konnte den Legataren der Vergleich zwischen dem Testamentserben und dem Intestaterben, wodurch dem ersteren die Erbschaft ganz oder teilweise abgesprochen wurde, nicht entgegengehalten werden, wenn sie ihm nicht beigetreten waren. Denn durch Vertrag des Testa-

1) l. 50 § 1 D. de leg. I.

2) arg. l. 15 § 2 D. de inoff. test. 5, 2.

3) l. 50 § 2 D. de leg. I, l. 3 pr. D. de pign. 20, 1, l. 14 D. de appell. 49, 1.

4) l. 14 D. de transactionibus 2, 15. Scaevola libro 2 responsorum: Controversia inter legitimum et scriptum heredem orta est eaque transactione facta certa lege finita est: quaero creditores quem convenire possunt? respondit, si idem creditores essent, qui transactionem fecissent, id observandum de aere alieno, quod inter eos convenisset: si alii creditores essent, propter incertum successionis pro parte hereditatis, quam uterque in transactione expresserit, utilibus actionibus conveniendus est.

mentserben durften materielle Rechte der Legatare nicht einseitig verkürzt werden.[5]

c) Die Erbschaftsgläubiger haben sich in erster Linie nach dem Vergleiche zu richten. Soweit aber ihre Rechte hierdurch materiell leiden würden, steht auch ihnen frei, sich über den Vergleich wegzusetzen und den richtigen Erben zu belangen.[6]

Sechstes Kapitel.

Die Vermächtnisse und die Schenkungen auf den Todesfall.[1]

I. Die Vermächtnisse im allgemeinen.

A. Das Wesen und die Wirkungen.

§ 486. Begriff der Vermächtnisse.

Unter den letztwilligen Verfügungen sind außer den Erbeseinsetzungen die Vermächtnisse die wichtigsten.

Sie sind im justinianischen Rechte ein einheitliches Institut, das Produkt der Verschmelzung des altzivilen Legates und des jüngeren, freieren Fideikommisses.[2] Ohne spezielle Beziehung auf diesen historischen Unterschied nennt man die Vermächtnisse in Deutschland häufig Legate. Auch wir nehmen keinen Anstand, diesem Sprachgebrauche zu folgen, wo eine Verwechselung mit dem spezifischen altrömischen Legate nicht zu befürchten ist.

Das Vermächtnis entsteht durch die bloße Gunst des Erblassers. Ob jemand nach seinem Tode beerbt werden soll, unterliegt nicht seiner Willkür. Zwar darf er den Erben bezeichnen, geschieht dies aber nicht, so tritt der gesetzliche Erbe ein. Ob dagegen Vermächtnisse sein sollen, unterliegt dem freien Ermessen des Erblassers, der auch bestimmt, wem sie zukommen. Ferner sind die Vermächtnisse Vorteile, ohne an sich mit Pflichten

5) l. 3 pr. D. eod. 2, 15. Scaevola libro 1 digestorum: Imperatores Antoninus et Verus ita rescripserunt: „Privatis pactionibus non dubium est non laedi jus ceterorum. quare transactione, quae inter heredem et matrem defuncti facta est, neque testamentum rescissum videri posse neque manumissis vel legatariis actiones suae ademptae. quare quidquid ex testamento petunt, scriptum heredem convenire debent: qui in transactione hereditatis aut cavit sibi pro oneribus hereditatis, aut si non cavit, non debet neglegentiam suam ad alienam injuriam referre.“

6) Übrigens gehen die Ansichten sehr auseinander, vgl. Vangerow Bd. 2 § 457; Windscheid Bd. 3 § 566; Dedekind, die Anerkennung gültiger letztwilliger Verfügungen 1872; Brinz Bd. 3 § 379 S. 117; Oertmann, der Vergleich S. 145 ff.

1) Von Vermächtnissen handeln Tit. Inst. II. 20—24, Tit. Dig. de legatis I., II. und III. — das 30., 31. und 32. Buch der Pandekten, — ferner das 33. bis 36. Buch, endlich tit. Cod. 6, 37—54. Von neueren Monographien ist nur die von Roßhirt vollendet, die Lehre von den Vermächtnissen 2 Bde. 1835, unvollendet ist M. S. Mayer, die Lehre von den Vermächtnissen und Fideikommissen 1. Abt. 1854, unvollendet auch die Darstellung von Arndts bei Glück Bd. 46 und 47 und Bd. 48, fortgesetzt von Salkowski, ebendaselbst Bd. 49.

2) Oben § 454.

verbunden zu sein. Denn nur der Erbe hat den Erblasser zu repräsentieren, insbesondere die Erbschaftsgläubiger zu befriedigen, dem Vermächtnisnehmer liegt derartiges nicht ob. Die Römer definieren daher das Legat als „donatio testamento relicta" im wesentlichen zutreffend und schlagend.[3]

Vermächtnisse sind auf Kosten des Nachlasses zugewendete Liberalitäten.[4]

1. Sie sind Liberalitäten. Allerdings enthält das Vermächtnis nicht immer eine Vermögensvermehrung, ist also nicht stets causa lucrativa.[5] Es kann z. B. in Einräumung eines Pfandrechtes, in dem Erlasse einer Sicherstellungspflicht bestehen. Aber wenn dies auch eine direkte Vergrößerung des Vermögens des Legatars nicht bildet, eine vermögensrechtliche Vergünstigung liegt darin doch, und zwar nicht selten erheblicher Art.

2. Vermächtnisnehmer ist nur, wem der Erblasser etwas in der Absicht, ihn zu begünstigen, zuteilt.

a) Kein Vermächtnis ist das condicionis implendae causa zu Leistende, d. h. was man zur Erfüllung der Bedingung einer letztwilligen Verfügung dem bedingt Honorierten zu gewähren hat, z. B. A. soll mein Erbe sein, wenn er dem B. 1000 ausgezahlt. Dem in der Bedingung Genannten wird nichts direkt zugeteilt, er hat kein selbständiges Recht, ist also nicht Vermächtnisnehmer.

Derartige Verfügungen, heutzutage möglich, aber selten, waren in Rom häufig, weil man durch sie Personen etwas indirekt verschaffte, denen man unmittelbar von Todes wegen nichts zuteilen konnte. Diese Umgehung der Bestimmungen über Kapazität wurde indessen später untersagt.[6]

b) Nicht Legatar ist, wem eine Anordnung Vorteil bringt, falls die Anordnung nicht seinethalben geschah, also nicht ihn begünstigen sollte. Weist z. B. der Erblasser den Erben an, die Wucherschulden seines Neffen zu zahlen, so ist nicht der Gläubiger Legatar, sondern nur der Neffe; nicht der Gläubiger also kann auf Zahlung, vielmehr nur der Neffe auf Befreiung klagen.[7]

---

3) So Modestinus libro 3 Pandectarum l. 36 D. de leg. II, sowie § 1 J. h. t. 2, 20; Florentinus libro 11 institutionum, l. 116 pr. D. de leg. I. definiert: Legatum est delibatio hereditatis qua testator ex eo, quod universum heredis foret, alicui quid collatum velit.

4) BGB. § 1939 bezeichnet als Vermächtnis die Zuwendung eines Vermögensvorteils seitens des Erblassers, ohne den Begünstigten als Erben einzusetzen.

5) Durchaus zutreffend sagt Paulus sent. IV 1 § 1: Ab uxore, cui vir dotem praelegavit, fideicommissum relinqui non potest quia non ex lucrativa causa testamento aliquid capit. Aber daß in solchem Prälegat eine „Liberalität" liegt, hätte Paulus gewiß nicht geleugnet. Daher beruft sich Hartmann im Archiv für ziv. Praxis Bd. 70 S. 173 mit Unrecht gegen die hier vertretene Ansicht auf diese Stelle.

6) Die Beschränkungen der Kapazität wurden auch auf das condicionis implendae causa datum übertragen, l. 9, l. 36, D. de mortis causa don. 39, 6, vgl. aber auch l. 55 D. de cond. et dem. 35 1. Auch in anderen Beziehungen wendete man die Vermächtnisse einschränkenden Formen analog auf das condicionis implendae causa datum an.

7) l. 11 §§ 20 ff. D. de leg. III. Ihering, die Reflexwirkungen, in seinen Jahrb. Bd. 10 S. 254, Brinz Bd. 3 S. 378 Anm. 1 ff. Vgl. aber auch unten § 499 Anm. 17.

c) Das alte Recht erklärte legata poenae nomine relicta für nichtig, welche den Zweck hatten, auf eine gewisse Handlung oder Unterlassung des Erben eine Strafe zu setzen. Man vermißte die Absicht der Liberalität gegen den Legatar, welchem die Strafe zukommen soll.[8] Justinian hat die Ungültigkeit mit Recht beseitigt.[9] In der Tat verbindet sich hier mit der Absicht der Strafandrohung gegen den Erben die einer eventuellen Liberalität an den Legatar.

Zu den Vermächtnissen werden nicht bloß die Singularvermächtnisse gerechnet, sondern auch die Universalfideikommisse, also die Auflage der Herausgabe der Erbschaft im ganzen oder einer Quote derselben. Indessen haben die Universalfideikommisse eine besondere Gestaltung angenommen. Die Vermächtnistheorie ist daher zunächst ohne Rücksicht auf sie darzustellen.

§ 487. Die Rechte aus dem Vermächtnisse.

Für die Rechtsstellung des Vermächtnisnehmers ist es von Bedeutung, ob er bloß ein Forderungsrecht erlangt oder unmittelbar Eigentümer des Vermachten wird?

In der klassischen Zeit bestimmte der Erblasser durch die Form des Vermächtnisses, ob das eine oder andere einzutreten habe.[1] Das legatum per damnationem nämlich, oder sinendi modo relictum, sowie das Fideikommiß[2] gewährten bloße Forderungsrechte, das Vindikationslegat aber gab dem Legatar unmittelbar dingliches Recht.

Diese Unterscheidungen der Formeln, längst ohne Wurzeln im Volksbewußtsein, hob Justinian völlig auf. Jeder Vermächtnisnehmer sollte dingliche Ansprüche und zugleich Forderungsrechte haben, vorausgesetzt, daß der Erblasser nicht -- was sehr selten vorkam — besonders dessen Ansprüche beschränkte.[3] Hiernach waren die Rechte der Vermächtnisnehmer folgende:

1. Der Vermächtnisnehmer hatte die dingliche Klage, sobald das Vermächtnis fällig war. Er wurde also unmittelbar Eigentümer der vermachten Nachlaßsache und unmittelbar dinglich Berechtigter, wenn ihm ein dingliches Recht anderer Art an der Nachlaßsache vermacht

8) Gaj. Inst. II §§ 235, 243, 288; Ulpian. fragm. XXIV § 17, XXV § 13; Keller, Institutionen S. 368; Vangerow Bd. 2 § 434 II 5 S. 115; Pernice, Labeo Bd. 3 S. 45 Anm. 4.

9) § 36 J de leg. 2, 20, l. un. C. de his quae poenae nomine 6, 41, Tit. Dig de his quae poenae causa 34, 6. Die Strafe verfällt trotz der Zuwiderhandlung nicht, wenn sie Gesetzwidriges oder Unsittliches erzwingen sollte.

1) Oben § 454.

2) Die Fideikommisse erhielten jedoch in späterer klassischer Zeit eine Art von dinglichem Schutz durch die missio in rem., welche der Magistrat gegen Dritte gewährte, wenn sie die vermachte Sache in Kenntnis des Fideikommisses erwarben. Pauli sent. IV 1 § 15. Eine eingehende Untersuchung hat C. A. Seuffert, gesetzl. Veräußerungsverbot bei Vermächtn. 1854 S. 17 angestellt; vgl. ferner Salkowski a. a. O. S. 618. Justinian hob diese missio in rem auf, siehe unten Anm. 3.

3) l. 1 § 1 C. communia de legatis et fideicommissis et de in rem missione tollenda 6, 43. Justinianus: Rectius igitur esse censemus in rem quidem missionem penitus aboleri, omnibus vero tam legatariis quam fideicommissariis unam

war. Natürlich mußte es sich um Sachen handeln, die zum Nachlasse des Erblassers gehörten. Alles unter einer Befristung oder Bedingung Vermachte ging dementsprechend mit Eintritt des Falles direkt auf den Vermächtnisnehmer über. Verfügungen des Erben konnten dies nicht hindern.[4] Ein gesetzliches Veräußerungsverbot verstärkte noch das Recht des Vermächtnisnehmers.[5]

Doch nur das Recht selbst erlangte der Vermächtnisnehmer unmittelbar ohne Mitwirkung des Erben, die Übertragung des Besitzes sollte er von diesem erwarten. Erst dann konnte sie beansprucht werden, wenn gewiß war, daß dem Vermächtnisse nicht Forderungen der Erbschaftsgläubiger oder des Erben selbst entgegenstanden. Daher hatte der Erbe, falls sich der Legatar eigenmächtig in den Besitze setzte, das interdictum quod legatorum auf Rückerstattung. Dabei wurde die Frage nicht erörtert, ob und inwieweit das Vermächtnis rechtskräftig sei, sofern nur der Kläger Kaution wegen der Rückgabe für den Fall stellte, daß dasselbe bei Kräften blieb.[6]

2. In allen Fällen hatte der Vermächtnisnehmer ferner eine persönliche Forderung gegen den Belasteten, mochte es sich nun um Herausgabe einer Nachlaßsache handeln oder um andere Verpflichtungen.[7]

In der altrömischen Zeit wurde gegen den aus einem legatum per damnationem auf ein certum Beklagten, wenn er es zur Verurteilung kommen ließ, auf das Doppelte erkannt.[8]

Der Belastete war in der Regel dem Vermächtnisnehmer wegen jeden Verschuldens haftbar;[9] blieb ihm aus der Verfügung aber kein Vorteil, dann nur wegen dolus und culpa lata.[10]

---

naturam imponere et non solum personalem actionem praestare, sed etiam in rem, quatenus eis liceat easdem res, vel per quodcumque genus legati vel per fideicommissum fuerint derelictae, vindicare in rem actione instituenda. BGB. § 2174 bestimmt: Durch das Vermächtnis wird für den Bedachten das Recht begründet, von dem Beschwerten die Leistung des vermachten Gegenstandes zu fordern.

4) l. 69 § 1 D. de leg. I, l. 11 § 1 D. quemadmodum serv. amitt. 8, 6. l. 105 D. de cond. et dem. 35, 1.

5) l. 3 § 2a C. communia de legatis 6, 43. Die Verstärkung liegt insbesondere in dem Ausschlusse der ordentlichen Ersitzung gegen den Legatar. Über die Stellung des Käufers zum Onerierten siehe l. 3 § 4 cit. Überhaupt vgl. Seuffert, das gesetzliche Veräußerungsverbot.

6) Tit. Dig. quod legatorum 43, 3. Die Formel des Interdiktes hat Lenel edictum Aufl. 2 S. 436 zutreffend restituiert. Das Interdikt stand ursprünglich nur dem bonorum possessor zu. Erst die justinianische Kompilation hat es durch Interpolationen — zweckmäßigerweise — dem Erben als solchem gewährt. Vgl. Lenel a. O. S. 436. Siehe namentlich Ubbelohde, erbrechtliche Interdikte in der Fortsetzung von Glück.

7) l. 1 C. communia de legatis 6, 43, oben Anm. 3.

8) Es galt der Satz „lis infitiando crescit in duplum“, Gaj. Inst. IV § 9.

9) l. 47 §§ 2 und 4 ff. D. de leg. I, l. 26 § 1, l. 59 D. eod. Salkowski a. a. O. S. 153. Älteres Recht hat sich in l. 23 D. de verb. obl. 45, 1 erhalten. Salkowski a. a. O. S. 222. Dem Belasteten liegt die Verwahrung der vermachten Sache ob, heutzutage auch Versicherung gegen Feuer, sowie Transportgefahr — auf Kosten des Legatars — wenn dies nach den Umständen ein sorgfältiger Mensch nicht versäumt hätte.

10) l. 108 § 12 D. de leg. I, vgl. Salkowski a. a. O. S. 228. Nach BGB. haftet der Beschwerte für jede Fahrlässigkeit.

Dem Belasteten stand andererseits ein Recht auf Ersatz notwendiger Verwendungen zu.[11]

3. Der Vermächtnisnehmer hatte endlich ein Recht auf Kaution durch Bürgen, wenn das Vermächtnis befristet oder aus anderen Gründen noch nicht unmittelbar zahlbar war.[12][13] Der Zwang zur Kaution war in Rom nur ein indirekter. Wurde sie nicht bestellt, so erhielt der Vermächtnisnehmer missio legatorum servandorum causa in den Nachlaß, damit Detention und Obhut desselben, und prätorisches Pfandrecht.[14] Dazu fügte Caracalla die sog. missio Antoniniana, d. h. Einweisung auch in das eigene Vermögen des Erben, um sich aus den Früchten bezahlt zu machen, wenn das fällige Vermächtnis nach gerichtlicher Mahnung nicht binnen 6 Monaten bezahlt war.[15]

4. Justinian gab noch ein gesetzliches Pfandrecht an den Nachlaßobjekten.[16]

§ 488. Zwecke der Vermächtnisse. Gunst und Ungunst.

Die Vermächtnisse bilden Liberalitäten, die zu den mannigfachsten Zwecken, zu gutem Gebrauch, aber auch zu Mißbrauch dienen können.

Der nächste, ohne Zweifel älteste Zweck war der eines Ausgleiches innerhalb der Familie. Einem der Söhne das Erbe zu überlassen, war in Rom wie heute vielfach wirtschaftlich und sozial gerechtfertigt. Die Ausgleichung geschah durch Legate an die übrigen Familienglieder. Der Witwe namentlich wurde ihre dos und das zu ihrem persönlichen Gebrauch Angeschaffte herkömmlicherweise legiert, Töchter, Enkel und andere Familienglieder erhielten Abfindungen in Form von Legaten.

Ein weiterer hochwichtiger Zweck der Vermächtnisse trat später, und ganz besonders in der christlichen Kaiserzeit in den Vordergrund,

---

11) l. 58—61 D. de leg. I. Salkowski S. 526. Hatte der Belastete restituiert, ohne Ersatz für seine Verwendungen zu beanspruchen, so standen ihm nach den Umständen des Falles Kondiktionen zu. Aber auch eine actio negotiorum gestorum konnte er anstellen. Nach BGB. § 2185 richten sich die Ersatzansprüche des Beschwerten nach denjenigen Vorschriften, die für das Verhältnis zwischen dem Besitzer und dem Eigentümer gelten.

12) Tit. Dig. ut legatorum seu fideicommissorum 36, 3. Die Fassung der Stipulation siehe bei Lenel, edictum Aufl. 2 S. 514. Das Edikt gehörte bereits der Republik an; Ofilius kannte dasselbe, l. 1 § 15 D. h. t. 36, 3. Dem BGB. sind diese Bestimmungen unbekannt.

13) Der Erblasser kann die Verpflichtung zur Kaution erlassen, l. 2, l. 7 C. ut in possessionem legatorum 6, 54, der Vermächtnisnehmer auf sie verzichten, l. 46 D. de pactis 2, 14. Aus persönlichen Gründen befreit sind Fiskus und Stadtgemeinden, l. 1 § 18, l. 6 § 1 D. h. t. 36, 3. Eine spezielle Dispensation ist ferner in l. 6 C. ad S. C. Trebellianum 6, 49 angeordnet, wozu noch nov. 22 cap. 41 kommt.

14) Tit. Dig. ut in possessionem legatorum vel fideicommissorum servandorum causa esse liceat 36, 4. Das Edikt siehe bei Lenel, edictum Aufl. 2 S. 356.

15) l. 5 §§ 16—21 D. ut in possessionem legatorum 36, 4.

16) l. 1, l. 2 C. communia de legatis 6, 43. Dernburg, Pfandr. Bd. 1 S. 328, Salkowski a. a. O. S. 669.

nämlich die Förderung öffentlicher Zwecke, insbesondere durch fromme Stiftungen.

In Rom war es allgemeine Sitte, daß der Erblasser seinen Privatfreunden und Parteigenossen, die ihm während seines Lebens unentgeltliche Dienste geleistet hatten, bei seinem Tode Vermächtnisse aussetzte. Gerade dies geschah oft in übertriebener Weise zum Ruin der Erben, denen nicht das zur Aufrechterhaltung der Stellung der Familie Nötige übrig blieb. Die Vermächtnisse, wohltätig in gewissen Schranken, verderblich im Übermaße, erfuhren vom Rechte seit alters Gunst und Ungunst.

1. Ohne Zweifel hatte der Prätor die familienrechtlichen Vermächtnisse vorzugsweise im Auge, als er die „satisdatio legatorum servandorum causa“ vorschrieb, wie es ja auch bei uns Sitte ist, daß die „Erbgelder“ abgefundener Familienglieder sichergestellt werden.[1] Denselben Interessen diente auch die scharfe Klage aus dem legatum per damnationem.[2]

In der christlichen Kaiserzeit wurden die Vermächtnisse zu frommen Zwecken durch zahlreiche Privilegien gefördert.[3]

2. Andererseits trat man der Verschleuderung des Vermögens durch Vermächtnisse entgegen.

Alte Rechtsordnung bestimmte, daß Vermächtnisse stets nur so weit gelten können, als der Nachlaß einen Überschuß der Aktiven über die Passiven abwirft. Dies wendete man entsprechend auf Nachvermächtnisse an. Sie waren nur so weit gültig, als der Vermächtnisträger etwas vom Erblasser empfangen hatte.[4] Justinian gestattete dem Erben die Berufung auf die Insuffizienz des Nachlasses jedoch nur, wenn er in gehöriger Weise und Zeit ein Inventar errichtete.[5]

1) Oben § 487 Anm. 12. Daß bei der satisdatio und missio legatorum servandorum causa die Legate an die weiblichen Angehörigen der Familie eine besondere Rolle spielten, dafür mag in Betracht kommen l. 14 D. ut in possessionem legatorum 36, 4. Labeo libro 2 posteriorum a Javoleno epitomatorum: Quae legatorum servandorum causa in bonis est, in causa vescendi deminuet, si filia neptis proneptis uxorve esset nec nupta sit nec suum quicquam habeat.

2) Oben § 487 Ziff. 2.

3) Es gehört dahin die Verurteilung des Belasteten auf das Doppelte, wenn er es der bischöflichen Aufforderung ungeachtet zur Klage kommen ließ. Ferner, daß bei Vermächtnissen zu milden Zwecken, wenn sie der Belastete nicht binnen 6 Monaten nach der Bekanntmachung berichtigte, ohne Mahnung Früchte und Zinsen von der Zeit des Todes des Erblassers an zu ersetzen waren, nov. 131 cap. 12. Dann, daß derartige Vermächtnisse dem Abzug der Falzidischen Quart nicht unterlagen, nov. 131 cap. 12. Vgl. Marezoll, zur Lehre von den Legaten ad pias causas in Lindes Zeitschrift Bd. 5 n. 6.

4) l. 114 § 3 in fine D. de leg. I. Marcianus libro 8 institutionum: placet non plus posse rogari quem restituere quam quantum ei relictum est, l. 1 § 17 D. ad S. C. Trebellianum 36, 1, l. 12 C. de testam. milit. 6,21. Immerhin entscheidet Papinianus libro 20 quaestionum l. 70 § 1 D. de leg. II, haec ita, si quantitas cum quantitate conferatur. enimvero si pecunia accepta rogatus sit rem propriam, quamquam majoris pretii est, restituere, non est audiendus legatarius, legato percepto si velit computare: non enim aequitas hoc probare patitur, si quod legatorum nomine perceperit legatarius offerat. Vgl. Arndts bei Glück Bd. 47 S. 287, Salkowski das. Bd. 49 S. 701, BGB. § 2187.

5) Nov. I. cap. 2 § 2, BGB. § 1994. RG. Bd. 10 S. 121 hat sich dahin ent=

Den Erben, welche den Erblasser zu repräsentieren hatten, glaubte man weiter durch positive Gesetze die Mittel zu dieser Repräsentation sichern zu müssen.[6]

a) Die lex Furia testamentaria setzte das Maximum der Legate und sonstigen Gaben von Todes wegen für den einzelnen Honorierten auf die verschwindend kleine Summe von 1000 Assen fest. Hiervon waren die familienrechtlichen Legate ausgenommen.

b) Nach der lex Voconia, — die auch den römischen Bürgern erster Klasse die Erbeinsetzung der Frauen verbot — durfte niemand mehr durch Legat oder sonst von Todes wegen erhalten, als dem Erben oder der Gesamtheit der Erben verblieb.[7]

c) Die lex Falcidia — aus der Zeit des zweiten Triumvirats — führte eine Erbschaftssteuer ein und hob zugleich die bisherigen die Vermächtnisse beschränkenden Gesetze auf. Jedoch schrieb sie vor, daß dem Erben der vierte Teil seiner Erbportion frei von Legaten verbleiben müsse.[8]

B. Errichtung der Vermächtnisse.

§ 489. 1. Der Errichtungsakt.

Vermächtnisse können angeordnet werden:[1]

a) in einem Testamente,

b) in einem Kodizille, sei es nun ein testamentarisches oder ein Intestatkodizill,

c) als Oralfideikommisse,

Formlose Verfügungen anderer Art mögen eine natürliche Verbind-

---

schieden, daß der Erbe den Vermächtnisnehmern selbst dann über den Betrag des Nachlasses hinaus hafte, wenn ihm der Erblasser die Errichtung eines Inventars letztwillig erlassen hat. Aber die Novelle setzte die gesteigerte Haftung als „poena malitiae" „quod leges transgressus est" fest. Ist dies für den Erben, welchem der Erblasser das Inventar erlassen hat, zutreffend? Gegen das RG. auch Kretschmar, erbrechtliche Kompensationen 1892 S. 40.

6) Gaj. Inst. II §§ 224 ff.

7) Über die bezügliche Bestimmung der lex Voconia vgl. Fr. Kahn, zur Geschichte des römischen Frauenerbrechts 1884 S. 30.

8) Die lex Falcidia ist im Jahre 714 der Stadt rogiert worden, vgl. Dio Cassius libro 48 cap. 33 in fine. Das betreffende — zweite — Kapitel lautete nach l. 1 pr. D. ad legem Falcidiam 35, 2: quicumque civis Romanus post hanc legem rogatam testamentum faciet, is quantum cuique civi Romano pecuniam jure publico dare legare volet, jus potestasque esto, dum ita detur legatum, ne minus quam partem quartam hereditatis eo testamento heredes capiant, eis, quibus quid ita datum legatumve erit, eam pecuniam sine fraude sua capere liceto isque heres, qui eam pecuniam dare jussus damnatus erit, eam pecuniam debeto dare, quam damnatus est. Doch ist der Wortlaut entstellt, vgl. Gradenwitz in der Zeitschr. der Sav. Stiftg., rom. Abt. Bd. 14 S. 116. Siehe das Nähere über die Falcidische Quart in den früheren Auflagen. Das BGB. hat die Falcidische Quart beseitigt.

1) Vgl. oben § 460 ff. Nach BGB. § 1939 können Vermächtnisse nur in einem Testamente angeordnet werden; über den Begriff desselben siehe § 1937.

lichkeit des Erben begründen. Rechtliche Bedeutung erhalten sie erst, wenn sie der Erbe erfüllt oder sich in bindender Weise zur Erfüllung verpflichtet.[2]

In zweifelhaften Fällen hat die Auslegung den Willen des Erblassers zu ermitteln, ohne an den Wortsinn gebunden zu sein.

Läßt sich nicht feststellen, welches von mehreren Objekten vermacht sein sollte, so gilt das minderwertige als vermacht.[3] [4]

§ 490. 2. Die Subjekte der Vermächtnisse.

Drei Subjekte sind beim Vermächtnisse erforderlich, der Erblasser, welcher es anordnet, der Honorierte, der es empfängt, der Onerierte, welchem es obliegt.

1. Das Vermächtnis anordnen kann jeder Erblasser, wenn er testierfähig ist.[1]

2. Fähig mit Vermächtnissen bedacht zu werden ist jede Person, selbst eine künftige für den Fall ihrer Existenz. Auch dem Erben können Vermächtnisse zugewendet werden.[2] Sind mehrere Personen zusammen bedacht, so teilen sie sich in das Vermachte in der Regel nach Köpfen.[3]

Sind sie alternativ bedacht, so werden sie in der Regel korrealiter berechtigt.[4]

Ist einem aus einem Kreise von Personen vermacht, so kann der Belastete leisten, wem er will. Im Falle der Nichtleistung haben alle Beteiligten insgesamt zu klagen.[5]

3. Was den Onerierten anlangt, so ist:

a) Jeder belastungsfähig, wer von Todes wegen aus dem Vermögen des Erblassers etwas erhält, was dieser ihm zuteilte oder willkürlich entziehen konnte.[6] [7]

---

2) RG. Bd. 8 S. 314.

3) l. 39 § 6 D. de leg. I, l. 75 D. de leg. III.

4) Zu beachten ist auch die Regel: in legatis novissimae scripturae valent. l. 12 § 3 D. de leg. I. Vgl. ferner Schrader im Archiv für ziv. Praxis Bd. 33 n. 1: „Wenn in zwei miteinander geltenden letztwilligen Verordnungen demselben erst eine kleinere, dann eine größere Summe vermacht ist" usw.

1) Oben § 457.

2) Über die Prälegate zugunsten des Erben siehe unten § 502.

3) Dies nach den allgem. Regeln des röm. Rechts, l. 19 § 2 D. de leg. I. Ebenso BGB. § 2157.

4) l. 16 D. de leg. II. BGB. § 2152.

5) l. 17 § 1, l. 24, l. 25, l. 67 § 7, l. 77 § 4 D. de leg. II. Arndts bei Glück Bd. 46 S. 416. Vgl. auch BGB. § 2151.

6) l. 1 § 6 D. de leg. III. Ulpianus libro 1 fideicommissorum: Sciendum est autem eorum fidei committi quem posse, ad quos aliquid perventurum est morte ejus, vel dum eis datur vel dum eis non adimitur. — Nicht belastet kann werden, wer etwas aus dem Nachlasse „fortuito, non judicio testatoris" erhält l. 6 § 1 D. de leg. III, oder gegen dessen Willen, l. 31 C. de fideicommissis 6, 42. Ferner auch nicht, wer zwar einen Vermögensvorteil, aber keine Vermögensvermehrung durch das Vermächtnis erhielt. Vgl. die oben § 486 Anm. 5 abgedruckte Stelle. BGB. § 2147 Satz 1 bestimmt: Mit einem Vermächtnisse kann der Erbe oder ein Vermächtnisnehmer beschwert werden. Vgl. aber auch § 2301.

7) Legate konnten ursprünglich nur Testamentserben auferlegt werden. Gaj. Inst. II § 271.

Es können also belastet werden: Intestat- und Testamentserben, der Fiskus, der an Erbesstatt steht, Vermächtnisnehmer, auf den Todesfall widerruflich Beschenkte,[8] wer condiciones implendae causa etwas empfing,[9] und die Erben aller dieser Personen.[10]

Auch dem Schuldner des Erblassers kann ein Fideikommiß aufgelegt werden.[11]

b) Sofern der Erblasser nichts Besonderes verfügt hat, gelten seine Erben als belastet.[12] Und zwar sind die den Erben obliegenden Vermächtnisse in der Regel geteilt, nach dem Maße der Erbteile.[13] Natürlich kann der Erblasser aber auch in dieser Hinsicht anderes bestimmen, namentlich die Erben nach Kopfteilen belasten oder solidarisch haften lassen. Auch die Unteilbarkeit des vermachten Gegenstandes kann eine Art solidarischer Verpflichtung des Belasteten bewirken.[14]

§ 491. 3. Gegenstand der Vermächtnisse. Regula Catoniana.

I. Gegenstand des Vermächtnisses kann jeder Vermögensvorteil sein. Nach ihrem Gegenstande differenzieren sich die Vermächtnisse. Hiervon wird in dem speziellen Teile der Lehre die Rede sein.

Die Schranken sind durch die allgemeinen Rechtsprinzipien gegeben.

1. Als nichtig galten Leistungen unsittlichen Charakters und gesetzlich verbotene.[1 2]

2. Nichtig waren ferner unmögliche Vermächtnisse.[3] Dahin gehörte das Vermächtnis einer res extra commercium.[4] Es war auch nicht etwa dessen Geldwert zu leisten, denn der Onerierte wurde angewiesen, eine Sache und nicht Geld zu gewähren.

Ferner war nichtig das Vermächtnis einer Sache, welche der Legatar nicht erwerben konnte — deren commercium ihm für seine Person nicht zustand —, obgleich sie objektiv nicht außer Verkehr stand.[5]

---

8) l. 3 pr. D. de leg. III, l. 77 § 1 D. de leg. II, l. 9 C. de fideicommissis 6, 42.

9) l. 96 § 4 D. de leg. I.

10) l. 5 § 1, l. 6 pr. D. de leg. III.

11) l. 26 pr. D. depositi 16, 3, l. 77 D. de leg. I. Über dies interessante Rechtsverhältnis vgl. Hellwig, Verträge auf Leistung an Dritte S. 1 ff.

12) Sehr häufig war die Formel „quisquis mihi heres heredesque erunt“, l. 36 pr. D. de cond. et dem. 35, 1, l. 3 D. de leg. I. Siehe weiter Brissonius de formulis liber VII cap. 137 ff. Doch genügt, daß niemand speziell als Onerierter bezeichnet ist, damit als oneriert gilt, wer Erbe wird. Ebenso BGB. § 2147 Satz 2

13) l. 33 pr., l. 44 pr. D. de leg. II, BGB. § 2148.

14) Vgl. oben § 281.

1) l. 112 § 3 D. de leg. I, BGB. § 2171.

2) In Rom war verboten „quae aedibus juncta sunt“ zu vermachen, und zwar im Interesse der Erhaltung der Gebäude und der Städte, l. 41 § 1, l. 43 pr. D. de leg. I; Sokolowski, die Philosophie im Privatrecht Bd. 1 S. 346 ff.

3) Vgl. auch BGB. § 2171.

4) § 4 J. de leg. 2, 20.

5) l. 49 § 2 D. de leg. II. Paulus libro 5 ad legem Juliam et Papiam: Labeo refert agrum, cujus commercium non habes, legari tibi posse Trebatium respondisse, quod merito Priscus Fulcinius falsum esse ajebat.

Nichtig war endlich wegen Unmöglichkeit das Vermächtnis einer Sache, welche dem Legatar zur Zeit der Errichtnng des Vermächtnisses bereits gehört hatte.[6] War jedoch die Meinung, daß dem Legatar gewisse Ansprüche, welche dem Erblasser oder auch einem anderen bezüglich der Sache zustanden, überlassen, oder vielmehr, daß der Legatar von den bezüglichen Belastungen befreit werden sollte, so behielt das Vermächtnis natürlich seine Gültigkeit.[7]

II. Es erhebt sich die Frage, ob das unmögliche Vermächtnis dadurch Gültigkeit erlangte, daß die Erfüllung vor dem Tode des Erblassers möglich wurde. Auf diese Frage bezog sich seit alters die regula Catoniana.[8] Sie lautete: Ein Legat, welches ungültig wäre, wenn der Testator im Augenblicke der Testamentserrichtung verstorben wäre, wird nicht gültig, mag er auch später versterben.

Aber diese Regel, wonach, was ungültig ist, für immer ungültig bleibt, findet auf bedingte Vermächtnisse keine Anwendung.[9] [10]

C. Aufhebung der Vermächtnisse.

§ 492. 1. Entkräftung von Testament oder Kodizill.

Vermächtnisse werden ungültig, wenn das Geschäft, mittels dessen sie errichtet sind, seine Kraft verliert.

1. Dies gilt vor allem dann, wenn das Testament unwirksam wird, welches sie anordnet.[1] Mit dem Testamente verlieren auch die testamentarischen Kodizille und die in ihnen angeordneten Vermächtnisse ihre Geltung.[2]

---

6) § 10 J. de leg. 2, 20.

7) l. 71 § 5, l. 86 § 4 D. de leg. I.

8) Tit. Dig de regula Catoniana 34, 7; Arndts, ziv. Schriften Bd. 2 S. 485; Rivier, de discrimine, quod inter reg. Cat. Berlin 1858; Machelard, sur la règle Catonienne 1862; Enneccerus, Rechtsgeschäft S. 226. Von welchem der Catonen die Regel herrührt, ist durchaus ungewiß. Über die Frage, ob die Regel noch im justinianischen Rechte Geltung hatte, vgl. Vangerow Bd. 2 § 540 IV.

9) l. 1 pr. D. h. t. 34, 7. Celsus libro 35 digestorum: Catoniana regula sic definit, quod, si testamenti facti tempore decessisset testator, inutile foret, id legatum quandocumque decesserit, non valere. Die regula Catoniana ist dem Satz der l. 29 D. de R. J. 50, 17 verwandt „quod ab initio vitiosum est non potest tractu temporis convalescere". Aber sie ist eine besondere Ausgestaltung desselben Grundgedankens. Sie bezieht sich nur auf solche Mängel, welche den Inhalt der Anordnung betreffen, und nicht auf Mängel des Errichtungsaktes als solchen. Windscheid Bd. 3 § 638 Anm. 6, Arndts § 550 Anm. 1.

10) l. 3 D. h. t. 34, 7, l. 41 § 2 D. de leg. I. Überhaupt bezieht sie sich nicht auf . . ea legata quorum dies non mortis tempore, sed post aditam cedit hereditatem. Auch auf Erbeseinsetzungen soll die Regel nicht bezogen werden. Das BGB. hat die regula Catoniana beseitigt.

1) l. 9 D. de testamentaria tut. 26, 2. Pomponius libro 3 ad Quintum Mucium: Si nemo hereditatem adierit, nihil valet ex his, quae testamento scripta sunt. Das Prinzip des BGB. spricht aus § 2161: Ein Vermächtnis bleibt, sofern nicht ein anderer Wille des Erblassers anzunehmen ist, wirksam, wenn der Beschwerte nicht Erbe oder Vermächtnisnehmer wird. Beschwert ist in diesem Falle derjenige, welchem der Wegfall des zunächst Beschwerten unmittelbar zustatten kommt.

2) l. 3 § 2 D. de jur. cod. 29, 7.

Die Vermächtnisse bleiben jedoch bei Kräften:

a) infolge einer Kodizillarklausel, durch welche eventuell die Entrichtung den Intestaterben aufgelegt ist;[3]

b) wenn der Erblasser die Erbeseinsetzungen ausstreicht oder löscht, in der Absicht, sie zu widerrufen, die Vermächtnisse aber stehen läßt, um sie zu erhalten, so haben sie die Intestaterben zu entrichten.[4]

c) Das prätorische Edikt „si quis omissa causa testamenti“ schützt die Vermächtnisnehmer gegen den Dolus der Erben, welche die Erbschaft ausschlagen, um sich oder Dritten den Nachlaß frei von Vermächtnissen zu verschaffen.

Der Erbe und der mit ihm Kolludierende haften infolge des Edikts, soweit sie Erbschaftswerte hinter sich haben oder dolos aufgeben, den Vermächtnisnehmern.[5]

2. Intestatkodizille fallen zusammen, wenn der Erblasser hinterher ein Testament errichtet, sofern er sie nicht aufrecht erhält. Die Erhaltung muß nicht ausdrücklich, sie kann auch indirekt erklärt sein.

3. Mehrere Kodizille, die verschiedenen Zeiten angehören, gelten nebeneinander. Nur insoweit das spätere dem Inhalt des früheren widerspricht, ist letzteres aufgehoben.[6]

§ 493. 2. Besondere Gründe der Aufhebung der Vermächtnisse.

Die Vermächtnisse verlieren ferner ihre Kraft, teils um deswillen, weil sie sich nicht bestimmungsgemäß verwirklichen lassen, teils durch Widerruf des Erblassers.

1. Fälle der ersten Art sind:

a) Der Honorierte stirbt vor dem Tode des Erblassers oder dem etwaigen späteren Eintritte des dies cedens,[1] oder er wird vorher erwerbsunfähig, z. B. die bedachte Korporation verliert die Korporationsrechte.

b) Der Onerierte fällt weg, ohne daß ein anderer an seine Stelle tritt.

In der Regel ist freilich beim Wegfalle des Onerierten das Vermächtnis von dem zu erfüllen, welcher das dem Weggefallenen Zugewendete erwirbt oder behält. Dies ist aber nicht ausnahmslos. Es gilt namentlich dann nicht, wenn es sich um höchstpersönliche Leistungen handelt, ferner nicht im Falle entgegenstehender Bestimmungen des Erblassers.[2]

c) Das Vermächtnis kann aus Gründen, die in seinem Gegenstande liegen, nicht geleistet werden. Dies ist namentlich der Fall, wenn die vermachte

---

3) Vgl. oben § 484.

4) l. 2 D. de his, quae in testamento delentur 28, 4. So auch Windscheid Bd. 3 § 641 Anm. 4. Vgl. oben § 483.

5) Tit. Dig. si quis omissa causa 29, 4, Cod. 6, 39. Lenel, edictum Aufl. 2 S. 351 rekonstruiert das Edikt mit annähernder Sicherheit folgender Gestalt: si quis omissa causa testamenti ab intestato, hereditatem partemve ejus possidebit dolove malo fecerit, quo minus possideat, causa cognita de legatis perinde actionem dabo atque si hereditatem ex testamento adisset. Die hiernach aufgestellte Klage war fiktizisch. Die Interpretation hat die Ediktsnorm sehr erweitert. So haftet den Legataren der Testamentserbe, welcher „pretio accepto“ die Erbschaft ausschlug, um sie dem Intestaterben zuzuwenden. Jedoch soll er erst nach diesem belangt werden, l. 2 D. h. t. 29, 4.

6) § 3 J. de codicillis 2, 25, l. 6 § 1 D. eod. 29, 7, BGB. § 2258 Abs. 1.

1) Vgl. unten § 494. BGB. § 2160 besagt: Ein Vermächtnis ist unwirksam, wenn der Bedachte zur Zeit des Erbfalls nicht mehr lebt.

2) Francke, Beiträge, Abh. 6: „Wann werden Vermächtnisse ungültig durch Wegfall des damit Beschwerten“, Arndts bei Glück Bd. 47 S. 265.

Sache untergeht.[3] Tritt an deren Stelle ein neues Wertobjekt und ist dies im Nachlasse noch vorhanden, so besteht nach der vermuteten Absicht des Erblassers das Legat in der Regel fort.[4]

Erhält ferner der Vermächtnisnehmer die vermachte Sache unentgeltlich von anderer Seite, so geht das Vermächtnis infolge des concursus duarum causarum lucrativarum unter.[5]

2. Jeder Widerruf des Erblassers hebt das Vermächtnis auf.[6]

Er ist an keine bestimmte Form gebunden.[7] Auch der stillschweigende Widerruf genügt.[8] Bei eintretender Todfeindschaft zwischen dem Erblasser und dem Honorierten wird er vermutet.[9]

Im Falle eines bedingten Widerrufes wird das Vermächtnis so behandelt, als wäre es unter der entgegengesetzten Bedingung angeordnet.[10]

Aufhebung des Vermächtnisses und Begründung eines neuen liegt in der Translation desselben, mag dieselbe nun den Honorierten, den

---

3) Der Belastete ist zur Entschädigung verpflichtet, wenn er an dem Untergang die Schuld trägt, soweit er hierfür nach den allgemeinen Grundsätzen einsteht. Ohne Rücksicht auf Verschuldung hat er den Sachwert zu ersetzen, wenn er den Untergang durch seine freie Handlung nach dem Tode des Erblassers herbeigeführt hat, l. 63 D. de leg. II, l. 26 §§ 2 und 3 D. ad S. C. Trebellianum 36, 1. Salkowski a. a. O. S. 317. Ferrini im Archiv für ziv. Praxis Bd. 78 S. 321, Unger, Handeln auf eigene Gefahr S. 37, M. Rümelin, Gründe der Schadenszurechnung S. 62.

4) Die römischen Juristen waren verschiedener Ansicht. Sehr liberal waren Julian und Ulpian, denen man sich anzuschließen hat, l. 44 § 2 D. de leg. I: Si pocula quis legavit et massa facta est vel contra, item si lana legetur et vestimentum ex ea fiat, Julianus libro 32 digestorum scripsit legatum in omnibus supra scriptis consistere et deberi quod exstat: quam sententiam puto veram, si modo non mutaverit testator voluntatem § 3. Sed et si lancem legavit et massam fecit, mox poculum, debebitur poculum, durante scilicet voluntate § 4. Si areae legatae domus imposita sit, debebitur legatario, nisi testator mutavit voluntatem. Andere Juristen gingen weniger weit. So in der l. 88 de leg. III Paulus libro 5 ad legem Juliam et Papiam: Lana legata vestem, quae ex ea facta sit, deberi non placet. Sed et materia legata navis armariumve ex ea factum non vindicetur. Nave autem legata dissoluta neque materia neque navis debetur. Massa autem legata scyphi ex ea facti exigi possunt. Vgl. noch l. 49 § 5, l. 79 § 2 D. de leg. III, l. 6 § 1 D. de auro argento 34, 2, siehe Fitting im Archiv für ziv. Praxis Bd. 48 S. 152. Vgl. BGB. § 2169 Abs. 3, § 2172.

5) § 6 J. de leg. 2, 20. Vgl. oben § 325 Anm. 10, siehe aber auch Salkowski a. a. O. S. 123.

6) Tit. Inst. de ademptione legatorum et translatione 2, 21, Dig. de adimendis vel transferendis legatis 34, 4. BGB. hat über den Widerruf der Vermächtnisse keine von dem der Testamente abweichenden Bestimmungen.

7) Auch Legate konnten „nuda voluntate“ zurückgenommen werden, jedoch wirkte der formlose Widerruf nur durch exceptio doli, l. 3 § 11 D. h. t. 34, 4, l. 15 D. eod.

8) Eine stillschweigende Zurücknahme wird namentlich in freiwilliger Veräußerung der vermachten Sache durch den Erblasser gesehen, l. 15, l. 18, l. 24 § 1, D. h. t. 34, 4, BGB. § 2169 Abs. 1. Anders wenn er „necessitate urgente alienavit“ l. 11 § 12 D. de leg. III. Vgl. § 12 J. h. t. 2, 20, l. 3 C. de leg. 6, 37.

9) l. 3 § 11, l. 22 D. h. t. 34, 4. Kapitalfeindschaft war in Rom, ist zum Teil noch jetzt in Italien ein offenbarer Zustand. In Deutschland ist derartiges selten. Das berechtigt aber nicht, die Bestimmung so zu verflachen, daß man ohne weiteres Widerruf unterstellt, „wenn das Verhältnis zwischen Erblasser und Vermächtnisnehmer sich so gestaltet, daß Fortdauer des Vermächtniswillens nicht anzunehmen ist“, wie dies von Windscheid Bd. 3 § 640 Anm. 6 geschieht.

10) l. 10, l. 14 D. h. t. 34, 4, l. 6 pr. D. quando dies 36, 2.

Onerierten oder den Gegenstand des Vermächtnisses betreffen.[11] Im Zweifel gilt das alte Vermächtnis selbst dann als durch die Translation aufgehoben, wenn das neue von Anfang an nicht rechtsbeständig war.[12]

Ist nicht zu erkennen, auf welches von mehreren Vermächtnissen sich ein Widerruf bezieht, so ist es anzusehen, als wenn der Widerruf nicht erfolgt wäre.

D. Vermächtniserwerb.[1]

§ 494. 1. Anfangszeit des Vermächtnisses und Vollzug des Erwerbes.

Die Geltung der Vermächtnisse wie die aller anderen letztwilligen Verfügungen ist an den Erwerb der Erbschaft durch den Erben geknüpft. Erst mit diesem Akt kann sich der Vermächtniserwerb vollziehen. Und die Folge scheint zu sein, daß ihn der Honorierte erleben muß, wenn er das Vermächtnis erwerben soll.

Doch diese Konsequenz schien bedenklich. Sie würde dem Erben ermöglichen, durch Hinzögern des Antrittes die Vermächtnisse zu Falle zu bringen und darauf — namentlich wenn die Legatare alt und kränklich sind — geradezu zu spekulieren.

Dies veranlaßte die Jurisprudenz, und zwar schon in der republikanischen Zeit, die Vererblichkeit der Vermächtnisse von dem Zeitpunkte des Erbschaftsantrittes unabhängig zu machen. Zu diesem Zwecke unterschied man zwei Momente:

1. den Anfangstermin der Vermächtnisse — dies legati cedit — mit welchem eine Erwerbsberechtigung bezüglich der vermachten Sache entsteht und die Vererblichkeit des Vermächtnisses beginnt. Als dies cedens gilt in der Regel die Todeszeit des Erblassers.[2] [3]

Dies ist nicht anwendbar:

a) bei höchstpersönlichen Vermächtnissen, d. h. solchen, die nach ihrem Inhalte auf die Erben des Vermächtnisnehmers nicht übergehen, z. B. des Nießbrauches;[4]

11) l. 6 D. h. t. 34, 4. Paulus libro 5 ad legem Juliam et Papiam: Translatio legati fit quattuor modis: aut enim a persona in personam transfertur: aut ab eo qui dare jussus est transfertur, ut alius det: aut cum res pro re datur, ut pro fundo decem aurei: aut quod pure datum est, transfertur sub condicione. Hierin liegt eine Aufzählung, aber keine Einteilung, denn die bedingte Ademtion steht allen drei Arten der unbedingten als etwas Verschiedenes gegenüber.

12) l. 34 pr. D. de leg. I., l. 20 D. h. t. 34, 4. Vgl. Arndts Aufl. 13. § 551 Anm. 4a, RG. Bd. 31 S. 168.

1) Tit. Dig. quando dies legatorum 36, 2, Cod. 6, 53. Arndts bei Glück Bd. 48 S. 199 und dort zitierte, Enneccerus, Rechtsgeschäft S. 422 und S. 600, Wilhelm Brückner, Vermächtniserwerb nach gemeinem Rechte und nach dem BGB., Rostocker Inaug.Diss. 1901.

2) Nach der lex Papia Poppaea zedierte die Legatszeit erst „ex apertis tabulis testamenti" Ulpian. fragm. XXIV § 31.

3) l. 7 pr. D. h. t. 36, 2. Ulpianus libro 20 ad Sabinum: Heredis aditio moram legati quidem petitioni facit, cessioni diei non facit.

4) l. 3 D. h. t. 36, 2. Ulpianus libro 5 disputationum: nam cum ad heredem non transferatur, frustra est, si ante quis diem ejus cedere dixerit, l. 5 § 1, l. 9 D. eod.

b) ferner nicht bei **bedingten Vermächtnissen**, solange die Bedingung schwebt und damit noch den Erwerb und die Vererblichkeit des Vermächtnisses aufschiebt.[5]

Das gleiche gilt, wenn das Vermächtnis an eine **ungewisse Zeit** geknüpft ist,[6] es sei denn, daß nicht Anfang und Existenz des Vermächtnisses überhaupt, sondern nur dessen **Erfüllung** aufgeschoben sein soll.[7]

2. **Der Erwerb des Vermächtnisses vollzieht sich frühestens mit dem Erbschaftsantritte.**

Ist das Vermächtnis an Termine geknüpft, so müssen auch sie herangekommen sein, ehe es geltend gemacht werden kann. Jetzt erst heißt es: dies legati venit.[8] Nunmehr geht das Eigentum der vermachten Sache des Erblassers auf den Honorierten über, und es wird die Forderung aus dem Vermächtnis klagbar.[9]

§ 495. 2. Das Recht der Repudiation des Vermächtnisses.

1. Das man Vermächtnisse dem Honorierten nicht aufzwingen kann, ist selbstverständlich. Es bestand aber in der ersten Kaiserzeit in dieser Hinsicht ein Schulstreit unter den Juristen. Die **Prokulianer** machten den Erwerb erst von dem erklärten **Wollen** des Vermächtnisnehmers abhängig. Sie konnten sich hierbei auf die Analogie des Erbschaftserwerbes berufen, der in der Regel sich auch erst durch den Willen des Erben vollzieht. Die **Sabinianer** ließen den Erwerb **von Rechts wegen** eintreten, so aber daß dem Vermächtnisnehmer das Recht der **Zurückweisung**

---

5) l. 5 § 2 D. h. t. 36, 2. Ulpianus libro 20 ad Sabinum: Sed si sub condicione sit legatum relictum, non prius dies legati cedit quam condicio fuerit impleta, ne quidem si ea sit condicio, quae in potestate sit legatarii, l. un. § 7 C. de caducis tollendis 6, 51. Bei bedingten Geschäften **unter Lebenden** tritt nach Erfüllung der Bedingung Rückziehung auf den Abschluß des Geschäftes ein, d. h. das bezügliche Recht datiert von jenem Augenblicke an. Solche Rückwirkung kam bei Legaten nicht in Frage. Sie hätte mit ihrem Charakter als Geschäft von Todes wegen in Widerspruch gestanden. Bedingte Vermächtnisse datieren daher erst von dem Eintritt der Bedingung.

6) l. 75 D. de cond. et dem. 35, 1. Papinianus libro 34 quaestionum: Dies incertus condicionem in testamento facit.

7) Eine praktisch wichtige Frage ist, ob die Bestimmung, wonach ein Vermächtnis erst nach dem Tode des Erben zu erfüllen ist, bloß als Aufschub der **Zahlung** gilt, oder ob sie das Vermächtnis selbst in das Ungewisse stellt, derart, daß der Honorierte den Tod des Onerierten erleben muß? Der Absicht des Erblassers dürfte der ersteren Auslegung entsprechen.

8) l. 21 pr. D. h. t. 36, 2, l. 9 D. ut legatorum 36, 3.

9) Nach BGB. § 2176 kommt die Forderung des Vermächtnisnehmers mit dem Erbfalle zur Entstehung (Anfall des Vermächtnisses). § 2177 bestimmt dann: Ist das Vermächtnis unter einer aufschiebenden Bedingung oder unter Bestimmung eines Anfangstermins angeordnet und tritt die Bedingung oder der Termin erst nach dem Erbfall ein, so erfolgt der Anfall des Vermächtnisses mit dem Eintritte der Bedingung oder des Termins. Vgl. noch §§ 2178, 2179. Die Vererbung des Vermächtnisses tritt indessen auch im Falle des § 2177 mit dem Erbfalle ein, es sei denn, daß die Auslegungsregel des § 2074 Anwendung findet.

offen stand. In der Tat paßt die Analogie des Erbschaftserwerbes, welcher Pflichten auflegt, wenig auf Vermächtnisse, die an sich nur Rechte gewähren.[1]

Die Ansicht der Sabinianer ist in das justinianische Recht übergegangen.

2. Der Erwerb des Vermächtnisses vollzog sich also von Rechts wegen ohne Wissen und Wollen des Vermächtnisnehmers. Es stand ihm aber das Recht der Repudiation zu, deren Wirkung die gleiche war, als hätte er das Vermächtnis nie erworben.[2]

Die Erklärung über Annahme oder Ablehnung erfolgt rechtsverbindlich erst nach dem Erwerb des Vermächtnisses.[3]

Hatte der Legatar das Vermächtnis nachher angenommen, so durfte er nicht mehr repudiieren, hatte er abgelehnt, nicht mehr annehmen.

3. Von mehreren Vermächtnissen konnte der Honorierte das eine ablehnen, das andere annehmen, wenn der Erblasser dies nicht besonders verbot. Dasselbe Legat durfte der Honorierte dagegen nur ganz annehmen oder ablehnen; Annahme eines Teils galt als Annahme des Ganzen.[4]

II. Die einzelnen Arten der Vermächtnisse.

A. Nach der Verschiedenheit des Gegenstandes.

§ 496. 1. Vermächtnisse individuell bezeichneter Sachen und von Gesamtheiten.

1. Individuell vermachte körperliche Sachen galten als in dem Stande zugedacht, in welchem sie sich zur Zeit des Erwerbes befanden. Dem Vermächtnisnehmer kamen also die Vermehrungen zu, welche nach der Errichtung geschahen, ohne Unterschied, ob sie durch freie Handlungen des Erblassers oder zufällig entstanden; ebenso bildeten Verminderungen seinen Schaden.[1]

Pertinenzen galten als mitvermacht, nicht minder was notwendig war, um die Sache nach der liberalen Absicht des Erblassers zu nutzen.[2] Besondere Fragen sind folgende:

---

1) Der Streit konzentrierte sich übrigens auf das Vindikationslegat Gaj. Inst. II § 195, über das bedingte Vindikationslegat vgl. Gaj. Inst. II § 200. Die Prokulianer erachteten die vermachte Sache, solange die Bedingung des Legates schwebte und der Legatar sich noch nicht für die Annahme entschieden hatte, nach Analogie der hereditas jacens für „res nullius", ein keinesfalls glücklicher Gedanke. Wie hier BGB. § 2176.

2) l. 44 § 1 D. de leg. I, l. 1 § 6 D. si quid in fraudem patroni 38, 5, l. 15 D. de rebus dubiis 34, 5. Vgl aber auch Salkowski a. a. O. S. 5. BGB. § 2180 Abs. 3 in Verbindung mit § 1953.

3) l. 45 § 1 D. de leg. II, BGB. § 2180 Abs. 2.

4) l. 4, l. 5 D. de leg. II., l. 58 D. eod. Anders BGB. § 2180 Abs. 3 in Verbindung mit § 1950. Von mehreren Erben des Legatars, welcher sich noch nicht erklärte, kann sich jeder für seinen Teil selbständig über Annahme oder Ablehnung entscheiden, l. 38 D. de leg. I, BGB. § 2180 Abs. 3 in Verbindung mit § 1952 Abs. 3.

1) l. 24 § 2 D. de leg. I, l. 16, l. 39 D. de leg. III, Salkowski S. 427. Vgl. aber BGB. § 2164 Abs. 2.

2) Der Erbe muß daher z. B. den Zutritt zu dem vermachten Hinterhause gewähren, l. 1 §§ 1—3 D. si ususfruct. petat. 7, 6, er darf ferner dem vermachten Hause das Licht nicht verbauen, l. 10 D. de serv. praed. urb. 8, 2. BGB. § 2164 Abs. 1.

a) Welche Ansprüche hatte der Vermächtnisnehmer auf die Früchte der vermachten Nachlaßsache? [3]

Manche betrachten ihn als Eigentümer aller Früchte, welche vom Augenblicke des Erwerbes des Vermächtnisses an entstehen. Und dies scheint konsequent, da er von da an Eigentümer der fruchttragenden Sache ist. Aber er hat im Grunde nur Eigentum, damit sein Recht sicher steht. Die Übertragung des Besitzes muß er vom Erben erwarten. So werden ihm auch die Früchte erst nach der Übergabe zu eigen. Außerdem sind Früchte zu erstatten, welche der Erbe nach der Klageerhebung, oder nachdem er sonst in Verzug gesetzt ist, zog oder zu ziehen versäumte. [4]

b) Der Erblasser kann nicht bloß eigene Sachen, sondern auch solche des Erben und Dritter vermachen. Im letzteren Falle hat der Belastete den Erwerb der fremden Sache für deren Taxwert zu versuchen und, wenn dieser Erwerb nicht gelingt, an Stelle jener Sache den Geldwert zu leisten. [5]

Jedoch ist die Vermutung dagegen, daß der Erblasser etwas, was ihm nicht gehörte, vermachen wollte. Jene Verbindlichkeit ist daher in der Regel davon abhängig, daß der Erblasser nachweisbar wußte, daß die Sache eine fremde sei. [6]

Hatte der Erblasser auf die vermachte Sache des Dritten ein Forderungsrecht, so ist dies ihm zu zedieren. [7]

c) Es galt die Vermutung, daß der Erblasser, wenn er eine Sache ohne Vorbehalt vermacht hatte, diese frei von Nießbrauch und

---

3) Brügger, der Anspruch des Singularvermächtnisnehmers auf Früchte 1877, Arndts bei Glück Bd. 48 S. 341, Salkowski a. a. O. S. 428.

4) Es vertritt die Gegenansicht insbesondere Arndts a. a O. Indessen bestimmt l. 4 C. de usuris et fructibus 6, 47 von Gordian: In legatis et fideicommissis fructus post litis contestationem, non ex die mortis sequuntur, sive in rem sive in personam agatur. BGB. § 2184 besagt: Ist ein bestimmter zur Erbschaft gehörender Gegenstand vermacht, so hat der Beschwerte dem Vermächtnisnehmer auch die seit dem Anfalle des Vermächtnisses gezogenen Früchte sowie das sonst auf Grund des vermachten Rechtes Erlangte herauszugeben. Für Nutzungen, die nicht zu den Früchten gehören, hat der Beschwerte nicht Ersatz zu leisten.

5) Vgl. auch BGB. § 2170, sowie § 2182 Abs. 2, 3.

6) § 4 J. de leg. 2, 20, l. 39 §§ 7 und 8 D. de leg. I. Vgl. Arndts bei Glück Bd. 46 S. 182, Brinz Bd. 3 S. 314. — Gehört die Sache dem Onerierten, so ist sie auch dann zu leisten, wenn sie der Erblasser für die eigene hielt, weil der Belastete dann noch nicht zu Geldaufwendungen genötigt ist, sondern aus dem eigenen gibt, l. 67 § 8 D. de leg. II, l. 86 § 3 D. leg. I. Vgl. übrigens auch Brinz Bd. 3 S. 315, Salkowski S. 64. BGB. § 2169 besagt: Das Vermächtnis eines bestimmten Gegenstandes ist unwirksam, soweit der Gegenstand zur Zeit des Erbfalls nicht zur Erbschaft gehört, es sei denn, daß der Gegenstand dem Bedachten auch für den Fall zugewendet sein soll, daß er nicht zur Erbschaft gehört.

7) l. 39 § 3 D. de leg. I. Hatte ferner der Erblasser an der vermachten fremden Sache Eigentumsbesitz oder ein eigentümliches dingliches Recht, so ist dies zu gewähren, l. 71 § 6 D. de leg. I, l. 68 pr. D. de leg. III. In der letzteren Stelle ist ein nutzbares Pfand gemeint. Ihre Entscheidung würde auf eine Hypothek nicht zutreffen. Vgl. auch BGB. § 2169 Abs. 2, 3.

Pfandrechten geliefert haben wollte.[8] Jedoch wurde, wenn diese Rechte Dritten zustanden, dabei vorausgesetzt, daß er dies wußte.[9] Auf dauernde Belastungen, insbesondere Grundgerechtigkeiten, Superfizies, bezog sich dies nicht.[10]

2. Sind Gesamtheiten vermacht, so gilt als inbegriffen, was von bezüglichen Stücken zur Zeit des Todes des Erblassers in seinem Nachlasse vorhanden ist. Auch wenn nur ein einziges Stück übrig blieb, ist es zu leisten.[11] Das Vermächtnis der Gesamtheit gilt als eins. Der Honorierte kann es nur ganz annehmen oder zurückweisen.[12]

§ 497. 2. Indeterminierte Vermächtnisse.

Nicht selten lassen Vermächtnisordnungen den zu leistenden Gegenstand noch dahingestellt, so daß die Bestimmung dem Legatar, dem Onerierten oder auch Dritten anheimfällt. Solche indeterminierte Vermächtnisse sind mannigfacher Art.

1. Wahlvermächtnisse gewähren das Recht der Wahl eines Stückes oder mehrerer aus einer gewissen Kategorie von Nachlaßobjekten. Es bestanden hierfür in Rom zwei Formulare, ein älteres und ein jüngeres, welche in der vorjustinianischen Zeit verschiedene Wirkungen hatten.[1]

a) Das ältere war das legatum optionis, das ausdrückliche Wahlvermächtnis mit der Formel „optato elegito", eine Spezies des Vindikationslegates.[2] Das Wahlrecht galt dem Legatar nur für seine Person gegeben. Daher war dies Legat unvererblich, durch die persönliche Wahl des Legatars bedingt.[3]

Der Satz entsprach praktischen Bedürfnissen. Die Unvererblichkeit sollte übermäßige Verschleppung der Wahl durch den Legatar verhindern. Denn solange die Wahl nicht geschehen war, befand sich der Erbe in der fatalen Lage, keines der zur Wahl gestellten Nachlaßobjekte mit Sicherheit veräußern zu können, da der Legatar gerade das veräußerte in Anspruch nehmen konnte. Dies führte auch dazu, dem Legatar auf Antrag des

8) l. 66 § 6 D. de leg. II.

9) § 5 J. de leg. 2, 20, l. 6 C. de fideicommissis 6, 42, l. 57 D. de leg. I.

10) Vgl. namentlich Brinz a. a. O. Bd. 3 S. 341. Er hebt hervor, daß den Nutzen superfiziarischer und emphyteutischer Grundstücke der Grundeigentümer in Gestalt des Bodenzinses und anderer Äquivalente hat. BGB. § 2165 Abs. 1 Satz 1 bestimmt denn auch: Ist ein zur Erbschaft gehöriger Gegenstand vermacht, so kann der Vermächtnisnehmer im Zweifel nicht die Beseitigung der Rechte verlangen, mit denen der Gegenstand belastet ist. Vgl. auch § 2165 Abs. 1 Satz 2, §§ 2166—2168.

11) § 18 J. de leg. 2, 20.

12) l. 6 D. de leg. II.

1) Tit. Dig. de optione vel electione legata 33, 5. Bernstein, zur Lehre vom legatum optionis in der Zeitschr. für Rechtsgeschichte n. F. Bd. 1 S. 151. Ascoli, alcune observazioni sul diritto di scelta nei legati alternativi e di genere im bulletino dell' istituto di diritto romano Bd. 1 S. 83. BGB. §§ 2153, 2154.

2) Ulpian. fragm. XXIV § 14.

3) § 23 J. de legatis 2, 20.

Erben gerichtlich eine Frist zur Vornahme der Wahl zu stellen, unter dem Präjudize der Verwirkung des Legates, wenn die Fristversäumnis den Erben schädigen würde.[4]

b) Weiter kam das indirekte Wahlvermächtnis auf, indem der Erblasser eins oder mehrere Stücke aus einer Kategorie von Nachlaßsachen „generell“ vermachte.[5] Auch hierbei hatte der Legatar im Zweifel die Wahl. Sie war aber nicht höchstpersönlich,[6] vielleicht weil man zur Zeit der Anerkennung dieser Form sich bereits durch die gerichtliche Fristsetzung gegen ungemessene Verzögerung half.

Justinian hat das ausdrückliche und das indirekte Wahlvermächtnis verschmolzen.[7]

Die Wahl gebührt auch jetzt in der Regel dem Vermächtnisnehmer; sie ist vererblich; war sie einem Dritten zugewiesen und stirbt dieser, wird er handlungsunfähig oder verzögert sie über ein Jahr, so geht sie auf den Vermächtnisnehmer über.[8] Einigen sich mehrere gemeinsam zur Wahl Berufene nicht, so entscheidet über den Wahlberechtigten das Los.[9] Die Wahl ist erst nach dem Erbschaftsantritte zulässig.[10] Die alten Bestimmungen über Setzen einer Frist durch das Gericht bestehen fort. Der Legatar darf nicht das beste wählen.[11]

Die einmal getroffene Wahl ist unabänderlich, es sei denn, daß dem Wahlberechtigten nicht alle Stücke, unter denen er wählen durfte, vorgelegt waren,[12] oder daß er etwas wählte, worauf sein Wahlrecht nicht ging.[13] [14]

2. Etwas ganz anderes sind Gattungsvermächtnisse, bei denen etwas bloß der Gattung nach Bestimmtes ohne Rücksicht auf das im Nachlasse Vorhandene zu leisten ist, z. B. eine Summe Geldes. Natürlich muß das Vermachte nach Quantität und Qualität bestimmbar sein.[15]

Es ist Auslegungsfrage, ob ein generell gefaßtes Legat, z. B. ein Faß Wein, als Wahlvermächtnis gemeint ist, so daß es sich nur auf Nachlaßvorräte bezieht, oder als Genuslegat.[16] Beim Gattungslegat hat der Onerierte

---

4) l. 6—8, l. 13 § 1 D. h. t. 33, 5.

5) § 22 J. de leg. 2, 20.

6) l. 12 § 7 D. quando dies legatorum 36, 2.

7) Vgl. Bernstein a. a. O.

8) l. 3 § 1 C. communia de legatis 6, 43.

9) § 23 J. de leg. 2, 20.

10) l. 16 D. h. t. 33, 5.

11) l. 37 pr. D. de leg. I, vgl. aber l. 2 pr. D. de opt. leg. 33, 5.

12) l. 4 D. h. t. 33, 5.

13) l. 2 § 2 und 3 D. h. t. 33, 5.

14) Die Bestimmungen des BGB. vgl. §§ 2153, 2154.

15) l. 71 pr. D. de leg. I. BGB. § 2155. Hiernach ist eine den Verhältnissen des Bedachten entsprechende Sache zu leisten.

16) Im Geiste der deutschen Sprache ist Gewicht auf die Zufügung des Artikels zu legen. Erklärt der Erblasser z. B.: ich vermache „den“ Wein, so ist nur an im Nachlasse Vorhandenes zu denken, sagt er aber: ich vermache „Wein“, so wird nicht leicht etwas anderes als eine angemessene Quantität ohne Rücksicht auf das im Nachlasse Vorhandene gemeint sein. Die Entscheidung der l. 7 pr. D. de tritico 33, 6 ist daher keinesfalls derzeit unbedingt maßgebend. Dort war dem Erben auferlegt, der

die Wahl des zu liefernden Individuums. Im Falle der Eviktion des von ihm Geleisteten haftet der Onerierte.[17]

3. Das indeterminierte Vermächtnis kann endlich ein alternatives sein, indem die eine oder die andere Nachlaßsache, oder das eine oder andere sonstige Objekt vermacht wird.

Der Legatar hat die Wahl, wenn es sich um die eine oder die andere Nachlaßsache handelt, sonst der Onerierte, also der Schuldner.[18]

§ 498. 3. Vermächtnisse auf Lebenszeit.

Häufig ist der Zweck des Vermächtnisses nicht Zuwendung eines Kapitales, vielmehr Versorgung des Honorierten für die Lebensdauer oder sonst auf Zeit.

1. In dinglicher Weise wird dieser Zweck durch Vermächtnis des Usus-fruktus oder Quasiususfruktus an Nachlaßsachen erreicht.[1]

Das Vermächtnis des Ususfruktus gehört sehr alter Zeit an, und mancher Satz der alten Formularjurisprudenz, der sonderbar anmutet, erhielt sich hier bis in das justinianische Recht hinein.

Wollte z. B. der Erblasser dem einen Legatar das Eigentum einer Sache zuwenden und einem anderen den vollen Nießbrauch derselben Sache, so mußte er dem ersteren die Proprietät „deducto usufructu" vermachen, um diesen Zweck zu erreichen. Unterließ er den betreffenden Zusatz, so erhielt der Legatar des Nießbrauches nur dessen Hälfte, weil man annahm, in dem Vermächtnis der Proprietät ohne Beschränkung stecke auch der Nießbrauch, folglich sei derselbe zwischen den Legataren geteilt.[2] Daß diese Regel heute keine Geltung mehr haben kann, ist klar.

Eine eigentümliche Ausbildung erhielt auch das Akkreszenzrecht unter mehreren, welchen der Ususfrukt derselben Sache zusammen vermacht war. Es entstanden zwar durch die Konkurrenz der Legatare Teile. Fiel aber der

Frau des Erblassers „vinum, oleum, frumentum, acetum, mella, salsamenta" zu geben, und der Jurist entscheidet, es sei alles von den betreffenden Dingen im Nachlasse Vorhandene zu gewähren. Doch kann auch bei uns je nach Umständen eine gleiche Auslegung geboten sein. Es bestimmt z. B. der Erblasser: meine Schwester A. erhält meine Möbel, meine Schwester B. Kupferstiche und Gemälde. Anders Vangerow Bd. 2 § 550 Ziff. 3, vgl. aber auch Windscheid Bd. 3 § 655 Anm. 9.

17) l. 45 § 1 D. de leg. I, l. 71 § 1 D. eod., l. 29 § 3 D. de leg. III BGB. §§ 2182, 2183.

18) Nach dem Rechte der klassischen Zeit war zu unterscheiden, ob das alternative Vermächtnis ein Vindikationslegat war, dann hatte der Legatar die Wahl, vgl. l. 34 § 14 D. de leg. I, l. 23 D. de leg. II, oder ob es ein Damnationslegat war, dann hatte der Erbe als Schuldner das Wahlrecht, l. 11 § 1 D. de leg. II. Nach justinianischem Rechte ist dies in der Art anzuwenden, daß dem Legatar die Wahl zusteht, wenn ihm Nachlaßsachen alternativ vermacht sind, so daß er die dingliche Klage hat, während sonst der Erbe — als Schuldner — das Recht der Wahl erhält.

1) Tit. Dig. de usu et usu fructu et reditu et habitatione et operis per legatum vel fideicommissum datis 33, 2. BGB. enthält über das Vermächtnis des Nießbrauches keine besonderen Vorschriften.

2) Siehe die oben § 467 Anm. 5 abgedruckte l. 19 D. h. t. 33, 2.

eine der Kollegatare später, insbesondere durch Tod, weg, so wuchs dessen Nießbrauchsteil noch nachträglich dem Kollegatar an, wenn dieser seinen Teil erworben hatte, selbst wenn ihm derselbe wieder verloren gehen sollte.[3]

2. Persönliche Ansprüche auf Zeit gewähren folgende Vermächtnisse:

a) das Rentenvermächtnis.[4] Im Zweifel galt es als lebenslänglich.[5] Man betrachtet es nicht als ein Vermächtnis, sondern als eine Mehrheit von Vermächtnissen. Jede einzelne Rate verfiel daher mit ihrem Termine besonders. Der Rentenberechtigte mußte diesen Zeitpunkt erleben, erwarb dann aber auch die volle Rate.[6] Das Rentenvermächtnis konnte von kürzerer Dauer als die Lebenszeit des Berechtigten sein. Aber auch ewige Renten zugunsten des Honorierten, seiner Erben und Erbeserben wurden zugelassen.[7]

Die einzelnen Raten mußten pränumerando gezahlt werden. Dies war üblich und entsprach dem Zwecke der Rente. Natürlich konnte der Erblasser anderes bestimmen.

Vom Rentenvermächtnis verschieden ist ein in Terminen, z. B. in Jahreszielen zu entrichtendes Kapitalvermächtnis. Solche Vermächtnisse zedierten mit dem Tode des Erblassers völlig, waren also, wenn der Honorierte diese Zeit erlebte, voll vererblich.[8]

b) Das Alimentenvermächtnis sollte dem Honorierten Unterhalt gewähren und war im Zweifel gleichfalls lebenslänglich.[9] Die Römer nahmen dies selbst dann an, wenn einem Unmündigen Alimente hinterlassen wurden, ohne daß eine Zeitgrenze gesetzt war.

Das Alimentenvermächtnis wurde in mehreren Beziehungen besonders begünstigt.[10]

---

3) Tit. Dig. de usu fructu adcrescendo 7, 2, Vangerow Bd. 2 § 554, Schlayer im Archiv für ziv. Praxis Bd. 51 n. 18, Arndts bei Glück Bd. 48 S. 101.

4) Tit. Dig. de annuis legatis 33, 1. RG. Bd. 37 S. 168. BGB. enthält keine besonderen Vorschriften.

5) l. 8 D. de annuis legatis 33, 1.

6) l. 4 D. h. t. 33, 1. Paulus libro 62 ad edictum: Si in singulos annos alicui legatum sit, Sabinus, cujus sententia vera est, plura legata esse ait et primi anni purum, sequentium condicionale: videri enim hanc inesse condicionem „si vivat" et ideo mortuo eo ad heredem legatum non transire.

7) l. 22 C. de leg. 6. 37.

8) l. 20, l. 26 § 2 D. quando dies 36, 2. Wenig glücklich nennt man solche Vermächtnisse oft „Ratenvermächtnisse".

9) Tit. Dig. de alimentis vel cibariis legatis 34, 1. BGB. enthält keine besonderen Vorschriften. Über den Umfang der Alimente siehe oben § 288.

10) Solche Begünstigungen sind: a) Alimente konnten Erbunfähigen vermacht werden, l. 11 D. h. t. 34, 1. Es ist daher anzunehmen, daß auch die Beschränkungen der Erwerbsfähigkeit, insbesondere unehelicher Kinder des Erblassers, nicht auf Alimentenvermächtnisse Anwendung finden. b) Sind Alimente bis zur Mündigkeit vermacht, so gilt die s. g. plena pubertas, d. h. bei dem männlichen Geschlechte das 18., bei dem weiblichen das 14. Jahr als die Grenze. l. 14 § 1 D. h. t. 34, 1. c) Eine allgemeine Zurücknahme der Vermächtnisse betrifft im Zweifel das Alimentenvermächtnis nicht, l. 18 § 3 D. h. t. 34, 1. d) Vergleiche über letztwillig hinterlassene Alimente wurden an gerichtliche Bestätigung geknüpft. Vgl. hierüber und über die Erweiterung der Bestimmung oben § 288 Anm. 6.

§ 499. 4. Forderungen als Gegenstand von Vermächtnissen.[1]

Forderungen können in dreifacher Art den Gegenstand eines Vermächtnisses bilden, als Forderungsvermächtnis, Liberationsvermächtnis und Schuldvermächtnis.

1. Das Forderungsvermächtnis — legatum nominis — bezweckt die Übertragung einer Forderung an den Legatar. Meist handelt es sich um Außenstände des Erblassers. Denkbar ist aber auch das Vermächtnis einer Forderung, welche dem Onerierten oder gar einem Dritten zusteht.[2]

Das Vermächtnis des Schuldscheines schließt nach der Intention des Erblassers auch ein Vermächtnis der in ihm verbrieften Forderung in sich, da letztere nach der vulgären Vorstellung sich im Schuldscheine verkörpert.[3]

Als mitvermacht galten nach römischer Auffassung rückständige Zinsen.[4] Mit der Forderung gingen auch ihre Akzessionen über. Für den Bestand[5] oder die Güte der Forderung haftete der Onerierte nicht.[6]

Erlosch die vermachte Forderung zu Lebzeiten des Erblassers durch Zahlung oder in anderer Weise, so endigte das Forderungsvermächtnis, aber es erhielt sich, wenn der Erblasser das Eingenommene oder das hierfür Angeschaffte ersichtlich an die Stelle treten lassen wollte.[7]

Die vermachte Forderung des Erblassers ging unmittelbar mit dem Erbschaftsantritte auf den Legatar über,[8] wie dieser unmittelbar Eigentümer vermachter Sachen wurde. Aber einziehen durfte er die Forderung nur, nachdem der Onerierte darein gewilligt hatte oder hierzu rechtskräftig verurteilt war. Denn auch an körperlichen Sachen durfte der Legatar trotz des unmittelbaren Eigentumserwerbes eigenmächtig Besitz nicht ergreifen.[9] [10]

1) H. Krüger, über Vermächtnisse von Forderungen. Greifsw. Inaug.Diss. 1883.

2) Auch künftige Forderungen können vermacht werden, nicht minder als künftige Sachen.

3) l. 44 § 5 D. de leg. I. Sind in einem Hause, das mit allem, was darinnen ist, vermacht wurde, Schulddokumente aufbewahrt, so gelten in der Regel die bezüglichen Forderungen nicht als mitvermacht, folglich auch nicht die Schulddokumente. l. 86 pr. D. de leg. II, l. 92 § 1 D. de leg. III.

4) l. 34 pr. D. de leg. III.

5) l. 75 § 1 D. de leg. I.

6) arg. l. 22 § 4 D. ad legem Falcidiam 35, 2.

7) l. 11 § 13, l. 64 D. de legatis III. Seuffert, Archiv Bd. 47 n. 124. Nach BGB. § 2173 tritt der Gegenstand im Zweifel an die Stelle der Forderung.

8) l. 18 C. de legatis 6, 37. Wenn die Gläubiger des Erben die vermachte Forderung pfänden, so kann der Vermächtnisnehmer dieselbe also als ihm gehörig in Anspruch nehmen. Anders nach BGB.

9) Die Quellen haben sich hierüber nicht ausgesprochen.

10) Der absonderliche Fall, daß der Gläubiger, welchem Schuldgegenstände alternativ geschuldet waren, einen dieser Gegenstände vermacht, oder gar den einen dem A. und den andern dem B. vermacht, muß einmal Julian begegnet sein, l. 76 D. de leg. I, und so beschäftigen sich mit ihm auch andere Juristen, l. 50 § 1 D. de leg. II, l. 75 § 4 D. de leg. I, nicht minder die Neueren, die aber mit der Entscheidung Julians oft nicht einverstanden sind. Vgl. Krüger a. a. O. Einen ähnlichen, recht verzwickten Fall bei passiver Korrealobligation behandeln Julian l. 82 § 5 D. de leg. I und Pomponius l. 13 pr. D. de leg. II. Vgl. Fitting, Korrealobligation S. 158, S. 180, Krüger a. a. O. S. 9.

2. Befreiung des Legatars von Schulden gegenüber dem Erblasser, dem Erben oder Dritten bildete den Inhalt des Liberationsvermächtnisses.[11] [12] Sie erfolgte unmittelbar mit dem Erbschaftsantritte, wenn der Erblasser oder auch der Erbe der Gläubiger war.[13] Quittung und Rückgabe des Schuldscheins konnte verlangt werden.

Handelte es sich um Befreiung von Ansprüchen Dritter, so hatte sie der Belastete durch Verhandlung mit diesen, eventuell durch Zahlung zu bewirken.

Die Schuld, von welcher die Befreiung vermacht war, mußte im Augenblicke des Todes des Erblassers existieren, sonst blieb das Vermächtnis gegenstandslos. Dem Legatar gebührte im Falle ihrer Nichtexistenz also nicht etwa die angegebene, angebliche Schuldsumme. Allerdings wollte ihn der Erblasser um deren Betrag bereichern, aber er wollte es auf eine besondere Art.[14] [15]

3. Wenn der Schuldner seinem Gläubiger die Zahlung dessen vermachte, was er ihm schuldete, so nannte man dies Schuldvermächtnis — legatum debiti.[16]

In Rom erachtete man das Schuldvermächtnis für nichtig, — inutile, nullum — wenn es nicht in bezug auf Summe oder Zahlungsmodalitäten ein Mehr in sich schloß gegenüber der Schuld. Denn wo blieb sonst die liberale Zuwendung seitens des Erblassers?[17]

---

11) Tit. Dig. de liberatione legata 34, 3. BGB. behandelt diesen Fall nicht besonders.

12) Die direkte Form für das Liberationslegat war: heres damnas esto liberare illum, l. 19 D. h. t. 34, 3 oder „non petere“ — l. 2 pr. D. h. t. — Jedoch gehörte diese Formel erst der Kaiserzeit an, l. 3 pr. D. h. t. 34, 3, § 13 J. de leg. 2, 20. Die ältere Formel, die sich dann auch später im Gebrauche erhielt, war offenbar: „heres meus centum, quos mihi Titius debet, damnas esto ei dare“, l. 25 D. h. t. 34, 3.

13) Der Umfang der Liberation bestimmte sich nach dem Willen des Erblassers. Die Befreiung des Hauptschuldners kam dem Bürgen, die des Bürgen aber nicht dem Hauptschuldner zu gute, l. 2 pr. D. h. t. Die Befreiung eines Korrealschuldners nutzte dem andern nur, wenn sie „socii“ waren, l. 3 § 3 D. h. t.

14) Das Befreiungslegat war streng genommen gegenstandslos, wenn die bezügliche Schuld nicht bestand; denn was nicht existiert, kann auch nicht aufgehoben werden, vgl. l. 13 D. h. t. 34, 3. Dennoch hatte es auch in diesem Falle Bedeutung, wenn die Frage der Existenz der Schuld illiquide war. — Es erlosch durch Untergang der Schuld bei Lebzeiten des Gläubigers, l. 21 D. h. t. 34, 3. Ob der Erblasser das Legat dadurch widerruft, daß er die fragliche Schuld einfordert, ist Tatfrage, die für die Regel zu bejahen ist.

15) Den Römern machte die alte Form des Liberationslegates „decem quae mihi Titius debet ei do lego“ Skrupel. Denn aus ihr konnte man folgern, daß die bezeichnete Summe schlechthin vermacht und nur eine „falsa demonstratio“ zugefügt sei. Dennoch war dies keineswegs begründet, denn die Absicht ging auch bei dieser Formel auf ein Liberationslegat und nichts anderes. So die l. 75 § 2 D. de leg. I; auch die l. 25 D. h. t. kommt zu diesem Resultat. Doch sind die Meinungen der Neueren sehr geteilt. Vangerow Bd. 2 § 555, Arndts § 576 und dort Zitierte. Für das heutige Recht hat man jedenfalls davon auszugehen, daß das „Liberationsvermächtnis“ an sich kein „Summenvermächtnis“ ist.

16) Hartmann im Archiv für ziv. Praxis Bd. 70 n. 8. BGB. enthält keine besonderen Vorschriften.

17) § 14 J. de leg. 2, 20, l. 13, l. 14, l. 25, l. 28 § 13 D. de liber. leg. 34, 3, l. 82 pr. D. de leg. II, l. 1 § 10 D. ad legem Falcidiam 35, 2. Es ist daher nicht zu bezweifeln, daß in Rom, wenn der Legatar aus dem Schuldvermächtnisse klagte, der

Der Erbe kann gegen das Vermächtnis einwenden:

a) daß der Erblasser die Schuld irrtümlicherweise als bestehend ansah,[18]

b) daß er sie bei Lebzeiten durch Zahlung oder in anderer Weise getilgt hat.[19]

c) Bedingungen und Zahlungstermine des Schuldverhältnisses gelten als im Schuldvermächtnisse wiederholt.[20] Hatte der Erblasser, wissend daß er nichts schuldete, eine bestimmte Summe unter der Bemerkung, daß er sie schuldig sei, vermacht, so lag kein Schuldvermächtnis vor, sondern das Vermächtnis einer Summe unter einer falschen Angabe, die nicht schadete.[21]

Der Gläubiger konnte natürlich auch seine ursprüngliche Forderung geltend machen, die er dann selbständig begründen und beweisen mußte. Die letztwillige Erklärung des Erblassers ersetzte diesen Beweis nicht, sondern gab höchstens ein mehr oder minder zu beachtendes Indizium ab.

Das befreiende Erkenntnis in der einen der beiden Klagen stand der anderen Klage nicht entgegen, da sich die Klaggründe nicht deckten.[22]

Der Erblasser konnte auch seinen Erben die Zahlung einer Forderung auflegen, die dem Legatar gegen einen Dritten zustand. Der Onerierte war dann Solidarschuldner neben dem Hauptschuldner.[23]

B. Akkrescenz und Substitution bei Vermächtnissen.

§ 500. Das Anwachsungsrecht bei Vermächtnissen.[1]

Nicht selten kommt es vor, daß der Erblasser ein Objekt derart mehreren vermacht, daß sie sich in dasselbe zu teilen haben. Handelt es sich dabei um eine Summe, so entstehen Teilsummen, wenn um eine Spezies, ideelle Teile.

Erwirbt einer der Legatare nicht, so entsteht die Frage, ob sein Teil bei dem Belasteten verbleibt, oder dem miternannten Legatar zukommt. Es muß sich dies danach richten, ob der Erblasser jedem definitiv nur einen Teil vermachen, oder ob er ihm eventuell das Ganze zuwenden wollte. Soweit dies nicht aus dem Zusammenhange der Verfügungen und ihren Zwecken erhellt, worauf man in erster

---

Schuldner einwenden konnte, er sei die fragliche Summe in gleicher Höhe schuldig, die Legatsklage sei also unbegründet, und daß der Gläubiger daraufhin mit der Klage aus dem Legat abgewiesen werden mußte. Vgl. l. 28 § 14 D. de lib. leg. 34, 3.

18) Dies wegen Irrtums in dem bestimmenden Motive, vgl. oben § 468.

19) l. 1 § 5 D. de dote praelegata 33, 4.

20) § 14 J. de leg. 2, 20, l. 13, l. 14 D. de lib. leg. 34, 3. Peremptorische Exzeptionen galten als remittiert, l. 13 D. eod.

21) l. 75 § 1 D. de leg. I, l. 88 § 10 D. de leg. II.

22) l. 28 § 14 D. de liber. leg. 34, 3.

23) Vgl. auch Ihering in seinen Jahrbüchern Bd. 24 S. 135.

1) Schneider, das altzivile und justinianische Anwachsungsrecht bei Legaten 1837, Arndts bei Glück Bd. 48 S. 1 ff., Samter im Archiv für ziv. Praxis Bd. 60 n. 2. Dort S. 77 die Literatur.

Linie zu sehen hat, ist die Interpretation maßgebend, welche das Gesetz für bestimmte Redewendungen trifft.[2]

1. Der Erblasser hat in demselben Satz — conjunctim — dasselbe Objekte mehreren vermacht, ohne ihnen Teile zuzuweisen, z. B. „dem A. und B. vermache ich mein Haus".

Das galt im alten Rechte beim Vindikationslegate als re et verbis conjunctio, mit anderen Worten als eventuelle Berufung der in einem Satze Verbundenen auf das Ganze so, daß Anwachsungsrecht eintrat. War freilich die Form des Damnationslegates gewählt, so entstanden in diesem Falle schlechthin Teilobligationen nach den allgemeinen Regeln des römischen Obligationenrechtes.[3]

Justinian legte dem einheitlichen Vermächtnisrechte seiner Zeit die Regel des Vindikationslegates zugrunde. Es tritt also Anwachsungsrecht ein. Etwaige Lasten der ausfallenden Portion muß der Kollegatar tragen, er hat dagegen aber auch die freie Wahl, ob er die Anwachsung will oder nicht.[4]

2. Die größte Streitfrage besteht darüber, ob das gleiche Anwachsungsrecht auch einzutreten hat, falls der Erblasser, welcher mehreren dieselbe Sache vermacht, ausdrücklich Teile zufügt, z. B. „A. und B. sollen mein Rittergut je zur Hälfte haben." Man formuliert dies häufig so: Haben „verbis tantum conjuncti" ein Anwachsungsrecht?

An sich gilt der bloß mit einem Teile Bedachte damit nicht ohne

2) § 8 J. de legatis 2, 20. Si eadem res duobus legata sit sive conjunctim sive disjunctim, si ambo perveniant ad legatum, scinditur inter eos legatum: si alter deficiat, quia aut spreverit legatum aut vivo testatore decesserit aut alio quolibet modo defecerit, totum ad collegatarium pertinet. conjunctim autem legatur, veluti si quis dicat „Titio et Sejo hominem Stichum do lego": disjunctim ita „Titio hominem Stichum do lego, Sejo Stichum do lego." sed et si expresserit „eundem hominem Stichum", aeque disjunctim legatum intellegitur.

3) Siehe das Nähere bei Gajus, Inst. II §§ 199, 205, 223. Ulpian. fragm. XXIV. §§ 12, 13. Salkowski a. a. O. S. 4 Anm. 9.

4) l. un. § 11 C. de caducis tollendis 6, 51. Ubi autem legatarii vel fideicommissarii duo forte vel plures sunt, quibus aliquid relictum sit, si quidem conjunctim hoc relinquatur et omnes veniant ad legatum, pro sua portione quisque hoc habeat. Sin vero pars quaedam ex his deficiat, eam omnibus, si habere maluerint, pro virili portione cum omni suo onere adcrescere vel, si omnes noluerint, tunc apud eos remanere, a quibus derelictum est: cum vero quidam voluerint, quidam noluerint, volentibus solummodo id totum accedere Sin autem disjunctim fuerit relictum, si quidem omnes hoc accipere et potuerint et maluerint, suam quisque partem pro virili portione accipiat .. Sin vero non omnes legatarii, quibus separatim res relicta sit, in ejus adquisitionem concurrant .. apud ipsum qui habet solida res maneat nullius concursu deminuta .. Sin autem ad deficientis personam onus fuerit collatum, hoc non sentiat is, qui non alienum, sed suum legatum imminutum habet. Et varietatis non in occulto sit ratio, cum ideo videtur testator disjunctim haec reliquisse, ut unusquisque suum onus, non alienum agnoscat. nam si contrarium volebat, nulla erat difficultas conjunctim ea disponere. Auch nach BGB. § 2158 tritt, wenn mehreren derselbe Gegenstand vermacht ist, Anwachsung ein. Doch kann sie der Erblasser ausschließen. Sind einige der Bedachten zu demselben Anteile berufen, so tritt die Anwachsung zunächst unter ihnen ein. § 2159 bestimmt indessen: Der durch Anwachsung einem Vermächtnisnehmer anfallende Anteil gilt in Ansehung der Vermächtnisse und Auflagen, mit denen dieser oder der wegfallende Vermächtnisnehmer beschwert ist, als besonderes Vermächtnis.

weiteres eventuell als zum Ganzen berufen; aus den Umständen des Falles kann sich aber ergeben, daß solche Legatare eventuell das Ganze erhalten sollten. Dann sind aber die scheinbar bloß „verbis conjuncti" in der Tat auch „re conjuncti".[5]

3. In Rom war es gewöhnlich, daß man die mehreren Legatare „disjunctim", d. h. in verschiedenen Sätzen auf dieselbe Sache berief, z. B. dem „A. vermache ich den Stichus, dem B. vermache ich den Stichus auch". Dies galt beim Vindikationslegat als „re tantum conjunctio", gab also Akkreszenzrecht; ganz anders freilich beim Damnationslegat.

Justinian adoptierte auch hier die Regel des Vindikationslegates. Er verordnete, daß der Kollegatar in diesem Falle die dem ausfallenden Kollegatar aufgelegten Lasten nicht tragen solle, dagegen aber auch die Anwachsung nicht zurückweisen könne, wenn er seinen Teil erwirbt.[6]

Der Grundsatz portio portioni accrescit gilt auch für Legate. Der Legatar braucht daher die Anwachsung nicht zu erleben.[7]

§ 501. Die Substitutionen bei Vermächtnissen.

Es sind Substitutionen bei Vermächtnissen möglich, nämlich:

1. direkte Substitutionen entsprechend der Vulgarsubstitution bei Erbeseinsetzungen auf den Fall, daß der zunächst Honorierte das Vermächtnis nicht erwirbt.

Die Substitution ist in der Regel als erledigt anzusehen, sobald dem zunächst Honorierten das Vermächtnis zediert, auch wenn er den Erbschaftsantritt nicht erlebt.[1]

Im Falle der Repudiation durch den zuerst Honorierten rückt aber der Substitut ein, da sie so wirkt, als hätte der Repudiierende nicht erworben.[2]

2. Durch fideikommissarische Substitutionen werden sukzessive Vermächtnisse begründet, bei welchen die vermachte Sache zuerst dem einen, und dann, sei es nach Zeit oder unter Bedingungen oder auch sofort, dem anderen zugedacht ist.[3]

Erwirbt der Vermächtnisnehmer nicht, so gilt der Erbe als mit dem Nachvermächtnisse belastet.

Eine besondere Art des sukzessiven Vermächtnisses ist das römische Familienfideikommiß.

Dasselbe weicht weit ab von dem deutschrechtlichen Familienfideikommisse, mit dem es nicht viel mehr als den Namen gemeinsam hat.

Allerdings war auch das römische Familienfideikommiß ursprünglich

---

5) Nach BGB. § 2158 Abs. 1 Satz 2 tritt Anwachsung auch dann ein, wenn der Erblasser die Anteile der Bedachten bestimmt hat.

6) Nach BGB. gilt das oben Anm. 4 Gesagte.

7) Vgl. oben § 480.

1) l. 50 pr., l. 77 § 13 D. de leg. II, l. 3 § 1 D. de adimendis leg. 34, 4. Zimmern im Archiv für ziv. Praxis Bd. 9 n. 18. BGB. § 2190.

2) l. 6 C. de leg. 6, 37.

3) Vgl. auch BGB. § 2191.

den Agnaten bestimmt.[4] Aber nach der Entwicklung der späteren Zeit galt es für alle, auch kognatische Familiengenossen und in deren Ermanglung selbst für deren Ehegatten.[5]

Eine bestimmte Erbfolgeordnung bildete sich beim römischen Familienfideikommisse nicht aus. Der jeweilige Inhaber durfte dessen Objekt beliebig einem Familiengenossen zuwenden.[6] Dasselbe konnte auch im Miteigentume mehrerer Familienglieder stehen.

Dagegen durfte das Objekt des Fideikommisses nicht aus der Familie, sei es durch Verfügung unter Lebenden oder von Todes wegen herausgebracht werden. Bei Zuwiderhandlungen konnten es die Familienglieder in Anspruch nehmen,[7] wobei die dem Grade nach nächsten auch das nächste Recht auf dasselbe hatten.[8]

Das römische Familienfideikommiß dauerte nicht für immer. Vielmehr wurde sein Objekt in der vierten Hand freies Gut.[9]

C. Das Prälegat.[1]

§ 502. Begriff und Wirkungen des Prälegates.

Auch ein Erbe kann mit Vermächtnissen honoriert werden. Diese Vermächtnisse nannte man Prälegate und unterschied solche im weiteren und engeren Sinne.

Prälegate im weiteren Sinne nannte man Vermächtnisse zu gunsten eines Erben, deren Entrichtung seinen Miterben oder Dritten auferlegt wurde. Hierher gehörten Vermächtnisse, welche ein Voraus aus der Erbschaft zuwenden sollten. — Voraus- oder Ausscheidungs-

4) l. 32 § 6 D. de leg. II beschränkt es auf Personen „ex nomine defuncti“ die l. 69 § 4 D. eod. läßt auch die „emancipati“ zu.

5) l. 5 C. de V. S. 6, 38.

6) l. 67 pr. § 2 D. de leg. II, l. 114 § 17 D. de leg. I.

7) Wer zur Veräußerung an Fremde seine Zustimmung gibt, verliert sein Recht, l. 11 C. de fideicommissis 6, 42.

8) l. 69 § 3 D. de leg. II. Die Quellen sprechen sich nicht darüber aus, ob die Gradesnähe mit dem Stifter oder die mit dem letzten Inhaber maßgebend ist. Mit Recht nimmt Windscheid Bd. 3 § 637 Anm. 5 als dem Willen des Stifters entsprechend an, daß sich die Gradesnähe „was die zur Zeit des Todes des Erblassers Lebenden angeht, nach dem Erblasser, in betreff der später Geborenen nach dem letzten Inhaber“ bestimme.

9) Die Novelle 159 bestimmt dies nur für einen Fall, in welchem ein Vorgänger in der Unmündigkeit verstarb. Doch auf dieses besondere und wohl zufällige Moment legt die gemeine Meinung kein Gewicht; vgl. Pfeiffer, praktische Ausführungen Bd. 3 S. 54. Anders Windscheid Bd. 3 § 637 Anm. 7. Überhaupt ist zu vergleichen Stölzel über fideik. Subst. bei Gruchot Bd. 19 S. 641, Rosin in Iherings Jahrb. Bd. 32 n. 7 S. 323, 391. Nach Einf.Ges. z. BGB. Art. 59 bleiben die landesgesetzlichen Vorschriften über Familienfideikommisse unberührt.

1) Die Monographien über Prälegate stellt Arndts bei Glück Bd. 47 S. 22 und 23 zusammen. Es gehört dahin namentlich das weitschichtige Werk von Buchholtz 1850. Dazu kam Kretschmar, die Natur des Prälegats 1884; ferner Bonfante im bulletino dell' istituto di diritto romano Bd. 7 S. 187 ff.

vermächtnisse —;[2] gemäß der Absicht des Erblassers sah man sie so an, wie wenn das Vermachte nicht zur Erbschaft gehörte.[3]

Besondere Rechtssätze galten aber in Rom für Prälegate im engeren Sinne, d. h. Vermächtnisse zugunsten eines Miterben, deren Entrichtung den Erben als solchen oblag.[4]

1. Da der Honorierte zu den ernannten Erben gehörte, so hatte das Prälegat auf die Höhe seines Erbteiles keine Geltung.[5] Denn niemand konnte bezüglich desselben zugleich honoriert und oneriert, Berechtigter und Verpflichteter sein.

2. Der Prälegatar, welcher seinen Erbteil erwarb, behielt in der Regel den ihm von sich selbst, also ungültig vermachten Teil seines Prälegates als Erbe, während ihm die anderen Teile als Legatar zukamen. Er erlangte daher doch das Ganze der vermachten Sache, und es konnte gleichgültig erscheinen, daß er es nur zum Teil als Vermächtnis, zum Teil aber als Erbe erhielt. Jene Unterscheidung zog indessen erhebliche Folgen nach sich. Vor allem wurde ihm der Teil des Prälegates, welcher ungültig vermacht war und den er als Erbe besaß, in die Falzidische Quart eingerechnet, was bei ihm zugewendeten Vermächtnissen nicht geschah.[6] Ferner mußte er dann, wenn ihm die Herausgabe seines Erbteils an einen Universalfideikommissar auferlegt wurde, als einen Bestandteil desselben in der Regel den Teil des Prälegates mit erstatten, welcher ungültig vermacht war.[7]

III. Schenkungen auf den Todesfall.

§ 503. Begriff und Arten der Schenkungen auf den Todesfall.[1]

I. Schenkungen auf den Todesfall oder von Todes wegen[2] — mortis causa — werden für den Fall gemacht, daß der Schenker vor dem Beschenkten stirbt.[3]

---

2) Vgl. Bernstein, zur Lehre vom römischen Voraus — legatum per praeceptionem in der Zeitschr. der Sav.Stftg. rom. Abt. Bd. 15 S. 26. Die interessante Untersuchung läßt freilich manche Bedenken bestehen.

3) Daß jedes einem der Miterben zugewendete „Voraus" rechtlich als ein dessen Miterben aufgelegtes Vermächtnis zu behandeln sei, entspricht der Konstruktion des römischen Erbrechts. Vgl. auch l. 14 D. de dote prael. 33, 4 Scaevola libro 15 Digestorum . . . Quaero an eandem summam dotis nomine coheredes extra partem hereditatis minori filiae praestare debeant? respondit eum, cujus notio est aestimaturum, ut eadem quantitas ex communi praecipua minori filiae dotis nomine detur.

4) Der Ausdruck „praelegare" wird in den Quellen für das, was die Neueren „Prälegat" nennen, häufig gebraucht. Doch ist derselbe keineswegs streng technisch und hat oft ganz andere Bedeutungen, vgl. Arndts a. a. O. S. 22.

5) Ulpian. fragm. XXIV § 22. Heredi a semet ipso legari non potest. Vgl. O. Göppert, über den Grund der Regel h. a. s. i. inutiliter legatur. Göttinger Inaug.Diss. 1893. Die Formulierungen der Pandektenjuristen siehe bei Kretschmar a. a. O. S. 17.

6) l. 74 D. ad legem Falcidiam 35, 2, l. 86, l. 91 D. eod.

7) l. 19 § 3 D. ad S. C. Trebellianum 36, 1. Über die hiermit scheinbar im Widerspruch stehende l. 86 D. ad legem Falcidiam ist zu vergleichen Vangerow Bd. 2 § 523 S. 419, Pampaloni in den studi giuridici per il XXXV anno d'insegnamento di Filippo Serafini S. 453 ff.

1) Tit. Dig. de mortis causa donationibus 39, 6, Cod eod. 8, 56. W. Müller, Natur der Schenkung auf Todesfall 1827; Savigny, System Bd. 4 S. 239; Vangerow Bd. 2 §§ 561 ff.; Keller Institutionen S. 343; Alfred Cohen, Schenkung von Todes wegen 1878, ausführliche Münchener Inaug.Diss; Heck, die Lebensversicherung zugunsten Dritter, eine Schenkung auf den Todesfall 1890, insbes. § 4 und neuerdings Bruck, Schenkungen auf den Todesfall.

2) Die ältere deutsche Bezeichnung ist Schenkung auf den Todesfall. Sie ist wohl

Sie werden also erst perfekt mit dem Tode des Schenkers vor dem Beschenkten, und sind wirkungslos, wenn der Schenker den Beschenkten überlebt.[4] Auch kann sie der Schenker in der Regel willkürlich widerrufen,[5] doch ist Verzicht auf dieses Widerrufsrecht zulässig.[6]

Nicht jede Schenkung, die der Schenker in Erwartung seines Todes vornimmt, ist Schenkung auf den Todesfall. Oft handelt es sich hierbei vielmehr nur um eine gewöhnliche Schenkung, unter Hervorhebung ihrer Veranlassung.[7] Ob eine Schenkung auf den Todesfall vorliegt, ist Frage der Interpretation. Die Praxis nimmt eine solche namentlich dann an, wenn sich der Schenker das freie Widerrufsrecht vorbehielt.[8]

II. Die Schenkungen auf den Todesfall wurden bei den Römern wie jede andere Schenkung durch Verträge unter Lebenden errichtet. Der Abschluß war in der gewöhnlichen Weise möglich, also bis zu 500 solidi formlos und darüber hinaus durch gerichtliche Insinuation.

Letztere durfte aber durch Erklärung des Schenkers vor 5 Zeugen ersetzt werden.[9] Die Akzeptation des Beschenkten war auch hierbei notwendig, konnte aber formlos und unter Abwesenden geschehen.

III. Es wurden zwei Arten von Schenkungen auf den Todesfall unterschieden:[10]

a) die eine bezog sich auf den Fall des Todes des Schenkers in einer gegenwärtigen Gefahr. Sie verlor ihre Geltung sobald diese Gefahr überstanden war;

b) die andere wurde an eine bestimmte Todesgefahr nicht gebunden.

IV. Geben, Versprechen, wie auch Verzicht konnten Schenkungen auf den Todesfall bewirken.

---

die charakteristischste. Seit Hasse, rhein. Museum Bd. 2 S. 300 spricht man meist von „Schenkungen Todes halber“ oder in noch engerem Anschluß an die römische Bezeichnung „von Todes wegen“.

3) § 1 J. de donationibus 2, 7: Mortis causa donatio est, cum magis se quis velit habere, quam eum cui donatur, magisque eum cui donat, quam heredem suum. Vgl. l. 1 pr., l. 35 § 2 D. h. t. 39, 6.

4) l. 32 D. h. t. 39, 6. Es ist scharf zu unterscheiden die Schenkung, welche erst mit dem Tode des Schenkers perfekt wird, und das Mittel, durch welches sie sich verwirklicht, die Übereignung des Schenkungsobjekts, diese wird sehr häufig unmittelbar mit der Vollziehung des Schenkungsaktes perfiziert. Das Verhältnis ist kein anderes, wie bei der Übereignung von Objekten zur dos vor dem Abschlusse der Ehe. Eigentum geht auch dabei sofort über, die dos perfiziert sich erst mit dem Eheschlusse. Dies hat namentlich Brinz Aufl. 1 Bd. 2 S. 1461 ausgeführt. Vgl. ferner Cohen a. a. O. S. 45.

5) l. 16, l. 30 D. h. t. 39, 6.

6) l. 13 § 1, l. 35 § 4 D. h. t., Nov. 87 pr. c. 1.

7) l. 27 D. h. t. 39, 6. Marcianus libro 5 regularum: Ubi ita donatur mortis causa, ut nullo casu revocetur, causa donandi magis est quam mortis causa donatio: et ideo perinde haberi debet atque alia quaevis inter vivos donatio. ideoque inter viros et uxores non valet et ideo nec Falcidia locum habet quasi in mortis causa donatione.

8) Seuffert, Archiv Bd. 30 n. 46 und dort zitierte, Cohen a. a. O. S. 11.

9) l. 4 C. h. t. 8, 56. Justinianus a. 530.

10) l. 2—6, l. 8 § 1, l. 31 § 2 in fine D. h. t. 39, 6.

Die Hingabe des Schenkungsobjektes erfolgte auch in der Weise, daß der Beschenkte zunächst nur Detention und erst mit dem Tode des Schenkers juristischen Besitz und Eigentum erhalten sollte; sowohl Besitz als auch das Eigentum waren hierbei suspensiv bedingt. Dergleichen kam nicht leicht anders als bei Schenkungen vor, die an eine unmittelbare Todesgefahr geknüpft waren und bei denen baldige Entscheidung zu erwarten stand.[11]

In der Regel freilich erhielt der auf den Todesfall Beschenkte unmittelbar Besitz und Eigentum mit der Hingabe. Perfizierte sich hinterher die Schenkung nicht, insbesondere weil der Beschenkte vor dem Schenker starb, so hatte der letztere eine condictio, weil der Zweck der Hingabe vereitelt war.[12] Manche römische Juristen betrachteten aber die Übereignung geradezu als resolutiv bedingt, so daß sie der Schenker auflösen konnte, wenn der Beschenkte vor ihm starb.[13] Dies wurde justinianisches Recht. Der Schenker hatte hiernach die Wahl zwischen der condictio, mit welcher er die Bereicherung des Beklagten aus der Beschenkung herausforderte,[14] und der Vindikation des Weggegebenen.

V. Die Schenkungen auf den Todesfall verfolgten ähnliche Zwecke wie die Vermächtnisse. Wie diese entzogen sie dem Verfügenden noch nichts endgültig, minderten aber seinen Nachlaß. Infolgedessen wurden auf sie zahlreiche Sätze der Legatstheorie übertragen.

Dies galt vor allem von Beschränkungen der Legate, namentlich zugunsten der Erbschaftsgläubiger,[15] der Erben[16] und pflichtteilsberechtigter Personen.[17]

11) Vgl. l. 2 D. h. t. 39, 6.

12) l. 35 § 3 D. h. t. Paulus libro 6 ad legem Juliam et Papiam . . . nec dubitaverunt Cassiani, quin condictione repeti possit quasi re non secuta.

13) l. 29 D. h. t. 39, 6. Ulpianus libro 17 ad edictum: Si mortis causa res donata est et convaluit qui donavit, videndum, an habeat in rem actionem. et si quidem quis sic donavit, ut, si mors contigisset, tunc haberet cui donatum est, — also suspensiv bedingt — sine dubio donator poterit rem vindicare: mortuo eo tunc is cui donatum est. si vero sic, ut jam nunc haberet, redderet, si convaluisset vel de proelio vel peregre redisset, potest defendi in rem competere donatori, si quid horum contigisset, interim autem ei cui donatum est. Eine derartige Resolutivbedingung hat wohl schon Julian unter gewissen Voraussetzungen angenommen l. 14 D. h. t. 39, 6; vgl. jedoch auch l. 19, l. 37 § 1 D. eod.

14) Die Kondiktion ging auch auf den vom Beschenkten für die geschenkte Sache erworbenen Kaufpreis, l. 37 § 1 D. h. t., sowie auf die vom Beschenkten gezogenen Früchte, l. 38 § 3 D. de usuris 22, 1. Daß sie nicht über den Betrag der Bereicherung des Beschenkten hinausging, folgte aus der Natur der Sache.

15) Schenkungen auf den Todesfall waren wie Legate nur aus dem Reinbetrag der Hinterlassenschaft geschuldet, wurden also ungültig, im Falle der Insolvenz des Nachlasses, l. 17 D. h. t. 39, 6.

16) Die lex Furia und lex Voconia haben die mortis causa capiones jeder Art wie Legate behandelt. Gaj. Inst. II §§ 225 und 226. Die lex Falcidia hatte Gleiches nicht bestimmt, weil dies in ihr System nicht zu passen schien, wonach dem Erben der vierte Teil der „hereditas" verbleiben sollte, zu der die mortis causa donationes nicht gehörten; aber Sever stellte auch sie bezüglich der Falzidia den Legaten gleich, l. 2 § 2 C. h. t. 8, 56.

17) Vgl. Fitting, über pflichtteilswidrige Schenkungen im Archiv für ziv. Praxis Bd. 50 S. 62. Ferner gehörten hierher Beschränkungen der Kapazität, l. 9, l. 22, l. 35 pr. D. h. t. 39, 6.

Auch gewisse Begünstigungen der Vermächtnisse übertrug man auf Schenkungen von Todes wegen. Justinian ging hierin ziemlich weit. Er bestimmte unter anderem, daß das Akkreszenzrecht[18] der Legatare und die cautio Muciana den auf den Todesfall Beschenkten zu gute kommen solle.[19] Ja er eignete sich sogar den generellen Satz an, daß das Recht der Legate schlechthin auch für Schenkungen auf den Todesfall anzuwenden sei.[20]

Siebentes Kapitel.

Das Universalfideikommiß.[1]

§ 504. Die Anordnung des Universalfideikommisses.

Das Universalfideikommiß — fideicommissum hereditatis — d. h. die Auflage, die Erbschaft oder eine Quote derselben herauszugeben, galt anfangs als Vermächtnis und wurde später wie eine Beerbung behandelt.

Noch zu Anfang der Kaiserzeit unterschied sich das Recht der Universalfideikommisse grundsätzlich nicht vom dem der Fideikommisse überhaupt. Aber unter Nero wurde das S. C. Trebellianum erlassen nach welchem die Rechte und Pflichten des Erben mit der Restitution der Erbschaft auf den Universalfideikommissar übergingen. Nunmehr war das Universalfideikommiß von den gewöhnlichen Vermächtnissen wesentlich verschieden, ohne sich doch von dem Vermächtnisrechte völlig loszulösen. Das ergab einen Dualismus, welchen erst die moderne Gesetzgebung abstreifte. Diese erst brach völlig mit der Regel „semel heres semper heres" und machte aus dem römischen Universalfideikommiß die Einsetzung eines Nacherben, welcher dem Vorerben nach einer festgesetzten Zeit oder unter gewissen Bedingungen folgt.[2] Das römische Recht konnte freilich zu einer solchen Rechtsbildung noch nicht gelangen, wenn es nicht seine Grundlagen verleugnen wollte.

18) l. un. § 14 C. de caducis tollend. 6, 51.

19) nov. 22 cap. 44 § 9.

20) l. 37 pr. D. h. t. 39, 6. Ulpianus libro 15 ad legem Juliam et Papiam: Illud generaliter meminisse oportebit donationes mortis causa factas legatis comparatas: quodcumque igitur in legatis juris est, id in mortis causa donationibus erit accipiendum. Im Sinne Ulpians bezog sich dies wohl nur auf die lex Julia et Papia. Nach BGB. § 2301 gelten Schenkungsversprechen unter der Bedingung, daß der Beschenkte den Schenker überlebt, als Verfügungen von Todes wegen. Unmittelbare Zuwendungen des Geschenkten unter der gedachten Bedingung wurden dagegen wie ein Geschäft unter Lebenden behandelt.

1) Tit. Inst. de fideicommissariis hereditatibus 2, 23, Dig. ad S. C. Trebellianum 36, 1, Cod. 6, 49, Gaj. Inst. II §§ 252—258. Fritz Mielke, Universalfideikommiß und Nacherbschaft 1901. Vgl. oben § 455.

2) Dieser Gedanke lag bereits den Bestimmungen des ALR. für die preußischen Staaten zugrunde I, 12 § 532 und §§ 466 ff. und war bestimmt ausgesprochen im österreichischen bürgerl. Gesetzbuch § 608. BGB. § 2100 bestimmt: Der Erblasser kann einen Erben in der Weise einsetzen, daß dieser erst Erbe wird, nachdem zunächst ein anderer Erbe geworden ist (Nacherbe).

1. Da das Universalfideikommiß zunächst ein Vermächtnis bildete, so geschah seine **Anordnung nach Vermächtnisrecht**. Sie konnte also in Testamenten, Kodizillen und selbst mittels Oralfideikommisses erfolgen.[3][4] Auch der **Widerruf** ging nach den Regeln der Vermächtnisse vor sich also formlos.

2. Gegenstand des Universalfideikommisses war der **Nachlaß des Erblassers im ganzen oder eine Quote seines Nachlasses.**[5]

Nur solche Anordnungen bildeten Universalfideikommisse, welche eine mittelbare Universalsukzession bezweckten. Daher war die bloße Zuwendung des **Betrages** einer Quote der Erbschaft ein einfaches Vermächtnis.[6]

3. Nur **Universalsukzessoren** des Erblassers waren mit einem Universalfideikommisse belastbar, also namentlich Testaments- oder Intestaterben und die Erben dieser Personen.[7]

4. Das Universalfideikommiß wurde meist an Zeitbestimmungen oder Bedingungen geknüpft. Häufig hinterließ man es für den Fall des Todes des Erben; dann galt der Erbe des Erben als belastet.[8]

Der Zweck der Universalfideikommisse bestand in der Regel darin, dem **fiduziarischen Erben** die **Nutzungen der Zwischenzeit**, dem **Universalfideikommissar** aber die **Substanz** zuzuwenden. Der Fiduziar behielt daher regelmäßig die Nutzungen vom Erbschaftsantritte bis zur Herausgabe der Erbschaft, beziehungsweise bis zu seinem Verzuge in der Herausgabe.[9]

Der Erblasser konnte aber auch andere Zwecke mit dem Universal-

---

3) § 12 J. h. t. 2, 23.

4) Ein wesentlicher Unterschied bestand darin, daß Vermächtnisse im Falle der Insolvenz der Erbschaft ungültig wurden, das Universalfideikommiß aber nicht. Die Gründe hierfür liegen auf der Hand.

5) Nur bei Soldaten verhält es sich infolge ihres besonderen Privilegs anders. Unzweideutig hebt dies nach Mäcianus hervor Ulpianus libro 4 fideicommissorum l. 17 § 6 D. h. t. 36, 1: „et quamvis placeat, cum quis hereditatem bonaque, quae sibi ab aliquo obvenerunt vel quae in aliqua regione habet, restituere rogat, ex Trebelliano non transeant actiones, tamen contra responderi in militis testamento ait“. Man erkennt allgemein an, daß die Senatuskonsulte Anwendung auf „vom Erben zu erwerbende Erbschaften fremder Erblasser“ nicht fanden, l. 28 § 9 D. h. t.

6) Das klassische Recht kannte neben dem Universalfideikommiß das **legatum partitionis**, vermöge dessen der Erbe die Nachlaßobjekte mit dem Legatar zu teilen hatte, dieser aber dafür versprechen mußte, für einen entsprechenden Teil der Erbschaftsschulden aufzukommen. Ulpian. fragm. XXIV § 25. XXV §§ 14 und 15. Noch in den Pandekten finden sich zahlreiche Stellen, welche die partitio legata behandeln. Vgl. Vangerow Bd. 2 § 556.

7) l. 1 § 8 D. h. t. 36, 1. Auch einem Universalfideikommissar konnte ein sukzessives Universalfideikommiß auferlegt werden. § 11 J. h. t. 2, 23, l. 1 § 8 D. h. t. 36, 1, vgl. l. 57 § 2 D. eod., l. 7 § 1b und c. C. h. t. 6, 49.

8) Vgl. auch BGB. § 2106. Nach § 2109 wird die Einsetzung eines Nacherben regelmäßig mit dem Ablaufe von dreißig Jahren nach dem Erbfall unwirksam, wenn nicht vorher der Fall der Nacherbfolge eingetreten ist.

9) Dies galt allgemein und daher auch für unbetagte, unbedingte Universalfideikommisse, was Ulpian libro 15 ad Sabinum l. 19 pr. D. h. t. 36, 1 ausspricht: In fideicommissari ahereditati srestitutione constat non venire fructus, nisi mora facta est aut cum quis specialiter fuerit rogatus et fructus restituere, l. 28 § 1 D. eod.

fideikommisse verfolgen und die Herausgabe der Nutzungen der Zwischenzeit an den Universalfideikommissar anordnen.

§ 505. Die Rechtsverhältnisse bis zur Restitution.

Die Rechtsverhältnisse waren bis zur Restitution des Nachlasses denen der Singularvermächtnisse im wesentlichen gleichartig.

1. Insbesondere galt dies hinsichtlich der Weise des Erwerbes.[1]

Der Todestag des Erblassers war regelrecht der „dies cedens" und begründete also Vererblichkeit des Universalfideikommisses. Bei bedingten oder an einen ungewissen Termin geknüpften Universalfideikommissen trat die Vererblichkeit erst mit dem bedingenden Ereignisse ein.[2]

Auch für das Universalfideikommiß galt als Regel, daß es nur durch den Erwerb der Erbschaft seitens der Erben zu Kräften gelange. Repudiation stand auch dem Universalfideikommissar frei.[3]

Die Wirkungen des Erwerbes gestalteten sich dagegen zum Teil anders als bei Singularvermächtnissen. Dem Universalfideikommissar stand nur eine Forderung auf Restitution der Erbschaft zu. Unrichtig ist die Meinung, daß er Eigentümer der Nachlaßsachen vor der Restitution wurde,[4] denn nicht die Nachlaßsachen bildeten den Gegenstand des Universalfideikommisses, sondern die Restitution des Gesamtnachlasses.[5]

2. Der Fiduziar wurde Erbe mit den Rechten und Pflichten eines solchen, also Eigentümer der Erbschaftssachen, Gläubiger der Erbschaftsforderungen, Schuldner der Erbschaftsschulden.

Die Forderungen und die Schulden des Fiduziars gegen den Erblasser erloschen mit dem Erbschaftsantritte durch Konfusion.[6] Entsprechendes galt für dingliche Rechte, z. B. für Servituten des Erben an Grundstücken des Erblassers.[7]

Im weiteren Verlauf besteht jedoch ein wichtiger Unterschied zwischen den Forderungen und den dinglichen Rechten. Die durch Konfusion untergegangenen Forderungen nämlich leben mit der Restitution der Erbschaft nicht von selbst wieder auf, da der Erbschaftsantritt durch die Restitution keineswegs zunichte gemacht wird, vielmehr die Basis des Verhältnisses bleibt. Allerdings hat in der Regel Neubegründung jener Forderungen bei der Restitution zu geschehen, sie findet jedoch keineswegs immer statt. Denn der Erblasser hat möglicherweise die Absicht, seine Schuld an den Fiduziar durch Zuwendung der Nutzungen des Nachlasses zu tilgen, so daß eine Wiederherstellung der Forderung unzulässig ist.

1) Oben § 494.
2) Im wesentlichen übereinstimmend BGB. § 2108 Abs. 2.
3) Vgl. BGB. § 2142.
4) Dies verteidigt Brinz Bd. 3 S. 442. Vgl. dagegen Windscheid Bd. 3 § 665 Anm. 1.
5) BGB. § 2139 bestimmt: Mit dem Eintritte des Falles der Nacherbfolge hört der Vorerbe auf, Erbe zu sein, und fällt die Erbschaft dem Nacherben an.
6) l. 61 pr., l. 82 D. h. t. 36, 1.
7) l. 75 § 1 D. h. t. 36, 1.

Dingliche Rechte dagegen, welche durch die Konfusion untergingen, leben von selbst wieder auf, damit sie ihre frühere Priorität wieder erhalten.[8]

Ein gesetzliches Veräußerungsverbot untersagte dem Fiduziar die Veräußerung der Nachlaßobjekte.[9] Das Verbotsgesetz sprach nicht von Nachlaßforderungen.[10] Ihretwegen war daher der Universalfideikommissar nur durch die ihm zu bestellende Sicherheit gedeckt.

Veräußerung von Nachlaßobjekten wurde dem Fiduziar teils geboten, teils gestattet:

a) Sie war geboten, wenn sie durch eine sorgfältige Verwaltung gefordert wurde. Insbesondere mußte sie zur Befriedigung der Erbschaftsgläubiger geschehen.[11]

b) Der Erblasser konnte sie ferner durch letztwillige Erklärungen gestatten oder auch zur Pflicht machen.

c) Sie war endlich zulässig, wenn der Universalfideikommissar in sie willigte.[12]

Der Fiduziar stand dem Universalfideikommissar nicht schlechthin für leichte Verschuldung ein, haftete vielmehr nach Art eines Miteigentümers nur für die Sorgfalt, die er in eigenen Angelegenheiten anzuwenden pflegte.[13]

§ 506. Der Eintritt des Universalfideikommissars in die Erbenstellung.

Die Erbenstellung ging auf den Universalfideikommissar in der Regel durch Restitution seitens des Fiduziars über, unter Umständen ohne solche kraft Urteils oder unmittelbar infolge Gesetzes.[1]

---

8) BGB. § 2143 besagt: Tritt die Nacherbfolge ein, so gelten die infolge des Erbfalls durch Vereinigung von Recht und Verbindlichkeit oder von Recht und Belastung erloschenen Rechtsverhältnisse als nicht erloschen.

9) l. 3 §§ 2—4 C. comm. de leg. 6, 43. Anders Seuffert, das gesetzliche Veräußerungsverbot S. 40.

10) Anders Windscheid Bd. 3 § 665 Anm. 8; vgl. aber Seuffert a. a. O. S. 71.

11) l. 23 § 3 D. h. t. 36, 1. Dem Fiduziar war gestattet, Teile des Nachlasses zu einer Dotierung, wie auch zu einer propter nuptias donatio zu verwenden, worüber das Nähere l. 23 § 4 D. h. t. 36, 1, nov. 39 cap. 1, Seuffert a. a. O. S. 119.

12) l. 11 C. de fideicommissis 6, 42. Seuffert a. a. O. S. 121. Nach BGB. § 2113 sind Verfügungen des Vorerben über Grundstücke und Grundstücksrechte, sowie unentgeltliche Verfügungen über Erbschaftsgegenstände im Falle des Eintritts der Nacherbfolge insoweit unwirksam, als sie das Recht des Nacherben vereiteln oder beeinträchtigen würden. Dasselbe gilt nach § 2115 BGB. von Verfügungen, die im Wege der Zwangsvollstreckung oder der Arrestvollziehung oder durch den Konkursverwalter erfolgen, es sei denn zur Befriedigung der Nachlaßgläubiger. Gestattung des Erblassers — § 2136 — sowie Einwilligung des Nacherben — 2120 — beseitigen die Beschränkungen des Vorerben. Über die rechtliche Stellung des Vorerben vgl. ferner die §§ 2116—2119, 2121—2123, 2127—2129, 2134 BGB.

13) l. 23 § 3 D. h. t. 36, 1, Arndts § 583. Anders Windscheid Bd. 3 § 665 Anm. 7, Salkowski a. a. O. S. 243, namentlich aber Pernice, Labeo Bd. 2 Abt. II, 1 S. 217. Wie hier BGB. § 2131.

1) Brinz Bd. 3 S. 442 bezeichnet mit Unrecht die Restitution als eine „einseitige" Erklärung des Fiduziars an den Fideikommissar. Es bedarf auch des Willens des Universalfideikommissars, die Erbschaft zu übernehmen. Hatte also die Restitution an einen Pupillen zu geschehen, so wurde Autorität des Vormundes verlangt. l. 38 § 2 D. h. t. 36, 1, vgl. ferner l. 42 D. eod.

1. Die Restitution geschah durch Vertrag zwischen Fiduziar und Fideikommissar. Der Vertrag konnte in Worte gefaßt — verbis — oder stillschweigend in der Übergabe der Nachlaßobjekte — re — enthalten sein.[2] Mit der Restitution verband sich in der Regel eine Auseinandersetzung der Beteiligten. Insbesondere konnte der Fiduziar zugleich Herstellung seiner durch den Erbschaftsantritt untergegangenen Forderungen gegen den Erblasser verlangen,[3] nicht minder Ersatz notwendiger Verwendungen[4] auf den Nachlaß, soweit sie sich nicht mit dem Fruchtertrage kompensierten; ferner Abnahme oder Deckung der für den Nachlaß persönlich von ihm eingegangenen Verbindlichkeiten und Kautionen wegen künftig hervortretender Benachteiligungen, wenn solche zu befürchten waren.

Da die Restitution ihre Kraft der letztwilligen Verfügung des Erblassers entnahm, so wirkte sie nur nach deren Vorschrift, daher nicht vor der in dieser Verfügung bestimmten Zeit, und nicht in höherem Maße als diese anordnete.[5]

Von der rechtlichen ist die tatsächliche Restitution zu unterscheiden, d. h. die Übergabe der Nachlaßsachen seitens des Fiduziars an den Fideikommissar.

2. Rechtskräftige Verurteilung des Fiduziars, welcher die Restitution hintanhielt, ersetzte dieselbe.[6]

3. Die Vorbedingung der Restitution war der Erbschaftserwerb durch den Fiduziar. In der Regel ist der Erbschaftsantritt Sache des freien Beliebens des Berufenen. Für den Fiduziar aber, dem die Restitution eines Universalfideikommisses auferlegt war, trat nach dem S. C. Pegasianum Zwang ein, welcher vom Magistrate auf Antrag des Universalfideikommissars ausgeübt wurde.[7] Die Römer betrachteten es also als Bürgerpflicht, daß der Fiduziar das Vertrauen des Erblassers nicht täusche und die Erbschaft behufs der Restitution antrete, sofern er nur gegen materiellen Nachteil gesichert war.

4. In drei Fällen trat Übergang der Erbenstellung kraft Gesetzes ohne Restitution oder Urteil ein:[8]

a) bei Abwesenheit des Fiduziars ohne Vertreter;

b) im Falle des Versterbens des Fiduziars vor dem Erblasser, oder des Versterbens nachher ohne Hinterlassung eines Erben;

c) endlich falls einem Universalfideikommissar die Herausgabe des Nachlasses auferlegt war.

---

2) l. 38 pr. D. h. t. 36, 1.

3) l. 61 pr. D. h. t. 36, 1. Oben § 505 Anm. 6—8.

4) Vgl. oben § 487 Anm. 11. Über den Ersatzanspruch des Vorerben wegen der Verwendungen nach BGB. vgl. §§ 2124—2126 das.

5) l. 10 D. h. t. 36, 1.

6) ZPO. § 894.

7) Oben § 455, l. 17 D. si quis omissa causa testamenti 29, 4, l. 4 D. h. t. 36, 1.

8) l. 7 C. h. t. 6, 49, vgl. l. 13 § 4, l. 14 D. de test. milit. 29, 1.

In den beiden ersten Fällen wurde der Universalfideikommissar behandelt, wie wenn er zugleich Vulgarsubstitut wäre.[9]

§ 507. Die Rechtsverhältnisse nach der Restitution.

Mit der freiwilligen und der kraft Urteils oder Gesetzes vollzogenen Restitution an den Universalfideikommissar änderte sich die Rechtslage vollständig.

1. Der Universalfideikommissar war nunmehr der mittelbare Universalsukzessor des Erblassers[1] nach dem Maße der Restitution. Er erlangte also das Eigentum der Nachlaßsachen, selbst wenn ihm deren Besitz noch nicht übertragen war,[2] er wurde Gläubiger der Erbschaftsforderungen, Schuldner der Erbschaftsschulden. Ihm stand die hereditatis petitio fideicommissaria zu,[3] und er hatte die actio familiae erciscundae sowohl gegen den Fiduziar, welchem ein Teil des Nachlasses verblieb,[4] wie gegen die Miterben desselben.

Auf den Universalfideikommissar ging der Nachlaß in dem Zustande über, in dem er sich zur Zeit der Restitution befand; daher gebührte ihm auch, was erst der Fiduziar für den Nachlaß erworben hatte.[5]

2. Dem Fiduziar kam, soweit er restituierte, materiell die Erbenstellung nicht mehr zu. Doch behielt er die Erbbegräbnisse.[6]

Hinsichtlich der Prälegate wurde derjenige Teil, welchem der Fiduziar, weil er von ihm ungültig vermacht war, nur als Erbe besaß, von den übrigen Teilen unterschieden, die ihm von seinen Miterben zukamen. Der erstere ging als Bestandteil der Erbschaft mit deren Restitution auf den Universalfideikommissar über, die letzteren Teile des Prälegates verblieben dem Fiduziar als Vermächtnisse.[7]

Ausgedehnter waren die Rechte des Universalfideikommissars, wenn sich der Fiduziar zum Antritte der Erbschaft zwingen ließ. Dann gingen alle Vorteile der Erbschaft auf den Universalfideikommissar über. Daher kam ihm gegenüber das Recht des Erben auf Abzug der Quart nicht zur

---

9) Nach BGB. § 2102 ist dies zur Regel geworden. Die Einsetzung als Nacherbe enthält im Zweifel auch die Einsetzung als Ersatzerbe.

1) l. 39 D. h. t. 36, 1. Paulus libro 20 ad edictum: non enim solutio est hereditatis restitutio, sed et successio, cum obligetur.

2) l. 65 pr. D. h. t. 36, 1. Gajus libro 2 fideicommissorum: Facta in fideicommissarium restitutione statim omnes res in bonis fiunt ejus, cui restituta est hereditas, etsi nondum earum nactus fuerit possessionem.

3) l. 1 § 2 D. h. t. 36, 1, l. 28 § 7 D. eod. Über die Formel der Klagen vgl. Lenel, edictum Aufl. 2 S. 179.

4) l. 40 D. familiae erciscundae 10, 2.

5) l. 75 D. h. t. 36, 1, l. 22 D. de pecunia constituta 13, 5. Vgl. BGB. §§ 2111, 2130, 2132.

6) l. 43 § 1 D. h. t. 36, 1.

7) Siehe oben § 502 Anm. 7. Pampaloni in den studi giuridici per il XXXV anno d'insegnamento di Filippo Serafini S. 453 ff. Da heute Vorvermächtnisse stets als ein Voraus betrachtet werden, so sind sie dem Fiduziar ganz zu belassen. Dies gilt nach BGB. § 2110 Abs. 2. Danach erstreckt sich das Recht des Nacherben im Zweifel nicht auf ein dem Vorerben zugewendetes Vorausvermächtnis.

Anwendung und er erlangte dessen Recht auf die Quart gegenüber Singularvermächtnissen.[8] Ferner fiel ihm, auch wenn ihm nur das Universalfideikommiß eines Teiles der Erbschaft letztwillig zugewendet war, alles zu, was der Fiduziar außerdem ererbt hatte, sei es von vornherein, sei es durch Anwachsung.[9] [10]

Andererseits wurde der gezwungene Fiduziar von allen Nachteilen des Antrittes befreit.[11]

3. Der Fiduziar hat das Recht auf die quarta Trebelliana.

Im allgemeinen sind für sie die Grundsätze der Falzidia maßgebend,[12] namentlich auch bezüglich aller Gegenstände der Einrechnung. In der Regel hat sich der Fiduziar also nur einzurechnen, was er als Erbe empfing, wohin unter anderem auch der ihm gemäß des Willens des Erblassers aus dem Nachlasse zukommende Fruchtertrag gehörte,[13] ferner, was er bei der Restitution des Nachlasses an Erbschaftssachen zurückhalten durfte.[14] Auch was ihm der Fideikommissar für die Erbschaft nach der Anordnung des Erblassers zu zahlen hatte, mußte er einrechnen.[15]

Der Fiduziar zog sich die Quart durch Zurückhaltung einer entsprechenden Erbschaftsquote ab. Er blieb insoweit also materiell Erbe.[16]

4. Der Erblasser ordnete nicht selten außer dem Universalfideikommiß noch Vermächtnisse an.

Sie fielen dem Universalfideikommissar in vollem Umfange zur Last, wenn ihm die ganze Erbschaft restituiert wurde, dagegen nur zum Teil bei partieller Restitution.[17] Dem Fiduziar aber konnte, sofern er freiwillig antrat, seine Quart weder durch das Universalfideikommiß, noch durch die Spezialvermächtnisse verkürzt werden.[18]

---

8) l. 15 § 4, l. 4, l. 29 § 2 D. h. t. 36, 1, l. 65 § 11 D. eod.

9) l. 17 § 9 D. h. t. 36, 1.

10) Gewisse Vorteile bleiben dem Fiduziar auch im Falle des erzwungenen Antrittes, namentlich behält er, was ihm nicht aus der Erbschaft zukam, wie das condicionis implendae causa datum l. 44 §§ 4 und 5 D. de cond. et dem. 35, 1, was er nicht „judicio testantis" empfing. l. 28 § 1 D. h. t. 36, 1. Vgl. Vangerow Bd. 2 § 558 S. 551.

11) l. 28 § 15 D. h. t. 36, 1. Julianus libro 40 digestorum: nam sicut exi plendae fidei gratia cogendus est adire hereditatem, ita ob id ipsum damno afficinon debebit. Daher hat der Fiduziar im Zwangsverfahren dilatorische Einreden, wodurch er Beseitigung jeder Beschädigung erzwingt. Brinz Bd. 3 S. 447.

12) Dernburg im Archiv für ziv. Praxis Bd. 47 S. 307; Vangerow Bd. 2 § 536 S. 479. Dies ergibt mit Sicherheit die historische Entwickelung. Es handelte sich nur um eine Ausdehnung der Falzidia. Gaj. Inst. II § 254: Pegaso et Pusione consulibus Senatus censuit, ut ei, qui rogatus esset hereditatem restituere, proinde liceret quartam partem retinere, atque e lege Falcidia in legatis retinendi jus conceditur.

13) l. 23 § 2 D. h. t. 36, 1, l. 60 § 5 D. eod., l. 18 § 1 D. ad legem Falcidiam 35, 2. Vgl. Vangerow Bd. 2 § 536 S. 490.

14) § 9 J. h. t. 2, 23, l. 91 D. ad legem Falcidiam 35, 2.

15) l. 60 § 3 D. h. t. 36, 1, l. 91 D. ad legem Falcidiam 35, 2.

16) Dies hat Justinian bestimmt, § 7 J. h. t. 2, 23. Das BGB. hat die Quarta Trebelliana beseitigt.

17) l. 2 C. h. t. 6, 49, l. 1 § 19, l. 15 § 1 D. ut legat. causa cav. 36, 3.

18) Das Nähere siehe bei Vangerow Bd. 2 § 559 S. 552.

§ 508. Das Fideikommiß auf den Überrest.[1]

1. Häufig wurde dem Fiduziar nur auferlegt, den Nachlaß herauszugeben, soweit er sich zur Zeit seiner Restitutionspflicht noch bei ihm vorfinden sollte — fideicommissum ejus quod superfuturum erit.[2]

Damit gab der Erblasser dem Fiduziar das Recht zu freier Verfügung. Trotzdem aber haftete er für Untreue, d. h. für alles, was er zur Vereitelung der Rechte des Fideikommissars dolos tat oder unterließ.[3] [4]

2. Justinian aber erklärte aus vermeinter Billigkeit bei solchen Fideikommissen zudem den vierten Teil des Nachlasses als unter allen Umständen dem Fideikommissar zustehend, so daß der Fiduziar dieses letzte Viertel nur in gewissen, gesetzlich bestimmten Notfällen antasten durfte.[5] Wegen dieses Viertels hatte der Fideikommissar auch ein Recht auf Kautionsstellung, sofern sie der Erblasser nicht erließ, was nicht gerade ausdrücklich zu geschehen brauchte.[6]

3. Herauszugeben war nicht bloß, was der Erblasser ursprünglich hinterließ, sondern auch, was der Fiduziar gegen Nachlaßobjekte erwarb, soweit es noch bei ihm existierte.[7]

1) v. Hammerstein-Gesmold, Das Fideikommiß auf den Überrest, Göttinger Inaug.Diss. 1897.

2) Besonders oft kommt es vor, daß der vorversterbende Ehegatte den überlebenden zum Erben einsetzt und ihm auflegt, den gemeinsamen Kindern zu restituieren, was beim Tode des Überlebenden oder auch zur Zeit der Großjährigkeit eines oder aller Kinder noch übrig ist.

3) l. 56, l. 60 § 8 D. h. t. 36, 1. Schenkungen unter Lebenden sind dem Fiduziar gestattet, soweit sie sich durch die konkrete Sachlage rechtfertigen. Schenkungen, die nicht durch den objektiven Tatbestand, sondern bloß durch Affektionen oder Laune begründet sind, hat man zu dem zu zählen, was „intervertendi fideicommissi gratia factum est". Der Fiduziar muß, wenn er Kapital aufbraucht, das Verbrauchte nach Billigkeit auf sein etwaiges eigenes Vermögen und die Erbschaft verteilen. l. 56 D. h. t. 36, 1.

4) In der Regel hat der Fiduziar auch bei dem Fideikommiß auf den Überrest nicht herauszugeben, was er von den Einkünften des Fideikommisses erspart hat. l. 60 § 7 D. h. t. 36, 1. Natürlich kann der Erblasser aber verordnen, daß auch das von den Nutzungen Ersparte herauszugeben sei. Eine solche Auflage nahmen die Römer an, wenn der Fideikommissar restituieren sollte, „quidquid ex bonis supererit", l. 3 §§ 2 und 3 D. de usuris 22, 1.

5) nov. 108 cap. 1 und cap. 2. Der Fiduziar darf das letzte Viertel, sofern er kein anderes Vermögen hat, zugunsten einer dos oder propter nuptias donatio angreifen, sowie zum Loskauf von Gefangenen. Selbst gegen dritte Erwerber, an welche der Fiduziar das letzte Viertel veräußert, hat der Fideikommissar Klage, jedoch nur wenn der Fiduziar selbst, beziehungsweise sein Erbe, außer stande ist, das dem Fideikommissar gebührende Viertel zu erstatten. Vgl. auch Bolze, Praxis des RG. Bd. 2 S. 325.

6) nov. 108 cap. 2.

7) l. 70 § 3, l. 71, l. 72 D. de leg. II. RG. Bd. 7 S. 207. Nach BGB. § 2138 beschränkt sich die Herausgabepflicht des Vorerben auf die bei ihm noch vorhandenen Gegenstände. Unentgeltliche und dolose Verfügungen über Erbschaftsgegenstände machen ihn aber dem Nacherben gegenüber schadensersatzpflichtig.

Dritter Abschnitt.

Die Intestaterbfolge.[1]

§ 509. Die Berufung zur Intestaterbfolge im allgemeinen.

1. Die Berufung zur Intestaterbfolge setzt die objektive Gewißheit dessen voraus, daß kein Testamentserbe oder Vertragserbe sukzedierte. Sie erfolgt also noch nicht, solange die Frage schwebt, ob ein Testamentserbe, z. B. ein bedingt Eingesetzter, infolge Eintrittes der Bedingung berufen wird, und ebensowenig, wenn ein Testamentserbe bereits berufen ist, sich aber über den Antritt noch nicht erklärt hat.

2. Berufen wird, wer im Augenblick der Berufung der nächste Intestaterbe war. Der Zeitpunkt, in welchem der Tod des Erblassers eintrat, ist grundsätzlich nicht entscheidend. Verstarb also der Erblasser mit Hinterlassung eines Testamentes, welches nach seinem Tode z. B. durch Ausschlagen des Testamentserben destitut wurde, so galt als zur Intestaterbschaft berufen, wer zur Zeit der Vereitelung des Testamentes der nächste war.[2] Wenn ferner der Erblasser mit Hinterlassung eines Embryo verstarb, welches im Falle lebendiger Geburt sein Erbe wäre, so geht mit Vereitelung der Hoffnung die Berufung an den, welcher im Augenblicke der Fehlgeburt der nächste war.[3]

3. Im jüngsten Rechte trat durchweg sukzesive Berufung zur Intestaterbfolge ein, d. h. die Delation erging an jeden Folgenden, wenn der zunächst Berufene nicht Erbe wurde.

Für die Frage, wer solchergestalt sukzessiv berufen wird, war wiederum der Zeitpunkt maßgebend, in welchem die folgende Berufung geschah, also der Moment des Fehlschlagens der früheren Berufung.

4. Es bestand eine feste Ordnung für die sukzessive Berufung der Verwandten, so daß sie eine fortgesetzte Reihe bildeten, an deren Schluß das Erbrecht des überlebenden Ehegatten stand. Man sprach daher von dem ordentlichen Erbrechte der Verwandten und des Ehegatten.

Daneben kam eine außerordentliche Erbfolge auf gewisse Teile des Nachlasses vor, welche neben der ordentlichen stand und mit verschiedenen Klassen derselben konkurrierte.

---

1) Glück, Lehre von der Intestaterbfolge 1803, Aufl. 2. 1822; Schirmer, Handbuch S. 125—297, Köppen, Lehrbuch S. 383 ff.

2) § 7 J. de hereditat. quae ab intestato 3, 1, l. 9 § 2 D. de liberis et postumis 28, 2.

3) l. 30 § 1 D. de acquir. vel omitt. hered. 29, 2, Krieg, Delation der Erbschaft im Falle einer Totgeburt 1876 S. 31.

Erstes Kapitel.

Das vorjustinianische Intestaterbrecht.

§ 510. Das altzivile Intestaterbrecht.

I. Im römischen Intestaterbrechte kämpfen zwei Systeme um die Herrschaft, das der Agnation und das der Kognation.

Das agnatische System bezweckte die Erhaltung der Güter in den Familien desselben Namens, also im Mannesstamme. Es hatte einen aristokratischen Charakter, indem es die wirtschaftliche Stellung jener Familien förderte und bis zu einen gewissen Grade der Zersplitterung des Vermögens entgegentrat. So war es von großer ökonomischer, sozialer und politischer Bedeutung.

Dem anderen Systeme, dem kognatischen, liegen allgemeine humane Ideen zugrunde, der Gedanke der Gleichheit unter den Deszendenten des Erblassers, dann auch der übrigen Verwandten.

II. Das Zwölftafelgesetz gründete das Intestaterbrecht in schroffster Weise auf Agnation;[1] hiernach waren Intestaterben folgende Personen:

1. An erster Stelle die sui, d. h. die Hauskinder des Erblassers zur Zeit seines Todes, zu denen auch die postumi gerechnet wurden, welche bei seinem Ableben erst im Mutterleibe waren, aber in seiner Gewalt gestanden hätten, wenn sie geboren gewesen wären.

Sui nannte man die Söhne und Töchter des Hausvaters, ferner seine Enkel durch die Söhne und Urenkel durch Enkel und Söhne, nicht aber Nachkommen der Töchter und Enkelinnen.[2]

Den natürlichen gleich standen die künstlichen sui, d. h. die durch Rechtsakte in die Gewalt des Hausvaters eingetretenen; sie wurden wie Kinder behandelt, also seine adoptierten Kinder, und die Ehefrau in der Manus, die man wie eine Tochter ansah.

Neben näheren nahmen auch entferntere sui an der Beerbung des Hausvaters Teil, wenn das die Verwandtschaft vermittelnde nähere Hauskind vor dem Erblasser verstorben oder aus dessen Gewalt geschieden war. Es sukzedierten insbesondere neben Söhnen des Erblassers dessen Enkel durch vorverstorbene Söhne.

Waren nur sui ersten Grades — Söhne und Töchter — beteiligt, so erbten sie nach Köpfen, kamen entferntere — Enkel, Urenkel — in Frage, so wurde nach Stämmen geteilt — in stirpes.

Weiber, insbesondere Töchter und Enkelinnen, hatten dasselbe Recht wie die Männer, solange sie suae blieben. Wenn sie aber in die Manus

---

1) Ulpian. fragm. XXVI § 1 id enim cautum est lege XII tabularum hac: „si intestato moritur cui suus heres nec escit, agnatus proximus familiam habeto“. Daran schloß sich — collatio XVI cap. 4 § 2: „si agnatus nec escit gentiles familiam habento.“

2) Gaj. Inst. III §§ 1 ff. Ulpian. fragm. XXVI §§ 1—6, collatio XVI cap. 2 ff.

eines Ehemannes traten, hörte ihr ziviles Verhältnis zum bisherigen Hausvater und den bisherigen Agnaten auf und damit auch ihre Erbberechtigung diesen gegenüber.

2. In Ermangelung von sui erbte der dem Erblasser nächste Agnat. Dies bestimmte sich relativ; wenn nähere Agnaten nicht existierten, war man der nächste. Agnaten gleichen Grades erbten zusammen und teilten nach Köpfen.

In der Klasse der Agnaten waren die Frauen zurückgesetzt. Sie beerbten nur ihre Geschwister, wurden aber von ihren männlichen Agnaten beerbt, wenn diese auch noch so entfernt verwandt waren.[3]

3. In Ermanglung von Agnaten sukzedierten die Gentilen.[4]

III. Es galt der merkwürdige Satz „in legitimis hereditatibus successio non est", d. h. es gab keine sukzessiven Berufungen zur Intestaterbfolge. Führte also die einmalige Berufung eines Intestaterben nicht zum Erbschaftserwerb, so war die Erbschaft vakant.[5]

Die Gründe dieses aus grauem Altertum stammenden Satzes sind nicht mehr mit Sicherheit zu ermitteln. Es scheint aber, daß in der ältesten Zeit nur das Erbrecht der sui im Volksbewußtsein feststand. Das Erbrecht der Agnaten und Gentilen war wohl noch ein bestrittener Punkt, als es durch das Gesetz der 12 Tafeln sanktioniert wurde. Die entgegengesetzte Strömung hatte dann noch die Kraft, daß man das Gesetz auf das strikteste auslegte.[6]

IV. Das altzivile Erbrecht berücksichtigte bloße Kognaten nicht.[7]

War also die Ehefrau nicht in die Manus ihres Mannes getreten, so hatten ihre ehelichen Kinder kein Erbrecht gegen sie. Ebenso wenig stand der Mutter ein Erbrecht gegenüber diesen Kindern zu.

Emanzipierte Kinder ferner hatten kein Intestaterbrecht gegenüber ihrem Vater, da sie aus dessen Gewalt geschieden und nicht mehr sui waren. Ebensowenig bestanden zwischen ihnen und den Agnaten der Familie, der sie dereinst angehört hatten, Erbrechte.

---

3) Gaj. Inst. III § 14. Ulpian. fragm. XXVI § 6.

4) Gaj. Inst. III § 17, collatio XVI 4 § 2.

5) Gaj. Inst. III § 12, § 22. Pauli sent. IV 8 § 23. Ulpian. fragm. XXVI § 5.

6) Für die Hypothese, daß das älteste römische Recht nur ein Intestaterbrecht der sui kannte, spricht vor allem die Fassung des 12 Tafelgesetzes — oben Anm. 1. — Dasselbe sanktioniert ausdrücklich das Erbrecht der Agnaten und der Gentilen, was darauf hinweist, daß dieses Recht noch einer Sanktion bedurfte. Der Gegensatz zu der Anerkennung des Erbrechtes der sui ist hierfür sehr bezeichnend. Man erwäge auch, daß sich ursprünglich die Rechtsinstitute in einfachster Gestalt bilden und allmählich erweitern und wachsen. Auch daß sich die Notwendigkeit der Institution oder Exheredation seitens des Testators nur auf die sui bezog, kann als Argument dafür dienen, daß in der ältesten Zeit nur die sui ein Intestaterbrecht hatten. Vgl. noch Brunner, deutsche Rechtsgeschichte Bd. 1, S. 195: „An Grund und Boden bestand zunächst nur ein beschränktes Erbrecht. Er vererbte auf die Söhne des verstorbenen Besitzers. Waren aber solche nicht vorhanden, so fiel das Land bei den Salfranken der Gesamtheit der Dorfgenossen anheim." Wie sich damit Tacitus Germania cap. 20 verträgt, muß hier dahingestellt bleiben.

7) Gaj. Inst. III §§ 18 ff.

§ 511. Die Modifikationen des zivilen Intestaterbrechts bis Justinian.

Die Agnation blieb bis Justinian die Grundlage der Intestaterbfolge Roms. Aber die Schroffheit und Einseitigkeit des alten Rechtes wurde doch gemildert, und zwar zuerst durch das prätorische Edikt, dann durch Senatuskonsulte, endlich durch Verordnungen christlicher Kaiser.

1. Die prätorische bonorum possessio intestati stellte bezüglich des Nachlasses Freigeborener folgende Reihe auf, in welcher das Zivilrecht zwar den Kern bildete, aber Veränderungen und Erweiterungen erfuhr.[1]

a) In der ersten Klasse, welche der Volksmund „unde liberi“ nannte,[2] berief das Edikt neben den sui die Deszendenten, welche sui gewesen wären, wenn eine capitis deminutio minima nicht stattgefunden hätte, vor allem also die emanzipierten Kinder des Erblassers.[3]

Ausgeschlossen waren die zur Adoption gegebenen Kinder, solange sie zum fremden Familienverbande gehörten.[4]

Wohl mochten die sui die Konkurrenz der Emanzipierten als Verletzung ihres ausschließlichen zivilen Erbrechts empfinden. Doch das Grundprinzip desselben war nicht durchbrochen, denn alle hier Berufenen waren Deszendenten durch den Mannesstamm, „agnatische“ oder „quasiagnatische“.

b) In der zweiten Klasse „unde legitimi“, berief das Edikt die „gesetzlichen Erben“.[5] Dies waren ursprünglich nur die von dem Zwölftafelgesetze berufenen agnatischen Verwandten, nämlich noch einmal die sui, welchen hierdurch eine neue Frist zur Agnoszierung der bonorum possessio gegeben war, ferner die Agnaten und endlich die Gentilen. Später, als auch Nichtagnaten durch die Gesetzgebung ein Intestaterbrecht erhielten, gelangten sie gleichfalls in dieser Kasse zur bonorum possessio.

c) Erst in der dritten Klasse, „unde cognati“, wurden die Blutsverwandten des Erblassers berufen,[6] und zwar bis zum 6. Grade, aus dem 7. aber noch Kinder von Nachgeschwisterkindern — sobrino et

---

1) Vgl. Gaj. Inst. III §§ 25 ff.

2) Tit. Dig. si tabulae testamenti nullae extabunt, unde liberi 38, 6. Cod. unde liberi 6, 14. Darüber, daß die Bezeichnung „unde liberi“ und die entsprechende der anderen Klauseln nicht dem Edikte selbst zugehörten, siehe Lenel, edictum Aufl. 2 S. 342.

3) Eine besondere Schwierigkeit entstand, wenn der Hausvater einen Sohn emanzipiert und einen Enkel durch diesen Sohn in der Gewalt zurückbehalten hatte. Hier stand dem Enkel das alleinige zivile Erbrecht als nächstem suus des Großvaters zu, während nach dem Systeme des prätorischen Ediktes sein Vater, der emanzipierte Sohn, alleiniger Erbe sein mußte. Julian, der Redaktor des Hadrianischen Ediktes, traf ein Kompromiß durch eine „nova clausula de conjungendis cum emancipato liberis ejus“. Dasselbe teilte dem Emanzipierten die eine Hälfte der Portion, die andere seinen in der Gewalt des Großvaters zurückgebliebenen Kindern zu. l. 1 pr. D. de conjung. cum emanc. 37, 8.

4) Ulpian. fragm. XXVIII § 8.

5) Tit. Dig. unde legitimi 38, 7, Cod. 6, 15. Das Edikt lautete nach l. 1 D. h. t.: „tum quem ei heredem esse oporteret, si intestatus mortuus esset.“

6) Tit. Dig. unde cognati 38, 8, Cod. 6, 15.

sobrina natus et nata.[7] Die Nähe des Grades gab den Vorzug. Hier also erhielten die Kinder ein Erbrecht in das Vermögen ihrer Mutter und die Eltern in das Vermögen ihrer Kinder.

Es ist klar, daß der entfernteste Agnat, als in der zweiten Klasse berufen, den Erben dieser Klasse vorging, mochten sie noch so nahe verwandt sein.

d) Endlich erhielt „unde vir et uxor" der überlebende Ehegatte ein Erbrecht in das Vermögen des verstorbenen.[8]

Das prätorische Recht führte sukzessive Berufung ein. Wenn also der je zunächst Berufene die bonorum possessio nicht agnoszierte, wurde der Folgende berufen, bis die Reihe erschöpft war.[9]

2. Zwei Senatuskonsulte gaben nächstehenden kognatisch Verwandten ein Erbrecht vor Agnaten.[10] Es gewährte nämlich:

a) das S. C. Tertullianum unter Hadrian der Mutter, welche das jus liberorum hatte, ein gesetzliches Erbrecht in das Vermögen ihrer Kinder, sofern diese weder durch ihre Nachkommen beerbt wurden, noch durch ihren Vater, noch durch einen agnatisch verwandten Bruder — einen consanguineus. Mit den agnatischen Schwestern des Verstorbenen — den consanguineae — teilte sich die Mutter in die Erbschaft.[11]

b) Weit durchgreifender war das S. C. Orfitianum unter dem philosophischen Kaiser Mark Aurel. Denn nach ihm sollen die Kinder in erster Reihe ihre Mutter beerben, also vor den Agnaten.[12] So billig dies scheint, so legte es doch eine gewaltige Bresche in das agnatische System. Bisher ging das Vermögen einer Frau nach ihrem Tode an die Familie zurück, aus welcher sie stammte. Nunmehr fiel es an ihre Kinder, also an die Familie, in die sie hineingeheiratet hatte.

3. Die christliche Kaiserzeit bis Justinian beschränkte sich im wesentlichen darauf, die Tendenzen, welche in den Senatskonsulten auftraten, weiter durchzuführen.[13]

a) Die bedeutsamste Neuerung griff in der Klasse der Deszendenten Platz. Auch die Großmutter väterlicher und die Großeltern mütterlicher

---

7) l. 1 § 3 D. h. t. 38, 8. Da der suus und der proximus agnatus auch Kognaten waren, so erging an sie nach diesem Edikt eine neue Berufung, sofern kein näherer Kognat existierte.

8) Tit. Dig. unde vir et uxor 38, 11, Cod. 6, 18.

9) Oben § 452 Anm. 8.

10) Vgl. über die Senatuskonsulte Vangerow Bd. 2 § 408 und dort Zitierte.

11) Pauli sent. IV § 9. Ulpian fragm. XXVI § 8, Tit. Inst. h. t. 3, 3.

12) Ulpian. fragm. XXIV § 7, Tit. Inst. de S. C. Orfitiano 3, 4.

13) Zusammenstellungen des Inhaltes der Verordnungen der christlichen Kaiserzeit über die Intestaterbfolge finden sich u. a. bei Keller, Institutionen S. 273 und Vangerow Bd. 2 § 409 S. 33. Dieselben enthalten auch Justinians Verordnungen bis zur Novelle 118. Damit wird aber die Tätigkeit Justinians in dieser Materie nicht in das rechte Licht gestellt. Eine klarere Einsicht gewinnt man, wenn man den Rechtszustand vor Justinian und die Gesetzgebung dieses Kaisers unterscheidet.

Seite sollten von ihren Enkeln ab intestato beerbt werden, dies jedoch unter verschiedenen Abzügen zugunsten agnatisch Verwandter.[14]

b) Die Mutter erhielt ein Erbrecht gegenüber ihren vorverstorbenen Kindern, auch wenn sie das jus liberorum nicht hatte.[15] [16]

c) In der Seitenlinie blieb der Vorzug der Agnaten fast ganz unangetastet. Nur sollten die emanzipierten Geschwister des Erblassers nach Anastasius neben den agnatischen erben, jedoch so, daß die letzteren ein Präzipuum erhielten.[17]

Zweites Kapitel.

Das justinianische Intestaterbrecht.

§ 512. Die leitenden Gedanken Justinians.

Das altrömische Intestaterbrecht wurde durch Justinian völlig umgestaltet. Dieses Erbrecht hatte in den Anschauungen und Traditionen der Völker des Ostreichs offenbar nie tiefe Wurzeln geschlagen. Erfahren wir doch von Justinian selbst, daß in Armenien ein ganz verschiedenes Intestaterbrecht galt,[1] und das römisch-syrische Rechtsbuch ergibt, daß in Syrien ein Intestaterbrecht griechischen Ursprungs in Geltung blieb.[2]

Ein derartiger Widerspruch zwischen dem Volksrechte und dem offiziellen Reichsrechte machte die Bahn für die Reformgesetzgebung Justinians frei, welche humane und christliche Ideen bezüglich der Gleichberechtigung der Frauen mit den Männern verfolgte, die in schroffem Gegensatze zu den Volksanschauungen des Orients standen.[3]

14) Valentinianus, Theodosius und Arkadius a. 388 l. 4 C. Theod. de legit. hered. 5, 1. Vgl. l. 9, l. 12 C. de suis et legit. 6, 55 und §§ 15 und 16 J. de hered. quae ab intest. 3, 1.

15) Darüber enthielt l. 1 C. Theod. de legit. hered. 5, 1 von Konstantin a. 321 eigentümliche Bestimmungen. Erst Justinian hob das Erfordernis des jus liberorum ganz auf l. 2 C. de jure liberorum 8, 58.

16) Ein eigenes Erbrecht wurde bezüglich des Vermögens der Hauskinder, zunächst der an sie fallenden lucra nuptialia, seit Justinian bezüglich ihrer Adventizien angeordnet. Die Deszendenten des Kindes und selbst dessen Geschwister gingen dem Vater vor, vgl. über diese Materie Vangerow a. a. O. S. 35.

17) Der Text des Gesetzes von Anastasius ist nicht überliefert. Siehe über dasselbe vorzugsweise § 1 J. de successione cognatorum 3, 5 und Theophilus hierzu.

1) Nov. 21 und edictum Justiniani III.

2) Siehe Bruns, römisch-syrisches Rechtsbuch S. 303. Den Ursprung des hier dargestellten Intestaterbrechts aus dem griechischen Rechte, hat Mitteis, Reichsrecht überzeugend nachgewiesen. Anfangs wahrscheinlich Stadtrecht einer in Syrien angesiedelten griechischen Kolonie erhielt es weite Verbreitung und mag durch Provinzialedikt in Syrien Anerkennung gefunden haben.

3) Vgl. namentlich die praef. der nov. 21, in welcher Justinian beklagt, daß nicht bloß die Armenier, sondern auch andere Völker „die Natur verachten und das weibliche Geschlecht beleidigen, als wenn es nicht auch von Gott geschaffen und zur Erhaltung der Menschheit berufen sei".

In diesem Sinne erließ Justinian sofort zu Anfang seiner Regierung zahlreiche Einzelgesetze, welche in seiner Kompilation Aufnahme fanden. Insbesondere beseitigte er die Zurücksetzung der weiblichen Agnaten gegenüber den männlichen,[4] ferner das Präzipuum der agnatischen Enkel gegenüber den kognatischen,[5] endlich den Vorzug der agnatischen Geschwister vor bloß kognatischen.[6]

Radikal aber verwirklichte er seine Ideen in der Novelle 118 aus dem Jahre 543, zu welcher die Novelle 127 vom Jahre 547 einen Nachtrag bildet. Die Novelle 118 hob nämlich jeden Vorzug der Verwandtschaft durch den Mannesstamm vor der durch den Weiberstamm auf und begründete ein neues Erbrecht in den Nachlaß Gewaltuntergebener wie Gewaltfreier, unter Beseitigung aller bezüglichen älteren Gesetze.[7]

A. Das ordentliche Erbrecht der Verwandten.

§ 513. Die Ordnung der Verwandten.

Die Novelle 118 bildet im allgemeinen eine Gradualerbfolge, so daß die Nähe des Grades der Verwandtschaft entscheidet. Aber gewisse Kategorien von Verwandten, zwischen denen sittlich und sozial ein engeres Familienband besteht, sind besonders ausgezeichnet. Es sind dies Deszendenten, Aszendenten, Geschwister und Geschwisterkinder ersten Grades.

Hiernach wurden 4 Klassen gebildet — ordines —, von denen je die eine den anderen vorgeht.[1]

I. Die Klasse der Deszendenten berief die Nachkommen des Erblassers, also namentlich Söhne und Töchter, Enkel und Enkelinnen, Urenkel beiderlei Geschlechts.

Entferntere Deszendenten wurden zwar neben näheren berufen, ihre Berufung war aber davon abhängig, daß diejenigen Deszendenten nicht erbten, durch welche sie von dem Erblasser abstammten. Übrigens erwarben sie aus eigenem Rechte und keineswegs als Repräsentanten

---

4) l. 14 C. de legit. hered. 6, 58 aus dem Jahre 531.

5) l. 12 C. de suis et legit. 6, 55 aus dem Jahre 528.

6) l. 15 C. de legit. hered. 6, 58 aus dem Jahre 534.

7) Die praefatio bestimmt: necessarium esse perspeximus hac lege omnes simul successiones cognationis ab intestato clara et compendiosa distinctione definire ut „cessantibus prioribus legibus, quae hac de causa latae sunt in posterum ea solum observentur, quae nunc definimus". BGB. §§ 1924 ff. legt der gesetzlichen Erbfolge das sog. Parentelensystem zugrunde, wonach diejenigen, welche mit dem Erblasser die näheren Stammeltern gemeinsam haben, solche Verwandte ausschließen, die durch entferntere Stammeltern mit dem Erblasser verbunden sind. Diese Vorschriften entspringen deutschen, nicht römischen Rechtsauffassungen.

1) Die vielgenannten Memorialverse eines Unbekannten widmen jeder der 4 Klassen eine Zeile.

Descendens omnis succedit in ordine primo.
Ascendens propior, germanus, filius ejus.
Tunc latere ex uno frater, quoque filius ejus.
Denique proximior reliquorum quisque superstes.

ihres vorverstorbenen Parens; sie brauchten daher nicht etwa Erben desselben geworden zu sein.[2]

Waren nur Söhne und Töchter berufen, so erhielten sie Kopfteile, konkurrierten entferntere Deszendenten, so wurde nach Stämmen geteilt. Den entfernteren Deszendenten kamen hiernach zu, was ihr die Deszendenz vermittelnder Parens erhalten hätte, wenn er Erbe geworden wäre.[3]

II. In der Klasse der Aszendenten und vollbürtigen Geschwister wurden berufen:

1. die dem Grade nächsten Aszendenten des Erblassers, also zunächst Vater und Mutter, in deren Ermanglung Großeltern, eventuell Urgroßeltern, außerdem
2. vollbürtige Geschwister des Erblassers, endlich
3. Kinder ersten Grades von vollbürtigen Geschwistern, wenn ihr Parens nicht erbte.[4]

Die Teilung geschah in dieser Klasse nach folgenden Grundsätzen:

a) Waren nur gleich nahe Aszendenten berufen, so wurde unter sie nach Linien geteilt, so daß die eine Hälfte den väterlichen, die andere den mütterlichen Großeltern, Urgroßeltern usw. zufiel.

b) Bei der Berufung von Aszendenten und Geschwistern zusammen wurde die Erbschaft unter alle nach Köpfen geteilt. Das gleiche galt, wenn nur Geschwister berufen waren.

c) Wurden neben Aszendenten oder Geschwistern des Erblassers Geschwisterkinder berufen, so erhielten dieselben zusammen den Stammteil, welcher auf ihren Parens entfallen wäre.[5][6]

---

2) Seit alters spricht man von einem „Repräsentationsrechte" der Enkel und der Geschwisterkinder; dies ist schief und irrtümlich, wenn man darunter versteht, daß die Enkel und Geschwisterkinder nicht aus eigenem Rechte, sondern aus dem ihrer vorverstorbenen parentes erben, unverfänglich, wenn man damit nur bezeichnen will, daß die Enkel das erhalten, was ihr vorverstorbener Parens ererbt hätte, wenn er zur Sukzession gekommen wäre. Vgl. Kohler, Repräsentationsrecht, Abhandl. S. 367.

3) Auch wenn nur Kinder eines verstorbenen Kindes erben, sagt man korrekt, daß sie sich in die Stammportion ihres Parens zu teilen haben, nicht daß sie nach Kopfteilen in den Nachlaß ihres Großvaters sukzedieren. Dieses bewährt sich, wenn mehr als 3 solcher Enkel mit der armen Witwe des Erblassers konkurrieren. Die Witwe hat gleichwohl Anspruch auf ein Viertel des Nachlasses, und nicht bloß auf einen Kopfteil, was der Fall ist, wenn sie mit mehr als 3 Kindern ersten Grades des Erblassers erbt. Die erste Ordnung der gesetzlichen Erben des BGB. stimmt hiermit völlig überein, vgl. BGB. § 1924.

4) Die Novelle 118 gibt den Geschwisterkindern den Worten nach das bevorzugte Erbrecht nur, wenn ihr Parens, also der Bruder oder die Schwester des Erblassers, „praemortuus" ist. Die Meinung aber ist offenbar, daß sie sukzedieren sollen, in „Ermanglung" ihres Parens, obgleich nur der Hauptfall hervorgehoben ist. Vgl. Vangerow Bd. 2 § 416 S. 55. Anderer Ansicht Büchel, Streitfragen S. 171. Das bevorzugte Erbrecht der Geschwisterkinder an Stelle ihres Parens ist nicht in einem Guß erschaffen worden. Die Novelle 118 gewährte es nur, wenn keine Aszendenten konkurrierten. Die Novelle 127 verlieh es den Geschwistern, auch wenn Aszendenten neben Geschwistern des Erblassers vorhanden waren.

5) Seit der Glossatorenzeit war die Teilungsweise streitig, wenn nur Neffen

III. Die halbbürtigen Geschwister und die Kinder halbbürtiger Geschwister bildeten die dritte Klasse. Ihr Verhältnis entsprach dem der vollbürtigen Geschwister und deren Kinder.[7]

IV. Endlich sukzedierten alle übrigen Seitenverwandte.

Der nähere Grad schloß den entfernteren aus. Verwandte gleichen Grades teilten nach Köpfen.[8]

§ 514. Die sukzessive Berufung.[1]

1. Es war allgemein anerkannt, daß nach der Novelle 118 sukzessive Berufung galt, daß also, wenn der zunächst berufene Verwandte nicht Erbe wurde, der folgende zu berufen war. Allerdings ist dies nicht ausdrücklich in der Novelle vorgeschrieben, allein es entspricht der Zweckmäßigkeit, der Billigkeit und historischen Entwicklung.

Denn das Prinzip der sukzessiven Berufung der Intestaterben, welches ursprünglich nur bei der bonorum possessio Platz griff,[2] war schon vor der Novelle 118 auf zivile Erbrechtsklassen übertragen worden.[3]

Hierüber ist man einig; im einzelnen bestehen bei dem Schweigen des Gesetzes über die sukzessive Berufung zahlreiche Kontroversen. Für sie ist die Grundfrage entscheidend, ob die sukzessive Berufung, so wie sie sich historisch im älteren Erbrechte gestaltet hatte, entsprechend auf die Erbrechtsklassen der Novelle übertragen wird, oder ob man sie aus ihrem Prinzipe heraus und im Geiste der Novelle selbständig ausbildet.

2. Das letztere Bestreben hat in der neueren Zeit immer mehr Anhänger gewonnen. Denn die Gegenansicht verkennt die Kluft, welche das Erbrecht der Novelle von dem älteren Rechte scheidet.

Es ist hiernach namentlich anzunehmen, daß die sukzessive Berufung in allen Klassen zunächst vom näheren zum entfernteren Grade fort-

---

und Nichten des Erblassers von verschiedenen Geschwistern berufen sind. Die Teilung nach Stämmen, welche Accursius auch für diesen Fall verteidigte, ist die folgerechte, die nach Köpfen, für welche Azo auftrat, erschien billiger und erhielt im Mittelalter größeren Beifall. Der Reichsabschied von Speier aus dem Jahre 1529 hat daher die Teilung nach Köpfen bestätigt und zur gemeinrechtlichen gemacht. Reichsabschied von Speyer 1529 § 31. Vgl. Stintzing, Ulrich Zasius S. 140 und derselbe: Geschichte der deutschen Rechtswissenschaft Bd. 1 S. 167.

6) Nach BGB. § 1925 sind gesetzliche Erben der zweiten Ordnung die Eltern des Erblassers und deren Abkömmlinge. Für die Teilung gilt folgendes: Leben zur Zeit des Erbfalls die Eltern, so erben sie allein und zu gleichen Teilen. Lebt zur Zeit des Erbfalls der Vater oder die Mutter nicht mehr, so treten an die Stelle des Verstorbenen dessen Abkömmlinge nach den für die Beerbung in der ersten Ordnung geltenden Vorschriften. Sind Abkömmlinge nicht vorhanden, so erbt der überlebende Teil allein.

7) Gesetzliche Erben der dritten Ordnung nach BGB. sind die Großeltern des Erblassers und deren Abkömmlinge, vgl. § 1926 Abs. 1. Über die Teilung innerhalb dieser Ordnung siehe BGB. § 1926 Abs. 2—5.

8) Über die vierte Ordnung nach BGB. und die folgenden Ordnungen siehe §§ 1928, 1929 das.

1) J. Merkel, die Lehre von der successio graduum unter Intestaterben 1876.

2) Oben § 452 Anm. 8.

3) § 7 J. de legitima agnat. successione 3, 2.

schreitet und erst nach Erschöpfung der Klasse zur folgenden Klasse übergeht. Man pflegt dies successio graduum et ordinum zu nennen.[4]

§ 515. Akkreszenzrecht unter den Intestaterben.

1. Unter mehreren zusammen berufenen Intestaterben besteht für den Fall, daß die Portion des einen der Mitberufenen frei wird, ein allgemeines Akkreszenzrecht.

Ein spezielles Akkreszenzrecht haben die Verwandten, welche zusammen einen Stammteil erben,[1] insbesondere die Enkel eines vorverstorbenen Kindes des Erblassers, sowie die Geschwisterkinder von vorverstorbenen Geschwistern, wenn sie zusammen auf einen Stammteil berufen sind, endlich auch Aszendenten, die einer Linie angehören, wenn nur Aszendenten verschiedener Linien berufen sind. Fällt also ein solcher Mitberufener weg, so wächst sein Teil denen zu, welche demselben Stamm oder derselben Linie angehören.

2. Eine sehr bestrittene Frage ist, ob bei dem Wegfallen einzelner von mehreren Berufenen unmittelbar Akkreszenz eintritt, oder zunächst sukzessive Delation an diejenigen, welche von vornherein die Berufung erhalten hätten, wenn der Weggefallene nicht dagewesen wäre.[2] Nach altem Rechte kam es in derartigen Fällen zweifellos zur Akkreszenz.[3] Aber auch bezüglich dieser Frage kann das alte Recht nicht mehr maßgebend sein. Die sukzessive Berufung auf den ausfallenden Teil entspricht vielmehr den Absichten der Novelle und der Billigkeit in höherem Grade.

Akkreszenz tritt daher nur ein, wenn der Fall einer sukzessiven Delation nicht gegeben ist, oder wenn auch die sukzessiv Berufenen die ihnen angetragene Portion nicht erwerben.

3. Für den Fall der Akkreszenz, wie für den einer sukzessiven Berufung ist die Frage wichtig, ob der Anteil der Mitberufenen nach dem Augenblicke der Berufung oder nach dem Zeitpunkte des Erwerbes zu bemessen ist. Das erste ist das Richtige. Denn die Berufung gibt den Berufenen ein Anrecht auf den Erwerb eines bestimmten Teiles.

§ 516. Verwandtschaftsbegriff der Novelle.

Die Novelle bestimmt nicht näher, wer als Deszendent, Aszendent oder Kollaterale in ihrem Sinne anzusehen ist.

---

4) Dies gilt auch nach BGB., vgl. § 1930.

1) l. 12 pr. D. de bon. poss. contra tab. 37, 4, l. 1 § 12 D. de conjungendis cum emancipato liberis 37, 8, l. 5 § 2 D. si tab. test. 38, 6.

2) Für Akkreszenzrecht und gegen sukzessive Delation hat sich namentlich Vangerow Bd. 2 § 420 S. 64 erklärt; vgl. auch Fr. Ehlers, successio graduum und jus accrescendi, Bonner Inaug.-Diss. 1890, Köppen, Lehrbuch S. 411. In neuerer Zeit haben sich die Stimmen für den Vorzug der partiellen Sukzession sehr gemehrt. Hierfür sind Francke, Beiträge n. 8; Fitting im Archiv für ziv. Praxis Bd. 57 S. 160; Leonhard, Versuch über den Vorzug der successio graduum vor dem Akkreszenzrechte 1874; Kohler, Archiv für ziv. Praxis Bd. 59 n. 4 S. 87; Hofmann, krit. Studien S. 65; Windscheid Bd. 3 § 573 Anm. 5.

3) § 9 J. de bon. poss. 3, 9.

1. Als verwandt — Kognat — betrachtet das altrömische und das Pandektenrecht nur solche Personen, welche im Augenblicke des Todes des Erblassers bereits existierten, mindestens im Mutterleibe waren.[1] Dies gilt, wie man allgemein annimmt, auch im Sinne der Novelle.[2]

2. Eheliche Kinder sind mit ihrem Vater, ihrer Mutter und allen Verwandten derselben verwandt.

Dies gilt auch für die durch nachfolgende Ehe oder Reskript legitimierten,[3] ebenso für die in einer Putativehe erzeugten.[4]

Uneheliche Kinder gelten im Sinne der Novelle nur als verwandt mit der Mutter und deren Verwandten, nicht aber mit ihrem Erzeuger und seinen Verwandten.[5]

3. Was die Adoption anlangt, so ist die vollkommene, welcher die Arrogation gleichsteht, von der unvollkommenen zu unterscheiden.

a) Die vollkommene begründete nach gemeinem Rechte ein Kindesverhältnis zwischen dem Adoptierenden einerseits und dem Adoptierten und dessen Nachkommen andererseits. Zwischen diesen Personen greift daher Intestat- und Pflichtteilsrecht Platz.[6]

Aber auch gegenüber seinem natürlichen Vater bleibt der Adoptierte und seine Nachkommen in dem natürlichen Verwandtschaftsverhältnisse. Daher beerbt das Adoptivkind als Deszendent sowohl seinen Adoptivvater wie seinen natürlichen Vater. Und folgerecht wird ein solches Kind umgekehrt sowohl von seinem natürlichen Vater als von seinem Adoptivvater beerbt. Diese müssen sich also in die dem „Vater" zufallende Portion teilen. Man hat eingewendet, es könne niemand zwei Väter haben. Daher wollen einige den natürlichen Vater zwar als Verwandten anerkennen, aber nicht als Vater, so daß er in der vierten Klasse als Kollaterale erben soll. Das ist offenbar eine verfehlte Idee.

Das Adoptivkind hat eben zwei Väter, einen natürlichen und einen

---

1) § 8 J. de hered. quae ab intestato 3, 1, l. 6 pr. D. de injusto 28, 3, l. 6, l. 7, l. 8 pr. D. de suis legitimis 38, 16, l. 1 § 8 D. unde cognati 38, 8.

2) Diese Ansicht vertreten u. a. Vangerow Bd. 2 § 411 S. 39, Arndts § 474 Anm. 6, Windscheid Bd. 3 § 571 Anm. 2, Brinz Bd. 3 S. 128. Die entgegengesetzte verteidigt Löbenstern in Lindes Zeitschrift Bd. 7 S. 215 und im wesentlichen Schirmer, Erbrecht S. 189 Anm. 157. Dem hat sich auch das BGB. angeschlossen; vgl. § 1923.

3) Oben § 423 Anders für die Ehelichkeitserklärung BGB. § 1737.

4) Oben § 422 Anm. 14. Der Vater, welcher wußte, daß die Ehe nichtig sei, hat kein Erbrecht gegen das Kind. Vgl. auch BGB. § 1701. Über das Erbrecht der Brautkinder vgl. namentlich Schirmer a. a. O. S. 215, Theorie und Praxis waren hier seit lange im Zwiespalt. Die Praxis des Reichsgerichts hat sich dagegen erklärt; vgl. RG. Bd. 5 S. 170.

5) Das ist ohne Zweifel die Meinung der Novelle, die mit dem alten Rechte übereinstimmt. l. 2, l. 4, l. 8 D. unde cognati 38, 8. So auch BGB. § 1705.

6) Vgl. oben § 424. RG. Bd. 6 S. 173 betrachtet als den nächsten Zweck der Adoption nach heutigem deutschen Recht die Begründung eines Kindesverhältnisses, so daß die väterliche Gewalt nur als Folge desselben eintritt, wenn deren konkrete Bedingungen bestehen und daß hiernach auch die Grundlage für das Erbrecht des Adoptierten das Kindesverhältnis sei, unabhängig von dem Entstehen oder Fortbestehen der väterlichen Gewalt. Hiernach haben auch die Kinder der adoptierten Tochter ein Intestaterbrecht gegen den Adoptierenden, vgl. RG. Bd. 31 S. 187.

Adoptivvater; den natürlichen Vater zu einem Seitenverwandten seines Kindes zu stempeln, kann keiner juristischen Kunst gelingen.

b) Der unvollkommen Adoptierte gilt als Kind seines leiblichen Vaters, beerbt ihn und seine natürlichen Verwandten, und wird von diesen beerbt. Die Adoption hat, wie Justinian ausdrücklich bestimmt, nur die Wirkung, daß er ein Intestaterbrecht — nicht ein Pflichtteilsrecht — gegen seinen Adoptivvater erlangt. [7]

c) Die Folgen der Adoption durch eine Frau entsprechen denen der vollkommenen Adoption, wie sie sich im heutigen Rechte gestaltet haben. [8]

4. Ist jemand mehrfach mit dem Erblasser verwandt, so kann er doch nur einen Erbteil in Anspruch nehmen, wenn die Teilung nach Köpfen geschieht. Dagegen erhält er mehrere Teile, falls nach Stämmen geteilt wird, sofern er verschiedenen Stämmen angehört. [9]

§ 517. B. Ordentliches Erbrecht des überlebenden Ehegatten.

Dem überlebenden Ehegatten gab der Prätor nach der Klasse der Kognaten die bonorum possessio „unde vir et uxor“. [1]

Dieses Erbrecht setzt voraus, daß kein Verwandter des Erblassers existiert, oder daß doch keiner die Erbschaft erwerben will.

Die Ehe muß gültig sein. Die Ehegatten dürfen sich auch nicht tatsächlich dauernd voneinander getrennt haben. [2]

§ 518. C. Außerordentliche Erbrechte.

1. Die arme Witwe erhielt durch Justinian ein außerordentliches Erbrecht auf die Quart des Vermögens ihres verstorbenen wohlhabenden Gatten. Wie sie im Falle der Scheidung durch Schuld des Mannes gegen Elend durch die Scheidungsstrafe geschützt war, so sollte sie es im Falle des Todes des Mannes durch dieses Erbrecht sein. [1]

---

7) l. 10 C. de adoptionibus 8, 47.

8) l. 5 C. eod. 8, 47. Nach BGB. § 1759 wird durch die Annahme an Kindes Statt ein Erbrecht für den Annehmenden nicht begründet, wohl aber für das Adoptivkind und dessen Abkömmlinge (§ 1762). Doch kann das Erbrecht des Kindes durch den Adoptivvertrag ausgeschlossen werden (§ 1767). Das Erbrecht des Kindes in seiner natürlichen Familie wird durch die Annahme an Kindes Statt nicht berührt, ebensowenig das Erbrecht seiner natürlichen Verwandten ihm gegenüber (§ 1764).

9) Es folgt dies aus dem Wesen der Teilung nach Köpfen und nach Stämmen. Vgl. BGB. § 1927.

1) Tit. Dig. unde vir et uxor 38, 11, Cod. 6, 18. Bis zur Novelle 118 gingen zwar die Agnaten dem überlebenden Ehegatten unbeschränkt vor, dagegen die Kognaten nur bis zum 6. Grade, ausnahmsweise noch bis zum 7. Grade. Vgl. oben § 511 Anm. 8. Die Folge der Novelle 118 war aber, daß der entfernteste Kognat den überlebenden Ehegatten ausschloß.

2) l. 1 § 1 D. h. t. 38, 11. Anders bei bloß vorläufiger, wenn auch gerichtlich angeordneter Trennung. Wendt, Pand. § 354 Anm. 5 und dort zit. Entscheid. des OAG. zu Rostock Bd. 7 n. 62 II S. 261. Das BGB. gibt deutscher Rechtsanschauung entsprechend dem überlebenden Ehegatten ein weit günstigeres Erbrecht. Neben Verwandten der ersten Ordnung ist er zu einem Vierteile, neben Verwandten der zweiten Ordnung oder neben Großeltern zur Hälfte der Erbschaft als gesetzlicher Erbe berufen, entferntere Verwandte schließt er von der Erbschaft aus (§ 1931). Ist der überlebende Ehegatte neben Verwandten der zweiten Ordnung oder neben Großeltern gesetzlicher Erbe, so gebühren ihm außer dem Erbteile die zum ehelichen Haushalte gehörenden Gegenstände und die Hochzeitsgeschenke als Voraus (§ 1932).

1) Nov. 53 cap. 6, nov. 117 cap. 5, Vangerow Bd. 2 § 488 S. 303. Dort

a) Arm und wohlhabend sind relative Begriffe. Je nach der sozialen Stellung ist ein und derselbe Vermögensbetrag bei dem einen beneideter Wohlstand und beim anderen Dürftigkeit. Die Wohlhabenheit ist daher im gegebenen Falle nach den persönlichen und Standesverhältnissen zu beurteilen.[2]

b) Dies Erbrecht wurde für die „undotierte" Witwe geschaffen, da Justinian unterstellte, daß die dotierte in der Dos ihre Subsistenz habe. War jedoch die Dos so gering, daß sie als Subsistenz nicht gelten konnte, so mußte nach den Intentionen, von denen das Gesetz ausging, dies Erbrecht gleichfalls eintreten.

c) Bestand der Ehe bis zum Tode des Mannes und tatsächliches Zusammenleben bis zum Tode war Voraussetzung.

d) Die Witwe hatte ein Recht auf ein Viertel des Nachlasses, jedoch nur bis zu 100 Pfund Gold. Konkurrierte sie mit mehr als 3 Kindern oder Kindesstämmen, so erhielt sie nur einen Kopfteil. Waren die Kinder, welche mit ihr erbten, zugleich ihre eigenen, so wurde sie auf den Nießbrauch der auf sie entfallenden Portion beschränkt.

e) Der Erbteil der armen Witwe war unentziehbar — ein Noterbenrecht.[3]

2. Justinian gab den Konkubinenkindern zusammen mit ihrer Mutter, die einen Kopfteil erhielt, ein Erbrecht auf ein Sechstel des Vermögens ihres Erzeugers, wenn dieser weder eheliche Kinder noch eine Ehefrau hinterließ.[4]

3. Der arrogierte Unmündige hat, falls ihn der Adoptivvater ohne genügenden Grund aus der Gewalt entläßt, einen persönlichen Anspruch auf ein Viertel des Nachlasses des Adoptivvaters,[5] wenn dieser vor der Mündigkeit des früheren Adoptivkindes stirbt. Diese sog. quarta divi Pii bildet zwar kein Erbrecht, kann aber mittels einer actio familiae erciscundae als gewöhnliches Vermächtnis eingeklagt werden.[6]

§ 519. D. Das Recht des Fiskus und juristischer Personen auf vakante Erbschaften.

Durch die lex Papia Poppaea unter Augustus erhielt die Staatskasse — der Fiskus — ein Sukzessionsrecht in vakante Erbschaften, d. h. in solche, die weder einen Testaments-, noch einen Intestaterben fanden.[1]

1. Der Zweck des Gesetzes war vornehmlich, dem Staate eine Einnahmequelle zu eröffnen. Daher galten folgende Sätze:

a) Der Fiskus hat die Schulden des Erblassers nur bis zum Belaufe der Erbschaftsaktiven zu berichtigen.[2] Dies also auch, wenn er nicht rechtzeitig ein gehöriges Inventar errichtet hat.

---

siehe die ältere Literatur. Dazu Petri, das Pflichtteilsrecht der armen Witwe, Straßburger Inaug.Diss. 1874 und von Kerstorff in der Zeitschrift des Anwaltvereins für Bayern XVI n. 21—23 1876. — Über die Ehescheidungsstrafe vgl. oben § 420.

2) RG. Bd. 16 S. 153, Bd. 40 S. 191.

3) BGB. hat das Erbrecht der armen Witwe beseitigt.

4) Nov. 18 cap. 5, nov. 89 cap. 12. Nach BGB. haben die unehelichen Kinder überhaupt kein Erbrecht.

5) Quarta divi Pii oben § 424 Anm. 8. § 3 J. de adopt. 1, 11, l. 22 pr. D. de adoptionibus 1, 7, l. 2 pr. C. eod. 8, 47. Schröder, Noterbenrecht Bd. 1 S. 552, Schiffner, gesetzliche Vermächtnisse § 39.

6) l. 2 § 1 D. fam. erc. 10, 2, l. 1 § 21 D. de coll. bon. 37, 6, l. 8 § 15 D. de inofficioso test. 5, 2. Einen anderen Fall, in welchem ein Nichterbe etwas aus der Masse mit dem fam. erc. judicium utile herausnimmt, siehe in l. 1 § 9 D. de dote praeleg. 33, 4. BGB. hat die Quarta divi Pii beseitigt.

1) Gaj. Inst. II § 150, Ulpian. fragm. XXVIII § 7. Tit. Cod. de bonis vacantibus 10, 10. Die Literatur siehe bei Danz, Geschichte des römischen Rechtes Aufl. 2. Bd. 2 § 184; siehe ferner Keller, Institutionen S. 275, Pernice, Labeo Bd. 1 S. 348.

2) l. 1 § 1, l. 11 D. de jure fisci 49, 14. RG. Bd. 7 S. 152.

b) Verkauft der Fiskus die Erbschaft als Ganzes, so liegen dem Käufer die Erbschaftsschulden ob, der Fiskus seinerseits wird durch den Verkauf frei.[3]

Das Recht des Fiskus ferner galt als ein außerordentliches. Um deswillen bestimmte man:

a) daß der Fiskus die in einem destituten Testamente des Erblassers angeordneten Vermächtnisse auch dann zu entrichten habe, wenn eine Kodizillarklausel nicht zugefügt ist;[4]

b) eine kurze Verjährung des Anspruches binnen 4 Jahren von dem Augenblicke an gerechnet, in welchem es objektiv feststeht, daß die Erbschaft vakant ist.[5]

Der Fiskus erwirbt die Erbschaft nicht von selbst, sondern nur dadurch, daß er sie in Anspruch nimmt.[6] [7]

2. Gewisse juristische Personen gehen infolge besonderen Pivilegs dem Fiskus vor:

a) Kirchen haben das Vorrecht auf den vakanten Nachlaß der bei ihnen angestellten Geistlichen;[8]

b) dasselbe Recht hat das Regiment bezüglich seiner Soldaten;[9]

c) gewohnheitsrechtlich steht den Armen- und Verpflegungsanstalten ein Erbrecht an dem vakanten Nachlaß der von ihnen verpflegten Personen zu.[10]

3) l. 1 C. de her. vel act. vend. 4, 39, l. 54 D. de her. pet. 5, 3, l. 41 D. de jure fisci 49, 14.

4) l. 96 § 1 D. de leg. I, l. 2 § 1 D. de alimentis leg. 34, 1, l. 14 D. de jure fisci 49, 14.

5) l. 10 D. de temp. praescr. 44, 3, l. 1 § 2 D. de jure fisci 49, 14. In Rom wurde die Verjährung durch die Delation seitens eines Angebers beim Fiskus unterbrochen, welcher die Einziehung betrieb.

6) Manche Schriftsteller wollten diese Eigentümlichkeiten dadurch erklären, daß sie den Fiskus als privilegierten Okkupanten des Nachlasses, und nicht als Universalsukzessor des Erblassers auffaßten. Hierin fand man namentlich den Grund der beschränkten Haftung des Fiskus für die Erbschaftsschulden. Doch die Idee eines privilegierten Okkupationsrechtes ist zwar dem deutschen Rechte geläufig, den Römern aber ganz fremd. Der Fiskus ist Universalsukzessor des Erblassers, so daß er eine besondere Art Erbrecht hat. Die Okkupationstheorie verteidigte Blume im rhein. Museum für Jurisprudenz Bd. 4 u. 6 S. 212. Dagegen siehe Vangerow Bd. 2 § 564. Von der Beantwortung hängt namentlich die Entscheidung der Frage ab, welcher Fiskus die erblosen Güter zu beanspruchen hat, wenn der Nachlaß in verschiedenen Territorien liegt. Die Anhänger der Okkupationstheorie geben den verschiedenen Staatskassen der belegenen Sachen das Okkupationsrecht, die Verteidiger der Universalsukzession schreiben dem Fiskus des letzten Wohnortes des Verstorbenen das Recht auf den Gesamtnachlaß zu. Die Klage des Fiskus hat den Charakter einer hereditatis petitio. l. 20 §§ 6 und 7 D. de her. pet. 5, 3. Vgl. auch Ulpian. fragm. XXVIII § 7.

7) Der Fiskus erwirbt nicht ohne seinen Willen. Zwar scheint hierauf l. 1 § 1 D. de jure fisci 49, 14 zu deuten, vgl. aber Dernburg, Kompensation S. 317 Anm. 2. Erfordert wird die vindicatio seitens des Fiskus — vgl. l. 50 pr. D. de manumissis testamento 40, 4 — d. h. die Inanspruchnahme durch Besitzergreifung oder Klage.

8) l. 20 C. de episcopis 1, 3, nov. 131 cap. 13.

9) l. 2 C. de hereditatibus decurionum 6, 62.

10) Glück, Intestaterbfolge S. 761 ff. Infolge Privilegiums konnten in Rom auch Stadtgemeinden das Recht auf den vakanten Nachlaß ihrer Bürger haben. Diokletian

Drittes Kapitel.

Die Kollation.

§ 520. Die Grundgedanken der Kollation.[1]

Die Kollation entwickelte sich bei der Intestaterbfolge der Deszendenten, und ist grundsätzlich eine Ergänzung dieser Intestaterbfolge geblieben. Allerdings war sie im späteren Rechte auch für den Fall vorgeschrieben, daß der Erblasser diejenigen Deszendenten, die seine nächsten Intestaterben wären, testamentarisch zu Erben einsetzt. Doch dies entsprang nur der Vermutung, daß der Erblasser seine Deszendenten so halten wollte, wie wenn sie Intestaterben geworden wären.

Bei der Intestatsukzession der Deszendenten bezweckte man eine möglichst gleiche Behandlung. Um deswillen wurde der Nachlaß der Aszendenten unter die Kinder, beziehungsweise die Kindesstämme gleich geteilt. Aber damit allein war die Gleichheit unter den Kindern nicht ausreichend durchgeführt. Dies geschah erst durch die Kollation.

a) Die ältere Kollation hatte ihren Grund in der verschiedenen Erwerbsfähigkeit der Deszendenten bei Lebzeiten ihres pater familias. Sie hing auf das engste mit der alten Familienverfassung zusammen, wonach alles, was die Hauskinder erwarben, dem Hausvater zufiel, während die aus dem Hause herausgetretenen Kinder für sich erwarben.

b) Die neuere Kollation bezweckt Ausgleichung wegen Vorempfanges von dem gemeinsamen Erblasser. Denn oft erhielten einzelne Deszendenten in Fällen des Bedürfnisses, z. B. bei ihrer Verheiratung, von ihren Aszendenten Zuwendungen, welche anderen Deszendenten nur deswegen nicht zuteil wurden, weil das gleiche Bedürfnis bezüglich ihrer bei Lebzeiten des Erblassers noch nicht eingetreten war. Die hierdurch entstehende Ungleichheit sollte die neuere Kollation aufheben.

---

hob dies auf, l. 1 C. h. t. 10, 10. Partikularrechtlich besitzen aber in Deutschland die Städte häufig dieses Recht, worin ein Nachklang ihrer alten Gerichtsbarkeit liegt. Nach BGB. § 1936 ist in Ermangelung eines Verwandten oder eines Ehegatten der Fiskus des Bundesstaates, dem der Erblasser zur Zeit des Todes angehört hat, gesetzlicher Erbe. Er kann die Erbschaft nicht ausschlagen (§ 1942 Abs. 2), eine Inventarfrist kann ihm nicht bestimmt werden (§ 2011), er haftet also für die Nachlaßverbindlichkeiten immer nur mit dem Nachlasse. Nach Einf.Ges. Art. 138, 139 bleiben unberührt die landesgesetzlichen Vorschriften, nach welchem dem Fiskus eine Körperschaft, Stiftung oder Anstalt des öffentlichen Rechts vorgeht, sowie diejenigen, nach welchen dem Fiskus oder einer anderen juristischen Person in Ansehung des Nachlasses einer verpflegten oder unterstützten Person ein Erbrecht, ein Pflichtteilsanspruch oder ein Recht auf bestimmte Sachen zusteht.

1) Die Hauptwerke sind von Fein, das Recht der Kollation 1842 und von Leist bei Glück, Serie der Bücher 37 und 38 Bd. 3 S. 201 ff. Dort siehe die Literatur. Dazu Kohler, Abhandlungen I n. 6: „Die römisch-rechtlichen Grundlagen der Kollation“.

§ 521. Die ältere Kollation.[1]

1. Die ursprüngliche Art der Kollation war die der Emanzipierten. Danach mußten die emanzipierten Kinder des Erblassers, was sie zur Zeit des Todes ihres Vaters im Vermögen hatten, mit den sui ihres Vaters teilen, wenn sie neben ihnen erben wollten.

Diese Kollation entsprang dem prätorischen Edikte. Als nämlich der Prätor neben den sui, welchen nach Zivilrecht die Intestaterbschaft ihres Hausvaters allein zustand, dessen emanzipierte Kinder mittels bonorum possessio in den Nachlaß berief,[2] empfanden dies die sui als Verletzung ihres durch die 12 Tafeln verbrieften exklusiven Rechtes. Hierfür sollte ihnen eine Entschädigung mittels der Kollation zuteil werden, welche ihnen die Emanzipierten zu leisten verpflichtet waren.[3]

Die Kollationspflicht hatte aber auch einen tieferen Grund. Nach der alten Familienverfassung gehörte alles, was der suus bei Lebzeiten des Vaters erwarb, dem Vater, befand sich also regelmäßig in dessen Nachlaß. Daher erhielt der Emanzipierte, wenn er den Vater mitbeerbte, einen Teil von diesem Erwerbe.[4] Es war nur folgerecht, daß dann seinerseits der Emanzipierte den suus auch an dem teil nehmen ließ, was er selbst bis zum Tode des Vaters erworben hatte, und was sich in dem Nachlasse hätte finden müssen, wenn er in der Gewalt geblieben wäre.

Deshalb befahl der Prätor den Emanzipierten, welche die bonorum possessio agnoszierten, Kautionsstellung zugunsten der sui, die durch sie verkürzt wurden; kraft dieser Kaution versprachen sie Kollation ihres Vermögens, wie auch dessen, was sie ihm dolos entfremdet hatten.[5][6]

---

1) Tit. Dig. de collatione bonorum 37, 6, de dotis collatione 37, 7, Tit. Cod. de collationibus 6, 20.

2) Dies durch bon. poss. contra tabulas, vgl. unten § 525 und unde liberi, oben § 511 Ziff. 1a, l. 1 pr. D. h. t. 37, 6.

3) l. 10 D. h. t. 37, 6, l. 1 § 13 D. de conj. cum emanc. 37, 8, Schmidt in Bekkers Jahrb. Bd. 4 S. 114.

4) Coll. leg. Mos. et rom. XVI. 7.

5) Lenel, edictum Aufl. 2 S. 333 denkt sich — im wesentlichen unzweifelhaft richtig — die Fassung des Ediktes folgendermaßen: Inter eos, quibus ita bonorum possessio data erit, ita collationem fieri jubebo, ut hi, qui in potestate morientis non fuerint, his, qui in potestate morientis fuerint, recte caveant, se quidquid moriente patre in bonis habuerint dolove malo fecerint, quominus haberent, boni viri arbitratu collaturos esse.

6) Die Emanzipierten hatten nur den sui zu konferieren. Infolgedessen kam es zu einer ungleichen Behandlung der Kinder, wenn mehrere Emanzipierte vorhanden waren, welche zu konferieren hatten, l. 1 § 24 D. h. t. 37, 6. Ulpianus libro 40 ad edictum: Portiones collationum ita erunt faciendae: et puta duo sunt filii in potestate, unus emancipatus habens trecenta: ducenta fratribus confert, sibi centum: facit enim iis partem, quamvis is sit, cui conferri non solet. quod si duo sint filii emancipati habentes trecenta et duo in potestate, aeque dicendum est singulos singulis, qui sunt in potestate, centena conferre, centena retinere, sed ipsos invicem nihil conferre. dotis quoque collatio in eundem modum fiet, ut quicumque confert, etiam suam personam numeret in partibus faciendis. — Den suis wird nur konferiert, wenn ihnen durch die Dazwischenkunft der emancipati ein Nachteil entsteht, l. 1 § 5 D. h. t. 37, 6.

Diese Kautionsleistung an die sui war nicht **Bedingung** der bonorum possessio des Emanzipierten, deren Erteilung keinen Aufschub erleiden durfte,[7][8] während die sui nicht immer zur Hand waren. Sie galt vielmehr als eine an die b. p. geknüpfte **Auflage**, also daß im Falle des Ungehorsams des Emanzipierten Verweigerung der Erbschaftsklagen und Überweisung seiner Erbportion an die Miterben eintrat.[9]

Mit der alten Familienverfassung mußte die Kollation der Emanzipierten schwinden. Denn diese Kollation betraf Vermögensteile nicht, welche der Emanzipierte für sich erworben hätte, wenn er Hauskind geblieben wäre.[10] Da nun im jüngsten Rechte das Hauskind alles für sich erwarb, was nicht vom Vater herstammte, so mußte der Emanzipierte schließlich nur konferieren, was er vom Vater empfangen hatte.[11]

Aber auch der letzte Rest dieser Kollation verlor sich, nachdem die Novelle 118 die bonorum possessio unde liberi verdrängte. Denn die Agnoszierung der bonorum possessio war die Voraussetzung gewesen.

2. **Die Kollation der Dos durch die Haustochter** schloß sich an die der Emanzipierten an.

Die Haustochter hatte allerdings ein ziviles Erbrecht neben den anderen Hauskindern, ohne daß an sich ihre Ausstattung mit einer Dos in Betracht kam. Indessen auch sie besaß — ähnlich wie Emanzipierte — in ihrer Dos ein **Sondervermögen, welches nicht in den Nachlaß des Vaters fiel.**[12]

Daher forderte der Prätor von ihr die Kollation der Dos, wenn sie die bonorum possessio agnoszierte, und zwar keineswegs bloß der dos profecticia, sondern auch der adventicia. Denn es war nicht entscheidend, daß die Tochter etwas vom **Vater** im voraus empfangen hatte, sondern daß sie ein **Sondervermögen** besaß, welches nicht zum väterlichen Nachlasse gehörte.

Seit Antoninus Pius hatte die sua auch dann zu konferieren, wenn sie keine bonorum possessio agnoszierte, sondern bloß als Zivilerbin auftrat.[13]

Im späteren klassischen Rechte sollte sie selbst den emanzipierten Geschwistern konferieren, jedoch nur die dos profecticia, also die vom Hausvater stammende Mitgift.[14]

Das war das erste Auftreten eines neuen Gedankens, der später zur allgemeinen Geltung gelangte.

---

7) l. 3 pr. D. h. t. 37, 6.

8) Verlangte das Edikt gleich „cautio", so genügte doch auch unmittelbare Teilung des Vermögens des Emanzipierten, ja daß sich die Emanzipierten bereit erklärten, so viel von der väterlichen Erbschaft weniger zu empfangen, als der suus bei der Kollation zu beanspruchen hat, l. 1 §§ 11 und 12 D. h. t. 37, 6.

9) l. 1 § 10, § 13 D. h. t. 37, 6, l. 2 § 9 D. eod.

10) l. 1 § 15 D. h. t. 37, 6.

11) l. 21 C. h. t. 6, 20.

12) Vgl. oben § 416.

13) l. 1 pr. D. h. t. 37, 7.

14) l. 4 C. h. t. 6, 20.

§ 522. Die neuere Kollation.

Die neuere Kollation ist eine Ausgleichung wegen Zuwendungen unter Lebenden, welche ein Aszendent, den seine Deszendenten gemeinsam beerben, einzelnen von ihnen gegemacht hat.

Ihren Grund legte Kaiser Leo im Jahre 472 durch die Vorschrift, daß die vom Aszendenten einem Deszendenten gewährte dos und propter nuptias donatio bei der Verteilung des Nachlasses denjenigen Deszendenten zu konferieren sei, welche gemeinsam mit dem Ausgestatteten ab intestato erben.[1] Durch Justinian wurde das Institut weiter fortgebildet.[2]

Die neuere Kollation hat sich aus der älteren, insbesondere der c. dotis entwickelt, welche selbst eine Nachbildung der c. emancipati war. Aber es lag in ihr ein selbständiges, von dem der älteren Kollationsarten wesentlich verschiedenes Prinzip, welches für die einzelnen Rechtssätze vorzugsweise maßgebend blieb.

1. Gegenstand der Kollation sind folgende Zuwendungen:

a) Die dos, propter nuptias donatio und die militia,[3] d. h. die käufliche Beamtenstelle, mit welcher der Erblasser seine Deszendenten ausgestattet hatte.[4]

b) Schenkungen unter Lebenden waren zu konferieren, einmal, wenn der Erblasser ihre Kollation oder wenigstens ihre Einrechnung in den Pflichtteil vorgeschrieben hatte oder, wenn der Beschenkte keine Ausstattung erhielt, und ihm ein anderer Deszendent, welcher nicht gleichfalls beschenkt wurde, konferieren muß. Der Erblasser konnte auch die Kollation solcher liberaler Zuwendungen anordnen, die eigentlich keine Schenkungen waren.[5]

c) Der Wert des Konferendum wurde nach der Zeit des Empfanges berechnet.[6]

d) Früchte und Zinsen gebührten dem Kollationsberechtigten von dem Zeitpunkte an, in welchem der Kollationspflichtige in Verzug gesetzt war.[7]

2. Als kollationspflichtig galt jeder Deszendent des Erblassers, welcher Konferenda von ihm erhalten hatte, sofern er ihn beerbte,[8] für kollations-

1) l. 17 C. h. t. 6, 20.

2) l. 19, l. 20 C. h. t. 6, 20, nov. 18 cap. 6.

3) l. 17 C. h. t. 6, 20, l. 20 § 3 C. eod.

4) Nach BGB. § 2050 sind außer der Ausstattung auch Zuschüsse, die zu dem Zwecke gegeben worden sind, als Einkünfte verwendet zu werden, sowie Aufwendungen für die Vorbildung zu einem Berufe insoweit zur Ausgleichung zu bringen, als sie das den Vermögensverhältnissen des Erblassers entsprechende Maß überstiegen haben.

5) l. 20 § 3 C. h. t. 6, 20. Nach BGB. § 2050 Abs. 3 sind andere Zuwendungen unter Lebenden außer den vorgedachten zur Ausgleichung zu bringen, wenn der Erblasser bei der Zuwendung die Ausgleichung angeordnet hat.

6) Die nov. 97 cap. 6 bestätigt bei richtiger Auslegung die hier vertretene Ansicht. Damit stimmt auch BGB. § 2055 Abs. 2 überein. Anders freilich Windscheid Bd. 3 § 610 Anm. 24.

7) l 5 § 1 D. h. t. 37, 6, RG. Bd. 11 S. 245. Anders Windscheid Bd. 3 § 610 Anm. 22.

8) l. 17 C. h. t. 6, 20.

berechtigt jeder Deszendent des Erblassers, welcher neben dem Kollationspflichtigen erbte.[9]

3. Die ältere Kollation geschah durch Kautionsstellung. Dies wurde auf die neuere nicht übertragen, sie erfolgte vielmehr durch Anrechnung des Konferendum auf die Erbportion des Kollationspflichtigen bei der Erbteilung.[10]

Soweit der Wert der kollationspflichtigen Objekte den Wert der Erbportion übersteigt, ist nicht zu konferieren.[11]

4. Die Kollationspflicht griff auch dann Platz, wenn der Erblasser seine Deszendenten testamentarisch zu Erben einsetzte;[12] hierbei nahm man aber an, daß die testamentarischen Anteile den Intestatportionen entsprachen und der Erblasser auch nicht in anderer Weise zu erkennen gegeben habe, daß er nicht von der gesetzlichen Erbfolge ausgehe.[13]

5. Der Erblasser konnte die Kollationspflicht erlassen.[14]

---

9) Es waren keineswegs wie bei der collatio emancipati bloß diejenigen Deszendenten kollationsberechtigt, welche der Kollationspflichtige beschränkte. Der maßgebende Gesichtspunkt war ein anderer. Der ausgestattete Enkel von einem vorverstorbenen Kinde des Erblassers mußte daher nicht bloß seinen Geschwistern konferieren, sondern nicht minder einem miterbenden Kinde des Erblassers, seinem Oheim. Windscheid Bd. 3 § 610 Anm. 6. Die Literatur siehe bei Arndts § 528 Anm. 3.

10) Bezüglich der Art, wie die Kollation auszuführen ist, haben sich mit der Entwickelung des Institutes die erheblichsten Wandlungen vollzogen. Die Kollation geschah ursprünglich bloß durch cautio, d. h. ein durch Bürgen gesichertes Versprechen, die kollationspflichtigen Objekte zu teilen. Aber schon zur Zeit der Pandektenjuristen konnte sie „re" erfolgen, d. h. durch unmittelbare Teilung der kollationspflichtigen Gegenstände, endlich auch dadurch, daß der zur Kollation Verpflichtete sich bei der Teilung des väterlichen Vermögens soviel abziehen ließ, als er zu konferieren hatte, l. 1 §§ 11 und 12 D. h. t. 37, 6. Diese letztere Methode, welche praktisch am einfachsten ist, war offenbar bereits zur Zeit Leos die regelmäßige. Seine l. 17 C. h. t. 6, 20 sagt daher ausdrücklich und wiederholt, die Kollation der Dos habe stattzufinden „in dividendis rebus ab intestato defunctorum parentum". So bestimmt auch BGB. § 2055 Abs. 1. Bei der Auseinandersetzung wird jedem Miterben der Wert der Zuwendung, die er zur Ausgleichung zu bringen hat, auf seinen Erbteil angerechnet. Der Wert der sämtlichen Zuwendungen, die zur Ausgleichung zu bringen sind, wird dem Nachlasse hinzugerechnet, soweit dieser den Miterben zukommt, unter denen die Ausgleichung stattfindet.

11) Dies gilt auch nach BGB. § 2056. Nach der ursprünglichen Weise der Kollation durch cautio konnte es vorkommen, daß der Kollationspflichtige mehr einwerfen mußte, als er aus der väterlichen Erbschaft erhielt. Hatte er nämlich, nach Agnoszierung der bonorum possessio, die cautio geleistet, so konnte er nicht gegen sie einwenden, daß er, wie sich nachträglich herausstellte, mehr einzuwerfen; als aus der väterlichen Erbschaft zu empfangen habe. Das paßte aber nicht für die neuere Kollation, die sich durch Anrechnung bei der Verteilung des Nachlasses des Aszendenten vollzog.

12) Nov. 18 cap. 6.

13) Zustimmend Dunkhase, die Kollationspflicht bei testamentarischer Erbfolge, Archiv für ziv. Praxis Bd 79 S. 276. Wie hier jetzt auch Kipp bei Windscheid 8. Aufl. § 610 Anm. 5. BGB. § 2052 besagt: Hat der Erblasser die Abkömmlinge auf dasjenige als Erben eingesetzt, was sie als gesetzliche Erben erhalten würden, oder hat er ihre Erbteile so bestimmt, daß sie zueinander in demselben Verhältnisse stehen wie die gesetzlichen Erbteile, so ist im Zweifel anzunehmen, daß die Abkömmlinge nach den §§ 2050, 2051 zur Ausgleichung verpflichtet sein sollen.

14) Nov. 18 cap. 6: „nisi expressim disposuerit se collationem fieri nolle". Mit Recht versteht man hierunter jede deutliche Erklärung. Siehe jedoch Dunkhase a. a. O. S. 284. Vgl. BGB. § 2050 Abs. 1 a. E.

Vierter Abschnitt.

Das Noterbenrecht.[1]

§ 523. Einleitung. Begriff des Noterbenrechts.

I. Die gesetzlichen Schranken der Testierfreiheit zugunsten der Intestaterben nennt man Noterbenrecht.[2]

Die Bezeichnung ist nicht quellenmäßig, auch nach der Wortbedeutung nicht völlig zutreffend, aber herkömmlich und nicht mehr zu entbehren.

Das römische Noterbenrecht begreift Rechtsinstitute sehr verschiedenen historischen Ursprungs und juristischer Gestalt in sich, die sich im Laufe der Zeit gleichsam übereinander lagerten.

Die Basis des Rechtes bildete die unbeschränkte Testierfreiheit, welche das Zwölftafelgesetz proklamierte.[3] Später traten sukzessive rechtliche Einschränkungen hinzu, die der Übereilung und Verletzung der Verwandtenpflicht durch den Erblasser entgegentreten sollten.[4] Endlich hat Justinian auch hier eine eingreifende Tätigkeit entfaltet; freilich keine besonders glückliche.

II. Wie sich dies alles zueinander verhält, ineinander greift und zusammengliedert, ist im höchsten Grade streitig. Es ist daher unmöglich, sich in der Lehre des Noterbenrechts ohne Einsicht in seine historische Entwicklung zurechtzufinden.

Die hauptsächlichsten Rechtsinstitute, um die es sich hier handelt, sind folgende:

1. Nach dem alten Zivilrechte lag dem Hausvater ob, wenn er testierte, seiner sui durch Erbeinsetzung oder Enterbung zu gedenken, und das gleiche machte der Prätor dem Vater bezüglich seiner „liberi“ zur Pflicht — altes formelles Noterbenrecht.

2. Infolge der Praxis des Zentumviralgerichts mußte der Testator gewisse nahe Verwandte, die zugleich seine nächsten Intestaterben waren,

1) Bluntschli, Erbfolge gegen den letzten Willen nach römischem Rechte 1829; Francke, das Recht der Noterben und Pflichtteilsberechtigten 1831; Mühlenbruch bei Glück Bd. 35 S. 119, Bd. 38 S. 1 ff. Unvollendet infolge des Todes des Verfassers blieb Franz Schröder, das Noterbenrecht Bd. 1 1877. Im allgemeinen vgl. Bruns: „Über Testierfreiheit und Pflichtteil“, kleine Schriften Bd. 2 S. 139 und Schultzenstein bei Rassow u. Küntzel, Beiträge Bd. 23 S. 661, 812.

2) Den Begriff des Noterbenrechtes erörtert neuerdings Hofmann, kritische Studien S. 197.

3) l. 120 D. de V. S. 50, 16: Pomponius libro 5 ad Quintum Mucium. Verbis legis XII tabularum his „uti legassit suae rei, ita jus esto“ latissima potestas tributa videtur et heredis instituendi et legata et libertates dandi, tutelas quoque constituendi. sed id interpretatione coangustatum est vel legum vel auctoritate jura constituentium.

4) Nur das Soldatentestament blieb in Rom sowohl von den Schranken des formellen — § 6 J. de exhered. 2, 13 — wie des materiellen Noterbenrechtes — l. 8 §§ 3 und 4, l. 27 § 2 D. de inofficioso test. 5, 2 — frei. Vgl. übrigens Fitting, das castrense peculium S. 214. Das Reichsmilitärgesetz § 44 hat dies antiquiert. — Über Pupillarsubstitutionen vgl. oben § 478.

mit einem Teile ihrer Intestatportion — dem Pflichtteile — bedenken, wenn sie sich dessen nicht unwürdig gemacht haben, sog. materielles Noterbenrecht oder Pflichtteilsrecht.[5]

3. Justinian forderte, daß Aszendenten ihre Deszendenten und Deszendenten ihre Aszendenten mit einer Erbeseinsetzung beehren, wenn kein gesetzlicher Grund zur Ausschließung vorliegt, sog. neueres formelles Noterbenrecht.

Erstes Kapitel.

Das alte formelle Noterbenrecht.

§ 524. Institution oder Exheredation der sui.[1]

I. Der Testator mußte seine sui, d. h. hier die Hauskinder, welche durch seinen Tod gewaltfrei wurden, nach altem Zivilrechte entweder zu Erben einsetzen — instituere — oder enterben — exheredare. — Unterließ er beides — präterierte er dieselben —, so war sein Testament nicht rechtsbeständig.

Eine materielle Beschränkung des Testators lag hierin nicht. Die Erbeseinsetzung auf einen geringeren Teil des Nachlasses genügte, die Exheredation reichte aus, auch wenn kein Grund für sie angegeben war, und keiner bestand. War aber der Präterierte mit Legaten noch so reichlich abgefunden, so wurde das Testament trotzdem hinfällig.

Man forderte also nur eine bestimmte Ausdrucksweise — eine Form. Die Situation sollte klar gestellt werden, wenn der Erblasser sui hatte und sie nicht einsetzte.[2] Immerhin bildete die Vorschrift ein psycho-

5) An diesem Orte ist nur die Rede vom Noterbenrecht der Verwandten. Auch das Recht der dürftigen Witwe, nicht minder das des arrogierten Unmündigen ist unentziehbar — also eine Art Noterbenrecht. Diese Ansprüche sind aber bereits früher besprochen — oben § 518. Sie haben mit dem Noterbenrecht der Verwandten wenig gemeinsames.

1) Gaj. Inst. II § 123. Ulpian. fragm. XXII §§ 14 ff. Tit. Inst. de exheredatione liberorum 2, 13. Dig. de liberis et postumis 28, 2. Cod. 6, 28 und 6, 29. Vgl. A. Schmidt, das formelle Recht der Noterben 1862 und dort Zitierte, namentlich Vangerow Bd. 2 § 468, Schröder a. a. O. S. 8. Allgemeinere Bemerkungen finden sich bei Hölder in seinen Beiträgen zur Geschichte des röm. Erbrechts S. 88, sowie Hofmann, krit. Studien S. 197.

2) Eine verbreitete Meinung — vgl. Vangerow Bd. 2 § 467 S. 216 — geht dahin, daß den sui eine Art Miteigentum am väterlichen Vermögen zukam. Um deswillen habe sie der Vater aus diesem Miteigentum erst heraussetzen müssen — exheredare —, wenn er sie nicht instituierte. Hierfür beruft man sich auf l. 11 D. de liberis et postumis 28, 2. Diese Erklärung ist unhaltbar. Der suus war im juristischen Sinne nicht Miteigentümer des väterlichen Vermögens; wäre er es gewesen, so hätte ihm der Miteigentümer — der Vater — dies Recht nicht einseitig nehmen können. Die Sache liegt einfacher. Daß der Hausvater sein Hauskind aus dem Hause stößt, indem er sein Vermögen anderen Erben zuwendet, galt als so auffallender und unglaublicher Akt, daß die Römer forderten, daß ein solcher Wille ausdrücklich ausge-

logisches Hemmnis für den Testator, denn mancher scheute sich ausdrücklich zu sagen, daß er seine sui enterbe, was er stillschweigend anzuordnen wohl den Mut gehabt hätte. Dies fiel namentlich in das Gewicht, solange man öffentlich vor dem versammelten Volke testierte.

Die Form gewährte ferner Schutz im Falle des Irrtums des Testators, namentlich wenn er einen suus für tot hielt und deswegen präterierte.[3]

II. Zu unterscheiden sind Haussöhne, andere sui und endlich postumi.

1. Den Haussohn — den Stammhalter der Familie — mußte der Testator speziell — nominatim — exheredieren, wenn er ihn nicht instituierte.[4] Einsetzung unter einer Bedingung genügte nur, wenn der Haussohn unter der entgegengesetzten Bedingung exherediert war. Einsetzung unter einer Potestativbedingung reichte ohne weiteres hin.[5] Sie gab dem suus, welcher sonst notwendiger Erbe war, die Freiheit des Entschlusses über den Erwerb. Deshalb galt sie eher als Begünstigung, denn als Beschränkung.

Die Enterbung mußte von allen Graden der Erbeinsetzung geschehen.[6]

Die Verabsäumung dieser Formvorschriften hatte Nichtigkeit zur Folge. Und zwar war ein Testament von Anfang an nichtig, in welchem der Haussohn nicht gültig instituiert oder exherediert war; es hob daher ein etwaiges früheres Testament nicht auf, und blieb nichtig, wenn der Haussohn vor dem Testator starb. So lehrten die Sabinianer. Die Prokulianer betrachteten das Testament freilich nur dann als nichtig, wenn der Sohn den Erblasser überlebte. Diese Auffassung war zwar milde und zweckmäßig, widersprach aber dem Grundgedanken des Institutes, und konnte nicht durchdringen.[7]

War der Haussohn nur von einzelnen Graden der Einsetzung präteriert, so galten diese als nichtig. Die anderen, von denen er instituiert oder exherediert war, blieben gültig.[8]

2. Auch seine Haustöchter und die unmittelbar in seiner Gewalt stehenden Enkel hatte der Testator zu instituieren oder zu exheredieren. Aber ihre Exheredation brauchte nicht notwendig speziell zu geschehen, war vielmehr durch eine allgemeine Formel — inter ceteros — zulässig. Die Präterition solcher sui machte das Testament zwar nicht nichtig, sie wurden aber auch nicht von der Erbschaft ausgeschlossen. Man behandelte sie vielmehr so, als wären sie neben den Testamentserben eingesetzt: „adcrescunt“.

---

sprochen sei, wenn man ihn annehmen sollte. Das geschieht durch die Exheredation, über die insbesondere Gaj. Inst. II § 123 zu vergleichen ist. Auf Grund der herrschenden Meinung war die Ausdehnung des Präteritionsrechtes auf die Emanzipierten nicht zu verstehen, nach unserer Erklärung ist sie wohl begreiflich. Siehe unten § 525 Anm. 2.

3) Cicero de oratore I cap. 38.

4) Gaj. Inst. II § 123.

5) l. 87 D. de heredibus instituendis 28, 5.

6) l. 3 D. h. t. 28, 2, Schmidt a. a. O. S. 53.

7) Gaj. Inst. II § 123, pr. J. de exheredatione liberorum 2, 13.

8) l. 3 § 6 D. h. t. 28, 2. War aber der Haussohn vom ersten Grade präteriert, vom zweiten exherediert, so erhielt er eine bonorum possessio contra tabulas wider den ersten Grad. l. 8 § 5 D. de bon. poss. contra tab. 37, 4.

Waren die testamentarisch Eingesetzten sui, so erhielt der Akkreszierende einen Kopfteil;[9] bei der Einsetzung Fremder halbierte man die Erbschaft und gewährte die eine Hälfte den Akkreszenzerben, die andere den Testamentserben.[10]

3. Anders wurden die postumi sui, d. h. alle Personen behandelt, die nach Errichtung des Testamentes in die unmittelbare Gewalt des Testators traten oder hätten treten müssen, wenn der Testator nicht zwischen der Zeit ihrer Konzeption und ihrer Geburt gestorben wäre.

Es gehören dahin die nach der Testamentserrichtung Geborenen, ferner — postumorum loco — wer nachher durch Rechtsgeschäft, insbesondere Adoption, in die Gewalt des Testators gelangte, endlich zur Zeit des Testamentes zwar der Gewalt des Testators Unterworfene, welche aber erst durch das Wegfallen des dazwischenstehenden Parens nach der Testamentserrichtung in ein unmittelbares Erbenverhältnis zum Testator traten.

Das Anwachsen eines postumus rumpierte das Testament, und zwar anfänglich rettungslos.[11] Der Testator konnte nämlich ursprünglich die Ruption auch nicht durch eine Institution oder Exheredation der künftigen postumi abwenden. Jedoch wurde zuerst in einigen Fällen durch die Jurisprudenz, dann in anderen durch eine lex Junia Vellaea die vorsorgliche Institution und für die Regel auch die Exheredation künftiger postumi zugelassen, womit man die Ruption des Testamentes im Falle ihres Erscheinens abwendete.[12]

§ 525. Die bonorum possessio contra tabulas testamenti.[1]

Das formelle Noterbenrecht erfuhr durch das prätorische Edikt eine erhebliche Erweiterung.

1. Der Prätor gewährte die bonorum possessio contra tabulas testamenti nicht bloß im Falle der Präterition der sui — das war ohne Zweifel das Ursprüngliche —, vielmehr auch bei Präterition der anderen Kinder des Erblassers, denen er mittels der b. p. unde liberi das nächste Intestaterbrecht in Aussicht stellte, also namentlich den emanzipierten Kindern.[2]

Die bonorum possessio contra tabulas setzte voraus, daß der Erblasser ein solches Testament hinterließ, daß aus ihm eine bonorum possessio secun-

9) Waren mehrere Akkreszenzerben präteriert, so erhielten sie nach Karlowa, römische Rechtsgeschichte Bd. 2 S. 890 nur zusammen eine Virilportion. Die Literatur über die Frage siehe dort.

10) Gaj. Inst. II § 124.

11) Ulpian. fragm. XXII § 18.

12) Näheres hierüber in unseren früheren Auflagen.

1) Tit. Dig. de bon. poss. contra tabulas 37, 4, Cod. de bon. poss. contra tabulas quam praetor liberis pollicetur 6, 12. Uhrig, Wirkungen der b. p. contra tabulas, Würzburg 1844.

2) Gaj. Inst. III § 71, l. 6 § 1 D. de bon. poss. 37, 1, oben § 511. Über das Edikt vgl. Lenel, edictum Aufl. 2 S. 331.

dum tabulas agnosziert werden konnte.[3] Ob das Testament zivilrechtlich gültig war, kam für die b. p. contra tabulas nicht in Betracht.[4] Ferner war ihre notwendige Voraussetzung Präterition eines der liberi.

Aber sie stand keineswegs bloß den präterierten Kindern offen, vielmehr nicht minder — commisso per alium edicto — den im Testamente eingesetzten Kindern, wenn ihnen nicht ihre volle Intestatportion zugewendet war.[5]

Dagegen wurden die exheredierten Kinder des Erblassers von der bonorum possessio contra tabulas ausgeschlossen. Der Prätor forderte für die Exheredation bezüglich des männlichen Geschlechtes, daß sie nominatim geschehe, und begnügte sich nur bei Weibern mit der Vornahme in Bausch und Bogen — inter ceteros.[6]

2. Der Kontratabulant erlangte durch die b. p. contra tabulas seine Intestatportion. Es griff aber keine Intestaterbfolge Platz. Denn:

a) die Exheredationen blieben in Kraft. Daher vergrößerten sich die Erbportionen der nichtexheredierten Kinder.[7]

b) Pupillarsubstitutionen blieben bestehen.[8]

c) Das edictum de legatis praestandis bestätigte endlich Vermächtnisse zugunsten der Deszendenten und Aszendenten des Erblassers bis auf den Betrag eines Kindesteiles der Kontratabulanten, ferner auch das Legat der Rückerstattung der Dos oder ihres Äquivalentes an die Ehefrau des Erblassers.[9]

Soweit sie einem präterierten Hauskinde des Erblassers zur Last fielen, dessen Präterition die zivilrechtliche Nichtigkeit des Testamentes zur Folge hatte, waren auch solche Vermächtnisse ungültig.

3. Wurde die bonorum possessio contra tabulas nicht rechtzeitig agnosziert, so waren die Testamentserben zum Erwerb der b. p. secundum tabulas befugt.[10] Man nannte sie cum re, wenn ein bloß

3) Man sah hierbei auf den Augenblick des Todes des Erblassers, so daß die b. p. contra tabulas als begründet galt, auch wenn nach dem Tode des Erblassers sämtliche eingesetzte Erben verstorben waren, ohne angetreten zu haben, l. 19 D. h. t. 37, 4.

4) Nichtigkeit des Testamentes wegen Präterition eines Haussohnes steht der bon. poss. contra tabulas daher nicht entgegen, l. 16 D. de leg. praest. 37, 5.

5) l. 3 § 11 D. h. t. 37, 4, l. 8 § 14 D. eod.

6) l. 8 pr. ff. D. h. t. 37, 4, § 3 J. de exhered. liberorum 2, 13. War ein prätorischer Noterbe unter einer Bedingung eingesetzt, so erhielt er bonorum possessio secundum tabulas; fiel die Bedingung aus und war er nicht für diesen Fall exherediert, die b. p. contra tabulas, l. 3 § 13 D. h. t. 37, 4.

7) Hatte der Erblasser einen Haussohn präteriert oder einen Emanzipierten exherediert, so war das Testament zivilrechtlich nichtig. Auch in diesem Falle erhielt der Exheredierte keine bonorum possessio contra tabulas, wohl aber wurde ihm eine solche ab intestato gewährt, welche der Prätor bis zur Hälfte des Nachlasses schützte, l. 32 D. de liberis 28, 2, l. 12 § 5 D. de bonis libert. 38, 2, l. 20 D. h. t. 37, 4. Schmidt a. a. O. S. 103. In dem Falle der zivilen Nichtigkeit des Testamentes waren also die Exheredationen schließlich doch ohne Wirkung.

8) l. 34 § 2 D. de vulg. et pupillari substitutione 28, 6.

9) Tit. Dig. de legatis praestandis contra tabulas bonorum possessione petita 37, 5.

10) l. 2. pr. D. de bonorum possessione secundum tabulas 37, 11. Das Nähere siehe bei Vangerow Bd. 2 § 473, Schmidt a. a. O. S. 126.

prätorischer Noterbe präteriert war, und in mehreren Fällen auch, wenn es sich um die Präterition eines suus handelte.

Die Ungültigkeit wegen Präterition der liberi hatte hiernach einen bloß relativen Charakter, d. h. sie bestand nur zugunsten der Kinder des Erblassers, nicht aber zum Vorteil Dritter.

§ 526. Absterben des alten formellen Noterbenrechts.

Das alte Recht, wonach der Testator seine sui und seine liberi instituieren oder exheredieren mußte, ging in die justinianische Gesetzgebung mit allen Einzelheiten und Verwicklungen über. Es erfuhr sogar eine erhebliche Verschärfung durch Justinian, insofern er für alle sui ohne Unterschied des Geschlechtes namentliche Enterbung forderte und an die Präterition aller sui, auch der Weiber, Nichtigkeit des Testamentes knüpfte.

Dies entsprang dem Lieblingsgedanken Justinians, daß die Frauen den Männern gleichzuachten seien, und diente seinem Bestreben, das Recht zu vereinfachen.[1]

Die Annahme ist jedoch nicht zu kühn, daß die ganze Legislation Justinians über das formelle Noterbenrecht mehr auf dem Papiere stand, als in das Leben überging, und daß man in der Praxis seiner Zeit auf nichts anderes als auf die Hinterlassung des Pflichtteiles achtete. Paßten doch die alten Formvorschriften zugunsten der agnatischen und quasiagnatischen Deszendenten nicht zu einem Rechtssysteme, in welchem die Erbeseinsetzung an eine bestimmte Weise der Erklärung nicht mehr gebunden war, und nach welchem nicht bloß agnatische, sondern auch kognatische Deszendenten den Aszendenten beerbten.

Nur unter der Voraussetzung, daß es sich um eine halbvergessene, in der Praxis verschollene Sache handelte, erklärt es sich, daß Justinian in seinen Novellen, welche sich an die Praxis enger anschlossen als seine frühere Gesetzgebung, des alten formellen Noterbenrechtes nicht mehr gedenkt, weder in der Novelle 18 noch vor allem in der Novelle 115. Danach ist anzunehmen, daß er die veralteten Vorschriften beseitigen wollte.[2]

1) l. 4 C. de liberis praeteritis 6, 28, § 5 J. de exheredatione liberorum 2, 13.
2) Das BGB. hat das formelle Noterbenrecht nicht aufgenommen.

Zweites Kapitel.

Das Pflichtteilsrecht und die Novelle 115.

§ 527. Der Pflichtteil im allgemeinen.

Pflichtteil — portio legitima — nennt man einen Teil der Erbportion, welcher den nahestehenden Verwandten, die zugleich Intestaterben des Erblassers wären, gebührt.

Eine derartige Zuwendung bildete ohne Zweifel in Rom seit alter Zeit eine Verwandtenpflicht — officium. Ursprünglich bestand hier kein staatlicher Zwang; der Einfluß der Familiengenossenschaft und der Druck der öffentlichen Meinung waren stark genug, die Erfüllung zu sichern.

Als aber seit der letzten Zeit der Republik diese Faktoren ihre Kraft verloren und die Testierfreiheit häufig mißbraucht wurde, erhob man, was früher bloße Verwandtenpflicht gewesen war, zur Rechtspflicht. Diese Neuerung schuf das Volk selbst; sie stützte sich auf das große Volksgericht der Zentumvirn, welches in Erbschaftsprozessen Recht sprach. Gleichwohl gab man dem pflichtwidrig Übergangenen keine Klage, womit er den Pflichtteil unmittelbar hätte einfordern können. Man erreichte das Ziel vielmehr auf einem Umwege, durch die querella inofficiosi testamenti. Mit ihr ist daher die Entwicklung des Pflichtteilsrechtes auf das engste verknüpft.

§ 528. Die querella inofficiosi testamenti.[1]

Die querella inofficiosi testamenti war ursprünglich und noch in der klassischen Zeit das einzige Rechtsmittel, durch welches Pflichtteilsberechtigte gegen Verletzung durch pflichtwidrige Testamente reagieren konnten.

Man streitet darüber, ob diese Querel eine Unterart der hereditatis petitio oder ein selbständiges Rechtsmittel sei. Hierauf ist zu antworten: Von vornherein verwendete man die hereditatis petitio ab intestato, um den im Pflichtteile Verletzten zu helfen. Im Laufe ihrer weiteren Entwicklung hat sich aber die Querel zu einem eigenen, von der gewöhnlichen Erbschaftsklage sehr verschiedenen Rechtsmittel gestaltet.[2]

---

1) Tit. Dig. de inofficioso testamento 5, 2, Inst. 2, 18, Cod. 3, 28. Hartmann über die querella inofficiosi testamenti nach klassischem Rechte 1864, Vangerow Bd. 2 § 478, Brinz Bd. 3 S. 249, Unzner, die querella inofficiosi testamenti nach dem Rechte vor der Novelle 115, 1891, Eisele zur querela inofficiosi in der Zeitschr. der Sav.Stftg., rom. Abt. Bd. 15 n. 6.

2) Die Querel wird mehrfach als „hereditatis petitio" bezeichnet, so namentlich l. 34 C. h. t. 3, 28 und l. 20 D. h. t. 5, 2. An anderen Orten dagegen stellte man querella inofficiosi und hereditatis petitio geradezu in Gegensatz zueinander. Pauli sent. IV, 5 § 4. Das sind keine wahren Widersprüche. Betont man mehr den Ursprung und eine gewisse allgemeine Ähnlichkeit des Zweckes, so kann man die Querel der hereditatis petitio unterstellen. Kommt es darauf an, das spezifische Rechtsmittel zu charakterisieren, so tritt der Gegensatz hervor.

Eigentümlich war die Weise, in der man die Klage begründete. Vor Einführung der Querel galt der Kläger, welchem der Pflichtteil nicht hinterlassen war, rechtlich nicht als verletzt, denn die alte Zeit kannte kein Recht auf den Pflichtteil. An Stelle des Rechtspunktes setzte man daher den Ehrenpunkt. Der Verletzte beschwerte sich über die Unbill,[3] die seiner Person dadurch zugefügt sei, daß ihm der Testator, trotz der nahen Verwandtschaft, nichts oder Unzureichendes zugewendet habe. Daran reihte sich die weitere Behauptung des Klägers, daß der Testator, welcher ihn so grundlos an der Ehre kürzte, nicht recht bei Sinnen gewesen sei.[4] Auf dieses doppelte Fundament baute man schließlich das Ansuchen, dem Übergangenen als Intestaterben die Intestatportion zuzusprechen.

Das Petitum ist, genau besehen, ein wesentlich anderes, als das einer Erbschaftsklage.

Mit der Erbschaftsklage verlangt der nicht besitzende Erbe vom besitzenden Nichterben Herausgabe der ihm gebührenden Nachlaßobjekte auf Grund der Anerkennung seines Erbrechts.

Mit der Querel dagegen fordert der Pflichtteilsberechtigte gegenüber dem Testamentserben Reszission des Testamentes bis zur Höhe seiner Intestatportion. Eine Verurteilung zur Herausgabe von Nachlaßsachen schließt sich oft, aber keineswegs immer an.

Die Erbschaftsklage bezweckt also Verwirklichung eines Rechtes, welches besteht, die Querel Begründung eines Rechtszustandes, wie er sein soll.

1. Das Klagerecht stand nahen Verwandten zu, welche Intestaterben wären und denen nicht einmal ein Viertel der Erbportion zugewendet wurde,[5] ohne daß ein Grund zu solcher Mißachtung vorlag.

Das Viertel stellte die Praxis nach Analogie der lex Falcidia fest.[6] Welche Verwandte das Klagerecht haben, war unentschieden[7]; man ge-

3) Die Quellen sprechen daher häufig von der „injuria", welche in der Nichtzuwendung des Pflichtteils liege, l. 4, l. 8 pr. D. h. t. 5, 2, sowie von der „indignatio" des Pflichtteilsberechtigten, l. 22 D. h. t. 5, 2. Schröder, Noterbenrecht S. 382.

4) Die Reszission des Testaments geschah „sub colore insaniae" des Erblassers, l. 2 D. h. t. 5, 2, l. 5 D. eod., pr. J. h. t. 2, 18. Jedoch bemerken die Pandektenjuristen, daß der pflichtwidrig Testierende keinesfalls als wirklich wahnsinnig gelte, weil dann das Testament ohne weiteres und zugunsten eines jeden nichtig wäre. Darin liegt eine richtige, aber erst der späteren Reflexion angehörige Auffassung. Anfänglich wußte man sich gegen das pflichtwidrige Testament nicht anders zu helfen, als daß man es als dasjenige eines Wahnsinnigen angriff, und die Zentumvirn reszindierten es, indem sie den Testator geradezu für geisteskrank erklärten. Erst als das Rechtsmittel eingebürgert und anerkannt war, untersuchte man den Grund, welcher, ursprünglich unentbehrlich, ohne weiteres als richtig angenommen wurde, näher, und nunmehr fanden die Juristen, daß doch von einem wahren Wahnsinne des Testators nicht die Rede sein könne. Ein ähnlicher Entwicklungsgang läßt sich bei der Rechtsbildung durch die Praxis häufig beobachten. Andere Erklärungen des „color insaniae", die zum Teil recht unbefriedigend sind, siehe bei Schröder a. a. O. S. 386.

5) §§ 3 und 6 J. h. t. 2, 18, l. 8 §§ 6, 8, 9 D. h. t. 5, 2, l. 36 § 1 C. h. t. 3, 28.

6) Als Falzidia wird die Quart des Pflichtteilsberechtigten nicht selten bezeichnet, so l. 31 C. h. t. 3, 28. Vgl. Schröder a. a. O. S. 275.

7) l. 1 D. h. t. 5, 2.

währte es kognatischen wie agnatischen Deszendenten und Aszendenten, Geschwistern nur unter besonderen Voraussetzungen.[8]

Außerdem kam eine eigentümliche successio in querellam zur Anwendung.[9] Hatte der Erblasser nämlich seinen nächsten Intestaterben und Pflichtteilsverwandten z. B. seinen Sohn, nicht mit dem Pflichtteile bedacht, und konnte oder wollte dieser die Querel nicht erheben, so ging sie auf den nächstfolgenden Intestaterben und Pflichtteilsverwandten über, z. B. den Enkel, falls auch diesem, und zwar grundlos, nichts hinterlassen wurde.

2. Das Fundament der Querel war die Beleidigung der Pflichtteilsverwandten, ihr Ziel Sühne durch Reszission des Testamentes; sie ist vindictam spirans. Hieraus erklären sich folgende Eigentümlichkeiten:

a) Die Querel ist eine höchstpersönliche Klage. Nur wenn sie bereits angestellt oder wenigstens vorbereitet war, vererbte sie sich auf die Erben des Verletzten.[10]

b) Jede auch indirekte Anerkennung des Testamentes, schloß die Querel aus, weil sie bezeugte, daß die Beleidigung nicht tief ging.[11]

c) Die Klage verjährte in 5 Jahren von dem Erbschaftsantritte durch den Testamentserben an gerechnet.[12] Denn so lange Untätigkeit beweist, daß die Beleidigung nicht verletzte.

d) Die Querel ist ein subsidiäres Rechtsmittel.[13]

3. Da die Querel Reszission des Testamentes zugunsten des Pflichtteilsberechtigten bezweckte, so ergab sich bezüglich der Person des Klägers und des Beklagten notwendigerweise folgendes:

a) Auch wer im Besitze des Nachlasses war, konnte die Klage anstellen.[14]

b) Beklagbar waren Testamentserben sowie Universalfideikommissare und die Rechtsnachfolger dieser Personen. Es wurde nicht gefordert, daß sie Nachlaßsachen besaßen.[15]

---

8) Näheres unten § 530 Anm. 5.

9) l. 31 pr. D. h. t. 5, 2. Paulus libro singulari de septemviralibus judiciis: Si is, qui admittitur ad accusationem, nolit aut non possit accusare, an sequens admittatur, videndum est. et placuit posse, ut fiat successioni locus. l. 14 D. eod.

10) l. 6 § 2, l. 7 D. h. t. 5, 2. Deszendenten transmittieren die Querel nach der l. 34 C. h. t. 3, 28 von Justinian ohne weiteres auf ihre Deszendenten. Doch ist streitig, ob Bedingung dieser Transmission ist, daß der pflichtteilsberechtigte Deszendent vor der Erklärung des Testamentserben verstarb. Vgl. Vangerow Bd. 2 S. 478 S. 265.

11) l. 8 § 10, l. 31 § 3 und § 4, l. 32 D. h. t. 5, 2.

12) l. 16 C. h. t. 3, 28, l. 36 § 2 C. eod.

13) § 2 J. h. t. 2, 18.

14) Vgl. l. 8 § 13 D. h. t. 5, 2.

15) l. 8 § 10 D. h. t. 5, 2, l. 10 C. h. t. 3, 28. Es ist also keineswegs wie bei der hereditatis petitio jeder belangbar, welcher den Nachlaß „pro herede“ oder „pro possessore“ besitzt. Die Querel ist natürlich gegen den Testamentserben erst zulässig, wenn derselbe die Erbschaft angetreten hat. Damit der Pflichtteilsberechtigte nicht durch Verzögerung des Antritts vom Testamentserben hingehalten werde, verordnete Justinian in der l. 36 § 2a C. h. t. 3, 28, daß sich der Testamentserbe binnen 6 Monaten, und wenn die Beteiligten in verschiedenen Provinzen leben, binnen 1 Jahre, vom Tode des Erblassers an gerechnet, über den Antritt zu erklären habe. Geschieht dies nicht, so wird der Testamentserbe vom Gericht zum Antritt gezwungen. Über das Präjudiz, welches den Testamentserben treffen soll, sind jedoch die Meinungen sehr geteilt. Vgl. Windscheid Bd. 3 § 584 Anm. 12.

Die Legatare des pflichtwidrigen Testaments konnten zugleich mit den Testamentserben belangt werden, sowie auch freiwillig intervenieren.[16] Selbständig mit der Querel verklagt werden konnten sie nicht.[17]

4. Die Reszission des Testamentes erfolgte in Höhe der Intestatportion des Klägers, also keineswegs bloß auf den Betrag seines Pflichtteils.[18]

Der Portion des Klägers wuchs infolge eines besonderen Anwachsungsrechts die Intestatportion von anderen, gleichfalls mit Unrecht übergangenen Pflichtteilsberechtigten zu, welche die Querel nicht anstellten.[19]

Gegen jeden von mehreren Testamentserben wurde besonders geklagt und das Testament durch das Urteil nicht weiter reszindiert, als die testamentarische Erbportion des Beklagten reichte. Das Urteil gegen den einen Testamentserben hatte keine Rechtskraft gegen den anderen.[20]

Dagegen wirkte die Reszission innerhalb des bezeichneten Umfanges absolut, namentlich also gegen die Legate, welche auf der Portion des beklagten Testamentserben lasteten.[21]

5. Wer die Querel anstellte und unterlag, verlor als unwürdig alles, was ihm der Testator letztwillig zudachte.[22]

§ 529. Die Weiterentwicklung des Pflichtteilsrechts.

Im Laufe der Zeit gestaltete sich der Anspruch auf den Pflichtteil zu einem festen Rechte der Verwandten. Der Gesichtspunkt der Ehrenkränkung durch die Umgehung galt später nicht mehr allein als maßgebend. Auch wenn ein Pflichtteilsverwandter erst nach dem Testamente zur Existenz kam und deshalb in ihm gar nicht berücksichtigt sein konnte, hatte er die Pflichtteilsrechte.

---

16) l. 29 pr. D. h. t. 5, 2, l. 14 pr. D. de appellat. 49, 1.

17) Anders Windscheid Bd. 3 § 584 Anm. 16, Unzner a. a. O. S. 43.

18) l. 22 C. h. t. 3, 28. Diocletianus et Maximianus . . eam de inofficioso testamento patris querentem totam hereditatem obtinere posse non ambigitur.

19) l. 23 § 2 D. h. t. 5, 2. Paulus libro singulari de inofficioso testamento: Si duo sint filii exheredati et ambo de inofficioso testamento egerunt et unus postea constituit non agere, pars ejus alteri adcrescit. idemque erit, et si tempore exclusus sit, l. 17 pr. D. eod.

20) l. 15 § 2 D. h. t. 5, 2. Papinianus libro 14 quaestionum: Filius, qui de inofficiosi actione adversus duos heredes expertus diversas sententias judicum tulit et unum vicit, ab altero superatus est, et debitores convenire et ipse a creditoribus conveniri pro parte potest et corpora vindicare et hereditatem dividere: verum enim est familiae erciscundae judicium competere, quia credimus eum legitimum heredem pro parte esse factum: et ideo pars hereditatis in testamento remansit, nec absurdum videtur pro parte intestatum videri, l. 25 § 1 D. eod.

21) l. 8 § 16, l. 17 § 1, l. 28 D. h. t. 5, 2, l. 13 C. h. t. 3, 28. Über den Fall, in welchem ein unrichtiges Urteil die Reszission des Testamentes auf Grund der Klage eines Prätendenten ausspricht, welcher nicht der nächste Intestatberechtigte ist, vgl. l. 6 § 1 D. h. t. 5, 2. Ulpianus libro 14 ad edictum: Si quis ex his personis, quae ad successionem ab intestato non admittuntur, de inofficioso egerit — nemo enim eum repellit — et casu optinuerit, non ei prosit victoria, sed his qui habent ab intestato successionem. Vgl. hierzu l. 35 § 1 D. eod., Schröder a. a. O. S. 437.

22) l. 8 § 14, l. 22 § 1 D. h. t. 5, 2.

Insbesondere suchte aber Justinian das Pflichtteilsrecht zu konsolidieren und zu erweitern.

1. Justinian gab den Pflichtteilsverwandten, welchen der Pflichtteil unvollständig hinterlassen war, eine selbständige Klage auf Ergänzung des Pflichtteiles — die actio ad supplendam legitimam. [1]

2. Er verfügte, daß auf den Pflichtteil gelegte Belastungen nichtig seien. [2]

3. Er erhöhte den Pflichtteil in der nov. 18 bei 4 oder weniger Berechtigten auf $^1/_3$ und bei 5 oder mehr auf $^1/_2$ der Intestatportion des Berechtigten. [3]

4. Er verlangte endlich in der nov. 115, daß Aszendenten ihre Deszendenten und Deszendenten ihre Aszendenten mit einer Erbeseinsetzung beehren müssen, und bestimmte die Unwürdigkeitsgründe, welche dem Testator die Enterbung verstatten, speziell und kasuistisch.

§ 530. Pflichtteilsberechtigte Personen.

Das Pflichtteilsrecht setzt voraus:

1. Ein Verwandtschaftsverhältnis. Berechtigt waren:

a) Deszendenten jeden Grades; auch uneheliche Kinder gegenüber ihrer Mutter und deren Aszendenten. [1]

Existenz zur Zeit des Testaments forderte man nicht. Alle zur Zeit des Todes des Erblassers vorhandenen Deszendenten und sogar die damals im Mutterleibe befindlichen hatten Pflichtteilsrecht, selbst wenn der Testator von ihrem Vorhandensein im Mutterleibe nichts wußte. [2]

Was adoptierte Kinder anlangt, so besaßen unvollkommen adoptierte die Pflichtteilsrechte nur gegen ihre natürlichen Verwandten, nicht gegen den Adoptivvater, obgleich sie ihm gegenüber intestaterbberechtigt waren, Adoptierte anderer Art hatten, solange das Adoptionsverhältnis dauerte, Pflichtteilsrecht nur gegen den Adoptivvater, nicht aber gegen ihren leiblichen Vater. [3]

b) Aszendenten jeden Grades stand das Pflichtteilsrecht gegen ihre Deszendenten zu. [4]

c) Vollbürtige Geschwister sowie halbbürtige, die denselben Vater hatten — consanguinei —, waren berechtigt, wenn

---

1) l. 30, l. 31, l. 36 pr. C. h. t. 3, 28.

2) l. 32 C. h. t. 3, 28.

3) Nach BGB. § 2303 Abs. 1 besteht der Pflichtteil in der Hälfte des Wertes des gesetzlichen Erbteils. Der Anspruch des Berechtigten ist ein reiner Geldanspruch.

1) l. 4, l. 5 pr. D. h. t. 5, 2, l. 29 § 1 D. h. t.

2) l. 6 pr. D. h. t 5, 2. Besondere Bestimmungen für den Fall des Versterbens der Mutter im Kindbett mit Hinterlassung des Kindes gibt l. 3 C. h. t. 3, 28.

3) l. 10 C. de adoptionibus 8, 47, vgl. Schmöle, Noterbenrecht des Adoptierten. Leipziger Inaug.Diss. 1888. Justinian entscheidet ausdrücklich, daß der plene adoptatus kein Pflichtteilsrecht gegen den leiblichen Vater hat.

4) Der leibliche Aszendent hat kein Pflichtteilsrecht gegen sein in vollkommener Adoption befindliches Kind. Vgl. l. 10 C. de adopt. 8, 47, oben Anm. 3.

ihnen eine bescholtene Person vorgezogen wurde.[5] Halbbürtigen Geschwistern von der Mutter her — uterini — stand kein Pflichtteilsrecht zu.

2. In concreto hatte aber nur Pflichtteilsrecht, wer ohne das Testament der nächste Intestaterbe wäre.[6] War daher der nächste Intestaterbe des Erblassers nicht pflichtteilsberechtigt und der nächste pflichtteilsberechtigte Verwandte desselben nicht nächster Intestaterbe, so entstanden keine Pflichtteilsansprüche.[7]

Infolge der successio in querellam konnte aber allerdings jemand, der nicht nächster Intestaterbe war, Pflichtteilsansprüche erlangen.[8]

3. Unwürdige Personen hatten keinen Anspruch.[9]

4. Gemäß der Novelle 115 mußte der Testator seine pflichtteilsberechtigten Deszendenten und Aszendenten nicht nur mit ihrem Pflichtteil bedenken, sondern auch durch Einsetzung als Erben ehren.[10] Damit war nicht gemeint, daß er sie auf ihren vollen Pflichtteil zu Erben einzusetzen hatte, es genügte vielmehr Erbeseinsetzung auf ein Minimum, wenn der Pflichtteil nur anderweit gewährt wurde. Erbeseinsetzung auf eine bestimmte Sache oder Summe wer gleichfalls ausreichend, wie die Novelle ausdrücklich erklärt.[11]

§ 531. Der Betrag des Pflichtteils.

Das alte Recht bestimmte den Pflichtteil einheitlich auf den bescheidenen Betrag eines Viertels der Intestatportion.[1] Die Novelle 18 erhöhte ihn aber in übertriebener Weise und führte zugleich eine progressive Berechnung ein.

Der Grundgedanke der Novelle war folgender: wessen Intestatportion $^1/_4$ des Nachlasses oder mehr ausmacht, dessen Pflichtteil beträgt $^1/_3$ dieser Portion; wessen Intestatportion aber nur

5) l. 27 C. h. t. 3, 28. Vgl. Schröder a. a. O. S. 257. Zu den personae turpes gehören öffentliche Dirnen. Die Verheiratung mit dem Erblasser stellt keineswegs unter allen Umständen ihren guten Ruf her, vielmehr kommt es hierbei auf die Lage des Falles an, RG. Bd. 14 S. 187.

6) l. 6 pr. § 1 D. h. t. 5, 2.

7) Dahin gehören folgende Fälle: a) der Erblasser verstirbt mit Hinterlassung eines minus plene adoptatus und von Aszendenten oder von demselben Vater stammenden Geschwistern, ferner b) er verstirbt mit Hinterlassung vollbürtiger Neffen und eines halbbürtigen Bruders.

8) Oben § 528 Anm. 9.

9) Das Nähere unten § 534. Nach BGB. § 2303 sind pflichtteilsberechtigt die Abkömmlinge, die Eltern und der Ehegatte des Erblassers. Vorausgesetzt ist, daß sie in concreto die nächsten gesetzlichen Erben wären.

10) nov. 115 cap. 3 und 4, cap. 5.

11) nov. 115 cap. 5 pr.: Si vero heredes nominati fuerant, etsi certis rebus contenti esse jubeantur, hoc quidem casu testamentum non subverti praecipimus: quod vero illis minus legitima parte relictum est hoc secundum alias nostras leges ab heredibus expleatur. Una est enim serenitatis nostrae cura, ut injuriam praeteritionis et exheredationis parentum et liberorum tollamus. Dem BGB. ist eine Verpflichtung des Erblassers, die Pflichtteilsberechtigten als Erben einzusetzen, unbekannt.

1) Vgl. oben § 528 Anm. 6.

in $^1/_5$ des Nachlasses oder weniger besteht, dessen Pflichtteil ist $^1/_2$ dieser Portion.[2]

Dies galt nicht bloß für Kinder und Enkel, sondern auch für Aszendenten und Geschwister des Erblassers.

Der Pflichtteil wurde für jeden Pflichtteilsberechtigten gesondert aus seiner Intestatportion berechnet — Distributivberechnung.

Die Intestatportion wurde nach folgenden Regeln bestimmt:

a) Behufs Ermittlung ihrer Höhe zählte man alle Personen mit, welche das Intestaterbrecht gehabt hätten, wenn der Erblasser ohne Testament gestorben wäre. Dahin gehörte nicht, wer bei Lebzeiten des Erblassers gültig auf sein eventuelles Erbrecht verzichtete. Dagegen zählte selbst der gültig Exheredierte mit. Seine Einstellung minderte keineswegs den Pflichtteil immer. Sie konnte vielmehr auch eine Vergrößerung herbeiführen, nämlich dann, wenn der Exheredierte zu 4 Pflichtteilsberechtigten hinzutrat. Wäre der Exheredierte hier nicht zu zählen, so betrüge der Pflichtteil jedes einzelnen $^1/_8$ der Intestatportion, also $^1/_{12}$ des Nachlasses. Da der Exheredierte mitgezählt wurde, so ergab sich als Intestatportion $^1/_5$ während der Pflichtteil dessen Hälfte betrug, also $^1/_{10}$ des Nachlasses. Daher der Spruch: „exheredatus partem facit ad minuendam, numerum ad augendam legitimam".[3]

b) Bei Ermittlung des Wertes der Instetatportion wurde die Todeszeit des Erblassers zugrunde gelegt.[4]

Die Schätzung der Erbschaftsaktiven hatte nach ihrem gemeinen Werte zu erfolgen, Erbschaftsschulden und Beerdigungskosten waren abzuziehen. Die Kosten der Liquidation des Nachlasses blieben außer Betracht.[5]

c) Der Pflichtteilsberechtigte konnte von dem Testamentserben Vorlegung eines Inventars über den Nachlaß und eidliche Manifestation desselben fordern. Er durfte diesen Anspruch in besonderer Klage geltend machen, aber auch mit der Querel oder der Pflichtteilsergänzungsklage verbinden.[6]

---

2) Dieses Prinzip wurde von Schömann, Handbuch Bd. 2 S. 75 aufgestellt und namentlich von Vangerow Bd. 2 § 475 Anm. S. 259 verteidigt.

3) l. 8 § 8 D. h. t. 5, 2. Schröder a. a. O. S. 280. Mitzuzählen ist auch die arme Witwe, da sie Erbin ist — oben § 518. — Vgl. Schröder a. a. O. S. 284.

4) l. 6 C. h. t. 3, 38.

5) l. 8 § 9 D. h. t. 5, 2, RG. bei Bolze 1 n. 1341.

6) RG. bei Bolze Bd. 3 n. 886 und 887. Nach BGB. § 2303 beträgt der Pflichtteil stets die Hälfte des Wertes des gesetzlichen Erbteils. Es findet Distributivberechnung statt. Bei der Berechnung des Pflichtteils werden die Enterbten, die Erbunwürdigen sowie diejenigen mitgezählt, die die Erbschaft ausgeschlagen haben, nicht aber wird mitgezählt, wer durch Erbverzicht von der gesetzlichen Erbfolge ausgeschlossen ist (§ 2310). Der Berechnung wird der Bestand und der Wert des Nachlasses zur Zeit des Erbfalls zugrunde gelegt (§ 2311). Der Erbe hat dem Pflichtteilsberechtigten auf Verlangen über den Bestand des Nachlasses Auskunft zu erteilen (§ 2314).

§ 532. Die Formen der Zuwendung des Pflichtteils.

1. Der Erblasser mußte den Pflichtteil aus seinem Vermögen gewähren. Was er dem Pflichtteilsberechtigten aus fremdem Vermögen verschaffte, kam nicht in Betracht. [1]

2. Die Zuwendung konnte geschehen:

a) durch Verfügung von Todes wegen, insbesondere durch Erbeseinsetzung und Vermächtnisse, nicht minder durch Schenkungen von Todes wegen; [2 3]

b) durch Gewährung einer Dos, einer propter nuptias donatio und militia. [4]

c) durch Schenkungen unter Lebenden, welche mit der Bestimmung der Einrechnung in den Pflichtteil gemacht wurden. [5]

§ 533. Die Enterbungsgründe.

1. Die Novelle 115 hatte die Gründe, welche den Erblasser berechtigen, seinen Deszendenten oder Aszendenten den Pflichtteil und die Ehre der Erbeseinsetzung zu versagen — die sog. Enterbungsgründe —, genau spezialisiert. Es sind 14 bezüglich der Ausschließung der Deszendenten und 8 hinsichtlich der Aszendenten. [1] Sie beruhten teils auf Vergehen gegen die Person des Erblassers, teils auf sonstigem Unrecht. [2]

---

1) l. 36 § 1b C. h. t. 3, 28. Justinianus: Repletionem autem fieri ex ipsa substantia patris, non si quid ex aliis causis filius lucratus est vel ex substitutione vel ex jure adcrescendi, puta usus fructus: humanitatis etenim gratia sancimus ea quidem omnia quasi jure adventicio eum lucrari, repletionem autem ex rebus substantiae fieri.

2) § 6 J. de inofficioso testamento 2, 18.

3) Auch was der Pflichtteilsberechtigte auf Grund einer letztwilligen Verfügung des Testators condicionis implendae causa erhält, ist richtiger Ansicht nach einzurechnen. Hierfür spricht l. 8 § 10 D. h. t. 5, 2, l. 3 § 19 D. de bon. libert. 38, 2. Anders ist die herrschende Meinung, welcher auch Schröder a. a. O. S. 329 folgt. Dort siehe die Literatur.

4) l. 29 C. h. t. 3, 28, l. 30 § 2 C. eod. Vgl. Schröder a. a. O. S. 307.

5) l. 25 pr. D. h. t. 5, 2, l. 35 § 2 C. h. t. 3, 28. Daß alles, was zu konferieren sei, in den Pflichtteil eingerechnet werden müsse, verwirft l. 20 § 2 C. de collationibus 6, 20. Vgl. Arndts § 594 Anm. 3. Nach BGB. § 2315 hat sich der Pflichtteilsberechtigte auf den Pflichtteil anrechnen zu lassen, was ihm von dem Erblasser durch Rechtsgeschäft unter Lebenden mit der Bestimmung zugewendet worden ist, daß es auf den Pflichtteil angerechnet werden soll. Hierhin kann auch eine Ausstattung gehören. Der Wert der Zuwendung wird bei der Bestimmung des Pflichtteils dem Nachlasse hinzugerechnet. Der Wert bestimmt sich nach der Zeit, zu welcher die Zuwendung erfolgt ist.

1) Die Enterbungsgründe sind in der Novelle 115 zum Teil ungeschickt und zweideutig formuliert. Vieles war daher streitig, z. B. bei manchen Enterbungsgründen, ob sie bloß Söhne oder auch Töchter treffen sollen. Das folgende bezweckt eine kurze Skizzierung der einzelnen Gründe zur Übersicht. Eine genaue Fixierung ihres juristischen Tatbestandes erfordert umständliche Erörterungen, die hier zu weit führen würden. Als enterbungswürdige Vergehen der Deszendenten sind bezeichnet: 1. Tätlichkeiten gegen die Eltern; 2. schwere Beleidigung und 3. Erhebung von peinlichen Anklagen gegen dieselben, ausgenommen wegen Majestätsbeleidignug und Landesverrat; 4. Affiliierung in einer Giftmischerbande; 5. Lebensnachstellung gegen die Eltern; 6. Beischlaf des Sohnes mit seiner Stiefmutter oder der Konkubine seines Vaters; 7. kalum-

Alle setzten Verschuldung voraus: Verzeihung des Erblassers vor der Errichtung seines Testaments beseitigte ihre Kraft.[3]

Die Ausschließung der Deszendenten und Aszendenten war dadurch bedingt, daß der Enterbungsgrund im Testamente ausdrücklich angeführt,[4] und im Streitfalle vom Testamentserben bewiesen wurde.[5] Eine ausdrückliche Enterbung forderte man nicht.

2. Die Gründe, aus denen der Erblasser seinen Geschwistern den Pflichtteil versagen durfte, waren nicht besonders gesetzlich festgestellt. Das richterliche Ermessen hatte daher über deren Würdigkeit frei zu befinden.[6]

3. Es wurde auch eine sog. Enterbung in guter Absicht — exheredatio bona mente —[7] zugelassen. Der Erblasser konnte hiernach die Erbeseinsetzung seiner Noterben und die Zuwendung des Pflichtteils an sie dann unterlassen, wenn dies im Interesse des Pflichtteilsberechtigten selbst oder seiner Familie lag. Dies galt namentlich für den Fall der Überschuldung des Pflichtteilsberechtigten oder übermäßigen Hanges zur Verschwendung. Die zu seinem Lebensunterhalte erforderlichen Einkünfte seines Pflichtteils mußten ihm notwendig zugewendet werden.[8]

niose Angeberei der Eltern zu deren schwerem Schaden durch den Sohn; 8. Weigerung der männlichen vermögenden Deszendenten, durch Bürgschaft ihre Aszendenten von einer Gefängnishaft zu befreien; 9. Verhinderung des Aszendenten am Testieren; 10. Gewerbe als Gaukler oder Schauspieler wider Willen der Eltern, wenn diese nicht demselben Beruf zugehören; 11. unsittlicher Lebenswandel der Tochter; sie ist entschuldigt, wenn die Eltern für keine passende Ehe bis zu ihrem 25. Jahr sorgten und sie dann liederlich wird; 12. Verlassen der Eltern in Geisteskrankheit; 13. Nichtloskauf der Aszendenten aus der Gefangenschaft durch Deszendenten, die mindestens 18 Jahre alt sind; 14. Ketzerei. — Enterbungswürdige Vergehen der Aszendenten sind: 1. Anzeige der Deszendenten wegen todeswürdiger Verbrechen, ausgenommen wegen Majestätsbeleidigung; 2. Nachstellung nach dem Leben des Deszendenten; 3. Beischlaf mit der Ehefrau oder der Konkubine des Sohnes; 4. Verhinderung des Deszendenten am Testieren; 5. Vergiftung der eigenen Ehefrau; 6. Vernachlässigung des Deszendenten in Geisteskrankheit; 7. Unterlassen seines Loskaufs aus der Gefangenschaft; 8. Ketzerei. — Vgl. überhaupt Buchholz in seinen juristischen Abhandlungen 1833 Abh. 6, Mühlenbruch bei Glück Bd. 37 S. 140. Die Enterbungsgründe nach BGB. siehe §§ 2333 bis 2335 das.

2) Nov. 115 cap. 3 pr.

3) Die nach Errichtung des enterbenden Testaments erfolgte Verzeihung hebt es nicht auf. Es bedarf vielmehr der Zurücknahme des Testaments in den gewöhnlichen Formen, RG. Bd. 18 S. 167, Vangerow Bd. 2 § 484 S. 288. Anders Windscheid Bd. 3 § 590 Anm. 16, BGB. § 2337.

4) Ebenso BGB. § 2336 Abs. 2. Es ist zulässig, im voraus für den Fall, daß künftig ein gewisser Enterbungsgrund eintreten wird, eine Enterbung auszusprechen.

5) Übereinstimmend BGB. § 2336 Abs. 3: Der Beweis des Grundes liegt demjenigen ob, welcher die Entziehung geltend macht.

6) Vgl. Schröder a. a. O. S. 349. Auch den Geschwistern gegenüber hat der Testamentserbe die behauptete Unwürdigkeit nach richtiger Ansicht zu beweisen.

7) l. 18 D. de liberis et postumis 28, 2. Ulpianus libro 57 ad edictum: Multi non notae causa exheredant filios nec ut eis obsint, sed ut eis consulant, ut puta impuberibus eisque fideicommissam hereditatem dant. l. 12 § 2 D. de bon. libert. 38, 2, l. 25 C. h. t. 3, 28.

8) Die Novelle 115 erwähnt diesen Enterbungsgrund nicht, weshalb ihn viele nach ihr bei Deszendenten und Aszendenten als unzulässig ansehen. Aber die Novelle hat diese Art der Enterbung überhaupt nicht berühren wollen, vielmehr nur die wegen Pflichtwidrigkeit geregelt. Vgl. K. Schmidt im Archiv für ziv. Praxis Bd. 54 n. 18,

§ 534. Die Querel nach der Novelle 115.

Bis zur Novelle 115 hatte der schlechthin übergangene Pflichtteilsberechtigte die querella inofficiosi testamenti gegen das inoffiziöse Testament. Eine wichtige Frage aber war, inwieweit dies auch nach der Novelle zu gelten habe?

1. Den Geschwistern blieb die Querel, denn ihr Verhältnis wurde durch die Novelle 115 nicht berührt.[1]

2. Was aber waren die Folgen, wenn der Aszendent seinen Deszendenten, der Deszendent seinen Aszendenten pflichtwidrig nicht zum Erben einsetzte? In der Regel fiel das damit zusammen, daß er ihm auch materiell nichts zugewendet hatte.[2]

Die Novelle bestimmt, daß, soweit die Intestatportion des Pflichtteilsberechtigten reicht, die testamentarischen Erbeseinsetzungen kraftlos werden, während andere letztwillige Anordnungen, insbesondere Legate zugunsten Dritter, bestehen bleiben, soweit sie den Pflichtteil nicht verkürzen.

§ 535. Partielle Verletzung des Pflichtteils.

1. Der Noterbe, welcher nur im Betrage seines Pflichtteils verkürzt war, hatte eine Ergänzungsklage — actio ad supplendam legitimam.[1]

Diese Klage gründete sich auf den Gedanken einer Beleidigung. Sie war also nicht höchstpersönlich, vielmehr unbedingt vererblich und wurde nicht durch Anerkennung des Testamentes seitens des Pflichtteilsberechtigten beseitigt. Wer mit ihr unterlag, galt nicht als unwürdig, etwas aus dem Testamente zu empfangen, und behielt, was ihm hinterlassen war. Die Klage ging gegen die Testamentserben. Waren dieselben selbst pflichtteilsberechtigt, so hatten sie nur insoweit beizutragen, als ihnen etwas über ihre Intestatportion zugewendet wurde.[2]

2. Der Pflichtteil war lastenfrei zu hinterlassen.

Beschränkungen, insbesondere Bedingungen, Auflagen, Nachvermächtnisse galten, soweit sie den Pflichtteil belasteten, als nicht geschrieben, also nichtig.[3]

Zulässig war die sog. cautela Socini,[4] wonach dem Pflichtteils-

---

Schröder a. a. O. S. 354, Entsch. des OAG. zu Rostock Bd. 3 n. 57 S. 289, RG. Bd. 45 S. 174. Auch dem BGB. ist die Enterbung in guter Absicht bekannt, vgl. § 2338.

1) RG. Bd. 14 S. 187. Anders Wendt, Pand. S. 828, 829 a. E.

2) Dies um deswillen, weil man im Zweifel jede Zuwendung an den Pflichtteilsberechtigten als Erbeseinsetzung zu interpretieren hat, oben § 533.

1) § 3 J. h. t. 2, 18, l. 30 pr., l. 36 pr. § 1 b C. h. t. 3, 28.

2) Francke a. a. O. S. 334, dagegen Arndts § 596 Anm. 2 will die Klage auch gegen Noterben zugestehen, welche mehr als ihren Pflichtteil erhielten.

3) l. 32 C. h. t. 3, 28. Es gilt dies auch für die einer Erbeseinsetzung zuwider der Novelle 115 pflichtwidrig zugefügte Bedingung. RG. Bd. 17 S. 327.

4) Die Klausel wird nach dem italienischen Juristen Marianus Socinus dem Jüngeren aus Siena, gest. 1556, genannt, welcher einer ihrer Verteidiger war. Vgl. über die Klausel Schröder a. a. O. S. 377, RG. Bd. 31 S. 198.

berechtigten etwas über den Betrag seines Pflichtteils unter der Bedingung zugewendet wurde, daß er sich eine die ganze Zuwendung betreffende Beschränkung gefallen ließ.[5]

§ 536. Das Pflichtteilsrecht und die Geschäfte unter Lebenden.[1]

Der Pflichtteil durfte nicht durch Geschäfte von Todes wegen angetastet werden.[2] Dagegen war der künftige Erblasser in seinen Verfügungen unter Lebenden durch die Rücksicht auf seine Pflichtteilserben nicht beschränkt. Ohne weiteres aber ließ sich dies nicht festhalten, da sonst der Erblasser durch Schenkungen unter Lebenden, sowie durch Dosbestellungen den Anspruch der Pflichtteilsberechtigten illusorisch machen konnte. Daher schuf man die querella inofficiosae donationis und dotis.

Es ist bestritten, ob diese Klagen die fraudulose Absicht der Verkürzung des Pflichtteils voraussetzten, oder ob jede objektive Verkürzung des Pflichtteils genügte.

Für das letztere scheint zu sprechen, daß auch für die querella inofficiosi testamenti schließlich nur die objektive Verletzung maßgebend war, und daß unsere Rechtsmittel der Querel analog gebildet sind.

Aber die Analogie war keine durchgreifende. Bei unseren Rechtsmitteln handelt es sich um etwas Außerordentliches, einen Übergriff über das eigentliche Gebiet des Pflichtteilsrechts hinaus, gleichsam um eine Notwehr des Rechts gegen dolose Umgehungen.[3]

---

5) Der Pflichtteilsanspruch des BGB. entspricht der actio ad supplendam legitimam. Der Anspruch geht auch gegen Pflichtteilsberechtigte, soweit sie mehr erhalten haben, als ihren Pflichtteil. Beschränkungen oder Beschwerungen des Pflichtteils gelten als nicht angeordnet; ist der dem Berechtigten hinterlassene Erbteil größer als der Pflichtteil, so kann der Berechtigte den Pflichtteil verlangen, wenn er den Erbteil ausschlägt; die Ausschlagungsfrist beginnt erst mit der Kenntnis von der Beschränkung oder Beschwerung.

1) Tit. Cod. de inoff. don. 3, 29, de inoff. dot. 3, 30. Breidenbach, zur Lehre von der Reszission pflichtwidriger Schenkungen im Archiv für ziv. Praxis Bd. 27 n. 14, Bd. 28 n. 2; Fitting ebendaselbst Bd. 50 n. 4; Stammler, zur Lehre von der querella inofficiosae donationis im Archiv für prakt. Rechtswissenschaft n. F. Bd. 8 S. 192; Carl Zarncke, die pflichtwidrigen Schenkungen, Rostocker Inaug.Diss. 1900; vgl. ferner die bei Arndts § 597 Anm. 1 zitierten Schriftsteller.

2) Zu den Verfügungen von Todes wegen gehören auch in dieser Hinsicht die Schenkungen auf den Todesfall. Fitting im Archiv für ziv. Praxis Bd. 50 n. 4.

3) In diesem Sinne ist das Rechtsmittel geschaffen, l. 87 § 3 D. de leg. II. Imperator Alexander Augustus Claudiano Juliano praefecto urbi. Si liquet tibi, Juliane carissime, aviam intervertendae inofficiosi querellae patrimonium suum donationibus in nepotem factis exinanisse, ratio deposcit, id quod donatum est, pro dimidia parte revocari. Ebenso l. 1 C. h. t. 3, 29: „si mater vestra ad deludendam querellam paene universas facultates suas . . . exhausit". l. 8 C. eod.: „si liqueat matrem tuam intervertendae quaestionis inofficiosi causa patrimonium exhausisse". Vat. fragm. § 270. Wenn in anderen Stellen der dolosen Absicht nicht besonders gedacht wird, so ist dies sicherlich kein Widerspruch. Es handelt sich um Reskripte, welche die Lehre nicht erschöpfen sollten, vielmehr im gegebenen Falle streitige Punkte erledigten. Anderer Ansicht freilich Vangerow Bd. 2 § 482 S. 279, Windscheid Bd. 3 § 586 Anm. 10. Für die hier vertretene Ansicht sind Brinz Bd. 3 § 405 Anm. 45, Schröder a. a. O. S. 515. Gewiß ist auch von Gewicht, daß die actio Faviana und Calvisiana, welche das Pflichtteilsrecht des Patrons sichern sollten, gleich-

1. Die Voraussetzungen der querella inofficiosae donationis waren folgende:

a) objektiv eine Schmälerung des Pflichtteiles, wie er sich zur Zeit der Vornahme der Schenkung gestalten würde.[4]

b) Der Schenker mußte dolos gegen den Pflichtteilserben gehandelt haben. Das war nicht der Fall, wenn er auch den Pflichtteilserben entsprechend beschenkt hatte.[5]

c) Die Verletzung durfte nicht wieder ausgeglichen sein. Dies konnte mittels späteren Erwerbes von Vermögen durch den Erblasser nach der Schenkung[6] oder mittels letztwilliger Zuwendung geschehen.[7]

2. Die Klage stand zu:

a) jedem verletzten Pflichtteilsberechtigten, vorausgesetzt natürlich, daß die Verkürzung nicht durch sein Benehmen wohl begründet war. Ob der Erblasser mit Hinterlassung eines Testamentes verstarb oder nicht, galt für diese Klage als irrelevant.

b) Sie ging nur gegen den Beschenkten und dessen Erben. Soweit der Beschenkte am Dolus keinen Teil hatte, war er nur zur Erstattung seiner Bereicherung verpflichtet.

c) Es wurde nicht Reszission der ganzen Schenkung bezweckt, vielmehr nur Herausgabe des dem Kläger zustehenden Pflichtteils.

d) Entsprechend der querella inofficiosi testamenti verjährte die Klage in 5 Jahren,[8] war subsidiär[9] und wurde durch jede Anerkennung der Schenkung ausgeschlossen.[10]

3. Der pflichtwidrigen Schenkung stand eine Dotierung gleich.

4. Der Schenker selbst durfte Schenkungen wegen nachgeborener Kinder insoweit anfechten, als deren Pflichtteil durch die Schenkung verkürzt war; hierin lag ein selbständiges Rechtsmittel.[11]

---

falls Dolus des schenkenden Liberten forderten. Daß die Betonung der subjektiven Seite mit den allgemeinen Anschauungen der Römer übereinstimmt, wird niemand verkennen.

4) l. 7 C. h. t. 3, 29, Vat. fragm. § 280.

5) l. 8 § 1 C. h. t. 3, 29 fordert „consilium et eventus“.

6) Natürlich gebührt dem Noterben auch von der späteren Vermehrung des Vermögens des Erblassers der Pflichtteil. Hat also ein Vater von 5 Kindern, welcher 8000 im Vermögen hat, hiervon 5000 verschenkt und später 1000 neu erworben, so ist die Verletzung nicht vollständig ausgeglichen. Die Kinder können vielmehr noch vom Beschenkten je 100 fordern. Nur wenn der Vater mindestens 2000 hinzuerwirbt, wäre die durch die Schenkung entstandene Verletzung vollständig beseitigt. — Nachträglicher Erwerb des Erblassers, welchen er vor seinem Tode wieder verliert, beseitigt die Verletzung nicht. Schröder a. a. O. S. 523.

7) Nov. 92 cap. 1.

8) l. 9 in fine C. h. t. 3, 29. Über den Beginn der Verjährung vgl. Seuffert, Archiv Bd. 52 n. 247.

9) l. 4 C. h. t. 3, 29.

10) l. 6 C. h. t. 3, 29.

11) l. 5 C. h. t. 3, 29. Der Sinn dieser Stelle ist freilich sehr bestritten. Vgl. Vangerow Bd. 2 § 482 S. 280, Windscheid Bd. 3 § 586 Anm. 15. Anderer Ansicht Arndts § 587 Anm. 5. Die Regelung des BGB. ist wesentlich abweichend. Hiernach hat der Pflichtteilsberechtigte einen Anspruch auf Ergänzung des Pflichtteils gegen die

Fünfter Abschnitt.

Der Eintritt des Erbfalles.

Erstes Kapitel.

Schutzmaßregeln zugunsten der Erbinteressenten.

§ 537. Eröffnung des Testaments und Vollstreckung desselben.[1]

1. Regelmäßig wurde bei den Römern das Testament bei einer Privatperson deponiert. Schwere Strafe verpflichteten jeden, nach erlangter Kunde von dem Tode des Erblassers die in seinem Besitze befindlichen Testamentsurkunden oder Kodizille dem Gerichte des Ortes auszuhändigen.[2] Konnte jemand an der Herausgabe der Testamentsurkunde ein Interesse glaubhaft machen, so stand ihm gegen den Besitzer der Urkunde das interdictum de tabulis exhibendis zur Verfügung.[3] Die Eröffnung — apertura — des Testaments, ursprünglich ein Privatakt, sollte auf Grund einer lex Julia vicesimaria des Augustus vor Gericht erfolgen, damit der Fiskus wisse, an wen er sich wegen der Erbschaftssteuer — vicesima hereditatium — zu halten habe.[4] Auch für Erben und Vermächtnisnehmer war die solenne Testamentseröffnung von Bedeutung. Galt es doch festzustellen, in welchem Zeitraum die sog. incapaces — Kinderlose und Unverehelichte — diesen Mangel beseitigen mußten, um die Erbschaft zu erhalten.[5] Ferner übertrugen Vermächtnisnehmer den Anspruch auf ihre Erben nur, wenn sie den Zeitpunkt der Testamentseröffnung erlebt hatten.[6]

Erben. Die Ergänzung kann verlangt werden wegen aller Schenkungen aus den letzten zehn Jahren vor dem Erbfalle, ausgenommen sind diejenigen, durch die einer sittlichen oder sozialen Pflicht entsprochen wird (§ 2330). Ergänzung ist der Betrag, um den sich der Pflichtteil erhöht, wenn der verschenkte Gegenstand dem Nachlasse hinzugerechnet wird (§ 2325 Abs. 1). Hat der Pflichtteilsberechtigte selbst ein Geschenk von dem Erblasser erhalten, so ist das Geschenk in gleicher Weise wie das dem Dritten gemachte Geschenk dem Nachlasse hinzuzurechnen und zugleich dem Pflichtteilsberechtigten auf die Ergänzung anzurechnen (§ 2327). Soweit der Erbe zur Ergänzung des Pflichtteils nicht verpflichtet ist (vgl. § 2328), kann der Pflichtteilsberechtigte von dem Beschenkten die Herausgabe des Geschenkes zum Zwecke der Befriedigung wegen des fehlenden Betrags nach den Vorschriften über die Herausgabe einer ungerechtfertigten Bereicherung fordern. Der Beschenkte kann die Herausgabe durch Zahlung des fehlenden Betrages abwenden (§ 2329). Der Anspruch gegen den Beschenkten verjährt in drei Jahren von dem Eintritte des Erbfalles an (§ 2332 Abs. 2).

1) Tit. Dig. testamenta quemadmodum aperiantur, inspiciantur et describantur 29, 3, Cod. 6, 32. Mühlenbruch bei Glück Bd. 43 S. 368; Keller, Institutionen S. 287.

2) Wer das Testament oder Kodizill nicht vorlegte, verfiel nämlich, wenn er es dolos zurückhielt, der lex Cornelia de falsis, l. 2 D. de lege Cornelia de falsis 48, 10, Pauli sent. IV, 7 §§ 3—5. Vgl. auch BGB. § 2259.

3) l. 1 pr. D. de tabulis exhibendis 43, 5. Vgl. auch BGB. § 2264.

4) Dio Cassius 55, 25. Vgl. Tit. D. testam. quemadmod. aperiantur 29, 3.

5) Ulpian. fragm. XVII § 1; vgl. oben § 474.

6) Ulpian. fragm. XXIV § 30; vgl. oben § 494.

Zur Eröffnung mußten die Testamentszeugen geladen werden, um ihre Siegel zu rekognoszieren. Es genügte, wenn die Mehrzahl der Zeugen erschienen war. Alsdann erfolgte in Gegenwart aller Beteiligten die Verlesung der Urkunde — recitatio.

Seit Justinian wurde das Testament gerichtlich nur dann eröffnet, wenn die Urkunde beim Gericht hinterlegt war, oder irgendwelche Interessenten die gerichtliche Eröffnung forderten.[7]

2. Besondere Vorschriften über die Testamentsvollstreckung waren dem römischen Rechte fremd. Zwar kam es vor, daß der Erblasser letztwillig die Besorgung einzelner Angelegenheiten Vertrauenspersonen auftrug,[8] im allgemeinen aber war es Sache des Erben, darüber zu wachen, daß der letzte Wille des Verstorbenen ausgeführt wurde. Das moderne Institut der Testamentsvollstreckung hat seinen Ursprung in deutscher Sitte, die im kanonischen Recht Anerkennung fand.[9]

§ 538. Fürsorge des Gerichts für den Nachlaß und den Erben.

In Rom gewährte der Richter dem Nachlaß und dem künftigen oder vermutlichen Erben seinen Schutz.

Namentlich erfolgte die Ernennung eines Nachlaßkurators in Fällen, in welchen der Erbe noch nicht antrat oder streitig war. Der Nachlaßkurator hatte eine enggefaßte Vollmacht. Sie beschränkte sich auf die Obhut des Nachlasses und auf Berichtigung dringender Schulden.[1]

§ 539. Gerichtliche Einweisung. Possessorische Erbschaftsklagen.

Der Erbe durfte sich eigenmächtig in den Besitz des Nachlasses setzen, solange derselbe noch offen lag, also namentlich noch nicht in den Besitz Dritter gelangt oder gerichtlich mit Beschlag belegt war.

Häufig aber war obrigkeitliche Vermittlung zum Besitzerwerb für den Erben nötig oder doch ratsam. Und zwar bestanden zwei Arten richterlicher Hilfe:

a) Einweisung in den Nachlaßbesitz durch das Nachlaßgericht auf einseitigen Vortrag in außerprozessualischer Weise.

Solchergestalt wurde namentlich verfahren, wenn der Nachlaß gericht-

---

7) l. 1 C. quemadmod. aperiantur testamenta 6, 32. BGB. §§ 2260 ff. schreibt gerichtliche Eröffnung und Verkündigung der Testamente vor.

8) Der Gedanke einer umfassenderen Testamentsexekution findet sich in l. 80 § 1 D. ad S. C. Trebell. 36, 1. In der christlichen Kaiserzeit wurde die Vollstreckung von wohltätigen Anordnungen oft im Testamente ernannten Vertrauenspersonen oder auch den Bischöfen aufgetragen; l. 28 C. de episcopis 1, 3. An diese vereinzelten Erscheinungen läßt sich aber keine allgemeine Theorie knüpfen.

9) Die Literatur über die Geschichte dieses deutschrechtlichen Instituts siehe bei Stobbe, deutsch. Privatr. Bd. 5 § 308. Ins deutsche Recht gehört auch die Entscheidung der grundlegenden Frage, wen der Testamentsexekutor vertritt: den Erblasser, den Nachlaß oder die Erben.

1) Nach BGB. § 2353 hat das Nachlaßgericht dem Erben auf Antrag einen Erbschein zu erteilen. Gutgläubige Dritte, die mit dem im Erbschein Bezeichneten ein Rechtsgeschäft vornehmen, werden geschützt, vgl. BGB. §§ 2365 ff.

lich mit Beschlag belegt war, sich im Besitze eines Nachlaßkurators oder der Verwahrung eines Dritten befand, welcher nur dem gerichtlich eingewiesenen Erben das Verwahrte zu erstatten bereit war.

Derartige Einweisungen erfolgten in Rom durch eine missio des Prätors oder auch durch Erwerbung gewisser Arten der bonorum possessio, welche nicht, wie die regelrechte b. possessio, prätorisches Erbrecht, sondern bloßen Erbschaftbesitz gewährten.

b) Falls ein Erbprätendent — pro herede — oder ein Okkupant — pro possessore — bereits in den Besitz des Nachlasses gelangt war, so bedurfte es für den Erben einer Klage, um ihm den Besitz zu entwinden. Zu diesem Zwecke stand ihm nicht bloß die hereditatis petitio offen, welche erschöpfenden Beweis des Erbrechts des Klägers erforderte, es kamen ihm vielmehr possessorische Rechtsmittel zu gute, welche ihm den Nachlaßbesitz in summarischer Weise verschafften, also apiscendae possessionis waren. Man bezeichnete die possessorische Klage als interdictum quorum bonorum. Zwar war sie mit dem römischen Interdikte dieses Namens nicht identisch, da dieses vorgängige gerichtliche Agnition einer bonorum possessio forderte, von der hier nicht die Rede ist; dennoch bestand eine gewisse dogmatische Verwandtschaft und eine historische Anlehnung, welche die Bezeichnung rechtfertigte.

Sämtliche Fälle der Einweisung und des Interdiktes gehen davon aus, daß der Implorant entweder vermutlicher Erbe war, oder ein Anrecht darauf hatte, künftiger Erbe zu werden.[1]

1. Um vermutliches Erbrecht handelte es sich in folgenden Fällen:

a) Jeder in einem äußerlich fehlerfreien Testamente zum Erben Ernannte erhielt Einweisung in den Nachlaß durch sog. missio ex lege ultima de edicto divi Hadriani tollendo,[2] sowie eine possessorische Klage gegen etwaige Erbschaftsbesitzer pro herede oder pro possessore.

Illiquide Einreden wurden in diesem Verfahren nicht beachtet. Der Gegner mußte daher die bezüglichen Einwendungen gegen das Testament mittels Erhebung der Erbschaftsklage geltend machen, wenn er den Besitz zurückerlangen wollte.

b) Wer ein Verhältnis darlegte, welches ihn als Intestaterben des Erblassers erscheinen ließ, insbesondere Verwandtschaft oder Ehe, erhielt gleichfalls nach der Praxis Einweisung und possessorische Klage. Illiquide Einwendungen kamen auch hier nicht in Betracht.

c) Wenn einem Unmündigen, welcher als Kind des Erblassers dessen Erbschaft in Anspruch nahm, die Kindschaft angefochten wurde, so gestattete ihm das Carbonianum edictum die Aussetzung des Erb-

---

1) Vgl. oben §§ 134 und 135, ferner namentlich Kipp, Erörterungen 1889.

2) l. 3 C. de edicto divi Hadriani tollendo et quemadmodum scriptus heres in possessionem mittatur 6, 33. Vgl. Pauli sent. III, 5 §§ 14ff., Löhr in Lindes Zeitschrift Bd. 6 n. 9, Riesebieter in Iherings Jahrb. Bd. 34 S. 103. Wer ein jüngeres fehlerfreies Testament vorlegen kann, geht natürlich vor.

schafsprozesses bis zur erlangten Mündigkeit. Inzwischen durfte er die bonorum possessio agnoszieren,[3] welche ihm, falls er Kaution leistete, die Erbenstellung interimistisch gewährte[4] und Unterhalt aus der Erbschaft verschaffte.[5]

2. Einweisungen zugunsten erwarteter Erben waren folgende:

a) Die bonorum possessio furiosi nomine.

Der ständig Geisteskranke erwarb zwar als Hauskind die Erbschaft seines Hausvaters notwendigerweise; als freiwilliger Erbe konnte er aber angetragene Erbschaften nicht erwerben,[6] denn ihm fehlte zum Antritt die natürliche Fähigkeit, und seinem Vormunde wurde die Legitimation nicht zugestanden, ihn hierbei zu vertreten. Dagegen erwarb er durch gerichtliche Erklärung seines Vormundes eine bonorum possessio,[7] kraft deren er interimistisch die Stellung eines Erben[8] und das Recht auf Bezug von Alimenten erlangte.[9] Nach erfolgter Genesung stand ihm der Erwerb der Erbschaft oder deren Ablehnung frei.[10] Starb er während der Geisteskrankheit, so ging die Erbschaft, da er sie trotz Agnition der bloß provisorischen bonorum possessio nicht erworben hatte, nicht auf seine Erben über. Es trat vielmehr sukzessive Berufung der anderweiten Erben des Erblassers ein, wobei, allgemeinen Grundsätzen entsprechend, die Zeit des Todes des Geisteskranken, also der neuen Berufung maßgebend war.[11]

b) Der bedingt eingesetzte Testamentserbe konnte in Rom während des Schwebens der Bedingung eine interimistische bonorum possessio secundum tabulas erlangen.

Ähnliche Zwecke wie die bisher besprochenen Missionen verfolgte die missio ventris nomine.[12]

Wenn nämlich zur Zeit des Todes des Erblassers sich noch ein Kind von ihm im Mutterleibe befand, das — möglicherweise — im Falle der Geburt Erbe wurde, so konnte die Mutter in der Zwischenzeit für die Dauer ihrer Schwangerschaft Alimente verlangen

3) Tit. Dig. de Carboniano edicto 37, 10, Cod. 6, 17, Leist bei Glück, Bücher 37 und 38 Bd. 4 S. 67.

4) l. 15 D. h. t. 37, 10.

5) l. 5 § 3 D. h. t. 37, 10.

6) Vgl. unten § 541.

7) l. 7 C. de curatore furiosi 5, 70. Tit. Dig. de bonorum poss. furioso 37, 3.

8) Dies, ohne daß er Kaution leisten muß.

9) Hatte jedoch der Geisteskranke eigenes Vermögen, so sollte ihn der Kurator zunächst aus diesem erhalten, l. 51 pr. D. de her. pet. 5, 3.

10) l. 7 § 8 C. de cur. fur. 5, 70.

11) Die l. 7 § 8 C. h. t. 5, 70 besagt: Sin autem in furore diem suum obierit vel in suam sanitatem perveniens eam repudiaverit, si quidem successio est, ad eos referatur, volentes tamen, id est vel substitutum vel ab intestato heredes vel ad nostrum aerarium: eo scilicet observando, ut hi veniant ad successionem, qui mortis tempore furiosi propinquiores existant ei ad cujus bona vocabantur, si non in medio erat furiosus.

12) Tit. Dig. de ventre in possessionem mittendo et curatore ejus 37, 9. Dernburg, Pfandrecht Bd. 1 S. 405, Leist bei Glück, Serie der Bücher 37 und 38 Bd. 4 S. 1, Schiffner, gesetzliche Vermächtnisse § 34.

und sich zu diesem Zwecke in die vakante Erbschaft einweisen lassen. Die Mutter eines fremden Kindes, das zum Erben eingesetzt war, erhielt ein entsprechendes Recht nur dann, wenn sie sich anderweit nicht ernähren konnte.

Diese Mission wurde nicht dem künftigen Erben, also dem Kinde erteilt,[13] sondern der Mutter. Sie geschah nicht zur Sicherung eines Erbrechtes, sondern zur Erhaltung von Mutter und Kind.

Die Alimentation der Schwangeren galt als eine Erbschaftsschuld.[14] Rückerstattung konnte, falls nicht Betrug im Spiele war, selbst dann nicht beansprucht werden, wenn der erwartete Erbe nicht geboren wurde. Zur Feststellung und Auszahlung der Alimente ernannte man einen curator ventris.

Da trotz der Einweisung der Mutter die Erbschaft als ruhend galt, so war außerdem ein curator bonorum im Interesse der künftigen Erben und der Erbschaftsgläubiger zu bestellen. In Rom ernannte man in der Regel dieselbe Person zum curator ventris und bonorum.[15]

Zweites Kapitel.

Der Erwerb der Erbschaft.

§ 540. Übersicht. Geschichtliches.

Zur Zeit der klassischen Juristen war die Art, wie die Erbschaft erworben wurde, je nach der Rechtslage sehr verschieden. Namentlich beruhte der Erwerb der hereditas und der bonorum possessio auf verschiedenen Grundsätzen.

1. Bezüglich des Erwerbes der hereditas war wieder zu unterscheiden:

a) Erwerb durch Erben, die nicht in der Gewalt des Erblassers standen — heredes extranei oder voluntarii. Hierzu war ein Willensentschluß, erforderlich und zwar in der Regel formlos und zu beliebiger Zeit.

Häufig jedoch schrieb der Erblasser eine cretio vor, d. h. eine förmliche wörtliche Erklärung über den Antritt, welche innerhalb gewisser Frist abzugeben war.

Die Frist betrug herkömmlich 100 Tage. Sie lief meist von dem Augenblicke an, in dem der Erbe Kenntnis von seiner Berufung erhielt, — cretio vulgaris. Aber sie konnte auch unmittelbar vom Todestage

---

13) Andere z. B. Bachofen, Pfandrecht Bd. 1 S. 232 nehmen dagegen an, daß der noch ungeborene Erbe den vorläufigen Erbschaftsbesitz erhalte.

14) l. 9 D. h. t. 37, 9.

15) l. 1 § 18 D. h. t. 37, 9. Heute ist das allgemein üblich. BGB. hat alle diese possessorischen Erbschaftsklagen beseitigt. Einstweilige Verfügungen nach der ZPO. bieten für einige Fälle Ersatz. An die Stelle der missio ventris nomine ist ein Anspruch der Mutter auf standesmäßigen Unterhalt aus dem Nachlasse getreten. § 1963.

des Erblassers an berechnet werden — cretio continua. Hierzu entschloß man sich natürlich nicht leicht, es sei denn, daß Gefahr im Verzuge war.[1] Die christliche Kaiserzeit hat die cretio beseitigt.[2]

b) Die Hauskinder beerbten ihren Hausvater nach Zivilrecht ohne Willensentschluß. Doch konnten sie sich nach prätorischem Rechte von der väterlichen Erbschaft mittels jus abstinendi befreien, wenn sie sich nicht zuvor freiwillig mit ihr befaßt hatten. Hiernach traten auch die Hauskinder in die Erbenstellung definitiv nur kraft Willensentschlusses.

c) Die mit der Freiheit eingesetzten Sklaven des Erblassers — die necessarii — wurden wider ihren Willen Erben und erhielten kein beneficium abstinendi. Dagegen konnten sie infolge des prätorischen beneficium separationis ihr nicht aus der Erbschaft stammendes Vermögen dem Zugriffe der Erbschaftsgläubiger entziehen.[3]

2. Die bonorum possessio wurde stets nur durch einen gerichtlichen Akt erworben. Dies galt auch für Hauskinder und testamentarisch freigelassene Haussklaven. Der Erwerb war an die Frist von 100 Tagen, bei Deszendenten und Aszendenten des Erblassers an die Frist eines Jahres von der Berufung ab gebunden.[4]

Noch im justinianischen Rechte bestand ein Unterschied zwischen dem Erwerbe der hereditas und bonorum possessio.

A. Erwerb durch fremde Erben.

§ 541. Voraussetzungen und Form des Antritts und der Ablehnung.[1]

Fremde, d. h. der väterlichen Gewalt des Erblassers zur Zeit seines Todes nicht unterstehende Personen, erwarben die angetretene Erbschaft nur kraft eignen Willens.

Der Entschluß zum Antritt der Erbschaft oder zu seiner Ablehnung — der Repudiation — war ein schwerwiegender. Dies galt besonders für das vorjustinianische Recht, weil damals der Erbe unausweichlich, wenn er angetreten hatte, für die Erbschaftsschulden auch über den Betrag der Erbschafsaktiven hinaus mit dem eigenen Vermögen haftete, und war die Erklärung über den Antritt oder die Ablehnung einmal rechtsgültig erfolgt, so blieb eine Änderung des Entschlusses unwirksam.[2]

1) Gaj. Inst. II §§ 164 ff. Nur von der cretio vulgaris handelt Ulpian. fragm. XXII §§ 27 und 28. Cretio est certorum dierum spatium, quod datur instituto heredi ad deliberandum utrum expediat ei adire hereditatem necne, velut: „Titius heres esto cernitoque in diebus centum proximis, quibus scieris poterisque: nisi ita creveris exheres esto.“ Cernere est verba cretionis dicere ad hunc modum: „Quod me Maevius heredem instituit, eam hereditatem adeo cernoque.“

2) l. 17 C. de jure deliberandi 6, 30.

3) Gaj. Inst. II §§ 154 und 155.

4) Oben § 452 Anm. 7.

1) Tit. Dig. de adquir. vel. omitt. hered. 29, 2. Cod. de jure deliberandi 6, 30, de repudianda vel abstinenda hereditate 6, 31.

2) l. 3 C. h. t. 6, 31. Irrtum in den Motiven war ohne Einfluß, namentlich bezüglich der Solvenz der Erbschaft, Irrtum bezüglich der Identität der Erbschaft machte

1. Aus diesem Grunde suchte die Jurisprudenz übereilte Erklärungen auszuschließen und die gültige Erklärung über Annahme oder Ablehnung hatte daher folgende Voraussetzungen:

a) Die Berufung mußte bereits erfolgt sein.[3] Es war z. B. eine Erklärung, während die Bedingung der Berufung noch schwebte, unverbindlich.[4]

b) Ferner mußte der Erklärende vollständige und genaue Kenntnis von der Delation und ihrem Grunde haben. Zweifel, insbesondere über den Tod des Erblassers, die Echtheit des Testamentes, den Eintritt der Bedingung, an welche die Erbeseinsetzung geknüpft war, machten die Erklärung nichtig.[5]

2. In Rom war Erklärung des Berufenen in Person erforderlich.[6]

a) Dies galt auch für Willensunfähige. Hieraus ergaben sich große Härten, denen man nur teilweise zu begegnen wußte. Unmündige, welche die Jahre der Kindheit hinter sich hatten, konnten persönlich unter Autorität ihrer Tutoren antreten, mündige Minderjährige unter Konsens ihrer Kuratoren. Kinder bis zum vollendeten siebenten Jahre durften nicht erwerben. Erst im späteren römischen Rechte wurde ihrem Vormunde und ihrem Vater die Befugnis gewährt, für sie Erbschaften anzutreten.[7]

Verschwendern gestattete man, persönlich Erbschaften anzutreten.[8]

Bei Geisteskranken gab es dagegen während der Geisteskrankheit keine

---

die Erklärung nichtig. Betrug gibt eine actio und exceptio doli gegen den Betrüger, insbesondere den zum Antritt verlockenden Erbschaftsgläubiger, l. 40 D. de dolo 4, 3. Zwang macht die Erklärung nicht nichtig, wohl aber anfechtbar, l. 21 § 5 D. quod metus causa 4, 2, l. 85 D. h. t. 29, 2. Über die Anfechtung der Annahme oder Ausschlagung nach BGB. vgl. §§ 1954 ff. das.

3) l. 21 § 2 D. h. t. 29, 2, l. 13 pr. D. eod. Vgl. BGB. § 1946: Der Erbe kann die Erbschaft annehmen oder ausschlagen, sobald der Erbfall eingetreten ist.

4) Manche wollen die Vorschrift der l. 9 C. qui admitti 6, 9, wonach man „intra alienam vicem“ bereits die bonorum possessio agnoszieren durfte, auf die Erbantretung übertragen, so Windscheid Bd. 3 § 597 Anm. 2. Dies halte ich nicht für richtig. Das ganze System der Agnoszierung der bonorum possessio ist antiquiert, damit sind es auch dessen Singularitäten, wozu die gedachte Vorschrift sicherlich gehört. Vgl. auch Arndts § 507 Anm. 2.

5) Hinsichtlich des Irrtums oder Zweifels über die Größe der angetragenen Erbportion waren die römischen Juristen geteilter Ansicht und es sind dies auch die Neueren. Wer glaubte, er sei als heres ex asse berufen, während er es nur pro parte war, hatte keine rechtsverbindliche Antrittserklärung abgegeben. Denn ob man es mit Miterben zu tun haben soll, muß überlegt werden. Hiervon abgesehen ist Irrtum oder gar Zweifel über die Größe der Erbportion nicht wesentlich. Vgl. freilich l. 75 D. h. t., andererseits l. 21 § 3 D. eod., l. 5 § 1 D. si pars hered. 5, 4. Siehe Vangerow Bd. 2 § 498 Anm. 1, dagegen Köppen, Lehrbuch S. 114.

6) l. 90 pr. D. h. t. 29, 2. Paulus libro 12 responsorum: Respondit per curatorem hereditatem adquiri non posse.

7) l. 8 D. h. t. 29, 2, l. 2 § 13 D. ad S. C. Tertull. 38, 17, l. 67 § 3 D. ad S. C. Trebell. 36, 1, l. 18 §§ 1 und 3 C. de jure deliberandi 6, 30, l. 26 C. de adm. tut. 5, 37.

8) l. 5 § 1 D. h. t. 29, 2. Ulpianus libro 1 ad Sabinum: Eum cui lege bonis interdicitur institutum posse adire hereditatem constat. Vgl. aber auch Audibert, études sur l'histoire du droit romain Bd. 1 S. 211, 224, 237. Nach BGB. gelten hier die allgemeinen Vorschriften über die Geschäftsfähigkeit.

Möglichkeit des Erbschaftserwerbes. So blieb es auch im jüngsten Rechte. Ihr Kurator konnte aber eine interimistische bonorum possessio für sie erlangen.[9]

b) Durchaus unzulässig war in Rom Erwerb oder Ausschlagen der Erbschaft durch willkürliche Stellvertreter des Berufenen.

3. Die Erklärung mußte der Berufung entsprechen.

Erwerb eines Teiles der angetretenen Erbschaft galt als Erwerb des Ganzen.[10] Erklärungen unter Vorbehalten und Bedingungen waren nichtig.[11]

4. Die Erklärung war formlos. Der Erbschaftsantritt konnte daher geschehen:

a) ausdrücklich durch Worte;[12] natürlich mußten dieselben an die Außenwelt gerichtet sein, z. B. an das Gericht, an einen Erbschaftsgläubiger oder Erbschaftsschuldner;

b) indirekt durch Handlungen, welche den Schluß ergaben, daß der Handelnde Erbe sein wolle — pro herede gerere.[13]

Es gehörte hierher namentlich die Verwaltung und Benutzung sowie Veräußerung von Nachlaßobjekten, und selbst von Gegenständen, die der Berufene irrtümlich für Nachlaßsachen hielt,[14] ferner Einziehung von Erbschaftsaußenständen, Zahlung von Erbschaftsschulden.

Handlungen, in denen sich in der Regel der Wille, Erbe zu sein, aussprach, konnten freilich in concreto aus einer anderen Absicht hervorgegangen sein, z. B. die Zahlung von Erbschaftsschulden aus Pietät gegen den Erblasser, die Verwaltung der Nachlaßobjekte durch den Instituten im Interesse des Substituten, zu dessen Gunsten der Institut verzichten wollte. Eine derartige besondere Absicht hatte der Berufene aber darzutun. Reservation vor der Inangriffnahme von Handlungen, aus denen der Erbschaftsantritt gewöhnlich geschlossen wird, erschien daher als rätlich.[15]

§ 542. Fortsetzung. Mehrfache Berufung desselben Erben.

Der Erwerb der Erbschaft durch den Berufenen verwirklichte die Intention des Erblassers, wahrte dessen Vermögen und lag im Interesse der Erbschaftsgläubiger. Deshalb war der Erwerb der Erbschaft begünstigt, nicht aber die Ausschlagung derselben.

Dies hatte namentlich auf Rechtssätze bei mehrfachen Berufungen eingewirkt.

---

9) l. 63 D. h. t. 29, 2, l. 7 C. de curat. furiosi 5, 70, oben § 539 Anm. 6—11.

10) l. 10 D. h. t. 29, 2. Anders BGB. § 1950 Satz 2: Die Annahme oder Ausschlagung eines Teiles ist unwirksam.

11) l. 15 § 2 D. h. t. 29, 2, BGB. § 1947.

12) § 7 J. de heredum qualitate 2, 19. Den Erbschaftsantritt durch wörtliche Erklärung bezeichnen viele als hereditatis aditio im engeren Sinne.

13) l. 20, l. 21 pr. D. h. t. 29, 2, l. 24, l. 86 § 2, l. 87 D. eod., l. 4, l. 5 C. de jure deliberandi 6, 30. RG. Bd. 6 S. 143.

14) l. 21 § 1 D. h. t. 29, 2.

15) l. 20 § 1 D. h. t. 29, 2. Nach BGB. erfolgt die Annahme der Erbschaft formlos, die Ausschlagung dagegen durch Erklärung gegenüber dem Nachlaßgerichte, die in öffentlich beglaubigter Form abzugeben ist, vgl. § 1945.

1. Standen derselben Person mehrere sukzessive Berufungen offen, z. B. der nächste Intestaterbe war im Testamente zum Erben eingesetzt, so galt sie als berechtigt, trotzdem sie die zunächst an sie ergangene Berufung ausgeschlagen hatte, aus der später an sie ergehenden die Erbschaft zu erwerben.[1]

2. Streitfragen bestanden für den Fall, daß dieselbe Person zu verschiedenen Portionen derselben Erbschaft berufen wurde.

a) Waren verschiedene Portionen bereits zu der Zeit, in welcher sich der Berufene über den Antritt erklärte, deferiert, so konnten nur alle zusammen angenommen oder alle ausgeschlagen werden.

b) Wer eine Erbportion erworben hatte, erwarb andere, ihm später deferierte Portionen von selbst, ohne Wissen und Wollen. Seine Antrittserklärung wurde also auf alle später deferierten Portionen mit bezogen. Aber deferiert mußten sie ihm noch werden, der Erbe mußte daher den Zeitpunkt der Delation der späteren Portion erleben.[2]

B. Der Erwerb durch die Hauskinder.

§ 543. Der Erwerb der Erbschaft durch die Hauskinder.

1. Die Hauskinder — sui — erwarben den Nachlaß ihrer Aszendenten von Rechts wegen ohne Willen und Wissen, mochten sie nun als Intestaterben oder durch Testament berufen sein.[1]

Unter sui verstanden die Römer hier nicht bloß wie bei dem alten formellen Noterbenrechte die unmittelbar in der Gewalt des Erblassers stehenden, sondern auch die entfernteren Deszendenten, also Enkel oder Urenkel, deren Parens zur Zeit des Todes des Hausvaters noch lebte und dessen Gewalt unterworfen war.[2]

Da sich der Erwerb durch die sui ohne ihren Willen vollzog, so erwarben sie auch die ihnen anfallende Erbschaft, wenn sie willensunfähig, insbesondere geisteskrank waren.[3]

Der Erwerb von Rechts wegen bot natürlich Vorteile, wenn die Erbschaft zahlungsfähig war. Aber er brachte in alter Zeit große Härten

---

1) Gerade hierdurch wurde das Edikt „si quis omissa causa“ vorzugsweise nötig. Vgl. l. 1 § 5, l. 1 § 8, l. 29 D. si quis omissa causa 29, 4, vgl. oben § 492 Anm. 5. Dies gilt auch nach BGB. § 1948.

2) Vgl. l. 60 § 6 D. de her. inst. 28, 5. Nach BGB. § 1951 gilt: Wer zu mehreren Erbteilen berufen ist, kann, wenn die Berufung auf verschiedenen Gründen beruht, den einen Erbteil annehmen und den anderen ausschlagen. Beruht die Berufung auf demselben Grunde, so gilt die Annahme oder Ausschlagung des einen Erbteils auch für den anderen, selbst wenn der andere erst später anfällt. Setzt der Erblasser einen Erben auf mehrere Erbteile ein, so kann er ihm durch Verfügung von Todes wegen gestatten, den einen Erbteil anzunehmen und den anderen auszuschlagen.

1) § 2 J. de heredum qualitate 2, 19, l. 3 pr. C. de jure deliberandi 6, 30. Es gehört hierher auch der postumus, welcher in der Gewalt des Erblassers gestanden hätte, wenn er zur Zeit seines Todes bereits geboren wäre.

2) l. 6 § 5 D. h. t. 29, 2. Vgl. oben § 524.

3) § 3 J. de her. quae ab intestato 3, 1.

mit sich im Falle der Insolvenz der Erbschaft. Es kam daher häufig vor, daß der Erblasser seinen sui durch Einsetzung unter einer Potestativbedingung die Entscheidung über den Erwerb der Erbschaft anheimgab.[4]

2. Von allgemeinerer Bedeutung war es, daß der Prätor den Hauskindern die Rechtswohltat der Abstinenz, d. h. der Ausschlagung der Erbschaft, verlieh.[5] Diese Rechtswohltat bedurfte nicht besonderer Erbittung oder eines prätorischen Dekretes, vielmehr genügte einfache Erklärung des Hauskindes, die Erbschaft nicht zu wollen.[6] Es war aber folgendes zu unterscheiden:

a) Unmündige erhielten das jus abstinendi unbedingt, auch wenn sie oder ihre Vormünder sich mit der Erbschaft bereits befaßt hatten.[7] Abstinierten sie nach der Einmischung, so blieben gleichwohl ihre inzwischen bona fide vorgenommenen Rechtshandlungen gültig.[8] Minderjährige konnten gegen ihre Einmischung die in integrum restitutio beanspruchen.[9]

b) Andere Hauskinder hatten das Recht der Abstinenz nur, wenn sie sich nicht als Erben betragen hatten. Auch dadurch gingen sie dieses Rechtes verlustig, daß sie dolos die Beiseiteschaffung von Erbschaftssachen bewirkten.[10] [11]

Die Wirkung der Abstinenz bestand darin, daß man die Hauskinder wie Nichterben behandelte. Sie konnten daher von den Erbschaftsgläubigern nicht belangt werden[12] und waren andererseits nicht

4) l. 12 D. de cond. inst. 28, 7, l. 87 D. de her. inst. 28, 5. Nur dann freilich konnte sich der unter der Potestativbedingung eingesetzte suus von der Erbschaft durch sein Nichtwollen losmachen, wenn ihm jemand substituiert war, welcher an seiner Stelle Erbe wurde. Denn sonst wurde er notwendiger Intestaterbe. Daher pflegte man in Rom dem suus einen Haussklaven zu substituieren, welcher, wenn der suus die Erbschaft nicht wollte, notwendiger Erbe des Erblassers wurde.

5) Das Edikt scheint bereits zur Zeit Ciceros bestanden zu haben. Denn Cicero wirft Philipp. II cap. 16 in fine dem Antonius vor: „hereditatem patris non adisse". Wie übrigens die Volksmeinung über die Abstention urteilte, ergibt l. 7 C. de causis, ex quibus infamia 2, 11. Antoninus: Nemo ob id, quod bonis paternis se abstinuit, infamis est.

6) l. 12 D. h. t. 29, 2, l. 1 C. si ut se hereditate 2, 38 (39). Über BGB. vgl. oben § 541 a. E.

7) l. 57 pr. D. h. t. 29, 2. Gajus libro 23 ad edictum provinciale: Necessariis heredibus non solum impuberibus, sed etiam puberibus abstinendi se ab hereditate proconsul potestatem facit, ut, quamvis creditoribus hereditariis jure civili teneantur, tamen in eos actio non detur, si velint derelinquere hereditatem. sed impuberibus quidem, etiamsi se immiscuerint hereditati, praestat abstinendi facultatem, puberibus autem ita, si se non immiscuerint. Mit Recht hebt Lenel, edictum Aufl. 2 S. 403ff. hervor, daß der Prätor zwei Edikte erließ, das eine für den Fall „si pupillus heres erit", das andere „si pubes heres erit".

8) l. 44 D. h. t. 29, 2, l. 6 § 1 D. de rebus auct. jud. vend. 42, 5, l. 44 D. de re judicata 42, 1.

9) l. 90 D. de solutionibus 46, 3, l. 57 § 1 D. h. t.

10) l. 71 §§ 3ff. D. h. t. 29, 2, vgl. l. 21 pr. D. eod.

11) Wer behauptet, daß der suus das beneficium abstinendi durch Einmischung in die Erbschaft oder durch Entwendung von Nachlaßobjekten verloren habe, muß dies selbstverständlich beweisen.

12) l. 57 pr. D. h. t., oben Anm. 7.

befugt, erbschaftliche Rechte auszuüben.[13] Pupillarsubstitutionen blieben jedoch trotz der Abstinenz des Hauskindes bestehen.[14]

§ 544. Die Überlegungsfrist.[1]

Die Entscheidung des Erben zwischen Antritt der Erbschaft und Ablehnung war gesetzlich an keine Frist gebunden, ebensowenig die des Hauskindes über Immixtion oder Abstinenz.

Es konnte jedoch dem fremden wie dem häuslichen Erben vom Gerichte eine Überlegungsfrist — spatium deliberandi — gesteckt werden.[2]

1. Das Recht der Nachlaßgläubiger, die Erteilung einer Überlegungsfrist an den Erben zu betreiben, war durch die Gestaltung des römischen Konkursrechts veranlaßt. Die Nachlaßgläubiger konnten nämlich Eröffnung des Konkurses über einen Nachlaß in der Regel nur beantragen, wenn es gewiß war, daß der Nachlaß keinen Erben fand.[3] Um dies festzustellen, hatten die Gläubiger das Fragerecht gegenüber dem Berufenen. Bejahte dieser, daß er Erbe sei, so haftete er ihnen als Erbe, verneinte er, so ging der Nachlaß in Konkurs.[4]

Der Erbe konnte sich aber auch eine Frist zur Deliberation erbitten. Erklärte er sich dann innerhalb der Frist nicht, so galt er nach klassischem Recht als ausschlagend,[5] nach justinianischem aber als antretend.[6]

13) Entwendet der suus heres etwas nach der Erklärung der Abstinenz aus der Erbschaft, so begeht er ein furtum, l. 71 § 9 D. h. t. 29, 2.

14) l. 12 D. de vulg. et pup. subst. 28, 6, l. 41, l. 42 pr. D. h. t. 29, 2, l. 28 D. de rebus auct. jud. 42, 5. Vgl. oben § 478 Ziff. I. BGB. § 1953 bestimmt über die Wirkung der Ausschlagung: Wird die Erbschaft ausgeschlagen, so gilt der Anfall an den Ausschlagenden als nicht erfolgt. Die Erbschaft fällt demjenigen zu, welcher berufen sein würde, wenn der Ausschlagende zur Zeit des Erbfalls nicht gelebt hätte; der Anfall gilt als mit dem Erbfall erfolgt.

1) Tit. Dig. de jure deliberandi 28, 8, Cod. 6, 30. Dedekind, das Deliberationsrecht des Erben und die Interrogationes in jure 1870.

2) Die Deliberationsfrist war in der Regel 100 Tage, zuweilen auch länger, l. 2 D. h. t. 28, 8. Aus besonderen Gründen konnte sie nachträglich verlängert werden, l. 3, l. 4 D. h. t. 28, 8. Justinian setzte das Maximum dessen, was der Richter gewähren könne, auf 9 Monate und das vom Regenten zu erteilende Maximum auf ein Jahr, l. 22 § 13a C. h. t. 6, 30.

3) Cicero pro Quinctio cap. 19 § 60: tracta edictum ... „cui heres non exstabit". Gaj. III § 78: mortuorum bona veneunt, velut eorum, quibus certum est neque heredes neque bonorum possessores neque ullum alium justum successorem existere.

4) l. 2—6 D. de interrogationibus in jure faciendis 11, 1. Das Nähere über dieses Fragerecht siehe bei Demelius, die confessio im römischen Zivilprozeß 1880, Lenel, edictum Aufl. 2 S. 140.

5) Gaj. Inst. II § 167 solet praetor postulantibus hereditariis creditoribus tempus constituere, intra quod, si velit, adeat hereditatem, si minus, ut liceat creditoribus bona defuncti vendere, l. 1 § 11 D. de succ. edicto 38, 9. Existierten mehrere sukzessiv zu berufende Erben, insbesondere Substituten, so war ihnen sukzessiv eine Deliberationsfrist zu stellen, l. 10 D. h. t. 28, 8, l. 69 D. de adquir. vel omitt. hered. 29, 2. Zog sich die Entscheidung lange hin, so trat das in l. 8 D. quibus ex causis 42, 4 angedeutete Notverfahren ein. Vgl. Lenel, edictum Aufl. 2 S. 402. Siehe auch für Fälle bedingter Einsetzung l. 23 § 1 D. de her. inst. 28, 5, l. 4 D. de rebus auct. jud. 42, 5.

6) l. 22 § 14b C. de jure deliberandi 6, 30, l. 1 D. de curat. 42, 7.

2. Der Erbe durfte sich auch unaufgefordert eine Überlegungsfrist erbitten, die ihm im alten Rechte Vorteile gewährte.[7]

Justinian hatte aber an die Überlegungsfrist, da sie Unterschlagungen durch den Berufenen erleichterte Nachteile geknüpft, welche diese Rechtswohltat dem Erben verleiden mußten.[8] [9]

Drittes Kapitel.

Die Übertragung der Berufung. Veräußerung der Erbschaft.

I. Transmission.

§ 545. Der Begriff der Transmission.[1]

Die Berufung gab dem fremden Erben ein höchstpersönliches Recht zum Antritt. Dieses Recht war unveräußerlich und unvererblich.[2] Die Unvererblichkeit der Berufung hatte den praktischen Vorteil, daß sie den Berufenen zu baldiger Entscheidung über den Antritt drängte; sein Tod konnte plötzlich eintreten, jeder weiteren Überlegung ein Ende machen und so den Verlust der angetragenen Erbschaft für seine Angehörigen zur Folge haben.

Aber es lag in der Unvererblichkeit auch ein großer Übelstand, wenn

---

7) l. 5 pr. D. h. t. 28, 8. Der Deliberierende erhält Einsicht in die Erbschaftspapiere. Er kann unter gerichtlicher Autorisation nicht konservierbare Nachlaßobjekte verkaufen, dringende Schulden tilgen, l. 5 § 1, l. 6 D. h. t. 28, 8. Der Sohn des Erblassers erhält ferner während der Deliberationszeit aus der Erbschaft Alimente, l. 9 D. eod 28, 8.

8) l. 22 § 14 C. h. t. 6, 30. Wer deliberiert, haftet, auch wenn er ein gehöriges Inventar errichtet, den Nachlaßgläubigern mit dem eigenen Vermögen, siehe unten § 551. Man hat behauptet — Windscheid Bd. 3 § 598 Anm. 5 — daß die eventuell zu berufenden Erben, insbesondere die Substituten, zum Antrage legitimiert seien, daß vom Gericht dem vor ihnen Berufenen eine Deliberationsfrist gesteckt werde. Dies war aber ohne gesetzliche Grundlage und bot den Antragstellern keinen Nutzen. Denn war der Nachlaß überschuldet, so hatten sie hieran kein Interesse, und war er dies nicht, so trieben sie den vor ihnen Berufenen, indem sie ihn durch gerichtliche Maßnahmen erbitterten, gerade zu der Antretungserklärung, die sie nicht wünschten.

9) BGB. hat die Überlegungsfrist beseitigt. Doch kann die Ausschlagung nur binnen 6 Wochen seit Kenntnis von dem Anfall und dem Grunde der Berufung erfolgen (§ 1944, vgl. auch § 1952). Ferner ist der nicht unbeschränkt haftende Erbe berechtigt, die Berichtigung einer Nachlaßverbindlichkeit bis zum Ablaufe der ersten drei Monate nach der Annahme der Erbschaft, sowie bis zur Erledigung des Aufgebotes der Nachlaßgläubiger zu verweigern (§§ 2014, 2015). Doch wird durch die Geltendmachung dieser Einreden eine unter dem Vorbehalte der beschränkten Haftung ergehende Verurteilung des Erben nicht ausgeschlossen (ZPO. § 305). Die Zwangsvollstreckung beschränkt sich aber auf Sicherungsmaßregeln (ZPO. § 782).

1) Marezoll, zur Lehre von den sog. Transmissionsfällen in Lindes Zeitschrift Bd. 2 n. 3; Steppes, die Transmission der Erbschaft 1831; Göring, die sog. Transmissionsfälle im römischen Erbrecht in Iherings Jahrb. Bd. 15 n. 3.

2) l. 3 § 7 D. de bon. poss. 37, 1, l. 7 C. de jure deliberandi 6, 30, l. un. § 5 C. de caducis tollendis 6, 51. Justinianus: ... hereditatem etenim, nisi fuerit adita, transmitti nec veteres concedebant nec nos patimur.

der Tod den Berufenen überraschte, ehe er von der Berufung wußte oder die notwendigen Entscheidungen treffen konnte.

Deshalb bildeten sich im späteren Rechte zahlreiche Transmissionsfälle aus, in welchen sich das Recht aus der Berufung, also das Recht zum Erbschaftsantritte vererbte.

Die Transmission galt nicht als neue Berufung, sie war Erhaltung und Übertragung der bereits erfolgten.[3] Auf dem Nachfolger — dem Transmissar — ruhten daher notwendig dieselben Lasten, wie auf dem Transmittenten.

Die Rechtsstellungen der fremden Erben und der gewaltuntergebenen Kinder des Erblassers hatten sich bereits infolge der Gewährung des jus abstinendi an die Hauskinder einander genähert. Die Einführung der Transmissionsfälle nun tat einen weiteren Schritt zu ihrer praktischen Verschmelzung. Die Hauskinder übertrugen die ihnen angetragene Erbschaft des Hausvaters, auch wenn sie sich noch nicht eingemischt hatten, notwendig auf ihre Erben,[4] waren sie doch unmittelbar mit der Berufung Erben ihres Hausvaters geworden. Auf ihre Erben ging folgerecht auch das Recht über, sich zu immiszieren oder zu abstinieren.[5] Man spricht hier von einer transmissio ex jure suitatis.

Ähnlich gestaltete sich das Recht der fremden Erben, wenn ein Transmissionsfall vorlag, da sich auch dann der Erbe des Berufenen für die Annahme der Erbschaft noch erklären konnte. Freilich war dies nicht Regel, sondern Ausnahme, nicht Rechtskonsequenz, sondern Billigkeit.[6]

§ 546. Die einzelnen Transmissionsfälle.

Zahlreiche Streitfragen bestehen bezüglich der Bedeutung und des Umfanges der einzelnen Transmissionsfälle.

Betrachtet man die verschiedenen Fälle der Transmission bloß als willkürliche Ausnahmen von der allgemeinen Regel, so wird man geneigt sein, ihnen durch strikte Interpretation möglichst enge Grenzen zu ziehen. Hält man aber daran fest, daß hier ein neuer Gedanke nach Verwirklichung ringt, so muß man ihm, soweit dies die Gesetzesnorm zuläßt, Raum und Anerkennung zu sichern suchen.

1. Die römische Jurisprudenz erkannte transmissio „ex capite restitutionis in integrum" an, wenn der Berufene infolge von Hindernissen, welche eine Restitution begründen, die Erbschaft verloren hatte.[1] Es gab zwei Klassen dieser Art:

3) Daher geht regelmäßig der Transmissar des Instituten dessen Vulgarsubstituten vor. Vgl. oben § 477 Anm. 13.

4) l. 8. C. de suis et legitimis 6, 55.

5) l. 7 § 1 D. de adquir. vel omitt. hered. 29, 2. Diese Stelle hat den Fall vor Augen, daß der Haussohn, ehe er von dem Tode des Hausvaters erfahren hat, verstarb, „relicto filio necessario", und gesteht diesem das jus abstinendi zu. Deshalb nehmen manche den Übergang des jus abstinendi nur für den Fall an, daß der Erbe des Hauskindes wiederum suus ist. Allein die Konsequenz spricht für die Ausdehnung auf alle Erben des suus, auch die fremden, Windscheid Bd. 3 § 595 Anm. 14 und dort zitierte Schriftsteller.

6) Die von dem BGB. getroffene Regelung des Erbschaftserwerbes hat die Transmission entbehrlich gemacht und beseitigt.

1) Schröder in Iherings Jahrb. Bd. 15 n. 10 S. 409; Köppen, Lehrb. des Erbrechtes S. 161 und dort zitierte Schriftsteller.

a) Der Berufene verlor bei Lebzeiten infolge eines Restitutionsgrundes das Recht des Antrittes der Erbschaft — etwa durch Fristversäumnis, da es an eine Frist geknüpft war — und verstarb, ehe er die ihm gebührende Restitution gegen den Verlust erlangte. Hier ging der Anspruch auf Restitution auf seine Erben über, die zugleich die Befugnis erhielten, statt ihres Erblassers anzutreten.[2]

b) Schwieriger war der Fall, in welchem der Berufene zwar infolge eines Restitutionsgrundes die ihm angetragene Erbschaft bei Lebzeiten nicht antrat, aber das Recht des Antritts erst durch seinen Tod verlor, z. B. er war in Staatsgeschäften abwesend, wurde inzwischen zu einer Erbschaft berufen und starb ohne von der Berufung Kunde erlangt zu haben, zu einer Zeit, wo er noch antreten konnte.

Hier ließ sich gegen eine Restitution der Erben einwenden, daß der Berufene, solange er lebte, nichts verloren habe, daß ihm also kein Anspruch auf Restitution zustehe, den er auf seine Erben vererben könnte, und daß in der Person der Erben kein Restitutionsgrund bestehe.

Mit Recht hat man auch in diesem Falle den Erben die Restitution gewährt, denn schließlich war es doch auch hier der Restitutionsgrund, z. B. Abwesenheit, welcher den Verlust der Erbschaft — wenn auch nur indirekt — verschuldete.[3] [4]

2. Die transmissio Theodosiana der Deszendenten gehört einer Verordnung von Theodosius II. und Valentinian III. aus dem Jahre 450 an.[5] Nach dieser Verordnung sollten testamentarisch eingesetzte Deszendenten, auch wenn sie vor Eröffnung des Testamentes starben, ihre Erbportion auf ihre Deszendenten transmittieren, damit diese der großväterlichen Erbschaft nicht verlustig gingen.

Die juristische Tragweite dieses Gesetzes war sehr bestritten. Manche verteidigten eine gesetzliche Substitution der entfernteren Deszendenten.[6] Die Verordnung jedoch spricht von einer „Transmission" und keineswegs von einer „Substitution". Hieran ist festzuhalten. Es sind daher folgende Erfordernisse hervorzuheben:

a) Testamentarische Einsetzung von Deszendenten durch den Erblasser. Der Gedanke mancher Schriftsteller, diese Transmission auch bei der Intestaterbfolge von Deszendenten anzuwenden, entfernt sich von der gesetzlichen Basis.[7]

---

2) l. 24 § 2 in fine D. de minoribus 4, 4, l. 1 C. de restitutione militum 2, 50.

3) l. 86 pr. D. de adquir. vel omitt. hered. 29, 2. Papinianus libro 6 responsorum: Pannonius Avitus cum in Cilicia procuraret heres institutus ante vita decesserat, quam heredem se institutum cognosceret. quia bonorum possessionem, quam procurator ejus petierat, heredes Aviti ratam habere non potuerant, ex persona defuncti restitutionem in integrum implorabant, quae stricto jure non competit, quia intra diem aditionis Avitus obisset. divum tamen Pium contra constituisse Maecianus libro quaestionum refert in eo, qui legationis causa Romae erat et filium, qui matris delatam possessionem absens amiserat, sine respectu ejus distinctionis restitutionem locum habere. quod et hic humanitatis gratia optinendum est, l. 30 pr. D. eod. Mit Unrecht beschränken viele diese Restitution auf den von Papinian behandelten Fall der Abwesenheit des Berufenen in Staatsgeschäften. Die Entscheidung hat eine allgemeine Bedeutung. Vgl. Köppen a. a. O. S. 163.

4) Den gleichen Charakter hat die Restitution in Fällen, in welchen der Berufene, solange er lebte, wegen Ungewißheit bezüglich der Delation oder wegen gesetzlichen Verbotes nicht antreten konnte, l. 1 § 1 D. ad S. C. Tertullianum 38, 17, l. 3 § 30 D. de S. C. Silaniano 29, 5. Vgl. über die verschiedenen Ansichten Köppen a. a. O. S. 163 Anm. 4.

5) l. un. C. de his qui ante apertas tabulas hereditates transmittunt 6, 52. Löhr im Archiv für ziv. Praxis Bd. 2 n. 14: Vangerow ebendaselbst Bd. 25 n. 14; Löhr in Lindes Zeitschr. N. F. Bd. 7 n. 3; Huschke daselbst Bd. 9 n. 2; Webler, zur Lehre von der sog. transmissio Theodosiana, Erlanger Inaug.Diss. 1891.

6) So namentlich Löhr a. a. O. Die Verfügung der l. un. C. cit. aber lautet: „derelictam sibi hereditariam portionem posse transmittere", vgl. Vangerow a. a. O. S. 454.

7) Diese Ausdehnung ist auch kein Bedürfnis, wenn man, wie wir oben taten, annimmt, daß nach der Novelle 118 auch in der Deszendentenklasse successio graduum

b) Der eingesetzte Deszendent mußte bereits berufen gewesen sein, also namentlich den Testator überlebt haben. Dies ergab der Begriff der Transmission.[8] Wer in ihr eine gesetzliche Substitution erblickt, kann freilich zu einem anderen Resultate gelangen.

c) Wegsterben des eingesetzten Deszendenten vor seiner Erklärung über die Berufung und Hinterlassung von Deszendenten.

d) Der entferntere Deszendent mußte den eingesetzten näheren beerbt haben. Denn die großväterliche Erbschaft wäre, auch wenn der eingesetzte Deszendent die Erbschaft zu der er berufen war, angetreten hätte, an den Enkel nur gelangt, wenn dieser Erbe seines eingesetzten Parens geworden wäre. Es lag nicht im Sinne der Verordnung, dem Enkel im Falle des Versterbens seines Parens mehr zuzuwenden, wie wenn dieser aus dem Testamente des Aszendenten angetreten hätte.[9]

e) Die Transmission griff Platz, gleichviel ob der eingesetzte Deszendent vor der Eröffnung des Testaments verstarb oder nachher.

3. Die transmissio Justinianea war allgemein für die Erben des Berufenen bestimmt[10] und nur zeitlich beschränkt, da ihre Frist regelmäßig ein Jahr betrug von dem Augenblicke an, in welchem der Berufene von der Berufung erfuhr.[11] Diese Frist verkürzte sich aber, wenn dem Berufenen eine kürzere Deliberationsfrist erteilt wurde, auf deren Zeit und lief von dem Augenblicke an, in welchem der Erbe des Berufenen Kenntnis von der Berufung seines Erblassers erhalten hatte.[12]

4. Theodosius und Valentinian III. gewährten dem Vater die sog. transmissio ex capite infantiae.[13] Wenn nämlich einem Kinde unter 7 Jahren eine Erbschaft angetragen wurde und es starb, bevor es die Erbschaft erworben hatte, so sollte sie der Vater, selbst wenn er nicht Gewalthaber des Kindes war, anstatt des Kindes für sich erwerben können.

II. Die Veräußerung des Rechts aus der Berufung. Veräußerung der Erbschaft.

§ 547. Abtretung des Rechts aus der Berufung.

Das altrömische Recht kannte die Abtretung einer deferierten, noch nicht erworbenen hereditas legitima durch in jure cessio.[1] Infolge dieser Zession galt der Zessionar als der Erbe; er war als solcher ausschließlich erbberechtigt und ausschließlich den Erbschaftsgläubigern verpflichtet. Der Zedent aber hatte weder erbschaftliche Rechte noch Pflichten.

Solche Zession der Erbschaft war den sui nicht möglich, weil sie unmittelbar mit der Berufung Erben wurden; ebensowenig den Testamentserben, welche als Vertrauenspersonen des Erblassers die Erbschaftsverhältnisse persönlich zu ordnen hatten.

---

stattfindet, daß die sukzessive Delation der Akkreszenz der Miterben vorgeht, und daß die sukzessive Berufung selbst an Personen ergehen kann, die zur Zeit des Todes des Erblassers noch nicht konzipiert waren.

8) Vangerow a. a. O. S. 452.

9) Anders Vangerow a. a. O.

10) l. 19 C. de jure deliberandi 6, 30. Vangerow im Archiv für ziv. Praxis Bd. 24 n. 5; Wieding, die Transmission Justinians 1859.

11) Wieding a. a. O. und Brinz Bd. 3 S. 162 Anm. 27 erachten als Anfangspunkt für die Jahresfrist den Augenblick des Todes des Erblassers. Es stimmt dies nicht mit der l. 19 cit. § 3, obgleich deren Ausdrucksweise ziemlich verworren ist.

12) So Göring a. a. O. S. 177. Meist läßt man die Frist in diesem Falle vom Tode des Berufenen an laufen.

13) l. 18 §§ 1 ff. C. de jure deliberandi 6, 30.

1) Das Nähere siehe bei Gaj. Inst. II §§ 35 ff., III § 85; Ulpian. fragm. XIX §§ 12 ff.; Scheurl, Beiträge Bd. 1 S. 94; Pernice, Labeo Bd. 1 S. 341; Avenarius, Erbschaftskauf S. 4.

Die justinianische Kompilation hat alle Stellen des älteren Rechts ausgemerzt, welche das Institut regelten. Einige Anspielungen auf dasselbe wurden allerdings nicht eliminiert, sie sind aber viel zu entfernt, als daß sich die Voraussetzungen und Wirkungen des Institutes aus ihnen rekonstruieren ließen.[2]

Die Zulassung solcher Zession ist aber überhaupt bedenklich. Denn sie ermöglicht dem berufenen Erben, sich den pekuniären Vorteil der Erbschaft durch den Kaufpreis anzueignen und die Erbschaftsgläubiger auf einen chikanösen und gewissenlosen Käufer zu verweisen.

§ 548. Die Veräußerung der Erbschaft.[1]

Zulässig waren Veräußerungen, insbesondere Verkäufe erworbener Erbschaften.[2][3]

Solche Geschäfte änderten nichts an den Verpflichtungen des Erben gegenüber den Erbschaftsgläubigern und anderen Berechtigten.

Sie begründeten aber zwischen den Kontrahenten die gegenseitige Verbindlichkeit, das wirtschaftliche Resultat herzustellen, wie wenn der Käufer und nicht der Verkäufer der Erbe wäre.[4]

1. Der Verkäufer war hiernach zur Übertragung aller Nachlaßaktiven verbunden. Er hatte körperliche Sachen durch Tradition zu über-

---

2) Die Hauptstelle ist die l. 4 § 28 D. de doli mali exc. 44, 4. Ulpianus libro 76 ad edictum: Si, cum legitima hereditas Gaji Seji ad te perveniret et ego essem heres institutus, persuaseris mihi per dolum malum, ne adeam hereditatem, et posteaquam ego repudiavi hereditatem, tu eam Sempronio cesseris pretio accepto isque a me petat hereditatem: exceptionem doli mali ejus, qui ei cessit, non potest pati. Dieser Entscheidung Ulpians lag allerdings der Gedanke zugrunde, daß die Klagen des Zessionars der hereditas legitima aus seinem eigenen, durch die Zession geschaffenen Erbrechte erwachsen, daß er also nicht eine ihm abgetretene Erbschaftsklage seines Verkäufers anstelle. Es ist aber nicht anzunehmen, daß die Kompilatoren diesen Zusammenhang durchschauten. Sie unterstellten vielmehr einen gewöhnlichen Erbschaftskauf und flickten auf denselben eine Entscheidung auf, welche zwar zu dessen Prinzipien nicht paßte, die ihnen aber zweckmäßig schien.

1) Tit. Dig. de hereditate vel actione vendita 18, 4. Cod. 4, 39; Keller, Institutionen S. 325; Avenarius, der Erbschaftskauf 1877. Nach BGB. § 2371 bedarf der Vertrag, durch den der Erbe die ihm angefallene Erbschaft verkauft, der gerichtlichen oder notariellen Beurkundung.

2) In dem Verkaufe einer dem Verkäufer deferierten Erbschaft liegt zugleich deren Antritt durch den Verkäufer, eine pro herede gestio.

3) Denkbar ist auch der Verkauf der einem Dritten zugefallenen Erbschaft, l. 8 D. h. t. 18, 3. Es muß aber eine Erbschaft bestehen, damit das Geschäft gültig sei, l. 7 D. h. t. 18, 4.

4) l. 2 pr. D. h. t. 18, 4. Ulpianus libro 49 ad Sabinum: Venditor hereditatis satisdare de evictione non debet, cum id inter ementem et vendentem agatur, ut neque amplius neque minus juris emptor habeat quam apud heredem futurum esset, l. 2 § 18 D. cit. . . . aequissimum videtur emptorem hereditatis vicem heredis optinere.

eignen,[5] Forderungen durch Zession.[6] Und zwar mußte übertragen werden, was zum Nachlaß im Augenblicke des Verkaufsabschlusses gehörte[7] und sich hieraus noch weiter entwickelte.[8] Wegen solcher Erbschaftsobjekte, die der Verkäufer noch vor dem Verkaufe der Erbschaft beseitigt, haftete er dem getäuschten Käufer gegenüber, wenn ihm Dolus oder grobe Verschuldung zur Last fiel.[9]

Der Verkäufer stand grundsätzlich dafür ein, daß der Käufer den verkauften Nachlaß erhalte und er ihm verbleibe.[10] Er haftete aber nicht wegen Eviktion oder wegen verborgener Mängel einzelner Nachlaßobjekte außer im Falle besonderer Garantie, bei Dolus und grober Verschuldung.[11]

Streitig war, ob der Käufer, welcher von einem Teilerben dessen Erbe kaufte, auch die später seinem Verkäufer anwachsenden Teile zu beanspruchen hätte? Es war dies Frage der Auslegung des Vertrages, im Zweifel aber zu verneinen.[12]

2. Auf dem Käufer lag eine doppelte Verbindlichkeit nämlich;

a) den bedungenen Kaufpreis zu entrichten,

b) dem Verkäufer die Erbschaftslasten abzunehmen.[13]

3. Durch Erbschaftserwerb zwischen dem Verkäufer und dem Erblasser konfundierte Ansprüche mußten ihrem wirtschaftlichen Erfolge nach wiederhergestellt werden.[14]

4. Die Erbschaftsgläubiger und Legatare konnten den Verkäufer ungeachtet des Verkaufes als ihren Schuldner in Anspruch nehmen.[15][16]

---

5) Der Verkäufer bleibt natürlich Eigentümer der Nachlaßsachen, solange deren Tradition an den Erbschaftskäufer nicht vollzogen ist. Daher l. 6 C. h. t. 4, 39.

6) Vgl. l. 5 C. h. t. 4, 39. Auch Forderungen und andere Rechte, welche der Verkäufer persönlich für Rechnung der Erbschaft erwarb, hat er abzutreten, l. 2 § 8 D. h. t. 18, 4. Vgl. auch BGB. § 2374 a. E.

7) l. 2 § 1 D. h. t. 18, 4. Plerumque autem hoc agi videtur, ut quod ex hereditate pervenit in id tempus quo venditio fit, id videatur venisse. Vgl. BGB. § 2374.

8) l. 2 § 3 D. h. t. 18, 4.

9) l. 2 § 5 D. h. t. Die l. 2 § 3 D. h. t. bemerkt „sed et rerum ante venditionem donatarum pretia praestari aequitatis ratio exigit“. Dies ist gewiß nicht unterschiedlos anzuwenden, weil es keineswegs unter allen Umständen den Vertragsintentionen entspricht. Nach BGB. § 2375 haftet der Verkäufer wegen Verbrauches, unentgeltlicher Veräußerung und unentgeltlicher Belastung von Erbschaftsgegenständen. Über den Fall einer Schenkung der Erbschaft vgl. § 2385 Abs. 2.

10) Vgl. BGB. § 2376 Abs. 1. Es kann auch bloß das „etwaige“, vermeinte Erbrecht des Verkäufers veräußert sein. Dann haftet der Verkäufer, wenn sich seine Erbansprüche als illusorisch herausstellen, nicht, es falle ihm denn Dolus zur Last, l. 10, l. 11 D. h. t. 18, 4.

11) l. 1 C. de evictionibus 8, 44, l. 14 in fin., l. 15 D. h. t. 18, 4, l. 33 pr. D. de aedilicio edicto 21, 1, BGB. § 2376 Abs. 2.

12) Die Ansichten sind sehr geteilt, vgl. die bei Avenarius a. a. O. S. 58 Zitierten. Wie hier BGB. § 2373.

13) Vgl. BGB. §§ 2378—2380.

14) l. 2 § 18 und § 19 D. h. t. 18, 4, l. 9 D. communia praediorum 8, 4, BGB. § 2377.

15) l. 2 C. h. t. 4, 39, l. 28 D. de donationibus 39, 5. Ebenso BGB.

16) Nach BGB. § 2382 Abs. 2 kann die Haftung des Käufers den Gläubigern

Viertes Kapitel.

Die Wirkungen des Erbschaftserwerbes.

I. Die Repräsentation des Erblassers durch den Erben.

§ 549. Die Rechtsstellung des Erben im allgemeinen.

Der Erbe tritt infolge des Erbschaftserwerbes an die Stelle des Erblassers.[1] Demnach gilt folgendes:

a) Alle vererblichen Rechte und Pflichten des Erblassers gehen unmittelbar mit dem Erbschaftserwerbe auf den Erben über. Dies bezieht sich insbesondere auf Rechte und Pflichten, die zum Vermögen des Erblassers gehörten; die Vererblichkeit der Vermögensrechte bildete die Regel.[2]

Der Besitz dagegen galt bei den Römern als unvererblich.[3]

b) Des weiteren verbanden die Rechtshandlungen des Erblassers den Erben wie eigene Handlungen.[4] Hatte daher der Erblasser Sachen seines künftigen Erben veräußert oder verpfändet,[5] so konvaleszierte das vom Erblasser verliehene Recht mit dem Erwerb des Erben.

c) Infolge der Universalsukzession schmolzen die Vermögen des Erblassers und des Erben zu einer Einheit zusammen. Daher erloschen Forderungen und dingliche Rechte, die zwischen dem Erblasser und dem Erben bestanden, mit dem Erbschaftserwerb durch Konfusion.

Immerhin wirkte die historische Tatsache, daß der Nachlaß des Erblassers in dessen Hand ein selbständiges Vermögen bildete, auch nach dem Erbschaftserwerb noch fort. Daher mußte die Erbschaft noch immer in vielen und wichtigen Beziehungen als eine Einheit — ein Sondervermögen — behandelt werden.[6] Als ein solches Sondervermögen erschien sie namentlich bei Anordnung eines Universalfideikommisses, ferner im Falle der Separation des Nachlasses auf Antrag der Erbschaftsgläubiger, in gewissem Maße auch, wenn der Erbe die Rechtswohltat des Inventars hatte und bei der Erbschaftsklage.

§ 550. Absonderungsrecht der Erbschaftsgläubiger.[1]

Die Konfusion des Nachlasses mit dem Vermögen des Erben ist den Erbschaftsgläubigern nachteilig, wenn der Erbe überschuldet,

---

gegenüber nicht durch Vereinbarung zwischen dem Käufer und dem Verkäufer ausgeschlossen oder beschränkt werden; vgl. auch § 2383.

1) Siehe oben § 445.

2) Unvererblich sind unter anderem Nießbrauch — vgl. oben § 209 — und Alimentationsansprüche — oben § 288. — Über die passive Unvererblichkeit der Deliktsansprüche siehe oben § 386.

3) Oben S. 304. Anders BGB. § 857.

4) Daher der Spruch: „heres facta defuncti praestare debet".

5) Oben § 230 Anm. 9.

6) Andere Auffassungen hat Brinz Bd. 3 S. 2. Vgl. auch Birkmeyer, über das Vermögen im juristischen Sinne 1879.

1) Tit. Dig. de separationibus 42, 6. Cod. de bonis auct. judicis possidendis . . . et de separationibus 7, 72. Oertmann in Grünhuts Zeitschr. Bd. 17 S. 257, Iherings Jahrb. Bd. 34 S. 82.

der Nachlaß aber überhaupt nicht oder doch weniger überschuldet ist. Infolge der Konfusion der Vermögen konkurrieren die Erbschaftsgläubiger nunmehr mit den eigenen Gläubigern des Erben und müssen sich, wie diese im Falle der Eröffnung eines Konkurses über das Vermögen des Erben mit der Konkursdividende begnügen, während sie ohne den Antritt des Erben aus dem Nachlasse vollständige oder doch bessere Befriedigung erwarten durften.

Hierin liegt eine Unbilligkeit, welche einer gesunden Kreditgewährung nicht förderlich ist. Denn der Gläubiger kann bei der Kreditierung nur die Person und die Umstände seines Mitkontrahenten prüfen, nicht aber berechnen, wie lange er lebt und wer sein Erbe wird.

Andererseits ist der Vorteil, den die eigenen Gläubiger des Erben auf Kosten der Erbschaftsgläubiger erlangen, ein unverdienter und müßte ungesunde Kreditverhältnisse hervorrufen.

Diese Erwägungen führten dahin, den Erbschaftsgläubigern die Separation des Nachlasses zu gestatten, damit sie sich aus demselben vorzugsweise befriedigen.[2] Dieses Recht stand ihnen nicht bloß im Falle des Konkurses des Erben zu, sondern auch, wenn sie sonst durch die Konkurrenz seiner Gläubiger gefährdet waren.[3]

1. Jeder einzelne Nachlaßgläubiger konnte selbständig den Antrag auf Separation stellen.[4]

Nicht minder hatten Legatare das Separationsrecht, da auch sie nach Billigkeit vor den Gläubigern des Erben aus dem Nachlasse befriedigt werden mußten.[5]

2. Der Antrag auf Separation war ausgeschlossen:

a) wenn der Antragsteller den Erben als Schuldner anerkannte,[6]

b) wenn die Separation tatsächlich unausführbar wurde, weil die Vermögen untrennbar verschmolzen.[7]

c) nach Ablauf von 5 Jahren von dem Erbschaftserwerb an.[8]

3. Die Separation geschah durch richterliches Erkenntnis. Zu ihrer Durchführung wurde ein Nachlaßkurator ernannt, welcher die Gläubiger befriedigte.

---

2) l. 1 § 1 D. h. t. 42, 6.

3) Der Prätor versprach die Separation „causa cognita“, l. 2 C. h. t. 7, 72. Sie wurde danach vorzugsweise in Fällen des Konkurses des Erben bewilligt, l. 1 §§ 1 und 9, l. 6 D. h. t. 42, 6, aber auch in anderen Fällen, l. 1 §§ 6 und 18 D. h. t.

4) l. 1 § 16 D. h. t. 42, 6.

5) l. 6 pr. D. h. t. 42, 6. Den Erbschaftsgläubigern stehen sie natürlich nach.

6) l. 1 §§ 10, 11 und 15 D. h. t. 42, 6. Solche Kreditierung liegt z. B. im Abschluß neuer Zinsverträge mit dem Erben, Annahme eines Bürgen, keineswegs aber schon darin, daß man Zinszahlungen auf verzinsliche Erbschaftsschulden vom Erben annimmt. Offenbar genügt auch nicht die Klage gegen den Erben, trotzdem „judicio contrahitur“, denn die Klage geschieht „ex necessitate“, l. 7 D. h. t. 42, 6.

7) l. 1 § 12 D. h. t. 42, 6.

8) l. 1 § 13 D. h. t. 42, 6.

War der Nachlaß überschuldet, so konnte Konkurs über ihn eröffnet werden.[9] Überschuß über die Erbschaftsschulden kam natürlich dem Erben, beziehungsweise seinen Gläubigern zu gute.

4. Die Separation ergriff sowohl dasjenige, was der Erblasser direkt hinterließ, als auch, was zum Nachlasse hinzugekommen war. Verfügungen des Erben über den Nachlaß zugunsten Dritter bis zur Separation blieben auch nachher in Kraft, sofern sie nicht im Einverständnis mit dem dritten Erwerber dolos zum Nachteile der Erbschaftsgläubiger vorgenommen wurden.[10]

5. Unter den römischen Juristen war streitig, ob Nachlaßgläubiger, welche die Separation erlangt hatten, wenn sich der Nachlaß hinterher als unzureichend erwies, wiederum den Erben als ihren persönlichen Schuldner mit seinem eigenen Vermögen in Anspruch nehmen durften?

Hierfür sprach das strenge Recht, aber nachdem die Erbschaftsgläubiger den Erben als ihren Schuldner zurückgewiesen und ihm den Nachlaß entzogen hatten, forderte die Konsequenz, daß auch dieser von ihnen befreit werde. Dies haben die späteren römischen Juristen mit Recht angenommen.[11]

6. Hatten auch die Gläubiger des Erben das Recht auf Separation des Vermögens des Erben, wenn die Erbschaft, welche ihr Schuldner antrat, insolvent war und die Konkurrenz mit den Gläubigern des Erblassers ihnen daher Schaden brachte? Was dem einen recht ist, scheint dem andern billig. Dennoch wurde eine solche Separation nicht zugelassen,[12] und zwar mit Recht. Denn die Gläubiger des Erben mußten es sich selber zuschreiben, wenn sie einem Schuldner kreditierten, welcher unvorsichtigerweise eine insolvente Erbschaft antrat, wie sie ja überhaupt durch verlustbringende Geschäfte desselben benachteiligt werden konnten. Warum hatten sie sich mit ihm eingelassen?[13]

9) Die Separation hat zur Folge, daß der Nachlaß bezüglich der Nachlaßgläubiger so zu behandeln ist, wie wenn nicht angetreten wäre.

10) l. 2 D. h. t. 42, 6. Die Worte „si nulla fraudis incurrat suspicio" sind auf den Fall einer Kollusion mit dem Dritterwerber zu beziehen.

11) Die Entscheidungen der römischen Juristen widersprechen sich. Der Widerspruch ist historisch zu erklären. Da der Erbe an sich Schuldner der Nachlaßgläubiger geworden ist, glaubte ihn die Jurisprudenz ursprünglich seiner persönlichen Haftung trotz des Separationsgesuches des Gläubigers nicht entbinden zu können. Diesen Standpunkt nahm noch Papinian ein, welcher sich daher nur für eine Beschränkung der Rechte der Nachlaßgläubiger aussprach, l. 3 § 2 D. h. t. 42, 6. Paulus dagegen in der l. 5 D. eod. wie auch Ulpian in der l. 1 § 17 D. eod. gingen weiter und behandelten mit Recht das Separationsgesuch des Gläubigers als Verzicht auf die persönliche Inanspruchnahme des Erben. Die Ansichten der Neueren sind geteilt. Windscheid Bd. 3 § 607 Anm. 10 z. B. will gegenüber dem Widerspruche der Quellen dabei stehen bleiben, daß der Erbe Schuldner der Erbschaftsgläubiger geworden ist.

12) l. 1 § 2 D. h. t. 42, 6.

13) BGB. hat das Absonderungsrecht der Erbschaftsgläubiger beseitigt. An die Stelle ist § 1981 Abs. 2 getreten. Danach kann innerhalb zweier Jahre seit der Annahme der Erbschaft jeder Nachlaßgläubiger eine Nachlaßverwaltung beantragen. Die Nachlaßverwaltung ist anzuordnen, wenn Grund zu der Annahme besteht, daß die Befriedigung der Nachlaßgläubiger aus dem Nachlasse durch das Verhalten oder die Vermögenslage des Erben gefährdet wird. Der Nachlaßverwalter hat den Nachlaß zu verwalten und die Nachlaßverbindlichkeiten aus dem Nachlasse zu berichtigen

§ 551. Die Rechtswohltat des Inventars.[1]

I. Der Erbe haftet den Erbschaftsgläubigern persönlich, auch wenn der Nachlaß überschuldet ist.[2]

Schon die ältere Zeit kannte gewisse Hilfsmittel gegen die hieraus erwachsenden Nachteile. Der Erbe konnte, falls sich nach dem Erbschaftserwerbe eine nicht voraussehbare Schuldenlast ergab, wegen entschuldbaren Irrtums Restitution erlangen, und Soldaten gab man seit Gordian ohne weiteres Restitution, wenn sich Überschuldung des Nachlasses herausstellte.[3] Hierin lagen aber keineswegs Ausnahmen vom Prinzipe, da die so Begünstigten infolge der Restitution überhaupt aufhörten, Erben zu sein; sie waren also keineswegs Erben mit beschränkter Haftung.

II. Erst Justinian führte mittels der Rechtswohltat des Inventars eine beschränkte Haftung der Erben ein.[4] Wenn nämlich der Erbe — welcher sich nicht eine Überlegungsfrist erbeten hatte — ein Inventar, d. h. ein Verzeichnis der Nachlaßobjekte, rechtzeitig und in gehöriger Form errichtete, sollte er den Nachlaßgläubigern nur auf den Betrag des Nachlasses verpflichtet sein. Hierdurch näherte sich das jüngste römische Erbrecht in merkwürdiger Weise dem älteren deutschen Rechte, in welchem der Gedanke überwog, daß der Erbe den Erbschaftsgläubigern nur mit dem Nachlasse verpflichtet sei.[5] [6]

III. Die Einzelheiten des justinianischen Inventarrechts sind folgende:

1. Die Rechtswohltat wird durch die rechtzeitige Errichtung des Inventars erworben. Es bedarf keiner besonderen Erklärung hierüber, noch auch einer speziellen Verleihung durch die Obrigkeit.

Erforderlich war Beginn der Inventarisierung binnen 30 Tagen von Kenntnis der Berufung an, und Vollendung des Inventars innerhalb weiterer 60 Tage. Die Frist erstreckte sich auf ein Jahr vom Tode des Erblassers an,

---

(§ 1985), er darf dem Erben den Nachlaß erst ausantworten, wenn die bekannten Nachlaßverbindlichkeiten berichtigt sind (§ 1986).

1) Buchholtz in Lindes Zeitschr. Bd. 10 S. 402, Mühlenbruch bei Glück Bd. 41 S. 355, siehe ferner Hofmann in Grünhuts Zeitschr. Bd. 8 S. 555; Casso, die Haftung des Benefizialerben, Berliner Inaug.Diss. 1889; Kollenscher, das beneficium inventarii, Würzburger Inaug.Diss. 1898.

2) l. 8 pr. D. de adquir. vel omitt. hered. 29, 2. Ulpianus libro 7 ad Sabinum ... hereditas autem, quin obliget nos aeri alieno etiam si non sit solvendo, plus quam manifestum est.

3) § 6 J. de heredum qualitate 2, 19.

4) l. 22 C. de jure deliberandi 6, 30 aus dem Jahre 531, § 6 J. de heredum qualitate 2, 19 und nov. 1 cap. 2.

5) l. 22 § 14 C. h. t. 6, 30. Justinian dachte damit die Deliberationsfrist, die er nicht gerade beseitigen wollte, den Erben zu verleiden. Vgl. oben § 544.

6) Nach BGB. tritt eine auf den Nachlaß beschränkte Haftung des Erben ein, wenn behufs Befriedigung der Nachlaßgläubiger eine Nachlaßpflegschaft angeordnet ist oder wenn der Nachlaßkonkurs eröffnet wurde, § 1975, vgl. dazu § 1990. Es kann ferner im Wege eines Aufgebotsverfahrens die Anmeldung der Nachlaßforderungen herbeigeführt werden. Wer sich nicht meldet, hat nur Anspruch auf Befriedigung aus dem Nachlaß nach Berichtigung der angemeldeten Forderungen aus demselben, § 1973. Die Errichtung eines Inventars führt die Beschränkung der Haftung des Erben auf den Nachlaß nicht herbei. Wer das Inventar innerhalb der ihm gerichtlich gesetzten Frist versäumt, haftet aber endgültig unbeschränkt, § 2009.

wenn der Wohnsitz des Erben von dem Orte entfernt lag, an welchem sich der Nachlaß mindestens zum größeren Teile befand.[7]

Bei der Errichtung mußte ein Notar, ferner die ortsanwesenden Gläubiger und Legatare, in Ermangelung solcher 3 ortsansässige Zeugen hinzugezogen werden.[8] Der Erbe und der Notar unterschrieben die Urkunde. Der Erbe hatte einen Offenbarungseid zur Bekräftigung des Inventars auf Verlangen der Erbschaftsgläubiger und Legatare zu leisten.[9]

Soldaten sollte Versäumnis der Frist und Verfehlung gegen die Form nicht schaden.[10]

2. Die Haftung des sog. Inventarerben — Benefizialerben — beschränkt sich auf die Mittel des Nachlasses.

Der Nachlaß war dabei zu berechnen nach Abzug der Kosten der Inventarisierung und der Liquidation der Erbschaft, sowie der Kosten der Beerdigung des Erblassers. Forderungen, die der Erbe gegen den Erblasser hatte, minderten die Masse,[11] Forderungen des Erblassers gegen den Erben vermehrten sie.

Bei der Durchführung der Rechtswohltat ergaben sich schwierige Probleme.

a) Eine Hauptfrage war, ob der Erbe bloß mit den Nachlaßobjekten für die Nachlaßschulden hafte, oder ob sich die Rechtswohltat darauf beschränkte, daß er nur auf die Höhe des Betrages des Nachlasses verpflichtet sei. Das justinianische Recht entschied sich für letzteres; die Nachlaßgläubiger konnten also auch aus dem eigenen Vermögen des Erben ihre Befriedigung entnehmen und dasselbe pfänden. Nur die Summe, welche sie vom Inventarerben beitreiben durften, war durch den Wertbetrag des Nachlasses beschränkt.[12] [13]

b) Es fragte sich ferner, ob der Benefizialerbe die Nachlaßgläubiger unter Berücksichtigung ihrer konkursmäßigen Priorität zu befriedigen habe, so daß er hierfür persönlich verantwortlich blieb, oder ob er sie befriedigen dürfe, wie sie sich melden, ohne alle Rücksicht auf Vorzugsrechte. Das letztere wurde im justinianischen Rechte anerkannt. Dem Erben fiel also nicht die schwierige Aufgabe zu, die Priorität der Nachlaßforderungen festzustellen.

---

7) Nach BGB. § 1995 soll die Inventarfrist mindestens einen Monat, höchstens 3 Monate betragen. Sie kann verlängert werden. Näheres über die Inventarfrist siehe §§ 1996—1998.

8) BGB. § 2002 bestimmt: Der Erbe muß zu der Aufnahme des Inventars eine zuständige Behörde oder einen zuständigen Beamten oder Notar zuziehen.

9) Vgl. BGB. § 2006.

10) l. 22 § 15 C. h. t. 6, 30.

11) l. 22 § 11 C. h. t. 6, 30.

12) l. 22 § 4 C. h. t. 6, 30 „ut in tantum hereditariis creditoribus teneantur, in quantum res substantiae ad eos devolutae valeant". Vgl. namentlich Casso a. a. O. S. 14 ff.

13) l. 22 § 4a C. h. t. 6, 30. Et eis satisfaciant, qui primi veniant creditores, et, si nihil reliquum est, posteriores venientes repellantur et nihil ex sua substantia penitus heredes amittant.

Hatte er jedoch Legatare vor Erbschaftsgläubigern befriedigt, so konnten die letzteren das den Legataren Gezahlte kondizieren.[14]

Im Falle der Überschuldung des Nachlasses mußte der Nachlaßkonkurs eröffnet werden.[15]

II. Die Klagen des Erben.

§ 552. Die Erbschaftsklage.[1]

Unter der *Erbschaftsklage* — hereditatis petitio — verstand man eine *Vindikation des Nachlasses durch den Erben.*[2] Den Grund bildete das Erbrecht des Klägers, das Ziel die Herausgabe des Nachlasses.

1. Kläger war der Erbe, oder die Person, welche an die Stelle des Erben trat,[3] also der Universalfideikommissar nach der Restitution der Erbschaft,[4] der Fiskus und wer die Erbschaft vom Fiskus kaufte.[5] Teilerben vindizierten ihren ideellen Anteil.[6]

2. Beklagter war der Besitzer des Nachlasses[7] im Widerstreite mit dem Erbrechte des Klägers. Dahin gehörte:

a) wer „pro herede“ besaß, d. h. *als angeblicher Erbe* oder

---

14) l. 22 § 5 C. cit.

15) BGB. § 1980, KO. §§ 214 ff.

1) Tit. Dig. de hereditatis petitione 5, 3, Cod. de pet. her. 3, 31; Arndts, Wesen und Umfang der her. pet. in seinen Beiträgen S. 81 und ziv. Schriften Bd. 2 n. 47; Dernburg, über das Verhältnis der hereditatis petitio zu den erbschaftlichen Singularklagen 1852; Zimmermann im Archiv für ziv. Praxis Bd. 29 n. 6 und 15: Francke, exegetisch-dogmatischer Kommentar über den Pandektentitel de hereditatis petitione 1864; Ruhstrat im Archiv für ziv. Praxis Bd. 67 n. 10: über die Rechtsverhältnisse der Erbschaftsbesitzer; Brinz Bd. 3 S. 214; Pfersche, privatrechtl. Abhandlungen 1886: „die Erbschaftsklage“ S. 244; Lammfromm, zur Geschichte der Erbschaftsklage 1887, dazu Pfersche in Gruchots Beitr. Bd. 17 S. 389, R. Leonhard, der Erbschaftsbesitz 1899, A. Leinweber, die hereditatis petitio 1899.

2) Die Formel der hereditatis petitio hat Lenel, edictum Aufl. 2 S. 174 folgendergestalt restituiert: „Si paret hereditatem q. d. a. ex jure Quiritium A^i A^i esse, quod N^s N^s ex ea hereditate pro herede aut pro possessore possidet neque id arbitrio tuo A^o A^o restituetur, quanti ea res erit, tantam pecuniam N^m N^m A^o A^o c. s. n. p. a..“ Die Fassung der intentio ist nicht zweifelhaft. Ob aber auch die Bedingungen der Passivlegitimation des Beklagten in der Formel Aufnahme fanden, ist bestritten. Es spricht hierfür vorzugsweise, daß die Klage gegen einen Käufer der Erbschaft vom Nichterben durchweg als „utilis“ bezeichnet wird.

3) Auch dem bonorum possessor war eine hereditatis petitio utilis gegeben, die sog. possessoria Tit. Dig. 5, 5. Vgl. hierüber Lenel, edictum Aufl. 2 S. 175.

4) Tit. Dig. de fideicommissaria hereditatis petitione 5, 6. Die Erbschaftsklage des Universalfideikommissars geht nicht gegen den Fiduziar, l. 3 § 1 D. h. t. Der Universalfideikommissar muß gegen diesen mit der Klage aus dem Fideikommiß auftreten.

5) l. 54 pr. D. h. t. 5, 3. Andere Erbschaftskäufer mußten sich die Klage erst vom Verkäufer zedieren lassen. Vgl. übrigens Brinz S. 217. Nach BGB. gilt dies auch für den Erbschaftskäufer vom Fiskus.

6) Tit. Dig. si pars hereditatis petatur 5, 4. Siehe unten § 554.

7) l. 9, l. 10 pr. D. h. t. 5, 3. Es genügt, daß der Gegner „rem hereditariam minimam“ besitzt. Sieveking, die Passivlegitimation bei der hereditatis petitio, Rostocker Inaug.Diss. 1902; Starke, der Besitz bei der Erbschaftsklage des röm. Rechts, Berliner Inaug.Diss. 1905.

auch als angeblicher Universalfideikommissar[8] oder Käufer der Erbschaft.[9]

Auch wer wohl wissend, daß er Nichterbe sei, sich dennoch für den Erben ausgab, konnte als Besitzer pro herede belangt werden.[10]

b) Ferner war belangbar, wer „pro possessore" besaß, d. h. offenbar ohne Rechtsgrund, also ohne Erbrecht oder einen sonstigen, wenigstens scheinbaren und vermeinten Titel.[11] [12]

Die Universalsukzessoren dieser Personen hafteten wie diese, wenn sie im Besitze des Nachlasses waren.[13]

Wer titulo singulari besaß, d. h. auf Grund eines wirklichen oder vermeinten besonderen Titels, unterlag dagegen der Erbschafsklage nicht.[14]

Prozessualisch gestaltete sich die Vorschützung eines singularen Titels zu einer Einrede, welche der beklagte Besitzer behaupten und beweisen mußte.

Wer den Nachlaß für einen anderen besaß, konnte in Rom mit der hereditatis petitio nicht belangt werden.[15]

Zum Besitze im hier erwähnten Sinne genügte, daß der Beklagte irgend eine Sache oder einen Wert aus dem Nachlasse innehatte. Es machte keinen Unterschied, ob diese Objekte unmittelbar aus der Hinterlassenschaft des Erblassers stammten, sich erst aus ihr entwickelten oder an die

8) l. 20 § 13 D. h. t. 5, 3.

9) l. 13 §§ 4 und 5 D. h. t. 5, 3. Vgl. Francke a. a. O. S. 165, Leonhard a. a. O. S. 25, Seuffert, Archiv Bd. 48 n. 41 (RG.), BGB. § 2030.

10) Die l. 11 D. h. t. 5, 3 von Ulpian bezeichnet als Besitzer pro herede auch den „qui scit se heredem non esse" nach der Meinung, die schon Prokulus vertrat, und hiermit stimmt l. 12 D. eod. — unten Anm. 11 — überein. Andere, z. B. Gajus Inst. IV § 144, definierten dagegen „pro herede possidere videtur, qui putat se heredem esse". Danach wäre ein unredlicher Beklagter possessor pro possessore. Die erstere Definition ist die ältere und sie ist die herrschende geblieben. Anders Fitting im Archiv für ziv. Praxis Bd. 52 S. 242, Köppen, Lehrbuch S. 295 Anm. 3. Es handelt sich übrigens nur um schulmäßige Begriffsbestimmungen. Ein praktischer Unterschied besteht nicht. Denn wer sich wissentlich falsch für den Erben ausgibt, haftet als bösgläubiger Besitzer mit der Erbschaftsklage, mag man ihn nun als Besitzer „pro herede" oder „pro possessore" bezeichnen. Vgl. aber auch Leonhard a. a. O. S. 20 ff. Nach BGB. § 2018 ist belangbar, wer auf Grund eines ihm in Wirklichkeit nicht zustehenden Erbrechts etwas aus der Erbschaft erlangt hat (Erbschaftsbesitzer), aber auch derjenige, der nicht in gutem Glauben ist, vgl. § 2024.

11) l. 11 ff. D. h. t. 5, 3. Ulpianus ad edictum: Pro possessore vero possidet praedo — qui interrogatus, cur possideat, responsurus sit „quia possideo", nec contendet se heredem vel per mendacium — nec ullam causam possessionis possit dicere: et ideo fur et raptor petitione hereditatis tenentur. Über den possessor pro possessore vgl. W. Stintzing, Beiträge zur röm. Rechtsgesch. Nr. 2 1901. Nach BGB. ist der Erbschaftsanspruch gegen einen solchen Besitzer nicht zuständig.

12) l. 13 § 1 D. h. t. 5, 3, l. 14 § 2 D. quod metus causa 4, 2 ergeben, daß ein Besitzer, welcher sich nur auf einen nichtigen Titel berufen konnte, dessen Nichtigkeit er kennen mußte, als Besitzer pro possessore galt und daher der Erbschaftsklage unterlag. RG. Bd. 10 S. 162, Bd. 28 S. 171.

13) l. 13 § 3 D. h. t. 5, 3.

14) l. 4 C. in quibus causis cessat longi temporis praescr. 7, 34. Übereinstimmend BGB.

15) l. 13 § 12 D. h. t. 5, 3 enthält immerhin einen Ansatz zu einer entgegengesetzten Behandlung. In der modernen Praxis gab man die Erbschaftsklage auch gegen Nachlaßkuratoren und Testamentsexekutoren.

Stelle ihrer ursprünglichen Bestandteile getreten waren. Mit der Erbschaftsklage konnte auch der Schuldner des Erblassers belangt werden, welcher unter der Behauptung, Erbe zu sein, sich weigerte, Erbschaftsschulden zu zahlen, deren Existenz er anerkannte.[16]

Nichtbesitzer hafteten wie Besitzer als sog. ficti possessores:[17]

a) wenn sie zur Vereitelung der Klage den Besitz dolos vor dem Prozeßbeginne aufgaben. Dies sanktionierte das S. C. Juventianum,[18]

b) wenn sie sich doloserweise für Besitzer ausgaben, um den Prozeß auf sich zu lenken.[19]

3. Gegenstand der Erbschaftsklage war der Nachlaß, soweit ihn der Beklagte besaß oder besitzen mußte. Und zwar galt der Gegenstand der Klage als besonderes Vermögen, welches Vermehrungen und Verminderungen erlitt und dessen Bestandteile Veränderungen unterworfen wurden.[20]

a) Zu den ursprünglichen Bestandteilen, welche restituiert werden mußten, gehörte alles, was der Erblasser im juristischen Besitze hatte, selbst unredlich von ihm Erworbenes. Was der Erblasser in fremdem Namen besaß, war dem Erben gleichfalls zu restituieren, wenn er an der Herausgabe ein Interesse hatte.[21]

b) Erweiterungen der Nachlaßobjekte durch Zuwachs und Früchte, sowie Zinsen, vermehren den zu restituierenden Nachlaß.[22]

c) Objekte, die im Interesse des Nachlasses und zu dessen Bedürfnis angeschafft wurden, namentlich mit Erbschaftsgeldern, fielen dem Nachlasse gleichfalls zu und waren mit ihm herauszugeben.[23]

d) Endlich gehörten zum Nachlasse an Stelle der ursprünglichen Nachlaßbestandteile getretene Gelder und Geldansprüche, insbesondere die Kaufpreise für veräußerten Nachlaß — pretium succedit in locum rei.[24]

4. Das S. C. Juventianum hatte einen wesentlichen Unterschied

16) l. 13 §§ 15 ff. D. h. t. 5, 3, BGB. § 2019.

17) Vgl. oben § 188 Anm. 17 ff. Dem BGB. ist die Haftung der ficti possessores unbekannt.

18) Das am 14. März des Jahres 129 auf Grund einer Oratio von Hadrian erlassene Senatuskonsult pflegt man S. C. Juventianum zu nennen, weil P. Juventius Celsus zu den Konsuln des Jahres gehörte. In den Quellen wird das S. C. aber nie so bezeichnet. Die wichtigsten und allgemeinsten Bestimmungen enthält l. 20 § 6 c D. h. t. 5, 3: Item eos qui bona invasissent, cum scirent ad se non pertinere, etiamsi ante litem contestatam fecerint, quo minus possiderent, perinde condemnandos, quasi possiderent: eos autem, qui justas causas habuissent, quare bona ad se pertinere existimassent, usque eo dumtaxat, quo locupletiores ex ea re facti essent.

19) l. 13 § 13, l. 45 D. h. t. 5, 3.

20) Andere Auffassungen sucht zu vertreten F. Schröder, das Commodum bei der Erbschaftsklage 1876.

21) l. 19 pr. D. h. t. 5, 3.

22) l. 20 § 3, l. 25 § 20, l. 30, l. 56 D. h. t. 5, 3. Der gutgläubige Besitzer der Erbschaft behielt daher den Wert konsumierter Früchte keineswegs schlechthin, hatte ihn vielmehr zu erstatten, soweit er durch denselben bereichert war, l. 40 § 1 D. h. t. 5, 3. Ganz anders stand der mit der rei vindicatio belangte gutgläubige Besitzer einer Einzelsache.

23) l. 20 pr. § 1 D. h. t. 5, 3, BGB. § 2019.

24) l. 22 D. h. t. 5, 3 enthält ein bezügliches Bruchstück der Oratio Hadriani: „Dispicite patres conscripti, numquid sit aequius possessorem non facere lucrum et pretium, quod ex aliena re perceperit, reddere, quia potest existimari in locum

zwischen der Restitutionspflicht des redlichen und des unredlichen Erbschaftsbesitzers geschaffen.[25]

a) Der redliche Besitzer brauchte nur dasjenige zu erstatten, worum er durch den Nachlaß im ganzen zur Zeit seiner Verurteilung bereichert wurde.[26] Vom Prozeßbeginne an haftet er jedoch nach allgemeinen Grundsätzen für jede Schuld,[27] daher insbesondere auch für schuldhafterweise versäumte Früchte.

b) Der unredliche Besitzer hatte nicht bloß zu erstatten, was er vom Nachlasse besaß. Er haftete vielmehr von der Besitznahme, beziehungsweise der Kenntnis seines Unrechts an für nachlässige Behandlung der Nachlaßsachen.[28] Wenn er Nachlaßsachen ohne zwingende Gründe veräußerte, so konnte der Erbe nach seiner Wahl von ihm entweder den Wert dieser Gegenstände oder den erlösten Kaufpreis fordern.[29]

Nach der Klageerhebung stand der unredliche Besitzer nach allgemeinen Grundsätzen selbst für Zufall ein.

5. Bezüglich der Verwendungen des Besitzers auf den Nachlaß ist folgendes zu unterscheiden:

a) Der redliche Erbschaftsbesitzer hatte wegen aller Auslagen, die er bis zur Erhebung der Klage machte, das Recht der Retention des Nachlasses, beziehungsweise eines Abzuges. Dies erstreckte sich nicht nur auf notwendige und nützliche, sondern auch auf verschwenderische und zwecklose Ausgaben, denn auch diese hatten die Bereicherung aus dem Nachlasse vermindert.[30] Auslagen nach der Klageerhebung gaben ihm aber nur dann Ansprüche, wenn sie notwendig oder nützlich waren, denn nunmehr konnte der Gegner alle Sorgfalt von ihm beanspruchen.[31]

b) Der unredliche Erbschaftsbesitzer hatte nicht nur wegen notwendiger Auslagen Retentionsansprüche, wie der mit der rei vindicatio belangte Verklagte, sondern auch wegen nützlicher, soweit ihr Ergebnis noch vorhanden war.[32]

---

hereditariae rei venditae pretium ejus successisse et quodammodo ipsum hereditarium factum." Vgl. l. 16 §§ 1, 2, 4, 5, 7 D. h. t. 5, 3.

25) l. 20 § 6 D. h. t. 5, 3 abgedruckt oben Anm. 18. Darüber, daß der Gegensatz erst durch das S. C. Juventianum geschaffen wurde, vgl. Lammfromm a. a. O. S. 96 und R. Leonhard a. a. O. S. 55 und Messina-Vitrano im Bulletino dell' Istituto di diritto romano Bd. 19.

26) l. 36 § 4 D. h. t. 5, 3, BGB. §§ 2020, 2021. Über die Frage, unter welchen Umständen eine Bereicherung des redlichen Erbschaftsbesitzers anzunehmen ist, vgl. vorzugsweise l. 25 § 11 D. h. t. 5, 3. Manche Entscheidungen von römischen Juristen, insbesondere von Julian, welche vor dem S. C. Juventianum gegeben waren, und die mit dessen Prinzip nicht stimmen, hat übrigens Ulpian einfach übernommen, weshalb sie sich in der Kompilation Justinians wieder finden. Es gehört hierher l. 20 § 18 D. h. t. 5, 3: nam et Julianus libro sexto digestorum scribit quod indebitum exegit restituere eum non debere nec imputaturum quod non debitum solvit.

27) l. 40 pr. D. h. t. 5, 3. BGB. § 2023.

28) l. 95 §§ 2—6 D. h. t. 5, 3, BGB. § 2024, vgl. auch § 2025.

29) l. 36 § 3 D. h. t. 5, 3. Nach BGB. gilt dies nicht.

30) Ebenso BGB. § 2022.

31) Vgl. BGB. § 2023 a. E.

32) l. 38, l. 39 D. h. t. 5, 3. Vgl. auch l. 5 pr. D. eod. von „etsi" an, BGB. § 2024.

§ 553. Fortsetzung. Der Beweis bei der Erbschaftsklage.

Der Kläger der Erbschaftsklage hatte folgende Tatsachen zu beweisen:

1. sein Erbrecht, daher vor allem den Tod, beziehungsweise die gerichtliche Todeserklärung des Erblassers; des weiteren seine Berufung.

Die Antretung der Erbschaft brauchte der Kläger in der Mehrzahl der Fälle deshalb nicht zu beweisen, weil in der Anstellung der Erbschaftsklage der Erbschaftsantritt lag, wenn er nicht bereits früher stattgefunden hatte.

a) Stützte sich der Erbschaftsgläubiger auf ein Testament, so hatte er dessen rechtsbeständige Errichtung darzutun. Hierzu genügte die Beibringung einer äußerlich formgerechten Testamentsurkunde. Nichtigkeit oder Fehlerhaftigkeit des Testaments, z. B. wegen Geisteskrankheit des Testators, mußte der Beklagte im Wege des Gegenbeweises dartun.[1]

b) Stützte sich der Kläger auf ein Intestaterbrecht, so mußte er den Grund, aus welchem er sein Intestaterbrecht herleitete, insbesondere Verwandtschaft, oder daß er der überlebende Ehegatte sei, beweisen.[2]

Der Beklagte hatte den Gegenbeweis zu führen, daß er selbst, oder daß ein Dritter näherer Intestaterbe oder Testamentserbe sei.

2. Der Kläger mußte den Nachlaßbesitz des Beklagten beweisen, ferner dessen bösen Glauben dartun, wenn er hierauf Rechte stützte.[3 4]

§ 554. Singularklagen des Erben und gegen den Erben.[1]

1. Dem Erben stand als Eigentümer der Nachlaßsachen Einzelvindikation auf dieselben zu, wenn sie in fremden Besitz gelangt waren. Ferner hatte

1) l. 5 C. de codicillis 6, 36. Bezüglich des Beweises der Echtheit des Testaments vgl. ZPO. §§ 415 ff.

2) Der Beweis wird heute regelrecht durch standesamtliche Bescheinigungen erbracht.

3) Sache des Beklagten ist es, darzutun, daß er Nachlaßobjekte titulo singulari besitzt.

4) Steht es fest, daß der Beklagte in den Besitz des Nachlasses gekommen sei, so liegt ihm nach heutiger Auffassung die Aufstellung eines Nachlaßverzeichnisses und dessen Bekräftigung durch einen Offenbarungseid ob. Ja, man legt ihm einen Offenbarungseid selbst dann auf, wenn Gründe zu der Annahme vorhanden sind, daß er Nachlaßsachen hinter sich habe. Dahin rechnet man namentlich, daß eine häusliche Gemeinschaft oder ein ähnliches Verhältnis zwischen dem Erblasser und dem Beklagten zur Zeit des Eintrittes des Erblassers bestanden habe. Offenbar ist es etwas Außerordentliches, daß Kläger den Manifestationseid des Beklagten zum Beweise seiner Passivlegitimation benutzt, wie Wach in der Zeitschrift für Rechtsgeschichte Bd. 7 S. 467 mit Recht hervorhebt. Dennoch hat sich dies in der deutschen Praxis als unentbehrlich herausgestellt. Vgl. freilich über Mißstände, die sich daraus ergeben können, Zimmermann im Archiv für ziv. Praxis Bd. 29 S. 464. Zu weit geht es, wenn Wetzell, Zivilprozeß § 28, um den Manifestationseid zu verlangen, für genügend erachtet, „daß sich der Beklagte zur Todeszeit oder kurz nachher im Sterbehause des Erblassers aufgehalten hat". Vgl. RG. Bd. 8 S. 165, welches häusliche Gemeinschaft oder analoge Verhältnisse fordert, Seuffert, Archiv Bd. 48 n. 271, Bd. 55 n. 17. Übereinstimmend BGB. §§ 2027, 2028. Demgemäß löst sich der Erbschaftsprozeß meist in ein doppeltes Verfahren auf. Der Kläger fordert zunächst, gestützt auf sein Erbrecht, vom Beklagten die Aufstellung eines Nachlaßverzeichnisses. Über den Umfang der Verpflichtung des Beklagten wird dann in einem sich an das Nachlaßverzeichnis anschließenden Rechnungsprozesse verhandelt.

1) Dernburg, über das Verhältnis der hereditatis petitio zu den erbschaftlichen Singularklagen 1852.

er als Gläubiger der Erbschaftsforderungen die bezüglichen Forderungsklagen — die sog. erbschaftlichen Singularklagen.

An sich konnte er diese Klagen selbst gegen Erbschaftsbesitzer pro herede oder pro possessore anstellen. Der Prätor jedoch gab Erbschaftsbesitzern, welche statt mit der Erbschaftsklage mit derartigen Singularklagen vom Erben belangt wurden, eine exceptio „ne praejudicium fiat hereditati“.[2]

Dies hatte vor allem prozessualische Gründe. Denn die Kognition der Zentumvirn, welchen die Erbschaftsklage unterstand, sollte nicht dadurch umgangen werden, daß der Kläger Einzelklagen anstellte, welche vor den Einzelrichter gehörten. Ferner schien es ungehörig, den Erbschaftsbesitzer durch mehrfache Einzelklagen, statt der einzigen Erbschaftsklage, zu vexieren.

Die Einrede hatte aber auch eine materielle Bedeutung, denn die Rechtsstellung des Beklagten — insbesondere des redlichen Besitzers — war bei der Erbschaftsklage eine vielfach günstigere, als im Falle der Erhebung von einzelnen Vindikationen, und diese bessere Stellung sollte der Kläger nicht durch Anstellung von Singularklagen beeinträchtigen.[3,4]

2. S t a n d e i n e E r b s c h a f t s k l a g e b e v o r, o d e r w a r s i e b e r e i t s a n g e s t r e n g t, so fragte es sich, gegen wen die E r b s c h a f t s g l ä u b i g e r zu klagen hätten, und wer dazu legitimiert sei, die E r b s c h a f t s s c h u l d e n b e i z u t r e i b e n?

2) l. 5 § 2 D. h. t. 5, 3, l. 13 D. de exceptionibus 44, 1. Über die letztere Entscheidung vgl. Dernburg a. a. O. S. 54; Bülow, Prozeßeinreden und Prozeßvoraussetzungen, 1868, S. 169.

3) Deshalb vor allem findet diese Einrede auch noch derzeit Anwendung. Verwertung der Einrede durch einen Dritten kommt in folgendem Falle vor. Hatte der redliche Besitzer einer Erbschaft eine Nachlaßsache verkauft, und evinziert sie dann der wahre Erbe als seine eigene, so nahm der evinzierte Käufer Regreß gegen seinen Verkäufer und verlangte von ihm Ersatz des Interesses wegen Eviktion. Infolgedessen konnte jener redliche Erbschaftsbesitzer weit über den Betrag seiner Bereicherung aus der Erbschaft, und zwar indirekt zugunsten des Erben, zu zahlen haben. Um dies zu verhüten, gab man dem Käufer in solchen Fällen gegen die Vindikation seitens des Erben eine Einrede, durch die er den Erben auf die Erbschaftsklage verwies, so daß er die Kaufsache behielt, der Erbe aber vom Erbschaftsbesitzer dessen Bereicherung aus dem erlösten Kaufpreise der Nachlaßsache mit der Erbschaftsklage beizutreiben hatte, l. 25 § 17 D. h. t. 5, 3. Ulpianus libro 15 ad edictum: Item si rem distraxit bonae fidei possessor nec pretio factus sit locupletior, an singulas res, si nondum usucaptae sint, vindicare petitor ab emptore possit? et si vindicet, an exceptione non repellatur „quod praejudicium hereditati non fiat inter actorem et eum qui venum dedit“, quia non videtur venire in petitionem hereditatis pretium earum, quamquam victi emptores reversuri sunt ad eum qui distraxit? et puto posse res vindicari, nisi emptores regressum ad bonae fidei possessorum habent. quid tamen si is qui vendidit paratus sit ita defendere hereditatem, ut perinde atque si possideret conveniatur? incipit exceptio locum habere ex persona emptorum. certe si minori pretio res venierint et pretium quodcumque illud actor sit consecutus, multo magis poterit dici exceptione eum summoveri. Über diese schwierige und viel besprochene Stelle siehe Dernburg a. a. O. S. 35, Vangerow Bd. 2 § 208 S. 351. Vgl. auch Joseph in Iherings Jahrb. Bd. 16 S. 209, Bolze, im Archiv für ziv. Praxis Bd. 57 S. 267, Francke ebendaselbst Bd. 61 S. 299, Gradenwitz, Interpolationen S. 79.

4) Vgl. BGB. § 2029: Die Haftung des Erbschaftsbesitzers bestimmt sich auch gegenüber den Ansprüchen, die dem Erben in Ansehung der einzelnen Erbschaftsgegenstände zustehen, nach den Vorschriften über den Erbschaftsanspruch.

a) Die **Erbschaftsgläubiger** durften jeden der Erbschaftsprätendenten, also sowohl den Kläger wie den beklagten Besitzer, nach freier Wahl als ihren Schuldner in Anspruch nehmen.[5]

Unterlag die Partei, welche die Schuld zahlte, im Erbschaftsprozesse, so konnte sie die Erstattung des Ausgelegten vom Sieger fordern.

Einem angeblichen Testamentserben auferlegte Legate hatte dieser zwar zu entrichten, trotzdem sein Erbrecht bestritten war, jedoch nur gegen Kaution wegen Rückerstattung im Falle seines Unterliegens im Erbschaftsprozesse

b) Jeder der Prätendenten durfte die **Erbschaftsschuldner** und Inhaber von Erbschaftssachen verklagen,[6] mußte aber dem Beklagten für den Fall seines Unterliegens im Erbschaftsprozesse Kaution leisten, um ihn gegen doppelte Zahlung zu sichern. Der Schuldner konnte sich durch Deposition von der Schuld befreien.

III. Die Rechtsverhältnisse der Miterben.

§ 555. Die Rechte der Miterben im allgemeinen.[1]

Wird der Erblasser von mehreren Personen zusammen beerbt, so entsteht eine Gemeinschaft der Miterben.

Hierbei kann entweder das gemeinschaftliche Interesse in den Vordergrund gestellt, oder das Individualrecht der einzelnen Teilhaber begünstigt werden. Letzteres geschah im römischen Rechte; es suchte die Erbansprüche eines jeden Miterben möglichst bestimmt abzugrenzen und möglichst selbständig zu gestalten.[2]

1. Die Rechte an körperlichen Nachlaßsachen wurden unter die Miterben im Verhältnis ihrer Erbschaftsteile **ideell** geteilt.

Dies galt für alle teilbaren Rechte an körperlichen Sachen, also Eigentum, publizianischen Besitz, Superfizies und Emphyteuse.[3]

Jeder Miterbe war zur selbständigen Verfügung bezüglich seines ideellen Teiles befugt. Er konnte ihn insbesondere beliebig, und ohne an die Einwilligung seiner Miterben gebunden zu sein, veräußern, nicht minder verpfänden oder zum Nießbrauche geben.[4]

Die Nachlaßsachen blieben natürlich zunächst körperlich ungeteilt, so daß trotz der ideellen Teilung eine Gemeinschaft bestand.

5) So namentlich l. 12 C. h. t. 3, 31. Vgl. auch l. 4 § 3 D. si cui plus 35, 3. Eine besondere Bestimmung enthält l. 35 D. de jure fisci 49, 14.

6) l. 49 D. h. t. 5, 3.

1) Göppert, Beiträge zur Lehre von dem Miteigentum nach ALR. S. 77.

2) Nach BGB. besteht dagegen unter den Miterben eine Gemeinschaft zur gesamten Hand. Vgl. oben § 159 Anm. 15.

3) l. 10 D. fam. erc. 10, 2.

4) l. 54 D. fam. erc. 10, 2. Neratius libro 3 membranarum: Ex hereditate Lucii Titii, quae mihi et tibi communis erat, fundi partem meam alienavi, deinde familiae erciscundae judicium inter nos acceptum est. neque ea pars quae mea fuit in judicio veniet, cum alienata de hereditate exierit, neque tua, quia etiamsi remanet in pristino jure hereditariaque est, tamen alienatione meae partis exit de communione. Die Veräußerung von Nachlaßsachen war jedoch nach der Litiskontestation über das familiae erciscundae judicium verboten l. 13, l. 25 § 6 D. h. t. 10, 2, l. 1 C. communi dividundo 3, 37, Bachofen, ausgewählte Lehren des römischen Zivilrechts § 82.

2. Erbschaftsforderungen und Erbschaftsschulden wurden unter die Miterben schlechthin, ihrem Erbteile entsprechend, geteilt.[5] Es erwuchsen also für jeden Miterben völlig selbständige Partialforderungen und Partialschulden. Dies bestimmten bereits die 12 Tafeln.

Forderungen und Schulden jedoch, die ihrer Natur nach unteilbar sind, führten zu solidarischen Berechtigungen und Verbindlichkeiten der Miterben.

3. Die Konfusion von Ansprüchen zwischen dem Erblasser und einem Teilerben trat nach Maßgabe des Erbteiles des Teilerben ein.[6] [7]

4. Jeder der Teilerben hatte eine hereditatis petitio partiaria sowohl gegen seine Miterben wie gegen Nichterben, welche Erbschaftssachen pro herede oder pro possessore inne hatten. Besaß jedoch ein Miterbe nicht mehr, als der ihm gebührende ideelle Teil der Erbschaft betrug, so war die Erbschaftsklage seines Miterben nicht gegen ihn zu richten, sondern gegen diejenigen, welche den Nachlaß ohne Erbrecht oder über die ihnen zukommende Erbquote hinaus besaßen.[8]

§ 556. Die Auseinandersetzung unter den Miterben.[1]

Die Auseinandersetzung unter den Miterben kann außergerichtlich durch Vertrag geschehen. Sie erfolgt aber auch auf einseitigen Antrag durch das Gericht.

Zu diesem Antrage ist jeder Miterbe zu jeder Zeit berechtigt. Weder Verfügungen des Erblassers, noch Verträge der Beteiligten können dies Recht auf Teilung dauernd beseitigen.[2]

Die gerichtliche Teilung unter Miterben geschah in Rom auf Grund der actio familiae erciscundae. Das gesamte Verfahren bewegte sich danach in den Formen des Prozesses; die Klage war eine doppelseitige, actio duplex.[3]

1. Die Voraussetzungen der gerichtlichen Erbteilung waren folgende:

a) Liquidität des Erbrechts der Beteiligten und der Höhe ihrer Anteile. Stand das Erbrecht der Provokanten infolge der An-

5) l. 6 C. fam. erc. 3, 36: Gordianus. Ea, quae in nominibus sunt, non recipiunt divisionem, cum ipso jure in portiones hereditarias ex lege duodecim tabularum divisa sunt. l. 1, l. 2 C. de actionibus hereditariis 4, 16.

6) l. 50 D. de fidejussoribus 46, 1, l. 6 C. de actionibus hereditariis 4, 16.

7) Siehe auch oben § 178 Anm. 9.

8) l. 1 § 3 D. si pars hereditatis petatur 5, 4. Die hereditatis petitio partiaria geht nicht auf Teilung, sondern auf Restitution der Erbschaft pro indiviso, l. 7 D. eod. Nach BGB. § 2033 kann der Miterbe zwar über seinen Anteil an dem Nachlasse, nicht aber über seinen Anteil an den einzelnen Nachlaßgegenständen verfügen. Ansprüche, die zum Nachlasse gehören, stehen den Miterben gemeinschaftlich zu, vgl. § 2039. Für die gemeinschaftlichen Nachlaßverbindlichkeiten haften sie als Gesamtschuldner (§ 2058).

1) Tit. Dig. familiae erciscundae 10, 2, Cod. 3, 36 und Cod. communia utriusque judicii tam familiae erciscundae, quam communi dividundo 3, 38, oben § 160, Brinz Bd. 3 S. 273.

2) Oben § 160 Anm. 14, 15, 16, 17. Vgl. BGB. § 2044.

3) l. 2 § 3, l. 44 § 4 D. h. t. 10, 2.

erkennung des Miterben oder richterlichen Urteiles nicht fest, so mußte hierüber in besonderem Prozesse entschieden werden.[4]

b) eine **Erbgemeinschaft.**

Eine solche Gemeinschaft lag vor allem in dem Miteigentum an körperlichen Nachlaßsachen. Sie war auch darin zu finden, daß die Miterben solidarisch für Schulden des Erblassers wegen deren Unteilbarkeit verpflichtet wurden.[5] Endlich konnte sie durch alle aus der Erbschaft entspringenden gegenseitigen Ansprüche unter den Miterben begründet werden.[6]

2. Das Ziel war **Auseinandersetzung** der Miterben. Das Verfahren umfaßte daher den gesamten Nachlaß.

a) Die Nachlaßsachen wurden geteilt. Das erstreckte sich nicht bloß auf die eigenen Sachen des Erblassers und solche, an denen er superfiziarisches oder emphyteutisches Recht hatte, sondern auf alle, die in seinem Eigentumsbesitze waren. Im Falle unredlichen Erwerbes, hatte der Richter für ihre Rückerstattung an den Eigentümer Sorge zu tragen.[7] Verbotene Sachen, z. B. Gift oder unsittliche Schriften, mußte er konfiszieren, beziehungsweise vernichten.[8]

Das Testament und die sonstigen Erbschaftsurkunden kamen zwar nicht in die Teilung, doch wurden für ihre Aufbewahrung und Zugänglichkeit Vorkehrungen getroffen.[9] Da Forderungen und Schulden regelrecht als unter die Miterben von Rechts wegen geteilt galten, so bezog sich das Teilungsverfahren zunächst nicht auf sie. Gleichwohl konnten sie, wenn dies als zweckmäßig erschien, einzelnen Miterben ganz zugeteilt werden. Der Miterbe, zu dessen Gunsten die Attribution erfolgte, nahm insoweit die Stellung eines Zessionars ein. Wurde einem Erben die ganze Schuld auferlegt, so hatte er den Miterben, der an sich Schuldner blieb, zum entsprechenden Teile von seiner Schuld zu befreien.[10] [11]

4) Verlangte ein angeblicher Miterbe, welcher nicht im Besitze des von ihm beanspruchten Erbteiles war und dessen Erbrecht von dem Miterben nicht anerkannt wurde, Teilung, so mußte er zuförderst mit der hereditatis petitio Anerkennung seines Erbrechts und Mitbesitz erstreiten. War aber der Provokant, dessen Erbrecht von den Miterben nicht anerkannt wurde, im Mitbesitze, so konnte eine hereditatis petitio nicht angestellt werden. Hier mußte also notgedrungen in Rom der Richter im Erbteilungsverfahren über das Erbrecht des Provokanten erkennen, l. 1 § 1 D. h. t. 10, 2.

5) l. 25 §§ 10 ff. D. h. t. 10, 2.

6) l. 25 § 15, l. 49 D. h. t. 10, 2.

7) l. 10 D. h. t., l. 4 § 2 D. eod.

8) l. 4 § 1 D. h. t.

9) l. 4 § 3, l. 5, l. 6 D. h. t. 10, 2. Entsprechendes muß von Erbbegräbnissen gelten, vgl. freilich l. 30 D. h. t. 10, 2, l. 4 C. de religiosis 3, 44. Siehe auch BGB. § 2047 Abs. 2.

10) l. 3 D. h. t. 10, 2. Gajus libro 7 ad edictum provinciale: Plane ad officium judicis nonnunquam pertinet, ut debita et credita singulis pro solido aliis alia adtribuat, quia saepe et solutio et exactio partium non minima incommoda habet. nec tamen scilicet haec adtributio illud efficit, ut quis solus totum debeat vel totum alicui soli debeatur, sed ut, sive agendum sit, partim suo partim procuratorio nomine agat, sive cum eo agatur, partim suo partim procuratorio nomine conveniatur. nam licet libera potestas esse maneat creditoribus cum singulis experiundi, tamen et his libera potestas est suo loco substituendi eos, in quos onera actionis officio judicis translata sunt.

b) Des weiteren mußte ein Ausgleich wegen der durch die Gemeinschaft begründeten gegenseitigen Verbindlichkeiten der Miterben stattfinden.[12]

c) Endlich waren die Anordnungen des Erblassers, welche das Verhältnis der Miterben betrafen, im Teilungsverfahren zu verwirklichen. Dahin gehörte die Entrichtung von Vorvermächtnissen,[13] ferner die Ausführung des einem Miterben auferlegten Modus.[14]

3. Dem Teilungsrichter standen zur Durchführung seiner Aufgabe Adjudikationen zu Gebote, kraft welcher er Eigentum an den Nachlaßsachen zusprach,[15] und Kondemnationen, mittels deren er Miterben Geldleistungen zugunsten anderer auferlegte.[16]

Der Teilungsrichter mußte in erster Linie die Vereinbarungen der Beteiligten seiner Teilung zugrunde legen, ferner die Anordnungen des Erblassers beachten,[17] soweit sie nicht rechtsverletzend waren; im übrigen aber hatte er die Auseinandersetzung nach Billigkeit und Zweckmäßigkeit vorzunehmen.[18] Er war keinswegs gehalten, die Erbschaftsobjekte, z. B. die Erbschaftsgrundstücke, in natura zu teilen. Vielmehr konnte er sie einem der Miterben ganz, gegen Entschädigung der übrigen, adjudizieren, oder auch eine Versteigerung vornehmen und den Erlös teilen.[19]

4. Die Miterben hatten im Falle der Eviktion des ihnen Zugeteilten Anspruch auf verhältnismäßigen Ersatz, mochte nun die Teilung durch Vertrag oder durch den Richter erfolgt sein.[20]

---

11) Insbesondere sind Faustpfänder, welche dem Erblasser bestellt waren, einem der Miterben zu adjudizieren, womit diesem auch die versicherte Forderung ausschließlich zugeteilt wird. Hierher gehört die berühmte l. 29 D. h. t. 10, 2; vgl. über sie Vangerow Bd. 1 § 365.

12) In dieser Hinsicht sind die oben § 160 entwickelten Sätze maßgebend.

13) l. 4 pr., l. 25 § 22, l. 28, l. 42 D. h. t. 10, 2. Hat der Erblasser einem der Miterben die Tragung gewisser Erbschaftsschulden auferlegt, so hat der Teilungsrichter für die Übernahme zu sorgen, natürlich vorbehaltlich des Rechts jenes Miterben auf die Falzidia, beziehungsweise seinen Pflichtteil, l. 20 § 5 D. h. t. 10, 2.

14) l. 18 § 2 D. h. t. 10, 2.

15) l. 22 §§ 1 und 2 D. h. t. 10, 2.

16) l. 55 D. h. t. 10, 2.

17) l. 10 C. h. t. 3, 36. Ob der Teilungsrichter die Anordnungen des Erblassers über die Art und Weise der Teilung für angemessen hält, ist irrelevant, er ist an sie gebunden. Anders Windscheid Bd. 3 § 608 Anm. 16. Haben sich freilich die Verhältnisse, auf denen die Anordnung beruhte, wesentlich geändert, so ist dieselbe nicht mehr maßgebend. Vgl. auch BGB. §§ 2048, 2049.

18) l. 21 D. comm. div. 10, 3.

19) l. 26 D. h. t. 10, 2. Über die heutige Praxis vgl. oben § 160 Anm. 19. BGB. § 2042 Abs. 2 verweist auf die Analogie der Gemeinschaft (§§ 752 ff.), vgl. auch §§ 2046, 2047.

20) l. 15 C. h. t. 3, 36, l. 25 § 21 D. h. t. 10, 2, vgl. l. 10 § 2 D. comm. div. 10, 3.

Sachregister

A.

B.

D.

E.

F.

Fußsteig 430 (205).

G.

H.

J.

M.

N.

O.

P.

Q.

S.

V.

W.

G. Pätz'sche Buchdr. Lippert & Co. G. m. b. H., Naumburg a. S.

Kolibri 360 GmbH
Ferdinand-Jühlke-Straße 7
99095 Erfurt, Deutschland
produktsicherheit@kolibri360.de